W0070472

Fritz Hahn
Waffen und Geheimwaffen des deutschen Heeres 1933–1945

Fritz Hahn

Waffen und Geheimwaffen des deutschen Heeres 1933–1945

Band 1
Infanteriewaffen, Pionierwaffen, Artilleriewaffen,
Pulver, Spreng- und Kampfstoffe

Band 2
Panzer- und Sonderfahrzeuge, »Wunderwaffen«,
Verbrauch und Verluste

Fritz Hahn

Waffen
und Geheimwaffen
des deutschen Heeres
1933–1945

Band 1
Infanteriewaffen, Pionierwaffen, Artilleriewaffen,
Pulver, Spreng- und Kampfstoffe

Bernard & Graefe Verlag

Der Verfasser ist dem National Archiv in Washington zu Dank verpflichtet; es ermöglichte nicht nur die wiederholte Überprüfung der zahlreichen Unterlagen, sondern half auch mit Bildmaterial.

Das Imperial War Museum / London hat ebenfalls zur Klärung einiger wichtiger Punkte beigetragen, auch ihm sei gedankt.

Von den Skizzen und Abbildungen konnte der größte Teil dem Archiv des Verfassers entnommen werden; für die Handwaffen stellte jedoch Herr H. B. Lockhoven / Köln freundlicherweise einige Aufnahmen zur Verfügung. Für die Gruppe »Panzer« wurden zwei Aufnahmen aus der Sammlung von Col. Jarrett (†) / U.S. Army verwendet.

In der Neuauflage konnten auch Hinweise / Fragen aus Leserzuschriften berücksichtigt werden. Unser Dank den Einsendern!

Meinen herzlichen Dank all denen, die zum Gelingen dieses Werkes beigetragen haben – besonders dem Verleger und den Mitarbeitern des Bernard & Graefe Verlages. Und last not least Herrn Rupprecht Sommer für seine kritische Begutachtung und die zahlreichen, wertvollen Hinweise für die mitunter nicht leichten Formulierungen.

Titelbild: Siehe Text Seite 163 / Band 2, letzter Absatz. Diese Abbildung ist das 1. Blatt einer Mappe mit dem Titel »Vorschläge für den Einsatz der Fernrakete A4« der Heeresanstalt Peenemünde (HAP).

2., durchgesehene Auflage / Sonderausgabe in einem Band. Bonn 1992
© Bernard & Graefe Verlag
Alle Rechte vorbehalten. Nachdruck und fotomechanische Wiedergabe, auch auszugsweise, nur mit Genehmigung des Verlages
Satz: Druckerei Manz AG, Dillingen
Reproduktionen: Repro GmbH, Ergolding
Herstellung und Layout: Walter Amann, München
Druck und Bindung: Grafos S.A. Arte sobre papel, Barcclona
Printed in Spain

ISBN 3-7637-5915-8

Inhalt

Vorbemerkung 7
Einleitung 9
Die Rüstung vor dem Krieg 14

Infanteriewaffen 19
Pistolen 19
Gewehre 25
Sturmgewehre 38
Gewehrgranatgerät 43
Kampf- und Sturmpistolen 48
Maschinenpistolen 52
Maschinengewehre 56
Handgranaten 62
Granatwerfer 68
Panzerbüchsen 81
Panzerbekämpfungsmittel 88
Panzerabwehrkanonen 99
Infanteriegeschütze 116

Pionierwaffen 121
Flammenwerfer 121
Minen und Hohlladungen 123

Artilleriewaffen 135
Feldkanonen 135
Gebirgsgeschütze 140
Leichtgeschütze 143
Haubitzen und Mörser 146
Schwere Geschütze 162
Festungs- und Heeresküstengeschütze 170
Eisenbahngeschütze 184
Raketenwerfer 197
Flugabwehrwaffen 205
Eisenbahnpanzerzüge 210
Sturmartillerie 212

Pulver, Spreng- und Kampfstoffe 213
Pulver 213
Sprengstoffe 215
Kampfstoffe 223

Anhang 236
Abkürzungsverzeichnis Band 1 236
Waffengewichte und Rohstoffbedarf 238

Inhalt Band 2

Panzer- und Sonderfahrzeuge
Panzerkampfwagen und Selbstfahrlafetten
Pz.Kpfw. I und II
Pz.Kpfw. III
Pz.Kpfw. IV
Pz.Kpfw. V »Panther«
Pz.Kpfw. VI »Tiger« und »Königstiger«
Pz.Kpfw. 35(t) und 38(t)
Flakpanzer
Sturmgeschütze
Waffenträger
Panzer der E-Serie
Panzer »Maus«
Midgard-Schlange
Skoda-Panzer
Porsche-Panzer
Ladungsträger
Raupenschlepper-Ost
Panzerwerfer
Beutefahrzeuge
Panzerspähwagen
Sonderkraftfahrzeuge

»Wunderwaffen«
Die Waffe, die es nicht gab
Schallkanone
Windkanone
Trommsdorff-Granaten
Knallgas sollte Pulver ersetzen
Die Elektrokanone
X-7 = Rotkäppchen
Steinbock
Pfeifenkopf
Rochen
Flunder

Ruhrstahl X-4
Wasserfall und Taifun
Der Rheinbote
Die Hochdruckpumpe
Die Fernrakete A4
FR-35
V-100
»Ping-Pong«

Verbrauch und Verluste
Allgemeines
Polen 1939
Dänemark und Norwegen 1940
Der Westfeldzug 1940
Vorbereitungen für eine Invasion Englands
Balkanfeldzug 1941
Kreta 1941
Der Feldzug gegen die Sowjetunion und in
    Nordafrika im Jahr 1941
Das Jahr 1942
Das Jahr 1943
Das Jahr 1944 – Zusammenbruch an allen
    Fronten
Januar bis 9. Mai 1945

Anhang
Abkürzungsverzeichnis für Band 2
Die Gliederung des Heereswaffenamtes
    (HWA)
Monatsausfälle an verschiedenen Fronten
Die Hersteller der wichtigsten Waffen und
    Panzerfahrzeuge
Register
Der Autor

Vorbemerkung

Die »Waffen und Geheimwaffen des deutschen Heeres« stehen im Umfeld der Regierungszeit der nationalsozialistischen Reichsregierung von 1933–1945.

Dieses politische, gesellschaftliche und wirtschaftliche Umfeld wird durch die Person des »Deutschen Reichskanzlers«, des »Führers und Reichskanzlers«, des »Obersten Befehlshabers der Deutschen Wehrmacht« und ab Ende 1941 auch noch in Personalunion des »Oberbefehlshabers des Heeres« Adolf Hitler verkörpert.

Ohne diese politischen Verhältnisse, ohne dieses »Umfeld« hätte es diese Waffen und Geheimwaffen des deutschen Heeres nicht gegeben. Die nationalsozialistische Diktatur bedurfte ihrer im Sinne des Primats *ihrer* Politik.

Wenn in diesem Werk von der eingehenden Schilderung der politischen Verhältnisse und besonders der exakten Wiedergabe des im Jahr 1939 begonnenen, nach dem Dezember 1941 sich zum Zweiten Weltkrieg ausufernden Krieges, der im Mai 1945 mit der totalen deutschen Niederlage und mit dem Ende des Deutschen Reichs Bismarckscher Prägung endete, abgesehen wurde, dann aus folgenden Gründen:

- In diesem Werk kam es darauf an, von den technischen Entwicklungen, von Planungen, Konstruktionen, Fertigungen und von den Erfahrungen zu sprechen, die mit den Waffen der Jahre 1933–1945 zu tun haben.
- Es kam auch darauf an, Rolle und Leistung der deutschen Industrie, aber auch die Zuarbeit der Konstrukteure und Werke in den von Deutschland besetzten Ländern zu zeigen.
- Und es kam weiter darauf an, anhand einer kurzen Chronologie des Zweiten Weltkriegs die Verluste an Menschen, den Verbrauch an Waffen, Fahrzeugen, Gerät und Munition überschaubar zu machen.
- Eine Aufnahme der »Geschichte von 1933–1945« hätte nicht nur den Umfang dieses Werkes gesprengt, sondern die eigentliche Zielsetzung fast zwangsweise hintantreten lassen.
- Autor und Verlag sind davon überzeugt, daß der Leser eines solchen Werkes die Kenntnis des politischen Umfelds mitbringt. Nicht zuletzt die sehr vielseitigen und vielfältigen Publikationen aller Medien im Jahr 1985 haben für diese unabdingbaren »Vorkenntnisse« gesorgt. Damit aber kann der Leser – selbst urteilend – die hier in diesem Werk geschilderten Dinge in den Gesamtrahmen richtig einordnen.

Der Autor
Bernard & Graefe Verlag

Einleitung

Dieses Werk stellt einen Teilaspekt deutscher Militärgeschichte dar, nämlich Konzeption, Planung, Konstruktion und Fertigung von Waffen, Kampffahrzeugen, Entwicklung und Herstellung von Munition und Sprengmitteln für das deutsche Heer im Zeitraum 1933 bis 1945. Weiterhin soll die Leistung der deutschen Industrie unter Kriegsbedingungen gezeigt werden, die es praktisch bis Kriegsende verstand, den deutschen Soldaten Waffen zu liefern. Auch der Anteil der Industrie und Konstrukteure der mit Deutschland verbündeten, der von Deutschland besetzten, aber auch neutraler Länder bei der Belieferung des deutschen Heeres darf nicht verschwiegen werden.

Darüber hinaus aber soll dem Leser am Beispiel des Zweiten Weltkriegs deutlich werden, was praktische Anwendung von Waffen und anderen Kriegsmitteln heißt:
Ungeheure Verluste an Menschen – nicht nur an Soldaten –, volkswirtschaftliche Höchstschäden, die sich bis heute ausgewirkt haben, durch Materialverbrauch, Materialverlust, Materialzerstörung.

In den Teilen dieses Werkes, in denen der Zweite Weltkrieg als »Beleg« für Verluste und Verbrauch herangezogen wird, erhebt der Autor keinen Anspruch darauf, eine Geschichte des Zweiten Weltkriegs in Europa auch nur im großen geschrieben zu haben. Diese liegt bereits in zahlreichen Publikationen des In- und Auslands vor.

Hier bildet der Zweite Weltkrieg nur den Hintergrund, vor dem das eigentliche Anliegen des Werkes aufgebaut wird.

Die gewählte Art der Darstellung, insbesondere auch die vielen Tabellen und Statistiken dürfen keinen Moment darüber hinwegtäuschen, daß die nüchternen Zahlen mit Leben und Tod von Millionen Menschen in allen kriegführenden Staaten zusammenhängen.

Dem Leser wird auffallen, daß vom Beginn dieses Werkes bis zum Schluß immer wieder eine militärische Behörde genannt wird, und zwar in Verbindung mit Vokabeln wie »beauftragt, prüft, veranlaßt, vergibt den Auftrag, stellt vor, beanstandet, bemängelt, fordert erneut, lehnt ab« und so fort. Diese – so scheint es – allmächtige, heute aber weitgehend unbekannte Stelle ist das *Heeres-Waffenamt (HWA)*, verkürzt meist als Waffenamt bezeichnet.

Da im Rahmen dieses Werkes das Waffenamt (Luftwaffe und Marine verfügten über entsprechende Institutionen, die Waffen-SS setzte dies in der zweiten Kriegshälfte im Sinne ihrer Zielsetzung nach dem Status eines eigenen – vierten – Wehrmachtsteils für ihren Bereich durch) eine Schlüsselrolle spielt, sollen dem Leser *Aufgabe und Funktion* im großen dargelegt, durch graphische Aufstellungen im Anhang des Bandes 2 im einzelnen verdeutlicht werden.

Im Zuge der Gesamtkonzeption und des Auftrages des Heeres, in Verbindung mit den Erfahrungen und Forderungen der Truppe leitete der *Generalstab des Heeres* über das *Allgemeine Heeresamt (AHA)* seine Forderungen für die taktisch-technische Gestaltung und Fertigung von Waffen, Gerät und Munition an das Waffenamt. Das Allgemeine Heeresamt war über sogenannte *Waffeninspektionen* eng mit dem Generalstab des Heeres verbunden.

Das Heeres-Waffenamt ist Nachfolger des *WuMBA (Waffen- und Munitionsbeschaffungsamt)* aus dem Ersten Weltkrieg. Bis zu seinem Freitod (April 1940) wurde das Waffenamt von General d. Artillerie Professor Becker geleitet, von diesem Zeitpunkt ab von General d. Artillerie Leeb, einem Bruder des Generalfeldmarschalls.

Im Frieden war das Waffenamt also letztlich dem Oberbefehlshaber des Heeres (Ob. d. H.) unterstellt, im Krieg dem *Chef der Heeresrüstung (Chef H.Rüst.)*, der gleichzeitig der

Befehlshaber des Ersatzheeres (B.d.E.) war; diese Funktion hatte ab 20. Juli 1944 der Reichsführer SS, Heinrich Himmler, inne.

Das zur Lenkung der deutschen Rüstungswirtschaft am 17. März 1940 geschaffene Ministerium für Bewaffnung und Munition unter Professor Todt, das nach seinem Tod von Professor Speer (Reichsministerium für Rüstung und Kriegsproduktion) am 8. Februar 1942 übernommen wurde, hat wohl über die Rohstoffverteilung Einfluß auf das Waffenamt ausgeübt – die Grundlagen der Rüstung und vor allem der Sektor »Heeresrüstung« blieben jedoch bis etwa Mitte 1944 in der Hand des Heereswaffenamtes.

Die *Absichten der Waffen-SS,* sozusagen »auf kaltem Wege« sich ein eigenes Waffenamt zu schaffen – eine Absicht, die ab 20. Juli 1944 durch den neuen B. d. E. nur begrüßt wurde –, soll an drei Beispielen transparent gemacht werden:

Am 22. Juni 1942 hatte Minister Speer die SS mit einem Schreiben an das SS-Führungshauptamt eingeladen, Vertreter zu den von ihm neu gebildeten Waffen-, Munitions- und Panzerkommissionen namhaft zu machen. SS-Oberführer Gärtner antwortete mit einem neuen Briefkopf »Chef des SS-Zentralzeugamtes«; dieser Briefkopf fand bis Ende Oktober 1942 Verwendung, nach diesem Zeitpunkt erschien ein lediglich mit Schreibmaschine geänderter Briefkopf, in dem der gleiche SS-Oberführer nun »Chef des SS-Waffenamtes« war.

Immer wieder wurde von seiten der SS versucht, die Arbeiten des Heereswaffenamtes zu unterlaufen, am 22. Mai 1943 wurde das sogar dem Reichsminister Speer zuviel. Die folgenden Auszüge werden aus einem Schreiben Speers an Professor Gerloff (Technische SS- und Polizeiakademie) zitiert: »Wie mir mitgeteilt wird, beabsichtigen Sie, im Osten eine Versuchsanlage zu errichten, die etwa der Versuchsstelle West in Kummersdorf und der Versuchsstelle Gottow des HWA entspricht . . . halte ich es doch für erwünscht, daß während des Krieges von der geplanten Anlage Abstand genommen wird . . . im Krieg nicht vertretbaren Aufwand von Rohstoffen, Bauvolumen und Personal bedeutet . . . Sie Ihre Herren veranlassen, sich jeweils wegen der Durchführung der Versuche mit den zuständigen Abteilungen des HWA in Verbindung zu setzen.«

Aber auch der Chef der Heeresrüstung selbst versuchte der SS, die immer wieder Bestände hortete, die Grenzen zu zeigen. In einem Schreiben vom 3. März 1943 an das SS-Führungshauptamt heißt es: »Bei der derzeitigen großen Knappheit an Gerät und Ersatzteilen aller Art ist es nicht angängig, durch Schaffung weiterer Nachschubbestände bei den SS-Zeugämtern größere Gerätemengen vorübergehend festzulegen. Es ist vielmehr notwendig, daß durch schnellste Zuführung alles aus der Fertigung kommende Gerät der kämpfenden Truppe ohne Verzögerung zu Gute kommt . . . soweit die Einheiten der Waffen-SS dem Feldheer angehören, erfolgt die Versorgung durch Gen.St.d.H./Gen.Qu. . . .«

Doch nun zu *Einzelheiten* des Heereswaffenamtes (s. hierzu auch Anhang, Band 2). Eine Hauptgruppe des Waffenamtes waren die *Waffenprüf-Abteilungen (WaPrüf):*

WaPrüf			
	1	Munition inkl. Handgranaten und Minen	7 Nachrichtengerät
	2	Infanterie-Waffen	8 Optik- und Beobachtungsgeräte
	4	Artillerie-Waffen	9 Kampf- und Nebelstoffe
	5	Pioniergerät	10 Raketen
	Fest	Festungswaffen und Gerät	11 Raketen
	6	Kraftfahrzeuge und Panzerkampfwagen	12 Verwaltung
			F Forschung

Die Abteilung Forschung hatte Verbindungen zu den maßgebenden Hochschulen und Instituten im Reich herzustellen, neue Erkenntnisse zu vermitteln und den Nachwuchs sicherzustellen. Die von Professor Schumann geleitete *Forschungs-Abteilung* verfügte selbst über ein großes Laboratorium in Gottow bei Hillersleben. Von hier aus wurden die wissenschaftlichen Grundlagen für neue Waffen und Munition geliefert, die Abteilung bildete aber auch spezielle Ausschüsse, z. B. den Atom-Ausschuß, der später an den Reichsforschungsrat (RFR) überging.

Der von Generalleutnant Schneider geleitete *Stab des WaPrüf* stand ebenfalls mit den Hochschulen und wichtigen Rüstungsfirmen (siehe hierzu auch die Aufstellung im Anhang, Band 2) in enger Verbindung.

Normalerweise wurden Entwicklungen, die über das HWA liefen, nicht nur auf den firmeneigenen Versuchsplätzen wie z. B. in Unterlüss, dem Platz der Fa. *Rh. Borsig*, geprüft, sondern zusätzlich auf den folgenden Prüfplätzen erprobt:

Bad Berka b. Eisenach	Kettenfahrzeuge auf schwerem Boden
Grulich im Glatzer Bergland; an der Küste bei Esbjerg	} Beschuß von Festungswerken
Hillersleben b. Magdeburg	zwei Art.Schießbahnen bis 28 km, Schallmeßversuchsstelle
Kummersdorf b. Berlin	zwei Schießbahnen bis 14 km, 3 km Hindernisbahn für Fahrzeuge aller Art
Mittersill i. Salzburger Land	Gerät für Gebirgsjäger
Raubkammer/Lüneburger Heide	Kampf- und Nebelstoffe
Peenemünde-Ost/Usedom	Raketen bis 300 km
Sperenberg b. Berlin	Pioniergerät
St. Johann/Tirol	Fahrzeug-Wintererprobung

Tropenerprobungen fanden zusätzlich in der Nähe von Tripolis, ab 1943 in Griechenland statt. Für Versuche unter *arktischen Bedingungen* gab es einen Prüfplatz bei Roeris in Nordnorwegen.

Mit Fortdauer des Krieges verzichtete man jedoch oft aus Zeitgründen auf eine gründliche Erprobung und gab sich mit einer *Truppenerprobung* zufrieden, die meist an einem ruhigen Frontabschnitt stattfand. Übereilte Entschlüsse, nicht ausgereifte Waffen, Änderungen über Änderungen waren in vielen Fällen die Folge.

Das Schlimmste aber waren die sogenannten »*Führerforderungen*«, wobei unter Umgehung des Waffenamtes von gewissen Industriellen durch parteiinterne Verbindungen der Bau einer Waffe bei Hitler direkt durchgesetzt wurde. Das Waffenamt mußte sich, wie im Fall der in diesem Werk beschriebenen »Hochdruckpumpe« (s. Bd. 2), mit den nicht funktionierenden Resten beschäftigen – der »Erfinder« erhielt dann meist noch das Kriegsverdienstkreuz.

Für die Erfassung von beim Gegner neu aufgetretenen Waffen und um Mißstände an eigenen Waffen und Geräten abzustellen, gab es bei der Truppe *Waffeninspizienten*. Da aber deren Berichte zu lange brauchten, bis sie die entsprechenden Stellen erreicht hatten, wurden im Mai 1943 vier *Höhere Offiziere HWA* auf die Fronten verteilt, die unmittelbaren Kontakt zum HWA hatten. 1944 hat man zu diesem Zweck sogar beim Oberkommando der Wehrmacht (OKW) unter General Buhle einen speziellen Heeresstab errichtet.

Die *Waffenamt-Zentrale (WaZ)* bestand aus sechs Abteilungen, die sich mit der Organisation, den verschiedenen Wirtschaftsgütern usw. befaßten, und dem *Fertigungsunterlagen-Kommando (Fu-Kdo)*, das für die Erstellung der zahlreichen Zeichnungen verantwortlich war.

Die *Amtsgruppe Chef-Ingenieur* leitete fünf Abteilungen für Waffen und Gerät (WuG) und sechs Abteilungen, die für die Munition (Mun) zuständig waren. Dabei befaßte sich die Abteilung 3 zbV mit der Ballistik, die früher dem Waprüf-Stab als Nr. 3 direkt unterstand. Diese Abteilungen waren für die technischen Grundlagen, die Maschinen und Fertigungsvorbereitungen von Waffen aller Art, die Geschoßhülsen, das Pulver bis hin zu den Packgefäßen verantwortlich.

In der *Waffen-Abnahme* gab es fünf Abteilungen, die 1940 wiederum 16, später sogar 19 Inspizientenbereiche kontrollierten. Die Personalstärke war hierbei erheblich; von den bis Mitte 1944 beschäftigten 25 000 Mann wurden, nachdem ein Teil der Abnahme selbstverantwortlich auf die Industriekontrollen überging, etwa 8000 Mann für den Frontdienst frei gemacht.

In den anderen Ämtern waren etwa 6500–7000 Personen tätig, auf den Prüfplätzen weitere 2500.

Abschließend soll noch der *Stab des HWA* erwähnt werden. Hier wurden nicht nur die Berichte aller Amtsgruppen überprüft, ebenso wurden hier Personalangelegenheiten geregelt wie auch der Verkehr mit der Abwehr und anderen Dienststellen abgestimmt – der Amtschef war so weitgehend entlastet.

Ende 1944 plante man nach Vorschlägen aus der Industrie, den Waffenämtern der Teilstreitkräfte und dem Speer-Ministerium für das Frühjahr 1945 noch ein *WWA (Wehrmachts-Waffenamt)* mit veränderter, verbesserter Struktur, zu dem ab April die Waffenämter der Luftwaffe und Marine hinzutreten sollten. Dazu sollte es aber auf Grund der Ereignisse nicht mehr kommen.

Bei der Lektüre dieses Werkes wird der Leser verwundert zur Kenntnis nehmen, wie oft der Name *Adolf Hitler* in Verbindung mit Konzeption, Technik und Produktion von Waffen und Kampffahrzeugen, insbesondere von »neuen Waffenideen«, genannt wird.

Im Zusammenhang mit Waffenleistungen, Waffenzahlen, Munitionsfertigungen, Zuteilungen u. a. Vokabeln zu lesen wie »Führeranordnung, der Führer wünscht, der Führer befiehlt, der Führer verwirft, der Führer beanstandet, der Führer lehnt ab, der Führer verbietet« und so fort, wird man sich fragen, ob sich der Oberste Befehlshaber der Wehrmacht nicht zu sehr in Details verloren hat, die ihn fast zwangsweise von großen Betrachtungsweisen – immerhin stand Deutschland seit Ende 1941 in einem Weltkrieg – abhalten mußten.

Das große – aber auch einseitige – technische Waffeninteresse des Obersten Befehlshabers der Wehrmacht basierte auf meist selbsterarbeiteten Kenntnissen, die oft die Fachleute erstaunten und zu – widerwilliger – Anerkennung zwangen.

Hinzu kam eine sehr lebendige Vorstellungswelt des Soldaten Adolf Hitler aus dem Ersten Weltkrieg, der zu wissen glaubte, was der Soldat benötigt. In diesen »Frontvorstellungen« übertraf Adolf Hitler zweifelsohne einige seiner führenden Generale, denen er mitunter vorhielt, daß sie den Ersten Weltkrieg nur aus der Perspektive höherer Stäbe, nicht aber aus der Sicht des Frontkämpfers erlebt hätten.

Beides, Hitlers enorme technischen Kenntnisse und sein von ihm stets behauptetes Einfühlungsvermögen in die Bedürfnisse der kämpfenden Truppe hätten sich als Anregungen, gelegentliche Hinweise durchaus positiv auswirken können. In Wirklichkeit aber führten sie zu einer jede Ordnung sprengenden, rechthaberischen ständigen Einmischerei mit allen ihren auch aus diesem Buch ersichtlichen negativen Folgen.

Hinzu kam, daß – vorbei am OKW – Gauleiter und andere Parteiführer, Himmler für »seine« Waffen-SS, Göring für »seine« Luftwaffe und einzelne, Hitler gut bekannte Industrielle ihm direkt Vorschläge oder auch »Erfinder« präsentierten, die dann von den Waffenämtern in fast allen Fällen durch langwierige, Zeit und Material kostende Versuche ad absurdum geführt werden mußten. Als *ein* Beispiel für das letztere kann hier die – für den praktischen Gebrauch – Fehlkonstruktion der »Maus« gelten.

Bei den für dieses Werk benutzten *Quellen* handelt es sich – außer den, dem Autor verbliebenen privaten Notizen aus den letzten Kriegsjahren – fast ausschließlich um unveröffentlichtes Material, das z. T. nur noch als Unikat vorhanden ist.

Da es vom Umfang her unmöglich ist, alle hier verwendeten Dokumente aufzulisten, seien hier nur die wichtigsten Hauptgruppen dieser Quellen genannt:

- Dienstvorschriften des Heeres, der Luftwaffe und der Kriegsmarine;
- Überblick über den Rüstungsstand des Heeres, der Luftwaffe und der Kriegsmarine;
- Forschungen und Entwicklungen des Heereswaffenamtes;
- Protokolle der Waffen-Abnahme;
- Ausbildungshinweise der Armeewaffenschulen;
- Rüstungsprogramme;
- »10 Tage Meldungen« Stab/Wirtschafts-Rüstungsamt;
- KTB des Generalstabes des Heeres;
- KTB der Organisations-Abt. im Generalstab des Heeres;
- KTB des Gen. d. Artillerie im Oberkommando des Heeres;
- Berichte »Heeresarzt« im Oberkommando des Heeres;
- Berichte des Reichsforschungsrates;
- Tagesmeldungen und Lageberichte aller Fronten und
- Firmenberichte aus dem Rüstungsministerium.

Um dem Leser das Auffinden von für ihn besonders wichtigen Fachbezeichnungen – in Art eines Nachschlagewerkes – zu erleichtern, wurde im Text von Hervorhebungen Gebrauch gemacht. So wurden z. B. alle eingeführten bzw. aus der Kriegsbeute übernommenen Waffen usw., aber auch die wichtigsten der Projekte in **halbfett** herausgestellt, alle Firmennamen und andere hervorzuhebenden Dinge in *Kursivschrift* wiedergegeben. Kursivschrift wurde aber nicht angewandt, wo der Firmenname in einem Koppelwort erschien, so z. B. Kruppstahl, Porsche-Fahrzeug, Rheinmetall-Kanone usw.

Ein Wort noch zu den *Abkürzungen* für Waffen, Fahrzeuge usw. Der Vergleich mit damaligen Wehrmachtsvorschriften (ja selbst innerhalb einer Vorschrift kam es vor, daß ein und dieselbe Waffe verschieden abgekürzt wurde!) und heutigen Publikationen wissenschaftlicher und breiter angelegter Art zeigte, daß auf diesem Gebiet Einheitlichkeit kaum zu finden ist.

Hier kam es darauf an, daß der Leser keinen Zweifel daran haben durfte, was gemeint ist, unabhängig davon, ob die Abkürzung damaligem/heutigem Gebrauch entspricht oder nicht – soweit man überhaupt sagen kann, welche Form der Abkürzung und wann im Sinne von »amtlich« gültig gewesen ist.

Der Autor zeichnet für den Gesamtinhalt dieses Werkes voll verantwortlich, dies schließt durchaus nicht den einen oder anderen Fehler aus. Er wäre daher den Lesern zu Dank verpflichtet, die mit Korrekturen und Hinweisen oder Ergänzungen (an den Verlag gerichtet) sich als hilfreich erweisen würden. Solche berechtigten Hinweise würden bei einer Neuauflage Berücksichtigung finden.

Die Rüstung vor dem Krieg

Man begegnet heute noch im In- und Ausland vielfach der Auffassung, daß mit dem Reichsverteidigungsgesetz vom 21. März 1935 eine Aufrüstung im großen Stil begann, daß die deutsche Industrie von da an – Zug um Zug – völlig auf Kriegsproduktion umgestellt wurde. Wenn sich auch Göring, wie am 17. Dezember 1936, martialisch äußerte: ». . . wir stehen bereits in der Mobilmachung und im Krieg, es wird nur noch nicht geschossen« – die Industrie verhielt sich gegenüber den Rüstungsplänen reserviert.

Schon zur Zeit der Reichswehr lagen keine nennenswerten Aufträge vor. Die Firmen *Krupp* und *Rheinmetall* entwickelten und bauten zwar einige Kanonen, die Rüstung blieb aber sehr beschränkt – für die Granatfertigung gab es damals nur eine Firma, den *Bochumer Verein*.

Es werden nun dem tatsächlichen Waffenbestand der Reichswehr im September 1932 die vom Versailler Vertrag festgelegten Mengen gegenübergestellt:

	Reichswehr	*Versailler Vertrag*
Gewehre und Karabiner	663 650	102 000
Maschinengewehre	22 024	1 926
le. Inf. Geschütze	899	189
le. Feldkanone	495	204
Panzerbüchsen	1 074	–
3,7-cm-Pak	264	–
Feldhaubitzen	75	–
schwere Kanonen	81	–

Unter der neuen Regierung wurde zwar am 13. Februar 1934 bereits das Wehrmachtsamt gebildet, aber außer der Einführung einiger, bereits vorhandener Waffen wie dem MG. 34 und dem 8-cm-Granatwerfer passierte nicht viel.

Die weiteren Rüstungsvorbereitungen wurden überwiegend auf den Erkenntnissen und Erfahrungen des Ersten Weltkrieges aufgebaut. Das Waffenamt erkannte erst später, daß sich Waffentechnik und Fertigungstechnik gegenüber dem Ersten Weltkrieg so stark verändert hatten, daß eine die industrielle Leistungsfähigkeit beurteilende Vergleichsbasis so nicht mehr gefunden werden konnte. Es muß auch darauf hingewiesen werden, daß ein großer Teil der Industriekapazität von dem Programm der Luftwaffe beansprucht wurde und daß die nun geplante Panzerproduktion die Rüstung im Ersten Weltkrieg und die der Anfangsphase der Wehrmacht noch nicht belastet hatte. Ein zukünftiger Krieg mußte mehr und mehr eine Frage des Materials und der Fabriken werden, und dafür war die Frage der Rohstoffbevorratung zuerst zu lösen.

Erst ab Oktober 1936, mit dem anlaufenden Vierjahresplan, mit der Kontingentierung wichtiger Rohstoffe versuchte man, den Zielen der Aufrüstung näher zu kommen.

1935 hatte zwar die Truppe schon kleine Stückzahlen der leichten und schweren Feldhaubitze sowie der 10-cm-Kanone übernommen, am 15. Oktober wurden auch drei Panzer-Divisionen aufgestellt – damit, es gab nur die leichten Panzer I und II, war aber keine Kampfkraft erreicht.

Bei der Waffenentwicklung wurde die Wichtigkeit verschiedener Konstruktionen nicht erkannt, die verantwortlichen Ämter lehnten z. B. den Maschinenkarabiner mit der Kurzpatrone, das Mehrladegewehr und die Hohlladungsgeschosse ab.

Der völlig überalterte Karabiner 98 wurde weiter produziert, das zu komplizierte MG. 34 ging in die Serienfertigung, und die in ihrer Leistung längst ungenügende 3,7-cm-Pak wurde

– obwohl man ihre Schwächen durchaus erkannte – nicht nur beibehalten, sondern wegen der Vereinheitlichung der Munition auch für den Panzer III als KwK gebaut.

Vorgeschlagene Verbesserungen für die Massenfertigung von Waffen und Munition, die Blechprägetechnik, die Schleuderverfahren für Geschützrohre und großkalibrige Granaten, um nur einige zu erwähnen, wurden nicht weiter verfolgt.

Die Ersatzteilorganisation war, wie sich später herausstellte, besonders auf dem Fahrzeugsektor eine Katastrophe. Die Standardisierung scheiterte an der Vormachtstellung einzelner Firmen – die über 150 verschiedenen Lastwagen-Typen von vor dem Krieg konnte man z. B. erst 1942 auf 23 senken. Obwohl 1938 der Wehrmacht 22 792 Lkw zugingen, war, wie wir in der folgenden Aufstellung sehen, nur ein geringer Teil der Artillerie motorisiert. In dem Jahr hatte man aber 52 907 Lkw an zivile Stellen geliefert und 16 279 Stück exportiert.

Aber schauen wir uns die **Rüstungslage beim Heer** zu der Zeit an, als sich die Lage in Europa weiter verschärft hatte – die Tschechoslowakei hatte am 20. Mai 1938 die Teilmobilmachung erklärt:

Beim deutschen Heer waren am 1. April 1938 die folgenden **leichten Infanteriewaffen** mit ihrer Munition vorhanden:

	Waffen	Schuß
Pistolen	378 826 ⎫	68 674 000
Maschinenpistolen	7 310 ⎭	
Gewehre und Karabiner	1 693 811 ⎫	3 638 037 000
Maschinengewehre	56 370 ⎭	
3,7-cm-Pak	7 713	12 283 000
5-cm-le.Granatwerfer	798	369 000
8-cm-m.Granatwerfer	368	139 700
le.Infanteriegeschütz	2 172	2 982 500

Bei der **Artillerie** waren vorhanden:

le.Feldhaubitze	2 164	9 026 000
s.Feldhaubitze	1 251	1 601 400
s.10-cm-Kanone	635	783 400
Nebelwerfer 35	72	130 000

Davon waren aber nur 190 le.I.G., 494 le.F.H. und 780 s.F.H., das waren zusammen 26 Prozent, motorisiert, der Rest nur für Pferdezug geeignet.

Übrigens konnte man auch später auf das Pferd nicht verzichten, sogar von der Produktion des Jahres 1941 waren von 1158 le.F.H. nur 548 für den Kraftzug vorgesehen. Bei der s.F.H. lag das Verhältnis mit 354 von 519 etwas günstiger.

Doch zurück zu den Beständen im April 1938, da verfügte die **Gebirgstruppe** zusätzlich über:

le.Geb.Infanteriegeschütze	8	Munition vom normalen le.I.G.
Gebirgsgeschütze	32	25 000

Den **Panzerverbänden** standen zur Verfügung:

Panzer I	1468
Panzer II	443
Panzer III	42
Panzer IV	30

Dabei wurden die Panzer I von der Truppe als völlig unbrauchbar erachtet, die Panzer II mit Recht »Sardinenbüchse« genannt, sie waren mit der 2-cm-Kanone auch kaum kampffähig.

Da blieben nur die 72 schweren Fahrzeuge, von denen aber nur die 30 Panzer IV mit dem KFF (Kampfwagenfahrerfernrohr) ausgerüstet waren. Diese zur A-Ausführung gehörenden Fahrzeuge waren übrigens mit 15 mm nur sehr schwach gepanzert.

Ein Jahr später, im April 1939, fehlten an den geplanten Beständen immer noch:

Panzer II	108
Panzer III	230
Panzer IV	3

Obwohl im April/Mai zusammen nur 6 Panzer III geliefert wurden, hatte man, um den großen Rückstand zu verschleiern, die Fehlmenge einfach gestrichen und konnte damit am 1. Juni eine Überlieferung von einem Fahrzeug ausweisen!

Bei den **Handwaffen** des Heeres hatte der Plan ab Herbst 1938 eine Produktion von 108 884 Karabinern je Monat vorgesehen, die Durchschnittsfertigung für das 1. Halbjahr 1939 betrug aber je Monat nur 52 667 Stück. Im Ersten Weltkrieg lag vergleichsweise der Durchschnittswert für das 1. Halbjahr 1915 bei 89 773 Stück.

Die geforderte durchschnittliche Monatslieferung betrug bei den Maschinengewehren 6571 Stück – mit 3774 lag man aber im 1. Halbjahr erheblich darunter. Im 2. Halbjahr fiel dann der Durchschnitt trotz des bereits begonnenen Krieges auf 3522 Stück.

Im Vergleich mit der Produktion des Ersten Weltkrieges können wir hier nicht das Jahr 1915 wählen, die Produktion war von 173 MG im August 1914 gerade auf 915 im Dezember 1915 gestiegen. Erst im 1. Halbjahr 1917 erhielt die Truppe größere Stückzahlen, durchschnittlich 5405 je Monat.

Für die **Infanteriemunition** hatte man für das Heer den sicherlich durch die MG ansteigenden Verbrauch mit einkalkuliert, das Liefersoll auf 343,37 Millionen Schuß je Monat festgelegt, die monatliche Durchschnittsproduktion erreichte im 1. Halbjahr 1939 jedoch nur 182,46 Millionen, um im 2. Halbjahr trotz der darin enthaltenen vier Kriegsmonate gerade auf 205,05 Millionen zu steigen. Der Vergleichswert vom Anfang des Ersten Weltkrieges betrug 171,02 Millionen Schuß.

Für die **Granatwerfer** standen je Monat 585 Stück mit 1 055 305 Schuß im Plan. Mit 817 gefertigten Waffen hatte man hier erheblich überliefert, die geforderte Munitionsmenge mit 749 767 Schuß aber nicht erreicht.

Bei der **3,7-cm-Pak** war eine Lieferung von 704 Stück mit 1 604 860 Schuß vorgesehen. Abgenommen wurden aber 1939 im 1. Halbjahr je Monat im Durchschnitt nur 221 Waffen mit 336 100 Schuß.

Da es Anfang des Ersten Weltkrieges noch keine Pak gab und die Granatwerfer mit den verschiedenen Minenwerfern schlecht vergleichbar sind, unterbleibt hier eine Gegenüberstellung.

Bei der **leichten Artillerie,** dazu zählen Waffen von 7,5-cm-Kaliber bis einschließlich 10,5 cm, waren je Monat 485 Stück geplant, erreicht wurden 138 Stück. Für die dazugehörende Munition waren im Fertigungsplan 1 142 000 Schuß vorgesehen, 521 483 Schuß wurden im Durchschnitt je Monat abgenommen.

Für die **schwere Artillerie,** das ist alles ab 15-cm-Kaliber, waren 154 Waffen je Monat vorgesehen, man erreichte 77. Von den hier geforderten 255 000 Schuß konnten je Monat 75 958 geliefert werden.

Wegen der sehr unterschiedlichen Artilleriewaffen wird auch hier auf einen Vergleich mit dem Ersten Weltkrieg verzichtet.

Ohne eine Liefertierminierung waren Ende 1938 von der 15-cm-Kanone 1850 Stück und vom 21-cm-Mörser sogar 249 Stück bestellt worden. Von dem Mörser hatte die Firma *Krupp* im März 1939 vier Stück ausgeliefert. Wie leicht erkennbar, war die Fertigung der Munition problematisch, der letzte, vor dem Krieg vorgelegte **MEP (Munitionserzeugungsplan)** war einfach nicht durchzuführen. Man hätte 37 000 neue Werkzeugmaschinen benötigt, der deutsche Maschinenmarkt war aber ausgelastet, und die Devisenlage erlaubte keine Käufe im Ausland.

Bei **Pulver und Sprengstoffen** hatte man mit einem extra eingeleiteten Schnellplan eine monatliche Ausbringung von 13 100 bzw. 9100 t geplant. Es konnten aber im Durchschnitt nur 3281 t Pulver und 4875 t Sprengstoff geliefert werden, auch im 2. Halbjahr 1939 waren es mit 4014 bzw. 5369 t nicht viel mehr.

Wir sehen also, es war trotz aller Planungen keine Vorsorge für einen länger dauernden Krieg getroffen worden, viel zu spät erkannte man, daß man militärisch erzielte Erfolge durch wirtschaftliche Faktoren untermauern mußte.

Für einen Krieg, wie er dann entstand, waren das jedenfalls ungenügende Vorbereitungen. Daß die Leistungen der Industrie damals weit hinter dem Machbaren zurücklagen, daß die deutsche Kriegswirtschaft viel mehr leisten konnte, zeigte sich dann später unter der Leitung des Ministeriums Speer.

Die von der deutschen Propaganda immer wieder herausgestellten, übertriebenen Zahlen zur Rüstung wurden jedoch vom Ausland geglaubt; das führte dann zu der unentschlossenen Haltung der Westalliierten bei Kriegsbeginn, durch die Hitlers anfängliche militärischen Erfolge erst möglich wurden.

Diese Erfolge sollten dann bei Hitler zu einer Selbstüberschätzung seiner strategischen und militärisch-technischen Fähigkeiten führen – man sprach vom größten Feldherrn aller Zeiten –, die mit der Kompromißlosigkeit und »Unfehlbarkeit« seiner Entscheidungen letztlich Deutschland in den Untergang führte.

Am Beispiel einer Waffe, der unersetzlichen 10,5-cm-leichten Feldhaubitze, soll abschließend gezeigt werden, daß es der Industrie und dem Rüstungsministerium durch mangelnde Planungen und eine viel zu späte Umstellung auf Kriegsproduktion nicht gelang, in den ersten Kriegsjahren die geforderten Fertigungszahlen zu erreichen.

Hitler hatte von der Firma *Rheinmetall* schon 1938 eine Fertigung von 300 Stück dieser Haubitze je Monat gefordert, mit der Lieferung von 111 Stück im Dezember 1938 hatte man wohl einen Bestand von 4207 Stück erreicht – für die ersten 8 Monate des Jahres 1939 lag dann der Durchschnitt aber nur bei 80 Waffen.

Ab Kriegsbeginn stieg dieser auf 120 Stück, und obwohl im November 1939 nunmehr ein Ausstoß von 320 Waffen gefordert wurde, fiel dieser Wert für das Jahr 1940 auf 115. Im 1. Halbjahr konnte man zwar mit 122 abgelieferten Haubitzen wieder einen leichten Anstieg verzeichnen, es waren bis dahin aber auch 232 dieser Waffen ausgefallen.

Während des 2. Halbjahres 1941 fiel dann der Monatsdurchschnitt auf 70, wobei im Dezember nur 21 Haubitzen abgenommen wurden.

Ausgefallen waren bis dahin 1148 Stück, 468 davon allein im Dezember – aber man hatte die Produktion stark eingeschränkt, der Krieg im Osten schien gewonnen, und der Bestand hatte am 1. Dezember mit 6772 Stück fast 40 Prozent mehr als bei Kriegsbeginn betragen.

Speer, der im Frühjahr 1942 das Rüstungsministerium übernommen hatte, versuchte nun die Produktion zu steigern. Dabei zeigte das 1. Halbjahr 1942 mit 76 Stück je Monat natürlich noch keine große Steigerung der Fertigung, aber im 2. Halbjahr konnte man den Durchschnitt auf 130 steigern, mit einem Höchstausstoß von 222 Waffen im Dezember.

Die Ausfälle für 1942 hatten 1677 Stück betragen, und 242 Stück hatte man seit Kriegsbeginn verkauft; die Fertigung mußte also weiter gesteigert werden. Der Bestand, der kurz nach Beginn des Feldzuges im Osten 7125 Stück betragen hatte, war zu Beginn des Jahres 1943 auf 5745 gesunken, man wollte jetzt die geforderten 300 je Monat erreichen.

Mit der im März 1943 begonnenen Auslieferung der le.F.H. 18/40 durch die Firma *Krupp* konnte bereits im Mai mit 337 abgenommenen Waffen die seit langem geforderte Zahl »300«

überschritten werden. Während des Jahres 1943 betrug der Monatsdurchschnitt der Abnahme 294, die Ausfälle beliefen sich auf 2429 Stück, und 266 Haubitzen wurden verkauft. Die für die Bewaffnung der Selbstfahrlafetten aus der Produktion herausgezogenen Mengen sind hier übrigens nicht mit berücksichtigt. Die zu fertigende Stückzahl wurde im November 1943 auf 600 und im Februar 1944 sogar auf 700 je Monat erhöht. Nachdem im Mai und Juni 1944 dann 755 bzw. 763 Waffen abgenommen wurden, erhöhte man die Forderung erneut, dieses Mal auf 1070 je Monat.

Im Dezember kam man dann mit 930 abgenommenen Haubitzen dieser Zahl recht nah, der Durchschnitt hatte trotz der durch die Luftangriffe erschwerten Fertigung bei 736 Stück gelegen.

Die Ausfälle waren aber auch erheblich gestiegen, sie betrugen 5538 Stück, davon allein 2058 in den Monaten Juli/August. Verkauft wurden in dem Jahr 274 Stück.

Der neue Lieferplan sah ab Dezember 1944 eine monatliche Abnahme von 1050 Haubitzen vor, im Januar 1945 fiel aber die Produktion mit nur 364 schon stark ab. Im Februar waren es dann nur noch 150, und von denen wurden wegen der Annäherung feindlicher Panzerverbände und fehlender Transportmittel 76 gesprengt, ohne daß sie die Truppe erreicht hatten. Im März 1945 läßt sich noch eine Abnahme von 108 Stück in der Radlafette nachweisen.

In den folgenden Abschnitten werden wir sehen, daß es trotz erschwerender Umstände – Rohstoffmangel, Facharbeitermangel, schwere Beeinträchtigungen durch den Luftkrieg in den Wirtschaftsstrukturen und im Verkehrswesen – unter dem Druck der militärischen Ereignisse dennoch möglich war, die notwendigen Umstellungen durchzuführen, wenn es auch nicht gelang, den Waffen- und Munitionsmangel, zu dem die geschilderten, schlechten Planungen beigetragen hatten, völlig zu beseitigen.

Infanteriewaffen

Pistolen

Die **Pistole 08** (P. 08), eine Konstruktion, die aus den Entwicklungen der Herren Luger und Borchardt hervorging, wurde bei den *DWM (Deutsche Waffen- und Munitionswerke)* für die Massenfertigung überarbeitet. Seit 1908 war dann diese Pistole, auch Parabellum (lat.: für den Krieg) genannt, im deutschen Heer eingeführt. Diese Waffe des Kalibers 9 mm mit dem weltbekannten Kniegelenkverschluß war bei einer Lauflänge von 100 mm im ganzen 221 mm lang, sie wog leer 0,87 kg. Sie war nicht nur in der Fertigung kompliziert, auch im Einsatz war sie sehr empfindlich z. B. gegen Verschmutzungen. Ab 1940 wurde sie nach und nach durch die P. 38 ersetzt, fand jedoch noch bis Ende des Krieges Verwendung.

Verschossen wurde mit dieser Waffe die Pistolen-Patrone 08, die auch in den verschiedenen Maschinenpistolen Verwendung fand. Diese Munition darf nicht mit der 35 mm langen »Parabellum-Lang« oder der 9-mm-Karabiner-Patrone verwechselt werden. Die letztere war leicht an der schwarzen Hülse erkenntlich.

Die Patrone 08 war 29,7 mm lang und wog 10,5 g. Eine Pulverladung von 0,4 g verlieh dem 6,4 g schweren Geschoß eine V_0 von 340 m/s.

Produziert wurden von der Pistole 08 während des Zweiten Weltkrieges bis zum November 1942, als die Lieferungen eingestellt wurden, 412 898 Stück, der Richtpreis lag bei RM 32,– je Stück.

Für die neue Waffe, mit der man die Pistole 08 ersetzen wollte, legten 1937 drei Firmen ihre Muster vor. Die Firma *Sauer & Sohn* war mit dem Modell 38 H, die Firma *Mauser* mit der HSv und die Firma *Walther* mit der AP (Armeepistole) vertreten. Das Waffenamt entschied sich für die Entwicklung der Firma *Walther,* verlangte aber einen außenliegenden Hammer und am Schlitten eine den Lauf umschließende Brücke. Mit diesen Änderungen hieß die Waffe nun MP (Militärpistole), und eine Vorserie von 200 Stück wurde erprobt. Geringfügige Änderungen führten nun zur HP (Heerespistole), die in einer Nullserie von 10 000 Stück gefertigt und dann offiziell als **P. 38** eingeführt wurde – im August 1939 hat das Heer die ersten 100 Exemplare der im Jahr 1939 gelieferten 1470 Stück erhalten.

Diese Pistole besaß einen Lauf von 125 mm Länge, war im ganzen 215 mm lang und wog leer 0,94 kg. Die V_0 lag beim Verschuß der 9-mm-Patrone geringfügig höher als die der P. 08. Die neue Waffe war einfacher zu fertigen, sie war unempfindlicher, sicherer und schneller feuerbereit. Wichtig war auch, daß sie nur noch 4,35 kg Rohstahl benötigte – bei der P. 08 waren es noch 6,1 kg. Bei den während des Zweiten Weltkrieges gefertigten über 1,2 Millionen Stück der P. 38 waren das über 2100 t Materialersparnis. Es gab diese Waffe übrigens auch mit einem Kaliber von 7,65 mm.

Das Mausermodell **C 96** war eine Parallelentwicklung zur Borchardt-Pistole aus der Zeit vor 1900. Ab 1932 wurde dann diese Waffe erneut in den Kalibern 7,63 und 9 mm produziert. Normalerweise war diese zehnschüssige Pistole für Einzelfeuer eingerichtet, es gab sie aber auch als Schnellfeuerwaffe mit einem 20-Schuß-Magazin. Hier gab es auch Waffen, mit denen die 9-mm-Mauser-Export-Patrone, die stärkste Pistolen-Patrone Europas, verschossen wurde. Mit 25 mm war die Hülse 6 mm länger als bei der Pistolen-Patrone 08, mit der stärkeren

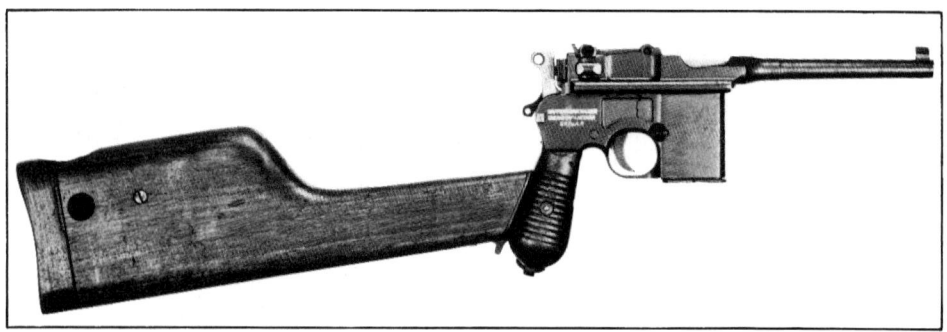

Die Mauser C 96 im Kal. 7,63

Ladung wurde hier eine V_0 von 415 m/s erreicht. Bei der normalen Patrone waren es nur 365 m/s. Die Schußfolge von 840/min war aber viel zu hoch; selbst bei kurzen Feuerstößen wurde die C 96 so heiß, daß sich die Munition im Patronenlager selbst entzündete. Diese Pistole war 299 mm lang, besaß einen 139 mm langen Lauf und wog 1,35 kg. Für die Läufe gab es zahlreiche Variationen. Die 7,63-mm-Mausermunition war übrigens mit der russischen 7,62-mm-Munition für die Tokarev-Pistole austauschbar.

Da die 9-mm-Patrone 08 in das Patronenlager der 7,63-mm-Waffe paßte, war in die Griffschalen der 9-mm-Waffe eine große »9« eingefräst, die zusätzlich mit roter Farbe ausgelegt war.

Es gab für diese Pistole auch einen hölzernen Anschlagkolben, der gleichzeitig als Behälter für diese Waffe benutzt wurde. Zur sogenannten 9-mm-Ultra-Patrone, die 1936 von der Firma *Genschow* entwickelt wurde, gab es eine Pistole der Firma *Walther* für die Luftwaffe. Sie wird hier nur erwähnt, weil das Heereswaffenamt von dieser Munition 25 000 Schuß abgenommen hat. Es war eine 26 mm lange Patrone, die beim Verschuß aus dem 100 mm langen Lauf eine V_0 von 285 m/s erreichte.

Bei der Firma *Gustloff* hatte man Ende 1939 eine neue 7,65-mm-Pistole entwickelt und versuchte, diese Waffe als Dienstpistole für die Polizei, die SS und andere Partei-Organisationen einzuführen.

Obwohl diese Waffe mit nur 37 Einzelteilen gegenüber der 51 beim Walther-PP.-Modell auskam, hat es auch nichts geholfen, daß man Hitler und anderen Persönlichkeiten Muster dieser Pistole schenkte – es sind nicht einmal die 100 Stück der Vorserie fertig geworden. Die 0,58 kg schwere Waffe war 168 mm lang und besaß einen Lauf von 95 mm Länge.

Aber auch die Firma *Walther* legte eine neue Dienstpistole mit dem Kaliber 7,65 vor. Die als KPK bezeichnete, siebenschüssige Waffe war auf der bewährten PPK aufgebaut; sie war 148 mm lang, besaß einen 80 mm langen Lauf und wog 0,57 kg. Außer einer Musterserie ist jedoch nichts mehr gefertigt worden.

Nach dem Anschluß Österreichs im Jahr 1938 wurden etwa 300 000 Stück der Steyrpistole 1912 zur Pistolenpatrone 08 geändert. Die nun offiziell als **P. 12(ö)** bezeichnete, achtschüssige Waffe hatte eine Länge von 206 mm, einen Lauf von 128 mm und wog 1,02 kg. Eine Eigenheit dieser Pistole war, daß sie kein herausnehmbares Magazin besaß, das Griffstück mußte mittels eines Ladestreifens von oben gefüllt werden.

Bei dem Anschluß des Sudetenlandes 1938 und der Errichtung des Protektorates Böhmen und Mähren im Frühjahr 1939 gingen ebenfalls verschiedene Waffen in deutsche Bestände über: Die **Pistole vz. 24**, später mit **24(t)** bezeichnet, war eine 152 mm lange, achtschüssige Waffe von 0,7 kg Gewicht. Aus dem 91 mm langen Lauf wurde die 9-mm-Patrone M. 22 mit einer

Die Gustloff-Pistole

V_0 von 295 m/s verschossen. Diese Pistole ist ab 1942 von der *Böhmischen Waffenfabrik* weiter produziert worden; die spezielle Munitionsfertigung lief im August 1942 an. Von der Pistole vz. 27, die dann **P. 27(t)** genannt wurde, hat man einschließlich der späteren Produktion etwa 480 000 Stück erhalten. Die 7,65-mm-Waffe war 160 mm lang, besaß einen 99 mm langen Lauf und wog 0,71 kg. Verschossen wurde die 25 mm lange Browning-Patrone mit einer V_0 von 280 m/s. Eine spezielle Ausführung war zur Aufnahme eines sehr wirkungsvollen Schalldämpfers mit einem längeren Lauf versehen.

Die Pistole vz. 38, die mit der Bezeichnung **P. 39(t)** übernommen wurde, hat sich wegen der 9-mm-»Kurz«-Munition nicht bewährt. Die Produktion dieser Munition wurde im März 1942 wieder eingestellt. Die technischen Daten der Waffe: Länge 205 mm, Lauf 120 mm, Gewicht 0,94 kg und V_0 295 m/s.

Aus der *ungarischen Fertigung* hat das Waffenamt etwa 106 700 Stück der Pisztoly 37 M in den Kal. 7,65 und 9-mm-»Kurz« übernommen. Die 182 mm lange Waffe besaß einen Lauf von 110 mm und wog 0,77 kg. Von dieser Pistole, die mit **37(u)** bezeichnet wurde, war die 9-mm-Version wegen des nur 6 g wiegenden Geschosses nicht beliebt.

Belgien hat von der dreizehnschüssigen **Browning-Pistole 640(b)** 319 000 Stück geliefert. Die 200 mm lange Waffe von 0,9 kg Gewicht verschoß aus dem 118 mm langen Lauf die Pistolen-Patrone 08 mit einer V_0 von 335 m/s.

Eine weitere belgische Browning-Waffe war die **641(b)**. Diese 178 mm lange Pistole wog 0,7 kg und verschoß aus ihrem 115 mm langen Lauf die 9-mm-»Kurz«-Patrone. Bis zum Herbst 1944 hat das Waffenamt 362 200 Stück dieser Pistole erhalten. Diese Waffe gab es auch im Kal. 7,65 mm, von dieser Ausführung, **626(b)** genannt, wurden aber nur geringe Stückzahlen geliefert.

Aus *Norwegen* wurden etwa 7000 Stück der Pistole **657(n)** geliefert. Diese 1,1-kg-Waffe war 218 mm lang und verschoß aus ihrem 128 mm langen Lauf ein 14,9 g schweres Geschoß vom Kal. 11,43 mm mit einer V_0 von 260 m/s. Diese Pistole war übrigens eine Kopie des amerikanischen Colt M 1911.

Spanien lieferte 24 000 **Astra-Pistolen** im Kal. 9 mm. Hierfür war aber die Bergmann-Bayard-Patrone erforderlich, für die jedoch keine Fertigung lief. Da die Pistolen-Patrone 08 nicht einwandfrei funktionierte, hat man nach 50 Mustern, die 1943 erprobt wurden, im folgenden Jahr 10 450 Stück der Astra 600 gekauft.
Diese 1,0 kg schwere und 208 mm lange Pistole besaß nun einen für die Patrone 08 passenden Lauf von 135 mm Länge. Eine weitere spanische Pistole war die **Star-B,** ebenfalls für die Patrone 08. Von der 1,1 kg schweren Waffe hat das Waffenamt 34 850 Stück erhalten. Die achtschüssige Waffe war 216 mm lang, der Lauf 128 mm.

Frankreich hat etwa 40 000 Stück der 7,65-mm-Pistole MAS 1935 geliefert, die als **P. 625(f)** eingeführt wurde. Die 0,8 kg schwere Ausführung »A« war 200 mm lang und besaß einen 110 mm langen Lauf. Von den zwei verschiedenen **Unique-Pistolen** im Kal. 7,65 mm erhielt das Waffenamt 81 000 Stück. Die Firma *MAB in Bayonne* lieferte auch 53 200 ihrer neunschüssigen 7,65-mm-Pistole. Bei einem Gewicht von 0,7 kg war diese Waffe 177 mm lang, mit einem 103 mm langen Lauf.

Ab April 1944 lieferte *Italien* 58 850 **Beretta-Pistolen** im Kal. 9-mm-»Kurz«. Die siebenschüssige Waffe wog 0,6 kg; durch den nur 86 mm langen Lauf war mit einer V_0 von 245 m/s die Leistung stark eingeschränkt.

In größeren Mengen, über 380 000 Stück insgesamt, wurde die *polnische* Radom-Pistole bis Ende 1944 für die deutsche Wehrmacht produziert. Diese als **P. 35(p)** bezeichnete Waffe wog leer 1,02 kg, war 200 mm lang und besaß einen Lauf von 120 mm Länge. Mit der Pistolen-Patrone 08 betrug die V_0 345 m/s.
Mit der Aufstellung des Volkssturmes am 26. September 1944 fehlte es trotz der Aufkäufe von spanischen Astra-Pistolen und zahlreichen Beutewaffen, die vom 13schüssigen belgischen Browning, der **P. 640(b)** genannt wurde, bis zum amerikanischen Colt, der die Bezeichnung **P. 660(a)** trug, reichten, immer mehr an Handfeuerwaffen. Hatte im 1. Halbjahr 1944 die Truppe 110 092 Pistolen verloren, so stieg im 2. Halbjahr diese Zahl auf 282 701 Stück. Um diese Verluste auszugleichen, wurden nun schnell zu erstellende Konstruktionen gefordert, die alle das Magazin der P. 38 verwenden mußten.
Die Firma *Mauser* legte unter den Bezeichnungen »Gerät 25« und »26« zwei **Volkspistolen** vor, die sich nur durch den Verschluß unterschieden. Das erste Muster wog 1,07 kg, das 5,6 g schwere Geschoß wurde durch 0,4 g Pulver auf eine V_0 von 430 m/s beschleunigt. Das vereinfachte Muster wog nur noch 0,85 kg – es wurde ebenso abgelehnt wie die später als »Gerät 40« vorgestellte Waffe. Das gleiche geschah mit den Mustern der Firmen *Erma, Gustloff* und *Steyr.*
Die Firma *Walther* hatte zuerst ein Modell in Blechprägetechnik vorgelegt, das dem US-Colt 1911A sehr ähnlich sah. Es wurde wie auch das ähnliche zweite Muster abgelehnt. Erst das dritte Muster fand den Beifall der Gauleitung – das Waffenamt hatte da nichts mehr zu sagen – und wurde akzeptiert. Die Produktion begann am 12. Februar 1945 – am 30. März sollten dann die ersten Waffen geliefert werden. Infolge der sich rapid verschlechternden Lage (Zella Mehlis, der Firmensitz, wurde am 7. April von Einheiten der 90. US-Division besetzt) werden wohl nur noch wenige dieser Waffen das Werk verlassen haben.
Bei diesen Volkspistolen handelte es sich um sehr primitive Konstruktionen; da zwangsläufig verschiedene, bereits vorhandene Teile verwendet wurden, entstanden sehr eigenwillige Entwürfe.

Für *Agenteneinsätze* gab es eine interessante Entwicklung, die **Koppelschloßpistole.** Es gab Muster mit zwei 9-mm- und auch mit vier 7,65-mm-Läufen, die nach dem Aufklappen des Koppelschlosses automatisch in Schußposition gebracht wurden. Das Abfeuern konnte durch Drucktasten oder durch Drähte, z. B. beim Erheben der Hände, geschehen. Die ersten Muster wurden in Berlin gefertigt, eine Kleinserie danach bei der *Waffenakademie der SS in Brünn.*

Bei Kriegsbeginn lagen beim Heer 629 200 Pistolen der verschiedenen Kal. mit 94,621 Millionen Schuß vor.
Bis zum 1. April 1945 wurden für die gesamte Wehrmacht während des Zweiten Weltkrieges 3 723 768 Pistolen aller Kaliber gefertigt, von denen das Heer wie folgt aufgeschlüsselt 3 246 763 Stück erhielt:

1939	1940	1941	1942	1943	1944	1945
74 567	166 960	323 463	467 253	959 540	1 038 340	216 640

Aus diesen Beständen hat das Heer jedoch nicht nur andere Stellen, wie z. B. die Partei, versorgt, sondern es wurden auch 108 531 Pistolen an das Ausland abgegeben.
Von den oben genannten Mengen entfielen folgende Stückzahlen auf die Pistolen 08 und 38:

	1939	1940	1941	1942	1943
P. 08	32 197	102 025	112 930	70 048	–
P. 38	1 370	24 630	100 295	162 270	–

Bei der P. 08 erfolgte die letzte Abnahme im November 1942, ab 1943 liegt keine einwandfreie Aufschlüsselung der abgenommenen Pistolen vor.
Am 1. März 1945 betrug der Bestand beim Heer 1 313 987 Pistolen, von denen 39 540 in den Zeugämtern lagerten.

Um die vom Heereswaffenamt durchgeführte Gesamtverteilung der Pistolen zu zeigen, findet der Leser hier auch die Lieferzahlen an die anderen Wehrmachtsteile:

	1939	1940	1941	1942	1943	1944	1945
Luftwaffe	10 251	39 682	145 583	138 440	13 483	10 268	–
Kriegsmarine	1 000	3 000	7 150	12 900	61 435	33 808	–

Ab Juli 1944 wurden zusätzlich Pistolen aus Heeresbeständen abgegeben, z. B. an den Volkssturm, ohne daß eine offizielle Aufschlüsselung erfolgte.

Die Munitionsfertigung für das Heer während des Krieges sah bis zum 1. März 1945 wie folgt aus: (Millionen Schuß)

1939	1940	1941	1942	1943	1944	1945
26,58	194,40	353,71	432,01	615,75	565,30	68,90

Als Beispiel, wie sich diese Fertigung zusammensetzte, seien hier die Zahlen für die Jahre 1942 und 1943 genannt:

	1942	1943
9-mm-Pistolen-Patr. 08	407 451 072	587 671 327
7,65-mm-Pistolen-Patr.	17 849 110	19 665 960
7,63-mm-Pistolen-Patr.	–	700 000
6,35-mm-Pistolen-Patr.	910 000	1 340 000
9-mm-Pistolen-Patr. Kurz	3 900 000	–
9-mm-Pistolen-Patr. M. 22	1 900 000	6 375 500

Anfang März 1945 verfügte das Heer noch über 239,2 Millionen Schuß, von denen sich 24,3 Millionen in den Zeugämtern befanden.

Abschließend soll noch auf **Sondermunition für Pistolen** hingewiesen werden. Da gab es die Schalldämpfermunition 08, offiziell Nah-Patrone genannt. Die leicht an der grünen Hülse erkennbare Patrone hatte eine auf 0,27 g verminderte Treibladung, damit nur eine V_0 von 290 m/s erreicht wurde. Beim Austritt des Geschosses aus dem Schalldämpfer entstand

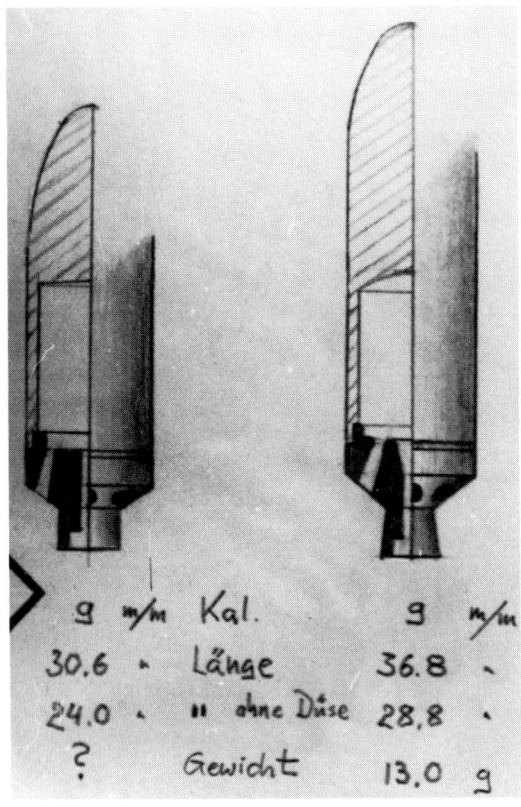

9-mm-Raketenmunition der Fa. Walther

dadurch kaum ein Mündungsknall. Bei speziellen Agenteneinsätzen muß hin und wieder eine geräuschlose Waffe verwendet werden, bei der auch keine Hülse als Spur verbleibt. Mit einer Pistole, bei der die Hülse automatisch ausgeworfen wird, findet sich meistens die Hülse innerhalb kürzester Zeit. Bei einem Revolver bleibt wohl die Hülse in der Waffe, der Spalt zwischen Trommel und Lauf macht aber durch den Gasknall einen Schalldämpfer wirkungslos. Eine Ausnahme machte da der russische siebenschüssige Nagant-Revolver. Hier sitzt das 7 g schwere Geschoß völlig in einer 39 mm langen Hülse, deren Vorderkante beim Verschuß aus der Trommel in den Laufbeginn gepreßt wird und so einen gasdichten Abschluß bewirkt. Für diese 230 mm lange Waffe, bei uns **Revolver 612(r)** genannt, die ungeladen 0,8 kg wog, hatte die *SS-Waffenakademie* einen sehr wirkungsvollen Schalldämpfer entwickelt. Die V_0 betrug bei dem 110 mm langen Lauf 278 m/s, ein Mündungsknall entstand also auch nicht. Entwicklungen einer hülsenlosen Munition, einer Patrone mit Raketentreibsatz, wurden ebensowenig abgeschlossen wie die von neuen Explosivgeschossen.

Erprobt wurde Bleiazid, das gegenüber dem Knallquecksilber ein fast 10mal so großes Zündvermögen aufweist – und wenn es aus sehr kleinen Kristallen besteht, dennoch weniger empfindlich ist – mit einer hypergolen (selbstentzündlichen) Flüssigkeit. Untergebracht in einem Tombak-Mantel (Kupfer kann mit Bleiazid nicht verwendet werden), explodierte diese Munition beim Aufschlag ohne jeden Zünder.

In kleiner Stückzahl hatte man bei der *Waffenakademie in Brünn* die K-Patronen gefertigt. Hier handelte es sich um Geschosse vom Kaliber 7,65 und 9 mm, die mit einer kleinen Menge Anicotin, einem Pflanzengift, gefüllt waren. Eine andere Art verwendete Zyanwasserstoff. Hier war selbst ein sonst harmloser Streifschuß tödlich.

Eine weitere, erprobte Füllung war eine Ampulle, die Alkohol enthielt, dem man metallisches Arsen zugesetzt und das Oxygen entzogen hatte. Beim Auftreffen zerplatzte die Ampulle, durch Zutritt der Luft brannte die Mischung sofort unter Abgabe einer kleinen weißen Wolke – weißes Arsen, ein wirkungsvolles Gift – ab. Heute ist diese Mischung unter Fachleuten unter dem Namen Cacodyal bekannt.

Gewehre

Die 1935 eingeführte Standardwaffe der deutschen Wehrmacht war der fünfschüssige **Karabiner 98k,** der aus dem von der Firma *Mauser* entwickelten K. 98b hervorging. Man hatte einfach den Lauf von 740 mm Länge auf 600 mm gekürzt und erhielt nun mit 1110 mm Gesamtlänge eine handliche Waffe. Dieser Karabiner wog mit Nußbaumschaft 3,9 kg. Als während des Zweiten Weltkrieges dann die Schichtholzschäfte aus Buchensperrholz eingeführt wurden, stieg das Gewicht auf fast 4,2 kg an. Verschossen wurde im allgemeinen durch eine Treibladung von 2,8 g das 7,9 sS (schweres Spitzgeschoß) mit einer V_0 von 755 m/s. Die 80,6 mm lange Patrone wog 27 g, das 12,8 g schwere Geschoß war 35 mm lang. Das Heer ging mit 2 769 533 Stück des K. 98k in den Zweiten Weltkrieg.

Während des Zweiten Weltkrieges hat das Heer zu einem Richtpreis von RM 70,– bis zum 1. April 1945 weitere 7 540 058 Karabiner 98k erhalten. Im März 1945 befanden sich bei der Truppe einschl. der 27 212 Zielfernrohrwaffen noch 3 404 337 Karabiner, die Gew. 33/40 der Gebirgstruppe mit eingeschlossen – weitere 2356 normale Waffen lagerten in den Zeugämtern. Das Ausland, darunter Portugal und Japan, hat während des Krieges aus der Heeresfertigung 258 399 Stück des Karabiners 98k erhalten.

Das **Gewehr 98/40** war das etwas abgeänderte, von Ungarn übernommene Modell 35.

Als **Gewehr 29/40** wurde die in Österreich eingeführte Mauserwaffe bezeichnet, die nicht nur im Bestand übernommen wurde, sondern für die Verwendung bei der Marine bis zum Juni 1941 noch weiter gefertigt wurde. Das Gegenstück zu dieser Waffe war das bei der Firma *Steyr* gefertigte Mannlicher-Gewehr 12/34, dessen Produktion wegen der anderen Patrone aber im Februar 1940 wieder eingestellt wurde. Das Waffenamt hat diese Gewehre an die Luftwaffe abgegeben.

Die polnische Waffe »Karabin 29« war baugleich mit dem K. 98k, sie wurde aus der Beute als **Gewehr 29(p)** übernommen und später erneut für das Heer und die Waffen-SS gefertigt.

Aus dem Protektorat Böhmen und Mähren stammte die »Puska vz. 24«. Diese Waffe wurde als **Gewehr 24(t)** an das Waffenamt geliefert. Sie entsprach bis auf die durch den nur 590 mm langen Lauf bedingten kürzeren Waffenlänge dem deutschen Karabiner.

Bei den *Waffenwerken Brünn* war der Karabiner 16/33 in der Produktion. Er wurde nach dem Einmarsch der deutschen Truppen übernommen und 1940 als **Gewehr 33/40** für die Gebirgstruppe eingeführt. Bei einer Länge von 998 mm besaß diese Waffe einen Lauf von 490 mm und wog 3,45 kg.

Vom **Gewehr 40k** hatte die Firma *Mauser* 28 Stück gefertigt. Es war das Projekt einer Kurzwaffe; der K. 98k wurde einfach um 110 mm gekürzt. Mit der 3,7 kg wiegenden Waffe wurde aber nur eine V_0 von 730 m/s erreicht, und das war dem Waffenamt zu wenig.

Über das bei der *SS-Waffenakademie* entwickelte Kurz-Gewehr finden sich leider keine Einzelheiten mehr.

Wenn auch die Truppe während des Polen- und Frankreichfeldzuges relativ wenig von feindlichen Scharfschützen merkte, mit Beginn des Ostfeldzuges war sie fast wehrlos gegenüber denen der Roten Armee.

In einer Art »Eigenbau« wurden nun provisorisch die K. 98k mit den verschiedensten Zielfernrohren ausgerüstet, bis man dann das **ZF 41** einführte. Dieses etwa 160 mm lange Zielfernrohr besaß trotz des komplexen Aufbaues mit zwölf Linsen eine nicht ausreichende, 1,5fache Vergrößerung. Außerdem war es zu lichtschwach. Das Waffenamt forderte deshalb Ende Mai 1942 ein neues Zielfernrohr – es entstand das einfacher herzustellende sechslinsige **ZF 42**, das vierfach vergrößerte.

Während der K.98k-Produktion wurden übrigens besonders gute Läufe für Zielfernrohrwaffen ausgesucht. Für die Wehrmacht wurden 127 741 derartige Waffen als **98 ZF** produziert. Das Heer hat von den 126 291 erhaltenen Waffen ab 1943 an die Kriegsmarine 30, an die Luftwaffe sogar 3147 Stück abgegeben. An das Ausland wurden 3446 von dieser Scharfschützenwaffe verkauft. Die Fronttruppe verfügte am 1. März 1945 nur noch über 27 212 Stück dieser Waffe.

1943 wurde dann das Standard **ZF 4**, auch »Ziel-Vier« genannt, eingeführt. Dieses 1,3 kg wiegende Zielfernrohr vergrößerte vierfach und war 220 mm lang. Die Produktion betrug 1943 nur 12 941 Stück. Erst während des Jahres 1944 konnten weitere 98 608 Stück eines Gesamtauftrages über 150 000 Stück geliefert werden.

Zielfernrohre wurden natürlich auch an Selbstladegewehren verwendet; sie werden daher bei diesen Waffen nochmals erwähnt.

Der erfolgreichste deutsche Scharfschütze war der im April 1945 noch mit dem Ritterkreuz ausgezeichnete Gefr. Hetzenauer vom Gebirgsjäger-Regiment 144. Er hatte 345 Gegner getroffen.

Zum Schießen aus voller Deckung gab es übrigens das 5,6 kg schwere Deckungszielgerät – ein kleines Sehrohr mit einem zusätzlichen Schaft wurde an den Gewehrkolben angeklemmt.

Die Entwicklung eines Selbstladegewehres hatte in Deutschland bereits 1909 begonnen. Ab 1916 hatte die Firma *Mauser* eine Anzahl einer 25schüssigen Waffe geliefert. Sie hat sich nicht bewährt und wurde durch die Mondragon-Waffe, die man damals in der Schweiz kaufte, ersetzt.

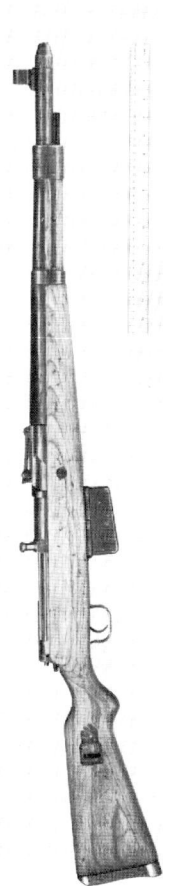

G. 41 (M)   G. 41 (W)

Anfang der 30er Jahre stellten die Firmen *DWM, Mauser, Vollmer* und *Walther* Versuchsmuster vor; die Erprobungen wurden aber 1938 wieder eingestellt. Nachdem jedoch bekannt
wurde, daß man in den USA und in Rußland bereits 1936 Selbstlader, das Garand-Gewehr
und das Simonov AVS 36, eingeführt hatte, forderte das Waffenamt Anfang 1940 die Firmen
Mauser und *Walther* auf, schnellstens einen halbautomatischen Gasdrucklader vorzulegen.
Die Waffe der Firma *Mauser* war 1172 mm lang, besaß einen Lauf von 550 mm und wog
5,1 kg. Die theoretische Schußfolge der 10 Schuß im Magazin betrug 40/min, die V_0 745 m/s.
Für den Truppenversuch wurden etwa 10 000 Stück gebaut, dieses **G. 41(M)** genannte Gewehr
aber zugunsten des Walther-Entwurfes wieder gestrichen. Das Heer hat übrigens 1673 dieser
Gewehre wegen Mängeln wieder an die Firma *Mauser* zurückgegeben.
Die Waffe der Firma *Walther* besaß ebenfalls einen 550 mm langen Lauf, war 1138 mm lang
und wog 4,7 kg. Die Konstruktion des Systems war einfacher, dadurch die Fertigung
problemloser. Dieses Gewehr, nun **G. 41(W)** genannt, ging aber erst ab August 1942 in die
Massenproduktion, obwohl sich seit Ende 1941 eine Anzahl im Truppenversuch befand.

K. 43 mit Zielfernrohr

Leider war sie, wie auch die Waffe von *Mauser*, stark vorderlastig und wegen der Gasdüse an der Mündung äußerst schmutzempfindlich.

Die Truppe, die bis Dezember 1942 über 6000 dieser Gewehre erhalten hatte, lehnte diese Waffe ab.

Ein erheblicher Nachteil war die Notwendigkeit, das Magazin wie beim K. 98k von oben mittels Ladestreifen zu füllen, die Truppe legte großen Wert darauf, im Einsatz schnell das Magazin zu wechseln. Nachdem man in Rußland Selbstlader vom Typ Simonov und Tokarev erbeutet hatte, erhielt die Firma *Walther* den Auftrag, das G. 41 entsprechend zu verbessern. Es entstand nun aus dem G. 41(W), dem Tokarev-System und Vorschlägen der Truppe das **Gewehr 43.**

Wieder mit einem 550 mm langen Lauf, 1115 mm Gesamtlänge und 4,1 kg Gewicht – und was sehr wichtig war – mit einem von unten einschiebbaren 10-Schuß-Magazin.

Im April 1944 wurde diese optimale Selbstladewaffe in **K. 43** umbenannt. Von der letzten, 3,6 kg schweren Ausführung, deren Lauf auf 500 mm gekürzt war, hat die Truppe ab Dezember 1944 etwa 125 000 Stück erhalten.

Auch aus den Selbstladegewehren wurden die Besten zur Verwendung als Scharfschützenwaffe ausgesucht, aber nur beim K. 43 finden wir dazu separate Produktionszahlen. Das Waffenamt hat bei dieser Waffe bei der Abnahme strenge Maßstäbe angelegt – im Juli 1944 wurden beispielsweise 14,7 Prozent der vorgestellten Waffen zurückgewiesen. Dieses Gewehr hat sich seit dem Herbst 1943 im Truppenversuch befunden, der offiziell erst im Mai beendet wurde – bis dahin hatte das Waffenamt schon 84 491 Stück abgenommen.

Im März 1945 waren vom G. 41 bzw. K. 43 bei der Truppe noch 221 047 Stück, davon 27 549 mit Zielfernrohr, vorhanden. 1056 ohne und 3177 mit Zielfernrohr lagen noch in den Zeugämtern.

Die SS versuchte von ihrer Waffenakademie in Brünn aus, den aus der tschechischen Konstruktion ZK 425 entstandenen Gasdrucklader einzuführen. Die damaligen Schwierigkeiten mit der Produktionskapazität führten trotz der Einflußnahme des Reichsführers der SS zu keiner Fertigung. Abgelehnt wurden später auch die unter der Leitung der SS entstandenen Muster der automatischen **Gewehre 391** und **K. 92.**

Ein Versuch blieb das eine Exemplar, das von der Firma *Anker* gefertigte **G. 43(A),** eine 10schüssige Waffe von 1090 mm Länge und 3,9 kg Gewicht.

Die Firma *Mauser* hat noch mit einer Verbesserung, dem **G. 44(M),** begonnen. Hier sollte aber lediglich die Fertigung der Gewehre mittels der neuen Blechprägetechnik erleichtert werden. Es liegt z. B. noch eine Zeichnung vor, wo der Kolben aus zwei zusammengepreßten Blechhalbschalen bestand. Mit diesem Fehler war aber bereits die erste Ausführung des Fallschirmjäger-Gewehres behaftet – bei großer Kälte blieb die Haut am Kolben kleben! Einen Abschluß hat es für diese Entwicklung bei *Mauser* jedoch nicht mehr gegeben.

Weitgehend unbekannt sind die verschiedenen Entwicklungen geblieben, mit denen Ende 1944 der Fehlbestand der Handwaffen behoben werden sollte. Waren schon die Luftwaffen-

Felddivisionen mit den verschiedensten Beutewaffen, z. B. dem russischen Gewehr 91/30 (unsere Bezeichnung **G. 254[r]**) oder dem italienischen Gewehr Fucile Modello 41, dessen 6,5-mm-Kaliber aufgebohrt und das dann **G. 210(i)** genannt wurde, ausgerüstet, so waren aber auch die hohen Frontverluste von 402 715 Gewehren im ersten Halbjahr 1944 auf 1 054 327 im zweiten Halbjahr gestiegen. Es wurde nun alles aus den Zeugämtern geholt, was überhaupt noch schießen konnte – vom französischen Lebelgewehr anno 1886, **K. 551(f)** genannt, bis zum 1330 mm langen dänischen Gewehr 98, das wir **G. 311(d)** nannten, war alles vorhanden. Bei Wacheinheiten fanden sich sogar alte deutsche Gewehre 71/84 mit dem Kaliber 11 mm. Um den Mangel zu beheben, wurde die Industrie aufgefordert, schnellstens Einfachkonstruktionen vorzulegen, später wurden diese Waffen als **Volksgewehre**, Volkskarabiner oder Volkssturmgewehre bekannt. Durch die Forderung nach einem Einzellader, die dann zu der nach einer automatischen Waffe geändert wurde, finden sich durch die Verwendung bereits vorhandener Teile sehr eigenwillige Konstruktionen. Die *Hessischen Industriewerke* legten zwei Waffen vor, bei denen sich zum Ver- und Entriegeln der Lauf statt des Verschlusses bewegte. Das Gewehr verschoß als Einzellader die normale Patrone, der Karabiner, der einen nur 400 mm langen Lauf besaß, war ein Halbautomat mit fünf Schuß der Kurzpatrone vom Sturmgewehr. Die Firma *Haenel* hatte Muster einer 3,8 kg schweren Waffe vorgelegt, die als Einzellader das zehnschüssige Magazin des G. 43 verwendete. *Mauser* war mit zwei Konstruktionen vertreten, einem Einzellader mit kurzer Schäftung und einem Lauf von 530 mm Länge sowie einem Mehrlader, für den man alte Läufe vom MG. 13 benutzte. Die Waffe der Firma *Erma* verschoß die Kurzpatrone aus einem 412 mm langen Lauf, ihr Trefferbild war das zweitbeste. Die Firma *Walther* hatte zwei verschiedene Waffen eingereicht, die beide einen 400 mm langen Lauf trugen. Hier zeigte die automatische Ausführung, die die Kurzpatrone verschoß, ein sehr schlechtes Trefferbild.
Gustloff war mit einem recht gutaussehenden Volksgewehr vertreten; die beste Leistung erzielte aber die Waffe der Firma *Rheinmetall-Borsig*. Bei einer Länge von 860 mm besaß dieses Gewehr einen Lauf von 400 mm Länge, aus dem die Kurzpatrone verschossen wurde. Für die 3,1 kg schwere Waffe wurde noch ein Auftrag über 50 000 Stück erteilt. Leider ist nicht mehr bekannt, wieviel davon ausgeliefert wurden. Die Firma *Steyr* nannte ihre 920 mm lange Waffe »Volkskarabiner«. Hier war der 412 mm lange Lauf ebenfalls für die Kurzpatrone eingerichtet. Obwohl die Erprobung das schlechteste Trefferbild zeigte, wurde diese nur 2,5 kg wiegende Waffe wegen der vereinfachten Fertigung ab Januar 1945 in größeren Stückzahlen produziert. Von dem Baumuster der *Spreewerke*, das ebenfalls zur Produktion ausgewählt wurde, sind leider keine Einzelheiten mehr bekannt.

Volksgewehr der Fa. Gustloff

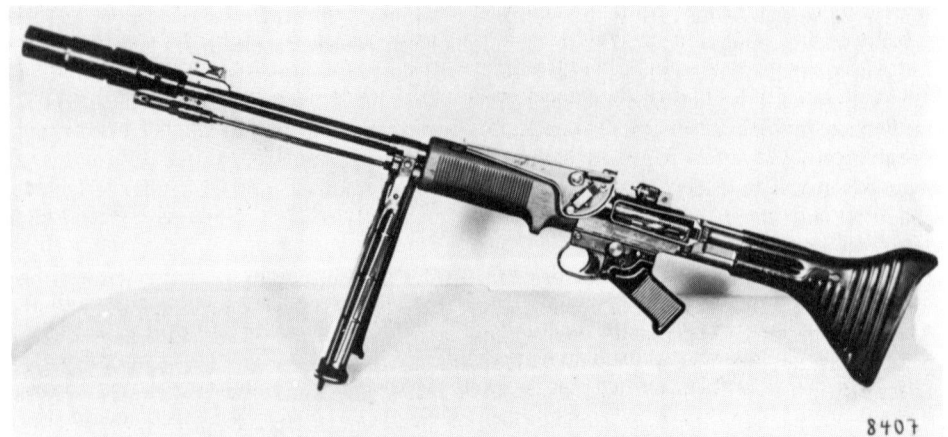

Fallschirmjägergewehr

Die drei verschiedenen Fs.-Gewehre

▼ Schalldämpfer

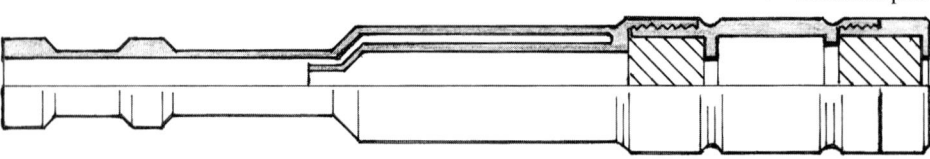

Die Firma *Gustloff* hatte ebenfalls einen Auftrag erhalten, die größte Anzahl – 250 000 Stück – sollte aber bei der Firma *Walther* gefertigt werden. Für diesen Einzellader stellte die Luftwaffe aus ihren Beständen 147 000 Läufe des MG. 81 zur Verfügung. Das Waffenamt hat im Januar 1945 von drei verschiedenen Firmen 8397 Waffen abgenommen.

Im Februar 1945 lieferten fünf Firmen 19 897 Waffen. Für den Monat März konnte man die Produktion sogar auf 24 739 Stück steigern.

Eine Notlösung war der Umbau von italienischen Karabinern auf die deutsche 7,9-mm-Munition. In den ersten beiden Monaten des Jahres 1945 hat das Waffenamt davon noch 15 420 Stück abgenommen.

Eine weitere automatische Waffe, die anfänglich für die Fallschirmjäger entwickelt und erst viel später nochmals für das Heer gefertigt wurde, war das Fallschirmjägergewehr.

Die in den letzten Kriegsmonaten vom Waffenamt abgenommenen **Fallschirmjäger-Gewehre** gehörten zu der Ausführung mit Holzkolben und wurden von der Firma *Krieghoff* geliefert. Diese 975 mm lange Waffe wog 5 kg, das rechts ansetzbare 20-Schuß-Magazin gefüllt zusätzlich 0,87 kg. Verschossen wurde die 7,9-mm-Inf.-Patrone aus dem 500 mm langen Lauf mit einer V_0 von 760 m/s. Theoretisch wurde eine Schußfolge von 600/min erreicht.

Eine Sonderwaffe, von der es nur drei oder vier Stück gab, war der sogenannte **Kommando-Karabiner**. Diese mit einem Schalldämpfer der englischen Sten-Maschinenpistole ausgerüstete Waffe war etwa 770 mm lang und wog 2,3 kg. Verschossen wurde aus diesem Kurzkarabiner, von dem nur ein Stück den Krieg überlebte, die Pistolen-Nahpatrone.

Für **Schalldämpfer** gab es verschiedene Konstruktionen. Lösungen mit gelochten Blechscheiben und Glaswollefüllung brachten wohl eine Abschwächung des Knalles, waren aber nicht zufriedenstellend.

Erst Anfang 1942 wurde unter dem Decknamen »HUB-L« eine Ausschreibung an einige Firmen für die Entwicklung von verschiedenen Schalldämpfern ausgegeben. Die Gruppe *Schneider-Opel* legte ein Muster für den K. 98 vor, das mit 1 kg Gewicht und 400 mm Länge sehr unförmig war. Auch das Muster der Firma *Arado* war mit 320 mm Länge und 0,65 kg Gewicht viel zu groß. Inzwischen hatte die *SS-Waffenakademie* einen Nachbau eines russischen Beuteexemplares vorgelegt, das mit 32 mm Durchmesser 3 mm unter den anderen lag, mit 232 mm kürzer und mit 0,4 kg auch leichter war. Aus der Truppe selbst kam dann aber auf Vorschlag des Unteroffiziers Schätzle ein Exemplar, das mit 0,5 kg zwar etwas schwerer, aber mit 180 mm Länge sehr handlich war. Der Schall wurde zu etwa 75 Prozent gedämpft, die Höchstschußweite des Karabiners lag jedoch infolge der Verwendung der Nahpatrone, die nur eine V_0 von 220 m/s erreichte, bei knapp 300 m. Die nächste Entwicklung war für die Maschinenpistole vorgesehen, das Muster von *Arado* war hier 350 mm lang und wog 0,6 kg. Das Gegenstück von *Schneider-Opel* war mit 0,7 kg etwas schwerer, aber mit 295 mm kürzer. Die Durchmesser lagen bei 45 bzw. 43 mm. Trotz mehrerer Entwicklungen gelang es aber nicht, für diese Verwendung die Dämpfung des englischen Musters zu verbessern. Es wurden nun Code-Nummern für die verschiedenen Entwicklungen festgelegt, die wie folgt verteilt waren:

HUB-21 für russische Gewehre
HUB-22 für das englische Enfield-Gewehr
HUB-23 für den Karabiner 98k
HUB-31 bis 40 für verschiedene Pistolen
HUB-41 bis 50 für Maschinenpistolen

Mitte Dezember 1943 führte man Hitler einen Schalldämpfer für das MG. 42 vor, dessen Entwurf auch vom Unteroffizier Schätzle stammte. Mit 3,5 kg, 350 mm Länge und 110 mm

Durchmesser recht unförmig – aber sehr wirkungsvoll; in einer Entfernung von 150 m war kein Schußgeräusch mehr zu hören.

Ein anderes Muster, das bei der Firma *Gustloff* unter dem Namen »Haube L-63« lief, war zwar nur 200 mm lang mit 51 mm Durchmesser und wog nur 1,4 kg – das Schußgeräusch war aber noch bis zu 300 m Entfernung zu vernehmen. Für das »Schätzle«-Muster wurde im Mai 1944 noch ein Auftrag über 1500 Stück erteilt.

Verschossen wurde mit diesen Schalldämpfern die Gewehr-Nahpatrone sS, bei der man die Treibladung von normalerweise 2,9 g auf 0,55 g verringert hatte.

Die einzigen Handwaffen aus der Kriegsbeute, für die man ab Herbst 1943 extra Munition anfertigte, waren das holländische »Geweer M 95«, bei uns **Gew. 211(h)** genannt, und das französische Lebelgewehr von 1916, das mit **Gew. 304(f)** bezeichnet wurde. Die erste Waffe war eine fünfschüssige Krag-Jörgsen-Konstruktion im Kaliber 6,5 mm, die eine Länge von 1290 mm besaß und 4,35 kg wog. Mit dem 790 mm langen Lauf erreichte man eine V_0 von 730 m/s. Das ebenfalls fünfschüssige Lebelgewehr mit Kaliber 8 mm wog 4,2 kg und war 1306 mm lang. Hier wurde mit dem 780 mm langen Lauf eine V_0 von 725 m/s erreicht. Die Waffen fanden sich anfänglich mit Beutemunition ausgestattet bei den Wacheinheiten in dem betreffenden Land. Später hat man damit den Volkssturm und andere Fronteinheiten ausgerüstet.

Die zusätzlich zur Beute gefertigten Munitionsmengen finden sich in der Tafel der 7,9-mm-Patrone.

Am 1. März 1945 waren noch 51,1 Millionen der französischen Patrone vorhanden, von denen 3,9 Millionen in den Zeugämtern lagerten. Bei der holländischen Munition waren es noch 26,1 Millionen mit 1,6 Millionen Zeugamtsbeständen.

Die jetzt folgende Tafel zeigt die Produktion der verschiedenen Gewehre für das Heer von September 1939 bis 1. April 1945.

Als Vergleich zu der deutschen Produktion an Selbstladegewehren, die während des Zweiten Weltkrieges 536 690 Stück betrug, sei die Fertigungszahl für das Garand-Gewehr, die amerikanische Selbstladewaffe, genannt: 4 028 380 Stück bis zum August 1945. Zusätzlich hat die amerikanische Industrie noch 6 117 827 halbautomatische Karabiner und 2 349 179 normale Gewehre produziert.

Die Produktion von Gewehren für das Heer von September 1939 bis zum 1. April 1945

	1939	1940	1941	1942	1943	1944	1945
K. 98k	279 863	1 081 234	913 875	1 075 122	1 794 139	1 922 482	347 052
K. 98ZF	–	–	5 922	23 567	57 255	35 632	3 915
G. 24(t)	–	77 000	101 800	151 250	–	–	–
G. 29(p)	–	69 503	180 208	119 997	–	–	–
G. 29/40	–	300	–	–	–	–	–
G. 33/40	–	29 000	48 049	54 454	–	–	–
G. 41(M)	–	–	1 673	–	–	–	–
G. 41(W)	–	–	5 000	6 778	91 597	24 532	–
G. 43	–	–	–	–	3 209	277 862	68 207
G. 43ZF	–	–	–	–	–	21 936	31 499
Volksgewehr	–	–	–	–	–	–	53 033
Fallschirmjägergewehr	–	–	–	–	–	524	3 873
italienische Gewehre	–	–	–	–	–	–	15 420

Die anderen Wehrmachtsteile erhielten folgende Mengen:

	1939	1940	1941	1942	1943	1944	1945
Luftwaffe							
K. 98k	51 363	178 385	331 359	175 500	126 908	60 519	–
K. 98ZF	–	–	750	1 200	–	–	–
Steyr 12/34	5 683	1 050	–	–	–	–	–
Kriegsmarine							
K. 98k	8 000	28 000	56 000	42 622	31 714	24 914	–
G. 29/40	–	9 926	28 454	–	–	–	–
Waffen-SS							
K. 98k	–	–	–	–	1 600	61 000	–
G. 29(p)	–	–	33 145	21 090	–	–	–

Die Waffen-SS hat aus eigener Fertigung zusätzlich etwa 235 000 Gewehre und Karabiner erhalten.

Wenn man von den Versuchsaufträgen sowie den Beutewaffen absieht und die Waffen für die Kurzpatrone mit einschließt, dann wurden der Wehrmacht während des Zweiten Weltkrieges etwa 10 928 000 Gewehre und Karabiner zur Verfügung gestellt. Da die Truppe im Ersten Weltkrieg 7 213 698 derartige Waffen erhalten hatte, ergibt das im Monatsdurchschnitt eine Steigerung der Auslieferung um 13,6 Prozent.

Der Bestand bei der **7,9-mm-Militärpatrone** betrug bei Kriegsausbruch 7377,84 Millionen Schuß, einschließlich der 588 Millionen Schuß bei der Luftwaffe.

Die Fertigung der Infanterie-Patronen für das Heer bis März 1945 in Millionen Schuß geht aus der folgenden Tafel hervor:

	1939	1940	1941	1942	1943	1944	1945
7,9-mm-Patrone	880,5	2259,4	464,0	317,6	2200,1	3862,3	491,7
B-Patrone	0,3	4,2	8,4	16,6	20,3	21,3	1,1
6,5-mm-Patr.(h)	–	–	–	32,1	28,6	9,2	0,3
8-mm-Patr.(f)	–	–	–	236,2	13,0	4,9	–

Vorhanden waren am 1. März 1945 noch 1050,2 Millionen Schuß der normalen Munition und 72,3 Millionen der **B-Patrone.** Diese Patrone war eigentlich eine Beobachtungspatrone, sie sollte beim Aufschlag ein kleines Rauchwölkchen erzeugen und so die Überprüfung der Schußlage bei MG-Feuer ermöglichen. Das 39,8 mm lange Geschoß von 10,9 g Gewicht trug eine kleine Phosphorladung mit einem Sprengsatz im Gesamtgewicht von 0,8 g; ein auf dem Beharrungsvermögen funktionierender Aufschlagzünder ließ das Geschoß detonieren.

Die Luftwaffe erkannte zuerst die ausgezeichnete Explosiv-Brandwirkung und ersetzte später mit der B-Patrone ihre PmK-Munition (Phosphor mit Kern). Das Heereswaffenamt hat zusätzlich zu den genannten Fertigungszahlen der Luftwaffe im Jahr 1943 rund 0,5 und 1944 sogar 28,408 Millionen B-Patronen geliefert. Der Verbrauch beim Heer war sehr gering, im Jahr 1944 wurden ganze 65 000 Patronen verschossen.

Eine wenig bekannte Munition war die **Doppelgeschoßpatrone.** Hier waren in der Patrone zwei je 8 g schwere Geschosse der Sturmgewehrmunition untergebracht. Mit einer 2,4-g-Treibladung wurden auf 300 m Entfernung maximale Trefferablagen von 150 mm er-

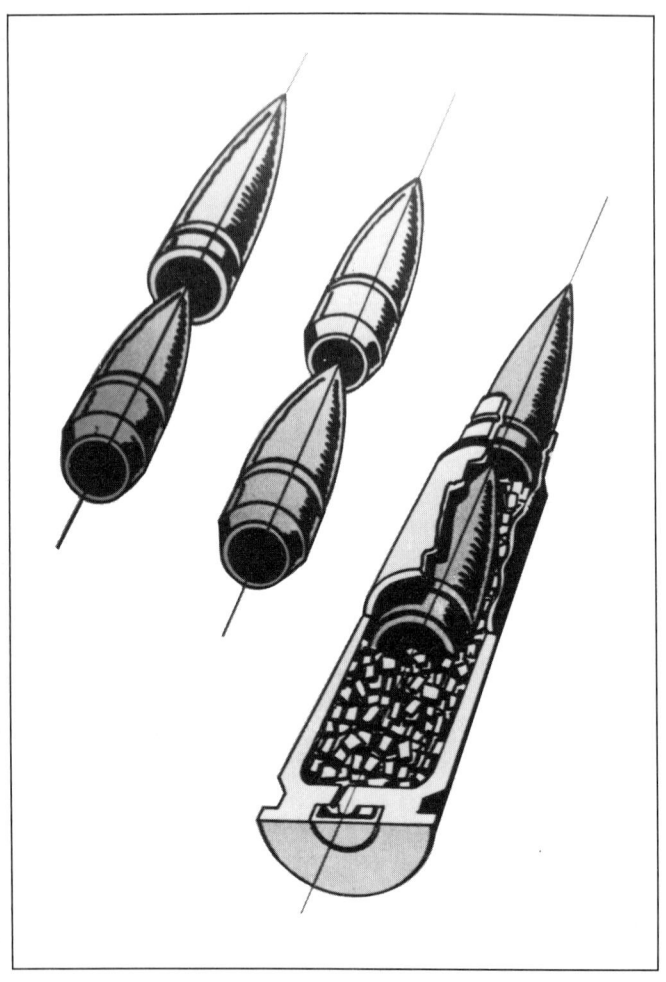

Doppelgeschoß-Patrone

zielt. Die Munition war vorerst für den Verschuß aus Maschinengewehren vorgesehen. Die Produktion begann zwar noch im April 1945, die Truppe hat jedoch nur geringe Mengen erhalten.

Bei der Munitionsfertigung für die Infanteriewaffen gab es einen starken Einbruch in den Jahren 1941 und 1942 – hier entstand die Lücke im Bestand, die trotz der ab Herbst 1943 aufgetretenen höheren Produktionszahlen nie wieder ausgeglichen werden konnte.
Nach Beendigung des Feldzuges im Westen wurden im Monat Juli 1940 beim Heer lediglich 5,5 Millionen Schuß der Infanteriepatrone verbraucht. Für den Rest des Jahres betrug dann der Verbrauch im Monatsdurchschnitt 30,2 Millionen Schuß.
Das Produktionsziel, das anfänglich für den Oktober 1940 bei 440 Millionen lag, hatte man im Juli bereits auf 252 Millionen gesenkt. Ende Oktober wurde dann in der Mappe »Steigerung der Rüstung« mit der folgenden Begründung eine weit niedrigere Mindestfertigung festgelegt:

».. . werden für die Munitionsarten, bei denen bereits jetzt eine mehr als zwölfmonatige Bevorratung vorhanden und damit der Grundbedarf voll gedeckt ist, folgende monatliche Mindestfertigungsmengen festgelegt: Infanterie-Patrone 75 Millionen Schuß ab März 1941.« Die 9363 Millionen Schuß, die am 1. Dezember 1940 vorlagen, hatte man durch den 1,5fachen Verbrauch, der im Mai/Juni entstanden war, geteilt und erhielt dadurch einen Vorrat für 34 Monate. Die Produktionszahlen, die im ersten Halbjahr 1940 im Monatsdurchschnitt noch bei 220,57 Millionen Schuß gelegen hatten, sanken und erreichten im zweiten Halbjahr nur 155,93 Millionen als Monatsdurchschnitt.

Der Gesamtvorrat hatte am 1. Februar 1941 mit 9648 Millionen Schuß zwar einen Höchststand erreicht, die Vorräte gingen jedoch schnell zurück. Am 1. März 1942 waren es nur noch 7805 Millionen, von denen 4294 Millionen zur sogenannten »unangreifbaren Reserve« gehörten. Im März 1941 wurde mit 56,9 Millionen erstmals die Mindestfertigungsmenge unterschritten, und trotz einer Fertigungskapazität von 220 Millionen plante man ab Sommer 1941 nur monatlich 10 Millionen vor. Ende des Jahres konnte man die Kapazität auf 291 Millionen erhöhen, die Fertigungsplanung blieb aber bei 10 Millionen. Im Dezember 1941 erreichte die Fertigung mit knapp 6,8 Millionen Schuß ihren Tiefpunkt, aber erst im Mai 1942 sahen die Planungen ein Ansteigen auf 50 Millionen im Herbst vor.
Der gesamte Vorrat war inzwischen zum 1. Juni auf 6103 Millionen gesunken, knapp 2,8 Millionen davon gehörten zur bereits gekürzten »Reserve«. Ende dieses Monats erklärte sich Hitler mit einer Monatsfertigung von mindestens 50 Millionen einverstanden, forderte aber eine Erhöhung auf wenigstens 300 Millionen. Zusätzlich stellte er die Bedingungen, daß die Reserve nicht unter 3000 Millionen sinken dürfe. Als Grundlage hatte der Reservebestand mit 3410,30 Millionen vom 1. Mai 1942 gedient.

Aus der folgenden Tafel ersehen wir das unaufhaltsame Schwinden der »unangreifbaren Reserve«; dabei zeigt die Prozentzahl die jeweilige Veränderung zum Vormonat.

Datum	Anzahl	Veränderung
1. 3. 1942	4294,0 Mio. Schuß	
1. 4. 1942	3783,0 Mio. Schuß	−11,90 Prozent
1. 5. 1942	3410,3 Mio. Schuß	− 9,85 Prozent
1. 6. 1942	2793,7 Mio. Schuß	−18,08 Prozent
1. 7. 1942	2465,3 Mio. Schuß	−11,76 Prozent
1. 8. 1942	2141,1 Mio. Schuß	−13,15 Prozent
1. 9. 1942	1993,4 Mio. Schuß	− 6,90 Prozent
1. 10. 1942	1880,4 Mio. Schuß	− 5,67 Prozent
1. 11. 1942	1663,7 Mio. Schuß	−11,52 Prozent
1. 12. 1942	1425,1 Mio. Schuß	−14,34 Prozent
1. 1. 1943	1348,5 Mio. Schuß	− 5,38 Prozent
1. 2. 1943	1156,6 Mio. Schuß	−14,23 Prozent
1. 3. 1943	1101,6 Mio. Schuß	− 4,76 Prozent
1. 4. 1943	805,5 Mio. Schuß	−26,88 Prozent
1. 5. 1943	542,1 Mio. Schuß	−32,70 Prozent
1. 6. 1943	470,3 Mio. Schuß	−13,24 Prozent
1. 7. 1943	382,6 Mio. Schuß	−18,65 Prozent
1. 8. 1943	374,6 Mio. Schuß	− 2,09 Prozent
1. 9. 1943	362,9 Mio. Schuß	− 3,12 Prozent
1. 10. 1943	317,3 Mio. Schuß	−12,57 Prozent
1. 11. 1943	274,0 Mio. Schuß	−13,65 Prozent
1. 12. 1943	245,8 Mio. Schuß	−10,29 Prozent

1. 1. 1944	284,4 Mio. Schuß	+15,70 Prozent
1. 2. 1944	281,6 Mio. Schuß	− 0,98 Prozent
1. 3. 1944	341,4 Mio. Schuß	+21,24 Prozent
1. 4. 1944	330,8 Mio. Schuß	− 3,10 Prozent
1. 5. 1944	326,6 Mio. Schuß	− 1,27 Prozent
1. 6. 1944	367,3 Mio. Schuß	+12,46 Prozent
1. 7. 1944	360,0 Mio. Schuß	− 1,99 Prozent
1. 8. 1944	405,9 Mio. Schuß	+12,46 Prozent
1. 9. 1944	376,1 Mio. Schuß	− 7,34 Prozent
1. 10. 1944	259,9 Mio. Schuß	−30,90 Prozent
1. 11. 1944	224,9 Mio. Schuß	−13,47 Prozent
1. 12. 1944	332,6 Mio. Schuß	+47,89 Prozent
1. 1. 1945	268,6 Mio. Schuß	−19,24 Prozent
1. 2. 1945	189,6 Mio. Schuß	−29,41 Prozent
1. 3. 1945	168,8 Mio. Schuß	−10,97 Prozent

Im Jahr 1944 sehen wir, durch die hohen Fertigungszahlen bedingt, hin und wieder einen Anstieg, der aber dann 1945 wieder stark abfällt. Im ganzen gesehen waren von dieser Reserve nach drei Jahren nicht einmal mehr vier Prozent vorhanden.

Trotz Hitlers Anordnung wurde aber das Monatsziel wegen mangelnder Stahlzuteilung erneut auf 30 Millionen gekürzt. Erst im Herbst 1942 wurde eine neue Planstudie vorgelegt, die 95 Millionen Schuß für den März 1943 vorsah – geliefert wurden 131,7 Millionen.

Endlich, Anfang 1943, der Gesamtbestand hatte am 1. Februar nur noch 3584,80 Millionen betragen, wurden die Planungen realistischer, im Juli sollten 208 Millionen geliefert werden – der Nachschubvorrat war nun inzwischen auf 4 Monate gesunken. Im März 1943, der Verbrauch im Vormonat war auf 351,6 Millionen gestiegen, erhöhte man die Forderung auf 243 Millionen – der Nachschub reichte jetzt nur noch für 2,5 Monate. Im Juli war dann dieser Bestand sogar auf einen Monat zurückgegangen, die Forderungen für Dezember stiegen nun auf 368 Millionen – geliefert wurden 285,2 Millionen. Hitler hatte übrigens für den September bereits die utopische Zahl von 542 Millionen für alle drei Wehrmachtsteile gefordert, geliefert wurden 220,40, von denen die Luftwaffe 10,2 Millionen und die Marine überhaupt nichts erhielt. Der Nachschubbestand reichte nun nur noch für 21 Tage. Ab 1944 wurde die monatliche Forderung auf 442 Millionen gesenkt. Der Wert konnte aber auch nicht erreicht werden, es gelang der Fertigung nicht einmal, den Verbrauch auszugleichen. Am 1. Februar 1944 war der gesamte Bestand auf 2047,40 Millionen Schuß gefallen. Mit der Invasion im Westen wurde es dann weiterhin schlechter. Durch den extrem hohen Verbrauch von 921,5 Millionen Schuß im August sank der Nachschubvorrat nun auf ganze 10 Tage. Für 1945 hatte man im sogenannten »Notprogramm« eine monatliche Forderung von 300 Millionen vorgesehen, von denen das Heer 255,5 erhalten sollte. Durch die hohe Fertigung im letzten Vierteljahr 1944 gelang es noch, den Nachschubvorrat auf 14 Tage zu verbessern, der Bestand betrug nunmehr am 1. März 1945 beim Feldheer 906,2 Millionen einschl. 24,6 Millionen der kaum verwendeten B-Patrone. Erstmalig hatte man den Fronttruppen des Heeres im Februar mit 22,5 Millionen B-Patronen wegen der Verknappung der anderen Munition eine derart große Menge zugeteilt. Als Nachschub lagen zu diesem Zeitpunkt nur noch 216,3 Millionen Schuß vor, von denen 47,7 auf die B-Patrone entfielen.

Wenn wir für jedes der sich damals bei der Fronttruppe befindlichen 254 926 Maschinengewehre einen Vorrat von 2000 Schuß annehmen, dann blieben für die 3 625 384 Gewehre und Karabiner an der Front nur je 109 Schuß der normalen 7,9-mm-Infanterie-Patrone übrig.

Da verfügte die Fronttruppe – trotz der Anlaufschwierigkeiten bei der neuen Munition – für das Sturmgewehr mit 1132 Schuß je Waffe über einen wesentlich besseren Vorrat. Es sind hier übrigens, wie auch in allen Tabellen, die Fertigungszahlen angegeben; die reinen Abnahmezahlen lagen niedriger, z. B. im Jahre 1943 bei 1946,40 Millionen – das war eine Menge, die 11,5 Prozent unter der Fertigung lag. 1944 waren es infolge der weiterhin angespannten Munitionslage bei einer Abnahmezahl von 3719,7 Millionen nur noch 3,7 Prozent.

Um die Aufteilung bei der Produktion der Infanteriepatrone 7,9 mm in ihren Untergruppen zu sehen, betrachten wir das erste Vierteljahr 1939, dafür liegen die vollständigen Abnahmeprotokolle vor. In diesen 3 Monaten wurden gefertigt:

471 136 995	s.S.-Geschoß
48 550 065	S.m.K.-Geschoß
40 213 000	S.m.K.-L'spur-Geschoß
36 991 000	l.S.-Geschoß
4 051 000	l.S.-L'spur-Geschoß
7 112 500	S.m.K.(H)-Geschoß
608 054 560	

Zusätzlich wurden noch 114 892 600 Platzpatronen abgenommen. Die Produktion dieser Platzpatronen ist übrigens in den Angaben der Jahresfertigung nicht mit eingeschlossen.

Noch einige **Erklärungen zu den Abkürzungen:** Daß s. S. = schweres Spitzgeschoß bedeutet, wurde bereits erwähnt. S.m.K. hieß Spitzgeschoß mit Kern, hier enthielt das 37,2-mm-Geschoß von 11,5 g einen gehärteten Stahlkern. L'spur bedeutete eine 800–900 m weit sichtbare Leuchtspur. Als l.S. = leichtes Spitzgeschoß bezeichnete man ein nur 5,5 g schweres Geschoß, das einen Aluminiumkern trug. Durch das geringere Gewicht bedingt, wurde mit 925 m/s eine höhere V_0 erreicht, die Flugweite der vorwiegend gegen Luftziele vorgesehenen Geschosse war jedoch geringer. Beim l.S.-L'spur war das Geschoß 37,2 mm lang und wog 6,1 g. Das S.m.K.(H)-Geschoß war nur 28,2 mm lang, wog 12,5 g und trug einen 22,5 mm langen Wolframkern, der bei 90° Auftreffwinkel auf 500 m fast 20-mm-Panzerblech durchschoß. Die Pulverladung war hier von 2,8 zu 3,6 g verstärkt worden. Die Fertigung dieser Munition wurde im März 1942 wegen Wolframmangels eingestellt, bis Ende Februar 1943 sind aber derartige Patronen noch an die Truppe ausgegeben worden. Sondermunition, von der es nur kleine Stückzahlen gab, waren die bei der *DWM* entwickelten Explosivgeschosse, das Brandgeschoß IT (Initialzündung) und die »hülsenlosen« Patronen. Bei den letzteren gab es so viele Schwierigkeiten – der imprägnierte Pulverkörper, in den das Geschoß eingegossen war, entzündete sich im heißen Patronenlager selbst, bei Zündversagen zerriß die Aus-zieherkralle den Pulverkörper –, so daß es keinen Entwicklungsabschluß gab.

Zur Infanterie-Munition sollen hier noch die erheblichen **Beutemengen** erwähnt werden, die aus deutschen Waffen verschossen werden konnten:

in Polen	15 157 000 Schuß
in Jugoslawien	173 470 000 Schuß

Zusätzlich fiel noch folgende Munition in abweichenden Kalibern an:

in Norwegen	42 036 000 Schuß	Kal. 6,5
in Jugoslawien	282 032 000 Schuß	versch. Kal.
in Frankreich, Belgien und Holland	163 376 920 Schuß	versch. Kal.
in Rußland	22 780 000 Schuß	Kal. 7,62

Die Anzahl der erbeuteten Gewehre betrug bis Ende 1941 1 530 142, die der MG's 86 067.

Sturmgewehre

Der Einsatz der verschiedenen Maschinenpistolen hatte gezeigt, daß die Pistolenpatrone 08 mit ihrer schwachen Ladung und der daraus resultierenden schlechten Flugbahn nur eine Munition für kurze Entfernungen war. Vom Waffenamt wurden zwar verschiedene Versuchsentwicklungen gefördert, eine neue Munition wurde aber abgelehnt.

Die Firma *Rheinmetall-Borsig* hatte 1927 bereits eine Kurzpatrone 8 × 42,5 entwickelt und dazu auch ein Selbstladegewehr vorgelegt. Diese Waffe, »**Gewehr 28**« genannt, war 1240 mm lang, besaß einen seitlich arbeitenden Kniegelenkverschluß und wog ohne das 20schüssige Magazin 4,5 kg.

Zu einer Kurzpatrone 7,75 × 40 baute 1934/35 die Firma *Vollmer* mehrere Waffen. Diese mit »**M 35**« bezeichneten Gewehre waren 960 mm lang und besaßen einen 400 mm langen Lauf. Obwohl diese 4,2 kg schwere Waffe, im letzten Modell bereits »Maschinenkarabiner« genannt, bei allen Erprobungen vorzüglich abschnitt, wurde sie vom Waffenamt abgelehnt.

Zu dieser Zeit arbeitete auch die *RWS (Rheinisch-Westfälische Sprengstoff AG)* an einem Versuchsauftrag des Waffenamtes, ein optimales Kaliber für Infanteriewaffen zu finden – es ergab sich eine Kurzpatrone 8,15 × 46.

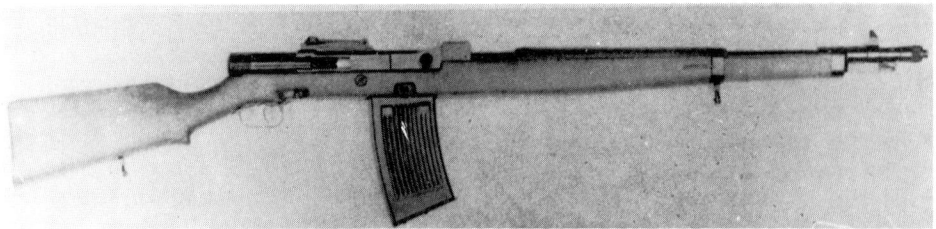

Das Vollmer M-35-Gewehr

Die Firma *Walther* hatte mit den *DWM* zusammen die Patrone 7,5 × 40 entwickelt und dazu eine automatische Waffe vorgeschlagen – aber auch dieses Projekt wurde abgelehnt.

Von der Infanterie-Kommission setzten sich aber doch einige Leute durch, und es entstand bei der Firma *Polte* aus einer Pistolenpatrone 7,9 × 30 nach und nach die Maschinenkarabiner-Patrone 7,9 × 33.

Am 18. April 1938 hatte die Firma *Haenel* bereits den Auftrag erhalten, zu dieser Munition eine automatische Waffe mit einer Wirkungsschußweite von 800 m zu entwickeln. Nachdem die Firma *Walther* im Dezember 1940 inoffiziell ebenfalls einen Vorschlag eingereicht hatte, erhielt sie im Januar 1941 auch einen Entwicklungsauftrag, der sogar über 200 Waffen ausgestellt war – bei *Haenel* hatte man nur 50 bestellt.

Während aber Hugo Schmeißer bei *Haenel in Suhl* einen sehr einfachen Kippriegelverschluß konstruiert hatte, ging man in Zella-Mehlis bei *Walther* von dem Drehriegelprinzip aus, das man bereits bei dem Selbstladegewehr A 115 (ein Vorläufer des G. 41[W]) verwendet hatte. Die komplizierte Gaskolbeneinrichtung mit dem zweifach angebohrten Lauf machte später auf das Waffenamt auch keinen guten Eindruck.

Haenel ließ seine Blechprägeteile bei den über große Erfahrungen verfügenden *Merz-Werken* in Frankfurt fertigen und lieferte im Juni 1942 die 50 Waffen ab, von denen 35 sofort in den

Truppenversuch gingen. *Walther* hatte, durch die verspätete Auftragserteilung benachteiligt, zu dem Zeitpunkt erst zwei Waffen fertig.

In der Erprobung erwies sich die *Haenel*waffe als robuster und bedienungsfreundlicher. *Walther* hatte beispielsweise den Sicherungshebel an der rechten Seite der Waffe angebracht, der Wählhebel für Einzel- oder Dauerfeuer befand sich jedoch auf der linken Seite – man mußte nun immer herumfingern bzw. im kalten Wetter, wenn das wegen der Handschuhe schlecht möglich war, immer nachsehen, was eingestellt war.

Bei der *Haenel*waffe lag der Sicherungshebel so auf der linken Seite, daß er leicht mit dem Daumen zu bedienen war, darüber befand sich ein durchgehender und damit von beiden Seiten bedienbarer Druckbolzen für die Schußwahlschaltung. Das sind einige Gründe, warum sich das Waffenamt für die Fertigung des **MKb. 42(H)** entschied.

Die Firma *Erma*, anscheinend um ihre Produktion (MP. 40) fürchtend, arbeitete ebenfalls, wenn auch inoffiziell, an einem Entwurf; ein Abschluß bzw. eine Vorlage beim Waffenamt ist aber nicht nachweisbar.

Hitler hatte aber nun von der Truppenerprobung erfahren und forderte wegen der neuen Munition die sofortige Einstellung aller Arbeiten an dieser neuen Waffe. Man ließ jedoch die Produktion weiterlaufen, als Deckmantel lief ja seit dem Juli 1942 bei der Firma *Gustloff* die Entwicklung eines Maschinenkarabiners für die normale Gewehrpatrone. Diese mit einem Zweibein versehene Waffe wog ohne das vom MG. 13 stammende 25schüssige Magazin 4,4 kg. Außer dem im Dezember 1942 abgelieferten Muster wurde nichts weiter produziert, auch der Neuentwurf, der mit seiner Bezeichnung MKb. 43(G) wiederum Hitler täuschen sollte, wurde nicht weiter verfolgt. Bei der Firma *Haenel* verbesserte man im Frühjahr 1943 das Gaskolbensystem. Da man Hitler nun einen Maschinenkarabiner für die Gewehrpatrone,

Das Sturmgewehr

den oben erwähnten von *Gustloff,* vorlegen konnte, nannte man die Waffe mit der Kurzpatrone einfach **MP. 43** und hoffte, Hitler würde das als Maschinenpistole ansehen. Es war jedoch nicht zu vermeiden, daß die Wahrheit ans Licht kam – und wieder sollte alles eingestellt werden. Man konnte Hitler lediglich die Zusage abringen, daß 30 000 Waffen fertiggestellt werden durften. Erst im September 1943 – es waren bis dahin rund 14 000 Waffen geliefert worden – gelang es, Hitler auf Grund der von der Truppe eingegangenen Erfahrungsberichte zu überreden, mit der MP. 43 – trotz der neuen Munition – die MP. 40 zu ersetzen. Ein erster, größerer Einsatz erfolgte dann Ende Oktober 1943 bei der 93. Inf. Div. im Nordabschnitt der Ostfront. Im März 1944 wurde nach kleinen Änderungen die Waffe dann in **MP. 44** umbenannt. Aber erst im Juli 1944 – das Waffenamt hatte bereits über 80 000 Waffen erhalten – als einige Divisionskommandeure im Führerhauptquartier Hitler persönlich ihre Ansichten über diese wirkungsvolle Waffe vortrugen, wurde die Produktion unter besondere Dringlichkeit gestellt und erhielt dann im Dezember den Suggestivnamen **Sturmgewehr.**

Die in Blechprägetechnik gefertigte Waffe benötigte 10,9 kg Rohmaterial und wog ohne Magazin 4,5 kg. Das mit 30 Schuß gefüllte Magazin wog zusätzlich 0,87 kg. Bei einer Länge von 935 mm entfielen auf den Lauf 412 mm. Verschossen wurde die Pistolenpatrone 43, die man später in »Kurzpatrone« umbenannte. Sie war 48 mm lang und wog 16 g, das 26 mm lange Geschoß von 8 g wurde durch eine Treibladung von 1,5 g auf eine V_0 von 685 m/s beschleunigt. Die theoretische Schußfolge lag bei 7–8 Schuß/sec. Als Richtpreis – die Waffe wurde bei den Firmen *Haenel, Sauer, Steyr* und *Walther* gefertigt – waren für 1944 je Waffe RM 66,– festgelegt.

Die Produktion des MKb. 42 und des Sturmgewehres bis zum 1. April 1945:

	1942	1943	1944	1945
MKb. 42	116	11 717	–	–
Sturmgewehr				
(MP. 43 und 44)	–	19 501	281 860	124 616

Zusätzlich wurden 1942 vom Waffenamt 70 Stück zur Truppenerprobung abgenommen, die man aber nicht zur Serienfertigung zählte.

Der MKb. wurde ab November 1942 geliefert, im September 1943 hat man dann, da die Auslieferung des Sturmgewehres ab Juli 1943 erfolgte, diese Fertigung eingestellt.

Vom MKb. 42 hat die Firma *Haenel* übrigens fast 67 Prozent gefertigt.

Aus der obigen Produktion hat das Heer 7215 Waffen abgegeben, darunter 4320 an die Luftwaffe, 2069 an die Kriegsmarine und 17 an das Ausland. Wie bei jeder Fertigung wurden auch hier nicht immer alle vorgestellten Waffen abgenommen, so wurden im ersten Halbjahr 1944 3709 Waffen abgelehnt, die Zahl sank dann aber im zweiten Halbjahr auf 1815 Stück. Bei der Munitionsversorgung sollte sich Hitlers Furcht zum Teil bewahrheiten: Für die anfänglich geplanten 200 Millionen Schuß je Monat waren 86 000 zusätzliche Arbeitskräfte notwendig, es gab sie aber nicht. Die ab Februar 1944 geplanten 400 Millionen Schuß je Monat waren völlig utopisch, ab Februar 1945 wurde die Zahl dann auf realistische 110 Millionen reduziert. Geliefert wurden bis Anfang März 1945 die folgenden Mengen in Millionen Schuß:

	1942	1943	1944	1945
Pistolenpatrone 43				
(Kurzpatrone)	9,7	23,4	579,4	209,5

Davon gab es Anfang März 1945 noch einen Nachschubvorrat von 69,6 Millionen und 273,9 Millionen bei der Truppe.

Am Sturmgewehr konnte übrigens außer dem Zielfernrohr ZF 4 auch das ZF 1229, ein **Vampir** genanntes Infrarot-Nachtzielgerät verwendet werden, von dem die Firma *Leitz* 310 Stück geliefert hatte. Der auf das Gewehr aufzubringende Zielaufsatz wog mit dem 1,5/85 mm-Objektiv 2,3 kg, das als Schultertasche zu tragende Versorgungsteil 13 kg.

Ein weiteres Zusatzgerät war der **Krummerlauf.** Damit konnte man um 30°, um 45°, ja sogar um 90° um die Ecke schießen. Gezielt wurde mit einem Prismenvorsatz. Die Lebensdauer

Krummerlauf für Panzereinbau

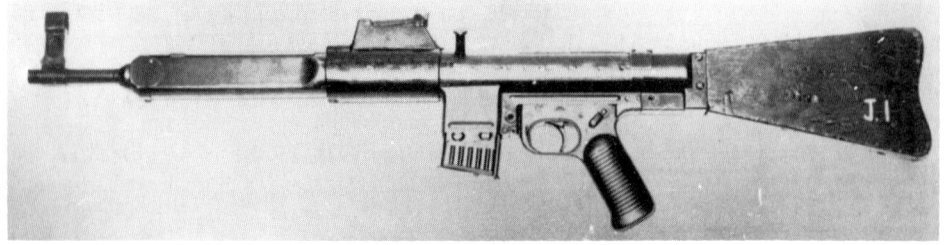

Sturmgewehr Mauser 06

eines solchen Zusatzlaufes war natürlich sehr begrenzt, sie betrug für das 30°-Modell knapp 300 Schuß, bei dem 45°-Zusatz aber nur 160 – demgegenüber lag die Lebensdauer des normalen Laufes bei 10 000 Schuß.

Von dem Gerät ist aber nur der Vorsatz »J« mit der 30°-Ablenkung, der für die Infanterie gedacht war, in größeren Stückzahlen gefertigt worden. Damit wurden bei Einzelfeuer auf 100 m Trefferablagen von 35 × 35 cm erreicht. Dauerfeuer war nicht möglich – der Schütze konnte die Waffe nicht im Ziel halten. Vom Vorsatz »P«, der mit 90° Ablenkung zum Beschuß der »toten Winkel« bei Panzerfahrzeugen vorgesehen war, sind nur etwa 200 Stück gefertigt worden.

Ein vereinfachtes Sturmgewehr mit unverriegeltem Verschluß legten im Herbst 1944 die Firmen *Gustloff* und *Grossfuß* vor. Es wurde abgelehnt. Von einem Neuentwurf, dem StG(H), bei der Firma *Haenel* MP. 45 genannt, ist trotz der begonnenen Kleinserie nur noch ein Muster erprobt worden.

Eine bessere Lösung schien das Gerät 06 der Firma *Mauser* zu sein, stark entfeinert wäre es in der Hälfte der Zeit herstellbar gewesen. Nachdem man vier Waffen erprobt hatte, wurde es zum Gerät 06H geändert. Unter der Bezeichnung StG. 45(M) wurden noch 30 Waffen begonnen, aber nur noch wenige fertiggestellt. Dieses Sturmgewehr war 895 mm lang, hatte einen 400-mm-Lauf und wog 3,7 kg. Das neuartige System für den Verschluß findet sich im automatischen Gewehr G 3 der Bundeswehr.

Mauser hatte übrigens damals ein gekürztes Magazin mit 10 Schuß erprobt, von dem nur noch zwei oder drei erhalten sind. Der Grund: Das 30-Schuß-Magazin stand etwa 260 mm über die Schußachse hinaus, und das war in gewissen Kampfstellungen nicht gerade deckungsfreundlich.

Der letzte Entwurf von *Mauser*, das Gerät 08, sollte die normale Gewehrpatrone verschießen – ein Muster ist aber nicht mehr fertig geworden.

Sturmgewehr Mauser 06 H

Ein sogenanntes Volkssturmgewehr wurde von der Firma *Gustloff* in kleiner Stückzahl gefertigt, ein Auftrag über 4000 Stück lag vor. Diese Waffe war 880 mm lang, hatte einen 400-mm-Lauf und wog 3,1 kg.

Nachweisbar sind noch zwei Entwürfe vom *Spreewerk in Grottau*, bei denen die P.-38-Produktion lief, eine Produktion ist aber nicht mehr angelaufen.

Pläne des Chefs der Heeresrüstung sahen übrigens vor, das Schwergewicht bei den Handwaffen auf das Sturmgewehr zu verlegen. Dabei sollte die Produktion des K. 98k auf 20 000 und die des K. 43 auf 90 000 je Monat begrenzt werden. Die Ausbringung des Sturmgewehres wollte man bis Ende 1945 auf 195 000 je Monat steigern, im April 1946 sollte die Truppe dann über 1,38 Millionen Sturmgewehre verfügen. Aber nicht einmal die Planzahl für den März 1945 wurde erreicht: Anfang März befanden sich einschließlich der 819 wieder instandgesetzten Waffen 242 031 Sturmgewehre bei der Truppe und 1703 in den Zeugämtern.

Bei dieser Planung hätte aber die ohnehin problematische Munitionsversorgung noch mehr gelitten. Die im Februar 1945 produzierten 100 Millionen Schuß entsprachen noch 410 Schuß je vorhandener Waffe im Monat, die Planzahl für April 1946 mit 373,5 Millionen hätte aber für die dann vorgesehenen Waffen nur einen Vorrat von 270 Schuß bedeutet – das wären 9 Schuß am Tag gewesen!

Nun, das Sturmgewehr war eine bedeutende Leistung der deutschen Konstrukteure auf dem Gebiet der Handwaffen. Am besten ist das bewiesen durch die zahlreichen ähnlichen Waffen in aller Welt, deren bekanntester Vertreter der russische AK 47, der »Avtomat Kalashnikova«, ist.

Gewehrgranatgerät

Damit die Infanterie auch Ziele, die außer Handgranatenwurfweite lagen, ohne Granatwerfereinsatz erreichen konnte, gab es für die K. 98 und das Sturmgewehr das **Gewehrgranatgerät,** das auch als **Schießbecher** bezeichnet wurde. Die Entwicklung von Gewehrgranaten und dem damals bereits Schießbecher genannten Verschußgerät begann übrigens schon 1913 bei der Firma *Rheinmetall*.

Der Schießbecher war ein gezogener Ansatzlauf von 30-mm-Kaliber. Er war 250 mm lang, wog 0,75 kg und wurde an die Gewehrmündung angeklemmt. Mittels eines komplizierten Visieres konnten Spreng- und Panzergranaten bis zu 300 m weit verschossen werden. Von dem Gerät wurden bis Mai 1944, als die Produktion eingestellt wurde, 1 450 114 Stück geliefert. Von der normalen 142 mm langen **Gew.Sprgr.,** die bei 0,3 kg Gewicht 31 g Sprengstoff enthielt und die auch als Handgranate verwendet werden konnte, wurden 38,7511 Millionen Stück geliefert; davon waren im März 1945 noch 9,8763 Millionen vorhanden.

Die **Gew.Pzgr. 30** hat sich wegen der zu geringen Durchschlagsfähigkeit nicht bewährt. Sie wurde durch die **große Gewehrpanzergranate** ersetzt. Dieses 0,39 kg schwere Geschoß von 185 mm Länge trug eine konische Hohlladung mit 0,115 Sprengstoff. Die Durchschlagsfähigkeit war nun auf 70 mm angestiegen. Von den Gewehrpanzergranaten wurden während des Zweiten Weltkrieges 23,8089 Millionen Stück gefertigt, die bis auf 5,5353 Millionen aufgebraucht wurden.

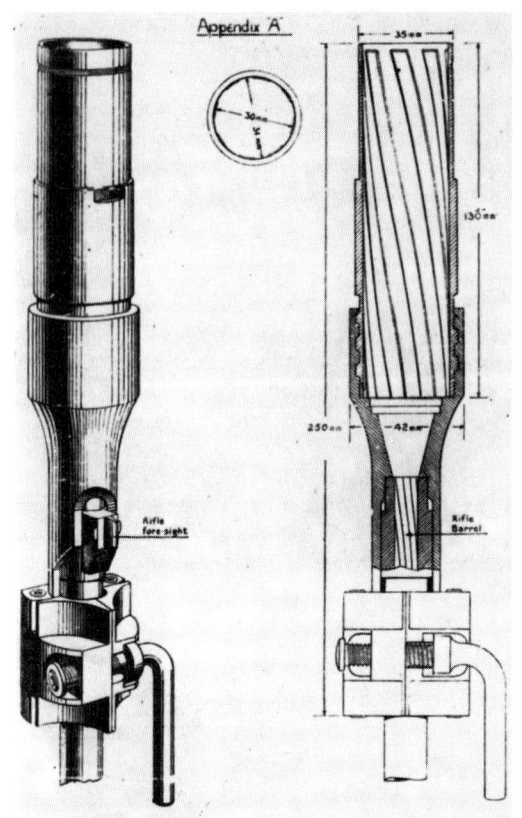

Appendix 'A'

Gew.Pzgr. 30

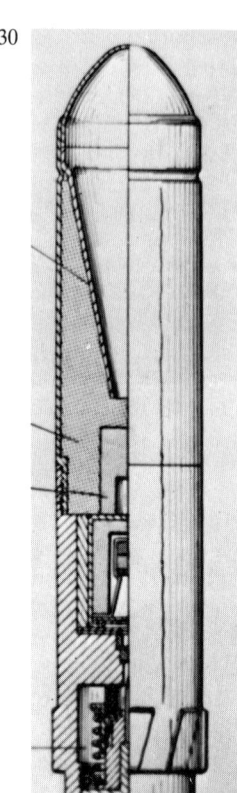

Schießbecher ▲

▼ Visier am K. 98

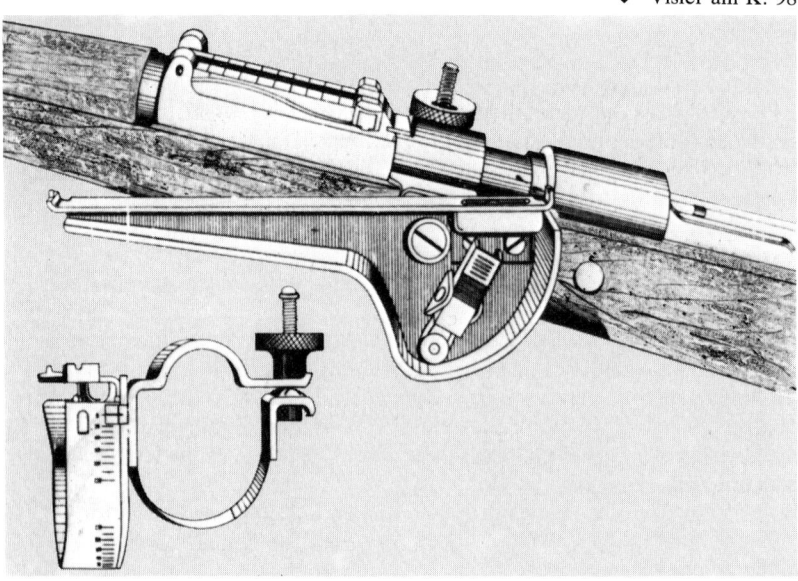

Bei der *SS-Waffenakademie* wurde die **Gew.Pzgr. 46** entwickelt, die 90-mm-Panzerung durchschlug. Die danach entworfene **Gew.Pzgr. 61** war eine weitere Verbesserung mit 125-mm-Durchschlagleistung.

Hier noch einige technische Daten; der Nr.-Kode war übrigens der Kopfdurchmesser. Der Drallschaft war bei beiden Granaten mit 102 mm gleich lang. Die 0,39 kg schwere »46« trug in dem 93 mm langen Kopf eine 0,15 kg wiegende, kugelförmige Hohlladung. Das Gesamtgewicht betrug 0,4 kg. Bei der »61« stieg das Gewicht auf 0,52 kg, im 136 mm langen Kopf war eine konische Hohlladung von 0,20 kg untergebracht. Größere Stückzahlen sind von diesen Granaten nicht mehr gefertigt worden.

Verschossen wurden diese Gewehrgranaten mittels einer Gewehrkartusche. Das Geschoß bestand aus Holz, und die Treibladung wog zwischen 1 und 2,0 g.

Im August 1943 wurde die **Gewehr-Blendgranate** eingeführt, eine Art Blendkörper, wie unter Handgranaten beschrieben, an dem ein Drallschaft befestigt war. Zum Verschuß von Flugblättern gab es die 145 mm lange **Gewehrpropaganda-Granate** von 0,23 kg Gewicht. Ein 9-Sekunden-Zeitzünder zerlegte das Geschoß nach etwa 450 m Flug. Von dieser Munition wurden 1,15 Millionen Schuß gefertigt.

Eine Sonderfertigung der Firma *Wasag* war die Gewehrgranate zur Panzerbekämpfung, auch **GGP** genannt. Sie wurde nach Art der Stielgranate nicht in, sondern auf den Schießbecher geschoben. Das 0,52 kg schwere Geschoß war 234 mm lang und trug im Kopf von 60 mm Durchmesser eine halbkugelförmige Hohlladung von 0,175 kg. Damit konnten 40 mm starke Panzerplatten durchschlagen werden. Stabilisiert wurde diese Granate durch ein 6-Flächen-Leitwerk. Mit einer Haube, wobei sich die Länge auf 295 mm erhöhte, wurde der Abstand bei der Zündung größer – die Durchschlagsleistung stieg auf 45 mm an.

Eine spezielle Entwicklung waren die Gewehrgranaten mit Kampfstoff, die bei den Firmen *HASAG* und *Bergmann* entworfen wurden. Zuerst hatte man lediglich den Leerraum in den

Die GGP der Fa. WASAG

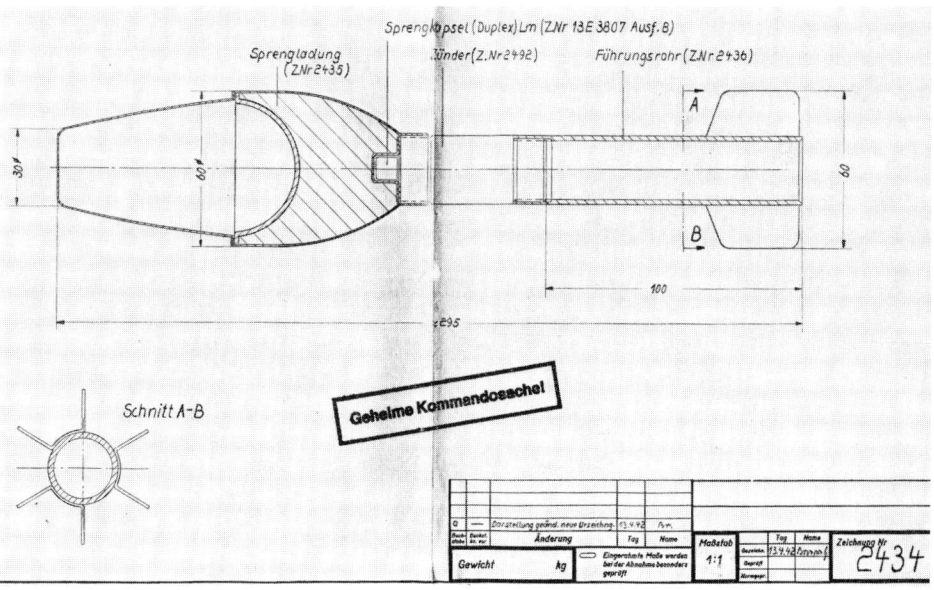

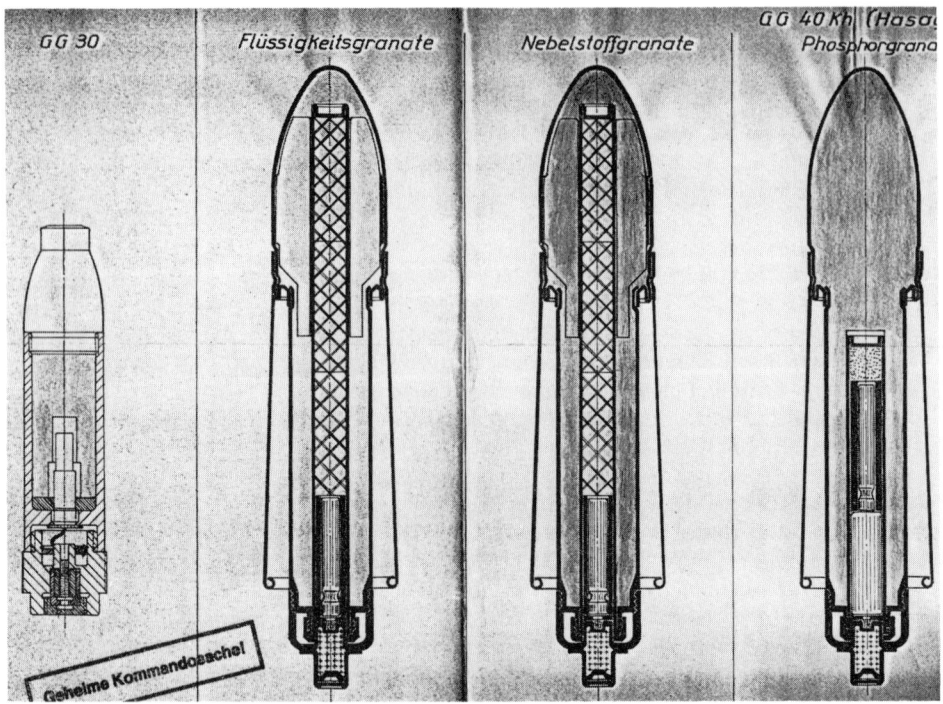

GG 30 — Flüssigkeitsgranate — Nebelstoffgranate — GG 40 Kh (Hasa... Phosphorgrana...

Geheime Kommandosache!

Die GG der Fa. HASAG. Links: Die Gew.Sprgr. mit ihrer alten Bezeichnung

Hohlladungen mit einem Reizstoff gefüllt. Später gab es Neukonstruktionen, in die jeweils 40-ccm- bzw. 150-ccm-Kampfstoff eingefüllt werden konnten. Es wurde der von der Firma *IG-Farben* entwickelte Typ Exelsior, ein starkes Blaukreuz, vorgesehen.

Die Firma *HASAG* hatte von WaPrüf 9 einen Auftrag zur Entwicklung einer spanlos zu fertigenden Gewehr-Flüssigkeitsgranate erhalten und stellte im Frühjahr 1942 die **GG 40Kh** (Gewehrgranate 40, Kammerhülse) vor. Diese 0,48 kg schwere und 220 mm lange Granate bestand aus Tiefziehblech und hatte ein Fassungsvermögen von 135 cm³. Sie konnte mit 0,22 kg Sprengstoff, mit einer Phosphor- oder einer Hohlladung und natürlich für ihre eigentliche Aufgabe mit Kampfstoff gefüllt werden. Entgegen der sonstigen Gewehrgranaten trug dieses Geschoß über dem 30-mm-Schaft, der in den Schießbecher paßte, einen Stabilisator von 50-mm-Durchmesser. Das hohe Fassungsvermögen erreichte man durch einen im Durchmesser auf 42 mm vergrößerten Kopf. Durch Ansetzen eines Abreißknopfes an den Leuchtspursatz wurde es eine Handgranate. Bei Versuchen in Kummersdorf zeigte die Granate eine große Wirkung, in eine 26 cm starke Ziegelmauer wurde ein 30 × 50 cm großes Loch geschlagen. Laut Abnahmeprotokollen wurden 312 850 Stück bereitgestellt, eine Füllung mit Kampfstoff ist jedoch nicht nachweisbar.

Versuche mit Gewehrpanzergranaten, die zusätzlich einen Raketenantrieb besaßen, wurden nicht abgeschlossen. Der freie Raum der Hohlladung enthielt hier den Treibsatz des Raketenantriebes. Es wurden zwar Reichweiten bis zu 940 m erzielt, wegen mangelnder Treffgenauigkeit wurde die Entwicklung aber dann eingestellt.

46

Ein weiterer Versuch blieb eine Gewehrgranate, mit der Öltanks durch Sabotagegruppen in Brand gesetzt werden sollten. Die Granate durchschlug den Öltank und sank zu Boden. Nach einer Stunde sprengte ein chemischer Zünder den schweren Drallschaft ab, und ein Luftraum trug das Geschoß an die Oberfläche, wo durch eine Zündladung brennendes Thermit ausgestoßen wurde, das dann in kurzer Zeit zur Explosion des ganzen Tanks führen sollte.

Eine andere Entwicklung auf diesem Gebiet war die **Gewehr-Leuchtgranate,** von der 1945 im März noch 95 100 der 133 000 produzierten vorhanden waren.

Bei der Brandgranate, von der zwei Versionen vorlagen, verzögerten die Schwierigkeiten mit dem Zünder eine Serienproduktion.

Von den **Doppelschußgranaten** für den Schießbecher sind auch nur Kleinserien gefertigt worden. Begonnen hatte diese Entwicklung bei der Firma *Bergmann* mit der kleinen Ausführung, die 0,52 kg wog und 0,12 kg Sprengstoff trug. Bei einer V_0 von 160 m/s wurde ein Durchschlag von 85 mm erreicht. Die Bezeichnung »Doppelschuß« bezog sich auf die zusätzliche, im Hohlraum des Drallschaftes untergebrachte Treibladung, die durch die Gewehrkartusche gezündet wurde. Mit dem nächsten Muster, das bei 1,1 kg Gewicht 0,56 kg Sprengstoff enthielt, konnte die Durchschlagsfähigkeit auf 140 mm gesteigert werden. Auf 180 mm brachte es die große Ausführung, die bei einem Gewicht von 1,58 kg einen Sprengstoffanteil von 0,73 kg trug. Trotz der mit 70 m/s geringen V_0 wurde eine Schußweite von 375 m erreicht – die Streuung war aber mit 43 m in der Längs- und 35 m in der Seitenrichtung zu groß, um Panzerfahrzeuge sicher bekämpfen zu können.

Eine Parallelentwicklung der *Thomanek*-Gruppe besaß eine verbesserte Hohlladung, die mit 0,6 kg Sprengstoff sogar 270 mm durchschlug. Berichte über extrem stark gepanzerte Fahrzeuge des Gegners von der Ostfront führten zuletzt zu einem Panzerfaust-ähnlichen Kopf von 100 mm Durchmesser, in dem 1,35 kg Sprengstoff untergebracht waren. Die Hohlladung, zu deren Verschuß eine zusätzliche, 0,25 kg schwere Treibladung notwendig war, durchschlug 360 mm Panzerstahl.

Die Produktion der verschiedenen Gewehrgranaten bis zum März 1945 betrug in 1000 Schuß:

	1941	1942	1943	1944	1945
Gew.Sprgr.	–	5 477,4	11 545,6	18 823,1	2 905,0
Gew.Pzgr.	–	2 828,6	8 301,7	10 994,6	1 684,0
Gew.Blend-Gr.	–	–	603,7	966,3	–
versch. Ausführungen	–	–	1 800,0	1 100,0	–

Die Auslieferung des »Schießbechers« selbst betrug:

1942	1943	1944	1945
401 860	760 655	287 599	–

Vom Gewehrgranatgerät wurden folgende Mengen abgegeben:

an die Luftwaffe	9 585
an die Marine	28 000
an das Ausland	70 879
an verschiedene Stellen	15 957

Bestandszahlen zum Ende des Krieges lassen sich nicht mehr ermitteln. Im Dezember 1944 befanden sich 244 702 Geräte bei der Fronttruppe, 617 648 lagen in den Zeugämtern und weitere 241 527 wurden gerade komplettiert.

Kampf- und Sturmpistolen

Die **Leuchtpistole** ist im eigentlichen Sinne keine Waffe, sondern ein Signalmittel. Als man jedoch die 1928 eingeführte, 1,3 kg schwere Leuchtpistole der Firma *Walther* durch die 0,78 kg wiegende Leichtmetallausführung ersetzte, griff man den Gedanken auf, außer den Patronen für Signalzwecke auch andere Sondermunition zu verschießen. Die Kleinserie, die einen gezogenen Lauf von 26,7-mm-Kaliber besaß, zeigte gute Ergebnisse. Um aber die bereits vorhandenen Pistolen zu verwenden, die einen glatten Lauf besaßen, wurde nun ein gezogener Einstecklauf von 23-mm-Kaliber entwickelt. Die Waffe, nun **Kampfpistole** genannt, war 245 mm lang; aus dem 155 mm langen Lauf wurde die 125 mm lange Spgr.LP verschossen. Die Wirkung des 30 g Sprengstoffs war aber zu schwach, deshalb nahm man den Kopf der Stielhandgranate und schraubte einen neuen, zum Lauf passenden Stiel ein. Das war nun der **Wurfkörper »358 LP«.** Er war aber zu schwer, die Reichweite zu gering. Man nahm nun die Eierhandgranate, setzte einen Stiel daran und nannte diese Munition **Wurfkörper 361 LP.**
Schwierigkeiten mit der Stabilisierung zwangen nun nochmals zu einer Umkonstruktion. Bei der neuen Lösung fiel der dicke Holzstiel nach dem Verschuß ab, ein dünnes Stahlrohr stabilisierte nun den Wurfkörper recht gut. Bei einer Anfangsgeschwindigkeit von 40 m/s erreichte der 0,325 schwere Körper eine Weite von 85 m. Mit einem leichteren Plastikstiel konnte die Gesamtlänge von 224 auf 218 mm gekürzt werden. Mit einer verstärkten Ladung wurde nun eine Weite von fast 100 m erreicht.

Die Kampfpistole

Wurfkörper 358 LP

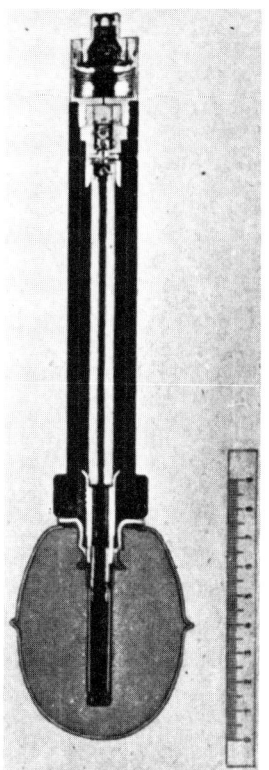

Wurfkörper 361 LP

Eine weitere Munition war die 0,115 kg schwere **Wurfgranatpatrone 326 LP**. Es war eine aufwendige Konstruktion, die im Flug durch ein 4-Flächen-Leitwerk stabilisiert wurde. Bei einer V_0 von 72 m/s wurde zwar eine Schußweite von 400 m erreicht, die Wirkung der 12 g Sprengstoff war aber viel zu gering. Aus diesem Körper wurde nunmehr die 326 HL/LP abgeleitet, eine 0,18 g schwere Patrone, die mit einer V_0 von 60 m/s bis zu 300 m weit verschossen werden konnte. Die 22 g Hexogensprengstoff, als Hohlladung ausgebildet, durchschlugen 50-mm-Panzerung. Bei der großen Schußweite litt aber die Treffgenauigkeit erheblich, und man entschloß sich nun zur Entwicklung einer Munition, die auf kürzere Entfernungen größere Durchschlagsleistungen bringen sollte.

Die erste Entwicklung war die **Wurfmine H 62 LP**, ähnlich der Gewehrgranate 61, an die man einen Stiel mit einem großen Ringleitwerk angesetzt hatte. Das Geschoß war nicht nur zu schwer, es war durch das weit nach hinten ragende Leitwerk auch sehr unhandlich. Der nächste Entwurf war der **Panzerwurfkörper 42 LP**, eine Hohlladung von 0,6 kg, mit der 80-mm-Panzerung durchschlagen wurden. Um jedoch die geforderten 75 m Schußweite zu erreichen, benötigte man eine stärkere Ladung; das resultierte nun wiederum in einem stärkeren Rückstoß, der aufgefangen werden mußte. Die Lösung war eine zusammenklappbare Schulterstütze, und damit war die **Sturmpistole** geboren. Es gab sie später auch mit einem 180-mm-Lauf; sie war dann ausgeklappt 585 mm lang und wog 2,45 kg.

Der Pz.WK 42, wie die letzte Munition genannt wurde, ist wie bereits der Körper 326 aus dem gezogenen Lauf verschossen worden.

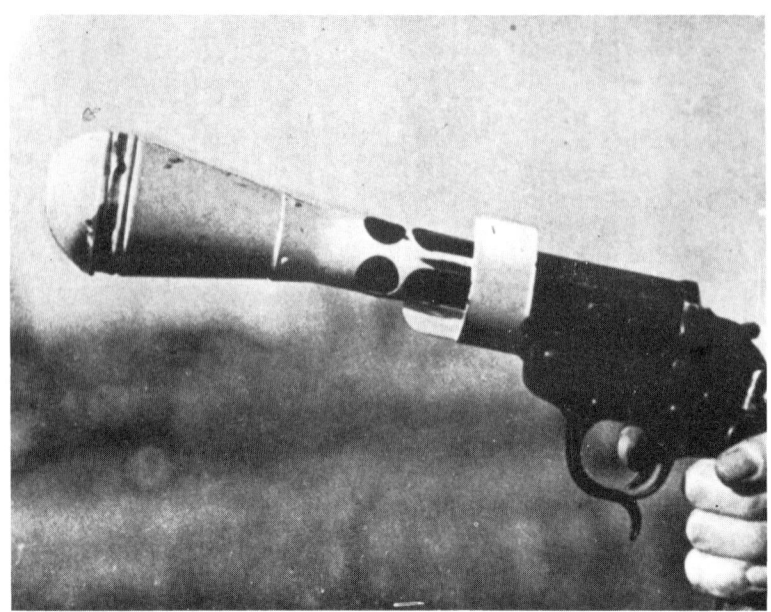

Die Wurfmine H 62 LP

Eine Sondermunition, die von Panzerfahrzeugen aus eingesetzt werden sollte, war die **Nah-Brennzünder-Granate**. Mit dieser Munition sollte die feindliche Infanterie bekämpft werden, wenn sie versuchte, Panzerfahrzeuge im Nahkampf außer Gefecht zu setzen. Der Zünder war dabei so eingestellt, daß die Sprenggranate, wenn sie in einem bestimmten Winkel abgefeuert wurde, in einer Höhe von 1–2 m detonierte, um mit ihren Splittern die von der Panzerbesatzung nicht einzusehende »Tote Zone« rings um das Fahrzeug abzudecken.

Von den bis Ende Februar 1945 im Zweiten Weltkrieg gefertigten 417 255 Leuchtpistolen 42 hat das Heer 278 845 Stück erhalten – wieviele davon in die Kampf- oder Sturmpistole umgewandelt wurden, läßt sich heute nicht mehr feststellen.

Da die Kampfpistole mit ihrem kurzen Lauf eine erhebliche Streuung zeigte, sie betrug auf 70 m nicht weniger als 4 m in der Höhe und 3 m in der Breite, wurden von dem WK 361 LP im ersten Jahr des Einsatzes nur etwas mehr als 5800 Stück verbraucht. Vom WK 326 LP waren es in dem gleichen Zeitraum immerhin 19 750 Stück. Das führte zu dem Projekt der **Sturmbüchse**, die im äußerlichen Aufbau einer dreiläufigen Schrotflinte glich. Aus den glatten Läufen sollten die Wurfkörper 361 LP, die einen verlängerten Stiel trugen, verschossen werden. Versuche ergaben eine Schußweite von etwa 200 m, die Streuung war aber immer noch zu groß. Das Projekt wurde im Frühjahr 1944 wieder eingestellt.

Eine Entwicklung der SS war die **Kampfpistole Gerloff**. Sie war für den Verschuß der ebenfalls bei der SS entwickelten Gew.Pz.Gr. 46 und 61 eingerichtet. Die seit 1940 andauernden Kompetenzstreitigkeiten des SS-Führungshauptamtes mit dem Heereswaffenamt verhinderten hier eine Beschaffung in größeren Mengen.

Erst gegen Ende des Krieges wuchs der Einfluß der SS auf die verschiedenen Rüstungsbereiche. Der Reichsführer SS Heinrich Himmler hatte zwar im April 1940 das Beschaffungsamt

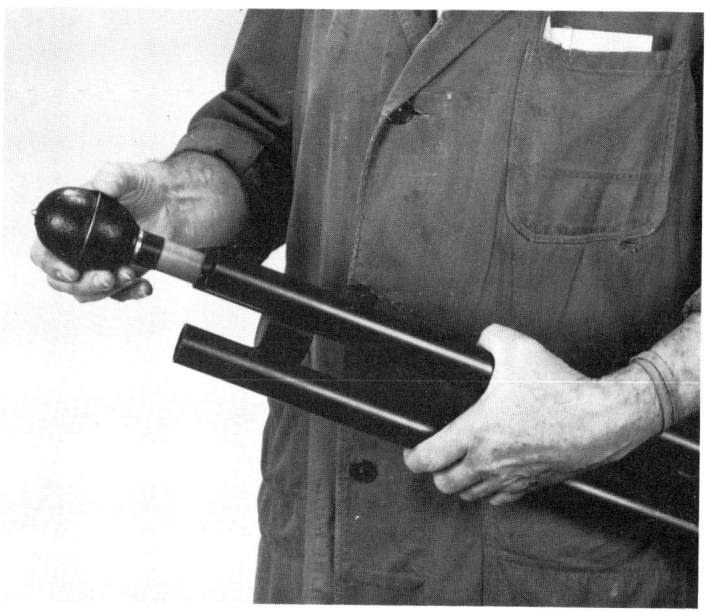

Die Sturmbüchse in der Erprobung

der SS in »Waffen- und Geräteamt der Waffen-SS« umbenannt, aber General Fromm, der Chef der Heeresrüstung, war immer wieder in der Lage, eine Eigenbeschaffung der SS bei der Industrie zu verhindern. Mit der offiziellen Einführung eines »Waffenamtes der SS« Ende 1942 gelang es der SS zwar auch, ihre Leute in die Kommissionen zu bringen, in denen über die einzelnen Waffenentwicklungen entschieden wurde, für die Beschaffung von Waffen und Gerät für die SS war jedoch immer noch das Heeres-Waffenamt zuständig. Trotz zahlreicher Eingaben des Heeres-Waffenamtes über die Nutzlosigkeit eines eigenen Amtes der SS behielt die SS die Oberhand, lediglich die Bezeichnung wurde 1944 in »Technisches Amt der Waffen-SS« geändert. Aber auch diesem Amt gelang es trotz der Förderung, die Hitler der SS angedeihen ließ, wie zahlreiche Beispiele zeigen, nur selten, eine Entwicklung in die Truppenerprobung zu bringen. Gewisse Produktionszweige gerieten aber mehr und mehr unter die Kontrolle der SS. Himmler hatte zwar seine geplanten »SS-Rüstungsbetriebe« nur auf kleinen Bereichen durchsetzen können, aber die von Speer eingeführten »Konzentrations-lager-Betriebe« gerieten natürlich in kurzer Zeit in den Verantwortungsbereich des »SS-Wirtschafts-Verwaltungshauptamtes«.
Daß die Produktion durch Häftlinge nicht unerheblich war, zeigt die Anordnung Hitlers vom 6. Mai 1943, durch die er der SS 16 962 Karabiner als 5prozentigen Anteil des Häftlingseinsatzes zusätzlich zugestand. Im November/Dezember 1943 erhielt die SS aus dem gleichen Grund weitere 10 015 Karabiner und während des Jahres 1944 erneut fast 61 000 Stück.
Die Granatwerferpistole für die 5-cm-Wurfgranate, eine ähnliche, ebenfalls von der SS vorgeschlagene Waffe, wurde im Mai 1942 wegen der für Flachfeuer vorgesehenen Lafette, die etwas unglücklich gestaltet war, vom Heereswaffenamt abgelehnt.
Unter »Festungswaffen« finden wir übrigens eine solche, 1935 in Frankreich für die Maginot-Linie konstruierte Waffe.

Die Produktion der in größeren Stückzahlen gefertigten Wurfkörper:

	1940	1941	1942	1943
WK 326 LP	–	106 789	295 804	–
WK 361 LP	–	202 591	59 197	–

Über die Bestände dieser Wurfkörper zum Ende des Krieges liegen keine Zahlen vor, es ist aber anzunehmen, daß sie so gut wie aufgebraucht wurden. Interessant ist hier vielleicht die Bestandszahl der verschiedenen Leucht- und Signalpatronen für diese Pistolen zum 1. März 1945 – summa summarum waren davon noch 32 352 500 Stück vorhanden.

Maschinenpistolen

Die erste eigentliche Maschinenpistole war das langläufige Modell der P. 08 für die Artillerie mit dem 200-mm-Lauf. Ein 32-Schuß-Trommelmagazin und ein Anschlagkolben vervollständigten die Waffe. Da aber diese Konstruktion zu schnell schoß und sich schlecht im Ziel halten ließ, führte das 1917 zur Entwicklung der **MP. 18/I**, bei der man auch das oben erwähnte Trommelmagazin benutzte. Diese, von der Firma *Bergmann* entwickelte Waffe wog 4,1 kg; sie war mit einem 200-mm-Lauf 820 mm lang. Die Schußfolge war mit 500/min jedoch viel zu hoch. Von den 50 000 bestellten Waffen sind bis zum Ende des Ersten Weltkrieges nur knapp 10 000 geliefert worden. In den 20er Jahren, als man MP's noch als reine Polizeiwaffen betrachtete, wurde die MP. 18/I mit einem von links anzusetzenden Stangenmagazin versehen. Von dieser Waffe wurden etwa 25 000 Stück gefertigt.

Auch die **MP. 28/II**, die bei der Firma *Haenel* produziert wurde, blieb eine reine Polizeiwaffe. Sie tauchte 1940 am Westwall nochmals als FMP (Fernbedienungs-MP) auf. Es blieb aber bei der Installierung, eingesetzt wurden die seit Dezember 1939 produzierten 3500 Waffen dort nicht.

Von *Rheinmetall-Borsig* wurde die **MP. 32** entwickelt. Sie hatte den seitlichen Kniegelenkverschluß des Selbstladegewehres 28 und verwendete 20- und 40-Schuß-Magazine.

MP. 32

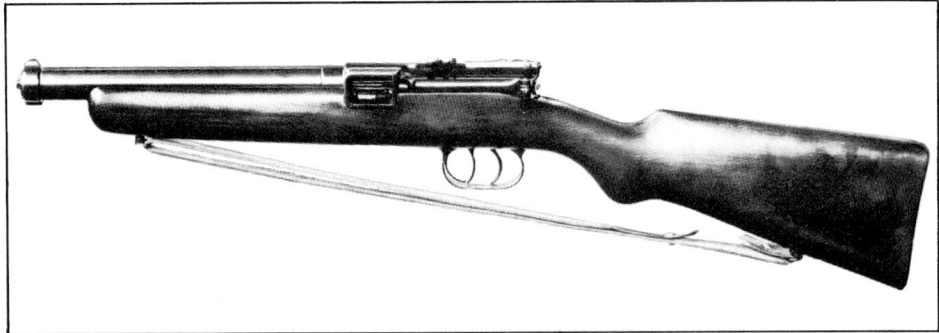

Die nächste Verbesserung war die MP. 34, die bei der Firma *Bergmann* entwickelt wurde. Sie wurde als BMK 32 in Dänemark in Lizenz gefertigt und ab 1940 für deutsche Garnisonseinheiten verwendet. Es gab sie mit Läufen von 200 und 320 mm Länge. Die kurze Bauart wog bei einer Gesamtlänge von 840 mm mit dem seitlich anzusetzenden 32-Schuß-Magazin 4,7 kg. Die Schußfolge war mit 650/min viel zu hoch. Diese Waffe wird oft mit der MP. 34(ö) verwechselt, die bei der Firma *Rheinmetall-Borsig* entworfen wurde und bei der Firma *Steyr* in Produktion ging. Sie wurde 1938 von der Mauser-Patrone zur Pistolen-Patrone 08 geändert und fand vorwiegend bei Polizeieinheiten Verwendung.

Die **MP. 35** war durch einige Änderungen aus der Bergmann-MP. 34 entstanden, sie wurde ausschließlich für die SS produziert.

Eine Bergmann-Variante wurde von der Schweizer Firma *SIG* produziert. Sie verschoß die bereits erwähnte starke 9-mm-Mauser-Export-Patrone. Verhandlungen der SS, einige dieser Waffen zur Erprobung zu erhalten, zerschlugen sich aber.

Bei der Firma *Erma* wurden Anfang der 30er Jahre die **Vollmer-MP** produziert. Vom Militär nicht akzeptiert, fand sie dann Verwendung in Frankreich bei der Vichy-Polizei. Mit dem 250 mm langen Lauf war sie 900 mm lang und 4,2 kg schwer. Die Schußfolge betrug 500/min und die V_0 390 m/s.

Aber auch der Konstrukteur Vollmer konnte sich mit seinen Modellen 25 und 28, die mit Trommelmagazinen ausgerüstet waren, nicht durchsetzen.

Als ein Vorläufer des Sturmgewehres, wenn auch wegen des 9-mm-Kalibers zu den Maschinenpistolen gezählt, kann der **Maschinenkarabiner 36,** eine Entwicklung Schmeißers, angesehen werden. Er besaß bei 1130 mm Gesamtlänge einen Lauf von 502 mm und wog ohne Magazin 4,8 kg. Die Schußfolge lag bei 500/min. Infolge eines Patentstreites sind aber nur wenige Stück gefertigt worden.

Bei *Rheinmetall-Borsig* wurde die **MP. 37** entwickelt, eine 40schüssige Waffe mit einem Kniegelenkverschluß, der dann auch den Grund zur Ablehnung dieses Musters bildete. Wenn bisher die Maschinenpistole von den Verantwortlichen im Waffenamt immer wieder als Polizeiwaffe gesehen wurde, so hat man mit der Aufstellung der Fallschirmeinheiten und der sehr spät erkannten Notwendigkeit einer kleinen Maschinenwaffe für Panzerbesatzungen die Meinung geändert.

An der seit 1936 bei der Firma *Erma* entwickelten Waffe wurden einige Verbesserungen durchgesetzt. Erstmals wurde Plastik verwendet, und statt des sonst üblichen Holzschaftes gab es einen Klappschaft aus Stahlrohr. Die Gesamtlänge von 856 mm konnte so auf 630 mm verringert werden. Die Munition wurde von unten durch ein 32schüssiges Magazin zugeführt. Die als MP. 38 bei der Truppe eingeführte Waffe wog 4,1 kg und besaß einen Lauf von 250 mm Länge. Die V_0 betrug bei dieser MP. 390 m/s, die theoretische Schußfolge 420/min. Bei Kriegsbeginn befanden sich 8773 Stück der **MP. 38** bei der Truppe. Mit der unverriegelten Waffe, die sich nicht sichern ließ, gab es aber zahlreiche Unfälle. Es wurde nun ein Spannhebel eingeführt, der sich in eine zusätzliche Ausfräsung im Gehäuse einlegen ließ – nun hieß die Waffe **MP. 38/40.**

Im Sommer wurde dann die nur noch 3,7 kg wiegende **MP. 40** eingeführt, die aus Gründen der Materialersparnis in Blechprägetechnik gefertigt wurde. Ein etwas entfeinertes Modell erhielt die Bezeichnung MP. 40/I und kostete jeweils 60,– RM.

Nach den Erfahrungen mit den russischen Waffen PPD-40 und PPSh-41, die bereits als **MP. 715(r)** und **717(r)** im Inventar der Truppe geführt wurden und deren Trommelmagazine eine Kapazität von 71 Schuß aufwiesen, wurde von der Firma *Steyr* die **MP. 40/II** vorgestellt. Diese Waffe besaß ein Doppelmagazin mit 64 Schuß; sie war aber im Einsatz zu empfindlich, und die Produktion wurde wieder eingestellt.

Die bei der Firma *Haenel* produzierte **MP. 41** war eine 860 mm lange Waffe mit einem Holzschaft – es war eine Kombination der MP. 28 mit der MP. 40. Da diese Waffe fast

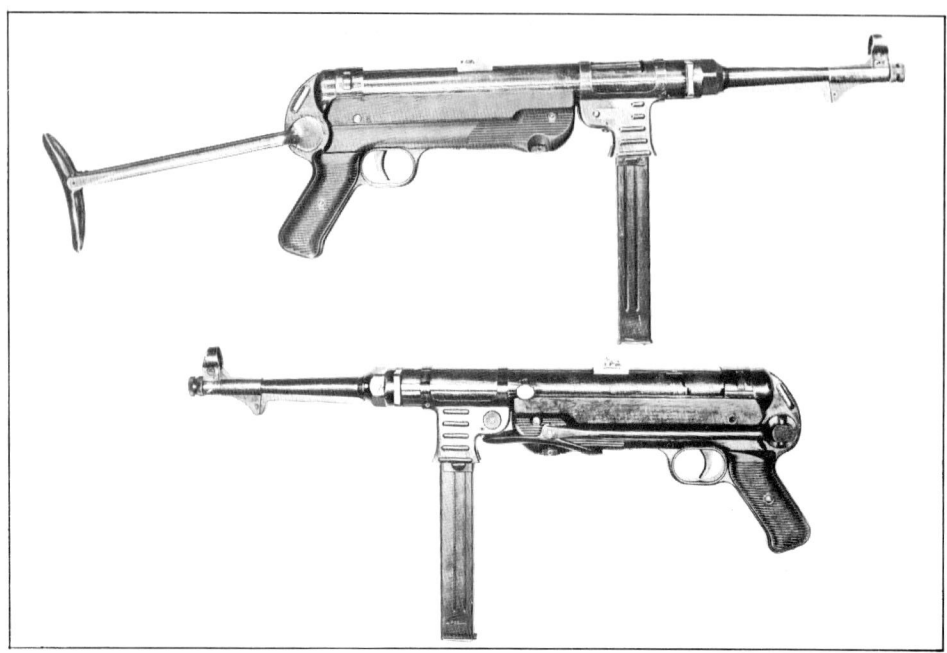

MP. 40

ausschließlich für den Export gefertigt wurde, liegen dafür keine Abnahmezahlen des Waffenamtes vor.

Von der MP. 40 hat das Heer übrigens bis Ende 1944 auch 56 982 Stück an das Ausland abgegeben. Weitere 19 084 gingen an verschiedene deutsche Stellen, darunter 5944 an die SS, 312 an die Abwehr – sogar das Finanzministerium hat 15 Stück erhalten. Den größten Teil, 8875 Waffen, hat die Luftwaffe – außer den direkten Lieferungen des Waffenamtes – aus den Beständen des Heeres erhalten.

Die 900 mm lange tschechische **MP. 383** von 5,4 kg Gewicht wurde von den *Waffenwerken Brünn* für die SS gefertigt. Aus dem 325 mm langen Lauf wurde die Pistolen-Patrone 08 mit einer V_0 von 425 m/s verschossen. Das 30-Schuß-Magazin wurde von links angesetzt. Die Schußfolge, die normalerweise 500/min betrug, konnte bei dieser Waffe einfach durch die Entnahme eines kleinen Gewichtes aus dem Verschluß auf 700 erhöht werden. Die SS-Waffenakademie versuchte übrigens auch eine weitere tschechische Waffe, die ZK 403, als **MP. 42** einzuführen.

Die wahlweise mit Stangen- oder Trommelmagazin ausgerüstete, 915 mm lange Waffe ging aber nicht in die Produktion. Das Projekt, die bereits erwähnte russische Waffe PPSh-41, von der große Beutebestände vorlagen, von der Tokarev-Patrone zur Pistolenpatrone 08 umzubauen, blieb nach etwa 10 000 Stück wieder stecken.

Die Bezeichnungen MP. 43 und 44 finden wir bei den Sturmgewehren.

Ende 1944 erschien das Gerät **Potsdam**, eine ausgezeichnete Kopie der englischen Sten-MP MK2. Diese 760 mm lange Waffe wog schußfertig (32 Schuß) nur 3,7 kg. Für den Volkssturm war die **MP. 3008**, ebenfalls eine Sten-Kopie, gedacht. Sie war mit einem 200-mm-Lauf 794 mm lang. Eine andere Ausführung war die **VMP** der Firma *Blohm & Voss*. Diese

54

Sten-Kopie besaß einen Holzhandgriff. Von den Sten-Waffen sollten 1945 bis zum Mai 50 000 Stück geliefert werden, es blieb aber bei wenigen Mustern.

Eine im Dezember 1944 von der Firma *Walther* vorgestellte **VMP** (Volksmaschinenpistole) ging nicht mehr in die Fertigung. Eine erhebliche Fertigungsvereinfachung brachte die **EMP. 44**, eine aus Rohrstücken zusammengeschweißte Konstruktion der Firma *Erma*. Sie war mit einem 250-mm-Lauf 720 mm lang und wog 3,6 kg. Es wurde das Doppelmagazin der MP. 40/II verwendet. Eine Produktion lief aber hier auch nicht mehr an.

Das Gerät 3004 war keine neue Waffe, sondern die Kodebezeichnung für Versuche mit der MP. 40.

Von den ausländischen Maschinenpistolen sei hier nur die für das Waffenamt offiziell gefertigte **MP. 38/42** genannt. Es war die italienische Berettawaffe, die in Italien »Moschette« (kleine Muskete) hieß. Man hatte diese 798 mm lange Waffe mit ihrem 210-mm-Lauf wegen der hohen Waffenverluste in Afrika eingeführt. Mit dem gefüllten 40-Schuß-Magazin wog diese MP etwas mehr als 4 kg. Typisch waren der Holzschaft und die Längsrippen zur Kühlung des Laufes. Verschossen wurde die normale 9-mm-Munition mit einer V_0 von 380 m/s.

Produktionszahlen der vom Heer im Zweiten Weltkrieg übernommenen Maschinenpistolen bis zum 1. April 1945:

	1939	1940	1941	1942	1943	1944	1945
MP. 28	1 850	1 650	–	–	–	–	–
MP. 38 und 40	5 360	96 396	139 641	152 681	220 572	74 564	189
Beretta	–	–	–	–	–	145 693	85 500

Von den insgesamt gefertigten 908 317 MP. 38 und 40 hat das Heer während des Krieges also 689 403 erhalten. Über das Heereswaffenamt wurden an die anderen Wehrmachtsteile von der MP. 38 und 40 die folgenden Mengen geliefert:

	1939	1940	1941	1942	1943	1944	1945
Luftwaffe	–	18 500	96 400	64 300	9 973	6 244	–
Kriegsmarine	–	1 400	3 750	12 500	3 766	2 081	–

Nach Juli 1944 sind vom Waffenamt keine Maschinenpistolen an andere Wehrmachtsteile abgegeben worden. Im März 1945 besaß das Heer einschl. der Beretta-Waffen noch 252 046 Maschinenpistolen, davon befanden sich 6023 in den Zeughäusern.

Bis auf die erwähnten russischen Waffen verschossen alle diese Maschinenpistolen die 9-mm-Munition, die wir von der Pistole 08 her kennen.

EMP. 44

Maschinengewehre

Nach den wassergekühlten **08- und 08/15-Maschinengewehren** des Ersten Weltkrieges wurden, von den Erfahrungen mit den luftgekühlten Flugzeug-MG's ausgehend, nun auch derartige Waffen für den Erdeinsatz gefordert – die erste war das MG. 08/18.

Man hatte zwar nach dem Ende des Ersten Weltkrieges entschieden, daß alle zukünftigen Waffen dieser Art luftgekühlt sein müßten, jedoch verbot der Versailler Vertrag die Entwicklung automatischer Waffen. Es wurden nun alte, wassergekühlte Dreyse-MG's umgebaut. Sie erhielten einen luftgekühlten Lauf und ein 25-Schuß-Magazin, dazu kam später noch die 75 Schuß fassende Doppeltrommel. Diese Waffe wurde dann 1931 als **MG. 13** eingeführt. Es war 1340 mm lang, besaß einen 720-mm-Lauf und wog 11,4 kg. Die Schußfolge betrug 550/min, die V_0 820 m/s. Erst als diese Waffen später in größeren Mengen an Spanien und Portugal verkauft wurden, hat man sie durch das MG. 34 ersetzt.

Die Firma *Vollmer* hatte seit 1922 an einer leichten Maschinenwaffe gearbeitet und legte 1926 eine verblüffend einfache Konstruktion vor, die nur noch aus 78 Teilen gegenüber den 383 des MG. 08/15 bestand.

Trotz der zahlreichen, zufriedenstellend verlaufenen Schießversuche hat das Waffenamt das **VMG. 27** nicht eingeführt – man wollte eine Einheitskonstruktion, die sowohl als leichte Maschinenwaffe in vorderster Linie wie auch als schweres MG zur Infanterieunterstützung Verwendung finden konnte. 1930 wurden alle Arbeiten an den Vollmer-Waffen eingestellt.

Aus der Zusammenarbeit der Firma *Rheinmetall-Borsig* mit der *Solothurner Waffenfabrik* war das mit einem 25-Schuß-Magazin ausgerüstete **MG. 29** entstanden, das nur 7,5 kg wog. Es wurde jedoch schon nach kurzer Zeit durch das Modell S-2-200 ersetzt, das während der Erprobung in Deutschland die Bezeichnung **MG. 30** erhielt. Es wurde jedoch trotz guter Ergebnisse bei den Schußversuchen nicht eingeführt. Da das österreichische Heer diese Waffe übernahm, bekam die Wehrmacht nach dem Anschluß eine größere Anzahl dieser Waffe. Sie hatte bei einer Gesamtlänge von 1175 mm einen 600-mm-Lauf, wog 7,7 kg und hatte mit einer V_0 von 760 m/s eine Schußfolge von 800/min. Ein Außenseiter auf dem Waffengebiet, die Firma *Knorr-Bremse,* hatte auch ein MG konstruiert und es der schwedischen Armee als LH. 33 angeboten. Es wurde jedoch wegen zu geringer Schußfolge abgelehnt. Die Waffen

MG. 29

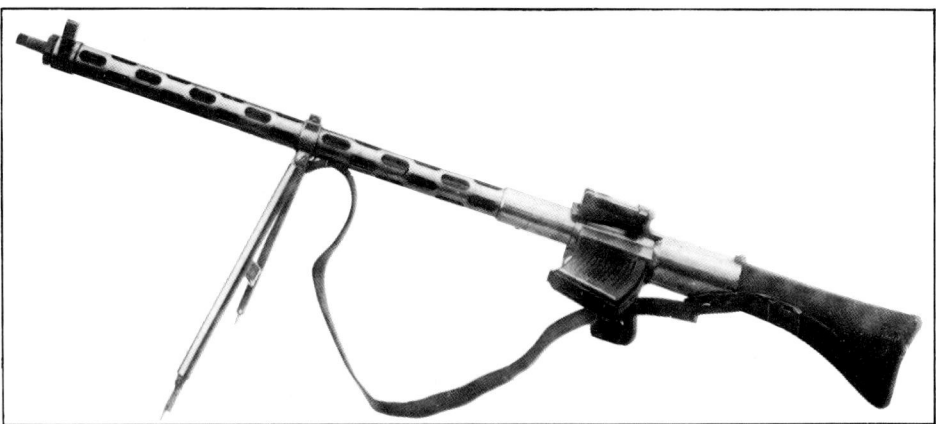

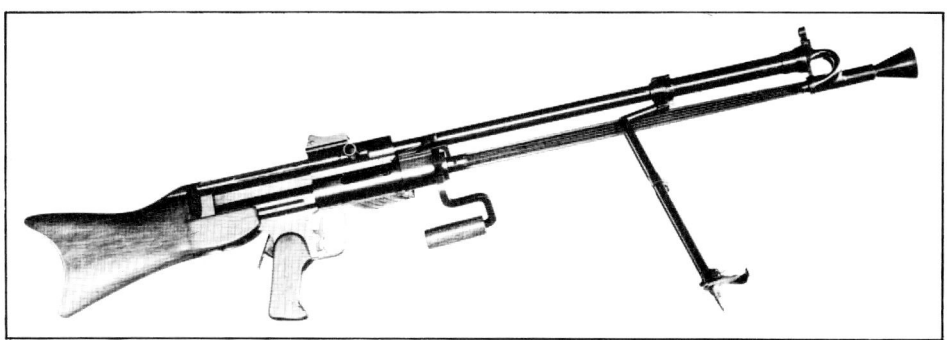

MG. 35/36

wurden nun vom Kal. 6,5 zur 7,9-mm-Patrone umgebaut und dem Waffenamt als **MG. 35/36** angeboten. Aber auch hier wurde diese Waffe abgelehnt. Bei einer Länge von 1300 mm hatte sie einen 690 mm langen Lauf, wog 10 kg und besaß eine Schußfolge von 490/min.

Die SS hat später die Bestände aufgekauft und ab 1943 bei den Legionsverbänden eingesetzt. Eine weitere, kleine Serie wurde während des Zweiten Weltkrieges in Deutschland für die finnische Armee produziert.

Nun legte die Firma *Mauser* in Zusammenarbeit mit der *Metallwarenfabrik Kreuzlingen* das MG-31 vor, eine Waffe von 10 kg Gewicht, die das Magazin vom MG. 13 benutzte. Dieses MG war kein Erfolg. Es wurde stark überarbeitet, mit zahlreichen Verbesserungen versehen und bildete dann als **LMG. 32** die Grundlage für das **MG. 34,** das nunmehr mit der Hilfe der Konstrukteure von *Rheinmetall* noch weiter verbessert wurde. Es war mit 327,– RM ein teurer Rückstoßlader mit zahlreichen, genauen Frästeilen, der im Einsatz sehr empfindlich war. Die Munition konnte mittels einer Doppeltrommel oder durch Gurt zugeführt werden. Ein Gurtkasten mit 250 Schuß wog 8,35 kg.

Die wahlweise Einzel- oder Dauerfeuer schießende Waffe wog mit Zweibein 12,1 kg, die leichte Dreibein-Lafette besaß ein Gewicht von 6,75 kg, die große Lafette 34 wog aber 23,6 kg. Die letztere war übrigens mit RM 400,– teurer als die Waffe selbst. Ebenfalls sehr aufwendig war mit RM 1300,– die vorwiegend zur Fliegerabwehr verwendete Zwillings-lafette 36.

Das MG. 34 war 1225 mm lang und besaß einen 600-mm-Lauf, die V_0 betrug 755 m/s, und die Schußfolge lag bei 900/min.

Bei Kriegsbeginn besaß die Truppe 126 800 MG's aller Art, die größere Menge (84 078) waren MG. 34, und bis 1943 hat diese Waffe die Hauptlast an allen Fronten getragen.

Da die Kampfführung im Osten eine Waffe mit höherer Schußfolge verlangte, legte die Firma *Mauser* das **MG. 34S** vor, das einen auf 500 mm verkürzten Lauf besaß und eine Schußfolge von 1200/min erreichte.

Später weiter zum **MG. 34/41** verbessert, das nur als lMG verwendbar war, erreichte man sogar 1400/min.

Die Erprobung von 300 Waffen zeigte jedoch erhebliche Probleme der Haltbarkeit, und man stellte im Mai 1942 die Produktion wieder ein. Das MG. 34 selbst ist bis zum Ende des Krieges gefertigt worden.

Das Waffenamt hatte, die Fehler des MG. 34 klar erkennend, schon 1937 eine Ausschreibung für eine neue Waffe in Blechprägetechnik an die Firmen *Rheinmetall, Stübgen* und *Großfuß* vergeben. Während die beiden ersten Firmen jeweils einen Gasdrucklader vorlegten, der dem Waffenamt zu empfindlich war, sah der Entwurf der Firma *Großfuß* eine einfache

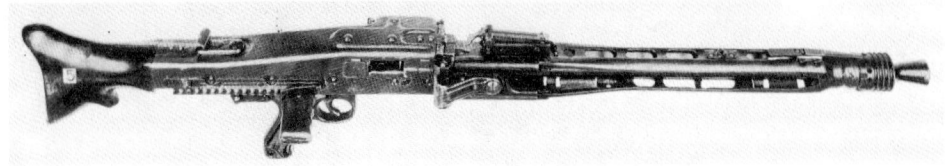

MG. 42

Blechpräge-Konstruktion mit einem neuartigen Rollenverschluß vor. 1938 wurde das erste Muster akzeptiert – es schien eine vielversprechende Waffe zu werden. Ab dem 5. Muster, nun MG. 39/41 genannt, ging dieses Maschinengewehr 1941 in die Massenproduktion und wurde als **MG. 42** bei der Truppe eingeführt.

Entgegen den 49 kg Rohmaterial beim MG. 34 wurden jetzt nur noch 27,5 kg benötigt, die Fertigungszeit von 150 auf 75 Stunden und der Preis auf RM 250,– gesenkt.

Das MG. 42 war 1220 mm lang, hatte einen Lauf von 530 mm und wog mit einem Zweibein 11,6 kg. Mit der neuen, 20,5 kg schweren Lafette 42 wurde daraus ein schweres MG.

Es hat sich seit seinem ersten Einsatz beim Afrikakorps im Raum Bel Hachein an allen Fronten bewährt und wird heute noch als die beste MG-Konstruktion angesehen.

Aufgrund der 1944 eingeführten Materialsparmaßnahmen wurde nunmehr eine weiter vereinfachte Waffe gefordert. Unter Verwendung von zahlreichen Teilen des MG. 42 entstand nun noch das **MG. 45**, dessen neuer Rollenverschluß nicht völlig verriegelte und das dadurch eine Schußfolge von 1800/min erhielt und nur noch 9 kg wog.

Wenn auch das erste Muster bereits im Juni 1944 erprobt wurde, die weitere Entwicklung zog sich so lange hin, daß lediglich 10 Waffen fertig wurden. Am MG. 42 bzw. 45 wurde übrigens auch ein Krummerlauf mit 30° Ablenkung erprobt.

Eine in den ersten Kriegsjahren für SS-Einheiten gefertigte Waffe war das tschechische MG. 26, das als **MG. 26(t)** eingeführt wurde. Diese Waffe mit einem 600-mm-Lauf war 1165 mm lang und wog 9,6 kg. Die V_0 betrug 760 m/s, die Schußfolge 520/min. Vor dem Krieg hatte das Heer vom MG. 26(t) bereits 31 204 Stück übernommen, davon aber später 1500 an Bulgarien verkauft. Die etwas verbesserte Waffe, das **MG. 30(t),** war mit 1200 mm etwas länger. Sie wurde aus tschechischen Beständen übernommen, ist aber auch, wie in Jugoslawien, als Beute angefallen.

1941/42 ließ die SS in Brünn das tschechische schwere MG Kulomet vz. 37 fertigen. Mit einer Dreibeinlafette wog diese Waffe 19,5 kg, sie war 1095 mm lang und hatte einen Lauf von 730 mm Länge. Die Schußfolge lag bei 550/min, die V_0 betrug 790 m/s. Dieses MG wurde als **37(t)** eingeführt. Vorwiegend beim Afrikakorps wurde das italienische MG. 30 eingesetzt, es erhielt die Nr. **099(i)**.

Die von der Firma *Breda* gefertigte Waffe hatte damals noch das Kaliber 6,5 mm, sie war 1235 mm lang und besaß einen Lauf von 450 mm. Die 10,8 kg schwere Waffe erreichte eine V_0 von 630 m/s und eine Schußfolge von 460/min. Vom 20schüssigen Kastenmagazin zu dem Kal. 7,9 mit Gurtzuführung umgebaut, wurde 1945 noch eine kleine Serie produziert.

Nach dem Umsturz in Italien im Herbst 1943 wurde bei zahlreichen Einheiten das **s.MG. 259(i)** eingesetzt, das eigentlich Mitraglice Breda 37 hieß. Dieser 19,4 kg schwere Gasdrucklader war auf eine 18,8 kg wiegende Dreibeinlafette montiert. Bei einer Gesamtlänge von 1270 mm entfielen 750 mm auf den Lauf. Die 8-mm-Munition erreichte bei einer Feuergeschwindigkeit von 450 Schuß/min eine V_0 von 780 m/s. Die holländischen MG's M. 20, von denen dann 3900 als Beutewaffen die Nr. **100(h)** trugen, waren vorwiegend auf den Kanalinseln eingesetzt. Die 13 kg schwere Waffe vom Kal. 6,5 mm war ein Lewis-Typ und trug ein 97schüssiges Trommelmagazin. Bei einer Gesamtlänge von 1260 mm war der Lauf 654 mm lang. Die V_0 betrug 730 m/s, die Feuergeschwindigkeit 450 Schuß/min.

MG. 81

Mit dem 1944 auftretenden Waffenmangel suchte man nach einem Behelfs-MG und griff dabei auf die MG. 15 und MG. 81 der Luftwaffe zurück, die wegen ihres zu kleinen Kalibers als Bordwaffe überholt waren. Das **MG. 15** war 1078 mm lang und wog 11,5 kg. Aus dem 600 mm langen Lauf wurde die normale Infanterie-Patrone mit einer V_0 von 755 m/s verschossen. Die Schußfolge von 1050/min zwang zu häufigem Wechsel der 75-Schuß-Trommel.

Demgegenüber hatte das **MG. 81** eine Gurtzuführung; mit einem 3 kg schweren 100-Schuß-Gurt wog es 9,5 kg. Es war mit 893 mm Länge eine recht kurze Waffe, die, durch den nur 475-mm-Lauf bedingt, eine V_0 von 705 m/s erreichte. Die sehr hohe Schußfolge lag bei 1600/min. Diese Waffen sind in kleinen Stückzahlen vorwiegend bei den Luftwaffen-Felddivisionen im Einsatz gewesen.

Eine Art Schrotschußwaffe wurde von der Firma *Gustloff* vorgeschlagen. Die Idee stammte aus Ungarn und sah eine Patrone mit neun spiralförmig angeordneten Geschossen vor. Eine Treibladung in neun Schichten ergab eine sägezahnartige Abbrandkurve. Der entstehende Unterdruck förderte jeweils das nächste Geschoß zur Mitte der Patronenhülse, der Vorgang wiederholt sich, und in knapp 0,04 Sekunden sind die neun Geschosse verfeuert. Dabei schwankte die V_0 von 730 zu 430 m/s. Bei der Erprobung dieser HF (Hohe Feuerfolge) genannten Waffe zeigten sich wegen des schlecht kontrollierbaren Gasdruckes ein sehr unregelmäßiges Trefferbild. Das Waffenprüfamt hat diese Entwicklung abgelehnt, die Luftwaffe hat sich später für diese Waffen interessiert.

Die Produktion von Maschinengewehren während des Zweiten Weltkrieges für das Heer bis zum 1. April 1945.
(Die Produktion für die gesamte Wehrmacht ohne die MG. 34/41 betrug 354 020 MG. 34 und 414 964 MG. 42.)

	1939	1940	1941	1942	1943	1944	1945
MG. 34	12 822	54 826	80 952	63 163	48 802	61 396	20 297
MG. 34/41	–	–	–	1 705	–	–	–
MG. 42	–	–	–	17 915	116 725	211 806	61 877
MG. 30(i)	–	–	–	–	–	–	270
MG. 37(t)	–	1	2 240	2 920	–	1 250	–
MG. 26(t)	7 947	2 486	–	–	–	–	–

Bei der Truppe befanden sich Anfang März 1945 noch 77 288 MG. 34 und 153 712 MG. 42. Die Zeugämter verfügten zusätzlich über 4004 bzw. 817 Waffen. Dann gab es noch, gewisse Beutewaffen eingeschlossen, 24 511 weitere MG's.

Ohne die Beutewaffen hat die Wehrmacht im Zweiten Weltkrieg 787 803 Maschinengewehre erhalten, das waren gegenüber den im Ersten Weltkrieg gelieferten 264 057 Waffen im Monatsdurchschnitt 124 Prozent mehr.

Den anderen Wehrmachtsteilen bzw. Waffen-SS wurden vom Heereswaffenamt außer den bereits angeführten Mengen folgende Waffen geliefert:

	1939	1940	1941	1942	1943	1944	1945
Luftwaffe							
MG. 34	–	348	–	–	–	–	–
MG. 42	–	–	–	–	2381	1633	–
Kriegsmarine							
MG. 34	–	1350	4349	3950	1178	–	–
MG. 42	–	–	–	–	769	1633	–
Waffen-SS							
MG. 34	–	256	209	122	–	–	–
MG. 42	–	–	–	–	–	225	–

Von diesen Maschinengewehren wurden zwar die verschiedenen Sorten der 7,9-mm-Munition verschossen, wie sie für den Karabiner vorlagen; es handelt sich aber um bereits in der Produktion ausgesuchte Fertigungsgruppen.

Zu den Maschinengewehren ausländischer Fertigung wurden ab 1943 auch die **instandgesetzten Beutewaffen** gezählt. Das Karteiblatt »MG's, sonstige« beginnt im Januar 1943 mit einem Bestand von 24 614 Stück. Das Waffenamt übernahm dann noch die folgenden Mengen aus der Instandsetzung:

1943	1944	1945
26 634	8383	907

Von diesen MG's hat das Heer 4560 abgegeben und verfügte im März 1945 noch über 23 926 bei der Truppe und 585 in den Zeugämtern.

Erwähnt werden soll hier eine der zahlreichen »Entwicklungen«, die sich in den über 150 000 Seiten der Schriftgutverwaltung des »Persönlichen Stab, Reichsführer SS« fanden. In diesen Akten, in denen sich neben Berichten wie »Bakterien zur Bekämpfung feindlichen Nachschubs« auch phantastisch lautende Titel wie »Erforschung der fliegenartigen Seuchenhexe Nasav« sowie Weisungen für den Verkauf erbeuteter russischer Briefmarken auf dem schwarzen Markt finden, gibt es auch eine Mappe, die als »Entwicklung des Zentrifugal-MG« registriert ist.

Aus den wenigen Unterlagen geht hervor, daß ein promovierter Jurist, als Richter in Posen tätig, ein neuartiges Maschinengewehr erfunden habe, daß aber die Erfindung weder von der Industrie noch vom Rüstungsministerium gefördert wurde. Über eine Parteidienststelle gelang es Ende 1943 dem Erfinder dann, Himmler für das Projekt zu gewinnen, der die Kontakte mit dem »SS-Waffenamt« herstellte.

Es soll sich hier um eine Waffe gehandelt haben, die Geschosse ohne jede Treibladung, nur mit mechanischer Energie, »fortschleuderte«. Mit dem Modell will man eine Schußfolge von 3000/min, wenn auch mit sehr geringer Geschoßgeschwindigkeit, erreicht haben. Trotz der nachweisbaren Unterstützung durch die SS ist es nicht gelungen, die notwendigen hochtourigen Motoren und andere Einzelteile zu beschaffen. Im Juni 1944 teilte der Erfinder der SS mit, daß die Waffe jetzt 15 000 Schuß/min erreicht habe und daß er mittels eines Getriebes eine Steigerung auf 30 000/min plane. Die dazu notwendigen Teile könne er aber nicht selbst herstellen. Am 31. Juli 1944 lieferten die SS-Werkstätten diese Teile, es scheint aber dann immer noch nicht funktioniert zu haben, denn im September bat der Erfinder, nun mit dem entsprechenden Rang aus der SA, in der er Hauptsturmführer sei, in die SS übernommen zu werden, um dann im Technischen Amt seine Arbeiten selbst abschließen zu können. Himmlers persönlicher Stab schaltete sich nun wieder ein und verlangte vom Technischen Amt Aufklärung über die Schwierigkeiten mit dieser Waffe. Der Leiter des Amtes, SS-Brigadeführer Schwab, selbst Dr.-Ing., legte in seiner Antwort dann klar, daß es sich um eine technische Spielerei handele, daß die Flugbahn nicht beherrschbar sei und daß eine derartige Waffe mindestens das 100fache eines normalen Maschinengewehres wiegen würde. Vermutlich um Himmler nicht zu verärgern, fügte er aber abschließend hinzu, daß natürlich alle Möglichkeiten des Amtes genutzt würden, um diese Angelegenheit zu fördern. Das Schicksal des Erfinders, der Verbleib des Modells und der Konstruktionszeichnungen blieben ungeklärt. Übrigens: Der Munitionsverbrauch wäre riesig gewesen, wenn wir nur ein Geschoßgewicht von 8 g, das entspricht der Kurzpatrone des Sturmgewehres, annehmen, so wären das je Minute 240 kg geworden.

Obwohl es auch nach dem Krieg eine ganze Anzahl Projekte ähnlicher Art gegeben hat, praktisch verwirklicht wurde diese Art einer Waffe bis heute nicht. Extrem hohe Schußfolgen lassen sich aber mit mehrläufigen Waffen wie z. B. der amerikanischen 20-mm-Vulcan-M-61-Maschinenkanone erzielen. Hier werden sechs Rohre von einem Elektromotor angetrieben, und bei einer Schußfolge von über 7000/min wird in jeder Sekunde ein Gewicht von fast 15 kg verfeuert.
Doch zurück zu dieser Art »Erfinder«, für die ein weiteres Beispiel bei den Panzerfahrzeugen zu finden ist.
»Erfinder« traten besonders nach dem Erlaß Hitlers vom 17. April 1942 auf, in dem es unter anderen heißt: »Jeder Soldat, der aufgrund seiner im Kampfe gewonnenen Erkenntnisse glaube, wertvolle Anregungen oder Vorschläge auf dem Gebiet der Bewaffnung und Ausrüstung geben zu können, ist berechtigt und verpflichtet, diese unter Ausschaltung des Dienstweges unmittelbar an den Heeresstab OKW, Feldpost-Nr. 12000 einzureichen.« Da gingen nun die absonderlichsten Vorschläge ein, z. B. ein zerlegbares Fahrrad, bei dem das Hauptrohr des Rahmens als Granatwerfer verwendbar war – meist war dem Vorschlag eine Produktionsplanung mit einer Bitte um UK-Stellung beigefügt. Der »Erfinder« wollte seine neue Waffe natürlich in der Heimat selbst produzieren.

Handgranaten

Die beiden Grundtypen der deutschen Handgranate waren die **Stielhandgranate** und die **Eihandgranate**. Bei beiden war der Sprengstoff in einem dünnwandigen Metallbehälter untergebracht – man legte also das Schwergewicht auf die Druck- und nicht auf die Splitterwirkung.

Die **Stielhandgranate 24** wog 0,48 kg, war 356 mm lang, und der Topf von 60-mm-Durchmesser und 75-mm-Höhe war mit 0,165 kg Sprengstoff gefüllt. Die durch den hohlen Stiel laufende Schnur wurde abgerissen, und 4,5 Sekunden später explodierte die Handgranate.

Eine Verbesserung war die **Handgranate 43,** bei der der Abreißzünder direkt auf dem Topf befestigt war. Sie konnte deshalb auch ohne Stiel geworfen werden.

Bei Kriegsbeginn waren 6,743 Millionen Stück der Handgranate 24 vorhanden. 1945 waren am Jahresbeginn noch 9,345 Millionen Stielhandgranaten vorhanden, Anfang März war der Bestand dann auf 8,103 Millionen gesunken, von denen sich 1,478 Millionen in den Zeugämtern befanden.

Bei den während des Krieges gefertigten 75 Millionen Stück wurde nicht zwischen der Handgranate 24 und 43 unterschieden.

Um eine bessere Splitterwirkung zu erzielen, gab es für den zylindrischen Topf aufschiebbare **Splitterringe** aus Gußeisen, durch die der Wirkungskreis auf etwa 35 m vergrößert wurde. Diese Ringe hatte man übrigens von der russischen Handgranate RGD 33 kopiert.

Die Töpfe waren mit dem Druckzünder DZ 35 auch für Minen zu verwenden, oder man konnte mittels Draht sechs Töpfe um eine Handgranate bündeln.

Im März 1943 wurde bei der Truppe die 0,55 kg schwere **Behelfshandgranate** eingeführt. Der Topf von 70-mm-Durchmesser und 90-mm-Höhe bestand aus Beton, in den man die Sprengladung (meistens eine Bohrpatrone 28) und den Holzstiel eingegossen hatte.

Eine etwas geringere Wirkung hatte die 0,23 kg schwere **Eihandgranate 39** mit der 0,112-kg-Sprengladung. Mit 76-mm-Länge und 60-mm-Durchmesser war sie sehr handlich. Sie wurde ab Juni 1940 an die Truppe ausgeliefert. Eine große Menge, nämlich 368 000 Stück, sind im Februar 1945 dem Feind in die Hände gefallen. Einschließlich der 1,08 Millionen in den Zeugämtern waren am 1. März 1945 noch 12 731 000 vorhanden. Ende 1944 wurden auch Eihandgranaten aus Zement mit Eisenschrotteinlage gefertigt. Die Zementmischung wurde bei der übereilten Fertigung aber rissig, und das führte zur **Volkshandgranate 45.**

Hier wurde eine Pappdose von 50-mm-Durchmesser und 70-mm-Höhe mit einer Mischung aus 70 g Zement, 75 g Kies und 350 g Eisenschrott ausgegossen. Aus Sparmaßnahmen fanden

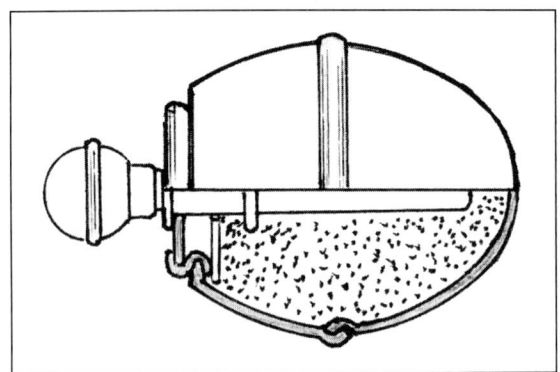

Vereinfachte Ei-Handgranate

Die SS-HL-Handgranate

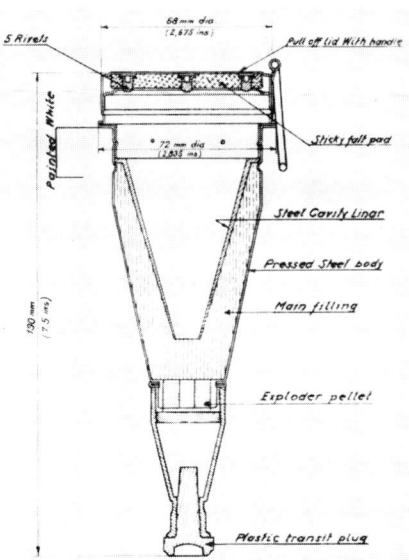

nur 36 g Sprengstoff Verwendung. Die im Januar 1945 eingeführte Volkshandgranate 45 wurde noch bei der Firma *Preussag-Rudersdorf* mit etwa 100 000 Stück je Monat produziert. Bei einer derartigen Monatsfertigung hatte man gegenüber der Stielhandgranate je Monat mit Ersparnissen von 22 400 kg Stahl, 12 900 kg Sprengstoff und 70 000 kg Holz gerechnet. Die 0,6 kg wiegende Handgranate 45 verwendete den Abreißzünder der Handgranate 43; er war auf dem Blechdeckel angebracht, mit dem die Dose verschlossen wurde.

Bei der Firma *WASAG* befanden sich schon seit dem Sommer 1942 **Nipolit-Handgranaten** in der Entwicklung – Eihandgranaten von 0,25 und 0,5 kg wurden ebenso erprobt wie ein Topf für eine neue Stielhandgranate. Nipolit war ein neuartiger Sprengstoff, der ohne oder nur mit einer leichten Metallumhüllung verwendet werden konnte. Zur Splitterwirkung wollte man die bereits erwähnten Splitterringe verwenden.

Eine neuartige Entwicklung lief unter dem Kürzel **DPS** (Detonierende Pulverscheiben), später nannte das Waffenamt diese Munition Scheibengranaten. Es handelte sich um Nipolitscheiben zur Panzerbekämpfung – man hatte an das Einschieben in die Sehschlitze gedacht –, die bei 80-mm-Durchmesser nur 16 mm dick waren. Jede der 125-g-Scheiben bestand dabei aus 87 g Sprengstoff. Diese Scheiben konnten zur gesteigerten Wirkung auch zu zwei oder drei zusammengesetzt werden. Zur Bunkerbekämpfung – hier spricht der WASAG-Bericht von einem Einwurf wie in einen Briefkasten – waren es 20 mm dicke Scheiben von 134-mm-Durchmesser, die bei 1 kg Gewicht 0,45 kg mit rotem Phosphor durchsetztes Nipolit trugen. Als Zünder war der von Rand her eingesetzte Brennzünder der Ei-Handgranate vorgesehen. Eine Produktion der DPS ist nicht nachweisbar, man hat diese Nahbekämpfungsmethode später durch eine weniger gefährliche Art ersetzt.

Eine weitere Entwicklung, die nur wenig produziert wurde, war die 2 kg schwere **Panzerhandgranate 41,** sie war gegen Panzerungen bis zu 30 mm wirksam. Parallel dazu hatten die Firmen *WASAG* und *Rinker* Muster von Hohlladungshandgranaten vorgelegt. Erprobung bei WaPrüf 5 ergaben aber bei dem schwer zu steuernden Flug immer wieder Schwierigkeiten mit der Aufschlagzündung. Da legte die *SS-Waffenakademie in Brünn* eine **HL-Handgranate** vor – 190 mm lang, 0,42 kg Gewicht und davon 0,21 kg Hohlladung. Am Kopf von 72-mm-

Durchmesser befand sich eine mit Klebmasse getränkte 6 mm starke Filzscheibe. Die Methode, den Kopf einfach an die Wand eines gepanzerten Fahrzeuges zu kleben, hat sich aber nicht bewährt, da war die spätere Lösung mit Magneten schon besser.

Als Übergang fand sich aber dann eine Waffe, mit der man glaubte, das Problem der Stabilisierung gelöst zu haben.

Die **Panzerwurfmine** war eigentlich eine Entwicklung der Luftwaffe. Sie wurde wie eine Handgranate gegen Panzerfahrzeuge geworfen, die Hohlladung sollte den Gegner außer Gefecht setzen. Die im Mai 1943 eingeführte Waffe wog 1,36 kg, war 533 mm lang und trug am Heck ein 4-Flächen-Leitwerk aus Segeltuch zur Stabilisierung. Diese Konstruktion hat sich aber nicht bewährt. Im Juli 1944 wurde sie durch das Modell Kz (kurz) ersetzt. Diese 1 kg wiegende Wurfmine trug im Kopf von 114-mm-Durchmesser eine 0,5 kg schwere Hohlladung, mit der man 150 mm Panzerung durchschlagen konnte. Die Stabilisierung erfolgte hier durch ein sich abrollendes breites Stoffband. Die **Panzerhandmine 3** war eine 270 mm hohe Waffe in Flaschenform, die 140-mm-Durchmesser besaß. Drei starke U-förmige Magnete hielten die Panzerhandmine (PzHM) am gegnerischen Fahrzeug. Die 1 kg schwere Hohlladung durchschlug 130 mm. Mittels einer mit drei Dornen versehenen Zwischenplatte sollte sie auch an Stahlwänden haften, die mit einer starken Schutzschicht bedeckt waren. Die PzHM 4 war eine etwas vergrößerte Ausführung mit stärkeren Magneten und einer verstärkten Hohlladung, die 150 mm durchschlug.

Die PzHM 3 wurde zuerst im Mai 1942 am Wolchow eingesetzt, Produktions- und Verbrauchszahlen sind lückenhaft. Sie wurde später durch die Hafthohlladung ersetzt. Kleine Hohlladungskörper von 300 g und 400 g Gewicht haben sich wegen ihrer zu schwachen Wirkung nicht bewährt. Sie sind nur in kleiner Stückzahl gefertigt worden.

Ebenfalls zu den Handgranaten sind die kugelförmigen **Rollbomben** zu zählen. Es gab sie mit 1 kg Gewicht und 0,7 kg Sprengstoff sowie mit 3,5 kg und 3 kg Sprengstoff.

Eine noch größere Waffe war die 30 kg schwere Rollbombe von 300-mm-Durchmesser aus armiertem Zement, in den 4 kg Stahlschrott eingegossen waren. Die Sprengladung von 5,5 kg hatte eine erhebliche Wirkung.

Die **Hafthohlladung 3 HL** war eine vergrößerte PzHM mit einer Ladung von 1,5 kg anstelle von 1 kg. Der Körper hatte 150-mm-Durchmesser und war mit den drei Haftmagneten fast 275 mm hoch. Diese Ladung mit 3 kg Gesamtgewicht »klebte« mit einer Kraft von 45 kg an der Panzerung; sie durchschlug fast 140 mm. Die halbkugelförmige Ladung wurde später durch eine konische mit 1,7 kg Gewicht ersetzt, und die HHL 3 wog nun 3,5 kg. Von den 553 900 produzierten Stück gab es im März 1945 noch 59 000.

Wieder aufgegeben wurden nach einer Kleinserie die 0,5 kg schweren Haftkörper, an denen wahlweise Büchsen mit dem Motorstoppmittel, auf das wir im Abschnitt »Kampfstoffe« (s. S. 230) eingehen werden, bzw. verschiedene Brandladungen befestigt werden konnten.

Versuche blieben die Motorstopp-Handgranate, die seit Dezember 1940 beim Waffenprüf- amt 9 entwickelt wurde, die Betäubungs-Handgranate und zwei verschiedene Kampfstoff- Handgranaten der SS-Waffenakademie. Die letzteren trugen Füllungen aus Azin bzw. O-Salz.

Die **Handgranate 41 Ws** war ein Blechkörper von 60-mm-Durchmesser und 122-mm-Höhe. Diese 0,49 kg schwere Handgranate war mit 0,24 kg O-Salz, einem Tränengas, gefüllt. Versuche wurden auch mit Sulvinit (Äthylchlorsulfat), auch ein Augenreizstoff, und mit Dianisidin, Ni-Stoff genannt, gemacht. Es hört sich etwas unglaublich an, aber der letzte Stoff war ein Nießpulver.

Die **Brandhandgranate 48/57** war ein Glaskörper von 80-mm-Durchmesser und 100-mm- Höhe, der mit ½ Liter Benzin-Benzolmischung gefüllt war.

Ähnlich sah die **Brandflasche** aus. Hier betrugen die Abmaße 250-mm-Höhe und 70-mm- Durchmesser. Der Inhalt bestand aus ⅓ Flammöl Nr. 19 und ⅔ Benzin – beide Waffen waren etwa das, was man damals als Molotovcocktail bezeichnete.

Die 3-kg-Rollbombe

Hafthohlladung

Handgranaten wurden aber auch zur Tarnung und Blendung benutzt. Dafür gab es bei Kriegsbeginn 65 100 Stück der 0,72 kg schweren **Nebelhandgranate 39,** die der Stielhandgranate 24 ähnlich war. Eine 0,42 kg schwere Mischung aus Zinkpulver und Hexachloräthan erzeugte hier die Nebelwolke. Obwohl während des Zweiten Weltkrieges fast 7,4 Millionen Stück produziert wurden, besaß die Truppe im März 1945 nur noch 298 400 Stück.

Eine Verbesserung war die 0,53 kg wiegende **Nebelhandgranate 41;** sie wurde ohne Stiel geworfen. In der Büchse von 66-mm-Durchmesser und 73-mm-Höhe befanden sich 0,44 kg der oben erwähnten Mischung.

Die **Nebeleihandgranate** war bei einem Durchmesser von 60 mm etwa 135 mm lang. Sie wurde ab Oktober 1943 in Mengen produziert. Im März 1945 beliefen sich die Bestände noch auf 554 200 Stück.

Ähnliche Wirkung hatten die 1943 eingeführten **Blendkörper.** Das zuerst eingeführte Muster BK 1H war mit F-Stoff, wie das Titantetrachlorid bezeichnet wurde, gefüllt, wog 0,37 kg und war mit seinem Durchmesser von 60 mm und 150 mm Länge etwas unhandlich. Dieser Blendkörper wurde, nachdem 225 200 Stück produziert waren, durch den BK 2H ersetzt. Hier hatte man in einer 128 mm hohen Glasflasche, die 0,29 kg einer Mischung aus Titantetrachlorid/Siliziumtetrachlorid enthielt, als Gefrierschutz ein Reagenzglas mit 36 g Calciumchlorid eingesetzt, das mit einer Kittscheibe abgedeckt war. Wenn dieser 0,4 kg schwere Körper gegen ein Fahrzeug geworfen wurde, erzielte man nicht nur eine Blendwirkung, sondern es bildete sich eine Nebelwolke, deren Reizwirkung die Besatzung zum Aussteigen zwingen sollte. Von diesen Blendkörpern gab es im März 1945 noch 1 115 600 Stück an der Front, im Februar war beim Rückzug ein Lager mit 322 800 Stück verlorengegangen, und 103 500 Blendkörper befanden sich noch in den Zeugämtern.

Unter der Bezeichnung **HWK** sind sogenannte Handwurfkörper gefertigt worden, die mit dem Omega-Kampfstoff, aber später auch mit Blausäurepräparaten gefüllt wurden.

Die folgende Tafel zeigt die Produktion der hier erklärten Handmunition während des Zweiten Weltkrieges bis zum März 1945 in 1000 Stück.

	1939	1940	1941	1942	1943	1944	1945
Stiel-Hdgr. 24 und 43	2 688,0	11 370,0	4 801,6	5 912,8	25 773,6	22 448,0	2 450,0
Ei-Hdgr. 39	–	4 727,4	9 717,1	11 447,1	33 229,0	22 468,0	2 566,0
Nebel-Hdgr. 39	74,5	4 028,4	2 588,7	696,5	5,1	–	–
Nebel-Ei-Hdgr. 42	–	–	–	–	109,4	1 648,3	77,8
Volks-Hdgr. 45	–	–	–	–	–	–	784,2
Pz-Hdgr. 41	–	–	–	–	504,6	–	–
Blend-Kp. 2 H	–	–	–	–	2 112,4	2 975,3	55,1
Haft-HL 3	–	–	–	8,5	358,4	187,0	–
Pz-Wurfmine	–	–	–	–	203,8	–	–

Bemerkenswert ist hier 1941 ein Rückgang von 15 Prozent gegenüber der Fertigung von 1940.

Aus diesen Lieferungen hat das Heeres-Waffenamt die folgenden Mengen abgegeben:

		1943	1944
Luftwaffe	Stiel-Hdgr. 24 und 43	1795,0	1975,2
	Ei-Hdgr. 39	940,0	1149,5
Marine	Stiel-Hdgr. 24 und 43	834,7	468,2

Der höchste Verbrauch entstand in den Monaten August/September 1944 mit 17 421 000 Handgranaten, 434 000 Blendkörpern und 51 000 Hafthohlladungen – das waren in jeder Minute 198 Handgranaten.

Das Jahr 1943 zeigt mit 59,62 Millionen Handgranaten die Höchstproduktion. Vergleichsweise wurden im Jahr 1917 während des Ersten Weltkrieges, bedingt durch die schweren Stellungskämpfe, 88,65 Millionen Stück hergestellt.

Die **Nebelkerzen 39, S 39 und 42** waren einfache, runde, 1,7 kg schwere Büchsen von 145-mm-Höhe mit einem abklappbaren Traggriff. Von den beiden ersteren zusammen wurden 4 372 800 Stück produziert. Das verbesserte Modell 42 brachte es nur auf 357 200 Stück.

Zur Täuschung des Gegners hatte man im Herbst 1944 sogenannte Scheinbrandkerzen entwickelt, mit denen die Besatzung den Gegner glauben ließ, daß er das Fahrzeug in Brand geschossen habe. Die große Ausführung wog 2 kg und brannte 5–6 Minuten lang mit starker Qualmentwicklung ab. Dieses Muster war im November 1944 mit je zwei Stück am Heck des »Panthers« im Truppenversuch erprobt worden. Die kleine Ausführung von 600 g Gewicht war für leichtere Fahrzeuge wie Späh- und Schützenpanzerwagen vorgesehen, ein abklappbarer Handgriff erlaubte auch den Wurf mit der Hand.

Die Ringhohlladungen und andere größere Hohlladungen sind bei den Minen aufgeführt.

Abschließend sollen noch die völlig neuen **Magnesium-Blitz-Blendkörper** erwähnt werden, deren Entwicklung aber nicht mehr abgeschlossen wurde. Ein Stabsoffizier der Panzer-Artillerie hatte die Verwendung derartiger Blendkörper durch den Gegner im Osten bereits in einem Reisebericht vom 28. Oktober erwähnt, aber erst auf eine neue Meldung Ende Dezember 1944 reagierte man in den höheren Stellen. Es war berichtet worden, daß vom T-34 aus Blitzkörper verschossen wurden, die für etwa eine Minute vor dem Fahrzeug eine Art überblendeten Raum erzeugten, durch den das Anvisieren zur Abwehr erheblich erschwert wurde.

Das Waffenamt begann dann im Januar 1945 mit den folgenden Versuchen: fünf gebündelte Magnesiumkerne aus Leuchtpatronen; einzelne Magnesiumkerne aus dem 10,5-cm-Leuchtgeschoß.

Daraus entstand dann die **8-cm-Blendgranate** für den Granatwerfer zum Verschuß auf größere Entfernungen und der **Handwurfleuchtkörper** für den Infanteristen.

Für die auf dem Versuchsplatz in Döberitz geplanten Versuche waren am 22. März noch 100 Handwurfleuchtkörper fertig geworden – das letzte, was sich über diese Entwicklung findet, ist die Mitteilung vom 3. April 1945, in der das OKH vom Waffenamt um Abholung gebeten wurde.

Granatwerfer

Diese Unterstützungswaffe der Infanterie wurde im Ersten Weltkrieg dem deutschen Heer von einem ungarischen Priester vorgeschlagen; deswegen hieß das erste Modell, der Granatwerfer 14, auch »kleiner Priester«.

Es wurden zwar 1000 Stück gebaut, aber wegen der zu geringen Wirkung wieder verschrottet. Die nächste Waffe, der Gr.W. 15, bewährte sich auch nicht. Erst der Wfr. 16, von dem über 70 000 Stück gebaut wurden, war ein Erfolg. 1916/17 wurden mehrere Granaten-Schnellwerfer vorgelegt, die Entwicklung blieb aber stecken. Es wurden damals vorwiegend Minenwerfer verwendet, die kleine Haubitzen darstellten und ziemlich unbeweglich waren. Im Februar 1939 fand sich im Bestand des Heeres noch eine Anzahl der leichten Minenwerfer 18. Diese 350 kg schweren Waffen vom Kal. 75 mm, die in eine Radlafette montiert waren, stammten von der Firma *Rheinmetall*. Sie sind nur noch beim Exerzieren verwendet worden.

1932 entwickelte *Rheinmetall* den **8-cm-Gr.W. 34.** Sechs Muster gingen in die Truppenerprobung – der Werfer wurde eingeführt und erwies sich als sehr zuverlässige Waffe. Bei einer Rohrlänge von 1143 mm wog der Werfer 57 kg. Die 3,5 kg schwere Wurfgranate 34 war 329 mm lang, hatte ein Kaliber von 81,4 mm und trug 0,55 kg Sprengstoff. Die V_0 betrug 172 m/s, die Reichweite 2400 m und die Streuung 65 m. Gekostet hat so ein Werfer, für den 117 kg Rohmaterial notwendig waren, damals 810,– RM.

Für eine größere Trefferwirkung befand sich eine Stielgranate mit 12 kg Sprengstoff in der Entwicklung.

Die Truppe besaß bei Ausbruch des Zweiten Weltkrieges 4624 Stück dieser Gr.W., Anfang März 1945 gab es noch 17 911 Stück, davon 278 in den Zeugämtern.

Als Gr.W. 67 finden wir diese Waffe 1944 auf Selbstfahrlafetten. Eine Weiterentwicklung, der **Gr.W. 73** mit einer auf 4500 m geplanten Schußweite, befand sich im Oktober 1944 noch in der Erprobung. Die Bodenplatte war jetzt über 8 kg leichter, das Rohr war 1195 mm lang und wog 21,5 kg statt 19 kg. Verschossen wurde die neue, aus Perlitguß bestehende Wgr. 42. Geplant war auch die Wgr. 4462 mit einer konischen Hohlladung. Wegen mangelnder Treffgenauigkeit, der verhältnismäßig schwache obere Panzerschutz von Panzern sollte getroffen werden, wurde diese Munition dann doch nicht in Serie gefertigt.

Für den 8-cm-Gr.W. gab es nicht nur Kampfstoff-Granaten, sondern auch Granaten, die in der Luft detonierten. Ende des Ersten Weltkrieges hatte es, um die Truppen zu bekämpfen, die in Deckung gegangen waren, unter der Bezeichnung »Hüpfgranate« eine nach dem Aufschlag in die Höhe springende Wurfgranate gegeben. Im Zweiten Weltkrieg griff man

Die »Priester-Mine« für den Gr.W. 14

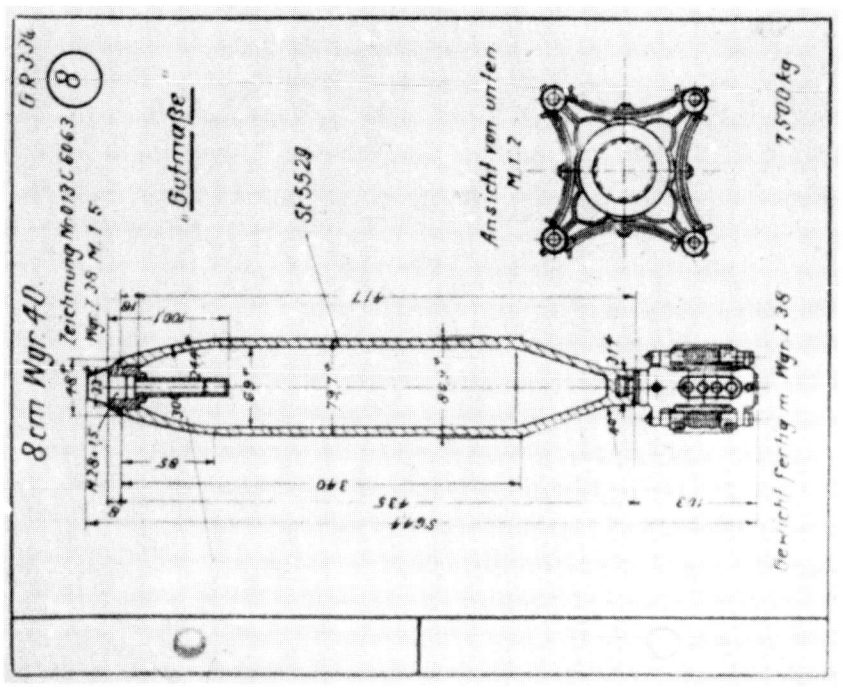

8-cm-Wgr. 40

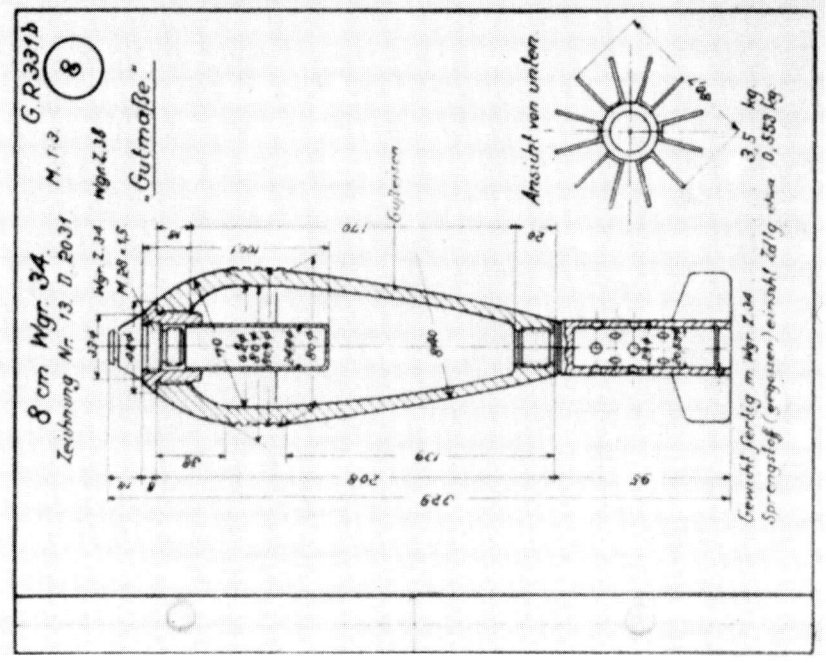

8-cm-Wgr. 34

diese Entwicklung wieder auf, die Wgr. 38 und 39 hatten eine kleine Zusatzladung, die den Kopf beim Aufschlag absprengte und dabei den Körper einige Meter hochschleuderte, wo er dann detonierte. Eine wenig produzierte Munition war die »lange« Wgr. 40. Die 564 mm lange Wgr. war durch die fast 5 kg Sprengstoff wesentlich wirksamer, erreichte aber durch ihr Gewicht von 7,5 kg nur 950 m Schußweite.

Aus der Waffe wurde übrigens der **kz.8-cm-Gr.W. 42** entwickelt, der vorwiegend bei der Fallschirmtruppe im Einsatz war. Das Rohr war hier auf 747 mm gekürzt, die Waffe wog nur noch 26 kg und hatte mit einer V_0 von 110 m/s eine Schußweite von 1100 m. Wegen dieser geringen Schußweite war der »Stummel-Werfer« nur kurz in der Produktion.

Für Salvenfeuer gab es die 8-cm-Reihenwerfer, das waren die 1114 mm langen Rohre des französischen Brandt-Werfers 27/31, der als Beutewaffe die Bezeichnung Gr.W. 278(f) trug. Von diesen Rohren hatte man in Feldwerkstätten 16 Stück in zwei Reihen auf den französischen Schützenpanzerwagen Somua MCQ montiert. Das offiziell S 307(f) genannte Fahrzeug wurde ebenso wie der Zugkraftwagen S 303(f), der 20 Rohre trug, im Mai 1944 in Rouen vorgestellt. Die Schußweite dieses Werfers betrug mit der 3,3 kg schweren Wurfgranate 3200 m, mit der weit wirkungsvolleren großen Granate, die 6,5 kg wog, sank die Schußweite aber auf 1200 m. In den stenografischen Unterlagen der Besprechung Speers mit Hitler trägt diese Waffe, von der es im März 1945 noch 150 Stück gab, die Bezeichnung **Reihenwerfer-Schießgerät R.G. 16.**

Von der Munition für 8-cm-Wgr. gab es bei Ausbruch des Krieges 1,865 Millionen Stück, im März 1945 betrug der Bestand 11,034 Millionen Schuß.

Eine noch leichtere Waffe war der **5-cm-Gr.W. 36,** ebenfalls eine Konstruktion der Firma *Rheinmetall.* Er war im Aufbau zu kompliziert und trotz einer anfänglich benutzten optischen Zieleinrichtung recht ungenau in der Trefferlage, wobei die Streuung der Wgr. mit etwa 35 m viel zu hoch war. Die 220 mm lange Granate wog 0,9 kg und trug 0,12 kg Sprengstoff, die Wirkung war verhältnismäßig gering.

Der Werfer wog 14 kg und besaß eine Rohrlänge von 465 mm, die V_0 betrug 75 m/s, die Schußweite 520 m. Ohne die optische Zieleinrichtung hat man damals rund RM 400,– je Werfer verrechnet.

Bei der Truppe befanden sich am 1. September 1939 von diesem Werfer 5914 Stück mit 3,672 Millionen Schuß. Am 1. März 1945 waren es noch 3953 Werfer, davon 1133 in den Zeugämtern mit 1,889 Millionen Schuß. Ein verbesserter Werfer, der **le.Gr.W. 40,** wurde vom Waffenamt gefordert. Die Firmen *Rheinmetall, Mauser* und *Skoda* legten Entwürfe vor, die aber alle die geforderte Schußweite von 800 m nicht erreichten. Auch ein für Straßenkämpfe gedachtes 5-Schuß-Magazin der Firma *Skoda* überzeugte das Waffenamt nicht.

Eine etwas geänderte Munition verwendete der **Maschinengranatwerfer M 19,** der für den Einbau in Festungstürme vorgesehen war. An den von drei Mann bedienten Werfer wurden sechsschüssige Magazine angesetzt, die mit einer Schußfolge von 6 je Min. verfeuert wurden. Ein ferngesteuertes Muster, mit dem man die Schußfolge verdoppeln wollte, ging nicht mehr in die Fertigung. Die Rohrlänge dieses Werfers betrug 745 mm, die V_0 83 m/s und die Schußweite 620 m. Von dem Auftrag über 880 Stück, der später auf 168 gekürzt wurde, hatte man 37 noch vor Ausbruch des Krieges geliefert. Im November 1939 wurde die Produktion nach einer Gesamtfertigung von 98 Werfern wieder eingestellt. Über die wenigen in Panzertürme montierten Waffen finden sich Einzelheiten bei den Festungswaffen. Von den für den Masch.Gr.W. M 19 gefertigten 1,05 Millionen Schuß sollten 839 700 zur normalen 5-cm-Wgr. 38 umgeändert werden, 733 300 hat man noch geliefert, der Rest, 316 700 Wgr., fand sich bei Kriegsende in einem Heeresmunitionslager.

Eine ältere Entwicklung war der 1500,– RM teuere **Nebelwerfer 35,** der eigentlich für den Verschuß von Nebelmunition des Kalibers 105 mm gedacht war, der aber mit der 431 mm langen, 7,35 kg schweren Wurfgranate 37 (Wgr. 37), die 1,28 kg Sprengstoff trug, eingesetzt

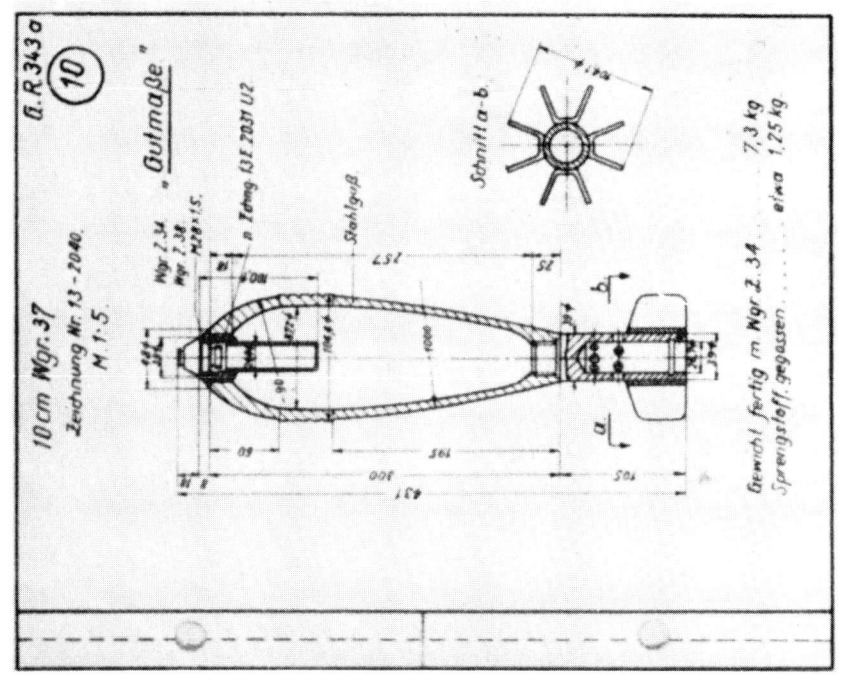

10-cm-Wgr. 37

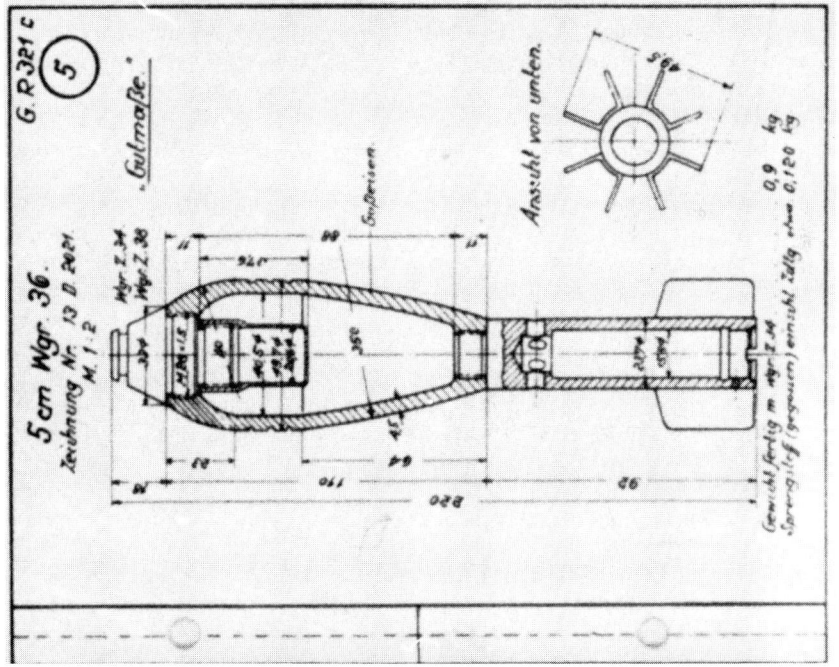

5-cm-Wgr. 36

10-cm-Nb.W. 40

wurde. Durch eine Treibladung von 84 g erreichte man eine V_0 von 193 m/s und damit eine Schußweite von 3025 m. Die Trefferstreuung betrug 65 m. Der Nb.W. 35 besaß eine Rohrlänge von 1344 mm und wog 103 kg. Bei Kriegsausbruch besaß die Truppe 155 Werfer mit 159 000 Schuß Munition. Im März 1945 betrug der Munitionsbestand für die 143 vorhandenen Werfer 577 400 Schuß, d. h. es waren noch fast 80 Prozent der 1942/43 produzierten Wgr. vorhanden. Im Mai 1941 wurde die Produktion dieses Wfr. eingestellt. Die Truppe benötigte aber einen Werfer mit größerer Schußweite, *Rheinmetall* legte dazu die Modelle Nb.W. 51 und 52 vor, die aber nach der Erprobung, die nur eine Schußweite von 6000 m brachte, abgelehnt wurden. Aus diesen Mustern entstand aber nun der **10-cm-Nb.W. 40,** der durch das Hinterladersystem nun aber viel schwerer und mit 14 000,– RM auch viel teurer wurde. Bei einer Rohrlänge von 1858 mm wog er 790 kg. Verschossen wurde mit einer 250-g-Treibladung die 8,65 kg schwere und 449 mm lange Wgr. 40, die 1,16 kg Sprengstoff trug. Bei einer V_0 von 310 m/s erreichte man eine Schußweite von 6300 m, der Streuungswert lag mit 138 m sehr hoch. Die Fertigung der Wgr. wurde im September 1943 eingestellt, während des Jahres 1944 wurde die Munition verbraucht bzw. verschrottet. Am Ende des Krieges waren von den in die Zeugämter zurückgerufenen 148 Nb.W. 40 nur noch 100 in einsatzfähigem Zustand.
Der 11 kg schwere **73-mm-Propaganda-Werfer 41** war keine Waffe in dem Sinne, er verschoß eine 408 mm lange Rakete von 2,8 kg Gewicht, die mit 200–250 Flugblättern gefüllt war. Als Antrieb diente ein Feststofftreibsatz von 0,48 kg, zwölf schräg angestellte Düsen versetzten die Rakete in Rotation und stabilisierten sie dabei auf ihrer Flugbahn, die bis zu 3200 m reichte. Bei der Abnahme gab es immer wieder Schwierigkeiten mit dem Raketenantrieb, 1943 wurden z. B. von den 200 200 gefertigten nur 172 300 akzeptiert.
Der **7,6-cm-Springminen-Werfer** war ein Projekt vom Herbst 1944. Die Springmine 44, die man damit vor den eigenen Linien verteilen wollte, ist im Abschnitt über Minen (s. S. 124) beschrieben.
Schnellfeuergranatwerfer gab es bereits im Ersten Weltkrieg in verschiedenen Konstruktionen, die ersten 150 Waffen wurden im September 1917 geliefert. Auf einer ähnlichen Basis schlug die Firma *DWM* Anfang 1941 einen Kleinwerfer mit einem 25-Schuß-Magazin vor. Versuche mit einem Kal. von 10–30 mm ergaben als günstigste Lösung eine Granate mit einem

72

Kaliber von 23,5 mm, in der 30 g Sprengstoff enthalten waren. Der Werfer wurde zwar abgelehnt, die Versuche mit den verschiedenen Granaten bildeten aber eine wertvolle Grundlage für die Munition zum Gewehrgranatgerät und der Sturmpistole.

Der österreichische **8-cm-Granatwerfer 33(ö)** war eine Variante der klassischen Stokes-Brandt-Waffe. Er hatte eine Rohrlänge von 1130 mm und verschoß eine 3,5 kg schwere Wgr. mit einer V_0 von 152 m/s; dabei wurde eine Schußweite von 1900 m erreicht. Von dieser 62 kg schweren Waffe befanden sich bei Kriegsausbruch 224 Stück in den Beständen des Heeres. Im März 1940 wurden aus Restbeständen noch sechs Waffen nachgeliefert.

Vom ebenfalls übernommenen, 62 kg schweren tschechischen **Gr.W. 36(t)** gab es am 1. September 1939 514 Stück mit 236 500 Wurfgranaten. Die Firma *Skoda* hat 1940 dann noch 49 Stück geliefert. Die 3,3 kg wiegende Wurfgranate wurde aus dem 1140 mm langen Rohr mit einer V_0 von 220 m/s verschossen und erreichte dabei eine Schußweite von 3400 m.

Von den **Beutewaffen** ist der polnische **8,1-cm-Werfer 31(p)** erwähnenswert. Diese 60 kg schwere Waffe besaß ein 1260 mm langes Rohr, die 3,3 kg schwere Wgr. erreichte mit einer verstärkten Ladung eine V_0 von 208 m/s und damit die bemerkenswerte Schußweite von 3030 m. Hier gab es auch eine 6,6 kg schwere Granate, die wohl eine erheblich bessere Wirkung im Ziel hatte, aber nur eine Schußweite von 1200 m erreichte. Die 201 übernommenen Waffen mit 53 300 Schuß wurden aber nur in der Ausbildung verwendet. Weitere 684 dieser erbeuteten Werfer wurden übrigens ins Ausland verkauft. Das gleiche geschah mit den meisten der 855 leichten Werfern, die mit 46-mm-Kaliber eine zu geringe Wirkung hatten. Dieser Werfer **36(p)** wog 12,6 kg und verschoß aus dem 396 mm langen Rohr eine 0,7 kg schwere Wurfgranate mit einer V_0 von 95 m/s. Die Schußweite betrug hier 800 m.

Eine viel eingesetzte Beutewaffe war der 11,8 kg schwere russische **5-cm-Gr.W. 205/3(r).** Hier wurde aus einem 630 mm langen Rohr eine 0,9 kg schwere Wgr. mit einer V_0 von 80 m/s verschossen und dabei eine Weite von 800 m erreicht. Aber auch der russische **8,2-cm-Gr.W. 274(r),** der in der verbesserten Ausführung 57 kg wog, fand an der Ostfront zahlreich Verwendung. Hier erreichte die 3,4 kg schwere Wgr., aus dem 1279 mm langen Rohr mit einer V_0 von 202 m/s verschossen, eine Weite von 3100 m.

Ein weiterer Beute-Werfer war die 8,14-cm-Stokes-Brandt-Konstruktion, die als **Gr.W. 278/1(f)** übernommen wurde. Die 58,8 kg schwere Waffe verschoß aus dem 1114 mm langen Rohr eine 3,25 kg schwere Granate. Bei einer V_0 von 157 m/s wurde eine Schußweite von 2050 m erreicht. Ein abweichendes Kaliber besaß mit 6 cm der ebenfalls in Paris hergestellte **Gr.W. 225(f),** von dem die französische Armee fast 5000 Stück besaß. Die 19,6 kg schwere Waffe war vorwiegend in der Ausbildung eingesetzt. Hier wurde eine 1,3 kg wiegende Granate aus einem 724 mm langen Rohr verschossen, dabei ergab eine V_0 von 198 m/s eine Schußweite von 1700 m.

Eine mit einem Rohr von nur 188-mm-Länge reichlich unpraktische Waffe, die aber dennoch übernommen wurde, war der belgische **5-cm-Werfer 201(b).** Mit nur 7,8 kg Gewicht war es eher eine Art Schießbecher auf einem 3-Bein-Stativ. Verschossen wurde eine 0,6 kg schwere Granate, die mit einer V_0 von 75 m/s eine Weite von 585 m erreichte.

Nachdem man 1941 im Osten eine Anzahl russischer Werfer erbeutet hatte, führte man den 256 kg wiegenden 12-cm-PM-38-Werfer als **Gr.W. 378(r)** ein und begann gleichzeitig mit dem Nachbau von 400 Stück, von denen die ersten 76 Stück im Januar 1943 ausgeliefert wurden. Die Neuentwicklung auf dieser Basis bekam die Bezeichnung **12-cm-Gr.W. 42.** Das Rohr war hier 1865 mm lang, und die Waffe wog 285 kg. Verschossen wurde die mit dem AZ 41 versehene Wgr. 42 von 721-mm-Länge und 15,8 kg Gewicht, die 3,1 kg Sprengstoff trug. Die V_0 betrug 283 m/s, die Schußweite 6050 m. Im Einsatz hat sich dieser mit RM 1200,– sehr preiswerte Werfer bewährt. Bei Kriegsende gab es noch 3758, die sich bis auf 106 Stück an der Front befanden, mit 578 100 Schuß Munition.

15-cm-Gr.W. 43

Die drei Muster des von der Firma *Skoda* entwickelten **15-cm-Gr.W. 43** wurden abgelehnt. Die Waffen waren mit 635 kg zu schwer, und es wurde nur eine Schußweite von 5000 m erreicht. Ein ungewöhnliches Projekt der Firma *Skoda* war der in zwei Mustern vorhandene **Druckluftwerfer**.

Es hat solche »pulverlosen« Werfer in den Kal. 10,5 und 15 cm als Preßgas-Werfer bzw. Luftminenwerfer bereits im Ersten Weltkrieg gegeben. Die Schußweiten waren mit 800 bzw. 500 m ungenügend, und da die Versorgung mit komprimierter Luft zusätzliche Schwierigkeiten bereitete, wurde diese Entwicklung damals wieder aufgegeben. Die Firma *Skoda*, die ab 1942 an einem derartigen Projekt arbeitete, hatte auch schon Erfahrung; sie hatte 1917 den 20-cm-Luftminenwerfer M16 entwickelt. Die neue Waffe war 320 kg schwer und wurde 10-cm-Druckluftwerfer 170 genannt. Mit dem 1700 mm langen Rohr erreichte man eine V_0 von 110 m/s, und das ergab mit der 6,5 kg schweren Wurfgranate vom Kal. 105 mm eine Schußweite von 1200 m.

Bei Versuchen auf dem Schießplatz Kummersdorf hoffte man, mit einem Aurol-Gasgemisch und einer 3,5 kg schweren HL-Granate eine Schußweite von 1800 m zu erreichen – es sollte nun eine Panzerabwehrwaffe werden; die Versuche wurden nicht abgeschlossen.

Ein Werfer mit 28 cm blieb bei *Skoda* eine Reißbrettlösung, der Musterbau wurde nicht begonnen. Die nächste Entwicklung der Firma *Skoda* war der **30,5-cm-s.Gr.W.** mit 10 800 kg Gewicht und einer Rohrlänge von 5100 mm. Mit einer 13,5 kg schweren Treibladung wurde eine 160-kg-Granate verschossen. Bei einer V_0 von 430 m/s erreichte man eine Schußweite von 10 000 m. Von den 10 im Januar 1945 bestellten Werfern lag im April das erste Muster vor.

Ein **42-cm-s.Gr.W.** der gleichen Firma wurde mit 17 600 kg sogar für die projektierte Selbstfahrlafette zu schwer. Aus einem 5150 mm langen Rohr verschossen, sollte die 390 kg schwere Granate bei einer V_0 von 385 m/s ebenfalls 10 000 m erreichen. Das eine Muster ist Anfang April 1945 noch fertig geworden.

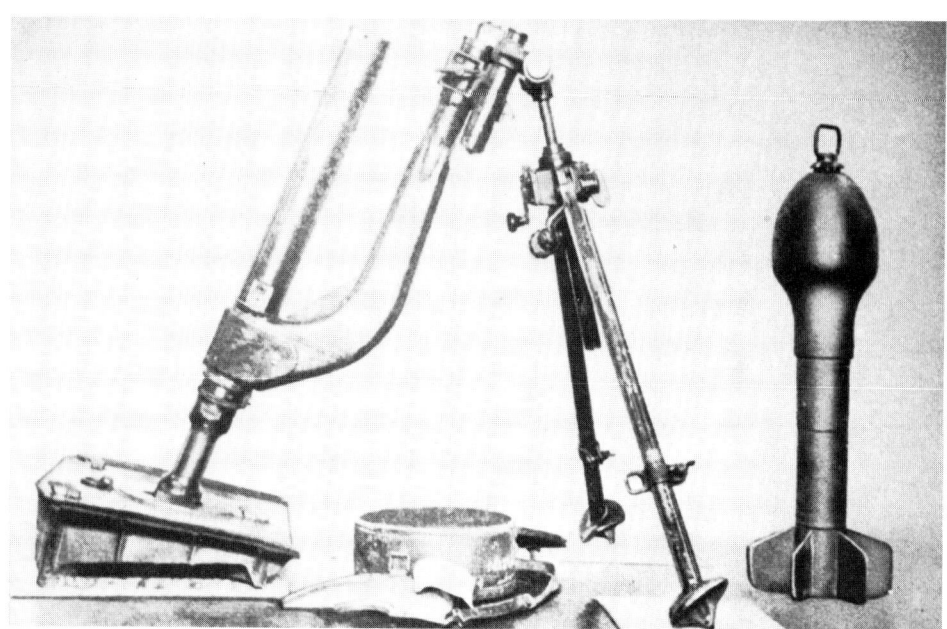

le. Ladungswerfer

Eine ähnliche Lösung mit einem Kal. von 40 cm, die nur 12 000 kg wiegen sollte, das war etwa die Grenze dessen, was die Selbstfahrlafette aufnehmen konnte, kam über die Bauvorbereitungen nicht hinaus.

Der **20-cm-leichte Ladungswerfer** (Ldg.W.) verschoß die 21,3 kg schwere und 794 mm lange Wgr. 40, die 7 kg Sprengstoff trug, mit einer V_0 von 88 m/s auf eine Entfernung von 710 m. Hier wurde der hohle Schaft der Granate von 89,6-mm-Kaliber auf den 1042 mm langen Stock des 93 kg schweren Werfers aufgeschoben. Diese Waffe war für Pioniereinheiten zur Bunkerbekämpfung vorgesehen, außerdem sollten mit einem speziellen Harpunengeschoß Minenfelder geräumt werden. Die 1940 im Westen und später in Afrika eingesetzte Waffe hat sich nicht bewährt; der über 400 Stück lautende Auftrag wurde nach der Lieferung von 158 Werfern wieder angehalten. Von der Munition gab es bei Kriegsende noch 3400 Schuß. Die Idee, mittels einer Wurfgranate Minenfelder usw. zu räumen, war aber nicht neu; die Reichswehr hatte 1932 bereits Versuche mit dem von der Firma *WASAG* vorgeschlagenen **Hindernis-Räumer** unternommen. Das Geschoß trug einen Kopf von 85-mm-Durchmesser und 136-mm-Höhe, der mit 1,03 kg Sprengstoff gefüllt war. Der »Räumer« war 350 mm lang, wog 2,24 kg und wurde durch ein 3-Flächen-Leitwerk stabilisiert. Über den Werfer selbst und eine mögliche Produktion ist nichts bekannt.

Eine vergrößerte Ausführung, der **38-cm-Ladungswerfer**, war mit seinen 1658 kg viel zu schwer, obwohl er zum Aufbau der Feuerstellung in neun Lasten zerlegt wurde. Er blieb infolge der unbeweglichen 920 kg schweren Bettung eine unhandliche Waffe.

Hier besaß der hohle Schaft der 149 kg schweren 38-cm-Wgr. 40 ein Kaliber von 170 mm, er wurde einfach auf den 1680 mm langen Schaft des Werfers aufgeschoben. Die 1511 mm lange Granate trug 49 kg Sprengstoff, sie erreichte eine V_0 von 102 m/s und brachte eine Schußweite von 1000 m.

Die letzten fünf der s. Ladungswerfer lagerten im Heereszeugamt Spandau, sie sollten lt. Fernschreiben vom 28. Februar 1945 dem Verteidigungsbereich Magdeburg bis zum 15. März

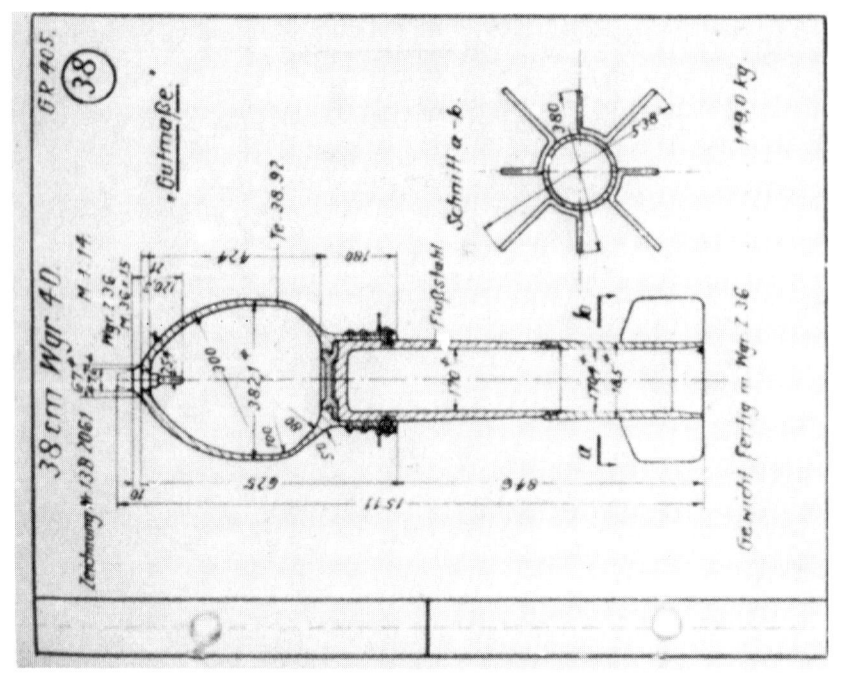

38-cm-Wgr. 40

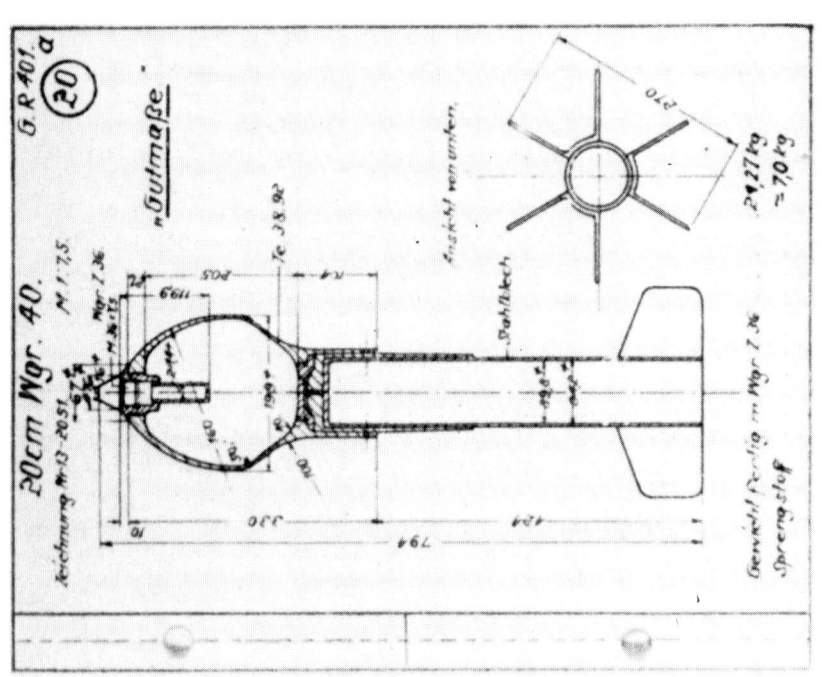

20-cm-Wgr. 40

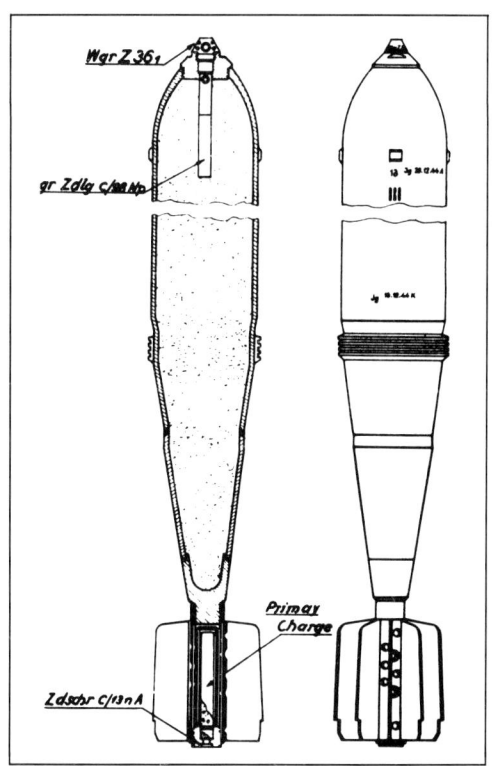

21-cm-Wgr. 5004

zugeführt werden. Nach vielen Nachfragen bestätigte das Heereszeugamt den am 23. März erfolgten Versand. Die am 4. April eingetroffenen Waffen konnte man nicht einsetzen, sie wurden ohne die notwendigen Richtaufsätze geliefert, und Munition war auch nicht vorhanden. Das letzte Fernschreiben vom 10. April 1945 sucht diese Wurfgranaten im Raum Hannover. Eine leichtere Ausführung sollte der **Ldg.W. 180** der Firma *Skoda* werden. Das Kaliber wurde auf 22 cm gesenkt, die Granate wog 118 kg und trug 50 kg Sprengstoff – mit einer V_0 von 155 m/s wurde eine Schußweite von 2000 m erreicht. Die Waffe selbst war aber mit 1700 kg zu schwer. Die Parallelentwicklung vom Kaliber 24 cm wog sogar 1800 kg. *Skoda* stellte nun erneut einen Werfer mit 22-cm-Kaliber vor, den B 14, der aber infolge der V_0 von 155 m/s nur eine Schußweite von 2000 m besaß. Das neue Muster B 19 führte nun zum **21-cm-Gr.W. 69,** bei der Truppe auch als **»Elefant«** bekannt. Dieser Werfer wog 2700 kg und hatte eine Rohrlänge von 3000 mm.

Verschossen wurde durch eine 1,4 kg schwere Treibladung die 1636 mm lange Wgr. 5004, die 110 kg wog und 40 kg Sprengstoff trug. Bei einer V_0 von 239 m/s erreichte man eine Schußweite von 5035 m. Sparmaßnahmen führten zur Splitter-Beton-Wgr. 5021, die nur 13 kg Sprengstoff enthielt. Bei dieser 85 kg schweren Granate bestand ein Teil des Körpers aus 20 kg Beton, in den man 19 kg Schrottsplitter eingegossen hatte. Mit einer wegen der schlechteren Festigkeit reduzierten Ladung wurde eine V_0 von 283 m/s und dabei eine Schußweite von 6410 m erreicht. Ein weiterer Munitionstyp, die Wgr. 5031, war aus Grauguß gefertigt. Trotz zahlreicher Versuche gelang es nicht, diese Waffe truppensicher zu machen.

Obwohl noch zwei Abteilungen mit je 27 dieser 21-cm-Granatwerfer bei dem Volks-Artillerie-Korps 410 aufgestellt wurden und auch eine Zuweisung von 2025 Schuß der Wgr. 5004

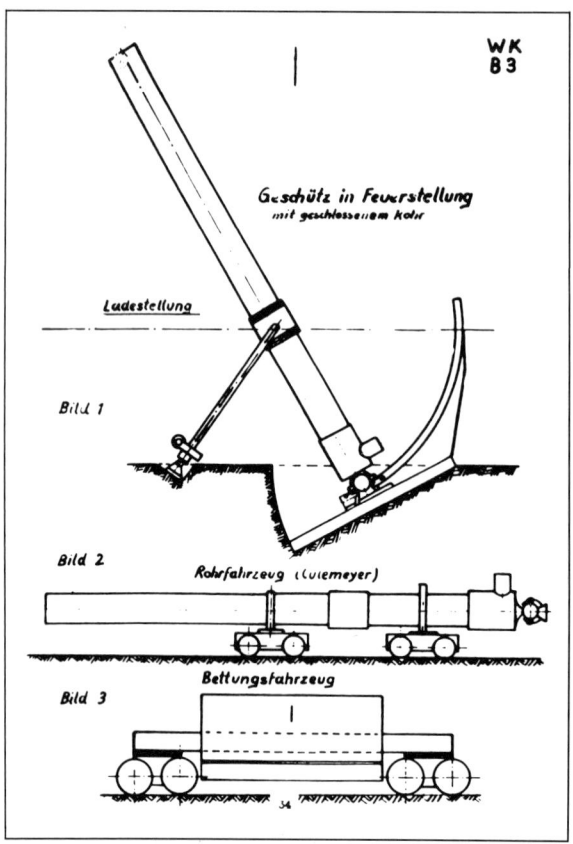

Der 85-cm-Werfer

vorliegt, ist über einen Einsatz nichts bekannt geworden. Ein Schreiben des Kommandeurs vom Dezember 1944 weist auf die Unbrauchbarkeit der Waffe für die Front hin: ». . . Munition nicht rohrsicher, durch das hohe Waffengewicht dauert das Richten wenigstens eine Stunde . . .« Pläne für die Montage auf eine Selbstfahrlafette lagen vor. Von der gefertigten Munition sind übrigens bis zum März 1945 nur 19 900 zum Verfüllen freigegeben worden. 5500 davon wurden noch gefüllt und – obwohl man sich über den Zünder noch nicht einig war – sind 3000 Stück für den Truppenversuch freigegeben worden.

Ein weiterer Werfer im Kaliber 24 cm wurde Ende 1944 noch von der Firma *Rheinmetall* angeboten. Das Waffenamt lehnte ab und wies die Firma darauf hin, an der Verbesserung des Wurfmörsers 69, wie der 21-cm-Gr.W. 69 auch genannt wurde, mitzuarbeiten.

Die Firma *Krupp* legte im Januar 1945 außer zwei neuen Wurfgranaten in den Kal. 21 und 30 cm, die mittels Treibspiegelverschuß Schußweiten von über 10 km erreichen sollten, auch die Daten für neue Granatwerfer in den Kal. 30,5 und 42 cm vor.

Für den 30,5-cm-Werfer, mit dem man bei einem Geschoßgewicht von 250 kg und einer $\dot{V}_0$ von 260 m/s eine Schußweite von 7 km erreichen wollte, lag auch ein Drallrohr vor, mit dem man sich bei einer auf 370 m/s gesteigerten V_0 eine Schußweite von 10 km erhoffte.

Beim 42-cm-Werfer sollte die 1100 mm lange Wgr. von 500 kg Gewicht eine Sprengladung von 82 kg tragen. Im Flug – die Treibspiegel waren abgefallen – hatte sich das Kal. zu 35 cm und das Gewicht zu 400 kg reduziert, und das hätte rechnerisch bei einer V_0 von 330 m/s eine Schußweite von 8 km ergeben.

Den größten Granatwerfer hat aber die Firma *Rheinmetall* entworfen – eine 2200 kg schwere Wurfgranate von 85-cm-Kaliber sollte, aus einem 15 000 mm langen Rohr durch 400 kg Pulver verschossen, eine Schußweite von 210 km erreichen. Der rechnerisch ermittelte Rückstoß von 1100 t sollte dabei von einer 6×6 m großen Grundplatte aufgefangen werden. Diese Kräfte waren aber selbst der Projektleitung zuviel, man änderte die Forderungen zu einem Wurfkörper mit Antrieb, den man rückstoßfrei verschießen wollte. Im Abschnitt »Raketen-werfer« wird dieses Projekt nochmals erwähnt.

Die militärische Lage hat einen Abschluß dieser Entwicklungen verhindert.

Mehrfachwerfer fanden sich bei der Firma *Skoda,* der 12-cm-Gr.W. 42 als Drilling und von der *Brünner Maschinenfabrik* als Fünfling (2 Rohre über 3). Der Gr.W.-Fünfling 43 zeigte aber zu starke Vibrationen beim Abschuß, durch die die Trefferlage stark beeinträchtigt wurde.

Der von *Rheinmetall* gebaute 38-cm-Körperwerfer war keine Waffe, sondern ein Verschuß-gerät, mit dem das Auftreffen von Bomben simuliert wurde.

Nachdem die Truppe im Osten verschiedentlich sogenannte »Spaten-Werfer« fanden, begann bei der SS-Waffenakademie ein Projekt, aus dem hohlen Stiel eines Klappspatens die nun mit Sprengstoff gefüllte, 151 mm lange Wurfgranate von 30-mm-Kaliber zu verschießen, die als Übungsmunition für den Nb.W. 35 vorlag. Da man aber hier wirkungsmäßig die Gewehrgranate kopierte, wurde eine Fertigung nicht eingeleitet.

In Zusammenarbeit mit der Firma *Skoda* hatte die SS-Waffenakademie einen **8-cm-Minen-werfer** vorgelegt. Da die Leistungen, besonders die Schußweite, die der normalen Werfer nicht übertraf, lehnte das Waffenamt diese Entwicklung ab.

Der **14-cm-Minenwerfer,** von dem noch eine Anzahl bei der Firma *Skoda* lagerte, wurde Ende 1940 verschiedentlich als Küstenschutz installiert. Die fast 400 kg schwere Waffe besaß ein Rohr von 1260 mm Länge, aus dem eine 16 kg schwere Wurfgranate – mit einer V_0 von 195 m/s verschossen – eine Weite von 2700 m erreichte.

Zu den Werfern wollen wir hier auch die sonst schlecht einzuordnenden **Grabenminen** zählen. Aufgrund von aus Ungarn bekannt gewordenen Arbeiten über die Berechenbarkeit der Hohlladungswirkung entdeckte Prof. Schardin bei Versuchen in der Technischen Akademie der Luftwaffe, daß eine konkav gewölbte Stahlplatte, die einer Hohlladung vorgesetzt wurde, bei der Detonation mit einer extrem hohen Geschwindigkeit fortgeschleudert wurde. Es war nun logisch, diese Stahlplatte in kleine, sechseckige Abschnitte aufzuteilen und somit einen Schrotschußeffekt zu erzielen. Vorgesehen wurde diese Waffe als F-(Fernwirkende-)Mine gegen Tiefflieger, dabei sollte sie – durch elektrisch-optische Zünder ausgelöst – senkrecht eine Schußhöhe von 500 m erreichen. Der Streuwinkel konnte durch die Wölbung der Stahlfläche verändert werden. Bei der Besprechung am 26. Juni 1944 wurde auch der RFR über dieses Projekt informiert, der sofort danach unter der Bezeichnung »Bienenkorb« – die Fläche sah ja einer Bienenwabe ähnlich – mit der Entwicklung einer Variante für den waagrechten Verschuß begann, aus der dann die Grabenmine für die Infanterie hervorging. Die Firma *Heber* in Osterode lieferte einige Muster, und man konnte am 6. Dezember die kleine Ausführung erproben.

Diese Mine wog 2,4 kg und trug 480 Geschosse in Form eines Sechskants von je 1,7 g Gewicht, die man auf einer 1,1 kg schweren Ladung aus Trialen-106 befestigt hatte. In der Verteidigung auf 50 m Entfernung gezündet, wurden die Geschosse mit einer V_0 von 1700 m/s dem Gegner entgegengeschleudert und deckten dabei mit einer Trefferdichte von 6,3 je m^2 einen Bereich von 4 m Höhe und 19 m Breite ab.

Die V_0 fiel zwar wegen des geringen Geschoßgewichtes schnell ab, die Auftreffenergie lag aber bei 50–60 m weit über der Tödlichkeitsgrenze. Der RFR setzte sich nun mit dem WaA wegen eines Auftrages für einen Truppenversuch in Verbindung und hörte zur allgemeinen

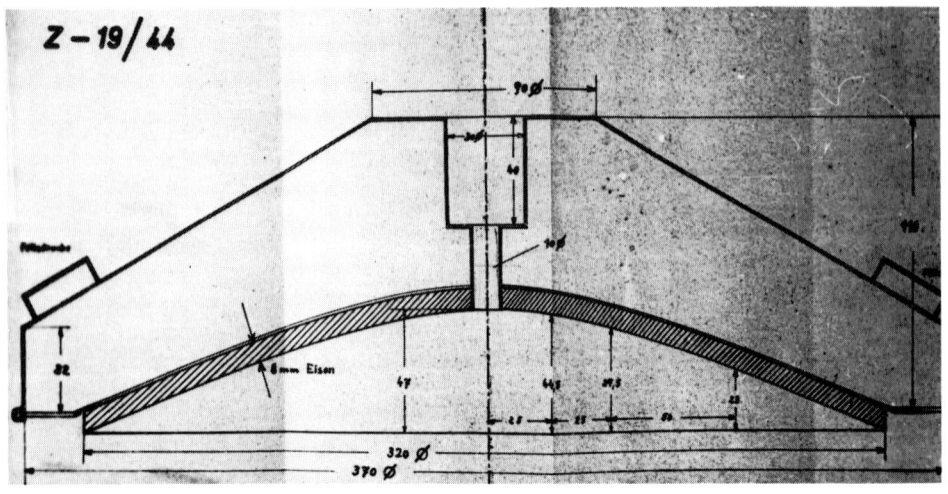

Die Grabenmine ohne Zünder

Überraschung: »Der Effekt ist hier seit langem bekannt, es wird geplant, in dieser Art einen Kartätschenkopf für die 21-cm-Wgr. zu erstellen, wir werden Ihnen aber einen Entwicklungs- auftrag für 100 Grabenminen erteilen.« Das Waffenamt ließ sich jedoch Zeit, und obwohl der RFR am 17. Februar 1945 erneut auf die Wichtigkeit hinwies, hat man sich erst Ende März zu einer Auftragserteilung für den Truppenversuch – und in völliger Verkennung der Lage – zur Vorbereitung einer Produktion von 200 000 Stück je Monat entschieden.

Man hat zwar noch die *WASAG* wegen der Lieferung der Nipolitscheiben eingeschaltet, fertig geworden sind bei der Firma *Heber* aber vom Entwicklungsauftrag lediglich 19 Grabenminen und 15 500 der Sechskant-Geschosse.

Von der großen Grabenmine, die bei 8,3 kg Gesamtgewicht 680 Geschosse von je 4 g auf einer 4 kg schweren Ladung trug, lagen nur drei Muster vor.

Die Produktion der verschiedenen Granatwerfer während des Zweiten Weltkrieges bis zum 1. März 1945

	1939	1940	1941	1942	1943	1944	1945
5-cm-Gr.W. 36	1 630	6 622	5 815	8 775	3 000	–	–
8-cm-Gr.W. 34	1 523	4 380	4 230	9 780	19 588	26 341	5 788
8-cm-Gr.W. 42	–	–	–	–	1 591	–	–
12-cm-Gr.W. 42	–	–	–	–	3 367	4 557	537
10-cm-Nb.W. 35	110	279	238	–	–	–	–
10-cm-Nb.W. 40	–	294	23	–	–	–	–
21-cm-Gr.W. 69	–	–	–	–	–	33	96
M. Gr.W. M 19	64	–	–	–	–	–	–
l. LdgW	–	27	131	–	–	–	–
s. LdgW	–	–	42	–	–	–	–

Die folgenden Mengen der Granatwerfer-Munition wurden während dieses Zeitraumes produziert (in 1000 Stück):

	1939	1940	1941	1942	1943	1944	1945
5-cm-Wgr. 38	4 732	12 957	720	1 930	1 773	–	–
8-cm-Wgr. 34	729	8 224	1 616	6 790	16 151	35 693	4 769
8-cm-Wgr. 36(t)	13	278	3	–	–	–	–
10-cm-Wgr. 35	5	1 090	284	356	368	–	–
10-cm-Wgr. 40	–	38	689	596	513	–	–
12-cm-Wgr.	–	–	–	–	1 208	3 798	367
21-cm-Wgr.	–	–	–	–	–	4	24

Zusätzlich gab es noch 222 800 der 10-cm-Wgr. 35 Kh. Das war mit Kampfstoff, in dem Fall mit Gelbkreuz gefüllte Munition. Bei der wenig produzierten 10-cm-Wgr. ZB trug die 8,6 kg schwere Granate 0,9 kg Kampfstoff.

Panzerbüchsen

Die Panzerbüchse wurde zuerst in Deutschland entwickelt, und zwar aufgrund der seit 15. September 1916 überraschend aufgetretenen englischen Kampfwagen.

Nachdem die Stahlkernmunition, aus dem normalen Gewehr verschossen, und andere Kampfmittel wenig Wirkung gezeigt hatten – es wurden übrigens seit Dezember 1916 für jeden außer Gefecht gesetzten Kampfwagen 500,– Mark Prämie gezahlt –, begann am 3. Dezember 1917 bei der Firma *Mauser* die Konstruktion des **T-Gewehres** (T = Tank). Diese Waffe war 1680 mm lang, besaß einen Lauf von 870 mm und wog 17,3 kg. Das Geschoß von 13-mm-Kaliber wog 52 g und trug einen 26 g schweren Stahlkern, der auf 250 m Entfernung noch 25-mm-Panzerung durchschlug.

Von den geplanten 30 000 Stück wurden etwa 15 800 produziert. Die ersten erreichten die Front Ende März 1918; am 4. September 1918 befanden sich jedoch erst 4632 Waffen bei der Truppe. Die Weiterentwicklung zu einer Mehrladewaffe mit drei Schuß führte dann zu einer automatischen Waffe, mit deren Bau im März 1918 begonnen wurde.

Sie war sowohl für die Panzerabwehr als auch als Flugzeugbordwaffe vorgesehen und trug deshalb auch die Bezeichnung TuF (Tank und Flieger).

Diese offiziell am 13. August 1918 eingeführte Waffe erreichte jedoch die Front nicht mehr. Beim Waffenstillstand lagen etwa 4000 Stück zur Endmontage vor. Eine weitere Entwicklung, ein 38 kg schweres, wassergekühltes Panzerabwehr-MG mit 18-mm-Kaliber, das 400 Schuß/min verschießen sollte, wurde nicht mehr abgeschlossen.

Trotz nicht zu guter Beurteilung des T-Gewehres begann Mitte der 30er Jahre ein Nachbau dieser Waffe – sie sollte als Wallbüchse in Westwall-Bunkern eingebaut werden. Diese Entwicklung wurde wieder abgebrochen, der Name fand dann bis zum August 1940 für die schwere Panzerbüchse Verwendung.

Obwohl es auch bei recht kräftigen Schützen Schlüsselbeinbrüche gab, entschloß man sich bei dem Neuentwurf der Firma *Rheinmetall* wieder zu einer Hülse der 13-mm-Munition, die aber nun ein 7,9-mm-Geschoß von 14,6 g trug, das einen Stahlkern besaß.

Hatte die Treibladung bei der Patrone des T-Gewehres noch 13 g betragen, wurde sie jetzt sogar auf 14,9 g erhöht, und mit der von 780 m/s auf 1150 m/s gesteigerten V_0 konnten mit der Patrone 318, SmK H-Rs-L'spur, wie man die neue Munition nannte, auf 300 m 25-mm-Stahl durchschlagen werden. Die Bezeichnung 318 war die Umkehrung von 813, d. h. 8-mm-Kaliber in 13-mm-Hülse.

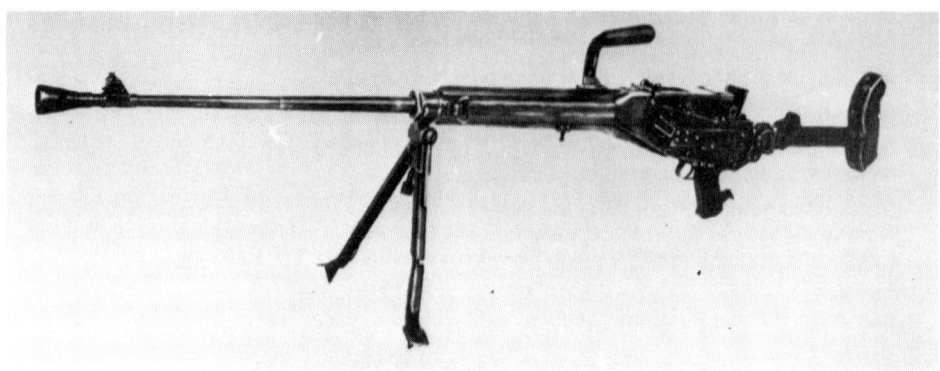

Panzerbüchse 38

Die erste Waffe zu dieser Munition war die **Panzerbüchse 38,** die aber wegen des komplizierten Verschlusses nur in kleiner Stückzahl gefertigt wurde. Sie war 1615 mm lang, besaß einen 1085-mm-Lauf und wog 16,2 kg.

Die Truppe hatte während des Polenfeldzuges 62 Stück der Pz.B. 38, für die 59 400 Schuß vorhanden waren, erhalten. Von der Munition wurden dort im Einsatz 14 690 Schuß verbraucht.

In der verbesserten, von der Firma *Gustloff* gefertigten Form hieß sie **Pz.Büchse 39,** besaß den gleichen Lauf, war 1620 mm lang und wog nur noch 12,6 kg. Die Leistungen waren die gleichen.

Die im März 1940 begonnene Produktion dieser Waffe – für 1939 war eine Fertigung von 20 000 Stück geplant – wurde im November 1941 eingestellt.

Die Fertigung der Patrone 318 lief aber noch bis zum August 1942. Insgesamt wurden während des Krieges 9,4174 Millionen Schuß geliefert. Im März 1943 wurden 25 479 Pz.B. 39 zur Verschrottung ausgesondert, davon aber 2123 als Grundlage zur Granatbüchse 39 verwendet.

In Polen wurden aber auch 886 Stück der Marosczek Pz.B.WZ 35 und 254 894 Schuß Munition erbeutet. Von der dann als **Pz.B. 35(p)** eingeführten Waffe wurden 630 im Westfeldzug eingesetzt.

Panzerbüchse 39

Dort hat man 218 030 Schuß verbraucht. Die polnische Waffe war 1760 mm lang, hatte einen 1200-mm-Lauf, wog nur 9 kg und besaß eine V_0 von 1280 m/s. Das 12,8 g schwere Geschoß hatte hier aber kcinen Stahlkern. Die Hülse dieser 132 mm langen Patrone war wegen der größeren Treibladung 107 mm lang, gegenüber den 84 mm bei der Patrone 318.
Die SS erhielt sechs dieser Waffen, der Rest wurde an befreundete Staaten verkauft.

Das Waffenamt hatte inzwischen zu Neuentwicklungen aufgefordert. Der Vorschlag »Gerät 318« der Firma *Mauser* war eigentlich zum Einbau in Spähwagen gedacht. Deshalb war diese 1670 mm lange Waffe mit ihrem 1085-mm-Lauf mit 30,4 kg auch sehr schwer. Diese automatische Waffe wurde nur in wenigen Mustern erstellt.
Eine Ausweichlösung der gleichen Firma war das **MG. 141**, ebenfalls eine Gurtwaffe, die wahlweise Läufe vom Kal. 7,9 oder 13 mm verwenden konnte. Dieses MG war 1815 mm lang, hatte einen 1000 mm langen Lauf, wog 25,5 kg im kleinen und 27,3 kg im größeren Kaliber.
Das Waffenamt lehnte diese Entwicklung ebenso ab wie das **MG. 142** der Firma *Steyr,* das **MG. 143** der Firma *Krieghoff* und das **MG. 144** der Firma *Gustloff.*
1940 forderte das Waffenamt die Firmen *Gustloff, Krieghoff* und *Walther* auf, neue Entwürfe vorzulegen, die alle die Patrone 318 verwenden mußten. Alle unter der Bezeichnung Pz.B. 40 laufenden Waffen kamen über das Entwicklungsstadium nicht hinaus.
Sie waren alle schwerer als die Pz.B. 39 und hatten etwa die gleiche Leistung wie diese. Der einzige Vorteil war, daß die neuen Waffen ein 8-Schuß-Magazin benutzten.
Später legte die Firma *Mauser* unter der Bezeichnung **Pz.B. 41** eine Waffe vor, die ebenfalls ein 8-Schuß-Magazin besaß und nur 12,5 kg wog. Von dieser Pz.B., die 1670 mm lang war, wurden zumindest 14 Stück für Erprobungszwecke produziert.
In die Massenfertigung gingen diese Waffen, die alle den Lauf der Pz.B. 39 verwendeten, nicht.
Das Waffenamt schrieb nun erneut Entwicklungen aus, dieses Mal für die **Pz.B. 243** mit 15-mm-Kaliber – jetzt legten die Firmen *Gustloff, Krieghoff* und die *Waffenwerke Brünn* Muster vor. Sie wurden alle abgelehnt.
Brünn erschien noch mit einer Waffe mit dem 13-mm-Kal. der **Pz.B. 244,** doch wollte jetzt das Waffenamt die Pz.B. 42 mit 15-mm-Kaliber. Die oben genannten Firmen erschienen mit verbesserten Mustern, doch wiederum erfolgte Ablehnung wegen zu geringer Durchschlags-leistung.
Man hatte übrigens auch in der Schweiz bei der mit *Rheinmetall* verbundenen Firma *Solothurn* Panzerbüchsen bauen lassen. Die **SS 41** war 1510 mm lang, der Lauf 1100 mm, sie wog 13,5 kg und benutzte die Patrone 318. Mit 22 mm war aber die Durchschlagsleistung schlechter als die der deutschen Waffen.
Für eine bessere Wirkung hatte die gleiche Firma 1935 die **Pz.B. 18-1100** mit 20-mm-Kaliber angeboten. Diese 2160 mm lange Waffe besaß einen 1400-mm-Lauf, hatte eine V_0 von 910 m/s, war aber mit 54,8 kg viel zu schwer. Man konnte zwar die Leistung steigern, aber ohne eine kleine Lafette war diese unhandliche Waffe nicht einsetzbar.
Zur Verbesserung wurde bei *Rheinmetall* nun der Lauf auf 900 mm gekürzt und die Waffe **Tankbüchse S 18-100** genannt. Da aber die 0,27 kg schwere Patrone nur eine 27-g-Treibladung trug, ergab sich nun mit 750 m/s eine wesentlich geringere V_0 für das 134 g schwere Geschoß. Resultat: Die Durchschlagsfähigkeit bei 300 m sank von 35 auf 30 mm.
Aber auch die Firma *Mauser* hatte eine Versuchswaffe mit 20-mm-Kaliber, das »Gerät 231«, erstellt und diese Pz.B. dann zur MK 8202 weiterentwickelt. Diese Waffe verwendete einen konischen Lauf, der sich vom Kaliber 28 zu 20 mm verjüngte; die Kennzeichnung 8202 ist wieder die Umdrehung, wie wir sie von der Patrone 318 kennen.
Am Anfang hatte diese Waffe ein 18-Schuß-Magazin, aber daraus ergab sich dann die einschüssige, schwere **Panzerbüchse 41,** von der die ersten 30 Stück im Juli 1940 ausgeliefert wurden.

s.Pz.B. 41

Versuche hatten früher schon gezeigt, daß mit konischen Läufen eine Erhöhung der V_0 möglich war, und das brachte mit Schwermetallkernen eine höhere Auftreffenergie und bessere Durchschlagsleistungen. Das Waffenamt wollte aber Durchschlagsleistungen von über 60 mm, und das zwang zu dieser Kalibererhöhung.

Mit der RM 4520,– teueren **s.Pz.B. 41** konnte man die V_0 auf über 1400 m/s steigern, und das bedeutete 65 mm Durchschlag bei 60° Auftreffwinkel auf 100 m Entfernung. Diese Waffe war 2580 mm lang, das 30 kg schwere Rohr 1700 mm. Sie wog mit der Radlafette 229 kg, in der Feuerstellung aber nur 134 kg. Bei der Leichtmetallausführung für Fallschirmjäger konnte das Gewicht auf 118 kg gesenkt werden. Die 0,65 kg schwere Pzgr.-Patrone war 222 mm lang, verschossen wurde ein 0,12 kg schweres Geschoß von 64 mm Länge durch eine Treibladung von 0,15 kg. Im Geschoß befand sich ein 41 mm langer Wolframkern von 11-mm-Durchmesser, der 50 g wog. Später gab es auch eine 0,1 kg schwere Sprgr., die eine Sprengladung von 5 g trug.

Nach dem Ende August 1940 ausgelieferten Versuchsauftrag über 90 Waffen (geliefert wurden 94) waren einige Änderungen notwendig, ehe einmalig 2700 Stück bestellt wurden. Die normale Produktion lief von Februar 1941 bis September 1943 – im November 1944, als noch 1356 Waffen vorhanden waren, wurde für 473 die Verschrottung eingeleitet.

Übrigens hatte das Heer schon seit Produktionsbeginn Waffen an verschiedene Stellen abgegeben, insgesamt 358, davon fünf an Bulgarien.

Ihren ersten Einsatz erlebte diese Waffe mit 178 Stück und 532 700 Schuß Munition zu Beginn des Ostfeldzuges.

Bei Kriegsende befanden sich noch 775 Waffen an der Front und 78 in den Zeugämtern.

Die Firma *Mauser* hat die etwas umgeänderte Waffe auch zur Montage in Fahrzeuge als KwK 42 angeboten und davon auch 24 Muster geliefert. Obwohl man mit den nun innen verchromten Rohren eine Lebensdauer von 1000 statt 500 Schuß erwartete, zwang der Mangel an Wolfram zu anderen Lösungen.

Die **s.Pz.B. 42,** bei der das Geschoßkaliber von 37 mm durch das konische Rohr auf 27 mm reduziert wurde, war wohl konstruktiv fertig, wurde aber nicht produziert. Eine noch größere Pz.-Büchse mit konischem Rohr war die in Brünn bei der SS-Waffenakademie entwickelte **Pz.B. 42/27.** Sie war auf einem tschechischen Entwurf aufgebaut, aus der Bezeichnung ersehen

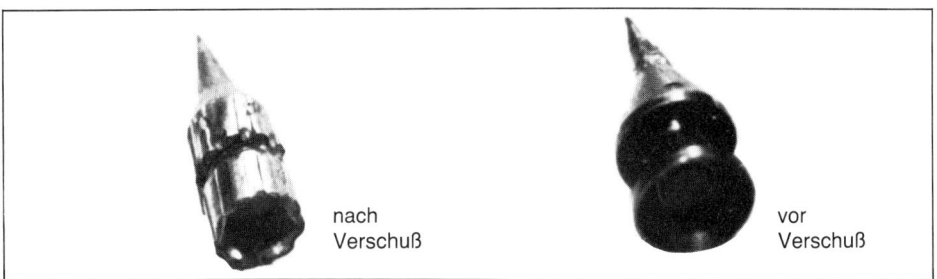

nach
Verschuß

vor
Verschuß

Geschosse für konische Rohre

wir die Kaliber. Außer einem schlecht funktionierenden Muster ist aber nichts weiter hergestellt worden. Diese wie auch die folgende Waffen stellten – durch das Kaliber bestimmt – bereits leichte Geschütze dar.

Pz.B.-Fertigung im Zweiten Weltkrieg

	1939	1940	1941	1942	1943
Pz.B. 38	703	705	–	–	–
Pz.B. 39	–	9 645	29 587	–	–
s.Pz.B. 41	–	94	349	1 030	1 324
Gr.B. 39	–	–	–	1 416	26 607

Ein Versuch, der Infanterie eine einfache und doch wirksame Waffe zu geben, war die **kz.Pz.B. 39,** die dann zur Granatbüchse umbenannt wurde. Hier hatte die Firma *Gustloff* den Lauf der Pz.B. 39 einfach um die Hälfte gekürzt und darauf den Schießbecher vom Gewehrgranatgerät gesetzt.
Die im Dezember 1942 begonnene Fertigung sah eine Produktion von 37 000 Stück vor, sie wurde aber im April 1943 wieder eingestellt. Selbst mit der großen Gewehrpanzergranate ergab sich durch das unterstützende Zweibein nur ein geringer Vorteil in der Treffsicherheit gegenüber dem K 98 mit dem Schießbecher.
Die **Gr.B.39** wog 10,4 kg, war 1230 mm lang und hatte ein Rohr von 590-mm-Länge.
Am Ende des Krieges betrug der Bestand noch 2999 Stück, die Front verfügte aber nur über 116 der Gr.B. 39.

Die Munitionsfertigung für die Pz.-Büchsen 38 und 39 sowie für die s.Pz.B. 41 je 1000 Schuß:

	1939	1940	1941	1942	1943	1944
Patr. 318	780,0	1864,1	4726,9	2046,4	–	–
s.Pz.B. 41 Sprgr.	–	–	9,2	373,3	130,1	–
Pzgr.	–	156,2	889,5	270,0	287,1	–

Die Granatbüchse 39 verwendete die bereits erwähnten Gewehrgranaten. Um die Wirkung noch zu verbessern, wurde im Frühjahr 1943 die Produktion einer neuen Pzgr. mit

Granatbüchse 39

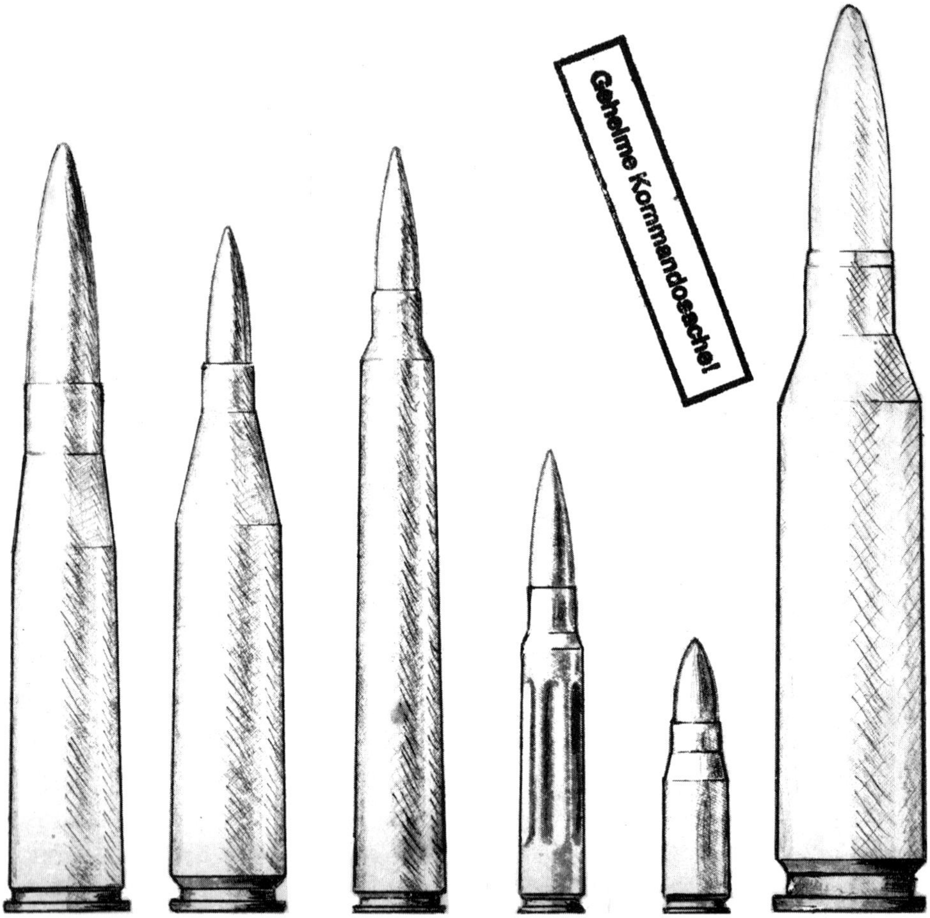

Geheime Kommandosache!

| T-Gewehr | Pz.B. 38 + 39 | Pz.B. 35(p) | 7,9 mm Inf.Patr. Ex | Kurz-Patr. | Pz.B. 783 + 784(r) |

65-mm-Durchschlagsleistung eingeleitet, die aber dann aufgrund der zur Einführung vorgesehenen Faustpatrone wieder gestoppt wurde.

Im März 1945 waren für die s.Pz.B. noch 67 200 Pz.Gr. und 124 300 Spr.Gr. vorhanden. Bestände bei der Patr. 318 lassen sich nicht mehr ermitteln.

Als man sich 1943 entschloß, der Infanterie eine schwere Maschinenwaffe zur Verfügung zu stellen, wählte man die 2-cm-Flak und nannte die neue Waffe **2-cm-Erdkampfgerät** und erteilte einen Auftrag über 8500 Stück. Man hatte zwei verschiedene Lafetten, die normale Ausführung »Ostmark« und die für Gebirgsjäger vorgesehene »Mittenwald« entworfen, von denen sich jeweils 100 Stück in der Truppenerprobung befanden. Von der etwas geänderten Waffe sollten die ersten 50 im April 1944 und danach je Monat 350 geliefert werden – es sind aber nur 12 Waffen fertig geworden.

Zur Bekämpfung von Panzerfahrzeugen hatte man für diese Waffe eine neue 6,6-cm-Überkaliber-Hohlladungsgranate entwickelt, die bei einer V_0 von 110 m/s Panzerungen von 120-mm-Stärke durchschlug.

Um die Waffe beweglicher zu machen, hatte man eine Montage auf dem Kettenkrad vorgeschlagen. Der Gen.Stb.d.H. befürchtete, daß diese 2-cm-Waffe infolge ihres Gewichtes doch zu unbeweglich werden würde, und befürwortete einen Nachbau des russischen 12,7-mm-s.MG. »Degtjarew 38«, von dem sich bereits eine ganze Anzahl aus der Beute als **s.MG. 268(r)** im Einsatz befand.

Zu den weiteren für die Infanterie vorgesehenen schweren Waffen gehört das 60 kg schwere **2-cm-MG. C/34** der Firma *Rheinmetall,* das mit einem 20-Schuß-Magazin ausgerüstet war. Die verbesserte Form, das MG. 35 G, besaß dann eine Gurtzuführung. Die kleine Serie ist später als Flak eingesetzt worden. Mit erhöhter Schußfolge von 450 auf 530/min wurde die nur 45 kg wiegende Waffe als 2-cm-Flak 40 angeboten. Sie wurde aber ebenso wie die Weiterentwicklung, das Gerät 240, mit dem sogar 900 Schuß/min erreicht werden sollten, abgelehnt.

Zum Erdkampfeinsatz sollten auch die aus der Flakentwicklung stammenden ML-16 verwendet werden. Das waren Mehrlaufwaffen mit einem Kal. von 15 mm, die mit ihren acht Läufen eine Schrotschußwirkung haben sollten. Die hervorragende Wirkung der Vierlingsflak vor Augen, hatten die Firmen *Gustloff* und *Mauser* jeweils eine Konstruktion vorgelegt, die je Lauf ein 20-Schuß-Magazin trugen. Bei der 180 kg schweren Waffe der Firma *Mauser* lag die Schußfolge bei 300/min. *Gustloff* hoffte, mit der 120 kg schweren Waffe sogar 400/min zu erreichen.

Obwohl beide Entwicklungen abgelehnt wurden, hat die Firma *Rheinmetall* zwei Versionen der SMK-18 (schwere Maschinenkanone) vorgeschlagen. Das letzte Muster von 450 kg Gewicht besaß acht Rohre von 20-mm-Kaliber und erreichte eine Schußfolge von 100/min. Auch diese Entwicklung wurde abgelehnt.

An der Ostfront wurden **aus der Beute** zahlreiche russische Pz.Büchsen, PTRD-40 und PTRS-41, die vom Waffenamt die Nr. 783(r) bzw. 784(r) erhielten, eingesetzt. Beide Waffen verschossen ein 64 g schweres Geschoß von 14,5-mm-Kal., das einen 39 g schweren Stahlkern trug, der auf 500 m 25 mm Panzerstahl durchschlug.

Die **Pz.B. 783(r)** war eine einschüssige 2020 mm lange Waffe von 15,8 kg Gewicht. Mit ihrem 1350 mm langen Rohr erreichte sie eine V_0 von 1010 m/s.

Die 20,8 kg schwere **Pz.B. 784(r)** war ein Halbautomat mit einem fünfschüssigen Magazin. Bei einer Gesamtlänge von 2110 mm betrug die Rohrlänge 1215 mm, die V_0 sank geringfügig auf 995 m/s ab.

Als schwere Infanteriewaffen zur Bekämpfung leicht gepanzerter Fahrzeuge waren auch Bordwaffen der Luftwaffe, die wegen zu kleinem Kaliber ausgemustert waren, im Erdeinsatz. Das von der Firma *Rheinmetall* gefertigte **MG. 131** mit 13-mm-Kal. war normal 1168 mm lang und wog 16,8 kg, zusätzlich waren ein Zweibein und eine Schulterstütze angebracht. Verschossen wurde aus dem 550 mm langen Lauf durch eine 7-g-Treibladung die 38 g schwere Pz.Brandgranate von 51-mm-Länge, die 0,4 g Phosphor enthielt, mit einer V_0 von 710 m/s. Die aus einem Zerfallgurt zugeführte Patrone selbst war 105 mm lang und wog 76 g. Die hohe Schußfolge von normalerweise 930/min wurde übrigens reduziert. Wieviel von den 144 124 gefertigten Waffen für diesen Zweck abgegeben wurden, ist nicht mehr feststellbar.

Auf eine kleine 2-Radlafette hatte man das **MG. 151** montiert. Diese 1917 mm lange Waffe besaß einen 1250 mm langen Lauf von 15-mm-Kal. und wog 41,5 kg ohne die Lafette. Die Pzgr.-Patrone war 147 mm lang und wog 165 g, die Granate selbst besaß eine Länge von 67 mm und ein Gewicht von 72 g. Mit einer 24-g-Treibladung wurde ein V_0 von 850 m/s erreicht. Die Schußfolge dieser Gurtwaffe lag bei 700/min. Wegen ihrer hohen Rückstoßkraft von 430 kg, das war fast dreimal soviel wie beim MG. 131, wurden die meisten Waffen später auf einer Sockellafette als Flak-MG verwendet. Wieviel der von der Firma *Mauser* gefertigten 249 609 Waffen als MG. 151 verwendet wurden, läßt sich nicht feststellen, da das Amt für Luftrüstung nicht zwischen dieser Waffe und der Weiterentwicklung, dem 20-mm-MG. 151/20, bei den Produktionszahlen unterschieden hatte.

Panzerbekämpfungsmittel

Die Entwicklung der sogenannten Faustpatrone begann im Sommer 1942 unter der Leitung von Dr. Langweiler bei der Firma *HASAG* mit der kleinen Ausführung, die dann »Gretchen« getauft wurde. Erstmals wurden hier bei einer Waffe die Grundlagen einer rückstoßlosen Kanone mit denen einer Rakete kombiniert.

Das erste Modell, die Faustpatrone klein, 30 m, besaß ein Gewicht von 3,2 kg bei einer Gesamtlänge von 985 mm. Durch eine 54-g-Treibladung aus Schwarzpulver wurde der 360 mm lange Kopf, der eine Hohlladung von 0,4 kg einer 50:50 Tri-Hexogenmischung trug, aus dem 800 mm langen Verschußrohr vom Kaliber 33 mm ausgestoßen. Am Heck des in den Kopf eingesetzten Holzschaftes entfalteten sich dann die zusammengerollten Leitwerksflächen aus 0,25 mm starkem Federstahl zur Stabilisation. Mit 28 m/s flog der Kopf dem Ziel zu und durchschlug nach etwa 30 m Entfernung eine 140 mm starke Panzerung.

Faustpatrone

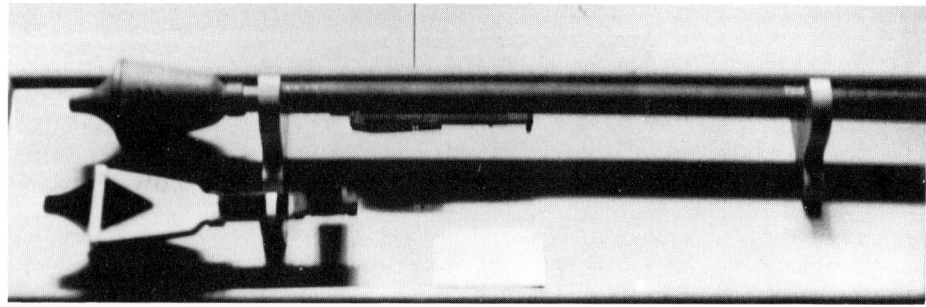

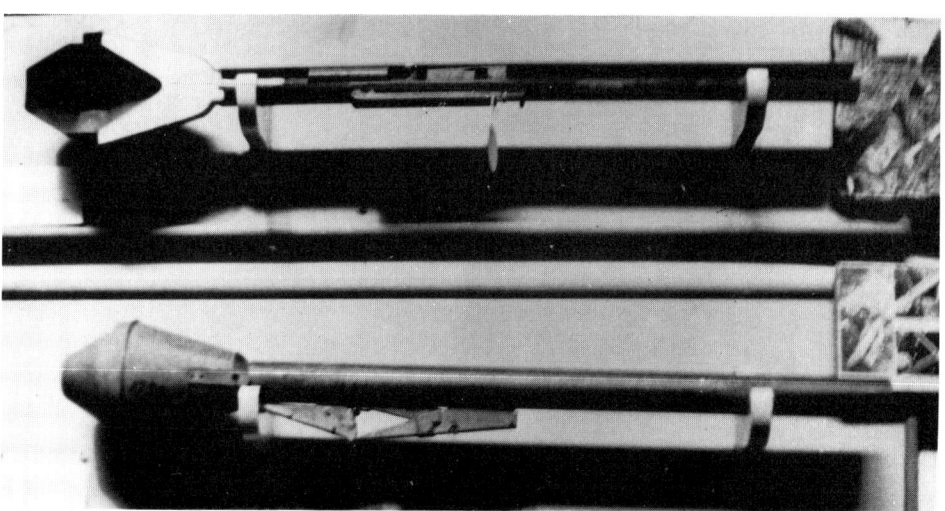

Panzerfaust

Von der ersten 20 000er-Serie wurden 1943 im August dann die ersten 500 Stück geliefert. Da sich aber schon in der Erprobung Mängel gezeigt hatten – ein Visier war nicht vorhanden, und die eigentümliche Kopfform rutschte auf den stark geneigten Flächen des russischen T-34-Panzers oft ab, so daß die Hohlladung nicht ihre volle Wirkung erreichte –, war bereits die Weiterentwicklung in die Produktion gegangen.

Hier hatte man den Kopf von 100-mm-Durchmesser auf 140 mm vergrößert und ihm eine Auftreff-Fläche von etwa 50 mm gegeben. Der Sprengstoffanteil wurde auf 0,8 kg erhöht, und damit verbesserte sich die Durchschlagsfähigkeit auf 200 mm. Das Kaliber des Abschußrohres, dessen Länge beibehalten wurde, betrug nun 44 mm, mit der Treibladung von 95 g erreichte der 495 mm lange und 2,9 kg schwere Kopf die Geschwindigkeit von 30 m/s, und das entsprach auch wieder der 30-m-Schußweite.

Von dieser mit dem Verschußrohr 5,1 kg schweren und 1045 mm langen Waffe, nun Panzerfaust 30 m genannt, wurden im August 1943 vom ersten 50 000er-Auftrag 6800 Stück geliefert.

Anfänglich wurden 400 000 Stück je Monat gefordert, diese Menge wurde aber erstmalig im Oktober 1944 erreicht, dann ging es aber steil aufwärts, und die ab September 1944 geforderten 1,5 Millionen Stück je Monat konnten mit 1,296 Millionen im Dezember fast erreicht werden.

Eine schwere Panne war 1944 bei der Juli-Fertigung passiert; wegen Materialfehler mußten 247 200 Panzerfäuste von der Front zurückgerufen werden.

Der Verschuß war sehr einfach: Der Kopf wurde abgenommen, die Zündladung eingesetzt, der Kopf wieder mit dem Schaft verbunden und der aus Sicherheitsgründe angebrachte Vorstecker entfernt. Durch das Hochklappen des Visiers wurde die Panzerfaust dann schußfertig. Wichtig war, daß der aus dem Verschußrohr austretende Feuerstrahl nicht innerhalb von 3 m auf ein Hindernis traf, schwere Brandwunden am Rücken des Schützen waren sonst die Folge.

Da 30 m gegenüber einem feindlichen Panzer für den Schützen nicht gerade eine »sichere« Entfernung darstellten, folgte mit einer Erhöhung der Treibladung auf 134 g die nächste Verbesserung. Die Geschwindigkeit stieg auf 45 m/s, und man erreichte nun eine Schußweite

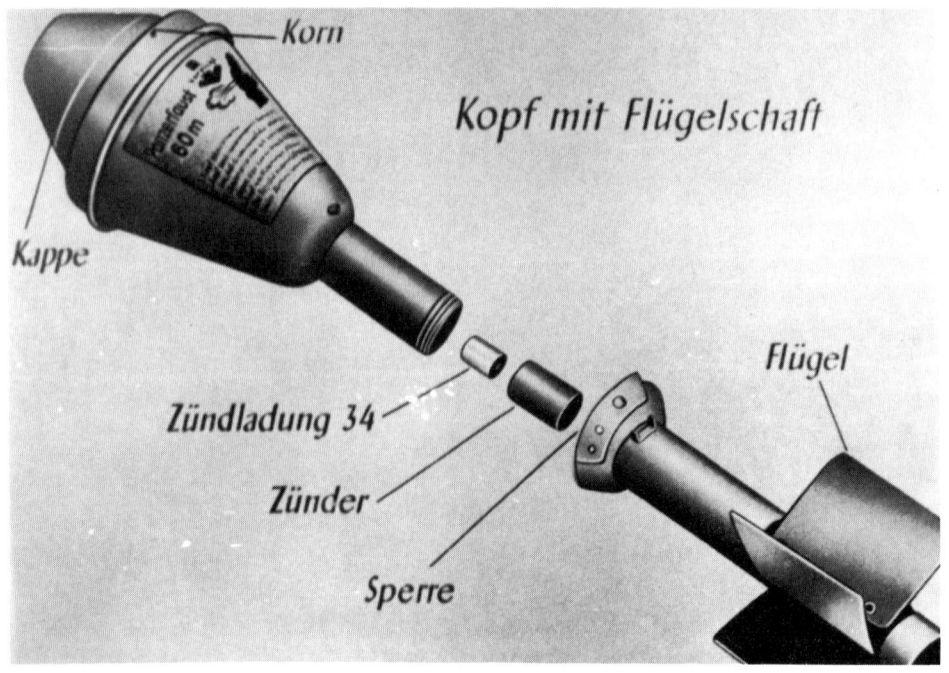

Kopf der Pz.Faust 60

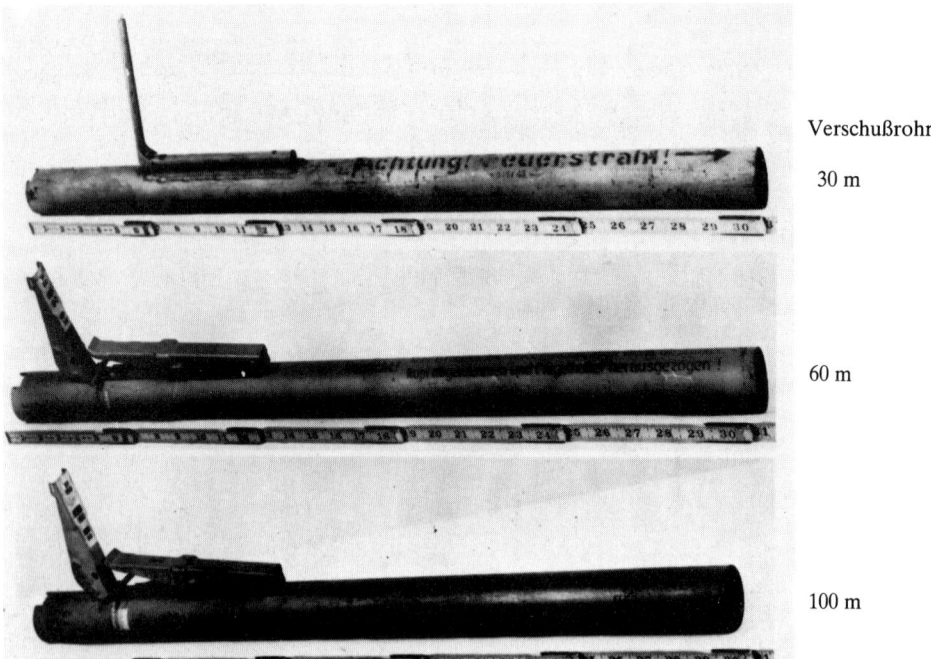

Verschußrohre

30 m

60 m

100 m

von 60 m. Einfach genug wurde dieses ab September 1944 produzierte Modell Panzerfaust 60 m genannt, das Modell 30 m war im August ausgelaufen.

Weitere Überlegungen zur Verbesserung der Kampfentfernung führten dann zu dem ab November ausgelieferten Verschußrohr mit einer zweiteiligen Treibladung von 190 g, die Geschwindigkeit erreichte nun 60 m/s und damit eine Schußweite von 100 m.

Diese vier Modelle sind bei der Truppe, die im September 1943 mit 8700 Stück erstmals eine größere Menge erhielt, eingesetzt worden.

Daß diese neuartige Munition, viel von der Firma *Tümmler-Döbeln,* aber auch von Firmen mit geringen Erfahrungen gefertigt, noch nicht völlig ausgereift war, zeigt folgende Tatsache: Außer der bereits erwähnten großen Rücklieferung hat bis Ende Februar 1945 die Truppe weitere 130 900 Stück wegen Mängeln zurückgegeben – und dies, obwohl das Waffenamt von den 8 254 300 vorgestellten Stück 453 000, d. h. fast 5,5 Prozent, bereits bei der Abnahme zurückgewiesen hatte.

Im März 1945 betrugen die Panzerfaust-Bestände noch 3,018 Millionen Stück, davon lagen nur 271 000 in den Zeugämtern.

Im Januar 1945 begann bei der Firma *HASAG* die Entwicklung der Panzerfaust 150. Das verstärkte Abschußrohr war nun wieder ladbar und hielt etwa 10 Schuß aus. Mit einer neuen, stark konisch ausgebildeten Kopfhaube – der Kopf erreichte dadurch eine Länge von 560 mm – konnte trotz des auf 106 mm reduzierten Durchmessers und weniger Sprengstoff durch den größeren Detonationsabstand und neue Zündladungen die Durchschlagsleistung von 200 mm gehalten werden. Die Stabilisierungsflächen mit einem Spann von 140 mm entsprachen etwa den bisherigen Ausführungen. Durch eine weiter erhöhte Treibladung wurde eine Geschwin-

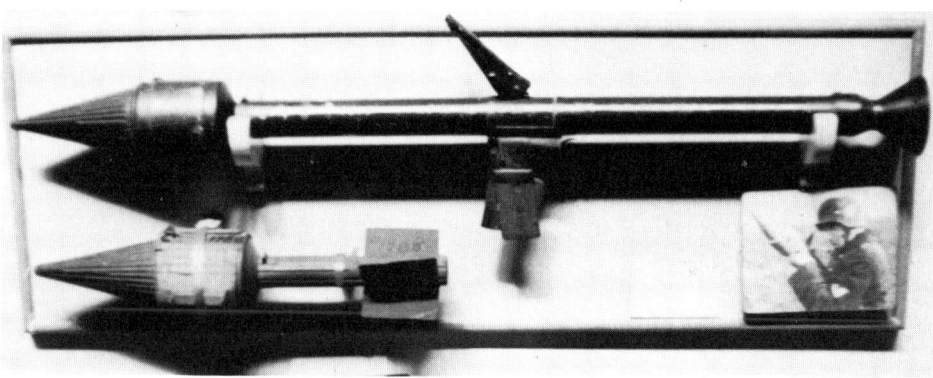

Pz.Faust 150   ▼ Kopf der Pz.Faust 150

digkeit von 85 m/s erreicht, und das ergab die geforderte 150-m-Schußweite – das Visier reichte übrigens bis 200 m. Hier hatte man auch den Vorschlag vom Herbst 1944 für eine Sprengfaust verwirklicht – man bekämpfte gleichzeitig den Panzer und die aufgesessene bzw. mitlaufende Infanterie in der Form von aufschiebbaren Splitterringen, wie wir sie bereits von den Handgranaten her kennen.

Der Reichsforschungsrat (RFR) hat am 16. März 1945 dann den Zeichnungssatz für die Panzerfaust 150 erhalten, und die erste 100 000er-Serie ist auch noch angelaufen, die Truppe hat aber zur Erprobung nur eine kleine Stückzahl erhalten.

Im Januar 1945 hatte übrigens der RFR in Verbindung mit der Firma *WASAG* unter der Bezeichnung »Verbesserte Pz.Faust« noch einen neuen Kopf mit 160-mm-Durchmesser vorgelegt, bei dem man den Detonationsabstand variieren konnte. Es wurde auch noch ein Auftrag über 350 Stück erteilt, die Firma *Heber* in Osterode reichte aber die Bestellung am 7. Februar zurück – man fand keine Firma, die das Drücken der halbkugelförmigen Einlage der Hohlladung übernehmen wollte. Am 10. März ging der Auftrag dann doch an die Firma *HASAG*, eine Lieferung wird wohl kaum noch erfolgt sein.

Bei der Firma *WASAG* begann im Februar 1945 noch die Entwicklung eines Panzerfaustkopfes aus dem neuen Nipolitsprengstoff. Hier war keine Blechummantelung mehr notwendig, und da der Sprengstoffrohling einfach auf der Drehbank bearbeitet werden konnte, wurde die Fertigung sehr vereinfacht. Eine Serienproduktion dieser neuen Hohlladung ist aber nicht mehr angelaufen.

Durch den Treffer einer Hohlladung wird zwar das Panzerfahrzeug mit seiner Besatzung außer Gefecht gesetzt – in den meisten Fällen konnte aber das Fahrzeug kurzfristig wieder instandgesetzt werden.

Im Februar 1945 wurde deshalb ein Entwurf vorgelegt, bei dem zusätzlich im Verschußrohr eine Pz.Brandgranate untergebracht war, die dann, dem Gasstrahl der Hohlladung folgend, das Fahrzeug in Brand gesetzt hätte.

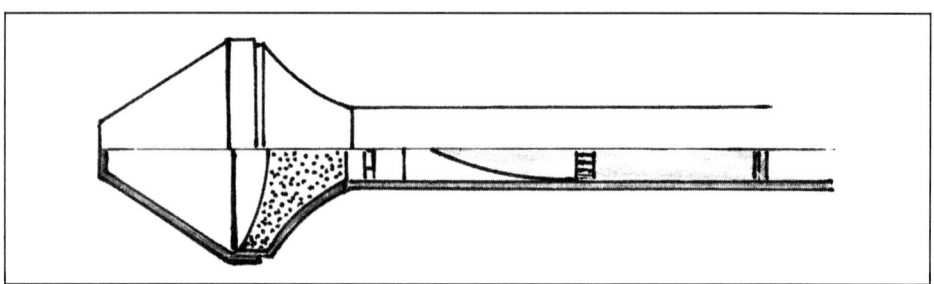

Pz.Faust mit Brandgranate

Ein Wort noch zur **Wirkung einer Hohlladung,** die wohl seit 1883 bekannt war, aber militärisch erstmals am 10. Mai 1940 bei der Eroberung des belgischen Forts Eben Emael eingesetzt wurde. Bei der Detonation einer derartigen Ladung tritt eine Energieverdichtung zur Mitte des Hohlraumes und längs der Achse ein. Der gerichtete Gasstrahl schießt mit etwa 8000 m/s auf die Stahlwand zu, die mit einem Druck von rund 10 Millionen kg/cm^2 durchschlagen wird.

Da die Durchschlagsfähigkeit dabei weder von der Auftreffgeschwindigkeit noch von der Schußweite abhängig ist, haben wir in der Hohlladung, gleichgültig auf welche Art sie in Kontakt mit einem Panzerfahrzeug gebracht wird, die ideale Abwehrwaffe.

Maßgebend für die Leistung bzw. die Wirkung einer Hohlladung sind wegen der Detonationsgeschwindigkeit die Art des Sprengstoffes, die Form und Art, mit der die

Hohlfläche oder der Hohlkegel ausgekleidet sind, und der Abstand im Moment der Detonation.

Nachteilig auf die Durchschlagsfähigkeit wirkt sich der Drall aus. Durch die Zentrifugalkraft wird der Energiestrahl ausgeweitet, die Kraft verteilt sich auf eine größere Fläche, der Durchschlag wird zwar im Durchmesser größer, dies aber bei verminderter Durchschlagsfähigkeit. Darin liegt der Grund für die Leitwerksstabilisation derartiger Geschosse.

Man ging jetzt zur **Panzerfaust 250** über, die ein wiederladbares Rohr mit einem Pistolengriffstück verwendete. Treibladungen im Rohr und im Kopf selbst sollten die Geschwindigkeit auf 150 m/s steigern. Die Entwicklung, die ab September in Massen produziert werden sollte, wurde nicht mehr abgeschlossen. Das gleiche geschah mit den Projekten »Brandfaust«, »Flammfaust« und »Gasfaust«. Lediglich die »Schrappnell-Faust«, ein 8 kg schweres Gerät, dessen Kopf eine Schußweite von 400 m hatte und der durch einen Zeitzünder in 2–3 m Höhe detonierte, hat sich mit etwa 100 Stück im Truppenversuch befunden. Für eine Serienproduktion dieses nachladbaren Gerätes war es aber zu spät.

Die **Flieger-** und die **Luftfaust** hatten nur ähnliche Bezeichnungen, es waren aber völlig andere Konstruktionen, die wir bei den Flugabwehrwaffen finden (s. S. 209).

Als Anfang 1945 von der Ostfront gemeldet wurde, daß man bisher keinen Feindpanzer mit einer stärkeren Panzerung als 110 mm gefunden habe, daß aber aus Gefangenenaussagen hervorgehe, es käme in Kürze ein sehr stark gepanzerter Durchbruchskampfwagen zum Einsatz, führte das zur Forderung, schnellstens eine Waffe mit größter Durchschlagsleistung zu schaffen.

Die Firma *HASAG* schlug die »Große Panzerfaust« vor, eine große Hohlladung, die mit dem Rohr der »Panzerfaust 250« – das es aber noch gar nicht gab – verschossen, 400 mm durchschlagen sollte.

Die Firma *Dynamit-Nobel* reichte den Vorschlag ein, die alte Pionierhohlladung H 15, von der es noch 6000 Stück gab, mit dem Raketentreibsatz des RZ 65 zu verschießen. Der Rauchzylinder (RZ) 65 war eine alte, bei der Luftwaffe entwickelte Bordrakete, von der es, obwohl diese Waffe nicht eingesetzt wurde, nur noch geringe Bestände gab – die Masse war verschrottet worden.

Versuche zeigten aber, daß wenigstens zwei Treibsätze notwendig waren, um die 15 kg schwere Hohlladung, die in einem Kopf von 265-mm-Durchmesser untergebracht war, auf 100 m Schußweite zu bringen. Das führte zur Ablehnung der 900 mm langen Rakete, die »10,5-cm-Hecht« genannt wurde. Um aber trotzdem eine Notlösung für den Fall zur Hand zu haben – der neue russische Panzer »Schtschuka«, das war der Hecht, sollte 375 mm stark gepanzert sein –, einigte man sich auf eine neue 7-kg-Hohlladung, die mit einem Raketentreibsatz eine Schußweite von 100 m erreichen sollte. Eine ähnliche Notlösung finden wir auch bei »Panzerschreck«.

»Der Hecht«

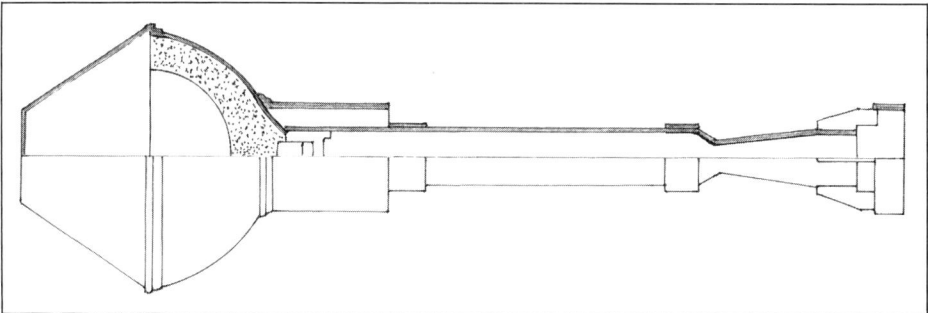

Pz.Schreck

▼ Die RPzB.Gr. 4322

Ende Februar 1945 schlug der RFR ein großes Hohlladungsgeschoß vor, für das Prof. Walchner bei der *AVA (Aerodynamische Forschungsanstalt)* im Göttinger Windkanal Messungen an einem Holzmodell durchgeführt hatte. Ein Kopf von 340-mm-Durchmesser und 780-mm-Länge, der mit dem Leitwerksschaft eine Gesamtlänge von 1250 mm erreichte, sollte mittels eines Raketentriebsatzes bei einer Anfangsgeschwindigkeit von 42 m/s eine Schußweite von 180 m erreichen. Rechnerisch hätte man eine Durchschlagsfähigkeit von etwa 400 mm erreicht – aber mit welchem Gerät hätte man dieses Monstrum verschießen können? Zur Infanteriebekämpfung gab es eine aus dem Verschußrohr der Panzerfaust zu verschießende Kleinrakete, die den Kampfbereich zwischen den Handgranaten (etwa 45 m) und den Granatwerfern abdecken sollte. Die nur in wenigen Mustern gefertigte Rakete hatte eine Gesamtlänge von 660 mm, der Sprengkopf von 76-mm-Durchmesser und 245-mm-Länge bestand aus Beton mit eingegossenem Stahlschrott.

Der **Panzerschreck,** auch als **Ofenrohr** bekannt, wurde ab Frühjahr 1943 entwickelt, nachdem man einige in Tunesien erbeutete amerikanische Bazookas studiert hatte. Um die Wirkung zu steigern, blieb man nicht beim amerikanischen Kaliber von 60 mm mit einer 0,23 kg schweren Hohlladung, sondern ging auf 88 mm über.
Die offiziell **Raketen-Pz.Büchse** genannte Waffe kostete 70,– RM, wog leer 9,25 kg und war 1640 mm lang. Verschossen wurde die 3,25 kg schwere RPzB.Gr. (Raketenpanzerbüchsen-granate) 4322, die eine 0,66 kg schwere Hohlladung trug und von einem Ringleitwerk stabilisiert wurde.
Der Schütze trug eine Art feuerfesten Poncho und eine filterlose Gasmaske als Schutz gegen die zurückfliegenden Pulverreste. Der Abbrand der Treibladung war 2 m nach Verlassen des Rohres beendet, das Geschoß besaß dann eine Geschwindigkeit von 105 m/s. Der Aufenthalt hinter einem »Ofenrohr« konnte sehr gefährlich sein. Hatte die Panzerfaust schon einen Feuerstrahl von 2 m Länge, beim »Ofenrohr« war er fast 3 m lang. Das erste Muster wurde aber nur in geringen Stückzahlen gefertigt, ab Oktober 1943 wurde dann die **RPzB. 54** produziert. Die Waffe trug jetzt ein 36 × 47 cm großes Schutzschild, in das ein Fenster aus Glimmer eingesetzt war. Aus der nun 11 kg schweren Waffe konnte außer der bereits erwähnten R.Gr. die neue RPzB.Gr. 4992 verschossen werden, mit der sich die Schußweite auf 180 m steigern ließ.
Die Durchschlagsfähigkeit betrug beim 60°-Auftreffwinkel 160 mm. Im Juli 1944 war der anfänglich auf 382 000 lautende Auftrag, den man aber später gekürzt hatte, ausgelaufen. Erst Anfang 1945 wurde ein Auftrag für 48 000 Stück der neuen **RPz.B. 54/1** erteilt.
Bei diesem neuen Muster hatte man das Rohr auf 1350 mm gekürzt und die Zieleinrichtung verbessert. Das Gewicht konnte dabei auf 9,5 kg gesenkt werden. Ab Dezember 1944 wurden aus den alten Beständen zur Änderung in die neue Ausführung 107 450 Stück herausgezogen. Im März 1945 befanden sich noch 92 728 Waffen bei der Truppe, für die 541 500 Schuß Munition vorlagen. Weitere 47 002 Waffen mit 69 300 Schuß lagerten in den Zeugämtern.
Die Versorgung der Front mit dem »Panzerschreck« ging übrigens sehr langsam vor sich; zu den wenigen Waffen, die aus der Truppenerprobung eingesetzt wurden, kamen im Oktober 1943 nur 242 zur Front. Erst im Januar 1944 wurde mit 21 141 eine größere Zahl erreicht, und dabei hätten es noch weit mehr sein können – in den Zeugämtern lagerten zu der Zeit weitere 39 526 Stück.
Mit der Munition gab es auch hier Schwierigkeiten, von den 2 218 400 Schuß aus der Fertigung hat das Waffenamt bei der Abnahme sogar 12,9 Prozent = 285 800 Stück zurückgewiesen. Weitere 32 400 Schuß wurden von der Truppe wegen verschiedener Mängel zurückgegeben.

Die Panzer-Zerstörungsgruppen, die meist aus zwei Trupps mit je 3 Pz.Schreck bestanden, mußten wegen der geringen Kampfentfernung so in Stellung gehen, daß sich die

Wirkungsbereiche für eine gegenseitige Feuerunterstützung überschnitten. Beim Nachteinsatz mußte eine Leuchtpatrone so verschossen werden, daß die Leuchtkugel hinter den Feindpanzer fiel. Das Ziel stand dann deutlich als Silhouette vor der am Boden weiterbrennenden Leuchtkugel.

Der tägliche, besser der nächtliche Durchschnittsverschuß von Leuchtpatronen, der im 4. Vierteljahr 1943 noch bei 37 225 Schuß gelegen hatte, stieg durch den Einsatz bei den Panzer-Zerstörergruppen auf 79 609 im 3. Vierteljahr 1944.

Übrigens findet sich bei den Entwicklungen im Ersten Weltkrieg eine Konstruktion der Firma *Rheinmetall*, die im Prinzip ähnlich dem »Panzerschreck« war. Im Mai 1918 erprobte man auf dem Schießplatz in Unterlüss aus einem dem Granatwerfer ähnlichen Rohr eine 2,5 kg schwere Tankwurfgranate. Es wurden damals aber nur 15-mm-Panzerung durchschlagen – nun, es gab noch keine funktionierenden Hohlladungen.

Da bei den Rückzügen seit Juli 1944 die Verlustrate der Panzerschreckrohre stark zunahm – vom Oktober 1943 bis Ende Juni 1944 gingen nur 642 Geräte verloren, in den nächsten 7 Monaten waren es aber 12 965 Geräte –, hatte die *SS-Waffenakademie in Brünn* einige Muster aus imprägnierter Preßpappe erstellt. Das Gewicht konnte um 2 kg gesenkt werden, und 5,5 kg Metall wurden eingespart. Eine Massenproduktion ist nicht mehr erfolgt.

Um den Schützen mit seinem »Panzerschreck« besser zu schützen, war ein sogenanntes Deckungszielgerät entwickelt worden, von dem man im Februar 1945 noch 100 000 bestellt hat.

Für die unter »Panzerfaust« erwähnte Notlösung hat man auch mit dem »Panzerschreck« Versuche angestellt. Hier fand die Firma *WASAG* eine bemerkenswerte Lösung: Aus dem auf 700 mm gekürzten Rohr wurde mittels einer Ladung von 0,53 kg eine Hohlladungsmine bei 25° Waffenerhöhung verschossen; es wurde eine Schußweite von 230 m erreicht.

Zur Bekämpfung von Tiefffliegern hatten *Rheinmetall-Borsig* und die *DWM (Deutsche Waffen- und Munitionswerke)* die **Fliegerschreck-Munition** entwickelt. Die Idee war, eine sehr hohe Feuerdichte zu entwickeln, um die Trefferwahrscheinlichkeit erheblich zu erhöhen. Damit eine derartige Waffe der Truppe schnellstens zur Verfügung stehen konnte, griff man auf den »Panzerschreck« zurück, von dem 1945 im Januar 150 977 Stück vorhanden waren. Die Munition war auf dem Prinzip der »gerichteten Ladung« aufgebaut: Ein 174 mm langer Kopf von 88-mm-Durchmesser trug eine Hohlladung aus Nitropenta, auf der mit einer Pappzwischenscheibe 144 Brandsplitter in drei Lagen aufgesetzt waren. Solche Brandsplitter gab es in runder und sechskantiger Ausführung mit 12-mm-Höhe. Sie waren mit 1,4 g Phosphor gefüllt, der dann den Treibstoff des feindlichen Flugzeuges in Brand setzen sollte. Dieser Kopf konnte nun in den Treibsatz der Panzerschreck-Munition einfach eingeschraubt werden. Visiert wurde mit einem aufschiebbaren Kreiskorn, dessen Durchmesser so abgestimmt war, daß er einer Spannweite des Flugzeuges von 12 m auf 320 m Entfernung entsprach. Bei einer Spannweite von 11,28 m der P. 51 »Mustang« und den 12,42 m der P. 47 »Thunderbolt« war das ein guter Durchschnittswert.

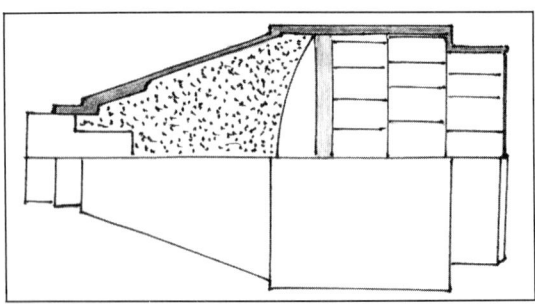

Kopf vom Fliegerschreck

Fliegerschreck hat das Ziel erfaßt

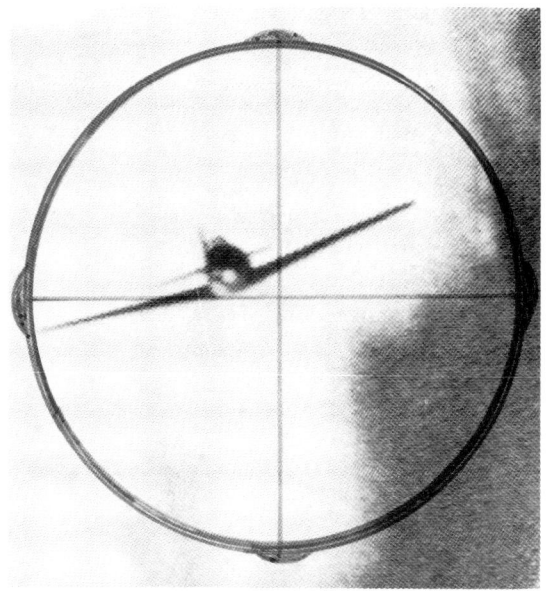

Verfolgen wir nun einen Verschuß dieser Munition:
Gegen ein anfliegendes Feindflugzeug wird aus 320 m Entfernung ein Fliegerschreck abgeschossen. Der sich mit 600 km/h seinem Ziel nähernde Tiefflieger hatte eine Sekunde später etwa 160 m zurückgelegt, das Fliegerschreckgeschoß etwa 90 m. Nun zündete die Hohlladung, und in 0,25 Sekunden hatte sich über eine Strecke von 30 m ein Kegel aus den Brandsplittern gebildet, der dann einen Durchmesser von 15 m abdeckte. Der Gegner hatte in dieser Zeit 40 m zurückgelegt und flog direkt in den Kegel hinein, der deckend über der Maschine lag. Die Auftreffgeschwindigkeit hätte dabei etwa 600 m/s betragen, das entspräche bei einem Brandsplittergewicht von 6 g einer Auftrefferenergie von 100 mkg. Das hätte ausgereicht, die Tragflächen mit den Treibstofftanks zu durchschlagen. Durch die Brandsätze hätten dann die Maschinen in den meisten Fällen Feuer gefangen. Die Mitte Januar 1945 abgeschlossene Entwicklung kam aber viel zu spät, von den 500 produzierten Köpfen ist keiner mehr in den Truppenversuch gelangt.

Produktionstafel bis März 1945

	1943	1944	1945
Faustpatrone	123 900	1 418 300	12 000
Panzerfaust	227 800	4 120 500	2 351 800
RPz.B. 54	50 835	238 316	–
RPz.B. 54/1	–	–	25 744
Granate 4322 und 4992	173 000	1 805 400	240 000

Ein im Kaliber auf 10,5 cm vergrößerter »Panzerschreck« wurde im August 1944 vorgeschlagen. Die 18 kg schwere Waffe von 2400-mm-Länge sollte mit einer 6,1 kg schweren HL-Granate 180 mm auf 300 m durchschlagen. Es wurden aber nun 240 mm Durchschlagsfähigkeit gefordert, außerdem sollte die Waffe leichter werden. Beim nächsten, etwas veränderten Muster kürzte man das Rohr auf 2000 mm, das Waffengewicht konnte auf 13 kg gesenkt werden. Die nun 6,3 kg schwere Granate trug jetzt eine neue Hohlladung von 1,3 kg, und das reichte für 220 mm Panzerstahl. Da aber nun die Rückstoßkräfte zu groß geworden waren, begann man mit einer kleinen Lafette zu experimentieren. Im Einsatz ist kein Muster des 10,5-cm-»Panzerschrecks« mehr gewesen.

Die Firma *Mauser* hat unter den Decknamen »Igel« und »Stachelschwein«, die später die Geräte-Nr. 26 und 28 erhielten, ebenfalls zwei »Panzerschreck«-ähnliche Waffen vorgeschlagen. Hier sollte aber der Rückstoß durch mehrere kleine Zusatzraketen ausgeglichen werden. Aus einer Forschungsanstalt in Ruit kam der Vorschlag für eine Schulterwaffe mit 10,5-cm-Kal., es liegen jedoch keine Einzelheiten für die mit W. 22 bezeichnete Panzerabwehrwaffe mehr vor.

Um die wirklichen **Erfolge bei der Panzerbekämpfung an der Ostfront** miteinander zu vergleichen, hat man die folgenden Ermittlungen für die ersten vier Monate des Jahres 1944 angestellt:

	Jan.	Febr.	März	April
Feindpanzer vernichtet	4727	2273	2663	2878
davon bekannt, durch welche Waffe	3670	1905	1031	1542
davon durch Panzerkampfwagen	1401	853	122	820
davon durch Pak	1050	341	327	251
durch Sturmgesch. und Pz.Jäger	757	472	297	236
durch Artillerie und Minen	348	148	142	63
im Nahkampf	114	91	143	172

Wir sehen hier, daß der Anteil der im Nahkampf zerstörten Fahrzeuge stark schwankend zwischen 3 und 14 Prozent lag.

Aufgeschlüsselt sah nun dieser Anteil so aus:

durch Panzerfaust	58	45	51	110
durch Panzerschreck	9	24	29	26
durch Hafthohlladung	21	13	14	19
durch Handgranaten	6	5	5	6
durch T-Minen	20	4	43	11
durch Kampf- oder Sturmpistole	–	–	1	–

Um einen Verhältniswert zu erkennen, im folgenden die Mengen, die der Front in den vier Monaten an Panzernahbekämpfungsmitteln zugeführt wurden:

278 100 Panzerschreck-Granaten
12 200 Hafthohlladungen
656 300 Panzerfäuste

Das erst am 14. Mai 1944 herausgegebene Heftchen »Der Panzerknacker« führt unter anderem an: ». . . über 10 000 deutsche Soldaten tragen das Panzernahkampfabzeichen« – diese Zahl ist, wenn wir von den durch diese Ermittlungen bekannten Zahlen ausgehen, sicherlich übertrieben.

Mit vielen Versen, wie:

»Erst merke Dir den eleganten
Mit schrägen Flächen, runden Kanten,
5 Rollen, den studiere fleißig
Denn das ist der T-34.«

und zahlreichen Karikaturen bringt das Heft viele Belehrungen wie:
». . . Minen unter den Panzer zu werfen oder zu schieben, das laß sein. Du verbrennst Dir dabei nur die Finger. Du kommst nämlich nicht mehr in Deckung.« Zuletzt lockt das Heft aber doch wieder mit: »Hast einen Panzer Du zerzaust, Du demnächst wohl in Urlaub braust.« Die scheinbar schlechten Leistungen des »Panzerschrecks« lagen erst einmal daran, daß man, auf die größere Waffe vertrauend, den Gegner auf größere Entfernungen bekämpfte – und da streute der »Panzerschreck« erheblich. Versuche gegen einen T-34 aus 100 m brachten von zwölf Schuß nur drei Treffer. Mit der nicht so unhandlichen Panzerfaust konnte man leichter nach dem Verschuß wieder in Deckung gehen und schoß meist aus 30 m; und da hat man damals mit fünf Schuß fünf Treffer erzielt – das waren aber allerdings Erprobungen, bei denen der Panzer nicht zurückschoß!
Es wurden dann sogenannte Zerstörertrupps gebildet, die sich gegenseitig deckten. Daß man mit solchen Trupps auch mit dem »Panzerschreck« erhebliche Erfolge erzielen konnte, zeigte am 10. Juni 1944 an der Invasionsfront der Ritterkreuzträger Uffz. R. Brasche, dessen Gruppe fünf Panzer im Raum Tilly abschoß.

Panzerabwehrkanonen

Ende des Ersten Weltkrieges lagen bereits Entwicklungen für eine zur Tankabwehr gedachte Kanone vor, die alle von der 37-mm-Revolverkanone ausgingen.
Bei Versuchen im November 1918 erreichte man mit einer 0,47 kg schweren Panzergranate, die aus einem 800 mm langen Rohr mit einer V_0 von 505 m/s verschossen wurde, bei einer Entfernung von 500 m eine Durchschlagsfähigkeit von 15 mm bei senkrechtem Auftreffen. Obwohl der Versailler Vertrag die Entwicklung von Panzerabwehrwaffen verbot, waren bei der Firma *Rheinmetall* bereits 1926 die ersten Muster einer neuen 37-mm-Kanone fertig. Sie wog 330 kg und verschoß eine 0,65 kg schwere Granate mit einer V_0 von 760 m/s, und damit wurden bei 500 m Entfernung sowie einem Auftreffwinkel von 60° Panzerplatten von 28 mm Stärke durchschlagen. Es ist allgemein üblich, bei den Leistungen dieser Waffen diesen Auftreffwinkel anzuwenden. Als Bruchfestigkeit wird dabei für eine Plattenstärke von 30 mm ein Wert von 115 kg/mm² festgelegt. Mit größer werdender Plattenstärke nimmt dieser Wert aus fertigungstechnischen Gründen ab, er beträgt z. B. bei 90 mm nur noch 100 kg/mm². *Rheinmetall* verbesserte nun die genannte Waffe durch Verstärkungen der Lafette, und mit einem 5 mm starken Panzerschild stieg das Gewicht auf 435 kg an.
Aus dem 1665 mm langen Rohr wurde eine 337 mm lange Granatpatrone von 1,22 kg Gewicht, die eine Treibladung von 0,19 und eine 0,69 kg schwere Pzgr., die 13 g Sprengstoff enthielt, mit einer V_0 von 745 m/s verschossen. Für diese 5730,– RM teuere Waffe, die als **3,7-cm-Pak 35/36** eingeführt wurde, gab es auch eine 0,37 kg schwere Pzgr. 40, die einen Wolframkern trug. Mit einer 0,15 kg schweren Treibladung erreichte dieses Geschoß eine V_0 von 1030 m/s und durchschlug fast 65 mm auf 100 m Entfernung. Für den Einsatz gegen »weiche« Ziele gab es hier auch Sprenggranaten, die Sprgr. 40 trug z. B. 43 g Sprengstoff. Später wurde die Wirkung mit der überlangen Röchling-Granate 42 erheblich durch 140 g Sprengstoff erhöht. Ab Februar 1942 erhielt die Truppe die **Stielgranate 41.** Das war ein durch ein Leitwerk stabilisiertes Überkalibergeschoß von 738 mm Länge, das auf das Rohr aufgesteckt wurde. Die 8,5 kg schwere Granate trug im Kopf von 159-mm-Durchmesser eine Hohlladung mit

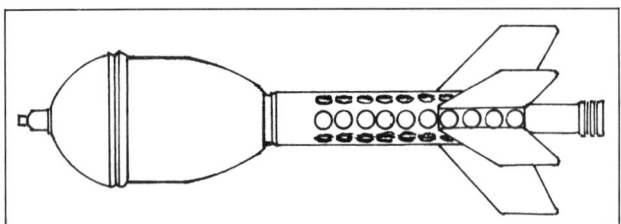

2,3 kg Sprengstoff. Man erreichte zwar eine Durchschlagsleistung von 180 mm – die bei Hohlladung übrigens unabhängig von der Entfernung und der Auftreffgeschwindigkeit ist –, aber die 0,22 kg schwere Treibladung brachte für das zu schwere Geschoß nur eine V_0 von 110 m/s. Die daraus resultierende schlechte Flugbahn machte es notwendig, das gegnerische Fahrzeug bis auf unter 200 m herankommen zu lassen – ein nicht ungefährlicher Vorgang.

Bei Kriegsbeginn besaß die Truppe 11 200 dieser Pak, im Westfeldzug blieb aber diese Waffe bei zahlreichen Zielen ohne Wirkung. Im Munitionsbestand von 12,98 Millionen Schuß am 1. September 1939 sind die Pz.- und Sprenggranaten zusammengefaßt. Von der wirkungsvollen Pzgr. 40 sind die ersten 59 700 Stück erst im Juli 1940 geliefert worden. Obwohl dieser Bestand bis zum 1. Juli 1941 auf 982 300 angestiegen war, wurde auch diese Waffen/Munition-Kombination mit Beginn des Ostfeldzuges bei der Truppe zum »Heeresanklopfgerät« degradiert. Die Produktion wurde im März 1942 eingestellt. Bei Kriegsende standen noch 216 der 886 vorhandenen Geschütze an der Front, der Munitionsbestand betrug 5,3738 Mio. Schuß. Bei der Firma *Skoda*, die im April 1940 die letzten 16 Waffen der 3,7-cm-Pak M 37(t) ausgeliefert hatte, lag noch eine Menge Material vor. In etwas verbesserter Form hat deshalb diese Firma 1942 nochmals 34 Stück als **3,7-cm-Pak 39/40** geliefert. Eine weitere Fertigung hat dann das Waffenamt wegen des zu kleinen Kalibers untersagt.

Aus einem 1938 für Portugal laufenden Exportauftrag hatte die Firma *Krupp* eine Pak mit 45-mm-Kal. vorgeschlagen. Von der 500 kg schweren Waffe, die ein 2255 mm langes Rohr trug, wurde aber nur ein Muster erprobt.

Verschossen wurde mittels einer 2,5 kg schweren Patrone durch eine 0,33-kg-Treibladung eine 1,39 kg schwere Pzgr. mit einer V_0 von 750 m/s. Die Sprgr. vom gleichen Gewicht trug 83 g Sprengstoff. Bei 1000 m durchschlug aber die Pzgr. bei einer Auftreffgeschwindigkeit von 435 m/s mit 36 mm nicht viel mehr als die bereits eingeführte 3,7-cm-Waffe. *Rheinmetall* folgte mit einem Muster von 47-mm-Kal. Die hier mit einer V_0 von 630 m/s verschossene 1,6 kg schwere Granate brachte aber auch keine besseren Leistungen.

Eine weitere Waffe der Firma *Krupp* hatte 52-mm-Kaliber – ein Entwurf, bei dem eine 1,75 kg schwere Granate eine V_0 von 600 m/s erreichen sollte, wurde aber nicht mehr ausgeführt.

Die Entwicklung einer 5-cm-Pak begann 1935 bei der Firma *Rheinmetall*. Die erste Konstruktion, beim Heer als **Pak 37** eingeführt, wog 585 kg. Sie verschoß eine 2,06 kg schwere Pzgr. aus dem 2280 mm langen Rohr und erreichte dabei eine V_0 von 685 m/s. Das Waffenamt forderte aber kurz nach dem Produktionslauf eine stabilere Lafette und eine Erhöhung der Durchschlagsfähigkeit. *Rheinmetall* löste das Problem mit einem neuen Rohr von 3000 mm Länge, mit dem durch eine 0,8 kg schwere Treibladung nun eine V_0 von 835 m/s und eine Durchschlagsfähigkeit von 60 mm bei 500 m erreicht wurde. Die bereits erwähnte Pzgr. enthielt 17 g Sprengstoff, bei der Sprgr. 38 waren es 170 g und bei der Röchling-Gr. 42 sogar 560 g.

Mit der 0,93 kg schweren Pzgr. 40, die einen Wolframkern trug, wurden bei einer V_0 von 1180 m/s sogar bei 500 m 95 mm durchschlagen. Bei diesen leichten Geschossen nimmt übrigens die Wirkung mit steigender Entfernung stark ab; bei der Pzgr. 40 von 130 mm bei

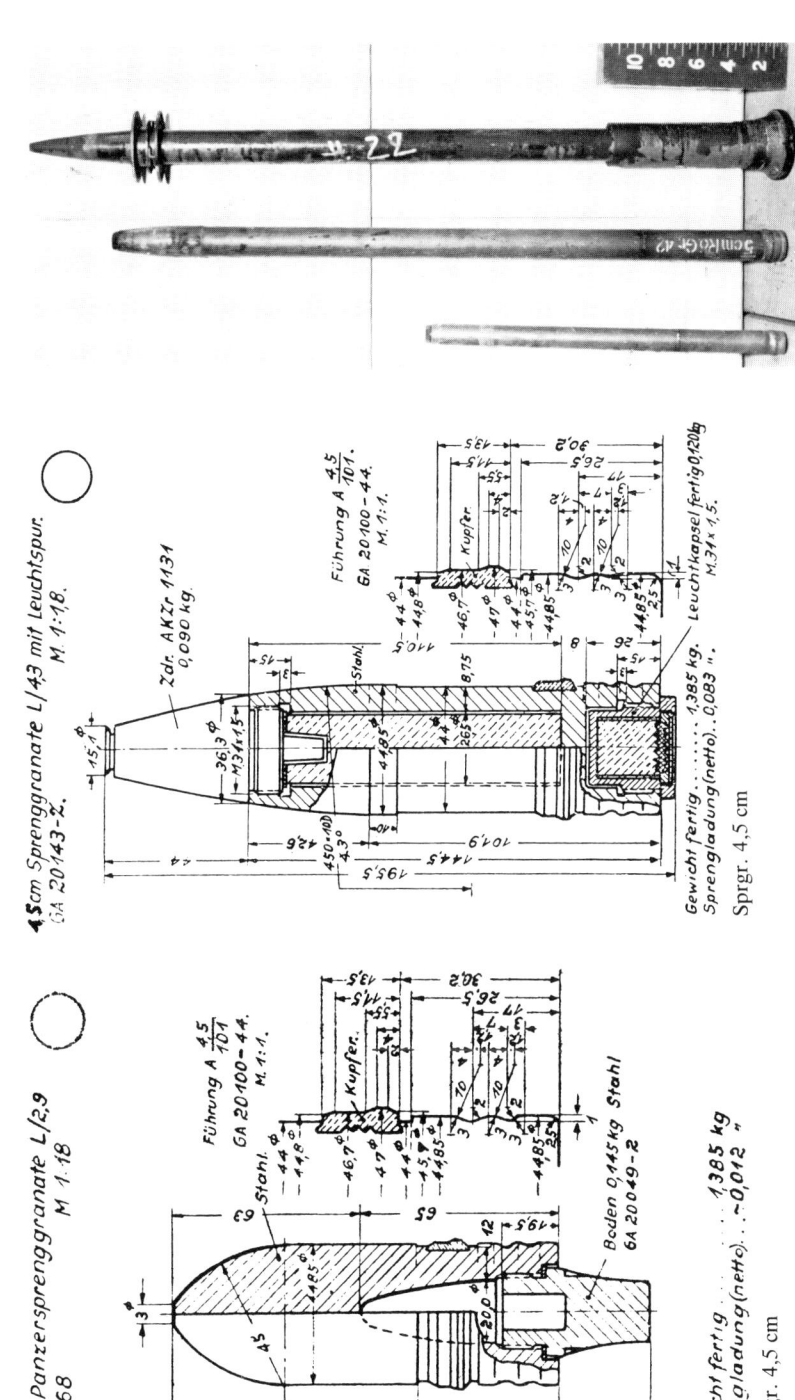

3,7 cm   5 cm   10,5 cm

Röchling-Gr.

45cm Sprenggranate L/4,3 mit Leuchtspur.
GA 20143-2.
M. 1:1,8.

Zdr. AKZr. 1131
0,090 kg.

Führung A 4,5/10,1.
GA 20100-4,4.
M. 1:1.

Leuchtkapsel fertig 0,120kg
M.34×1,5.

Kupfer

Gewicht fertig . . . . 1,385 kg.
Sprengladung(netto) . . 0,083 ''.

Sprgr. 4,5 cm

45cm Panzersprenggranate L/2,9
GA 20268
M 1:1,8

Führung A 4,5/10,1
GA 20100-4,4.
M. 1:1.

Kupfer.

Boden 0,145kg Stahl
GA 20049-2

Gewicht fertig . . . . 1,385 kg
Sprengladung(netto) . . ~0,012 ''

Pz.Sprgr. 4,5 cm

101

100 m zu 38 mm bei 1000 m. Vergleichsweise betragen die Werte für die normale Pzgr. 69 mm bei der kürzeren und 48 mm bei der großen Distanz. Die 990 kg schwere Waffe kostete 10 600,– RM und wurde als **5-cm-Pak 38** eingeführt. Für den Frankreich-Feldzug kam sie aber zu spät, im Juli 1940 besaß die Truppe erst 17 dieser Waffen. Am 1. Juli 1941 war zwar der Bestand auf 1047 angestiegen, und von der wirkungsvollen Pzgr. 40, die ab Januar 1941 die Truppe erreichte, lagen 69 100 Schuß vor, Wolframmangel zwang aber dann zu einer anderen Lösung.

Die von der 3,7-Pak bekannte Stielgranate wurde einfach hochgerechnet, es waren aber zahlreiche Konstruktionsänderungen notwendig, ehe das Waffenamt diese **Stielgranate 42** im März 1943 als einführungsreif erklärte. Von diesem 13,5 kg schweren Geschoß, das eine 2,3 kg schwere Hohlladung trug, die 180 mm durchschlug, lagen im März 1945 noch 12 000 Stück vor. Die anderen Bestände betrugen 559 400 Pz.- und 698 400 Sprgr. für 759 noch vorhandene Waffen.

Das Waffenamt forderte nun beschleunigt den Abschluß der 1938 begonnenen **7,5-Pak 40**, aber die Firma *Rheinmetall* konnte erst im Februar 1942 die ersten 15 Geschütze ausliefern. Die Waffe wog 1425 kg, verschossen wurde aus dem 3450 mm langen Rohr die 969 mm lange und 11,9 kg schwere Granatpatrone. Eine Treibladung von 2,95 kg beschleunigte die 295 mm lange Pzgr. 39, die bei 6,8 kg Gewicht nur 17 g Sprengstoff trug, auf eine V_0 von 750 m/s, und dabei wurden auf 500 m Entfernung 91 mm Panzerung durchschlagen. Dieser Wert sank bei 1000 m auf etwa 80 mm. Mit der 4,1 kg schweren Pzgr. 40 erreichte man 108 mm bei der nahen Entfernung, die hohe V_0 von 930 m/s fiel aber stark ab, und auf 1000 m Entfernung wurden nur noch 87 mm durchschlagen. Mit den Hohlladungs-Gr., von denen z. B. die HL/C-Ausführung 0,56 kg Sprengstoff trug, wurden 90 mm bei allen Entfernungen durchschlagen. Hier soll übrigens etwas erwähnt werden, was kaum bekannt ist – die Temperatur des Mündungsfeuers bei dieser Waffe betrug rund 2100° C.

7,5-cm-Pzgr. 40 mit Hartkern

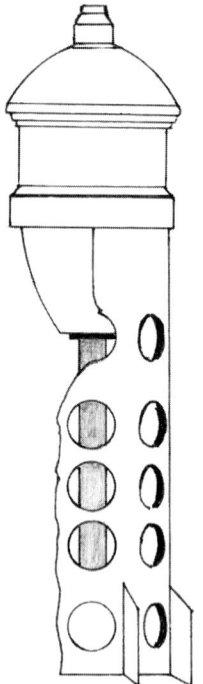

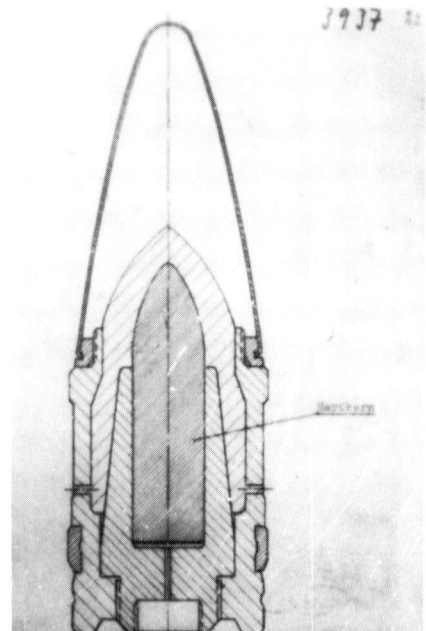

5-cm-Stielgranate 42

7,5-cm-Pak 41

Von diesem viel produzierten Geschütz, das damals 12 000,– RM kostete, besaß die Truppe am 1. März 1945 noch 5228 Stück, davon 4695 auf Räderlafette, die sich bis auf 84 alle an der Front befanden.

Bei der **Munition,** die auch bei der F.K. 85 verwendet werden konnte, betrugen

die Bestände 1 367 000 Spreng-Gr.
486 400 Panzer-Gr.
154 100 Hohlladungs-Gr.
22 100 Nebel-Gr.

Die **7,5-cm-Pak 41** war eine Parallelentwicklung der Firma *Krupp.* Für 2,25 Millionen RM wurde aber im April/Mai 1942 lediglich ein Auftrag von 150 Stück ausgeliefert. Bei dieser Waffe wurde zum Zweck der besseren Leistung das Kaliber der Munition beim Verschuß durch einen 950 mm langen konischen Vorsatz am 2950 mm langen Rohr auf 55 mm verringert. Verschossen wurde eine 757 mm lange und 7,6 kg wiegende Granatpatrone, die eine 2,56 kg schwere Treibladung und die 2,6 kg schwere Pzgr. 41 HK von 227 mm Länge trug. Dabei stand die Zusatzbezeichnung für Hartkern (HK), ein 0,9 kg schweres Wolframgeschoß, die hohe V_0 von 1260 m/s brachte auf 1000 m Entfernung eine Durchschlagsleistung von 136 mm. Wolframmangel führte dann zur Einführung der Pzgr. 41(W), ein 2,5 kg schweres Weicheisengeschoß, mit dem die erwähnte Leistung auf 67 mm absank. Man ging dann auf einen gehärteten Stahlkern über, mit der Pzgr. 41 StK, die 3 kg wog, sank die V_0 auf 1170 m/s; die Leistung blieb fast gleich. Zusätzlich lag eine 7 kg schwere Sprgr.Patrone von 769 mm Länge vor. Hier war die Granate mit 186 g Sprengstoff gefüllt. Von der 1388 kg schweren Waffe ist bis zum Herbst 1943 über die Hälfte der Produktion an der Front verlorengegangen. Von elf Waffen, die mit 30 600 Schuß im März 1945 noch vorlagen, gab es noch drei an der Front, die dort im Februar noch 500 Panzergranaten verschossen haben.

Eine weitere Waffe mit konischem Rohr, für die sowohl *Rheinmetall* als auch *Mauser* Muster vorgestellt hatten, die aber ab 1942 bei *Billerrer & Künz* in Aschersleben gefertigt wurde, war die **4,2-cm-le.Pak 41,** die 7800,– RM kostete. Hier änderte sich das Kaliber im 2250 mm langen Rohr von 40,3 zu 29 mm, die letzten 140 mm des Rohres waren zylinderförmig. Die Kanone war in die Lafette der 3,7-cm-Pak montiert und wog 560 kg. Als Munition lag die 460 mm lange Pzgr.-Patrone von 1,55 kg Gewicht vor. Verschossen wurde durch eine 0,43-kg-Treibladung die 0,38 kg schwere und 96,5 mm lange Pzgr. 41, die einen 138-g-Wolframkern trug. Bei einer V_0 von 1270 m/s wurden auf 100 m Entfernung bei einem Auftreffwinkel von 60° 100 mm durchschlagen. Die ebenfalls vorliegende Sprgr.-Patrone wog bei einer Länge von 455 mm

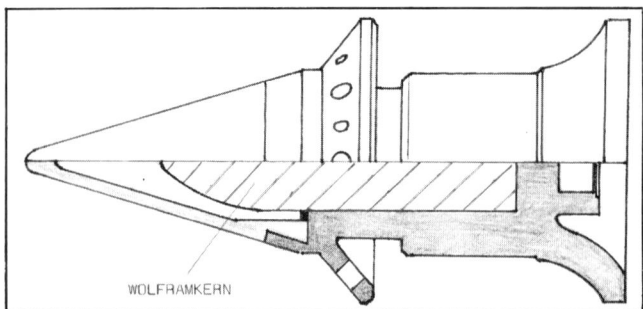
Pzgr. 4,2-cm-le.Pak 42

WOLFRAMKERN

1,4 kg, die 117,5 mm lange Granate einschl. der 25-g-Sprengladung 0,33 kg. Mit einer Treibladung von 0,31 kg wurde eine V_0 von 950 m/s erreicht. Die geringe Lebensdauer des Rohres und der Wolframmangel führten hier zur Einstellung der Produktion im Mai 1942. Das Heer hat übrigens 140 dieser Waffen an die Luftwaffe abgegeben. Im März 1945 standen beim Heer noch neun Waffen an der Front, weitere 17 befanden sich in den Zeugämtern. Der Munitionsbestand betrug 33 000 Schuß.

Daß Wolfram ein Engpaß war, zeigen die folgenden Zahlen für 1941: Das Heer besaß einen Vorrat von 483 t, die als Kerne für die 7,9-mm-SmKH-Munition vorlagen. Einem zusätzlichen Vorrat von 97 t stand aber ein Bedarf von 384 t für das 2. Halbjahr gegenüber.

Der Mangel wurde dann so groß, daß man im November 1943 von den Kalibern 2 bis 8,8 cm der Pak, Flak und den Kampfwagen-Kanonen insgesamt 684 600 Granaten zur Wiedergewinnung des Wolframs herauszog.

Von der 7,5-cm-Pak 40/42 wurde im Herbst 1942 lediglich ein Muster gebaut. Die 1700 kg schwere Waffe mit dem 4500 mm langen Rohr war praktisch der Vorläufer der **7,5-cm-Pak 42.** Diese Pak 42 trug ein mit der Mündungsbremse 5535 mm langes Rohr und ist in der Radlafette nur einmalig im 1. Halbjahr 1942 mit 253 Stück von den Gebr. *Heller* in Nürtingen geliefert worden. Die andere Fertigung als KwK 42 – davon wurden 1243 Stück im Jahr 1942 gefertigt – lief der »Panther«-Fertigung zu. Als Pak finden wir später eine erneute Verwendung im PzKpfwg. IV/70.

Die **7,5-cm-Pak 97/38** war ein Provisorium zur Bekämpfung der russischen T-34 und KW-I-Panzer. Hier hatte man Rohre der französischen Kanone von 1897 mit einer Mündungsbremse versehen und in die Lafette der 5-cm-Pak 38 montiert. Die Rohrlänge der 8000,– RM teuren und und 1190 kg wiegenden Waffe betrug 2720 mm. Anfänglich wurde französische und polnische Beutemunition verschossen, später die neugefertigte HL-Gr.Patr., die ein 604 mm langes Geschoß von 4,7 kg trug. Wegen der zu geringen V_0 von 450 m/s – die Treibladung betrug nur 0,35 kg – und der schlechten Stabilität der Waffe selbst ließ die Leistung zu wünschen übrig – es wurden nur 75 mm durchschlagen.

Eine Verbesserung erhoffte man sich durch eine Montage in Lafetten der Pak 40; von der dann 1425 kg schweren 7,5-cm-Pak 97/40 sind bis zum Juni 1943 – als der Auftrag auslief – nur etwa 160 Stück geliefert worden.

Bei der Munition lagen aus französischen Beutebeständen von vier ähnlichen Sprenggranaten 5,5 Millionen und von der HL.Gr. 76 200 Schuß vor. Die HL.Gr. wurde dann neu gefertigt, bei den Sprenggranaten sind 1942/43 nochmals 1,977 Millionen Schuß aus Frankreich übernommen worden. Die Bestandszahlen im März 1945 betrugen 701 000 Spr.- und 630 800 HL.Gr. Von der 7,5-cm-Pak 97/38 und FK 231(f) gab es noch 122 Stück, die bis auf 14 alle an der Front standen.

Aus einem auf 2245 mm gekürzten Rohr der 7,5-cm-Pak 40 und der Lafette der 5-cm-Pak 38 entstand die **7,5-cm-Pak 50**. Die 1095 kg schwere Waffe war zwar leicht beweglich, hatte jedoch wegen der zu geringen V_0 keine ausreichende Durchschlagsfähigkeit. Im Einsatz war nur eine geringe Anzahl.

Ein Versuch blieb die **7,5-cm-Pak 44**; hier hatte man ein konisches Rohr verwendet, an das ein normales, gezogenes Rohrstück angesetzt war. Man erreichte zwar eine V_0 von 1300 m/s, das Rohr hielt aber nur 250 Schuß aus.

Die Bezeichnung **7,5-cm-Pak 37**, die sich in verschiedenen Unterlagen findet, wurde nur in der Entwicklung und den ersten Produktionsmonaten verwendet. Von Mai bis Juli 1944 wurden unter dieser Bezeichnung 358 Waffen abgenommen und davon sofort 30 an das Ausland verkauft. Da die Munition des le.IG. 18 verschossen wurde, hat man sie dann in IG. 37 umbenannt. Weitere Einzelheiten finden sich unter dieser Kennzeichnung (s. S. 116).

In den ersten Wochen des Ostfeldzuges hatte die Truppe eine große Anzahl der russischen 7,62-cm-Kanone von 1936 erbeutet, die dann als **F.K. 296(r)** übernommen wurde. Versuche zeigten, daß mit kleinen Änderungen daraus eine recht gute Panzerabwehrwaffe erstellt werden konnte. Der Ladungsraum wurde der Hülse der Pak 40 angepaßt, das Rohr erhielt eine Mündungsbremse und war damit 4179 mm lang. Die 1710 kg schwere Waffe hieß nun **Pak 36(r)**. Ab Februar 1942 wurde dazu die 751 mm lange und 12,5 kg wiegende Pzgr.-Patrone 39 geliefert. Eine Treibladung von 2,5 kg beschleunigte die 7,6 kg schwere Granate auf eine V_0 von 740 m/s, und das erbrachte bei 1000 m eine Durchschlagsleistung von 82 mm. Die Pzgr.-Patrone 40 wog 8,9 kg und trug ein 4,15 kg schweres Geschoß mit einem Wolframkern. Mit einer Treibladung von 2,1 kg wurden 990 m/s erreicht, und damit stieg die Durchschlagsleistung auf 112 mm. Diese Waffe fand sich als Selbstfahrlafette, die Fahrgestelle des Pz.Kpfwg. II und des 38(t) wurden dazu verwendet. Die Produktion der Radausführung wurde im Januar 1944 wieder eingestellt, aus Resten hat man im August dann noch 13 Waffen geliefert. Die F.K. 39(r) war eine weitere, geänderte Beutewaffe. Es war das Nachfolgemuster der zuvor erwähnten russischen Kanone aus dem Jahre 1939. In den Heeresbeständen wurde sie zuerst als F.K. 297(r) geführt. An das 3200 mm lange Rohr hatte man eine Mündungsbremse angesetzt. Dabei erhöhte sich das Abmaß auf 3480 mm. Das Gewicht dieser Kanone, die übrigens mit 13 300 m eine beachtliche Reichweite besaß, betrug 1610 kg – sie erhielt die Bezeichnung **Pak 39(r).**

Hier wurde auch die seit Dezember 1942 gelieferte Hohlladungsgranate verwendet, die eigentlich für die 7,62-cm-Infanterie-Kanonenhaubitze 290(r) gedacht war. Die C-Ausführung durchschlug dabei 100 mm Panzerung. Die während des Jahres 1942 gelieferten 129 Waffen wurden bei der Abnahme der Pak 36(r) zugezählt. Die aufgeschlüsselte Munitionsproduktion der Panzergranate findet sich bei dem Panzerjäger 38(t).

Von der Pak 36(r) und der Pak 39 in der Räderlafette gab es im März 1945 noch 165 Stück, die sich bis auf eine Waffe alle an der Front befanden. Der Munitionsbestand betrug 383 200 Spreng- und 383 000 Panzergranaten.

Daß die 7,62-cm-Pak 36(r) in den richtigen Händen sehr erfolgreich sein konnte, zeigte der Gren. G. Halm im Panzergrenadier-Regiment 104, der am 22. Juli 1942 bei Alamein/ Nordafrika mit dieser Waffe hintereinander neun Feindpanzer abschoß.

Ein Nachbau lief ohne den Kennbuchstaben (r) noch bei der Firma *Hanomag* an, es wurde aber nur ein Muster gefertigt. Die Bezeichnung **Pak 39** findet sich dann wieder für eine 7,5-cm-Waffe der Firma *Rheinmetall*. Diese 1235 kg schwere Pak wurde in das Sturmgeschütz IV n. A. und den Jagdpanzer 38 eingebaut und dann Panzerjägerkanone 40 genannt. Aus dem 3615 mm langen Rohr erreichte hier die 6,8 kg schwere Pz.Gr. 39 eine V_0 von 750 m/s. Mit der Pzgr. 40, die nur 4,2 kg wog, waren es sogar 930 m/s.

Am Beispiel der 7,5-cm-Pak 40 wollen wir die Treffwahrscheinlichkeit bei einer Kampfentfernung von 1500 m ohne und mit Fehler in der Entfernung betrachten:

	ohne	mit 75 m Entfernungsfehler
mit Pzgr. 39	75 Prozent	30 Prozent
Pzgr. 40	65 Prozent	12 Prozent
HohlladungsGr. C	42 Prozent	5 Prozent

Es ist klar erkennbar, wie wichtig ein Entfernungsmesser nicht nur hier, sondern auch bei den ähnlichen Waffen der Panzerkampfwagen war.

Nachdem *Rheinmetall* den Wettbewerb um die 8,8-cm-Flak 41 zu seinen Gunsten entschieden hatte, wurde der Entwurf der Firma *Krupp* als Gerät 42 mit dem Ziel weitergeführt, eine schwerere Granate mit einer noch höheren V_0 zu verschießen. Im Zuge der Vereinheitlichung von Waffen und Munition entstand dann daraus die Pak 42, mit einigen Änderungen hat sie dann das Waffenamt als **8,8-cm-Pak 43** akzeptiert. Nach der 7,5-cm-Pak 41 war das erstmals wieder eine Waffe, die nicht von *Rheinmetall* stammte. Für die auch von der *Weserhütte* in Bad Oeynhausen gefertige Waffe wurden damals je Stück 26 400,– RM verrechnet.

Mit der Mündungsbremse war das Rohr dieser 3650 kg schweren Waffe 6280 mm lang. Es war eine hervorragende Konstruktion mit einem durch die neue Kreuzlafette bedingten, sehr niedrigen Aufbau – die Oberkanten des Schutzschildes befanden sich 1,72 m über dem Boden. Verschossen wurde die 23,4 kg schwere Pzgr.Patr. 39/43, die ein 10,2 kg schweres Geschoß mit 59 g Sprengstoff trug, durch eine 6,8-kg-Treibladung. Bei einer V_0 von 1000 m/s wurden dabei auf 1000 m 165-mm-Panzerstahl durchschlagen. Die Pzgr. 40/43 war ein 7,3 kg schweres Geschoß mit einem Wolframkern, der bei einer V_0 von 1130 m/s sogar 205 mm durchschlug; mit dieser Granate sank aber die Lebensdauer des Rohres von 1200 auf 700 Schuß.

Wegen der Schwierigkeiten bei der Produktion der Kreuzlafette konnten 6 Muster erst im November 1943 ausgeliefert werden. Aus der darauffolgenden Serie wurden im Februar 1944 dann die ersten 139 Waffen abgenommen.

Um der Truppe aber diese Waffe sobald als möglich zuzuführen, wurde als Notlösung zuerst die **8,8-cm-Pak 43/41** gefertigt. Hier waren die Rohre in die Lafette der le.F.H. montiert, die man mit den Rädern der s.F.H. versehen hatte. Die ersten Waffen konnten zwar bereits im Februar 1943 abgenommen werden, von den 23 Stück wurde aber nur eine versuchsweise in die Radlafette montiert, die anderen wurden zur Montage für die Selbstfahrlafette »Hornisse« abgegeben. Erst im April wurden der Truppe die ersten 70 Stück in der Radlafette zugewiesen. Im Juli 1944 lief dann die Fertigung dieser Waffen aus. Sie war bei der Truppe wegen der 730 kg Mehrgewicht und der durch die Spreizlafette bedingten großen Höhe nicht beliebt. Das letztere brachte ihr auch den Namen »Scheunentor« ein.

8,8-cm-Pak 43

12,8-cm-Pzgr. 43

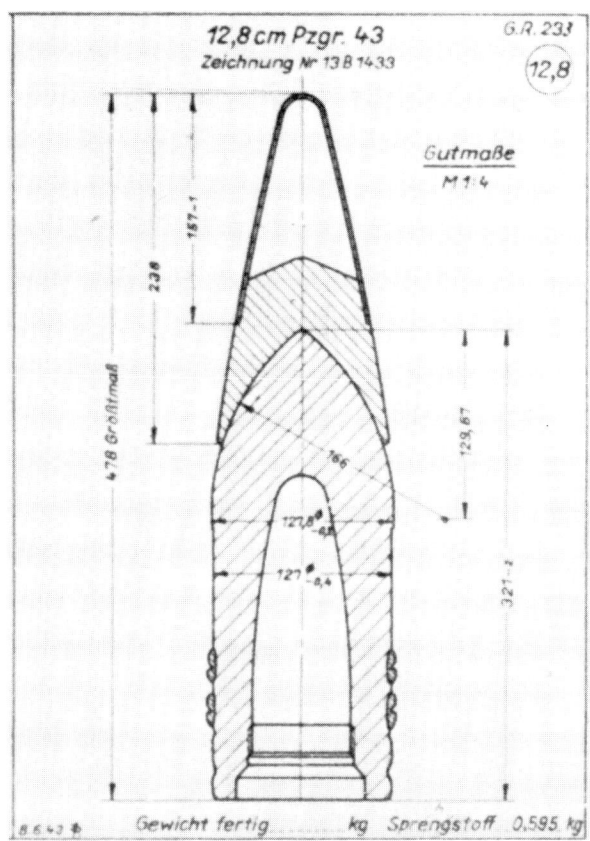

Von dieser 8,8-cm-Pak, wobei wir nicht zwischen Rad- und Kreuzlafette unterscheiden können, befanden sich Anfang März 1945 noch 1049 an der Front und weitere 135 in den Zeugämtern. Von der Munition, die auch von der KwK 43 des »Königstiger« verschossen wurde, gab es noch 347 300 Sprgr.- und 553 000 Pzgr.-Patronen.

Die **12,8-cm-Pak 80** war ebenfalls eine Entwicklung der Firma *Krupp*. Die 8160 kg schwere Waffe besaß mit der Mündungsbremse eine Rohrlänge von 7020 mm und verschoß die 496 mm lange und 28,3 kg schwere Pzgr. 43, die 0,55 kg Sprengstoff trug, mittels einer 15,6 kg schweren Treibladung mit einer V_0 von 950 m/s; das ergab auf 1000 m eine Durchschlagsfähigkeit von 200 mm. Die Sprgr. 5151 wog 28 kg, trug 3,6 kg Sprengstoff und erreichte mit einer V_0 von 750 m/s und einer Rohrerhöhung von 15° eine Schußweite von 12 200 m.
Diese im Breslauer Werk der Firma *Krupp* gefertigte Kanone war als Mehrzweckwaffe konstruiert. Wir finden sie mit kleinen Unterschieden als **K. 81/1** und **K. 81/2** bei den schweren Geschützen, vor allem aber unter der Bezeichnung **Pak 44** als Bewaffnung für den »Jagdtiger«. Von der 12,8-cm-Munition lagen im März 1945 vor: Sprenggranate: 38 900, Panzergranate: 19 700.
Eine weitere schwere Pak mit 10,5-cm-Kal. wurde 1943 von der Firma *Rheinmetall* vorgeschlagen. Sie war auf der Basis des Projektes der Flak 40 aufgebaut. Hier sollte eine

17,2 kg schwere Pzgr., mit einer V_0 von 1080 m/s verschossen, auf 1000 m Entfernung 185 mm durchschlagen. Wegen des zu langen Rohres wurde der Vorschlag aber abgelehnt. Übrigens hatte die 12,8-cm-Pak der Firma *Krupp* zuerst auch ein Rohr von L/74, das erst nach einigen Versuchen auf L/55 gekürzt wurde.

Diese sehr schweren Waffen zwangen übrigens das Waffenamt zum Umdenken: War schon die 8,8-cm-Pak 43/41 mit 4380 kg im Einsatz sehr unbeweglich, so war die 12,8-cm-Pak 80 auf der Radlafette mit über 8 t Gewicht überhaupt nicht bei hin und her wogenden Kämpfen einzuordnen. Außer einigen Mustern ist diese Waffe deshalb auch vorwiegend im »Jagdtiger« eingebaut worden.

Das Waffenamt erkannte, daß man für eine Räder-Pak mit dem Gewicht viel zu hoch lag und daß es bei einer solchen Waffe für jede geforderte Durchschlagsleistung ein Kaliber geben mußte, bei dem das Gesamtgewicht am kleinsten wird.

Es ging deshalb im Dezember 1944 ein Entwicklungsauftrag an die Firma *Krupp* mit der Forderung: Durchschlagsleistung 100 mm auf 1000 m bei geringstem Waffengewicht. Man ging nun von der 7,5-cm-KwK 42 aus, mit der auf 1000 m von der Pzgr. 39/42 bereits 111 mm durchschlagen wurden. Das Rohr war aber mit 1180 kg viel zu schwer, man hätte ein Waffengewicht von fast 2000 kg erreicht und nicht die erhofften 1300 kg.

Der endgültige, Ende Februar 1945 vorliegende Entwurf zeigte ein Kaliber von 5,5 cm, das 540 kg schwere Rohr war dabei mit der Mündungsbremse 5320 mm lang. Die mit einer 2,5-kg-Treibladung verschossene 2,75 kg schwere Pzgr. erreichte eine V_0 von 1080 m/s und damit die gewünschte Durchschlagsleistung. Die Auftreffwucht der Granate war aber dem Waffenamt zu gering, das gleiche galt für die Lebensdauer des Rohres, die auf 1000 Schuß geschätzt wurde. Das führte dann zu einem Kaliber von 6,5 cm, mit dem aber von der 4,8 kg schweren Granate bei einer V_0 von 925 m/s mit 94 mm die Forderung nicht erreicht wurde. Um das Waffengewicht zu halten, war hier das Rohr auf 4850 mm gekürzt worden.

Bevor aber eine Entscheidung getroffen wurde, hatte das Waffenamt seine Forderung auf eine Durchschlagsleistung von 150 mm erhöht. Obwohl *Krupp* auf die bereits vorhandene 10,5-cm-Panzerwurfkanone hinwies, mit der sogar 200 mm erreicht wurden, bestand das Waffenamt auf seiner Forderung und legte ein Höchstgewicht von 1850 kg fest.

Hier war nun die Lösung eine Treibspiegel-Granate von 8,8-cm-Kaliber, das sich beim Verschuß auf 6,5 cm reduzierte. Das Abschußgewicht der von einer 5,25-kg-Treibladung verschossenen Granate betrug 6,1 kg, das Fluggewicht 4,8 kg. Mit einem 6285 mm langen Rohr wurde aber nur eine V_0 von 1150 m/s erreicht, und damit konnte die Forderung nicht erfüllt werden. Das Endkaliber wurde nun zu 5,5 cm reduziert, das ergab bei einem Fluggewicht von 3 kg eine V_0 von 1300 m/s und damit die gewünschte Leistung. Das Rohr war mit 1125 kg aber doch recht schwer geworden, das Waffengewicht wurde auf fast 2000 kg geschätzt. Der noch vorbereitete Musterbau wurde nach dem Luftangriff auf Essen am 23. Februar 1945, bei dem von den abgeworfenen 1173 t über 300 Bomben die Werksanlagen trafen, nicht mehr weitergeführt.

Aus den *Beständen der tschechischen Armee* hatte man mit der Errichtung des Protektorates Böhmen und Mähren auch zahlreiche Waffen übernommen. Darunter befand sich auch die **3,7-cm-Pak M 37(t),** von der 644 in der bespannten und 479 als Kraftzugausführung vorhanden waren.

Bei Kriegsausbruch besaß die Truppe 883 dieser 364 kg schweren Geschütze. Verschossen wurde aus dem 1778 mm langen Rohr die 378 mm lange Pzgr.Patr. 37(t) von 1,48 kg. Die 0,85 kg schwere Granate erreichte eine V_0 von 750 m/s und dabei eine Durchschlagsleistung von 33 mm auf 1000 m Entfernung. Bei der Waffe für Kraftzug betrug das Gewicht 380 kg. Die Produktion wurde im Mai 1940 eingestellt. Die Fertigungszahlen für die Pzgr.Patr. finden sich bei den Kampfwagenkanonen. Um die Durchschlagsleistung zu erhöhen, wurde auch hier, wie bei der deutschen Waffe, eine Stielgranate entwickelt, von der 17 300 Stück produziert wurden. Am Ende des Krieges gab es noch 88 dieser tschechischen Waffen, davon befanden sich 61 im Fronteinsatz.

Eine weitere, wenn auch in kleiner Stückzahl eingesetzte 3,7-cm-Waffe war die polnische **Pak 36(p),** von der das Heer wohl 621 Stück übernommen hatte, aber dann 556 Waffen an Rumänien verkaufte. Es war ein bei der schwedischen Firma *Bofors* entwickeltes Geschütz von 370 kg Gewicht. Aus dem 1670 mm langen Rohr wurde eine 0,7 kg schwere Granate mit einer V_0 von 800 m/s verschossen. Auf 600 m Entfernung ergab sich eine Durchschlagsleistung von 40 mm.

Die **4,7-cm-Pak (t)** war eine von der Firma *Skoda* produzierte, 595 kg schwere Waffe, die ein 2262 mm langes Rohr besaß. Die daraus verschossene 3,1 kg schwere Pzgr.Patrone 36(t) war 519 mm lang. Das 1,65 kg wiegende Geschoß trug 16 g Sprengstoff, erreichte eine V_0 von 775 m/s und durchschlug auf 1000 m Entfernung fast 55 mm Panzerung. Hier gab es auch die 484 mm lange und 2,5 kg schwere Pzgr.Patrone 40(t); die 0,8 kg schwere Granate trug hier einen Wolframkern zur Erhöhung der Durchschlagsfähigkeit. Infolge Materialmangels sind davon aber nur geringe Stückzahlen gefertigt worden. Verschossen wurde auch die 1,5 kg schwere Sprgr. 36(t), die als Patrone 570 mm lang war und 2,7 kg wog.

Der erste Einsatz dieses Panzerabwehrgeschützes erfolgte 1940 im Westfeldzug. Der Truppe standen 136 120 Panzergranaten und 138 701 Sprenggranaten zur Verfügung. Ab März 1940 wurde diese Waffe in einer geänderten Montage zum Einbau in den Panzer I B geliefert, aus ihr wurde damit der erste Panzerjäger. Ab Mai 1941 findet sich die 4,7-cm-Kanone auch auf dem französischen Renault-Panzer R 35, der ebenfalls als Panzerjäger eingesetzt wurde. Von der Munition für die tschechischen 4,7-cm-Waffen betrugen die Bestände 1945 im März noch 394 100 Schuß.

1938 hat das Heer die **4,7-cm-Pak 35/36(ö)** übernommen. Die österreichische Armee besaß von dieser bei der Firma *Böhler* gebauten Kanone 353 Stück. Davon hat die Wehrmacht 330 Stück erhalten. Die 277 kg schwere Waffe besaß eine Rohrlänge von 1680 mm. Verschossen wurde die 3,8 kg schwere Pzgr.Patrone. Das 1,45 kg schwere Geschoß erreichte dabei eine V_0 von 630 m/s. Die Produktion wurde im September 1940 eingestellt. Den größten Teil der Waffen hat man im Februar 1941 an Italien verkauft. Die deutschen Truppen haben dann die mit **Pak 177(i)** bezeichneten Waffen noch in Nordafrika verwendet.

Eine weitere 4,7-cm-Waffe war die in Frankreich in größeren Mengen erbeutete »Canon de 47 antichar SA 37«, die wir **4,7-cm-Pak 181(f)** nannten. Sie wog 1070 kg und verschoß aus dem 2491 mm langen Rohr eine 1,7 kg schwere Panzergranate mit einer V_0 von 855 m/s. Die Pzgr.Patrone wog 3,5 kg und war 556 mm lang. Es wurde später für diese im Osten viel eingesetzte Waffe noch die Pzgr.Patrone 40 gefertigt, die eine 0,8 kg schwere Granate mit einem Wolframkern trug. Wegen Materialmangels wurde die Produktion aber auch hier wieder eingestellt. Das Waffenamt hatte von dieser Kanone 803 einsatzbereite und 20 zerlegte übernommen.

Trotz des kleinen Kalibers von 2,5 cm wurden auch die folgenden *französischen* Waffen übernommen:

Die von 1934 stammende **Pak 112(f)** wog 496 kg und verschoß aus dem 1800 mm langen Rohr eine 0,32 kg schwere Granate mit einer V_0 von 950 m/s. Die **Pak 113(f)**, 1937 eingeführt, war mit 310 kg wesentlich leichter, sie verschoß aus dem 1925 mm langen Rohr die gleiche Munition. Diese Waffen waren an der Atlantikküste und in Norwegen eingesetzt.

Von *Belgien* wurde die **4,7-cm-Pak 185(b)** übernommen, eine 568 kg schwere Waffe, aus deren 1580 mm langen Rohr eine Granate von 1,5 kg verschossen wurde, die eine V_0 von 720 m/s erreichte. Sie fand sich an der belgischen Küste und auf den Kanalinseln.

An der *russischen* Front waren zahlreich die **4,5-cm-Pak-Geschütze 184(r)** eingesetzt. Diese 426 kg schwere Waffe verschoß aus dem 2073 mm langen Rohr eine 1,45 kg schwere Granate mit einer V_0 von 760 m/s. Auf 1000 m reichte das für eine Durchschlagsfähigkeit von 46 mm. Die beste vom Heer übernommene Beutewaffe aber war die **5,7-cm-Pak 208(r).** Diese 1120 kg schwere Waffe war erst 1941 bei der Roten Armee eingeführt worden. Die 3,2 kg schwere Granate durchschlug, aus einem Rohr von 4160 mm Länge mit einer V_0 von 1020 m/s verschossen, auf 500 m Entfernung 140 mm.

Hier sollen nun noch einige Entwicklungen beschrieben werden, die nicht in die Produktion gingen. Da gab es von der Firma *Skoda* die 5 cm automatische Pak 2,06/835, wobei die Ziffernkennzeichnung das Geschoßgewicht/V_0 zeigt. Hier wurden 5-Schuß-Magazine in die 1300 kg schwere Waffe eingesetzt, die jeweils in 4 Sekunden verfeuert wurden. Die 6,6-cm-Pak 5/800 wog 1560 kg und war eine normale Waffe mit Spreizlafette.
Wegen des abnormalen Kalibers wurde diese Waffe zur 7,5-cm-Pak 6/810 vergrößert. Von dieser 2050 kg schweren Kanone wurde, wie bereits bei den anderen zwei, auch nur ein Muster gebaut.

Die sogenannte »Bataillons-Pak« mit 7,5 cm von *Krupp* und 10,5 cm von *Rheinmetall* waren Werfer, die man als Grundlage der Panzerwurfkanone betrachten kann.
Unter der Bezeichnung »Gerät 200« liefen bei *Krupp* und *Rheinmetall* die Entwicklungen für verschiedene Panzerabwehrwerfer. Bei den Kalibern 2 cm, 2,5 und 3,7 cm war das eine leichte Einmannwaffe, die Stielgranaten verschoß. Diese Entwicklung wurde aber zugunsten eines größeren Kalibers wieder aufgegeben. Die großen Kaliber von 8 und 10,5 cm resultierten dann in dem PAW 600 und 1000, dabei zeigt die Zahl die Schußweite an.
Eine umwälzende Entwicklung waren aber die Panzerabwehr-Waffen, die nach dem Hoch-Niederdruck-Prinzip funktionierten. Eine solche Waffe war der bei *Rheinmetall* entwickelte **8-cm-PAW (Panzerabwehrwerfer) 600.** Hier wurde ein leitwerkstabilisiertes 2,75 kg schweres Geschoß von 81,4-mm-Kaliber verschossen. Die 0,36 kg schwere Treibladung befand sich am Heck der Wurfgranate. Beim Abschuß wurde ein Druck von etwa 1100 at erreicht. Dieser Druck wurde durch eine Lochplatte reduziert, und wenn sich etwa 550 at hinter der Wurfgranate angesammelt hatten, brach ein Sicherungsstift, und die Granate verließ das Rohr. Das alles resultierte in einem leichten Rohr und damit einer leichten Lafette.
Aus dieser, bei der Truppe **Panzerwurfkanone (PWK) 8 H 63** genannten, 610 kg schweren Waffe wurde aus dem 2980 mm langen Rohr die 620 mm lange und 7 kg schwere Wgr.Patr. 4462 verschossen. Das 2,7 kg wiegende HL-Geschoß erreichte dabei eine V_0 von 520 m/s und durchschlug 145-mm-Panzerung. Bei einer Entfernung von 750 m lagen 50 Prozent aller Treffer in einem Quadrat von 0,7 m Kantenlänge. Zum Vergleich: Bei der 8,8-cm-Pak 43 waren es bei der gleichen Entfernung 0,2 m.
Der Front wurden im Januar 1945 die ersten 81 Waffen zugeführt, die fast alle aus der Produktion der Firma *Wolf – Magdeburg* stammten.
Am 1. März 1945 gab es noch 155 dieser Waffen, aber nur 105 an der Front bei den Pz.Gren.Rgt. 30 und 31, für die aus dem im Herbst 1944 erteilten Auftrag über 630 000 Schuß noch 34 800 geliefert wurden. Für diese 2050,– RM teuere Waffe wurden übrigens rund 1200 kg Rohmaterial benötigt.
Aber auch die Firma *Krupp* entwickelte eine ähnliche Waffe, die dann zur **10-cm-PWK-10 H 64** mit einem 2400 mm langen Rohr vergrößert wurde. Hier wurde mit einer 6,5 kg schweren Wurfgranate eine Durchschlagsfähigkeit von 200 mm auf 1000 m Schußweite erreicht. Nun produzierte *Rheinmetall* auch eine Waffe im Kaliber 105 mm, die bei gleicher Leistung mit 900 kg Gewicht um 150 kg leichter war als das Kruppmodell.
Die Kruppwaffen arbeiteten übrigens mit einem anderen System, dem sogenannten »übergroßen Ladungsraum«. Ein Expansionsraum war konzentrisch um den Ladungsraum angeordnet und mit diesem durch zahlreiche Öffnungen verbunden. Die Treibladung wurde dabei als Ringkartusche um den Schaft der Wurfgranate gelegt.

110

Diese Waffen hatten zwar Schußweiten von fast 5000 m, bei einem Trefferbild von 1,5 × 1,5 m auf 1000 m war diese Entfernung jedoch die maximalste zur Panzerbekämpfung. Als letzte Entwicklung dieser Reihe wurden im Januar 1945 noch zwei 15-cm-PWK begonnen. Man hatte dazu abgeänderte Rohre der s.F.H. verwendet. Der militärische Zusammenbruch verhinderte die Erprobung des ersten Musters.

Die Panzerwurfkanonen waren aus einer Reihe von Entwicklungen hervorgegangen, die parallel zur Entwicklung der Faustpatrone und des Panzerschrecks begonnen hatten und deren Notwendigkeit nach den ersten Einsätzen mit diesen Waffen weiter erhärtet wurde.

Die Abwehr von Panzern innerhalb des Infanterie-Regiments durch den Panzerschreck und die Faustpatrone war nicht ausreichend. Erfahrungen zeigten, daß sich die feindlichen Panzer der Wirkung der Panzernahkampfwaffen sehr einfach dadurch entziehen konnten, daß sie sich außerhalb der geringen Schußweite dieser Waffen hielten und von dort aus aber in der Lage waren, die Infanterie einschließlich der Panzernahkampftrupps unter wirkungsvolles Feuer zu nehmen. Dieser Taktik konnte nur mit einer Panzerabwehrwaffe größerer Reichweite begegnet werden. Dabei mußten aber diese Waffen schnell schwerpunktmäßig verschoben werden, damit die Einbruchsversuche in die Tiefe des Hauptkampffeldes rechtzeitig zerschlagen werden konnten – mit anderen Worten: Es fehlte eine leichte, bewegliche Waffe mit einer Wirkungsentfernung von über 500 m. Unter den Waffenoffizieren bildeten sich nun zwei Gruppen, von denen die eine für eine Reichweitenerhöhung der Panzerfaust und des Panzerschrecks plädierte – diese Entwicklungen wurden bereits erklärt –, die andere aber war bereit, eine schwerere Waffe zu akzeptieren, wenn die Wirkungsentfernung erheblich erhöht werden konnte.

Das von der Firma *Mauser* vorgestellte **8-cm-Gerät W 20**, dessen 3,3 kg schwere Hohlladungsgranate 140-mm-Panzerung durchschlagen sollte, war deshalb für eine Entfernung von 400 m ausgelegt. Bei den im August 1943 durchgeführten Beschußversuchen zeigte sich aber wegen der Drallstabilisation der Granate eine ungenügende Durchschlagsleistung, außerdem lag das Gewicht mit 250 kg zu hoch.

Beim »**Großen Pfeil**« war es ein leitwerkstabilisiertes Geschoß von 8,8-cm-Kaliber, mit dem man 160 mm durchschlagen wollte. Das im November 1943 erprobte Muster zeigte bei 500 m eine gute Trefferlage, war aber mit 230 kg auch wieder zu schwer.

Eine Waffe, die als Zwischenlösung in die Fertigung ging und von der über 900 Stück produziert wurden, war die **7,5-cm-rückstoßfreie Kanone 43**. Die nur 42 kg schwere Waffe war auf dem Prinzip der Leichtgeschütze aufgebaut. Verschossen wurde aus dem 688 mm langen Rohr die 2,6 kg schwere HL.Gr. 43 mit einer V_0 von 165 m/s. Auf 200 m wurden dabei 120 mm durchschlagen. Für die Munition lief ein einmaliger Auftrag über 25 000 Schuß, die genauen Lieferzahlen lassen sich nicht mehr ermitteln.

Bei Kriegsende gab es von der 7,5-cm-RfK 43 noch 909 Stück. Diese Waffe wurde ab September 1943 geliefert, kurz vor der Abnahme wurde in der Nacht zum 27. März 1944 – es war einer der schwersten Luftangriffe auf Essen, bei dem 599 Menschen den Tod fanden – bei der Firma *Krupp* übrigens 78 Stück dieser Kanonen durch Bomben zerstört.

Das Waffenamt hatte nach einer ungünstig verlaufenen Truppenerprobung – es entstand beim Abschuß aufgrund der Rückstoßfreiheit eine sehr große Rauchwolke, durch die der Gegner sofort die Stellung erkannte – im Juli 1944 erneut vier Stück zur Erprobung angefordert, gab aber dann im Dezember doch nur 90 Stück zur Auslieferung an die Truppe frei.

Die **RfK 43 n.A.** (neue Art) war eine verstärkte Waffe, aus der durch eine erhöhte Treibladung eine V_0 von 270 m/s erreicht wurde. Die Durchschlagsleistung konnte zwar nicht gesteigert werden – bei der HL.Granate bringt da die V_0 nichts –, aber die Flugbahn wurde gestreckter; als die nutzbare Wirkungsentfernung galt nun 300 m. Von dieser 60 kg schweren Waffe wurden aber nur zwei Muster erstellt.

Rückstoßfreie Kanone der Fa. Böhler

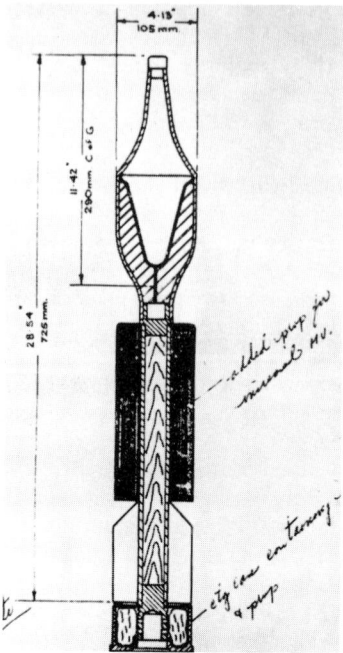

Die große »Hammer«-Munition

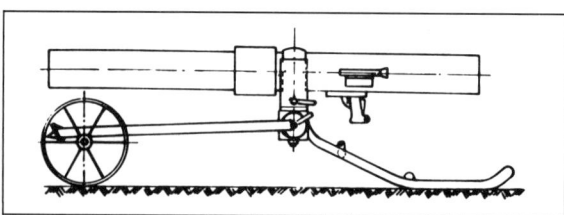

◄ Der »Hammer«

Die Firma *Böhler* in Kapfenberg hat zu dieser Entwicklung auch ein Muster vorgelegt, das aber vom Waffenamt als zu kompliziert abgelehnt wurde. Eine weitere Entwicklung in dieser Gruppe war der **Hammer**, eine Waffe, die zwischen dem Panzerschreck und den Panzerwurf-kanonen einzuordnen ist. Diese Entwicklung entstand eigentlich aus der Forderung, die Reichweite des Panzerschrecks von 200 m auf 500 m zu steigern. *Rheinmetall* entschied sich hier für das System der kammerlosen Kanone, dabei ist die Treibladung um den Schaft der Wurfgranate angeordnet. Aus dem 2200 mm langen Rohr wurde die etwas geänderte Wgr. 5071 von 81,4-mm-Kaliber verschossen, die bereits bei der PWK Verwendung fand. Diese im Oktober 1943 begonnene Entwicklung wurde aber Anfang 1944 gestoppt; für die geforderte Trefferlage hätte man die Wirkungsentfernung auf 300 m kürzen müssen.

Im Dezember 1944 wurde dieses Projekt jedoch wieder aufgegriffen, dieses Mal mit einem auf 105 mm vergrößerten Kaliber, bei dem die 725 mm lange Wurfgranate außer der Ringladung am Schaft noch eine Zusatzladung am Heck trug – die Waffe wurde aber zu schwer. Man entschied sich nun für eine Treibspiegel-Granate, bei der man einfach die alte Wgr. zusätzlich mit passenden Scheiben von 10,5 cm versah.

Das Granatgewicht stieg nun auf 4,2 kg, und mit einer Schaftladung von 1,2 kg erreichte man eine V_0 von 540 m/s; und das resultierte in einer Kampfentfernung von 500 m, bei der 160 mm durchschlagen wurden.

Die Treffgenauigkeit war für diese Entfernung erstaunlich – 50 Prozent der Treffer lagen in einem Quadrat von 1 m Kantenlänge. Das Waffengewicht mit einer kleinen 2-Radlafette betrug 45 kg, die Rohrlänge hatte man aus Gründen der Gewichtseinsparung auf 1365 mm verkürzt. Die Feuerhöhe, d. h. die Höhe der Rohrachse über dem Boden, war mit 350 mm

»Puppchen«

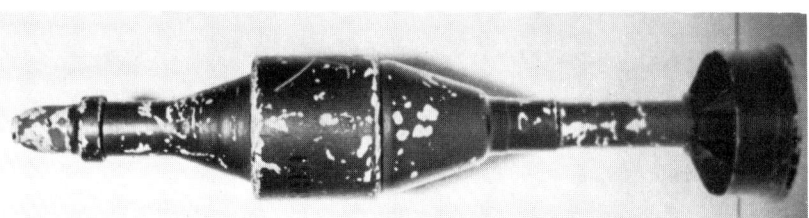

Die
RPzGr.
4312

extrem niedrig. Von der in drei Teile zerlegbaren Waffe, die noch den Suggestivnamen **Panzertod** erhielt, befanden sich bei Kriegsende aber nur zwei Muster in der Erprobung.

Auf dem Reißbrett befand sich noch die Konstruktion des **6-cm-DuW (Düsenwerfer)**, eine dreiläufige Waffe, die ebenfalls das Prinzip vom »Hammer« verwendete. Projekte blieben auch die Düsenwerfer in den Kalibern 7,5 und 10 cm.

Eine weitere Panzerabwehrwaffe dieser Gruppe, die in Serie produziert wurde, war der **8,8-cm-Raketenwerfer 43 »Puppchen«**. Diese Waffe hatte Ähnlichkeit mit einem kleinen Geschütz, verschoß aber die 490 mm lange RPzGr. 4312 von 2,7 kg Gewicht – das war übrigens die Munition, die dann etwas verlängert beim Panzerschreck Verwendung fand. Die 100 kg schwere Waffe besaß ein Rohr von 1600 mm Länge, die V_0 betrug 110 m/s. Auf 250 m wurden dabei 160 mm durchschlagen, dabei lagen 50 Prozent der Treffer in einem Quadrat von 1 m Kantenlänge. Da diese Waffe aber im Vergleich zum Panzerschreck bei gleicher Leistung erheblich aufwendiger war, wurde die Produktion im Februar 1944 wieder eingestellt. Zum Ende des Krieges gab es noch 1649 Stück des 8,8-cm-R.Wfr. 43, die sich alle an der Front befanden.

Von der RPzGr. 4312 lag am 1. März 1945 noch ein Bestand von 80 100 Stück vor, an der Front sind seit Februar 1944 rund 187 000 verbraucht worden. Es gab übrigens hier viel Schwierigkeiten mit der Munition, die ersten 700 Waffen waren bereits im Oktober 1943 zur Truppe gelangt – ohne die entsprechende Munition, erst im März 1944 wurde mit 19 000 Schuß eine größere Menge geliefert.

Die zweite Serie vom »Puppchen«, 3000 Stück waren begonnen worden, wurde wieder verschrottet.

Die Firma *WASAG*, bei der Dr. v. Holt diese Entwicklung leitete, gab aber nicht auf und versuchte es mit einer verkleinerten Ausführung des Puppchens, die nur noch 30 kg wog. Das Rohr war hier auf 1000 mm gekürzt, es lag hinten auf der Schulter des Schützen auf und wurde vorn von einem Zweibein unterstützt. Die Durchschlagsleistung blieb, die Wirkungsweite sank aber auf 150 m. Da diese Leistung dem Panzerschreck entsprach, die Waffe aber etwa 20 kg schwerer war, wurde die offiziell **8,8-cm-Granatbüchse** genannte Waffe abgelehnt.

Von der Firma *Krupp* kam der Vorschlag des **Rückstoßlosen Werfers 43**, eine Waffe von 8-cm-Kaliber, bei der aus einem 1465 mm langen Rohr eine 2,9 kg schwere HL-Wgr. verschossen wurde, die bei 200 m Entfernung 145 mm durchschlug. Die Entwicklung dieses 40 kg schweren Werfers wurde zwar abgeschlossen, wegen zu geringer Wirkungsentfernung hat das WaA aber eine Serienfertigung abgelehnt. Eine Weiterentwicklung, der **10,5-cm-Panzerabwehrwerfer**, sollte auf 400 m Entfernung mit einer 8 kg schweren Wgr. 200 mm durchschlagen, aber auch diese 89 kg schwere Waffe wurde abgelehnt – zu kompliziert! Unverständlich, denn mit der durch einen Bajonettverschluß verriegelbaren Düse war es für dieses Kaliber wohl die einfachste Artilleriewaffe, die damals gebaut wurde.

Eine angekündigte, abschließende Beurteilung dieser verschiedenen Entwürfe ist scheinbar nicht erfolgt. Man hat sich – wie aus den Ende 1944 noch erteilten Aufträgen über fast 600 Stück der PWK 8 H63 zu ersehen ist – damals trotz des hohen Gewichtes für die Panzerwurfkanone mit ihrer 750-m-Wirkungsschußweite entschieden. Da entsprechende Versuche ergeben hatten, daß man die 8-cm-Wurfgranaten des Gr.W. ebenfalls aus dieser Waffe verschießen konnte – es wurde eine Schußweite von 5700 m erreicht –, war damit auch gleichzeitig das le.I.G. 18 zu ersetzen.

Das wird mit der Grund gewesen sein, die PWK in das am 23. Januar 1945 von Hitler genehmigte Rüstungsnotprogramm aufzunehmen, in dem nur noch die Fertigung der unbedingt notwendigen Waffen vorgesehen war.

Die letzte Erwähnung der PWK findet sich im Schreiben 5666/45 g.Kdos der Organisations-Abt. des Heeres vom 26. April, lakonisch wird dort vermerkt: »PWK 8 H63 – Fertigung gestoppt, Munitionsmangel, Kapazität wird deshalb bis auf weiteres für le.I.G. ausgenutzt.«

Die folgenden Tafeln zeigen die Produktionszahlen für die Pak-Geschütze und der dazugehörigen Munition für die Zeit vom 1. September 1939 bis zum April 1945.

Produktion Pak-Geschütze

	1939	1940	1941	1942	1943	1944	1945
3,7-cm-Pak 35/36	1 229	2 713	1 365	32	–	–	–
3,7-cm-Pak M 37(t)	277	236	–	–	–	–	–
3,7-cm-Pak 39/40	–	–	–	34	–	–	–
4,2-cm-Pak 41	–	–	27	286	–	–	–
4,7-cm-Pak 36(t)	200	73	–	–	–	–	–
4,7-cm-Pak (t)	–	95	51	68	–	–	–
4,7-cm-Pak 35/36(ö)	–	150	–	–	–	–	–
5-cm-Pak 38	2	388	2 072	4 480	2 626	–	–
7,5-cm-Pak 37	–	–	–	–	–	358	–
7,5-cm-Pak 97/38	–	–	–	2 854	858	–	–
7,5-cm-Pak 39	–	–	–	–	15	2 599	552
7,5-cm-Pak 40	–	–	–	2 114	8 740	11 728	721
7,5-cm-Pak 41	–	–	–	150	–	–	–
7,5-cm-Pak 42	–	–	–	253	–	863	346
7,62-cm-Pak 36(r)	–	–	–	358	169	33	–
8,8-cm-Pak 43/41	–	–	–	–	1 152	251	–
8,8-cm-Pak 43	–	–	–	–	6	1 766	326

	1939	1940	1941	1942	1943	1944	1945
12,8-cm-Pak 80	–	–	–	–	2	118	30
7,5-cm-Rf.K 43	–	–	–	–	798	124	–
8,8-cm-R.Wfr. 43	–	–	–	–	2 862	288	–
PWK 8 H 63	–	–	–	–	–	40	220

Munitionsproduktion in 1000 Schuß

	1939	1940	1941	1942	1943	1944	1945
3,7-cm-Spr.- und Pzgr.	400,0	4336,3	1059,3	2526,7	2893,5	–	–
3,7-cm-Pzgr. 40	–	286,6	885,2	207,2	1,0	–	–
3,7-cm-Stielgranate	–	–	–	600,9	35,1	–	–
4,2-cm-Sprgr.	–	–	6,5	201,0	220,0	–	–
4,2-cm-Pzgr.	–	–	12,5	234,6	111,5	–	–
4,7-cm-Spr.- und Pzgr. (t)	214,8	358,2	387,5	441,5	229,9	–	–
4,7-cm-Pzgr. (ö)	–	105,1	29,0	–	–	–	–
5-cm-Sprgr.	–	285,5	336,6	2426,3	3164,5	1206,5	34,0
5-cm-Pzgr. 39	–	313,6	953,4	1938,3	3029,0	445,0	41,0
5-cm-Pzgr. 40	–	–	344,3	721,8	226,0	–	–
7,5-cm-Pak 40 Sprgr.	–	–	–	475,2	1347,9	3147,0	220,0
7,5-cm Pzgr. 39	–	–	–	239,6	1592,6	1721,0	104,0
7,5-cm Pzgr. 40	–	–	–	7,7	40,6	–	–
7,5-cm HL.Gr.	–	–	–	571,9	1197,9	–	–
7,5-cm K.Gr.Nb.	–	–	–	–	30,4	47,1	45,0
7,5-cm-Pak 41 Sprgr.	–	–	–	29,3	27,2	–	–
7,5-cm HK.Gr.	–	–	–	27,1	7,9	–	–
7,5-cm Pzgr. (W)	–	–	–	11,0	41,3	–	–
7,5-cm-Pak 97/38 HL.Gr.	–	–	–	929,4	1388,0	264,5	–
7,62-cm Sprgr.	–	–	–	769,4	1071,3	957,7	14,3
7,62-cm Pzgr.	–	–	–	359,4	597,3	437,3	–
8,8-cm-Pak 43 Sprgr.	–	–	–	–	1164,2	1155,0	168,0
8,8-cm Pzgr. 39	–	–	–	–	825,9	1139,0	20,0
8,8-cm Pzgr. 40	–	–	–	–	5,8	–	–
8,8-cm HL.Gr.	–	–	–	–	7,0	–	–
12,8-cm-Pak 80 Sprgr.	–	–	–	–	–	67,9	18,0
12,8-cm Pzgr.	–	–	–	–	–	21,4	5,5
8,8-cm-R.Pz.B.Gr. 4312	–	–	–	–	20,7	282,9	–
8-cm-PWK.Gr. 5071	–	–	–	–	–	6,0	28,8

Diese Fertigungszahlen beziehen sich auf die Gesamtabnahme, d. h. die Montage in die Radlafette wie auch in bzw. auf Fahrzeuge. Die Anzahl der Radmontagen läßt sich leicht durch die bei den Panzerfahrzeugen aufgeführten Montagen ermitteln.
Die Granaten der Panzerabwehrgeschütze waren alle – außer dem 12,8-cm-Kaliber – als Patronenmunition laboriert.

Infanteriegeschütze

Das **7,5-cm-leichte Infanteriegeschütz 18 (le.I.G. 18)** wurde 1927 bei der Firma *Rheinmetall* entworfen. Es hatte einen Kipprohrverschluß, die Kastenlafette besaß für den Pferdezug Holzräder, die dann aber durch gummibereifte Stahlscheibenräder ersetzt wurden. Die 1932 bei der Truppe eingeführte Waffe hat im Krieg dann 6700,– RM je Stück gekostet.
Sie hatte eine Rohrlänge von 885 mm und wog 570 kg. Die 5,5 kg schwere Granate trug 0,42 kg Sprengstoff, mit einer V_0 von 221 m/s wurde eine Schußweite von 3495 m erreicht. Bei Kriegsbeginn besaß die Truppe 2933 dieser Geschütze, von denen einige zum Gebirgsinfanteriegeschütz umgebaut waren, das in zehn Lasten zerlegbar war. Der Bestand an Munition betrug zu der Zeit 3,506 Millionen Schuß.
Eine Sonderausführung dieses Geschützes wurde 1939 für die Fallschirmjäger entwickelt. Nach der Erprobung der acht Muster wurde dieses Projekt aber zugunsten der Leichtgeschütze wieder aufgegeben. 1935 stellte *Rheinmetall* eine verbesserte Ausführung mit Spreizlafette und Stahlscheibenrädern vor. Die 375 kg wiegende Waffe besaß ein Rohr von 975 mm Länge, aus dem die 6,5 kg schwere Granate, mit einer V_0 von 225 m/s verschossen, eine Weite von 3800 m erreichte. Mit einer leichteren Granate von 4,5 kg erreichte man eine V_0 von 305 m/s und dabei 5100 m. Da sich aber das Geschütz für den Einsatz im Gebirge nur in fünf Lasten, statt der zehn beim Gebirgs-Infanteriegeschütz, zerlegen ließ, hat das Waffenamt nach der Prüfung einer kleinen Vorserie diese Entwicklung abgelehnt.
Eine zuerst **Pak 37** genannte, 510 kg schwere Waffe war ein Provisorium der Firma *Krupp,* mit dem man der Infanterie eine Kombination zwischen Infanteriegeschütz und einer Pak geben wollte. In die Lafette der 3,7-cm-Pak bzw. in russische Beutelafetten wurden 1800 mm lange Rohre vom Kaliber 7,5 cm eingelegt. Damit konnte bei einer V_0 von 280 m/s die Granate des le.I.G. 18 eine Schußweite von 5150 m erreichen. Die zur Panzerabwehr verwendete Hohlladungsgranate mit 0,5 kg Sprengstoff durchschlug bei einer V_0 von 395 m/s Panzerungen von 85 mm. Das Waffenamt stufte aber diese ab Mai 1944 gelieferte Waffe als **I.G. 37** ein. Der ehemalige, über 2100 Geschütze laufende Auftrag war im Dezember 1944 ausgelaufen. Die Fronttruppe hat im Juni die ersten 84 Waffen erhalten und verfügte im März 1945 noch über 1304 Stück.

le.I.G. 18

I.G. 42

Nach dem Frankreich-Feldzug hatte die Firma *Krupp* als Ersatz für das le.I.G. 18 unter der Bezeichnung **I.G. 42** eine neue Waffe entwickelt, für die von der Firma *Rheinmetall* die Lafette geliefert wurde. Das 590 kg schwere Geschütz, mit dem man auch Panzer bekämpfen wollte, erreichte zwar mit dem 1798 mm langen Rohr eine V_0 von 280 m/s, die Schußweite lag aber wegen der maximalen Rohrerhöhung von 32° nur bei 4800 m. Da für das le.I.G. 18 aber bereits eine HL-Granate zur Panzerabwehr vorlag, wurde diese Neuentwicklung im Sommer 1942 wieder gestrichen. 1944 wurde das Projekt jedoch wieder aufgegriffen und ein Auftrag über 1450 Stück erteilt. Im Oktober erhielt die Truppe dann die ersten 39 der mit einer neuen Mündungsbremse versehenen Waffe.

Ein altes Muster wurde für Versuche mit leitwerkstabilisierten Panzer- und Minengranaten mit einem Glattrohr, das eine extra lange Mündungsbremse trug, ausgerüstet. Es ist nur auf dem Artillerieprüfplatz in Hillersleben verwendet worden.

Bereits 1927 hatte die Firma *Rheinmetall* auch mit der Entwicklung einer schwereren Waffe von 15-cm-Kaliber begonnen, es wurden dann 149,1 mm. Die 1750 kg schwere Waffe wurde 1933 als **s.I.G. 33** eingeführt. Die Hersteller – das Geschütz wurde viel bei der *AEG* in Berlin gefertigt – haben im Krieg 20 450,– RM je Stück verrechnet. Aus dem 1680 mm langen Rohr wurde die 660 mm lange, 38 kg schwere I.Gr. 38, die 8,6 kg Sprengstoff trug, mit einer V_0 von 240 m/s verschossen und erreichte eine Schußweite von 4650 m. Bei Ausbruch des Krieges gab es 410 schwere Infanteriegeschütze, für die 215 500 Schuß vorlagen. Seit Juli 1942 wurde für diese Waffe die überkalibrige Stielgranate produziert. Im Kopf von 300-mm-Durchmesser trug diese 89,5 kg schwere und 1655 mm lange Granate 54 kg Sprengstoff. Die V_0 sank damit aber zu 105 m/s ab; das resultierte in einer Schußweite von knapp 1000 m. Mit der 24,6 kg schweren HL-Granate 39, die später eingeführt wurde, konnten Panzerungen bis zu 160 mm durchschlagen werden.

Die Produktion der Infanteriegeschütze während des Zweiten Weltkrieges bis zum April 1945:

	1939	1940	1941	1942	1943	1944	1945
le.I.G. 18	290	850	1115	1188	1965	2309	549
I.G. 37	–	–	–	–	–	2279	–
I.G. 42	–	–	–	–	–	258	269
s.I.G. 33	48	310	492	420	862	1613	410

s.I.G. 33

Anfang März 1945 gab es bei der Truppe

2594	le.I.G. 18	2 403 900	7,5-cm-Sprgr.
1304	I.G. 37	678 700	15-cm-Sprgr.
393	I.G. 42	57 000	Stielgranaten
1539	s.I.G. 33	1 200	15-cm-Brand-Gr.

Die Zeugämter waren von diesen Waffen völlig geräumt worden.

Eine sehr wirkungsvolle Waffe, für die man extra Spreng- und Hohlladungsgranaten produzierte, war die **7,62-cm-IKH 290(r)**. Bei dieser russischen Waffe stand die Abkürzung für Infanteriekanonenhaubitze. Die 780 kg schwere Waffe besaß ein 1250 mm langes Rohr, aus dem eine 6,4 kg schwere Sprgr. mit einer V_0 von 381 m/s verschossen wurde. Die in großer Zahl im Osten eingesetzte Waffe besaß eine Schußweite von 8560 m. Ende 1943 wurden bei der Truppe 1815 Stück dieser Kanonenhaubitze geführt – im März 1944 waren es aber nur noch 225.
Diese hohen Ausfälle führten dann im Juni zu dem Vorschlag, aus den zahlreichen, aus der Umbewaffnung vorhandenen 7,5-cm-KwK L/24 eine neue Kanonenhaubitze zu erstellen. Von der Munition lagen ja noch über 2,6 Millionen Schuß vor. Nachdem es sich aber herausstellte, daß in dem Fall allein die Waffe ohne eine Lafette bereits 261 kg schwerer als die Waffe bei der IKH 290(r) war, wurde das Vorhaben wieder aufgegeben.
Die Bestandszahlen für die russische Waffe zum Ende des Krieges sind nicht bekannt, der Munitionsvorrat betrug am 1. März 1945 noch 877 300 Spreng- und 57 000 Hohlladungs-granaten.

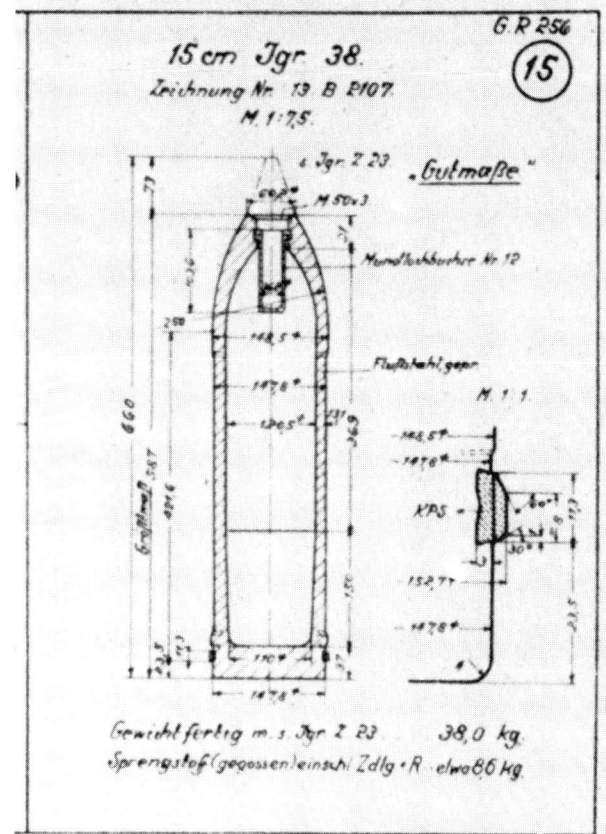

15-cm-Igr. 38

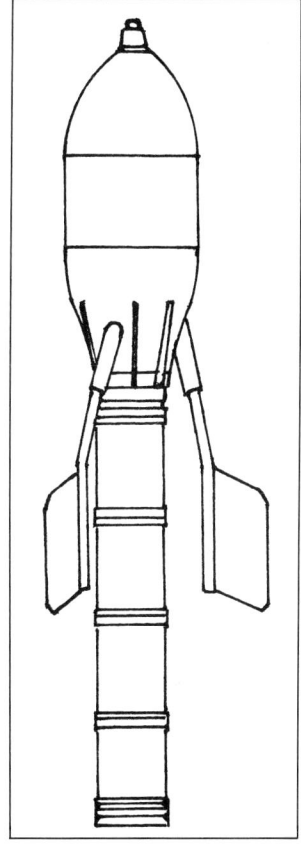

Stielgranate für s.I.G. 33

Die Munitionsfertigung sah wie folgt aus (1000 Schuß):

	1939	1940	1941	1942	1943	1944	1945
7,5-cm-I.Gr. 18	628,4	3 137,3	976,9	4 145,1	9212,9	10 664,8	1 332,0
7,62-cm-Sprgr. IKH	–	–	–	22,5	1 219,0	827,1	67,0
7,62-cm-Gr. 38 HL	–	–	–	7,5	324,5	52,8	–
15-cm-I.Gr. 33	185,4	492,6	420,4	602,5	2 185,3	2 254,0	157,5
15-cm-Stiel-Granate	–	–	–	2,9	58,7	25,6	–
15-cm-Brand-Granate	–	–	–	–	36,4	–	–

Bei der 7,5-cm-Munition schließen die Zahlen für 1940/41 die Fertigung von 268 700 Kampfstoffgranaten mit einer Weißkreuzfüllung ein. Die 15-cm-Brandgranate war ein 1942 begonnener Großversuch. Das Geschoß war hier mit einer 9,8-kg-Brandladung, die aus Arsostoff und Phosphor bestand, gefüllt.

Damit sind die **Infanteriewaffen** erklärt; zum Vergleich, aus dem die verlustreichen Kämpfe erkennbar sind, sei hier der Verbrauch der vorwiegend in vorderster Linie eingesetzten Waffen für die Monate August/September 1944 genannt:

130 147 Pistolen
24 715 Maschinenpistolen
468 844 Karabiner + Gewehre
5 406 Sturmgewehre
34 512 Maschinengewehre
1 171 5-cm-Granatwerfer
3 844 8-cm-Granatwerfer
493 12-cm-Granatwerfer
1 883 7,5-cm-Pak
366 8,8-cm-Pak
71 8,8-cm-»Puppchen«
3 600 Panzerschreck

Wir sehen daraus, daß in jeder Minute dieser zwei Monate sieben Handwaffen verlorengingen. Bei den 1944 aufgestellten Infanterie-Divisionen 44 betrug das Soll noch 2004 Pistolen, 10 017 Gewehre und Maschinenpistolen sowie 676 Maschinengewehre. Durch den Waffenmangel bedingt, wurde Anfang 1945 die Inf.-Div. 45 organisatorisch festgelegt. Die nun kleineren Verbände – man wollte gleichzeitig den Gegner mit neu numerierten Einheiten, die teilweise zusätzlich noch »kampfkrafthebende« Suggestivnamen tragen sollten, täuschen – verfügten nun noch über ein Soll von 1462 Pistolen, 6035 Gewehre und Maschinenpistolen. Auch die Maschinengewehre wurden auf 350 gekürzt – da konnte man wohl nicht mehr von kampfkräftigen Verbänden reden.

Wenn wir, wie aus der folgenden Aufstellung ersichtlich, den Nachschub und die Ausrüstung der neu aufgestellten Verbände zusammenzählen, so hat die Industrie wohl diese Verluste ausgeglichen – der chronische Mangel an Handwaffen aber konnte nicht behoben werden.

| | | im August/September 1944 | |
	Nachschub	Neuaufstellungen	Gesamt
Pistolen	52 397	98 895	151 292
Maschinenpistolen	2 839	20 500	23 339
Karabiner und Gewehre	127 507	287 438	414 945
Sturmgewehre	10 461	33 849	44 310
Maschinengewehre	3 711	36 470	40 181
5-cm-Granatwerfer	2	38	40
8-cm-Granatwerfer	869	2 665	3 534
12-cm-Granatwerfer	103	552	655
7,5-cm-Pak	652	940	1 592
8,8-cm-Pak	196	272	468
8,8-cm-Puppchen	885	–	885
Panzerschreck	12 720	15 370	28 090

Bemerkenswert ist hier der starke Anstieg bei den Sturmgewehren und dem Panzerschreck.

Pionierwaffen

Flammenwerfer

Feuer wurde schon immer in Kriegen als Waffe benutzt. Punktförmig eingesetzt wurde es erstmals von den deutschen Truppen am Anfang des Ersten Weltkrieges. Die Konstruktion des damaligen **Flammenwerfers** hat sich später nicht viel verändert. Man brauchte zwei Tanks, einen für das Flammöl, den anderen für das Treibmittel. Wenn das Ventil geöffnet wurde, drückte das Treibmittel das Flammöl durch das Flammrohr, an dessen vorderen Ende es entzündet wurde – brennendes Öl spritzte bis zu 35 m weit.

Die ersten Geräte waren noch zu groß und zu schwer, man brauchte 2–3 Mann zum Einsatz. Ende 1934 wurde der **Flammenwerfer 34** eingeführt. Es sollte eine Ein-Mann-Waffe sein, war aber mit 36 kg viel zu schwer. Der größere Behälter enthielt 11,8 Liter Flammöl Nr. 19, der kleinere das Stickstoff-Druckgas. Die bis 1941 produzierte Waffe wurde durch den **Flammenwerfer 40 klein** ersetzt, der nur noch 21,8 kg wog. Die beiden Tanks waren nun ringförmig ineinander gepaßt. Die Gewichtsverminderung wurde hauptsächlich durch den kleineren Ölvorrat von 7,5 Liter erreicht.

Eine Weiterentwicklung war der 22 kg **schwere Flammenwerfer 41,** der nun zwei zylindrische Behälter besaß und Wasserstoff als Treibmittel verwendete. Bei den extremen Temperaturen im Winter 1941 an der Ostfront gab es jedoch immer wieder Zündversager, und das führte zu einer verbesserten Ausführung, dem **Flammenwerfer mit Strahlpatrone 41.** Hier gab es zusätzlich ein Magazin mit 10 Zündpatronen, von denen jeweils beim Durchschießen des Flammrohres der Ölstrahl sicher entzündet wurde. Diese 18 kg schwere Waffe hatte mit einem Ölvorrat von 7 l eine Reichweite von 30 m, es blieb das Standardgerät der deutschen Truppe bis zum Ende des Krieges.

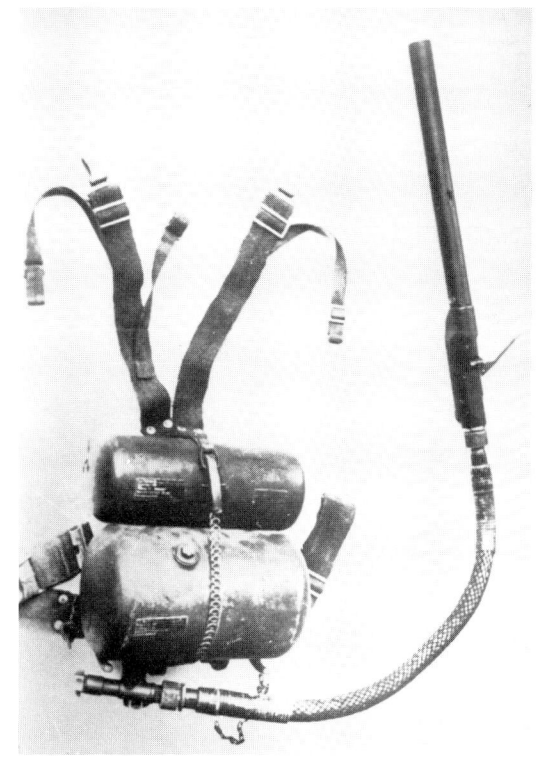

Flammenwerfer 41

Von dem Flammenwerfer 41 wurden übrigens zahlreiche an das Ausland (1310), an die Luftwaffe (1070), die Marine (837), die Polizei (89) und im Februar 1945 an die Feuerwehr (232) abgegeben.
Die letzteren wurden in Dresden nach dem schweren Bombenangriff verwendet – zur Verhinderung von Seuchen hat man damit die halbverwesten Leichen in den Kellern verbrannt.
Am 1. März 1945 befanden sich noch 694 Stück dieses Flammenwerfers in den Zeugämtern.

Verbesserungen sollte der **Flammenwerfer 43** bringen. Er wurde aber mit 24 kg zu schwer – die 9 l Flammöl konnten bis zu 40 m weit versprüht werden. Die Konstrukteure fielen aber nun ins Extrem, der **FmW. 44** wog nur noch 14 kg; er hatte aber mit seinen vier Liter Flammöl und 28 m Reichweite zu wenig Wirkung.
Wenn auch im Einsatz die Grenzen, welche Waffe welcher Einheit zuzuteilen sei, oft verschwammen – die Infanterie hat oft die kleineren Flammenwerfer verwendet: der mittlere Flammenwerfer gehörte immer zu den Pioniereinheiten. Er wog 102 kg und wurde von zwei Mann auf einem Karren transportiert. Die 30 Liter Flammöl, die in 25 Sekunden verbraucht wurden, reichten zwar für zahlreiche Flammstöße, die Waffe war aber zu unhandlich und wurde bald nur noch fest eingebaut eingesetzt. Eine weitere, fest eingebaute Waffe war der **Abwehrflammenwerfer 42,** der eine Kopie einer russischen Waffe war. Der Tank enthielt 30 Liter Flammöl, die für drei Sekunden Dauer bis zu 50 m weit versprüht wurden; dort bildete sich ein Flammenmeer bis zu 18 m Breite und 3 m Höhe. Diese, gefüllt 65 kg wiegenden AbFmW 42 wurden im allgemeinen vor der eigenen vordersten Linie eingegraben. Es gab aber auch Truppenerprobungen, bei denen die Waffe am Fallschirm über dem Feind abgeworfen wurde.

Für Sturmgruppen gab es den seit Oktober 1944 gelieferten **Einstoßflammenwerfer 46,** dessen Entwicklung auf eine Forderung der Luftlandetruppen zurückzuführen war. Das etwa 600 mm lange Gerät von 70-mm-Durchmesser schoß einen Flammenstrahl für 0,5 Sekunden Dauer bis zu 30 m weit. Die 3,6 kg schwere Wegwerf-Waffe hat sich bewährt und war bei der Truppe sehr beliebt.
Der Bestand bei der Truppe läßt sich nicht mehr einwandfrei bestimmen, lediglich die Menge, die sich am 1. März 1945 in den Zeugämtern befand, ist bekannt: 3580 Stück.
Eine ähnliche Waffe hatte man auch bei der SS-Waffenakademie entwickelt. Sie war mit 2,8 kg noch leichter und verwendete kaum Sparmaterial – die üblichen Zwistigkeiten mit dem Heereswaffenamt verhinderten eine Produktion in größeren Stückzahlen.

Die SS legte auch einen Mehrstoß-Flammenwerfer vor, hier wurde der Förderdruck durch Pulvertabletten erreicht. Die nur in einigen Mustern erstellte Waffe wog nur 14 kg und war wesentlich einfacher als der Flammenwerfer 41.

Die Produktion der wichtigsten Werfer bis zum 1. April 1945:

	1941	1942	1943	1944	1945
FmW 41	–	2 764	11 480	44 280	5 760
AbFmW	–	19 890	27 869	4 162	–
FmW 46	–	–	–	11 500	19 200

Flammenwerfer fanden sich übrigens auch auf Fahrzeugen und in Bunkern wie z. B. am Westwall.

Ein spezieller **Festungs-Flammenwerfer** besaß eine Reichweite von 50 m. Ein Flammölvorrat von 2,5 m³ reichte für 20 Würfe.

Für Festungs-Kleinflammenwerfer mit Reichweiten bis zu 20 m, die zusätzlich in die MG-Schartentürme zur Nahverteidigung eingebaut werden sollten, lagen Entwicklungen von den *DWM* und der Firma *Minimax – Berlin* vor.

Flammöl sollte auch aus Granaten kurz vor ihrem Einschlag versprüht werden, Versuche zeigten aber nicht die erhoffte Wirkung. Wie wir später bei den 32-cm-Wurfkörpern sehen werden, konnte nur in großen Kalibern eine genügend große Menge Flammöl untergebracht werden.

Minen und Hohlladungen

Die ersteren sind defensive Waffen, die man in drei Gruppen einteilen kann: Solche, die gegen Personen eingesetzt werden, solche, mit denen man Fahrzeuge stoppen oder zerstören kann, und solche, die, im Wasser verlegt, Flußläufe sperren oder Küstenabschnitte schützen. Minen sind immer dazu da, das Vordringen des Gegners zu verlangsamen oder vorübergehend ganze Kampfräume abzuriegeln.

Hohlladungen der größeren Art sind offensive Waffen, mit denen starke Panzerungen, wie sie bei Festungswerken zu finden waren, zerstört werden sollten. Einige kleinere Ausführungen, wie sie von Einzelkämpfern gegen Panzerfahrzeuge eingesetzt wurden, finden sich bereits in anderen Abschnitten dieses Buches. Hier werden die Ladungen erklärt, wie sie bei speziellen Pioniereinheiten zum Einsatz kamen.

Doch beginnen wir mit der **Schrapnellmine 35,** abgekürzt S.Mi. genannt. Das war eine Waffe, die zur **Klasse der Springminen** gehörte. In den Boden eingegraben, sprang sie je nach der Bodenbeschaffenheit nach der Zündung 0,7–1,5 m hoch und zerknallte 0,05 Sekunden später. Dabei wurden 365 kleine Stahlkugeln und Splitter der Mine bis zu 100 m weit geschleudert. Bis etwa 25 m war die Wirkung der S.Mi. 35 tödlich. Die Mine selbst war eine 130 mm hohe Büchse von 102-mm-Durchmesser, die 3,9 kg wog. In den Deckel wurde der S.Mi.-Zünder 35 eingeschraubt; damit war die Mine nun 236 mm hoch. Die drei Druckstifte am Zünder lösten die Mine bereits bei einem Druck von 3 kg aus. Der Innenkörper wurde dann von einer 2 g-Pulverladung hochgeschleudert und zerknallte. Ein zusätzlicher Zugzünder ergab eine Menge Verlegemöglichkeiten; wir finden dadurch eine ganze Anzahl von Varianten, die Stolperdrahtmine, Schleudermine oder Fußschlingenmine genannt wurden.

Bei Kriegsausbruch standen der Truppe 706 000 dieser gegen Personen sehr wirksamen **S.Mi. 35** zur Verfügung, die übrigens in Amerika, England und Frankreich nachgebaut wurde – die letztere, bei uns Springmine 422(f) genannt, wurde noch am Atlantikwall verlegt.

Bei der Bestimmung der Bestandszahl für diese Mine am Ende des Krieges gibt es Schwierigkeiten, da man zu den S.Mi. auch die Stockminen und die Schützenminen dazugezählt hatte – Anfang Februar 1945 waren das noch 14,195 Millionen Stück. Bis zum Ende des Monats waren davon aber 7,276 Millionen in den Gebieten verlorengegangen, die der Gegner überrannt hatte.

Seit Frühjahr 1939 arbeitete die Firma *Hagenuk – Kiel* an der **S.Mine 40**, einer etwas leichteren Konstruktion, die wasserdicht sein sollte. Von dem Auftrag über 1000 Stück wurden bis April 1942 jedoch nur 80 erprobt; da die Leistung jedoch nicht den Erwartungen entsprach, ist von dieser Mine nichts weiter gefertigt worden.

Die **S.Mi. 44** war eine verbesserte Ausführung mit einem auf Zug und Druck reagierenden Kombinationszünder. Hier findet sich in der Bezeichnung hin und wieder der Zusatz »Sp« für Springmine. Bei dem neuen Zünder wurde ein Druck von etwa 9 kg zur Auslösung benötigt.

Dem Waffenamt war diese Mine aber zu teuer und zu kompliziert in der Fertigung. Im November 1944 wurde deshalb die Entwicklung der **S.Mi. 45 Sp.** begonnen; im Februar 1945 wurde sie dann noch als Standard-Mine eingeführt. Bei einem Durchmesser von 102 mm war sie mit dem 90 mm hohen Zünder 185 mm hoch. Der Minenkörper bestand aus imprägnierter Pappe, die Füllung aus 0,1 kg Sprengstoff (Bohrpatrone 28) mit Stahlschrott und Beton umgossen.

Die **7,6-cm-Springmine** war eine 150 mm hohe Büchse mit einer Mischung aus Beton und Stahlschrott und wieder mit der Bohrpatrone 28 gefüllt. Sie sollte von einfachen Werfern mittels der Gewehrkatusche, wie sie beim Gewehrgranatgerät Verwendung fand, verschossen werden. Beim Aufschlag zerbrach eine Glasampulle und aktivierte dabei einen empfindlichen Berührungszünder.

Eine Übergangslösung war die **Schützenmine 42.** Hier sollte der Aufbau aus Holz dem Gegner das Aufspüren der Minen durch Suchgeräte unmöglich machen. Es war ein Sperrholzkasten von 13 × 10 cm Größe und 5 cm Höhe, der mit dem 0,2 kg schweren Sprengkörper 28 gefüllt war. Ein Druck von 2,5 kg auf den Klappdeckel reichte aus, um die Mine zu zünden. Diese 0,5 kg schwere Schü.Mi. wurde meistens mit T-Minen zusammen verlegt, um dem Gegner das Räumen der T-Minen zu erschweren. Die gleiche Sprengladung war in der **Schützenmine 44** untergebracht. Ebenfalls aus Sperrholz gefertigt, war hier der Deckel wegen der besseren Druckwirkung auf 14 × 17,8 cm vergrößert worden.

Die **große Schützenmine, auch Schü.Mi. 400** genannt, enthielt zwei Sprengkörper 28 und damit 0,4 kg Sprengstoff. Der Holzkasten besaß hier die Größe 11,5 × 22 cm. Die Zündvorrichtung war verbessert worden. Jetzt konnte die Mine gefahrloser verlegt werden. Wir werden bei der gegen Fahrzeuge einzusetzenden Holzmine 42 sehen, welche Schwierigkeiten es mit den aus Holz gefertigten Minen gab.

Sparlösungen, mit denen man die Schützenmine 42 ersetzen wollte, waren verschiedene Holzfaserminen. Hier bestand der Kasten aus gepreßten Holzabfällen. Die Flaschenmine 4921 war ebenfalls eine billige Ausweichlösung. Große Stückzahlen sind aber von diesen Behelfsminen nicht mehr gefertigt worden.

Schützen-Dosenminen waren Notlösungen, die schnell erstellt werden konnten. Die große Ausführung waren Blechschachteln von 200-mm-Durchmesser mit 75-mm-Höhe, die mit 0,15 kg Sprengstoff gefüllt waren. Die angerauhte Druckplatte brach bei einer Belastung von 20 kg, und die Zugzünder 42 bewirkten das Zerknallen der Mine. Bei der kleineren Mine hatte man einen englischen Typ nachgebaut. Hier bestand die 45-mm-hohe Dose von 70-mm-Durchmesser aus Bakelit. Ein Scherstift brach bei einer Belastung von 12 kg, und die 70 g Sprengstoff dieser Dosenmine detonierten.

Behelfs-Schützenminen waren die A 200, die S 150, die W-1 und die E-5.

Die **A 200**, wegen ihrer Farbe auch »Senftopf« genannt, stammte aus Lagern in Frankreich. Dieser Blechtopf von 75-mm-Durchmesser und 50-mm-Höhe hatte einen neuen chemischen Zünder erhalten, dessen Glasampulle in dem Aluminiumgehäuse bei einem Druck von 6 kg brach, wobei sich Kaliumpermanganat mit Schwefelsäure mischte und die Zündung auslöste. Die 0,4 kg schwere Mine trug 0,15 kg Sprengstoff.

Die **S 150** war ähnlich gebaut. Lediglich der Durchmesser der Büchse war mit 60 mm geringer. Der wirkungsvolle Zünder war auch der gleiche.

Bei der **W-1** hatte man diesen Zünder in erbeutete, 0,435 kg schwere 5-cm-Wgr. des französischen Granatwerfers 37 eingesetzt.

Ein einfacher Blechkasten war mit fünf französischen Eihandgranaten gefüllt. Dabei trug die mittlere den bereits erwähnten chemischen Zünder: fertig war die Behelfs-Schützen-mine **E-5**.

Die **Stockmine 44** war ein Betonkopf von 72-mm-Durchmesser und 155-mm-Länge, den man auf das Ende eines Holzstabes von 35-mm-Durchmesser aufgegossen hatte. Hier hatte man 0,1 kg Sprengstoff, wieder die Bohrpatrone 28, mit einer Mischung aus 0,6 kg Beton und 0,2 kg Splitt, in der 1,2 kg Stahlschrott verteilt waren, umgossen. Als Zünder verwendete man den Zugzünder 42. Diese 2,5 kg schwere Mine wurde meistens in etwa 100 mm Höhe über dem Boden in Verbindung mit Stolperdrähten verlegt.

Eine sowohl für den Gegner als auch für den, der sie verlegen mußte, sehr gefährliche Mine war die aus Holz gefertigte **Entlastungsmine.** In einem 16 × 11 cm großen Sperrholzkasten von 3,5 cm Höhe waren ein 0,2 kg schwerer Sprengkörper 28 und ein Zugzünder 42 so untergebracht, daß eine Reißschnur dann den Zünder auslöste, wenn der Deckel durch eine Feder hochgedrückt wurde. Die Mine wurde so verlegt, daß der Klappdeckel durch einen Stein, einen starken Ast oder einen anderen schweren Gegenstand belastet wurde. Wurde dieser Gegenstand dann mit Absicht oder unabsichtlich zur Seite gestoßen, zerknallte die Mine. Die ersten 100 dieser Mine wurden im Januar 1945 ausgeliefert.

Da der Gegner mit verfeinerten Suchgeräten inzwischen auch in der Lage war, die Holzminen zu orten, wurden Versuche mit Minen aus keramischem Material begonnen. Es zeigte sich jedoch, daß die Fertigung von Glasgefäßen einfacher war, und so entstand die **Glasmine 43,** die ab April 1944 an die Truppe ausgegeben wurde. Diese Mine bestand aus einem Glastopf von 145-mm-Durchmesser und 80-mm-Höhe, in dem unter einem Zwischenboden ein 0,2 kg schwerer Sprengkörper 28 eingelegt war. Im oberen Teil war die Zündvorrichtung untergebracht, der dann von einem Deckel mit 150-mm-Durchmesser abgedeckt wurde. Dieser Deckel, als Scherplatte ausgebildet, brach bei einer Belastung von 10 kg, und die Mine zerknallte.

Da sich die erste Ausführung, die den metallenen Hebelzünder SM 4 trug, immer noch orten ließ, wurde nach Übergangslösungen mit dem Druckzünder SF 6 und dem chemischen Buck-Zünder dann nur noch der ortungssichere Glaszünder SF 14 verwendet. Im Einsatz zeigte sich, daß sprödes Material nicht ohne Gefahr zu verlegen war. Es sind deshalb von den über 11 Millionen produzierten Glasminen bei Kriegsende fast 9,7 Millionen Stück in den Beständen verblieben.

Eine Variante war hier die Glasmine 43(W), bei der das Glasgefäß auf einer größeren Bodenplatte befestigt war. Sie sollte an Küsten im flachen Wasser verlegt werden, deshalb das »(W)« für Wattenmeermine.

Die letzte Entwicklung auf diesem Gebiet war die **SD.Mine 4931;** hier war man trotz der möglichen Ortung wieder auf eine Splitterwirkung aus Gußeisen übergegangen. Von französischer Munition ausgehend, die bei der Luftwaffe unter der Bezeichnung SD 1 (frz.) als Splitterbombe im Einsatz war, gab es bei der im Oktober 1944 gefertigten Versuchsserie dieser Splittermine zahlreiche Varianten.

Bei den gegen Fahrzeuge einzusetzenden Minen wurden von der bei der Reichswehr eingeführten **Tellermine 29, abgekürzt T.Mi.,** die vorhandenen Bestände nur noch zur Ausbildung verwendet. Im Sommer 1937 wurden dann die letzten Bestände von der Truppe abgezogen. Die T.Mi. 29 besaß einen Durchmesser von 255 mm. Bei einem Sprengstoffanteil von 4 kg wog sie 6 kg.

Eine bessere Wirkung zeigte die 9,6 kg schwere **T.Mi. 35,** die 5 kg Sprengstoff enthielt. Sie besaß einen Durchmesser von 320 mm und war mit dem Druckzünder 110 mm hoch. Da hier der ganze, flach gehaltene Deckel als Druckplatte wirkte und bereits ein Druck von 90 kg genügte, damit die Mine zerknallte, verpuffte ein großer Teil der Wirkung, da die Detonation bereits erfolgte, wenn die Panzerkette gerade die Mine berührt hatte.

Die **T.Mi. 35 St,** wobei die zusätzliche Abkürzung für »Stahl« stand, war eine Übergangslösung mit einer geänderten Druckplatte, durch die der notwendige Druck auf 210 kg erhöht wurde. Die Truppe ging mit 773 000 T.Minen in den Krieg. Während des Polenfeldzuges wurden davon 82 368 Stück verbraucht. Hohe Verbrauchszahlen für T.Minen entstanden im Mai 1944 mit Beginn der russischen Offensive in der Südukraine. In diesem Monat wurden 1 106 500 T.Minen verbraucht.

Eine wirkliche Verbesserung brachte aber erst die seit dem August 1942 produzierte **T.Mi. 42.** Mit einem Durchmesser von 313 mm und einer Gesamthöhe von 91 mm war sie etwas kleiner. Sie wog 9,8 kg, hatte wieder 5 kg Sprengstoff und zerknallte bei einem Druck von 210 kg. Hier stand bei der Detonation die Panzerkette auf der Mine.

Um die Räumung zu erschweren, hatte der General der Pioniere eine Holzausführung der T.Mine 42 gefordert. Die Firma *Schuppke – Berlin* legte Muster mit 10 und 12,5 kg Gewicht vor, die mit 7,5 und 10 kg einen hohen Sprengstoffanteil besaßen. Wegen der zahlreichen Unfälle mit Holzminen wurde diese Entwicklung aber wieder aufgegeben.

Im März 1943 erhielt die Truppe den »Pilz«, wie man die **T.Mi. 43** nannte. Es war eine weiter vereinfachte Konstruktion ohne eine gefederte Druckplatte. Die gestufte Zündplatte wurde beim Auffahren einfach eingedrückt und löste dabei den Zünder aus.

Übrigens hatten alle diese Minen zusätzliche Einbaumöglichkeiten für weitere Zünder, um beispielsweise die Minen gegen das Räumen, das Aufnehmen zu sichern.

Eine speziell für die Fallschirmjäger und Luftlandetruppen entwickelte Mine war die **l.Pz.Mi.** – ausgeschrieben: »leichte Panzermine«. Bei 263-mm-Durchmesser und 90-mm-Höhe wog sie 4 kg und war mit 2 kg Sprengstoff gefüllt. Die Druckzünder sprachen bei einer Belastung von 250 kg an. Um leichte Panzersperren zu legen, hatte man eine Druckschiene entwickelt, durch die zwei dieser Minen lose verbunden wurden. Diese Schiene hat sich aber nicht bewährt. Man konnte sie beispielsweise nicht aus der Deckung zu einer Sperre zusammenziehen, die Minen rutschten aus der Schiene heraus.

Die l.Pz.Mi. wurde erstmals beim Unternehmen »Merkur«, der Landung auf Kreta, eingesetzt. Im April 1942 wurde die Produktion wieder eingestellt, die Bestände später im Osten verbraucht.

Von der schweren Panzermine, die 10 kg Sprengstoff beinhaltete, sind im Sommer 1944 nur einige tausend Stück gefertigt worden. Man hatte sie aufgrund von Meldungen über einen neuen, überschweren russischen Panzer entwickelt. Der dann vom Gegner eingesetzte »Stalin-II«-Panzer trug aber die alten Ketten, gegen die die vorhandenen Minen ausreichten.

Die ebenfalls aus diesem Grund bei der Firma *AEG* entwickelte magnetische Abwehrmine gegen Panzer, die ebenfalls 10 kg Sprengstoff enthielt, ist deshalb nur in wenigen Mustern produziert worden.

Eine nach ihrem Zündsystem benannte **Schall-Magnetmine,** die mit normalen Suchgeräten nicht geortet werden konnte, da fast alle Teile aus Keramik bestanden, befand sich seit Oktober 1944 bei der Firma *Rosenthal* in der Entwicklung. Der Sprengstoffanteil betrug hier 7,5 kg. Schwierigkeiten mit dem akustischen Teil des Zündersystems verzögerten aber den Abschluß dieser Entwicklung.

Das Heer hat übrigens auch verschiedene Seeminen von der Marine übernommen und diese mit Magnetzündern gegen Panzerfahrzeuge erprobt.

Einen völlig neuen Vorschlag zur Panzerbekämpfung legte die Firma *WASAG* vor. Von den für die Luftwaffe bis September 1941 produzierten 1 161 430 SBe 50 E-Bomben lagen noch sehr viele der aus Beton gegossenen Körper vor. Diese sollten, mit je 18 kg Sprengstoff gefüllt, von der Truppe beim Rückzug senkrecht in die verlassenen Deckungslöcher eingegraben werden. Ausgelöst durch einen Druck- oder Stabzünder, sollte dieser Körper dann durch eine 6-kg-Treibladung gegen die Wanne des Panzerfahrzeuges geschossen werden. Die Wucht dieser 1220 mm langen und 52 kg schweren ungewöhnlichen Mine hätte ausgereicht, das Fahrzeug außer Gefecht zu setzen.

Wieder abgebrochen wurde die Entwicklung einer tellerähnlichen Aluminium-Mine, die 6 kg wog und mit 3,2 kg Sprengstoff gefüllt war.

Auch bei den gegen Panzer einzusetzenden Minen begann man im Frühjahr 1942 mit der Entwicklung von Minen, die man nicht mit Suchgeräten orten konnte.

Nachdem man in Rußland aus Holz gefertigte Minen gefunden hatte, bot sich diese Konstruktion zum Nachbau an. Von den verschiedenen Versuchsmustern ging die VM-1 in den Truppenversuch. Mit einigen Änderungen wurde sie dann als **Holzmine 42** bei der Truppe eingeführt. Es war ein Kasten von 32,5 × 31 cm Größe und 12 cm Höhe, der mit 5,4 bzw. 5,6 kg Sprengstoff gefüllt war. Die etwa 8 kg schwere H.Mi. 42 reagierte auf einen Druck von 220 kg. Die aus Holz gefertigten Minen waren sehr unsichere Waffen; durch Feuchtigkeit verquoll das Holz, Leimkanten rissen ab. Bei Unfällen mit der Holzmine 42 hat es von Mitte Oktober 1942 bis Mitte April 1943 auf eigener Seite nicht weniger als 141 Tote und 55 Verwundete gegeben.

Auch ein Holzkasten, dieses Mal 58 × 31 cm groß und 16 cm hoch, war die **Panzer-Schnellmine A.** Durch den Zugzünder 42 wurde die 5 kg schwere Sprengladung zur Detonation gbracht. Die Ausführung »B« war im Aufbau gleich, besaß aber einen chemischen Zünder.

Ein Nachbau der italienischen Riegelmine B-2 war der Sprengriegel, später **Riegelmine 43** genannt. Ein 800 mm langer Blechkasten von 80 × 97 mm Querschnitt war mit 4 kg Sprengstoff gefüllt. Der Deckel mit den Scherdrähten wirkte als Druckplatte; 200 kg reichten zur Auslösung. Diese 9,3 kg schwere Mine wurde, wie auch die leichte Panzermine, mit eingesetzten Zündern an die Truppe ausgegeben. Die R.Mi. 43 war schwer zu tarnen, und sie zerknallte schon, wenn die Kette noch nicht ganz darauf war. Ein großer Vorteil aber war, daß man mit wesentlich weniger Minen den gleichen Sperreffekt erreichte. Auf 100 m Sperrbreite wurden 200 T.Minen benötigt, das war ein Transportgewicht von etwa 1900 kg. Um die Sperre in 20 Minuten zu legen, benötigte man 100 Pioniere. Bei Riegelminen reichten 50 Stück, das Transportgewicht sank auf 465 kg, und 25 Mann konnten diese Minen in 20 Minuten verlegen.

Die Handhabung der Riegelminen 43 war aber sehr gefährlich, die bereits eingesetzten Zugzünder 42 waren äußerst empfindlich. Es kam immer wieder, sogar auf dem Transport, zu schweren Unfällen. Das führte dann zu einer Umkonstruktion der **Riegelmine 44**, in die man den T-Minenzünder 43 nach dem Verlegen einsetzen konnte.

Einen Entwicklungsauftrag für eine ähnliche Mine, Zündriegel genannt, hatte die Firma *Beißbarth in Nürnberg* erhalten. Mit 1500 mm Länge und 14 kg Gewicht war sie aber ziemlich unhandlich. Ob außer den 300 Mustern, die das Waffenamt bis zum Sommer 1942 erhielt, weitere Lieferungen erfolgt sind, ist nicht mehr bekannt.

Im März 1944 ging die **Topfmine 4531** in die Fertigung. Bei dieser völlig metallfreien Mine bestand das Gehäuse von 317-mm-Durchmesser und 140-mm-Höhe aus Preßstoff (Holzmehl/ Teermischung). Für die Zünderteile hatte man Glas verwendet. Die 150 mm große Druckplatte hatte eine Scherrille; sie brach bei einer Belastung von 150 kg und zerdrückte die beiden Glasampullen des chemischen SF-1-Zünders.

Sie wurde dann durch die Ausführung »A« ersetzt. Hier bestand das Gehäuse aus Lignit, einem Braunkohlen-Bitumengemisch. Es war wasserdicht, um diese Mine auch im Küstenschutz einzusetzen. Später ging man erneut auf Preßstoff über, gab dem Gehäuse eine andere, stabilere Form und dieser Munition nach dem Namen des Herstellers, der *Viskonit-Werke* in Zittau, den Namen **Viskonit-Mine.** Diese etwa 10 kg schweren Minen waren mit 6 kg Sprengstoff gefüllt. Von dem Auftrag über 460 000 Stück sind infolge der sich immer weiter verschärfenden Transportlage ab Ende 1944 nur noch wenige an einigen Schwerpunkten verlegt worden.

Eine außergewöhnlich empfindliche Mine war die von der *HASAG* entwickelte Druckbügel-Mine, die bei 9,5 kg Gewicht 5 kg Sprengstoff enthielt. Durch eine komplizierte Zünder- und Aufnahmesicherung war sie praktisch nicht zu entschärfen, und dieser in der Entwicklungsforderung enthaltene Punkt führte letztlich zur Ablehnung – wir konnten sie selbst nicht räumen. Der Musterbau wurde im Herbst 1942 wieder eingestellt.

Mit den bisher beschriebenen Minen wurden lediglich die Ketten zerrissen, der Panzer selbst blieb intakt und konnte in kurzer Zeit wieder repariert und erneut eingesetzt werden. Um nun auch das Fahrzeug in Brand zu setzen und die Besatzung auszuschalten, entwickelte man die **Hohlladungs-Springmine 4672** (HL.Sp.Mi.). Das war ein Kopf der Panzerfaust, der in eine auf ein Brett montierte Dose von 159-mm-Durchmesser eingesetzt war. Diese 285 mm hohe Mine wude durch den Kombinations-Knick/Kipp-Zünder 43 ausgelöst. Der Kopf mit der 1,6 kg schweren Sprengladung konnte alle beim Gegner vorhandenen Panzerwannen durchschlagen. Die ersten tausend Stück wurden zwar im Oktober 1944 an das Waffenamt geliefert, wegen Transportschwierigkeiten und Materialmangel wurden aber erst im Januar 1945 die ersten einsatzfähigen HL.Sp.Mi. an die Truppe ausgegeben. Die gefüllten Hohlladungsköpfe wurden für die Panzerfaust benötigt, deren Wirkung bekannt war und von der man sich eine bessere Einsatzmöglichkeit als von einer unerprobten Mine versprach.
Einfacher aufgebaut war die als Ersatz entwickelte **Panzer-Stabmine 43**, von der noch 25 000 produziert wurden. Hier hatte man einen kleineren Kopf von 125-mm-Durchmesser mit einer 1,6 kg schweren Hohlladung gefüllt und diesen Kopf einfach auf einen angespitzten Holzstab gesteckt. Der Knick/Kipp-Zünder 43 brachte die Mine zur Detonation. Um die Wanne zu durchschlagen, war es notwendig, daß die Mine verhältnismäßig hoch »gesteckt« wurde. Die Hohlladung sollte zur maximalen Wirkung möglichst nahe an der zu durchschlagenden Fläche stehen. Man konnte diese Mine also nur im mit hohem Gras bewachsenen Gelände oder im Schnee verlegen, ohne daß die auf den Panzern aufgesessene Infanterie die Minen erkannten.
Eine den Panzerminen ähnliche Ladung war die 9 kg schwere Eisenbahnmine, ein quadratischer Holzkasten von 23 cm Kantenlänge und 10,5 cm Höhe, der mit 4 kg Sprengstoff gefüllt war und zwischen den Schwellen verlegt wurde.
Eine Sondermine war die 2,6 kg schwere **Flaschen-Eismine.** Es war eine 270 mm hohe Glasflasche von 102-mm-Durchmesser, die mit 1 kg Donarit-Gelatine, einem kommerziellen Sprengstoff, gefüllt war und eine Sprengkapsel Nr. 8 trug. Derartige Minen wurden in gefrorenen Gewässern verlegt, um später durch Sprengungen für den Feind Hindernisse zu schaffen. Im allgemeinen reichte es, wenn eine mit einem Glühzünder 28 versehene Mine elektrisch gezündet wurde; durch die Zerknallwelle detonierten dann die anderen Minen ebenfalls.
Mit Beton umgossen fanden die Flaschen auch als Behelfsminen Verwendung. Vom April bis September 1944 hat man auf diese Art 425 000 Stück verbraucht. Diese Mine hatte einen großen Nachteil – die Donarit-Gelatine war nicht lange lagerfähig.
Zum Einsatz gegen Brücken, die sich im vom Gegner kontrolliertem Gebiet befanden, gab es die 25 kg schwere **leichte Ankertau-Mine,** die aber nur 5 kg Sprengstoff trug. Die **Treibmine 39** stammte noch von 1932. Sie wog 37,7 kg mit einem Sprengstoffanteil von 20,5 kg. Die Zündereinrichtung funktionierte nicht einwandfrei, deshalb hat man die Produktion nach der Fertigstellung von 270 Stück wieder eingestellt.
Die Abkürzung K.Tr.Mi. 41 stand für **Kugeltreibmine.** Diese 35 kg schwere Mine enthielt 12 kg Sprengstoff. Mit dem Bodenkasten war diese Mine 485 mm hoch; aus dem kugelförmigen Oberteil von 380-mm-Durchmesser wurde eine 1,4 m lange Antenne teleskopartig ausgefahren.
Im Wasser löste sich ein Salzstück auf, die dadurch frei werdende Feder schob diese Zünderstange aus. Ein zusätzlicher Zeitzünder war von 6–144 Stunden einstellbar.

Bei der Firma *Rinker* in Neubrandenburg hatte man 1942 schon 5000 Stück bestellt. Eine größere Stückzahl wurde aber erst im Herbst 1944 produziert. Gegen Boote, mit denen der Gegner seine Truppen über Gewässer setzte, gab es die wirkungsvollere Ankertau-Mine R; mit einem Sprengstoffanteil von 20 kg wog sie 137,5 kg.

Von den zum Küstenschutz gedachten Minen gab es die verschiedenen Kombinationen mit T-Minen.

Die einfachsten waren der Kastenbehälter, ein Betonklotz von etwa 4 cm Wandstärke mit einer T-Mine, und der Betonminenbehälter von 465-mm-Durchmesser, unter dessen Bruchdeckel eine T-Mine lag.

Dann gab es wenigstens drei verschiedene »**Nußknacker«-Minen**, die ein bis zwei T-Minen trugen und in etwa 4,5 m Tiefe verlegt wurden. Weitere Unterwasserminen waren die Dreispitzmine mit T-Minen und die Winkelmine.

Bei der letzteren Ausführung drückte das im Wasser schwimmende Fahrzeug den Winkelarm mit der T-Mine selbst gegen seinen Boden.

Die **Küstenschutzmine** bestand aus 30 kg Sprengstoff, die von Beton umgossen waren. Ab Herbst 1943 wurde sie an den Kanalinseln und der französischen Küste verlegt.

Sprengmittel, die ebenfalls als Minen oder zumindest als Einsatz in oder zu den Minen verwendet wurden, waren die 0,1 kg schwere **Bohrpatrone 28** von 100-mm-Länge und 30-mm-Durchmesser. Den 0,2 kg schweren Sprengkörper 28 finden wir in verschiedenen Holzminen.

Dann gab es die sogenannte **Geballte Ladung** mit 1 kg Gewicht. Das war die Sprengbüchse 24, die eine Größe von 200 × 75 × 55 mm besaß. Die Ladung von 3 kg hatte eine Größe von 195 × 164 × 76 mm.

Zum Sprengen von Draht- und anderen Hindernissen gab es verschiedene **Rohrladungen.** Die 1-kg-Ladung war 28 cm lang, die 3-kg-Ladung 1 m und die zu 6 kg sogar 1,5 m. Eine weitere Pionierwaffe war die **gestreckte Ladung,** ein Rohr von 5-cm-Durchmesser und 2,2-m-Länge, das mit Sprengstoff gefüllt war.

Erwähnenswert ist hier auch die Entwicklung neuartiger Sprengmittel, mit denen Gassen in feindliche Minenfelder geschlagen werden sollten. Seit Herbst 1940 hatte das Waffenamt Versuche durchgeführt, mit einem aus Knallzündschnur geknüpften Netz Panzerminen zu sprengen. Als beste Lösung erwies sich eine Größe von 2,5 × 10 m mit einer Maschenweite von 10 cm. Dieser 12,5 kg schwere »Teppich« sollte mittels Ankern, so wie sie von dem bei der Handelsmarine bekannten Leinenwurfgerät verwendet wurden, über das Minenfeld gezogen werden. Da die vom Pionier-Lehrbataillon 2 durchgeführten Erprobungen eine restlose Zerstörung von Minenfeldern aus deutschen T-Minen und französischen Kampfwagenminen gezeigt hatten, wurde 3200 Stück dieser Knallzündschnur-Teppiche bestellt. Beim erweiterten Truppenversuch zeigte sich aber dann überraschend, daß gegen S-Minen und ähnliche Schützenminen wegen der mangelnden Übertragung beim Zerknall überhaupt keine Wirkung erzielt wurde. Beim Waffenprüfamt 5 begann man nun erneut mit Versuchen, diesmal verwendete man maschenlose Sprengstoffbahnen. Baumwolltücher, die mit Nitrogelatine getränkt waren, erwiesen sich als wirkungslos, sie detonierten fast nie. Man strich nun die Tücher zusätzlich dünn mit plastischem Sprengstoff aus, jetzt wurden die Stoffbahnen aber zu schwer und rissen leicht bei unebenem Boden. Bei bewachsenem Gelände war ein Verlegen fast unmöglich. Übrigens detonierten diese Stoffbahnen bei Treffern durch Granatsplitter sofort, Gewehrschüsse blieben aber wirkungslos. Wegen der angeführten Mängel wurde diese Entwicklung Ende 1941 wieder eingestellt.

Kleine Hohlladungen wurden schon in einem anderen Abschnitt besprochen; hier sollen aber noch zwei kleine Ladungen erwähnt werden, die eigentlich nicht als Waffe gedacht waren. Das waren die **Hohlringladungen,** die bei der Artillerie zur Selbstzerstörung von Rohren kleineren Kalibers vorgesehen waren. Die kleinere Ladung von 1,2 kg hatte einen Außendurchmesser von 180 mm. Der Innendurchmesser betrug 100 mm. Die große, 3,2 kg schwere Ladung paßte auf Rohre mit max. 170-mm-Durchmesser, das Außenmaß betrug hier 275 mm. Mit diesen Hohlringladungen haben Einzelkämpfer hin und wieder Rohre von feindlichen Panzern abgesprengt.

Zum Einsatz gegen Festungswerke gab es die H 12,5, eine knapp 13 kg schwere Hohlladung, die aber nur 120 mm Stahl durchschlug. Nachdem man herausfand, daß eine »aufgelegte« Ladung weniger Wirkung hatte, ersetzte man diese Waffe durch die H 13,5 mit 9,5 kg Sprengstoff, die mit den drei Abstandsfüßen aufgesetzt 300 mm durchschlug.
Noch bessere Wirkung zeigte die H 15, eine glockenförmige Hohlladung von 340-mm-Durchmesser und 260-mm-Höhe. Durch drei ausziehbare Füße wurde der Abstand zur durchzuschlagenden Fläche auf 580 mm vergrößert – deshalb auch die bei der Truppe verwendete Bezeichnung **Abstandsladung**. Diese 15 kg schwere Ladung trug 10 kg Sprengstoff und konnte 400 mm Panzerstahl oder 1200 mm Stahlbeton durchschlagen.
Eine größere Ladung, die zwar nur 250 mm Panzerung, aber mit einer wesentlich größeren Öffnung durchschlug, war die aus Transportgründen zweiteilig ausgeführte H 50.
Diese 50 kg schwere Ladung hatte einen Durchmesser von 520 mm und eine Höhe von 260 mm. Eine Abwandlung der Hohlladungen waren die sogenannten »Flachen Schalen«. Hier wollte man durch konkav geformte Sprengladungen die Detonation in eine Richtung konzentrieren – die Grabenminen waren ein Beispiel dieser Arbeiten.
Ein völlig neues Pioniergerät zur Sprengung fester Anlagen war unter der Bezeichnung »Schlaganfall« entwickelt worden. Hier wurde ein Gasgemisch in die Festungswerke eingeblasen und dann zur Detonation gebracht. Man ging von den im Bergbau gefürchteten »Schlagenden Wetter« aus und erprobte zuerst Gemische auf der Methan- bzw. Wasserstoffbasis. Es war aber hier schwierig, eine kontrollierbare Zündung zu erreichen. Versuche mit dem aus Kalziumkarbid gewonnenen Acetylen führten ebenfalls in zahlreichen Fällen zur Selbstzündung. Die beste Wirkung zeigte eine Mischung aus 80 Prozent Kohleoxyd mit

15-kg-Hohlladung

20 Prozent Äthylen. Beim Einsatz wurde das Gas in Flaschen in die Nähe des zu sprengenden Festungswerkes gefahren, mittels einer kleinen Hohlladung ein Loch in die Panzerung gesprengt und das Gas eingeblasen. Die Zündung erfolgte dann elektrisch durch eine mit einer Sonde eingeführten Glühkerze.

1942 wurde die erste Pioniereinheit mit dieser, nun **Taifun** genannten Waffe ausgerüstet; sie verfügte über 500 derartiger Gasflaschen. Ein Einsatz gegen die untereinander verbundenen Kellerräume in der Innenstadt von Charkow mißlang, es konnte nicht die erforderliche hohe Konzentration erzielt werden. Im Herbst 1943 erfolgten einige Einsätze auf der Halbinsel Kertsch mit mäßigem Erfolg. Der Gegner betrachtete die Verwendung dieser Waffe als einen Kampfstoffeinsatz. Generaloberst Jaenecke, damals der Oberbefehlshaber der 17. Armee, wurde deshalb von den Russen zum Tode verurteilt. Er wurde aber später begnadigt und im Oktober 1955 aus der Gefangenschaft entlassen. Im März 1945 gab es noch eine Sondereinheit mit Taifun-Geräten bei der Heeres-Sturmpionier-Brigade 46.

Etwas Ähnliches war die Ende 1940 von der Firma *Griesogen – Frankfurt* entwickelte Sauerstoff-Stoßstruppwaffe, mit nur 25 kg ein sehr handliches Gerät.

Wie aus dem Namen bereits ersichtlich, sollte hier Sauerstoff zum Durchschmelzen von Panzerungen Verwendung finden – die erreichte Leistung lag bei 400 mm. Die WaPrüf 5 gelieferten 100 Geräte wurden in Kummersdorf auf dem Versuchsplatz gelagert, zum Einsatz ist diese Waffe nie gekommen. Von der gleichen Firma wurde eine sogenannte »Sauerstoff-Lanze« geliefert. Mit diesem von sechs Mann zu bedienenden 200 kg schweren Gerät konnte durch unter hohem Druck stehenden Sauerstoff über einen von der Firma *Hagenuk – Kiel* entwickelten Thermit-Zündkopf Eisenbeton der Festungswerke bis zu 4 m Stärke geschmolzen werden. Bei einem 60-mm-Loch wurden 5 mm je Sekunde zerlegt. Obwohl man schräg aufwärts schmolz, blieb der sich immer wieder erhärtende Schlackenabfluß ein Problem. Außerdem war der Sauerstoffverbrauch viel zu hoch. Von den gelieferten 60 Geräten wurde keines eingesetzt; auch die Versuche, diese Geräte unterirdisch einzusetzen, wurden wieder aufgegeben.

Zu den Pioniersprengmitteln zählen die verschiedenen **Sprengpatronen,** zylindrische Blechkörper, deren Kennzahl dem Durchmesser in mm entsprach. Bei den vier größten dieser Körper war ein Ende konisch ausgebildet, zur leichteren Handhabung waren hier zwei Griffe angebracht. Die Patronen Z 150 und Z 200 wurden ohne Griffe geliefert, die kleineren Patronen mit Ausnahme der Z 34 besaßen einen abklappbaren Stiel. In dem Sprengstoff Nr. 96, es war also eine Mischung aus Füllpulver 02 und Hexogen zu gleichen Teilen, war als Detonator immer eine Bohrpatrone 28 mit dem Sprengkapselzünder 100 eingesetzt, der ab der Z 150 durch den mit der Nr. 150 ersetzt wurde. Die folgende Aufstellung zeigt die Daten der 12 Sprengpatronen.

		Länge	Gewicht	Sprengstoff
Spr.Patr. Z	34	301 mm	0,6 kg	0,35 kg
	48	300	1,0	0,6
	72	300	2,3	1,6
	85	400	4,2	3,2
	102	500	7,9	5,75
	120	320	7,0	5,2
	150	500	16,4	12,4
	200	500	29	23
	270	400	41	31
	310	450	52	37,5
	370	450	58	39
	500	450	90	56

Die Produktion der verschiedenen Minen während des Zweiten Weltkrieges bis zum März 1945 in 1000 Stück. Zu beachten ist bei der Fertigung von 1941 der starke Rückgang gegenüber der von 1940 – fast 25 Prozent.

	1939	1940	1941	1942	1943	1944	1945
S.Mi. 35	345,0	797,8	353,6	1 625,7	2 966,2	3 232,8	193,0
Schü.Mi. 42	–	–	–	45,9	1 892,1	16 144,2	2 605,0
Stock-Mi. 44	–	–	–	563,4	2 657,0	2 589,0	–
Glas-Mi. 43	–	–	–	–	–	9 887,0	1 125,0
SD.Mi. 4931	–	–	–	–	–	40,0	90,0
T.Mi. 35	188,0	502,5	605,0	2 180,3	743,1	–	–
T.Mi. 35 St	–	–	–	345,6	1 855,1	–	–
T.Mi. 42	–	–	–	522,8	4 807,6	4 344,6	160,0
T.Mi. 43 Pilz	–	–	–	–	2 241,8	1 381,1	–
l.Pz.Mi.	–	–	22,9	8,8	–	–	–
Holz-Mi. 42	–	–	–	1 534,5	2 450,8	1 317,3	–
Topf-Mi. 4531	–	–	–	–	–	628,9	158,0
Riegel-Mi. 43	–	–	–	–	25,4	2 886,0	140,0
HL.Sp.Mi. 4672	–	–	–	–	–	30,0	29,0
Flaschen-Eismine	–	–	–	–	246,5	528,7	–
K.Tr.Mi. 41	–	–	–	–	–	1,2	–

Bei diesen Fertigungszahlen handelt es sich jeweils um die ungefüllte Mine. Die Füllung mit Sprengstoff erfolgte, wie auch bei den meisten Granaten, immer erst später, je nach der zur Verfügung stehenden Zuteilung des Sprengstoffes. Bei der Riegel-Mine 43 sind beispielsweise im Jahr 1944 zwar 2 886 000 Stück produziert, aber nur 1 381 800 gefüllt worden.
Während des Februars 1945 wurden noch 32 700 Riegel- und 139 500 T-Minen sowie 409 400 Minen der S-/Schützen-/Stock-Typen ausgegeben. Die Bestände am 1. März 1945 betrugen:

    6 443 000 S-Minen inkl. Schützen- und Stockminen
    9 698 800 Glas-Minen
      737 700 T-Minen
      713 500 Riegel-Minen

Das Gerät **Donnerkeil** der Firma *WASAG* soll, da es oft mit einem Sprengmittel verwechselt wird, zum Abschluß erwähnt werden.
Es war ein 32 kg schweres Abschußgestell für eine mittels einer Rakete beschleunigte Hohlladung, mit der bis zu 1,5 m tiefe Löcher zur schnellen Aufstellung von Telefonmasten u. ä. in den Boden geschossen wurden.
Um dem hinter der Front operierenden Gegner das Absägen solcher Masten zu verleiden, wurden immer einige mit dem **Nachtwächter** ausgerüstet – einer von außen nicht sichtbaren Sprengladung, die bereits nach einem Einschnitt von 10 mm über einen Zündkontaktdraht detonierte.
Das Zerstören wurde damit zwar nicht verhindert, das durch die beim Gegner durch Verluste hervorgerufene Zaudern oder Verzögern war jedoch für die Nachrichtenverbindungen hin und wieder ein Gewinn.

Zu den Minen gehören natürlich auch **Minensuchgeräte,** die nicht nur bei den vom Gegner verlegten Minen eingesetzt wurden, sondern oftmals auch beim Wiederaufnehmen – wie man das Räumen fachmännisch nannte – der eigenen Minen.
Derartige Geräte arbeiteten alle auf der Basis, daß ein produziertes Magnetfeld durch Metall (die Mine) gestört wird und daß diese Störschwingungen über einen Verstärker die Schwankung eines Tones bewirken, der über einen Kopfhörer wahrgenommen wird.

Das erste Gerät, **Neptun-B** genannt, wog 13 kg und besaß einen runden Suchkopf von 240-mm-Durchmesser. Das Stromversorgungsteil war aber viel zu schwer – es trug noch einen »nassen Akku«, und die Empfindlichkeit ließ zu wünschen übrig. Es wurde dann durch die Geräte **Berlin 40** und **Frankfurt 40** ersetzt. Sie unterschieden sich geringfügig durch ihren Suchkopf, der bei »Berlin« etwa 250 × 400 mm, bei »Frankfurt« aber nur 50 × 230 mm groß war. Die Empfindlichkeit reichte aber hier auch nicht aus. Das nächste Gerät, **Tempelhof 41**, wog 12 kg und arbeitete mit 160 000 Schwingungen/s nach dem Hochfrequenzprinzip. Trotz des neuen, spatenförmigen 165 × 430 mm großen Suchkopfes war die Empfindlichkeit nicht ausreichend – ein russischer Metallzünder war z. B. unter 10 cm Tiefe nicht mehr zu lokalisieren. Das folgende Gerät, **Wien 41**, war da schon empfindlicher, hier fand man den oben erwähnten Zünder noch in 20 cm Tiefe.

Das ebenfalls 12 kg schwere Gerät arbeitete mit 3500 Schwingungen/s nach dem Niederfrequenzprinzip, der Suchkopf war 350 mm lang und 50 mm breit. Eine weitere Entwicklung, die mit der Schwingungsfrequenz auf 350/s herunterging, wurde mit **Frankfurt 42** bezeichnet. Wegen schlechterer Empfindlichkeit wurde diese Entwicklung jedoch wieder abgebrochen.

Das letzte der Truppe zugeführte Gerät, **Stuttgart 43**, sprach auf den russischen Metallzünder noch in 25 cm Tiefe an, ein Deckel der deutschen S-Mine 35 war noch in 45 cm Tiefe, eine T-Mine sogar in 70 cm Tiefe zu orten. Ein Versuch blieb ein Gerät, mit dem man besonders gekennzeichnete eigene Minen räumen wollte. Mit der Mine wurde ein kleiner Plastikbeutel, der sogenannten »Tarnsand« enthielt, vergraben; dieser leicht radioaktive Sand konnte auch in großen Tiefen leicht lokalisiert werden.

Im Zuge dieser Entwicklungen ergaben sich Ideen für neuartige Minenzünder, z. B. einen induktiven Zünder, der auf das amerikanische Suchgerät SCR 625 ansprach, oder den Schallzünder, bei dem die Vibrationen, von den Schritten des Suchenden erzeugt, ausreichten, über die verstärkten Schwingungen einen kleinen Generator anzuregen, der die Mine zur Detonation brachte.

Ein fahrbares Minensuchgerät von 23 kg Gewicht, das eine Suchtiefe von 40 cm gegen S-Minen besitzen sollte, befand sich bei der Firma *Braun* in Frankfurt in der Entwicklung.

Unter der Bezeichnung **MS/MR** (Minensuchen/Minenräumen) hatten die Firmen *Talbot* und *Valvo* in Aachen ein Projekt begonnen. Außer der Auftragserteilung vom April 1940 sind aber keine Unterlagen mehr vorhanden.

Da die Geräte, mit denen man metallische Minen lokalisieren konnte, immer empfindlicher wurden, lag ab etwa 1942 das Schwergewicht auf Nichtmetall-Minen aus Holz, Glas, Plastik, Keramik usw.

Um aber auch diese Minen finden zu können, bedurfte es neuartiger, hochempfindlicher Geräte. An diesen Projekten arbeiteten damals nicht nur die *TH* in Aachen, Hannover und Wien, sondern auch die Firmen *Ehrich & Graetz, Lorenz* in Berlin, *Felten & Guilleaume* in Köln, *Ventimotor* in München und *Horny* in Wien.

Ein einfacher Weg, ein Minenfeld unschädlich zu machen: . . . man läßt die Minen detonieren. Die oben erwähnte Firma *Talbot* hatte Ende Januar 1942 dafür einen Entwicklungsauftrag erhalten. Die erste Lösung war der **Rohrladungswerfer,** hier wurden durch Preßluft 3500 mm lange Sprengrohre von 55-mm-Durchmesser in das Minenfeld geschleudert. Ein PzKpfwg I sollte an jeder Seite sechs Wurfrohre tragen – gebaut wurde aber nur ein Muster.

Eine weitere Möglichkeit war der ebenfalls von *Talbot* vorgeschlagene **Ladungsleger.** Das war ein kranartiger, 2,75 m langer ferngesteuerter Arm am Heck des PzKpfwg I, der eine 75 kg schwere Sprengladung absetzen konnte, die dann bei der Detonation durch den Übertragungseffekt eine große Anzahl der Minen zerknallen ließ. Die Panzerpionier-Einheiten, z. B. die Pz.Pi.Batl. 39 und 58, haben 100 dieser umgebauten Fahrzeuge erhalten.

Die letzte Entwicklung der Firma *Talbot* war der **Teppichleger.** Hier sollte von einem ferngesteuerten Fahrzeug ein 3 m breiter Nitro-Teppich von 21 m Länge innerhalb einer Minute ausgerollt werden – die Detonation hätte dann eine Minengasse gebildet. Die Firma *Eberhardt – Ulm* stellte einen 150 kg schweren **Minenpflug** mit mehreren Scharen vor, der seitlich von einem Panzerfahrzeug gefahren wurde. Diese Entwicklung wurde nach einem Muster im Sommer 1941 wieder eingestellt.

Einem Roboter ähnlich war der 2500 kg schwere **Geländeschreiter** der Firma *Delmag – Esslingen.*

Mit einer Geschwindigkeit von 8–10 m/min sollte dieses Gerät, über ein 200-m-Kabel ferngesteuert, eine Gasse durch ein S-Minenfeld räumen. Auch hier wurde der Bau im Sommer 1941 nach Vorführung eines Musters eingestellt.

Weitere, größere Minenräumfahrzeuge befinden sich in dem Band 2, Abschnitt Sonderfahrzeuge.

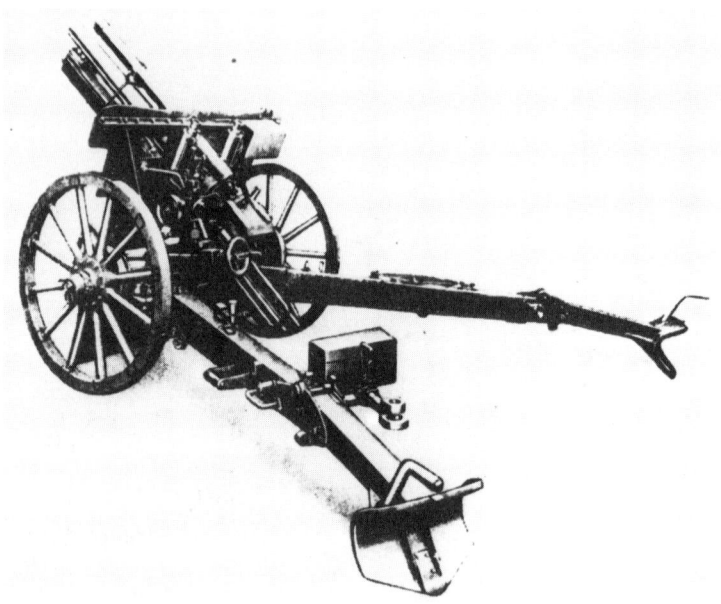

le.F.K. 18
(zu Seite 135)

Artilleriewaffen

Feldkanonen

Aus dem Ersten Weltkrieg gab es bei Kriegsausbruch nicht nur 298 Stück der **7,5-cm-Feld-kanone 16,** sondern sogar noch 78 Stück der **7,7-cm-F.K. 96/16** mit 21 700 Schuß. Im März 1945 waren davon noch 24 Kanonen mit 2900 Schuß vorhanden, an der Front stand aber keine dieser Waffen.

Diese alte Kanone wog 1020 kg und verschoß eine 6,25 kg schwere Granate mit einer V_0 von 477 m/s, die dabei eine Schußweite von 7825 m erreichte. Sie wurde ab 1934 durch die F.K. 16 n.A. ersetzt und fand nur noch in der Ausbildung Verwendung. Diese **F.K. 16 n.A.** war eine 1524 kg schwere Waffe, aus deren 2700 mm langem Rohr eine 5,8 kg schwere Granate, die 0,4 kg Sprengstoff trug und von der noch 1,045 Millionen Stück vorlagen, mit einer V_0 von 662 m/s verschossen wurde. Diese veralteten Kanonen befanden sich bei Ausbildungs-einheiten, später bei der Küstenverteidigung am Atlantikwall. Im März 1945 standen noch 13 an der Front, weitere 58 lagerten in den Zeugämtern.

Ersetzt wurde diese Waffe durch die **le.F.K. 18,** eine 1930 bei der Firma *Krupp* entwickelte 7,5-cm-Kanone, von der noch vor Kriegsbeginn 4 Stück zu je 20 400,– RM geliefert wurden. Als Munition fand die Granate der F.K. 16 Verwendung, die aus dem 1940 mm langen Rohr, mit einer V_0 von 485 m/s verschossen, nur eine Schußweite von 9700 m gegenüber den 12 300 m der F.K. 16 erreichte. Die Produktion der 1120 kg schweren Waffe wurde 1940 wieder eingestellt. Vorhanden waren im März 1945 noch 39 Waffen mit 43 400 Schuß, davon standen 35 an der Front.

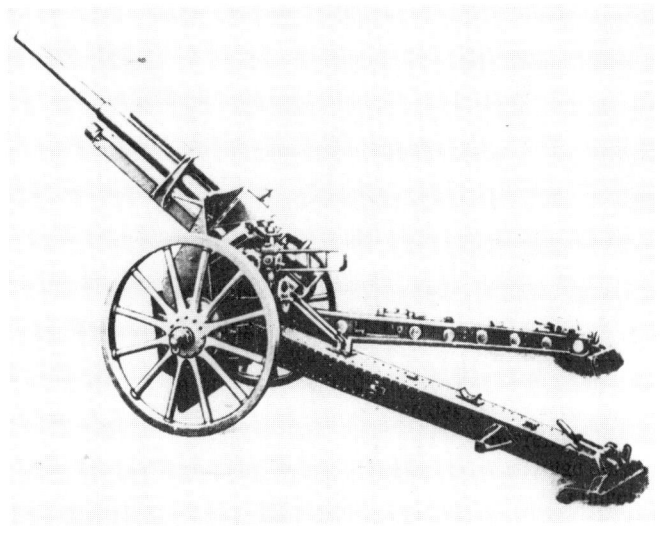

Die Rheinmetall F.K.

Eine Neuentwicklung der Firma *Rheinmetall* wog 1620 kg und erreichte durch das 3150 mm lange Rohr zwar eine V_0 von 700 m/s und damit eine Schußweite von 13 500 m, aber das Waffenamt entschied sich nun wegen der besseren Trefferwirkung für das Kaliber 10,5 cm. Die neue Lafette bildete die Grundlage für die le.F.H. 18.

Eine bemerkenswerte Waffe war die **F.K. 38,** eine verbesserte Ausführung der le.F.K. 18, von der die Firma *Krupp* 64 Stück nach Brasilien exportiert hatte. Aus dem dann abgestoppten Auftrag hat dann das Waffenamt 1942 noch weitere 80 Waffen abgenommen. Diese Kanone war mit 1380 kg wohl etwas schwer, erreichte aber mit dem 2800 mm langen Rohr, das eine Mündungsbremse trug, eine V_0 von 580 m/s.

Bemerkenswert war hier die Verwendung von Patronenmunition, eine 688 mm lange und 8,8 kg schwere Sprgr.Patrone trug hier eine 5,4 kg schwere Granate von 345 mm Länge. Mit der Treibladung von 1,06 kg wurde eine Schußweite von 11 300 m erreicht. Zur Panzerbekämpfung lag eine 4,6 kg schwere Hohlladungsgranate vor. Im Einsatz waren im März 1945 noch 26 Exemplare dieser Feldkanone.

Die **7,5-cm-F.K. 40** war keine Neuentwicklung, es war die der Artillerie überlassene Pak 40, die man dann im Oktober 1944 umbenannt hatte. Bei der 8,8-cm-Pak lag übrigens der Fall ähnlich, hier erhielten die übernommenen Waffen die Bezeichnung K. 43.

1944 forderte das Waffenamt die Entwicklung einer 7,5-cm-Mehrzweckwaffe, die sowohl als Feldkanone und auch als Panzerabwehrgeschütz Verwendung finden konnte.

Die Firma *Rheinmetall* stellte im Januar bereits ein Muster vor, bei dem man ein Rohr der 7,5-cm-KwK 42 zur Länge L/60 gekürzt und in die Lafette der le.F.H. 18/40 montiert hatte. Wegen hohem Gewicht und zu geringer Erhöhung des Rohres wurde dieser Vorschlag trotz der großen Schußweite von 13 500 m aber abgelehnt. Der nächste Schritt war logisch; man behielt die Lafette bei und griff einfach auf die kurzen Rohre der Pak 40 zurück. Die nun entstandene Waffe war aber mit 1758 kg nur etwa 140 kg leichter als die 10,5-cm-le.F.H. 18/40, deren Rohre man damals in die umgeänderte Lafette der Pak 40 eingelegt hatte. Die neue Kanone, jetzt **F.K. 7 M85** genannt, hatte auch mit fast 150 kg gegenüber den 60 kg bei der le.F.H. einen viel zu hohen Protzendruck, d. h., sie mußte bei dem zur Panzerbekämpfung notwendigen schnellen seitlichen Richten von noch mehr Leuten bewegt werden. Beim Verschuß von Panzergranaten wurde auch je Schuß 2,75 kg Pulver gegenüber 1,85 kg bei der le.F.H. verbraucht. Außerdem war die max. Durchschlagsfähigkeit mit 120 mm um 40 mm niedriger. Bei der Sprenggranate hatten die 0,64 kg Sprengstoff gegenüber den 1,4 kg bei der 10,5-cm-Munition natürlich eine wesentlich geringere Wirkung. Dazu kam noch, daß sich die 15 × 90 m große Streuungsellipse der le.F.H. auf 91 × 123 m bei der neuen Kanone vergrößerte. Obwohl der Artilleriestab im OKH auch noch darauf hinwies, daß infolge der Patronenmunition wenigstens fünf verschiedene Patronen notwendig sein würden, wurde die Einführung dieser Waffe beschlossen. Die **F.K. 85,** wie die endgültige Bezeichnung lautete, besaß ein Rohr von 3702 mm Länge und erreichte bei einer V_0 von 550 m/s eine Schußweite von 10 300 m.

Im Herbst 1944 wurde dann vorgeschlagen, bei den sowieso als **F.K. 40** übernommenen 7,5-cm-Pak 40 die Lafetten einfach so zu ändern, daß die maximalste Erhöhung erreicht wurde. Bei der nun **F.K. 7 M59** genannten Waffe gelang es, das Gewicht auf 1435 kg zu verringern. Mit einer Rohrerhöhung von 35° erreichte man eine Schußweite von fast 10 000 m. Diese Lösung kam aber viel zu spät; außer dem ersten Muster wurden 1945, trotz der Forderung von 800 Stück je Monat, nur noch im Monat Februar zehn dieser Waffen geliefert. Der Plan, für diese Kanonen neue Granaten zu schaffen, wurde im Januar 1945 wieder aufgegeben. Die bereits erteilten Aufträge über 490 000 Spreng- und 205 000 Panzergranaten wurden annulliert. Es wurde die Munition der 7,5-cm-Pak 40 verwendet, von der am 1. März 1945 noch 1 367 000 Spreng-, 486 400 Panzer- und 154 100 Hohlladungs-Granaten vorlagen.

Von der Firma *Krupp* kam im Januar 1945 zu diesem Vorhaben der Vorschlag einer Kombinationswaffe, FFP (Feld-Flak-Pak) genannt. Das war aber weiter nichts als eine umgeänderte 7,5-cm-Pak 40. Das auf 3000 mm gekürzte Rohr wog nun 460 kg, und mit der neuen Lafette erreichte man eine Rohrerhöhung von 85°. Da aber mit der 6,8 kg schweren Granate nur eine V_0 von 770 m/s erreicht wurde und das Muster infolge der für die Flugabwehr anders aufgebauten Lafette 1650 kg wog, wurde dieses Projekt abgelehnt.

Auf Grund einer Anfrage des Gen. d. Artillerie eine Kartätschenmunition betreffend, hat die Firma *Krupp* Ende Januar 1945 den Entwurf eines 7,5-cm-Kartätschenwerfers vorgelegt, den wir hier zu den leichten Feldkanonen zählen wollen.

Ein 80 kg schweres Rohr von 1120 mm Länge sollte in die leichte Feldlafette 41 eingelegt werden, von der noch zahlreiche aus dem Bestand der 2,8-cm-Panzerbüchse vorlagen. Die 6,5 kg schwere Granate war mit Stahlkugeln von 30 g Gewicht gefüllt und sollte eine V_0 von 220 m/s erreichen. Der Verschluß dieser Waffe, eine einfache Klappe mit einem Schieberiegel, hätte wohl kaum den Beifall des Waffenamtes gefunden.

Im folgenden sind noch einige 7,5-cm-Feldkanonen beschrieben, die von der Truppe aus der Beute übernommen wurden und die sich in der Tafel finden, in der die Verteilung der Beuteartillerie aufgezeichnet ist (s. S. 176–178).

Da haben wir zuerst die *italienische* **F.K. 237(i)**, eine in Krupp-Lizenz gebaute 1080 kg schwere Waffe, die aus einem 2250 mm langen Rohr eine 6,35 kg schwere Granate mit einer V_0 von 500 m/s verschoß und dabei eine Schußweite von 10 250 m erreichte. Die **F.K. 244(i)** war ein französischer Entwurf mit einem Rohr von 2132 mm Länge. Die anderen Werte dieser 1076 kg schweren Waffe entsprachen der 237(i). Die Firma *Ansaldo* hatte die **F.K. 248(i)** entwickelt, die mit der gleichen Granate, aber mit einer V_0 von 625 m/s eine Schußweite von 12 500 m erreichte. Die 1200 kg schwere Kanone besaß ein Rohr von 2574 mm Länge. Die offiziell als **7,5-cm-le.F.H. 254(i)** bezeichnete, 1050 kg schwere Waffe war ebenfalls eine F.K. Mit dem nur 1557 mm langen Rohr erreichte man mit der 6,35 kg schweren Granate jedoch lediglich eine V_0 von 425 m/s. Das ergab eine Schußweite von 9560 m.

Die **F.K. 243(h)** war eine in *Holland* bei der Firma *Siderius* verbesserte, 1299 kg schwere Krupp-Kanone. Eine 6,5 kg schwere Granate wurde mit einer V_0 von 500 m/s aus dem 2251-mm-Rohr verschossen. Sie erreichte dabei eine Schußweite von 10 600 m. Aus Deutschland hatte *Norwegen* die **F.K. 246(n)** importiert. Die 1037 kg schwere Waffe besaß ein 2325 mm langes Rohr, und daraus erreichte eine 6,5 kg schwere Granate bei einer V_0 von 500 m/s eine Schußweite von 10 600 m.

Aus dem *Putilow-Arsenal* im ehemaligen St. Petersburg stammte die *russische* **7,62-cm-F.K. 295/1(r)**, die 1930 modifiziert wurde. Die 1320 kg wiegende Waffe besaß ein 2286 mm langes Rohr. Die 6,4 kg schwere Granate erreichte eine V_0 von 635 m/s, dabei flog die Granate 12 400 m weit.

Die **8-cm-F.K. 5/8** war eine *tschechische,* von der Firma *Skoda* produzierte Feldkanone mit einem Kal. von 7,65 cm, die auch an Österreich und Jugoslawien verkauft wurde. Anfänglich nur in der Ausbildung verwendet, wurde sie später bei der Partisanenbekämpfung auf dem Balkan eingesetzt. Die 1065 kg schwere Waffe besaß ein Rohr von 2295 mm Länge, aus dem eine 8,0 kg wiegende Granate mit einer V_0 von 540 m/s verschossen wurde. Die dabei erzielte Schußweite betrug 9400 m. Diese Kanone wurde unter dem Zusatzbuchstaben (t) bzw. (ö) oder als F.K. 300(j) geführt. Weitere Waffen in diesem abweichenden Kaliber waren die **F.K. 17(ö)** und **(t)**, von denen bei Kriegsbeginn 241 vorhanden waren, bzw. 303(j) und die F.K. 304(j). Die erste Waffe besaß ein Gewicht von 1318 kg. Aus dem 2078 mm langen Rohr erreichte die 8 kg schwere Granate eine V_0 von 440 m/s und dabei eine Schußweite von 9050 m. Die zweite Feldkanone hatte für den Beschuß von Luftzielen einen auf 80° erweiterten Höhenrichtbereich. Das Gewicht der Waffe betrug 1816 kg. Aus dem 3060 mm langen Rohr verschoß man eine 8 kg wiegende Granate, die bei einer V_0 von 600 m/s eine Schußweite von 13 100 m erreichte. Diese F.K. 304(j) unterschied sich nur in Kleinigkeiten an der Lafette von der F.K. 30(t).

Die **8-cm-F.K. 30(t)** stammte aus *tschechischen* Armeebeständen. Sie wog 1816 kg und verschoß aus dem 3060 mm langen Rohr eine 8 kg schwere Granate vom Kaliber 7,65 cm mit einer V_0 von 600 m/s. Die dabei erreichte Schußweite betrug 13 400 m. Von der vorwiegend in der Ausbildung verwendeten Waffe gab es bei Kriegsausbruch 184 Stück mit 240 000 Schuß. Im März 1945 waren noch 34 dieser Kanonen mit 37 800 Schuß vorhanden, 26 davon standen an der Front.

Die aus der Beute in *Polen* übernommenen 284 **F.K. 02/26(p)** wurden fast nur in der Ausbildung verwendet. Die 1180 kg schwere Waffe stammte noch aus der Zarenzeit. 446 Waffen hatte man in Polen umgebaut. Aus einem 2286 mm langen Rohr wurde eine 7,5-cm-Granate von 8 kg Gewicht mit einer V_0 von 588 m/s verschossen. Die Schußweite betrug 10 800 m.

Im Kaliber 7,5 cm gab es ferner die **F.K. 97(p)**, von der man 721 Stück normale und 18 der Kasematten-Ausführung übernommen hatte. 80 Waffen der Normalausführung wurden später an Rumänien verkauft. Diese 1190 kg schwere Kanone verschoß aus dem 2721 mm langen Rohr eine 6 kg schwere Granate mit einer V_0 von 577 m/s. Es wurde eine Schußweite von 11 200 m erreicht. Diese Kanonen waren 1940 in Frankreich eingesetzt und haben dort 467 Schuß verfeuert. Die *französische* Canon 1897, bei uns als **7,5-cm-F.K. 231(f)** eingesetzt, war mit dieser Waffe baugleich. Zu dieser Waffe gab es aus französischen Beständen eine neuartige 2,7 kg schwere Pzgr., bei der nach dem Verschuß die 0,55 kg schwere Aluminiumhülse abfiel – das 1,9 kg schwere Geschoß vom Kal. 58 mm war mit einer sehr schlanken Haube verkleidet und erreichte eine V_0 von fast 1100 m/s.

Aus der Beute in *Belgien* wurden die folgenden 7,5-cm-Feldkanonen übernommen:

F.K. 234(b) von 1510 kg Gewicht, die aus einem 2806 mm langen Rohr eine 6,1 kg schwere Granate mit einer V_0 von 540 m/s verschoß. Mit einer Schußweite von 11 000 m war sie vorwiegend beim Küstenschutz eingesetzt. Die **F.K. 235(b)** war ein Lizenzbau eines Krupp-Modells von 1905, das bis 1914 produziert wurde. Die mit 1190 kg verhältnismäßig leichte Waffe besaß ein 2250 mm langes Rohr, aus dem die 6,5 kg schwere Granate bei einer V_0 von 540 m/s eine Schußweite von 9900 m erreichte. Die andere Waffe war die 1390 kg schwere **F.K. 236(b)**, bei der die 7,1 kg schwere Granate aus dem 2800 mm langen Rohr durch die höhere V_0 von 579 m/s eine Schußweite von fast 11 800 m erreichte.

Eine fast nur in Nordafrika eingesetzte Beutewaffe war die in 48 Exemplaren vorhandene **8,76-cm-F.K. 280(e)**. Das war die *englische* Kanonenhaubitze, der sogenannte 25-Pfünder, weil die Granate 25lb = 11,35 kg wog. Diese 1780 kg schwere Kanone besaß ein 2475 mm langes Rohr, aus dem die bereits erwähnte Granate mit einer V_0 von 530 m/s verschossen wurde. Die Schußweite betrug dabei fast 12 300 m. Die Artillerie der 90. leichten Division des Afrikakorps bestand übrigens für längere Zeit aus diesen Waffen und einer größeren Anzahl russischer Beutegeschütze vom Kaliber 7,62 cm.

Wie die F.K. 280(e), so stammte auch die **8,76-cm-F.K. 281(e)** aus der staatlichen *englischen* Waffenfabrik in Leeds. Hier hatte man Rohre des 18-Pfünders aufgebohrt und verschoß die bereits erwähnte 25lb-Granate. Mit der normalen Ladung wurde in dem 2457 mm langen Rohr eine V_0 von 450 m/s erreicht; das ergab eine Schußweite von 10 800 m.

Diese 1600 kg schweren Waffen befanden sich, wie auch die **8,76-cm-F.K. 282(e)**, vorwiegend beim Küstenschutz. Die zuletzt erwähnte Waffe unterschied sich nur durch einige Veränderungen an der Lafette von der 281(e).

Eine ausgezeichnete Waffe war die **10,5-cm-K. 35(t)**, die von der Firma *Skoda* auch an das jugoslawische Heer geliefert wurde. Diese 4200 kg schwere Kanone besaß ein 4400 mm langes Rohr, aus dem die 18 kg schwere Granate 35(t) mit einer V_0 von 730 m/s verschossen wurde.

Bei einer Schußweite von 18 300 m war diese Waffe für die Küstenverteidigung sehr brauchbar. Zu den bei Kriegsausbruch vorhandenen 59 Kanonen hat die Firma *Skoda* während des Jahres 1940 noch 49 Stück geliefert. Der Munitionsbestand, der im September 1939 68 600 Schuß betrug, lag im März 1945 bei 96 900 Schuß.

Zu erwähnen sind hier auch die 55 aus der polnischen Beute übernommenen **10,5-cm-K. 13(p)**. Diese in Frankreich gebauten, 2300 kg schweren Kanonen besaßen ein 2987 mm langes Rohr, aus dem eine 15,4 kg wiegende Granate mit einer V_0 von 550 m/s verschossen wurde; das ergab eine Schußweite von 12 500 m. Man hat 1940 an Rumänien zwölf dieser Kanonen verkauft. Die 2880 kg schwere **K. 29(p)** war eine in Polen gebaute, verstärkte Ausführung der K. 13(p). Mit einer verstärkten Ladung wurde eine Schußweite von 15 200 m erreicht. Das Heer hatte 116 dieser Kanonen erhalten.

Zum Küstenschutz waren die *holländischen* 10,5-cm-Bofors-Kanonen eingesetzt. Die 3650 kg schwere Waffe trug die Bezeichnung **s. 10,5-cm-K. 335(h)**. Verschossen wurde eine 16 kg schwere Granate, die in dem 4200 mm langen Rohr eine V_0 von 750 m/s erreichte und es damit auf eine Schußweite von 16 500 m brachte.

Die 1940 erbeuteten *englischen* 4,5-Zoll-Kanonen waren ebenfalls bei der Küstenartillerie eingesetzt. Die nun mit **11,4-cm-K. 365(e)** bezeichnete Waffe wog 5730 kg, besaß ein 5250 mm langes Rohr, aus dem eine rund 25 kg wiegende Granate verschossen wurde. Bei einer V_0 von 686 m/s wurde eine Schußweite von 18 700 m erreicht.

Weitere eingesetzte Beutewaffen waren die *französischen* **10,5-cm-Kanonen 331** und **332(f)**. Die erstere wog 2300 kg und besaß ein 2980 mm langes Rohr, aus dem meistens die 392 mm lange Sprgr. 305(f) verschossen wurde, die bei 17 kg Gewicht 3,6 kg Sprengstoff trug. Bei einer V_0 von 550 m/s wurde eine Schußweite von 12 000 m erreicht. Die 3920 kg schwere Kanone 332(f) war das Modernste, was Frankreich in dem Kaliber besaß. Hier wurde die 507 mm lange Sprgr. 348(f), die 2,7 kg Sprengstoff bei 15,7 kg Gewicht trug, mit einer V_0 von 725 m/s verschossen. Sie erreichte eine Weite von 16 000 m. Vom Bestand, der in der französischen Armee 159 Stück betragen hatte, wurden 144 beim deutschen Heer eingesetzt.

Die **12-cm-K. 370(b)** war 1934 im *belgischen* Heer eingeführt worden. Es war eine 5420 kg schwere Waffe, von der eine 21,9 kg wiegende Granate mit einer V_0 von 760 m/s verschossen wurde. Alle 24 in Liège hergestellten Kanonen wurden vom deutschen Heer übernommen und wegen ihrer Reichweite von 17 600 m bei der Küstenverteidigung eingesetzt.

1930 hatte man in *Rußland* die noch aus der Zarenzeit stammende 10,7-cm-Pushka 1910 modernisiert. Sie war in kleiner Stückzahl als **K. 352(r)** im Osten eingesetzt. Verschossen wurde von der 2380 kg wiegenden Waffe aus dem 3314 mm langen Rohr eine 17,2 kg schwere Granate. Bei einer V_0 von 670 m/s erreichte man eine Schußweite von 16 350 m.

Versuche mit größeren Kalibern führten von der **10-cm-Kanone 17** des Ersten Weltkrieges – von der noch 66 Stück mit 80 400 Schuß zur Küstenverteidigung eingesetzt waren – dann zur **schweren 10-cm-Kanone 18**. Hatte die 3175 kg schwere K. 17 mit der 18,5 kg schweren Granate, die von 3,1 kg Pulver mit einer V_0 von 650 m/s aus dem 4725 mm langen Rohr verschossen wurde, eine Schußweite von 14 100 m erreicht, so waren es 19 075 m mit der K. 18. War die K. 17 noch eine reine Krupp-Entwicklung gewesen, so kam bei der 5642 kg schweren K. 18, die 37 500,– RM kostete, nur noch die Lafette von *Krupp*, der Rest war von *Rheinmetall*. Aus dem 5460 mm langen Rohr wurde die 15,1 kg schwere 10,5-cm-Granate 19, die 1,8 kg Sprengstoff trug, von einer 5,75 kg schweren Treibladung mit einer V_0 von 835 m/s verschossen. Bei der Truppe gab es bei Kriegsausbruch 702 der **s.10-cm-K. 18** mit einem Munitionsbestand von 821 000 Schuß. Im März 1945 lagen von der Granate 19 noch 778 900 Stück vor. Von der K. 17 betrug der Bestand 47 Stück, von denen sich 45 an der Front befanden. Bei der K. 18 standen elf Waffen in den Zeugämtern und 809 im Einsatz.

Eine verbesserte Waffe war die **s.10-cm-Kanone 18/40**, die später in **s.10-cm-K. 42** umbenannt wurde. Hier hatte sich durch das 6300 mm lange Rohr das Gewicht der Kanone auf 5720 kg erhöht. Mit einer auf 6,8 kg erhöhten Treibladung wurde eine V_0 von 915 m erreicht, und das resultierte in einer Schußweite von 21 150 m. Dem *Spreewerk – Berlin*, das bereits die K. 18 fertigte, wurde der Bau einer Kleinserie zu 62 500,– RM je Waffe übertragen.

Man sparte zwar durch Leichtmetallräder später nochmals 190 kg am Waffengewicht ein, aber das Waffenamt forderte eine wesentlich leichtere Kanone. Unter der Bezeichnung **10-cm-leichte-Kanone 41** legten nun *Krupp* und *Rheinmetall* Entwürfe vor. *Krupp* hatte es sich einfach gemacht und in die geänderte Lafette der leichten Feldhaubitze ein etwas geändertes Rohr der K. 17 eingelegt. Die Rheinmetall-Ausführung war viel moderner, wog nur 2650 kg, verlor aber dadurch an Stabilität. Aus dem 4200 mm langen Rohr wurde die 10,5-cm-Granate 19 mit einer V_0 von 665 m/s verschossen, und das ergab eine Schußweite von 15 000 m. *Rheinmetall* hat zwar zur Erprobung 5 Musterwaffen gebaut, das Waffenamt hat aber diese und auch den Krupp-Entwurf abgelehnt. Man enschloß sich aus Gründen der Vereinfachung, das Schwergewicht der Produktion bei dem Kaliber 10,5 cm auf die leichten Feldhaubitzen zu legen.

Während des Zweiten Weltkrieges wurden folgende Produktionszahlen an Waffen und der dazugehörigen Munition erreicht:

	1939	1940	1941	1942	1943	1944	1945
7,5-cm-le.F.K. 18	8	96	–	–	–	–	–
7,5-cm-F.K. 38	–	–	–	80	–	–	–
7,5-cm-F.K. 7M 59	–	–	–	–	–	–	10
7,5-cm-F.K. 7M 85	–	–	–	–	–	10	–
s. 10-cm-K. 18	–	35	108	135	454	701	74
(in 1000 Schuß)							
7,5-cm-K.Gr.	119,3	140,7	6,2	93,5	42,5	15,0	–
8-cm-Gr. 30(t)	60,4	314,1	30,0	–	–	–	–
10,5-cm-Gr. 19	92,5	1259,9	295,2	777,6	1711,0	2754,6	174,0
10,5-cm-Gr. 35(t)	–	33,3	–	76,0	95,0	118,1	13,2

Gebirgsgeschütze

Derartige Waffen müssen mit einfachsten Mitteln zerlegbar sein, um sie in dem unwegsamen Gelände transportieren zu können. Das Waffenamt hatte bereits 1926 an die Firmen *Krupp* und *Rheinmetall* Aufträge zur Entwicklung von Waffen mit 7,5- und 10-cm-Kaliber vergeben. Die Firma *Krupp* hat nach den Holzmodellen die Entwurfsarbeiten aber wieder aufgegeben. *Rheinmetall* legte die 756 kg schwere 7,5-cm-Gebirgskanone L/21 vor, aus deren 1575 mm langen Rohr eine 6,6 kg wiegende Granate verschossen wurde. Bei einer V_0 von 430 m/s hätte man eine Schußweite von 9010 m erreicht.

Mehr Wirkung sollte die 10,5-cm-Geb.Haubitze L/15 bringen, die 841 kg wog. Bei einer Rohrlänge von 1575 mm und einer V_0 von 295 m/s ergab sich für die 15,6 kg schwere Granate eine Schußweite von 7010 m.

Beide Entwicklungen wurden aber abgelehnt.

Bis eine Lösung gefunden wurde, blieb die aus dem Ersten Weltkrieg stammende **Geb.Kan. 15,** eine Waffe der Firma *Skoda*, bei der Truppe. Die 630 kg schwere Kanone hatte eine Rohrlänge von 1155 mm. Verschossen wurde die 5,5 kg schwere Geb.Gr. 15, die 0,44 kg

Sprengstoff trug, mit einer V_0 von 386 m/s. Das ergab eine Schußweite von 6650 m. Bei Kriegsausbruch gab es 129 400 Schuß für die 254 vorhandenen Kanonen. Im März 1945 gab es noch 251 Waffen, von denen 184 an der Front standen. Diese Gebirgskanone war übrigens baugleich mit der Geb.K. 259(i).

Die **Gebirgshaubitze 34** war eine Waffe, die man von der schwedischen Firma *Bofors* gekauft hatte. Man konnte sich jedoch nicht zu größeren Käufen entschließen und entschied als Zwischenlösung eine Anzahl le.I.G. 18 so umzubauen, daß sie in 10 Lasten zerlegbar waren, und nannte diese Waffe nun »leichtes Gebirgs-Infanteriegeschütz«. Die Truppe besaß von diesem Geschütz 95 Stück, die alle 1939 vor Kriegsausbruch ausgeliefert wurden.

Zu der Zeit hatte bei der Firma *Rheinmetall* die Entwicklung des **Gebirgsgeschützes 36** begonnen, das später 17 000,– RM kostete. Es besaß eine Spreizlafette und konnte in 8 Lasten zerlegt werden. Diese 750 kg wiegende Waffe hatte eine Rohrlänge von 1450 mm. Verschossen wurde die 7,5-cm-Gr. 34, die 5,75 kg wog. Bei einer V_0 von 475 m/s erreichte man eine Schußweite von 9100 m. Die Truppe erhielt dieses Geschütz, scherzhaft »Edelweiß-Ari« genannt, aber erst nach dem Frankreich-Feldzug. Sowohl für die Geb.K. 15 als auch für das Geb.G. 36 gab es eine 4,5 kg schwere HL-Granate.

Die 582 kg schwere **Gebirgskanone 43** war das Resultat der Ausschreibung »Gebirgsgerät 99«. Die Firmen *Rheinmetall* und *Böhler* erhielten Entwicklungsaufträge, nach denen der Böhler-Entwurf zur Produktion ausgewählt wurde. Das gegenüber dem Geb.G. 36 um über 22 Prozent gesenkte Gewicht dieser 7,5-cm-Waffe, das in 7 Lasten, von denen die schwerste knapp 118 kg wog, aufgeteilt wurde, war ein großer Vorteil. Das Rohr mit der großen, sehr wirksamen Mündungsbremse war 1630 mm lang. Verschossen wurde eine 5,8 kg schwere Granate mit einer V_0 von 480 m/s. Damit erreichte man eine Schußweite von 9500 m. 1942 wurden aber nach dem Bau von nur 4 Mustern die Arbeiten wieder eingestellt. Erst für 1945 war eine Produktion von 50 Waffen je Monat geplant. Die gleiche Firma hatte die ausgezeichnete **10,5-cm-Gebirgshaubitze 40** entwickelt, die mit einem 3150 mm langen Rohr 1656 kg wog, aber mit 54 850,– RM nicht gerade billig war. Als Munition fand die F.H.Gr. der leichten Feldhaubitze Verwendung, die bei 14,8 kg Gewicht 1,9 kg Sprengstoff trug. Bei einer V_0 von 565 m/s betrug die Schußweite 12 650 m. In diesem Kaliber hat die Firma *Rheinmetall* ebenfalls einen Entwurf vorgelegt, von dem zwei Muster gebaut wurden. Diese

alte 10,5-cm-
Geb.Haubitze

Waffe, voreilig als **Geb.H. 42** bezeichnet, verschoß aus einem ebenfalls 3150 mm langen Rohr auch wieder die 14,8 kg schwere Granate mit einer V_0 von 570 m/s, erreichte aber nur eine Schußweite von 11 950 m. Da die 1725 kg schwere Haubitze auch nicht ganz die Stabilität der Geb.H. 40 erreichte, ist diese Entwicklung nicht weiter verfolgt worden.

In der Entwicklung befand sich bei der Firma *Böhler* noch eine 15-cm-Geb.Haubitze, die das Hoch- und Niederdrucksystem der Firma *Rheinmetall* verwendete. Das Kriegsende kam der endgültigen Lösung zuvor.

Von einer Waffe, die eigentlich auf Grund der anfänglichen Bezeichnung – LG 300 – zu den Leichtgeschützen gehört, die aber dann in 7,5-cm-leichtes Gebirgsgeschütz umbenannt wurde, hatte *Rheinmetall* im Sommer 1942 vier Stück geliefert. Die geforderte Schußweite 8500 m wurde aber nicht erreicht, bei einer V_0 von 380 m/s kam man nur auf 6900 m. Da man den Gebirgsjägern das Verlasten erleichtern wollte, hatte man extrem leicht gebaut – die Waffe wog nur 160 kg –, und das ging auf Kosten der Stabilität. Es wurde für dieses Geschütz deshalb keine Fertigung eingeleitet.

Die Waffen-SS hatte von der Firma *Skoda* 47 Stück der 10-cm-**Geb.Haubitze 16/19(t)** übernommen und davon einen Teil auf die Munition der le.F.H. umrüsten lassen. Die neue 1330 kg schwere Waffe besaß ein 2500 mm langes Rohr. Bei einer V_0 von 464 m/s erreichte die 14,8 kg schwere Granate eine Schußweite von 10 900 m.

Im März 1945 befanden sich bei der Truppe 615, in den Zeugämtern 12 der Gebirgsgeschütze 36 sowie 195 (minus 7 in den Zeugämtern) von der 10,5-cm-Gebirgshaubitze 40. Die Bestände der 7,5-cm-Munition betrugen 953 300 der Granate für das 36er Modell und 426 600 für die Geb.Kan. 15. Für die 10,5-cm-Haubitze gab es noch 191 500 Schuß.

Die Produktion der Gebirgsgeschütze und ihrer Munition während des Zweiten Weltkriegs

	1939	1940	1941	1942	1943	1944	1945
Geb.Gesch. 36	59	70	84	216	242	456	66
Geb.H. 40	–	–	–	30	104	223	63
(in 1000 Schuß)							
7,5-cm-Gr. 36	34,0	228,6	97,3	382,1	1046,6	1649,5	34,0
10,5-cm-Gr. 40	–	–	–	165,4	210,0	705,0	80,0

Bei den Gebirgsgeschützen finden sich folgende Beutewaffen:

Die *italienische* 6,5-cm-Canonada 65/17 stammte von 1913. Sie wurde als **Geb.K. 26(i)** übernommen und als leichtes Infanteriegeschütz eingesetzt. Die 556 kg schwere Waffe besaß ein Rohr von 1150 mm Länge. Sie verschoß eine 4,2 kg schwere Granate mit einer V_0 von 350 m/s, das ergab natürlich eine mäßige Schußweite von 6500 m.

Eine bessere Waffe war da schon die 1928 eingeführte *französische* Waffe **Geb.K. 238(f)** mit 7,5-cm-Kal., bei der man bei einer V_0 von 375 m/s eine Schußweite von 9000 m erreichte. Die 660 kg schwere Waffe verschoß aus ihrem 1397 mm langen Rohr eine 7,25 kg wiegende Granate.

1936 war bei *Skoda* die 7,62-cm-Gornaya Pushka entworfen worden. Die Sowjetunion hat sie dann ab 1938 in Lizenz gebaut, sie wurde als **Geb.K. 307(r)** übernommen. Die mit 785 kg etwas schwere Waffe konnte jedoch für den Transport in 10 Lasten zerlegt werden. Die 6,2-kg-Granate erreichte in dem 1630 mm langen Rohr eine V_0 von 500 m/s; das reichte für eine Schußweite von 10 100 m.

Ebenfalls ein Skoda-Entwurf war die **10-cm-Geb.H. 316(i)**. Sie war mit 1235 kg zu schwer für das Gebirge, zumal man sie nur in 3 Lasten aufteilen konnte. Verschossen wurde aus dem 1930 mm langen Rohr eine 13,4 kg schwere Granate, die bei einer V_0 von 405 m/s eine Schußweite von 9280 m erreichte.

Leichtgeschütze

Unter dieser Bezeichnung waren die sogenannten rückstoßlosen Geschütze bekannt. Die einfachste Lösung, den Rückstoß aufzuheben, stammt von dem Amerikaner Davis, der ein der Granate entsprechendes Gegengewicht am anderen Ende des Rohres herausschießen ließ. Seit etwa 1930 hatte man bei den Firmen *Krupp* und *Rheinmetall* verschiedene Versuche unternommen und dabei festgestellt, daß man das Gegengewicht durch eine gewisse Menge austretender Pulvergase ersetzen konnte.

Alle für den Rückstoßausgleich notwendigen Teile wurden weggelassen und ein Teil der Pulvergase hinten durch eine Düse abgeleitet. Das Rohr erhielt dadurch eine Art Antrieb nach vorn, durch den der Rückstoß aufgehoben wurde. Es waren zwar größere Pulvermengen notwendig, doch die Waffe, vor allem die Lafette, konnte sehr leicht gebaut werden. Ein Nachteil war, daß die hinten austretenden Pulvergase nicht nur eine weithin sichtbare Rauchwolke bildeten, sondern auch eine Menge Staub aufwirbelten und somit dem Gegner die Stellung verrieten. Eingesetzt wurden diese Waffen bei der Gebirgstruppe und bei den Fallschirmjägern.

Das erste Muster, das 7,5-cm-L.G.-1/370, war eine sehr leichte Konstruktion der Firma *Rheinmetall,* aus der Patronenmunition verschossen wurde, die in der Hülse eine Dämmscheibe trug, die bei einem gewissen Gasdruck zerbarst und so Gase nach hinten entweichen ließ. Es wurde zum L.G. 1/300 verbessert, aus dem dann das eingeführte **L.G. 1** entstand. Das Muster, mit dem man später getrennte Munition verschoß, wurde **L.G. 40** genannt. Die Firma *Krupp* hatte auch ein L.G. 1/300 vorgelegt, es war zu unhandlich und wurde vom Waffenamt abgelehnt.

Das in fünf Lasten zerlegbare L.G. 40 kostete 6470,– RM, wog 207 kg und besaß ein Rohr, das einschließlich der Abgasdüse 1150 mm lang war. Die für Gebirgsjäger vorgesehene Waffe verschoß die 5,8 kg schwere 7,5-cm-Gr. der Feldkanone mit einer 1,2-kg-Treibladung. Bei einer V_0 von 345 m/s ergab das eine Schußweite von 6500 m. Später wurde zur Panzerbekämpfung eine 5 kg schwere Hohlladungsgranate eingeführt. Die in Leichtmetall für die Fallschirmtruppen gefertigten Waffen wogen nur 175 kg, sie wurden erstmalig im Mai 1941 auf Kreta eingesetzt.

In diesem Kaliber gab es zahlreiche Projekte, vom L.G. 1/285, von dem es bei *Rheinmetall* nur ein Muster gab, das zwar nur 120 kg wog, aber nicht stabil genug war, bis zur Entwicklung eines Ersatzes für das le.I.G. 18.

Hier hatten *Rheinmetall* das L.G. 1/495 und *Krupp* das L.G. 1/500 vorgelegt. Beide erreichten zwar Schußweiten von 9500 m, waren aber mit über 430 kg Gewicht zu schwer. Die Zahl nach dem Schrägstrich gibt übrigens die V_0 an.

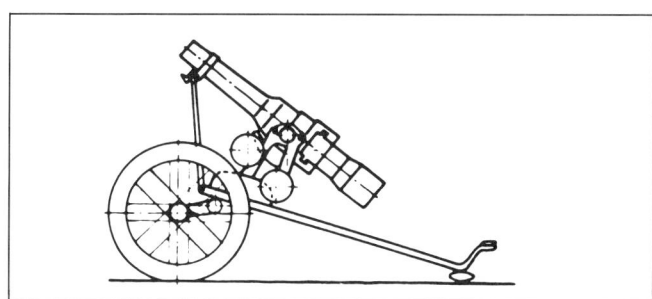

7,5-cm-L.G. 40

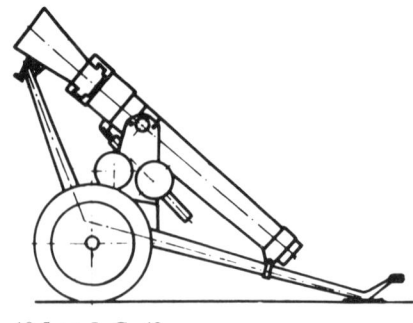

10,5-cm-L.G. 42

10,5-cm-L.G. 40

Das Waffenamt forderte jetzt eine bessere Trefferwirkung und damit ein größeres Kaliber. Das führte bei *Rheinmetall* zum L.G. 2/350 und 370, aus denen dann das **10,5-cm-L.G. 42** entstand, das bei der Firma *Dürkopp* gefertigt wurde und rund 13 000,– RM kostete. Diese 480 kg wiegende Waffe verschoß aus einem Rohr von 1835 mm Länge die 14,8 kg wiegende Granate der le.F.H. Bei einer V_0 von 340 m/s konnte mit der 3,1-kg-Treibladung eine Schußweite von 8000 m erreicht werden. Als später die Verwendung von Aluminium bei diesen Geschützen untersagt wurde, wurde die Waffe vereinfacht und das Rohr auf 1636 mm gekürzt, dabei konnte das Gewicht gehalten werden. Die Karteikarte zeigt für den März 1945 einen Bestand von 32 Stück des L.G. 42.

Das **L.G. 40** war eine Entwicklung von *Krupp* im 10,5-cm-Kaliber. Hier wog die Waffe 435 kg, hatte eine Rohrlänge von 1902 mm und erreichte die gleichen Leistungen wie das L.G. 42 mit 0,1 kg weniger Pulver. In der Eisenausführung stieg das Gewicht dann auf 476 kg an. Vom L.G. 40 waren im März 1945 noch 31 Stück vorhanden.

Die Forderung nach einem Ersatz für die Geb.Haubitze führte zu dem L.G. 2/540 der Firma *Rheinmetall,* die mit einem 3360 mm langen Rohr 1050 kg wog. Die Granate der le.F.H. erreichte 12 000 m, benötigte aber 7,2 kg Treibpulver.

Bei der Firma *Krupp* entstand das L.G. 2/550, mit 900 kg und einem Rohr von 2860 mm Länge eine leichtere Waffe. Für die gleiche Schußweite waren nur 4,5 kg Pulver notwendig.

Diese Waffen wurden versuchsweise auch auf Selbstfahrlafetten eingebaut, sie kamen aber über den Musterbau nicht hinaus.

Eine Kruppwaffe erhielt für Versuche mit Röchling-Granaten ein glattes Rohr, durch das höhere Geschoßgewicht sank die Reichweite auf 5000 m. Das Waffenamt hatte nun erkannt, daß man auch die Infanterie mit derartigen leicht beweglichen Waffen ausstatten konnte, und forderte als Ersatz für das s.I.G. 33 nunmehr ein L.G. mit 15-cm-Kaliber.

Rheinmetall legte die Entwürfe L.G. 240 und 290 vor. Da bei dem ersten Muster nur eine Schußweite von 4700 m erreicht wurde, wurde das zweite Muster als **15-cm-L.G. 42** eingeführt. Die Rohrlänge betrug 2600 mm, das Gewicht 850 kg, und die 38 kg schwere Granate des s.I.G. wurde mittels einer 7,1 kg Treibladung mit einer V_0 von 290 m/s verfeuert und erreichte eine Schußweite von 6500 m. Im Sommer 1944, kurz nachdem die Firma Dürkopp mit der Produktion dieser 15-cm-Waffe begonnen hatte, wurde die Fertigung von Leichtgeschützen

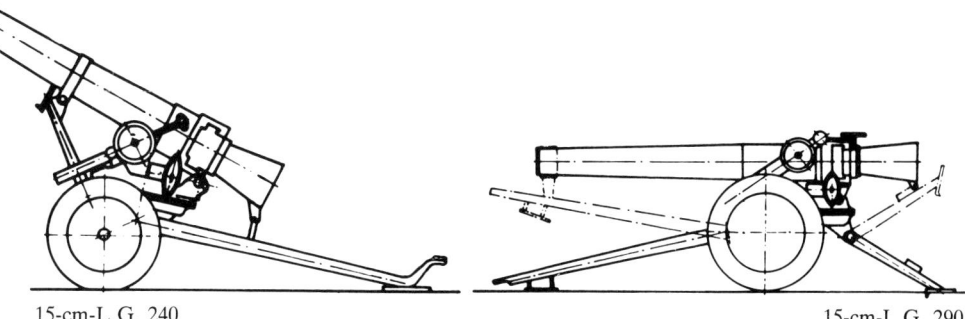

15-cm-L.G. 240   15-cm-L.G. 290

eingestellt – der Pulververbrauch war zu hoch. Weitere rückstoßlose Waffen fanden wir bereits bei den Panzerabwehrwaffen.

Ein Projekt blieb ein riesiges L.G., das mit einer 3-Achsenlafette 40 000 kg wiegen sollte. Daraus wollte man die »Rheinbote-Rakete« mit einer V_0 von 250 m/s verschießen. Man erhoffte sich dadurch eine erhebliche Pulvereinsparung und eine verbesserte Treffgenauigkeit. Der im Verhältnis zur Wirkung immer noch zu hohe Pulververbrauch führte dann doch zur Streichung des Projektes.

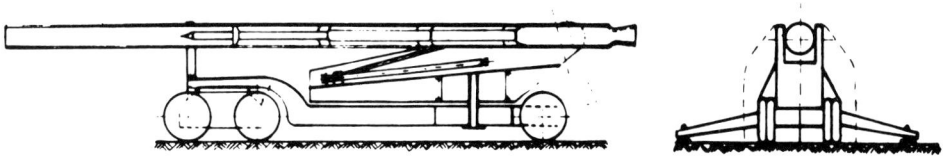

L.G. für den »Rheinboten«

Die Produktion der 7,5- und 10,5-cm-Leichtgeschütze und der dazugehörigen Munition:

	1940	1941	1942	1943	1944	1945
7,5-cm-L.G.	184	9	91	132	237	–
10,5-cm-L.G.	–	184	82	104	158	–
7,5-cm-L.G.Gr.	?	92 000	–	–	52 000	–
10,5-cm-L.G.Gr.	–	30 000	206 400	118 000	98 000	–

Im März 1945 gab es noch 112 Leichtgeschütze vom Kaliber 7,5 cm, für die der Munitionsbestand 64 900 Schuß betrug. Vom Kaliber 10,5 waren es noch 63 Geschütze mit 190 000 Schuß.

Haubitzen und Mörser

Aus den Beständen des Ersten Weltkrieges war eine ganze Anzahl der von der Firma *Krupp* gebauten leichten Feldhaubitze 16 vorhanden. Die 1525 kg schwere Waffe hatte eine Kastenlafette und für den Pferdezug noch Holzspeichenräder. Aus dem 2310 mm langen Rohr wurde die 14,8 kg schwere Granate von 489 mm Länge mit einer V_0 von 395 m/s verschossen und erreichte dabei eine Schußweite von 9225 m. Diese 10,5-cm-Haubitze wurde ab 1929 von der Firma *Rheinmetall* zur **leichten Feldhaubitze 18** weiterentwickelt, 1935 wurde sie als Standardhaubitze von der Truppe übernommen. Die Kennzeichnungsziffer, hier die »18«, gab früher das Einführungsjahr an; diese Ziffern wurden nach dem Ersten Weltkrieg bei der Reichswehr absichtlich verschleiert, sie sollten den anderen Mächten zeigen, daß es sich um eine alte Waffe des Ersten Weltkrieges handelte. Der Versailler Vertrag beschränkte nicht nur die Anzahl bestimmter Waffen, er verbot für bestimmte Typen auch deren Entwicklung. Diese 16 400,– RM teure **le.F.H. 18** hatte ein Gewicht von 1985 kg, aus dem 2941 mm langen Rohr konnte die 489 mm lange Granate 38, die 14,8 kg wog und 1,78 kg Sprengstoff trug, mit einer V_0 von 470 m/s verschossen werden; sie erreichte eine Schußweite von 10 675 m.
Die Treibladung der Munition wurde bisher kaum erwähnt:
Bei den Feldkanonen und den Infanteriegeschützen hatte das 15-cm-s.I.G. 33 mit 0,68 kg Pulver die größte Treibladung; bei den Gebirgsschützen war es die 10,5-cm-Gebirgshaubitze 40, die mit 2,08 kg eine verhältnismäßig große Treibladung verwendete. Bei der leichten Feldhaubitze 18 haben wir eine maximale Treibladung von 1,35 kg. Hier wurde auch, wie bei fast aller Kartuschenmunition, mit verschiedenen, in diesem Fall mit fünf Ladungen und einer Sonderkartusche geschossen. Es ist jeweils die größte Ladung angegeben, damit wurde auch in fast allen Fällen die erwähnte größte Schußweite erreicht.

Am Beispiel der leichten Feldhaubitze soll hier die Vielfalt der Munition gezeigt werden, gleichzeitig ist daraus zu ersehen, daß derartige Listen für *alle* Waffen den Rahmen dieses Buches sprengen würden. Die zahlreichen Varianten entstanden nicht nur durch den Verwendungszweck, sondern auch wegen des konstruktiv geänderten Aufbaus der Munition.

FH.Gr.		14,81 kg	Spreng-Granate
	Stg	15,55 kg	Stahlguß
	PG	14,81 kg	Perlitguß
	Bo.Pr.	14,81 kg	Bohrgeschoß-Preßstahl
	Nb.	14,00 kg	Nebel-Granate
	Fern	14,81 kg	Fern-Granate
	rot	15,00 kg	Spreng-Granate
	rot Bo-Pr.	15,00 kg	s. o.
	Brand	15,18 kg	Brand-Granate
	Spr.Br.	15,25 kg	Spreng-Brand-Granate
	Weiß-Rot	13,65 kg	enthielt 0,5 kg Flugblätter
	Kh	14,00 kg	f. Kampfstoff
	ZB	13,23 kg	f. Kampfstoff
	35	15,70 kg	Spreng-Granate
	38	14,81 kg	Spreng-Granate
	38 Stg	14,81 kg	s. o.
	38 Nb	14,71 kg	Nebel-Granate
	38 Kh	14,85 kg	f. Kampfstoff
	40 Nb	15,25 kg	Nebel-Granate
	40 Deut	14,63 kg	Markierungs-Granate

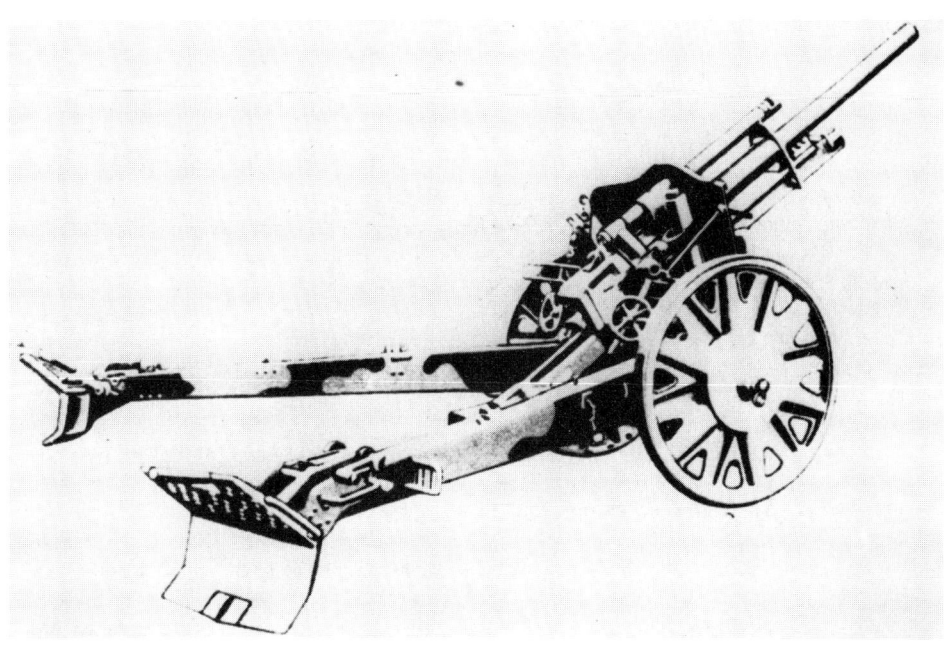

10,5-cm-le.F.H. 18

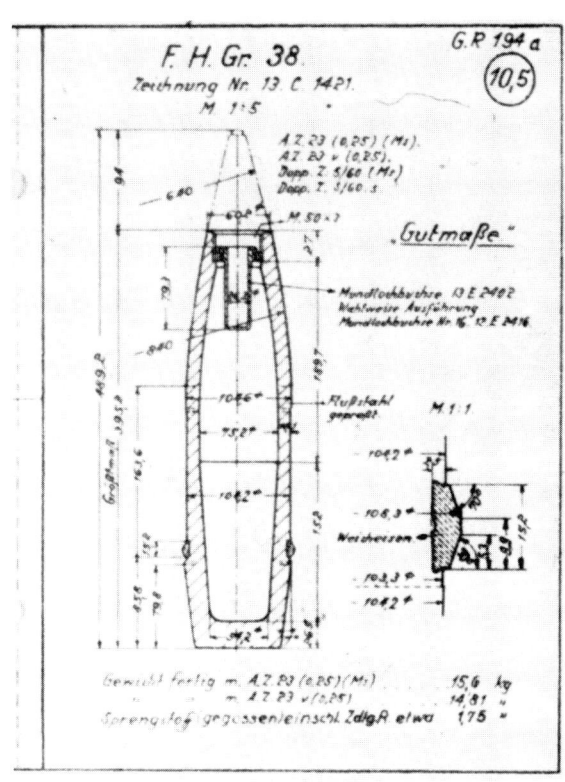

10,5-cm-F.H.Gr. 38

40 AB	14,00 kg	f. Kampfstoff
39 HL/A	12,35 kg	Hohlladungs-Granate
39 HL/B	12,10 kg	Hohlladungs-Granate
39 HL/C	12,35 kg	Hohlladungs-Granate
39 rot HL/A	12,35 kg	Hohlladungs-Granate
39 rot HL/B	12,10 kg	Hohlladungs-Granate
39 rot HL/C	12,35 kg	Hohlladungs-Granate
39 ZB	13,45 kg	f. Kampfstoff
41	14,81 kg	Spreng-Granate
Sprgr. 42	13,40 kg	Perlitguß
Leucht-Gesch.	14,10 kg	Leucht-Granate
Stg (A)	14,81 kg	Ausstoßladung
Stg (LS)	14,81 kg	Leuchtsatz
AL	14,81 kg	Ausstoßladung
Buntrauch	14,81 kg	Markierungs-Granate
Pzgr.	14,00 kg	Panzer-Granate
Pzgr. rot	14,00 kg	Panzer-Granate
Sprgr. 39 TS	7,70 kg	Treibspiegel
Sprgr. 42 TS	10,90 kg	Treibspiegel
Sprgr. 43	14,85 kg	Spreng-Granate
Ex.Gr.FH.	14,81 kg	Exerzier-Granate
Ex.Pz.Gr.	14,00 kg	Exerzier-Granate
Ex.FH.Gr.NB.	14,00 kg	Exerzier-Granate
Üb	14,81 kg	Übungs-Granate
Üb/B	14,81 kg	Übungs-Granate
Stg Üb/B	14,81 kg	Übungs-Granate
38 Üb/T	14,81 kg	Übungs-Granate
38 Stg Üb/T	14,81 kg	Übungs-Granate
Anschieß-Geschoß	15,60 kg	Erprobung der Waffe
BL	14,81 kg	Blinde Granate

Bei der »blind« geladenen Granate war der Sprengstoff durch eine Mischung aus Braunkohlenteerpech und Schwerspat ersetzt. Geringe Gewichtsabweichungen entstanden durch verfüllte Sprengstoffe, die andere spezifische Gewichte besaßen, und durch andere Zünder. Das Gewicht der Treibladung schwankte je nach dem Pulver, das verwendet wurde. Im folgenden sind die Gewichte der Treibladung, wie sie für die Sonderkartusche vorlagen, für verschiedene Pulver angegeben:

Gudol-Pulver	1,090 kg
Diglykol-Blättchen-Pulver	1,022 kg
Diglykol-Streifen-Pulver	1,350 kg
Nitroglyzerin-Pulver	0,905 kg
Nitrozellulose-Pulver	1,080 kg

Da die aus den verschiedenen Kombinationen »Geschoß–Zünder–Treibladung« entstandenen Variationen zu umfangreich und nur für wenige Leser interessant sind, wurden, um dem Leser einen Leistungsvergleich zu ermöglichen, meist nur Angaben für die am meisten verwendete Munitionsart gemacht. Übrigens benötigte man für eine F.H.Gr. 38 Stg. 29,5 kg Rohstahl.

Das Heer ging mit 4845 Stück der leichten Feldhaubitzen 16 und 18 und einem Bestand von 16,063 Millionen Spenggranaten und 214 200 Gasgranaten im September 1939 in den Krieg. Diese Feldhaubitze erhielt 1940 eine Mündungsbremse, sie wog nun 2050 kg, hatte ein 3271 mm langes Rohr und erreichte mit einer auf 1,77 kg erhöhten Treibladung eine V_0 von

540 m/s; das ergab eine Schußweite von 12 325 m. Verschossen wurde die neue, 524 mm lange Ferngranate, die 14,75 kg wog und jetzt 2,1 kg Sprengstoff trug. Diese Haubitze erhielt die Bezeichnung **leichte Feldhaubitze 18 M.** Hier zehrte die Mündungsbremse 27 Prozent des Rückstoßes auf.

Die **leichte Feldhaubitze 18/39** entstand aus dem Exportmodell, das die Firma *Krupp* an Holland geliefert hatte. Nach der Besetzung dieses Landes im Westfeldzug 1940 wurden etwa 80 Stück mittels der Rohre der »le.F.H. 18 M« umgebaut – die Holländer hatten eine Munition verwendet, die nicht mit der deutschen austauschbar war.

Weil wir gerade den Westfeldzug erwähnen, sei hier der Munitionsverbrauch der leichten Feldhaubitzen vom 10. Mai bis zum Waffenstillstand am 22. Juni 1940 genannt: 1 898 435 Schuß.

Bis zum 10. Mai hatte man 100 588 Granaten im »drôle de guerre« verschossen – so »komisch« war diese Zeit, damals »Sitzkrieg« genannt, gar nicht. Zum Vergleich: In Polen, dem »Feldzug der 18 Tage«, hatte man 1 408 193 Granaten verbraucht.

Als das Waffenamt 1942 eine leichtere Haubitze forderte, legte man Rohre der le.F.H. 18 M in Lafetten der 7,5-cm-Pak 40 ein und nannte diese Waffe jetzt **leichte Feldhaubitze 18/40** – das Gewicht konnte dabei auf 1900 kg gesenkt werden. Durch eine verbesserte Mündungsbremse konnte hier der Rückstoß um 42 Prozent vermindert werden.

Von der »leichten Feldhaubitze 18/42« gab es bei der Firma *Krupp* nur ein Muster. Diese Waffe, sie erreichte bei einer V_0 von 585 m/s eine Schußweite von 12 700 m, wurde wegen zu hohem Gewicht – 2040 kg – abgelehnt. Die parallel dazu von *Rheinmetall* entwickelte Waffe erhielt die Bezeichnung »**le.F.H. 42**«.

Hier wog die Haubitze nur noch 1620 kg, das Rohr war zwar mit 2941 mm um 314 mm kürzer als das der Waffe der Firma *Krupp*, man erreichte aber trotzdem eine V_0 von 595 m/s, und das ließ eine Schußweite von 13 000 m erwarten. Das Waffenamt hat aber dieses Projekt nach dem Musterbau zugunsten der **le.F.H. 43** wieder gestrichen. Für diese Entwicklung hatte das Waffenamt eine Rundumlafette gefordert.

Zuerst legte die Firma *Skoda* ein Muster mit einer neuartigen Kreuzlafette mit vier Holmen vor. Ein 3456 mm langes Rohr ergab eine V_0 von 610 m/s, das hätte 13 000 m Schußweite gebracht. Die Waffe war aber mit 2300 kg ziemlich schwer, und man erhoffte sich eine bessere Lösung von der Firma *Krupp*; *Rheinmetall* hatte sich, verärgert über die Ablehnung der »le.F.H. 42«, nicht am Wettbewerb beteiligt. *Krupp* wartete zuerst mit einer Schnellösung auf: Rohre von der »le.F.H. 18/42« mit einer größeren Mündungsbremse, eingelegt in Lafetten der 8,8-cm-Pak 43. Mit dem 3675 mm langen Rohr erreichte man eine V_0 von 655 m/s, und die Schußweite stieg auf 14 250 m. Mit etwa 2450 kg war diese Waffe aber zu schwer. Man versuchte nun einen Kombinationsentwurf: Das Rohr der von *Rheinmetall* entworfenen »le.F.H. 42« mit einer Kreuzlafette der Firma *Krupp*. Rechnerisch kam man hier nun auch auf ein Gewicht von 2400 kg. Nach Bau des Holzmodelles wurde diese Entwicklung eingestellt.

Zwecks Leistungsverbesserung probierte man es jetzt mit neuer Munition. Zuerst die 10,5-cm-Sprgr. 42 aus Perlitguß, deren 13,4-kg-Gewicht eine größere Schußweite versprach. Erprobt wurde zur Reichweitensteigerung auch eine Ferngranate mit Raketentreibsatz. Eine andere Lösung war die Sprgr. 42 TS, hier stand die Zusatzbezeichnung für Treibspiegel. Das war einfach eine 8,8-cm-Granate der Flak, die 9,4 kg wog und einen Führungsring und eine Bodenscheibe von 10,5 cm trug. Diese Idee resultierte übrigens aus der dringenden Notwendigkeit einer Schnell-Lösung zur Abwehr durchgebrochener Panzer. Das war dann die 278 mm lange Pzgr. 39 TS, eine 7,5-cm-Pzgr. der Pak, die mit einem Treibspiegel versehen war. Damit wurden auf 500 m Entfernung 90 mm Panzerung durchschlagen. Die ganzen Versuche hat man aber nicht mehr abgeschlossen. Lediglich von einer leichteren Ferngranate wurde eine größere Menge, nämlich 397 614 Stück, produziert.

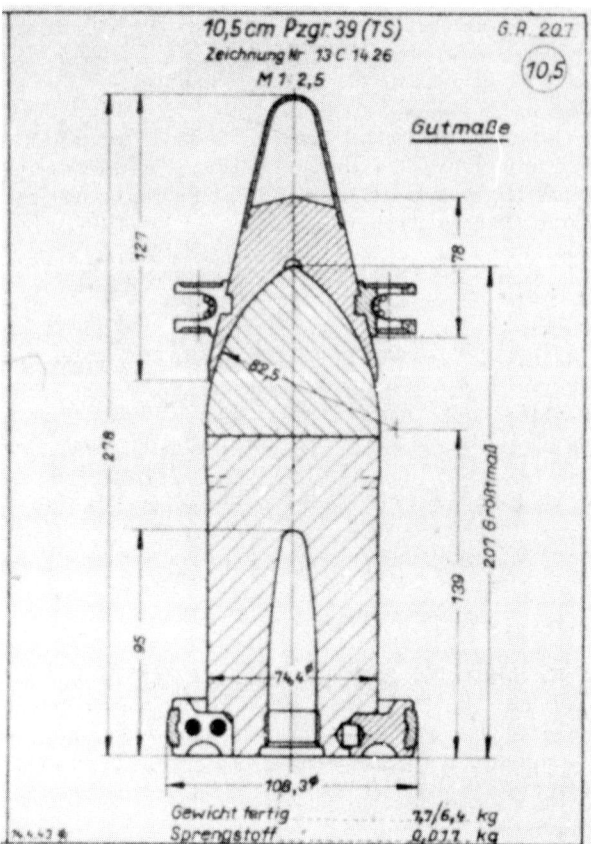

10,5-cm-Pzgr. 39 TS

Von den leichten Feldhaubitzen, die es auch auf **Selbstfahrlafetten** mit dem Fahrgestell der Panzer II und IV gab, lagen am 1. März 1945 der Truppe vor:

1474 le.F.H. 16 und 18, 6129 le.F.H. 18/40, 307 le.F.H. auf Panzer II und Panzer IV.

Eine einzige dieser Feldhaubitzen befand sich im Zeugamt!
Der Munitionsbestand belief sich Anfang März 1945 auf 5 561 400 Sprenggranaten und 675 500 Kampfstoffgranaten.
Die **10-cm-le.F.H. 30(t)** war eine 1798 kg schwere Waffe, von der ehemals *Skoda* 3158 Stück für *Jugoslawien* gebaut hatte. 1940 befanden sich davon 127 bei SS-Einheiten im Einsatz. Diese Haubitze hatte ein 2500 mm langes Rohr, aus dem die 16 kg schwere Granate 30(t) von 515 mm Länge, die 1,74 kg Sprengstoff trug, mit einer V_0 von 430 m/s verschossen wurde. Das ergab eine Schußweite von 10 600 m. Im März 1945 gab es noch zehn Stück dieser le.F.H. 30(t) mit 4000 Schuß, die sich aber nicht im Fronteinsatz befanden.

Aus der Beute in *Polen* hatte das Heer von der **10-cm-le.F.H. 14/19(p)** 676 Stück mit 471 000 Schuß übernommen. Ende 1940 hat man davon an Rumänien 72 Haubitzen mit 254 500 Granaten verkauft. Diese bei der Firma *Skoda* gebauten Waffen waren baugleich mit der tschechischen Ausführung. Die Rohrlänge der 1490 kg schweren Waffe betrug 2400 mm. Verschossen wurde eine 515 mm lange Granate von 16 kg, die 1,7 kg Sprengstoff trug. Bei

150

einer V_0 von 395 m/s wurde eine Schußweite von 9800 m erreicht. Von der *tschechischen* Haubitze, deren Bezeichnung sich nur durch das (t) unterschied, besaß das Heer bei Kriegsbeginn 382 Stück; bei Kriegsende betrug der Bestand noch 14 Waffen.

Die zahlreichen, baugleichen Beutewaffen aus *Jugoslawien* und *Griechenland,* le.F.H. 316(j) bzw. 318(g) bezeichnet, sind hier nicht mit eingeschlossen. Die damit verschossenen Granaten, meistens die 10-cm-A.Z.Gr. 30(t), wurden auch bei der le.F.H. 30(t) verwendet. Der Munitionsvorrat betrug bei Kriegsausbruch 548 000 Schuß, im Polenfeldzug hat man rund 11 000 Granaten verschossen. Im März 1945 betrugen die Bestände noch 125 400 Schuß.

Die folgenden Beutewaffen wurden ebenfalls in größerer Stückzahl eingesetzt: die 1934 in *Frankreich* eingeführte 10,5-cm-le.F.H., die die Bezeichnung **324(f)** trug. Das war eine 1722 kg schwere Waffe mit einem 2090 mm langen Rohr. Verschossen hat man eine 15,7 kg schwere Granate mit einer V_0 von 465 m/s. Erreicht wurde eine Weite von 10 700 m. Die **10,5-cm-le.F.H. 325(f)** hatte ein Rohr von 1760-mm-Länge und wog 1627 kg. Die bereits oben genannte Granate erreichte bei einer V_0 von 442 m/s eine Schußweite von 10 300 m.

Aus dem Ersten Weltkrieg stammte die **10-cm-le.F.H. 315(i)**. Diese bei der Firma *Skoda* gebaute, 1417 kg schwere Waffe hatte *Italien* nach 1918 übernommen, und Deutschland hatte sie im Herbst 1943 eingeführt. Hier wurde aus dem 1930 mm langen Rohr eine 13,4 kg schwere Granate verschossen, die durch eine V_0 von 410 m/s eine Weite von 9280 m erreichte. Ebenfalls aus der *Skoda*-Produktion stammte die **10-cm-le.F.H. 317(j)**, die in *Jugoslawien* erbeutet wurde. Bei einem Gewicht von 1798 kg trug diese Waffe ein 2500 mm langes Rohr, in dem eine 14 kg schwere Granate eine V_0 von 450 m/s erreichte. Die Schußweite betrug dabei 10 700 m.

Erwähnt werden soll hier die **le.F.H. 373(h),** der zwar vom Waffenamt eine Fremdgeräte-Nummer zugeteilt wurde, die aber infolge des Kal. von 12 cm der Truppe nicht zugeführt wurde. Von dieser 1545 kg schweren Haubitze, die in Schweden hergestellt wurde, gab es im Mai 1940 bei der *holländischen Armee* ganze 40 Stück. Sie verschoß aus dem 1421 mm langen Rohr eine 16,5 schwere Granate mit einer V_0 von 317 m/s. Das brachte eine Schußweite von 6050 m.

Von den *russischen* Beute-Haubitzen wurde die **12,2-cm-le.F.H. 388(r)** trotz ihrer Herkunft aus dem Ersten Weltkrieg – 917 waren vorhanden – viel an der Ostfront eingesetzt. Diese 1466 kg schwere Haubitze verschoß aus dem 1562 mm langen Rohr eine 22,1 kg schwere Granate. Bei einer V_0 von 365 m/s wurde mit dieser veralteten Waffe eine Schußweite von 8940 m erreicht. Die modernste russische Waffe in dem Kaliber aber war die **s.F.H. 396(r).** Im Herbst 1938 bei der Roten Armee eingeführt, erreichte diese 2200 kg schwere Waffe eine Schußweite von 12 100 m. Verschossen wurde aus einem 2800 mm langen Rohr eine 22,1 kg schwere Granate mit einer V_0 von 515 m/s.

Von der für diese Waffen seit April 1943 extra gefertigten Munition waren Anfang März 1945 noch 249 400 Schuß vorhanden, davon 37 100 in den Nachschublagern.

Aus dem Ersten Weltkrieg stammte die von der Firma *Krupp* gebaute lange schwere **Feldhaubitze 13** mit 15-cm-Kaliber. Von dieser 2250 kg schweren Haubitze gab es bei Kriegsausbruch noch 696 Stück bei der Truppe. Aus dem 2550 mm langen Rohr wurde die 533 mm lange, 40,8 kg schwere Gr. 18, die 5 kg Sprengstoff trug, mit einer V_0 von 385 m/s verschossen, die eine Schußweite von 8675 m erreichte. Sie wurde fast ausschließlich zu Ausbildungszwecken benutzt.

Eine Gemeinschaftsentwicklung der Firmen *Krupp* und *Rheinmetall* war die in den Jahren 1926 bis 1930 entwickelte **schwere Feldhaubitze 18,** die 1934 bei der Truppe eingeführt wurde. Bei Ausbruch des Krieges waren 1353 Waffen mit 2 882 000 Spreng- und 50 900 Kampfstoff-Granaten vorhanden. Diese 5412 kg schwere Haubitze besaß ein 4440 mm langes Rohr, aus dem die 613 mm lange und 43,5 kg schwere Granate 19, die 5,1 kg Sprengstoff trug,

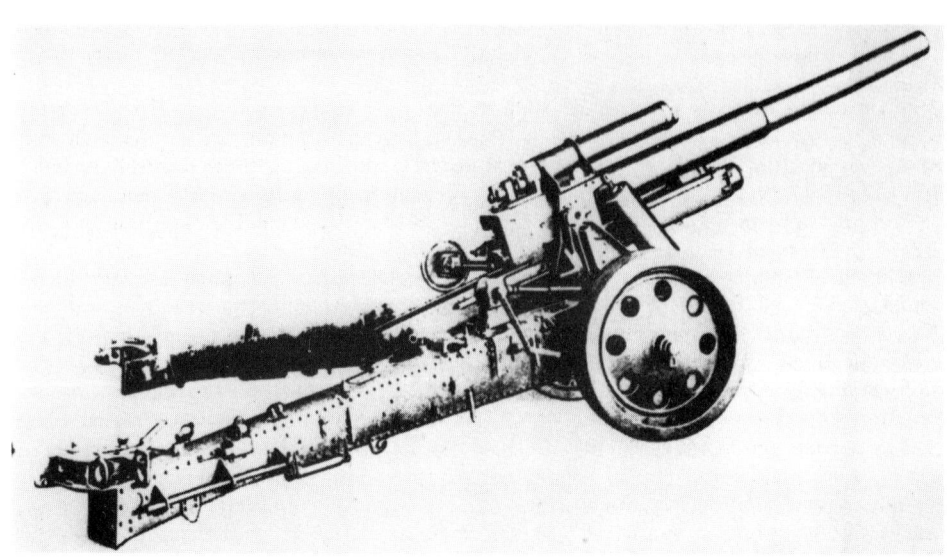

15-cm-s.F.H. 18

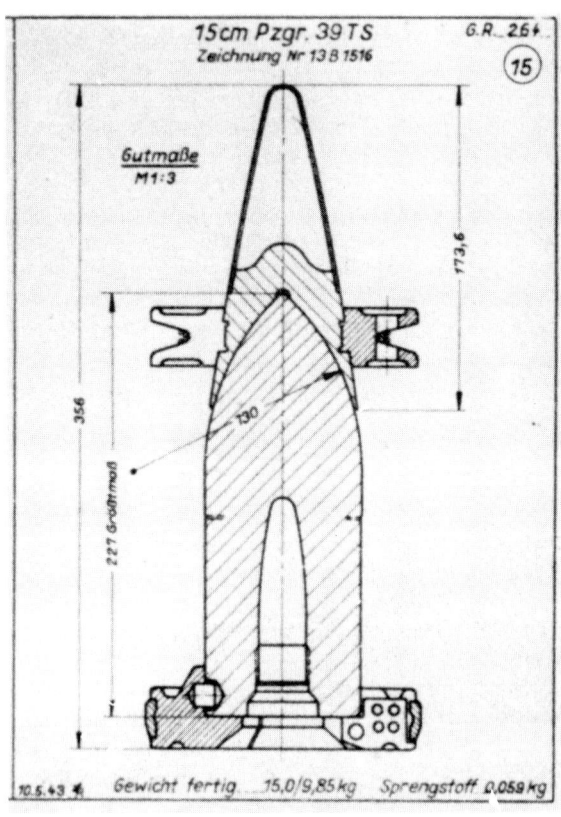

15cm Pzgr. 39 TS
Zeichnung Nr 13 B 1516
G.R. 264
(15)

Gutmaße
M 1:3

173,6

356

227 Großtmaß

130

10.5.43   Gewicht fertig.   15,0/9,85 kg   Sprengstoff 0,058 kg

15-cm-Pzgr. 39 TS

durch eine Treibladung von 4,7 kg verschossen wurde. Bei einer V_0 von 620 m/s erreichte man eine Schußweite von 13 325 m. Für eine solche Granate waren übrigens 85 kg Rohmaterial notwendig.

Zu dieser etwa 40 000,– RM teueren Waffe gab es die 572 mm lange und 25 kg wiegende Hohlladungsgranate 39 und die 356 mm lange Pzgr. 39TS von 14,6 kg Gewicht zur Panzerbekämpfung. Zur Reichweitensteigerung gab es die 31 kg schwere und 644 mm lange Sprgr. 42TS und eine Raketengranate. Diese »Raketengranate 19« war 804 mm lang, wog 45,1 kg, trug aber nur 1,6 kg Sprengstoff. Eine 5 kg schwerer Diglykol-Treibsatz beschleunigte diese Granate nach Verlassen des Rohres weiter. Man hat zwar 1941/42 von dieser Munition 28 860 Schuß gefertigt, die Produktion aber wegen schlechter Treffgenauigkeit wieder eingestellt. Bei 19 000 m Schußweite betrugen die Ablagen bis zu 1250 m.

Bei der Rotation des Geschosses entstand gegen Ende der Brennzeit im Treibsatz ein unregelmäßiger Abbrand. Das ergab schwankende Geschwindigkeiten und damit eine unkontrollierbare Trefferlage.

Die Firma *WASAG* versuchte das Problem mit stark angestellten Düsen, die einen sehr hohen Drall erzeugten, zu lösen. Über die Versuchsergebnisse mit der 45 kg schweren und wegen der Länge von 684 m »kurze R.Sprgr.« genannten Munition ist nichts bekannt.

Für die normale Munition benötigte die s.F.H. 18 eine Treibladung von 3,16 kg. Da die Pzgr. mit dem Treibspiegel bei 1000 m Entfernung nur 130 gegenüber den 160 mm bei der HL-Granate durchschlug, hat die Truppe für den Direktbeschuß meistens die letztere Munition vorgezogen.

Diese Haubitze gab es ebenfalls auf Selbstfahrlafetten. Es wurden die Fahrgestelle der Panzer III und IV verwendet. Im März 1945 gab es 340 Stück dieser Kombinationen und noch 16 Stück der langen schweren Feldhaubitze 13 auf dem französischen Lorraine-Schlepper. Mit der normalen Räderlafette gab es noch 2678 Stück der s.F.H., die sich bis auf 12 Exemplare bei der Truppe befanden. Die Munitionsbestände betrugen 1945 im März: 751 200 Spreng- und HL-Granaten, 47 700 Pzgr. mit Treibspiegel und 45 300, die mit Kampfstoff gefüllt waren.

Die **s.F.H. 18 M** war die Bezeichnung für die ab 1943 gelieferte Ausführung mit einer Mündungsbremse.

1935 wurde bei der Firma *Rheinmetall* die **s.F.H. 36** entwickelt, die wegen des Pferdezuges besonders leicht werden sollte. Die Waffe wog dann 3450 kg, besaß ein 4125 mm langes Rohr mit der Mündungsbremse, aus dem mit einer V_0 von 486 m/s die neue, 680 mm lange und

15-cm-s.F.H. 36

43,5 kg schwere Granate 36 verschossen wurde, die eine Schußweite von 12 500 m erreichte. Da die Waffe vorwiegend aber aus Leichtmetall hergestellt war und da man im Krieg diesen Rohstoff zur Flugzeugproduktion benötigte, wurde die Fertigung der s.F.H. 36 wieder eingestellt.

Aufgrund der Forderung des Waffenamtes entwickelten *Krupp* und *Rheinmetall* unter der Bezeichnung **s.F.H. 40** neue Waffenmuster, die aber wieder abgelehnt wurden. Die Waffe von *Rheinmetall* wog 5400 kg, hatte ein 4875 mm langes Rohr und verschoß die Gr. 36 mit einer V_0 von 595 m/s. Das ergab eine Schußweite von 15 400 m.

Die zu geringe Schußweite kam immer wieder zur Sprache, speziell als man im Feldzug gegen die Sowjetunion feststellte, daß die russischen 15,2-cm-Kanonenhaubitzen eine Schußweite von über 17 000 m hatten.

Wegen der unzureichenden Schußweite wurde die s.F.H. 40 auch nicht eingeführt.

1942 hat man 46 Rohre der s.F.H. 40 in Lafetten der s.F.H. 18 eingelegt und diese Waffe **s.F.H. 18/40,** später aber **s.F.H. 42** genannt. Mit einer neuen Mündungsbremse war das Rohr 5388 mm lang. Mit der Gr. 36 ergab das eine V_0 von 595 m/s und eine Schußweite von 15 675 m. Die mit Leichtmetallrädern 5470 kg schwere Haubitze kostete rund 60 000,– RM, war kompliziert in der Handhabung und bei der Truppe nicht besonders geschätzt. Verschossen wurden die bereits erwähnten Granaten. Mehr als 24 Waffen sind seit Februar 1944 nie im Truppenversuch gewesen.

Für die **s.F.H. 43** hatten die Firmen *Krupp, Rheinmetall* und *Skoda* aufgrund der Forderungen des WaA vom September 1943 Entwürfe ausgearbeitet. Das Skodamuster von 5920 kg Gewicht lag trotz der 7,25-kg-Treibladung, die zur V_0 von 610 m/s notwendig war, mit einer Schußweite von 15 000 m unter der Forderung des Waffenamtes von 18 000 m. Die Kruppwaffe kam bis zum Holzmodell. Mit dem 6158 mm langen Rohr hätte man die geforderte Schußweite erreichen können. Da die Lafette mehrfach geändert wurde, zuletzt wollte man die der 12,8-cm-K. 44 verwenden, lag das Gesamtgewicht noch nicht fest.

Am weitesten mit dem Musterbau kam *Rheinmetall*. Hier wog die auf einer Kreuzlafette aufgebaute Waffe 6300 kg. Die Rohrlänge betrug 4725 mm, und mit den 610 m/s der V_0 hoffte man, die geforderten 18 000 m zu erreichen. Eine Serienfertigung ist aber nicht mehr angelaufen.

Für die **s.F.H. 44** hatte das Waffenamt im Sommer 1944 von den bereits genannten Firmen zum Vergleich noch die folgenden Daten erhalten:

	Krupp	Rheinmetall-1	Rheinmetall-2	Skoda
Rohrlänge	5 390	5 656	5 656	5 850
V_0	710	690	690	700
Schußweite	18 000	18 000	18 000	18 000
Einsatzgewicht	8 300	6 160	7 780	8 600

Zu diesem Zeitpunkt war aber nicht mal mehr an einen Musterbau zu denken.

Eine *tschechische* Waffe war die 5300 kg schwere **15-cm-schwere Feldhaubitze 15(t),** für die es die 42 kg schwere und 527 mm lange Minengranate 19/28(t) gab, die 2,9 kg Sprengstoff trug. Von den 57 während des Ersten Weltkrieges gebauten Waffen hat das Heer 42 Stück mit 20 300 Schuß übernommen. Mit dem 2966 mm langen Rohr erreichte man eine V_0 von 508 m/s und damit eine Schußweite von 11 500 m.

Die **s.F.H. 25(t)** stammte ebenfalls von der Firma *Skoda*. Sie war mit 3740 kg eine wesentlich handlichere Waffe. Aus dem 2700 mm langen Rohr verschoß man meistens die 628 mm lange Doppelzündergranate, die bei 42,4 kg Gesamtgewicht 3,65 kg Sprengstoff trug. Für eine bessere Wirkung gab es die 42 kg schwere, 674 mm lange AZGr. 29(t) mit 5,25 kg Sprengstoff. Stark befestigte Ziele konnten mit der 607 mm langen Minengranate 28(t), die bei 42 kg Gewicht 3,03 kg Sprengstoff trug, bekämpft werden. Mit einer V_0 von 450 m/s erreichte man 11 800 m Schußweite.

Von dieser Haubitze hatte 1939 die Truppe 219 Stück mit 98 000 Schuß übernommen und besaß im März 1945 noch 69 Stück mit 61 400 Schuß Munition, 15 dieser Waffen standen an der Front.

Eine ausgezeichnete Waffe war die **15-cm-s.F.H. 37(t)** von *Skoda*. Sie wog 5230 kg und verschoß aus dem 3600 mm langen Rohr die 42 kg schwere AZGr. 37(t) von 708 mm Länge, die einen Sprengstoffanteil von 6,2 kg besaß. Bei einer V_0 von 580 m/s wurde eine Schußweite von 15 750 m erreicht. Zu den 118 Waffen, die 1939 mit 10 600 Schuß übernommen wurden, hat man während der Zeit vom April bis August 1940 noch 60 Haubitzen gefertigt. Die Truppe verfügte im März 1945 noch über 18 dieser Haubitzen mit 147 300 Granaten, alle beim Ersatzheer bzw. in den Zeugämtern.

Von den Beutewaffen sind besonders erwähnenswert:

Bei dem 15-cm-Kaliber der s.F.H. war im Herbst 1943 eine ganze Anzahl *italienischer* Waffen übernommen worden. Die **15-cm-s.F.H. 400(i)** war eine 2344 kg schwere *Skoda*-Waffe aus dem Ersten Weltkrieg. Sie verschoß aus dem 2090 mm langen Rohr eine 41 kg wiegende Granate mit einer V_0 von 300 m/s. Die Schußweite war mit 8800 m ungenügend. Da lag die **15-cm-s.F.H. 401(i)** mit 9900 m schon besser. Diese ebenfalls aus dem Ersten Weltkrieg stammende *Skoda*-Haubitze wog 2765 kg und verschoß die bereits erwähnte Granate aus dem 2120 mm langen Rohr mit einer V_0 von 336 m/s.

Die **s.F.H. 404(i)** war eine moderne Konstruktion der Firma *Ansaldo,* die vor allem im Westen eingesetzt war. Die mit 5500 kg recht schwere Waffe besaß ein 3034 mm langes Rohr und verschoß eine 15-cm-Granate von 42,5 kg Gewicht. Die Schußweite betrug bei einer V_0 von 600 m/s 14 250 m.

Aus dem Ersten Weltkrieg stammte auch die **15,2-cm-s.F.H. 412(i),** die 4202 kg wog. Aus dem 2223 mm langen Rohr wurde hier eine 45,5 kg schwere Granate verschossen, die durch eine V_0 von 430 m/s eine Schußweite von 10 430 m erreichte.

Diese Waffe war baugleich mit der 6-inch-Haubitze MK1-26cwt aus *England,* von der eine ganze Anzahl der 1940 in Nordfrankreich befindlichen 220 Stück erbeutet und als **412(e)** wieder eingesetzt wurden. Wegen fehlender Ersatzteile war der Bestand aber im März 1944 auf 21 gesunken.

Eine sehr gute Waffe, von der das Heer über 974 Stück verfügte, war die *russische* **15,2-cm-Kanonenhaubitze 433/1(r),** mit einem Gewicht von 7128 kg zwar sehr schwer, aber mit einer großen Schußweite – 17 250 m. Hier wog allein das 4925 mm lange Rohr 2363 kg. Verschossen wurde eine 43,5 kg schwere Granate mit einer V_0 von 665 m/s. Von der seit Februar 1943 extra gefertigten Munition besaß die Truppe 1945 im März 161 400 Schuß, weitere 68 700 lagen als Nachschub vor.

Eine recht alte Beutewaffe von Anno 1909 war die *russische* **15,2-cm-s.F.H. 445(r),** die beim deutschen Heer, vor allem beim Küstenschutz, eingesetzt wurde. Die 2729 kg wiegende Haubitze verschoß eine 40 kg schwere Granate mit einer V_0 von 390 m/s und erreichte eine Schußweite von 9860 m.

Wesentlich moderner war da schon die 4100 kg schwere **s.F.H. 443(r)** vom gleichen Kaliber. Die gleiche Granate aus dem 3700 mm langen Rohr verschossen, ergab eine V_0 von 430 m/s und damit eine Schußweite von 12 400 m.

Eine aus der *polnischen* Beute übernommene Waffe war die **15,5-cm-s.F.H. 17(p).** Diese von der Firma *Schneider* in Frankreich gelieferte Haubitze war baugleich mit der **s.F.H. 414(f).** Das Heer verfügte Anfang 1940 über 219 der s.F.H. 17(p) mit 126 730 Schuß.

Eine Waffe aus dem Ersten Weltkrieg war die **15,2-cm-s.F.H. 412(f).** Diese 4226 kg schwere Waffe besaß ein 2223 mm langes Rohr und verschoß eine 45,5 kg schwere Granate. Bei einer V_0 von 420 m/s wurde eine Schußweite von 9500 m erreicht. Moderner – Jahrgang 1924 – war da die aus *Belgien* stammende **15,5-cm-s.F.H. 432(b),** die beim Küstenschutz eingesetzt war. Die mit 7840 kg sehr schwere Haubitze besaß ein 4721 mm langes Rohr, aus dem eine 43 kg schwere Granate mit einer V_0 von 665 m/s verschossen wurde. Die Schußweite betrug dabei 17 000 m.

Die **s.F.H. 414(f)** war ein Erzeugnis der Firma *Schneider/Le Creusot* von 1917. Die *französische Armee* hatte bei Kriegsausbruch noch 2044 dieser 3300 kg schweren Haubitze im Einsatz. Eine 43 kg schwere Granate vom Kal. 15,5 cm erreichte in dem 2332 mm langen Rohr eine V_0 von 450 m/s und damit eine Schußweite von 10 500 m.

Die **s.F.H. 415(f)** vom gleichen Kaliber stammte sogar von 1915. Das deutsche Heer besaß von dieser Waffe 198 Stück. Hier wog die Haubitze mit ihrem 2764 mm langen Rohr 2900 kg. Bei einer V_0 von 367 m/s wurde eine Schußweite von 9300 m erreicht.

Für diese und andere französische Waffen wurden zusätzlich zur Beute die folgenden Mengen an Granaten (in 1000 Schuß) gefertigt:

	1943	1944	1945
15,5-cm-Gr. 414/416(f)	254,9	1041,3	54,0

Diese Munition konnte auch aus den unter »schweren Geschützen« (s. S. 164/165) erwähnten französischen Geschützen K 416, 418, 419, 420, 422 und 425(f) verschossen werden.

Der **lange 21-cm-Mörser** der Firma *Krupp* wurde 1916 eingeführt. Von den übriggebliebenen Waffen des Ersten Weltkrieges wurden 28 Stück während der Jahre 1934/35 modernisiert. Dieser 7550 kg schwere Mörser besaß eine Rohrlänge von 3073 mm. Verschossen wurde die 803 mm lange Granate 17, die 120 kg wog und 13,4 kg Sprengstoff trug. Eine V_0 von 394 m/s brachte eine Schußweite von 10 200 m. Diese Waffe wurde zwar ab 1939 durch den **21-cm-Mörser 18** ersetzt, trotzdem blieben aber die 28 alten Mörser bis 1942 bei der Truppe. Von der neuen Waffe besaß die Truppe bei Ausbruch des Krieges 27 Stück mit 8300 Schuß Munition. Dieser 118 000,– RM teuere Krupp-Mörser hatte ein Gewicht von 16 700 kg; aus dem 6150 mm langen Rohr verschoß man die 905 mm lange und 113 kg schwere Granate 18, die 17,7 kg Sprengstoff trug, mittels einer Treibladung von 14,1 kg. Ein Rohling für diese Granate wog übrigens 215 kg. Bei einer V_0 von 565 m/s ergab sich eine Schußweite von 16 700 m. Zum Einsatz gegen »harte« Ziele gab es zwei verschiedene **Röchling-Granaten.** Das waren überlange Geschosse mit wenig Sprengstoff. Zuerst gab es die im Flug 193 kg schwere, 2580 mm lange Gr. 42-Be, die in der Form eines 1438 mm langen Stabes von 46-mm-Durchmesser nur 2,7 kg Sprengstoff trug, aber 4 m Beton durchschlug. Die Rö.Gr. 44-Be war nur 1677 mm lang und besaß das gleiche Gewicht. Die Sprengladung hatte man hier auf 7 kg – einem Stab von 72-mm-Durchmesser und 1350-mm-Länge – erhöht, das Durchschlagvermögen betrug 2,2 m Beton. Eine Erhöhung des Sprengstoffanteils hatte man durch eine Erhöhung des Granatdurchmessers von 116 auf 129 mm und einer Verringerung der Wandstärke von 34 zu 27 mm erreicht. Geführt wurden die Rö.Gr. vorn durch einen Treibring und hinten durch einen Treibspiegel, Teile, die von der Granate nach Verlassen des Rohres abfielen.

Von den Röchling-Granaten wurden für diese Waffe 9920 Stück gefertigt. Bei der Truppe befanden sich am 1. März 1945 noch 218 der 21-cm-Mrs. 18 mit 34 500 Schuß der normalen und 1500 der Röchling-Granate.

21-cm-Granate

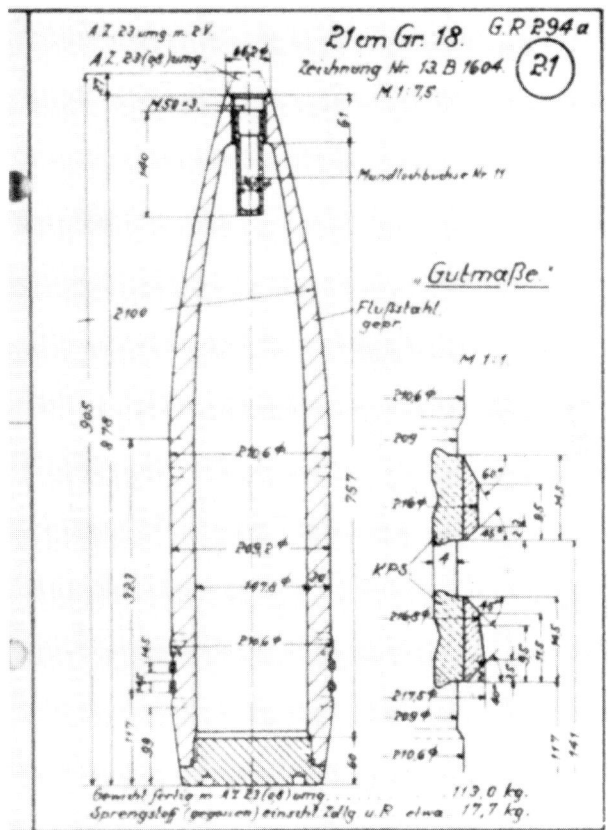

Aus dieser 1933 begonnenen Entwicklung dieses Mörsers hatte die Firma *Krupp* eine vereinfachte Waffe vorgeschlagen; durch eine neue Lafette sollte das Einsatzgewicht gesenkt werden. Zwei Waffen wurden im März 1940 als 21-cm-Mrs. 39 geliefert, das Waffenamt lehnte aber diese Konstruktion im Juni ab. Die Einführung der 17-cm-Kanone stand bevor, sie sollte das Standardgeschütz der schweren Heeresartillerie werden.

Als Zwischenlösung gab es die 15-cm-Schiffskanone C/28 in der Mörserlafette, die Beschreibung siehe Seite 164.

Der **21-cm-Mörser 18/19,** auch **kurzer-21-cm-Mörser (t)** genannt, war eine Entwicklung der Firma *Skoda* aus dem Ersten Weltkrieg. Bei Kriegsbeginn besaß die Truppe 22 Stück mit 6900 Schuß dieser 9130 kg schweren Waffe, die eine 135 kg schwere und 808 mm lange Minengranate, die 11,88 kg Sprengstoff trug, mit einer V_0 von 380 m/s aus einem 2970 mm langen Rohr verschoß und dabei eine Schußweite von 10 100 m erreichte. Am Ende des Krieges gab es noch 17 dieser Mörser mit 183 Schuß, alle im Fronteinsatz.

Die schwerste *polnische* Waffe, die beim deutschen Heer eingesetzt wurde, war der **22-cm-Mörser 32(p).** Polen hatte 27 dieser Mörser von der Firma *Skoda* gekauft. Die Wehrmacht hat davon dann 14 Stück mit 1825 Granaten übernommen. Diese 14 740 kg schwere Waffe besaß ein 4150 mm langes Rohr, aus dem die 714 mm lange, 128 kg schwere Halb-Pzgr. 31(p) durch eine Ladung von 9,2 kg Gewicht verschossen wurde.

Später wurde auch die gleich schwere, 916 mm lange Granate 40(p) verwendet. Bei einer V_0 von 500 m/s erreichte man eine Schußweite von 14 300 m. Nach dem Westfeldzug hat man nochmals 890 Granaten zusammengesetzt.

Der *französische* 22-cm-Mörser-TR mle 1916 wurde beim Heer **531(f)** genannt. Die 7910 kg schwere Waffe besaß ein 2278 mm langes Rohr, aus dem eine 100,5 kg schwere Granate mit einer V_0 von 415 m/s verschossen wurde. Die Schußweite dieses an der Ostfront eingesetzten Mörsers betrug 10 860 m.

Eine weitere schwere Haubitze war die **24-cm-H 39,** die von der Firma *Skoda* für einen Türkeiauftrag entwickelt worden war. Nachdem zwei Stück ausgeliefert waren, hat die deutsche Wehrmacht ab November 1939 die restlichen 10 Stück zu einem Gesamtpreis von 2,25 Millionen RM übernommen. Diese 27 100 kg wiegende Haubitze besaß ein 6765 mm langes Rohr, aus dem mittels der 52,35 kg schweren Treibladung die 166 kg schwere und 1035 mm lange Gr. 39(t), die 22,7 kg Sprengstoff trug, verschossen wurde. Bei einer V_0 von 597 m/s erreichte man eine Schußweite von 18 150 m. Kleine Änderungen resultierten in dem Modell 39/40, von dem 1942 noch 8 Stück produziert wurden. Es gab dann noch die deutsche Granate 24 cm Be von 810 mm Länge, die bei gleichem Gesamtgewicht nur 10,4 kg Sprengstoff trug. Von dieser Haubitze gab es im März 1945 noch 14 Stück mit 441 Granaten, von denen aber nur acht Waffen an der Front standen.

Die aus dem Ersten Weltkrieg stammende **28-cm-Haubitze** der Firma *Krupp* hat man in einigen Exemplaren noch 1942 bei Sewastopol eingesetzt. Hier wurde aus dem 3395 mm langen Rohr eine 340 kg schwere Granate mit einer V_0 von 376 m/s verschossen und dabei eine Schußweite von 11 000 m erreicht. Je nach der Plattform, auf der diese Haubitze aufgebaut war, schwankte das Gesamtgewicht zwischen 38 000 und 50 000 kg.

Von dem bei der Firma *Schneider-Le Creusot* in Frankreich vor dem Ersten Weltkrieg produzierten 28-cm-Mörser mle 14/16, dem vom Waffenamt die neue Nr. **601(f)** zugeteilt wurde, hatte man zwei zur Beschießung von Leningrad und 21 Stück bei der Heeresgruppe Mitte eingesetzt. Von Betonfundamenten aus verschossen diese 16 000 kg schweren Waffen aus dem 3353 mm langen Rohr eine 205 kg schwere Granate mit einer V_0 von 418 m/s. Die Granate vom Kal. 279,4 mm erreichte eine Schußweite von 10 950 m.

Eine Waffe mit einem etwas ungewöhnlichen Fahrgestell und recht breiten Ketten war die *russische* 20,3-cm-Haubitze von 1931, die es in mehreren Varianten gab. Die 17 700 kg schwere Waffe, nun als **Haubitze 503(r)** bezeichnet, trug im allgemeinen ein 5087 mm langes Rohr; es gab aber auch eine kurze Ausführung mit 4466 mm Länge. Verschossen wurde eine Granate von 98,6 kg Gewicht, bei einer V_0 von 531 m/s erreichte sie eine Schußweite von 17 500 m.

Von der *englischen* 9,2-inch-Haubitze wurden 1940 in Nordfrankreich 27 Stück erbeutet, davon wurden 16 wieder instand gesetzt und als **23,4-cm-Haubitze 546(e)** beim Heer verwendet. Es war eine in vier Lasten mit zusammen 21 520 kg zu transportierende Waffe, die, ortsfest eingesetzt, 12 660 kg wog. Aus dem 4330 mm langen Rohr wurde eine 131,5 kg schwere Granate mit einer V_0 von 450 m/s verschossen. Die erreichbare Schußweite betrug 11 900 m.

Im Findbuch des Heereswaffenamtes ist übrigens ein Hinweis auf den **30-cm-Mörser 42** enthalten. Leider finden sich zu dieser Waffe keine technischen Angaben mehr.

Aufgrund einer Forderung des Waffenamtes entwickelte *Rheinmetall* 1935 den **35,5-Haubitzen-Mörser 1,** der meistens nur **M 1** genannt wurde. Die Waffe wurde in 7 Lasten, die zusammen 123 500 kg wogen, in Stellung gefahren. In der Feuerstellung betrug das Gewicht dann nur 78 000 kg. Aus dem 10 265 mm langen Rohr wurde durch die 93,4 kg schwere Treibladung die 1458 mm lange Gr.Be. von 575 kg Gewicht, die 34,2 kg Sprengstoff trug, verschossen. Bei einer V_0 von 570 m/s erreichte man eine Schußweite von 20 850 m.

Diese Waffe benötigte eine Menge Rohmaterial, 350 000 kg Stahl und für die 52 Räder 7250 kg Gummi.

Beton-Gr. für den M 1

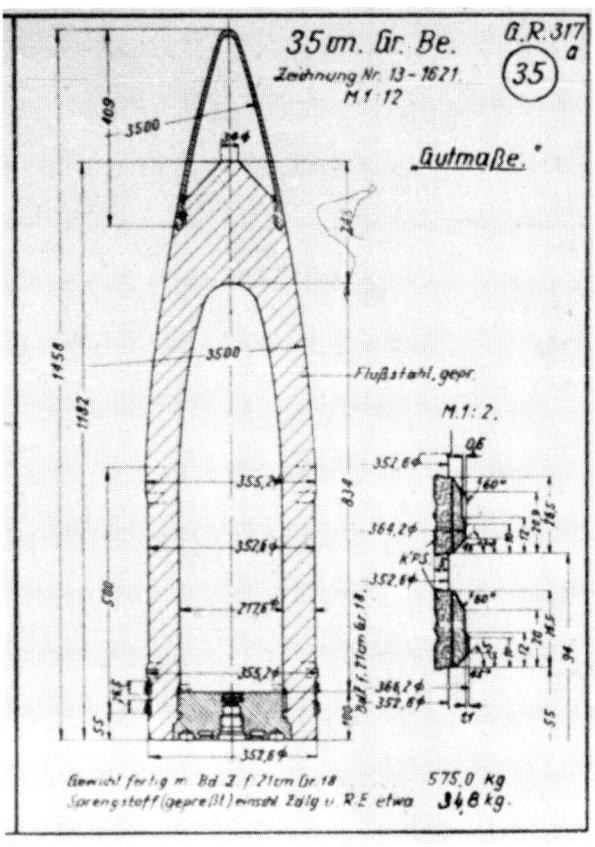

Von den acht produzierten Waffen, für die *Rheinmetall* ohne die Fahrzeuge 4,29 Millionen RM verrechnet hat, waren im März 1945 noch sieben vorhanden, von denen sich wiederum zwei mit der s.Art.Abt. 641 an der Front befanden. Von der Munition gab es noch 2210 Schuß. Eine Weiterentwicklung im Kaliber 42 cm, den »M 2«, gab es 1939 nur auf dem Reißbrett. *Tschechische* Waffen waren die vor Leningrad eingesetzten sechs **30,5-cm-Mörser (t).** Das Waffengewicht betrug 23 100 kg, und aus dem 3660 mm langen Rohr wurde eine 289 kg schwere, 952 mm lange Minengranate, die 33,5 kg Sprengstoff trug, mit einer V_0 von 426 m/s verschossen. Dabei wurde eine Weite von 12 300 m erreicht. Die Wehrmacht hatte 23 Waffen mit 1170 Schuß übernommen; im März 1945 gab es noch 13 Stück mit 5643 Granaten.
Der sogenannte **Gamma-Mörser** von 42-cm-Kaliber wurde 1906 bei *Krupp* während des »Dicke-Bertha«-Programms gebaut. Während des Ersten Weltkrieges nicht eingesetzt, blieb das eine Stück auf dem Schießplatz Meppen von der alliierten Kommission unentdeckt und wurde 1936/37 zu Schußversuchen mit Spezialgranaten verwendet. Im Dezember 1939 hat die Truppe diesen Mörser mit 80 Granaten übernommen. Der 140 000 kg schwere Mörser benötigte zum Transport 10 spezielle Eisenbahnwaggons, zur Bedienung 285 Mann. Diese Steilfeuerwaffe wurde 1942 bei Sewastopol eingesetzt, wo sie 188 Schuß abgab. Ein weiterer Einsatz erfolgte anläßlich des Aufstandes in Warschau im September 1944.
Aus dem 6723 mm langen Rohr wurde von einer 77,8 kg schweren Treibladung die mit 91 kg Sprengstoff gefüllte, 1855 mm lange und 1020 kg schwere Gr.Be. (Granate-Beton) mit einer

Gamma-Mörser

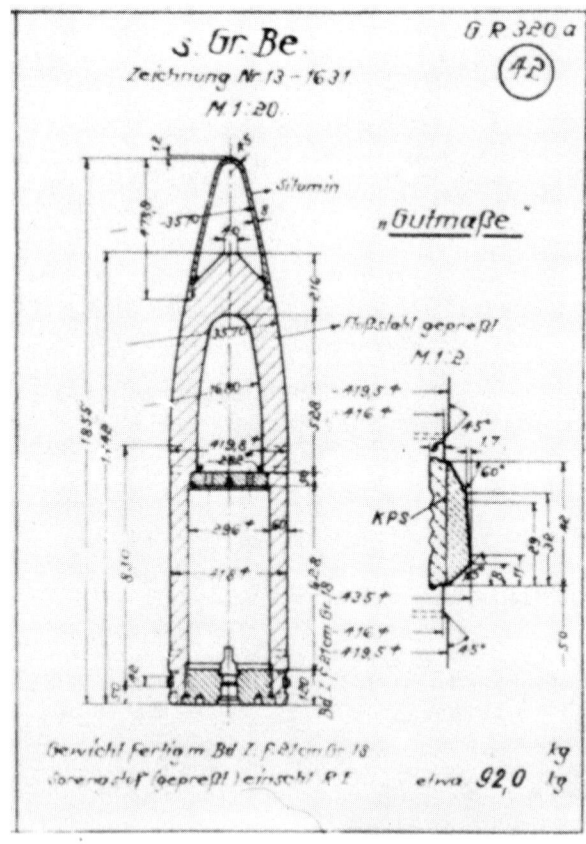

Munition für den Gamma-Mörser

V_0 von 452 m/s verschossen; dabei wurde eine Schußweite von 14 200 m erreicht. Mit der s.Gr.Be. von 2200 kg wurde trotz der 93,4 kg schweren Treibladung nur eine V_0 von 220 m/s erreicht.

Eine weitere Waffe, die ebenfalls diese Munition verschoß, war die **42-cm-Haubitze (t),** die auch bei Sewastopol im Einsatz war und dort 192 Schuß verfeuerte. Diese 105 000 kg schwere Waffe verschoß aus dem 6290 mm langen Rohr die bereits erwähnte Gr.Be. mit einer V_0 von 435 m/s und erzielte dabei 14 100 m Schußweite. Der Bestand an Munition für diese beiden 42-cm-Waffen betrug bei Kriegsende noch 1223 Schuß. Von der tschechischen Haubitze besaß das Heer bei Kriegsende noch zwei Stück an der Front und eine bei der Inspektion. Im Projektbuch des Waffenamtes finden sich noch die 42-cm-Haubitze und die 52-cm-Haubitze 43, leider ohne technische Daten. Diese Entwicklungen sind über zeichnerische Festlegungen nicht hinausgekommen.

Der folgenden Tafel kann man die Produktion der soeben behandelten wichtigsten Waffen bis zum 1. April 1945 entnehmen:

	1939	1940	1941	1942	1943	1944	1945
10,5-cm-le.F.H. 18	483	1380	1160	1237	1661	1009	56
10,5-cm-le.F.H. 18/40	–	–	–	–	1872	7827	566
10,5-cm-le.F.H./SFL	–	–	–	12	570	197	402
15-cm-s.F.H. 18	190	580	516	636	785	2295	401
15-cm-le.F.H. 18/SFL	–	–	–	–	436	724	55
21-cm-Mörser 18	58	275	167	–	100	103	8
24-cm-H 39/40	1	9	–	8	–	–	–
35,5-cm-M 1	1	–	–	5	1	1	–
42-cm-Gamma	–	1	–	–	–	–	–

Die mit SFL gekennzeichneten Waffen wurden nach der Abnahme zur Montage auf Selbstfahrlafetten abgegeben.

Die Produktionszusammenstellungen des Speer-Ministeriums enthalten in den Zahlen für die 15-cm-s.F.H. 18 übrigens mit 780 Stück für 1943 und 2360 Stück für 1944 Additionsfehler, die leider in den bisher erschienenen Veröffentlichungen übernommen wurden.

Die Munitionsfertigung sah bis zum 1. März 1945 wie folgt aus (in 1000 Schuß):

	1939	1940	1941	1942	1943	1944	1945
10,5-cm-le.F.H. 18 und 18/40	2 112,1	10 948,7	3 551,7	18 459,8	29 440,6	38 055,7	3 226,4
10,5-cm-le.F.H. 14/19(t) und 30(t)	4,9	379,9	419,4	23,0	168,7	436,6	173,1
12,2-cm-s.F.H. 396(r)	–	–	–	–	424,0	696,7	133,0
15-cm-s.F.H. 18	540,9	2 950,0	2 656,3	5 077,8	8 226,1	8 343,8	819,0
15-cm-s.F.H. 25(t)	–	173,3	23,3	–	–	–	5,1
15-cm-s.F.H. 37(r)	40,5	92,5	17,0	69,8	245,1	191,2	–
15,2-cm-K.Hbz. 433(r)	–	–	–	–	256,1	428,4	75,0
21-cm-Mrs. 18	38,9	275,3	268,1	235,7	440,0	459,3	33,0

Für die größeren Kaliber sind die gelieferten Mengen in der folgenden Tafel in Stück angegeben.

	1939	1940	1941	1942	1943	1944	1945
21-cm-Mrs. 18/19(t)	320	3368	–	–	–	–	–
24-cm-H. 39/40	–	2405	3601	7230	4850	4659	270
30,5-cm-Mrs.(t)	495	7594	2425	2565	5203	4879	138
35,5-cm-M 1	–	77	423	1061	1201	999	220
42-cm-Gamma	–	505	278	307	301	–	–

Schwere Geschütze

Das kleinste Kaliber in dieser Klasse war die **12,8-cm-Kanone 43,** die aufgrund der Erfahrungen im Feldzug gegen Sowjetrußland entwickelt wurde. Die russische 12,2-cm-Kanone 1931 war bezüglich Gewicht und Trefferwirkung eine ausgewogene Konstruktion, und sie besaß eine Schußweite von fast 21 000 m. Für einen ähnlichen Entwurf legte man sich auf das Kaliber 12,8 cm fest, das es schon bei der Flak gab und für das somit zur Fertigung genügend Werkzeuge zur Verfügung standen.

Skoda legte den Entwurf 25/940 vor. Mit der bei dieser Firma üblichen Verschlüsselung hieß das: Die 25 kg schwere Granate erreichte eine V_0 von 940 m/s. Die mit einer Kreuzlafette ausgerüstete, 6350 kg schwere Waffe wurde nach dem Modellbau jedoch wieder gestrichen. *Krupp* hat zwar ebenfalls ein Holzmodell mit einer dreiholmigen Kreuzlafette vorgelegt, wegen des neuartigen Schraubverschlusses hat man aber diese Entwicklung wieder aufgegeben und sich auf die Konstruktion der **12,8-cm-K. 44** konzentriert. Hier war man bei *Krupp* und *Rheinmetall* von den Arbeiten an einer 12,8-cm-Pak ausgegangen. Der Kruppentwurf besaß eine 4-Holm-Kreuzlafette und ein Fahrgestell mit zwei Achsen.

Die 10 160 kg schwere Kanone hatte ein 7023 mm langes Rohr, aus dem eine 575 mm lange, mit 3,6 kg Sprengstoff gefüllte, 28 kg schwere Sprenggranate mittels einer auf 12,6 kg reduzierten Treibladung mit einer V_0 von 750 m/s verschossen werden sollte. Dabei betrug die Schußweite 24 000 m.

Für die 28,3 kg schwere Panzergranate 43 finden sich die Angaben bei den Panzerabwehrkanonen. Für diese Kanone wurden wenigstens zwei Treibspiegelgranaten entwickelt, die erste mit einem 10,5-cm-Geschoß war mit 19,2 kg noch zu schwer, die zweite besaß in dem 9,6-cm-Geschoß nur noch 1,4 kg Sprengstoff. Von all dieser Munition sind nur kleine Stückzahlen zur Erprobung gefertigt worden. Beim Truppenversuch setzte man die 26 kg wiegende 12,8-cm-Sprgr.Flak 40 ein. Mit dieser 46,5 kg schweren Patronen-Munition betrug die Schußweite 21 000 m.

Die Rheinmetallversion dieser Kanone war dem Kruppentwurf ähnlich. Das Fahrgestell hatte hier aber drei Achsen. Von beiden Waffen sind außer den 50 Rohren nur einige Lafetten produziert worden. Von Fachleuten wird diese Waffe als der beste Geschützentwurf des Zweiten Weltkrieges bezeichnet, zur Produktion kam er zu spät. Wegen der fehlenden

12,8-cm-K. 44

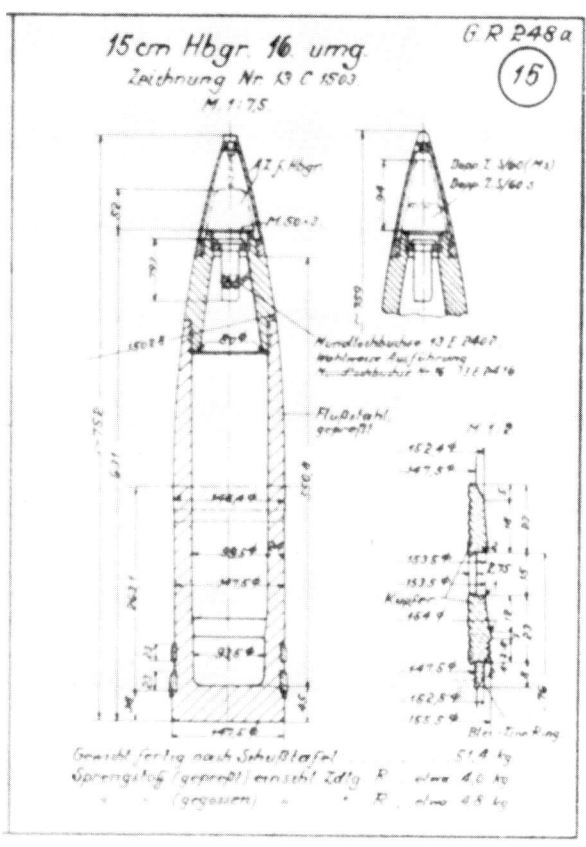

Lafetten entstand für den Soforteinsatz die **12,8-cm-K. 81/1.** Hier waren die Rohre der K. 44 in französische Beutelafetten der »Canon de-155 GPF-T« eingelegt worden. Durch das hohe Gewicht von 11 150 kg war diese Kanone aber nun sehr unhandlich. Eine bessere Lösung, von der es aber nur wenige Stücke gab, war die Kombination der K.44-Rohre mit den Lafetten der russischen 15,2-cm-Kanonenhaubitze 1937. Die nunmehr als **K. 81/2** bezeichnete Kanone wog nur 8250 kg und war damit sehr beweglich. Die Fertigungszahlen der Munition finden sich bei der 12,8-cm-Pak.

Bei der bereits am Anfang dieses Abschnittes erwähnten russischen Kanone handelte es sich um die **12,2-cm-K. 390(r),** von der das Heer aus der Beute 424 Stück übernommen hatte. Die mit 7100 kg recht schwere Waffe – man hatte neue Rohre in die Lafetten der 15,2-cm-Kanonen-Haubitze eingelegt – verschoß aus einem 5650 mm langen Rohr eine 25 kg schwere Granate mit einer V_0 von 800 m/s. Die Schußweite lag mit 20 860 m recht hoch.

Die seit Januar 1943 für dieses Kaliber laufende Munitionsfertigung wurde im September 1944 wieder eingestellt – bis zum März 1944 waren 224 Kanonen verlorengegangen.

Am 1. März 1945 betrug der Munitionsbestand noch 163 700 Schuß, davon 35 400 in den Nachschublagern.

Die **15-cm-Kanone 16** war eine von der Firma *Krupp* im Ersten Weltkrieg gebaute Waffe, von der die Truppe 1939 bei Kriegsbeginn 28 Stück mit 26 100 Schuß besaß. Die 10 730 kg schwere Waffe hatte ein Rohr von 6410 mm Länge, aus dem die 752 mm lange und 51,4 kg wiegende Haubitzengranate 16, die 4,6 kg Sprengstoff trug, durch eine 12,1 kg schwere Treibladung mit einer V_0 von 757 m/s verschossen wurde. Dabei erzielte man eine Schußweite von 22 000 m. Diese Kanone wurde während des Zweiten Weltkrieges nicht produziert, am Ende des Krieges standen von den 16 Stück noch 15 an der Front. Ersetzt hat man die K. 16 durch die bei *Rheinmetall* entwickelte **15-cm-K. 18,** die 1938 bei der Truppe eingeführt wurde und die 108 000,– RM kostete. Im September 1939 standen dem Heer aber nur drei Kanonen mit 2470 Schuß zur Verfügung. Die im Polenfeldzug verbrauchten 6166 Schuß sind alle von der K. 16 verfeuert worden.

Die K. 18 wog 12 460 kg, hatte ein Rohr von 8200 mm Länge und verschoß die 695 mm lange, 43 kg schwere Kanonengranate 18 (Rohlingsgewicht 97 kg), die 5,7 kg Sprengstoff trug, durch eine 16,3 kg schwere Treibladung mit einer V_0 von 890 m/s. Die Schußweite betrug 24 825 m. Zum Einsatz gegen »harte« Ziele gab es die 43,5 kg schwere und 591 mm lange Granate 19-rot-Be, die nur 3,22 kg Sprengstoff trug. Die Panzersprenggranate L/3.8 war 553 mm lang, wog 45,3 kg und trug 1,14 kg Sprengstoff. Von der K. 18 stand im März 1945 nur eine Waffe im Zeugamt, die Truppe hatte 21 Stück im Einsatz.

1938 hatte die Firma *Krupp* aus der Türkei eine Bestellung für eine in drei Lasten zu transportierende 15-cm-Kanone erhalten und davon auch zwei Stück geliefert. Das Heer hat dann ab November 1939 für rund 8,65 Millionen RM weitere 64 dieser Waffen als **Kanone 39** übernommen. Sie besaß im Gegensatz der Kastenlafette der K. 18 eine neuartige Spreizlafette und wog 12 186 kg. Obwohl die Munition der K. 18 verwendet werden konnte, hat man zusätzlich eine 45 kg schwere und 624 mm lange Halbpanzergranate 39 geschaffen. Mit dieser Munition, durch eine 18,5 kg schwere Treibladung aus dem 8250 mm langen Rohr verschossen, wurde eine V_0 von 890 m/s erreicht, das ergab eine Schußweite von 25 420 m. Eine Notlösung war die **15-cm-Kanone mit Mörserlafette.** Das waren Rohre der Marinewaffe 15-cm-SK C/28 in der Lafette des 21-cm-Mörsers 18. Während des Jahres 1940 hat man acht derartige Umbauten durchgeführt, die später bis auf die zwei bei Kriegsende noch vorhandenen Waffen zu 17-cm-Kanonen umgebaut wurden. Dieses 15-cm-Geschütz besaß ein 8245 mm langes Rohr und wog 16 870 kg. Verschossen wurde von einer 13,3 kg schweren Treibladung die 679 mm lange Marine-Sprenggranate L/4.6 Hb von 45,3 kg Gewicht, die 3,9 kg Sprengstoff trug. Es wurde eine V_0 von 875 m erreicht, und das ergab eine Schußweite von 24 700 m. Die Munitionsbestände dieser 15-cm-Kanonen betrugen bei Kriegsende für die K. 16 3300 Schuß, für die K. 18 6700 Schuß. Für die noch vorhandenen sieben Kanonen 39 lagen noch 31 800 Schuß der Halbpanzergranate vor.

Eine bisher ungeklärte Waffenentwicklung ist die **schwere-15-cm-Kanone L/45.** Im Planungsbuch des Waffenamtes findet sich Ende 1942 die Eintragung: »Nach Lieferung von 4 Stück keine weitere Fertigung.« Vielleicht kann einer der Leser hier weitere Hinweise geben?

Bei der **15,5-cm-K. 416(f)** handelte es sich um eine *französische Beutewaffe* von 8800 kg Gewicht. Aus dem 4950 mm langen Rohr wurde die 43 kg schwere Granate mit einer V_0 von 665 m/s verschossen; das ergab eine Schußweite von 17 500 m. Die **418(f)** und **419(f)** waren fast baugleiche Kanonen, die auch unter der Bezeichnung GPF (Grand-Puissance-Filloux) bekannt wurden. Das Gewicht betrug 11 200 kg, die Rohrlänge 5915 mm. Bei einer V_0 von 735 m/s wurde eine Schußweite von 19 300 m erreicht. Die 419(f) unterschied sich durch eine Sechsradlafette. Das deutsche Heer hatte von den 449 Kanonen, die die französische Armee besaß, eine große Anzahl mit 1 723 300 Spreng- und 154 300 Kampfstoffgranaten übernommen. Diese Kanonen wurden in Rußland, in Nordafrika und am Atlantikwall eingesetzt.

Bei der **420(f)** handelte es sich um eine von 14,5 auf 15,5 cm aufgebohrte Marinekanone. Diese 12 450 kg schwere Waffe besaß ein 7632 mm langes Rohr, die V_0 mit der 43-kg-Granate betrug 730 m/s, die Schußweite 21 300 m.

Die **422(f)** war eine 2440 kg schwere Kanone aus dem Jahre 1877. Aus dem 4110 mm langen Rohr erreichte die bereits erwähnte 15,5-cm-Granate mit einer V_0 von 560 m/s eine Schußweite von 13 900 m. Einige dieser Kanonen wurden von deutscher Seite bei der Küstenverteidigung eingesetzt.

Die 5000 kg schwere **K. 425(f)** war ebenfalls eine alte Waffe aus dem Ersten Weltkrieg, die aber noch an der Kanalküste eingesetzt wurde. Aus dem 4089 mm langen Rohr verschoß man die 15,5-cm-Standard-Granate mit einer V_0 von 560 m/s; das ergab eine Schußweite von 13 600 m. Von diesen 15,5-cm-Granaten betrug übrigens der Bestand im März 1945 noch 423 600 Stück.

Die *tschechische* **15,2-cm-K. 15/16(t)** war eigentlich als ortsfeste Waffe gedacht. Mit einer neuen Lafette wog diese Kanone nun 13 260 kg. Aus dem 6000 mm langen Rohr wurde eine 54 kg schwere Granate mit einer V_0 von 690 m/s verschossen, die dabei eine Schußweite von 20 700 m erreichte. Bei Ausbruch des Krieges im Jahr 1939 gab es von dieser Kanone zehn Stück mit 4600 Schuß, davon wurden 400 Schuß während des Polenfeldzuges verfeuert. Später waren einige dieser Waffen beim Afrikakorps und zur Küstenverteidigung eingesetzt.

Eine von der Firma *Skoda* für Jugoslawien produzierte Kanone war die im deutschen Heer **15-cm-K. 403(j)** genannte Waffe. Zwölf dieser 15 000 kg schweren Kanonen waren ortsfest in Norwegen installiert. Verschossen wurde aus dem 7025 mm langen Rohr eine 56 kg schwere Granate, bei einer V_0 von 760 m/s erreichte man eine Schußweite von 23 800 m.

Eine Waffe, die einfach in ihren Stellungen übernommen wurde, war die **14,5-cm-K. 405(f)**. Die Franzosen hatten 210 der offiziell Canon-1916-St. Chamond genannten Waffe zur Küstenverteidigung installiert. Diese 12 500 kg wiegende Waffe verschoß aus dem 7632 mm langen Rohr eine 36,2 kg schwere Granate. Die V_0 von 785 m/s reichte für eine Schußweite von 18 900 m.

Aus *Italien* stammte die 15-cm-Cannona-da-149/40. Die Firma *Ansaldo* hatte zu den drei bereits vorhandenen Waffen nach dem Übergang Italiens ins Lager der Alliierten im September 1943 noch zwölf weitere geliefert. Die 11 340 kg schwere, nun **K. 408(i)** genannte Waffe besaß ein 6036 mm langes Rohr, aus dem eine 46 kg schwere Granate des Kal. 149,1 mm verschossen wurde. Mit einer V_0 von 795 m/s erreichte man eine Schußweite von fast 23 700 m.

Wir kommen nun zum einzigen Geschütz, das während des Zweiten Weltkrieges bei der Truppe neu eingeführt wurde. Es war die bei der Firma *Krupp* entwickelte und bei *Hanomag* für je 124 000 RM gebaute **17-cm-Kanone 18** in Mörserlafette, von der die ersten vier Stück im Januar 1941 geliefert wurden.

Sie war wahrscheinlich die beste Kanone dieser Klasse im Zweiten Weltkrieg. Diese 17 510 kg schwere Kanone benützte die Lafette des 21-cm-Mörsers 18 und verschoß aus dem 8529 mm langen Rohr mittels einer Treibladung von 30,6 kg die Kanonengranate 38 mit einem Kaliber von 172,5 mm. Diese 62,8 kg schwere Granate war 788 mm lang und trug 6,1 kg Sprengstoff; sie erreichte mit einer V_0 von 925 m/s eine Schußweite von 31 000 m. Von dieser ausgezeichneten Waffe besaß die Truppe am 1. März 1945 noch 88 Stück mit 50 400 Schuß Munition, die alle an der Front standen.

Die Firma *Krupp* hatte 1936, von der 15-cm-K. 39 ausgehend, auch eine 21-cm-Kanone für den Export entwickelt. Einige der 35 000 kg schweren Waffen wurden vom Heer für den Truppenversuch übernommen. Hier wurde noch die 803 mm lange Granate 17, die bei 120 kg Gewicht 13,4 kg Sprengstoff trug, verschossen. Bei einer V_0 von 875 m/s wurde aus dem 10 500 mm langen Rohr eine Schußweite von 34 000 m erreicht. Da die Zeit, um die Waffe in Stellung zu bringen, außergewöhnlich lang war, hat das Waffenamt aber die Einführung dieser Kanone abgelehnt. Die Arbeiten bildeten aber die Grundlage zur **21-cm-Kanone 38,** technisch eine der besten Waffen des Zweiten Weltkrieges. Die in zwei Lasten mit einem Gesamtgewicht von 34 825 kg transportierte Waffe wog in der Stellung dann 25 435 kg. Aus dem 11 635 mm langen Rohr wurde die 1023 mm lange Kanonengranate 38 von 120 kg Gewicht verschossen. Die Treibladung von 59,7 kg erbrachte eine V_0 von 905 m/s, und das reichte für eine Schußweite von 33 900 m. Das Waffenamt hatte für die zuerst als »schwere-

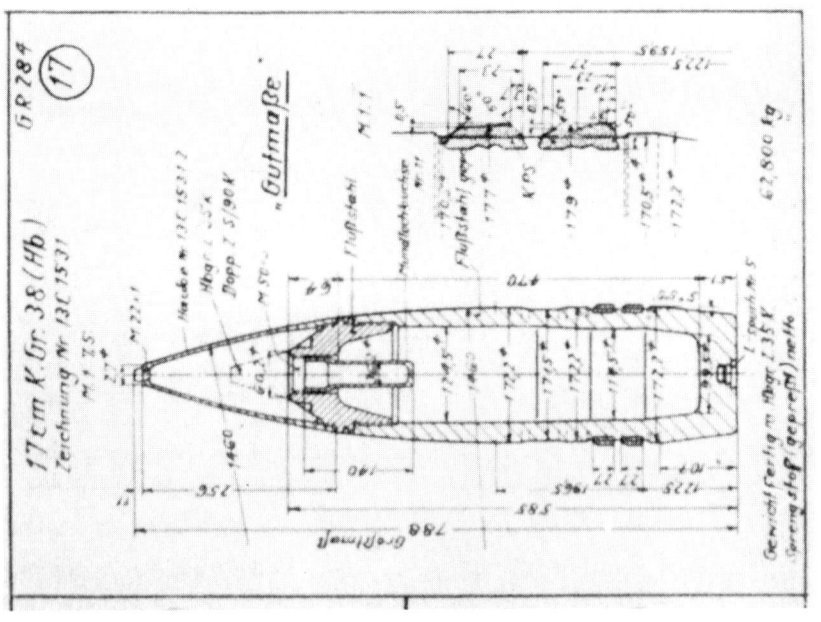

Die 17-cm-Kanonengranate

Oben: Die 17-cm-K. in Mrs.Lafette
21-cm-K. 38 ▲

Kanone-21-cm« bezeichnete Waffe einen Versuchsauftrag für 15 Waffen erteilt. Im August 1941 sollten die ersten zwei Stück geliefert werden. Mit viel Mühe gelang es, die erste Kanone im Juli fertigzustellen, die nächste Waffe wurde aber erst im Januar 1942 vorgestellt. Im Mai 1942 wurde die Waffe in »21-cm-Kanone 38« umbenannt, die Produktionsplanung auf 60 weitere Kanonen bei *Krupp* und 40 bei der Firma *Skoda* erweitert. Die Fertigung geriet aber immer wieder ins Stocken. Bei *Skoda* waren es die Arbeiten an anderen Projekten, bei *Krupp* die Vorarbeiten an der Pak 44 und später wegen der Reichsluftverteidigung die dringende Produktion der 12,8-cm-Flak, durch die es mit der Fertigung einfach nicht voranging. Obwohl das Planungsbuch des Waffenamtes im Herbst 1943 bei der K. 38 die Eintragung zeigt – »einmalige Forderung von 174 Waffen« –, hat man mit viel Mühe für 3 Millionen RM die 15 Stück des Versuchsauftrages geliefert und davon auch noch eine Kanone nach Japan verkauft. Bei der Truppe waren nie mehr als zehn Waffen im Einsatz, und davon gingen im Winter 1943/44 sieben und im Herbst 1944 noch eine weitere Kanone verloren. Von der Munition waren im März 1945 noch 21 800 Granaten, das waren 20 Prozent der Gesamtfertigung, vorhanden.

Bei *Skoda* hatte man unter der Bezeichnung »21-cm-K. 52« eine Waffenlieferung für die Türkei akzeptiert und zwei dieser Kanonen geliefert. Ab März 1940 hat dann die Wehrmacht zwölf dieser Waffen für etwas mehr als 3,1 Millionen RM als **21-cm-Kanone 39** übernommen. Diese 37 000 kg schwere Kanone besaß ein Rohr von 9530 mm Länge, aus dem die 135 kg schwere Granate 39(t), die 18,8 kg Sprengstoff trug, durch eine Treibladung von 37,6 kg mit einer V_0 von 800 m/s verschossen wurde. Die Schußweite betrug 29 950 m.

Ein etwas geändertes Modell, die 38 000 kg schwere **K. 39/40**, wurde auf die deutsche 21-cm-Granate 40 umgestellt, die bei gleichem Gesamtgewicht mit 21,7 kg Sprengstoff gefüllt war. Vom Modell **K. 39/41**, dessen Rohr mit Mündungsbremse 11 460 mm lang war, hatte man noch 40 Stück bestellt, von denen 1943/44 auch noch 22 geliefert wurden. Das Gesamtgewicht war auf 39 800 kg angestiegen, und mit einer auf 54 kg erhöhten Treibladung wurde nun eine Schußweite von 34 000 m erreicht.

Anfang 1944 hatte man von diesen Kanonen acht Stück nach Schweden verkauft, später dann nochmals 14 Stück. Die Planungen des Waffenamtes sahen dann ab September 1944 neue Lieferungen unter der Bezeichnung **21-cm-K. 52** vor. Von den bis Mai 1945 geplanten 24 Waffen konnten aber nur zwölf Stück im Zeitraum 1944/45 geliefert werden. Als neue Munition gab es hier die 232 kg schwere Röchling-Granate, die zur Stabilisierung ein Messerleitwerk trug. Im März 1945 gab es davon noch acht Stück mit 20 700 Granaten an der Front.

1937 kam eine 24-cm-Kanone der Firma *Krupp* zur Truppe, die praktisch eine vergrößerte 15-cm-K. 39 darstellte. Sie wurde in drei Lasten von zusammen 57 200 kg transportiert und wog in der Feuerstellung 29 600 kg. Aus dem 10 950 mm langen Rohr verschoß man eine 180 kg schwere Granate mit einer V_0 von 850 m/s und erreichte eine Schußweite von 32 000 m. Diese Kanone war in der Handhabung sehr kompliziert, und lediglich die Artillerie-Abt. 84 hatte einige dieser Waffen im Einsatz.

Die **s. 24-cm-K.(t),** wie eine weitere schwere Kanone abgekürzt genannt wurde, stammte aus der Skodafertigung von 1916. Das Heer hatte 1939 von dieser 79 100 kg schweren Waffe sechs Stück mit 718 Schuß übernommen. Aus dem 9600 mm langen Rohr verschoß man mit einer 50-kg-Treibladung die 1213 mm lange Granate 40(t), die 198 kg wog und 23,4 kg Sprengstoff trug. Bei einer V_0 von 799 m/s erreichte man 29 875 m Schußweite. Diese Waffe verwendete die gleiche Lafette wie der 30,5-cm-Mörser(t). Im März 1945 gab es noch zwei einsatzfähige Waffen mit 5244 Granaten bei der Truppe.

Bei der Firma *Rheinmetall* wurde ab Mitte 1934 die **24-cm-K. 3** entwickelt. Die schw. Artillerie-Abt. 83 erhielt 1939 die ersten Waffen und besaß bei Kriegsausbruch vier dieser

24-cm-K. 3

Geschütze mit 979 Granaten. Die K. 3 wurde in sechs Lasten mit zusammen fast 86 000 kg gefahren, in der Stellung betrug das Gewicht dann 54 000 kg.

Aus dem 13 014 mm langen Rohr wurde durch eine 76,2 kg schwere Treibladung die 1005 mm lange und 152,3 kg schwere Granate 35 verschossen, die 17,6 kg Sprengstoff trug. Eine derartige Granate benötigte übrigens an Rohmaterial 351,8 kg Stahl und 41,8 kg Kupfer. Im hinteren Geschoßdrittel dieser Granate waren acht Weicheisenrippen angebracht, die in die Züge des Rohres eingepaßt wurden. Bei einer V_0 von 970 m/s wurde eine Schußweite von 37 500 m erreicht.

Nachdem die Firma *Rheinmetall* von den 20 bestellten Waffen die ersten acht Stück gefertigt hatte, ging Ende 1941 ein Auftrag über 40 Stück im Gesamtwert von 20 Millionen RM an die Firma *Krupp,* die davon aber nur sechs Stück der K. 3 geliefert hat. Kurz vor Kriegsende gab es noch fünf Waffen mit 2535 Granaten. Da sich die Granaten mit den Führungsrippen nicht bewährten, wurden ab Sommer 1940 die vorhandenen Granaten zu normalen Führungsbändern geändert und neue Rohre mit 72 Zügen eingeführt. Eine Schußweitensteigerung sollte ein glattes Rohr bringen, aus dem Treibspiegelgranaten und Peenemünder Pfeilgeschosse verfeuert werden sollten. Aber auch ein konisches Rohr wurde erprobt, man erhoffte 60 000

Die Granate mit den
Führungsrippen

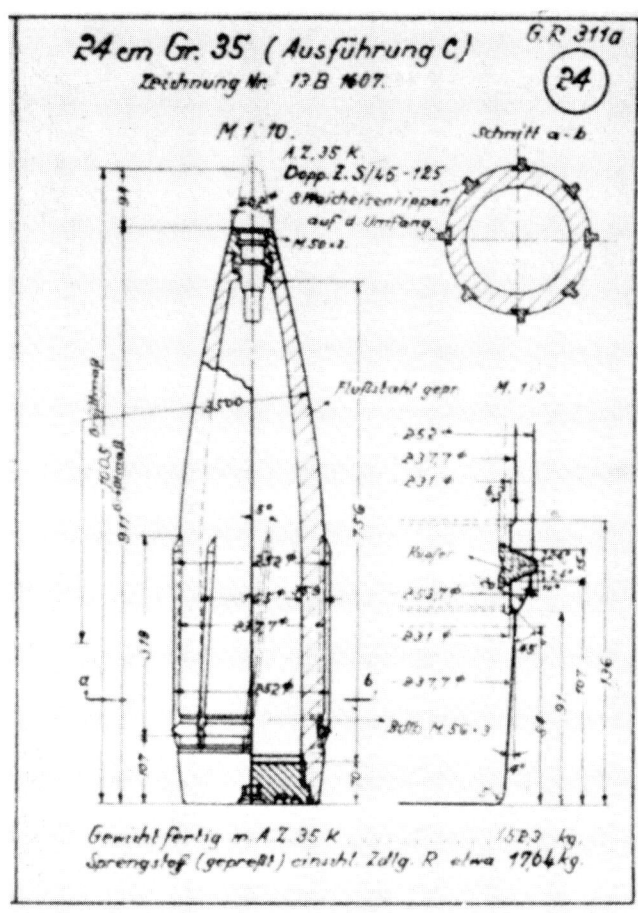

m zu erreichen. Die 118 kg schwere Spgr. 41, mit 14 kg Sprengstoff gefüllt und mittels einer
85-kg-Treibladung verschossen, erreichte zwar eine V_0 von 1120 m/s – aber nur eine
Schußweite von 52 000 m. Das Kaliber wurde dabei auf 21 cm heruntergedrückt. Das Projekt
»24 cm zu 18 cm«, mit dem man 75 000 m erreichen wollte, wurde nicht mehr abgeschlossen.
Die **24-cm-K. 4** war ein Projekt der Firma *Krupp,* um eine billigere und leistungsfähigere
Kanone herzustellen. Ein Vorschlag sah eine zweilastige Ausführung von 65 000 kg vor, die
zwischen zwei turmlosen »Tiger«-Panzern gefahren wurde. Es wurde mit dem 17 260 mm
langen Rohr für die 160 kg schwere Granate eine V_0 von 1080 m/s erhofft. Die Schußweite
hätte etwa 47 000 m betragen. Das begonnene Muster wurde in der Nacht zum 26. Juli 1943
bei dem Luftangriff auf Essen so schwer beschädigt, daß man die Entwicklung aufgegeben
hat.
Durch die abgeworfenen 2033-ts-Bomben kamen nicht nur 512 Menschen ums Leben – die
Werksanlagen der Firma *Krupp* wurden so schwer getroffen, daß diese Firma für einige Zeit
keine Rüstungsgüter mehr liefern konnte.
Die Parallelentwicklung der Firma *Rheinmetall* sah eine Selbstfahrlafette von etwa 122 t vor,
die in dem entsprechenden Abschnitt erwähnt wird.

Die folgende Tafel zeigt die Waffenproduktion dieser Gruppe während des Zweiten Weltkrieges bis zum 1. April 1945.

	1939	1940	1941	1942	1943	1944	1945
15-cm-K. 18	–	21	45	25	10	–	–
15-cm-K. 39	15	11	25	13	–	–	–
15-cm in Mrs.-Laf.	–	8	–	–	–	–	–
17-cm in Mrs.-Laf.	–	–	91	126	78	40	3
21-cm-K. 38	–	–	1	6	7	1	–
21-cm-K. 39/40/41	–	12	22	3	11	11	–
21-cm-K. 52	–	–	–	–	–	6	6
24-cm-K. 3	–	3	1	4	–	2	–

Munition für die schweren Geschütze wurde im Krieg wie folgt produziert:
(in 1000 Schuß)

	1939	1940	1941	1942	1943	1944	1945
12,2-cm-K. 390(r)	–	–	–	–	278,5	295,8	–
15-cm-K. 16	–	16,4	9,5	4,6	–	–	–
15-cm-K. 18	–	48,3	57,1	86,1	97,7	30,8	–
15-cm-K. 39	–	46,8	83,7	25,4	69,0	11,4	–
15-cm in Mrs.-Laf.	–	–	8,0	7,3	9,0	–	–
17-cm in Mrs.-Laf.	–	–	22,1	73,8	212,4	238,0	26,7
21-cm-K. 38	–	–	–	10,5	9,3	4,4	–
21-cm-K. 39/40/41	–	2,7	2,8	14,0	19,8	20,7	0,6

(in Stück)

	1939	1940	1941	1942	1943	1944	1945
24-cm-K. 3	120	2331	902	3999	3805	2380	100
s.24-cm-K.Gr.(t)	–	2178	300	1878	4117	1106	–

Festungs- und Heeresküstengeschütze

Für den »Westwall« und die Festungen im Osten wurden verschiedene Bewaffnungen geschaffen bzw. geplant, die auch zum Teil später am »Atlantikwall« eingesetzt wurden.
Außer den unterschiedlichen Gruppenunterständen gab es zwei verschiedene 3-Scharten-Kuppeln, in denen jeweils zwei Mann untergebracht waren. Als Bewaffnung war das alte, wassergekühlte, 20 kg schwere MG. 08 vorgesehen. Diese 1910 mm lange Waffe verschoß aus dem 720 mm langen Lauf die Inf.-Patrone mit einer V_0 von 895 m/s und einer Schußfolge von 500 je Minute. Die kleinere Kuppel mit 125-mm-Panzerstärke besaß einen Außendurchmesser von 2,3 m, war 1,7 m hoch und wog 16 t. Mit einer Panzerung von 250 mm stiegen der Durchmesser auf 2,5 m, die Höhe auf 2,6 m und das Gewicht auf 39 t an.
Die große 3-Scharten-Kuppel mit drei Mann Besatzung war mit zwei MG. 34 ausgerüstet. Es gab sie in den Panzerstärken 125, 250 und 440 mm, das Gewicht betrug dementsprechend 20, 47 oder 125 t. Der Durchmesser wuchs von 2,5 zu 2,7 und zu 3,13 m, die Höhe zu 2,03, 2,65 und 3,63 m. Eine derartige Kuppel mit 250-mm-Panzerung kostete damals 65 000,– RM.

Mit geringfügig abweichenden Maßen und Gewichten hat man die Kuppeln auch mit sechs Scharten geliefert, der Preis stieg mit der 440-mm-Panzerung dabei auf 165 000,– RM je Stück. Von den Kuppeln mit drei bzw. sechs Scharten wurden zusammen 1427 Stück geliefert.

Die sogenannten Kleinstglocken trugen keine Waffen, sie waren nur mit Fern- oder Sehrohren und mit Funkgeräten ausgerüstet. Es gab davon fünf verschiedene Ausführungen, die je nach der von 60 bis 250-mm-starken Panzerung 3,3 bis 23,6 t wogen. Die maximale Kuppelhöhe für den einen Beobachter betrug 2,33 m, davon lagen 0,31 m über der Erde.

Es wurden von den Kleinstglocken 740 Stück geliefert, mit 120-mm-Panzerung kostete das Stück ohne Inneneinrichtung 7900,– RM.

Ebenfalls ohne Bewaffnung gab es fünf verschiedene Panzertürme für Infanterie- bzw. Artilleriebeobachter. Je nach Panzerstärke, die von 120 bis 600 mm reichte, wog der gesamte Turm 17,2 bis 145 t. Der Kuppeldurchmesser stieg bis auf 3,27 m, die Kuppelhöhe bis 3,6 m an. Von den 426 gelieferten Kuppeln kostete die mit 250-mm-Panzerung 51 000,– RM.

Für den **5-cm-Maschinengranatwerfer M 19**, der 1934 bei *Rheinmetall* entwickelt wurde, gab es drei verschiedene Panzertürme. Der kleinste wog 59,5 t, der größte mit 3,5 m Durchmesser sogar 166 t. Drei Mann bedienten die 220 kg schwere Waffe, die eine Wurfgranate des Granatwerfers 36 verschoß. Bei einer maximalen V_0 von 83 m/s wurde mit einer Erhöhung von 48–87° eine max. Schußweite von 620 m erreicht. Ein 6-Schuß-Magazin konnte innerhalb einer Minute verfeuert werden. Nach der Fertigstellung von zehn dieser Kampfstände wurde die Montage wieder eingestellt. Außer den fünf Werfern, die zur Erprobung auf einem sogenannten Schießbock montiert waren, standen nur noch 22 Waffen zum Einbau bereit – 880 Stück waren geplant. Ein Einsatz ist nicht nachweisbar, den Großteil der Wurfgranaten hat man dem Granatwerfer 36 zugeleitet. 316 700 Schuß für den M 19 lagen im März 1945 noch vor.

Eine einschüssige französische Waffe, die man aus Stellungen der Maginotlinie ausgebaut hatte und die am Atlantikwall eingesetzt war, trug die Bezeichnung **5-cm-Festungsgranatwerfer 210(f).** Dieser 11 kg schwere Werfer verschoß aus einem 450 mm langen Rohr eine 0,95 kg schwere Wurfgranate. Bei einer V_0 von 120 m/s wurde eine Schußweite von 1075 m erreicht.

Als Panzerabwehrwaffe war zuerst eine **3,7-cm-Pak L/65** vorgesehen. Sie war in einer 46,7 t schweren Kasematte so untergebracht, daß sie ein seitliches Richtfeld von ± 30° besaß. Die aus 1,5 m starkem Eisenbeton bestehende Kasematte war vorn und oben durch 200 mm starke Panzerplatten geschützt. Der 6 m² große Kampfstand war mit fünf Mann besetzt und besaß zusätzlich noch zwei MG. Da die Schußweite und die Wirkung zu gering waren, hat *Rheinmetall* die Produktion nach einigen Mustern wieder eingestellt.

Man ging nun zur **5-cm-Pak L/70** über, die eine Schußweite von 8000 m besaß. Für diese Waffe gab es eine Kasematte, die mit einer MG-Stellung kombiniert war. In dieser 280 t schweren Stellung waren 167 t Panzerstahl mit 3,5 m starkem Eisenbeton verbunden. Die 5-Mann-Besatzung verfügte über einen Kampfraum von 5,8 m², das seitliche Richtfeld war auf ± 15° beschränkt.

Bei der Firma *Krupp* hieß diese 800 kg schwere Waffe **Gerät 56P,** sie besaß eine halbautomatische Ladeeinrichtung, mittels der Feuerstöße von vier Schuß in 2,3 Sekunden möglich waren.

Die Patronen von 532 mm Länge und 4,3 kg Gewicht waren zu je vier Stück in Ladestreifen untergebracht, die der Waffe über eine Transportkette mit 13 Ladeschalen zugeführt wurden. Aus dem 3320 mm langen Rohr erreichte die 2,17 kg schwere Pzgr. eine V_0 von 840 m/s, dabei wurden auf 500 m 60 mm Panzerstahl durchschlagen.

Von dieser 5-cm-Pak wurden zwar 490 Stück in Auftrag gegeben, der Auftrag aber im Januar 1940 auf 400 gekürzt und kurz danach bei der Firma *Krupp* nach der Auslieferung von nur elf Waffen ganz gestrichen. Von den 1 516 000 geforderten Granaten sind nur 8000 geliefert worden. Für diese Waffe war auch ein Drehturm mit Panzerstärken von 250 bzw. 420 mm geplant. Bei Außendurchmessern von 3,12 bzw. 3,35 m wogen diese Türme einschließlich des Vorpanzers 285 bzw. 460 t. Als Beispiel sei hier erwähnt, daß ein derartiger Turm zwei Zielfernrohre, ein Rundblickfernrohr und ein Sehrohr trug. Der 4-Mann-Besatzung stand zur Nahverteidigung zusätzlich ein MG. 34 zur Verfügung.

Die **10-cm-Kanone** in dem mittleren Kasemattenturm besaß eine Rohrlänge von 3255 mm und verschoß eine 15 kg schwere Granate mit einer V_0 von 630 m/s. Das ergab eine Schußweite von 6650 m. Für diese 4330 kg schwere Waffe gab es zwei verschiedene Panzertürme, die zusätzlich jeweils ein MG. 34 trugen.

Bei einer Panzerung von 600 mm und einem Kuppeldurchmesser von 4,15 m ergab sich ein Gewicht von 110 t ohne – und 440 t mit dem Vorpanzer aus Eisenbeton. Für die 4-Mann-Besatzung gab es aber auch eine leichtere Kuppel von 76 t, die nur 420 mm gepanzert war und einen Außendurchmesser von 3,9 m besaß. Die gleiche Waffe in einer Kasematte aus 3,5 m starkem Eisenbeton war mit verschiedenem Panzerschutz geplant. Dadurch entstanden Gewichte von 125, 166 und 192 t. In dem 12,75 m² großen Kampfraum, von dem aus ein Seitenrichtfeld von ± 30° möglich war, hielt sich die sechs Mann starke Besatzung auf. Der über 345 Waffen lautende Auftrag wurde im Januar 1940 auf 94 zusammengestrichen. Geliefert wurden vier der mittleren 10-cm-Kanonen für den Turm und 14 für die Kasematte. Es hieß damals wörtlich: »Die Fertigung der Festungsgeschütze wird im allgemeinen eingestellt.« *Rheinmetall* hat diese Kanone mit einem auf 3010 mm gekürzten Rohr als »kurze-10-cm-KK« angeboten. Von den mit diesen Waffen zu verschießenden Granaten wurden 684 150 bestellt, 130 405 Stück wurden geliefert.

In einer Panzerkuppel von 4,15 m Außendurchmesser und 115 t Gewicht war die **lange-10-cm-Kanone-Turm** eingebaut. Hier wurde aus dem 5460 mm langen Rohr eine 15 kg schwere Granate mit einer V_0 von 835 m/s verschossen. Es sollte eine Schußweite von 19 500 m erreicht werden. Ein vierteiliger Vorpanzer von 360 t Gewicht sollte die 4-Mann-Besatzung zusätzlich schützen. Zur Nahverteidigung waren ein MG. 34 und ein Flammenwerfer eingebaut. Von der Bestellung über 100 Waffen, die man dann auf 20 kürzte, sind bis Anfang 1940 nur acht Stück fertig geworden. Die Fertigung der geforderten 22 555 Granaten wurde nach Auslieferung von 8020 Stück wieder eingestellt.

Für die **15-cm-Kanone-Turm** war die Verwendung des Rohres der K. 18 geplant. Die Leistungen sind bei dieser Waffe zu ersehen (s. S. 164). Nachdem 1940 das einzige Muster fertiggestellt war, wurde dieses Projekt wieder gestrichen. Die »leichte-Haubitze-Turm« war eigentlich ein 1255 kg schwerer Werfer, aus dessen 1485 mm langem Rohr eine 10-cm-Wurfgranate mit einer V_0 von 270 m/s verschossen wurde. Hier war, wie schon beim 5-cm-Maschinengranatwerfer, nur Steilfeuer mit einer Erhöhung von 47 bis 86° vorgesehen. Das ergab eine maximale Schußweite von 6000 m. Unter einem Panzerschutz von 420 mm Stärke sollten drei Mann in einem 99,6 t schweren Panzerturm untergebracht werden, von dessen 8,2 m Höhe nur 0,6 m aus der Erde schauten.

Von den 120 bestellten Waffen und den geforderten 153 500 Wurfgranaten sind aber nur Werksmuster fertig geworden.

In die bei der langen-10-cm-Kanone-Turm beschriebenen Panzerkuppel konnte auch die **schwere-15-cm-Haubitze-Turm** eingebaut werden. Die 18 600 kg schwere Waffe verschoß aus ihrem Rohr von 5200 mm Länge die Granate 19 der s.F.H. mit einer V_0 von 625 m/s und erzielte dabei eine Schußweite von 15 500 m. Von der bereits 1935 begonnenen Entwicklung hatte man 106 Waffen bestellt, den Auftrag dann aber auf 21 Stück gekürzt, die 1940 auch geliefert wurden. An Granaten wurden 10 250 Stück bereitgestellt.

Von der **4,7-cm-Pak-Kasematte 36(t)** hatte das Heer schon vor Beginn des Krieges aus *tschechischen* Beständen 221 Stück übernommen. Zusätzlich wurden in den ersten vier Kriegsmonaten noch 200 und 1940 weitere 73 dieser Waffen geliefert. Verschossen wurde hier aus einem 2040 mm langen Rohr die 0,83 kg schwere Pzgr. 37 mit einer V_0 von 775 m/s. Die Schußweite betrug fast 6000 m. Für dieses 1860 kg schwere Geschütz gab es aber auch eine 2,7 kg schwere Sprgr.-Patrone mit einem 1,5 kg schweren Geschoß, das 600 m/s erreichte. Zunächst in zahlreichen Stellungen des Westwalls eingebaut, fand sich später eine ganze Anzahl am Atlantikwall.

Die *Skoda*-Werke in Pilsen hatten auch eine ganze Anzahl von Festungswaffen vorgeschlagen. Zuerst gab es da den **9-cm-Festungs-Minenwerfer B 7(t),** von dem das Waffenamt im April 1939 fünf Stück bestellte. Sie wurden dann in Hillersleben erprobt, und die 6,9 kg schwere Wgr. erreichte bei einer V_0 von 245 m/s eine Schußweite von 4300 m.

Von der **10-cm-Kasematten-Haubitze** wurden 15 Stück geliefert, der Prüfplatz Hillersleben hat später zusätzlich zwei Stück in Zwillingsausführung erhalten. Die 16 kg schweren Granaten erreichten bei einer V_0 von 525 m/s eine Schußweite von 11 900 m.

Im Januar 1941 erhielt *Skoda* noch einen Entwicklungsauftrag für eine **28-cm-Kanone im Panzerturm.** Bei einer V_0 von 1000 m/s wurde für die 240 kg schwere Granate eine Schußweite von 45 000 m gefordert. Eine Fertigung bzw. eine Auslieferung ist nicht nachweisbar.

Interessant ist noch der im März 1935 bei der Firma *Rheinmetall* in Auftrag gegebene 26 t schwere Panzerturm, der einen ein- und ausfahrbaren Scheinwerfer von 600-mm-Durchmesser trug – außer einem Muster ist nichts weiter gefertigt worden.

Die am meisten am Atlantik und der Nordsee eingebaute Waffe war jedoch die **10,5-cm-K. 331(f)** – nicht weniger als 487 Stück standen dort im März 1944 bereit. Eine Beschreibung dieser Waffe findet sich unter »Feld-Kanonen« (s. S. 139).

Für die ausgeführten und geplanten Festungsanlagen betrug 1938 der Bedarf der verschiedenen Beobachtungs- und Zielfernrohre 61 590 Stück. Da die Industrie aber völlig überlastet war, wurden davon nur 44,7 Prozent bestellt und trotz aller Anstrengungen bis Mitte Juli 1939 lediglich 14,6 Prozent dieser bestellten Geräte geliefert.

	Bedarf	bestellt	geliefert	% des Bedarfs
Beobachtungsfernrohre	48 473	23 004	3 668	7,6
Zielfernrohre	13 117	4 529	355	2,7

Diese Aufstellung zeigt, daß der angeblich unüberwindliche Westwall kurz vor Beginn des Krieges höchst mangelhaft mit optischen Geräten ausgerüstet war.

Die **verbaute Betonmenge** betrug übrigens am *Westwall* nur 3 478 380 m³, am *Atlantikwall* dagegen 10 538 800 m³, mit den U-Boot-Bunkern und den Sonderbauten für den V-Waffeneinsatz sogar 16 106 800 m³.

Zu den Festungswaffen ist der provisorische Einbau von Türmen verschiedener Panzerkampfwagen zu zählen. Für diese Einbauten, ab Februar 1944 als Aktion »Wall« eingeleitet, standen im Sommer 1944 die folgenden Türme zur Verfügung:

    262 vom Panzer I mit je zwei MG. 34
    537 vom Panzer II mit 2-cm-KwK 30
      6 vom VK 3 001 mit 7,5-cm-KwK L/24
     36 vom Panzer 35(t) mit 3,7-cm-KwK 38(t)
    351 vom Panzer 38(t) mit 3,7-cm-KwK 38(t)
     24 vom Hotchkiss-Panzer 38 und 39 mit 3,7-cm-KwK
      5 vom Somua-Panzer 35 mit 4,7-cm-KwK 35(f)

Weitere Panzertürme, auch solche vom Panzer V »Panther«, wurden im Herbst 1944 vorwiegend in der Gotenlinie an der Front in Italien installiert.

Die zahlreichen, zu »Festungen« erklärten Stützpunkte verfügten Ende 1944 im Osten über 775 und im Westen über 916 Rohre der Kaliber 7,5 bis 30,5 cm. Es waren vorwiegend Beutegeschütze, für die Munition nur in beschränktem Maße zur Verfügung stand.

Küstengeschütze gehören im allgemeinen zur Marine. Das Heer verfügte aber bei Kriegsbeginn auch über Waffen zum Küstenschutz, zu denen mit der Ausweitung der Fronten noch eine Anzahl provisorisch gestalteter Waffen hinzukam.

Die folgende Liste vom 26. März 1945 zeigt die Verteilung der FPz.Dt., wie man diese Festungspanzerdrehtürme abgekürzt nannte:

Pz.-Turm	Kanone		MG	Nor-wegen	Däne-mark	Westen – Atlantik	Italien	Süd-osten	Osten
Pz. 35(t)	3,7	cm	1	–	30	5	–	–	3
Pz. 38(t)	3,7	cm	1	75	20	9	25	150	78
Pz. I	–		1	–	97	143	91	–	32
Pz. I	–		2	–	20	3	–	161	76
Pz. II	3,7	cm	1	–	–	60	–	40	–
Pz. II	2	cm	1	46	7	191	17	58	217
Pz. Flamingo	–		1	31	4	–	–	–	52
Pz. II VK 901	2	cm	1	–	16	10	–	–	–
VK 3001	7,5	cm	1	–	–	6	–	–	–
Pz. III	7,5	cm	1	–	–	–	–	–	22
Pz. III	5	cm	1	–	–	–	–	–	8
Pz.V Stahl	7,5	cm	1	–	–	119	18	–	6
Pz.V Beton	7,5	cm	1	–	–	63	30	–	30
T-70(r)	4,5	cm	1	–	–	–	–	–	13
KW-I(r)	7,62	cm	1	–	–	–	–	–	10
T-34(r)	7,62	cm	1	–	–	–	–	–	23
Somua(f)	4,7	cm	1	–	–	5	–	–	–

Von einem speziell entworfenen Pz.Turm, bezeichnenderweise »Ostwallturm« genannt, hatte das Waffenamt bei der Fa. *Demag* in Falkensee b. Berlin noch 100 Stück bestellt.

Um für »Feste Plätze« eine festungsähnliche Artillerie zu schaffen, die leicht aufzubauen und gegebenenfalls auch schnell abtransportierbar war, wurde Anfang 1944 die Sockellafette IV entwickelt. Diese 2762 kg schwere Lafette wurde auf ein vorbereitetes Fundament bzw. in einem Schartenstand aufgestellt. In diese Lafette konnten dann die verschiedenen Rohre mit 10,5 bzw. 15-cm-Kaliber eingelegt werden. Zusätzlich wurde dann ein kleines 350 kg schweres Panzerschild montiert, das aus zwei 4,5 mm starken Stahlplatten in 30 mm Abstand bestand. Rundumfeuer war möglich, und die Feuerhöhe betrug 1300 mm. Der max. Rückstoß durfte 16 000 kg betragen. Die folgende Aufstellung zeigt eine Anzahl der vorgesehenen Beuterohre mit dem Einlagerungsgewicht und den Leistungsdaten:

	Einlager-gewicht	Rohrlänge mm	V_0 m/s	Granatgewicht kg	Schußweite m
s.10-cm-K. 35(t)	1 960	4 400	730	18	18 100
10,5-cm-K. 335(h)	1 475	4 410	750	16	16 500
10,5-cm-K. 331(f)	1 465	2 987	550	15,7	12 000
10,5-cm-K. 332(f)	1 650	3 950	725	15,7	16 000
10,5-cm-K. 29(p)	1 350	2 987	550	15,7	15 200
10,7-cm-K. 352(r)	1 650	4 054	670	17,2	16 350
15-cm-s.F.H. 414(f)	1 900	2 332	450	43,6	11 300

Zum Transport gab es extra einen 2500 kg schweren Sockellafettenwagen, der 9800 mm lang, 2794 mm breit war und eine Tragfähigkeit von 5000 kg besaß –; es konnte also die Lafette mit dem eingelegten Rohr schnell von einem Fundament zum anderen gefahren werden.

Die Festungs-Artillerie verfügte Mitte Dezember 1944 im Westen über 190 Batterien mit 916 Rohren, die Personalstärke betrug 17 346 Mann. Im Osten waren 12 907 Mann in 137 Batterien mit 775 Rohren ausgestattet. Die Waffen waren fast ausschließlich Beutegeschütze von 7,5 bis 30,5-cm-Kaliber.

In der Planung befanden sich für das Heer der 21-cm-Mörser in einer Festungslafette und neue Kanonen im Kaliber von 24, 28 und 38 cm. Diese Entwürfe sind aber über das Reißbrettstadium nicht hinausgekommen.

Aus der Umrüstung des Pzkpfwg. III lagen 1942 im Sommer 2480 Stück der 5-cm-Kampfwagen-Kanone L/42 vor. Von denen wurden in der sogenannten Aktion »Franz III« 1800 Stück für den Küstenschutz auf 1127 kg schwere Sockellafetten montiert, die man von der französischen 7,5-cm-Feldkanone anno 1897 entliehen hatte.

Aus dem 2103 mm langen Rohr wurde die 166 mm lange Sprenggranate 38, die 1,86 kg wog und 95 g Sprengstoff trug, verschossen. Bei einer V_0 von 550 m/s erreichte man eine Schußweite von fast 8000 m.

Die **7,5-cm-KwK 40**, KwK stand für Kampfwagenkanone, wog 670 kg und wurde ebenfalls in eine Sockellafette montiert. Hier wurde die 266 mm lange, 5,74 kg schwere Sprenggranate 34 durch eine 0,78 kg schwere Treibladung verschossen. Die mit 0,43 kg Sprengstoff gefüllte Granate erreichte eine V_0 von 550 m/s und eine Schußweite von 8100 m.

Eine weitere Waffe für diese Munition war die **7,5-cm-Pak 40** in der Marinelafette 39/43. Die Schußweite betrug hier 7700 m, und das Gewicht war durch das 10 mm starke Panzerschutzschild auf 2680 kg angestiegen.

Bis Mitte 1940 führte das Heer die zwei auf der Insel Borkum installierten **24-cm-Schiffskanonen L/50** der Batterie »Oldenburg« in ihrem Inventar. Das waren russische Waffen aus dem Ersten Weltkrieg, mit denen 149 kg schwere Granaten mit einer V_0 von 900 m/s über eine Entfernung von 18 300 m verschossen werden sollten. Die Batterie mit ihrem 400-Schuß-Munitionsvorrat wurde dann von der Marine übernommen und bei Calais installiert.

Die **einzige deutsche Küstenhaubitze besaß ein Kaliber von 283 mm** und war eine ähnliche Waffe wie die aus dem Ersten Weltkrieg stammende 28-cm-Haubitze der Firma *Krupp*. Mit der Drehplattform wog diese Waffe 63 500 kg, aus dem 3395 mm langen Rohr wurde die gleiche, 340 kg schwere Granate der normalen Haubitze von einer 18 kg schweren Treibladung verschossen. Bei einer V_0 von 375 m/s wurde eine Schußweite von 11 000 m erreicht. Die Truppe besaß 1940 von diesen beiden Haubitzen zusammen 19 Stück mit 5100 Granaten.

Es werden noch einige *französische Waffen* aufgeführt, die bei der Heeresküstenartillerie eingesetzt wurden.

Die **19,4-cm-K. 485(f)** war eine 29 600 kg schwere Waffe auf einer Drehringlafette. Verschossen wurde eine 78 kg schwere Granate, die in dem 6570 mm langen Rohr eine V_0 von 725 m/s erreichte. Das ergab eine Schußweite von 20 800 m.

Dann gab es die 25 880 kg schwere **22-cm-K. 532(f)** mit einem Rohr von 6114 mm Länge, z. B. bei der Batterie »Radetzky«. Mit einer V_0 von 766 m/s erreichte die 105 kg schwere Granate eine Schußweite von 22 800 m.

Die **24-cm-K. 556(f)** war eigentlich ein Festungsgeschütz von 1884. Bei dieser war das Rohr, aus dem die 161 kg schwere Granate verschossen wurde, 6700 mm lang. Während des Ersten Weltkrieges wurden dann 7000 mm lange Ersatzrohre gefertigt. Von beiden Versionen waren Ende 1942 beim Küstenschutz zwölf Waffen im Einsatz. Mit einer V_0 von 575 m/s erreichte diese 31 000 kg schwere Waffe eine Schußweite von 17 300 m.

Von der *englischen* 9,2-inch-Haubitze hatten 1940 deutsche Truppen 27 Stück erbeutet. Es war geplant, diese Waffen unter der neuen Bezeichnung **H. 546(e)** als Küstengeschütz einzusetzen. Wegen des ungewöhnlichen Kalibers von 23,4 cm und einiger technischer Mängel hat man aber diese 12 662 kg schweren Waffen 1942/43 verschrottet.

Die **Küstenartillerie des Heeres** bestand im Oktober 1942 aus 483 Batterien, die über 1969 Geschütze verfügten, von denen 892 eine Schußweite von unter 18 km besaßen. 1001 weitere Waffen schossen bis zu 25 km weit und 76 sogar darüber hinaus. Eine Untersuchungskommission stellte aber dabei fest, daß im Ernstfall die Wirkung sehr mangelhaft sein würde. Nur 39 Geschütze, das waren ganze 2 Prozent, wären in der Lage gewesen, gepanzerte Seeziele zu bekämpfen.

Die folgende Aufstellung zeigt die Verteilung der 8337 im März 1944 im Einsatz stehenden Geschütze, die nicht aus der deutschen Produktion stammten, auf die verschiedenen Fronten. Dabei zeigt die Zahl vor dem Schrägstrich die Anzahl der Waffen im Landeinsatz, die Zahl danach bezieht sich auf den Küstenschutz. Die Kennbuchstaben waren bereits vor Beginn des Krieges in der sogenannten Fremd-Geräteliste festgelegt worden und zeigen für diese Tafel die folgenden Ursprungsländer dieser Geschütze:

b	Belgien	j	Jugoslawien
e	England	n	Norwegen
f	Frankreich	p	Polen
g	Griechenland	r	Rußland
h	Holland	t	Tschechoslowakei
i	Italien		

Waffe	Osten	Balkan	Italien	Westen	Däne-mark	Nor-wegen	Summe
7,5-cm-F.K. 234(b)	–	–	–	30/–	–	4/4	38
7,5-cm-F.K. 235	6/–	–	–	4/144	–	–	154
7,5-cm-F.K. 236	4/4	–	–	–/129	–	9/49	195
7,5-cm-F.K. 260	–	–	–	–	–/40	–	40
12-cm-K. 370	–	–	–	–/12	–	–/12	24
15,5-cm-K. 432	–	–	–	–	–	–/8	8
7,62-cm-F.K. 261(e)	–	9/–	–	–	–	–	9
8,38-cm-F.K. 271	–	–	–	12/6	–	–/4	22
8,76-cm-F.K. 281	7/–	37/4	–	–/2	–	–	50
8,76-cm-K.H. 282	–	–	–	–	–	4/–	4
9,4-cm-I.K.H. 302	–	–	–	–	–	–/2	2
11,4-cm-K. 365	–	–	–	–/6	–	–	6
15,2-cm-s.F.H. 412	2/–	4/3	–	12/–	–	–	21
7,5-cm-F.K. 231(f)	300/–	–	2/–	–/340	–	5/36	683
7,5-cm-F.K. 237	–	–	–	–/4	–	–	4
7,5-cm-K. 232	–	–	–	–/8	–	–	8
7,5-cm-Geb.K. 238	–	–	4/–	–/14	–	–	18
10,5-cm-le.F.H. 324	–	–	–	48/2	–	–	50
10,5-cm-le.F.H. 325	–	–	4/–	40/18	–	–	62
10,5-cm-K. 331	16/–	7/60	3/6	16/203	–/48	13/236	608
10,5-cm-K. 332	–	–	–	–/4	–	12/104	120
14,5-cm-K. 405	–	–	–	–	–	–/64	64
15,5-cm-s.F.H. 414	271/4	20/16	4/15	302/40	–	38/72	782
15,5-cm-s.F.H. 415	12/–	–	–	–	–	–	12
15,5-cm-K. 416	38/102	–/54	–	–/33	–	3/110	340

Waffe	Osten	Balkan	Italien	Westen	Däne-mark	Nor-wegen	Summe
15,5-cm-K. 418	12/3	–/66	2/–	–/106	–	–/32	221
15,5-cm-K. 419	–	–/18	4/–	–	–	–	22
15,5-cm-K. 420	–	–/16	3/4	–/48	–	–	71
15,5-cm-K. 425	–	–/14	5/4	–	–	–/42	65
19,4-cm-K. 485	13/–	–	2/–	–	–	–	15
19,4-cm-K. 485/585	–	–	–	–	–/6	–	6
22-cm-Mrs. 531	145/–	–	18/–	–	–	–	163
22-cm-K. 532	–	–/12	–	–/40	–	–	52
28-cm-Mrs. 601	69/3	–	–	–	–	–	72
24-cm-K.(E) 557	–	–	–	–/2	–	–	2
27,4-cm-K.(E) 592	–	–	–	3/–	–	–	3
32-cm-K.(E) 651	–	–	9/–	–	–	–	9
8,5-cm-K.H. 287(g)	–	–/1	–	–	–	–	1
10,5-cm-K. 340	–	–/3	–	–	–	–	3
7,5-cm-F.K. 243(h)	4/–	28/106	–	–/19	–	–/12	169
10,5-cm-K. 335	–/19	–	–	–	–	–/12	31
6,5-cm-Geb.K. 216(i)	–	35/4	5/–	11/–	–	–	55
7,5-cm-F.K. 237	–	53/–	9/–	–/150	–	–	212
7,5-cm-F.K. 244	–	8/28	122/4	–/100	–	–	262
7,5-cm-F.K. 245	–	–/1	–	–	–	–	1
7,5-cm-F.K. 248	–	3/–	43/2	–	–	–	48
7,5-cm-F.K. 254/255	–	7/3	39/2	–	–	–	51
7,5-cm-Geb.K. 259	–	–	–	36/–	–	–	36
10-cm-le.F.H. 315	–	34/24	45/18	12/–	–	–	133
10-cm-Geb.H. 316	–	12/13	23/4	12/–	–	–	64
10,5-cm-K. 105/29	–	–	–/2	–	–	–	2
10,5-cm-K. 320	–	–/5	15/8	–	–	–	28
10,5-cm-K. 336	–	–	3/–	–	–	–	3
10,5-cm-K. 338	–	15/26	5/46	12/–	–	–	104
12-cm-K. 120/40	–	–/3	–	–	–	–	3
13,5-cm-K. 135/40	–	–/8	–	–	–	–	8
14,9-cm-s.F.H. 400	–	15/6	16/26	–	–	–	63
14,9-cm-s.F.H. 401	–	16/–	26/4	–	–	–	46
14,9-cm-s.F.H. 404	–	4/12	14/19	72/–	–	–	121
14,9-cm-K. 149/35	–	–	–/3	–	–	–	3
14,9-cm-K. 408	–	–	–/3	–	–	–	3
15,2-cm-K. 411	–	–	–/4	–	–	–	4
15,2-cm-K.(E) 412	–	–	1/–	24/–	–	–	25
7,5-cm-F.K. 239(j)	–	–/9	–	–/14	–	–	23
7,5-cm-F.K. 249	24/–	9/16	–	–/35	–	–	84
7,5-cm-F.K. 284	–	–/3	–	–/18	–	–	21
7,65-cm-F.K. 300	–	11/–	–	1/44	–	–/4	60
7,65-cm-F.K. 304	–	–	1/2	–	–	–	3
10,5-cm-le.F.H. 316	–	12/–	10/–	26/18	–	–	66
10-cm-F.K. 317	–	16/–	2/–	16/–	–	–	34
10,5-cm-K. 338	–	12/6	–	16/4	–	–	38
10,5-cm-K. 339	–	4/6	–	–	–	–	10
15-cm-K. 403	–	–	–	–	–	12/–	12
22-cm-Mrs. 538	–	–	–	–	–	5/–	5

Waffe	Osten	Balkan	Italien	Westen	Dänemark	Norwegen	Summe
7,5-cm-F.K. 246(n)	–	–	–	–	–	35/42	77
7,5-cm-Geb.K. 247	–	–	–	–	–	8/–	8
10,5-cm-K. 337	–	–	–	–	–	6/7	13
12-cm-le.F.H. 376	–	–	–	–	–	8/–	8
7,5-cm-F.K. 97(p)	–	–	–	–/26	–	–	26
7,5-cm-F.K. 02/26	71/–	–/4	–	–/15	–	–	90
10-cm-le.F.H. 14/19	47/–	–	–	–	–	–	47
10,5-cm-K. 29	–	–/4	–	4/16	–	–	24
22-cm-Mrs. 32	–	–	–	–	–	7/–	7
7,62-cm-I.K.H. 290(r)	–/4	36/–	–	82/91	12/–	–	225
7,62-cm-F.K. 295/1	50/–	–	–	12/48	–	–	110
7,62-cm-Pak 36	–	–	–	1/–	–	–	1
7,62-cm-F.K. 39	24/–	–	–	259/36	–/40	–	359
7,62-cm-Geb.K. 307	5/–	–	–	–/16	–	–	21
10,7-cm-K. 352	17/–	–	–	–	–	–	17
12,2-cm-le.F.H. 388	20/–	–	–	3/–	–	–	23
12,2-cm-K. 390/2	11/–	2/12	4/2	70/58	–/37	–/4	200
15,2-cm-K.H. 433/1	21/–	28/40	8/2	64/42	12/–	–	217
12,2-cm-K. 396	48/–	–	–	205/–	28/–	–	281
15,2-cm-s.F.H. 443	3/–	–	–	–	–	–	3
20,3-cm-Hbz. 503/1	8/–	–	–	–	–	–	8
7,65-cm-F.K. 5/8(t) ⎫ 7,65-cm-F.K. 17 ⎬ 7,65-cm-F.K. 18 ⎭	–	–	–	–/42	–	6/33	81
7,65-cm-F.K. 30	17/–	–	–	35/74	–	–	126
10-cm-le.F.H. 14/19	9/–	4/–	14/2	211/14	–	–	254
10-cm-le.F.H. 30	–	7/–	–	12/–	–	–	19
10-cm-K. 35	32/–	–/8	–	–/20	–	12/–	72
19-cm-s.F.H. 14/16	–	–	–	16/–	–	–	16
15-cm-s.F.H. 15	–	–	–	7/–	–	–	7
15-cm-s.F.H. 25	–	–	–	68/–	–	–	68
15-cm-s.F.H. 37	37/–	–	–	–	–	3/–	40
15-cm-K. 15/16	–	–	–	–/8	–	–	8
21-cm-Kz.Mrs.	–	–	–	–	–	–/15	15
30,5-cm-Mrs.	6/–	–	–	–	–	–	6
	1488	1062	647	3823	223	1094	8337

Wir sehen, daß ein großer Teil (41,4 Prozent) der eingesetzten Fremdwaffen französischen Ursprungs waren, für einige dieser Waffen wurde, wie auch für drei russische Geschütze abweichenden Kalibers, bis zum Kriegsende extra Munition produziert. Alle anderen Waffen waren jedoch nur auf die vorliegenden Beutebestände angewiesen.

Hier eine Vergleichszahl vom Januar 1944: Die Truppe besaß im Westen 654 deutsche und 3648 Beutegeschütze. Von den letzteren waren 2672 nur auf vorliegende, meist kleine Bestände angewiesen, für sie gab es keine Munitionsfertigung.

Im folgenden sehen wir zum Vergleich die Anfang März 1944 im Einsatz befindlichen deutschen Geschütze:

Waffe	Osten	Balkan	Italien	Westen	Däne-mark	Nor-wegen	Summe
7,5-cm-F.K.	38/–	32/–	–	46/177	–	–	293
7,5-cm-Geb.K.	156/–	132/64	107/–	6/53	–	180/4	702
10,5-cm-le.F.H.	3634/–	472/16	543/–	550/10	37/–	340/4	5496
10-cm-K.	412/–	43/–	64/8	33/9	–	8/40	617
15-cm-s.F.H.	1066/–	61/–	159/–	190/–	12/–	58/–	1546
15-cm-K.	21/11	8/–	–	–/12	–/4	–	56
17-cm-K.	88/–	–/6	30/6	15/46	2/–	3/–	196
21-cm-Mrs.	190/–	–	5/–	18/–	–	48/–	261
21-cm-K.	–	–/4	3/–	–	–	–/4	11
24- bis 42-cm-Geschütze	15/–	–	–	–	–	–	15
Eisenbahn-Geschütze	4/–	–	6/–	39/8	–	2/–	59
	5635	838	931	1102	55	691	9252

Zusammen haben wir also beim Feldheer am 1. März 1944 einen Artilleriebestand von 17 589 Geschützen, von denen aber über 47 Prozent fremder Herkunft waren. An der Ostfront stammte zwar 79 Prozent des Bestandes aus deutscher Produktion, die Westfront war aber vernachlässigt worden. Hier lag der Satz etwas über 22 Prozent. Der Rest waren alte Waffen, die zum Teil noch aus dem Ersten Weltkrieg stammten. Die unterschiedliche Munition erlaubte keinen Austausch, und für viele Geschütze waren nur einige hundert Granaten vorhanden. Da die Führung die Parole ausgegeben hatte: »Der Gegner ist nach der Landung innerhalb von 24 Stunden wieder ins Meer zu werfen«, sah man keinen Grund, die Artilleriebestände zu verstärken – woher hätte man auch diese Verstärkungen nehmen sollen? Bisher hatte für die Artillerie der Monat Februar 1943 mit 1531 verlorenen Geschützen, zu denen vor allem die Stalingradverluste beigetragen hatten, als der mit den meisten Ausfällen gegolten. In den beiden Monaten Juli/August 1944 verlor die Artillerie aber an allen Fronten 4072 Geschütze. In der Zahl sind keine Pak-Geschütze und keine Werfer enthalten. Das war ein erheblicher Aderlaß, den man durch Neuverteilung der Waffen auf die verschiedenen Fronten ausgleichen wollte. Das vergrößerte den Mangel an einsatzfähigen Waffen aber nur noch – die Fronten wurden weiter geschwächt.

Ein Vergleich der Bestandszahlen der wichtigsten deutschen Geschütze an der Ostfront zeigt das sehr deutlich:

	Bestand am 1. 3. 44	Bestand am 1. 8. 44	Abnahme in %
10-cm-le.F.H.	3634	2990	17,7
10-cm-Kanone	412	170	58,7
15-cm-s.F.H.	1066	867	18,7
21-cm-Mrs.	190	131	31,1

Da waren die aus der Instandsetzung während der Monate August/September zusätzlich gelieferten 341 Geschütze nur ein Tropfen auf den heißen Stein. Der **Waffenmangel** führte sogar dazu, daß man im November 1944 die Neufertigung der 10,7-cm-Munition freigab, die von der russischen Kanone 352(r) verschossen wurde. Man hatte 1941/42 von dieser Waffe große Mengen erbeutet. Die **Munitionsbestände** waren aber so gering, daß sich nur 17 Kanonen im Einsatz befanden. Mit weiterer Beutemunition konnte bei Rückzügen aber nicht mehr gerechnet werden. Was die deutsche Artilleriemunition betraf, so lagen am 1. März 1945 noch rund 150 000 t Sprenggranaten vor; das war für den stark angestiegenen Verbrauch nicht viel. Hatte 1942 der durchschnittliche Tagesverbrauch der Artillerie noch bei 1557 t gelegen, für 1943 war er auf 2453 t und für 1944 sogar auf 2941 t angestiegen.

Was die **Waffenverluste** betraf, so zeigt die folgende Aufstellung die Verluste und die Produktion für die Monate Juli/August 1944:

Verluste		Produktion
841	le.I.G. 18	390
302	s.I.G. 33	305
45	7,5-cm-Geb.G.	95
8	10,5-cm-Geb.H.	44
2058	10,5-cm-le.F.H.	1585
110	10-cm-K. 18	125
630	15-cm-s.F.H.	513
7	15-cm-K. 18	–
12	17-cm-K. in Mrs.Laf.	9
56	21-cm-Mrs.	21
5	21-cm-K. 39	–

Es ist klar sichtbar, daß gerade der Verlust von für die Truppe wichtigen Waffen wie leichte Infanteriegeschütze, leichte und schwere Feldhaubitzen und auch 17- und 21-cm-Artillerie von der Industrie nicht mehr ausgeglichen werden konnte.

Abschließend soll noch etwas über die **Granaten** selbst gesagt werden. Eine Granate ist nicht einfach eine Stahlhülse, die mit Sprengstoff gefüllt war und der man äußerlich eine wegen des Luftwiderstandes günstige Form gegeben hatte, damit sie eine große Schußweite erreichte – nein, auch das Innere einer Granate mußte sorgfältig konstruiert sein. Die Wandung einer auf Splitterwirkung ausgelegten Granate, im allgemeinen Sprenggranate genannt, muß bei ihrer Detonation möglichst viele Splitter von tödlicher Wirkung bilden. Eine Granate, die sich bei der Detonation in zu wenige große Splitter zerlegt, zeigt wohl Wirkung, ist aber nicht optimal ausgelegt. Zerlegt sie sich aber in zu kleine Splitter, hat sie kaum eine Wirkung. Die Wandung bzw. der Stahl muß aber andererseits eine gewisse Festigkeit besitzen, um den Gasdruck beim Verschuß auszuhalten. Für Sprenggranaten wurde im allgemeinen ein Stahl mit einer Festigkeit von etwa 4000 kg/cm^2 verwendet. Geprüft wurden die Granaten in einem sogenannten Sprenggarten, dessen Aufbau aus der Skizze auf Seite 181 ersichtlich ist. Als Beispiel nehmen wir die 10,5-cm-Granate der le.F.H., die leer 13 kg wog, nach der Detonation fanden sich 2540 Splitter im Gewicht von 11,8 kg. Da lediglich 19 Splitter sehr groß waren, kann diese Konstruktion als zufriedenstellend bezeichnet werden. Panzergranaten wurden aus einer Chrom-Nickel-Magnesium-Legierung hergestellt, später hat man aber das Nickel durch Silizium ersetzt.

Außer den **Granaten mit Wolframkern** oder Stahlkern trugen alle Panzergranaten eine kleine Sprengladung. Bei der 15-cm-Pzgr. für die K. 18, die 44,9 kg wog, war es z. B. nur 1 kg gegenüber den 6 kg der Sprenggranate. Da die Panzergranate bei Auftreffgeschwindigkeiten von etwa 800 m/s auf der glasharten Stahlplatte, wenn deren Stärke an der Grenze der Durchschlagsfähigkeit lag, praktisch zerplatzte, trugen einige dieser Granaten unter der ballistischen Haube eine sogenannte Brecherkappe. Damit wurde der größte Teil der Auftreffwucht auf den äußeren Durchmesser der Granate verlagert, und die Spitze konnte die Panzerung durchdringen. Rohstoffmangel führte 1943 zu einer anderen Lösung. Eine Weichmetallkappe, die sich beim Aufschlag breitschlug, sollte die Wucht auf eine große Fläche verteilen und dem Geschoß das Durchdringen ermöglichen. Bei Versuchen zeigte sich ein weiterer Vorteil. Treffer, die in einem so großen Winkel aufschlugen, daß normale Geschosse abglitten, zeigten meistens Wirkung – das Weichmetall klebte für einen Bruchteil einer Sekunde an der Panzerung, und das eigentliche Geschoß schlug durch.

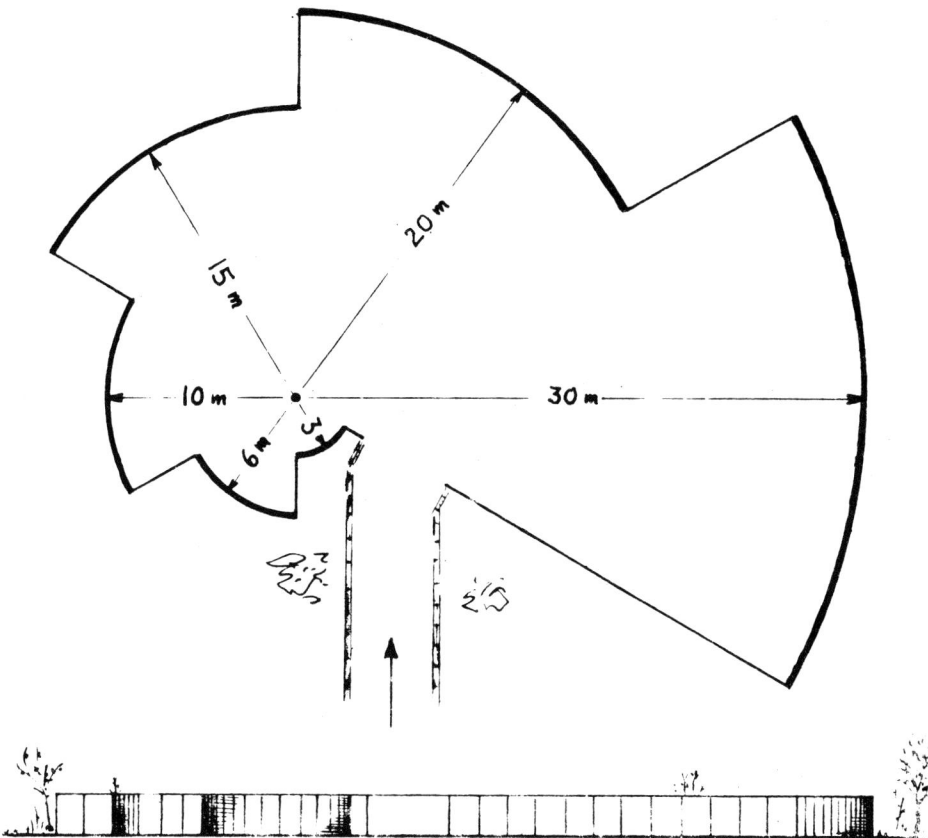

Der Sprenggarten

Hohlladungsgranaten, die es bis zum 15-cm-Kaliber gab, gehen auf deutsche Versuche von 1914 zurück. Damals entdeckte man, daß der Sprengstoff mit einer dünnen Metallplatte ausgekleidet werden mußte, um die Durchschlagsfähigkeit stark zu erhöhen. Die Methode geriet nach dem Ende des Ersten Weltkrieges aber wieder in Vergessenheit. Auf die Wirkung wurde bereits bei den Panzerbekämpfungsmitteln eingegangen.

Als 1938 eine Schweizer Firma eine Hohlladungsgewehrgranate anbot, begannen auch andere Staaten mit derartigen Entwicklungen.

Da der für größere Entfernung notwendige Drall zu einer Leistungsverminderung führte, wurden zahlreiche Entwicklungen begonnen – die aussichtsreichste, die mittels eines Messerleitwerkes stabilisierte Granate mit Drall zu verschießen, wobei die auf Kugellagern laufenden Führungsringe frei rotierten und durch die Reibung in den Lagern nur ein vernachlässigbarer Drall entstand, wurde zwar noch abgeschlossen, eine Produktion ist aber nicht mehr angelaufen.

Um größere Schußweiten zu erreichen, gab es eine ganze Anzahl Treibspiegelgranaten. Den Bildern auf S. 182/183 kann der Leser die verschiedenen Lösungen entnehmen.

Als Beispiel soll hier zuerst eine TS-Granate für die 10,5-cm-le.F.H. dienen. Mit der regulären 14,8 kg schweren Sprgr., die 1,75 kg Sprengstoff trug, erreichte man eine Schußweite von 10 675 m. Mit der neuen Granate, die bei 10,7 kg Gewicht aber nur 0,9 kg Sprengstoff trug, konnte man die Weite auf 16 500 m steigern. Bei der 15-cm-s.F.H. besaß die alte Granate

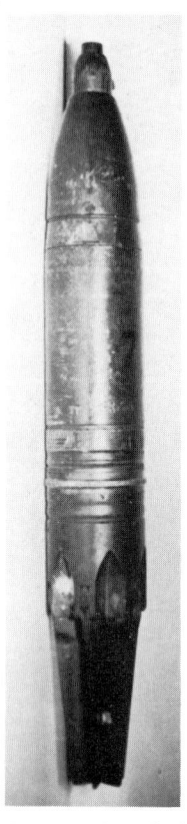

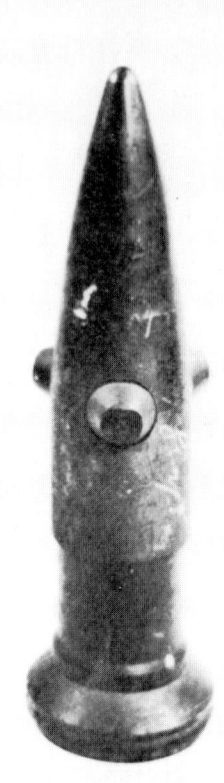

Granate mit noch ein-
geklapptem Messerleit-
werk – Regenschirmtyp –
klappt nach vorn auf

Ein anderes Messerleitwerk –
aufgeklappt

Unterkalibergeschoß mit
Führungsnoppen und
Heckflansch

Unterkalibergeschosse mit
Führungsring

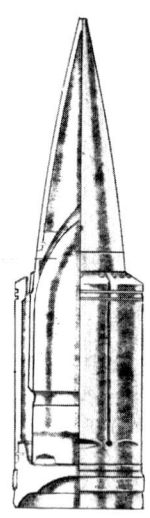

Pzgr. in Führungshülse

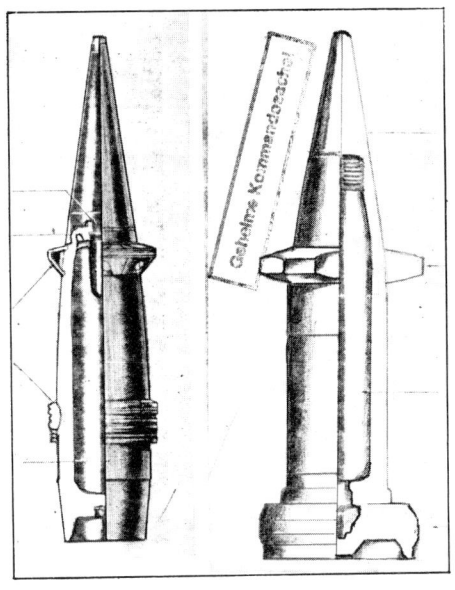

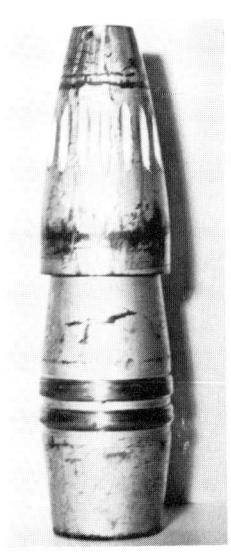

Unterkalibergeschoß mit Führungsringen

Doppelschußgranate

ein Gewicht von 43,5 kg mit 5,1 kg Sprengstoffanteil, die TS-Granate wog 23,6 kg, trug 2,9 kg Sprengstoff und flog mit 19 500 m fast 6200 m weiter als die normale Sprgr.

Betongranaten waren zur Bekämpfung von Festungswerken entwickelt worden. Es gab sie nicht nur für den M 1 und den Gamma-Mörser, sondern auch im Kaliber 15 und 24 cm. Ein stumpfer konischer Kopf sollte die dicken Eisenbetondecken aufbrechen. Diese Granaten wurden später aber durch die **Röchling-Geschosse** ersetzt. Diese extra langen Geschosse wurden mit einem Treibspiegel verschossen und im Flug von vier Leitwerksflächen aus Federstahl stabilisiert. Diese aus Chrom-Vanadium gefertigten Granaten zeigten ein erhebliches Durchschlagsvermögen. Versuche in Frankreich an Werken der Maginotlinie zeigten, daß ein 21-cm-Röchling-Geschoß nicht nur 4 m Eisenbeton durchschlug; es drang noch weitere 5 m in den Boden der Kasematte ein. Wie so oft bei neuen Entwicklungen war für den Einsatz jeweils Hitlers Erlaubnis notwendig, die er aus Angst, der Gegner könnte ein Muster finden, es kopieren und gegen Deutschland einsetzen, nur selten gab.

Daß aber damit erhebliche Munitionsmengen festlagen, zeigt die folgende Aufgliederung der am 1. April 1943 vorliegenden 1 383 580 Stück der verschiedenen Röchling-Granaten:

3,7-cm-Pak	436 500
5-cm-Pak	520 000
10,5-cm-le.F.H.	233 100
15-cm-s.F.H.	108 000
17-cm-K.	30 600
21-cm-Mrs.	54 000
34-cm-K(E)674(f)	1 380

Die Betongranaten dürfen nicht mit den **Splitterbeton-Granaten** verwechselt werden. Hier hatte man wegen Mangels an Stahl und Sprengstoff Ende 1944 begonnen, Granaten aus armiertem Beton herzustellen und sie nur mit 50 Prozent der sonst üblichen Sprengstoffmenge zu füllen. Versuche ergaben einen Wirkungsabfall von 15–20 Prozent. Diese Granaten erwiesen sich aber nicht als rohrsicher. Sie konnten daher nicht mit voller Ladung verschossen werden. Diese Notlösung hat sich auf die Versorgung nicht ausgewirkt. Mit der **Doppelschuß-Granate**, die in den Kalibern 10,5 und 15 cm vorlag, wollte man mit zwei, wenn auch kleineren

Geschossen die Trefferwirkung vergrößern – derartige Granaten befanden sich aber bei Kriegsende noch im Erprobungsstadium.

Eine nicht abgeschlossene Entwicklung war die **lange Minengranate.** Diese Munition trug mehr Sprengstoff und besaß wegen des größeren Gewichtes eine erheblich geringere Schußweite. Bei der 10-cm-le.F.H. stieg das Gewicht auf 28 kg, der Sprengstoffanteil auf 10 kg, die Schußweite sank aber auf 5500 m. Bei der 15-cm-s.F.H. war das Granatgewicht auf 100 kg mit 35 kg Sprengstoff gestiegen. Die Länge hatte sich von 615 mm auf 1725 mm erhöht, und die Schußweite war auf 5100 m gesunken. Eine derartige Granate lag auch für den 21-cm-Mrs. vor. Hier hatte man das Granatgewicht von 113 kg auf 235 kg erhöht. Der alte Sprengstoffanteil von 17,7 kg hatte sich nun mit 70 kg fast vervierfacht.

Eine weitgehend unbekannt gebliebene Entwicklung war die **Sprengkörper-Granate.** Hier war das Geschoß mit 18 Körpern von 0,2 kg Gewicht gefüllt, die jeweils 175 g Sprengstoff trugen. Kurz vor dem Aufschlag sollte sich das Geschoß zerlegen und die Körper auf eine Fläche von 100 × 200 m verteilen, wo sie detonierten.

Bei Angriffen des Gegners hatte man beobachtet, daß die feindliche Infanterie scheinbar todesmutig in den Wirkungsbereich ihres eigenen Artilleriefeuers lief, durch das unsere Truppen in Deckung gehalten wurden. Durch einige aufgefundene Blindgänger fand man des Rätsels Lösung. Mit den letzten Salven verschoß die feindliche Artillerie praktisch Knallkörper, die keine Splitterwirkung hatten. Obwohl das eine reine Offensivmunition war und wir uns seit langer Zeit in der Defensive befanden, wurde im Herbst 1944 eine kleine Serie dieser Täuschungsgranaten in dem Kal. 10,5 und 15 cm nachgebaut.

Nebel-, Gas- und Leucht-Granaten unterschieden sich von den Spreng-Granaten nur durch ihre sich meist in einem Kanister befindliche chemische Füllung. Auf die Erwähnung bzw. Beschreibung der zahlreichen Aufschlag-, Boden-, Zeit-, Doppel- und Brennzünder muß leider aus Platzgründen verzichtet werden.

Eisenbahngeschütze

Bei einem dichten Bahnnetz lassen sich Eisenbahngeschütze schnell an verschiedenen Punkten zum Einsatz bringen. Dieser Gedanke war bei der Planung der Wiederbewaffnung ab 1933/34 maßgebend für ein Sofortprogramm, das mit Waffen der Kaliber 15 und 17 cm begann.

Bei der **15-cm-K.(E)** hatte man auf ein 20 100 mm langes Fahrgestell ein 5960 mm langes Rohr der Marinewaffe 15-cm-SK C/30 montiert, aus dem die 15-cm-K.Gr. 18, die wir von der Kanone 18 her kennen, aber auch die 610 mm lange Marine-Sprgr. L/41 Kz von 45,3 kg verschossen werden konnte. Die V_0 von 805 m/s brachte eine Schußweite von 22 500 m. Von dem 74 000 kg schweren Gerät wurden bis zum Ausbruch des Krieges 18 Stück mit 4426 Schuß Munition produziert. Die Trefferwirkung der 5,7 bzw. der 4,5 kg Sprengstoff in der Marinegranate war aber für den Aufwand eines Eisenbahngeschützes zu gering. Man montierte nun auf die gleichen Fahrgestelle 6900 mm lange Marinerohre von 172,6 mm Kaliber, die von Schiffen der Deutschland-Klasse anno 1901 stammten. Verschossen wurden Marinegranaten L/4,7 Kz mit einer Länge von 813 mm, die 62,8 kg wogen und 7,7 kg Sprengstoff trugen, mittels einer Ladung von 23,6 kg. Die V_0 betrug 860 m/s, die Reichweite 26 100 m. Von dem 80 000 kg wiegenden Geschütz **17-cm-K.(E)** wurden vor dem Krieg sechs Stück mit 6197 Granaten geliefert. Zusätzlich gab es noch 18 dieser Kanonen in ortsfester Stellung. Von der Munition waren im März 1945 noch 1700 Schuß vorhanden.

Die 21-cm-K. 12 schießt

Die nächste Entwicklung war die **20,3-cm-K.(E)**. Hier waren es 12 150 mm lange Marinerohre SK C/34, die eigentlich für schwere Kreuzer der Admiral-Hipper-Klasse gedacht waren. Das Fahrgestell war hier 19 445 mm lang und wog im Einsatz 86 100 kg. Verschossen wurde die Marine-Sprgr. L/4,7 Kz von 954 mm Länge, die 122 kg wog, 9 kg Sprengstoff trug und bei einer V_0 von 925 m/s eine Weite von 36 400 m erreichte. Zu spät hatte das Waffenamt erkannt, daß man hier ein neues Kaliber schuf, durch das die Munitionsversorgung nur komplizierter wurde. Man hat damals der Firma *Krupp,* die alle Eisenbahngeschütze entwickelte, einen Änderungsauftrag zugeschickt, die Rohre auf das Heereskaliber von 210,9 mm zu ändern – es war zu spät, die Rohre waren zur Montage fertig. Für die acht Geräte hat man zwar noch neue Rohre im Heereskaliber gefertigt; nachdem aber 1944 in der Normandie sechs Waffen vom Gegner erbeutet wurden, hat man die Fertigstellung aufgegeben.

Die **21-cm-K. 12 V** war dem Paris-Geschütz des Ersten Weltkrieges nachempfunden. Es war das Geschütz mit der größten Schußweite im Zweiten Weltkrieg. Der große Nachteil war die geringe Lebensdauer des 33 300 mm langen Rohres – 90 Schuß. Hier trug die 107,5 kg schwere Granate 35 wie bei der K. 3 acht Weicheisenrippen, die in die Züge des Rohres paßten. Wegen des für die Schußweite notwendigen, hohen Gasdruckes wurde hier eine verstärkte

Granatkonstruktion notwendig, die Sprengladung mußte deshalb auf 7,85 kg beschränkt werden. Versuche wurden mit einer Waffe mit 10,5-cm-Kaliber, der K. 12 M, durchgeführt. Hatte man bei der 17-cm-K.(E) eine 22,6 kg schwere Treibladung, die beim 20,3-cm-Kaliber auf 45 kg anstieg, bei der K. 12 waren es 250 kg Pulver, die man für die V_0 von 1625 m/s benötigte. Die Schußweite betrug 115 000 m. Das Fahrgestell war mit Überhang 45 050 mm lang, hatte 18 Achsen und wog in der Feuerstellung 308 000 kg. Die Schußweite ist nie ausgenutzt worden, d. h., man hat niemals die volle Ladung verwendet. Die erste Waffe wurde im März 1939 der Truppe übergeben. Die Firma *Krupp* hat ohne die Kosten für die Entwicklungsarbeiten für dieses Geschütz 1,5 Millionen RM verrechnet.

Ein zweites Geschütz, die K. 12 N, wurde im Juli 1940 geliefert. Im September 1940 wurden zwölf Schuß, im November weitere 19 Schuß an der Kanalküste verschossen.

Bei der Batterie 701 war immer nur ein Geschütz im Einsatz. Im 1. Halbjahr 1941 wurden weitere 41 Schuß verbraucht. 1942 sind lediglich 11 Granaten zu Übungszwecken verschossen worden. Ein weiterer Verschuß ist nicht nachweisbar, etwa 500 Granaten wurden entlaboriert. Bei Kriegsende betrug der Bestand 84 Granaten für das einzige noch vorhandene Geschütz.

Die Idee eines Ferngeschützes wurde 1943 erneut aufgegriffen, und das Waffenamt erteilte Entwicklungsaufträge an die Firmen *Rheinmetall* und *Krupp*. Es wurde gefordert, daß ein TS-Geschoß, dessen Kaliber sich von 30 zu 21 cm verringerte, eine Schußweite von 145 km erreichen sollte. Für die Granate legte man sich auf ein Gewicht von 108 kg mit einem Sprengstoffanteil von 10 kg fest, die V_0 sollte 1650 m/s betragen. Das Projekt nahm eine überraschende Wendung, als *Krupp* mit Hilfe des französischen Konstrukteurs Basset ein neuartiges Hochdruckrohr anbot. Das WaPrüf 1 war begeistert und forderte Daten für das 21-cm-Ferngeschütz und eine 5,5-cm-Pak.

In den Arbeitsnachrichten vom 30. April 1944 finden sich dann folgende Einzelheiten: Ein 21-cm-Pfeilgeschoß von 1500 mm Länge und 140 kg Gewicht sollte durch eine 340 kg schwere Treibladung verschossen werden. Mit einem 31 000 mm langen Rohr sollte eine V_0 von 1850 m/s erreicht werden, und durch die günstige Form des Pfeilgeschosses hoffte man eine Schußweite von 250 km zu erzielen.

Das 125 t schwere Rohr – bei der K. 12 waren es nur 99,7 t – hätte aber bei einem Gasdruck von 10 000 kg/cm² eine starke Belastung aushalten müssen, die Lebensdauer wurde deshalb auf 75 Schuß veranschlagt.

Da eine Lieferzeit von 3 Jahren für das erste Rohr genannt wurde und die Schußweite doch recht optimistisch erschien, wurde über das Ferngeschütz damals keine Entscheidung mehr getroffen.

Für das Pak-Rohr, das 8300 mm lang war und 3500 kg wog, hat *Krupp* trotz der Lieferzeit von 18 Monaten einen Auftrag erhalten.

Mit einer 7 kg schweren Treibladung sollte das 2,65 kg schwere Geschoß eine V_0 von 1800 m/s erreichen. Man wollte es in eine Lafette der 12,8-cm-Pak einlegen.

Außer einem späteren Hinweis, daß man beim Reichsforschungsrat in diesem Zusammenhang mit dem Studium »Anwendung höchster Gasdrücke« begonnen habe, findet sich in den Akten des Waffenamtes nichts weiter über dieses Projekt.

Die **Theodor-Kanone(E)** war eine Waffe im Kaliber 23,8 cm. Auch das waren 9550 mm lange Marinerohre von Schlachtschiffen der Deutschland-Klasse anno 1904. Hier war das Fahrgestell 18 450 mm lang, und das Gesamtgewicht betrug 94 000 kg. Verschossen wurde von einer 44 kg schweren Treibladung die Marine-Sprgr. L/4,2 Bdz und Kz von 989 mm Länge und 148,5 kg Gewicht; dabei betrug der Anteil des Sprengstoffes 17,4 kg. Bei einer V_0 von 810 m/s wurde eine Schußweite von 26 750 m erreicht. Drei Waffen mit 910 Schuß standen der Truppe bei Kriegsausbruch zur Verfügung. Im März 1945 waren zwar noch 1273 Granaten vorhanden, für die einzige noch vorhandene Lafette gab es aber kein Ersatzrohr.

Eine weitere Waffe mit diesem Kaliber war die **Theodor-Bruno-Kanone(E).** Hier stammten die 8400 mm langen Marinerohre von den Schlachtschiffen der Wittelsbach-Klasse von 1910. Das Fahrgestell war 20 700 mm lang, und im Einsatz wog das Gerät 95 000 kg. Verschossen wurde die 977 mm lange Marine-Sprenggranate L/4,1 von 151 kg Gewicht, die 16,8 kg Sprengstoff trug, mit einer 44,4 kg schweren Treibladung.

Das Heer hat übrigens die Entwicklung einer Panzergranate im Kal. 23,8 cm gefordert. Das Waffenamt entschied sich jedoch dafür, 400 dieser Granaten von der Marine anzufordern. Es wurden 140 kg schwere Panzer-Sprgr. L/2,6 – genaue Länge 614 mm – angeboten, die 3,8 kg Sprengstoff trugen. Eine Übernahme läßt sich jedoch nicht nachweisen.

Für die vor dem Krieg produzierten sechs Geschütze gab es bei Kriegsausbruch 5723 Schuß. Bei Kriegsende besaß die Truppe nur noch eine Waffe mit 1680 Granaten, sie befand sich in einem Zeugamt.

Das nächste Kaliber war 28,3 cm, und da haben wir zuerst die **kurze Bruno-Kanone(E),** für die man 11 200 mm lange Marinerohre der 28-cm-SK L/40 verwendete. Als Munition benutzte man die Marine-Sprenggranate L/4,1, die 1143 mm lang war und 240 kg wog. Die Sprengladung betrug 20,4 kg, und eine 67 kg schwere Treibladung brachte eine V_0 von 820 m/s und damit die Schußweite von 29 500 m. Das Fahrgestell war hier 22 800 mm lang, das Gesamtgewicht erreichte 130 000 kg.

Für die bis 1938 gelieferten acht Geschütze betrug der Munitionsbestand bei Ausbruch des Krieges 5230 Schuß. In den ersten vier Wochen des Westfeldzuges hatte man davon 350 Granaten verschossen. Im März 1945 betrug der Bestand zwar noch vier Geschütze, die sich in der Instandsetzung befanden, für zwei Waffen fehlten aber die Ersatzrohre. An Munition waren noch 657 Schuß vorhanden.

Die zweite Kanone in diesem Kaliber wurde wegen des 12 735 mm langen Marinerohres der SK L/45 **Langer Bruno** genannt. Die 123 000 kg schwere Waffe besaß ein Fahrgestell von 22 800 mm Länge.

Verschossen wurde die 302 kg schwere und 1006 mm lange Marine-Sprenggranate L/3,6, die 20,1 kg Sprengstoff trug. Eine 111 kg schwere Treibladung verlieh dem Geschoß eine V_0 von 865 m/s und damit eine Schußweite von 28 500 m. Bis 1938 wurden drei Geschütze ausgeliefert, die bei Kriegsbeginn mit 1472 Schuß bereitstanden. Am Ende des Krieges verfügte die Truppe noch über zwei Stück des »Langen Bruno«, die sich in der Instandsetzung befanden.

Die gleiche Munition wurde bei der **schweren Bruno K.(E)** verwendet. Bei *Krupp* hatte man noch zwei 11 930 mm lange Rohre der 28-cm-Küstenkanone L/42 gefunden und diese auf das gleiche, 22 800 mm lange Fahrgestell montiert. Das Gesamtgewicht betrug dabei 118 000 kg. Die schon erwähnte Sprenggranate wurde durch eine 113,5 kg schwere Treibladung mit einer V_0 von 845 m/s verschossen und erreichte eine Schußweite von 29 400 m. Beide Waffen waren im März 1945 noch im Einsatz. Der Munitionsbestand für die »schwere« und die »lange« »Bruno-Kanone(E)« betrug 2930 Granaten.

Das Waffenamt war von der geringen Schußweite der 28-cm-Kanonen, die unter 30 km lag, enttäuscht. Die Firma *Krupp* führte das auf die mangelhafte Innenballistik zurück; mit einem Neuentwurf könne man die Schußweite fast verdoppeln. Es wurde nun die **Bruno-Kanone Neu (E)** entwickelt, die eine Rohrlänge von 16 400 mm besaß und auf dem 24 880 mm langen Fahrgestell ein Gesamtgewicht von 150 000 kg hatte. Verschossen hat man die 1335 mm lange 28-cm-Granate 39 von 255 kg Gewicht, die 33,4 kg Sprengstoff trug. Eine Treibladung von 186 kg brachte das Geschoß auf eine V_0 von 985 m/s. Das ergab aber nur eine Schußweite von 46 600 m. Das enttäuschte Waffenamt stoppte die Produktion nun nach drei Stück, für die man drei Millionen RM zahlte, wieder. Alle diese Waffen befanden sich im März 1945 noch bei der Truppe; man verfügte auch noch über 1923 Granaten. Die frei werdende Kapazität wurde nun bei der seit 1934 entwickelten **28-cm-Kanone 5(E)** eingesetzt, von der

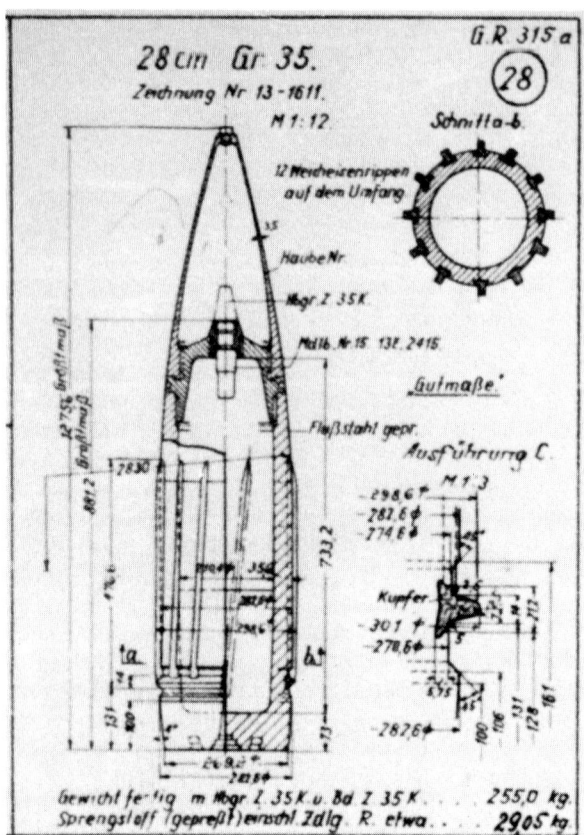

Die 28-cm-Rippengranate

sich bei Kriegsbeginn bereits drei Stück mit 360 Schuß Munition bei der Truppe befanden. Der Preis für jede Waffe hatte 1,25 Millionen RM betragen.

Hier hatte man ein 21 538 mm langes Rohr auf ein 12achsiges Fahrgestell, das mit Überhang 21 934 mm lang war, montiert und so ein Gesamtgewicht von 218 000 kg erreicht. Verschossen hat man die 1276 mm lange 28-cm-Granate 35, die bei 255 kg Gewicht 29,3 kg Sprengstoff trug. Die 175 kg schwere Treibladung ergab eine V_0 von 1130 m/s, und das resultierte in einer Schußweite von 62 400 m. Die Granate trug übrigens zwölf gekrümmte Weicheisen-Rippen, die in die Züge des Rohres paßten. Auch hier hat man für Versuche zuerst ein Rohr mit 15-cm-Kaliber verwendet, das K. 5 M genannt wurde.

Außer den Rohren mit 7 und 10 mm tiefen Zügen, Tiefzug genannt, für die 1335 mm lange Gr. 39, bei der man bei gleichem Gesamtgewicht den Sprengstoffanteil um 3 kg erhöhen konnte, gab es noch sechs Vielzugmuster, das war die anfänglich abgelehnte, normale Art. Dazu gab es die 248 kg schwere Raketen-Granate 4341, für deren Fertigung 597 kg Rohmaterial notwendig war. Hier wurde durch einen Zeitzünder 19 Sekunden nach dem Abschuß ein 19,5 kg schwerer Diglykol-Treibsatz gezündet, der die Granate zwar 87 000 m weit trug, aber auch Trefferablagen bis zu 3400 m brachte. Die Sprengladung mußte aus Platzgründen auf 14 kg verringert werden.

Gr. 39 Tiefzug mit dreiteiligem
Führungsband

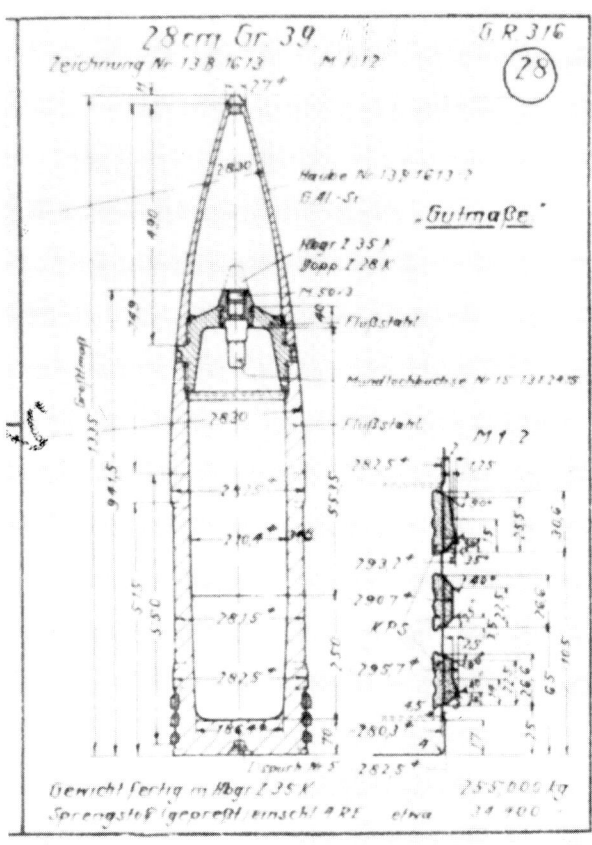

Eine noch größere Schußweitensteigerung wurde mit dem 31-cm-PPG, dem **Peenemünder Pfeilgeschoß**, erreicht. Für diese Munition hatte man von den sieben bestellten zwei Rohre ohne Züge mit 31-cm-Kaliber gefertigt. Das 2012 mm lange Geschoß hatte ein Kaliber von 12 cm, besaß im hinteren Drittel einen Führungsring und am Heck zur Stabilisierung ein Vierflächenleitwerk. Bei Versuchen erreichte man mit der 136 kg schweren 31-cm-Spreng-granate 4861, die 25 kg Sprengstoff trug, durch eine Treibladung von 248 kg eine V_0 von 1420 m/s und fast 150 km Schußweite. Die fehlenden Züge erlaubten wegen der verminderten Reibung die erheblich vergrößerte Ladung. Im Flug wog die Granate durch die nach dem Austritt aus dem Rohr abfallenden Führungsteile nur 112 kg. Die K. 5(E), auch »schlanke Bertha« genannt, war das beste Eisenbahngeschütz des Zweiten Weltkrieges. Im März 1945 gab es bei der Truppe fünf normale Waffen, für die keine Munition mehr da war, und zwei Stück mit 31-cm-Kaliber; hierzu gab es aber noch 25 Pfeilgeschosse. Weitere drei Geschütze befanden sich in der Instandsetzung, dafür war aber nur noch ein Ersatzrohr vorhanden.
Die **38-cm-Kanone »Siegfried(E)«** verwendete 19 630 mm lange Marinerohre der SK C/34, die eigentlich für weitere Schlachtschiffe der Bismarck-Klasse vorgesehen waren. Auf einem 24 000 mm langen Fahrgestell montiert, wog diese Waffe dann 294 000 kg.
Verschossen wurde die 1652 mm lange »Siegfried-Granate« L/4,5, die 495 kg wog und 48 kg Sprengstoff trug. Eine 298 kg schwere Treibladung ergab eine V_0 von 1050 m/s und damit eine

31-cm-K. 5 Glatt

Peenemünder
Pfeilgeschoß

Siegfried-Kanone

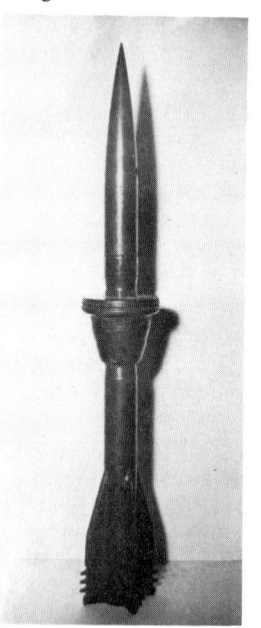

Das Dora-Geschütz

Schußweite von 55 000 m. Für mehr Trefferwirkung gab es die 1751 mm lange Sprenggranate L/4,6, die 800 kg wog und 69 kg Sprengstoff trug. Mit einer auf 261 kg reduzierten Treibladung erreichte man eine V_0 von 820 m/s und eine Schußweite von 42 000 m. Hier war auch eine 510 kg schwere Raketengranate geplant; mit einem Treibsatz von 45 kg hoffte man, eine Schußweite von 68 000 m zu erreichen. Vor Kriegsbeginn war bereits eine **»Siegfried«-Kanone(E)** vorhanden. Von den weiteren sieben bestellten wurden aber für fast fünf Millionen RM nur noch drei Stück geliefert. Bei Kriegsende befand sich noch eine Waffe mit acht Granaten bei der Truppe, die anderen in der Instandsetzung.

Das 20 300 mm lange Rohr eines 40,6-cm-Küstengeschützes sollte ebenfalls auf ein Fahrgestell montiert werden, um es als Eisenbahngeschütz zu verwenden. Das errechnete Gewicht betrug 369 000 kg. Verschießen wollte man die 1875 mm lange Sprenggranate L/4,8, die 1020 kg wog und 53,6 kg Sprengstoff trug. Mit einer 307 kg schweren Treibladung sollte eine V_0 von 810 m/s erreicht werden, und das hätte rechnerisch eine Schußweite von etwa 44 000 m gebracht. Mit einer sogenannten »Reichweitengranate«, der 1674 mm langen, 600 kg wiegenden Granate 40, die 81 kg Sprengstoff trug, hoffte man 58 000 m zu erreichen.

Das am 3. Oktober 1939 einzige bestellte Muster der sogenannten **Adolf-Kanone** ist nie fertig geworden, der Auftrag wurde Anfang 1942 wieder annulliert.

Ende Oktober 1944 waren übrigens bei der Eisenbahn-Artillerie an der Front im Osten noch fünf Batterien im Einsatz – Personalstärke: 973 Mann.

Das nächste Geschütz war zwar, was das Kaliber betrifft, nicht das größte, das für den Zweiten Weltkrieg gebaut wurde – das kann der amerikanische Mörser »Little David« mit 91,4-cm-Kaliber für sich in Anspruch nehmen – es war mit 135 000 kg Gewicht aber das größte, was den Aufbau betrifft. Bei seinem einzigen Einsatz benötigte diese Waffe einschließlich der Sicherungstruppen fast 4400 Mann Bedienung.

Doch nun zur Entwicklung des erwähnten Geschützes, dessen Rohrachse sich übrigens 8,6 m über dem Boden befand. Die Einsicht, daß man gegen die mächtigen Festungswerke der Maginotlinie keine wirkungsvolle Waffe besaß, führte zu Überlegungen für ein Geschütz mit sehr großem Kaliber. Die Firma *Krupp* hatte bereits 1935 Entwürfe mit Kalibern von 70, 80, 85 und 100 cm vorgelegt. Das Waffenamt war aber noch unentschlossen. Erst ein Besuch Hitlers 1936 bei den *Kruppwerken* führte dazu, daß vom Heereswaffenamt 1937 ein Auftrag für drei Geschütze vom Kaliber 80 cm erteilt wurde. Obwohl man bei *Krupp* für neue Hallen und Vorrichtungen über 10 Millionen RM investierte, war der Liefertermin im März 1940 für das erste Geschütz nicht einzuhalten. Erst am 10. September 1941 konnte man auf dem Schießplatz Hillersleben aus einer Behelfslafette den ersten Schuß abgeben. Weitere drei Schuß folgten, bevor das Rohr nun mit der Eisenbahnlafette im November 1941 nach Rügenwalde gebracht wurde. Diese 47,3 m lange Lafette besaß 40 Achsen, auf denen durch das Gesamtgewicht von etwa 1 350 000 kg jeweils ein Druck von über 33 t lag. Bei den bis Anfang Dezember 1941 verfeuerten acht Probeschüssen wurde mit der 7100 kg schweren Pz.-Granate eine Schußweite von 37 210 m erreicht. Im Januar 1942 wurde die schwere Artillerie-Abteilung(E) 672 aufgestellt, die dann ab April 1942 nach dem Raum Sewastopol verlegte. Dazu benötigte man fünf Züge, die bei einer Gesamtlänge von 1653 m nicht weniger als 3603 t wogen. Am 5. Juni 1942 wurde von dem **80-cm-Geschütz** – von der Bedienung inzwischen **Dora** genannt – der erste Schuß gegen die Festung Sewastopol abgefeuert. Bis zum 17. Juni folgten dann noch weitere 47 Schuß, dann war der Munitionsvorrat erschöpft. Die größte Trefferablage betrug 740 m, nur zehn Schuß der abgefeuerten 48 lagen näher als 60 m zum Ziel. Es wurden nach Abschluß der Kämpfe noch fünf Schuß der Exerziermunition verbraucht, danach wurde das Geschütz wieder abgebaut.

Wenn wir die vom 2. Juni bis zum 1. Juli 1942 im Bereich des Harko (Höheres Artillerie-Kommando) 360 verschossenen 26 281 t Munition mit den 340,8 t, die vom »Dora«-Geschütz verfeuert wurden, vergleichen, so waren das knapp 1,3 Prozent – und dafür dieser Riesenaufwand! Im gleichen Zeitraum hatte übrigens die Luftwaffe 23 751 Einsätze gegen

Dora in der Schießkurve

Dora schießt nach Sewastopol

Die 7,1 t schwere Pzgr.

den Raum Sewastopol geflogen, dabei 20 529 t Bomben abgeworfen und 31 Flugzeuge verloren.

Doch nun zu den technischen Daten dieses Geschützes mit 80-cm-Kaliber:

Aus dem 32 480 mm langen Rohr, das allein 400 000 kg wog, wurde die 3600 mm lange Panzergranate von 7100 kg Gewicht, die 250 kg Sprengstoff trug, mit einer V_0 von 720 m/s verschossen. Die 1850 kg schwere Treibladung war über 4 m lang und brachte eine Schußweite von 37 000 m. Es gab auch noch eine 4800 kg schwere Spranggranate, die 700 kg Sprengstoff trug und mit einer um 150 kg schwereren Treibladung eine V_0 von 820 m/s und damit eine Weite von 48 000 m erreichen sollte.

Ein im September 1942 bei Leningrad geplanter Einsatz kam nicht zum Tragen. Das Geschütz wurde zur Überholung nach Rügenwalde verlegt. Hier wurden aus dem neuen Seelenrohr im März 1943 vier Schuß verfeuert. Hitler war am 19. März eingetroffen und von den zwei vorgeführten Schüssen begeistert, bei denen der zweite mit einer Sprenggranate über 47 000 m Schußweite erreichte. Für das zum Einsatz fast fertige zweite Geschütz wurde nie eine Bedienungs-Abteilung aufgestellt. Beide Geschütze wurden im April 1945 gesprengt – Reste fanden sich in Sachsen und Bayern. Laut einer Speer-Unterlage hatte Hitler befohlen, das bei *Krupp* noch begonnene dritte Geschütz fertigzustellen. Es sollte aus einem neuen Rohr von 52-cm-Kaliber und 48 000 mm Länge Treibspiegelgranaten mit einem Raketenzusatzantrieb im Zuge der Vergeltung nach England verschießen. Aber auch für die 80-cm-Rohre waren Reichweitengranaten geplant. Jetzt sollten es die in Peenemünde entwickelten Pfeilgeschosse sein, mit denen man eine Schußweite von 100 000 m erreichen wollte. Die Konstruktion derartiger Geschosse brachte aber nur Sprengstoffmengen von 25–30 kg – Hitler wollte mehr, viel mehr. Die 10 000 kg schwere Granate sollte 1200 kg Sprengstoff tragen und dabei eine Schußweite von 160 km erreichen. Selbst mit einem fast 85 000 mm langen Rohr hätte man noch ein zusätzliches Raketentriebwerk benötigt. Alles das blieben lediglich Projektstudien, gebaut worden ist nichts mehr. Übrigens hat die Firma *Krupp* für das erste Geschütz auf eine Bezahlung verzichtet, für die anderen beiden jeweils aber etwa 7 Millionen RM berechnet.

Deutsche Techniker hatten mit diesem Geschütz zwar eine hoch zu bewertende Konstruktionsleistung erbracht, ein taktischer Erfolg mußte aber einer derartigen Entwicklung, die an den Grenzen des Möglichen lag, versagt bleiben. Speer und andere Rüstungsfachleute haben dieses Monstrum stets abgelehnt.

Produktion von Eisenbahngeschützen ab September 1939

	1939	1940	1941	1942	1943	1944	1945
15-cm-K.(E)	–	–	–	–	–	–	–
17-cm-K.(E)	–	–	–	–	–	–	–
20,3-cm-K.(E)	–	–	4	4	–	–	–
21-cm-K. 12N.(E)	–	1	–	–	–	–	–
24-cm-Theo-K.(E)	–	–	–	–	–	–	–
24-cm-Theo-Br.-K.(E)	–	–	–	–	–	–	–
28-cm-Kz.Br.K.(E)	–	–	2	–	–	–	–
28-cm-lg.Br.K.(E)	–	–	–	–	–	–	–
28-cm-schw.Br.K.(E)	–	–	–	–	–	–	–
28-cm-Br.KN.(E)	–	–	3	–	–	–	–
28-cm-K. 5(E)	2	3	2	8	2	–	–
31-cm-K. 5 Glatt(E)	–	–	–	–	–	2	–
38-cm-Siegfried(E)	–	–	–	2	1	–	–
80-cm-Dora(E)	–	–	1	1	–	–	–

Aufschlußreich sind noch die geplanten Produktionszahlen: Bei der 28-cm-K. 5 waren es erst 42 Geschütze, die man im Herbst 1943 auf 36 Stück kürzte. Bei der Bruno-Kanone-Neu sollten es 22 Stück werden, die man dann auf vier Stück kürzte. Sogar von der 38-cm-Siegfried-Kanone wollte man sieben Stück fertigstellen.

Bei den Eisenbahngeschützen wurden ebenfalls Beutewaffen, allerdings ausschließlich französische, eingesetzt. Die **19,4 K.(E)-486(f)**, deren Entwurf auf das Jahr 1870 zurückging, wurde beim Küstenschutz verwendet. Mit der Eisenbahnlafette wog diese Kanone 65 000 kg, es wurden aber auch die 15 000 kg schweren Rohre, wie z. B. auf der Ile-de-Cécembre in speziellen Küstenlafetten aufgestellt. Verschossen wurde aus dem 5886 mm langen Rohr eine 83 kg schwere Granate, die bei einer V_0 von 640 m/s eine Schußweite von 18 300 m erreichte.
Die **24-cm-K.(E)-537(f)** stammte von 1917. Sie wog 90 000 kg und war 12 885 mm lang. Das Rohr, aus dem die 159 kg schwere Granate verschossen wurde, besaß eine Länge von 6700 mm. Mit einer V_0 von 575 m/s wurde eine Schußweite von 17 100 m erreicht.
Von der **24-cm-K.(E)-558(f)** wurden lediglich die 29 000 kg schweren Rohre von 10 055 mm Länge für die Montage in Küstenlafetten verwendet. Hier erreichte die 162 kg schwere Granate eine V_0 von 840 m/s, und das reichte für eine Schußweite von 22 700 m.
Bei der **27,4-cm-K.(E)-592(f)** ist es nicht sicher, ob sie, auch wenn sie eine Fremdgeräte-Nr. erhielt, überhaupt eingesetzt wurde. Hier war auf einem 25 890 mm langen Fahrgestell ein 12 800 mm langes Rohr montiert. Die insgesamt 152 000 kg schwere Waffe verschoß 238 kg schwere Granaten mit einer V_0 von 840 m/s. Die Schußweite betrug dabei 29 400 m.
Von der **28,5-cm-K.(E)-605(f)** sind wohl die technischen Daten im Handbuch des Waffenamtes enthalten, ein Nachweis für den Einsatz fehlt aber. Es ist wahrscheinlich, daß die 12 800 mm langen und 35 000 kg schweren Rohre in Küstenlafetten verwendet wurden. Verschossen wurde eine 270 kg schwere Granate mit einer V_0 von 740 m/s, das ergab eine Schußweite von 27 000 m.
Vom nächstgrößeren Kaliber – 32 cm – gab es die **K.(E)-651(f)** und **652(f)**. Bei der ersteren wog der gesamte Aufbau 162 000 kg. Mit dem 10 112 mm langen Rohr wurde eine 388 kg schwere Granate mit einer V_0 von 674 m/s verschossen, das ergab eine Schußweite von 24 800 m. Wir finden diese Waffe mit 48 550 kg, aber auch mit einer geänderten Version von 45 750 kg Gewicht.
Die **K.(E)-652(f)** besaß ein Gesamtgewicht von 178 000 kg, davon wog das 11 820 mm lange Rohr allein 55 000 kg. Verschossen wurde eine 392 kg schwere Granate mit einer V_0 von 690 m/s, und dabei erreichte man eine Schußweite von 26 200 m.
Von der 166 000 kg schweren **34-cm-K.(E)-674(f)** wurden die 67 600 kg schweren und 16 115 mm langen Rohre ausgebaut und für den Küsteneinsatz in Drehkranzlafetten montiert. Später hat die Marine-Küstenartillerie vier dieser Rohre erhalten. Bei einer V_0 von 930 m/s erreichte hier die 432 kg schwere Granate eine Schußweite von 44 500 m. Von der **37-cm-Haubitze(E)-711(f)** wurden beim Heer fünf Stück eingesetzt. Die 130 000 kg schwere Waffe trug ein 9855 mm langes Rohr von 38 000 kg Gewicht. Die 516 kg schwere Granate erreichte bei einer V_0 von 535 m/s eine Schußweite von 16 400 m. Mit der 712 kg schweren Halbpanzergranate waren es 14 550 m. Diese Waffen befanden sich bei den Eisenbahn-Batterien 695 und 711.
Eine weitere Haubitze war die **40-cm-H.(E)-752(f)**, die 140 000 kg wog. Hier erreichte die 1674 mm lange Granate, die bei 614 kg Gewicht 80,6 kg Sprengstoff trug, aus dem 10 650 mm langen Rohr bei einer V_0 von 530 m/s eine Schußweite von 16 000 m. Für die bei den Batterien 693 und 696 eingesetzten sechs Haubitzen gab es auch eine 900 kg schwere Beton-Granate, mit der knapp 14 600 m Schußweite erreicht wurde.
Zwei weitere Waffen befanden sich in einem Lager des Zeugamtes. Einen mit 30 380 mm sehr langen Aufbau besaß die **52-cm-H.(E)-871(f)**, von der eine bei Leningrad eingesetzt war.

Diese Haubitze wog 260 000 kg, das 44 000 kg schwere Rohr war 8350 mm lang. Die 1654 kg schwere Granate wurde mit einer V_0 von 450 m/s verschossen und erreichte eine Weite von 15 600 m. Von den extra gefertigten 289 Granaten wurde aber nur ein Teil verschossen, nach einem Rohrkrepierer erhielt die Luftwaffe 200 dieser Granaten. Man hat daraus die Panzerbomben PD 1600(f.) erstellt. Das unbrauchbare Geschütz wurde im Januar 1944 von russischen Truppen erbeutet.

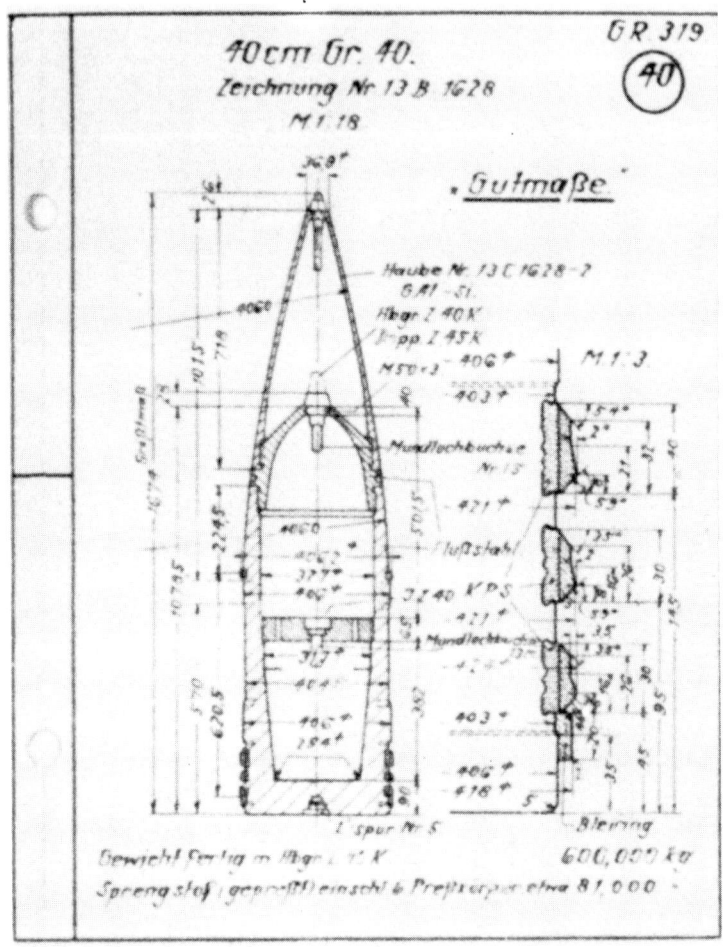

Die 40-cm-
Haubitzengranate

Bei der **Munition** für die Eisenbahngeschütze hat es übrigens auch Lieferungen der Marine, aber auch Abgaben an diesen Teil der Wehrmacht gegeben. Im Dezember 1939 hat das Heer z. B. 1462 Schuß im Kal. 24 cm erhalten. Im März 1940 wurden dann 318 Granaten aus der Heeresproduktion wieder an die Marine geliefert. Vom Kal. 15 cm hat die Marine Ende 1940 vom Heer 3129 Granaten erhalten, dafür erhielt das Heer im Dezember 1941 für die »Kurze Bruno« 268 und im April 1942 nochmals 1454 Schuß. Sogar von der »Neuen Bruno« sind aus der Produktion 2676 Granaten im Dezember 1942 abgegeben worden.

Während des Zweiten Weltkrieges produzierte Munitionsmengen, die für Eisenbahngeschütze vorgesehen waren, in Schuß:

	1939	1940	1941	1942	1943	1944	1945
15-cm-K.(E)	–	418	2796	–	–	–	–
17-cm-K.(E)	–	3	1084	–	–	–	–
20,3-cm-K.(E)	–	319	3046	1818	640	–	–
21-cm-K. 12(E)	–	161	199	105	206	–	–
24-cm-Theo-K.(E)	265	652	–	–	–	–	–
24-cm-Theo-Bruno-K.(E)	2104	2100	–	–	–	–	–
28-cm-Kz.Bruno-K.(E)	567	79	944	15	535	413	–
28-cm-lange-Bruno-K.(E)	368	698	–	–	–	–	–
28-cm-schwere-Bruno-K.(E)	79	734	–	–	–	–	–
28-cm-Bruno-Neu-K.(E)	–	–	2455	1745	1800	–	–
28-cm-K. 5(E)	280	2019	3098	1320	1118	583	263
31-cm-K. 5 Glatt(E)	–	–	–	–	–	156	–
38-cm-Siegfried-K.(E)	–	–	–	899	1623	–	–
80-cm-Dora-K.(E)	–	–	18	59	–	–	–

Raketenwerfer

Die Entwicklung der Raketenwerfer begann mit den sogenannten Rauchspurgeräten. Die
RZ-(Rauchzylinder)Serie wurde bei der Luftwaffe entwickelt. Das Heer begann mit einer
Rakete von 110-cm-Kaliber. Die für die Nebeltruppe vorgesehene, 15 kg schwere Rakete
wurde aus einem 3250 mm langen Gitterrohr verschossen und erreichte eine Schußweite von
4500 m.
Diese Rakete ging nicht in die Massenproduktion, sie bildete aber die Grundlage für das
Do-Gerät 38, das zuerst für die Fallschirmjäger vorgesehen war. Do-Gerät deshalb, weil es
unter der Aufsicht von General Dornberger entwickelt wurde. Mit dieser Waffe, einem
einfachen, gitterförmigen Rahmen, »Schießrinne« genannt, wurde die 40 kg schwere
15-cm-Wgr. verschossen. Der Schwarzpulvertreibsatz führte nicht nur zu zahlreichen
Frühdetonationen, sondern die Streuung war bei einer Schußweite von 5500 m mit 230 m viel
zu groß. Das 53 kg schwere Do-Gerät 38 hat sich nicht bewährt.
Zu dieser Munition, die dann eine Diglykol-Treibladung bekam, wurde nun der **Nebelwerfer-
15 cm-41** entwickelt. Die Bezeichnung hat übrigens nichts mit dem Dipl.-Ing. Nebel zu tun,
sondern war eine von den 10-cm-Werfern übernommene Tarnbezeichnung.
Bei dieser 3350,– RM teueren Waffe hatte man sechs Rohre kreisförmig angeordnet und sie
in der 1,66 m breiten Spreizlafette der 3,7-cm-Pak montiert. In den glatten Rohren von
1300 mm Länge waren je drei Führungsschienen für die Wgr. mit 158,5-mm-Kaliber
angebracht. Die sechs Geschosse konnten innerhalb von zehn Sekunden mit einer maximalen
Geschwindigkeit von 340 m/s bis zu 6900 m weit verschossen werden. Die 50prozentige
Streuung betrug 130 m in der Längs- und 80 m in der Seitenrichtung. Der Aufbau der 34,2 kg
schweren und 931 mm langen Wurfgranate 41 war völlig anders als üblich. Der 6,5 kg schwere

15-cm-Wgr.Spr.

15-cm-Nbw. 41

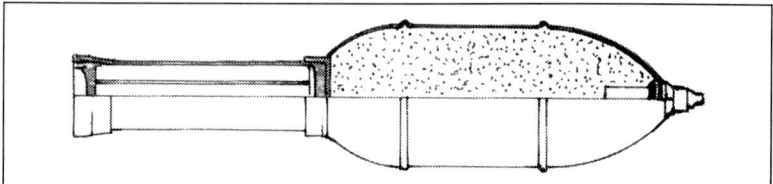

28-cm-WK

s.Wurfgerät 40

Treibsatz war im Vorderteil des Geschosses untergebracht. Durch 26 schräg angebrachte Düsen wurde der Drall erzielt, der sehr unterschiedlich war.

Nach 0,05 Sekunden Flugzeit lagen diese Werte zwischen 37 und 47 Umdrehungen/s. Die 2,4 kg schwere Sprengladung befand sich im Heck des Geschosses. Auf diese Art wurde mit der Detonation über dem Boden eine erheblich bessere Splitter- und Druckwirkung erreicht. Der 15-cm-Nb.W. wog leer in Feuerstellung 540 kg. Er wurde vom März 1940 bis zum Ende des Krieges produziert. Anfang März 1945 gab es noch 2295 dieser Werfer mit 653 700 Schuß Munition, davon standen 311 Werfer in den Zeugämtern.

Anfang 1945 hatte die SS-Waffenakademie vier dieser 15-cm-Rohre zu einem Bündel zusammengefaßt und nannte diese Lösung »Raketen-Gebirgswerfer«. Im Februar war eine Anzahl dieser Werfer auf dem Balkan eingesetzt.

Vom *Bochumer Verein* kam der Vorschlag, den 15-cm-Nb.W. auch zur Panzerabwehr einzusetzen. Als Munition hatte man die 24,6 kg schwere Granate vom s.I.G. 33, die eine 5-kg-Hohlladung trug, erprobt.

Um die Trefferwirkung zu steigern, wurde nun der **28-cm-WK.Spr. (Wurfkörper Spreng)** entwickelt, der bei 1260 mm Länge und 82 kg Gewicht 50 kg Sprengstoff in einem Blechmantel von etwas mehr als 1-mm-Stärke trug. Als Antrieb fand der Treibsatz der 15-cm-Wgr. Verwendung. Verschossen wurden diese WK aus ihren 30 kg schweren, hölzernen Packkisten, die zu je vier Stück auf einem 52 kg schweren Gestell befestigt waren. Die Produktion des **schweren Wurfgerätes 40** wurde 1941 wieder eingestellt. Es wurde durch das **s.W.G. 41** ersetzt, das dann bis zum April 1943 produziert wurde. Hier wog das aus Stahl gefertigte Gestell 110 kg, jede Stahlpackkiste 20 kg.

Die mit dieser Munition entstehende, sehr hohe Druckwelle brachte dieser Waffe nicht nur den Namen **Stuka zu Fuß** ein, sondern führte auch zu dem Märchen von den »Preßluftgranaten«. Wenn bei einer Werfer-Abteilung wie üblich 480 Schuß verschossen wurden, detonierten innerhalb von 30 Sekunden 24 000 kg Sprengstoff auf engstem Raum. Eine derartige Gasschlagwirkung verdrängte die Luft so stark und schnell, daß den Personen im

s.Wurfgerät 41

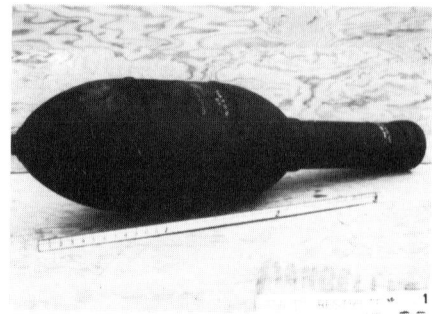

32-cm-WK   (Tansportbehälter)

Trefferbereich die Lungen zerrissen wurden. Preßluft selbst ist als Sprengmittel ungeeignet; man müßte sie in einem Behälter unterbringen, der je nach dem Druck mehr oder weniger stabil sein müßte. Dieser Behälter muß jedoch im Bruchteil einer Sekunde wieder zerstört werden, wobei ein erheblicher Teil der Preßluft an der Zerlegung teilnimmt, ein anderer Teil bei der Detonation der Zerlegerladung mitverbrennt – es bleibt also nur ein geringer Druck übrig.

Wenn man jedoch einen Sprengstoff mit hoher Detonationsgeschwindigkeit in möglichst dünnwandige Behälter füllt und diese Behälter salvenartig in großer Zusammenballung verschießt, entsteht je nach Gelände ein stark mit Druckwellen belegter Raum, dessen Luft durch die Explosion zuerst mit erheblicher Geschwindigkeit verdrängt wird, um dann schlagartig den Raum wieder zu füllen. Personen, die derartigen Druckwellen ausgesetzt sind, erleiden erhebliche Gefäßschäden, die in den meisten Fällen zum Tode führen.

Der 28-cm-WK. erreichte infolge der verhältnismäßig schwachen Treibladung nur eine Maximalgeschwindigkeit von 145 m/s und dabei eine Schußweite von 1925 m, die 50prozentige Längsstreuung war mit fast 160 m zwar erheblich; bei dieser Flächenwaffe fiel das aber nicht sehr ins Gewicht.

Von beiden Gestellen konnte auch der **32-cm-WK.Fl.** aus den Packkisten verschossen werden. Bei 1300 mm Länge und 79 kg Gewicht trug dieser WK. 50 Liter (= 40 kg) Flammöl und eine 1,6 kg schwere Zerlegerladung. Mit dem Treibsatz der 15-cm-Wgr. wurde eine Maximalgeschwindigkeit von 145 m/s erreicht, die Schußweite lag bei 2200 m. Das wirkliche Kaliber betrug übrigens 33,7 cm. Ein Einzeltreffer mit dieser Munition setzte etwa 200 m^2 in Brand; im allgemeinen folgte einer Salve mit 28-cm-Wurfkörpern eine solche mit dem 32-cm-WK.

Von der 28-cm-Munition lagen Anfang März 1945 noch 38 200 Schuß vor, vom 32-cm-WK. aber nur noch 6000 Schuß.

32-cm-WK

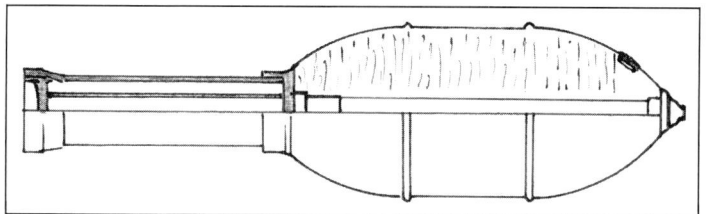

Mit etwas geänderten Holzpackkisten trugen diese Wurfkörper wie auch der 30-cm-WK. 42 die Bezeichnung **Gebirgs-Raketenwerfer 43.**
Für diese beiden Munitionsarten gab es zum Preis von 2380,– RM den **28/32-cm-Nb.W. 41.** Aus dem 1130 kg schweren Gerät, dessen Aufbau sechs in zwei Lagen übereinander angebrachten Stahlpackkisten ähnelte, konnten beide Wurfkörper mittels Einsatzschienen verschossen werden. Die Truppe hatte zwar nun ein sehr bewegliches Gerät, es wurde aber eine größere Schußweite gefordert, und das führte 1942 wieder zur Einstellung der Produktion. Bei Kriegsende gab es noch 37 Stück dieser Werfer bei der Truppe, weitere sechs in den Zeugämtern.
Die nächste Waffe war der 4000,– RM teuere **21-cm-Nb.W. 42.** Hier hatte man fünf Rohre von 1300 mm Länge zu einem Bündel zusammengefaßt, das in die Lafette des 15-cm-Werfers eingesetzt wurde. Die fünf Schuß konnten innerhalb von acht Sekunden verschossen werden, die größte Geschwindigkeit sollte 320 m/s betragen, die Schußweite 7850 m.
Aus dem 550 kg schweren Werfer konnten die 21-cm-Wgr. 42 und mit Hilfe von Einlegeschienen jede 15-cm-Werfer-Munition verschossen werden. Die 1260 mm lange und 110 kg schwere Wgr. war ebenfalls drallstabilisiert, hier betrug die Anzahl der Einzeldüsen 22. Die auf Splitterwirkung ausgelegte Munition trug 38,6 kg Sprengstoff.

21-cm-Nbw. 42

21-cm-Nbw. 42 von hinten

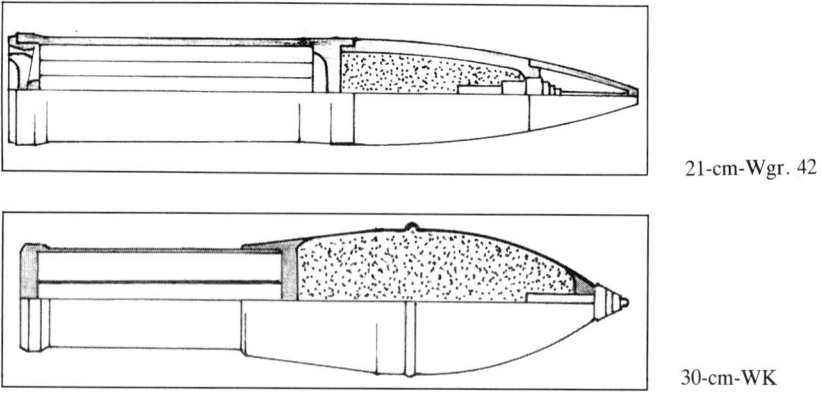

21-cm-Wgr. 42

30-cm-WK

Obwohl das Geschoß aerodynamisch besser durchgebildet war, ergab sich mit 500 m Längen- und 130 m Breitenstreuung ein sehr schlechter Wert. Versuche zeigten, daß durch die Fliehkraftbeanspruchung nach einer bestimmten Brennzeit die Pulverkörper der Treibladung zusammenbrachen; das führte zu einem Anstieg des Schubes und damit der Geschwindigkeit, die dann zwischen 320 und 350 m/s schwankte und dadurch diese erhebliche Streuung herbeiführte. Der 21-cm-Nb.W. 42 wurde ab März 1942 bis Kriegsende produziert. Im März 1945 gab es noch 845 Werfer, die sich alle an der Front befanden, mit 110 700 Schuß Munition. Für die Luftwaffe hatte man zusätzlich 17 678 Rohre mit 21 000 Wgr. geliefert. Unter den Tragflächen von Jägern und Zerstörern angebracht, wurden damit feindliche Bomberver- bände aus größerer Entfernung bekämpft.

Seit Februar 1943 befanden sich die ersten 18 Exemplare eines neuen Werfers im Truppenversuch, aber erst im Juli wurde der **30-cm-Nb.W. 42** offiziell eingeführt. Die 1098 kg schwere Waffe war eine verbesserte Ausführung des 28/32-cm-Nb.W. 41. Verschossen wurde der 127 kg schwere und 1249 mm lange 30-cm-WK. 42 Spr., der 45 kg Sprengstoff trug.

Als Antrieb fand der auf Hydrozellulose – statt Diglykolpulver – umgestellte Treibsatz der 21-cm-Wgr. von 15,1 kg Verwendung. Mit einer Maximalgeschwindigkeit von 230 m/s wurde eine Schußweite von 4550 m erreicht, aber auch wieder mit der erheblichen Streuung von 175 m; immerhin war es eine erhebliche Erhöhung der Schußweite.

Diese Munition konnte ebenfalls aus den Packkisten, vom schweren Wurfgerät und aus dem **s.Wu.R. 40** (schweren Wurfrahmen) verschossen werden. Dieser Wurfrahmen war die etwas geänderte Stahlpackkiste, die 260,– RM kostete und die zu je drei Stück an den Seiten von Halbkettenfahrzeugen, z. B. dem Sd.Kfz 251, befestigt wurden. Die damit sehr bewegliche Waffe verwendete natürlich auch die 28- und die 32-cm-Munition. Die Produktion des 30-cm-Nb.W. 42 wurde im November 1943 zugunsten des 30-cm-Raketenwerfers 56 wieder eingestellt. Der Truppe verblieben am Ende des Krieges von den gefertigten 380 Stück 343. Hier waren die Zeugämter wie auch beim 21-cm-Wfr. völlig geleert.

Vom Do-Gerät 38 ausgehend, hat man 1943 erneut Versuche unternommen, derartige Wurfkörper einfacher zu verschießen. Beim Projekt **Maikäfer** benutzte man einen 158 kg schweren Körper von 31-cm-Kaliber, der einen Treibsatz von 24 kg trug. Aus einer einfachen Rinne verschossen, wurde eine Brennschlußgeschwindigkeit von 170 m/s und damit eine Schußweite von 2940 m erreicht. Wegen der zu geringen Schußweite ist aber der »Maikäfer« dann doch wieder zu den Akten gelegt worden.

Der **30-cm-R.Wfr. 56** sollte der Einheitswerfer werden; deshalb finden wir hier wieder die Einlegeschienen zum Verschuß der 15-cm-Munition. Der 1033 kg schwere Werfer bestand aus dem Oberteil des 30-cm-Nb.W. 42, das auf der Lafette der 5-cm-Pak 38 befestigt war. Verschossen wurde der 30-cm-WK. 42 mit sechs Schuß innerhalb von zehn Sekunden.

Im Juni 1944 kamen die ersten Werfer zur Front, produziert wurde zu einem Stückpreis von 3035,– RM bis zum Kriegsende. Die Truppe besaß am 1. März 1945 noch 452 dieser Werfer, für die 69 500 Schuß Munition vorhanden waren. In den Zeugämtern lagerten noch sechs Waffen.

Eine sehr bewegliche Waffe für die Infanterie war der **35-cm-Schießkarren.** Mit seinen 156 kg Gewicht trug er zwei Packkisten, aus denen die verschiedenen Munitionsarten verschossen werden konnten.

Um den Werfern größere Beweglichkeit zu geben, wurden zehn Rohre des 15-cm-Nb.W. 41, jeweils fünf übereinander, zusammengefaßt und mit einer Rundumlafette auf ein 3-t-Halb-

s. Wurfrahmen

kettenfahrzeug montiert und das ganze Panzerwerfer genannt. Die Rohre wurden der normalen Werferproduktion entnommen. Mehr über diese Waffe finden wir bei den Panzerfahrzeugen in Band 2.

Für die beschriebenen Werfer befand sich folgende Munition in der Erprobung bzw. in der Entwicklung:

15-cm-WK.Br.	mit einer Thermit-Elektron-Brandladung
15-cm-WK.HL	mit einer Hohlladung der IGr. 39
21-cm-Wgr.	eine 96 kg schwere Granate, die 12,6 kg Sprengstoff trug und die mit einer verbesserten Treibladung 430 m/s und damit eine Schußweite von 10 500 m erreichte.

Zu den bereits vorhandenen Kampfstoff-Granaten im Kaliber 15 cm gab es nun noch die 21-cm-Wgr.K mit verschiedenen Kampfstoffüllungen, 30-cm-WKK mit einer Füllung von 28-l-Kampfstoff und den 32-cm-WKEg, der bei 52 kg Gewicht 36 kg des Entgiftungsstoffes Losantin trug.

Eine wenig bekannte Waffe war der **8-cm-Vielfachwerfer** der SS, der in Anlehnung an die Bezeichnung der seit dem 14. Juli 1941 eingesetzten russischen Werfer den Namen »Himmler-Orgel« erhielt. Das 1290 kg schwere Werferschienengestell war meistens auf französische Halbkettenfahrzeuge vom Typ Somua 303(f) montiert. Verschossen wurde in einer Salve von 48 Schuß die 8-cm-R.Sprgr., die 705 mm lang war und bei 6,6 kg Gewicht 0,68 kg Sprengstoff trug, von 2000 m langen Blechschienen. Die 1 kg schwere Treibladung erzeugte eine maximale Geschwindigkeit von 335 m/s. Damit betrug die Schußweite rund 6000 m und streute die Salve 265 m in der Längs- und 162 m in der Seitenrichtung. Die Wirkung entsprach übrigens nicht den Erwartungen. Ein Übergang auf größere Kaliber schien notwendig. Von den bei den *Waffenwerken Brünn* gefertigten 13 Waffen befanden sich zwölf im Einsatz bei der SS-Vielfachwerfer-Batt. 521 und 522. Für die Produktion der Munition lassen sich nur 15 000 Schuß bis Juli 1943 nachweisen, danach fehlen Unterlagen. Die Streuung dieser leitwerkstabilisierten Rakete war besser als die der drallstabilisierten, und deswegen gab es dauernd Streit mit dem Heereswaffenamt. Die komplizierte Fertigung der Drallmuster führte dann Ende 1944 doch zu einem Einlenken des Waffenamtes, und es begannen Versuche mit Kalibern von 8 und 15 cm, die jedoch nicht mehr abgeschlossen wurden.

Ein Projekt blieb der 10,5-cm-Raketenwerfer auf der Lafette der 8,8-cm-Flak. Von 3500 mm langen Doppelschienen sollten Salven der 19 kg schweren Rakete verschossen werden. Auch hier war für das 3550 kg schwere Werfergestell eine Montage auf einem Panzerfahrzeug vorgesehen.

Im Kaliber 12 und 15 cm wurden noch Erprobungen mit einer Einmann-Waffe, dem sogenannten »Mantelrohr«, durchgeführt, das Kriegsende kam dem Abschluß dieser Entwicklungen zuvor.

Der **38-cm-Raketenwerfer 61** war von *Rheinmetall* für die Marine als Verschußgerät für die Raketen-Tauchgranate entwickelt worden. Als Hitler nach Stalingrad die Entwicklung einer Waffe forderte, die einem schweren Minenwerfer des Ersten Weltkrieges ähnlich sein sollte, erinnerte man sich dieser Konstruktion, die, auf das Chassis des »Tiger«-Panzers gesetzt, dann »Sturmtiger« hieß – mehr darüber finden wir bei den Panzerfahrzeugen (s. Bd. 2).

Ein Projekt blieb der 50-cm-Werfer, aus dessen 15 m langem Rohr eine Raketengranate von 2200 kg, die 100 kg Sprengstoff und eine 1850 kg schwere Treibladung trug, verschossen werden sollte.

Bei einer Brennschlußgeschwindigkeit von 240 m/s hoffte man, eine Schußweite von 200 km zu erreichen. Die 40 000 kg schwere Waffe sollte in zwei Lasten transportiert werden – gebaut wurde sie nicht.

Ein weiterer Entwurf mit 85-cm-Kaliber wurde zwar rechnerisch fertig; hier sollte der Wurfkörper 4700 kg wiegen – das Projekt wurde nicht mehr abgeschlossen.

Die Produktionszahlen der Raketenwerfer und ihrer Munition bis April 1945.

	1940	1941	1942	1943	1944	1945
15-cm-Nb.W. 41	282	652	969	1188	2336	342
15-cm-Pz.W. 42	–	–	–	188	52	–
21-cm-Nb.W. 42	–	–	407	100	835	145
28/32-cm-Nb.W. 41	–	34	311	–	–	–
30-cm-Nb.W. 42	–	–	–	380	–	–
30-cm-R.Wfr. 56	–	–	–	–	544	150
s.W.G. 40	–	9552	–	–	–	–
s.W.G. 41	–	–	2510	1493	–	–
s.Wu.R. 40	–	1980	–	–	–	–

	1939	1940	1941	1942	1943	1944	1945
15-cm-Wgr. 41	1 880	156 750	417 250	1 208 600	1 096 100	1 985 200	184 000
15-cm-Kh.	–	–	–	–	–	308 100	41 000
21-cm-Wgr. 42	–	–	–	8 980	119 600	257 400	16 600
28-cm-WK	–	10 000	77 150	127 700	116 200	120 000	8 800
30-cm-WK	–	–	–	–	31 000	155 000	13 300
32-cm-WK	–	12 000	62 550	41 570	26 300	20 300	–

Von der Kampfstoffmunition, die es nur für den 15-cm-Nb.W. 41 gab, lagen Ende 1944 in drei Sorten zusammen 459 300 Schuß vor.

Flugabwehrwaffen

Die 1935 aufgestellten ersten Einheiten der »Fla«, wie man die Flugabwehr des Heeres nannte, waren zuerst mit den 2-cm-Flak-30-Geschützen ausgerüstet, von denen bei Kriegsausbruch 911 mit 18,419 Millionen Schuß der Sprenggranate vorhanden waren.
Die von der Firma *Rheinmetall* entwickelte 463 kg schwere **2-cm-Flak 30** besaß ein 1300 mm langes Rohr. Verschossen wurde meistens die Brandsprenggranat-Patrone. Diese 203 mm lange Patrone wog 300 g und trug eine 120 g schwere Granate von 86 mm Länge. Mit einer 41 g schweren Treibladung wurde eine V_0 von 900 m/s erreicht. Das ergab eine Schußweite von 4800 m bzw. eine Steighöhe von 3700 m. Die theoretische Schußfolge betrug 280 Schuß/min.
Später erhielt die Truppe die verbesserte **Flak 38,** bei der das Gewicht auf 405 kg reduziert und die Schußfolge auf 450/min gesteigert werden konnte. Die Munition wurde bei dieser 6500,– RM teueren Waffe mittels eines 20-Schuß-Magazines zugeführt.
Eine hervorragende Entwicklung war der **2-cm-Flakvierling 38,** der 1509 kg wog. Die theoretische Schußfolge von 1800/min ergab in der Praxis etwa 900/min. Jeder Flakvierling kostete etwa 20 000,– RM. Die Heeresflak hat im Mai 1940 die ersten 15 Vierlingsgeschütze erhalten.
Von der **3,7-cm-Flak 18/36** besaß die Truppe bei Ausbruch des Krieges 63 Stück. Die Flak 18 stammte von der Firma *Rheinmetall*. Sie wurde aber wegen der zu schweren Lafette, die

ganze Waffe wog 1750 kg, durch die **Flak 36** ersetzt. Dabei konnte das Einsatzgewicht auf 1552 kg, das Gewicht des fahrbereiten Zustandes sogar von 3560 auf 2414 kg gesenkt werden. Aus dem 2112 mm langen Rohr wurde meistens die 140 mm lange Sprgr. von 0,62 kg Gewicht verschossen, die 26 g Sprengstoff trug. Die 1,5 kg schwere Patrone war 368 mm lang und besaß eine Treibladung von 196 g. Ein Magazin mit sechs Patronen wog 12,5 kg. Mit einer V_0 von 820 m/s erreichte man eine Schußweite von 6600 m, entsprechend einer Steighöhe von 4800 m. Für diese, damals 24 000,– RM teuere Waffe gab es natürlich auch Brand- und Panzergranaten. Mit der letzteren konnte auf 500 m Entfernung 27 mm dicker Stahl durchschlagen werden.

Eine verbesserte Waffe, mit der man die Schußfolge von 160/min auf 240/min steigerte, war die **3,7-cm-Flak 43.** Das gleiche Rohr erhielt einen neuen Verschluß, die Munition wurde durch 8-Schuß-Magazine zugeführt. Das Gewicht konnte durch die neue Konstruktion auf 1392 kg gesenkt werden. Die Heeresflak hat die ersten Flak 43 im Februar 1944 erhalten, im April wurden dann auch die ersten fünf der 2780 kg schweren Zwillingsausführung geliefert. Mangel an Waffen, allein von den 2-cm-Geschützen hatte die Truppe 3977 während des Jahres 1944 verloren, zwang zu Notlösungen wie der Flugzeugbordwaffe **MG. 151/20 in der Drillingslafette.** Die einzeln 42 kg schweren Waffen besaßen ein 1100 mm langes Rohr, aus dem mit einer Schußfolge von 720/min die 115 g schwere Sprenggranate von 81 mm Länge verschossen wurde. Die 147 mm lange Patrone wog 205 g. Bei einer V_0 von 705 m/s wurde eine Steighöhe von 2800 m erreicht. Von dieser Waffe hat das Heer 15 000 Stück aus den Beständen der Luftwaffe erhalten.

Ebenfalls von der Luftwaffe stammten die Waffen für den **3-cm-Jaboschreck 103/38.** Diese 145 kg schwere Maschinenkanone hatte ein 1350 mm langes Rohr (ohne Mündungsbremse) und verschoß die 298 mm lange und 0,78 kg schwere Brandgranate-Patrone. Das 0,33 kg schwere Geschoß von 145 mm Länge war mit einer Brandmischung von 0,14 kg gefüllt. Die Waffe war in die Lafette der 2-cm-Flak 38 montiert und wog 618 kg. Die Munition wurde aus 40-Schuß-Magazinen zugeführt, die Schußfolge betrug 420/min. Mit einer V_0 von 860 m/s wurde eine Steighöhe von 2600 m erreicht. Von den 1000 bestellten Waffen sind aber erst 1945 die ersten geliefert worden. Die geplante Vierlingsmontage ging nicht mehr in die Produktion, es gab nur einige Muster von den Firmen *Mauser* und *Skoda*.

Die **MK. 303,** eine von den *Waffenwerken Brünn* auf der Basis der Flugzeugbordwaffe MK. 103 entwickelte Konstruktion, war eigentlich als Flakwaffe für die Marine vorgesehen. Auf Anordnung des Rüstungsamtes wurden aber die ab Oktober 1944 ausgelieferten Waffen der Heeresflak zugeleitet. Die Schußfolge war mit 400/min etwa gleich, bemerkenswert war, daß die bereits erwähnte 0,33 kg schwere Granate infolge des etwa 2000 mm langen Rohres eine V_0 von 1080 m/s erreichte.

Im Frühjahr 1944 hatte das Waffenamt die Produktion der italienischen **2-cm-Flakwaffen Breda und Scotti** eingeleitet. Von den dann ab Juli gelieferten 1747 Waffen hat das Heer 361 Stück erhalten.

Die 330 kg schwere *Breda*-Waffe besaß ein 1300 mm langes Rohr, aus dem eine 160 g schwere Sprenggranate mit einer Schußfolge von 230/min verschossen wurde. Die V_0 von 840 m/s ergab eine Steighöhe von 2600 m. Die Munition wurde mit 12-Schuß-Magazinen zugeführt.

Die von der Firma *Isotta Fraschini* in Turin gelieferten *Scotti*-Waffen wogen 228 kg. Aus dem 1540 mm langen Rohr wurde eine 125 g schwere Granate verschossen. Die Schußfolge betrug 240/min, und mit der V_0 von 840 m/s erreichte man eine Steighöhe von 2400 m.

Die leichteste Flak-Waffe war aber das **Fla-MG. 39(t),** von der das Heer bei den *Brünner Waffenwerken* bei Kriegsausbruch 200 Stück bestellte. Diese mit ZB-60 bezeichnete Waffe war eigentlich als automatische Panzerabwehrwaffe mit Gurten von 40 Schuß gedacht. Aus dem 1460 mm langen Rohr verschoß man ein 68 g schweres Geschoß mit einer V_0 von 845 m/s. Die Schußfolge betrug 400/min. Die bestellten 58 kg schweren Waffen wurden bis

Februar 1940 ausgeliefert. Das Heer hat aber später fast alle Waffen an die Marine abgegeben, die damit Schnellboote bestücken wollte.

Eine in großen Stückzahlen vorhandene Beutewaffe war die 850 kg schwere Hotchkiss von 2,5-cm-Kaliber. Diese *französische* Waffe erhielt bei uns die Bezeichnung **38/39(f)**. Hier wurde aus dem 1500 mm langen Rohr eine 0,29 kg schwere Sprenggranate mit einer Schußfolge von theoretisch 350/min verschossen. Die Munition wurde mit zehnschüssigen Magazinen zugeführt. Eine V_0 von 900 m/s ergab eine Steighöhe von 5000 m.

Während die Flak-Waffen eigentlich für die Luftwaffe entwickelt wurden, war die **2-cm-Gebirgsflak** eine reine Heeresentwicklung. Bei der Firma *Gustloff* als Gerät 239 begonnen, zeigten die ersten 25 Waffen einige Mängel. Man montierte nun die normale Flak 38 in die neue Lafette und lieferte ab 1942 diese 276 kg schwere Waffe aus. Die produzierten Stückzahlen sind bei der Flak 38 mitenthalten.

Nach zahlreichen Versuchsmontagen im April 1940, zu denen die Luftwaffe an das Heer auch 156 800 Granaten abgegeben hat, wurden dann im Mai 1941 von der **8,8-cm-Flak 18/36** weitere 126 Stück geliefert. Davon wurden sechs Stück unter der Bezeichnung **Flak 37** auf das Fahrgestell des 18-t-Zugkraftwagens montiert.

Das Programm sah insgesamt 112 Stück vor, im Februar 1943 wurden aber diese Montagen bis auf 14 wieder abgestoppt.

Im Einsatz waren 1940 im Westen bei der 8. schw.Pz.Jäg.Abt. einige Waffen auf dem 12-t-ZgKw, der eine 14-mm-Frontpanzerung trug.

Die weiteren von der Luftwaffe angelieferten Waffen gingen dann an die schw.Heeresflak-Abteilungen, die im Oktober 1944 einen Höchststand von 704 dieser Kanone ausweisen konnten.

Die von der Firma *Krupp* entwickelte **8,8-cm-Flak 18/36** wog 5150 kg. Aus dem 4930 mm langen Rohr wurde die 385 mm lange und 9 kg wiegende Sprenggranate mit einer V_0 von 820 m/s verschossen. Die 931 mm lange Patrone von 14,7 kg Gewicht enthielt eine Treibladung von 2,95 kg. Je nachdem, ob der Sprengstoff eingepreßt oder eingegossen war, betrug diese Menge 0,7 oder 0,9 kg. Für den Erdeinsatz gab es zwei verschiedene Panzergranaten, von denen die bessere 10,2 kg wog und auf 1000 m Entfernung 106 mm Durchschlagsvermögen besaß. Die **8,8-cm-Flak 36** kostete damals 33 600,– RM. Sie besaß eine Schußweite von 14 860 m, und das entsprach einer Steighöhe von 10 600 m. Eine unter der Bezeichnung S 201 für den Erdeinsatz entwickelte Waffe wog mit der verstärkten Lafette und dem Schutzschild 7500 kg. Diese Konstruktion ist nur in wenigen Mustern geliefert worden.

Aus *Italien* erhielt die Heeresflak ab Oktober 1943 von den erbeuteten Flak-Waffen der Kaliber 7,5 und 7,62 cm 512 Waffen, weitere 188 wurden 1944 von der Firma *Ansaldo* in Turin geliefert.

Die **7,5-cm-Flak 264(i)** besaß ein Gewicht von 3300 kg. Aus dem 3450 mm langen Rohr wurde eine 6,5 kg schwere Sprenggranate verschossen. Bei einer V_0 von 750 m/s wurde eine Steighöhe von 8200 m erreicht. Nicht so leistungsfähig war die 5243 kg schwere **7,62-cm-Flak 266(i)**. Hier erreichte die 6 kg schwere Granate in dem 3139 mm langen Rohr durch eine V_0 von 690 m/s nur eine Steighöhe von 6000 m.

Für die Heeresflak wurden im Zweiten Weltkrieg bis März 1945 die folgenden Waffen geliefert (dabei wurden die 8,8-cm-Geschütze aus den Beständen der Luftwaffe zur Verfügung gestellt):

	1939	1940	1941	1942	1943	1944	1945
2-cm-Flak 30 und 38	95	863	873	2502	3732	5041	739
2-cm-Flakvierling 38	–	42	320	599	483	573	123
2-cm-Flak Breda und Scotti(i)	–	–	–	–	–	361	–
2-cm-MG. 151/20 Drilling	–	–	–	–	–	3141	973

	1939	1940	1941	1942	1943	1944	1945
3-cm-Flak 103/38 Jaboschreck	–	–	–	–	–	–	149
3-cm-MK. 303	–	–	–	–	–	32	190
3,7-cm-Flak 18 und 36	–	–	–	27	592	559	–
3,7-cm-Flak 43	–	–	–	–	–	776	152
3,7-cm-Flakzwilling 43	–	–	–	–	–	142	43
8,8-cm-Flak 18 und 36	–	–	126	176	296	549	23

Vergleichsweise hier die Bestände der Luftwaffe bei Kriegsbeginn und die Fertigung während des Krieges:

Am 1. September 1939 waren vorhanden
   6072 2-cm-Flak 30 und 38
   1030 3,7-cm-Flak 18 und 36
   2459 8,8-cm-Flak 18 und 36
     64 10,5-cm-Flak 38

Aus der Fertigung kamen bis zum März 1945:

	1939	1940	1941	1942	1943	1944	1945
2-cm-Flak 30 und 38	1 160	6 609	11 006	22 372	31 503	42 688	6 339
3,7-cm-Flak 18 und 36	180	675	1 188	2 136	4 077	3 620	158
3,7-cm-Flak 43	–	–	–	–	54	4 684	1 180
8,8-cm-Flak 18, 36 und 38	183	1 130	1 872	2 876	4 416	5 933	715
10,5-cm-Flak 38 und 39	38	290	509	701	1 220	1 131	92
12,8-cm-Flak 40	4	–	–	65	298	664	98

Bei der 2-cm-, der 3,7-cm- und der 12,8-cm-Waffe, die es in Zwillings- bzw. Vierlingsmontagen gab, sind hier die Anzahl der gefertigten Rohre angegeben. Dazu noch ein Hinweis: In der Speer-Tabelle findet sich bei den 3,7-cm-Waffen ein Additionsfehler.

Zusätzlich zu den angeführten Produktionszahlen hat das Heereswaffenamt im Jahre 1944 an die Reichsbahn zum Aufbau auf Flakabwehrwagen, die von Angestellten der Bahn im Zusammenhang mit der sogenannten Heimatflak bemannt waren, 1345 der 2-cm-Flak 38 und 366 des Flakvierlings geliefert. Munition für alle diese Flakwaffen wurde aus den Beständen der Luftwaffe zur Verfügung gestellt.
Im März 1945 waren bei den Einheiten der Heeresflak noch die folgenden Waffen vorhanden:

   6265 2-cm-Flak 30 und 38
    180 2-cm-Gebirgsflak
   1137 2-cm-Flakvierling 38
    693 3,7-cm-Flak 18 und 36
    670 3,7-cm-Flak 43
    132 3,7-cm-Flakzwilling 43
    598 8,8-cm-Flak 18 und 36

Im Bestand der 2-cm-Flak 30 und 38 sind die 3-cm-Jaboschreck-Waffen mitenthalten.

Zur **Tieffliegerabwehr** gab es beim Heer nicht nur den »Fliegerschreck« – dieses Geschoß wurde bereits im Abschnitt über den »Panzerschreck« erwähnt (s. S. 96) –, sondern auch die **Luftfaust.**

Luftfaust

Bei der 1944 von der Firma *HASAG (H. Schneider AG, Leipzig)* zuerst entwickelten »Luftfaust-A«, einer Einmann-Flak-Waffe, hatte man vier Rohre zu einem Bündel zusammengefaßt. Verschossen wurde daraus in einer Salve die 90 g schwere Minengranate von 2-cm-Kaliber, die 19 g Sprengstoff trug. Diese Geschosse waren auf einen Raketentreibsatz aufgesetzt. Sie erreichten nach dem Verschuß eine maximale Geschwindigkeit von 380 m/s. Da sich bei der Erprobung nicht nur eine ungenügende Abdeckung des Trefferkreises, sondern auch eine zu große Streuung zeigte, ging man nun zu mehr und längeren Rohren über. Die Weiterentwicklung, »Luftfaust-B« genannt, besaß neun Rohre von 1500 mm Länge. Die neun Granaten wurden in 2 Salven mit 0,2 Sek. Abstand verschossen und bildeten in 500 m Entfernung einen Trefferkreis von etwa 60-m-Durchmesser. Die 6,5 kg schwere Luftfaust wurde einfach mit dem hinteren Teil auf der Schulter aufgelegt, einen Rückstoß gab es nicht.

Im März 1945 lief ein Auftrag über 10 000 Waffen mit 4 Millionen Schuß Munition. Im Truppenversuch haben sich Ende April aber nur 80 dieser Waffen befunden.

Eine vergrößerte Ausführung war die **Fliegerfaust** mit sechs Rohren von 3-cm-Kaliber. Hier sollte das 3-cm-Minen-Geschoß der Flugzeugbordwaffe MK 108, das bei 0,33 kg Gewicht 75 g Sprengstoff trug, verschossen werden. Diese Waffe ist aber über das Versuchsstadium nicht hinausgekommen. Eine weitere geplante Waffe war der **Hand-Föhn**. Hier hatte man drei Rohre zu einem Bündel zusammengefaßt, daraus wurde die R.Spgr. 4609 verschossen. Das war die verbesserte RZ 73, eine 330 mm lange drallstabilisierte Bordrakete von 73-mm-Kal., die bei der Luftwaffe entwickelt worden war. Sie wog 3,2 kg, trug 0,3 kg Sprengstoff und erreichte eine max. Geschwindigkeit von 360 m/s.

Die Raketensprenggranate 4609 hat es übrigens in größeren Stückzahlen gegeben, sie wurde bei dem 35schüssigen Flakabwehrwerfer **Föhn** verwendet, von dem die Luftwaffe 83 erhalten hatte und einige zur Verteidigung der Remagenbrücke an die Heeresflak abgegeben hatte. Dieser Werfer wog in der ortsfesten Ausführung 650 kg, geladen wurde diese Waffe mit fünf Magazinen zu je sieben Schuß. Bei den 50 gelieferten Werfern befanden sich auch einige in einer fahrbaren Lafette. Da stieg das Gewicht aber auf 1350 kg an. Mit den 15 000 Schuß, die bis Ende November 1944 im Truppenversuch verbraucht wurden, ist aber lediglich ein Abschuß gelungen. Während des Dezembers gelangen dann zwei Abschüsse bei einem Verbrauch von fast 5000 Schuß, das waren immer noch über 70 Werfersalven für einen Abschuß.

Innerhalb des Entwicklungsprogrammes für das Projekt **Planet,** mit dem neuartige Flakraketen erstellt werden sollten, gab es auch für das Heer ein Muster, das gegen Tiefflieger eingesetzt werden sollte. Im Gefechtskopf von 97-mm-Durchmesser befanden sich sieben kleine Raketen mit aufgesetzten Minengranaten vom Kal. 30 mm, wie sie bei der MK 108 der Luftwaffe Verwendung fanden. Beim Verschuß sollte das Raketenbündel nach kurzer Flugzeit nach dem Schrotschußprinzip ausgestoßen werden. Infolge der versetzten Düsen sollten dann diese Raketen für etwa 25 Sekunden auf kreisförmigen Bahnen mit einem Radius von etwa 100 m fliegen. Durch diese Flugbahnen wäre ein Würfel mit einer Kantenlänge von etwa 400 m so abgedeckt worden, daß ein anfliegendes Flugzeug mit hoher Wahrscheinlichkeit mit dem hochempfindlichen Aufschlagzünder einer dieser Geschosse in Berührung gekommen wäre. Zum Verschuß war ein Rohr vorgesehen, wie es bereits beim Panzerschreck verwendet wurde. Die gesamte Entwicklung »Planet«, die erst seit Mitte Januar 1945 beim Reichsforschungsrat lief, ist über zahlreiche Studien für Kleinraketen, für die verschiedenen Flugbahnen usw. nicht hinausgekommen.

Eisenbahnpanzerzüge

Derartige Züge wurden während des Zweiten Weltkrieges nicht nur im russischen Raum, sondern auch in Frankreich bei der Bekämpfung des Maquis, der französischen Freischärler, eingesetzt.

Es gab da den **EP 42,** der aus der in der Mitte des Zuges fahrenden Panzer-Lokomotive und sechs gepanzerten Wagen bestand. Auf jeder Seite befand sich ein Geschützwagen mit je einer polnischen leichten Feldhaubitze 14/19(p), ein Flakwagen mit einem 2-cm-Vierlingsgeschütz und einer 7,62 cm russischen Feldkanone 295(r) in einem Drehturm, sowie ein Infanteriewagen mit zwei 8-cm-Granatwerfern 34, einem schweren MG, zweiundzwanzig leichten MG und mehreren Flammenwerfern 41. Zusätzlich bestand die Möglichkeit, noch einen Panzer-Trägerwagen anzuhängen, der einen tschechischen Panzer 38(t) trug, der mittels einer Rampe innerhalb von drei Minuten absetzbar war. Die maximale Geschwindigkeit lag bei 60 km/h, der Fahrbereich betrug etwa 180 km, die gesamte Besatzung bestand aus 113 Mann.

Der Panzerzug **BP 42d** bestand aus der G-10-Panzerlokomotive und acht Wagen mit verschiedener Bewaffnung sowie zwei Panzer-Trägerwagen.

Aus einer Panzer-Diesellokomotive und acht Wagen bestand der **SP 42.** Hier war ein Wagen mit einem Turm des Panzers IV, der eine 7,5-cm-KwK trug, und mit zwei 2-cm-Vierlingen ausgerüstet. Drei Wagen waren hier als Panzerträger ausgerüstet.

Der **EP 41** bestand aus einem gepanzerten Triebwagen und einigen Flachwagen mit aufgesetzten Panzerfahrzeugen. Aus schweren Schienenpanzerspähwagen wurde der **schwere EPz-Zug** zusammengestellt. Das waren vier Geschützwagen mit je einer 7,5-cm-KwK, zwei Flakwagen mit je einem 2-cm-Vierling oder einer 3,7-cm-Flak und sechs Infanteriewagen mit MG's, Granat- und Flammenwerfern. Die Besatzung bestand aus 116 Mann.

Schienenpanzerspähwagen wurden auch einzeln zur Streckensicherung eingesetzt. Sie wogen 18 t und erreichten, angetrieben von einem 76-PS-Motor, bei einem Fahrbereich von 700 km eine Geschwindigkeit von 40 km/h.

Der **leichte EPz-Zug** wurde aus leichten Schienenpanzerspähwagen zusammengestellt. Das waren 8,5 t schwere französische Panhard-Fahrzeuge, die mit einem 85-PS-Motor eine Geschwindigkeit von 60 km/h erreichten. Diese Wagen waren nur mit MG's bewaffnet und konnten andere Geschütz- oder Flakwagen ankuppeln.

Panzertriebwagen trugen zwei russische Feldkanonen vom Kaliber 7,62 cm und vier MG's. Sie wogen 34 t, besaßen eine Besatzung von 21 Mann und erreichten mit ihrem 180-PS-Motor eine Geschwindigkeit von 60 km/h.

Die sogenannten **Panzer-Zeppeline** waren aus Teilen beschädigter Panzerfahrzeuge zusammengestellt worden, sie trugen den Turm des russischen B-10-Spähwagens mit einer 3,7-cm-Kanone.

1944 lieferte die Firma *Steyr* eine Anzahl Panzerdraisinen in zwei Ausführungen. Der kleinere Typ trug den Turm vom Panzer IV mit der 7,5-cm-KwK L/24 und hatte sechs Mann Besatzung. Das größere Fahrzeug war mit dem Turm der 7,5-cm-KwK L/48 ausgerüstet. Die Besatzung betrug hier acht Mann.

Im Sommer 1943 wurden ebenfalls bei der Firma *Steyr* 200 Stück vom schweren Schienen-Panzerwagen bestellt. Von dem mit einer 7,5-cm-Geb.K. 15 bewaffneten Fahrzeug ist aber nur eine kleine Serie geliefert worden.

Durch Umbau von 40 französischen Panzerspähwagen 204(f) entstanden Fahrzeuge, die sowohl auf der Straße als auch auf der Schiene fahren konnten. Das Umstellen der Räder dauerte etwa 10 Minuten. Diese 8 t schweren Wagen trugen eine 2,5-cm-KwK und ein Maschinengewehr. Ein Motor von 105 PS verlieh dem mit vier Mann besetzten Fahrzeug eine Geschwindigkeit von 65 km/h auf der Schiene und 45 km/h im Gelände.

1944 lieferte die italienische Firma *Ansaldo* dem Heereswaffenamt acht Eisenbahnpanzerwagen 43, die jeweils mit zwei 4,7-cm-Pak in Drehtürmen und acht MG's bewaffnet waren. In Deutschland hat man später noch eine 2-cm-Flakwaffe eingebaut. Diese von zwei Dieselmotoren angetriebenen Wagen wogen etwa 35 t und erreichten eine Geschwindigkeit von 50 km/h.

Ende 1943 gab es 80 derartige, aus verschieden bewaffneten Wagen zusammengestellte Panzerzüge, die vorwiegend zum Schutz der Versorgung der Truppe eingesetzt waren. Eine Meldung vom 26. März 1945 zeigt noch einen Bestand von je drei Panzerzügen und Panzer-Triebwagen.

Im Oktober 1941 hatte sich Hitler auf den Bau einer **Breitspur-Eisenbahn** festgelegt, die die wichtigsten Punkte Europas miteinander verbinden sollte. Die Planungen im Osten sahen beispielsweise eine Streckenführung bis Baku vor.

Im Gegensatz zur Normalspur von 1435 mm sollte hier eine Spur von 3000 mm verwendet werden. Das ergab eine Wagenbreite von 6000 mm, im Vergleich: Wenn ein normaler Wagen der Reichsbahn einen Raum von etwa 165 m³ aufwies, stieg das beim Breitspurwagen auf fast 1000 m³.

Planungen sahen außer einem Panzerzug-Typ, dessen Entwurf aber nicht abgeschlossen wurde, auch einen Flakwagen vor. Dieser 42 000 mm lange Wagen besaß acht Achsen, die Radgröße war mit 1250 mm beachtlich. Die Bewaffnung sollte aus zwei 2-cm-Flak-Vierlingen bestehen. Es gab aber auch Entwürfe mit zwei Geschützen von 5,5-cm-Kaliber, ja sogar mit zwei 8,8-cm-Flakgeschützen. In dem 6000 mm breiten und 6850 mm hohen Wagen konnten zusätzlich vier Fahrzeuge untergebracht werden. Anfang 1945 hat man in Wien noch an dem Breitspurprojekt gearbeitet – gebaut wurde aber nichts mehr.

Sturmartillerie

Für die Sturmgeschütze, deren Entwicklung schon drei Jahre vor Kriegsbeginn begann, von denen aber das erste Serienfahrzeug erst im Januar 1940 ausgeliefert wurde, ist eine Vorgeschichte notwendig.

Bereits 1927 hatte die Firma *Rheinmetall* auf einen von der Firma *Hanomag* gelieferten WD-Vollkettenschlepper eine 7,7-cm-Feldkanone 96/16 montiert und dieses Fahrzeug der Reichswehr für Erprobungen zur Verfügung gestellt. Aus dem 2070 mm langen Rohr konnte hier eine 6,85 kg schwere Granate mit einer V_0 von 465 m/s verschossen werden, dabei wurde eine Schußweite von 8400 m erreicht. Der 50-PS-Motor war aber für das 6800 kg schwere Fahrzeug zu schwach.

Die Firma *Krupp* hat später ein Muster einer Motorlafette vorgestellt, die, mit einem 100-PS-Motor ausgerüstet, 7880 kg wog.

Hier war eine 7,5-cm-Feldkanone 16 montiert, aus deren 2700 mm langem Rohr eine 6,4 kg schwere Granate bei einer V_0 von 660 m/s eine Schußweite von 12 300 m erreichte.

1932 wurden aber alle Erprobungen auf dem Gebiet einer Begleit-Artillerie auf Selbstfahrlafetten wieder eingestellt.

Drei Jahre später hatte der damalige Oberst Erich von Lewinski, genannt von Manstein, den Sturmwagen-Gedanken aus dem Ersten Weltkrieg wieder aufgegriffen und vorgeschlagen, der Infanterie motorisierte Begleitbatterien vom Kal. 7,5 cm zur Unterstützung zuzuordnen. In seiner Denkschrift findet sich sogar der Ausdruck **Sturmartillerie**. Gen.Oberst v. Fritsch, damals Oberbefehlshaber des Heeres, förderte diese Pläne, und am 15. Juni 1936 wurde der Auftrag zu Entwicklung und Bau von fünf Musterfahrzeugen vergeben.

Der erste Entwurf basierte auf dem Fahrgestell des Pz.II, er wurde aber verworfen, das Fahrzeug schien nicht stabil genug.

Daimler-Benz in Berlin-Marienfelde entnahm nun der dort gefertigten Serie des Pz.III B einige Fahrgestelle, und *Krupp* montierte die bereits im Pz.IV verwendete 7,5-cm-Kanone in den nur 1950 mm hohen Aufbau, der bei diesen Mustern noch aus Weicheisen bestand.

Die Erprobung ging gut voran, wurde aber im August 1938 wieder eingestellt. Inzwischen war über die Frage, welchen Truppen diese Waffe zuzuordnen sei, eine Debatte entstanden – die Infanterie wollte das Fahrzeug nicht, sie sah in der Wartung, der Versorgung mit Treibstoff und Munition eine zusätzliche Belastung. Für die Pz.Truppe lehnte Gen. Guderian für dieses Fahrzeug die Abzweigung von Pz.Fahrgestellen, ja den Bau überhaupt mit der Begründung ab, daß damit die sowieso schon schwache Kapazität der Panzerindustrie noch weiter geschwächt würde. Verständlich: Er hatte 1938 nur 33 Pz.III erhalten, und im 1. Halbjahr 1939 wurden dann lediglich 18 Fahrzeuge dieses Typs geliefert.

Da blieb nur die Artillerie – aber die wollte eine pferdebespannte Ausführung. Den Ausschlag gab dann die Sicherstellung der Schießausbildung für das bereits bei der Artillerie verwendete Gabelverfahren, das man übernommen hatte: Die Sturmgeschütz-Abteilungen wurden der Heeresartillerie zugeteilt.

Da aber die Sturmgeschütze dann doch in den Panzerprogrammen liefen und durch den Befehl Hitlers vom Ende September 1941 mit der neuen Bewaffnung ab der F-Ausführung mehr und mehr als Panzerjäger eingesetzt wurden, finden sich diese Fahrzeuge und ihre Beschreibungen bei »Panzerkampfwagen und Selbstfahrlafetten« (s. Bd. 2).

Auch die Verhältniszahl der Produktion zeigt, daß die Sturmgeschütze in der Masse Panzerjäger waren; von den 10 700 bis Ende April 1945 gefertigten Fahrzeugen waren nur 825 mit der Waffe zur Infanterieunterstützung, der kurzen, deswegen »Stummel« genannten 7,5-cm-StuK. 37 ausgerüstet – das waren nicht einmal 8 Prozent.

Pulver, Spreng- und Kampfstoffe

Pulver

Bis 1936 wurde für die Treibladungen fast ausschließlich Ngl.(Nitroglyzerin)-Pulver verwendet. Aus den Forschungen des Generals Gallwitz, der 1930 – damals noch Major – seine Doktorarbeit über verbesserte Schießpulver schrieb, entstanden dann die D.E.G.D.N.-Pulver. Diese Bezeichnung stand für Diethylenglycoldinitrat, das man der Einfachheit halber später Diglycolpulver nannte. In der Abkürzung sah das dann so aus: Digl.R.P.8,2 und bedeutete Diglycol-Röhrenpulver mit einer Energie von 820 Kal/g.*

Es wurden zunächst die bei der Pulverkennzeichnung verwendeten Abkürzungen erklärt:

Bl.P. war Blättchenpulver. Der Zusatz 5 × 5 × 0,6 gab beispielsweise die in diesem Falle quadratische Größe von 5 mm und die Dicke von 0,6 mm an.

Daß **R.P. = Röhrenpulver** bedeutete, wissen wir bereits. Hier gab es z. B. den Zusatz 810 × 13/4,3, und das hieß: eine Länge von 810 mm, ein Außendurchmesser von 13 mm mit einer Bohrung von 4,3 mm.

Rg.P. war Ringpulver. Hier waren die Abmaße wie folgt gekennzeichnet: 0,2 × 50/10, Dicke × Außen/Innendurchmesser.

Plattenpulver (Pl.P.) erkannte man an der Abkürzung Pl.P. 50 × 0,2. Der Zusatz hieß hier: 50-mm-Durchmesser und 0,2-mm-Dicke.

St.P. war die Kennzeichnung für das **Streifenpulver (St.P.)**, und der Zusatz 100 × 10 × 0,6 stand für Länge × Breite × Dicke.

Eine weitere Art war das **Nudelpulver (N.P.),** das mit N.P. gekennzeichnet war. Das waren unregelmäßige, fadennudelähnliche Stücke.

Die hier angegebenen Abmaße sind als Beispiele willkürlich gewählt, sie beziehen sich nicht auf eine bestimmte Fertigungsgröße.

In Anlehnung an den bereits erwähnten General Gallwitz nannte man schwache Diglycolpulver, die einen Energiegehalt von 690–710 Kal/g hatten, in der Röhrenform Digl.R.P.-G. Eine Zusatzzahl, z. B. 0,5, gab den Prozentgehalt des im Pulver enthaltenen Kaliumsulfates an. Dieser Zusatz dämpft das Mündungsfeuer, das erschwert dem Gegner das Erkennen einer Stellung wie beispielsweise die eines Pak-Geschützes in vorderster Linie.

Später wurden dieser Pulverart bis zu 30 Prozent Gudol, das war eine Mischung aus Pikrinsäure, zugesetzt – nun hieß das Pulver **Gu.R.P.-G. 1,** es enthielt also ein Prozent des o. g. Salzes.

Ein Pulver mit einem sehr hohen Kaloriengehalt, bis zu 930, erhielt den Zusatzbuchstaben »A«. So sah dann beispielsweise die Kennzeichnung des Treibpulvers für den 21-cm-Mörser 18 wie folgt aus: Gu.Rg.P. – A 1,2 (1,8 × 15/4). Es ist also ein »scharfes« Gudolpulver in Ringform mit 15-mm-Durchmesser, einem 4-mm-Loch und 1,8-mm-Dicke.

Für den Tropen-Einsatz gab es **Triglycolpulver,** die erste Silbe stammt von Triethylen.

Im Frühjahr 1944 wollte man das **E.P. = Einheitspulver** einführen, um die Abweichungen der verschiedenen Fertigungsstätten zu vermeiden. Dieses Pulver sollte 1,5 Prozent des Kaliumsulfates haben, der Kaloriengehalt lag bei 730.

---

* Das ist die heute nicht mehr verwendete Bezeichnung, ohne die aber die benutzte Abkürzung unverständlich bliebe.

Als man später herausfand, daß ein schnellerer Abbrand der Ladung auch mit Hydrocellulose erreicht werden konnte, wurde dem E.-Pulver bis zu drei Prozent davon zugesetzt. Ein Röhrenpulver dieser Art also mit R.P. – E 3 bezeichnet.

Mangel an Salpetersäure zwang aber nun wieder zu einer Neuentwicklung, die man wegen des hohen Anteils von Ammonsalpeter **A.P. = Ammonpulver** nannte. Es war aus 50 Prozent Ammonsalpeter, 22 Prozent Diglycol, 22 Prozent Nitrocellulose, fünf Prozent Hydrocellulose und ein Prozent Centralit zusammengesetzt. Die Pulverteile mußten hier aber nach der Fertigung mit Diglycol überzogen werden; ohne dieses Tauchverfahren war das Pulver feuchtigkeitsempfindlich.

Hier noch einige Beispiele der Treibladungen: Gu.Bl.P. – AO wurde beim schweren Infanteriegeschütz 33 verwendet.

In der 21-cm-K. 12 war es Gu.R.P.-G 4, und in der 24-cm-K. 3 fand sich das Digl.R.P.-G 3.

Die Produktion der verschiedenen Pulver in Tonnen während des Zweiten Weltkrieges für die gesamte Wehrmacht bis zum März 1945 sah wie folgt aus:

1939	1940	1941	1942	1943	1944	1945
17 709	75 921	112 373	146 563	230 624	253 702	26 050

Von diesen Mengen hat das Heer als Hauptverbraucher bis Ende 1942 rund 75 Prozent erhalten. 1943, mit Beginn der alliierten Luftoffensive und dem steigenden Verschuß von Flakmunition, waren es mit 162 213 t noch 70 Prozent und 1944 mit 168 269 t noch 66 Prozent. Übrigens hat man auch Pulver exportiert, 1943 waren es 3530 t und 1944 auch noch 1819 t.

Was den **Verbrauch** betrifft, so hatte das Heer 1940 während des Frankreichfeldzuges einen täglichen Durchschnittsverbrauch von 85,5 t. In den ersten vier Monaten des Feldzuges gegen die Sowjetunion stieg dieser Wert auf 146,8 t täglich. Während des Zeitraumes vom Juli bis Ende September 1943, der mit dem deutschen Unternehmen »Zitadelle« begann und der die russischen Offensiven an der Woroneshfront, der Miusfront und dabei die Zurücknahme der deutschen Truppen auf die »Pantherstellung« sah – in dem vergeblich versucht wurde, in Italien den gegnerischen Brückenkopf bei Salerno zu zerschlagen –, in dieser Zeit stieg der Tagesverbrauch auf 490,8 t Pulver an.

Im zweiten Halbjahr 1944, mit schweren Abwehrkämpfen an allen Fronten, betrug dann der tägliche Verbrauch einschließlich der Verluste bei allen drei Wehrmachtsteilen zusammen im Durchschnitt 974,1 t. Am 1. März 1945 betrug der Bestand an Pulver noch 12 581 t, und in den letzten drei Monaten waren durchschnittlich pro Tag nur noch 469 t produziert worden.

Mit dem am 8. August 1942 abgeschlossenen deutsch-französischen Pulverabkommen hatte man gehofft, das Problem der Verknappung weitgehend zu beseitigen. Es war festgelegt, daß ab Oktober 1942 bis Ende 1943 Frankreich nicht nur 25 300 t Nitrozellulosepulver zu liefern hatte – es sollten zusätzlich 16 500 t amerikanisches Pulver, das seit 1918 lagerte, nachstabilisiert werden.

Obwohl die dazu notwendigen Rohstoffe zur Verfügung standen und man extra 65 Spezialisten aus Gefangenenlagern entlassen hatte, konnte die Vichy-Regierung nur einen Bruchteil der vorgesehenen Mengen liefern.

Die Fertigung der verschiedenen Treibpulver lag mit etwa 50 Prozent bei den Werken der *WASAG (Westfälisch-Anhaltische Sprengstoff AG)*. Der Rest wurde in den Werken der *Dynamit Nobel AG* und bei der Firma *Wolff & Co.* produziert.

An der **Pulver-Produktion** waren maßgeblich die folgenden Firmen beteiligt:

Biekford	Neudörfl	*Gustloff*	Hirtenberg
Brünn	Krefeld	*JG. Farben*	Rottweil
Chemie GmbH	Bromberg	*Kieser*	Boikowitz
	Ebenhausen	*Küster*	Schäfmar
	Kaufbeuren	*Lothring. Zündsch. Werk*	Ars
	Malchow	*Menn*	Helbershausen
Dietsch	Geyer	*Müller*	Wien
Donar	Wesermünde	*Pulver-Fabrik*	Hasloch
Deutsche Zelluloid	Eilenburg	*Pyrot*	Cleebronn
DWM	Lübeck	*Rheinmetall*	Unterlüss
Dynamit	Adolzfürst	*Rh.Westf. Sprengstoff*	Nürnberg
	Dünneberg	*Rh. Zelluloid-Fabrik*	Mannheim
	Foerde	*Sauer*	Gersthofen
	Hamm	*Sellier & Bellot*	Schönbeck
	Stein	*Spreng-Chemie*	Dreetz
	Troisdorf		Klietz
Eiba	Bomlitz		Forst-Lausitz
	Dörverden		Kraiburg
	Libenau		Moschwig
Eisfeld	Güntersberge		Oderberg
	Kieselbach		Torglow
	Kunigunde	*Sprengstoff-Werk*	Blumau
	Silberhütte	*WASAG*	Rheinsdorf
Explosia	Semtin		Pionoki
Filz-Fabrik	Berlin	*Wolff*	Bomlitz
Fischer	Markdorf	*Zünd- & Kabelwerk*	Meissen
Geka	Offenbach		

Das sind aber nur die Hauptwerke; die zahlreichen Nebenstellen, meist in der Nähe kleiner Orte, trugen phantasievolle Decknamen wie »Barbara« bei Allendorf, »Fichte« bei Mühldorf oder »Damm« bei Hohensaaten.

Sprengstoffe

Das bis zum Zweiten Weltkrieg vorwiegend benutzte Füllmittel, worunter wir in diesem Falle Sprengstoff verstehen, war das **Trinitrotoluol (TNT)**, auch Trotyl oder **Fp. (Füllpulver)-02** genannt. Später wurden bessere Mischungen, sogenannte »Edelsprengstoffe«, aber wegen Rohstoffmangel, auch Ersatzsprengstoffe aus dem kommerziellen Bereich verwendet.
Sie unterscheiden sich natürlich durch ihre Leistung – eine Explosion ist praktisch ein extrem schnelles Freimachen von Energie in einem begrenzten Raum, also eine Leistung. Eine derartige Leistung entsteht bei Sprengstoffen durch die Detonationsgeschwindigkeit, die Verbrennungstemperatur und das bei der Explosion entstehende Gasvolumen.
Wenn auch der Energiegehalt der Sprengstoffe wesentlich geringer ist als der anderer Brennstoffe, beim TNT beträgt er weniger als $\frac{1}{7}$ von dem der Steinkohle, diese Energie wird

aber bei einer Explosion in Bruchteilen einer Sekunde freigesetzt und wirkt dann über das entstehende Gasvolumen schlagartig auf die Umgebung des Detonationspunktes.

Zum besseren Verständnis hier eine Formel, mit der sich in etwa ein Vergleich der Leistung ermitteln läßt:

Nach dem Gesetz von Gay-Lussac, daß sich alle Gase nach einer Erwärmung von 1° C um $\frac{1}{273}$ ihres Volumens ausdehnen, erhalten wir bei der Detonation von 1 kg Fp. 02

$$685 + \frac{685 \times 3300}{273} = 8965 \text{ l Gas}$$

Dabei beträgt hier die Explosionstemperatur 3300° C und das sogenannte spezifische Gasvolumen 685 l. Zur Beurteilung der Leistung gehört noch die Detonationsgeschwindigkeit, die hier 6800 m/s betrug, und der Detonationsdruck, der etwa bei 95 000 kg/cm² lag.

Vergleichsweise ergibt eine Rechnung für den Edelsprengstoff **Hexogen** mit 5 Prozent Wachs, mit einer Explosionstemperatur von 3800° C und einem spezifischen Gasvolumen von 880 l einen Wert von 13 129 l Gas bei einer Detonationsgeschwindigkeit von 8050 m/s und einem Detonationsdruck von 143 000 kg/cm². Die Leistung des Hexogen-Sprengstoffes ist also wesentlich besser.

Obwohl die Luftwaffe aus der Produktion in den Jahren 1943/44 mit 27 025 t gegenüber dem Heer 515 t mehr verarbeitet hatte, lagen im März 1945 unverfüllt noch 2268 t Hexogen vor.

Das bereits 1912 in Deutschland patentierte **Nitropenta** war ein Pentaerythrittetranitrat, mit Milchzucker vermischt finden wir es auch in Tablettenform zur Senkung des Blutdruckes. Als Sprengstoff besitzt es eine Explosionstemperatur von 4240° C, ein Gasvolumen von 780 l und eine Detonationsgeschwindigkeit von 8400 m/s. Um die Schlagempfindlichkeit zu mindern, wurde das Nitropenta fast immer mit Wachs phlegmatisiert. Am 1. März 1945 lagen noch 818 t dieses Sprengstoffs unverfüllt vor.

Ein **Trinitrophenol** war die Granatfüllung 88, die z. T. unter der aus dem Ersten Weltkrieg bekannten Bezeichnung »Pikrinsäure« geführt wurde. Mit einer Explosionstemperatur von 3350° C und einem Gasvolumen von 700 l war die Leistung etwas besser als die des Füllpulvers 02. Auch die Detonationsgeschwindigkeit und der Druck lagen mit 7000 m/s bzw. 110 000 kg/cm² etwas höher. Dieser Sprengstoff hatte den Nachteil, daß er an ungeschützten Metallflächen stoßempfindliche Kristalle bildete, der Innenraum der Granate mußte deshalb lackiert werden. Im März 1945 lagen unverfüllt noch 1159 t Pikrinsäure vor.

Das **PH-Salz** war ein Äthylendiaminnitrat, das vorwiegend bei den Ammonit-Mischungen Verwendung fand. Die Fertigung wurde im Herbst 1944 eingestellt, der Vorrat im März 1945 betrug 1655 t.

Zu den Ersatzsprengstoffen zählt das sehr giftige **Dinitrobenzol,** ein wegen seines geringen Sauerstoffgehaltes unempfindlicher Sprengstoff mit entsprechend schwacher Leistung. Eine schwache Brisanz zeigte trotz eines Gasvolumens von 1050 l auch das **Formit,** es zählte ebenfalls zu den Ersatzsprengstoffen, die durch Zusätze verbessert werden mußten.

Nur in kleinen Mengen wurde das **Nipolit** hergestellt. Es sollte für Hohlladungsköpfe, Handgranaten usw. ohne die übliche Blechummantelung verwendet werden. Nach den 34 t, die 1943 hergestellt wurden, hat die *WASAG* im Herbst 1944 nochmals 23 t geliefert.

Eine noch geringere Menge, nur 7,5 t, hat man von Plastit produziert. Dieser **plastische Sprengstoff** bestand aus einer Hexogenmischung, die man mit Vaseline und Paraffin geschmeidig gemacht hatte. Ein Einsatz dieses für Sabotagezwecke vorgesehenen Sprengstoffes ist aber nicht nachweisbar.

Tetryl, ein Trinitrophenylmethylnitramin, hatte bei einer Detonationsgeschwindigkeit von 7480 m/s eine sehr hohe Sensibilität. Es ließ sich bereits mit 0,5 g Knallquecksilber zur Detonation bringen und ist deshalb fast ausschließlich in Sprengkapseln verwendet worden.

Da Tetryl wesentlich teurer als z. B. Hexogen ist, sind nur kleine Mengen gefertigt worden. Im Jahre 1942 waren es 157 t, und 1943 nochmals 189 t.

Von einer sehr wirkungsvollen Mischung auf der Hexogen-Basis, **Hexal** genannt, wurden ab Herbst 1944 nur noch kleine Mengen produziert. Bei einer Explosionstemperatur von 5300° C betrug hier das Gasvolumen 700 l. Der Detonationsdruck lag bei einer Geschwindigkeit von 7740 m/s bei 157 000 kg/cm^2. Neuentwicklungen auf dem Sprengstoffgebiet zielten vorwiegend darauf hin, mit leicht zugänglichen Rohstoffen die vorhandenen Sprengstoffe zu ersetzen. Die *Dynamit AG* produzierte etwa 3200 t des **MAN-Salzes,** ein Monomethylammoniumnitrat, das aber sehr feuchtigkeitsempfindlich war. Man konnte es später durch das **TETRA-Salz,** ein Tetramethylammonnitrat, ersetzen. Den Ausdruck Salz finden wir aber auch für Produktionsverfahren, E-Salz, K-Salz, SH-Salz und W-Salz bezogen sich z. B. auf die Herstellung von Hexogen der verschiedenen Firmen. Der vorgesetzte Buchstabe zeigte den jeweiligen Entdecker des Verfahrens, so stand das »K« für Dr. Knöffler bei der WASAG, das »W« für Dr. Wolfram bei der IG-Farben usw. Über Mischungen von Ammonsalpeter mit Schwefelsäure und Acetylen, das war der flüssige **X-Stoff,** stieß man dann bei der *DEGUSSA* auf das Methylnitrat, dessen Mischungen später die Bezeichnung **Myrol** erhielten. Die Herstellung ließ man sich damals durch das Geheimpatent Nr. 91319 schützen. Dieser flüssige Sprengstoff ließ sich durch entsprechende Zusätze, z. B. Nitrozellulose, in eine geleeähnliche Masse umwandeln. Wegen der hohen Detonationsgeschwindigkeit von 8300 m/s und des hohen Energiegehaltes, der fast das Doppelte des TNT betrug, war dieser Stoff auch als Treibstoff für Raketen geplant.

Durch den Aufwand, den man zur Herstellung des an sich billigen Myrols benötigte, hat sich die in Schlesien geplante Fertigung wieder verzögert, ein Einsatz ist nicht erfolgt.

Die Brisanz von Sprengstoffen wurde mit der sogenannten Bleiblockprobe nach dem System Trauzl festgestellt. Dabei werden in einem Bleizylinder von 200-mm-Durchmesser und 200-mm-Höhe am Boden einer Bohrung von 125-mm-Tiefe und 25-mm-Durchmesser 10 g des in Stanniol gewickelten Sprengstoffes mit einer Sprengkapsel von 2 g Füllung gezündet. Danach wird die mit Quarzsand verdämmte Bohrung wieder gesäubert, der aufgebauchte Hohlraum dient dann zur Beurteilung der Leistung.

Im folgenden sehen wir zum Vergleich die Aufbauchung in cm^3 für einige Sprengstoffe:

Dinitrobenzol	250	Fp. 60/40	439
Fp. 02	373	Hexogen + 5% Wachs	527
Pikrinsäure	397	Hexal 76/4/20	785

Die einzelnen Sprengstoffe bzw. die Mischungen trugen aus Tarnungsgründen in Deutschland fast immer eine Kennziffer.

In der folgenden Liste sind 117 verschiedene dieser Kennziffern bzw. Bezeichnungen aufgeschlüsselt. Nicht enthalten sind hier die fast 40 Sprengstoffmischungen, wie sie bei der Marine für Unterwasserwaffen verwendet wurden.

Kennziffer	Mischung	Name
1	Die Nr. 14 in Pappbüchse	
2	Die Nr. 24 in Paraffinpapier	
9	30% der Nr. 14 + 70% Ammonsalpeter	Fp. 30/70
9A	30% der Nr. 14 + 35% Ammonsalpeter + 35% Steinsalz	Fp. 30/35/35/S
9B	30% der Nr. 14 + 70% Natronsalpeter	Fp. 30/70 N
9C	30% der Nr. 14 + 70% Kalksalpeter	Fp. 30/70 C

Kennziffer	Mischung	Name
9K	25% der Nr. 14 + 75% Kalkammonsalpeter	Fp. 25/75 K
9N	30% der Nr. 14 + 35% Ammonsalpeter + 35% Natronsalpeter	Fp. 30/35/35 Na
9S	30% der Nr. 14 + 35% Natronsalpeter + 35% Steinsalz	Fp. 30/35/35 Ns
13	60% der Nr. 14 + 40% Ammonsalpeter	Fp. 60/40
13A	50% der Nr. 14 + 50% Ammonsalpeter	Fp. 50/50
13D	60% der Nr. 13 + 40% Stuck 20/80	Fp. 60/40 ST 20/80
14	100% Fp. 02	Fp. 02
15	90% der Nr. 14 + 10% Aluminiumpulver	M 90/10
16	90% der Nr. 14 + 10% Nitropenta	
17	50% Dinitroanisol + 35% Ammonsalpeter + 15% der Nr. 104	Amatol 40
17 C	10% der Nr. 104 + 52% Ammonsalpeter + 6% Kalksalpeter + 30% PH-Salz + 2% Wachs	
20	53,5% Ammonalnitrat + 45% EDD + 1,5% Aluminium	Diamin
23A	50% der Nr. 14 + 50% Steinsalz	Fp. 44 A
23B	50% der Nr. 14 + 46% Steinsalz + 4% Esperit	Fp. 44 B
23C	50% der Nr. 14 + 40% Steinsalz + 10% Alu-Pulver	F. 44 AL
23D	56% der Nr. 14 + 40% Steinsalz + 4% Esperit	Fp. 44 D
23E	40% der Nr. 14 + 60% Steinsalz	Fp. 44 E
23F	40% der Nr. 14 + 56% Steinsalz + 4% Esperit	Fp. 44 F
23M	45% der Nr. 14 + 10% Ammonsalpeter + 45% Kaliumchlorid	Fp. 44 M
24	100% Pikrinsäure	Gra.Füll. 88
24/14	50% der Nr. 14 + 50% der Nr. 24	
25	80% der Nr. 104 + 20% Aluminiumpulver	HA 41
25/14	40% der Nr. 14 + 60% der Nr. 24	
26/14	40–50% der Nr. 14 + 50–60% der Nr. 24 mit Paraffin	
32	100% Nitroglyzerinpulver für Zündladungen	
33	100% Nitromischpulver für Zündladungen	
36	60% Nitropenta + 40% Montanwachs	
38	35% Nitropenta + 65% Montanwachs	
41	40% der Nr. 14 + 20% Aluminiumpulver + 40% Natronsalpeter	
41A	45% der Nr. 14 + 20% Aluminiumpulver + 35% Natronsalpeter	
42	70% Nitropenta + 30% der Nr. 14	Pentol
43	plastisches Pentrit	
48	80% Nitropenta + 20% Aluminiumgrieß	Pentrit A
50	35% der Nr. 104 mit 65% Zinkgrieß	
52	50% Dinitrobenzol + 35% Ammonsalpeter + 15% der Nr. 104	Amatol 39
52A	60% der Nr. 52 + 40% Ammonit H8	Amatol 39A
52A*	wie Nr. 52A, aber ohne TNT-Spiegel	Amatol 39A*
52D	50% Dinitrobenzol + 31% Steinsalz + 12% der Nr. 104 + 7% Eperit	Amatol 39S
52E	50% Dinitrobenzol + 30% Steinsalz + 5% der Nr. 104 + 15% Gelonit	Amatol 39E
53	30% der Nr. 14 + 8% der Nr. 104 + 45,5% Ammonsalpeter + 8% Kalksalpeter + 8% Guanidinnitrat + 0,5% Vultanol	Ammonit 43A
54	10% der Nr. 14 + 7% der Nr. 104 + 55,8% Ammonsalpeter + 10% Guanidinnitrat + 10% Kalksalpeter + 5% PH-Salz + 2% Pentaerythrit + 0,2% Vultamol	Ammonit 43B
55	32,5% der Nr. 14 + 49% Ammonsalpeter + 9% Kalksalpeter + 9% Guanidinnitrat + 0,5% Vultamol	Ammonit 43C
56	12% der Nr. 14 + 80% Ammonsalpeter + 4% Holzmehl + 4% Nitroglyzerin	Donarit
57	100% Monachit	
58	25% der Nr. 104 + 52% Ammonsalpeter + 17% Kalksalpeter + 6% Pentaerythrit	

Kennziffer	Mischung	Name
58K	25% der Nr. 104 + 35% Ammonsalpeter + 30% Kalksalpeter + 10% Pentaerythrit	Ammonit H1K
58T	25% der Nr. 104 + 47% Ammonsalpeter + 17% Kalksalpeter + 5% Kalisalpeter + 6% Pentaerythrit	Ammonit H1T
58So	10% der Nr. 104 + 15% der Nr. 14 + 54,7% Ammonsalpeter + 10% Kalksalpeter + 10% Guanidinnitrat + 0,3% Vultamol	Ammonit E4
59	20% der Nr. 104 + 55% Ammonsalpeter + 10% Kalisalpeter + 5% Natronsalpeter + 10% PH-Salz	Ammonit H5
59K	20% der Nr. 104 + 30% Ammonsalpeter + 30% Kalksalpeter + 20% PH-Salz	Ammonit H5K
59T	20% der Nr. 104 + 50% Ammonsalpeter + 10% Kalksalpeter + 5% Kalisalpeter + 5% PH-Salz	Ammonit H5T
61	20% der Nr. 104 + 45% Ammonsalpeter + 10% Tetrasalz + 15% Natronsalpeter + 10% Kalksalpeter	Ammonit H6
61NP	20% der Nr. 104 + 56% Ammonsalpeter + 19% Kalksalpeter + 5% Pentaerythrit	Ammonit H7
62	15% der Nr. 104 + 60% Kalkammonsalpeter + 17% Kalksalpeter + 8% Pentaerythrit	Ammonit H14
62A	13% der Nr. 104 + 60% Kalkammonsalpeter + 12% Kalksalpeter + 7% Natronsalpeter + 8% PH-Salz	Ammonit H15
66	45% Dinitrobenzol + 35% Ammonsalpeter + 20% Hexanit	Amatol 44
67	15% der Nr. 104 + 35% Natronsalpeter + 50% MAN-Salz	Ammonit 06
67A	8% der Nr. 104 + 35% Natronsalpeter + 50% MAN-Salz + 7% Esperit oder Steinsalz	Ammonit C7
83	100% Äthylendiaminnitrat	PH-Salz
84	46% PH-Salz + 46% Ammonsalpeter + 8% Kalksalpeter	Sonderfüllung 84
87	50% der Nr. 14 + 10% Aluminiumpulver + 40% Natronsalpeter	
87A	40% der Nr. 14 + 10% Aluminiumpulver + 60% Natronsalpeter	
87/13F	30% der Nr. 14 + 6% Aluminiumpulver + 24% Natronsalpeter + 40% Amatex	
87/14	40–50% der Nr. 14 + 50–60% Amatex	
87/14AL	40–50% der Nr. 14 + 50–60% Amatex mit Alu-Zusatz	
88	10% der Nr. 104 + 52% Ammonsalpeter + 6% Kalksalpeter + 30% PH-Salz + 2% Montanwachs	Amatol 41
91	95% der Nr. 104 + 5% Montanwachs	
95	60% der Nr. 104 + 40% der Nr. 14	Hex/Tri 60 : 40
96	50% der Nr. 104 + 50% der Nr. 14	Hex/Tri 50 : 50
97	50% der Nr. 104 + 40% der Nr. 14 + 10% Aluminiumpulver	
98	45% der Nr. 104 + 40% der Nr. 14 + 15% Aluminiumpulver	HTA 15
101	100% Fp. 02 mit Wachs phlegmatisiert	
102	75% der Nr. 13 + 25% Wachs phlegmatisiert	
102B	90% der Nr. 13 + 10% Montanwachs	
104	100% Hexogen	
105	70% der Nr. 14 + 15% der Nr. 104 + 15% Aluminiumpulver	Trialen 105
105/109	50% der Nr. 105 + 50% der Nr. 109	Trialen 105/109
106	50% der Nr. 14 + 25% der Nr. 104 + 25% Aluminiumsalpeter	Trialen 106
107	60% der Nr. 14 + 20% der Nr. 104 + 20% Aluminiumpulver	Trialen 107
109	80% der Nr. 104 + 20% Aluminiumpyroschliff	PMF
109A	70% der Nr. 104 + 30% Aluminiumpyroschliff	
110	90% Ammonsalpeter + 4% Aluminiumpyroschliff + 4% Naphthalin + 2% Holzmehl	Ammonal D
111	90% Ammonsalpeter + 9% Kohlenstaub + 1% Aluminium	Ammonal S
112	80% Ammonsalpeter + 20% der Nr. 14	Ammonal J

Kennziffer	Mischung	Name
113	70% Ammonsalpeter + 20% der Nr. 14 + 10% Aluminium-pyroschliff	Ammonal DJ
114	76% Ammonsalpeter + 20% der Nr. 14 + 4% Aluminiumgrieß	Ammonal DJ1
114A	80% Ammonsalpeter + 16% Dinitronaphtalin + 4% Aluminiumgrieß	Ammonal 114A
130	50% der Nr. 13 + 50% Ammonit H8	Fp. 50/50A
131	60% der Nr. 13 + 40% Ammonit H8	Fp. 60/40A
151	Nr. 13 mit 152 vergossen	Amatol 39 L/13
151*	Nr. 151, aber ohne TNT-Spiegel	Amatol 39 L/13*
152	10% der Nr. 104 + 45% Ammonsalpeter + 45% Dinitrobenzol	Amatol 39 L
152A	60% der Nr. 152 + 40% Ammonit H8	Amatol 39 L/A
152A*	Nr. 152, aber ohne TNT-Spiegel	Amatol 39 L/A*
153	50% der Nr. 152A + 50% Amatex	Amatol 39 AL/1
154	15% der Nr. 104 + 50% Dinitrobenzol + 0–10% Ammonsalpeter + 25–35% Natronsalpeter	Amatol 39 N/A
154B	60% der Nr. 154 + 40% der Stuckmischung B	Amatol 39 N/B
155	50% der Nr. 154 + 30% Natronsalpeter + 10% der Nr. 104 + 10% der Stuckmischung B	Amatol 39 N
155B	60% der Nr. 154 + 40% Ammonit H8	
156	5% der Nr. 104 + 49,75% Natronsalpeter + 45% Dinitrobenzol + 0,25% Collodiumwolle	Amatol 39 N5
156/143	60% der Nr. 156 + 34% Ammonsalpeter + 3% Paraffin + 3% Holzmehl	
156/143B	60% der Nr. 156 + 40% der Nr. 156/143	
156/144	20% Nitropenta + 40% Ammonsalpeter + 28% Kalksalpeter + 12% Aluminiumpyroschliff	
–	20% der Nr. 104 + 56% Ammonsalpeter + 19% Kalksalpeter + 5% Pentaerythrit	Stuck
–	15% der Nr. 104 + 50% Ammonsalpeter + 25% Kalksalpeter + 10% Pentaerythrit	Ammonit H8
–	15% der Nr. 104 + 30% Ammonsalpeter + 40% Kalksalpeter + 15% Pentaerythrit	Stuck B
–	15% Hexanit + 30% Ammonsalpeter + 40% Kalksalpeter + 15% Pentaerythrit	Stuck C
–	20% der Nr. 14 + 80% Ammonsalpeter	Stuck 20/80
–	50% der Nr. 14 + 50% Nitropenta	Pionier – 1
–	80% der Nr. 14 + 20% Nitropenta	Pionier – 2
–	80% der Nr. 14 + 20% der Nr. 104	Pionier – 3

Sprengstoff benötigt zur Verbrennung Sauerstoff, der bereits in chemischen Verbindungen beigemengt bzw. beim Nitriervorgang eingeführt wird. Daraus ergibt sich die sogenannte Sauerstoffbilanz, die beispielsweise beim Nitroglyzerin, das aber wegen seiner enormen Empfindlichkeit militärisch in reiner Form nicht genutzt wird, bei 3,5% plus liegt. Meistens reicht aber der Sauerstoff nicht aus, um alle im Sprengstoff enthaltenen Wasserstoff- und Kohleatome mit maximalem Effekt zu verbrennen. Die Sprengwolke zeigt dann, da ja der Sauerstoff der den Sprengpunkt umgebenden Luft nicht zur Wirkung kommt, infolge der entstehenden erheblichen Rußmenge eine dunkle, ja oft schwarze Farbe.

Beim Fp. 02 fehlt zum Beispiel über 70 Prozent Sauerstoff, Ammonsalpeter enthält aber 20 Prozent zuviel – also mischt man diesen Salpeter mit dem Fp. 02, und da haben wir schon die Kennziffer 13, wie man die Mischung Fp. 60/40 nannte. Wachsbeimischungen dienen dazu, die Schocksicherheit von Sprengstoffen zu verbessern. Bei den Fp.-44-Mischungen hat man Fp. 02 mit Steinsalz gestreckt, dabei sank die Leistung natürlich erheblich ab.

Hexogen ist ein sehr wirkungsvoller Sprengstoff, der aus Cyclotrimethylentrinitramin und Salpetersäure mit Zusätzen aus Formaldehyd und Ammonnitrat hergestellt wurde. Chemisch gesehen war dieser giftige Sprengstoff ein Cyclotrimethylentrinitramin; er hatte eine weiße Farbe; wenn er mit Wachs phlegmatisiert war, hatte man das Hexogen blau eingefärbt. Zusätze von Aluminium in Pulver- oder Grießform erhöhten die Gasschlagwirkung. Die **PMF genannte Mischung Nr. 109** war eine Panzermunitionsfüllung, die vorwiegend in schwere Bomben gefüllt wurde.

Wegen des Sprengstoffmangels wurden auch leistungsschwache Sprengstoffe, wie **Donarit** und **Monachit,** die aus dem Bergbau stammten, verwendet; z. B. in Handgranaten und Minen. Die Kennziffern 95 und 96 finden sich in den verschiedenen Hohlladungen. Die Ammonit-Typen der Kennziffern 53 bis 55 und 58 bis 62 waren in die meisten Granaten gefüllt.

Die Füllpulver der Kennzifferklasse 9 hat man als Material für die zahlreichen Preßlinge verwendet, die es für viele Granaten gab.

Die Produktion der wichtigsten Sprengstoffe in Tonnen während des Zweiten Weltkrieges bis zum März 1945:

	1939	1940	1941	1942	1943	1944	1945
Fp. 02		86 226	133 232	156 022	195 249	211 968	16 952
Nitropenta		4 298	7 946	9 359	11 043	12 319	1 216
Pikrinsäure	23 888	2 658	2 838	1 955	3 641	3 968	504
Hexogen		3 455	5 505	13 345	29 649	28 504	1 179
PH-Salz	–	494	1 275	1 073	909	751	–
Ersatz-Sprengstoffe	133	27 414	8 976	12 488	157 120	232 828	19 256
Streckmittel	2 172	36 707	43 152	75 367			

Aus dieser Produktion wurden für den Export die folgende Menge Fp. 02 abgezogen:

      1942   16 542 t
      1943   11 715 t
      1944   5 987 t

Zusätzlich hat das Waffenamt auch für den zivilen Sektor Sprengstoff abgegeben, z. B. 1944 fast 2735 t.

Bei den Fertigungsstatistiken sind die Unterlagen, was die Aufteilung für 1939 betrifft, lückenhaft. Aus diesem Grunde sind die Mengen zusammengezogen worden.

Ab 1943 hat man übrigens bei Abnahmen nicht immer streng zwischen Ersatz-Sprengstoffen und den Streckmitteln unterschieden, deshalb auch hier die Zusammenfassung.

Die **Ersatz-Sprengstoffe,** wie Donarit oder die verschiedenen Ammonale, haben eine wesentlich geringere Wirkung.

Streckmittel, wie Dinitrobenzol oder Ammonsalpeter, haben so gut wie keinen Sprengstoffcharakter. War Sprengstoff mit derartigen Mitteln versetzt, sank die Leistung stark ab.

Bemerkenswert ist, wie der Anteil der Ersatz-Sprengstoffe und der Streckmittel an der Gesamtproduktion seit 1941 gestiegen ist – von 25 Prozent auf fast 50 Prozent in den ersten Monaten des Jahres 1945.

Wenn wir bei der Produktion einige kleine Werke nicht berücksichtigen, dann lag das Schwergewicht bei der Sprengstoffertigung auf den 16 Werken der *Dynamit Nobel AG,* die etwa 88 Prozent herstellten. Bei der *WASAG* wurde der Rest in den beiden Werken bei Wittenberg und dem einen bei Marburg produziert. Streckmittel wurden vorwiegend von der *IG-Farben* in Höchst, Wolfen, Leuna und Leverkusen produziert. Aber auch die *Bayer-Werke* und die *Ruhrchemie* lieferten erhebliche Mengen.

Bei der Fertigung von Sprengstoffen waren vor allem die folgenden Firmen beteiligt:

Böhler	Enzensfeld	*Kronbieg*	Sömmerda
Brünner Waffenwerk	Wsetin	*Lignose*	Schönebeck
Chemie-Werk	Beikowitz		Kruppamühle
	Meißen	*Österreich. Dynamit*	St. Lambrecht
Detona	Bohuslawitz	*Pabst*	Homburg
Dynamit	Allendorf	*Pyrot*	Kremmen
	Böbingen		Neumarkt
	Clausthal-	*Rh. Zelluloid-Fabrik*	Mannheim
	Zellerfeld	*Sellier & Bellot*	Wlaschim
	Dömitz	*Skoda*	Dubnica
	Döberitz		Nürscharr
	Dragahn		Pilsen
	Empelde		Polieka
	Foerde	*Spreng-Chemie*	Geretsried
	Güsen		Moschwig
	Herzberg	*Sprengstoff Gesell.*	Dahlem
	Krümmel		Kaufbeuren
	Malchow	*Sprengstoff-Werk*	Alt-Berau
	Schlebusch		Blumau
	Troisdorf		Christianstadt
	Übermünde		Gnaschwitz
	Wolfratshausen		Hartine
Eisfeld	Silberhütte		Kuckelno
Erdmann	Bad Salzungen		Ludwigsdorf
	Theresienfeld		Mallmitz
Explosia	Semtin		Petersdorf
Gebr. Merten	Gummersbach	*Stau*	Unterrodach
Hess	Lichtenau	*Schneider*	Kamienna
IG-Farben	Griesheim	*Veliuski*	Jablunkau
	Leverkusen	*Villeroy & Boch*	Breslau
	Ludwigshafen	*WASAG*	Coswig
	Dresden		Elsnig
Kaufmann			Rheinsdorf
			Sythen

Auch hier sind, wie bereits bei der Pulverproduktion, eine ganze Anzahl der Nebenwerke nicht mit aufgeführt.

Für die **Füllung der verschiedenen Munition** gab es 191 Munitionsanstalten und Nebenanstalten, die im folgenden aufgeführt sind:

Aachen	Baumholder	Celle	Dortmund
Aalen	Bayreuth	Chemnitz	Dresden
Ahrbergen	Belgard	Danzig	Dtsch. Krone
Allenstein	Berka	Darmstadt	Düsseldorf
Altenhain	Bernterode	Daun	Eger
Altengrabow	Bielefeld	Delmenhorst	Eisenberg
Amberg	Bitburg	Demmin	Elbing
Ansbach	Bodenleich	Dessau	Erfurt
Arys	Bonn	Diekholzen	Feucht
Aschersleben	Brandenburg	Dingelstadt	Frankfurt/Oder
Augsburg	Breslau	Döllersheim	Freiburg
Bamberg	Bromberg	Donaueschingen	Fulda
Bartenstein	Bürgen	Döberitz	Galkowek

222

Gießen
Glogau
Godenau
Grafenwöhr
Grasleben
Graudenz
Graz
Großborn
Groß-Mittel
Gülzow
Güstrow
Gumbinnen
Hall
Halberstadt
Hamburg
Hammerstein
Hänigsen
Hanau
Hannover
Harburg
Heidelberg
Heilbronn
Herfa
Herzogenburg
Heuberg
Hillerse
Hochwalde
Hohenbrunn
Hrabin
Ingolstadt
Insterburg
Jena
Jüterbog
Kaiserslautern
Karlsruhe

Kassel
Kempten
Klein-Bodungen
Koblenz
Kottbus
Kotzenau
Köln
Königsberg
Königsbrück
Königswertha
Köslin
Krugau
Kupfer
Küstrin
Lamsdorf
Landau
Landeshut
Landshut
Lautenbach
Lehre
Lehrte
Leipzig
Liegnitz
Linz
Litzmannstadt
Lockstedt
Löcknitz
Lötzen
Lübbecke
Lützel
Ludwigsburg
Ludwigsort
Lundenburg
Magdeburg
Mainz

Marienburg
Mölln
Munsterlager
Mülheim
München
Münsingen
Münster
Naumburg
Neckarzimmern
Neuhammer
Neuhof
Neuruppin
Niklasdorf
Northeim
Obergebra
Offenburg
Ohrdruf
Oppeln
Osnabrück
Pforzheim
Pinnow
Plauen
Posen
Potsdam
Powayea
Priebus
Ravensburg
Rehden
Regensburg
Rendsburg
Rosenheim
Salzburg
Sehnde
Senne
Siegelsbach

Sondershausen
Sonneberg
Sonnenburg
Spreitau
Stablack
Stargard
Stendal
Stettin
Straß
Stromberg
St. Georgen
St. Wendel
Schneverdingen
Schweidnitz
Schwerin
Tegel
Thorn
Töpchin
Torgau
Tübingen
Ulm
Urlau
Volprieshausen
Walsrode
Wien
Wiesbaden
Wildflecken
Wilhelmsdorf
Wittlich
Wolkramshausen
Wulfen
Würzburg
Zeven
Zeithain

Kampfstoffe

Im Peloponnesischen Krieg 431 bis 404 v. d. Z. setzten die Spartaner schon Brandkörper ein, die starke Konzentrationen von Schwefeldioxyd entwickelten. Etwas Ähnliches fanden wir im Zweiten Weltkrieg als Schwelkerze Z 5.

Größere Mengen und giftigere Stoffe wurden im Ersten Weltkrieg eingesetzt. Nachdem Versuche, Augenreizstoffe mit Granaten zu verschießen, nur geringe Erfolge gezeigt hatten, ging man auf deutscher Seite dazu über, Chlorgas aus Flaschen abzublasen.

Am Abend des 22. April 1915 zog eine 6 km breite Wolke auf die gegnerischen Linien zu – die Ausfälle betrugen über eine Division. Beim Gegner wurden nun auch Blasverfahren angewendet, aber auch an der Konstruktion einer Kampfstoffgranate gearbeitet.

Ab 21. Februar 1916 haben dann die Franzosen derartige, mit Phosgen gefüllte 7,5-cm-Granaten verschossen. Die Deutschen antworteten ab 19. Mai 1916 mit Granaten, die eine

Perstoff-Füllung trugen und die zur leichteren Unterscheidung von der normalen Munition **mit einem grünen Kreuz gekennzeichnet** waren. Da der Gegner sich mit einer neuen Schutzmaske auf diesen Kampfstoff eingestellt hatte, wurden nun Granaten mit einer Diphenylarsinchlorid-Füllung entwickelt und ab 10. Juli 1917 eingesetzt. Dieser Stoff durchdrang die Schutzmaske, führte zu Atemnot, der Mann riß die Maske ab und atmete den Perchlorameisensäuremethylester, wie der Perstoff eigentlich hieß, ein.

Der neue, auf Nase und Rachen wirkende Kampfstoff wurde als **Blaukreuz** bezeichnet, ein kombinierter Einsatz hieß dann **Buntschießen.**

Um in der Defensive große Räume für längere Dauer zu verseuchen, hatte die deutsche Truppe in der Nacht zum 13. Juli 1917 bei Ypern das **Gelbkreuz** eingesetzt. Dieses Dichlordiäthylsulfid führte zu schweren Hautschädigungen. Bei seinem ersten Einsatz tötete dieser auch **Senfgas** genannte Kampfstoff 87 Soldaten und vergiftet 2490 weitere mehr oder weniger schwer.

Im Ersten Weltkrieg hat man in Deutschland 7659 t Senfgas und 29 933 t Phosgen bzw. Perstoff produziert.

Dieses Senfgas erhielt übrigens später die Bezeichnung **Lost,** die aus den Namen der Chemiker **Lo**mmel und **St**einhoff abgeleitet wurde.

Die Reichswehr hatte 1928 versucht, die *IG-Farben* zu einer Produktion von Oxol-Lost zu überreden, die Firma lehnte aber ab. Man bezog nun diesen zur Erprobung notwendigen Kampfstoff aus dem Ausland – 25 t zu 190 000 RM!

1929 hat man die Firma *v. Heyden* in Radebeul überredet, in Weissig bei Riesa eine Anlage zur Herstellung von Phosgen erneut in Betrieb zu setzen. Aus den täglich hergestellten 3 t Phosgen sollte Perstoff gewonnen werden. Für die Produktion von Blaukreuz hatte man noch keinen Interessenten gefunden. Es wurden von verschiedenen Kampfstoffen noch kleinere Mengen im Ausland aufgekauft, bevor man 1936 mit einer Eigenerzeugung begann.

Als Ausweichlösung war die Verwendung von Schwefeltrioxid als Reizstoff vorgesehen, sogar Granaten für die 7,5-cm-KwK des Panzer IV waren mit dieser Füllung geplant.

Der dann im August 1938 freigegebene Schnellplan sah einen 27 100-t-Lagerbestand der verschiedenen Kampfstoffe vor, die man in vier Farbringklassen – Weiß war nun hinzugekommen – einteilte.

Das gesamte Programm wurde militärisch vom Waffenprüfamt 9 und technisch vom Sonderausschuß »C« der *IG-Farben* gesteuert. Als Leiter fungierte Dr. Ambros von der IG in Ludwigshafen. Um nicht selbst in Erscheinung zu treten, wurden auf Anregung der *IG-Farben* die Firma *Luranil* zur Erstellung neuer Kampfstoffabriken und die Firma *Anorgana* zum Betrieb dieser Fabriken gegründet.

Der sogenannte »Orange«-Plan von Ende November 1939, der eine monatliche Produktion von 15 000 t vorsah, wurde im Januar 1940 wieder gestrichen.

Nach einigen Verzögerungen hat man aber im März 1940 alle Neubauten einschließlich neuer Füllanlagen freigegeben.

Über 200 Millionen RM hat man damals in den Aufbau neuer Kampfstoffabriken investiert.

Doch sehen wir uns nun die verschiedenen Kampfstoffe an. Da gab es zuerst das **O-Salz,** auch »Omega« genannt, ein **Augenreizgas,** das einzige der Weißring-Klasse. Als Tränengas recht wirkungsvoll, sonst nur in sehr hohen Konzentrationen rachenreizend, sollte es einfach zum Aufsetzen der behindernden Gasmaske zwingen.

Bei Ausbruch des Krieges lagen der Truppe von der **Weißring-Munition** 29 200 Granaten für die leichte und 5900 für die schwere Feldhaubitze vor. Ab August 1940 wurde das O-Salz auch für das le.I.G. 18 verfüllt. Anfang März 1945 lagen von diesem Kampfstoff noch 1257 t unverfüllt vor. Das Bevorratungsziel für das le.I.G. 18 – 600 000 Granaten – wurde nie erreicht; 233 100 Schuß wurden gefüllt. Von diesem Bestand wurden 13 915 bei Versuchen verbraucht, im März 1945 lagen noch 216 000 gefüllte Granaten vor. Die Differenz wurde verschrottet bzw. wie die bereits vorbereiteten 469 400 Sprengbüchsen, durch die das Gas beim Einschlag verteilt werden sollte, entlaboriert. Bei der le.F.H. lagen 403 900 der geforderten 480 000 Weißring-Granaten vor, 2880 hatte man bei Versuchen verbraucht. Für die s.F.H. hatte man bei einem Bestand von 130 900 Granaten 10 900 zu viel gefüllt. Ebenfalls zur Füllung mit dem O-Salz waren Wurfgranaten des 8-cm-Gr.W. vorgesehen. Wegen des chronischen Munitionsmangels unterblieb aber hier eine Füllung, die Körper sind mit normalem Sprengstoff gefüllt worden.

Das Chlorazetophenon, wie das O-Salz eigentlich hieß, findet sich heute bei Polizeieinheiten als CN-Gas. Bei den Stoffen der **Blauring-Klasse** begann die Fertigung mit dem **Arsin,** auch A-Öl genannt. Dieses Äthylarsinoxyd hatte für die Atmungsorgane eine Unverträglichkeitsgrenze von 5 mg/m^3, es war aber auch ein Hautgift, das ab 2 g/m^3 schmerzhafte Entzündungen hervorrief. Eine derartig hohe Konzentration war aber in offenen Räumen kaum zu erreichen. Dieser Stoff war leicht an seinem Obstgeruch zu erkennen. Kampfstoffe dieser Klasse reizen sehr stark die Schleimhäute im Nasen- und Rachenraum. Bei längerer Einwirkung kann dieser Stoff bis in die Lunge eindringen und hat dann ähnlich schädigende Wirkung wie das Phosgen. Zu den stärksten Reizstoffen gehört das nach dem amerikanischen Chemiker Adams benannte **Adamsit,** ein Phenarsazinchlorid, das ab November 1939 von den *IG-Farben* in Uerdingen unter der Bezeichnung **Azin** produziert wurde. Auch hier treten Lungenschäden nur bei hohen Konzentrationen auf. Bereits in kleinsten Mengen, ab 0,1 mg/m^3, werden der Nasen-/Rachenraum, die Augen und die Haut gereizt.

Ähnlich giftig, aber ohne den Augenreiz, war das **Clark I,** ein Diphenylarsinchlorid, dessen Bezeichnung einfach eine Zusammenziehung des Wortes »Chlor-Arsin-Kampfstoff« war. Die Produktion begann im Mai 1941 bei der *DEGUSSA* in Haselhorst, dort wurde es auch zum »Clark II« verbessert. Als Blau-3 wurde es dann ab Herbst in Granaten der leichten Feldhaubitze verfüllt.

Bei diesem Diphenylarsincyanid lag die Reizschwelle bereits bei 0,02 mg/m^3. Starke Atemnot, vorübergehende Blindheit sind die Kennzeichen dieses nach bitteren Mandeln riechenden Kampfstoffes. Eine Weiterentwicklung, »Clark III«, ein Diphenylaminarsincyanid, wurde nur in kleinen Mengen produziert. Aus einem Phenylarsindichlorid, das 1917 unter der Bezeichnung »Pfiffikus« eingesetzt wurde, entwickelte man bei den *IG-Farben* eine Mischung, die den Namen **Excelsior** erhielt. Von diesem nach Obst riechenden Stoff wurde aber nur eine kleine Menge hergestellt.

Zur Blauring-Klasse gehörten auch das **Arsenmehl** und die aus französischer Beute stammenden 103 t des A.P. (Arsenic Poison)-Mehl. Das waren pulverförmige Kampfstoffe, mit denen man Geländesperren legen konnte. Eine Verteilung von 50 g/m^2 war ausreichend, um z. B. Festungswerke zu isolieren. Obwohl sich eine derartige Wirkung mit anderen Mitteln einfacher erreichen ließ, hat man das Arsenmehl bis Ende 1943 produziert. Bis dahin hatte man aber auch 1277 t an die Industrie zur Azin-Produktion zurückgegeben. Wenn wir diese beiden pulverförmigen Stoffe ausnehmen, so lagen im März 1945 vom Blauring-Kampfstoff unverfüllt noch 6556 t vor. Für die le.F.H. waren 960 000 Schuß geplant – 607 800 wurden gefüllt. Von diesen waren im März 1945 noch 584 400 einschließlich der 99 900 mit Blau-3 gefüllten vorhanden, der Rest wurde entlaboriert. Bei der s.F.H. gab es nur 91 900 der vorgesehenen 300 000 Schuß. Bei Versuchen wurden 1600 Granaten verbraucht.

Eine etwas altertümliche Munition für den Blauring-Kampfstoff war die **Schwelkerze Z 5**, von der Anfang 1945 50 800 Stück vorlagen. Die im September 1941 eingeführte Schwelkerze stammte aus französischen Beständen, sie wurde dann als Kasten von 440 mm Länge mit 165 × 165 mm Querschnitt weitergefertigt. Zur Erprobung sind 452 dieser Schwelkerzen verbraucht worden.

Der **Grundstoff der Gelbring-Klasse war der Lost,** er ruft schwer heilbare Hautverletzungen hervor. Die bei einer Einwirkung als Dampf oder Aerosol auftretenden Lungenschäden enden ebenso wie innere Vergiftungen über den Magen – meist tödlich. Dieses Dichlordiäthylsulfid roch je nach dem Herstellungsverfahren nach Senf, Meerrettich oder Geranien. Der zunächst in größeren Mengen produzierte Kampfstoff war der Oxol-Lost, auch **Senf-O-L** genannt. Dieser Stoff, ein Dichlordiäthyldimerkaptodiäthyläther, war 3,5mal wirksamer als der oben genannte Grundstoff. Da dieser Stoff bei sinkenden Temperaturen schnell an Wirkung verlor – bei 15° C verdampfte nur noch die Hälfte des Stoffes verglichen zu 23° C –, wurden verschiedene Mischungen erprobt, um den Punkt, an dem der Stoff zu Kristallen erstarrte, so weit als möglich zu senken. Zuerst wurden andere Kampfstoffe wie Arsin, Azin und Clark als Zusätze erprobt, die dann als **OA** und **OB** bekannt wurden. Aber auch mit Verdünnungen durch Nitrobenzol konnte man taktische Gemische herstellen, die bei starkem Frost einsatzfähig waren. Dieser Winter-Lost erhielt dann die Kurzbezeichnung **OKM.** Bedingt durch die starke Kälte im Winter 1941 hat man das normale Dichloräthylsulfid mit Diisopropylfluorphosphat gemischt und konnte damit den Erstarrungspunkt auf −35° C senken. Eine andere Mischung war der **Zäh-Lost,** der mit Wachs und Kunststoffen wie Igelit versetzt war. Damit sollte das Entgiften erschwert werden. Da dieser Zäh-Lost aber nur bedingt haltbar war, hat man bei der *DEGUSSA* in Ammendorf noch den **Propyl-Lost** entwickelt, von dem aber keine größeren Mengen produziert wurden.

Das **OM** war ein Kampfstoff auf der Methyldichlordiäthylamin-Basis. Wegen des komplizierten Herstellungsverfahrens ist eine Serienproduktion nicht angelaufen.

Ein vereinfachtes Herstellungsverfahren auf der Chlor-Schwefelbasis bei der *Anorgana* in Gendorf führte im August 1942 zum Direkt-Lost, kurz **D-Lost** genannt. Hatte man für 100 t Oxol-Lost noch 540 t Rohstoffe benötigt, beim D-Lost waren es nur noch 142 t. Ab April 1945 waren für diesen Kampfstoff monatliche Lieferungen von 400 t geplant. Ein Stickstoff-Lost, der aber bereits bei − 40° C zu Kristallen erstarrte, war der »Nitrosenf«, bei der Truppe **T-9** genannt. Das war ein Trichlortriäthylamin, dessen tödliche Dosis bei 20 mg/kg Körpergewicht bei Vergiftung durch die Haut betrug. Dieser geruchlose Stoff war aber auch ein Atemgift, 1,5 g/m^3 waren bei einer Einwirkungszeit von fünf Minuten tödlich.

Wegen der starken Einwirkungen auf die Atmungsorgane wurde dieser Stickstoff-Lost unter dem Farbkode »Grün« geführt. Verschiebungen von Gelb nach Grün gab es – je nach der Mischung – aber auch bei anderen Stoffen dieser Klasse. Eine Mischung von Grünring mit Arsin oder Anthracen zählte beispielsweise zur Gruppe Gelb. Aber auch aus Stoffen vom Blauring mit Oxol-Lost wurde Gelb.

Ein Versuch blieb eine Mischung aus Oxol-Lost mit Methylarsinchlorid. Dieses zugesetzte Arsengift senkte den Erstarrungspunkt und war selbst sehr giftig, eine Konzentration von 0,5 g/m^3 war tödlich.

Hautschädigende Wirkung hatte auch das nach Lauch riechende **Anthracen-Öl.** Hier sollte eine Kombination von Blau- und Gelbring geschaffen werden. Da die Wirkung nicht den Erwartungen entsprach, wurden die im Mai 1942 hergestellten 392 t später beim Zäh- bzw. D-Lost mitverwendet.

Ein Versuch blieb auch das Phosgenoxim, das die Augen, den Nasen-/Rachenraum und die Haut angriff. Chemisch ist es ein Dichlorformoxim, das leicht an seinem stechenden Geruch erkennbar ist. Da dieser Stoff nur bedingt lagerfähig und in fast allen organischen Flüssigkeiten gut löslich ist, außerdem seine Toxizität nicht die erhofften Werte erreicht, ist eine Fertigung nicht angelaufen. Um Verwechslungen zu vermeiden, wollte man übrigens für diesen Stoff extra die Rotring-Klasse schaffen.

Bei der Bevorratung mit Lost-Munition waren für die le.F.H. 960 000 Granaten vorgesehen, 610 700 wurden gefüllt – davon 3800 bei Versuchen verbraucht und eine ganze Anzahl entlaboriert. Ende 1944 betrug der Bestand 511 500 Stück. Bei der s.F.H. waren nur 84 800

Granaten der geplanten 240 000 gefüllt, von denen 3224 bei Versuchen verbraucht wurden. Ende 1944 betrug der Bestand 74 300 Stück, etwa 7200 Granaten waren entlaboriert worden. Für den 10-cm-Nebelwerfer 35 lagen 222 800 mit Lost gefüllte Wurfgranaten vor, beim 15-cm-Nb.W. 41 waren es 55 900 Schuß. Der Verbrauch bei Versuchen betrug hier 23 Schuß von 10-cm-Kaliber und 1000 bei der 15-cm-Waffe.

Viel hatte man sich vom Einsatz der **Sprühbüchse 37** versprochen. Das war eine Dose mit 5 l Lost, die ähnlich der S-Mine aus einem in die Erde eingegrabenen Behälter ausgestoßen wurde. Durch einen Zeitzünder detonierte sie in etwa 12 m Höhe und versprühte dabei den Kampfstoff über einen Kreis von etwa 30 m Durchmesser. Von den 1941 produzierten 904 600 Büchsen wurden im Dezember 1943 zur Füllung mit »Doppel-Gelb« 204 000 abgezogen. Bei Versuchen wurden 71 390 verbraucht, im März 1945 lagen dann 180 200 gefüllte und 210 400 leere Sprühbüchsen vor. Bei der »Doppel-Gelb« wurden zusätzlich 251 200 gefertigt, nach einem Verbrauch von 300 Stück betrug der Bestand im Januar 1945 248 700 leere und 205 100 gefüllte Büchsen.

Stoffe der Gelbring-Klasse sind im August 1943 letztmalig verfüllt worden, der unverfüllte Bestand betrug am Ende des Krieges 1645 t.

Bei den lungenschädigenden Stoffen der Grünring-Klasse, später »Grün-1« genannt, hat *IG-Farben* ab Oktober 1940 das **Öl-F** geliefert. Dieses Diphosgen war ein Chlorameisensäurethrichlormethylester, dessen Herstellung aus Kohlenoxyd und Chlor verhältnismäßig einfach ist.

Die Reizschwelle dieses nach faulem Obst und moderndem Heu riechenden Kampfstoffes liegt bei 0,005 g/m^3, die tödliche Dosis bei einer Einwirkungsdauer von zehn Minuten beträgt 0,5 g/m^3. Da die verbesserte Filterwirkung mehr und mehr an der Wirkung dieses Stoffes zweifeln ließ, wurde die Produktion in Wolfen, Ludwigshafen und Uerdingen im September 1941 wieder eingestellt. Es war aber geplant, das Öl-F ab 1945 erneut zu produzieren.

Versuche mit Schwefelpentafluorid, einem wesentlich giftigeren Stoff, der die Lunge verätzte, ohne einen Reiz auf den Hals-/Rachenraum auszuüben, wurden wieder aufgegeben. Der niedrige Siedepunkt von 29° C hätte die Handhabung während der Herstellung und der Verfüllung sehr erschwert. Vom Kampfstoff der Grünring-Klasse lagen im Februar 1945 noch 3059 t vor.

Bei der Munition hatte man für das s.I.G. 60 000 Schuß gefordert, 10 100 wurden produziert, von denen 100 bei Versuchen verbraucht wurden. Das Bevorratungsziel für die le.F.H. lag bei 1 510 000 Schuß; außer den 33 670 Granaten, die bei Versuchen verbraucht wurden, gab es 1945 einschließlich der 564 100 vom Grün-1 noch 1 141 800 Schuß. Bei der s.F.H. lagen zu dieser Zeit von den 770 000 geforderten Granaten 376 100 vor, 66 000 davon waren mit Grün-1 gefüllt. Bei Versuchen hatte man 537 Granaten verbraucht. Von den für den 15-cm-Nb.Wfr. 41 gefertigten Granaten wurden 26 020 für Versuche verwendet, der Bestand betrug im Januar 1945 noch 123 600 Stück.

Die bisher aufgeführten Kampfstoffe waren alle auf bekannten Grundlagen aufgebaut, z. T. bereits im Ersten Weltkrieg eingesetzt und dann lediglich etwas verbessert worden. Wirklich neue Stoffe waren die **Nervengase,** die bei der Truppe als »Sonderstoff« und in den Füllstellen als **Grün-3** bezeichnet wurden. Die Grundlagen für diese mit dem Tarnnamen Trilonen (eine Kennzeichnung für Stoff-Färbemittel) bezeichneten Gifte stammen aus den 1934 begonnenen Forschungen des Dr. Schrader im Pflanzenschutzlabor der Farbenfabrik *Bayer*/Elberfeld; es sollte ein Mittel zur Bekämpfung von Blattläusen gefunden werden.

Aus diesem Mittel, kommerziell »Bladan« genannt, wurde dann unter der Kennziffer T-83 ein Phosphorsäurecyaniddimethylamidäthylester synthetisiert, der dann, **Tabun** genannt, der erste Nervenkampfstoff der Geschichte wurde. Kurz vor Weihnachten 1936 wurde dieses Nervengas erstmals im Labor erprobt.

Um hier die Wirkungsweise zu erklären, müssen wir etwas in die Medizin abschweifen: Der menschliche Körper besitzt Nervenbahnen, durch die Impulse zur Auslösung bestimmter Tätigkeiten weitergeleitet werden, z. B. zum Zusammenziehen eines Muskels. Reize, die durch äußere Einwirkungen auf die Sinnesorgane entstehen, werden aber auch über diese Nervenbahnen an das Zentralsystem, das Gehirn, zurückgeleitet. Entsprechend der Reize werden dann von dort aus gewisse Gegenreaktionen ausgelöst. Bei dieser Reizübertragung wird impulsmäßig von Nervenzelle zu Nervenzelle das Acetylcholin in kaum vorstellbaren Mengen von einigen millionstel Gramm freigesetzt. Dieser Stoff muß aber schnellstens wieder zersetzt werden, damit sich die Nervenzelle für den nächsten Impuls wieder im Normalzustand befindet. Diese Zersetzung wird durch das Enzym Cholinesterase in weniger als einer tausendstel Sekunde bewirkt.

Nervenkampfstoffe hemmen nun die Wirkung dieses Enzyms, das Acetylcholin wird nicht zersetzt, die Reizungen in den Nervenbahnen werden immer stärker, es kommt zu Muskelkrämpfen, die dann das Gehirn durch neue Kommandos zu beseitigen versucht. Diese wiederholten Reizungen führen zu immer weiteren Acetylcholinabsonderungen, dann schließlich zu Lähmungen und zum Tod.

In Konzentrationen von 80 Milligramm/m³ eingeatmet, führt Tabun schon nach wenigen Minuten zum Tod. Das Gift durchdringt aber auch die intakte Haut, hier wirken 50 mg/kg Körpergewicht tödlich.

Schwere Vergiftungen, die schon bei kleinsten Mengen tödlich verlaufen, entstehen, wenn der Kampfstoff mit Speisen oder Getränken eingenommen wird.

Von dem T-83, für das am 22. Juli 1937 bereits das Geheimpatent DRP 767511 erteilt wurde, gab es 1938 etwa 2 kg.

Einrichtungen zur Versuchsproduktion wurden bei Münster und Schwansee 1939 erstellt. Erprobungen fanden auf dem Reidlkrug-Prüffeld bei Spandau und dem Gasprüffeld Raubkammer in der Lüneburger Heide statt. 1940 wurde mit dem Bau eines Werkes für die Tabun-Produktion bei Dyhernfurth (40 km nördlich von Breslau) begonnen.

Die Massenproduktion des Tabun verläuft in drei Phasen. Zuerst wurde das Dimethylamin-phosphoryldichlorid, damals Produkt 39 genannt, durch Destillation hergestellt. In der zweiten Phase kamen dann das Natriumcyanid und der Äthylalkohol dazu.

Diese Mischung wird dann in der dritten Phase in Chlorbenzol gelöst und verdünnt. Nach der Vakuumdestillation erhielt man dann Tabun in einer 83prozentigen Ausbeute – deshalb die Tarnbezeichnung T-83. Tabun hat bei der Herstellung einen süßlichen Geruch, der sich aber nach etwa zehn Stunden durch die Abspaltung der Blausäure in einen Bittermandelgeruch ändert.

Es wurde anfänglich mit 5 Prozent Chlorbenzol verdünnt als Tabun-A verfüllt, eine Erhöhung der Verdünnung auf 20 Prozent zeigte später eine bessere Stabilisierung und zusätzlich noch eine wirtschaftlichere Nutzung des Rohproduktes.

Das *Nieder-Werk* in Dyhernfurth, von dem seit September 1942 dieser Kampfstoff geliefert wurde, besaß zwölf Anlagen, in denen anfänglich im Durchschnitt je Tag 1000 kg Tabun produziert wurden. Durch einen besseren Ausbau konnte die Fertigung in dem Werk für 1944 auf einen Tagesdurchschnitt von etwas über 20 t gesteigert werden.

Unter den je 100 t Kampfstoff notwendigen 356 t Rohstoffen befanden sich 60 t Methanol, dessen Erzeugung von 25 300 t im Januar 1944 auf 4600 t zurückgefallen war. Methanol wurde nicht nur bei den Nervenkampfstoffen und der Pulver/Sprengstoff-Produktion, sondern auch für Buna, Lack, Leim und vieles andere benötigt. Trotz der Anweisung durch den Leiter des Rohstoffamtes im Speer-Ministerium vom Dezember 1944, die Produktion von Kampfstoffen sofort einzustellen, wurde in Dyhernfurth noch bis kurz vor der Einnahme durch sowjetische Truppen im Februar 1945 Tabun hergestellt.

Bereits 1938 hatte man im Labor in Elberfeld unter der Nummer T-113 den Äthylester der Methylfluorphosphorsäure untersucht. Weitere Forschungen führten dann zum T-144, den Isopropylester der oben erwähnten Säure. Nach einigen Erprobungen entschied das Waffenamt, diesen sehr giftigen Stoff als **Sarin** in die Massenfertigung zu geben. Eingeatmet ist das Sarin etwa dreimal so giftig wie das Tabun; als Kontaktgift, d. h. beim Durchdringen der Haut, aber fast achtmal. In der Bezeichnung Sarin finden wir die Namen der Chemiker, die an derartigen Forschungen beteiligt waren – **S**chrader, **A**mbros, **R**itter und **Lin**de. Das fast geruchlose Sarin, das nur in hohen Konzentrationen fruchtartig roch, war der Kampfstoff mit dem größten Rohstoffbedarf; 1058 t wurden hier je 100 t Kampfstoff benötigt. Kleinere Mengen des Sarin wurden noch in Dyhernfurth hergestellt, die geplante Massenproduktion im *Seewerk* Falkenhagen bei Fürstenwalde ist nur zum Teil angelaufen.

Wieder fehlte es an Rohstoffen, man sparte bei 100 t Sarin gegenüber dem Tabun zwar die 50 t des schwer erhältlichen Cyannatriums – es wurden aber 108 t mehr Methanol benötigt. Mit einem neuen Verfahren konnte zwar einige Einsparungen erreicht werden, für 100 t des nun Sarin-2 genannten Stoffes wurden aber immer noch 893 t Rohstoffe benötigt.

In den Forschungslabors der *IG-Farben* ging die Arbeit aber weiter. Man blieb bei der Fluorphosphorsäure und versuchte, die Wirkung durch die Variationen in den verschiedenen Estern zu steigern. Der Stoff T-210 brachte schon eine höhere Toxizität, mit T-300, einem Pinakolyester, wurde aber der giftigste aller bisher bekannten Kampfstoffe erreicht. Erprobungen mit dem nun **Soman** genannten Stoff ergaben, daß er als Hautgift zwar nur doppelt so wirksam wie das Sarin war, beim Einatmen – er roch kampferartig – aber zehnmal so stark wirkte.

Für das Sarin und Soman ist ein kompliziertes, vierstufiges Fertigungsverfahren notwendig. Die dabei auftretenden Korrosionsprobleme wollte man mit Apparaturen überwinden, die z. T. aus reinem Silber bestanden. Im Werk von Dyhernfurth sind als »Grün-3« noch etwa 3 t Soman gefertigt worden. Verfüllt wurden von den Nervengasen lediglich Tabun-A und -B, schußfertig lagen für die leichte Feldhaubitze außer den bei Versuchen bereits verbrauchten 6700 Schuß 1945 im März 716 400 der 1 590 000 geforderten Granaten vor. Bei den Granaten für die s.F.H. waren es 144 200 der 570 000 geplanten Granaten. Es gab noch eine Bestellung für je 120 000 Schuß für das s.I.G. und den 15-cm-Nb.Werfer – da ist aber nichts mehr gefertigt worden. Der Bestand an unverfülltem Tabun betrug am Ende des Krieges nur noch 301 t.

Wenn auch die Kampfstoffproduktion Anfang März 1945 zum Erliegen kam, das Waffenamt hatte die Erprobung neuer Stoffe in das sogenannte Not-Programm mit aufgenommen.

Da gab es das als »T-150« eingestufte Chlorcyan, von dem bereits eine Konzentration von 2,5 mg/m³ die Atmungsorgane reizte, 0,4 g/m³ waren tödlich. Das Waffenamt hatte für 1944 von Dyhernfurth eine Lieferung von 13 t gefordert, eine Abnahme läßt sich jedoch nicht nachweisen. Vom T-155, einem Cyanwasserstoff, sollten zur Erprobung 8,5 t produziert werden. Hier lag die Reizschwelle mit 20 mg/m³ zwar höher, aber zur tödlichen Konzentration reichten schon 0,2 g/m³. Der starke Bittermandelgeruch ist übrigens nur kurz wahrnehmbar, dann sind bereits die Geruchs- und Geschmacksnerven gelähmt. Der Tod tritt je nach der Giftmenge unter höchster Atemnot durch Herzstillstand ein.

Anfänglich gelang es nicht, im Freien die notwendige Konzentration zu erzielen; Mischungen mit Calciumchlorid oder Oxalsäure zeigten jedoch gute Ergebnisse und wirkten gleichzeitig besser stabilisierend.

Die Verwendung reiner Blausäure war übrigens zur Bekämpfung von Festungswerken der Maginotlinie geplant – es wurde dafür extra eine sogenannte »Schartenspritze« entwickelt. Zur Ausschaltung von Festungen sollte übrigens auch der N-Stoff in 2-kg-Flaschen eingesetzt werden, ein Chlorfluorid, das in Falkenhagen bei der Kampfstoffproduktion anfiel. Es war ein Brandstoff, der beim Zusammentreffen mit organischen Stoffen mit starker Wärme- und Flammenwirkung reagierte.

Er sollte in die Filter der Luftzuführungen eingesprüht werden, wobei die Kohleschichten der Filtereinsätze verbrannten. Wenn dann beim Nachglühen eine Temperatur von etwa 550° C erreicht wurde, bildete sich das giftige Kohlenmonoxyd, das dann geruchlos in die Kampfräume eindrang. Der Besatzung wäre nur die Möglichkeit geblieben, die Luftzuführungen stillzulegen, und das hätte bedeutet, das Werk nach 2–3 Stunden aufzugeben.

Ein Projekt blieb wegen Rohstoffmangels das T-500, ein neuer Stoff auf der Arsenwasserstoffbasis, der zersetzend auf die roten Blutkörperchen wirkte. Die tödliche Konzentration dieses stark nach Knoblauch riechenden Stoffes lag bei 0,5 g/m³. Je nach der Schwere der Vergiftung, bei einer Zeit von 30 Minuten, reichten 0,75 g/m³, dann trat der Tod nach 3–8 Tagen ein. Da Arsenwasserstoff noch in Verdünnungen von 1 : 20 000 ein starkes Gift darstellt, konnte man es zur besseren Konzentration mit anderen Stoffen, z. B. Aluminiumarsen, mischen. Auch hier läßt sich eine für Ende 1944 geplante Lieferung nicht nachweisen. Übrigens stellte man Anfang Februar 1945 mit Schrecken fest, daß beim Rückzug die Belegschaft das Werk in Dyhernfurth verlassen hatte, ohne die Apparaturen und die Tabunvorräte zu vernichten. Durch einen extra zu dem Zweck eingesetzten Stoßtrupp der 17. ID. konnte am 5. Februar wenigstens eine teilweise Zerstörung erreicht werden.

Um Fahrzeugmotoren zu stoppen, wurde ebenfalls ein Einsatz chemischer Mittel erwogen. WaPrüf 9 hatte dafür im November 1941 einen Entwicklungsauftrag direkt vom Chef der Heeresrüstung erhalten.

Man hatte vorgesehen, das sogenannte **Motorstoppmittel** mit einer Handgranate an das gegnerische Fahrzeug zu bringen.

Zuerst arbeitete man mit Stoppsand, ein feines Pulver, das mit der Luft angesaugt werden sollte – man erkannte aber schnell, daß durch geeignete Luftfilter dieses Mittel unwirksam würde.

Als nächstes wurde ein Schwelverfahren untersucht, hier sollte mit einer Flockenbildung der Luftfilter praktisch verstopft werden. Es zeigte sich eine gewisse Wirkung bei kleineren Motoren, bei den großen Motoren der Panzerfahrzeuge mit ihren großen Filtern war kaum eine Leistungsminderung festzustellen.

Eine weitere Idee war, mittels einer Ozonladung die Oktanzahl so zu verschlechtern, daß der Motor aussetzte. Aber auch das reichte nicht aus, den Motor zu stoppen. Nach zahlreichen Laborversuchen hat man dieses Projekt Anfang 1943 wieder aufgegeben.

Es ist in diesem Zusammenhang interessant, daß im Oktober 1944 die Firma *Elemag – Hildesheim* mit dem Vorschlag hervortrat, zur Bekämpfung der Bomberverbände auf elektrischem Weg die Zündung zu stören – nach zahlreichen eingeholten Expertisen erklärte dann im Februar 1945 der Reichsforschungsrat ein derartiges Verfahren als aussichtslos.

Die während des Zweiten Weltkrieges bis März 1945 produzierten Mengen (in Tonnen) der Kampfstoffe:

	Weiß	Blau					Gelb			
	O-Salz	Arsen-mehl	Arsin	Azin	Excel-sior	Clark	An-thracen	D-Lost	OA	OB
1939	624	–	812	15	–	–	–	–	–	–
1940	2043	4184	2156	424	23	–	–	–	–	–
1941	1772	818	1608	740	–	182	–	–	21	–
1942	38	274	1349	994	25	165	392	94	–	98
1943	289	608	61	1482	–	644	–	1654	–	–
1944	–	–	133	867	–	789	–	1738	–	201
1945	–	–	26	54	–	211	–	181	–	–
	4766	5884	6145	4576	48	1991	392	3667	21	299

	Gelb					Grün	Grün 1	Grün 3			Summe
	OKM	OM	Oxol-Lost	Propyl-Lost	Zäh-Lost	T-9	Öl-F	Tabun	Sarin	Soman	
1939	494	–	1 548	–	–	38	–	–	–	–	3 531
1940	2 199	–	3 955	–	12	234	719	–	–	–	15 949
1941	581	–	4 872	–	92	413	4 448	–	–	–	15 547
1942	795	3	65	–	608	414	–	675	–	–	5 989
1943	527	–	3 756	–	195	483	–	4 555	–	–	14 254
1944	852	–	270	25	20	1 926	–	7 519	38	1	14 379
1945	–	–	–	5	–	68	–	120	23	2	690
	5 448	3	14 466	30	927	3 576	5 167	12 869	61	3	70 339

Bei Kriegsbeginn gab es außer den bereits genannten Mengen der mit Weißkreuz gefüllten Granaten 185 000 Stück für die le.F.H. und 45 000 für die s.F.H., die alle mit Oxol-Lost gefüllt waren. Unverfüllt lagen zusätzlich 6546 t Kampfstoff vor, von denen fast 4000 t Oxol-Lost waren. Der Rest verteilte sich auf das O-Salz und das Arsin. Vom Nitrosenf lag erst eine kleine Menge vor. Aus der Beute in Frankreich wurden nicht nur gefüllte Kampfstoff-Granaten, sondern auch 62 t Adamsit übernommen. Im Herbst 1943 stellte man in Italien etwa 2100 t Yperit, das war ein fast geruchloses Lost, sicher. Diese Bestände wurden aber nicht verfüllt. Bei dem Verfüllen von Kampfstoffen sind im Gegensatz zum Füllen von Geschossen mit Sprengstoff zwei Phasen zu unterscheiden:
Das Füllen der Behälter, die in das Geschoß passen, und dann das Füllen des Geschosses mit diesem Behälter.

Während des Krieges wurden für das Heer die folgenden Mengen in Behälter verfüllt:

1939	1099 t	1942	180 t
1940	4141 t	1943	2361 t
1941	2129 t	1944	3002 t

Als man vor Beginn des Westfeldzuges ab März 1940 für einen möglichen Kampfstoffeinsatz die Produktion erheblich gesteigert hatte – im Februar waren 721 t abgenommen worden, und diese Abnahme stieg im März auf 1428 t und lag für die nächsten drei Monate im Durchschnitt bei 1200 t je Monat –, da mußten auch die Füllstellen erhebliche Bestände vorbereiten. Bisher hatte der Monatsdurchschnitt bei 251 t gelegen, im April 1940 wurden aber 1733 t Kampfstoff in Behälter gefüllt, nie wieder ist ein derart hoher Ausstoß erreicht worden.
Während der Vorbereitung für den Feldzug im Osten wurden ab September 1940 bis Ende August 1941 nicht nur 2966 t verfüllt, dieses Mal wurden 1941 in der Zeit von April bis November auch 909 100 Kampfstoffgranaten mit den Behältern geladen. Die Vorräte sind damals erheblich gesunken; beim Stickstoff-Lost T-9 lagen z. B. im Frühjahr 1942 nur noch 160 t vor.
Anschließend wurden dann bis zum März 1943 nur 429 t verfüllt, erst dann wurde die Fülleistung wieder gesteigert, 2232 t waren es für die restlichen Monate des Jahres 1943. Davon gehörten 49 t zu dem ab Mai verfüllten neuen Nervengas Tabun. Bedingt durch die gesteigerte Produktion des Tabun, wurden dann bis Ende September 1944 weitere 2662 t Kampfstoff verfüllt, davon allein 1367 t des Tabun.
Die Produktion an Geschossen war notwendigerweise gesteigert worden, 1944 wurden für die leichte Feldhaubitze 1 529 800, für die schwere Feldhaubitze 666 100 Kampfstoffgeschosse abgenommen.
Bis Anfang März 1945 sind dann nur noch 417 t Kampfstoff verfüllt worden, und daran betrug der Anteil von Tabun 384 t.

Was ist nun mit diesen Mengen nach dem Ende des Krieges geschehen? Außer der Versenkung deutscher Kampfstoffmunition durch die westlichen Alliierten in der Ostsee nordöstlich von Bornholm wurden 34 deutsche Handelsschiffe mit einer Gesamttonnage von 132 396 BRT mit derartiger Munition beladen und ab Oktober 1945 in der Nordsee und westlich von Brest versenkt.

Zu den Produktionszahlen ist noch folgendes zu sagen:
In einer Veröffentlichung hat der Verfasser 1963 eine Unterlage aus dem Speer-Ministerium verwendet, in der, wie später bekannt wurde, erhebliche Fehler enthalten waren. Da bei der Prüfung der Monatsstatistiken des Heereswaffenamtes festgestellt wurde, daß Nachlieferungen nicht eingetragen und fehlerhafte Abnahmezahlen nicht korrigiert waren, hat der Verfasser nun hier die monatlichen Abnahmeprotokolle der Gruppe »Sprengstoff – Pulver- und Stofferzeugung« des AHA (Allgemeines Heeresamt) verwendet. In diesen Mappen werden die Kampfstoffe nicht nur wie beim Waffenamt nach den Farbklassen, sondern mit Neufertigung, Verfüllung und Abgaben jedes einzelnen Kampfstoffes angegeben.
Was die Produktionszahlen der verschußfertigen Munition betrifft, da gab es Entlaborierungen, Geschosse wurden für andere Zwecke wieder entnommen, z. B. Nebelgranaten, sie wurden vernichtet, weil sie undicht waren, oder sie wurden durch Feindeinwirkung vernichtet wie die 29 600 mit Grün-1 gefüllten Granaten für die le.F.H. bei einem Bombenangriff im November 1944. Umlaborierungen, z. B. wurden im Oktober 1943 für Versuche mit Tabun 20 000 mit Lost gefüllte Granaten der le.F.H. so geändert, waren so zahlreich, daß eine Aufteilung der betreffenden Kampfstoffgeschosse in die einzelnen Farbklassen nicht mit der notwendigen Genauigkeit vorgenommen werden kann.
Daß trotz der Forderung des Chefs der Heeresrüstung, die Produktion im Jahre 1942 weiter zu steigern, ein starker Rückgang einsetzte, kann wie folgt erklärt werden: Chemische Vorprodukte wurden für anderweitige Produktionen, z. B. für Gefrierschutzmittel, von denen man durch den letzten kalten Winter sehr viel verbraucht hatte, herausgezogen – die größten Produktionsverluste entstanden aber durch zwei Fehlplanungen:
Es war z. B. vorgesehen, mit dem Tabun bereits im Herbst 1941 die im September eingestellte Produktion des Öl-F zu ersetzen, aber erst ein Jahr später konnten die ersten 138 t Tabun geliefert werden. Bis Ende 1942 hatte das zur *IG-Farben* gehörende Lieferwerk in Dyhernfurth, in dem 1089 Personen beschäftigt waren, über 70 Millionen RM verschlungen. Einen starken Einbruch gab es auch beim Oxol-Lost. Hier hatte sich die *IG-Farben* mit ihrem Vorschlag, in Zukunft nur noch den einfacher herzustellenden D-Lost zu fertigen, gegen die *DEGUSSA* durchgesetzt. Die Erweiterungsbauten der *Orgacid* in Ammendorf wurden gestrichen, dafür sollte die Kapazität der *Anorgana* in Gendorf auf 4000 t D-Lost/Monat erhöht werden. Die Lieferungen von D-Lost verzögerten sich aber immer wieder – im Februar 1943 lief dann doch die Oxol-Produktion wieder an, sie erreichte im März bereits 464 t.

Das Waffenamt des Heeres hat bis Ende 1944 die folgenden Mengen (in t) der verschiedenen Farbklassen an die Luftwaffe* als Füllung für Bomben und Sprühgeräte abgegeben:

	Weiß	Blau	Gelb	Grün + Grün 1	Grün 3
1941	1 282	–	–	12 924	–
1942	26	293	136	644	430
1943	1 427	296	–	255	4 455
1944	25	1 484	–	1 882	6 119

* Die Luftwaffe führte bis 1942 die Lost-Mischungen in der Farbklasse Grün.

Produktion der verschußfertigen Kampfstoffmunition im Zweiten Weltkrieg bis Anfang März 1945 (in 1000 Schuß):

	7,5 cm le.I.G.	15 cm s.I.G.	10,5 cm le.F.H.	15 cm s.F.H.	10 cm Nb.W. 35	15 cm Nb.W. 41	Sprüh-büchse	Schwel-kerze
1939	–	–·	583,1	174,1	–	–	–	–
1940	159,5	–	274,7	30,0	–	–	–	–
1941	73,6	–	529,7	407,9	224,1	24,6	904,6	–
1942	–	–	1113,4	–	–	52,4	–	10,6
1943	–	10,1	–	–	–	20,1	–	6,8
1944	–	–	1381,5	235,2	–	126,2	251,1	11,6
1945	–	–	23,1	7,2	–	0,5	–	–

Zusätzlich lagen aus Beutebeständen, die 1940 in Frankreich anfielen, 21 500 Schwelkerzen und 371 800 Granaten 231(f) vor, die mit Yperit (Senfgas) gefüllt waren. Ende 1943 übernahm man noch 154 300 der 15,5-cm-Kampfstoffgranate 417(f). Später wurden 171 600 des 7,5-cm-Kalibers und 63 900 der 417(f) entlaboriert.

Bei der Konstruktion von Kampfstoffgranaten, deren Füllung flüssig ist, gab es drei verschiedene Systeme. Man kann den Hohlraum der Granate ja nicht einfach mit dem flüssigen Stoff füllen. Beim Abschuß würde infolge des Beharrungsvermögens durch die Flüssigkeitsbewegung die ballistische Flugbahn der Granate gestört werden. Um dieses zu vermeiden, wurden Prallbleche oder Zwischenböden in den Hohlraum eingebaut und derartige Granaten mit dem Zusatz »Z.B.« versehen.
Eine andere Lösung war die Ausstoßbüchse, die aber nur bei Kampfstoffen der Blauring-klasse verwendet wurde. Logischerweise erhielt diese Art Munition die Zusatzbezeichnung »A.B.«. Bei der 10,5-cm-Granate wog diese Ausstoßbüchse von 70,5-mm-Durch-messer und 283-mm-Länge 4,1 kg. Sie wurde durch eine 80 g schwere Pulverladung aus-gestoßen.
Die 15-cm-Granate trug eine 13 kg schwere Büchse von 416-mm-Länge, die einen Durchmesser von 104 mm besaß. Hier wog die Ausstoßladung 150 g.
Mit dem Zusatz »Kh« wurde die Ausführung mit einer Kammerhülse bezeichnet. Dabei war über die gesamte Innenlänge der Granate eine mit Sprengstoff gefüllte Hülse angeordnet, die beim Kaliber 10,5 cm einen Innendurchmesser von 39,7 und bei 15 cm einen solchen von 62 mm besaß.
Um mit der wesentlich geringeren Sprengladung von 0,67 kg bei der 10,5-cm-Granate eine sichere Zerlegung und eine gute Verteilung des die Hülse umgebenden Kampfstoffes zu gewährleisten, hatte man hier die Stärke der Geschoßwandung im Mittelteil gegenüber der normalen Ausführung von 14,1 auf 10,8 mm vermindert. Bei der 15-cm-Granate reduzierte man dieses Maß sogar von 23,3 auf 13,3 mm.

Von den ungefüllten Kampfstoffgranaten lagen Anfang März 1945 für die leichte Feldhaubitze 675 500 Stück vor, davon 486 600 mit Zwischenboden. Bei der schweren Feldhaubitze waren es 45 300 mit Zwischenboden, und für die 15-cm-Wgr. des Nebelwerfers 41 gab es noch 265 400 ungefüllte Körper der Kammerhülsenkonstruktion.

Die wichtigsten Produktionsstätten für Kampfstoffe

Konzern	Firma	Ort	Kampfstoff
IG-Farben	Anorgana	Dyherrnfurth	Tabun, Sarin
IG-Farben	Anorgana	Falkenhagen	Sarin
IG-Farben	Anorgana	Gendorf	D-Lost, Oxol, OKM, T-9
IG-Farben	Monturon	Falkenhagen	Sarin
IG-Farben	Hibernia	Hüls	D-Lost, Oxol
IG-Farben	Hibernia	Auschwitz	Öl-F
IG-Farben	Hibernia	Ludwigshafen	O-Salz, Öl-F
IG-Farben	Hibernia	Uerdingen	Azin, Öl-F
IG-Farben	Hibernia	Wolfen	Oxol, OKM, Öl-F
IG-Farben	Hibernia	Hoechst	Excelsior
DEGUSSA	Ergethan	Straßfurt	Arsin, D-Lost
DEGUSSA	Lonal	Hahnenberg	Arsin, Clark, O-Salz
DEGUSSA	Lonal	Haselhorst	Clark
DEGUSSA		Leese	Arsin, Clark, O-Salz
DEGUSSA		Seelze	Arsin, O-Salz
DEGUSSA	Orgacid	Ammendorf	Oxol, OKM, T-9
Riedel de Haen	–	Hahnenberg	O-Salz
Riedel de Haen	–	Seelze	O-Salz

Vorbereitungen für einen Gaskrieg bzw. für die Gasabwehr wurden und werden von *allen* Staaten getroffen. Einsatzpläne für eine angriffsweise Gaskriegführung sind aber für die deutsche Wehrmacht *nicht* nachweisbar*. Man hat sich wohl in immer neuen Decknamen erschöpft – im Frühjahr 1944 war lt. OKH ein feindlicher Kampfstoffeinsatz mit dem Wort »Reibekuchen« zu melden, im Herbst änderte man den Decknamen in »Seebär«. Für einen möglichen eigenen Vergeltungsschlag finden sich ebenfalls derartige Bezeichnungen, z. B. »Hirschhornsalz«.

Churchill hatte zwar schon im Mai 1942 mit einem Großeinsatz von Kampfstoffen für den Fall gedroht, wenn die Deutschen Kampfstoffe an der Ostfront einsetzen würden.

Mehr Details enthielt ein amerikanischer Plan vom April 1944 für einen Vergeltungsangriff gegen 30 große deutsche Städte für den Fall, daß von deutscher Seite Kampfstoff eingesetzt werden sollte. Man wollte innerhalb von 14 Tagen diese Städte, die eine Fläche von 217 km² darstellten, mit 16 900 viermotorigen Flugzeugen angreifen und dabei 15 345 t Senfgas (Lost) und 21 176 t Phosgen abwerfen – das wäre eine kaum glaubhafte Konzentration von 168 g/m² gewesen. Die zusätzlich zu werfenden 12 174 t Spreng- und Brandbomben sollten die Zerstörung der 164 wichtigsten Industriewerke in diesen Räumen sicherstellen. Man schätzte, daß 5,6 Millionen Menschen direkt und weitere 11,9 Millionen indirekt getötet oder verletzt wurden. Nach dem Einsatz der V-1 wurde in England erneut ein Kampfstoffeinsatz vorgeschlagen, aber am 5. Juli 1944 vorerst von Churchill* abgelehnt.

Ein acht Tage später eingereichter neuer Plan wurde ebenfalls verworfen – man fürchtete, daß nach einem Angriff auf Deutschland mit Gas gefüllte V-1 in London einschlagen würden.

Wie sah es damals mit dem **Gasschutz in Deutschland** aus? Das Militär hatte zwar ab Sommer 1937 die neue **Gasmaske 38** in größeren Stückzahlen erhalten – aber wie stand es mit der Zivilbevölkerung?

---

* Siehe hierzu: Günther W. Gellermann, Der Krieg, der nicht stattfand – Möglichkeiten, Überlegungen und Entscheidungen der Obersten deutschen Führung zur Verwendung chemischer Kampfstoffe im Zweiten Weltkrieg. Koblenz 1986.

1929 hatte man zwar die »Bürgermaske« in Auftrag gegeben, die 1932 in **Volksmaske** umbenannt wurde; von dieser nur als Fluchtgerät gedachten Maske wurden aber nur Muster produziert. Jahrelang geschah überhaupt nichts, um die Zivilbevölkerung im Falle eines Gaskrieges zu schützen. Erst im November 1936 wurde der Auftrag zur Entwicklung einer einfachen Maske mit einem Einschichtenfilter erteilt. Dieser Filter war nur auf eine kurze Schutzzeit ausgelegt, die beim Reizgas der Blauring-Gruppe etwa 20 Minuten, beim Phosgen aber nur fünf Minuten betrug. Die Heeresfilter schützten da mit ihrem Mehrschichtenaufbau bis zu 35 Minuten.

Anfang Juni 1937 wurde dann diese **Volksgasmaske** eingeführt; mit einem Auftrag über 1,3 Millionen Stück lief die Produktion an. Bis Anfang 1943 waren aber nur knapp 30 Millionen Masken für eine Bevölkerung von über 70 Millionen vorhanden. Im Jahr 1943 wurden dann weitere 5,3 Millionen Stück mit 7,18 Millionen Filtereinsätzen produziert, bei der Heeresmaske waren es 3,8 Millionen mit über 16,7 Millionen Filtern.

Als Anfang 1944 Dr. Brandt, zuvor Leibarzt Hitlers, den Ausschuß »Gasschutz« übernahm, fand er eine Ende 1943 erstellte Studie vor, aus der hervorging, daß nur ein Teil der Zivilbevölkerung durch eine völlig unzureichende Maske bzw. durch die für Kleinkinder vorgesehenen Gasjäckchen und -bettchen »geschützt« war. Es wurde nun befohlen, die Produktion sofort zu steigern. Ab April 1944 sollten bis zum Jahresende 46,1 Millionen Volksgasmasken geliefert werden. Gefertigt wurden in diesem Zeitraum aber nur 8,93 Millionen mit 16,91 Millionen Filtern. Obwohl auch noch 6,675 Millionen von der Heeresmaske mit 23,405 Millionen Filtern produziert wurden, wäre ein großer Teil der Zivilbevölkerung einem Gaskrieg schutzlos ausgesetzt gewesen. Es kam aber im Zweiten Weltkrieg zu keinem Kampfstoffeinsatz[*].

Es sind lediglich vier Fälle bekannt geworden, bei denen es personelle Ausfälle durch Kampfstoffe gab. Am 8. September 1939 wurden drei Soldaten bei Jaslo in Polen durch Splitter getötet und 16 weitere gasgeschädigt, als durch eine Mine beim Räumen einer Sperre ein Behälter mit einer lostähnlichen Flüssigkeit leckgeschlagen wurde. Drei Soldaten wurden am 11. September 1939 bei Ostrowiec/Polen durch Gas verletzt, als sie einen auffällig gekennzeichneten Behälter öffneten.

Auf der Gegenseite gab es in der Nacht zum 3. Dezember 1943 einen schweren Zwischenfall. Bomber der deutschen Luftwaffe waren zu einem Angriff auf den italienischen Hafen Bari gestartet. Der amerikanische Frachter »John Harvey«, der Kampfstoffbomben geladen hatte, die insgesamt 60 t Senfgas enthielten (was die deutsche Seite nicht wußte), wurde getroffen. Da noch viele andere Schiffe sanken, insgesamt 19 mit 73 345 BRT, dachte in der allgemeinen Verwirrung niemand an eine Verseuchung mit Kampfstoff. Wieviel der 83 toten und 534 schwerverletzten Amerikaner auf das Konto des Senfgases entfielen, läßt sich heute ebensowenig ermitteln wie die Verluste unter der Zivilbevölkerung.

Bei der Verlagerung eines Munitionslagers der Luftwaffe griffen am 8. April 1945 amerikanische Jagdbomber den Bahnhof Lossa (zwischen Sömmerda und Naumburg) an. Dabei wurden einige mit Tabun gefüllte Bomben beschädigt, die genauen Verluste sind nicht bekannt geworden.

Natürlich sind auch bei der Herstellung und Verfüllung Unfälle passiert; der schwerste beim Verfüllen in der Munitionsanstalt Münster-Ost im August 1941, sechs Menschen wurden dabei getötet.

Bakteriologische Kampfmittel sind ebenfalls für den Einsatz im Krieg untersucht worden, von der Psittakosis, wie die Papageienkrankheit wissenschaftlich genannt wird, bis zum Botulismus-Toxin, dem Erreger der Lebensmittelvergiftung – nichts wurde bei Laborversuchen vergessen. *Einsätze sind von keiner Seite aus erfolgt.*

---

[*] Siehe hierzu Fußnote auf S. 234.

Anhang

Abkürzungsverzeichnis Band 1

(A)	Fa. Anker
AB	Ausstoßbüchse
AbFmW	Abwehrflammenwerfer
AHA	Allgemeines Heeresamt
AL	Ausstoßladung
AP	Armeepistole
AP	Arsenic Poison
A.P.	Ammonpulver
AZ	Aufschlagzünder
B.d.E.	Befehlshaber des Ersatz-heeres
Be	Beton
BK	Blendkörper
BL	Blind
Bl.P.	Blättchenpulver
Chef H.Rüst	Chef der Heeresrüstung
DWM	Deutsche Waffen- und Munitionswerke
DSP	Detonierende Pulver-scheiben
DuW	Düsenwerfer
DZ	Druckzünder
EMP	Erma Maschinenpistole
E.P.	Einheitspulver
Ex	Exerzier (z. B. -Patrone)
FFP	Feld-Flak-Pak
F.K.	Feldkanone
FL	Flamm
FmW	Flammenwerfer
FPz.Dt.	Festungspanzer-Drehturm
Fu.Kdo	Fertigungsunterlagen – Kommando
(G)	Fa. Gustloff
G.	Gewehr

Geb.G.	Gebirgsgeschütz
Geb.H.	Gebirgshaubitze
Geb.K.	Gebirgskanone
Gen.Qu.	Generalquartiermeister
Gen.St.d.H.	Generalstab des Heeres
GG	Gewehrgranate
GGP	Gewehrgranate zur Panzer-bekämpfung
Gr.	Granate
Gr.B.	Granatbüchse
Gr.W.	Granatwerfer
G'spur	Glimmspur
Gu	Gudol
(H)	Fa. Haenel
HASAG	H. Schneider AG
Harko	Höherer Artillerie-Kommandeur
Hbz.	Haubitze
Hdgr.	Handgranate
HF	Hohe Feuerfolge
HHL	Hafthohlladung
HL	Hohlladung
HP	Heerespistole
HWA	Heereswaffenamt
HWK	Handwurfkörper
I.G.	Infanteriegeschütz
I.Gr.	Infanteriegeschützgranate
IKH	Infanteriekanonenhaubitze
IT	Initialzündung
K.	Karabiner
K.	Kanone
KFF	Kampfwagenfahrerfernrohr
Kh	Kammerhülse
KTB	Kriegstagebuch
KwK	Kampfwagenkanone
K.Tr.Mi.	Kugeltreibmine
kz.	kurz

le.	leicht	RFR	Reichsforschungsrat
le.F.H.	leichte Feldhaubitze	Rg.P.	Ringpulver
Ldg.W.	Ladungswerfer	Rh.B.	Fa. Rheinmetall-Borsig
L.G.	Leichtgeschütz	Rö	Fa. Röchling
Lkw	Lastkraftwagen	RPzB.	Raketenpanzerbüchse
LP	Leuchtpistole	RPzBGr.	Raketenpanzerbüchsgranate
l.S.	leichtes Spitzgeschoß	R.P.	Röhrenpulver
L'spur	Leuchtspur	R.Sprgr.	Raketensprenggranate
		R.Wfr.	Raketenwerfer
(M)	Fa. Mauser	RWS	Rheinisch-Westfälische
M	Mündungsbremse		Sprengstoff AG
MEP	Munitionserzeugungsplan		
MG	Maschinengewehr	s.	schwer
M.Gr.W.	Maschinengranatwerfer	s.F.H.	schwere Feldhaubitze
MKb	Maschinenkarabiner	SFL	Selbstfahrlafette
MP	Maschinenpistole	S.Mi.	Schrapnellmine
MP	Militärpistole	S.m.K.	Spitzgeschoß mit Kern
MR	Minenräumen	S.m.K.(H)	Spitzgeschoß mit Hartkern
Mrs.	Mörser	Spr.Br.	Sprengbrand
MS	Minensuchen	Sprgr.	Sprenggranate
Mun	Munition	s.S.	schweres Spitzgeschoß
		Stg.	Stahlguß
n.A.	neue Art	StK	Stahlkern
Nb	Nebel	s.W.G.	schweres Wurfgerät
Nb.W.	Nebelwerfer	s.W.R.	schwerer Wurfrahmen
N.P.	Nudelpulver		
		T	Tank
Ob.d.H.	Oberbefehlshaber des	T.Mi.	Tellermine
	Heeres	TS	Treibspiegel
OKW	Oberkommando der	TuF	Tank und Flieger
	Wehrmacht		
		Üb	Übung
P.	Pistole		
Pak	Panzerabwehrkanone	VK	Vollkettenfahrzeug
Patr.	Patrone	VMP	Volksmaschinenpistole
PAW	Panzerabwehrwerfer		
PG	Perlitguß	(W)	Fa. Walther
Pkw	Personenkraftwagen	WaA	Waffenamt
Pl.P.	Plattenpulver	WASAG	Westfälisch-Anhaltische
PMF	Panzermunitionsfüllung		Sprengstoff AG
PmK	Phosphor mit Kern	WaPrüf	Waffenprüfamt
PPG	Peenemünder Pfeilgeschoß	WaZ	Waffenamt – Zentrale
PWK	Panzerwurfkanone	Wgr.	Wurfgranate
Pz.	Panzer	WK	Wurfkörper
Pz.B.	Panzerbüchse	WuG	Waffen und Gerät
Pzgr.	Panzergranate	WuMBA	Waffen- und Munitions-
PzHM	Panzerhandmine		beschaffungsamt
PzKpfwg	Panzerkampfwagen	WWA	Wehrmachts-Waffenamt
Pz.Mi.	Panzermine		
Pz.WK	Panzerwurfkörper	ZB	Zwischenboden
		ZF	Zielfernrohr
		ZgKw	Zugkraftwagen

Waffengewichte und Rohstoffbedarf

Das sich die in den Beschreibungen angegebenen Gewichte stets auf die in Stellung gebrachte, ungeladene Waffe beziehen und von der wirtschaftlichen Seite her die Angaben über den Bedarf an Rohstoffen nicht vernachlässigt werden sollten, finden sich im folgenden diese Daten (in kg) für die wichtigsten Waffen des Heeres:

	Gewicht in Stellung	Gewicht fahrbereit	Rohstoffbedarf
P. 08	0,87	–	6,1
P. 38	0,94	–	4,4
MP. 38/40	4,1	–	10,7
Sturmgewehr	4,9	–	10,9
K. 98	3,9	–	12,2
K. 43	4,1	–	11,9
MG. 34	12,1	–	49
MG. 42	11,6	–	27,5
s.Pz.B. 41	137	224	349
3,7-cm-Pak	328	435	856
4,2-cm-Pak	560	560	1 119
5-cm-Pak	990	1 060	2 806
7,5-cm-Pak 40	1 425	1 500	6 431
7,5-cm-Pak 41	1 388	1 880	6 136
8,8-cm-Pak 43	3 650	4 750	7 907
8,8-cm-Puppchen	100	148	200
5-cm-Gr.W.	14	–	50
8-cm-Gr.W.	57	64	157
12-cm-Gr.W.	285	560	985
Pz.Schreck	9,5	–	12,6
7,5-cm-le.I.G.	510	520	1 198
15-cm-s.I.G.	1 750	1 825	4 482
10-cm-Nb.W. 35	103	112	447
10-cm-Nb.W. 40	790	890	1 706
15-cm-Nb.W.	540	590	1 018
21-cm-Nb.W.	550	605	829
30-cm-Nb.W.	1 100	1 100	1 607
30-cm-R.Wfr.	973	1 004	1 332
7,5-cm-L.G.	207	212	751
10,5-cm-L.G.	480	550	3 073
7,5-cm-le.F.K.	1 120	2 010	4 392
7,5-cm-Geb.G.	750	750	2 552
10,5-cm-Geb.H.	1 656	2 590	6 608
10,5-cm-le.F.H. 18	1 985	3 489	5 906
10,5-cm-le.F.H. 18/40	1 900	2 900	4 029
10-cm-s.K. 18	5 642	6 434	12 817
10-cm-s.K. 42	5 720	6 440	15 437
15-cm-s.F.H. 18	5 412	6 304	11 738
15-cm-s.F.H. 42	5 470	6 480	19 398
15-cm-K. 16	10 730	17 372	35 094
15-cm-K. 18	12 460	18 700	32 185
15-cm-K. 39	12 186	18 282	33 825
17-cm-K.	17 510	23 375	51 097
21-cm-Mrs.	16 700	22 700	49 812
21-cm-K. 39/40	38 000	49 100	142 973

	Gewicht in Stellung	Gewicht fahrbereit	Rohstoffbedarf
24-cm-Hbz.	27 100	42 990	126 819
24-cm-K. 3	54 000	84 700	177 394
24-cm-K. 4	55 000	65 500	?
35,5-cm-M. 1	78 000	123 500	286 800
10-cm-s.K. 35(t)	4 200	4 600	15 296
15-cm-s.F.H. 25(t)	3 740	6 050	12 846
15-cm-d.F.H. 37(t)	5 230	5 730	22 102
24-cm-K.(t)	79 100	143 000	234 530
30,5-cm-Mrs.(t)	23 100	30 500	83 130
42-cm-Mrs.(t)	105 000	160 000	320 880
15-cm-K.(E)	74 000	–	210 000
17-cm-K.(E)	80 000	–	240 000
21-cm-K. 12(E)	308 000	–	1 140 400
24-cm-Theodor(E)	94 000	–	298 000
24-cm-Th.Bruno(E)	95 000	–	385 000
28-cm-K.5(E)	218 000	–	1 306 600
28-cm-kz.Bruno (E)	130 000	–	459 000
28-cm-lg.Bruno(E)	123 000	–	375 000
28-cm-s.Bruno(E)	118 000	–	365 000
28-cm-Neue Bruno(E)	150 000	–	469 200
2-cm-Flak 38	405	860	1 834
2-cm-Flak Vierling	1 509	–	3 390
3,7-cm-Flak 36	1 552	2 414	4 600
8,8-cm-Flak 36	5 150	6 851	10 272

Kampfstoffe und Rohstoffbedarf

Für die Produktion von je 100 t Kampfstoff wurden folgende Rohstoffe (in t) benötigt:

O-SALZ
92	Acetophenon
75	Salzsäure
55	Eisen
46	Natrium-chlorid
21	Kalk
21	Methanol
2.1	Calzium-chlorid

AZIN
65	Diphenylamin
48	Arsenik
32	Chlor
0.85	Wasserstoff

A-ÖL
250	Bisulfitlauge 25%
183	Kochsalz
77	Anilin
69	Salzsäure
61	Soda
61	Natriumnitrit
43	Arsenik
20	Essigester

SENF 217 Chlor

O-L
185	Kalk
105	Spiritus

23.5	Schwefel
3.6	Wasserstoff

D-LOST
54	Azetylen
50	Chlor
23	Schwefel
5	Natronlauge
5	Wasserstoff
4	Azetylen-chlorid
1	Schwefelsäure

T-9
203	Natriumnitrit
158	Chlor
154.9	Natronlauge
98.3	Azetylenoxyd
60	Schwefel-dioxyd
54	Soda
49	Kohlenoxyd
46	Kalk
29	Schwefel
18.4	Ammoniak
12.6	Salzsäure

ÖL-F
62	Kohlenoxyd
39	Chlor

TABUN
134	Phosphat-acidchlorid
60	Methanol
50	Cyannatrium
36.5	Spiritus
25	Ammoniak
20	Chlorbenzol
15	Natriumlauge
15	Schwefelsäure

SARIN
530	Phosphor-trichlorid
168.1	Methanol
166	Chlor
70	Natriumlauge
55	Isopropyl-alkohol
37	Natriumflourid
32	Natrium

SARIN-2
510	Phosphor-trichlorid
160	Methanol
145	Chlor
58	Isopropyl-alkohol
20	Flußsäure

Zur Geschichte des Zweiten Weltkrieges

Günther W. Gellermann
Moskau ruft Heeresgruppe Mitte ...

Was nicht im Wehrmachtbericht stand: Die Einsätze des geheimen Kampfgeschwaders 200 im Zweiten Weltkrieg
326 Seiten, 78 Fotos, 61 Dokumente. Geb.
»... sauber recherchiert und ohne luftige Spekulationen ...«
Das Historisch-Politische Buch

Günther W. Gellermann
Die Armee Wenck – Hitlers letzte Hoffnung

Aufstellung, Einsatz und Ende der 12. deutschen Armee im Frühjahr 1945
2. Auflage. 215 Seiten, 49 Fotos, 5 Kartenskizzen, 18 Dokumente (Faksimiledrucke). Brosch.
»... verdient dieser saubere und solide Beitrag zur Geschichte des Zweiten Weltkrieges ... besondere Beachtung.«
Frankfurter Rundschau

Wladyslaw Kozaczuk
Geheimoperation Wicher

Polnische Mathematiker knacken den deutschen Funkschlüssel
365 Seiten und 16 Bildtafeln, 44 Fotos, 13 Zeichnungen und Graphiken. Brosch.
Das »Buch über die Anfänge«: Die Grundlagen für die späteren Erfolge der »Aktion ULTRA« (Entschlüsselung des deutschen Funkverkehrs durch die Briten im 2. Weltkrieg) wurden schon vor dem Krieg in Polen gelegt. Ein spannendes Kapitel Zeitgeschichte.

Franz W. Seidler
Die Organisation Todt

Bauen für Staat und Wehrmacht 1938 – 1945
300 Seiten und 32 Bildtafeln, 72 Fotos, 8 Karten, 15 Skizzen und Graphiken. Geb.
»Das sorgfältig gearbeitete Buch ...«
Frankfurter Allgemeine

Hitlers Weisungen für die Kriegführung 1939 – 1945

Dokumente des OKdos. der Wehrmacht
Herausgegeben von Prof. Dr. W. Hubatsch
2. Auflage. 332 Seiten. Leinen.
Diese vollständige Sammlung in ungekürztem Wortlaut ist eine unentbehrliche Quelle für die Beurteilung der strategischen Absichten der deutschen Obersten Führung während des Zweiten Weltkrieges.

Ronald Lewin
Entschied ULTRA den Krieg?

Alliierte Funkaufklärung im 2. Weltkrieg
485 Seiten und 16 Bildtafeln, 29 Abbildungen. Brosch.
»... beeindruckend ... auf dem Weg zu einem abschließenden und wohlbegründeten Urteil stellt das vorliegende Buch ohne Zweifel einen Meilenstein dar.«
NDR / WDR

Erich von Manstein
Verlorene Siege

12. Auflage. 664 Seiten und 12 Bildtafeln, 42 Abbildungen, 13 Kartenskizzen. Geb.
Die Kriegserinnerungen des »gefährlichsten Gegners der Alliierten« (Sir Basil Liddel Hart).
»... ein Rechenschaftsbericht des wahrscheinlich größten Strategen auf deutscher Seite, zugleich eine phrasenlose Würdigung der Tapferkeit und der Leiden des deutschen Ostheeres.«
Die Welt

Alberto Santoni
ULTRA siegt im Mittelmeer

Die entscheidende Rolle der britischen Funkaufklärung beim Kampf um den Nachschub für Nordafrika von Juni 1940 bis Mai 1943
384 Seiten und 16 Bildtafeln, 33 Fotos, 9 Kartenskizzen, 69 Dokumente. Leinen.
»... eine Fülle an kaum Bekanntem und wirklich Neuem ...« Frankfurter Allgemeine

Diese Titel bilden nur eine Auswahl aus unserem umfangreichen Buchprogramm. Fordern Sie bitte unverbindlich weitere Informationen zu den Themenbereichen Geschichte / Politik / Wehrwesen / Luftfahrt und Marine an.

Bernard & Graefe Verlag · Heilsbachstraße 26 · D-5300 Bonn

Historische Literatur für Kenner und Liebhaber

Günther W. Gellermann
... und lauschten für Hitler

Geheime Reichssache! Die Abhörzentralen des Dritten Reiches. 320 Seiten und 12 Bildtafeln, zahlreiche Fotos und Dokumente. Geb.

ISBN 3-7637-5899-2

Wer waren die Nachrichtendienste, von denen hier die Rede ist? Hier werden unbekannte oder weniger bekannte Tatsachen zur Geschichte, mit zum größten Teil unveröffentlichten Dokumenten, ans Tageslicht gebracht.

Günther W. Gellermann
Der Krieg, der nicht stattfand

Möglichkeiten, Überlegungen und Entscheidungen der deutschen Obersten Führung zur Verwendung chemischer Kampfstoffe im Zweiten Weltkrieg

264 Seiten, 19 Fotos, 3 Skizzen, 11 Dokumente. Ln.

ISBN 3-7637-5804-6

»Überraschung des Jahres.«   Der Spiegel

Fritz Hahn
Waffen und Geheimwaffen des deutschen Heeres 1933–1945

2., überarbeitete Auflage / Sonderausgabe. 552 Seiten, 372 Fotos, Zeichnungen und Skizzen. Geb.

ISBN 3-7637-5915-8

Infanteriewaffen, Pionierwaffen, Artilleriewaffen, Pulver, Spreng- und Kampfstoffe
Panzer- und Sonderfahrzeuge, »Wunderwaffen«, Verbauch und Verluste

Dieses Werk stellt einen besonders wichtigen Teilaspekt der deutschen Militärgeschichte dar. Zahllose Detailinformationen machen es zu einem Standard-Nachschlagewerk.

Peter Gosztony
Stalins fremde Heere

Das Schicksal der nichtsowjetischen Truppen im Rahmen der Roten Armee 1941–1945. 307 Seiten und 16 Bildtafeln, 53 Abbildungen. Brosch.

ISBN 3-7637-5889-5

Rund 800 000 nichtsowjetische Soldaten kämpften in Stalins Armee, mit der von Beginn an verfolgten Zielsetzung, im Nachkriegseuropa aktiv zu bleiben. Weithin unbekanntes Bildmaterial, Karten über Weg und Einsatz sowie ausführliche Anmerkungen unterstützen den fesselnden Text.

Walter Nuhn
Sturm über Südwest

Der Hereroaufstand von 1904 – Ein düsteres Kapitel der deutschen kolonialen Vergangenheit Namibias

396 Seiten, 29 Abbildungen, 17 Kartenskizzen. Geb.

ISBN 3-7637-5852-6

Wer wissen will, worum es heute in Namibia geht, der muß auch das tragische Geschehen vom Anfang dieses Jahrhunderts kennen.

Karl Unruh
Langemarck

Legende und Wirklichkeit

216 Seiten und 8 Bildtafeln, 10 Abbildungen, 2 Kartenskizzen. Brosch.

ISBN 3-7637-5469-5

Mit diesem Werk wird der auf dem Schlachtfeld von Flandern im November 1914 geborene und lange nachwirkende Mythos Langemarck auf die bittere Wahrheit zurückgeführt.

»Die Lektüre ist erschütternd, aufwühlend und nicht so schnell zu verdrängen ... verdienstvolle Untersuchung.«   Die Welt

Hans Linnenkohl
Vom Einzelschuß zur Feuerwalze

Der Wettlauf zwischen Technik und Taktik im Ersten Weltkrieg

308 Seiten, 186 Abbildungen (Zeichnungen und Skizzen), 4 Kartenskizzen. Brosch.

ISBN 3-7637-5866-6

Eine detaillierte und umfassende technische Entwicklungsgeschichte der Artillerie- und Infanteriewaffen von 1888 bis 1918 und ihre Auswirkungen auf Taktik und operative Planungen, insbesondere im Ersten Weltkrieg.

Wolfgang Schlauch
Rüstungshilfe der USA 1939–1945

Von der »wohlwollenden Neutralität« zum Leih- und Pachtgesetz und zur entscheidenden Hilfe für Großbritannien und die Sowjetunion

167 Seiten, 12 Tabellen. Brosch.

ISBN 3-7637-5475-X

»... ein hervorragender Beitrag zur Behandlung der meist vernachlässigten wirtschaftlichen Kriegführung.«   Soldat und Technik

Diese Titel bilden nur eine Auswahl aus unserem umfangreichen Buchprogramm. Fordern Sie bitte unverbindlich weitere Informationen zu den Themenbereichen Geschichte / Politik / Wehrwesen / Luftfahrt und Marine an.

Bernard & Graefe Verlag · Heilsbachstraße 26 · D-5300 Bonn

Historische Luftfahrt- und Marineliteratur

Heinz J. Nowarra
Die deutsche Luftrüstung 1933–1945
4 Bände, insges. 986 Seiten, 749 Fotos, 1106 Zeichnungen und Skizzen. Geb.
ISBN 3-7637-5464-4 (Gesamtwerk)
Die umfassendste Dokumentation aller militärischen Flugzeugtypen, die in Deutschland zwischen 1933 und 1945 gebaut oder geplant wurden.
»...eine faszinierende Dokumentation...«
Die Welt

Heinz J. Nowarra
Focke-Wulf Fw 200 Condor
Die Geschichte des ersten modernen Langstreckenflugzeuges der Welt
155 Seiten, 181 Fotos, 88 Zeichnungen und Skizzen. Geb.
ISBN 3-7637-5855-9
Den ersten Direktflug Berlin – New York legte 1938 eine Fw 200 non stop zurück. Erstmals wird in allen Einzelheiten die Geschichte dieses Flugzeuges als Wegbereiter des Transatlantikfluges dargestellt.

Klassiker der Lüfte
Berühmte Oldtimer 1913–1935
255 Seiten, 247 Farb- und 155 Schwarzweißfotos, zahlreiche Zeichnungen. Geb.
ISBN-3-7637-5902-6
Eine faszinierende Parade 30 berühmter Flugzeuge, die Luftfahrtgeschichte geschrieben haben.
»Der großartige Bildband ... ein kenntnis- und anekdotenreicher Streifzug durch einen wichtigen Abschnitt der Historie.« Welt am Sonntag

Siegfried Breyer / Gerhard Koop
Von der EMDEN zur TIRPITZ
Die Schlachtschiffe, Linienschiffe, Panzerschiffe, Kreuzer und Flugzeugträger der deutschen Marine 1920–1945
2., durchgesehene Auflage / Sonderausgabe. 304 Seiten, 342 Fotos, 88 Zeichnungen und Skizzen. Geb.
ISBN 3-7637-5910-7
»...viele technische Details ... Ein solches Buch erhält seinen Wert aus der Güte des Bildmaterials – da ist höchstes Lob fällig.«
Schiffahrt international

Gerhard Koop
Die deutschen Segelschulschiffe
148 Seiten, 125 Fotos, 57 Pläne, Konstruktionszeichnungen und Detailskizzen. Geb.
ISBN 3-7637-5860-7
Die erste Gesamtdarstellung der Segelschulschiffe der deutschen Kriegs- und Handelsmarine von der Kaiserzeit bis heute. Im Mittelpunkt die Segelschulschiffe der Reichs-, Kriegs- und Bundesmarine.

Helmut Pemsel
Seeherrschaft
Eine maritime Weltgeschichte von den Anfängen der Seefahrt bis zur Gegenwart
2 Bände, 824 Seiten, davon 243 Seiten Karten. Ln.
ISBN 3-7637-5420-2
»Das hervorragend ausgestattete Werk besticht durch die übersichtliche Fülle von Daten und Details; mit kaum vorstellbarem Fleiß wurden Hunderte von Karten entworfen, die das maritime Geschehen visualisieren.«
Das Historisch-Politische Buch

Siegfried Breyer
Großkampfschiffe 1905–1970
Eine Bilddokumentation über die Schlachtschiffe und Schlachtkreuzer aller Seemächte der Welt
2., veränderte Auflage / Sonderausgabe. 470 Seiten, 580 Fotos, 40 Zeichnungen und Skizzen. Geb.
ISBN 3-7637-5877-1
»...Dokumentation von hohem Wert ... höchst bemerkenswertes Material ... in einer bisher einmaligen und vollständigen Zusammenschau dargestellt ... unerschöpfliche Fundgrube.«
Soldat und Technik

Werner Schwipps
Der Mensch fliegt
Lilienthals Flugversuche in historischen Aufnahmen. 238 Seiten, 244 Abbildungen. Ln.
ISBN 3-7637-5838-0
»...in Wort und Bild liefert es so viel Informationen, daß es sich hervorragend dazu eignet, Lilienthals Werk intensiv und unmittelbar anhand belegter Quellen kennenzulernen...«
Spektrum der Wissenschaft

Diese Titel bilden nur eine kleine Auswahl aus unserem umfangreichen Buchprogramm. Fordern Sie bitte unverbindlich weitere Informationen zu den Themenbereichen Geschichte / Politik / Wehrwesen / Luftfahrt und Marine an.

Bernard & Graefe Verlag · Heilsbachstraße 26 · D-5300 Bonn

Fritz Hahn

Waffen und Geheimwaffen des deutschen Heeres 1933–1945

Band 2
Panzer- und Sonderfahrzeuge, »Wunderwaffen«,
Verbrauch und Verluste

Bernard & Graefe Verlag

Inhalt

Panzer- und Sonderfahrzeuge 15
Panzerkampfwagen und Selbstfahrlafetten 15
   Pz. I und II 21
   Pz. III 31
   Pz. IV 39
   Pz. V »Panther« 45
   Pz. VI »Tiger« und »Königstiger« 54
   Pz. 35(t) und 38(t) 66
   Flakpanzer 74
   Sturmgeschütze 77
   Waffenträger 83
   Panzer der E-Serie 88
   Panzer »Maus« 89
   Midgard-Schlange 93
   Skoda-Panzer 95
   Porsche-Panzer 96
Ladungsträger 98
Raupenschlepper-Ost 102
Panzerwerfer 106
Beutefahrzeuge 111
Panzerspähwagen 115
Sonderkraftfahrzeuge 121

»Wunderwaffen« 130
Die Waffe, die es nicht gab 130
Schallkanone 135
Windkanone 136
Trommsdorff-Granaten 137
Knallgas sollte Pulver ersetzen 141
Die Elektrokanone 141
X-7 = »Rotkäppchen« 142
Steinbock 144
Pfeifenkopf 144
Rochen 145
Flunder 146
Ruhrstahl X-4 148
Wasserfall und Taifun 150
Der Rheinbote 152
Die Hochdruckpumpe 155
Die Fernrakete A 4 162
Fernrakete – 35 180
V 101 180
»Ping-Pong« 182

Verbrauch und Verluste 186
Allgemeines 186
Polen 1939 194
Dänemark und Norwegen 1940 199
Der Westfeldzug 1940 200
Vorbereitung für die Invasion Englands 205
Balkanfeldzug und deutsches Eingreifen in Nordafrika 1941 207
Kreta 1941 210
Der Feldzug gegen die Sowjetunion und in Nordafrika im Jahr 1941 211
Das Jahr 1942 222
Das Jahr 1943 233
Das Jahr 1944 – Zusammenbruch an allen Fronten 253
Januar bis 9. Mai 1945 285

Anhang 308
Abkürzungsverzeichnis Band 2 308
Die Gliederung des Heereswaffenamtes (HWA) 310
Monatsausfälle an den verschiedenen Fronten 312
Die Hersteller der wichtigsten Waffen und Fahrzeuge 315
Der Autor 320

Panzer- und Sonderfahrzeuge

Panzerkampfwagen* und Selbstfahrlafetten

Wie ist die deutsche Panzerwaffe überhaupt entstanden? Wer hat den ersten Entwicklungen seinen Stempel aufgedrückt? Wir wollen versuchen, das alles in einen Zusammenhang zu bringen.

Nachdem am 15. September 1916 an der Sommefront im Raum Albert – Bapaume erstmals bei der 4. Englischen Armee 14 Tanks – man hatte ihren Bau als Wassertanks für Rußland getarnt – eingesetzt wurden, war das auf der deutschen Seite für die Oberste Heeresleitung (O.H.L.) ein schwerer Schock. Zwar hatte die Verkehrstechnische Prüfungskommission (VPK) schon seit dem Herbst 1915 Versuche mit Querfeldein-Fahrzeugen unternommen, aber als Resultat findet sich nur die Bemerkung: ». . . als Transportschlepper in unwegsamem Gelände bedingt brauchbar«.

Nachdem nun aber der Gegner gezeigt hatte, welche Möglichkeiten in einer derartigen Entwicklung steckten, forderte die O.H.L. am 15. Oktober 1916, eine möglichst breite Entwicklungsgrundlage zu schaffen, und berief zum 30. Oktober eine Konstruktionsbesprechung ein, an der Herren der Firmen *Benz, Büssing, Daimler, Hansa-Lloyd* und der *NAG* teilnahmen. Am 8. November wurde dann der O.H.L. gemeldet, daß nicht nur seit längerer Zeit eine Anzahl Versuche durchgeführt wurden, sondern daß 1911 schon der Ingenieur Burstyn in Österreich einen Entwurf, »Motorgeschütz« genannt, vorgelegt hatte, der aber dort und später auch in Berlin abgelehnt worden war. Immerhin hat man Burstyn 1941, 30 Jahre später, für seine Arbeiten das Kriegsverdienstkreuz verliehen.

Ein weiterer Vorschlag, »Landpanzerkreuzer« genannt, kam von Ingenieur Goebel aus Riga. Dessen 36 m langes Fahrzeug sollte auf riesigen Kugellagern laufen. Trotz der Fürsprache des Kronprinzen wurde nichts aus dem 550 t schweren Fahrzeug. Die Idee der »großen Räder« findet sich aber 1917 nochmals bei dem »Treff-As-Wagen« der Firma *Hansa-Lloyd* wieder. Dieses 18 t schwere Fahrzeug hatte vorne zwei Räder von je 3,3 m Durchmesser und hinten eine kleinere, lenkbare Rolle. Die Bewaffnung bestand aus einer 20-mm-Kanone und zwei MGs. Diese Entwicklung hat man aber wieder aufgegeben.

Nun, die genannte Kommission legte für einen Sturm-Kampfwagen jetzt ein Gewicht von 30 t und eine Bewaffnung mit zwei Kanonen und vier MGs fest. Ein Motor von 100 PS sollte dem Fahrzeug eine Geschwindigkeit von 12 km/h auf der Straße verleihen, und die Panzerung sollte rundum 30 mm betragen. Letztere sollte, wie man es damals ausdrückte, »feldkanonenfest« sein.

Am 13. November 1916 erteilte dann das Kriegsministerium (K.M.) den Konstruktionsauftrag. Am 22. Dezember lag vom Allgemeinen Kriegsdepartment 7. Abteilung Verkehrswesen

---

* Die Bezeichnung im Schrifttum und auch in Dienstvorschriften ist unterschiedlich. Dementsprechend werden auch hier verschiedene Bezeichnungen bzw. Abkürzungen verwendet: Panzerkampfwagen, PzKpfw, Pz.Kpf.Wg., Pz. Wir meinen aber – und nur darauf kommt es an –, daß der Leser in jedem Falle versteht, was gemeint ist.

Der A7V

Der Wagen mit der »umlaufenden Kette«

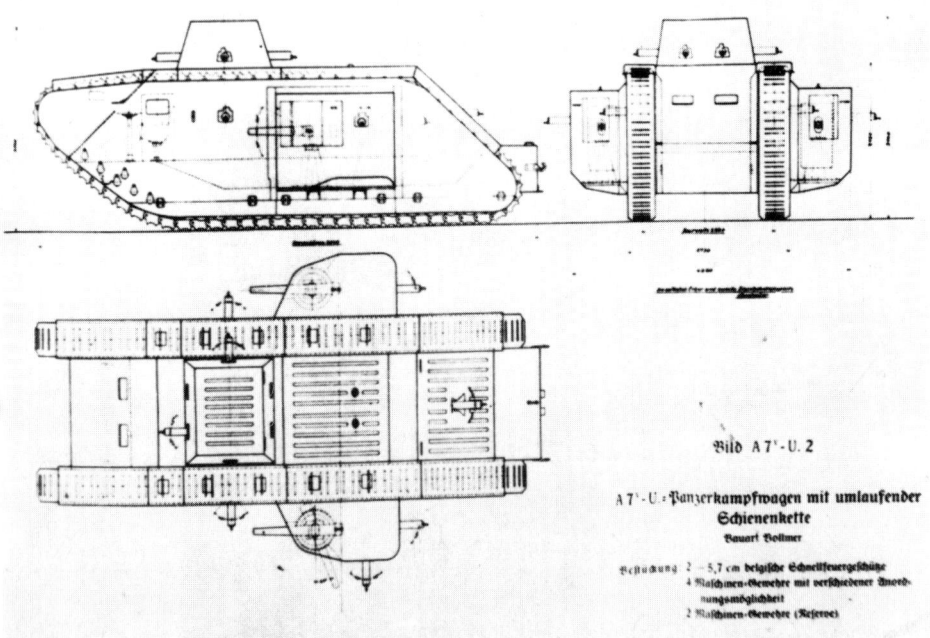

Bild A 7ʳ-U. 2

A 7ʳ-U.-Panzerkampfwagen mit umlaufender
Schienenkette
Bauart Vollmer

Bestückung 2 – 5,7 cm belgische Schnellfeuergeschütze
4 Maschinen-Gewehre mit verschiedener Anord-
nungsmöglichkeit
2 Maschinen-Gewehre (Reserve)

ein Entwurf des Ing. Vollmer vor, der in Anlehnung an dieses Amt die Bezeichnung **A7V** erhielt. Eine Woche später hat dann das K.M. den Bau von 100 dieser Sturm-Panzerwagen gefordert. Am 20. Januar 1917 wurde dann der Auftrag für 100 Fahrgestelle erteilt, von denen 10 Stück schnellstens als Einsatzfahrzeuge fertigzustellen waren. Ein einzelnes Fahrgestell war mit einem Holzaufbau des A7V bereits am 16. Januar vorgestellt worden, es scheint den Erwartungen entsprochen zu haben, denn am 31. März hat man den Auftrag auf 200 Fahrgestelle erhöht. Da erste Überlegungen gezeigt hatten, daß eine allseitige Panzerung von 30 mm beim A7V das Leistungsgewicht trotz zwei Motoren von je 100 PS erheblich verschlechtern würde, wurde diese Panzerung nur für die Frontseite beibehalten.

Um eine wirkliche Überlegenheit zu schaffen, legte man Ende März 1917 dem Kriegsministerium den Entwurf eines 110 t schweren Fahrzeuges vor. Dieser »schwere« Kampfwagen, von zwei Motoren von je 200 PS angetrieben, sollte, zerlegt in vier Lasten, der Front zugeführt werden; die Schwierigkeit der Straßenfahrt erkennend, sollte das Fahrzeug erst im Einsatzraum montiert werden. Als Bewaffnung waren zwei Kanonen und vier MGs vorgesehen. Der Grundvorschlag zeigte eine Besatzung von 18 Mann – wir werden später sehen, wie sich das Ungetüm weiter vergrößerte.

Nachdem am 9. April 1917 bei Arras, als 34 englische Panzer angriffen, die ersten Beutestücke in deutsche Hände fielen, verlangte das K.M. nunmehr eine Änderung in Richtung auf die beim Gegner verwendete Konstruktion der »umlaufenden Kette«.

Es gelang, diese Forderung erst mal auf ein Versuchsstück zu beschränken, trotzdem mußten neue Fahrzeugentwürfe eingereicht werden.

Am 14. Mai 1917 wurden nun außer dem A7V-Wagen in Mainz der Bremer Marien-Wagen, der Orionwagen, der Treff-As-Wagen und der Wagen der Firma *Dürkopp* vorgeführt. Obwohl der A7V noch den besten Eindruck hinterließ, hielt man die Fertigung von Artillerie-Zugmaschinen für wichtiger und lehnte eine Dringlichkeit für den Bau von Panzerwagen ab.

Am 11. Juni wurde jedoch dann der Auftrag für die 200 A7V-Fahrgestelle bestätigt. Der Grund war vermutlich darin zu suchen, daß seit dem Großeinsatz von 124 französischen Kampfwagen am 16. April nun auch der zweite Gegner im Westen über diese neue Waffe verfügte.

Der am 28. Juni erteilte Bauauftrag für 18 K-Wagen, das war der von 110 t nun auf 130 t »gewachsene«, bereits erwähnte schwere Kampfwagen, brachte aber nun die vorhandenen Kapazitäten wieder durcheinander.

Über die Bewaffnung war man sich auch noch nicht einig. Den anfänglich geplanten 20-mm-Becker-Kanonen folgten Versuche mit der Feldkanone 96, mit dem 50-mm-Infanteriegeschütz und einer Marinewaffe. Zuletzt einigte man sich auf die russische Sokol-Kanone von 57-mm-Kaliber, von der es eine kleine Anzahl Beutewaffen gab. Aufgrund der am 20. November 1917 begonnenen Tankschlacht bei Cambrai, für die der Gegner nicht weniger als 476 Kampfwagen bereitgestellt hatte, forderte die O.H.L. drei Tage später, daß alle Panzerwagen nunmehr mit Kanonen auszurüsten seien.

Am 5. November hatte man den ersten einsatzfähigen A7V dem Kriegsministerium vorgeführt, und überraschenderweise strich man nun den Auftrag auf 47 Wagen und einen zusätzlichen mit umlaufender Kette, den A7V-U, zusammen, kürzte das dann Ende des Jahres nochmals um zehn Stück und gab am 18. Januar 1918 den Befehl, daß davon nur 20 Stück fertiggestellt werden sollten – abgenommen wurden aber lediglich 16 Fahrzeuge.

Am 27. Februar 1918 führte das Sturmbataillon Rohr den A7V-Panzerwagen Kaiser Wilhelm II. vor, und am 21. März 1918 erhielten vier dieser Wagen beim Michael-Angriff bei St. Quentin ihre Feuertaufe. Weitere zwei gefahrene Angriffe hatten dann die Schwerfälligkeit dieser Fahrzeuge erwiesen. Was aber wichtiger war, man hatte am 25. März die neuen, leichten englischen Whippet-Tanks gesehen.

Wie schon die englischen Tanks vom Herbst 1916 die Konstruktion des A7V beeinflußt hatten, so hat der Whippet-Tank den Entwurf des deutschen leichten Kampfwagens (LK) geprägt.

Der LK II in der Erprobung

Die anfängliche Konstruktion des Ing. Vollmer, die nur ein MG trug, wurde bald durch den **LK II** mit einer Kanonen-Bewaffnung ersetzt, der am 13. Juni 1918 vorgeführt wurde. Am 23. Juni wurden dann 580 Stück dieses Panzerwagens bestellt. Gleichzeitig erhielt die Firma *Krupp* den Auftrag für 20 Muster einer »Kraftprotze«, deren Aufbau später erklärt wird. Am 17. Juli wurde dann ein Panzerprogramm vorgelegt; bis Ende 1918 waren von dem LK II 670 Stück zu liefern, bis 30. Juni 1919 weitere 2000, und bis Ende November 1919 sollten es nochmals 2000 Stück sein.

Krupp legte am 23. Juli die geänderte Konstruktion der »Kraftprotze« vor, die nun in das neue Lieferprogramm vom August 1918 einbezogen wurde. Jetzt, unter dem Schock des feindlichen Panzerdurchbruches vom 8. August bei Amiens, wo der Gegner nicht weniger als 534 Tanks einsetzte, sollten 800 LK II schnellstens geliefert werden, weitere 1385 Stück dieses Panzerwagens und 65 der »Kraftprotze« waren bis zum Ende des Jahres fertigzustellen, und nicht weniger als 4000 zusätzliche LK II sollte die Truppe bis Ende Juni 1919 erhalten.

Wie wenig ausgereift aber die feindlichen Tanks waren, zeigt die Zahl der bis zum 10. August ausgefallenen Fahrzeuge, die nicht weniger als 459 betrug. Der Bau der A7V-Wagen wurde am 12. September eingestellt, und von dem bei der *Gutehoffnungshütte* in Oberhausen-Sterkrade entworfenen »Oberschlesien-Wagen« hatte man am 5. Oktober 1918 noch zwei Muster bestellt. Die Firma *Daimler* hatte als Gegenstück zur »Kraftprotze« der Firma *Krupp* der O.H.L. noch einen »Sturmwagen« vorgeschlagen, der aber über das Reißbrettstadium nicht hinauskam.

Am 30. Oktober legte der Ing. Vollmer noch die Pläne für den neuen LK III mit hinten liegendem Motor vor, und am 4. November 1918 sollte die Erprobung der beiden in Berlin bei der Firma *Riebe-Kugellager* gebauten K-Wagen beginnen.

Das Kriegsende und der § 171 des Versailler Diktates

> »Desgleichen ist die Herstellung in und die Einfuhr nach Deutschland von Panzerwagen, Tanks oder irgend eines anderen ähnlichen Materials, das Kriegszwecken dienen kann, verboten.«

18

unterbrachen aber dann die Panzerentwicklung bis 1925, als das Reichswehrministerium an die Firmen *Daimler, Krupp* und *Rheinmetall* die Entwicklung des »Groß-Traktors« vergab.

Das Endergebnis der ersten deutschen Panzerentwicklung war also recht mager. Man hatte zwanzig A7V gefertigt, und es gab einige Einzelstücke von zwei verschiedenen leichten Kampfwagen. Der eine A7V-U und die beiden K-Wagen wurden nicht mehr fertig, aus der Beute wurden aber etwa 100 Fahrzeuge instand gesetzt.
Auf der Gegenseite hatten die Engländer 1295 schwere und über 200 leichte Tanks produziert. Bei den Franzosen waren es 800 schwere und 1560 leichte Kampfwagen, bei den Amerikanern war ein Auftrag über 15 015 leichte Panzer angelaufen, 1200 schwere Kampfwagen hatten sie in Frankreich bestellt.

Abschließend wollen wir uns noch die technische Seite der deutschen Entwicklungen ansehen: Der **A7V-Kampfwagen** war ein 7350 mm langes Fahrzeug, das bei 3050 mm Breite und 3400 mm Höhe 30 t wog. Von zwei 4-Zylinder-Motoren mit je 100 PS angetrieben, erreichte dieser Kampfwagen auf der Straße 9 km/h und im Gelände 5 km/h. Bewaffnet mit einer 57-mm-Kanone und 6 MGs, besaß der A7V 10 Mann Besatzung. Vergleichsweise kam der englische Tank »Mark IV« mit zwei Kanonen und sechs MGs mit sieben Mann Besatzung aus. Vom A7V hatte der Ing. Vollmer übrigens eine gekürzte Ausführung mit zwei 20-mm-Kanonen, zwei MGs und zehn Mann vorgeschlagen. Dieser Typ blieb aber ein Projekt.
Für das Muster **A7V-U** mit der umlaufenden Kette gab es drei Projekte mit jeweils fast 40 t Gewicht. Dieser den englischen Konstruktionen angeglichene Kampfwagen war mit 8040 mm etwas länger und durch die seitlichen, die Kanonen tragenden Erker mit 4690 mm wesentlich breiter. Die geplante Bewaffnung bestand aus zwei 77-mm- bzw. 57-mm-Kanonen und sechs MGs.
Der leichte Kampfwagen von 7 t Gewicht war 5935 mm lang, 2270 mm hoch und 1910 mm breit. Er trug aber nur ein MG und wurde kurz danach durch den **LK II** abgelöst, bei dem man den MG-Drehturm durch eine 57-mm- bzw. 37-mm-Kanone ersetzt hatte. Das Fahrzeug war mit 5080 mm etwas kürzer, das Gewicht stieg auf fast 8 t an. Das Fahrzeug erreichte eine Geschwindigkeit von 12 km/h. Diese mit 3 Mann besetzten Kampfwagen besaßen eine Panzerung von 8 mm und trugen den Motor noch vorn. Erst beim **LK III** wurde der Motor nach hinten verlegt und die Panzerung auf 12 mm verstärkt. Die schwedische Armee hat dieses Baumuster dann später als »Strijdsvagn M 21« übernommen.

Bei der von der Firma *Krupp* vorgeschlagenen **»Kraftprotze«** handelte es sich um ein leichtes Fahrzeug von 3900 mm Länge, 2300 mm Breite und 1850 mm Höhe, das mit einem MG bewaffnet war und zwei Mann Besatzung trug. Das Wesentliche war hier ein 2600 mm breites und 1830 mm hohes Stahlschild am Heck, hinter dem vorgehender Infanterie ein gewisser Schutz geboten werden sollte. Der »Sturmwagen« von *Daimler* besaß ebenfalls zwei Mann Besatzung. Die Gesamtlänge mit dem einen MG betrug 4525 mm. Hier ragte das rückwärtige Schutzschild 80 mm über den 1905 mm hohen Wagen hinaus.
Der Sturm-Panzerwagen **Oberschlesien** wog 19 t und besaß drei unabhängige Drehtürme, in denen eine 57-mm-Kanone und zwei MGs untergebracht waren. Das 6700 mm lange, 3000 mm hohe und 2340 mm breite Fahrzeug wurde von einem hinten liegenden 195-PS-Motor angetrieben und erreichte auf der Straße max. 19 km/h. Die Besatzung von fünf Mann sollte durch eine Panzerung von 14 mm geschützt werden.
Die beiden, fast fertigen **K-Wagen** waren jeweils 12 700 mm lang, 3000 mm hoch und über die Erker, die vier 77-mm-Kanonen trugen, 6100 mm breit. Die nun fast 145 t schweren Fahrzeuge hatten eine auf 40 mm verstärkte Panzerung erhalten – der Boden war übrigens nur 10 mm gepanzert, an Minen hatte man anscheinend nicht gedacht. Die beiden Motoren leisteten zusammen 1300 PS, und damit hoffte man im Gelände eine Geschwindigkeit von

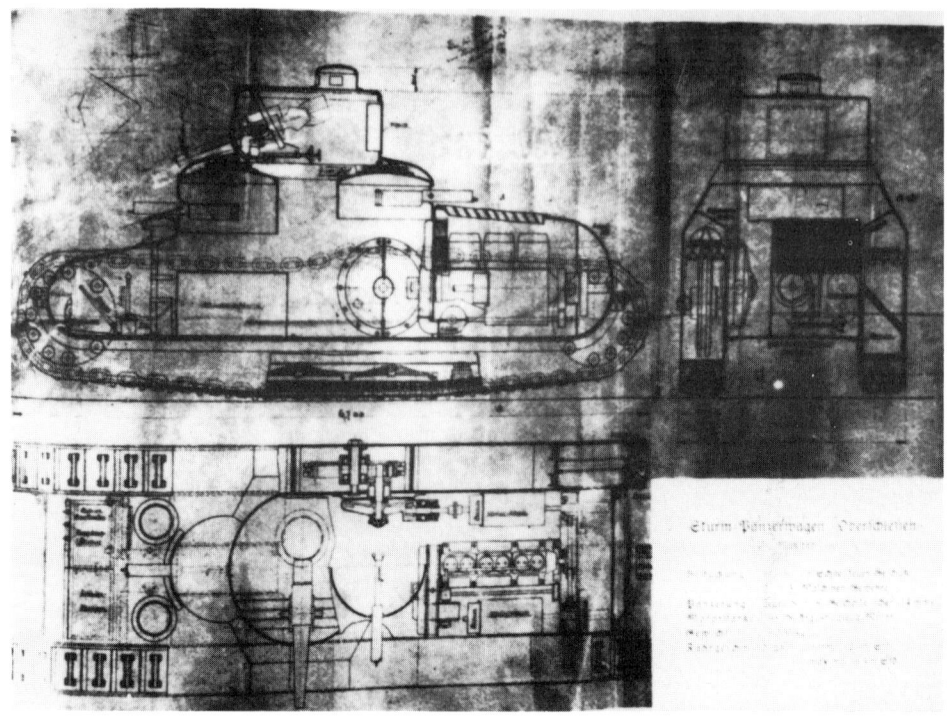

Werkzeichnung »Oberschlesien«

Modell des K-Wagen

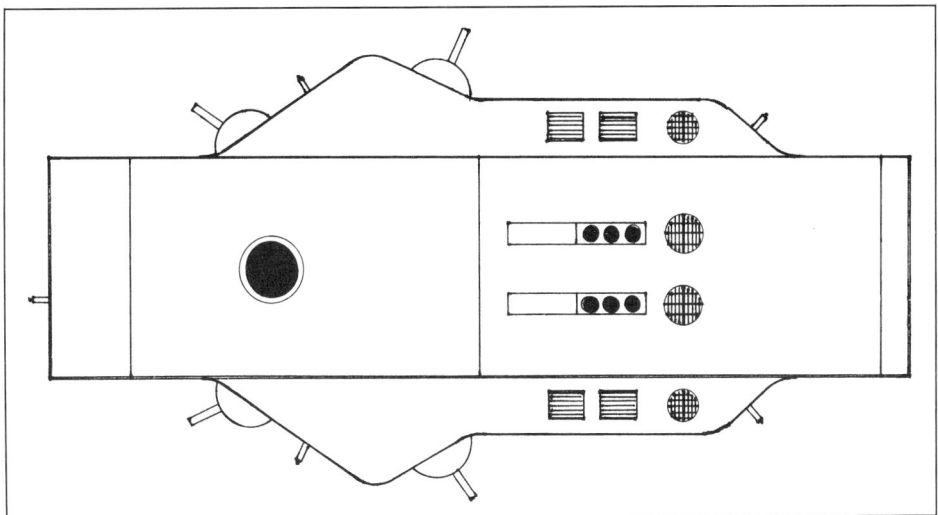

K-Wagen von oben

5 km/h zu erreichen. Die Anzahl der MGs hatte man auf sieben erhöht, und damit war die Besatzung auf 27 Mann gewachsen. Im Oktober 1918 wurde dann entschieden, nur diese zwei Fahrzeuge – der Preis sollte sich dafür auf 1,3 Millionen RM belaufen – fertigzustellen.
Hitler hat sich übrigens im Zweiten Weltkrieg Modelle des K-Wagens vorführen lassen. Sie gaben die Anregung zur »Maus«, dem mit 188 t Gewicht größten je gebauten Panzer-kampfwagen.
Es muß hier festgestellt werden: Die militärische Führung hat in Deutschland während des Ersten Weltkrieges den Wert des Kampfwagens viel zu spät erkannt. Zusätzlich haben Kompetenzstreitigkeiten die Produktion immer wieder verzögert. Erst als der Gegner, wie am 8. August 1918, unterstützt von 680 Kampfwagen, bei Amiens die deutsche Front auf 30 km Breite aufriß und 12 km tief vordrang – die deutschen Verluste betrugen einschließlich der Gefangenen fast 43 000 Mann –, erst dann hat die Oberste Heeresleitung der Produktion die längst erforderliche Dringlichkeitsstufe zuerkannt.

Pz. I und II

Die **Panzerentwicklung nach dem Ersten Weltkrieg** in Deutschland begann mit dem ab Sommer 1925 entwickelten **Groß-Traktor**.
Von den Firmen *Daimler, Krupp* und *Rheinmetall* wurden jeweils zwei Stück gebaut, die dann ab Juli 1929 in Rußland auf dem Prüfplatz in Kama (6 km entfernt von Kasan, der Hauptstadt der Tatarischen Sowjetrepublik) erprobt wurden. Das waren äußerlich ähnliche Fahrzeuge von 16–18 t Gewicht, die im Turm eine 75-mm-Kanone und ein MG, ein weiteres MG im Bug und noch eines in einem kleinen Heckturm trugen. Die Abmaße waren geringfügig abweichend. Hier seien die Maße für die *Daimler*-Ausführung genannt: Länge 6650 mm, Breite 2780 mm und 2450 mm Höhe. Der Motor von 31,2 Liter Hubraum leistete etwa 300 PS, und das ergab auf der Straße eine Geschwindigkeit von 40 km/h. Der Panzerschutz betrug 14 mm, die Besatzung sechs Mann.

Groß-Traktor (Rheinmetall)

Leichttraktor (Rheinmetall)

Neubaufahrzeug

In Rußland fielen die *Daimler*-Muster wegen Getriebeschäden aus. Am besten schnitt die *Rheinmetall*-Ausführung ab. Infolge der politischen Entwicklung wurden die Erprobungen auf dem russischen Prüfplatz jedoch am 15. September 1933 abgebrochen. Die Fahrzeuge sind später noch bei Übungen und Erprobungen verwendet worden.

Die Entwicklung eines leichten Panzers wurde Ende Juli 1928 unter dem Decknamen **Leichttraktor** eingeleitet; die gleichen Firmen sollten Entwürfe vorlegen. Da *Daimler* abgelehnt hatte, wurden nur äußerlich ähnliche Muster, bei denen der LK-II-Entwurf von 1918 Pate gestanden hatte, bei *Krupp* und *Rheinmetall* gefertigt. Diese Fahrzeuge wurden ab Juni 1930 ebenfalls in Kama erprobt. Mängel zeigten sich bei der Kühlung der vorn liegenden Motore und beim Verschleiß der Ketten.

Hier wollen wir die Werte der *Rheinmetall*-Ausführung nennen: Länge 4320 mm, Breite 2260 mm, Höhe 2270 mm und ein Gewicht von fast 9 t. Der mit vier Mann besetzte Panzer besaß einen 7,8-l-Motor von 100 PS, der das Fahrzeug auf eine maximale Geschwindigkeit von 35 km/h brachte. Bewaffnet war das mit 13 mm gepanzerte Fahrzeug mit einer 37-mm-Kanone und einem MG. Nach der Rückführung aus Rußland fand eine Weiterentwicklung dieses Types nicht statt. Man hatte sich jetzt auf hinten liegende Motore festgelegt.

Ende Oktober 1932 wurde unter der Bezeichnung **Neubaufahrzeug** die Entwicklung eines Kampfwagens mit drei Drehtürmen eingeleitet. An der Ausschreibung beteiligten sich wieder nur die Firmen *Krupp* und *Rheinmetall*. Durch die Datenfestlegung bedingt, haben wir auch hier wieder äußerlich eine starke Ähnlichkeit. Gewichte mit 19,5 t, die Abmaße: Länge 6650 mm, Breite 3000 mm und Höhe 2900 mm waren wie auch der Motor von 22,9 Liter Hubraum und 250 PS gleich. Das galt auch für die sechs Mann Besatzung und die Geschwindigkeit von 30 km/h. Ein großer Unterschied war, daß die drei von *Krupp* gebauten Fahrzeuge aus Panzerstahl, die zwei bei *Rheinmetall* gefertigten aber aus Weicheisen bestanden. Die Bewaffnung bestand bei beiden Firmen aus einer 75-mm-Kanone, einer weiteren mit 37-mm-Kaliber, die koaxial montiert waren, und einem MG im Hauptturm. Die 370 kg schwere Kanonenkombination besaß eine Rohrlänge von 1567 mm. Die beiden MG-Türme trugen entgegen der anfänglichen Auslegung nur je ein statt zwei MGs. Die drei Krupp-Fahrzeuge wurden im April 1940 noch in Norwegen eingesetzt, dabei wurde eines in Lillehammer selbstgesprengt.

Die Neubaufahrzeuge besaßen übrigens eine Eigenheit, die es im deutschen Panzerbau nie wieder gab – das Heckrad wurde angetrieben!

Der bei *Krupp* im Herbst 1930 entworfene **Kleintraktor** sollte ein Panzerjäger mit einer 20-mm-Kanone werden. Ein 57-PS-Motor von 3,3 Liter Hubraum sollte das 3,5 t schwere Fahrzeug auf 45 km/h beschleunigen. Diese Entwicklung bildete die Grundlage zum **Landwirtschaftlichen Schlepper,** aus dem dann der **Versuchskraftwagen 617, der später in Pz. I umbenannt** wurde, hervorging.

Der **Panzer I** wog in der **A-Ausführung** 5,4 t, war 4020 mm lang, 2060 mm breit und 1720 mm hoch. Das mit zwei Mann besetzte Fahrzeug trug zwei MGs, erreichte mit dem 57-PS-Motor von 3,5-l-Hubraum 37 km/h und konnte mit der Tankfüllung von 140 l auf der Straße eine Fahrstrecke von 145 km zurücklegen.
Von diesem Typ, der ab Januar 1934 produziert wurde, wurden unter der Oberaufsicht der Firma *Krupp* über 800 Stück geliefert, von denen etwa ein Dutzend ohne Turm zu Übungszwecken Verwendung fanden. Die Fahrzeuge waren mit 13 mm starkem Panzerblech geschützt.
Da hier jedoch der Motor überhitzte, ersetzte man den 57-PS-4-Zyl.-Boxermotor der Firma *Krupp* durch den 6-Zyl.-3,8-l-Maybach-Motor von 100 PS. Als Fahrgestell wurde die 4420 mm lange Ausführung des kleinen Panzerbefehlswagens verwendet. Das nun 6 t wiegende Fahrzeug erreichte 40 km/h, die Fahrstrecke erhöhte sich etwas auf 165 km. Wie beim A-Modell bestand die Bewaffnung aus zwei MG 13 mit einem Munitionsvorrat von 2250 Schuß. Die Firma *Henschel* produzierte die Mehrzahl der fast 900 gelieferten **Pz. IB,** die je Stück ohne Waffen rund 38 000 RM kosteten. Mitte 1941 waren fast alle Wagen zu Ausbildungszwecken herausgezogen worden. Beim Einmarsch nach Rußland am 22. Juni 1941 besaß die Fronttruppe noch 74 Stück der 1445 MG-Wagen, die bei Kriegsbeginn vorhanden waren.
Vom kleinen **Panzerbefehlswagen** wurden bei *Daimler-Benz* 190 Stück produziert. Ein halbes Dutzend davon besaßen das Fahrgestell vom A-Modell. Dieses Fahrzeug war mit 1990 mm etwas höher und trug wegen der zahlreichen Funkgeräte nur ein MG 34 mit 900 Schuß.
Das **Modell C des Pz. I** war ein schneller Aufklärungspanzer mit einem 150-PS-Maybach-Motor, mit dem dieses Modell fast 65 km/h erreichte. Er war mit 2010 mm etwas höher und wog 8 t. Die Bewaffnung bestand aus einer Pz. B mit 13-mm-Kaliber und einem MG 34. Leicht zu erkennen ist dieses Fahrzeug an dem Schachtellaufwerk mit gepreßten Rädern. *Krauss-Maffei* hat von diesem Typ aber nur eine Kleinserie von 40 Stück gefertigt. *Krauss-Maffei* hat auch die 30 Stück des **Pz. IF** produziert. Das war ein im Panzerschutz verstärktes Fahrzeug zur Infanterieunterstützung, besonders die 80-mm-Frontpanzerung war bemerkenswert. Das Gewicht war aber dadurch auf 18 t angestiegen, die Geschwindigkeit trotz des neuen 4,7-l-Motors mit 150 PS auf 25 km/h gesunken.
Hatte man schon die Kettenbreite der ersten Modelle von 280 mm bei der Ausführung C auf 390 mm erhöht, bei der F-Ausführung waren es, bedingt durch das höhere Gewicht, sogar 540 mm. Das Fahrzeug war mit 2640 mm auch erheblich breiter geworden, die Länge betrug hier 4375, die Höhe 2050 mm. Der Panzer hat sich infolge der geringen Feuerkraft der zwei MG 34 nicht bewährt. Ein Anschlußauftrag von 100 Stück wurde wieder gestrichen.
1934/35 hatte *Daimler-Benz* 51 Stück des Pz. IA zum **Gerät 39,** einem Munitionsschlepper, umgebaut. Ohne Aufbau war dieses Fahrzeug nur 1400 mm hoch und wog 5 t. Aus 38 Fahrzeugen des B-Musters wurde bei der Firma *Alkett* im Februar 1940 eine Selbstfahrlafette mit dem s.I.G. 33 geschaffen. Durch die Schutzaufbauten war das 8,5-t-Fahrzeug mit 3350 mm sehr hoch. Im Herbst 1943 gab es noch einige dieser SFL (Selbstfahrlafetten) bei der 704. schweren Infanteriegeschütz-Abteilung im Osten.
Ein weiterer bei *Alkett (Altmärkische Kettenfabrik-Berlin)* durchgeführter Umbau von 202 Stück des Panzers IB war die **SFL mit der 4,7-cm-Pak(t).** Das 2250 mm hohe Fahrzeug von 6,4 t Gewicht trug eine Besatzung von drei Mann. Es wurde bereits im Mai 1940 im

Panzer I

Ein BMW-Vorschlag

Westfeldzug bei der 5. Heeres-Pz.-Jäger-Abt. eingesetzt. Für die tschechische Panzerabwehr-waffe wurden 86 Schuß im Fahrzeug mitgeführt.

Produziert hat man bis Kriegsausbruch 1867 Stück des **Pz. I,** davon etwa 200 ohne Aufbau, die als Schulungsfahrzeug oder Schlepper verwendet wurden.

Das Fahrgestell des Panzerkampfwagens I wurde für zahlreiche Versuche und Entwicklungen verwendet. Es finden sich Versuchsausführungen von Brückenleger-Panzern, Pionier-Kampfwagen und Ladungslegern.

Lieferungen ab Kriegsbeginn

	1939	1940	1941	1942
Pz.I C	–	–	–	40
Pz.I F	–	–	–	30
Pz.I mit s.J.G. 33	–	38	–	–
Pz.I mit 4,7-cm-Pak(t)	–	172	30	–

Der **Panzerkampfwagen II** war eine Zwischenlösung, da die geplanten Haupttypen III und IV nicht rechtzeitig in Produktion gingen. Unter der Tarnbezeichnung »LaS-100« legten *Krupp, Henschel* und die *MAN* ähnlich aussehende Entwürfe vor. Das Waffenamt entschied sich nach der Erprobung für die *MAN*-Konstruktion. Diese 7,6 t schweren Fahrzeuge wurden von einem 5,7-l-6Zyl.-Maybach-Motor mit 130 PS angetrieben, und das ergab eine Höchstgeschwindigkeit von 40 km/h. Die Fahrstrecke mit 170 l Kraftstoff betrug fast 120 km. Das Fahrzeug war 4380 mm lang, 2140 mm breit und 1945 mm hoch, der Panzerschutz 13 mm dick. Bewaffnet war das 3-Mann-Fahrzeug mit einer 2-cm-KwK (Kampfwagenkanone) 30 und 180 Granaten sowie einem MG 34 mit 1425 Schuß. Die 64 kg schwere und 1941 mm lange Kanone besaß eine Rohrlänge von 1000 mm und hatte eine theoretische Schußfolge von 280/min. Verschossen wurde die 146 g schwere Pzgr., die auf 500 mm Entfernung 14-mm-Panzerung durchschlug mit einer V_0 von 785 m/s.

Von der 2-cm-Kanone waren bei Beginn des Krieges 1585 Stück vorhanden, für die 17,933 Millionen Spreng- und 3,744 Millionen Panzergranaten vorlagen. ╯

Vom **Panzerkampfwagen IIa** hat *MAN (Maschinenfabrik Augsburg-Nürnberg)* ab Mai 1936 100 Fahrgestelle geliefert. *Daimler-Benz* produzierte dazu die Aufbauten. Die Ausführung »b« trug einen neuen 6,2-l-Maybach-Motor von 140 PS. Das ergab mit 4755 mm ein etwas längeres Fahrzeug, das 7,9 t wog. Davon hat *MAN* ebenfalls 100 Stück geliefert. Gekostet hat so ein Panzer 52 640,– RM.

Durch einen vorn auf 30 mm verstärkten Panzerschutz stieg bei der Ausführung »c« das Gewicht auf 8,9 t. Dabei wurde das Fahrzeug auch größer, 4810 mm lang, 2223 mm breit und 1990 mm hoch. Leicht zu unterscheiden war das »c«-Muster durch das neue 5-Rad-Laufwerk. Bei den Ausführungen A, B und C war ein verbessertes Getriebe eingebaut. Durch andere Abdeckbleche erhöhte sich die Breite auf 2250 mm, der Munitionsvorrat für das MG 34 wurde auf 2250 Schuß erhöht. Die Produktion der letzten vier Ausführungen betrug 1114 Stück. Sie verteilte sich auf sieben Firmen. Die D- und E-Ausführungen waren als sogenannte **Schnell-Kampfwagen** für die leichten Divisionen vorgesehen. Diese 9,5 t schweren Fahrzeuge besaßen ein völlig neues Fahrgestell mit vier großen Laufrädern. Die **Panzer II D und E** waren 4640 mm lang, 2300 mm breit und 2020 mm hoch. Der Turm blieb jedoch gleich, die Höchstgeschwindigkeit stieg aber auf 55 km/h an. Von diesem Typ wurden 250 Stück geliefert. Die F-Ausführung unterschied sich vom C-Muster durch den neuen Wannenbug mit verbesserter Panzerung, wodurch sich das Gewicht auf 10 t erhöhte. Das Fahrzeug war mit 2150 mm geringfügig höher und war bei den letzten Lieferungen im Herbst 1942 schon mit der neuen 1953 mm langen 2-cm-KwK 38 ausgerüstet, die bei gleicher Rohrlänge nur noch 56 kg wog und mit 480 Schuß/min eine wesentlich höhere Feuerfolge hatte. Verschossen

Panzer II

wurden außer der bereits erwähnten Pzgr. auch die 121 g schwere Sprenggranate und später die 115 g wiegende Brandgranate. Die neue, 100 g schwere Pzgr. 40, die, mit einer verstärkten Ladung verschossen, eine V_0 von 1050 m/s erreichte und auf 500 m 20-mm-Panzerung durchschlug, ist nur in kleinen Stückzahlen produziert worden. Ohne Waffen hat ein derartiger Panzer 49 228,– RM gekostet, für die 2-cm-KwK 38 wurden zusätzlich 3500,– RM berechnet. Die G-Ausführung war ein Versuchsfahrzeug mit neuer Federung und neuem Turm. Von der Null-Serie sind aber nur zwölf Stück fertig geworden. Als **Panzer II J** finden wir eine Ausführung mit verstärktem Schutz – 80-mm-Front- und 50-mm-Seitenpanzerung. Das 18 t schwere Fahrzeug, von dem es 22 Stück gab, hatte eine Höchstgeschwindigkeit von nur 30 km/h.

Schnelle Panzerwagen sollten die **Ausführungen H und M** werden, ein neuer 6-Zyl.-Maybach-Motor von 6,75-l-Hubraum leistete 180 PS und sollte diese Fahrzeuge auf 65 km/h bringen. Mit einem Kraftstoffvorrat von 235 l wollte man einen Fahrbereich von 160 km erreichen. Der Bodendruck betrug durch die 360 mm breiten Ketten 0,75 kg/cm². Diese Verhältniszahl dient neben dem Leistungsgewicht von PS je t Gefechtsgewicht zur Bewertung von Panzerfahrzeugen. Als Bewaffnung war hier die 2,8-cm-KwK 42 der Firma *Mauser* vorgesehen, die man von der s.Pz.B. 41 abgeleitet hatte. Von der 150 kg schweren Waffe wurden 24 Stück gebaut, darunter auch solche mit einer Gurtzuführung. Das Waffenprojekt wurde aber im Herbst 1942 wieder aufgegeben.

Laut einem utopischen Programm vom Sommer 1941 sollten von diesen Fahrzeugen für die verschiedensten Verwendungszwecke fast 22 000 Stück gebaut werden. Wegen mangelnder Leistungen wurde aber dieses Programm nach den sechs bei *MAN* gebauten Mustern nicht weiter verfolgt. Die 385 kg schwere Kette, die mit 300 mm nur 20 mm breiter als die des Panzers I war, hätte sich bei den Bodenverhältnissen, die die Truppe später im Osten vorfand, sicherlich nicht bewährt.

Das Kettengewicht bezieht sich hier nur auf *eine* Kette, es soll veranschaulichen, mit welchen Gewichten die Besatzung bei einer Reparatur umgehen mußte.

Als leichter Aufklärungspanzer war das »VK 1303« vorgesehen, dann mit **Pz. II L** bezeichnet und zuletzt **Luchs** genannt. Mit dem 180-PS-Maybach-Motor sollten 60 km/h erreicht werden. Der Luchs war 4630 mm lang, 2480 mm breit, 2210 mm hoch und wog 11,8 t. Für die 2-cm-KwK 38 wurden 330 Granatpatronen mitgeführt, für das MG 34 waren es 2250 Schuß. Von den im Juni 1942 geplanten 3600 Fahrzeugen erhielt *MAN* einen Auftrag über 800 Stück, von denen die ersten 100 die 2-cm-Waffe tragen sollten. Für die anderen war ein oben offener Turm mit der 5-cm-KwK 39 L/60 vorgesehen. Nachdem im August 1942 die ersten vier Versuchsfahrzeuge erprobt wurden, kürzte man im Januar 1943 den Auftrag auf die zuerst genannten 100 Fahrzeuge. Der Auftrag lief im Januar 1944 aus.

Zur Pz.-II-Baureihe gehört auch der Gefechtsaufklärer »VK 1602«, der später den Suggestivnamen **Leopard** erhielt. Das war ein bei der *MIAG (Mühlenbau & Industrie)* entwickeltes 21,9 t schweres Fahrzeug mit einem 12-Zyl.-Maybach-Motor von 15,6 l Hubraum, der 550 PS entwickelte. Damit wollte man eine Geschwindigkeit von 60 km/h erreichen, die vorhandenen 560 l Kraftstoff sollten im Gelände für etwa 165 km reichen. Die frontale Panzerung hatte man anfänglich auf 50 mm verstärkt, als man später den Turmpanzer auf 80 mm erhöhte, sollte der Turm aus Gewichtsgründen oben offenbleiben. Das Fahrgestell war 4740 mm lang, 3100 mm breit und lief auf 660 mm breiten Ketten. Mit dem von *Daimler-Benz* entwickelten Turm, der eine 5-cm-KwK 39 L/60 trug, hätte die Höhe des Fahrzeuges 2600 mm betragen. Der Munitionsvorrat bestand aus 50 Granatpatronen und 2400 Schuß für das MG 42. Im November 1942 waren alle Vorbereitungen für eine Produktion getroffen, die Fertigung der geplanten 250 Fahrzeuge wurde jedoch infolge der veränderten Kampfverhältnisse im Januar 1943 gestrichen.

Ein anderes zu dieser Gruppe gehörendes Projekt, das von den Firmen *Porsche* und *Skoda* entworfene »VK (Vollkettenfahrzeug) 1601«, ist ebenfalls nicht gebaut worden.

Ein weiteres Projekt blieb das »VK 2801«, ein Entwurf für ein Mehrzweckpanzerfahrzeug der Firma *Daimler-Benz*. Das Waffenamt forderte immer höhere PS-Zahlen für den Motor;

Der »Luchs«

»Marder II«

Aluminium, von der Luftwaffe dringend benötigt, mußte durch Gußeisen ersetzt werden – das Gewicht stieg und stieg und erreichte schließlich 33 t. Die Firma *FAMO (Fahrzeug- und Motorenbau)* in Breslau übernahm dann diese Entwicklung, die dann im Mai 1944 endgültig gestrichen wurde.

Für 90 aus der Serienfertigung des **II D** entnommene Fahrgestelle hat die Firma *Wegmann – Kassel* den Aufbau mit zwei Flammenwerfern geliefert. Der mitgeführte Ölvorrat von 320 Litern reichte für 80 Flammstöße von 2–3 Sekunden Dauer, die Reichweite betrug 35 m. Da sich dieser **Pz. II (F),** auch »Flamingo« genannt, nicht bewährte, sind von dem zweiten Auftrag über 150 Stück nur noch 65 geliefert worden.

Am 20. Dezember 1941 erhielt die Firma *Alkett* den Auftrag, 150 russische 7,62-cm-Geschütze, die bereits als Pak 36(r) erklärt wurden, auf Fahrgestelle des Panzers II D zu montieren. Diese 11,5 t schweren Fahrzeuge waren 5850 mm lang, 2300 mm breit und 2600 mm hoch. Für die Kanone trug die mit vier Mann besetzte Selbstfahrlafette 30 Granatpatronen, für das zusätzliche MG 800 Schuß. Die Firma *Alkett* hatte im Mai 1942 alle 150 Fahrzeuge ausgeliefert und erhielt einen Zusatzauftrag über 60 neue Aufbauten, die man auf reparierte Flammenwerfer-Panzer setzte. Die Türme der Flammpanzer wurden später für Festungseinbauten freigegeben. Bei der Firma *FAMO* wurden Pz. II der verschiedenen Ausführungen zur **SFL Marder II** umgebaut. Das 10,8 t schwere Fahrzeug war 6360 mm lang, 2280 mm breit und 2200 mm hoch und trug die 7,5-cm-Pak 40, für die 37 Granatpatronen mitgeführt wurden.

Eine weitere, ebenfalls bei der Firma *FAMO* erstellte Selbstfahrlafette war die **Wespe,** die man bei *Alkett* im Frühjahr 1942 entworfen hatte. Hier war das Fahrzeug 4810 mm lang, 2280 mm breit, 2300 mm hoch und wog 11,5 t. Montiert war hier das 726 kg schwere Rohr der 10,5-cm-le.F.H. 18, für die 32 Schuß mitgeführt wurden. Erstmals bei der Schlacht um Kursk eingesetzt, war diese Waffe an allen Fronten bei der Truppe beliebt. Von der le.F.H. wurden für die »Wespe« 753 Stück geliefert. Ohne das Geschütz – als Munitionsschlepper für 90 Schuß – hat man zusätzlich 156 Fahrzeuge produziert.

Versuchsmuster blieben das »VK 901« – eine 5-cm-Pak 38 auf dem Pz.-II-Fahrgestell – und der von der Firma *Magirus* entwickelte Brückenleger-Panzer.

Die »Wespe«

Eine Kleinserie war die 53 000,– RM teuere Selbstfahrlafette des Pz. II mit dem 15-cm-s.I.G. 33. Um die Waffe unterzubringen, hatte man das Fahrgestell auf 5410 mm verlängert. Das Fahrzeug wog 11,2 t und trug 30 Schuß Munition. Alle zwölf dieser Selbstfahrlafetten wurden im Frühjahr 1942 in Nordafrika eingesetzt.

Für das Unternehmen »Seelöwe«, die geplante Invasion Englands, hat die Firma *Sachsenberg* in Roslau **Schwimmkörper** gebaut, mit denen 52 Pz. II ausgerüstet wurden. Im Wasser erreichte dann das Fahrzeug eine Geschwindigkeit von 10 km/h. Das Fahrgestell des Pz. II fand sich natürlich bei einer ganzen Anzahl von Erprobungen und Versuchen, z. B. dem Pionier-Panzerwagen oder der Panzer-Schnellbrücke der Firma *Magirus*.

Rohstoffmäßig war der Panzer II eine schlechte Lösung, einschließlich der Bewaffnung waren für jedes Fahrzeug 21,3 t Rohmaterial notwendig.

Seine Leistungen im Gelände: Er besaß eine Steigfähigkeit von 30°; mit einer Bodenfreiheit von 345 mm konnte er 420 mm hohe Hindernisse überklettern. Die Watfähigkeit betrug 900 mm, Gräben konnten bis zu 1800 mm Breite überschritten werden.

Die Truppe besaß bei Kriegsbeginn von den 1256 produzierten noch 1224 Fahrzeuge der verschiedenen Ausführungen des Panzers II.

Produktion der wichtigsten Ausführungen
(1945 wurde nichts mehr produziert)

	1939	1940	1941	1942	1943	1944
Pz. II	15	10	233	282	–	–
Pz. II F	–	90	42	23	–	–
Pz. II Luchs				20	77	7
Pz. II mit 7,5-cm-Pak. Marder II	–	–	–	327	204	–
Pz. II mit 7,62-cm-Pak.	–	–	–	184	8	–
Pz. II mit le.F.H. Wespe	–	–	–	–	518	144
Pz. II mit s.I.G.	–	–	7	5	–	–

Verloren gingen im Polenfeldzug bei der Truppe 83 Fahrzeuge, im April 1940 weitere 13, bei der Besetzung von Dänemark und Norwegen und im Westfeldzug dann 194 Panzer II.

Im März 1945 ergab sich für diese Fahrzeuge die folgende Bestandsliste:

	Feldheer	Ersatzheer
Panzer II	15	130
Marder II	146	33
Wespe	301	6
Muni-Schlepper	39	–

Von der 2-cm-Munition hat das Heer die folgenden Mengen erhalten (in 1000 Schuß):

	1939	1940	1941	1942	1943	1944
Sprgr.	5 532,2	14 608,0	8 353,8	6 726,5	861,0	–
Pzgr.	4 494,7	8 768,6	5 908,7	2 072,3	6 285,8	7 686,4
Pzgr. 40	–	–	484,7	516,5	–	7 686,4
Brandgr.	–	–	–	2 417,1	26 937,1	34 973,7

Für 1945 gibt es abweichende Zahlen, deshalb wurde hier auf eine Angabe verzichtet.

Diese Munition wurde natürlich auch für die 2-cm-Flakwaffen verwendet, besonders die 1943 und 1944 in großen Mengen gefertigte Brandgranate.
Zum Vergleich hier die Mengen, die den beiden anderen Wehrmachtsteilen zur Verfügung standen:

	Luftwaffe			Kriegsmarine		
	Sprgr.	Pzgr.	Brandgr.	Sprgr.	Pzgr.	Brandgr.
1943	964,7	11 410,1	45 825,7	317,8	3 552,0	20 328,6
1944	–	11 137,4	55 140,0	–	3 133,2	26 138,5

Pz. III

1934 wurden vom Heereswaffenamt Entwicklungsaufträge für einen Geschützwagen mit einer 3,7-cm-KwK und einen weiteren mit einer 7,5-cm-Kanone vergeben. Die erste Ausführung erhielt die Tarnbezeichnung »ZW« (Zugführerwagen), und von den vier aufgeforderten Firmen erhielt *Daimler-Benz* den Auftrag, zehn Fahrzeuge zu bauen.
Diese Fahrzeuge gingen dann 1936 als **Panzerkampfwagen III A** in den Truppenversuch. Das 15,4 t schwere Fahrzeug wurde von einem 12-Zyl.-Maybach-Motor von 10,8 l Hubraum, der 230 PS leistete, angetrieben und erreichte max. 32 km/h. Dieser Panzer war 5690 mm lang, 2810 mm breit und 2335 mm hoch. Er trug fünf Mann Besatzung und war mit einer 195 kg wiegenden 3,7-cm-KwK L/45, die eine Rohrlänge von 1717 mm besaß, bewaffnet. Von der 3,7-cm-Kanone gab es bei Kriegsausbruch 380 Stück mit 758 000 Granatpatronen. Verschossen wurde im allgemeinen die 0,69 kg schwere Pzgr. mit einer V_0 von 745 m/s. Das ergab eine Durchschlagsleistung von 29 mm bei 500 m Entfernung. Es konnten aber auch 150 Patronen mitgeführt werden, die die 0,37 kg schwere Pzgr. 40 trugen. Dieses Wolframgeschoß durchschlug zwar bei einer V_0 von 1020 m/s 34 mm, da aber dieser Wert zur Bekämpfung der gegnerischen Panzer nicht ausreichte, wurde die Fertigung im Oktober 1942 wieder eingestellt. Zusätzlich waren noch drei MG 34 mit zusammen 4400 Schuß vorhanden. Der Panzerschutz betrug rundum 15 mm.

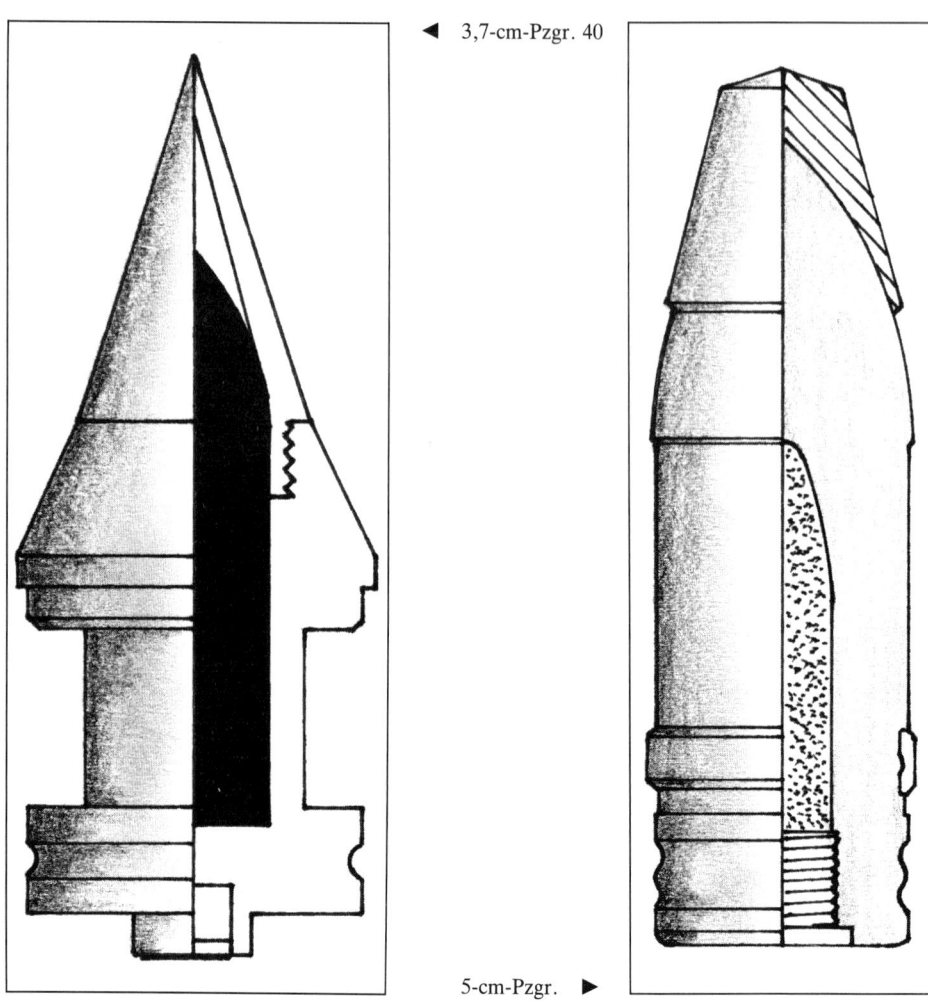

◄ 3,7-cm-Pzgr. 40

5-cm-Pzgr. ►

Der Kraftstoffvorrat von 300 l reichte im Gelände für eine Fahrstrecke von 90 km. Die zweite Versuchsserie von zwölf Stück, mit **B** gekennzeichnet, hatte ein völlig neues Laufwerk mit acht kleinen statt der fünf großen Rollen. Das Fahrzeug war 310 mm länger und mit 500 kg Mehrgewicht auch sonst etwas größer. Bei den 15 Stück der Ausführung **C** war die Federung weiter verbessert worden, aber erst bei den 50 Fahrzeugen der **D-Serie** wurde die Panzerstärke an der Front und Seite auf 30 mm erhöht, und damit stieg das Gewicht auf 19,8 t an. Da aber die 360 mm breiten Ketten von je 600 kg Gewicht beibehalten wurden, erhöhte sich der Bodendruck von 0,77 auf 0,96 kg/cm². 1939 wurde dann mit 100 Stück die erste größere Serie, die Ausführung **E**, geliefert. Diese Fahrzeuge waren mit 5380 mm etwas kürzer; sie hatten einen neuen Motor von 11,9 l Hubraum erhalten, mit dessen 265 PS eine Geschwindigkeit von 40 km/h erreicht wurde. Der Kraftstoffvorrat wurde auf 320 l erhöht. Bei der Ausführung **F,** von der 440 geliefert wurden, gab es nur geringfügige Verbesserungen, äußerlich fiel die geänderte Kommandantenkuppel auf.

Übrigens überholten die Verbesserungen die Aufträge. Im Januar 1939 hatte man erneut 1250 Fahrzeuge bestellt, obwohl noch ein Rest von 1540 Stück aus alten Aufträgen offenstand. Da aber bis Ende Mai 1939 lediglich zehn Stück geliefert wurden, kürzte man die neue Bestellung auf 500 Stück. Nach einer Lieferung von nur 19 Fahrzeugen in den nächsten zwei Monaten erfolgte im August dann eine erneute Kürzung um 200 Stück. Zu Kriegsbeginn weist die Statistik eine bestellte, jedoch nicht gelieferte Menge von 2087 Stück aus.

Bei etwa 550 der 600 gebauten Fahrzeuge der **G-Ausführung** wurde die neue 5-cm-KwK 38 L/42 montiert. Die bei der Firma *Krupp* im Januar 1938 in Auftrag gegebene 400 kg schwere Kanone besaß eine Rohrlänge von 2103 mm und verschoß die 557 mm lange Pzgr.Patrone 39, die 4,15 kg wog und eine 2,06 kg schwere Pzgr. trug. Bei einer V_0 von 685 m/s wurde aber auf 500 m nur eine Durchschlagsleistung von 47 mm erreicht. Mit der 0,93 kg schweren Pzgr. 40, einer wegen des Wolframmangels seltenen Hartkernmunition, konnten 57 mm durchschlagen werden.

Im **Panzer III G,** der nun 20,3 t wog, konnten für diese Waffe 99 Granaten mitgeführt werden, für die beiden MG 34 waren 3750 Schuß vorhanden.

Die Ausführung **H** besaß einen verbesserten Turm und trug später eine 30-mm-Zusatzpanzerung an der Front, durch die das Gewicht auf 21,6 t anstieg. Mit den neuen, 400 mm breiten Ketten von je 700 kg Gewicht konnte aber der Bodendruck mit 0,94 kg/cm^2 gehalten werden.

Der **Panzer III J** besaß an der Wanne im Heck eine auf 50 mm verstärkte Panzerung, für das Bug-MG gab es die neue Kugelblende 50 und weitere kleine Verbesserungen.

Mitte Juli 1941, es waren nicht einmal 600 Fahrzeuge dieser Serie geliefert worden, wurde ein bereits von Hitler genehmigter Plan über den zukünftigen Fahrzeugbedarf für die geplanten 36 Panzer-Divisionen vorgelegt. Die Panzerfertigung sollte durch die Erstellung neuer Werke sofort auf 2000 Stück je Monat gesteigert werden, dabei sollten insgesamt die folgenden Typen gefertigt werden:

        4608 Panzer II
        7992 Panzer III
        2160 Panzer IV
         684 Pz.Befehlswagen

Diesem Plan fehlte jeder rohstoffmäßige und produktionsmäßige Unterbau, am 1. Juli 1941 waren von diesen Typen einschließlich der zum Panzer III zu zählenden Sturmgeschütze 3986 Stück vorhanden, und die Produktionskapazität lag für die letzten sechs Monate im Durchschnitt bei 212 Fahrzeugen je Monat. Der Plan wurde wieder zu den Akten gelegt, der Panzer III aber nun wieder neu bewaffnet.

Die neue Waffe, eine 5-cm-KwK 39 L/60, konnte aber trotz beschleunigter Fertigung erst im Januar 1942 in die ersten 64 Fahrzeuge montiert werden. Diese 435 kg schwere Kanone besaß eine Rohrlänge von 3003 mm und verschoß die 2,06 kg wiegende Pzgr. 39 mit einer V_0 von 835 m/s, dabei wurde auf 500 m eine Durchschlagsleistung von 59 mm erreicht. Die wenig eingesetzte Pzgr. 40 erreichte bei einer V_0 von 1190 m/s sogar 94 mm. Die größere Länge der Granatpatronen verminderte den mitgeführten Vorrat auf 78 Stück.

Hitler hatte übrigens bereits im August 1940 nach dem Westfeldzug die Bewaffnung mit dieser KwK befohlen. Das Waffenamt hatte aber eigenmächtig die 3,7-cm-Waffe durch die »kurze« 5-cm-Waffe ersetzt.

Das zeitigte bei Beginn des Rußlandfeldzuges verheerende Folgen:
Den im 1. Halbjahr 1942 übernommenen 1042 Stück der 5-cm-L/60 standen noch 372 gefertigte Waffen mit dem L/42-Rohr gegenüber, deren Montage aber jetzt auslief.

Von der Ausführung **J** des Panzers III hat das Waffenamt 1942 bis zum Sommer etwa 2600 Fahrzeuge abgenommen.

Erkenntnisse an der Front führten dann zur Ausführung **L**, bei der die Fahrerfront und die Turmblende einen Zusatzpanzer von 20 mm erhielten.

Bei diesen 650 Fahrzeugen hatte sich die Gesamtlänge durch die L/60-Kanone von 5560 zu 6412 mm erhöht, das Gewicht betrug nun 22,3 t.

Bei der Ausführung **M** fand sich die einseitig verbreiterte 1350 kg schwere Ostkette, damit erhöhte sich die Breite der Fahrzeuge auf 3266 mm. Im März 1943 wurde erstmalig eine größere Anzahl dieses Baumusters mit zusätzlichen, an den Seiten anhängbaren **Schürzen** ausgerüstet. Das war 5 mm starkes Stahlblech, durch das die Wirkung von Panzerbüchsen und Hohlladungen vermindert werden sollte. So ausgerüstet, war der Panzer **III M** 3410 mm breit. Ohne Funkgeräte hat damals ein solches Fahrzeug 103 163,– RM gekostet.

Da der Mangel an Wolfram die Leistung der 5-cm-Kanonen stark einschränkte, entschloß man sich zur Umbewaffnung mit der »kurzen« 7,5-cm-KwK 37/L/24. Diese damals 8000,– RM teure, 490 kg schwere Kanone, die eine Rohrlänge von 1767 mm besaß, konnte außer der bei der Infanterie sehr wirksamen 5,75 kg schweren Sprgr. 34 auch die 4,8 kg wiegende Hohlladungsgranate 38 C verschießen, die unabhängig von der Entfernung 75-mm-Panzerung durchschlug. Die 6,8 kg schwere Pzgr. rot erreichte bei 500 m nur eine Durchschlagsfähigkeit von 38 mm.

Es wurden 450 Fahrzeuge der L-Serie und später auch 215 des M-Musters auf diese Waffe umgerüstet. Die Frontpanzerung des 2,45 t schweren Turmes war hier auf 57 mm verstärkt worden. Der Munitionsvorrat bei der nunmehr **N** genannten Ausführung betrug 64 Schuß. Durch das auf 23 t erhöhte Gewicht stieg aber der Bodendruck auf 1 kg/cm^2.

Durch Änderungen am Turm, vorwiegend an der Kommandantenkuppel, war die Höhe des Fahrzeuges inzwischen auf 2500 mm angestiegen.

Die Leistungen des Panzers III: Er konnte etwa 30° steigen, mit einer Bodenfreiheit von 385 mm konnte er Hindernisse von 600 mm Höhe überwinden. Er durchwatete 800 mm tiefes Wasser, und Gräben bis zu 2 m Breite waren kein Hindernis.

Die »Schürzen«

Panzer III

Vom Panzer III wurden fünf verschiedene Panzer-Befehlswagen mit zusammen 435 Stück geliefert, 262 Fahrzeuge wurden zu Panzer-Beobachtungswagen für die Artillerie umgebaut. Der Rohstoffbedarf für einen Panzer III betrug etwa 41,2 t.

Einen Sonderauftrag, 100 Pz. III mit Flammenwerfern auszurüsten, erhielt die Firma *Wegmann* in Kassel. Für den **Flammenwerfer,** der eine Reichweite von 60 m besaß, wurden 1000 l Flammöl mitgeführt. Die für den Kampf um Stalingrad vorgesehenen Panzer wurden aber erst Anfang Juli 1943 bei der Panzerschlacht um Kursk eingesetzt.

Ab Juli 1940 wurden 168 Fahrzeuge der **Typen F, G** und **H** zu **Tauchpanzern** umgebaut, die man bei der geplanten Invasion gegen England einsetzen wollte. Die Tauchtiefe betrug 15 m, Frischluft wurde durch einen 18 m langen Schlauch von 20-cm-Durchmesser zugeführt. Die abgebrochenen Versuche wurden im Frühjahr 1941 mit einem 3,5 m hohen Schnorchel wieder aufgenommen.

Am 22. Juni 1941 wurde eine Anzahl dieser Panzer bei der 18. Pz.Div. eingesetzt – sie überwanden den Bug bei Patulin ohne Brückenschlag.

Ab Juli 1944 wurden reparierte Pz. III als **Berge-Panzer** ausgeliefert. Anstelle des Turmes trugen sie einen Kastenaufbau. Kleine Serien gab es vom **Pionier-Panzer** und vom **Munitionsschlepper III.** Prototypen waren der Minenräum-Panzer und der Umbau zu einem Schienenfahrzeug.

Daimler-Benz hatte 1939 bereits einen Ersatz für den Panzer III vorgeschlagen. Das mit »VK (Vollkettenfahrzeug) 2001« bezeichnete Fahrzeug sollte 22 t wiegen. Das 5130 mm lange und 3020 mm breite Fahrzeug sollte einen 12-Zyl.-Daimler-Benz-Motor von 17,5 l Hubraum tragen, der 350 PS entwickelte und dem Panzer eine Geschwindigkeit von 50 km/h verlieh. Nach dem Bau von zwei Fahrgestellen wurde diese Entwicklung wieder abgebrochen.

Vom Panzer III gab es bei Kriegsausbruch 98 Stück, im Polenfeldzug gingen 26 Fahrzeuge verloren, bei der »Weserübung«, der Besetzung Dänemarks und Norwegens, fielen weitere sechs Fahrzeuge aus.

Am 1. Mai 1940, kurz vor dem Feldzug gegen Frankreich, betrug der Bestand 381 Fahrzeuge – während der Kämpfe verlor die Truppe dann 135 Stück.

Die Produktion der Pz. III während des Zweiten Weltkriegs bis Anfang Januar 1945

	1939	1940	1941	1942	1943	1944	1945
Pz. III mit 3,7-cm-KwK	157	396	–	–	–	–	–
Pz. III mit 5-cm-KwK L/42	–	466	1649	251	–	–	–
Pz. III mit 5-cm-KwK L/60	–	–	64	1907	22	–	–
Pz. III mit 7,5-cm-KwK L/24	–	–	–	449	213	–	–
Pz. III mit Flammenwerfer	–	–	–	–	100	–	–
Berge-Pz. III	–	–	–	–	–	150	–
Beobachtungs-Pz. III	–	–	–	–	225	43	–
Tauch-Pz. III	–	168	–	–	–	–	–

Für die Waffen mit 3,7 und 5 cm hatte man während des Krieges bis zum März 1945 folgende Munitionsmengen in 1000 Schuß produziert:

	1939	1940	1941	1942	1943
3,7-cm-Sprgr. u. Pzgr.	1144,0	955,2	197,2	–	–
3,7-cm-Pzgr. 40	–	318,5	16,4	42,0	–
5-cm-Sprgr. 38	–	188,2	2681,5	17,3	–
5-cm-Pzgr. 39	–	234,1	1869,8	674,2	–
5-cm-Pzgr. 40	–	–	643,5	227,0	–

Diese 5-cm-Granaten, deren Fertigung im Juli 1942 eingestellt wurde, gehören zur KwK L/42. Im März befanden sich in den Beständen noch 756 400 Spreng- und 700 100 Panzergranaten. Für die L/60, die »5-cm-lang«, wurde die Munition seit März 1942 aus der Fertigung der Panzerabwehrgeschütze in folgenden Mengen (in 1000 Schuß) entnommen:

	1942	1943	1944	1945
5-cm-Spr.Gr. 38	753,8	1138,7	684,8	11,3
5-cm-Pz.Gr. 39	644,5	1186,6	410,1	28,7
5-cm-Pz.Gr. 40	184,6	135,9	–	–

Die Bestände im März 1945 betrugen hier 645 900 Spreng- und 310 500 Panzergranaten.

Die Zahlen für die 7,5-cm-Munition finden sich bei den Sturmgeschützen (s. S. 77). Zu dem Zeitpunkt waren noch die folgenden Fahrzeuge vorhanden:

Pz. III mit 5-cm-KwK L/42	216
Pz. III mit 5-cm-KwK L/60	113
Pz. III mit 7,5-cm-KwK L/24	205
Beobachtungs-Pz. III	70
Befehls-Pz. III	4
Berge-Pz. III	130

Auch die »Schürzen« trugen Zimmerit

Von den ersten vier Positionen befanden sich 328 Stück beim Ersatzheer, 105 waren zur Schulung abgestellt, und die 164, die bei der Fronttruppe standen, schlüsselten sich wie folgt auf:

Ostfront	16
Westfront	–
Italien	58
Dänemark/Norwegen	90

Der Panzer III war übrigens das erste Fahrzeug, bei dem 1943 die »Zimmerit«-Schutzschicht erprobt wurde. Durch diese Schicht sollte verhindert werden, daß vom Gegner eingesetzte magnetische Haftladungen an den Stahlflächen der Fahrzeuge hielten.
Die 96-kg-Zimmerit, die für einen Panzer III benötigt wurde, bestanden aus

38,4 kg Barium Sulfat
14,4 kg Ockerfarbe
9,6 kg Zinksulfid
9,6 kg Leim mit Holzmehl,

die in 24 kg Mowilith, das war ein Polyvinyl-Acetat, eingerührt wurden. Diese Paste wurde dann mittels Spachteln in einer etwa 5 mm starken Schicht auf die Panzerung aufgetragen, wobei die Flächen in Quadrate von etwa 10 cm Kantenlänge geteilt wurden. Nach einer Trockenzeit von 24 Stunden wurde dann zusätzlich eine Schicht von etwa 3 mm Stärke aufgetragen, die mittels Kratzern stark aufgerauht wurde. Mit Lötlampen wurde dann die Schicht erhitzt, das Lösungsmittel verdampfte, und die Schicht härtete aus. Im Spätherbst 1944 ist diese Schutzschicht dann wieder in Fortfall gekommen.
Seit dem Herbst 1941 wurde die Vereinheitlichung der Panzer III und IV geplant. Grundlage sollte das Einheitsfahrgestell werden, dessen wesentliches Kennzeichen die großen Laufräder

Die »Hummel«

in Schachtelanordnung waren. Einige Fahrgestelle wurden sogar gebaut. Für die neuen, schwereren Waffen waren aber diese Fahrgestelle zu schwach, die Panzer- und Mörserhaubitzen blieben Projekte.

Mehr oder weniger geänderte Fahrgestelle finden sich bei der schweren Sturmhaubitze »Hummel« und dem schweren Panzerjäger »Nashorn«.

Die Firma *Alkett* hatte den Geschützwagen III/IV entwickelt, und mit der 15-cm-s.F.H. 18/1 wurde daraus die **Panzerhaubitze Hummel.** Den Motor vom Pz. III hatte man in die Mitte verlegt, das ergab einen geräumigen Kampfraum. Das 2970 mm breite und 2810 mm hohe Fahrzeug wog 23,5 t. Die Gesamtlänge der mit sechs Mann besetzten Selbstfahrlafette betrug 7170 mm. Wegen der Richtmöglichkeit der Kanone nach oben mit 42° war der Aufbau oben offen. Die mitgeführte Munitionsmenge betrug nur 18 Schuß, es gab aber auf dem gleichen Fahrgestell zur schnellen Versorgung Munitionsschlepper, von denen 150 geliefert wurden. Von der Haubitze selbst wurden 1058 Stück zur Montage bereitgestellt. Obwohl im Februar 1943 schon fünf Fahrzeuge ausgeliefert wurden, erfolgte der erste Einsatz erst Anfang Juli bei Kursk.

Auf dem gleichen Fahrgestell wurde bei den *Deutschen Eisenwerken* in Teplitz-Schönau die **Hornisse** gefertigt. Dieser schwere Panzerjäger war mit der 8,8-cm-Pak 43/41 ausgerüstet, der Munitionsvorrat betrug 40 Schuß. Dieses 24 t schwere Fahrzeug war 2950 mm breit, die Höhe betrug 2940 mm, die Gesamtlänge 8440 mm. Die Waffe und ihre Munition kennen wir bereits von den Panzerabwehrgeschützen.

Für den über 500 Selbstfahrlafetten lautenden Auftrag wurden 543 Pak-Waffen angeliefert. Von der seit Februar 1943 ausgelieferten Selbstfahrlafette befanden sich im Juni bereits 85 im Einsatz. Auf Hitlers Anordnung wurde ab Ende Januar 1944 der Name in **Nashorn** geändert.

Die Produktionszahlen für diese beiden Selbstfahrlafetten bis zum Mai 1945:

	1943	1944	1945
schw. Pz.Haubitze »Hummel«	368	289	57
schw. Pz.Jäger »Nashorn«	345	133	16

Die normale Kette von 400 mm Breite und 805 kg Gewicht ist bei beiden Fahrzeugen später durch die breitere und massivere 1510 kg schwere Ostkette ersetzt worden.

Anfang 1945 standen zwar noch 335 Stück der »Hummel« und 141 vom »Nashorn« an der Front, bei den Rückzügen stiegen aber die Verluste, und am 10. April verteilten sich die Bestände wie folgend:

	Hummel	Nashorn
Ostfront	128	62
Westfront	1	23
Italien	36	–
Balkan	3	–

Einsatzfähig waren von beiden Fahrzeugen zusammen 120 Stück.

Pz. IV

Unter der Tarnbezeichnung BW (Bataillonsführerwagen) begann 1934 die Entwicklung eines Geschütz-Kampfwagens mit einer 7,5-cm-Kanone. 1935 wurde die Bezeichnung in **Panzer IV** geändert. Das Waffenamt lehnte die Entwürfe von *Daimler* und *MAN* ab und entschied sich

Das »Nashorn«

Panzer IV Ausführung F 1

für den der Firma *Krupp,* die dann bis zum März 1938 von der **A**-Ausführung 35 Stück auslieferte. Das 17,3 t schwere Fahrzeug wurde von dem 230-PS-Maybach-Motor angetrieben, den wir vom Panzer III kennen, und erreichte dabei eine Geschwindigkeit von 30 km/h.
Der neue Panzer war 5920 mm lang, 2830 mm breit und 2680 mm hoch, die Besatzung bestand aus fünf Mann. Für die »kurze« 7,5-cm-KwK 37 L/24, die wir bereits aus der Umbewaffnung des Panzers III kennen, waren 122 Granatpatronen vorhanden, für die zwei MG 34 gab es 3000 Schuß. Bei der **B**-Ausführung wurde die Frontpanzerung von 15 mm auf 30 mm verstärkt, der 265-PS-Motor vom Panzer III E wurde installiert, und der Munitionsvorrat verringerte sich auf 80 Granatpatronen.
Das Fahrzeug war mit 5870 mm Länge etwas kürzer und durch eine neue Kommandokuppel jetzt 2850 mm hoch. Das Gewicht stieg um 400 kg an. Beim **C**-Muster gab es einige Änderungen in der Motoraufhängung. Durch zusätzliche Panzerung stieg das Gewicht zwar auf 18,5 t an, das Fahrzeug behielt aber bei der Truppe trotzdem in Anlehnung an eine Rasierklingenreklame den Namen »Rotbart – der Hauchdünne«. Das Triebwerk war jetzt der verbesserte Maybach-Motor mit 300 PS. Die 470 l Kraftstoff reichten auf der Straße für eine Fahrstrecke von 140 km.
Von diesen beiden Mustern wurden vor dem Krieg zusammen 180 Stück geliefert.
Die Panzerindustrie konnte jedoch mit den Forderungen der Truppe nicht Schritt halten, bei Kriegsausbruch liefen nicht nur die seit langem erteilten Aufträge über 471 Stück, es standen aus der 1938 erteilten Bestellung sogar noch 62 Fahrzeuge offen.
Die 230 Stück der Ausführung **D** erhielten neue Ketten, und die Panzerung war am Heck und den Seiten auf 20 mm verstärkt worden. Bei den **E-Mustern,** von denen 220 produziert wurden, hatte man den Panzerschutz an der Wanne vorn auf 50, seitlich auf 40 mm erhöht, das Gesamtgewicht stieg dabei auf 22 t an.
Verstärkungen des Frontpanzers am Turm auf 50 mm erhöhten nun das Gewicht bei den ersten 435 Stück der **F-Ausführung** um weitere 300 kg. Hier wurde aber die neue 400 mm breite Kette von 750 kg Gewicht eingeführt, und damit konnte der Bodendruck von 0,79 kg/cm^2 gehalten werden.

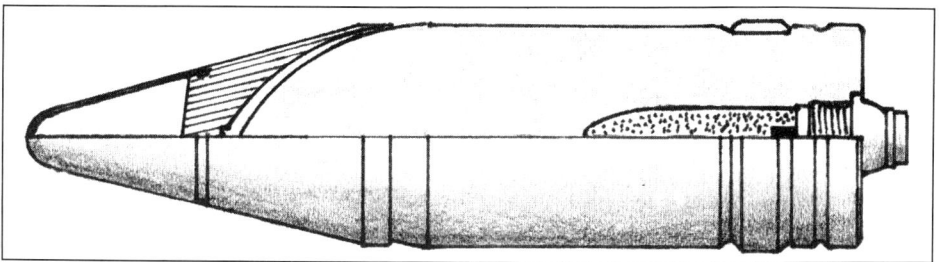

7,5-cm-Pzgr. 39

Da die Leistung der 7,5-cm-KwK 37 L/24 nicht ausreichte – die V_0 von 385 m/s war viel zu gering, um einen Kampf mit den stark gepanzerten russischen Fahrzeugen zu bestehen –, wurde beschlossen, die 670 kg schwere 7,5-cm-KwK 40 L/43, das sogenannte »Langrohr«, so schnell als möglich zu montieren. Die Abnahme der Fahrzeuge sank zwar 1942 von 58 im Februar auf 8 im März, aber die Truppe erhielt im April dann die ersten 75 Panzer IV mit der neuen 12 500,– RM teuren Waffe. Hier wurde aus dem 3473 mm langen Rohr die 6,8 kg schwere Pzgr. 39 mit einer V_0 von 750 m/s verschossen, und dabei wurden auf 500 m Entfernung 91 mm Panzerung durchschlagen. Die später eingeführte Pzgr. 40 von 4,1 kg Gewicht erreichte bei einer V_0 von 920 m/s sogar 108 mm. Wegen dieser Umbewaffnung wurde die **F-Serie** aufgeteilt, 200 Fahrzeuge, nun F_2 bezeichnet, erhielten diese neue Kanone, für die 87 Granatpatronen mitgeführt wurden. Durch das überragende Rohr stieg die Gesamtlänge auf 6630 mm, das Gewicht erhöhte sich auf 23,6 t, und der Preis je Fahrzeug betrug nun 115 962,– RM.

Zur weiteren Leistungssteigerung hatte hier die Firma *Krupp* einen neuen Turm mit der 7,5-cm-KwK 41 L/58 vorgeschlagen. Das war die umgebaute 7,5-cm-Pak 41, bei der das Kaliber durch das konische Rohr auf 5,5 cm heruntergedrückt wurde. Die Pzgr.Patrone wog hier 7,6 kg, war 757 mm lang und trug ein 2,5 kg schweres Geschoß mit einem Wolframkern. Der Engpaß bei diesem Metall führte aber zur Ablehnung dieses Vorschlages. *Krupp* versuchte es zwar noch mit einem 3-kg-Geschoß, das einen Stahlkern trug – aber hier ließ die Durchschlagsfähigkeit erheblich nach.

Schürzen aus Maschendraht – Materialersparnis

Die **G-Muster** trugen die 1450 kg schweren Ostketten, wobei die Fahrzeugbreite auf 3192 mm anstieg. Durch die anhängbaren »**Schürzen**« wurde dann sogar eine Breite von 3330 mm erreicht. Ab April 1943 erhielten die letzten 412 Fahrzeuge dieser Serie zur Leistungsverbesserung die 750 kg schwere 7,5-cm-KwK 40 L/48, die 1000,– RM mehr kostete.

Aus dem auf 3855 mm verlängerten Rohr erreichte die bereits erwähnte Pzgr. 39 nun eine V_0 von 790 m/s, und das ergab bei 500 m eine Durchschlagsleistung von 96 mm. Mit der Pzgr. 40 und einer V_0 von 990 m/s wurden 120 mm erreicht. Durch die längere Waffe bedingt, stieg nun die Gesamtlänge des Fahrzeuges auf 7015 mm.

Die 3770 gebauten Fahrzeuge der Ausführung **H** erhielten an der Front der Wanne und des 3,5 t schweren Turmes eine auf 80 mm verstärkte Panzerung, dadurch stieg das Gewicht auf 26 t, der Bodendruck auf 0,92 kg/cm². Der Rohstoffbedarf für ein solches Fahrzeug einschließlich der Bewaffnung betrug 42,8 t.

Beim zuletzt in über 1800 Stück gefertigten Baumuster **J** fiel der elektrische Antrieb für den Turm weg, der Raum wurde für einen zusätzlichen Kraftstoffbehälter genutzt. Mit den 680 l erhöhte sich der Fahrbereich auf der Straße auf 260 km.

Ein Projekt blieb der Vorschlag der Firma *Krupp* vom November 1944, den Panzer IV mit der 7,5-cm-Waffe auszurüsten, die wir im Panther-Kampfwagen finden. Durch den 2600 mm Überhang der Kanone hätten die etwa 1,5 t Mehrgewicht den vorderen Teil des Fahrgestelles überlastet. Aus Umbauten gab es 97 Befehls-, 127 Beobachtungs- und 39 Berge-Panzer sowie zwei Stück mit dem Infanterie-Sturmsteg der Firma *Magirus*.

Für das Unternehmen »Seelöwe« wurden ab Juli 1940 von der D-Ausführung 42 Stück, ähnlich wie schon die Panzer III, zu Tauchpanzern umgerüstet. Als Brückenleger waren 60 Fahrzeuge bestellt, davon wurden aber nur 20 ausgeliefert.

Die Leistungen des Pz. IV J: Bei einer Bodenfreiheit von 400 mm überkletterte das Fahrzeug 600 mm hohe Hindernisse, Gräben bis zu 2,3 m Breite konnten überschritten werden. Die Steigfähigkeit lag bei 30°, die Wattiefe bei 1200 mm.

Die 7,5-cm-KwK L/48 im Pz. IV

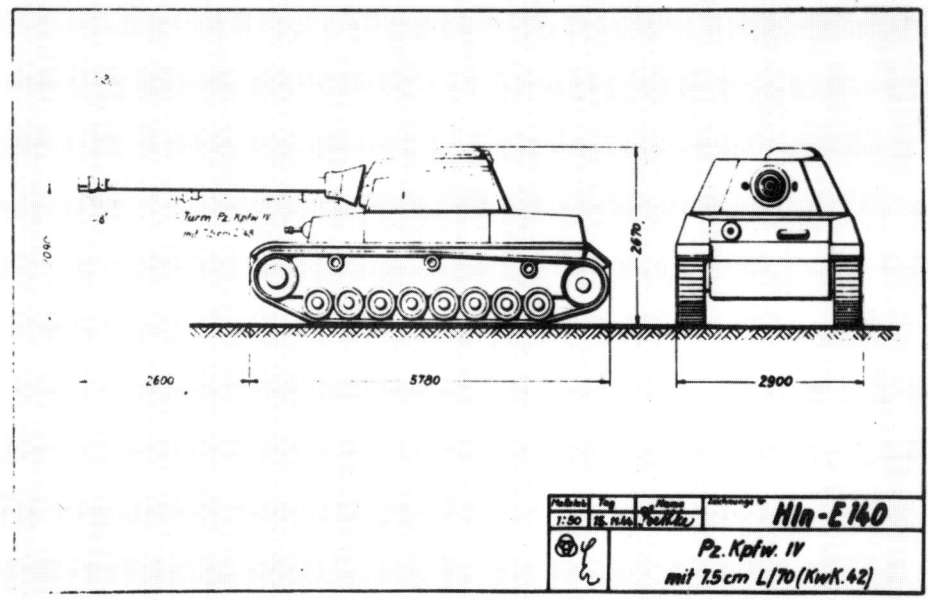

Vorschlag: KwK 42 L/70 montieren

Bei der Truppe befanden sich bei Kriegsbeginn 211 Panzer IV, verloren gingen im Polenfeldzug 19 Fahrzeuge und bis Ende Juni 1940 im Westen weitere 97 Fahrzeuge.

Produktionszahlen der Panzer IV im Zweiten Weltkrieg einschließlich April 1945:

	1939	1940	1941	1942	1943	1944	1945
Pz. IV mit 7,5-cm-KwK 37 L/24	45	280	480	117	–	–	–
Pz. IV mit 7,5-cm-KwK 40 L/43	–	–	–	877	598	–	–
Pz. IV mit 7,5-cm-KwK 40 L/48	–	–	–	–	2425	3225	438
Berge-Panzer IV	–	–	–	–	–	36	3
Beobachtungs-Pz. IV	–	–	–	–	–	96	31
Befehls-Pz. IV	–	–	–	–	–	97	–

Vorhanden waren im März 1945 noch: 1491 Stück mit der L/48-Waffe, 80 mit der kurzen Kanone L/24, 70 Beobachtungs- und 88 Befehls-Panzer, 18 Bergefahrzeuge und 42, die man aus der Instandsetzung zu Munitionsschleppern umgebaut hatte.
Die Fertigungszahlen für die verschiedenen Arten der 7,5-cm-Munition finden sich bei den Sturmgeschützen.
Von den durch das Waffenamt abgenommenen Panzerkampfwagen IV wurden in den Jahren 1943/44 490 Stück nicht nur an Verbündete, sondern auch an neutrale Staaten wie Spanien und Türkei verkauft. Dazu ein Vergleich: Die Anzahl der einsatzfähigen Panzer IV betrug Anfang Dezember 1944 bei den zehn im Westen stehenden Panzer-Divisionen nur 276 Stück. Am 1. März 1945 verfügte das Ersatzheer noch über 130 normale und 22 Schulungsfahrzeuge.

43

Der Bestand der Fahrzeuge mit der KwK L/48 verteilte sich dann am 10. April an der Front wie folgend:

Ostfront	366
Westfront	11
Italien	119
Dänemark	9

Von diesen 505 Fahrzeugen befanden sich 142 in der Instandsetzung.

Für das **Karl-Gerät,** den 60-cm-Mörser auf Selbstfahrlafette, hatte man vom Panzer IV 13 Fahrgestelle zu Munitionsschleppern umgebaut; von der 2511 mm langen Betongranate, die 2200 kg wog, konnten vier Stück getragen werden.

Bis zum Holzmodell gedieh ein Projekt des Panzers IV, der in einem neuen Turm zwei rückstoßlose Kanonen vom Kaliber 7,5 cm und eine 3-cm-MK 103 trug.

Nachdem man seit 1941 mehrfach Vorschläge für eine Selbstfahrlafette mit der 10,5-cm-le.F.H. gemacht hatte, legte *Krupp* den **Geschützwagen IVb** vor. Das 17 t schwere Fahrzeug trug die le.F.H. 18/1 und 60 Schuß. Die 5900 mm lange Selbstfahrlafette hatte ein verkürztes Fahrgestell IV mit einem schwächeren Motor. Nach dem Bau von acht Mustern wurde dieses Projekt aber wieder gestrichen. Um die verkürzten Fahrgestelle zu verwenden, schlug man nun damit den **Jagdpanzer E 39** vor, der mit einer 7,5-cm-Pak 39 bewaffnet war. Das mit 1805 mm Höhe sehr niedrige Fahrzeug wurde aber abgelehnt. Hitler hielt den Einsatz der 7,5-cm-KwK 42 L/70 für so wichtig, daß bei der Firma *Alkett* und bei der *Vomag (Vogtländische Maschinenfabrik)* neue Entwürfe für einen Jagdpanzer begonnen wurden. Im April 1944 wurde Hitler das *Vomag*-Fahrzeug vorgeführt, er forderte sofort eine Monatsproduktion von 800 Stück. *Alkett* hatte zuerst ein Muster mit ziemlich hohem Aufbau vorgelegt. Bei den *Nibelungen-Werken* in Österreich, die mit dem Bau beauftragt wurden, hat man diesen Entwurf überarbeitet und ihn äußerlich dem der *Vomag* angeglichen. Die *Vomag*-Ausführung, **Panzer IV/70(V)** genannt, wog 25,8 t, war mit Ostketten 3210 mm breit und nur 1850 mm hoch. Für die 7,5-cm-PzJgK 42 waren 55 Granatpatronen vorhanden.

Von dieser, ab Juli 1944 gelieferten Waffe, anfänglich als **Pak 42** bezeichnet, später **Panzerjagdkanone bzw. Sturmkanone** genannt, wurden bei den Firmen *Gustloff* und *Skoda* 1329 Stück produziert.

Es war eine etwas geänderte 7,5-cm-KwK 42, wie sie im Panzer V montiert war. Das Alkett-Fahrzeug trug in der Bezeichnung ein »A«, wog 28 t, war etwas schmäler, aber 2350 mm hoch. Durch die lange Kanone und die 80-mm-Frontpanzerung hatte sich das Gewicht verlagert, die Fahrzeuge waren kopflastig und im Gelände nicht besonders beweglich. Bei der Truppe hießen diese Jagdpanzer »Guderian-Enten«. Trotz der hohen Feuerkraft war aber selbst der Generaloberst nicht von der Notwendigkeit dieser Fahrzeuge überzeugt.

Produktionszahlen bis einschließlich April 1945:

	1944	1945
Pz. IV/70 (V) mit 7,5-cm-Pak 42 L/70	560	384
Pz. IV/70 (A) mit 7,5-cm-Pak 42 L/70	206	121

Die Aufstellung der Fertigungszahlen für die Munition findet sich beim Pz. V »Panther«.

Die Bestände beider Typen zusammengezogen, betrugen kurz vor Ende des Krieges im März 1945 noch 665 Stück.

Am 10. April hatte sich dann der Bestand bei den vorwiegend an der Ostfront eingesetzten »Guderian-Enten« auf 274 im Osten, acht in Italien und drei an der Front im Westen vermindert – einsatzfähig waren davon 182 Fahrzeuge.

Ein Projekt blieb der *Krupp*-Entwurf eines Panzerjägers IV mit der 8,8-cm-Pak 43/3 – der Aufbau des damit 7570 mm langen Fahrzeuges war zu kopflastig.

▲ Der Panzer N/70 (V)   Projekt mit der 8,8-cm ▼

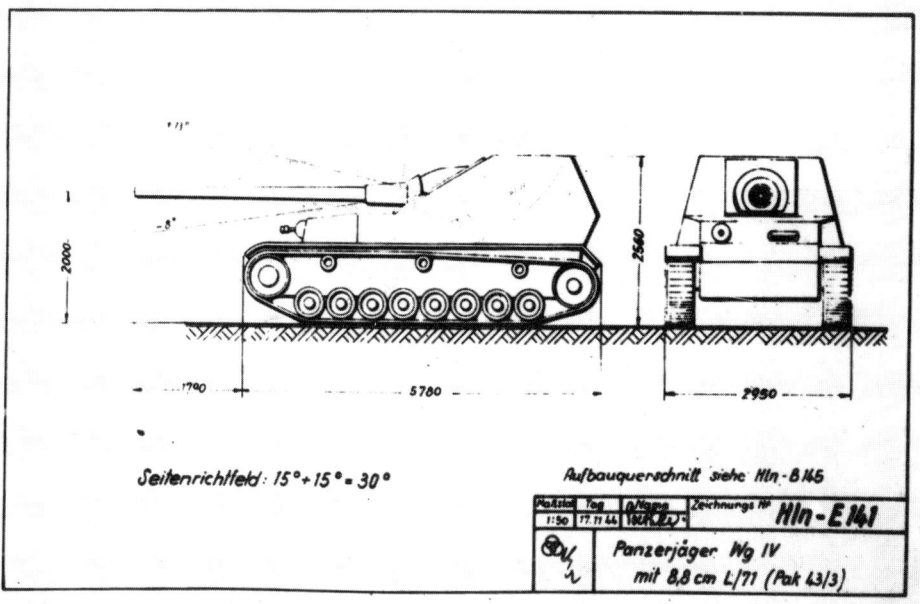

Pz. V »Panther«

Zur Entwicklung des Panzerkampfwagens V »Panther« ist die Kenntnis einer Vorgeschichte notwendig, in der die Gründe für diese vorher nicht geplante Konstruktion ersichtlich werden. In Rußland hatte eine Gruppe unter dem Ingenieur Tarschinow eine neuartige Form der Panzerwanne entwickelt, die erstmals beim Panzer A-20 zu finden war. Mit einer neuen Hochleistungskanone von 7,62-cm-Kaliber und 30 Kaliberlängen wurde dann dieser Typ zum A-30 verbessert. Die Ingenieure Koschkin und Morosow entwickelten ein neues Kettenfahrwerk, und so entstand mit einem verbesserten Dieselmotor der T-32, der unmittelbare Vorläufer des unter der Leitung des Ing. Koschkin im *Charkower Lokomotivwerk* erstmals hergestellten legendären **T-34.**

Als dieser Panzer 1941 am 24. Juni erstmals bei Rowno an der Südfront auftrat, glaubte man noch an ein Versuchsmuster. Erst als ab 3. Juli bei der 1. Moskauer motorisierten Schützendivision im Mittelabschnitt dieser Panzer in größeren Stückzahlen eingesetzt wurde, war die Überraschung perfekt.

Das russische Fahrzeug mit seinen 26,3 t Gewicht hatte durch die 560 mm breiten Ketten mit 0,63 kg/cm^2 einen niedrigen Bodendruck und war dadurch sehr beweglich. Der robuste 12-Zylinder-Dieselmotor von 38,9 l Hubraum leistete bereits bei 1800 U/min 500 PS, und das ergab ein günstiges Leistungsgewicht von 19 PS/t.

Dabei erreichte der T-34 eine max. Geschwindigkeit von 53 km/h, damit betrug der Fahrbereich 400 km auf der Straße. Verschossen wurde aus dem 2325 mm langen Rohr eine 6,3 kg schwere Pzgr. von 7,62-cm-Kaliber mit einer V_0 von 615 m/s, dabei wurde auf 500 m eine Durchschlagsfähigkeit von 65 mm erreicht. Später gab es für die Kanone mit dem auf 3235 mm verlängerten Rohr zusätzlich eine 3 kg schwere Unterkalibergranate, die bei einer V_0 von 965 m/s sogar 95 mm durchschlug.

Bis zum Juli 1942 war aber nicht nur die deutsche Bewaffnung – es waren bis dahin lediglich 233 Pz. IV mit der neuen 7,5-cm-KwK 40 L/43 abgenommen worden –, sondern infolge des hohen Bodendruckes und des schlechten Leistungsgewichtes die Fahrzeuge selbst denen des Gegners unterlegen.

Der größte Nachteil aber war die mangelhafte Bugpanzerung der deutschen Fahrzeuge. Mußten beim T-34 bei 45-mm-Panzerstärke, die in einem Winkel von 30° lagen, faktisch 90 mm durchschlagen werden, so entsprachen die 50 mm in einem 78°-Winkel beim Panzer IV etwa 51 mm, beim Panzer III waren es mit 30 mm im Winkel von 69° sogar nur 32 mm.

Das Waffenamt stoppte nun alle Entwicklungen für Panzerkampfwagen der 30-t-Klasse und erteilte am 18. Juli der Firma *Rheinmetall* den Auftrag zur Entwicklung einer neuen Kanone, die auf 1000 m Entfernung eine 140-mm-Panzerung durchschlagen sollte. Ende November erhielten *Daimler* und *MAN* Entwicklungsaufträge für ein neues Fahrzeug von etwa 35 t Gewicht, das diese neue Kanone tragen sollte. Hitler schien der *Daimler*-Entwurf, der dem T-34 äußerlich sehr ähnlich war, besser zu sein. Anfang Februar 1942 begann der Musterbau, und vier Wochen später erteilte Hitler auf Vorschlag von Minister Speer einen Auftrag über 200 Stück. Da das Waffenamt aber den *MAN*-Entwurf als den besseren ansah, kam es zum sogenannten »Panther-Ausschuß« – der Name für das neue Fahrzeug war bereits festgelegt.

Am 13. Mai wurde Hitler ein Gutachten vorgelegt, das sich für den *MAN*-Entwurf aussprach. Bereits am nächsten Tag erklärte Hitler sein Einverständnis; im Juli war das erste Fahrzeug zu liefern, drei weitere im August 1942. Als Preis je Stück wurden 117 100,– RM ohne Waffen festgelegt. *MAN* lieferte die ersten zwei Fahrzeuge in Weicheisen im September 1942 aus. Speer fuhr dann am 3. November den mit einem behelfsmäßigen Turm ausgerüsteten »Panther« auf dem Übungsplatz in Bad Berka zur Probe. Bei weiteren Erprobungen des Waffenamtes zeigten sich zahlreiche Schwachstellen am Fahrgestell, durch die die Serienproduktion immer weiter verzögert wurde.

Die Truppe hatte für »Zitadelle«, die geplante Offensive bei Kursk, eine Auslieferung von 250 Fahrzeugen bis zum 12. Mai 1943 gefordert, nachdem aber von den im Februar/März gelieferten 77 Stück der größte Teil zurückgerufen wurde und im April überhaupt nichts geliefert wurde, war der auf den 15. Mai festgesetzte Angriffstermin nicht zu halten.

Nachdem nun überhastet im Mai 324 »Panther« ausgeliefert wurden und den neu aufgestellten Pz.Abteilungen 51 und 52 davon 183 Fahrzeuge zugeführt wurden, gab es nun wieder Schwierigkeiten mit dem komplizierten, binokularen TZF (Turmzielfernrohr) 12. Obwohl im Juni nochmals 98 Fahrzeuge in die Neuaufstellung gingen, konnte auch der 25. Juni als Angriffstermin nicht gehalten werden, am 5. Juli sollte nun endgültig die Offensive mit den

Der »Panther«

neuen Panzern beginnen. Von den dann bei den Kämpfen eingesetzten 196 »Panther«-Panzern waren aber am Morgen des folgenden Tages nur noch 38 einsatzbereit. Motorstörungen und Fahrwerksschäden zwangen zur Aufgabe der Fahrzeuge, die, meist von der Truppe gesprengt, dem Gegner in die Hände fielen – für die Monate Juli/August zeigt die Statistik einschließlich je drei Befehls- und Bergefahrzeuge 130 verlorene »Panther«.

Das Bergen von beschädigten schweren Panzerfahrzeugen war ein Problem; die im Zweier-, ja oft im Dreierzug eingesetzten 18-t-Zugkraftwagen waren für die Kampflinie nicht genug geschützt, man forderte deshalb den beschleunigten Bau der Berge-»Panther«. Das Waffenamt hat von den 12 Stück, die *MAN* im Juni provisorisch noch ohne Stützsporn und Seilwinde geliefert hatte, auch sofort 11 an die Truppe weitergeleitet. Danach hat die Firma *Henschel* 70 dieser Fahrzeuge geliefert, ab Februar 1944 wurden aber die Berge-»Panther« von der Firma *Demag-Benrath* gefertigt.

Doch zum **Panther** selbst: Dieses in der Entwicklung noch als »VK 3002« bezeichnete Fahrzeug lief als Ausführung **D** in die Serienfertigung, 850 dieses Musters wurden produziert. Anfänglich auf ein Gewicht von 35 t ausgelegt, wurde das Fahrzeug durch den größeren Motor und die verstärkte Panzerung immer schwerer, bis es dann 44,8 t erreichte. Das 6900 mm lange Fahrgestell war 3270 mm breit und lief auf 660 mm breiten Ketten von je 2050 kg Gewicht. Der Bodendruck hatte sich dabei von 0,68 kg/cm² im ersten Entwurf zu 0,95 kg/cm² verschlechtert. Mit den abnehmbaren Schürzen betrug die Breite 3420 mm – die Schürzen haben übrigens kaum etwas genützt, ab Anfang 1944 wurden sie nur noch in Einzelfällen verwendet.

Als Antrieb war ein 12-Zyl.-Maybach-Motor von 23 l Hubraum montiert, der 700 PS leistete und mit dem eine Höchstgeschwindigkeit von 55 km/h erreicht wurde. Mit einem Kraftstoffvorrat von 730 l wurde im Gelände eine Fahrstrecke von 100 km erreicht.

Das Fahrzeug besaß eine Bodenfreiheit von 560 mm, und das reichte zum Überklettern von 900 mm hohen Hindernissen. Gräben von 2,45 m Breite konnten überschritten werden, die Steigfähigkeit lag bei 35° und die Wattiefe bei 170 cm.

Im 7,57 t schweren Turm war die 2100 kg wiegende 7,5-cm-KwK 42 L/70 untergebracht für die 79 Granatpatronen mitgeführt wurden. Zur Verfügung standen die 893 mm langen

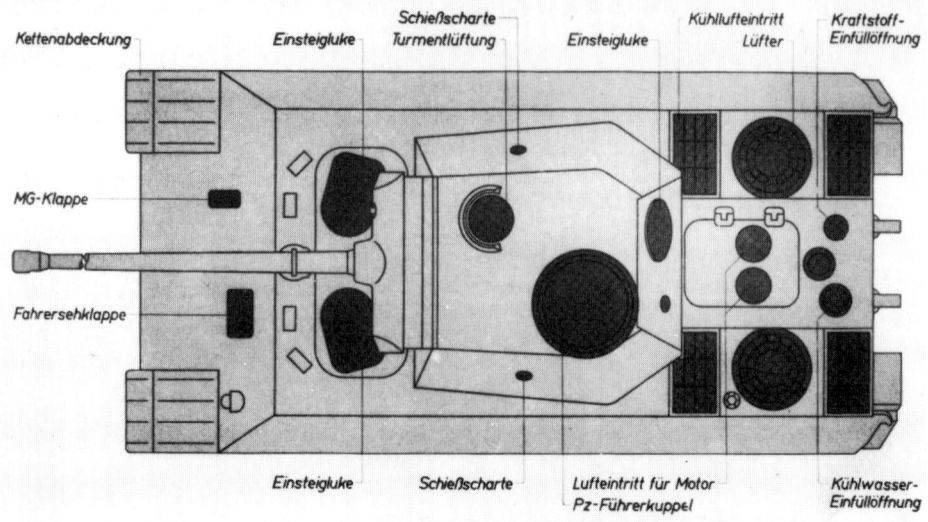

Bild 1. Ansicht von oben

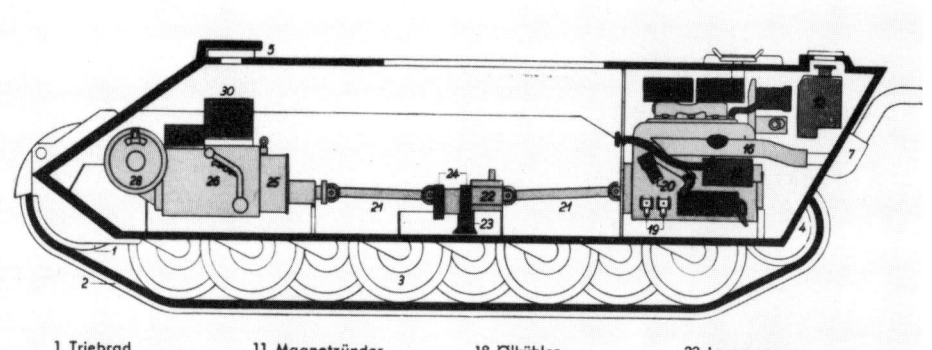

1 Triebrad	11 Magnetzünder	18 Ölkühler	23 Lenzpumpe
2 Gleiskette	12 Kühlwasser-	19 Kraftstoffpumpen	24 Öldruckpumpen
3 Laufräder	ausgleichbehälter	mit Filter	25 Hauptkupplung
4 Leitrad	13 Luftfilter	20 Ölfilter	26 Wechselgetriebe
5 Frischluftzuführung	16 Auspuffmantelrohr	21 Gelenkwellen	- 28 Einraden-Lenkgetriebe
7 Auspuff	17 Lichtmaschine	22 Turmantrieb	30 Schaltbrett

Bild 2. Triebwerk, Schnitt durch das Fahrgestell

Das Fahrzeug einmal anders gesehen (Bild 1–3)

48

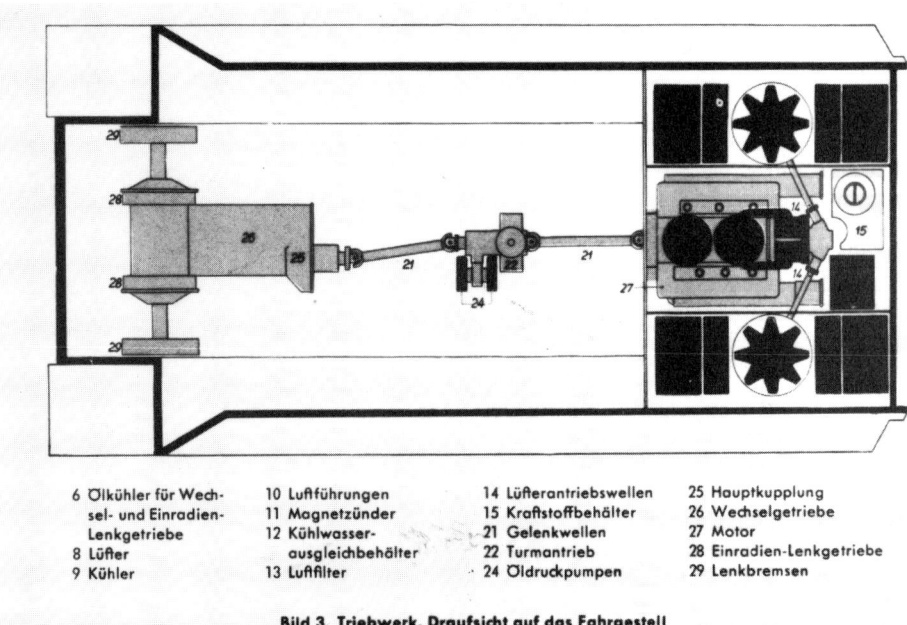

6 Ölkühler für Wech-	10 Luftführungen	14 Lüfterantriebswellen	25 Hauptkupplung
sel- und Einradien-	11 Magnetzünder	15 Kraftstoffbehälter	26 Wechselgetriebe
Lenkgetriebe	12 Kühlwasser-	21 Gelenkwellen	27 Motor
8 Lüfter	ausgleichbehälter	22 Turmantrieb	28 Einradien-Lenkgetriebe
9 Kühler	13 Luftfilter	24 Öldruckpumpen	29 Lenkbremsen

Bild 3. Triebwerk, Draufsicht auf das Fahrgestell

Pzgr.Patronen 39/42 von 14,3 kg Gewicht oder die mit 929 mm etwas längeren Sprgr.Patronen, die 11,2 kg wogen. Aus dem Rohr, das mit der Mündungsbremse eine Länge von 5412 mm besaß, wurde meist die 6,8 kg schwere Pzgr. 39/42 mit einer V_0 von 925 m/s verschossen. Das ergab auf 1000 m eine Durchschlagsfähigkeit von 110 mm. Eine noch bessere Leistung zeigte die 4,75 kg schwere Pzgr. 40/42, die, mit einer V_0 von 1120 m/s verschossen, infolge des Hartkernes sogar 150 mm durchschlug. Die Rohrlebensdauer, die mit der Pzgr. 39/42 etwa 2400 Schuß betrug, verringerte sich durch die nur 21 Prozent höhere V_0 bei der Pzgr. 40/42 auf 800 Schuß. Wegen Wolframmangel wurde aber die Produktion der Pzgr. 40/42 im Juli 1943 wieder eingestellt.

Von dieser KwK wurden für den »Panther« allein 1944/45 zur Montage 4557 Stück angeliefert. Eine verbesserte Fahrzeugausführung mit der 8,8-cm-KwK-43-Bewaffnung, wie sie der »Königstiger« trug, ist nur in einem Exemplar gefertigt worden – Gesamtlänge: 9250 mm.

Der normale »Panther« war 3000 mm hoch und durch die überhängende Kanone 8650 mm lang. Die zusätzliche Bewaffnung bestand aus zwei MG 34 mit 5100 Schuß. Gepanzert war das mit fünf Mann besetzte Fahrzeug vorn an der Wanne mit 80 mm, seitlich 60 und an der Frontseite des Turmes sogar 100 mm. Bei der Herstellung wurden einschließlich der Waffe 82,8 t Rohmaterial benötigt.

Die Produktion erlitt im August 1943, als man die bei Kursk eingetretenen Verluste ersetzen wollte, einen Rückschlag. Für den Monat war eine Auslieferung von 250 Fahrzeugen geplant, durch die bei Luftangriffen entstandenen schweren Schäden – *MAN* in Nürnberg und *Daimler-Benz* in Berlin wurden angegriffen – wurden aber nur 120 Panther fertig.

Auch im September lag die Produktion mit 197 Stück noch unter der Planzahl, erst im Oktober konnten dann 257 Fahrzeuge abgenommen werden.

Die ab September 1943 gelieferten 2000 Stück der **A-Ausführung** besaßen Verstärkungen am Fahrwerk, eine neue Kommandantenkuppel, und das binokulare Zielfernrohr wurde durch die monokulare Ausführung 12a ersetzt, bei der die Vergrößerung zwischen 2,5- und 5fach wählbar war. Dieses 1150 mm lange Fernrohr war trotzdem mit 20 Linsen und drei Prismen sehr aufwendig.

Bei der ab März 1944 produzierten **G-Ausführung** war die obere Seitenpanzerung von 40 auf 50 mm und die Front am Turm auf 110 mm verstärkt worden. Für die Kanone konnten drei Schuß mehr mitgeführt werden, und die letzten Lieferungen der 3286 Fahrzeuge trugen die neuen, gummisparenden Laufräder – das Gewicht war auf 46,5 t angestiegen.

Als zusätzliches Gerät sollte hier der neuartige Biwa **(Bildwandler)** eingeführt werden. Bei der seit der Invasion im Westen wachsenden Luftüberlegenheit des Gegners wurden die Bewegungen der Panzerfahrzeuge während des Tages von feindlichen Jagdbombern besonders stark überwacht. Um die steigenden Verluste herabzusetzen – die 9. Luftflotte der Amerikaner hatte 1944 im Zeitraum vom 25. bis 31. Juli 9185 Jagdbomber eingesetzt, die 384 zerstörte deutsche Panzer meldeten –, wollte man nun das **Nachtsichtgerät** einsetzen, das schon im Herbst 1942 an der 7,5-cm-Pak erprobt wurde. Es wurde ein 200-W-Infrarotscheinwerfer auf die Kommandantenkuppel montiert, und über das dazugehörende Fernrohr konnte das Gelände auf etwa 200 m mit einer 1,2fachen Vergrößerung betrachtet werden. Der Fahrer, der über kein Sichtgerät verfügte, fuhr nach den Anweisungen des Kommandanten. Da aber die Reichweite für das Schießen zu gering war, plante man den Einsatz von Beleuchtungswagen. Der mittlere Schützenpanzerwagen erhielt den »Uhu«, einen Infrarotscheinwerfer mit 6 kW Leistung, und damit konnte die Reichweite der Bildwandleranlage auf 700 m erhöht werden. Die Firma *Leitz-Wetzlar* hat für etwa 800 Geräte die Optik geliefert, und im November 1944 hat die Truppe die ersten 63 »Panther« mit dem Bildwandler erhalten.

Für den gleichen Zweck hatte die Firma *Zeiss-Jena* das WPG-Z **(Wärmepeilgerät)** entwickelt, mit dem Panzerfahrzeuge auf etwa 4 km Entfernung geortet werden konnten. Wegen der Größe der Anlage – der Empfangsspiegel hatte 600 mm Durchmesser – ist damals aber eine Montage am »Panther« nicht weiter verfolgt worden.

Die **Ausführung F** sollte den neuen »Schmalturm« erhalten, der nun einen Entfernungsmesser der Firma *Zeiss* mit 1320 mm Basis trug. Der Panzerschutz am Turm war weiter verstärkt worden, er betrug vorn 120 mm, an den Seiten 60 statt vorher 45 mm. Die bisher mit nur 16 mm gegen Bordwaffenbeschuß der Flugzeuge empfindliche Turmdecke wollte man auf 45 mm verstärken. Die bei *Skoda* geänderte Kanone hatte keine Mündungsbremse mehr, wog nur noch 1920 kg und hieß jetzt 7,5-cm-KwK 44/1, die neuartige Saukopfblende mit ihrer 120-mm-Panzerung sollte einen besseren Schutz bieten.

An der Panzerwanne wollte man die obere Panzerung um 9 mm verstärken. *Daimler* hat noch acht dieser Fahrgestelle produziert, vom neuen Turm gab es aber nur zwei Stück.

Ein Projekt blieb die neue 7,5-cm-KwK L/100, mit der man eine V_0 von 1250 m/s erreichen wollte. Das Fahrzeug wäre mit dieser neuen Waffe 11 228 mm lang geworden.

Der **Beobachtungspanzer V,** zu dem 41 Fahrzeuge umgebaut wurden, besaß im Turm nur ein MG 34, die Kanone war eine Attrappe. Das mit vier Mann besetzte Fahrzeug besaß dafür den bereits erwähnten Entfernungsmesser, ein Turmbeobachtungs- und ein Scherenfernrohr sowie zwei Kommandanten-Beobachtungsgeräte.

Beim **Befehlspanzer,** zu dem 329 Stück umgebaut wurden, mußte wegen der zusätzlichen FuG (Funkgeräte) 7 und 8 der Munitionsvorrat für die Kanone auf 64 Schuß reduziert werden.

Beim bereits erwähnten Berge-»Panther« war der Treibstoffvorrat auf 1075 l erhöht worden, die anfänglich zur Verteidigung montierte 2-cm-KwK 38 wurde durch zwei MG 34 mit 4800 Schuß ersetzt.

Der **Panther II** sollte ein Fahrzeug werden, bei dem eine Anzahl Teile mit dem Tiger II austauschbar sein sollten. Der anfänglich vorgesehene »Schmalturm« sollte später durch einen neuen Turm mit der 8,8-cm-KwK 43 des »Tigers« ersetzt werden. Von den beiden begonnenen Mustern ist nur ein Fahrgestell mit dem Turm der G-Ausführung fertig geworden – bei 89 t

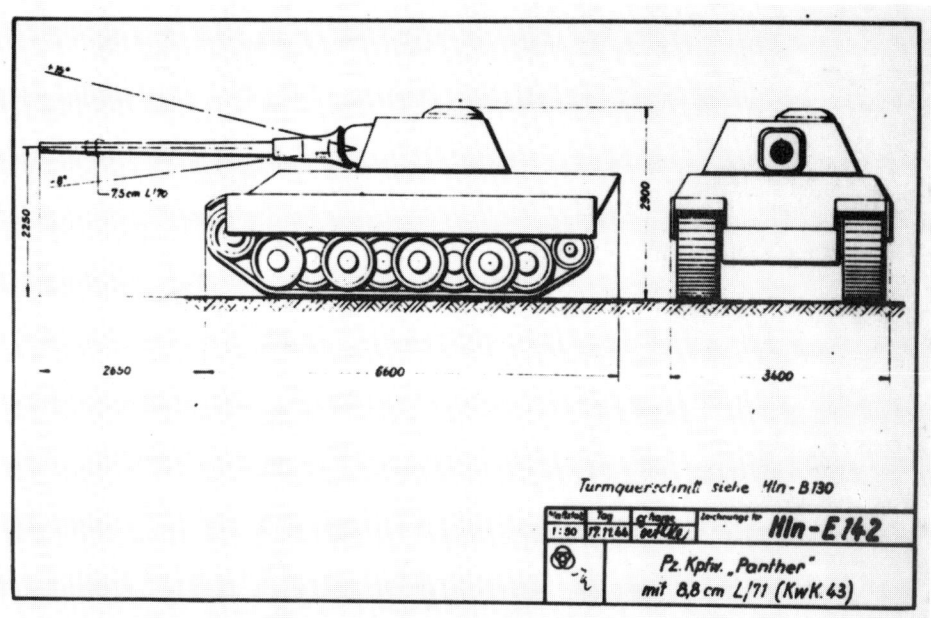

Turmquerschnitt siehe Hln-B130

Maßstab	Tag	ge haise	Zeichnungs Nr
1:50	12.12.44	geselle)	**Hln-E142**

Pz.Kpfw. „Panther"
mit 8,8 cm L/71 (KwK.43)

▲ Das sollte der »Panther II« werden   Jagd-Panther ▼

der verschiedenen Rohstoffe ergab sich ein Fertiggewicht von fast 55 t. Die **E-50**-Konstruktion, über die noch berichtet wird, sollte wiederum den Panther II ersetzen.

Im August 1942 legte das Waffenamt fest, daß für den schweren Panzerjäger mit der 8,8-cm-Pak 43/3 L/71 das Fahrgestell des »Panthers« zu verwenden sei. Mitte November 1942 stellte *Krupp* ein Holzmodell in Originalgröße vor, die Fertigung sollte bei *Daimler-Benz* stattfinden. Im Mai 1943 wurde die Produktion dann aber der Firma *MIAG* übertragen, die im Oktober das erste Muster auf dem Übungsplatz Arys in Ostpreußen vorstellte, das Mitte Dezember 1943 dann Hitler vorgeführt wurde. Auf seine Anordnung hin erhielt das Fahrzeug dann Ende Februar 1944 den Suggestivnamen **Jagdpanther.** Das mit fünf Mann besetzte Fahrzeug wog 45,5 t; es war mit den Schürzen 3420 mm breit und 2715 mm hoch. Die 8,8-cm-Pak 43/3 L/71 besaß eine Rohrlänge von 6686 mm und wog 2200 kg, durch den erheblichen Überhang der Waffe betrug die Gesamtlänge des Fahrzeuges 9900 mm. Die von der Firma *Krupp* entwickelte Kanone war mit 21 000,– RM wesentlich teurer als die 7,5-cm-KwK 42 der Firma *Rheinmetall,* die 12 000,– RM kostete. Von der neuen Kanone wurden 852 Stück zur Montage angeliefert.

Verschossen wurde die 1124 mm lange und 19,9 kg schwere Panzergranatpatrone 40/43. Das 7,3 kg schwere Geschoß erreichte eine V_0 von 1130 m/s; das brachte auf 1000 m Entfernung einen Durchschlag von 193 mm. Für die Kanone wurden 57 Schuß, für das zusätzliche MG 34 hier aber nur 600 Schuß mitgeführt. Die Panzerung entsprach der G-Ausführung des »Panthers«.

Ein Projekt blieb der Vorschlag der Firma *Krupp* vom November 1944, den »Jagdpanther« mit der 7000 kg schweren 12,8-cm-Panzerjagdkanone Pak 80 L/55 auszurüsten. Bei dem dann 8460 mm langen Fahrzeug von 2860 mm Höhe wäre das Fahrgestell überlastet gewesen.

Projekte blieben ebenfalls die 34 t schwere Panzerhaubitze 43, die es mit der 10,5-cm- und der 15-cm-Haubitze gab. Hier gab es bei *Krupp* die »Grille«- und bei *Rheinmetall* die »Skorpion«-Auslegungen. Die gleichen Firmen legten auch Entwürfe mit der 12,8-cm-Kanone vor. Der **Sturm-Panther** sollte den 15-cm- bzw. den 21-cm-Mörser tragen.

Für einen bei der Firma *Skoda* entwickelten 10,5-cm-Raketenwerfer hatte man ebenfalls das »Panther«-Fahrgestell als Träger in Erwägung gezogen. Das alles gab es aber nur auf dem Papier, bestenfalls als Holzmodell.

Beim »Panther« finden sich auch einige Flakpanzer. Zuerst war es der von *Rheinmetall* entwickelte Turm »Coelian« mit zwei 3,7-cm-Flak-Waffen, von dem es eine Attrappe gab. Im Mai 1944 hatte man einen Flakpanzer mit der neuen 5,5-cm-Waffe gefordert, ein Holzmodell mit einem Zwillingsaufbau wurde noch Mitte Februar 1945 vorgestellt. Bei Krupp gab es noch den VFW (Versuchsflakwagen) mit einer 8,8-cm-Flak-41-Kanone – wenn auch nur als Holzmodell. Die Serienausführung hätte 31 t gewogen.

Abschließend zeigt die folgende Tafel die Produktion von drei »Panther«-Typen bis zum Mai 1945:

	1943	1944	1945
Panzer V »Panther«	1848	3777	507
Berge-Panzer V	82	227	38
»Jagdpanther«	1	226	198

Das Waffenamt hat im Oktober 1944 übrigens einen der Firma *Krupp* über 1529 »Panther« erteilten Auftrag wieder gestrichen.

Ende Januar 1945 wurden aber im Zuge des Panzer-Notprogrammes erneut Aufträge für 1341 Stück einschließlich 125 Bergefahrzeuge und weitere 450 Jagdpanther vergeben.

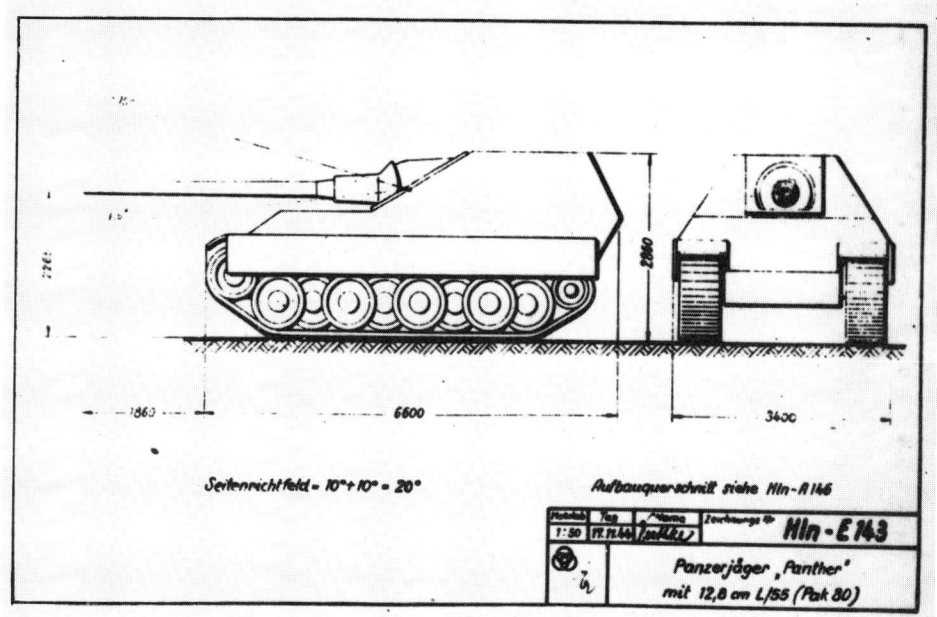

Die 12,8-cm-Pak im Jagd-Panther

Am 1. März 1945 standen 1763 »Panther« der normalen Ausführung, 169 Befehlswagen, 256 Bergefahrzeuge und 202 »Jagdpanther« an der Front. Das Ersatzheer verfügte einschließlich der zwölf Schulungswagen und einiger Befehlswagen über 201 normale Fahrzeuge, sechs Jagd- und 21 Berge-»Panther«.

Mit der sich verschlechternden militärischen Situation verminderte sich der Bestand erheblich, am 10. April meldeten die Einheiten einschließlich der Befehlswagen noch 564 im Osten, 38 im Westen und die 26. Pz.Division aus Italien noch 25 Fahrzeuge – einsatzfähig waren davon 321 Stück. Vom »Jagdpanther« waren im Osten, u. a. bei der Pz.Jg.Abt. 616, noch elf, im Westen bei der Pz.Jg.Abt. 512 sogar nur noch fünf einsatzfähig. Weitere 40 Fahrzeuge befanden sich in der Instandsetzung.

Produktionszahlen für drei verschiedene Granatpatronen (in 1000 Schuß):

	1943	1944	1945
7,5-cm-Spr.Patr. 42	946,6	1749,4	138,1
7,5-cm-Pzgr.Patr. 39/42	882,6	1044,2	58,9
7,5-cm-Pzgr.Patr. 40/42	18,8	–	–

Die Munition, die in der 8,8-cm-Waffe des »Jagdpanthers« Verwendung fand, wurde aus der Produktion der Pak-Munition übernommen.

Bei der Sprgr.Patr. 42 betrug am 1. März 1945 der Munitionsbestand 879 400, bei der Pzgr.Patr. 39/42 nur noch 690 700 Schuß.

Pz. VI »Tiger« und »Königstiger«

Anfang 1937 erhielt die Firma *Henschel* vom Heereswaffenamt den Auftrag zur Entwicklung eines schweren Panzerwagens, den man mit »Durchbruchswagen« (DW) bezeichnete. Da man als Bewaffnung eine 10,5-cm-KwK L/28 vorgesehen hatte, legte man den Turmkranzdurchmesser auf 1650 mm fest. Ein Fahrgestell mit einem Maybach-Motor von 280 PS wurde gebaut, aber ohne Turm erprobt. Im September 1938 wurde als Weiterentwicklung der DW 2 in Auftrag gegeben, dem kurz danach das erste Muster des VK 3001 (H) folgte. Entschlüsselt hieß das: Vollkettenfahrzeug, 30 t, 1. Modell der Firma *Henschel*. Dieses 32 t schwere Fahrzeug wurde von einem 6-Zyl.-Maybach-Motor mit 11 l Hubraum angetrieben, der 300 PS leistete und der den Panzer auf 25 km/h brachte.

Von dem 5810 mm langen Fahrzeug waren zwar acht bestellt, gebaut wurden aber nur drei, und davon erhielt nur ein Stück den Kruppturm mit der 7,5-cm-KwK L/24.

Erst im Frühjahr 1942 hat man auf die beiden anderen Fahrzeuge die 12,8-cm-K. 40 montiert, die oben offenen Selbstfahrlafetten wurden später im Osten als Panzerjäger eingesetzt; im Herbst 1943 hat der Gegner eines dieser Fahrzeuge erbeutet. Die Kanone stammte von der 12,8-cm-Flak 40, die Luftwaffe hatte dafür 1942 im Dezember 2900 Granatpatronen an das Heer abgegeben. Im Fahrzeug konnten 18 dieser Patronen mitgeführt werden. Die 26 kg schwere Granate erreichte aus dem 7835 mm langen Rohr eine V_0 von 880 m/s. Die 35 t schweren Fahrzeuge waren frontal mit 50 mm, seitlich aber nur mit 15 mm gepanzert. Der erhebliche Überhang der Kanone resultierte in einer Gesamtlänge von 9760 mm.

Mittlerweile hatte die Firma *Porsche* das VK 3001(P) entwickelt, von dem die *Nibelungenwerke* zwei Stück bauten. Dieses 6580 mm lange Fahrzeug von 30 t Gewicht trug zwei 10-Zyl.-Porsche-Motoren von je 10 l Hubraum, die zusammen 410 PS entwickelten und über Dynamos Elektromotoren antrieben. Damit erreichte das Fahrzeug die kaum glaubhafte Geschwindigkeit von 60 km/h. Die luftgekühlten Motoren waren aber nicht verläßlich, das Projekt wurde deshalb wieder gestrichen, bevor Krupp den neuen Turm ausgeliefert hatte.

Im Mai 1941 erhielt *Henschel* den Auftrag für das Projekt VK 3601(H), bei dem der Einbau einer Waffe gefordert wurde, die auf 1500 m Entfernung 100-mm-Panzerung durchschlagen konnte. *Krupp* entschied sich hier für das Gerät 725, einer 7,5-cm-Kanone mit konischem Rohr. Wegen der mangelnden Wolframversorgung, die Granate trug einen derartigen 1 kg schweren Kern, wurde diese Entwicklung aber wieder aufgegeben. *Henschel* baute von seinem Fahrzeugentwurf sieben Fahrgestelle, es wurde aber nur eines völlig ausgerüstet. Der 40 t schwere Panzer wurde von einem 12-Zyl.-Maybach-Motor von 19,1 l Hubraum angetrieben, der 550 PS leistete; damit wurden 40 km/h erreicht.

Das Fahrzeug war 6050 mm lang, 3140 mm breit und 2700 mm hoch. Die Frontpanzerung des nun als **Panzer VI** bezeichneten Fahrzeuges betrug max. 100 mm. Aber auch hier lief bei der Firma *Porsche* unter der Bezeichnung VK 4501(P) eine ähnliche Entwicklung. Dieses 58 t schwere Fahrzeug wurde von zwei luftgekühlten Motoren, die bei je 15,1 l Hubraum zusammen 640 PS leisteten, über Dynamos wiederum elektrisch angetrieben. Um den Bodendruck auf weniger als 1 kg/cm² zu bringen, mußten die Ketten auf 640 mm verbreitert werden. Im September 1942 wurde die Produktion nach Fertigstellung von fünf Stück wieder eingestellt.

Diese Fahrzeuge wurden nur in der Erprobung verwendet, sie bildeten die Grundlage für den ab April 1943 gelieferten »Ferdinand«.

Wir finden aber hier schon den Turm mit der von der Flak abgeleiteten 8,8-cm-KwK 36 L/56, der später auf das Fahrzeug der Firma *Henschel* aufgesetzt wurde. Die von Hitler gewünschte Montage des L/74-Rohres der 8,8-cm-Flak 41 wurde zurückgestellt, die Firmen *Krupp* und *Rheinmetall* erhielten im September 1942 einen Auftrag, je einen Versuchsturm mit

Der »Tiger«

dieser Waffe vorzustellen – das führte dann zum Panzer VI B, besser als »Königstiger« bekannt.

Wegen der Forderung, den oben erwähnten Turm vom Porschefahrzeug zu übernehmen, mußte das Fahrgestell geändert werden, und damit stieg das Gewicht der VK 3601 auf 45 t, und das führte dann zu der neuen Bezeichnung VK 4501(H).

Dieses 56,9 t schwere Fahrzeug, das später den Suggestivnamen **Tiger** erhielt, war 3705 mm breit und 2990 mm hoch, der Überhang der 8,8-cm-KwK 36 verlängerte das 6315 mm lange Fahrgestell zu einer Gesamtlänge von 8450 mm. Angetrieben wurde der Panzer durch den 12-Zyl.-Maybach-Motor von 21,35 l, der etwa 630 PS leistete und dem Fahrzeug eine max. Geschwindigkeit von 40 km/h verlieh. Später, ab dem 251. Fahrzeug, war ein Motor von 23,1 l Hubraum eingebaut, der 700 PS leistete. Das ergab eine Geschwindigkeit von fast 46 km/h.

Die im 11 t schweren Turm montierte 1352 kg schwere 8,8-cm-KwK 36 L/56 – eine aufwendige Konstruktion, für die etwa 5670 kg Rohmaterial notwendig waren – besaß ein 4928 mm langes Rohr, das sich durch die Mündungsbremse auf 5316 mm verlängerte. Mit der normalen Pzgr. betrug die Lebensdauer des Rohres etwa 6000 Schuß.

Die übliche Munition war die 870 mm lange Pzgr.Patr. 39 von 16 kg Gewicht. Die 9 kg schwere Panzergranate, mit einer V_0 von 773 m/s verschossen, konnte auf 1000 m Entfernung 100-mm-Panzerung durchschlagen.

Mit der 7,3 kg schweren Panzergranate 40 erreichte man eine V_0 von 990 m/s; damit wurden sogar 138 mm auf 1000 m durchschlagen. Wegen des Wolframmangels wurde von dieser Granate nicht nur eine kleine Stückzahl gefertigt, sondern Ende 1943 wurden sogar 1600 Granaten eben wegen der Wolframkerne zurückgezogen. Die »Tiger«-Panzer hatten während des Jahres 1943 von dieser Munition nur 5570 Schuß verbraucht.

Wie bei allen Kanonen der Panzer gab es auch für diese Waffe eine Sprenggranatpatrone. Diese 932 mm lange Patrone wog 14,4 kg und trug eine 396 mm lange Sprenggranate von 9,4 kg Gewicht, die 0,87 kg Sprengstoff enthielt.

Der mitgeführte Munitionsvorrat betrug 92 Granatpatronen für die Kanone und 4500 Schuß für die beiden zusätzlichen MGs.

Die anfängliche Kettenbreite von 520 mm wurde für die Transportkette beibehalten, für den Einsatz lag aber mit dieser Kette der Bodendruck mit 1,52 kg/cm^2 zu hoch. Mit der 725 mm breiten Kette, wie sie im Einsatz auflag, betrug der Bodendruck immer noch 1,09 kg/cm^2. Durch einen später geänderten Turm verringerte sich die Höhe des Fahrzeuges zu 2885 mm.

Der mit fünf Mann besetzte »Tiger« E (man hatte das »H« für Henschel geändert) hat damals ohne Waffen und Geräte 250 800,– RM gekostet. Er besaß einen Kraftstoffvorrat von 530 Liter, und das reichte im mittleren Gelände für etwa 60 km Fahrstrecke. Die Leistung des »Tigers«: Die geringe Bodenfreiheit von 470 mm erlaubte das Überklettern von 790 mm hohen Hindernissen. Die Steigfähigkeit lag bei 35°, bei einer Kettenauflagelänge von 3610 mm konnten Gräben bis 2,3 m Breite überschritten werden. Die Wattiefe betrug 1200 mm. Der »Tiger«-Panzer war frontal mit 100 mm recht gut gepanzert, die im unteren Teil aber nur 60 mm gepanzerten Seiten waren wörtlich gesehen seine »schwache Seite«. Eine Menge Fahrzeuge ging durch seitliche Treffer in den Pak-Fallen der Gegner verloren.

Die ganze Entwicklung hatte unter einem schlechten Stern gestanden. Am 20. April 1942 hatte man Hitler anläßlich seines 53. Geburtstages je ein *Henschel*- und ein *Porsche*-Muster vorgeführt. Obwohl das Fahrzeug von *Henschel* besser abschnitt – der Porsche-Panzer mußte mit einem Kran in seine Ausgangsstellung gehoben werden und hatte bei der Fahrerprobung mehrfach Motorenbrände –, sah sich Hitler das *Henschel*-Fahrzeug nur flüchtig an. Da er seine Umgebung nicht von dem *Porsche*-Panzer überzeugen konnte, schob er am nächsten Tag die Entscheidung Speer zu. Der wollte aber auch nicht das Zünglein an der Waage spielen und beauftragte den Oberst Thomale, der als Verbindungsoffizier des Ersatzheeres zu ihm abgestellt war, mit der Entscheidung, welcher der bessere Panzer sei. Thomale stellte eine Kommission zusammen, die sich für den *Henschel*-Entwurf entschied. Der Firma *Porsche* wurden aber Weiterentwicklungen bis Ende Oktober zugestanden. Der von Hitler eingeleitete Machtkampf hatte nicht nur viel Zeit gekostet, er hielt auch weiterhin an. Hitler drängte nun ständig auf den Einsatz. Eine neue Einheit, die Schwere Panzerabteilung 502, wurde in Fallingbostel aufgestellt und mit vier »Tiger«-Panzern am 23. August 1942 zum Nordabschnitt der Ostfront in Marsch gesetzt. Am Morgen des 29. August in Mga (südöstlich von Leningrad) ausgeladen, fuhren sie in ungeeignetem Gelände ihren ersten Einsatz – nur einer kehrte zurück, drei Panzer waren durch Motoren- bzw. Getriebeschäden ausgefallen, konnten aber geborgen werden. Beim zweiten Einsatz am 22. September fuhren die »Tiger« in eine Pak-Falle des Gegners und wurden abgeschossen; später hat man drei Fahrzeuge geborgen. Am 30. Oktober 1942 waren neun einsatzbereite »Tiger«-Panzer an der Front im Osten. Ende November 1942 befand sich die schw.Pz.Abt. 501 mit sechs »Tiger«-Panzern in Nordafrika. Das Panzerprogramm hatte eine Lieferung von 85 Fahrzeugen bis Ende September 1942 vorgesehen, die Ausbringung sollte dann 1943 bis Ende Februar 220 Stück erreichen. Die Firma *Henschel* hatte die ersten Serienfahrzeuge im August 1942 ausgeliefert und erreichte zu dem oben genannten Termin nur 144 Stück. Aber der Plan, bis zum 12. Mai 1943 für das Unternehmen »Zitadelle« 285 Fahrzeuge bereitzustellen, konnte fast erfüllt werden, 246 wurden abgenommen. Bis zum Ende des Jahres waren dann 291 »Tiger« verlorengegangen. Entgegen der Meinung der Truppe, daß der »Tiger« eine »Lebensversicherung« sei, wandte sich übrigens der Gen.Inspekteur der Pz.Waffe am 20. Oktober 1943 wie folgt: ». . . die Auffassung, daß der ›Tiger‹ unverwundbar ist, ist falsch. Der Pz.Kpfwg. VI ›Tiger‹ kann vielmehr durch die russische 7,62-cm-Kanone (Langrohr) bei entsprechend günstigem Auftreffwinkel von vorn auf Entfernungen von 500 m, von der Seite und von hinten auf Entfernungen von 1500 m durchschlagen werden.« Der Infanterie ließ er folgende Warnung

Mit 2,5facher Vergröße-
rung im Turmzielfernrohr
(TZF 9c) ein brennender
»Sherman«

zukommen: »Die ›Tiger‹ können der Feindbeobachtung nicht verborgen bleiben. Sie ziehen erfahrungsgemäß das massierte Feuer aller feindlichen Waffen, insbesondere der Artillerie, auf sich. Infanterie, die sich dicht um den ›Tiger‹ schart (Traubenbildung), ist verloren.«

In der Fertigung lief der »Tiger« – für den jeweils 97 t Rohmaterial benötigt wurden – im Juli 1944 aus, von den 1376 bestellten Fahrzeugen waren 1350 ausgeliefert, und die Produktion des noch schwereren »Königstiger« war bei *Henschel* im November 1943 angelaufen.

Die erfolgreichsten Panzerkommandanten im Zweiten Weltkrieg fuhren den »Tiger« I. Hauptsturmführer Wittmann bei der schw.Pz.Abt. 501 und Lt. Bölter von der schw.Pz.Abt. 502 schossen jeweils 144 feindliche Panzerfahrzeuge ab.

Aus der Serienfertigung wurden 84 Fahrzeuge herausgezogen und zu **Panzer-Befehlswagen** umgebaut. Wegen der zusätzlichen Funkgeräte wurde hier der Munitionsvorrat für die 8,8-cm-Kanone auf 66 Schuß reduziert. Das Bergen von schweren Panzerfahrzeugen war ein Problem, es sollte eigentlich von speziellen Bergezügen durchgeführt werden. Bei der *Kämper Motoren AG* hatte man 30 derartige Fahrzeuge bestellt. Die beiden begonnenen Muster bestanden aus einem, von zwei Dieselmotoren von je 150 PS angetriebenen Allrad-Wagen von 20 t und einem ebenfalls mit Einzelradantrieb versehenen 18 t schweren Anhänger. Diese, wegen Beschuß mit Vollgummireifen ausgestatteten Fahrzeuge, haben sich in der Erprobung nicht bewährt, die Entwicklung wurde zugunsten der Berge-»Panther« gestrichen.

Bergekommandos gab es aber auch beim Gegner. Von den elf im Januar 1943 im Osten verlorengegangenen »Tiger«-Panzern schleppte in der Nacht zum 17. am Wolchow trotz starkem Artilleriebeschuß ein russischer Bergetrupp ein wenig beschädigtes Fahrzeug ab.

Nachdem bereits 1943 fünf Fahrzeuge des *Porsche*-Musters zu Bergepanzern umgebaut wurden, hat man 1944 noch drei Fahrzeuge aus der E-Serie dazu entnommen.

Eine Sonderausführung war der bei *Alkett* gebaute **»Tiger«-Mörser,** auch Gerät 817 bzw. Geschützwagen 606/9 genannt.

▲ Der »Sturm-Tiger«

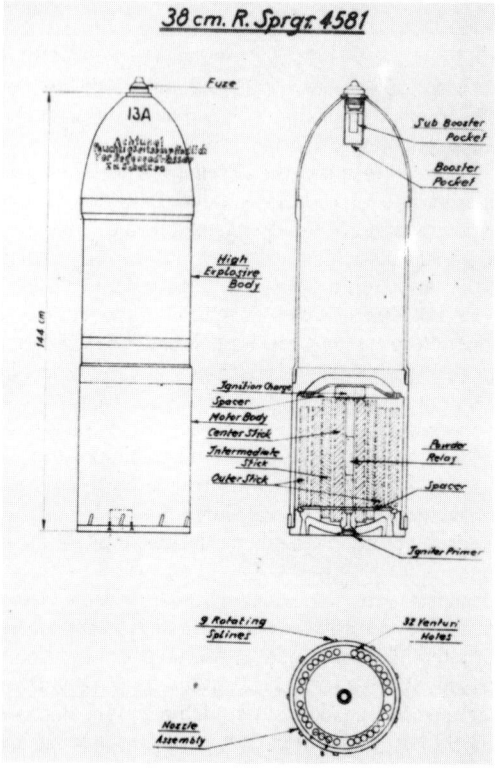

38 cm. R. Sprgr. 4581

Fuze

13A

High
Explosive
Body

144 cm

Sub Booster
Pocket

Booster
Pocket

Ignition Charge
Spacer
Motor Body
Center Stick
Intermediate
Stick
Outer Stick

Powder
Relay

Spacer

Igniter Primer

9 Rotating
Splines

32 Venturi
Holes

Nozzle
Assembly

◀ Die Raketen-Sprenggranate

58

Hier hatte Hitler für Straßenkämpfe ein Fahrzeug mit einem 21-cm-Mörser gefordert; es bot sich aber der 38-cm-Raketenwerfer an, der bei *Rheinmetall* zur U-Bootbekämpfung für die Marine entwickelt worden war. Das 65 t schwere Fahrzeug konnte 14 Schuß der 1489 mm langen R.Sprgr. 4581, die bei 345 kg Gewicht 125 kg Sprengstoff trug, mitführen. Nachdem die Granate mit der Rückstoßkraft von 30 t das 2054 mm lange Rohr mit einer Geschwindigkeit von 45 m/s verlassen hatte, setzte das Raketentriebwerk ein. Mit einem 40-kg-Pulvertreibsatz wurden dann 250 m/s erreicht, und das ergab eine Schußweite von 5650 m.

1945 wurde unter der Nr. 4592 noch eine Hohlladungsgranate eingeführt, die als KM-10 für Werfer der Kriegsmarine vorlag – sie konnte 2,5 m Eisenbeton durchschlagen. Von den 1400 bestellten normalen R.Sprgr. 4581 hat das Waffenamt 397 Stück abgenommen, die Truppe hat 317 Stück erhalten.

Nachdem das in Weicheisen erstellte Musterfahrzeug am 20. Oktober 1943 vorgestellt wurde – es ging danach zur Pz.Ersatz-Abt. 500 –, hat man ab August im Jahre 1944 aber nur 18 Fahrzeuge umgebaut. Die Sturm-Mörser-Abt. 1001 erhielt am 11. Oktober die ersten vier Stück. Anfang März 1945 befanden sich noch 13 bei der Truppe und drei in den Zeugämtern.

Für eine Weiterentwicklung hatte die Firma *Skoda* einen 42-cm-Mörser entworfen, der aber über den Musterbau nicht hinausgekommen ist. Ein anderer Vorschlag für Kämpfe in engen, bebauten Gebieten war der **Rammpanzer »Tiger«(P),** von dem zur Erprobung drei Stück bestellt wurden.

Die Ausführung vom Januar 1943 sah ein unbewaffnetes 8430 mm langes Fahrzeug von 60,2 t vor, das auf dem *Porsche*-Fahrgestell eine »Rammhaube« trug – es blieb dei der Entwurfszeichnung.

Weitere, nicht produzierte *Porsche*-Entwürfe finden sich in einem anderen Abschnitt. Hitler hatte im September 1942 bereits den Entwurf eines Sturmgeschützes auf der Basis des *Porsche*-Fahrgestells gefordert, und *Alkett* hatte auch ein 65 t schweres Fahrzeug, den Typ »130«, das 200 mm Frontpanzerung trug, vorgeschlagen.

Das führte nun nach einigen Änderungen zum **Ferdinand,** der bei *Alkett* entworfen und von den *Nibelungen-Werken* produziert wurde. Hier war die von der Pak abgeleitete 8,8-cm-Sturmkanone 43 L/71 – der *Dortmund-Hoerder Hüttenverein* stellte diese Waffe her – montiert, für die 50 Granaten mitgeführt wurden.

Diese Waffe war mit der Mündungsbremse 6686 mm lang und wog mit dem 1690 kg schweren Rohr 2200 kg. Angaben über die verschiedene Munition finden sich beim »Tiger II«.

Das 65 t schwere Sturmgeschütz, auch unter der Bezeichnung **Elefant** bekannt, war 3380 mm breit und 2970 mm hoch. Durch die das 6700 mm lange Fahrgestell überragende Kanone betrug die Gesamtlänge 8140 mm. Mit zwei 11,9-l-Maybach-Motoren von je 265 PS wurden über den elektrischen Antrieb 20 km/h erreicht. Der Treibstoffvorrat von 950 l reichte auf der Straße für 150, im Gelände aber nur für 70 km. Das mit sechs Mann besetzte Fahrzeug war vorn mit 200 mm stark, seitlich mit 60–80 mm recht schwach gepanzert. Dieses Sturmgeschütz kam mit den Panzerjäger-Abt. 653 und 654 erstmals im Juli 1943 bei Kursk im Rahmen des »Unternehmens Zitadelle« zum Einsatz. Als Nachteil zeigte sich da das Fehlen eines Bord-MGs.

Bei der Instandsetzung erhielten dann 48 dieser Fahrzeuge ein zusätzliches MG und auch eine Kuppel für den Kommandanten. Das Leistungsgewicht war mit etwa 8 PS/t schlecht, der Bodendruck mit 1,25 kg/cm² zu hoch, und die Steigfähigkeit lag mit etwas über 20° weit unter der aller anderer Fahrzeuge. Obwohl das Antriebsaggregat nicht sehr zuverlässig war, wurden die ausgefallenen Fahrzeuge immer wieder instand gesetzt, nach dem Einsatz bei der Ardennen-Offensive waren bei der 653. Pz.Jäger-Abt. Ende März 1945 noch 28 einsatzfähige »Ferdinands« vorhanden – 13 weitere befanden sich in der Instandsetzung.

Der »Ferdinand« mit leichten Schäden

Die folgende Tafel zeigt die bis zum Ende 1944 produzierten Panzerfahrzeuge der bisher besprochenen Gruppe:

	1942	1943	1944
Pz. VI »Tiger« I	78	649	623
St. G. »Ferdinand«	–	90	–
Sturm-Mörser-»Tiger«	–	–	18
Befehls-Pz. VI	–	–	84

Nach dem August 1944 wurden lediglich die Sturm-Mörser produziert.
Am 1. März 1945 befanden sich vom »Tiger I« einschließlich der fünf Schulungswagen 43 Fahrzeuge beim Ersatzheer, der Bestand an der Front betrug mit den 31 Befehlspanzern 142 Stück.

Die **Munitionsfertigung** für die 8,8-cm-KwK 36 sah wie folgt aus (in 1000 Schuß):

	1942	1943	1944
8,8-cm-Sprgr.	14,1	1392,2	459,4
8,8-cm-Pzgr. 39	21,2	324,8	394,4
8,8-cm-Pzgr. 40	0,8	8,9	–

Die Munition für die Waffe des Sturmgeschützes »Ferdinand« wurde bei den Pak-Geschützen entnommen.
Ein voll ausgerüsteter »Tiger I« kostete damals 299 800,– RM. Als man aber den Japanern ein Fahrzeug verkaufte, wurde ein Exportpreis von 645 000,– RM festgelegt, der im Februar

1944 auch gezahlt wurde. Das nach Bordeaux überstellte Fahrzeug ist übrigens nie nach Japan verschifft worden.

Projekte mit dem um drei Laufrollenpaare verlängerten Fahrgestell des »Tiger I« waren die 53 t schweren Selbstfahrlafetten mit der 17-cm-Kanone 44 bzw. mit dem 21-cm-Mörser 18/43 und mit dem 30,5-cm-Granatwerfer der Firma *Skoda*.

Für den leichteren Weg die 24-cm-Kanone 4 zu transportieren, hatte die Firma *Krupp* vorgeschlagen, zwei Fahrgestelle des »Tiger I« zu verwenden. Die Firma *Henschel* lehnte aber Ende 1942 eine Abgabe aus der Serienfertigung ab. Die Forderung Hitlers nach schwereren, leistungsfähigeren Waffen führte zu dem versuchsweisen Einbau einer 8,8-cm-KwK 43 L/71; damit stieg die Gesamtlänge auf 10 110 mm – der Turm war aber für diese Waffe zu klein. Trotzdem forderte Hitler nicht nur den Versuchseinbau einer 8,8-cm-Flak 41 mit L/74, sondern auch eine völlig neue Waffe mit einer Kaliberlänge von L/100. Das blieben aber nur noch Lösungen auf dem Reißbrett, gebaut wurde davon nichts mehr.

Im Herbst 1942 hatte das Waffenamt die Firmen *Henschel* und *Porsche* um Entwürfe für einen verbesserten, schweren Panzer mit der 8,8-cm-L/71 ersucht. *Porsche* legte zuerst den Typ 180/181 vor, dessen erster Entwurf mit 2725 mm Höhe sehr niedrig war. Als Waffe wurde eine 10,5-cm-L/70- oder eine 15-cm-L/37-Kanone vorgeschlagen. Nach der Ablehnung reichte *Porsche* den Entwurf VK 4502(P) ein, der die bereits erwähnte 8,8-cm-L/71-Kanone trug. Wenn auch hier die Türme bei der Firma *Wegmann* bereits begonnen wurden, die Fahrzeuge wurden später wieder gestrichen. Wieder war der Grund die Kombination des benzin-elektrischen Antriebes. Aber auch *Henschel* mußte seinen Entwurf VK 4502(H) durch das Modell 4503 ersetzen. Man hatte die zahlreichen guten Punkte des »Tiger I« übernommen, die Formgebung dem »Panther« angeglichen und eine Vereinheitlichung verschiedener Teile mit denen des geplanten »Panther II« begonnen. Im Januar 1943 entschied Hitler, daß der neue Panzer nicht nur die »lange« 8,8-cm-Kanone tragen sollte, die Panzerung mußte außerdem frontal auf 150 mm verstärkt werden.

Im Oktober 1943 wurde das Holzmodell vorgeführt, und schon vier Wochen später erhielt das Waffenamt das erste Versuchsmuster, dem dann der Suggestivname »Königstiger« zugeteilt wurde. Der mit fünf Mann besetzte **Tiger-II-Panzer** wog 69,8 t, war 3080 mm hoch und mit den »Schürzen« 3755 mm breit. Als Triebwerk war der 23,1-l-Maybach-Motor, der 700 PS leistete, eingebaut. Die Höchstgeschwindigkeit betrug 42 km/h. Mit der Einsatzkette von 800 mm Breite, die 3350 kg wog, lag der Bodendruck bei 1,06 kg/cm². Die Verladekette hatte eine Breite von 660 mm. Die Gesamtlänge mit der 8,8-cm-KwK 43 L/71 betrug 10 286 mm. Das Rohr der 2265 kg schweren Kanone war mit der Mündungsbremse 6595 mm lang und wog hier 1605 kg. Zur Montage hat man von dieser KwK, für die fast 7900 kg Rohmaterial benötigt wurden, 784 Stück angeliefert. Die meistens verwendete Munition war die 1125 mm lange Panzergranatpatrone 39/43 von 22,8 kg Gewicht. Das durch die 6,8 kg schwere Treibladung mit einer V_0 von 990 m/s verfeuerte Geschoß von 10,2 kg durchschlug auf 1000 m Entfernung 165-mm-Panzerung. Die nur 7,3 kg schwere Pzgr. 40/43 erreichte sogar eine V_0 von 1130 m/s und durchschlug 193 mm auf 1000 m. Hier war die Patrone 1103 mm lang und wog 19,9 kg. Wegen Wolframmangel ist aber von dieser Munition nur eine geringe Stückzahl gefertigt worden – ob von diesen 5750 Granaten überhaupt welche an der Front verschossen wurden, läßt sich nicht nachweisen.

Auch für den »Tiger II« gab es eine Sprgr.-Patrone, die bei 1167 mm Länge 18,6 kg wog. Mit der 3,8 kg schweren Treibladung erreichte das 9,4 kg wiegende Geschoß, in dem sich 1 kg Sprengstoff befand, eine V_0 von 750 m/s und dabei eine maximale Schußweite von 10 000 m. Zur Bekämpfung stark gepanzerter Fahrzeuge wurde noch die Hohlladungsgranate 39 eingeführt, die als Patrone 1157 mm lang war und 15,3 kg wog. Sie erreichte mit einer 2-kg-Treibladung eine V_0 von 600 m/s. Trotz gleichen Kalibers war die Munition der 8,8-cm-KwK 43 wegen der mit 822 mm wesentlich längeren und nun 5,6 kg schweren Hülse nicht mit der der KwK 36 austauschbar. Im ersten von der Firma *Porsche* konstruierten Turm

▲ Der »Königstiger«

▼ 8,8-cm-Pzgr. 39/43

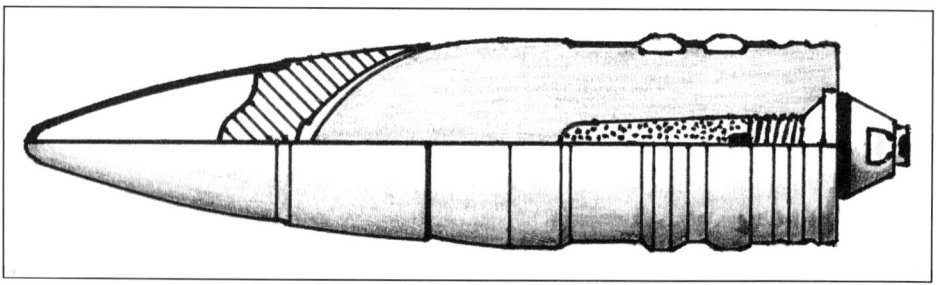

führte der »Tiger II« 72 Schuß für die Kanone und 5850 Schuß für die beiden MGs mit. Der ab dem 51. Fahrzeug montierte 13,5 t schwere Kruppturm besaß eine von 100 auf 180 mm verstärkte Frontpanzerung, der Munitionsvorrat für die Kanone wurde auf 84 erhöht. Da der Kraftstoffverbrauch im Gelände fast 10 l/km erreichte, waren sechs Behälter mit einem Gesamtinhalt von 860 Litern vorhanden.

Die Bodenfreiheit von 500 mm erlaubte ein Überklettern von 850 mm hohen Hindernissen. Gräben von 2,5 m Breite konnten überschritten und Steigungen bis zu 35° genommen werden. Die Wattiefe betrug 160 cm. Aus der Serienfertigung wurden im Januar 1944 die ersten fünf Fahrzeuge abgenommen, die weitere Ausbringung wurde aber durch die schweren Luftschäden erheblich behindert. In der Nacht zum 23. Oktober 1943 hatten von den 569 in England gestarteten Bombern 486 Kassel angegriffen. Die Stadt wurde zu 80 Prozent zerstört – über 9000 Menschen verloren ihr Leben. Zu einem Stückpreis von 321 500,– RM hat *Henschel* deshalb damals nur 20 weitere Fahrzeuge bis zum Mai ausliefern können. Die Planzahl der Fertigung von 120 je Monat ist übrigens nie erreicht worden, der Höchstausstoß war 94 Fahrzeuge im August 1944, wobei der Monatsdurchschnitt für 1944 nicht einmal 32 Fahrzeuge betrug.

Für einen »Tiger II« wurden übrigens über 120 t Rohmaterial benötigt. Die Schweren Panzerabteilungen erhielten im Juli 1944 die ersten Fahrzeuge, die dann im Westen und im Osten eingesetzt wurden.

Nur in einem Fall erhielt eine normale Einheit, und zwar die Division »Feldherrenhalle«, fünf dieser neuen Panzer. Aber auch diese schweren Panzer waren nicht unverwundbar. Ihre gefährlichsten Feinde im Osten waren der 46 t schwere Stalin-II-Panzer mit der 12,2-cm-Kanone L/46, deren 24,9 kg schwere Pzgr. bei einer V_0 von 800 m/s auf 1000 m 155 mm durchschlug. Die 15,2-cm-Sturmhaubitze des 50 t schweren Sturmgeschützes SU 152 verschoß eine 48,7 kg schwere Pzgr. mit einer V_0 von 600 m/s – einem Volltreffer war auch der »Königstiger« nicht gewachsen.

Im Westen war es der 660 km/h schnelle englische Jagdbomber »Typhoon«, dessen acht Raketen von je 27,2 kg mit dem 11,2-kg-Panzergeschoß von 96,5 mm Durchmesser vernichtende Wirkung hatten.

Seit Anfang 1944 waren bis Ende Januar 1945 vom »Tiger I« ohne die Befehlspanzer 818 und vom »Tiger II« 80 Fahrzeuge verlorengegangen. Von den erteilten Aufträgen über insgesamt 1237 Stück, einschließlich der drei Versuchsfahrzeuge, wurde der letzte Ende 1944 fast ganz gestrichen – 917 zu liefernde Tiger II blieben übrig. Anfang Februar 1945 legte man dann im Panzer-Notprogramm fest: ». . . ab diesem Monat sind nur noch 350 Stück zu liefern.« Damit war die Gesamtzahl auf 770 Stück begrenzt.

Noch während der Entwicklungsarbeiten am »Tiger II« wurde der Entwurf eines Panzerjägers unter Zugrundelegung dieses Fahrgestelles begonnen. Das Holzmodell mit der 12,8-cm-Kanone wurde Hitler am 20. Oktober 1943 vorgeführt. Die beiden Produktionsmuster des nun **Jagdtiger** genannten Fahrzeuges erhielt das Waffenamt im Februar 1944. Der 75,2 t schwere

▲ Vom Gegner erbeuteter Jagd-Tiger   ▼ 12,8-cm-Pzgr. 43/1

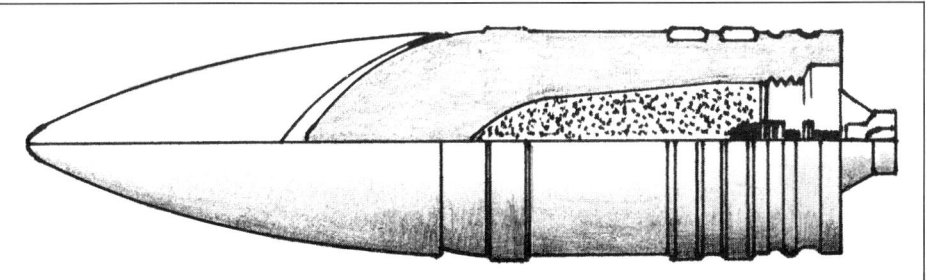

Panzerjäger war 3625 mm breit und 2945 mm hoch. Mit der 12,8-cm-Pak 44 L/55, die 7000 kg wog, war das Fahrzeug 10 654 mm lang. Aus dem 7020 mm langen Rohr wurde die 497 mm lange und 28,3 kg schwere Panzergranate 43 mit einer V_0 von 920 m/s verschossen – sie durchschlug auf 3000 m noch 155 mm. Es wurde getrennte Munition verwendet, die 11,6 kg schwere und 870 mm lange Hülse, die am Rand einen Durchmesser von 192 mm besaß, enthielt eine Treibladung von 15 kg Gewicht.

Die 623 mm lange und 28 kg schwere Sprgr. trug 3,6 kg Sprengstoff, bei der Pzgr. waren es nur 0,55 kg. Verschossen wurde sie mit einer 12,2-kg-Treibladung. Die dabei erreichte V_0 von 750 m/s reichte für eine Schußweite von 12 200 m.

Es sind übrigens zahlreiche Versuche durchgeführt worden, auch für dieses Kaliber eine Patronenmunition zu schaffen; es liegen Zeichnungen für eine »kurze« (815 mm) und eine »lange« (1180 mm) Hülse vor. Zum Laden dieser fast 60 kg schweren Patrone war eine Maschine vorgesehen, die auf dem System basierte, das von der Luftwaffe für die Zwillingsausführung der 12,8-cm-Flak geplant war.

Der Munitionsvorrat betrug 40 Schuß und 1500 Schuß für das Bug-MG. Die Frontalpanzerung des Aufbaues betrug 250 mm.

Bei den *Nibelungenwerken* wurde Ende 1944 der Auftrag über 150 Jagdtiger auf 90 gekürzt.

Produktion bis zum April 1945:

	1943	1944	1945
Tiger II	1	376	112
Jagdtiger	–	51	28

Hatte der Bestand am 1. März 1945 einschließlich der sieben Befehlswagen noch 226 »Tiger II« betragen, in den nächsten Wochen sank die Zahl immer weiter. Da in der Meldung über die Panzer-Lage die »Tiger« I und II zusammengezogen wurden, müssen wir von den am 1. März zusammen vorhandenen 368 Fahrzeugen ausgehen. Anfang April standen dann nur noch 166 im Osten, 46 im Westen und 35 an der Italien-Front, von diesen befanden sich aber 134 in der Instandsetzung, d. h. nicht einmal 46 Prozent waren einsatzfähig.

Die Munition für die 8,8-cm-KwK 43 des »Tiger II« war baugleich mit der für die Pak 43, die Produktion ist bei den Panzerabwehrgeschützen aufgeführt.

Der Jagdtiger trug die 12,8-cm-Pz.Jg.Kanone 80, das war lediglich eine andere Bezeichnung für die Pak 44. Dort finden wir auch die Munitionsfertigungszahlen.

Dieser Jagdpanzer wurde nur bei der schweren Panzerabteilung 512 und der Panzerjägerabteilung 653 eingesetzt, Anfang April 1945 standen noch 24 einsatzfähige Jagdtiger an der Front im Westen. Da sich ein Mangel an 12,8-cm-Waffen zeigte, wurde eine Ausweichlösung für den Jagdtiger mit der 8,8-cm-Sturmkanone 43 vorbereitet; das war eine leicht geänderte KwK 43 – gebaut hat man diesen Entwurf aber nicht.

Projekte blieben der »Tiger II« mit einer 10,5-cm-KwK L/68, das war, verglichen mit der 8,8 cm, ein um 1100 mm längeres Rohr. Mit einer 1124 mm langen Panzer-Granatpatrone von 26,1 kg geladen, sollte hier ein 15,6 kg schweres Geschoß mit einer V_0 von 990 m/s verschossen werden.

Ein neuer »Tiger-Jäger« sollte die 12,8-cm-Panzerjäger-Kanone L/66 tragen, hier war das Fahrzeug 11 195 mm lang.

Anfang 1945 wurde auf Hitlers Anregung die Unterbringung eines großen Flammenwerfers mit 200 m Reichweite im Jagdtiger untersucht. Am 20. März wurde noch der Bau von drei Mustern begonnen, fertig geworden ist aber davon keines.

Selbstfahrlafetten mit der 17-cm-Kanone und dem 21-cm-Mörser wurden hier, wie bereits beim »Tiger I«, ebenfalls entworfen. Ein Muster für die 17-cm-K 44 war bei der Firma *Henschel*

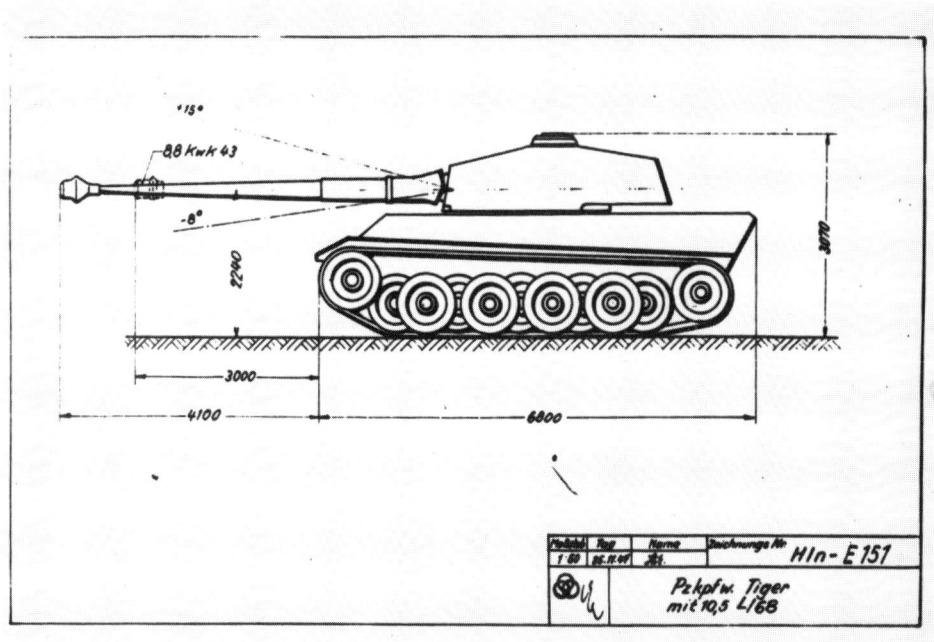

▲ Vorschlag: Leistungssteigerung mit der 10,5-cm-KwK ▼ Tiger-Jäger mit der langen 12,8-cm

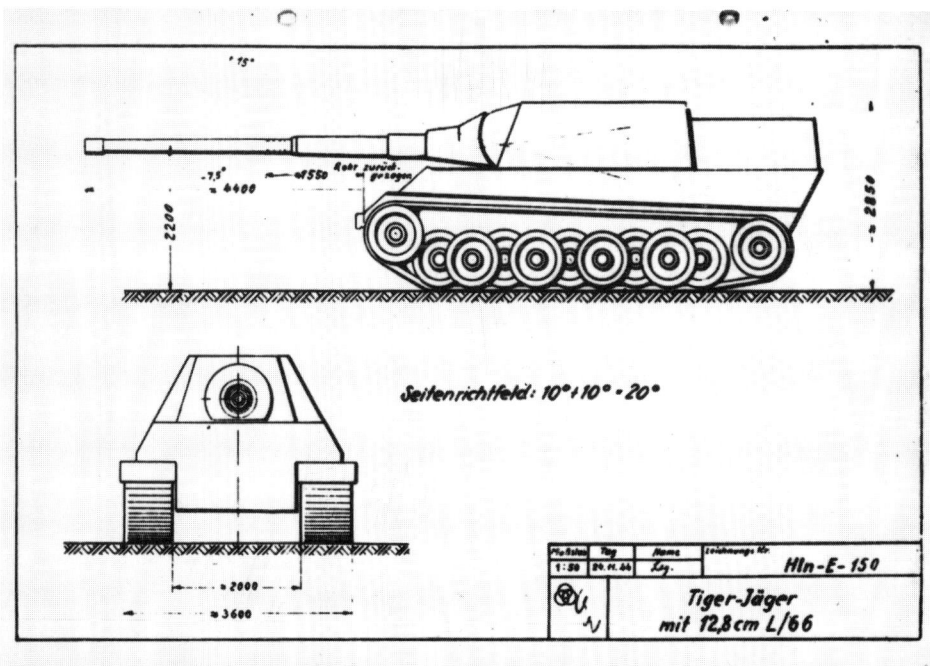

im Bau, wurde aber nicht mehr fertig. Das 58 t schwere Fahrzeug war mit einem verlängerten Fahrgestell 13 000 mm lang und 3155 mm hoch. Die Besatzung betrug acht Mann, der Munitionsvorrat fünf Schuß.

Das Fahrzeug mit dem 21-cm-Mörser war ähnlich aufgebaut, aber nur 11 000 mm lang. Es wurden hier nur drei Schuß Munition mitgeführt.

Aber auch als **Trägerfahrzeug** wurde der »Tiger II« projektiert. Nach Vorschlag der Firma *Krupp* sollten zwei Fahrzeuge die auf einer Grundplatte lafettierte 28-cm-K 5 tragen. *Skoda* hatte auf dem verlängerten Fahrgestell einen 42-cm-Granatwerfer vorgeschlagen. Das 65 t wiegende Fahrzeug wurde nie gebaut.

Die Schwächen im Antrieb und das durch die immer schwerer werdenden Entwürfe absinkende Leistungsgewicht hatten zu zahlreichen Vorschlägen anderer Motoren geführt. *Porsche* entwarf einen 16 Zyl. luftgekühlten Dieselmotor von 750 PS. Ein ähnliches Triebwerk mit 800 PS befand sich bei der Firma *Argus* auf dem Reißbrett. Eine 12-Zyl.-Maschine mit 900 PS war bei der *Auto-Union* geplant. Bei der Firma *Adler* wollte man einen Motor mit 1050 PS bauen, bei *Porsche* nunmehr einen Motor von 48 l Hubraum, der 1500 PS leisten sollte. Das letzte Projekt war der Typ 305, ein Porsche-Stahltriebwerk mit 1000 PS Leistung. Keine dieser Entwicklungen wurde zum Abschluß gebracht.

Mit der Aufstellung des neuen Panzerfertigungs-Programmes für 1945 entstand erneut eine Diskussion über den Wert und die Einsatzmöglichkeiten der schweren Panzerfahrzeuge. Sie besaßen ein zu geringes Leistungsgewicht, und stärkere Motoren bei möglichst gleichem Gewicht waren nicht in Sicht. Das hohe Fahrzeuggewicht ergab Schwächen im Antrieb und Laufwerk und dazu einen viel zu hohen Bodendruck.

Von derartigen Argumenten beeindruckt, legte die Firma *Henschel* im Dezember 1944 den Entwurf für einen 33 t schweren Klein-»Tiger« vor.

Als Triebwerk war der P-30-Maybach-Motor von 630 PS vorgesehen, der anfänglich im »Tiger« montiert war. Die Frontalpanzerung der Wanne von 80 mm Stärke war stark geneigt angeordnet, in der Horizontalen hätte das einen 160 mm starken Panzerschutz ergeben. Die Seiten sollten einen neuartigen Mehrschicht-Schottenpanzer erhalten. Als Bewaffnung wollte man die 10-cm-PWK (Panzerwurfkanone) der Firma *Krupp* übernehmen, das hätte eine Durchschlagsfähigkeit von 200 mm ergeben. Am Ende aber wurde dieser »Klein-Tiger« nicht gebaut.

Pz. 35(t) und 38(t)

Nach der Besetzung von Böhmen und Mähren am 15. März 1939 übernahm das Deutsche Reich u. a. auch 218 der 298 produzierten tschechischen Panzer LT 35, von denen sich 1939 bei Kriegsbeginn 202 Stück in den deutschen Heeresbeständen fanden. Bei der Panzerabteilung 65 der 1. leichten Division waren während des Polenfeldzuges 112 dieser Panzer eingesetzt, von denen 77 ausfielen.

Im Frankreichfeldzug wurden im Mai 1940 wieder 128 dieser Panzer eingesetzt, dieses Mal betrugen die Ausfälle 45 Fahrzeuge. Nachdem man 119 instand gesesetzt hatte, wurden ab Juni 1941 im Osten erneut 160 dieser Panzer eingesetzt. Ende 1941 aus der Front herausgezogen, wurde der **Panzer 35(t)** nur noch zu Ausbildungszwecken verwendet.

Der bei der Firma *Skoda* entwickelte Panzer hatte eine Besatzung von vier Mann, er wog 10,5 t. Er war 4450 mm lang, 2140 mm breit und 2200 mm hoch. Ein 4-Zyl.-Motor von 8,5 l Hubraum entwickelte 120 PS und verlieh dem Fahrzeug eine Geschwindigkeit von 40 km/h. Mit den 320 mm breiten Ketten hatte das Fahrzeug nur einen Bodendruck von 0,52 kg/cm^2.

Die Frontpanzerung betrug 25 mm, seitlich und hinten aber nur 16 mm. Die Hauptwaffe war die 245 kg schwere 3,7-cm-KwK 34(t) L/40 mit einer Rohrlänge von 1458 mm und der

Der »38(t)«

Pzgr-Patrone 37(t), die bei 384 mm Länge 1,48 kg wog und eine Granate von 0,85 kg trug, die mit einer V_0 von 685 m/s verschossen wurde. Auf 500 m Entfernung ergab das eine Durchschlagsfähigkeit von 31 mm. Für die Kanone wurden 72 Schuß mitgeführt, für die beiden zusätzlichen MGs 1800 Schuß. Bis Kriegsausbruch hatte das Waffenamt 230 Stück der KwK 34(t) übernommen. Die 218 Liter mitgeführten Treibstoffs reichten auf der Straße für 190 km.

Für die tschechische Armee hatte die Firma *CKD* in Prag den Panzer LT 38 entwickelt. Die ersten neun Fahrzeuge wurden Ende Mai 1939 vom deutschen Heer übernommen und erprobt. Da sie sich den deutschen Mustern Panzer I und II überlegen zeigten, wurde bei der nun in *Böhmisch-Mährische-Maschinenfabrik (BMM)* umbenannten Firma die Produktion aufgenommen. Bis Kriegsbeginn wurden 98 Fahrzeuge ausgeliefert, von denen 59 bei der Panzerabteilung 67 in Polen eingesetzt wurden. Sieben dieser Fahrzeuge fielen während der Kämpfe aus. Bei der »Weserübung« (Besetzung von Dänemark und Norwegen) waren 15 der **Panzer 38(t)** in Norwegen eingesetzt.

Während des Feldzuges in Frankreich befanden sich 106 dieser Panzer bei der 7. und weitere 123 bei der 8. Panzerdivision. Hier betrugen die Ausfälle zusammen 54 Fahrzeuge.

Während des Balkanfeldzuges waren bei der 8. Panzerdivision 125 dieser Panzer eingesetzt. Durch weitere Lieferungen, das Waffenamt hatte bis Ende Januar 1940 insgesamt 750 Fahrzeuge bestellt, hatte sich der Bestand zum 1. Juni 1941 auf 754 Panzer 38(t) erhöht. Bei Beginn des Unternehmens »Barbarossa«, dem Feldzug gegen Rußland, waren bei fünf Panzerdivisionen zusammen 665 dieser Panzer im Einsatz.

Es war ein 9,6 t schweres Fahrzeug mit vier Mann Besatzung, das 4610 mm lang, 2140 mm breit und 2250 mm hoch war. Mit dem 6-Zyl.-Motor von 7,75 l Hubraum, der 128 PS leistete, wurde eine Geschwindigkeit von 42 km/h erreicht. Die Kettenbreite war von 320 mm beim Panzer 35(t) auf 293 mm verringert worden, das Gewicht einer Kette betrug 460 kg. Als Hauptwaffe war die neue 275 kg schwere 3,7-cm-KwK 38(t) L/48 eingebaut. Verschossen wurde aus dem 1778 mm langen Rohr die bereits erwähnte Pzgr.Patrone 37(t) mit einer V_0 von 740 m/s. Die Durchschlagsfähigkeit auf 500 m Entfernung stieg damit auf 35 mm an.

Zusätzlich gab es jetzt auch die 0,37 kg schwere Panzergranate 40(t), die einen Wolframkern trug. Die Patrone selbst war 326 mm lang und wog 0,95 kg. Der Munitionsvorrat für die Kanone erhöhte sich auf 90 Schuß, für die beiden MGs auf 2700 Schuß.

Bei einer Kettenbreite von 293 mm lag der Bodendruck mit 0,56 kg/cm^2 recht günstig. Nachteilig war die vernietete und verschraubte Panzerung, die vorn 25, seitlich aber nur 15 mm betrug.

Die Ausführungen **B, C** und **D** unterschieden sich von der ersten Lieferung von 150 Stück durch die gekrümmte Panzerplatte im Fahrerbereich. Die 525 produzierten Fahrzeuge der Ausführungen E und F trugen an der Front einen aufgenieteten Zusatzpanzer von 25 mm Stärke. Dadurch erhöhte sich das Gewicht auf fast 9,9 t. Mit den 220 Litern Kraftstoff erreichte man auf der Straße eine Fahrstrecke von fast 240 km.

Als **Ausführung G** wurde 1942 die letzte Serie produziert. Hier war die Panzerung fast gänzlich ohne Vernietung ausgeführt. Die letzten 26 der 90 erstellten Fahrzeuge hat das Waffenamt im Juni 1942 übernommen.

Die **Ausführung S** war eine Exportversion, von der Ungarn 102, die Slowakei 69, Rumänien 50 und Bulgarien zehn Fahrzeuge erhielten.

Die für Schweden vorgesehenen 92 Fahrzeuge wurden nicht geliefert. Aus dieser Baureihe hat die Wehrmacht 58 Stück übernommen. Schweden erhielt im Dezember die Rechte zur Lizenzfertigung.

Für einen schnellen Aufklärungspanzer hatte die *BMM* einen Entwurf vorgelegt, der auf dem Fahrgestell des 38(t) basierte. Offiziell **Panzer 38(t) n. A.** (neue Ausführung) genannt, wurde dieses 10,6 t schwere Fahrzeug von einem 8-Zyl.-Motor von 14,5 l Hubraum, der 220 PS leistete, angetrieben; es sollte eine Geschwindigkeit von 53 km/h erreicht werden. Das 4700 mm lange, 2885 mm breite und 2215 mm hohe Fahrzeug erhielt neue, 305 mm breite Ketten. Als Waffe war eine 5-cm-KwK 39 mit 60 Schuß vorgesehen. Für das zusätzliche MG 34 sollten 2100 Schuß mitgeführt werden. Von dem mit vier Mann besetzten Fahrzeug wurden 15 Stück zur Erprobung gebaut, die Entscheidung fiel aber zugunsten des VK 1303 »Luchs«, der bei *Henschel* und *MAN* gebaut wurde. Zu der gleichen Forderung hatte die Firma *Skoda* den **T-15** eingereicht. Das war ein 11 t schweres Fahrzeug mit einem 8-Zyl.-Motor von 10,8 l Hubraum, der 235 PS leistete und damit 60 km/h erreichen sollte. Das eine gebaute Muster war noch mit einer 3,7-cm-KwK bewaffnet; für später war der von *Daimler* entworfene Turm mit der 5-cm-KwK 39 vorgesehen.

Das 4580 mm lange, 2170 mm breite und 2160 mm hohe Fahrzeug bewährte sich aber nicht, der Motor war zu anfällig. Hitler selbst hat im April 1942 diese Entwicklung einstellen lassen. Der Vorschlag, auf das Fahrgestell des 38 (t) den Turm vom Pz. IV zu setzen, blieb dadurch eine reine Studie.

Die am Beginn des Ostfeldzuges im Herbst 1941 auftretenden, starken feindlichen Panzermassierungen führten zu der Forderung, schnellstens einen Panzerjäger auf Selbstfahrlafette zu entwickeln. Die »Sofortlösung« war die Montage von 7,62-cm-Beutegeschützen auf dem Fahrgestell des 38(t). Untersuchungen bei der Firma *Krupp* hatten gezeigt, daß die russische Feldkanone »Pushka 1936« eine hervorragende Waffe war. Auf einer *Rheinmetall*-Entwicklung aufbauend, hatten die Russen das Gewicht erheblich vermindert und durch das Verringern der Bauteile auf ein Drittel die Bedienung erheblich vereinfacht. Im März 1942 waren die Vorbereitungen für die Fertigung abgeschlossen, und im April wurden die ersten 68 Fahrzeuge geliefert. Das 10,8 t schwere Fahrzeug war 6190 mm lang, 2140 mm breit und 2540 mm hoch. Die russische Waffe hatte eine Rohrlänge von 3270 mm und verschoß die 7,6 kg schwere Panzergranate 39 rot mit einer V_0 von 720 m/s. Mit dieser Munition konnten auf 1000 m Entfernung 82 mm Panzerung durchschlagen werden. Den alten Motor hatte man auf eine Leistung von 140 PS gebracht, das ergab eine Höchstgeschwindigkeit von 45 km/h. Das mit vier Mann besetzte Fahrzeug trug 30 Schuß für die Kanone und 1200 Schuß für das zusätzliche MG. Die mitgeführte Kraftstoffmenge von 218 Litern reichte im mittleren Gelände

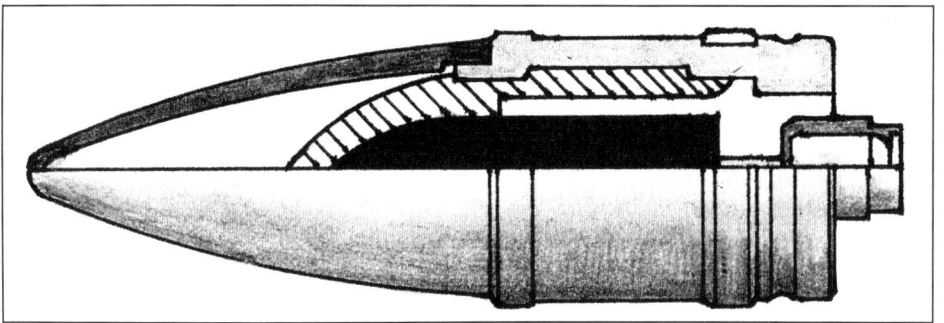

▲ Pzgr. 40 für die russische 7,62-cm   ▼ »Marder III«

für eine Fahrstrecke von etwa 140 km. Die Bezeichnung **Panzerjäger 38,** das (t) war ab 1943 entfallen, wurde ab März 1944 durch den Suggestivnamen **Marder III** ersetzt.

Unter der gleichen Kennzeichnung findet sich die Kombination des Fahrgestelles 38 mit der 7,5-cm-Pak 40, die ab November 1942 geliefert wurde. 1587 Stück dieser Waffe hatte man zur Montage bereitgestellt. Dieses 10,5 t schwere Fahrzeug war 5900 mm lang und durch einen verbesserten Panzerschutz (das Fahrzeug war oben offen) nun 2475 mm hoch. Der Munitionsvorrat betrug für die Kanone 38 Schuß, für das MG waren 600 Patronen vorhanden. Im Mai 1943 wurde der Aufbau erneut geändert und dabei der Munitionsvorrat für die Kanone auf 27 Schuß reduziert. Muster blieben die Bewaffnung mit der 7,5-cm-Sturmkanone 40 und mit der 7,5-cm-KwK 42 L/70 vom »Panther«. Von dem »Marder-III«-Fahrzeug waren bei der Truppe im März 1945 noch 350 Stück vorhanden.

Die Ausführung M der »Grille«

Im Februar 1943 wurden vom Waffenamt die ersten Fahrzeuge der **Grille** abgenommen. Das war das Fahrgestell des Panzers 38 mit dem 15-cm-s.I.G. 33, von dem die *Böhmisch-Mährische Maschinenfabrik* 465 Stück zur Montage erhalten hatte. Mit fünf Mann Besatzung und einem Munitionsvorrat von 15 Schuß betrug das Gewicht 11,5 t. Der zuerst gewählte Aufbau mit dem vorn liegenden Geschütz wurde **Ausführung H** genannt und nach der Fertigung von 91 Fahrzeugen zur **Ausführung M** geändert. Der Munitionsvorrat stieg auf 18 Schuß, das Gewicht auf 12 t. Der oben offene Aufbau saß nun auf dem Heck des Fahrgestelles. Von der »Grille« gab es im März 1945 noch 173 Stück. Wegen der geringen Munitionskapazität gab es aus Umbauten extra 120 Munitionsschlepper für die »Grille«, die 40 Granaten für das 15-cm-s.I.G. 33 trugen.

Aus Umbau bzw. Neubau entstand der **Aufklärungspanzer 38** mit der 2-cm-KwK 38. Außer den drei Mann Besatzung trug das 9,8 t schwere Fahrzeug 180 Schuß für die Kanone und 1100 Schuß für das koaxial angeordnete MG 42. Zwei dieser Fahrzeuge wurden versuchsweise mit einer 7,5-cm-KwK 40 L/24 ausgerüstet. Ein geplanter Granatwerfer-Panzer kam nur noch bis zum Holzmodell.

Der **Flak-Panzer 38** war das erste Fahrzeug dieser Art. Hitler hatte im Herbst 1943 abgelehnt, den 2-cm-Flakvierling auf das Fahrgestell des Panzers IV zu montieren. Am 15. Oktober konnte man ihm das Zugeständnis abringen, daß 150 Fahrgestelle des Panzers 38 mit einer 2-cm-Flak 38 ausgerüstet werden konnten. Bereits im November wurden die ersten Fahrzeuge geliefert. Hitler sah das erste Muster am 16. Dezember. Das 9,8 t schwere Fahrzeug trug fünf Mann Besatzung und jeweils 540 Schuß der 2-cm-Sprenggrante und Panzergranate. Die 2-cm-Sprenggranatpatrone war 203 mm lang und wog 0,3 kg. Das 85,8 mm lange Geschoß besaß ein Gewicht von 0,12 kg, es verließ das 1300 mm lange Rohr mit einer V_0 von 900 m/s. Wegen der ungenügenden Feuerkraft wurde die Produktion im Februar 1944 wieder eingestellt. Die letzten zehn vorbereiteten Fahrgestelle wurden zur Fertigung der »Grille« abgegeben. Vom Flakpanzer 38 betrug der Bestand im März 1945 noch 119 Stück.

Die Firma *Krupp* wollte aus den zahlreichen Fahrgestellen des Panzers 38 ein kampfkräftiges Fahrzeug machen und schlug die Montage eines vereinfachten Turmes vom Panzer IV mit der 7,5-cm-KwK L/48 vor. Ein anderer Vorschlag zeigte die 8-cm-PAW 600 – es wurde aber

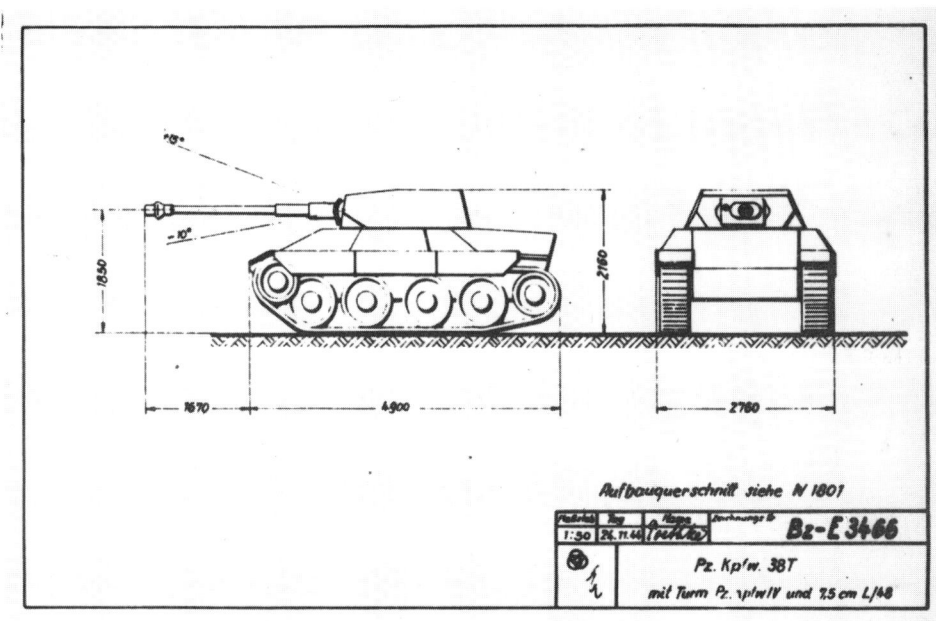

▲ Vorschlag: Pz. 38 mit Turm vom Pv. IV   ▼ Lizenzausführung des »Hetzer« für die Schweiz

alles abgelehnt, da seit Dezember 1943 bereits ein Vorschlag der *BMM* für einen leichten Panzerjäger vorlag.

Gen. Oberst Guderian hatte als Inspekteur der Panzerwaffe schon im März 1943 den Bau eines einfach herzustellenden Panzerjägers auf der Basis des Sturmgeschützes gefordert. Die Fertigungsmöglichkeiten bei *BMM* und *Skoda* eigneten sich aber nicht für diesen Typ. Am 17. Dezember 1943 akzeptierte man nun den Entwurf für einen Jagdpanzer mit der 7,5-cm-Pak 39 L/48 auf dem 38er Fahrgestell. Die ersten Muster mit der 80-mm-Frontpanzerung wogen fast 16 t und waren stark kopflastig. Sie wurden nun auf 14,5 t »abgemagert« und erhielten die Bezeichnung **Jagdpanzer 38 Hetzer.** Mit dem Motor von 7,75 l Hubraum, den man durch erhöhte Drehzahl auf 160 PS gebracht hatte, erreichte man eine Höchstgeschwindigkeit von 38 km/h. Die mitgeführten 320 l Kraftstoff reichten auf der Straße für eine Strecke von 175 km.

Das mit »Schürzen« 2650 mm breite Fahrzeug war 2100 mm hoch und mit der 7,5-cm-Pak 39, die wegen fehlender Fertigungskapazität keine Mündungsbremse trug, 6270 mm lang. Der Munitionsvorrat für die Kanone betrug 40, später sogar 45 Schuß. Für das auf dem Dach montierte MG 34 waren 900 Patronen vorhanden.

Das 4870 mm lange Fahrgestell lief auf 350 mm breiten Ketten, bei einem Bodendruck von 0,69 kg/cm² war der »Hetzer« infolge der gegenüber dem 38(t) um 348 mm größeren Spurweite sehr wendig.

Nicht nur die Truppe, auch Hitler war begeistert und bezeichnete dieses Fahrzeug als einen der größten Erfolge in der Waffentechnik. Da die ersten, im April 1944 übernommenen Fahrzeuge noch Mängel zeigten, erhielt die Truppe erst im Juli diese Jagdpanzer. Bei den Panzerjägerabteilungen 731 und 743 erfolgten die ersten Einsätze. Im Dezember 1944 wurden 20 Fahrzeuge mit einem Flammenwerfer anstelle der Kanone ausgerüstet. Der Vorrat von 700 l Flammöl konnte bis zu 60 m weit versprüht werden. Diese Fahrzeuge wurden bei der Ardennenoffensive eingesetzt. Ebenfalls aus der Serienproduktion wurden die 170 erstellten **Bergepanzer 38** entnommen. Vom Jagdpanzer-38-Fahrgestell mit dem 15-cm-s.I.G. 33 gab es lediglich 30 Stück. Die Fahrzeuge waren frontal mit 60, seitlich aber nur mit 20 mm gepanzert. Bei einer Bodenfreiheit von 380 mm konnten Hindernisse von 640 mm Höhe überwunden werden, die Steigfähigkeit betrug aber nur 25°. Die Watfähigkeit betrug 1,1 m, und dieser Jagdpanzer konnte Gräben von 1,5 m Breite überschreiten. Anfang März 1945 besaß die Truppe noch 1256 Exemplare vom »Hetzer« und 116 Bergepanzer 38, von denen sich wiederum 144 beim Ersatzheer befanden. Zum 10. April 1945 war dann der Bestand auf

Projekt mit 7,5-cm-KwK 42

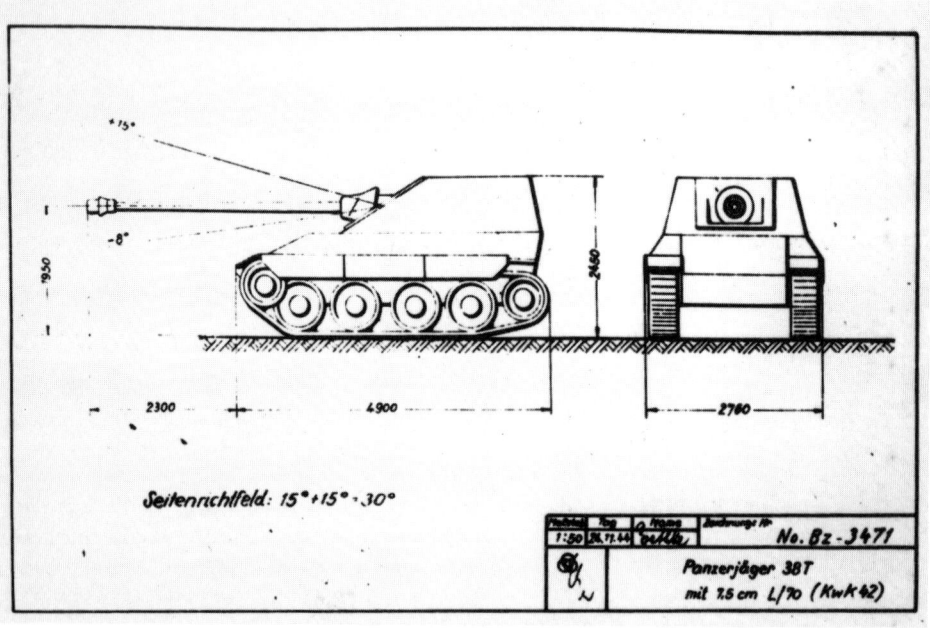

72

915 gesunken, von denen standen 726 an der Ost- und 101 an der Westfront. Als einsatzfähig wurden insgesamt noch 626 Fahrzeuge gemeldet.

Bei der 7,5-cm-Pak 39, mit der auch der Jagdpanzer IV ausgerüstet war, lagen außer den 2724 montierten Waffen noch 645 weitere zum Einbau bereit.

Projektiert wurden Fahrgestelle mit der leichten und der schweren Feldhaubitze, mit dem 12-cm- und 21-cm-Granatwerfer sowie mit der 10-cm-K. 18 und der 12,8-cm-K. 81. Noch mehr Projekte gab es für den Panzer 38 D. Dieses 18 t schwere Fahrzeug, von dem nur einige Muster gebaut wurden, besaß ein neues Fahrgestell mit einem 12-Zyl.-Dieselmotor der Firma *Tatra*, der bei 14,8 l Hubraum 208 PS leistete. Die Ketten waren auf 425 mm verbreitert worden. Für die Jagdpanzerversion war die 7,5-cm-Pak 42 L/70 geplant. Die 7,5-cm-KwK mit L/48 sollte in den Aufklärungspanzern montiert werden.

Das Panzerprogramm vom 7. November 1944 sah für das zweite Halbjahr 1945 eine Produktion von 1925 des Jagd- und 1700 des Aufklärungspanzers 38 D vor. Für die Montage auf dieses Fahrgestell waren die folgenden Waffen vorgesehen:

> 7,5-cm-KwK L/48
> 7,5-cm-Pak L/70
> 8-cm-PAW 600
> 10,5-cm-PAW 1000
> 10,5-cm-Sturmhaubitze 42
> 2-cm-Flak 38 Zwilling mit 3-cm-MK 103 Zwilling
> 28-cm-Wurfmörser

Produktion der verschiedenen Fahrzeuge mit dem Fahrgestell des 38(t) von Kriegsbeginn bis April 1945:

	1939	1940	1941	1942	1943	1944	1945
Pz. 38 (t)	72	369	698	195	–	–	–
Pz. 38 (t) mit 7,62 (r)	–	–	–	344	19	–	–
Pz. 38 »Marder III«	–	–	–	110	799	308	–
Pz. 38 »Grille«	–	–	–	–	224	138	17
Pz. 38 Aufklärer	–	–	–	–	–	70	–
Pz. 38 mit 2-cm-Flak	–	–	–	–	87	54	–
Jagdpz. »Hetzer«	–	–	–	–	–	1588	1261
Berge-Pz. 38	–	–	–	–	–	77	63

Munitionsproduktion für die tschechische KwK und das russische Beutegeschütz in 1000 Schuß während des Zweiten Weltkrieges

	1939	1940	1941	1942	1943	1944	1945
3,7-cm-Pzgr. 37 (t)	132,1	1137,0	649,9	205,7	1,5	–	–
3,7-cm-Pzgr. 40 (t)	–	–	603,3	173,9	–	–	–
7,62-cm-Prz.gr. 39 rot	–	–	–	259,4	558,2	437,3	–
7,62-cm-Pzgr. 40	–	–	–	91,8	39,1	–	–

Die Fertigung der alten 1,42 kg schweren 3,7-cm-Sprgr.Patr. 34(t) wurde 1941 eingestellt. 860 100 Stück hatte man seit Kriegsbeginn geliefert. Ende 1943 wurden 92 700 Stück der 3,7-cm-Pzgr. 40 wegen des Wolframkerns aus den Beständen herausgezogen. Die Bestände, die sich am Anfang 1944 auf 1 662 200 der Pzgr.Patr. 37(t) und 291 300 der Pzgr.Patr. 40(t) beliefen, zeigen den verhältnismäßig geringen Verbrauch der Pzgr.Patr. 37(t).

Abschließend soll noch eine interessante Entwicklung, die rücklauflose 7,5-cm-KwK L/48, erwähnt werden. Hier ging es darum, den Fertigungsaufwand zu verringern. Es konnten etwa 900 kg Gewicht eingespart werden, und beim »Hetzer« konnten durch den entstandenen Freiraum 83 statt 45 Schuß für die Kanone mitgeführt werden. Durch den starken Rückstoß, bei der 7,5-cm-Pak 39 betrug er etwa 120 t, entstanden nach einigen hundert Schuß Risse an der Montage, und die Besatzung war durch wegfliegende Teile wie die Zieloptik, die Winkelspiegeloptik Verletzungsgefahren ausgesetzt.

Trotzdem wurde noch ein Truppenversuch mit der 10,5-cm-StuH 42, die Rücklaufkräfte von mehr als 200 t aufwies, eingeleitet. Die Arbeiten an dieser neuen Art der Waffenmontage wurden nicht mehr abgeschlossen.

Flakpanzer

Beim Angriff von Jagdbombern war ein Panzerfahrzeug fast wehrlos. Hatte die deutsche Wehrmacht 1942 insgesamt 3301 Panzerkampfwagen und Selbstfahrlafetten verloren, für 1943 war diese Zahl auf 9357 angestiegen, und die feindlichen Flugzeuge hatten daran einen erheblichen Anteil. Im Oktober 1943 genehmigte Hitler den Umbau von 150 tschechischen Panzern 38(t) zu Selbstfahrlafetten mit einer 2-cm-Flak 38. Das 9,8 t schwere Fahrzeug war 4610 mm lang, 2150 mm breit und 2250 mm hoch. Außer den vier Mann Besatzung waren

Der erste »Möbelwagen«

74

»Wirbelwind«

1080 Schuß Munition an Bord. Es zeigte sich aber bald im Einsatz, z. B. bei der Pz.Div. Hitlerjugend in der Normandie, daß die Feuerkraft nicht ausreichend war. Die *BMM* hat die letzten Fahrzeuge zu einer Selbstfahrlafette mit dem 15-cm-s.I.G. 33 umgebaut. Hitler genehmigte nun den von ihm im Mai 1943 abgelehnten Vorschlag, den 2-cm-Flakvierling auf das Fahrgestell des Panzer IV zu montieren. Das 25 t schwere Fahrzeug trug fünf Mann Besatzung und wurde wegen seiner 3420 mm Höhe **Möbelwagen** genannt. Es wurden nur einige Muster gebaut.

Eine Umkonstruktion führte dann zur Montage der 3,7-cm-Flak 43. Da man die Waffe zum Teil in das Fahrgestell versenkt hatte, wurde das Fahrzeug nur 2720 mm hoch. Die Länge betrug 5290 mm, die Breite 2950 mm. Die Besatzung betrug sieben Mann, der Munitionsvorrat 416 Schuß. Dieser neue »Möbelwagen«, der Name war geblieben, trug seitlich abklappbare Panzerbleche von 20-mm-Stärke. Montiert wurden diese Fahrzeuge auch wieder bei der *BMM*.

Projektiert wurde nunmehr die Montage des 3,7-cm-Flakzwillings sowie die Verwendung der 3-cm-MK 303 als Doppelflak. Da aber die letzteren Waffen als Flugabwehr für die neuen U-Boote vorgesehen waren, kam es zur Lösung mit den 3-cm-MK 103/38 in Zwillingsmontage. Diese Entwicklung, **Kugelblitz** genannt, wurde bei *Daimler-Benz* und *Rheinmetall* durchgeführt. Der 25 t schwere »Kugelblitz« war 2300 mm hoch, das Fahrgestell IV kennen wir bereits. Der Munitionsvorrat betrug 1200 Schuß, die Fünf-Mann-Besatzung hatte zusätzlich ein MG 42 mit 900 Schuß zur Verfügung. Infolge der Produktionseinstellung dieser Fahrgestelle wurden nur einige Stück fertig.

Als Sofortlösung hatte man sich im Sommer 1944 für den Entwurf entschieden, der in Zusammenarbeit des SS-Panzer-Regiments 12 mit der Firma *Ostbau* entstanden war und die dann ihr mit einem 2-cm-Flakvierling ausgerüstetes Fahrzeug **Wirbelwind** nannte. Das 22 t schwere Fahrzeug war 2760 mm hoch, trug fünf Mann Besatzung, 3200 Schuß Munition sowie ein MG 34 mit 1350 Schuß.

»Ostwind«

Alle Flakpanzer besaßen übrigens eine Höchstgeschwindigkeit von 38 km/h.

Ein weiteres Fahrzeug der Firma *Ostbau* war der **Ostwind.** Hier trug das Fahrgestell eine 3,7-cm-Flak 43 ohne Unterlafette mit 1080 Schuß Munition.

Während dieser Flakpanzer noch produziert wurde, gab es vom »Ostwind II«, der den 3,7-cm-Flakzwilling trug, nur zwei Muster. Aus dem »Wirbelwind« wurde bei der Firma *Ostbau* noch der **Zerstörer 45** entwickelt. Hier war eine Vierlingsmontage des bei der Firma *Gustloff* produzierten »Jaboschreck« der 3-cm-MK 103/38 vorgesehen. Hier ist nur noch ein Muster gebaut worden.

Das letzte Projekt war ein neuer »Kugelblitz«-Turm mit zwei 3-cm-MK 103/38 und zwei 2-cm-MG 151/20 – der sollte aber auf das Fahrgestell vom »Hetzer«, dem im Protektorat Böhmen und Mähren bei der *BMM* entwickelten Panzerjäger montiert werden.

Produktion der Flakpanzer auf der Basis vom Fahrgestell des Pz. IV bis zum Mai 1945:

	1944	1945
»Möbelwagen« mit 3,7-cm-Flak 43	205	35
»Wirbelwind« mit 2-cm-Flakvierling	100	6
»Ostwind« mit 3,7-cm-Flak 43	15	28
»Kugelblitz« mit 3-cm-MK 103/38 Zwilling	–	5

Im März 1945 waren vom »Möbelwagen« noch 65, vom »Wirbelwind« noch 44 Fahrzeuge bei der Truppe vorhanden.

Am 10. April war der Gesamtbestand auf 98 Flakpanzer gesunken, davon standen trotz des wesentlich stärkeren Einsatzes von Jagdbombern bei den Westalliierten 83 an der Ostfront.

Sturmgeschütz – Kurze 7,5 cm

Sturmgeschütze

Die Vorgeschichte zu dieser Waffe findet sich bereits in dem Kapitel »Sturmartillerie« (Bd. 1, S. 212). Wir beginnen hier mit der **A-Ausführung,** von der 30 Stück bei der Firma *Alkett (Altmärkische Kettenfabrik, Berlin)* gefertigt wurden.

Das mit vier Mann besetzte Fahrzeug war mit der 7,5-cm-Kanone bewaffnet, die vom Pz.Kpfwg. IV stammte und die bereits beim Pz.Kpfwg. III N erwähnt wurde. In leicht geänderter Form, nun StuK (Sturmkanone) 37 genannt, war sie 15 cm nach rechts versetzt montiert und besaß eine Feuerhöhe von 1,5 m. Die seitlich ± 12° und in der Höhe max. bis zu 20° richtbare Kanone wurde mit 9150,– RM in Rechnung gestellt. Das Fahrzeug der A-Ausführung führte einen Vorrat von 44 Granaten mit, es war 5380 mm lang, 2920 mm breit und 1950 mm hoch. Bei einem Gesamtgewicht von 19,6 t waren die Front 50 mm, die Seiten 30 mm gepanzert. Mit dem Maybach-Motor, den wir vom Pz.Kpfwg. III kennen, erreichte das Fahrzeug max. 40 km/h, auf der Straße reichten die 310 l Kraftstoff für 150 km.

Die fünf bei Kriegsbeginn vorhandenen Versuchsmuster waren wegen des Weicheisenaufbaues nicht einsetzbar, drei Batterien mit 18 Sturmgeschützen waren aber im Mai 1940 während des Frankreich-Feldzuges im Einsatz. Eine weitere Batterie, die »665«, griff erst Mitte Juni in den Vogesen in die Kämpfe ein. Insgesamt gingen vier Sturmgeschütze verloren.

Die **Ausführungen B, C** und **D,** von denen zusammen 520 Stück gefertigt wurden, besaßen einen etwas geänderten Aufbau, waren geringfügig größer und wogen nun 22 t. Um den Bodendruck, ein wichtiger Faktor für die Beweglichkeit, der bisher 0,95 kg/cm² betragen hatte, zu halten, wurden die Ketten von 360 mm zu 400 mm verbreitert.

In der **E-Ausführung,** von der 275 Stück ab September 1941 geliefert wurden, hatte man 50 Granaten untergebracht, und für die Nahverteidigung wurde ein MG 34 mit 600 Schuß mitgeführt.

Zu diesem Zeitpunkt hatte Hitler für die Sturmgeschütze eine verstärkte Panzerung und den Einbau einer langrohrigen Waffe mit hoher V_0 gefordert – die überraschend aufgetretenen russischen T-34- und KW-Panzer mußten bekämpft werden. Einige Fahrzeuge wurden nun bei der Firma *Krupp* mit 2300 mm langen Rohren ausgerüstet, die von der Feldkanone 38, mit der man Brasilien beliefert hatte, übriggeblieben waren. Die 7,5-cm-Granate erreichte mit einer V_0 von 600 m/s zwar mit 55 mm Durchschlagsleistung auf 1000 m einen wesentlich höheren Wert als die bisherigen 35 mm – diese Schnellösung wurde aber trotzdem als nicht ausreichend abgelehnt.

Ein E-Muster wurde aber dann im Januar 1942 mit der neuen 7,5-cm-StuK 40 L/43 vorgestellt, es erhielt die Bezeichnung **Sturmgeschütz 40, Ausführung F.** Die neue 710 kg schwere Kanone hatte eine Rohrlänge von 3473 mm, die daraus verschossene 6,8 kg schwere Pzgr. 39 erreichte eine V_0 von 740 m/s, und das ergab auf 1000 m eine Durchschlagsleistung von 82 mm. Die 4,1 kg schwere Pzgr. 40 brachte trotz des Wolframkernes mit 87 mm nicht viel mehr. Der Preis für diese neue Kanone stieg nun auf 12 500,– RM an.

Die Gesamtlänge hatte sich auf 6310 mm erhöht, das Gewicht auf 23,2 t. Von den 360 Stück dieser F-Serie erhielten übrigens 182 die geforderte Zusatzpanzerung von 30 mm an der Front der Wanne und des Aufbaues, damit erhöhte sich das Gewicht um weitere 500 kg.

Die Leistung der Waffe reichte aber nicht aus; die 45 mm starke Frontpanzerung beim T-34 entsprach durch den starken Neigungswinkel von 30° einer Panzerstärke von 90 mm in der Waagrechten. Die Firma *Krupp* wurde also aufgefordert, die Leistung dieser Kanone noch weiter zu erhöhen. Man verwendete nun ein 3855 mm langes Rohr und erreichte eine V_0 von 990 m/s mit der Pzgr. 40; bei 1000 m wurden nun 97-mm-Panzerung, bei 500 m sogar 120 mm durchschlagen. Die letzten 31 Fahrzeuge der F-Serie waren bereits mit dieser StuK 40 L/48 ausgerüstet. Die 382 mm mehr Rohr kosteten übrigens 1000,– RM.

Bei der im September 1942 angelaufenen **F/8-Serie** trugen alle Fahrzeuge diese 780 kg schwere Waffe, die Gesamtlänge stieg dadurch auf 6770 mm an. Eine etwas verbesserte Wanne brachte das Gewicht auf 23,9 t. Diese bei 334 Stück auslaufende Serie wurde ab Dezember 1942 durch die **G-Ausführung** ersetzt. Es gab einige Verbesserungen am Dach und an der Kommandantenkuppel, von den Granaten konnten nun 54 mitgeführt werden, das MG war fest eingebaut, und die Kanone erhielt die einen besseren Beschußschutz gewährleistende »Saukopfblende«, so genannt, weil sie dem Kopf eines Wildschweines ähnlich sah. Einschließlich der 173 Umbauten aus dem Pz.Kpfwg. III sind bis Ende April 1945 vom G-Muster 8071 Stück von den Firmen *Alkett* und *MIAG* produziert worden.

Am Beispiel des G-Musters noch etwas über die Leistungen:
Bei einer Bodenfreiheit von 390 mm konnte das Fahrzeug 600 mm hohe Hindernisse überklettern und bei einer Kettenauflage von 2860 mm Gräben bis zu einer Breite von 2300 mm überschreiten. Die Wattiefe lag bei 800 mm. Hatte die 7,5-cm-StuK 37 bei 20° Erhöhung eine Schußweite von 6200 m, die StuK 40 L/48 erreichte 7700 m bei einer 17°-Erhöhung.

Da nun aus der Infanterie-Begleitartillerie praktisch ein Jagdpanzer geworden war, wurde nun als Ersatz die **10,5-cm-Sturmhaubitze 42** entwickelt. Das war die leichte Feldhaubitze 18 im Sturmgeschütz-Fahrgestell, am 2. Oktober 1942 wurde Hitler das erste Muster vorgestellt. Nach einer Vorserie von zwölf Stück, von denen sieben im Februar 1943 bei der Truppenerprobung im Osten verlorengingen, lief bei der Firma *Alkett* die Fertigung an. Durch die neue Bewaffnung, für die 36 Granaten mitgeführt wurden, änderte sich die Gesamtlänge zu 6140 mm, die Höhe betrug 2150 mm, und das Gewicht stieg auf 24 t an. Von der Waffe, die mit und auch ohne Mündungsbremse verwendet wurde, sind insgesamt 1381 Stück zur Montage angeliefert worden. Obwohl im Planungsbuch des HWA noch Lieferungen bis Mitte 1945 vorgesehen waren, ist die Fertigung, durch die Kriegslage bedingt, im Februar 1945 ausgelaufen.

Sturmgeschütz –
Lange 7,5-cm

10,5-cm-
Sturmhaubitze
▼

10,5-cm-Pzgr.

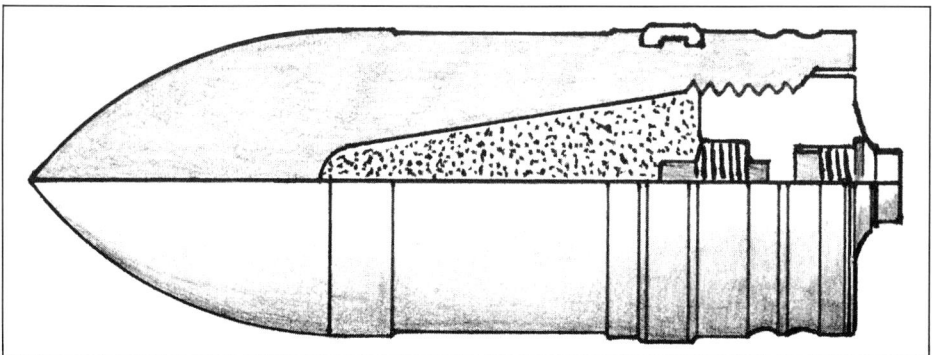

Nach den schlechten Erfahrungen, die man mit dem offenen Aufbau der Montage des schweren Infanteriegeschützes 33 in die Pz.Kpfwg. I und II gemacht hatte, entschied man im Juli 1941, diese Waffe in ein Sturmgeschütz einzubauen. Das Fahrzeug war 5400 mm lang, wog 22 t und trug außer den fünf Mann Besatzung 30 Granaten vom Kal. 15 cm und ein MG 34 mit 600 Schuß. Die Höhe stieg durch den oben geschlossenen Aufbau auf 2300 mm an. Von den 24 im Oktober 1942 ausgelieferten **Sturm-Infanteriegeschützen 33** sind 16 bei den Kämpfen um Stalingrad verlorengegangen.

Vom **Sturm-Flammwagen,** der außer dem MG 34 mit einem Flammenwerfer anstelle der Kanone bewaffnet war, hatte die Firma *Alkett* 1943 im Sommer zehn Stück ausgeliefert. Sie wurden aus Fahrzeugen der F-Ausführung erstellt.

Ein Projekt blieb das Sturmgeschütz III mit einer 8,8-cm-Waffe. Das darf aber nicht mit der Bezeichnung 8,8-cm-Sturmgeschütz 42 verwechselt werden, das war die alte Bezeichnung für den Jagd-»Panther«. Die Bezeichnung »Sturmgeschütz« findet sich übrigens auch beim »Ferdinand«, der von Prof. Porsche konstruierten Abart des Pz.Kpfwg. »Tiger«.

Die Produktion des Sturmgeschützes III mit der verschiedenen Bewaffnung während des Zweiten Weltkrieges bis zum Mai 1945:

	1939	1940	1941	1942	1943	1944	1945
StuG III mit 7,5-cm-StuK L/24	–	192	540	93	–	–	–
StuG III mit 7,5-cm-StuK L/43	–	–	–	330	–	–	–
StuG III mit 7,5-cm-StuK L/48	–	–	–	365	3011	3849	1038
StuG III m. 10,5-cm-le.F.H. 18	–	–	–	12	204	903	98
Stu.Inf.Gesch. 33	–	–	–	24	–	–	–
Stu.-Flammwagen	–	–	–	–	10	–	–

Dazu kommen im Jahr 1944 noch 173 Fahrzeuge mit der L/48-Waffe, die aus umgebauten Pz.Kpfwg. III erstellt wurden. Eine Bemerkung noch zu der bei 1940 eingesetzten Zahl: Bisher wird überall die Zahl 184 angegeben, diese Zahl wurde aber auf der Karteikarte im Februar 1941 mit dem Zusatz »8 Stck. nachgemeldet für Dez. 40« korrigiert.

Die Produktion der Munition, die aus den kurzen und langen 7,5-cm-Kanonen verschossen werden konnte (in 1000 Schuß):

	1939	1940	1941	1942	1943	1944	1945
7,5-cm-KwK-Gr.	432,9	1736,1	877,9	530,4	1164,0	861,0	15,1
7,5-cm-Sprgr. 34	–	–	–	433,6	1717,4	4128,0	142,3
7,5-cm-Gr. 38 HL	–	–	–	572,2	1157,1	–	–
7,5-cm-Pzgr. 39	–	–	–	262,5	1924,0	1906,5	82,0
7,5-cm-Pzgr. 40	–	–	–	7,0	36,4	–	–
7,5-cm-Pzgr. 40 W	–	–	–	4,4	70,3	–	–

Die *Fahrzeugbestände* betrugen Anfang März 1945:

> 224 Sturmgeschütz III mit L/24
> 3067 Sturmgeschütz III mit L/48
> 577 Sturmhaubitze mit le.F.H.

und davon standen einschließlich der 14 Schulungswagen 291 Sturmgeschütze beim Ersatzheer.

Von der Munition waren zu dem Zeitpunkt vorhanden:

901 400 Schuß der KwK-Gr.
1 659 800 Schuß der Sprgr. 34
6 900 Schuß der Hohlladungsgranate 38
905 000 Schuß der Pzgr. 39

Am 10. April 1945 sah die Verteilung auf die Fronten wie folgt aus:

	Sturmgeschütz III	Sturmhaubitze
Ostfront	812	198
Westfront	54	41
Italien	127	38
Balkan	19	–
Dänemark/Norwegen	41	–

Von den Sturmgeschützen wurden 707, von der Sturmhaubitze 132 einsatzbereit gemeldet.

Nachdem Versuche ergeben hatten, daß der Aufbau des Sturmgeschützes auch auf das Fahrgestell des Pz.Kpfwg. IV gesetzt werden konnte – die Firma *Alkett* hatte durch Bombenangriffe am 23. und 26. November 1943 in ihrem Werk in Borsigwalde schwere Schäden erlitten und man mußte den Ausfall ersetzen –, begann im Dezember im *Grusonwerk* der Firma *Krupp* die Fertigung des **Sturmgeschütz IV,** dabei wurden die ersten 31 Fahrzeuge aus dem Pz.Kpfwg. IV umgebaut, dessen Fertigung gerade ausgelaufen war.
Das 6700 mm lange Fahrzeug war 2950 mm breit, 2200 mm hoch und wog 23 t. Für die 7,5-cm-StuK 40 L/48 wurden 63 Granaten mitgeführt, 600 Schuß für das MG 34. Übrigens wurden von der StuK 40 L/48 allein 1944/45 zur Montage in die verschiedenen Fahrzeuge 6342 Stück angeliefert.
Das **Sturmgeschütz n. A.** (neue Art), später in **Jagdpanzer IV** umbenannt, war ein 24 t schweres Fahrzeug von 6850 mm Länge. Es war nur 1850 mm hoch und mit der Ostkette 3210 mm breit. Die verbreiterte Ostkette senkte den Bodendruck auf fast 0,6 kg/cm^2.

Ein zerstörtes Sturmgeschütz IV

15-cm-Sturmhaubitze »Brummbär«

Der Rohstoffverbrauch stieg durch den veränderten Aufbau etwas an, hatte er bisher bei rund 34 t gelegen, so wurden jetzt 39 t benötigt.

Bewaffnet war das Fahrzeug mit der 7,5-cm-Pak 39 L/48, für die 79 Schuß vorhanden waren, und einem MG 34 mit 600 Schuß. Durch die neue Frontplatte, den langgestreckten Aufbau und die Saukopfblende war zwar eine bestechende Form entstanden, die Schwachstelle war aber das nur 20 mm gepanzerte Heck. Das resultierte wiederum in einer Vorderlastigkeit, und um diese auszugleichen, wurde die Frontpanzerung auf 60 mm verringert. Hier liegen die Gründe für die hohen Ausfälle – bis Ende Januar 1945 waren in nur vier Monaten 242 Fahrzeuge verlorengegangen. Mit den 410 l Kraftstoff konnten übrigens auf der Straße 210 km erreicht werden.

Die Firma *Vomag (Vogtländische Maschinen AG in Plauen)* begann im Januar 1944 mit der Auslieferung, und die ersten Fahrzeuge gingen zur Division Hermann Göring nach Italien. Als Bergegerät wurden zusätzlich 26 Fahrzeuge geliefert. Im November 1944 lief die Produktion jedoch wieder aus.

Ein weiterer zu den Sturmgeschützen zu zählender Panzerjäger war die **Selbstfahrlafette IV** mit der 10,5-cm-Kanone 18. Das war die im *Spreewerk/Berlin* gebaute Artilleriewaffe, die wir bereits als s.10-cm-K. 18 kennen. Dem Rohr hatte man eine 107 kg schwere Mündungsbremse angesetzt, dadurch stiegen die Länge auf 5903 mm und das Gewicht auf 1963 kg an. Verschossen wurde eine 15,6 kg schwere Pzgr. mit einer V_0 von 830 m/s, damit wurden auf 1000 m 138 mm Panzerung, auf 2000 m immer noch 112 mm Panzerung durchschlagen.

Das 7520 mm lange Fahrzeug war 2840 mm breit, 3250 mm hoch und wog 25 t. Für die Kanone konnten 25 Granaten mitgeführt werden. Der Aufbau war oben offen und die Panzerung sehr schwach, vorn 30 mm und an den Seiten 20 mm. Durch die sehr schwere Waffe war die Beweglichkeit im Gelände stark eingeschränkt. Das *Grusonwerk* der Firma *Krupp* hat zwei dieser Fahrzeuge im Frühjahr 1941 geliefert, weiter wurde nichts produziert. Von diesen bei der 3. Panzer-Division eingesetzten Panzerjägern ging in Rußland ein Fahrzeug verloren. Als **Brummbär** wurde das Sturmgeschütz IV mit der 15-cm-Sturmhaubitze 43 bekannt. Dieses 28,2 t schwere Fahrzeug, später **Sturmpanzer** genannt, war mit der Ostkette 3180 mm breit und 2520 mm hoch. Durch die kürzere Waffe betrug die Gesamtlänge nur 5930 mm. Für die Haubitze wurden 38 Granaten mitgeführt, ab Juni 1944 war zusätzlich ein MG 34 mit 600 Schuß montiert. Die Haubitze wird der Leser vergeblich im Heeres-Inventar suchen – sie war ein bei der Firma *Skoda* produziertes, geändertes schweres Infanteriegeschütz, dessen Rohr um 110 mm verlängert wurde; von der Bestellung über 450 Stück wurden 333 geliefert.

Der Sturmpanzerabteilung 216 wurden die ersten Fahrzeuge zugeführt, beim Unternehmen »Zitadelle« sind dann im Juli 1943 im Raum Kursk 17 verlorengegangen. Die Firma *Alkett* hatte diesen Sturmpanzer, der vorn mit 100 mm stark gepanzert war, entworfen, die Montage erfolgte bei den *Deutschen Eisenwerken in Duisburg.*

Die Leistungen des Fahrgestelles IV waren etwas besser als die des Fahrgestelles III, es hatte 10 mm mehr Bodenfreiheit, durch die 3250-mm-Kettenauflage konnten breitere Gräben überschritten werden, und die Wattiefe betrug 1200 mm. Als Zieloptik gab es für die Sturmgeschütze das Sfl.Zf. (Selbstfahrlafetten-Zielfernrohr), das 5fach vergrößerte, dabei aber nur ein Gesichtsfeld von 8° hatte. Zur Beobachtung gab es deshalb zusätzlich das Rbf. (Rundblickfernrohr) 36 mit einer 4fachen Vergrößerung und 10° Gesichtsfeld oder das von der Firma *Zeiss-Jena* gefertigte SF. 14 Z (Scherenfernrohr).

Die Produktion betrug bis zum Mai 1945:

	1943	1944	1945
Sturmgeschütz IV 7,5-cm-StuK L/48	30	1006	127
Jagdpanzer IV 7,5-cm-Pak L/48	–	769	–
Sturmpanzer IV 15-cm-Haubitze	70	215	25

Dazu sind noch 31 Sturmgeschütze IV zu rechnen, die aus Fahrgestellumbauten des Panzer IV stammten.

Die Front verfügte Anfang März 1945 noch über 531 Exemplare vom Sturmgeschütz IV, 33 weitere standen beim Ersatzheer. Vom Jagdpanzer waren noch 390, vom Sturmpanzer 188 vorhanden. Zum 10. April war die Zahl der Sturmgeschütze auf 201 im Osten, 16 in Italien und 50 im Westen gesunken, einsatzbereit waren 183 Fahrzeuge. Über die beiden anderen Muster liegen keine Meldungen vor.

Waffenträger

Mit der 1942 begonnenen Loslösung der Artillerie-Selbstfahrlafetten von der Panzerproduktion begann die Entwicklung der Waffenträger. Das Heereswaffenamt hatte zwei Größen festgelegt: Den leichten oder **Einheits-Waffenträger I** und den mittleren oder **Einheits-Waffenträger II.**

Das besondere Kennzeichen war nicht nur ein mögliches Rundumfeuer, die Waffe selbst sollte ablastbar sein, um aus gedeckten Stellungen schießen zu können. Voller Panzerschutz wurde nicht gefordert, die Beweglichkeit sollte, da es sich um ein Unterstützungsfahrzeug handelte, der der Infanterie entsprechen.

Bei der Firma *Krupp* erinnerte man sich an die im November 1942 produzierten Geschützwagen IVb mit der 10,5-cm-le.F.H. und legte, davon ausgehend, den Entwurf **Heuschrecke 10** vor. Hier konnte der Turm abgelastet und auf eine mitgeführte, einfache Bettung aufgesetzt werden. Als Munitionsvorrat standen 60 Schuß zur Verfügung.

Das 23 t schwere Fahrzeug war 6000 mm lang und jeweils 3000 mm breit und hoch. Ein 10-l-Maybach-Motor von 360 PS sollte dem Fahrzeug eine Höchstgeschwindigkeit von 45 km/h verleihen.

Wanne und Turm waren vorn 30 mm, an der Seite aber nur 16 mm gepanzert. Als Bewaffnung war eine mit einer neuen Mündungsbremse versehene le.F.H. 43 vorgesehen. Das 730 kg schwere Rohr war 3990 mm lang, mit der normalen Granate wurde eine V_0 von 665 m/s erreicht. Von den für Januar 1944 geplanten 33 »Heuschrecken« wurden aber nur drei geliefert, da das geschlossene Fahrzeug zu schwer und das Ablasten des Turmes sehr kompliziert war.

Bei der **Heuschrecke 15** war es eine s.F.H., die man in einem Turm, mittels Schwingarmen ablastbar, auf ein verlängertes Fahrgestell des Panzer II setzen wollte. Die Firma *Rheinmetall* hatte ebenfalls ein Muster mit der le.F.H. gebaut, bei dem man die unveränderte Waffe von der Artillerie übernommen hatte. Bei der Firma *Skoda* hatte man auf das Fahrgestell des T-25 zurückgegriffen. Die Haubitze konnte hier mittels einer Winde abgerollt werden.

Die Vorschläge wuchsen aber über die Vorstellungen des Waffenamtes hinaus. Es fanden sich dann Entwürfe mit den Feldhaubitzen und der 12,8-cm-K. 43 auf dem »Panther«-Fahrgestell – die Gewichte stiegen bis auf 40 t. Da legte die Firma *Ardelt* einen Entwurf vor, dessen Herstellung die Panzerproduktion nicht belasten sollte. Eine einfache, geschweißte Panzerwanne wurde auf das Laufwerk des 38(t)-Panzers gesetzt, die Ketten stammten vom RSO (Raupenschlepper Ost).

Das 6530 mm lange Fahrzeug war 3160 mm breit, mit 2250 mm sehr niedrig und wog 14 t. Als Antrieb wurde ein 7,8-l-Praga-Motor verwendet, der 125 PS leistete. Die Geschwindigkeit von 20 km/h wurde als ausreichend erachtet. Die le.F.H. war mittels eines Bordkranes ablastbar. Die drei gebauten Muster wurden noch mit Erfolg erprobt. Die geplante Serienfertigung ist aber nicht mehr angelaufen. Inzwischen hatte das Waffenamt folgende Vereinheitlichung festgelegt:

Waffenträger Größe I für	7,5-cm-Pak 40L/48	Waffenträger Größe II für	8,8-cm-Pak 43
	7,5-cm-Stuk 42L/70		15-cm-s.F.H. 18
	10,5-cm-le.F.H. 18/40		10-cm-K. 18
	3,7-cm-Flak		12,8-cm-K. 43

Leichter Waffenträger 10,5-le.F.H.

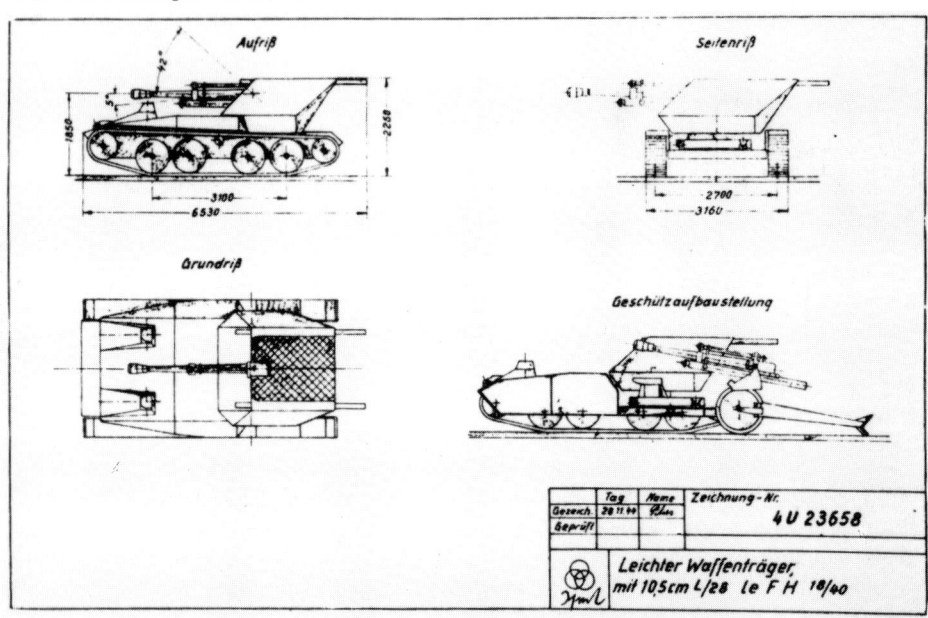

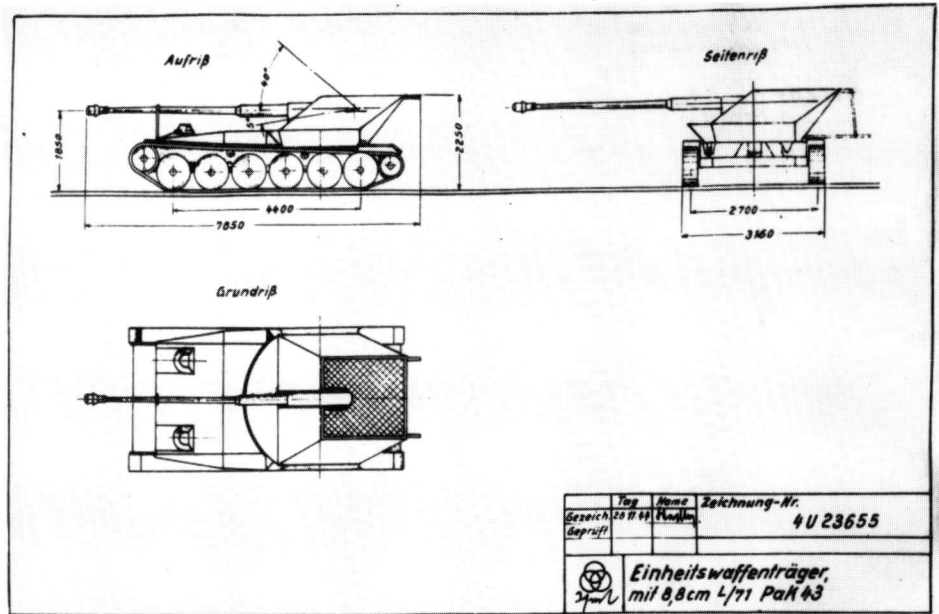

Als Pz.Jäger mit der 8,8-cm-Pak

Sturmartillerie mit 15-cm-s.F.H.

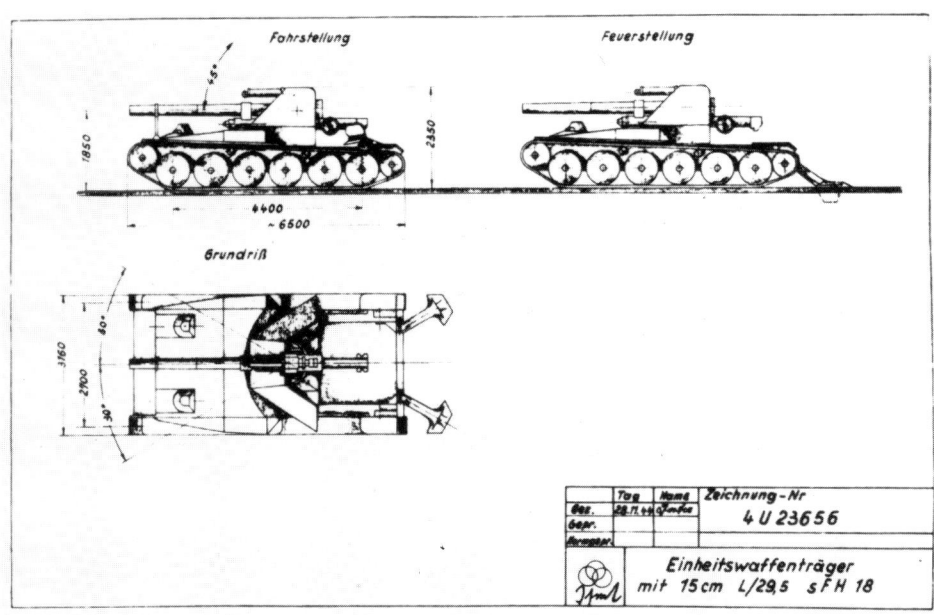

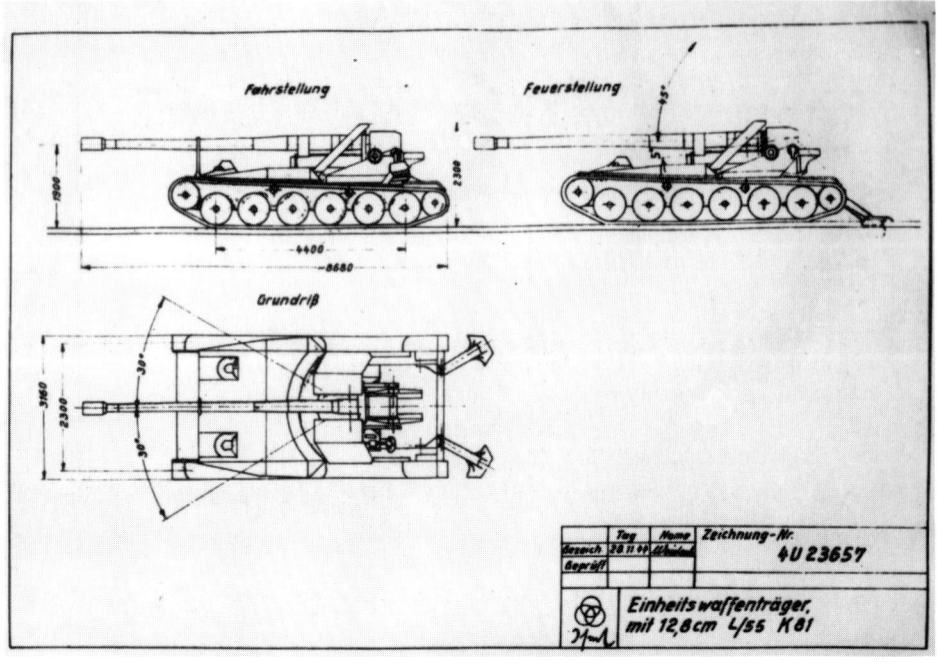

Vorschlag mit der neuen 12,8-cm-K. 81

Für die Größe II hat die Firma *Ardelt* ebenfalls Entwürfe vorgelegt, Muster sind aber nur von dem Fahrzeug mit der 8,8-cm-Pak gefertigt worden. Dieses 11 t schwere Fahrzeug war 7250 mm lang, 2420 mm breit und 2300 mm hoch. Der Munitionsvorrat betrug 35 Schuß. Als Antrieb wurden alte 3,8-l-Motoren vom Panzer I verwendet. Die 100 PS reichten für eine Geschwindigkeit von 25 km/h. Als diese als Panzerjäger einzusetzende Waffe nun vordringlich gefordert wurde, legte *Krupp* einen 16 t schweren Entwurf vor, von dem zwei Muster gebaut wurden. Bei einer Länge von 7820 mm war das Fahrzeug 3250 mm breit und 2250 mm hoch. Als Fahrgestell verwendete man das vom Jagd-Panzer »Hetzer«, ein 125-PS-Tatra-Diesel sollte das Fahrzeug antreiben. Hier findet sich auch eine Version mit Heckmotor.

Die Normalausführung war auch zur Montage anderer Waffen vorgesehen, der le.F.H. mit 40 Schuß, der s.F.H. und der 12,8-cm-K. 43 mit je 30 Schuß, die Entwurfsmappe zeigt acht verschiedene Montagen. Die Firma *Steyr* hatte ebenfalls einen Entwurf eingereicht.

Das Fahrzeug zeichnet sich zwar mit 2050 mm durch eine geringe Höhe aus, wurde aber nach Bau des Holzmodelles abgelehnt, da nur 15 Schuß Munition mitgeführt werden konnten.

Diese *Steyr*-Entwicklung ist später bei der Firma *Krupp* noch einmal überarbeitet worden. Das nun 16 t schwere Fahrzeug von 7380 mm Länge konnte jetzt 50 Schuß Munition tragen. Ein Muster ist noch erprobt worden.

Bei einer Variante hatte man die Frontpanzerung auf 20 mm verringert, bei einem Gewicht von 12 t konnte durch eine günstiger gestaltete Kettenauflage der Bodendruck auf 0,42 kg/cm² gesenkt werden. Man hat diese Arbeiten aber im Dezember 1944 wieder eingestellt.

Die Firma *Rheinmetall* schlug in ihrer Entwurfsmappe vier verschiedene Fahrzeuge mit der 8,8-cm-Pak und je zwei mit der le.F.H. und s.F.H. sowie der 12,8-cm-K. 43 vor – sie sind alle nicht gebaut worden. Das einzige Muster, das in die Erprobung ging, entstand aus der

86

Zusammenarbeit mit der Firma *Ardelt.* Dieses 15 t schwere Fahrzeug war 8000 mm lang, 3050 mm breit und 2150 mm hoch. Der Munitionsvorrat betrug 29 Schuß.

Für die schwereren Waffen hat man anfänglich übrigens die Fahrgestelle III/IV verwendet, die bei 6150 mm Länge 3160 mm breit waren. Bei der 15-cm-s.F.H. betrug die Höhe 2620 mm, bei der 12,8-cm-K. 81 2550 mm. Im letzteren Falle stieg aber die Länge durch den Rohrüberhang auf 8180 mm. Wegen des komplizierten Aufbaues und weil die Produktion dieser Fahrgestelle in Kürze eingestellt werden sollte, wurden die Entwürfe abgelehnt.

▲ Ardelt-Muster mit der 8,8-cm-Pak   ▼ Der riesige Innenraum der »Grille 17«

Für diese mittleren Waffenträger entwarf die Firma *Rheinmetall* ein neues Fahrgestell mit fünf Laufrollen, das 3260 mm breit war. Diese Fahrzeuge trugen die oben erwähnten Waffen, sie besaßen je nach Panzerung ein Gewicht von 15,7 bis 20,7 t. Wie bereits erwähnt, hat man von diesen Fahrzeugen nichts produziert.

Ohne daß eine Forderung des Waffenamtes vorlag, hatte die Firma *Krupp* die »Grille«-Serie entworfen, nicht zu verwechseln mit dem s.I.G. 33 auf dem Pz. 38(t), das die gleiche Bezeichnung trug.

Die **Grille 10** entsprach etwa der »Heuschrecke 10«. Obwohl sie auch nur eine le.F.H. trug, war sie auf dem »Panther«-Fahrgestell aufgebaut. Bei der **Grille 15** waren als Bewaffnung die s.F.H. bzw. die 12,8-cm-K. 43 vorgesehen. Die **Grille 17**, ein 60 t schweres Fahrzeug von 12 050 mm Länge, trug eine 17-cm-Kanone 44 auf einem verlängerten »Tiger«-Fahrgestell. Mit acht Mann Besatzung sollte ein Munitionsvorrat von fünf Schuß mitgeführt werden. Von der »Grille 17«, bei der man übrigens später die Forderung nach Ablastbarkeit aufgegeben hatte – die Waffe war viel zu schwer, allein die 986 mm lange Mündungsbremse wog 377 kg –, befand sich bei Kriegsende ein Fahrzeug im Bau.

Das gleiche Fahrgestell wurde für die **Grille 21** verwendet. Die Bewaffnung bestand bei dem 54 t schweren Fahrzeug von 9225 mm Länge aus dem 21-cm-Mrs. 18. Der Bau des Musters wurde aber im Juli 1944 wieder eingestellt. Da es sich um Selbstfahrlafetten ohne Ablastbarkeit handelte, sind diese Fahrzeuge bereits beim »Tiger«-Panzer erwähnt.

Ähnliche Entwürfe, die aber auf dem Reißbrett verblieben, lagen unter der Bezeichnung **Skorpion** bei der Firma *Rheinmetall* vor.

Das Panzerprogramm vom 7. November 1944 sah eine Waffenträger-Produktion von 165 Stück für das erste Halbjahr 1945 vor, im zweiten Halbjahr sollte die Produktion auf 1990 Stück gesteigert werden. Im Einsatz sind nur noch einige Muster gewesen.

Panzer der E-Serie

Bei einer vom Heereswaffenamt aufgestellten Gruppe wurden die E-Typen (Entwicklungs-Typen) in Zusammenarbeit mit vier Firmen, die nicht in den Panzerbau eingeschaltet waren, entworfen. Die Reihe begann mit dem **E-5,** einem schnellen Kleinpanzer für zwei Mann mit 6 bis 10 t Gewicht. Mehrere Projekte liefen hier unter der Bezeichnung **Wanze.** Ein besonders niedriges Modell war der in Rumänien als Muster gebaute Panzerjäger »Marschall« mit einer 7,5-cm-KwK.

BMW hatte auch ein Muster fertig. Dieses 3550 mm lange Fahrzeug wurde von einem 3,5-l-Motor von 90 PS angetrieben.

Eine Zwischenlösung war der Panzerjäger **Bren.** Auf einem 4 t schweren englischen Beutepanzer hatte man drei Panzerschreckwaffen montiert. Für den E-5-Panzer gab es, obwohl die Firmen *Büssing, Daimler, Steyr* und *Weserhütte* zusammen noch 18 Entwürfe für einen ein- bzw. zweisitzigen Panzer-Zerstörer mit der 8-cm-Pz.Wurf-Kanone vorlegten, keine abschließende Lösung. Der Gen.Insp. der Panzertruppe lehnte am 19. März 1945 alle diese Entwürfe und auch einen sogenannten MG-Wagen ab. Im letzteren, 870 kg schweren Fahrzeug von 2650 mm Länge und 1600 mm Breite war die Besatzung liegend untergebracht. Dieser nur 60 cm hohe Kleinpanzer trug zwei MGs und einen Flammenwerfer.

Als **E-10** war ein Mehrzweckfahrzeug geplant, das auf dem Raupenschlepper Ost basierte. Hier waren die *Klöckner-Humboldt-Deutz-Werke* in Ulm, bei denen dieser Raupenschlepper gefertigt wurde, die Entwicklungsfirma. Die Firma *Steyr* hatte im August 1943 den Aufbau einer 7,5-cm-Pak 40 auf derartige Schlepper vorgeschlagen und 60 Fahrzeuge umgebaut. Hitler hatte im Oktober ein Muster gesehen und befahl eine Produktion von 2910 Stück für 1944. Eine endgültige Lösung für das E-10-Fahrzeug hat es scheinbar nicht gegeben.

Der **E-25** sollte ein Jagd- und Aufklärungspanzer werden. Das bei der Firma *Argus* entwickelte Fahrzeug war dem Jagdpanzer »Hetzer« ähnlich. Die fünf bei *Alkett* gebauten Muster wurden von dem HL 230 P 30, einem 12-Zyl.-Maybach-Motor von 23 l, angetrieben, der 700 PS leistete; damit wurden 65 km/h erreicht.

Das 26,3 t schwere Fahrzeug trug vier Mann Besatzung und war mit der 7,5-cm-Pak L/70 bewaffnet. Zusätzlich gab es zur Fliegerabwehr eine 2-cm-Flak in einem kleinen Drehturm. Später wollte man in die Jagdpanzer-Ausführung die 10,5-cm-KwK L/68 montieren. Das Laufwerk mit fünf Laufrollen und die Kette hatte man vom »Panther« übernommen, es war um drei Laufrollen gekürzt worden. Eine Serienfertigung ist für dieses Fahrzeug aber nicht eingeleitet worden.

Für den **E-50** war die Firma *Weserhütte* in Bad Oeynhausen verantwortlich, er sollte den »Panther« ersetzen. Als Triebwerk wurde der 12-Zyl.-HL-234-Motor von *Maybach* verwendet, der 800 PS leistete, er sollte das 50,8 t schwere Fahrzeug auf 60 km/h beschleunigen. Ein neuer Drehturm mit einer 8,8-cm-KwK 42 befand sich bei der Firma *Krupp* in der Entwicklung. Die Herstellung der Panzerwannen verzögerte sich jedoch immer wieder. Der Umbau einer Wanne vom »Tiger II« wurde auch nicht mehr abgeschlossen.

Der **E-75** verwendete die gleiche Panzerwanne, durch die stärkere Panzerung wurde jedoch der Innenraum kleiner. Hier hatten die *Weserhütte* und die Firma *Adler* in Frankfurt je einen Entwurf vorgelegt. Das 60 t schwere Fahrgestell hatte wegen des höheren Gewichtes acht Laufrollen pro Seite gegenüber den sechs Laufrollen beim E-50. Als Hauptbewaffnung war die 10,5-cm-KwK L/68 in dem für den E-50 entworfenen Drehturm geplant. Die 85 t schwere Sturmgeschütz-Variante sollte die neue 15-cm-StuK 42 L/52 tragen, die eine 42 kg schwere Panzergranate verschoß.

Der **E-100,** das schwerste Fahrzeug dieser Reihe, wurde seit Juni 1943 bei der Firma *Adler* entwickelt. Das 8690 mm lange und 4480 mm breite Muster-Fahrgestell war bei Kriegsende fast fertig. Mit den 1000 mm breiten Ketten lag der Bodendruck bei 1,43 kg/cm². Als Triebwerk war der Maybach-Motor HL 295 geplant. Dieser 12-Zylinder von 29,6 l Hubraum sollte 1050 PS leisten und den 140 t schweren E 100 auf 40 km/h bringen. Die Frontpanzerung betrug 200 mm, seitlich waren es 120 mm. Der etwa 52 t schwere Drehturm sollte die 12,8-cm-KwK L/55 tragen, er hatte eine Frontalpanzerung von 240 mm. Als Besatzung waren sechs Mann vorgesehen.

In die Ausführung als Jagdpanzer wollte man die 17-cm-StuK L/50 montieren; 71 kg schwere Panzergranaten gab es in diesem Kaliber bereits.

Panzer »Maus«

Ende November 1941 hatte Hitler bereits die Firma *Porsche* angewiesen, die Entwicklung eines überschweren Panzers vorzubereiten. Im März 1942 wurde die Entwicklung des »VK 7201« bei der Firma *Krupp* in ein 100-t-Fahrzeug geändert. *Krupp* schlug Fahrzeuge von 110, 130, 150 und 170 t Gewicht vor, die alle unter der Bezeichnung »Krupp-Maus« liefen. Aus diesen Vorschlägen entstanden dann Entwicklungen mit 110 t aus Baugruppen des »Tiger II«, ein 130-t-Fahrzeug mit einer 15-cm-KwK im Drehturm und ein Sturmgeschütz von 120 t. Nachdem aber Porsche im Juni 1942 Hitler seine ersten Zeichnungen der **Maus** vorgelegt hatte, wurden alle Krupp-Entwürfe im Januar 1943 gestrichen. Im Februar ließ sich Hitler ein Modell des K-Wagens vom Ende des Ersten Weltkrieges vorstellen und entschied sich für einen Turm mit der 12,8-cm-L/78, deren Entwicklung gerade bei der Firma *Rheinmetall* begonnen hatte. Koaxial sollte die 352 kg schwere 7,5-cm-L/36,5 der Firma *Krupp* montiert werden. Später ist jedoch in dem einzigen fertiggestellten Turm die 12,8-cm-L/55 dieser Firma eingebaut worden. Der Munitionsvorrat betrug 32 Granaten des Kalibers 12,8 cm und 200 Sprenggranaten für die 7,5-cm-Waffe. Außer den beiden innenliegenden Kraftstoffbehältern, die

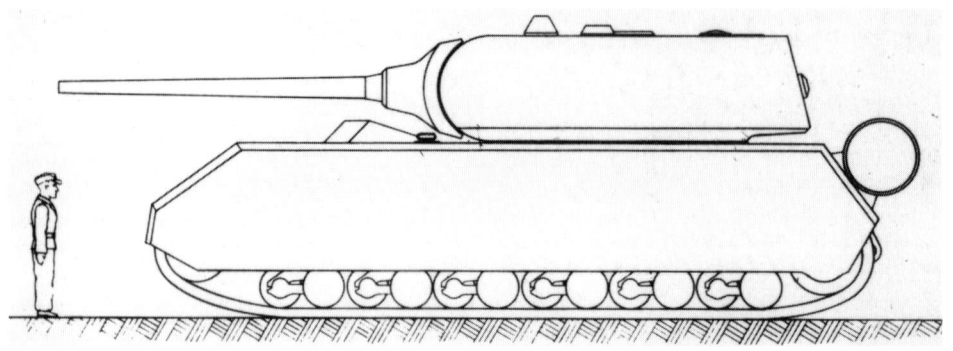

▲ Die »Maus«   ▼ Werkzeichnung Porsche

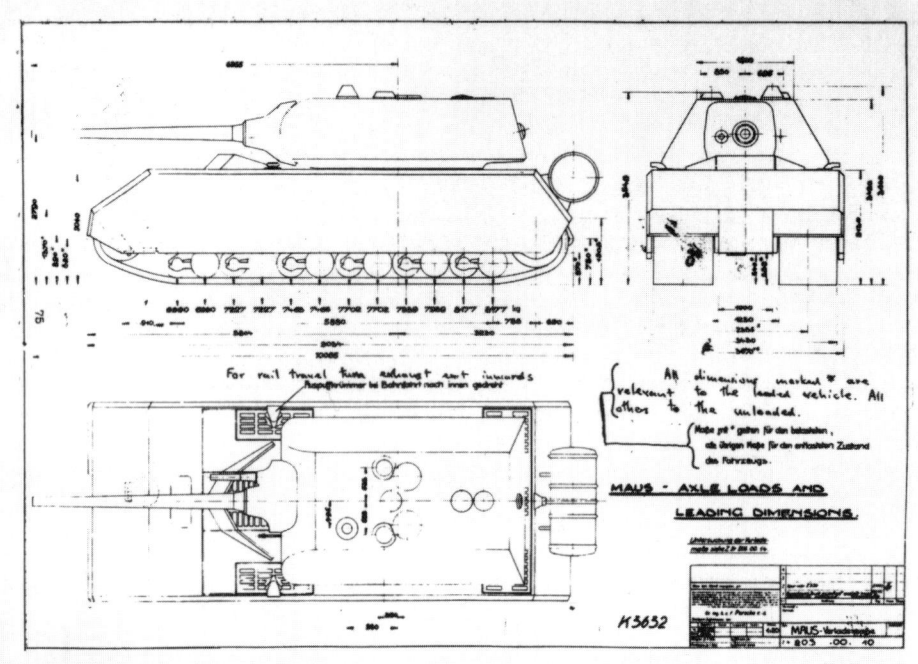

zusammen 3200 Liter enthielten, gab es noch am Heck einen außenliegenden Tank mit 1000 Litern. Als Antrieb wurde ein Daimler-Benz-12-Zyl.-Motor von 44,5 l Hubraum, der 1200 PS entwickelte, verwendet. Es war der Otto-Motor 509 bzw. die Dieselausführung 517 geplant. Angetrieben wurde ein 3885 kg schwerer Generator, der den Strom für die beiden sechspoligen Elektromotoren produzierte, die dem Fahrzeug eine Höchstgeschwindigkeit von 20 km/h verleihen sollten. Der Fahrbereich auf der Straße sollte 185 km betragen. Als Besatzung waren sechs Mann vorgesehen.

Das 9034 mm lange Fahrgestell besaß an jeder Seite zwölf Doppel-Laufrollen, die Frontpanzerung betrug 200 mm. Der 51,7 t schwere Turm war frontal 240 mm gepanzert, das entsprach durch die Flächenneigung 350 mm in der Horizontalen. Er sollte später mit einem

Entfernungsmesser mit 1900 mm Basis ausgerüstet werden. Das Gewicht der mitgeführten Munition betrug fast 4,9 t. Mit den 1100 mm breiten Ketten, die zusammen 16,4 t wogen, ergab sich für das 3670 mm breite und 3630 mm hohe Fahrzeug von 188 t Gewicht ein sehr hoher Bodendruck von 1,53 kg/cm². In der Fertigung betrug der Rohmaterialbedarf für ein Exemplar 264 t. Durch den Überhang der Kanone betrug die Gesamtlänge der »Maus« 10 085 mm.

Fahrversuche mit dem Otto-Motor hatten bereits Weihnachten 1943 begonnen, der Turm wurde aber erst im Juni 1944 montiert. Das zweite Muster mit dem Diesel-Triebwerk, das ab Ende Februar 1944 eingebaut wurde, trug nur eine Turmattrappe. Für weitere neun Muster waren die einzelnen Baugruppen in der Fertigung. Zum Bahntransport waren extra 14achsige Tiefladewagen entwickelt worden. Da bei diesem Fahrzeuggewicht Brücken nicht benutzbar waren, waren diese Panzer für eine Tiefwatfähigkeit von 8 m ausgelegt. Dem getauchten Fahrzeug wurde per Kabel von einer zweiten »Maus« zusätzlich Strom zugeführt.

Die anfängliche Bestellung über 150 Stück wurde im August 1942 auf acht gekürzt, davon sind, halbfertig, lediglich zwei Stück geliefert worden. Beide Fahrzeuge wurden kurz vor Kriegsende auf dem Versuchsplatz im Kummersdorf gesprengt.

Das bereits erwähnte »VK 7201« wog mit seiner Besatzung von fünf Mann etwa 75 t. Die Studien zur Bewaffnung reichten von der 8,8-cm-KwK L/71 bis zur 15-cm-KwK L/40. Das Fahrgestell stammte vom »Tiger«, man hatte es lediglich mittels eines zusätzlichen Radpaares verlängert. Die Pläne dieses, mit der 10,5-cm-KwK L/70 etwa 11 650 mm langen Fahrzeuges, wurden mehrfach geändert. Eine Verstärkung der Frontpanzerung von 100 auf 120 mm und die Montage der 15-cm-KwK L/40 hätten das Gewicht auf fast 90 t gebracht. Es ist nicht verbürgt, ob das mit dem Suggestivnamen **Löwe** belegte Fahrzeug offiziell die Bezeichnung Pz. VII erhalten hat.

Unter den Unterlagen, die von den Alliierten erbeutet wurden, fanden sich übrigens Skizzen mit den Bezeichnungen Pz. VIII, Pz. IX und Pz. X, die zwar keine weiteren Daten aufwiesen, aber bezeichnenderweise mit Fragezeichen des amerikanischen Auswerters versehen sind. Ob man nun hier, wie so oft bei den Projekten der Luftwaffe und der Kriegsmarine, lediglich mit unnützen Entwürfen fähige Konstrukteure in ihrer UK-Stellung halten wollte, oder ob sich ein phantasievoller Zeichner einige »Stangen Zigaretten« verdiente, indem er die nach »deutschen Wunderwaffen« suchenden GI's zu den vorher selbst versteckten »Eigenentwürfen« führte – wir wissen nur, daß es diese Nummern nicht gab.

Ein Suggestivname, den es aber doch noch, wenn auch nur auf dem Papier, gab – das war der **Bär,** ein Sturmmörser mit einer 30,5-cm-Waffe. Ein auf 7960 mm verlängertes »Tiger«-Fahrgestell trug in dem am Heck aufgebauten Kampfraum in einer nur in der Höhe richtbaren Lafette das 5820 kg schwere Rohr von 4885 mm Länge der Firma *Skoda*. Passende Munition mit 289 bzw. 375 kg Gewicht lag bereits aus einer alten Produktion eines Jugoslawien-Auftrages vor. Mit der leichteren Granate hätte man eine Schußweite von etwa 11 000 m erreicht. Mit der stark gepanzerten Höhenrichthaube hätte das Fahrzeug etwa 120 t gewogen, beim zweiten »abgemagerten« Entwurf gelang es dann, das Gewicht knapp unter 95 t zu halten. Der Entwurf für ein dazugehörendes Munitionsfahrzeug befand sich ebenfalls auf dem Reißbrett. Alle diese Projekte wurden Mitte 1943 zugunsten der »Maus« gestrichen.

Im Juni 1942 wurden Hitler von der Firma *Krupp* Zeichnungen für ein 1000 t schweres Panzerfahrzeug vorgelegt. Die dann am 3. Dezember 1942 in Auftrag gegebene Entwicklung erhielt später während einer Besprechung Hitlers mit Speer die Bezeichnung **Ratte.** Das 35 000 mm lange Fahrgestell sollte einen Drehturm der Kriegsmarine mit zwei 28-cm-S.K.C/28-Kanonen als Hauptbewaffnung tragen, damit ergab sich eine Gesamtlänge von 36 000 mm.

Dieser Drehturm der Marine war eigentlich ein Turm mit Drillingsrohren. Man wollte aber das mittlere der jeweils 48,2 t schweren und 14 815 mm langen Rohre entfernen und so den komplizierten Lade-Drehtisch einsparen. An Munition war die 1260 mm lange Panzerspreng-

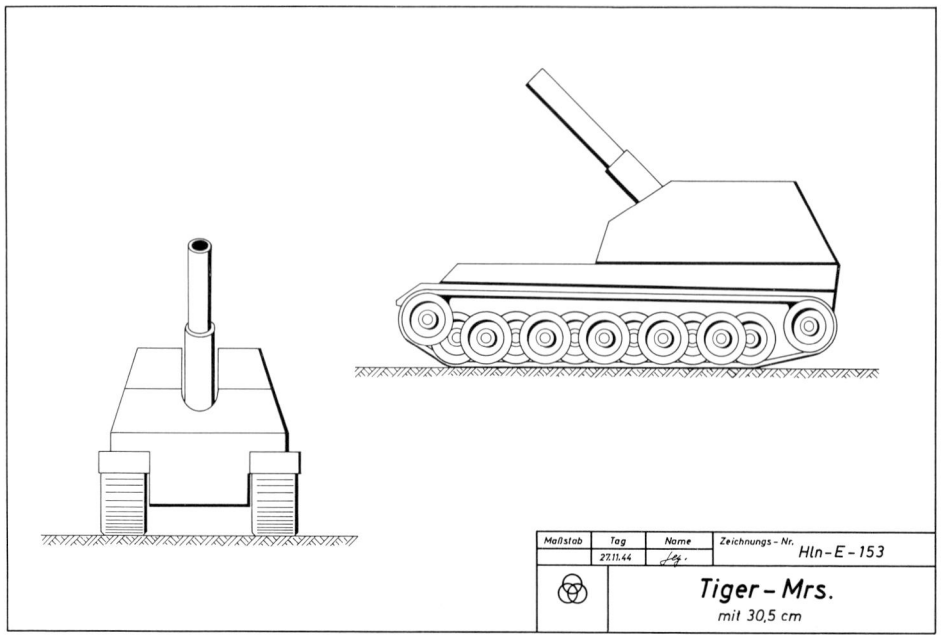

Sturm-Mörser »Bär«

Projekt 1000 »Ratte«

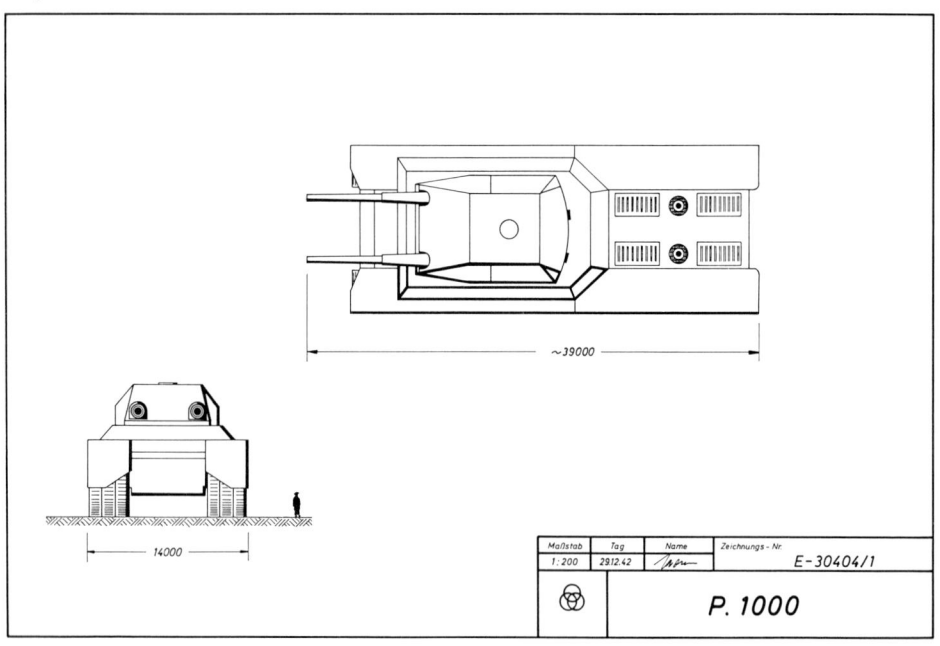

granate von 330 kg Gewicht vorhanden, die 8,1 kg Sprengstoff trug. Einen höheren Anteil, 17,1 kg Sprengstoff, trug die 315 kg schwere Sprenggranate. Mit der maximalen Rohrerhöhung konnte eine Schußweite von 42,5 km erreicht werden. Zur Flugabwehr sollten später am Heck acht 2-cm-Flakwaffen montiert werden. Das 14 000 mm breite und 11 000 mm hohe Fahrzeug wurde von 3600 mm breiten, dreiteiligen Ketten getragen. Als Antrieb waren acht Daimler-Schnellbootmotoren vorgesehen, die zusammen 16 000 PS entwickelten. Das nicht weiter verfolgte Projekt führte später noch zu Zeichnungen einer 1500 t schweren Selbstfahrlafette, auf der das 80-mm-Geschütz »Dora« montiert war. Zwei Drehtürme mit 15-cm-Kanonen waren als Zusatzbewaffnung gedacht. Vier Dieselmotoren aus der U-Boot-Fertigung sollten dieses Ungetüm antreiben.

Midgard-Schlange

Das größte für die deutsche Rüstung entworfene Fahrzeug ist das Projekt der **Midgard-Schlange** gewesen.

Die Ingenieurgruppe Ritter hatte mit dieser, der germanischen Mythologie entnommenen Bezeichnung wahrscheinlich das besondere Interesse von Hitler wecken wollen. Obwohl diese Entwicklung nicht über das Waffenamt gelaufen ist – Oberst Vietinghoff, Abteilungsleiter im Reichswehrministerium, hatte die Entwurfmappe mit Bemerkungen wie: »Der hier entwickelte Gedanke ist an sich nicht neu . . ., jegliche Berechnungsunterlagen fehlen . . ., lassen eine Weiterverfolgung durch die Wehrmacht nicht erfolgversprechend erscheinen« zurückgegeben – sie soll aber wegen der absonderlichen Idee und des riesigen Umfanges hier erklärt werden.

Eine weitere Entwicklung, von der das Waffenamt erst erfuhr als die »Erfinder«, die durch ihre persönlichen Beziehungen zu Hitler eine Produktion dieses Geschützes in Gang gebracht hatten und dann nicht mehr weiter wußten, war die **Hochdruckpumpe,** die später erklärt wird.

Doch zurück zur »Midgard-Schlange«. Sie war in der Mythologie ein dämonisches Ungeheuer, das mit ihrer Riesenlänge die ganze Erde umschlang. Thor, der Gott des Donners, war ihr Erzfeind, er stellte ihr vergeblich nach – erst in der Götterdämmerung erschlug er sie mit seinem Hammer, ging aber dabei selbst an ihrem giftigen Atem zugrunde.

Bei dem Projekt war man davon ausgegangen, ein Fahrzeug zu schaffen, das sich wie ein Panzer auf der Erde, wie ein Maulwurf unter der Erde und sogar in Wassertiefen bis 100 m vorwärts bewegen konnte. Es sollte größere Sprengstoffmengen an und unter den Festungswerken der Maginotlinie sowie in feindlichen Häfen ablegen. Die ersten Pläne stammten aus dem Sommer 1934, sie sahen Zellen von 6,8 m Breite und 3,5 m Höhe vor. Siebenundsiebzig derartiger Zellen von etwa je 6 m Länge waren zu einer riesigen Schlange zusammengesetzt, die zusammengezogen 399 m, gestreckt 524 m lang war. Vorn trug das Ungetüm einen großen Bohrkopf, wie er wesentlich kleiner im Bergbau bei Untertagearbeiten verwendet wird. Die vier Bohrer mit je 1,5 m Durchmesser wurden durch zwölf Walzen zur Abraumförderung unterstützt. Für den Bohrkopf waren neun Motoren mit insgesamt 8800 PS vorgesehen. Zusätzlich gab es weitere drei Satz Bohrer, die je nach der Bodenbeschaffenheit gewechselt wurden. Für die Laufketten, die der Fortbewegung des Fahrzeuges dienten, waren 14 Motoren mit zusammen 19 800 PS vorhanden. Auf der Erde wollte man maximal eine Geschwindigkeit von 30 km/h erreichen, unter der Erde sollten es je nach Bodenbeschaffenheit bis zu 10 km/h werden. Der Strom für die erwähnten Elektromotoren wurde durch vier, 10 000 PS leistende Dieselmotoren, die mit Generatoren gekuppelt waren, erzeugt. Vom Treibstoff wurden 960 m^3 mitgeführt. Unter schwierigster Untererdfahrt hätte man 10 m^3 pro Stunde verbraucht. Für eine Unterwasserfahrt gab es für die zwölf Ruderpaare zusätzlich zwölf Motoren mit zusammen 3000 PS.

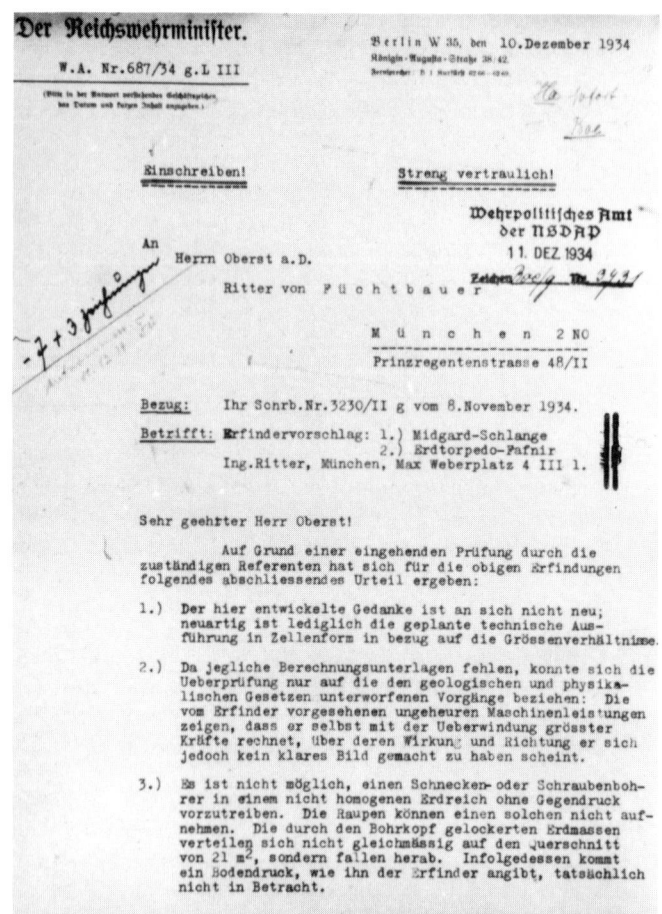

Der Reichswehrminifter.

W.A. Nr.687/34 g.L III

Berlin W 35, den 10.Dezember 1934
Königin-Augusta-Straße 38/42.
Fernsprecher: B 1 Kurfürst 62 01 – 62 05.

(Bitte in der Antwort vorstehendes Geschäftszeichen, den Datum und kurzen Inhalt anzugeben.)

Einschreiben!

Streng vertraulich!

An
Herrn Oberst a.D.
Ritter von Füchtbauer

Wehrpolitisches Amt
der NSDAP
11. DEZ 1934
Zeichen ... Nr. ...

München 2 NO
Prinzregentenstrasse 48/II

Bezug: Ihr Schrb.Nr.3230/II g vom 8.November 1934.

Betrifft: Erfindervorschlag: 1.) Midgard-Schlange
2.) Erdtorpedo-Fafnir
Ing.Ritter, München, Max Weberplatz 4 III 1.

Sehr geehrter Herr Oberst!

Auf Grund einer eingehenden Prüfung durch die
zuständigen Referenten hat sich für die obigen Erfindungen
folgendes abschliessendes Urteil ergeben:

1.) Der hier entwickelte Gedanke ist an sich nicht neu;
neuartig ist lediglich die geplante technische Ausführung in Zellenform in bezug auf die Grössenverhältnisse.

2.) Da jegliche Berechnungsunterlagen fehlen, konnte sich die
Ueberprüfung nur auf die geologischen und physikalischen Gesetzen unterworfenen Vorgänge beziehen: Die
vom Erfinder vorgesehenen ungeheuren Maschinenleistungen
zeigen, dass er selbst mit der Ueberwindung grösster
Kräfte rechnet, über deren Wirkung und Richtung er sich
jedoch kein klares Bild gemacht zu haben scheint.

3.) Es ist nicht möglich, einen Schnecken- oder Schraubenbohrer in einem nicht homogenen Erdreich ohne Gegendruck
vorzutreiben. Die Raupen können einen solchen nicht aufnehmen. Die durch den Bohrkopf gelockerten Erdmassen
verteilen sich nicht gleichmässig auf den Querschnitt
von 21 m², sondern fallen herab. Infolgedessen kommt
ein Bodendruck, wie ihn der Erfinder angibt, tatsächlich
nicht in Betracht.

Die errechneten Leistungswerte waren phantastisch – bei der Unterwasserfahrt wollte man bis zu 30 km/h erreichen, das sollte bei 10 km/h eine Fahrstrecke von 38 400 km ergeben. Wenn wir das Durchbohren unter der Erde betrachten, hätte der Bohrkopf mit seiner 23,75 m² großen Stirnfläche bei steinigem Boden 47 500 m³, bei weichem Erdreich sogar 237 500 m³ je Stunde wegräumen müssen – das wäre im letzteren Falle ein Würfel von fast 62 m Kantenlänge gewesen. Zweiflern in den Ministerien, den technischen Hochschulen, antwortete der Erfinder: ». . . und es zweitens absolut gegen meine Absicht geht brauchbare technische Einzelheiten aus der Hand zu geben, ehe nicht das Problem der Stelle vorgelegt ist, die maßgebend bestimmen kann – und das ist einzig der Führer. Abgesehen davon weiß ich nicht, wohin das bei den Ausmaßen des Projektes führen sollte, wenn ich anfinge, Einzelheiten schriftlich darzulegen.« Wollte er nicht oder wußte er die Einzelheiten selbst nicht? Jedenfalls führte das später zur Ablehnung des gigantischen Projektes.
Doch hier noch einige Einzelheiten zur »Midgard-Schlange«:
Es gab eine elektrische Küche, einen Schlafraum mit 20 Betten, drei Bordwerkstätten, mehrere Periskope und 580 große Preßluftflaschen. Eine Empfangs- und Sendeanlage mit zwei Funkern und eine Vernebelungsanlage waren ebenfalls vorgesehen.

Als Bewaffnung waren 1000 Minenladungen von je 250 kg Sprengstoff, 100 kleine Ladungen von je 10 kg und 12 Zwillings-MGs vorgesehen. Das 60 000 t schwere Fahrzeug trug eine Besatzung von 30 Mann.

Später hat man unter dem Namen **Fafnir,** das war in der germanischen Sage ein Drache, einen 6 m langen Untererdtorpedo vorgeschlagen. Geschosse, die das Loch schaffen sollten, in dem die »Midgard-Schlange« zu ihrer Untererdfahrt verschwand, erhielten die Bezeichnung **Mjölnir,** so wurde Thors Hammer genannt. **Alberich** war ein Beobachtungs-Torpedo, der Mikrophone und ein Rundblickfernrohr trug. Mit dem Gerät **Laurin** sollte der Besatzung ein Aussteigen aus dem unter der Erde liegenden Fahrzeug möglich sein. Der »Erfinder« hatte den Bau von 20 solcher Fahrzeuge vorgeschlagen, die jeweils 30 Millionen Reichsmark kosten sollten. Mit den Konstruktionszeichnungen hatte man gleichzeitig Karten für Einsätze in Belgien und Frankreich sowie zu Sprengungen von englischen Häfen eingereicht. Eine »Bilanz der ersten vier Tage« zeigte, wie man einen kommenden Krieg gewinnen wollte. Drei Stunden nach Kriegsausbruch sollten bereits 15 feindliche Häfen gesprengt sein, bisher vom Krieg unberührte Gebiete sollten derart demoralisiert werden, daß die in Panik geratene Bevölkerung ihre Regierung absetzte oder zum Bürgerkrieg überging. Der »Erfinder« nennt »Midgard« eine Vernichtungswaffe, »die von einem verzweifelten Volke eingesetzt wird, das die Wahl hat, entweder am welschen Festungsgürtel ruhmvoll unterzugehen, wie einst vor 1500 Jahren die Ostgoten unter Teja am Vesuv, oder aber als Träger des Germanentums und des nordischen Gedankens, unter Hintansetzung aller kleinlichen Bedenken Europa und die ganze Welt vom unerträglichen Joch zu befreien und eine Weltepoche abzulösen, die in ihren weiteren Konsequenzen alle vernichtet«.

Das waren wörtlich einige der Punkte, mit denen der »Erfinder« wehrpolitisch und weltanschaulich den Bau dieses Fahrzeuges forcieren wollte.

Es ist wegen dieses Projektes mit den höchsten Stellen korrespondiert worden, technische Gutachten wurden angefordert – die Probleme schienen nicht lösbar. Einem Schreiben des Adjutanten Hitlers vom 7. Februar 1935 entnehmen wir: ». . . Jedenfalls trage ich ruhig die Verantwortung, den Plan Ritters dem Führer nicht vorzulegen, solange sich dieser nicht herbeiläßt, genauere Angaben zu machen.« Am 28. Februar 1935 wurde dem Ingenieur Ritter die achtteilige Entwurfsakte zurückgegeben.

Skoda-Panzer

Die Firma *Skoda* hatte außer dem T-15-Panzer, der bereits erwähnt wurde, noch weitere Panzerkampffahrzeuge vorgeschlagen. Die im Februar 1941 eingereichte Mappe beschreibt den 5500 mm langen **T-21,** der 16,7 t wog. Das 2350 mm breite und 2385 mm hohe Fahrzeug wurde von einem 14,8-l-Motor, der 240 PS leistete, angetrieben und erreichte damit eine Höchstgeschwindigkeit von 48 km/h. Als Bewaffnung war eine neu entwickelte Kanone von 47-mm-Kaliber vorgesehen. Das Waffenamt lehnte diesen Entwurf aber ab und verhinderte auch den Bau von 200 dieser Panzer für Rumänien. Für die Waffen-SS hat *Skoda* später aus diesem Projekt eine Selbstfahrlafette mit einer 10,5-cm-Haubitze entwickelt, die aber auch nicht in Serie gefertigt wurde.

Bei dem etwa gleichzeitig entwickelten **T-22** war das Fahrgestell mit 2450 mm etwas breiter. Der Motor leistete infolge einer erhöhten Verdichtung hier 260 PS, als Hauptwaffe war eine 4-cm-Kanone eingebaut, aus der man die 0,96 kg schwere Granate der schwedischen Bofors-Waffe mit einer V_0 von 820 m/s verschießen konnte. Die Frontalpanzerung hatte man von dem 30 mm beim T-21 hier auf 50 mm erhöht, dabei stieg das Gewicht auf 18,2 t an. Das Fahrzeug hatte man bereits im Mai 1940 einer ungarischen Kommission vorgestellt. Ein Lizenzvertrag für den Nachbau wurde dann im August unterzeichnet. Der T-22 war praktisch

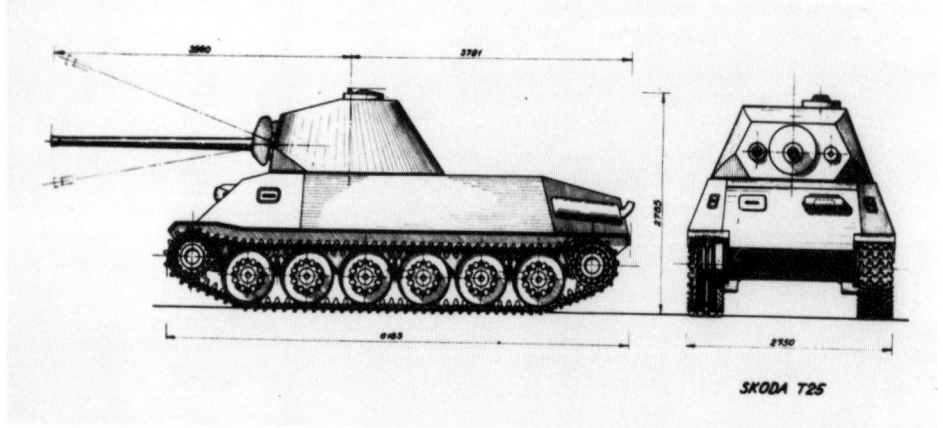

T-25

das Vorserienfahrzeug des bei der Firma *Weiss* in Ungarn gebauten Kampfpanzers 40 M-Turan.

Vom **T-23,** bei dem man das Getriebe geändert hatte, wurde nur ein Muster gebaut, das aber dem Heereswaffenamt auch nicht zusagte. Es wurde nun der **T-25** in Auftrag gegeben, und es entstand ein 6183 mm langes und 2750 mm breites Fahrgestell mit einem 12-Zyl.-Motor von 450 PS. Das 20,5 t schwere Fahrzeug sollte eine Geschwindigkeit von 60 km/h erreichen. Der 2785 mm hohe Panzer sollte eine neue 75-mm-Kanone tragen, mit der eine V_0 von 900 m/s erzielt werden sollte. Durch den Überhang der Waffe betrug die Gesamtlänge 7771 mm. Als Besatzung waren fünf Mann vorgesehen. Gebaut wurde aber nur ein Holzmodell; das Projekt wurde im März 1942 trotz weiterer Planungen, das Fahrgestell für Selbstfahrlafetten zu verwenden, wieder gestrichen.

Die Firma *Skoda* hat, auf Entwicklungen der Jahre 1935/36 aufbauend, auch zwei Entwürfe für 6 t schwere Kleinpanzer vorgelegt, die aber abgelehnt wurden. Das Projekt eines 9 t schweren Schwimmpanzers wurde 1939 durch das Waffenamt geprüft. Die beiden 1938 gebauten Muster waren aber kaum schwimmfähig und eine weitere Entwicklung wurde abgelehnt.

Porsche-Panzer

Bei der Firma *Porsche* befanden sich auch noch eine Anzahl interessanter Entwicklungen auf dem Reißbrett. Vom **Typ 245** gab es zuerst im Juli 1943 einen leichten Mehrzweckpanzer von 15 t Gewicht, der im 4800 mm langen und 2920 mm breiten Fahrgestell einen 6-Zyl.-Maybach-Motor von 11 l Hubraum trug. Die 250 PS sollten für eine Höchstgeschwindigkeit von 58 km/h ausreichen. Das 1450 mm hohe Fahrzeug sollte nur zwei Mann Besatzung tragen. Eine 55-mm-Maschinen-Kanone war nach der Art der Sturmgeschütze montiert; sie hatte nur ein Seitenrichtfeld von ± 5°, der Munitionsvorrat für diese Gurtwaffe betrug 300 Schuß. Durch den Überhang der Waffe stieg die Gesamtlänge auf 5970 mm. Auf dem Dach befand sich ein kleiner Drehturm mit einem MG 42, das zur Flugabwehr bis zu 75° nach oben richtbar war. Die Frontpanzerung sollte 60 mm betragen. Der im August 1943 entworfene zweite Typ verwendete das gleiche Fahrgestell, das aber durch die geänderte Wanne 4900 mm lang wurde.

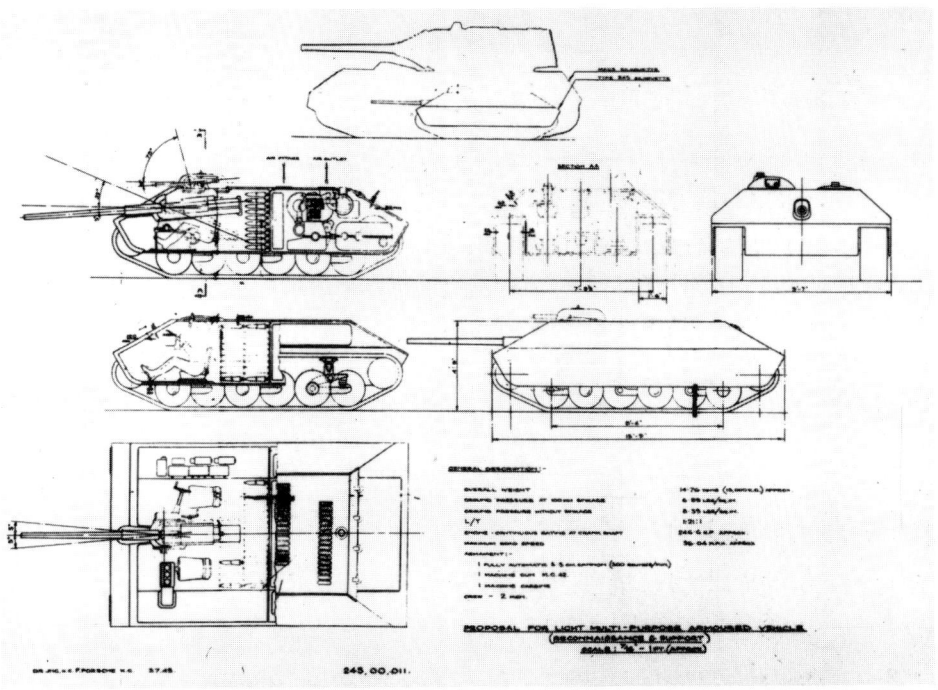

▲ Porsche-Mehrzweckpanzer
   (oben Vergleich zur Maus)

▼ Zweiter Entwurf für den Porsche-Typ 245

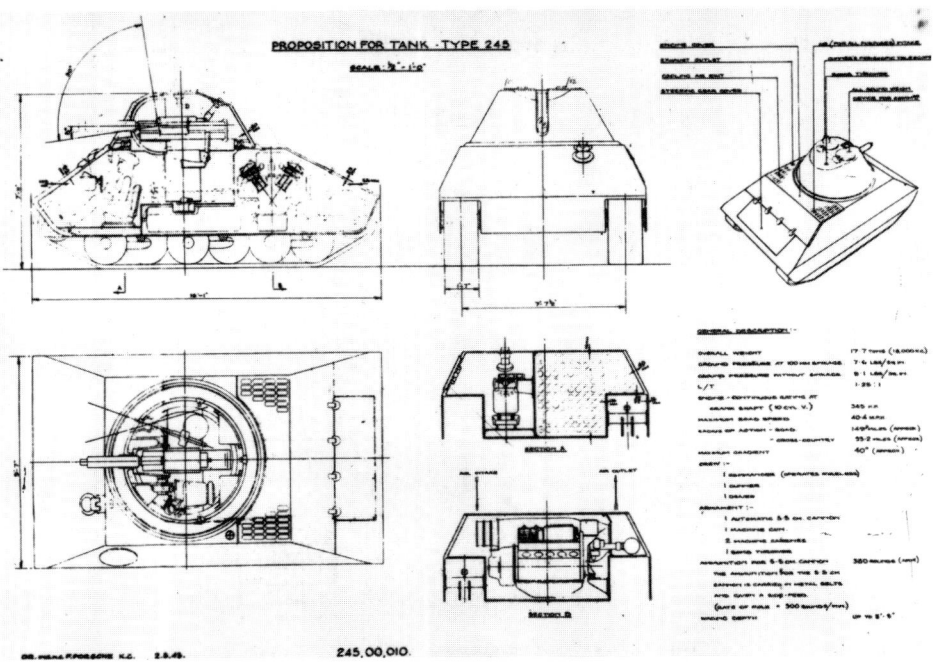

Als Antrieb für dieses 18 t schwere Fahrzeug war ein 10-Zyl.-Porsche-Motor von 151 Hubraum vorgesehen, der 350 PS leisten sollte. Das sollte eine Geschwindigkeit von 65 km/h bringen. Als Hauptwaffe stand wieder die 55-mm-Maschinenkanone zur Verfügung, die dieses Mal in einem Drehturm montiert, einen Höhenrichtbereich von 80° besaß. Der Munitionsvorrat betrug hier 350 Schuß. Zusätzlich gab es noch ein MG 42. Das 2420 mm hohe Fahrzeug trug eine Besatzung von drei Mann. Beim dritten Entwurf dieser Entwicklungsreihe gelang es, die Gesamthöhe auf 2000 mm zu verringern.

Das letzte Projekt der Firma *Porsche* war ein **Sturmgeschütz** von 27,1 t Gewicht, dessen Fahrgestell 4900 mm lang und 3100 mm breit war. Das Triebwerk war ein 12-Zyl.-Porsche-Motor von 18 l Hubraum, der 500 PS leistete. Es sollte eine Geschwindigkeit von 60 km/h erreicht werden. Als Hauptwaffe war die 10,5-cm-le.F.H. mit 50 Schuß Munition vorgesehen. Die durch eine »Saukopf«-Blende abgedeckte Waffe sollte einen Seitenrichtbereich von etwa ± 14° besitzen.

Die Firma *Rheinmetall* entwarf noch eine halbautomatische Ladeeinrichtung mit einer neuen Patronenmunition. Dabei sollte die Besatzung von vier auf drei Mann verringert werden. Zur Flakabwehr gab es auf dem Dach eine aus der Flugzeugbewaffnung übernommene, 30-mm-MK 108-Maschinenkanone, die bis zu 90° richtbar war. Für die Nahverteidigung war ein kleiner, von innen richtbarer Werfer vorgesehen. Bemerkenswert war die 120 mm starke Frontpanzerung. Alle diese Fahrzeuge sind aber über das Reißbrettstadium nicht hinausgekommen.

Ladungsträger

Die Firma *Borgward* erhielt im November 1939 einen Auftrag für die Entwicklung eines ferngesteuerten Kettenfahrzeuges aus Beton, das mittels eines Räumwalzen-Anhängers Gassen in feindliche Minenfelder ziehen sollte. Das mit **B I** bezeichnete Fahrzeug wog 1,5 t, ein 4-Zyl.-Motor von 1,5 l Hubraum, der 29 PS leistete, war ausreichend für eine Geschwindigkeit von 5 km/h. Bis Ende Mai 1940 wurden 50 Stück der offiziell »Minenräumwagen« genannten Fahrzeuge geliefert.

Die Weiterentwicklung, das 2,3 t schwere **B II-Fahrzeug,** besaß einen 6-Zyl.-Motor, der bei 2,25 l Hubraum 49 PS leistete. Die Produktion der 100 bestellten Fahrzeuge wurde aber unterbrochen, da es sich gezeigt hatte, daß die Fahrzeuge meistens selbst den Minen zum Opfer fielen. Aus diesen Fahrzeugen ging aber aufgrund eines Auftrages des Heereswaffenamtes vom Oktober 1940 der **schwere Ladungsträger** hervor, der bei *Borgward* die Bezeichnung **B IVa** trug. Das 3,45 t schwere Fahrzeug war 3650 mm lang, 1800 mm breit und 1185 mm hoch. Als Triebwerk fand der bereits erwähnte 49-PS-Borgward-Motor Verwendung. Ein Treibstoffvorrat von 130 l ergab im Gelände einen Fahrbereich von etwa 120 km. Das Fahrzeug trug eine abwerfbare Ladung von 500 kg. Es konnte von einem Mann gefahren oder ferngesteuert werden. Der Panzerschutz an der Front und der Seite betrug 10 mm. Bei einer Kettenbreite von 200 mm lag das Kettengewicht bei 260 kg. Ein derartiges Fahrzeug kostete damals RM 28 000,–, und das Waffenamt hat im April 1942 die ersten 15 Fahrzeuge abgenommen und vier später den Panzer-Funklenkkompanien 311, 312, 313 und 314 zur Verfügung gestellt. Im November 1942 wurden die ersten 47 Stück verbraucht.

Von diesem Funklenk-Panzer hat man bis Juni 1943 weitere 613 Stück geliefert. Bei der danach folgenden **B-Ausführung** stieg das Gewicht durch zusätzliche Panzerbleche auf fast 4 t. Produziert hat man von diesem Typ bis November 1943 260 Stück. Als letzte Ausführung finden wir den **Typ C.** Er war mit 4100 mm Länge, 1830 mm Breite und 1250 mm Höhe etwas

B IV hat seine Ladung abgeworfen

größer. Hier war ein 6-Zyl.-Borgward-Motor von 3,75 l Hubraum eingebaut, dessen 78 PS für eine Geschwindigkeit von 40 km/h ausreichten. Der Panzerschutz vorn und seitlich war auf 20 mm erhöht worden, das ergab ein Gesamtgewicht von etwa 5 t. Da sich über eine größere Distanz Schwierigkeiten mit der zur Fernsteuerung notwendigen Sichtbarkeit ergaben, unternahm man Versuche mit im Fahrzeug installierten Fernsehkameras, die aber nicht abgeschlossen wurden. Von den 305 produzierten Fahrzeugen wurden 1945 eine Anzahl als Panzerjäger mit jeweils drei Panzerschreckrohren umgerüstet. Im März 1945 gab es noch 397 Fahrzeuge der B IV-Ausführung, die sich wie folgt verteilten: 73 in den Zeugämtern, 114 beim Ersatzheer, 131 in der Instandsetzung und nur 79 bei der Fronttruppe.

Im Juli 1940 hatte man aus der Seine ein Muster eines von der Firma *Kegresse* entwickelten französischen kleinen Sprengladungsträgers geborgen. Die Untersuchungen führten im November 1940 zu einem Entwicklungsauftrag für die Firma *Borgward*. Man führte ein 370 kg schweres Fahrzeug vor, das durch zwei Batterien von zwei Startermotoren von je 2,5 kW der Firma *Bosch* angetrieben wurde. Bei einem Fahrbereich von 1,5 km wurde eine Geschwindigkeit von 10 km/h erreicht. Das drahtgesteuerte Fahrzeug trug eine Sprengladung von 60 kg, es wurde bei der Zündung selbst mit zerstört. Das 1500 mm lange, 850 mm breite und 560 mm hohe Fahrzeug war nur an der Front mit 5 mm gepanzert. Der später **Goliath** genannte leichte Ladungsträger wurde ab April 1942 ausgeliefert, war aber mit RM 3000,– viel zu teuer. Es wurde daher bereits im November 1942 eine Umstellung auf einen Vergasermotor gefordert. Das Waffenamt entschied im Juni 1943, die Ausführung mit dem Elektromotor so lange weiter zu produzieren, bis vom Typ mit dem Vergasermotor 500 je Monat erreicht wurden. Die letzten 69 der 2650 gebauten Elektro-»Goliaths« wurden im

Der Gegner erprobt den
»Goliath« auf seine Art

Januar 1944 ausgeliefert. Die ersten 160 Fahrzeuge mit Vergasermotor wurden im April 1943 geliefert. Dieser »Goliath« war mit 1600 mm etwas länger und mit 600 mm auch etwas höher. Als Triebwerk war der 703 cm³ 2-Zyl.-Zündapp-Motor, der 12,5 PS leistete, eingebaut. Das 365 kg schwere Fahrzeug lief auf 160 mm breiten Ketten, die je 25,5 kg wogen. Der Treibstoffvorrat von 6 l ergab bei maximal 10 km/h im Gelände einen Fahrbereich von etwa 7 km. Die Sprengladung konnte hier auf 75 kg erhöht werden. Bei den Firmen *Zündapp* und *Zachertz* wurden zusammen bis Ende September 1944 4594 Stück produziert.

Kleine Änderungen führten dann zu einem drahtgesteuerten Fahrzeug, das 100 kg Sprengstoff trug. Es wurde mit 1630 mm etwas länger und mit 910 mm auch breiter. Das Gewicht stieg auf 430 kg. Ab November 1944 hat man davon noch 325 Stück hergestellt. Die »Goliaths« mit Vergasermotor kosteten damals etwas mehr als RM 1000,– je Stück.

Die Fahrzeuge waren empfindlich, schwer zu handhaben, und die Sprengladung war zu klein. Die erheblichen Bestände am 1. März 1945 von 2527 Stück mit Elektro- und 3797 Stück mit Vergasermotor zeigen den geringen Einsatzwert dieser Fahrzeuge.

Vom Wasser-»Goliath«, einem amphibischen, ferngesteuerten Fahrzeug, das später den inoffiziellen Suggestivnamen **Ente** erhielt, hat *Borgward* nur zwei Muster gebaut. Dort wurden auch noch 23 Klein-U-Boote des Typs »**Seeteufel**« in Auftrag gegeben, die für die Fahrt auf dem Meeresgrund ebenfalls ein Kettenfahrgestell besaßen. Die »Ente« besaß das Fahrgestell vom Minenräumwagen B II, die Schwimmplattform trug bei den Mustern noch einen Fahrersitz. Ein 6-Zyl.-Borgward-Motor trieb eine Heckschraube an. Weitere Einzelheiten fehlen in den Unterlagen.

Die schlechten Einsatzerfahrungen mit dem »Goliath« führten 1944 zur Entwicklung des mittleren Ladungsträgers **Springer**. Hier war man vom Fahrgestell des 1235 kg schweren, kleinen Kettenkraftrades ausgegangen und hatte die Laufräder von vier auf fünf je Seite

Ladungsträger »Springer«

erhöht. Der »Springer« war aber zu schwer, und die Geländegängigkeit ließ zu wünschen übrig. Da vom großen Ketten-Krad bei der Firma *Stoewer* nur ein Muster existierte, verlängerten die Konstrukteure der *NSU-Werke* ihr Muster nun um ein weiteres Laufradpaar. Als Antrieb diente ein 4-Zyl.-Opel-Motor von 1,5 l Hubraum mit 36 PS. Damit wurde eine Geschwindigkeit von 42 km/h erreicht. Der Kraftstoffvorrat von 42 l reichte für eine Fahrstrecke von knapp 80 km im Gelände. Die Panzerung betrug vorn 10 mm, an den Seiten 5 mm. Das Fahrzeug trug 300 kg Sprengstoff; es wurde von einem Mann in die Nähe des Einsatzortes gefahren. Von dort aus wurde es über eine Funkfernsteuerung der Firma *Blaupunkt* in das Ziel gelenkt. Vom 2,4 t schweren »Springer« waren bis zum Mai 1945 nicht weniger als 460 Stück geplant; die Entwicklung wurde aber Ende 1944 aus dem Notprogramm gestrichen, und die *NSU-Werke* haben nur 50 Stück montiert. Davon hat das Waffenamt noch drei Stück in den Truppenversuch abgegeben. Man versuchte noch das Fahrgestell für den Kleinpanzer **»Wanze«** zu verwenden. Außer einem Holzmodell mit der 10,5-cm-PAW-Kanone ist aber kein Modell mehr fertig geworden.

Erwähnt sei hier die japanische Entwicklung eines ferngesteuerten Panzers des Major Nagayama, von dem es zwei Muster gab. Hier konnte das Fahrzeug nicht nur seine Geschwindigkeit und seine Richtung ändern, sondern die Kanone konnte gerichtet, abgefeuert und wieder geladen werden.

Da das Problem des maschinellen Minenräumens mit den von der Firma *Borgward* entwickelten Fahrzeugen nicht gelöst werden konnte, vergab das Waffenamt im September 1940 einen Entwicklungsauftrag an die Firmen *Alkett* und *Krupp*. Wieder wollte man mit anhängbaren Walzen eine Gasse von 3 m Breite räumen. Nach einigen Versuchen mit Prototypen stellte aber *Alkett* die Arbeiten wieder ein. Das Waffenamt hatte als Richtwerte eine Höhe von 2700 mm, eine Länge von 10 000 mm und ein Gewicht von 40 t angesetzt. Die Lösung der Firma *Krupp*, von der ein Muster gebaut wurde, hieß **»Räumer-S«** und wog 130 t. Zwei gleichaussehende Fahrzeughälften, die jeweils einen 360-PS-Maybach-Motor trugen, waren durch eine hydraulische Kupplung miteinander verbunden, die Gesamtlänge betrug 15 630 mm. Das 2930 mm hohe Fahrzeug besaß 530 mm breite Stahlräder mit einem Durchmesser von 2700 mm, die 150 mm starke Gummipolster trugen. Durch die

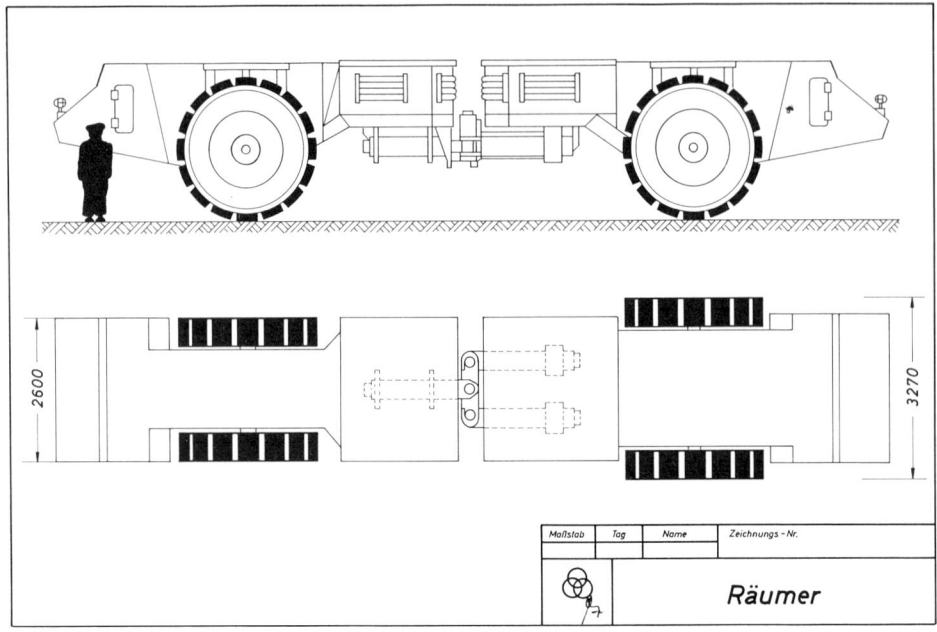

Maßstab | Tag | Name | Zeichnungs-Nr.

Räumer

»Räumer«

unterschiedlichen Breiten der Fahrzeughälften – maximal 3270 mm – sollte eine große Räumbreite erreicht werden. Die Detonation der Minen wollte man mit dem fast 1100 mm betragenden Federweg auffangen. Durch je einen Fahrer in den Fahrzeughälften war der »Räumer« zwar sehr beweglich, der Bodendruck war aber für einen Einsatz im Gelände viel zu hoch. Das Musterfahrzeug stand bei Kriegsende auf dem Prüfplatz in Hillersleben; es wurde eine viel bestaunte Beute der Gegner.

Produktion der Ladungsträger bis zum März 1945:

	1942	1943	1944	1945
le.Lad.Träger »Goliath«/E	850	1731	69	–
le.Lad.Träger »Goliath«/V	–	2112	2684	123
m.Lad.Träger »Springer«	–	–	35	15
s.Lad.Träger B IV	238	651	304	–

Raupenschlepper-Ost

Eine erwähnenswerte Notlösung in der Gruppe der Panzerjäger war der **Raupenschlepper Ost** mit der 7,5-cm-Pak 40.
Beim Einmarsch nach Rußland fand die Truppe immer wieder die schweren Kettenschlepper Stalinez 65 – robust und immer zuverlässig; es gab auf deutscher Seite nichts ähnliches. Die Firma *Steyr* entwickelte 1942 ohne Wissen des Waffenamtes aus zahlreichen Bauteilen des

Steyr-Lkw 1500 den **RSO,** wie man den Raupenschlepper »Ost« abgekürzt nannte. Um den großen Bedarf zu decken, wurde der RSO auch bei *Klöckner-Humboldt-Deutz* und bei *Gräf & Stift* gefertigt. Die Gesamtproduktion belief sich auf 27 950 Stück, von denen 1943 aber nur 60 Fahrzeuge in eine Selbstfahrlafette mit der 7,5-cm-Pak 40 umgebaut wurden. Ein von der Firma *Steyr* umgerüstetes Fahrzeug wurde am 4. Oktober 1943 Hitler vorgeführt und dabei wurde festgelegt, bis Ende Juli 1944 bei der Firma *Steyr* 910 Fahrzeug umzubauen. Der Truppenversuch im Februar 1944 bei der Heeresgruppe Süd zeigte jedoch, daß der 8-Zyl.-3,5-l-Motor mit 85 PS zu schwach war, man erreichte knapp eine Geschwindigkeit von 15 km/h. Versuche, in einem verbreiterten Fahrgestell zwei dieser Motoren unterzubringen, kamen über Muster nicht hinaus. Die *Klöckner*-Ausführung besaß zwar einen neu entwickelten, robusten Dieselmotor von 5,3 l Hubraum, doch die zu kleine Plattform bot der Geschützbedienung zu wenig Raum. Somit scheiterte diese Notlösung, schnellstens eine größere Menge Panzerjäger zu erstellen.

Der 5,2 t schwere RSO war 4425 mm lang, 1990 mm breit, seine Höhe mit Verdeck betrug 2530 mm. Eine kleinere Ausführung, der **RSG** (Raupenschlepper-Gebirge) trug die 7,5-cm-Gebirgshaubitze 34. Das war eine Waffe, die das belgische Heer von der schwedischen Firma *Bofors* erhalten hatte und von denen Deutschland aus der Beute acht Stück übernommen hatte. Aus einem 1800 mm langen Rohr wurde hier eine 6,6 kg schwere Granate verschossen, die bei einer V_0 von 455 m/s eine Schußweite von 9300 m erreichte. Diese Entwicklung wurde aber nach dem Bau von drei Mustern wieder eingestellt.

Als Zugmittel für schwere Geschütze legte die Fa. *Porsche* als Gegenstück zum RSO den 6220 mm langen **Ostradschlepper** vor. Der 4-Zyl.-Motor von 6 l Hubraum leistete 80 PS, und damit erreichte das Fahrzeug eine Geschwindigkeit von 15 km/h. Der allrad-getriebene 12 t schwere Schlepper besaß 600 mm Bodenfreiheit; er lief auf Stahlrädern von 1500 mm Durchmesser und 400 mm Breite, die mit schrägen Stollenleisten versehen waren. Von der auf 200 Stück ausgelegten Vorserie wurden 1943 von der *Fa. Skoda* – die übrigens ebenfalls einen ähnlichen Entwurf eingereicht hatte – etwa 40 Stück geliefert, ehe man wegen der Nachteile der Stahlräder die Fertigung wieder einstellte.

7,5-cm-Pak auf RSO

Porsche-Schlepper

Eine weitere, recht eigenwillige Lösung für ein Vollkettenfahrzeug kam ebenfalls von der Fa. *Porsche.* Leider sind von dem 1520 kg schweren Versuchsfahrzeug nur wenig Einzelheiten bekannt.

Als weiteres Fahrgestell für einen leichten Panzerjäger sollte auch der bei der Firma *NSU* seit dem Sommer 1939 entwickelte Kettenkraftwagen **HK 101,** den die Truppe seit Ende 1940 als **Kettenkrad** erhielt, verwendet werden.

Das 1235 kg schwere Fahrzeug war 3000 mm lang und 1000 mm breit. Als Antrieb diente der bereits beim »Springer« erwähnte 36-PS-Olympia-Motor. Die 42 l Kraftstoff reichten auf der Straße für eine Fahrstrecke von etwa 250 km. Mit den 170 mm breiten Ketten ergab sich beim vollbelasteten Fahrzeug für das Laufwerk ein Bodendruck von nur 0,56 kg/cm^2.

Bemerkenswert war für dieses lange Fahrzeug der enge Wendekreis von 3 m – bei mehr als 5° Lenkereinschlag wurde die jeweilige Kette abgebremst. Das Kettenkrad war nicht nur als Schleppfahrzeug beim Verlegen von Feldkabeln und zu Rangierzwecken auf Flugplätzen eingesetzt: Es hat sich in schwierigem Gelände als Zugmaschine für die Pak ebenso bewährt wie als Munitionsfahrzeug und Meldefahrzeug. Auch für den Abtransport von Verwundeten wurde das von der Truppe sehr geschätzte Fahrzeug verwendet.

Die Luftwaffe hat übrigens bis Ende 1943 aus der Produktion 642 Kettenkräder erhalten. Im Sommer 1944 wurden einige dieser 1200 mm hohen Fahrzeuge mit der 2-cm-Flak in der Erdkampflafette ausgerüstet. Vom Einsatz dieser Waffe mit der neuen Hohlladungs-Stielgranate hatte man sich viel versprochen – das Fahrzeug war aber zu schwach, die Granate wurde nicht mehr fertig. Man erinnerte sich zwar an das große Kettenkrad **HK 102** der Firma *Stoewer,* das, von einem 2-l-Motor angetrieben, 2250 kg wog und das ein wesentlich besseres Untergestell für die 323 kg schwere Waffe dargestellt hätte –, aber diese Entwicklung hatte man Ende 1942 nach dem Bau eines Musters wieder aufgegeben.

Kettenkrad

Ein Versuch mit dem Fahrer am Heck

Produktion bis zum April 1945:

	1940	1941	1942	1943	1944	1945
RSO	–	–	1 454	14 012	11 403	1 282
Kettenkrad	139	420	985	2 450	4 490	323

Beim Kettenkrad kamen fast 89 Prozent von der Firma *NSU,* die übrigens nach dem Krieg noch 550 Stück für die Forst- und Landwirtschaft gebaut hat. Den Rest lieferte die Firma *Stoewer* in Stettin.

Verlustmeldungen liegen nur für die Jahre 1943 und 1944 vor, sie zeigen 10 239 beim Raupenschlepper-Ost und 2217 beim Kettenkrad. Die wirklichen Verluste waren aber weit höher, man ersieht das an den Bestandszahlen zum 1. Januar 1945, die beim Kettenkrad 3447 und beim RSO 8991 Stück auswiesen.

Die Nachschubschwierigkeiten in dem Gelände Rußlands hatten dazu geführt, daß die Hinterachse des viel eingesetzten 3-t-Lkw durch ein Kettenlaufwerk ersetzt wurde. Die Nutzlast sank zwar ab, die Fahrzeuge bewährten sich aber in solchem Maße, daß später auch eine 4,5-t-Ausführung produziert wurde. Nachdem in Feldwerkstätten aus dem 3-Tonner der Luftschutzwagen mit der 2-cm-Flak entstanden war, wurden Überlegungen angestellt, dieses Fahrgestell auch für andere Waffen zu verwenden.

Da die starke Rauchentwicklung beim Einsatz der Nebelwerfer stets die Stellung verriet und ein häufiger Stellungswechsel eine absolute Notwendigkeit wurde, schien das hier die geeignete Selbstfahrlafette für diese Waffe zu sein.

Im folgenden Abschnitt finden sich zu dieser Neuentwicklung die Einzelheiten.

Panzerwerfer

Der **15-cm-Panzerwerfer 43** war ein zehnrohriger 15-cm-Nebelwerfer 41 auf dem Opel-Maultierfahrgestell. Das 7,1 t schwere Fahrzeug war 6000 mm lang und 2200 mm breit. Ein 6-Zyl.-Opel-Motor von 3,6 l Hubraum von 68 PS ergab eine Höchstgeschwindigkeit von 40 km/h. Für den Werfer, das Fahrzeug war damit 3050 mm hoch, wurden 20 Schuß Munition mitgeführt. Zusätzlich gab es noch auf dem gleichen Fahrgestell Munitionsfahrzeuge. Vom Werferrahmen wurde im Februar 1943 ein Muster abgenommen, ab April wurde dann die Serie ausgeliefert.

Entwickelt wurde noch der Wurfrahmen 43 mit 30 Rohren und für die Marine eine trapezartige Konstruktion mit 34 Rohren.

Die Produktion des Panzerwerfers 43 und des 3-t-»Maultieres«:

	1942	1943	1944	1945
3-t-»Maultier«	635	14 691	6 634	–
Pz.Werfer 43	–	244	52	–
Munitionsfahrzeug	–	183	68	–
Werferrahmen	–	410	98	–

Die Fertigung der Panzer-Werfer wurde im März 1944 wieder eingestellt. Im Sommer 1944 wurden noch Munitionsfahrzeuge und auch schwere Wehrmachtsschlepper mit derartigen Werferrahmen ausgerüstet. Die Waffen-SS hat übrigens auf einige Maultierfahrzeuge den 24schüssigen 8-cm-Vielfachwerfer montiert.

Panzerwerfer

Hier soll auch eine Schlepperentwicklung der Firma *Krupp* aus dem Jahre 1944 erwähnt werden, bei der aus Gründen der Treibstoffersparnis als Antrieb zwei 100-PS-Dampfmaschinen mit Kohlefeuerung vorgesehen waren. Der verbesserte Entwurf zeigte das Fahrgestell des **Jagdpanzers 38** mit den Dampfmaschinen und 3 t Kohle. Als Endlösung sollte daraus ein Panzerbergefahrzeug von etwa 40–50 t mit einer Motorleistung von 500 PS werden. Ende März 1945 hatte man aber noch nicht einmal die Lösung für die Dampfmaschinen des Grundentwurfes gefunden.

Da die folgenden Fahrzeuge schlecht einzuordnen sind, sei ihnen ein besonderer Abschnitt gewidmet.
Die schwerste Waffe auf Selbstfahrlafette war das von der Firma *Rheinmetall* entwickelte **Gerät 040.** Dieser Mörser mit 60-cm-Kaliber wurde bereits im Juni 1937 bestellt und erhielt nach dem General der Artillerie Karl Becker (Chef HWA) den Namen **Karl.** Dazu etwas Vorgeschichte:
Zur Bekämpfung von Festungszielen hatte die Firma *Rheinmetall* bereits 1936 nach Vorbildern aus dem Ersten Weltkrieg eine Art überschweren Minenwerfer vorgeschlagen. Bei einem Kaliber von 60 cm sollte dieser Vorderlader eine 4000 kg schwere Granate verschießen; die 1000 m Schußweite aber waren dem Waffenamt viel zuwenig. 1937 konnte man einen 55 t schweren Werfer vorlegen, dessen 2000 kg schwere Granate eine Schußweite von 3000 m erreichte. Die nächste Lösung zeigt diesen Vorderlader auf einer Selbstfahrlafette. Erst bei der Bestellung forderte das Waffenamt die Fertigstellung als Hinterlader mit einer Schußweite von 4000 m. Das Höchstgewicht der Waffe einschließlich der Selbstfahrlafette sollte 100 t nicht überschreiten. Die rechnerische Auslegung ergab ein Gewicht von 97 t, die 2000 kg schwere Granate sollte bei einer V_0 von 243 m/s die geforderte Schußweite von 4000 m erreichen. Die Produktion ergab eine Waffe von 60-cm-Kaliber mit einem 5108 mm langen Rohr, aus dem die 2180 kg schwere und 2511 mm lange Granate, die 348 kg Sprengstoff trug, verschossen wurde. Die 32 kg schwere Treibladung ergab eine V_0 von 220 m/s und damit eine Schußweite von 4300 m.

Der 60-cm-»Thor«

Mit der 1991 mm langen und 1700 kg wiegenden leichten Betongranate, die 280 kg Sprengstoff trug, erreichte man mit der 36 kg schweren Treibladung eine V_0 von 285 m/s; das reichte für eine Schußweite von 6700 m. Um die Schußweite weiter zu steigern, wurde ein neues Rohr mit 54-cm-Kaliber entwickelt. Mit diesem 6240 mm langen Rohr sollte die 1580 kg wiegende Granate von 2810 mm Länge durch eine 57 kg schwere Treibladung eine V_0 von 380 m/s erreichen, damit sollte eine Schußweite von fast 10 000 m erzielt werden. Um aber auch Hitlers Forderung nach mehr Wirkung im Ziel zu erfüllen, hatte man noch eine Sprenggranate entworfen, die bei 1250 kg Gewicht 460 kg Sprengstoff trug. Das erste dieser sechs bestellten 54-cm-Rohre wurde im Juni 1943 geliefert, ein Fronteinsatz ist nicht bekannt geworden. Die Fahrzeuglänge betrug 11 150 mm und das Gewicht der 60-cm-Ausführung 120 t. Das ergab mit den 500 mm breiten Ketten den sehr hohen Bodendruck von 1,72 kg/cm^2. Das 3160 mm breite Fahrzeug besaß eine Gesamthöhe von 4780 mm. Als Antrieb diente ein 12-Zyl.-Daimler-Benz-Motor 507 von 44,5 l Hubraum, wie er bei Schnellbooten eingebaut war. Die Leistung von 1000 PS war aber hier durch eine drastische Verringerung der Drehzahlen auf 580 PS vermindert worden. Der Vorrat an Kraftstoff betrug 1200 l. Die maximale Geschwindigkeit lag bei 10 km/h. Bei der Ausführung mit dem längeren Rohr von 54-cm-Kaliber stieg das Gewicht in der Feuerstellung auf 124 t. Die erste 60-cm-Waffe wurde im November 1940 ausgeliefert; sie erhielt den Namen **Adam.** Bis Mitte April 1941 folgen drei weitere Geräte 040, die mit **Eva,Thor** und **Odin** bezeichnet wurden. Wir finden diese vier Geschütze ab 22. Juni 1941 mit der 833. schweren Artillerie-Abteilung in Rußland. »Adam« und »Eva« wurden vor Brest-Litowsk in Stellung gebracht, wo »Adam« 16 Schuß verfeuerte. »Eva« brachte nicht einen Schuß hinaus; die erste Granate blieb als Versager im Rohr stecken, das gesamte Geschütz mußte nach Düsseldorf zurückgeführt werden. Die andere Batterie ging vor Lemberg in Stellung, und dabei fiel »Odin« bereits durch Bruch der 500 mm breiten Kette aus. »Thor« verfeuerte ganze vier Schuß.
Im Juni 1942 gingen »Odin« und »Thor« vor Sewastopol in Stellung und verschossen dort 197 Granaten. Mittlerweile waren bis Ende August 1941 weitere zwei Geschütze unter den Bezeichnungen **Loki** und **Ziu** ausgeliefert worden. »Ziu« wurde bei der Batterie 638 dann im

Land-Wasser-Schlepper

August 1944 gegen die Aufständischen in Warschau eingesetzt. Ein Geschütz, das zum Beschuß von Paris unterwegs war, wurde, nachdem feindliche Jagdbomber den Transportzug schwer getroffen hatten, von seiner Bedienungsmannschaft selbst gesprengt. »Loki« ging in Ungarn verloren. »Odin« fiel durch einen Rohrkrepierer aus, zwei weitere wurden von US-Truppen erbeutet. Das Reservegeschütz, auf den Namen **Fenrir** (Lokis Sohn) getauft, wurde bei Versuchen mit den 54-cm-Rohren verwendet. Es stand bei Kriegsende in Hillersleben auf dem Prüfstand. Abschließend sei bemerkt, daß die Leistung dieser Waffen in keinem Verhältnis zu dem Aufwand stand, außerdem war die Munitionsversorgung völlig unzureichend; für die drei abgelieferten 54-cm-Rohre gab es nur 75 Granaten. Für die 60-cm-Granaten sind die Produktionszahlen lückenhaft, 1942 im August betrug der Bestand 367 Schuß.

Eine weitere geplante Selbstfahrlafette war die **K 4 F.** Die Firma *Rheinmetall* hatte unter der Verwendung des Fahrgestells des Gerätes 040 ein 122 t schweres Muster begonnen. Mit dem fast 16 000 mm langen Rohr und einer V_0 von 1180 m/s sollte die 160 kg schwere Granate eine Schußweite von 48 km erreichen. Die Firma *Krupp* hatte einen Transport dieser 24-cm-Kanone zwischen zwei »Tiger«-Fahrgestellen geplant. Eine ähnliche Lösung plante man für die 28-cm-Kanone 5; hier hat aber das Waffenamt im Januar 1941 eine ablastbare Waffe auf Rundumlafette gefordert, deren Bau noch begonnen wurde. Für die 28-cm-Schnell-ladekanone C/34 der Kriegsmarine, die bei der Küstenverteidigung eingesetzt war, wurde noch eine sogenannte »Raupenlafette« entworfen. Das 136 t schwere Fahrzeug sollte auf vorbereitete Drehscheiben fahren, um eine Seitenrichtbarkeit zu haben. Die Firma *Krupp* hatte als Antrieb den 700-PS-Maybach-Motor HL 230 P30 vorgesehen, gebaut hat man aber nichts.
Das Waffenprüfamt 5 hatte bereits 1935 die Entwicklung von Vollkettenfahrzeugen für amphibische Einsätze angeregt. Im folgenden Jahr erhielt die Firma *Rheinmetall* dann den Auftrag für den **Land-Wasser-Schlepper.** Der Bootskörper wurde von der Firma *Sachsenberg* angeliefert, als Antrieb diente ein 12-Zylinder-Maybach-Motor von 11,85 l Hubraum, der

300 PS leistete. Damit erreichte das 13 t schwere Fahrzeug auf der Straße eine Geschwindigkeit von 35 km/h, im Wasser waren es mit zwei gegenläufigen Schrauben knapp 13 km/h. In dem 8600 mm langen und 3160 mm breiten Fahrzeug konnten außer den drei Mann Besatzung noch 20 Mann untergebracht werden. Trotz des schwachen, ungepanzerten Aufbaues war der Bodendruck durch die nur 310 mm breiten Ketten mit 1,45 kg/cm² sehr hoch. Der Treibstoffvorrat von 600 l reichte auf der Straße für etwa 650 km. Bis Juli 1940 wurden sieben Fahrzeuge ausgeliefert, weitere 14 wurden bis zum April 1941 fertig. Die Firma *Kässbohrer* hat auch noch vier schwimmfähige Anhänger für 10 t und zwei für 20 t Last geliefert. Auf den letzteren konnte ein 18-t-ZgKw verladen werden.

Das gesamte Projekt wurde mit Beginn der Panzerfähren-Entwicklung im April 1941 aber wieder aufgegeben. Für dieses neue, dem Land-Wasser-Schlepper ähnliche Fahrzeug erhielt die Firma *Magirus* den Entwicklungsauftrag. Hier wurde das 8250 mm lange Fahrzeug leicht gepanzert und erreichte dabei ein Gewicht von 17 t. Für eine **Panzerfähre** wurden zwei Fahrzeuge benötigt, zwischen die ein 3850 mm breiter Fährenboden eingehängt wurde. Das einzige fertiggestellte Muster wurde Mitte Mai 1942 ausgeliefert. Da aber die Gewichte der deutschen Panzerfahrzeuge ständig anstiegen, war auch diese Entwicklung bald überholt. Ähnliche Projekte sind nicht mehr weiter verfolgt worden.

Wenn wir schon bei den Wasserfahrzeugen des Heeres sind, sollen hier noch einige erwähnt werden:

Für Spezialeinheiten, wie Landungspioniere, Küstenjäger und Sturmboot-Kommandos, gab es zuerst das **leichte Sturmboot 39.** Bei 5980 mm Länge und 1580 mm Breite konnte dieses Boot acht Mann tragen. Es wurde von einem 1,6 l-4 Zyl.-Außenbordmotor mit 30 PS angetrieben und erreichte 25 km/h. Die mitgeführten 18 l Treibstoff reichten für knapp 1,5 Std. Fahrt. Das 462 kg wiegende Boot besaß keine Eigenbewaffnung. Das mit einer festen Abdeckung versehene Boot darf nicht mit den einfachen offenen Booten verwechselt werden, wie sie zur Überwindung von Flußläufen eingesetzt wurden. Das **große Sturmboot 42** sollte bis zu 40 Mann an freier Küste anlanden, es war bis Seegang 4 seetüchtig. Das 14 500 mm lange Boot war 3000 mm breit. Es trug zwei Maybach-Motoren von je 250 PS und erreichte damit 42 km/h. Die Tankfüllung von 1000 l reichte für etwa 8,5 Std. Fahrt. Das 8500 kg schwere Boot war mit einem 2-cm-Zwillings-MG 151/20 ausgerüstet. Später hat man Versuche mit den bei der Kriegsmarine entwickelten kleinen Torpedos durchgeführt – jedoch mit wenig Erfolg. Das **große Pionier-Landungsboot 40** wurde von zwei Dieselmotoren mit je 86 PS angetrieben und erreichte 20 km/h. Das 19 000 mm lange und 5930 mm breite Fahrzeug konnte 150 Mann tragen. Als **Landungsboot 41** war es geringfügig länger, die neuen Motoren leisteten hier jeweils 120 PS. Beide Fahrzeuge waren zur Abwehr mit mehreren MGs bewaffnet.

Das größte Fahrzeug für mögliche amphibische Unternehmungen war das **schwere Pionier-Landungsboot 43.** Das 35 500 mm lange und 8600 mm breite Boot wurde von zwei Dieselmotoren von je 400 PS angetrieben und konnte 250 Mann tragen. Als Eigenbewaffnung waren eine 2-cm-Waffe und zwei MGs vorgesehen.

Kaum bekannt wurden die Aufstellungsplanungen der Heeresflieger-Abteilungen. Von der Luftwaffe unabhängig, sollten sie für Verbindungsflüge den Fieseler-Storch und für die unmittelbare Aufklärung verschiedene Hubschrauber erhalten. Die Planungen scheiterten letztlich an den Einsprüchen der Luftwafffe. – Görings Argument »Alles, was Flügel hat, gehört mir« ließ keinen Widerspruch zu!

Beutefahrzeuge

Eine große Anzahl von Beutefahrzeugen wurden auf solche Waffen umgerüstet, die in der Wehrmacht Verwendung finden konnten. Da haben wir zuerst die 4,7-cm-Pak(t) auf dem in Frankreich bei der Firma *Renault* hergestellten R35-Panzer. Von dem 10 t schweren Fahrzeug, das von einem 80-PS-Motor angetrieben wurde, hat man 174 Stück umgerüstet und die ersten Panzerjäger im Mai 1941 ausgeliefert. Zusätzlich hat man 26 der R35 zu Führungsfahrzeugen umgebaut.

Die Firma *Lorraine* hatte der französischen Armee bis Mai 1940 als »Blinde 37 L« 387 Vollkettenschlepper geliefert, von denen etwa 300 erbeutet wurden. Im Juli und August 1942 hat man davon 179 mit der 7,5-cm-Pak 40 als Panzerjäger ausgerüstet. Das 8 t schwere Fahrzeug befand sich vorwiegend an der Westfront. Es war mit einer Geschwindigkeit von 35 km/h ein sehr bewegliches Fahrzeug. Planungen sahen den Bau von weiteren 1555 dieses Panzerjägers vor. Der Truppe war dieses Fahrzeug als **Marder I** bekannt.

Auf dem gleichen Fahrgestell gab es noch zwölf Stück mit der 10,5-cm-le.F.H. 18/40 und 94 mit der 15-cm-s.F.H. 13. Von den letzteren wurden 64 Stück in Paris umgebaut.

Ein weiteres französisches Fahrzeug war der bei *Hotchkiss* gebaute Panzer **H-39**, der in der deutschen Inventarliste als SFL geführt wurde.

Von 72 Fahrzeugen wurden 24 mit der 7,5-cm-Pak 40, der Rest mit der le.F.H. 18 bzw. 16 ausgerüstet. Der 12,5 t schwere Panzer war mit dem 120-PS-Motor gut beweglich, die Fahrzeuge waren als **GW** (Geschützwagen) bekannt. Die 7,5-cm-Pak und die le.F.H. 16 finden sich auch bei dem FMC-36-Panzer; zehn bzw. zwölf Stück wurden umgebaut. Das Dieseltriebwerk war für das 12,8 t schwere Fahrzeug zu schwach, es wurden knapp 24 km/h erreicht.

Aber auch zahlreiche **Fahrzeuge mit französischen Waffen** wurden verwendet. Das 20 t schwere Somua-S-35-Fahrzeug, bei uns **Pz. 739(f)** genannt, war mit einer 4,7-cm-KwK bewaffnet und wurde zuerst bei der 211. Pz.Abteilung in Finnland eingesetzt. Die SS-Division Prinz Eugen hatte sieben Renault-Panzer Char B-I im Inventar. Das 34 t schwere Fahrzeug trug eine 7,5-cm-KwK, die im Bug in der Art eines Sturmgeschützes eingebaut war. Im Drehturm war zusätzlich eine 4,7-cm-KwK montiert.

Eine ganze Anzahl der Renault 35R-Panzer waren bei der 21. Pz.Division als **Pz. 731(f)** im Einsatz. Das 10 t schwere Fahrzeug war mit einer 3,7-cm-KwK bewaffnet. Später wurde eine Anzahl dieser Fahrzeuge auf die 4,7-cm-Pak(t) umgerüstet. Zahlreich war der Einsatz als Munitionsschlepper, hier war der Turm entfernt worden, die Bewaffnung bestand nur aus einem MG 34.

Von den 534-Renault-Panzern FT 17/18, die sich noch aus dem Ersten Weltkrieg in den französischen Beständen fanden, wurde ein Dutzend bei Sicherungstruppen als **Pz. 730(f)** in Frankreich eingesetzt. Das knapp 7 t schwere Fahrzeug trug wahlweise eine 3,7-cm-KwK oder ein MG. Mit dem 35-PS-Motor wurde auf der Straße eine Geschwindigkeit von 8 km/h erreicht.

Vom bereits erwähnten Renault-Panzer B-1 wurden übrigens 60 Stück als Flammenwerfer-Panzer umgebaut. Bis auf 20 Fahrzeuge, die sich bei der 213. s.Pz.Abt. und der SS.Geb.Div. im Osten befanden, waren alle in Frankreich im Einsatz.

Vom B-2-Panzer wurden 16 Stück auf die 10,5-cm-le.F.H. 18 umgerüstet. Diese Fahrzeuge waren bei der Panzerartillerie im Westen eingesetzt.

Der 12 t schwere Hotchkiss-Panzer 38 besaß das Fahrgestell des H-39 und war mit einer 3,7-cm-KwK L/21 bewaffnet. Als 735(f) fanden sich zahlreiche dieser Fahrzeuge zu Beginn des Ostfeldzuges bei der 211.Pz. Abt. in Finnland.

Von den in Frankreich bei der Firma *Renault* hergestellten 6200 Infanterieschleppern Chenilette wurde aus der Beute eine ganze Anzahl für verschiedene Zwecke übernommen.

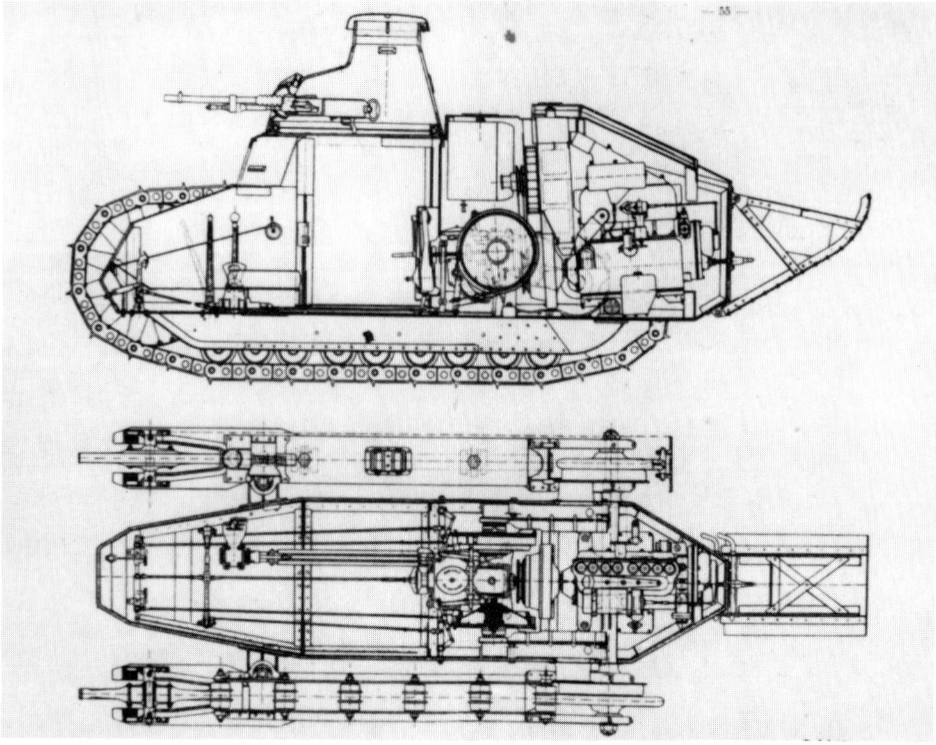

▲ Pz. 730(f) im Schnitt

◄ Umgerüsteter französischer B-2

Das 2,6 t schwere Fahrzeug wurde von einem 2-l-Motor mit 38 PS angetrieben und erreichte eine Geschwindigkeit von 30 km/h. Hier soll lediglich die Version erwähnt werden, bei der auf dem Heck dieses Schleppers vier Wurfrahmen für die 28- und 32-cm-Wurfkörper montiert waren.

Mit dem Zusammenbruch der faschistischen Regierung im Herbst 1943 in Italien wurde eine größere Anzahl italienischer Panzerfahrzeuge übernommen bzw. die Produktion ging in deutsche Hände über. Vom 14,7 t schweren Panzer M 15/42 waren es 120 Stück. Obwohl man die 4,7-cm-KwK mit neuen, verlängerten Rohren versah, reichte der Kampfwert nicht aus. Beispielsweise hatte die SS-Division »Maria-Theresia« derartige Fahrzeuge. Vom italienischen Sturmgeschütz **»Semovente DA«** hat das Heer nicht weniger als 294 Stück übernommen. Davon trugen aber 178 die kurze 7,5-cm-Kanone L/18, der Rest war mit der 7,5-cm-Kanone L/34 ausgerüstet. Das 15 t schwere Fahrzeug erreichte mit dem 185-PS-Motor etwa 38 km/h. Dieses bei uns **M 42** genannte Sturmgeschütz wurde als Unterstützungsfahrzeug in Italien und auf dem Balkan eingesetzt. Ende 1944 befanden sich nur noch 93 Stück bei der Truppe. Das Sturmgeschütz **M 43** wurde auf die 7,5-cm-Kanone L/46 umgerüstet. Die deutschen Truppen haben 40 Fahrzeuge übernommen, die alle in Italien eingesetzt wurden. Die Italiener hatten auch eine 10,5-cm-Haubitze L/25 auf ein verändertes Fahrgestell des M-15/42-Panzers montiert. Von dieser 15,7 t schweren Sturmhaubitze waren Ende 1943 bei der 26. Panzer-Division und der 336. Infanterie-Division 27 von den im ganzen 117 zur Verfügung stehenden Fahrzeugen im Einsatz. Ein Jahr später gab es von diesem Fahrzeug noch 66 Stück auf dem Balkan und in Italien.

Bei den **russischen Beutefahrzeugen** war es vor allem der T-34, bei uns **Pz. 747(r)** genannt, der wieder eingesetzt wurde. Andere russische Fahrzeuge fanden sich nur vereinzelt bei der Truppe.

Die folgende Liste zeigt die Verteilung der eingesetzten Beutefahrzeuge auf die verschiedenen Frontabschnitte im Juni 1943:

Osten

Heeresgruppe A	6	Renault B-2	= Pz. 740(f)
Heeresgruppe Süd	28	T-34	= Pz. 747(r)
	1	T-70	= Pz. 743(r)
	12	Pz.Späh P. 178	= Pz.Späh 204(f)
Heeresgruppe Mitte	2	Somua 35	= Pz. 739(f)
	15	Hotchkiss 38	= Pz. 735(f)
	1	T-26	= Pz. 738(f)
	22	T-34	= Pz. 747(r)
	3	T-70	= Pz. 743(r)
	2	KW-1	= Pz. 753(r)
	1	KW-2	= Pz. 754(r)
	18	Pz.Späh P. 178	= Pz. Späh 204(f)
Südosten (Balkan)	43	Somua 35	= Pz. 739(f)
	96	Hotchkiss 38	= Pz. 735(f)
	17	Renault B-1/2	= Pz. 740(f)
Westen	67	Somua 35	= Pz. 739(f)
	149	Hotchkiss 38	= Pz. 735(f)
	81	Renault B-1/2	= Pz. 740(f)
	58	Renault 35R	= Pz. 731(f)
	12	Renault 17/18	= Pz. 730(f)
	33	Pz.Späh P. 178	= Pz.Späh 204(f)

Norwegen	17	Somua 35	= Pz. 739(f)
	68	Hotchkiss 38	= Pz. 735(f)
Lappland	16	Somua 35	= Pz. 739(f)
	33	Hotchkiss 38	= Pz. 735(f)

1944 wurden zahlreiche russische Sturmhaubitzen wieder instand gesetzt und der Truppe als **StuG. 122(r)** zur Verfügung gestellt. In dem nur 2150 mm hohen Fahrzeug war die Haubitze von 122-mm-Kal. eingebaut, der Munitionsvorrat betrug 47 Schuß.

Beim **Afrikakorps** wurden einige der erbeuteten 26 t schweren englischen »Matilda«-Panzer mit 5-cm-KwK L/42 ausgerüstet, die beim Umbau des Pz. III übriggeblieben waren. Diese Fahrzeuge erhielten die neue Bezeichnung **Pz. 748(e).**

Als **Pz. 736(e)** waren die englischen leichten Panzer bekannt, die auf dem 5 t schweren Fahrgestell die 10,5 cm leichte Feldhaubitze trugen. Vor allem im Osten waren unter der Bezeichnung **Bren 731(e)** die 4 t schweren englischen MG-Träger eingesetzt. Sie wurden später zur Unterstützung der Infanterie sogar mit einer 3,7-cm-Pak ausgerüstet. Für Panzer-Zerstörergruppen war ein Aufbau mit drei Panzerschreck-Rohren in den Feldwerkstätten entstanden. Die Fahrzeuge waren zwar mit 12 mm kaum gepanzert, aber mit dem 85-PS-Motor waren sie recht wendig.

Bei den Beute-Panzern zeigt die Meldung vom 10. April 1945 die folgende Verteilung:

Ostfront	71
Westfront	–
Italien	172
Balkan	74
Dänemark/Norwegen	107

Von diesen Fahrzeugen wurden 310 als einsatzfähig gemeldet.

Panzer-Jagdkommando auf englischem Bren

Panzerspähwagen

Das erste Fahrzeug dieser Art war der **Kfz. 13** bezeichnete Maschinengewehr-Kraftwagen. Das 2,1 t schwere Fahrzeug war 4200 mm lang und 1700 mm breit. Mit einem 6-Zyl.-2,9-l-Adler-Motor von 60 PS wurde eine Geschwindigkeit von 70 km/h erreicht. Der Treibstoffvorrat von 70 Litern reichte auf der Straße für etwa 380 km Strecke. Für die zwei Mann Besatzung war ein MG 13 mit 1000 Schuß vorhanden. Die Rundumpanzerung des oben offenen Fahrzeuges besaß eine Stärke von 8 mm. *Daimler-Benz* hat bis 1934 von diesem Fahrzeug 147 und von der unbewaffneten Version, dem Funkkraftwagen, 40 Stück an die Reichswehr geliefert.

Das Kfz. 13 wurde ab 1935 durch die **Sd.Kfz. 221 und 223** ersetzt, eine große Zahl hat am Polenfeldzug teilgenommen. Der leichte Panzerspähwagen Sd.Kfz. 221 wurde von den *Eisenwerken Weserhütte* entwickelt. Das 4800 mm lange und 1950 mm breite Fahrzeug hatte zwei Mann Besatzung und wog 4 t. Es besaß einen oben offenen Drehturm mit einem MG 34, für das 1100 Schuß mitgeführt wurden. Als Antrieb diente ein 8-Zyl.-Horch-Motor mit 3,5 l Hubraum, der 75 PS entwickelte. Das Fahrzeug erreichte eine Höchstgeschwindigkeit von 80 km/h und auf der Straße eine Fahrstrecke von 320 km. Die Panzerung betrug vorn bis zu 14 mm, seitlich und hinten 8 mm.

Später wurde eine Anzahl Fahrzeuge auf die Panzerbüchse 39 bzw. auf die 2,8-cm-s.Pz. B. 41 umgerüstet. Mit einer auf 30 mm verstärkten Frontpanzerung und einer 2-cm-KwK zusätzlich zu dem MG 34 wurde dieser Spähwagen **Sd.Kfz. 222** genannt. Zum Teil waren in diese Fahrzeuge 3,8-l-Horch-Motoren von 90 PS Leistung eingebaut. Die 2-cm-Waffe, für die 180 Schuß mitgeführt wurden, konnte für Fliegerbeschuß bis zu + 80° gerichtet werden. Ohne Funkausrüstung kostete das Sd.Kfz. 222 damals RM 23 420,–.

Ein reiner Funkwagen war das mit einem MG 34 und 1100 Schuß bewaffnete **Sd.Kfz. 223** – diese Abkürzung bedeutete übrigens Sonder-Kraftfahrzeug. Dieses 4,4 t schwere Fahrzeug trug einen Funkgerätesatz FuG 10 SE 30, der später durch ein FuG 12 mit FuSpr. ersetzt wurde. Von diesen drei Fahrzeugtypen befanden sich bei Kriegsausbruch 718 Stück bei der Truppe. In diese Baureihe gehören auch die **Sd.Kfz. 260 und 261.** Das erste Fahrzeug war der bei *MNH* gebaute kleine Panzerfunkwagen. Das 4,26 t schwere Fahrzeug war 4830 mm lang, 1990 mm breit und 1780 mm hoch. Als Antrieb diente der bereits bekannte 3,5-l-Horch-Motor. Der Wagen trug außer den vier Mann Besatzung ein FuG 7 mit einem Funksprechgerät. Als Bewaffnung wurde nur eine Maschinenpistole 40 mit sechs Magazinen (insgesamt 192 Schuß) mitgeführt.

Ein weiteres Vierradfahrzeug, das **Sd.Kfz. 247,** diente als Kommandostand bei den Aufklärungsabteilungen. Das sechssitzige Horch-Fahrgestell trug einen 3,8-l-Auto-Union-Motor, der 81 PS leistete und der das 4,46 t schwere Fahrzeug auf 80 km/h beschleunigte. Das bei *Daimler-Benz* montierte Fahrzeug war 5000 mm lang und 2000 mm breit. Als Bewaffnung war lediglich eine Maschinenpistole mit einem Vorrat von 192 Schuß vorgesehen.

Das **Sd.Kfz. 261,** ebenfalls ein Panzerfunkwagen, unterschied sich durch den 3,8-l-Horch-Motor und das FuG 12, das eine größere Reichweite besaß. Dieses, mit 4,3 t etwas schwere Fahrzeug wurde bei der *Weserhütte* montiert.

Produziert wurden von diesen Vierradfahrzeugen seit Kriegsbeginn von der Firma *Büssing-NAG*, der *MNH (Maschinenfabrik Niedersachsen-Hannover)* und der *Weserhütte* folgende Stückzahlen:

	1939	1940	1941	1942	1943	1944	1945
Sd.Kfz. 221/222/223	163	138	290	414	306	21	–
Sd.Kfz. 247	–	–	54	4	–	–	–
Sd.Kfz. 260/261	–	8	91	236	76	–	–

Im März 1945 waren noch 220 Fahrzeuge mit der MG-Bewaffnung und 381 mit der 2-cm-KwK vorhanden.

Obwohl mit Allradantrieb und Allradlenkung ausgerüstet, waren diese Fahrzeuge im Gelände wegen des hohen Raddruckes und der mit 260 mm zu geringen Bodenfreiheit nur bedingt brauchbar. Das Waffenamt gab deshalb im Juli 1941 den Firmen *Büssing* und *Horch* den Auftrag für ein neues, schwereres und besser bewaffnetes Fahrzeug. Es entstand ein 7 t schwerer Wagen, der von einem luftgekühlten 6-Zyl.-Tatra-Dieselmotor von 125 PS angetrieben wurde. Als Bewaffnung waren eine 5-cm-KwK 39 und ein MG 42 vorgesehen. Der Auftrag über 1000 Stück wurde aber im Frühjahr 1943 wieder gestrichen. Die zwei fast fertigen Prototypen sind nicht mehr erprobt worden.

Die *Trippel-Werke,* die neben dem Schwimmwagen VW 166 und dem Porsche-Schwimmkraftwagen, von dem 1941/42 nur 40 Stück gebaut wurden, den geländegängigen Schwimmwagen SG 6 herstellten, entwickelten unter dem Namen **Schildkröte** einen schwimmfähigen Panzerspähwagen. Von dem 5180 mm langen und 1900 mm breiten Fahrzeug wurden aber nur drei Muster gebaut, die als Antrieb einen 8-Zyl.-3-l-Tatra-Motor mit 70 PS Leistung hatten. Im Wasser wurde das Fahrzeug von zwei Schrauben angetrieben. Die Bewaffnung sollte aus zwei MG 34 bzw. dem aus der Luftwaffenproduktion stammenden MG 151/20 bestehen. Nach Erprobungen im Oktober 1944 hat das Waffenamt diese Entwicklung aber wieder gestrichen.

1927 bereits hatte das Reichswehrministerium Baubedingungen für Vielradfahrzeuge festgelegt. Das Gesamtgewicht sollte 7,5 t nicht überschreiten, und der Bodendruck sollte unter 0,7 kg/cm^2 liegen. Die anfänglich geforderte Schwimmfähigkeit wurde später durch eine Watfähigkeit von 1 m ersetzt.

Die Firma *Daimler-Benz* legte ein 8-Rad-Fahrzeug vor, das in einem Drehturm eine 3,7-cm-Kanone und ein MG trug. Das 7,8 t schwere Fahrzeug war 5450 mm lang und 2280 mm breit; mit einem 6-Zyl.-7,8-l-Motor von 100 PS erreichte man eine Geschwindigkeit von 65 km/h. Die Rundumpanzerung betrug 13,5 mm. Mit dem Drehturm sollte das Fahrzeug 2135 mm hoch werden. Die gebauten zwei Muster wurden im Herbst 1930 erprobt.

Sehr ähnlich war das 8-Rad-Fahrzeug der Firma *Magirus.*

Von der Firma *Büssing-NAG* lag ein 10-Rad-Wagen vor, bei dem zur Lenkung jeweils die Räder einer Fahrzeugseite abgebremst wurden. Bei der Erprobung zeigte diese Lösung, wie erwartet, einen sehr hohen Reifenverschleiß. Die beiden Muster trugen einen 150-PS-Motor und erreichten auf der Straße eine Geschwindigkeit von fast 90 km/h. Diese komplizierten und damit teueren Entwicklungen wurden wieder eingestellt.

Im Juni 1929 hatte man bereits Baubedingungen für einen 6-Rad-Wagen erlassen. Bei den drei bereits genannten Firmen ging man von schon vorhandenen Lkw-Fahrgestellen aus; die gleich großen Spähwagen unterschieden sich durch ihre Motoren und ihr Gewicht. Den schweren Panzerspähwagen mit der Bezeichnung **Sd.Kfz. 231** gab es von der Firma *Büssing-NAG* mit einem 4-Zyl.-3,9-l-Motor von 60 PS, durch den das Fahrzeug eine Geschwindigkeit von 70 km/h erreichte. Von der vier Mann Besatzung war einer als Rückwärtsfahrer eingesetzt, hierbei konnte eine Geschwindigkeit von 32 km/h erreicht werden. Der Spähwagen war 5570 mm lang, 1820 mm breit, 2250 mm hoch und wog 5,35 t. Die Bewaffnung bestand aus einer 2-cm-KwK mit 200 Schuß und einem MG 13 mit 1300 Schuß. Der Kraftstoffvorrat betrug 90 l, der Verbrauch etwa 35 l/100 km.

Das Fahrzeug der Firma *Magirus,* ebenfalls ein **Sd.Kfz. 231,** besaß einen 6-Zyl.-4,6-l-Motor von 70 PS, mit dem der Wagen vorwärts und rückwärts jeweils 62 km/h erreichte. Das 6 t schwere Fahrzeug verbrauchte etwa 40 l/100 km und trug deshalb einen auf 110 l erhöhten Kraftstoffvorrat. Diese Firma hat auch das **Sd.Kfz. 232,** den gepanzerten Funkwagen, geliefert, der leicht an der großen, gewölbten Dachantenne erkennbar war. Die Gesamthöhe

Der 6-Rad-Funkwagen

stieg dadurch auf 2870 mm an. Diese beiden Typen wurden auch von *Daimler-Benz* geliefert. Hier war ein 6-Zyl.-3,7-l-Motor von 68 PS Leistung installiert. Die Geschwindigkeiten waren mit denen des *Büssing*-Musters identisch. Der Kraftstoffvorrat von 105 l reichte für eine Fahrstrecke von 300 km. Das **Sd.Kfz. 263** war mit dem 232 weitgehend identisch. Hier waren ein Funkgerät von größerer Reichweite und zusätzlich eine Teleskopantenne eingebaut. Der Turm war hier nicht drehbar, ein MG 13 war in einer Kugelblende montiert.
Unter der Bezeichnung **Sd.Kfz. 247,** die bereits bei einem 4-Rad-Fahrzeug verwendet wurde, gab es auch ein 6-Rad-Fahrzeug. Es war ebenfalls ein fahrbarer Kommandostand ohne Bewaffnung. Hier betrug das Gewicht 5,2 t, und mit dem 4-Zyl.-Boxer-Motor der Firma *Krupp,* der bei 3,3 l Hubraum 52 PS entwickelte, erreichte das sechssitzige Fahrzeug 70 km/h. Es war 4600 mm lang und 1960 mm breit. Die Wandstärke des Panzeraufbaues aller 6-Rad-Fahrzeuge betrug 8 mm.

Vor Ausbruch des Zweiten Weltkrieges wurden folgende 6-Rad-Spähwagen produziert:

Sd.Kfz. 231/232	123
Sd.Kfz. 247	10
Sd.Kfz. 263	28

Da aber auch diese Fahrzeuge nicht die geforderte Geländegängigkeit erreichten, erinnerte man sich an die 8-Rad-Wagen von 1928/29. Unter der Nr. 623 entwickelte die Firma *Büssing-NAG* ab 1934 ein 8-Rad-Fahrzeug, das später **schwerer Panzerspähwagen (8-Rad)** genannt wurde. Die Sd.Kfz.Nrn. wurden vom alten 6-Rad-Fahrzeug übernommen. Das 8,3 t schwere **Sd.Kfz. 231** war 5850 mm lang, 2200 mm breit und 2350 mm hoch. Der anfänglich eingebaute 8-Zyl.-Motor von 7,9 l Hubraum leistete 150 PS, und damit wurden 90 km/h erreicht. Später wurde ein 8,4-l-Motor von 180 PS montiert, das brachte sogar 100 km/h. Durch den Antrieb aller acht Räder war das Fahrzeug im Gelände sehr beweglich. Das war aber bei der schwachen Panzerung – 10 bis 14 mm vorn und 8 mm an der Seite – auch notwendig. Später gab es für die Front einen zusätzlichen »Pak-Schutz«, eine Stahlplatte von 8 mm Stärke.

Die Bewaffnung bestand aus einer 2-cm-KwK mit 180 Schuß und einem MG 34 mit 2100 Schuß. Der Kraftstoffvorrat betrug 150 l, der Verbrauch auf der Straße etwa 50 l/100 km. Das 9,1 t schwere **Sd.Kfz. 232** trug über dem Drehturm wieder die große Rahmenantenne. Die Frontalpanzerung war bis zu 30 mm verstärkt worden, der Munitionsvorrat für das MG betrug jedoch nur noch 1500 Schuß. Ein derartiger Spähwagen kostete damals mit den Waffen, aber ohne die Funkgeräte 57 290,– RM.

Das **Sd.Kfz. 263 (8-Rad)** war als gepanzertes Führungsfahrzeug geplant. Der Aufbau war wieder ohne Drehturm ausgelegt, als Waffe gab es ein MG 34 mit 1100 Schuß. Die hinter dem Kampfraum eingebaute Kurbelmast-Antenne konnte bis auf 9 m Höhe ausgefahren werden.

Produziert wurden diese 8-Rad-Fahrzeuge von den *Deutschen Werken in Schichau;* die letzten wurden im September 1943 geliefert. Von den Fahrzeugen der 6- bzw. dieser 8-Rad-Ausführung besaß die Truppe am Tag des Kriegsausbruches 307 Stück. 1942 wurden in Schichau 3 St.Kfz. 231 (8-Rad) in das **Sd.Kfz. 233** umgebaut. Dabei wurden der Turm entfernt und die 7,5-cm-Sturmkanone 37, bereits als KwK vom Panzer IV bekannt, eingebaut, für die 32 Schuß mitgeführt wurden. Diese Waffe war seitlich ± 12° richtbar. Das Gefechtsgewicht des Fahrzeuges betrug 8,58 t. Der einmalige Auftrag über 115 Fahrzeuge wurde überliefert, er lief im Oktober 1943 aus. Ende 1944 entstanden aus Umbauten nochmals 56 dieses »Kanonenwagens«.

Das Waffenamt vergab im August 1940 an die Firma *Büssing-NAG* einen Auftrag zur Entwicklung eines 8-Rad-Wagens, der kein Fahrgestell, sondern eine selbsttragende Wanne haben sollte. Wegen der möglichen Tropenverwendung sollte ein luftgekühlter Motor Verwendung finden. Mit zwei Mustern hat man 1942 bis zum Juni Fahrversuche durchgeführt. Der 12-Zyl.-Tatra-Motor machte aber immer wieder Schwierigkeiten. Das **Sd.Kfz. 234/1** besaß ein Gewicht von 11,5 t, war 5860 mm lang, 2330 mm breit und 2100 mm hoch. Als Triebwerk war der luftgekühlte 12-Zyl.-Tatra-Dieselmotor von 14,8 l Hubraum montiert. Die 210 PS konnten diesen Spähwagen auf eine Geschwindigkeit von 90 km/h bringen. Mit dem Kraftstoffvorrat von 360 l konnte man auf der Straße eine Strecke von 1000 km zurücklegen. Als Waffe waren die 2-cm-KwK 38 mit 250 Schuß sowie ein MG 42 mit 2400 Schuß in den oben offenen Drehturm eingebaut. Die Hängelafette erlaubte ein Richten bis 70° und damit eine recht gute Flugzeugabwehr. *Büssing-NAG* hat diesen Typ aber erst ab Juni 1944 ausgeliefert.

Als **Sd.Kfz. 234/2** finden wir diesen Panzerspähwagen mit einem Drehturm, der eine 5-cm-KwK 39 in der Saukopfblende trug. Der Munitionsvorrat betrug 55 Schuß für die KwK und 2850 Schuß für das MG 42. Die Gesamtlänge betrug nun 6800 mm, die Höhe 2380 mm, das Gewicht erhöhte sich auf 11,74 t. Vom **Puma**, wie man dieses Fahrzeug nannte, ist das erste im September 1943 geliefert worden. Der auf 1500 Stück lautende Auftrag wurde im Januar 1944 auf 100 Stück gekürzt, da von den dafür notwendigen 23 700 t Rohmaterial nur 1580 t bereitgestellt wurden.

Büssing versuchte nun, dieses teure Fahrzeug zu ersetzen, und stellte einige Muster des »Kurzen Puma« vor. Das war ein 4-Rad-Wagen, der zusätzlich zwei leer mitlaufende Reserveräder trug. Diese Entwicklung wurde aber wieder gestrichen.

Im September 1943 wurde angeordnet, daß 50 Prozent der 234er-Produktion mit der 7,5-cm-K. 51 L/24 auszurüsten seien. Bei der Auslieferung der ersten Fahrzeuge im Juni 1944 wurde das aber auf 25 Prozent geändert.

Wegen der kurzen Waffe, für die 50 Schuß mitgeführt wurden, änderte sich nun von den Abmaßen des **Sd.Kfz. 234/3** gegenüber dem 234/1 nur die Höhe, die jetzt 2213 mm betrug. Für das MG 42 betrug der Munitionsvorrat 1950 Schuß. Im oben offenen Fahrzeug saßen vier

Der »Puma«

Mann Besatzung. Von der »neuen« Kanone, es war die alte KwK 37 in einer neuen Lafette, die wir auch im leichten Schützenpanzerwagen, dem Sd.Kfz. 250/8, finden, wurden zwar bis zum April 1945 1125 Stück produziert – es wurden aber nur 88 Panzerspähwagen damit ausgerüstet.

Ende November 1944 befahl Hitler, daß ab sofort alle neuen Sd.Kfz. 234 mit der 7,5-cm-Pak 40 L/46 auszurüsten seien. In das offene Fahrgestell wurde diese Waffe mit Schutzschild auf einen Pivot aufgesetzt. Infolge des längeren Rohres erhöhte sich die Gesamtlänge des Fahrzeuges auf 6520 mm. Hitler selbst bezeichnete den 8-Rad-Panzerspähwagen **234/4** mit dieser wirkungsvollen Waffe als eine der besten technischen Lösungen des Krieges.

Die Produktion der 8-Rad-Wagen vom September 1939 bis zum April 1945:

	1939	1940	1941	1942	1943	1944	1945
Sd.Kfz. 231/32	37	26	94	160	200	–	–
Sd.Kfz. 263	–	–	8	118	40	–	–
Sd.Kfz. 233	–	–	–	22	100	56	–
Sd.Kfz. 234/1	–	–	–	–	–	163	37
Sd.Kfz. 234/2	–	–	–	–	7	94	–
Sd.Kfz. 234/3	–	–	–	–	–	88	–
Sd.Kfz. 234/4	–	–	–	–	–	25	73

Ende März 1945 verfügte die Truppe noch über 203 Fahrzeuge mit der 2-cm-KwK, 131 Stück des Sd.Kfz. 233 sowie 71 Wagen der Untergruppen 1, 2 und 3 des Typs 234. Zu den vorhandenen 27 Fahrzeugen 234/4 waren im März noch 40 Stück geliefert worden.

Bei der Firma *Porsche* hatte man Ende 1940 einen leicht gepanzerten, offenen 6-Rad-Wagen entworfen. Der viersitzige Wagen hatte einen Vorwärts- und einen Rückwärtsfahrer und mit 4000 mm eine recht geringe Baulänge. Es blieb für das Projekt 164 beim Entwurf.

Von der **österreichischen Armee** wurden 14 Polizei-Panzerkampfwagen **ADGZ** übernommen. Dieses 12 t schwere 8-Rad-Fahrzeug war 6260 mm lang, 2160 mm breit und mit 2564 mm sehr hoch. Von einem 6-Zyl.-Austro-Daimler-Motor, der bei 11,9 l Hubraum 150 PS entwickelte, wurden die beiden inneren Achsen, die Doppelräder trugen, angetrieben. Das Fahrzeug erreichte eine Geschwindigkeit von 70 km/h, infolge des hohen Verbrauches von 90 l/100 km aber nur eine Fahrstrecke von 225 km. Die Rundumpanzerung war 11 mm stark, die Bewaffnung bestand aus einer 2-cm-KwK 35 L/45 mit 100 Schuß und zwei MGs mit je 1500 Schuß. Die Firma *Steyr* hat 1942 nochmals 25 Stück an die SS geliefert, die sie im Osten gegen Partisanen einsetzte.

Von einem 6-Rad-Fahrzeug, dem **ADKZ**, wurde 1937 nur ein Muster gebaut. Die Wehrmacht zeigte kein Interesse an dem 8 t schweren Spähwagen, der mit zwei MGs bewaffnet war. Das gleiche geschah mit dem 1936 entworfenen 1,7 t schweren Spähpanzerwagen **ADSK,** von dem sechs Exemplare gebaut wurden. Ein weiterer Entwurf, der 6-Rad-Wagen **ADGK** mit einer 2-cm-KwK und zwei MGs, wurde überhaupt nicht gebaut.

Im Mai 1938 hatte das Waffenamt an die *Saurer-Werke in Wien* einen Auftrag zur Entwicklung eines Räder-Raupenfahrzeuges vergeben. Diese Firma legte den Typ **RR-7** zugrunde, von dem das österreichische Heer 1937 bereits 15 Stück bestellt hatte. Die *Saurer-Werke* schlugen nun ein 6,5 t schweres Fahrzeug mit drei Mann Besatzung vor, das, von einem 100-PS-Dieselmotor angetrieben, auf Rädern eine Geschwindigkeit von 80 km/h und auf Ketten 30 km/h erreichen sollte. Die Frontpanzerung betrug 14,5 mm. Das erste im Juni 1942 gelieferte Muster trug noch keinen Drehturm, das zweite Exemplar war mit einer Panzerbüchse und einem MG 34 bewaffnet. Die weiteren Fahrzeuge wurden aber wieder gestrichen, da die zusätzlich aufgelegte RR-7-Serie ausgelaufen war. Das später als **Sd.Kfz. 254** bezeichnete Fahrzeug wog 6,4 t, war 4500 mm lang und auf den 240 mm breiten Ketten 2020 mm hoch. Auf Rädern betrug die Höhe 2200 mm. Das Fahrzeug war 2470 mm breit, es hatte vorn eine Spurweite von 2000 mm, hinten aber nur von 1800 mm. Als Antrieb diente ein 4-Zyl.-Dieselmotor von 5,3 l Hubraum, der 70 PS leistete. Damit erreichte der **gepanzerte Beobachtungskraftwagen,** wie die offizielle Bezeichnung lautete, 60 km/h. Die 72 l Kraftstoffvorrat reichten bei Kettenfahrt im Gelände für eine Strecke von 90 km, bei Straßenfahrt auf Rädern waren es 425 km. Der Besatzung von vier Mann stand lediglich ein MG 34 zur Verfügung. Der Auftrag lief zwar über 140 Fahrzeuge, es sind aber anscheinend nur 128 des Sd.Kfz. 254 abgenommen worden.

Aus **tschechischen Beständen** wurden etwa 50 Fahrzeuge des Typs **OA vz. 30** übernommen. Dieses 6-Rad-Fahrzeug wog 9 t, hatte vier Mann Besatzung und war mit zwei MGs bewaffnet. In kleinen Stückzahlen fanden sich Umbauten von Pkws und Lkws zu Trägern von leichten Waffen. Da gab es den leichten Truppenluftschutz-Kraftwagen, einen kleinen Pkw, der ein Zwillings-MG 34 trug. Der Umbau erfolgte bei *BMW, Hanomag* und *Stoewer*. Die 2-cm-Flak 38 findet sich auf dem *Horch*-Pkw und dem *Opel*-Blitz-Lkw. Die *Krupp*-Protze, ein leichter Lkw, war mit der 3,7-cm-Flak ausgerüstet. Lkws der Marke *Büssing-NAG* und *Mercedes-Benz* mit Vierradantrieb fanden sich mit dem 2-cm-Vierling oder der 3,7-cm-Flak 36.

Der einzige Panzerspähwagen aus der Beute, der in größeren Stückzahlen eingesetzt wurde, war der **französische Panhard 178,** der beim Heer die Bezeichnung **Pz.Späh P 204(f)** erhielt. Es war ein Vierrad-Fahrzeug von 8200 kg Gewicht mit einer Länge von 4790 mm, 2010 mm Breite und einer Höhe von 2310 mm. Mit dem 8-Zyl.-Motor von 5,8 l Hubraum, der 110 PS entwickelte, erreichte das Fahrzeug auf der Straße 72 km/h. Der Verbrauch, der bei der Straßenfahrt 33 l/100 km betrug, stieg im Gelände bis auf 90 l an. Der mit vier Mann besetzte Spähwagen war mit einer 2,5-cm-KwK L/73 bewaffnet, für die 150 Granatpatronen mitgeführt wurden. Zusätzlich gab es noch ein MG von 7,5-mm-Kaliber mit 3750 Schuß. Von den 480 Stück, die bei Kriegsausbruch in Frankreich vorhanden waren, hat das deutsche Heer mit

Beginn des Feldzuges im Osten 190 eingesetzt, von denen bis zum Jahresende 1941 107 Späh-wagen verlorengingen. Später waren noch 43 dieser Fahrzeuge als Panzer-Draisinen bei der Partisanenbekämpfung im Einsatz.

Im Sommer 1943 wurde eine Anzahl umgebaut, sie erhielten einen neuen, aber oben offenen Turm mit der 5-cm-KwK L/42.

Sonderkraftfahrzeuge

Wir kommen nun zu den Halbkettenfahrzeugen. Das waren die SPWs (Schützenpanzerwa-gen) und die Zgkw (Zugkraftwagen).

Vom **Sd.Kfz. 250,** dem leichten Schützenpanzerwagen, gab es eine alte und eine neue Ausführung. Das alte Fahrzeug besaß ein Gewicht von 4,6 t, war 4700 mm lang, 1945 mm breit und 1660 mm hoch. Mit dem 6-Zyl.-Maybach-Motor, der aus 4,2 l Hubraum 100 PS entwickelte, wurde eine Geschwindigkeit von 65 km/h erreicht. Die mitgeführte Kraftstoff-menge von 140 Litern reichte im mittleren Gelände für eine Fahrstrecke von 175 km. Die Front war 14,5 mm, die Seiten 8 mm gepanzert. Wegen des komplizierten Aufbaues wurde aber die Produktion im Oktober 1943 eingestellt. Bei dem neuen Baumuster, das ebenfalls mit **Sd.Kfz. 250** bezeichnet wurde, hat man statt 19 Panzerplatten nur noch neun Stück für den kastenartigen Aufbau verwendet. Das Gefechtsgewicht betrug nun 5,38 t, der Treibstoffver-brauch stieg etwas an. Als **Sd.Kfz. 250/1** war das Fahrzeug mit zwei MG 34 bewaffnet, für die 2010 Schuß vorhanden waren. Mit nur einem MG 34 war das **Sd.Kfz. 250/2** bewaffnet, es wurde als Fernsprechpanzerwagen eingesetzt.

Vom **Sd.Kfz. 250/3,** dem Funkpanzerwagen, gab es je nach der Kombination der Funkgeräte fünf verschiedene Ausführungen. Mit den vier Mann Besatzung ergab sich ein Gefechtsge-wicht von 5,75 t. Als Truppenluftschutzwagen war das **Sd.Kfz. 250/4** geplant, es wurde aber nicht eingeführt. Das **Sd.Kfz. 250/5** war bei Sturmgeschütz-Abteilungen als Beobachtungs-wagen eingesetzt. Es war mit einem MG 34 und zwei Scherenfernrohren ausgerüstet. Vom Munitionsträger für Sturmgeschütze gab es zwei Ausführungen des **Sd.Kfz. 250/6.** Der Typ A führte 70 Schuß für die kurze 7,5-cm-Kanone mit, er wog 6,15 t. Der Typ B trug 60 Schuß für die lange 7,5-cm-Sturmkanone, hier betrug das Gewicht 6,29 t. Ebenfalls zwei Ausführungen fanden sich beim **Sd.Kfz. 250/7,** als Modell »a« trug es den 8-cm-Granatwerfer 34 und 12 Schuß, dazu ein MG 34 mit 2010 Schuß. Die Ausführung »b« war der Munitionsträger, der 66 Wurfgranaten beförderte. Hier betrug das Gefechtsgewicht 6,11 t. Das **Sd.Kfz. 250/8** war ein seit Herbst 1944 produzierter »**Kanonenwagen**« mit der 7,5-cm-K. 51 und einem Munitionsvorrat von 20 Schuß. Zusätzlich gab es hier ein MG 42 mit den üblichen 2010 Schuß. Das Gefechtsgewicht stieg hier mit den drei Mann Besatzung auf 6,3 t an. Das Fahrzeug war mit 2070 mm etwas höher. Mit einer 2-cm-KwK 38 und 100 Schuß war das 6,2 t schwere **Sd.Kfz. 250/9** ausgerüstet.

Bis Ende 1944 hatte das Waffenamt übrigens 2680 der 2-cm-Waffe zur Umrüstung weiterer Fahrzeuge bereitgestellt.

Das **Sd.Kfz. 250/10** war mit einer 3,7-cm-Pak ausgerüstet, im 5,67 t schweren Fahrzeug wurden 216 Schuß mitgeführt. Hier gab es kein MG, zur Nahverteidigung dienten zwei Maschinen-pistolen mit je 192 Schuß. Die Gesamthöhe betrug hier 1975 mm. Die Fertigung wurde aber im September 1943 wieder eingestellt. Mit der 2,8 cm schweren Panzerbüchse war das **Sd.Kfz. 250/11** bewaffnet. Mit sechs Mann Besatzung betrug das Gefechtsgewicht 5,53 t. Dabei wurden 168 Schuß der Granatpatrone und 1100 Schuß für das MG mitgeführt. Ein Schutzschild brachte die Höhe auf 2135 mm.

Projekte blieben die Montage der 10,5-cm-Preßluftwerfer der Firma *Skoda,* der Aufbau mit dem schweren Wurfgerät und die 5-cm-Pak 38 auf einer etwas verlängerten Plattform. Hier gab es nur einzelne Muster, keine Serienproduktion. Beim Afrikakorps fanden sich **Sd.Kfz. 250** der alten Ausführung, die mit der französischen 2,5-cm-Pak der Firma *Hotchkiss,* Pak 112(f) genannt, ausgerüstet waren. Ein Sd.Kfz. 250 der alten Bauweise kostete damals in der Grundausführung 20 420,– RM.

Vom mittleren Schützenpanzerwagen **Sd.Kfz. 251** gab es auch eine alte und eine neue Ausführung, die ihre Ursache ebenfalls in der Verringerung der Panzerplatten und der Vereinfachung des Panzerkastens hatte. Das Grundfahrzeug, dessen Preis 22 560,– RM betrug, wog 7 t, war 5800 mm lang und 2100 mm breit. Die normale Höhe von 1750 mm variierte dann mit dem jeweiligen Aufbau. Mit dem Motor vom Sd.Kfz. 250 wurde eine Geschwindigkeit von 50 km/h erreicht. Der Kraftstoffvorrat betrug 160 Liter, das ergab in mittlerem Gelände einen Fahrbereich von 150 km. Die **Ausführung 251/1a** trug eine Panzergrenadiergruppe mit zwei MG 34. Für das Bord-MG wurden 2010 Schuß mitgeführt. Das »b«-Muster beförderte zwei sMG-Bedienungen. Das Gefechtsgewicht lag bei 9 t. Eine andere Variante trug sechs Wurfrahmen, die mit fünf 28-cm- und einer 32-cm-Granate geladen waren. Der 8-cm-Granatwerfer 34 war auf dem **Sd.Kfz. 251/2** montiert. Mit acht Mann Besatzung, 66 Wurfgranaten und 2010 Schuß für das Bord-MG betrug das Fahrzeuggewicht 8,64 t.

Als **mittlerer Funkpanzerwagen** wurde das **Sd.Kfz. 251/3** bezeichnet. Durch die zahlreichen Funkgeräte gab es nicht weniger als neun verschiedene Ausführungen. Mit sieben Mann Besatzung betrug das Gewicht etwa 8,5 t. Das Bord-MG war ebenfalls vorhanden.

Das **Sd.Kfz. 251/4** trug eine le.I.G.-Bedienung und 120 Schuß der 7,5-cm-Munition. Das Gefechtsgewicht lag hier ohne das angekuppelte leichte Infanteriegeschütz bei 7,74 t.

Neun Mann Besatzung, dazu zwei MGs mit 4800 Schuß, trug der 7,65 t schwere **Pionierpanzerwagen,** wie das **Sd.Kfz. 251/5** genannt wurde.

Das **Sd.Kfz. 251/6** war ein **Kommandowagen** mit acht Mann Besatzung. Durch die eingebauten Funkgeräte war das 8,5 t schwere Fahrzeug 2700 mm hoch.

Ein weiterer **Pionierpanzerwagen** war das 8,82 t schwere **Sd.Kfz. 251/7.** In diesem 2700 mm hohen Gruppenwagen wurden zwei MGs mit 4800 Schuß, eine Panzerbüchse 39 mit 40 Schuß und zehn T-Minen mitgeführt.

Das 7,47 t schwere **Sd.Kfz. 251/8** war ein **Krankenwagen,** ohne jede Bordwaffe.

Als »Kanonenwagen« fanden wir das **Sd.Kfz. 251/9** mit der 7,5-cm-K. 37 und 32 Schuß. Das 8,8 t schwere Fahrzeug erhielt den Suggestivnamen **Stummel.** Ab August 1944 hat man dann in der Fertigung die 7,5-cm-Waffe K. 51 montiert.

Die 3,7-cm-Pak war auf dem **Sd.Kfz. 251/10** montiert. Mit sechs Mann Besatzung, 168 Schuß der 3,7-cm-Munition, einer Panzerbüchse 39 mit 40 Schuß und dem MG mit 1100 Schuß betrug das Gewicht 8 t. Im November 1943 hat man die Fertigung dieses Baumusters wieder eingestellt.

Das **Sd.Kfz. 251/11** war ein 8,5 t schwerer **Fernsprechwagen** für den mittleren oder den leichten Feldkabeltrupp. Dazu kam noch der **Meßtrupp-Gerätewagen,** wie das **Sd.Kfz. 251/12** genannt wurde.

Bei der Artillerie der Panzerverbände gab es den **Schallaufnahmewagen (Sd.Kfz. 251/13),** den **Schallauswertewagen (Sd.Kfz. 251/14)** und den **Lichtauswertewagen (Sd.Kfz. 251/15).**

Mit zwei seitlich montierten Flammenwerfern und einem MG war das **Sd.Kfz. 251/16** bewaffnet. Es wurde ab Spätsommer 1944 produziert. Der mit drei Mann besetzte Wagen wog 8,62 t und war 2100 mm hoch.

Bei dem **Sd.Kfz. 251/17,** der mit einer 2-cm-Flak 38 bewaffnet war, finden sich zwei Ausführungen. Da der Kampfraum zu klein war, wurden später die Seitenwände klappbar angeordnet. Der Munitionsvorrat betrug 600 Schuß und nochmals 600 Schuß für das Bord-MG. Diese Variante wurde aber erst ab Herbst 1944 gefertigt.

▲
Sd.Kfz. 251/9
»Stummel«

7,5-cm-Pak auf
Sd.Kfz. 251/22

Das **Sd.Kfz. 251/18** war ein **Beobachtungswagen** mit sechs Mann Besatzung.
Als **Fernsprech-Betriebswagen** finden wir das **Sd.Kfz. 251/19.**
Uhu wurde das **Sd.Kfz.** 251/20 deshalb genannt, weil das Fahrzeug einen großen 60-cm-Infrarotscheinwerfer zur nächtlichen Gefechtsfeldbeobachtung trug. Sichtweiten bis zu 700 m waren möglich. Von den 600 bestellten Fahrzeugen sind aber nur knapp 60 Stück geliefert worden.
Ein **Fliegerabwehrwagen,** den man ab September 1944 produzierte, war das **Sd.Kfz. 251/21.** Hier hatte man in einem flachen Turm die Flugzeugbordwaffe MG 151/20 in Drillingsausführung montiert.
Unter der Bezeichnung **Sd.Kfz. 251/22** finden wir hier die 7,5-cm-Pak 40, die man ohne die Räder einfach auf einen Pivot gesetzt hatte; der Munitionsvorrat betrug 22 Schuß. Von dieser ausgezeichneten Waffe hat man die ersten aber erst im Dezember 1944 ausgeliefert.

Versuchsweise hat man auch die 8,8-cm-Pak 43 auf ein Sd.Kfz. 251 montiert und sie Hitler vorgeführt. Eine Produktion wurde aber wegen des überlasteten Fahrgestells nicht eingeleitet. Vom **Sd.Kfz. 251/23,** das eine 2-cm-KwK in einer Hängelafette trug, gab es Ende 1944 eine kleine Serie.

Mit den Produktionszahlen wird es hier etwas schwierig. Da man von den ungepanzerten Zugkraftwagen ausging, sind die Fertigungszahlen für 1940/41 nicht völlig sicher.
In der Aufstellung sind die im Jahre 1940 erstellten Versuchsfahrzeuge nicht enthalten.
Die Aufstellung zeigt die Produktion der Sd.Kfz. 250 und 251, des leichten und mittleren Schützenpanzerwagens, bis zum April 1945:

	1940/41	1942	1943	1944	1945
le.SPW	1030	1337	2895	1701	269
m.SPW	868	1190	4258	7785	1016

Gegenüber den Produktionszahlen der einzelnen Ausführungen weist diese Aufstellung im April 1943 einen in den Originalunterlagen beim m.SPW enthaltenen Fehler von + 10 Stück auf, der nicht geklärt werden konnte.

Wegen der ab 1943 gefertigten Sonderausführungen mit anderen Waffen wurde in der folgenden Tabelle, die bis Ende April 1945 reicht, eine entsprechende Unterteilung der Produktion vorgenommen:

		1943	1944	1945	Bestand am 1. 3. 1945
Sd.Kfz. 250/8	7,5-cm-K. 37 bzw. 51	8	10	51	5
Sd.Kfz. 250/9	2-cm-KwK 38	324	318	154	419
Sd.Kfz. 250/10	3,7-cm-Pak	151	–	–	–
Sd.Kfz. 250	andere Verwendg.	2412	1373	83	2341
Sd.Kfz. 251/9	7,5-cm-K. 37 bzw. 51	452	686	3	582
Sd.Kfz. 251/10	3,7-cm-Pak	231	–	–	–
Sd.Kfz. 251/16	2-cm-Flammenwerfer	–	338	9	255
Sd.Kfz. 251/17	2-cm-KwK 38	–	121	90	110
Sd.Kfz. 251/21	MG-Drilling 151/20	–	311	76	273
Sd.Kfz. 251/22	7,5-cm-Pak 40	–	40	228	38
Sd.Kfz. 251	andere Verwendg.	3565	6289	728	5292

Das **Sd.Kfz. 252** war ein **Munitionstransportkraftwagen** mit zwei Mann Besatzung, der die Sturmgeschütze mit Granaten versorgen sollte. Auf dem Fahrgestell des Sd.Kfz. 250 aufgebaut, war das 5,73 t schwere Fahrzeug 4700 mm lang, 1950 mm breit und 1800 mm hoch. Die Bewaffnung bestand lediglich aus einem MG 34. Im Einsatz zogen diese Fahrzeuge meistens den 330 kg schweren einachsigen Anhänger Sd.Ah. 32, der 450 kg tragen konnte. In den Jahren 1940/41 wurden 414 Fahrzeuge produziert, sie wurden später durch das Sd.Kfz. 250/6 ersetzt.
Einen etwas anderen, aber oben ebenfalls geschlossenen Aufbau trug das ab März 1940 produzierte **Sd.Kfz. 253.** Dieses mit mehreren Funkgeräten ausgestattete Fahrzeug trug vier Mann Besatzung und war zur Beobachtung und Feuerleitung der Sturmartillerie gedacht. In den Abmaßen und im Antrieb mit dem Sd.Kfz. 252 identisch, bestand die Bewaffnung auch hier aus einem MG 34. Ersetzt wurden die 285 produzierten Fahrzeuge durch das Sd.Kfz. 250/5. Ein verbesserter MTW (Mannschaftstransportwagen) wurde noch bei der Fa. *Auto-Union* begonnen. Dieses 6200 mm lange Vollkettenfahrzeug wurde von dem 6-Zyl.

Maybach-Motor HL50 P angetrieben, der bei 5 l Hubraum 180 PS entwickelte. Eine 2-cm-KwK in einem halbkugligen Turm sollte auch als Flakabwehr verwendbar sein. Als Zusatzbewaffnung waren zwei MG 42 geplant. Das »Kätzchen«, einen Namen hatte das Fahrzeug bereits, sollte eine Gruppe von 8 Mann tragen. Durch die Umstände bedingt, sind aber nur noch zwei, mit 330 mm breiten Ketten ausgerüstete Fahrgestelle fertig geworden.

Von den ungepanzerten Zugkraftwagen, die mit Zgkw abgekürzt wurden, hatte die Firma *Dürkopp* 1927 bereits ein Muster vorgestellt, das den späteren Ausführungen sehr ähnlich sah.

Unverständlich ist, warum damals diese Entwicklung nicht weitergeführt wurde, sondern 1928 mit dem Radschlepper der Firma *Maffei* alles neu begann.

1930 hat diese Firma dann von ihrem Gleiskettenfahrzeug MSZ-201 an die Reichswehr 24 Stück geliefert. Dieses 5,4 t schwere Fahrzeug war 4550 mm lang, 2000 mm breit und 2320 mm hoch. Ein 4,7-l-Motor von 57 PS brachte eine Höchstgeschwindigkeit von 52 km/h. Es konnte eine Nutzlast von 1000 kg oder zehn Mann Besatzung mitgeführt werden. 1934 ging dann aber die Entwicklung einer leichten Zugmaschine an die Firma *Demag,* über die bis zum Herbst 1935 einige Prototypen geliefert wurden, die aber motormäßig mit dem 28-PS-BMW-Motor zu schwach waren. Erst das ab 1937 in Serie gebaute D-6-Fahrzeug hatte dann den 83-PS-Maybach-Motor. Die dann während des Krieges gefertigte Baureihe D 7 des **Sd.Kfz. 10,** wie der 1-t-Zugkraftwagen genannt wurde, besaß normalerweise ein Gewicht von 4,9 t. Das Fahrzeug war 4750 mm lang, 1930 mm breit und mit dem Verdeck 2000 mm hoch. Ein 6-Zyl.-Maybach-Motor von 4,2 l Hubraum leistete 83 PS und verlieh dem Wagen auf der Straße eine Geschwindigkeit von 50 km/h. Er wurde später durch den 4,2-l-Motor von 100 PS ersetzt, mit dem man 65 km/h erreichte. Die mitgeführte Kraftstoffmenge von 110 l reichte im mittleren Gelände für eine Strecke von 150 km. Als **Sd.Kfz. 10/4** wurden 610 Stück mit der 2-cm-Flak und 260 Schuß Munition ausgerüstet. Wegen hoher Personalverluste wurde der Waffenaufbau später hinter Panzerschutz angebracht. Versuche gab es mit der 3,7-cm- und der 5-cm-Flak. Das Fahrzeug diente auch als Zugmaschine für die 3,7-cm-Pak sowie die le.I.G. 18 und die s.I.G. 33. Ein solcher Zugkraftwagen kostete damals in der Grundausstattung 15 000,– RM. Das 3-t-Fahrzeug wurde von der *Hansa-Lloyd-Goliath AG* entwickelt. Es wurde nur als Zugmaschine für verschiedene Waffen, wie die le.F.H. 18, verwendet. Die Versuche, die 7,5-cm-Pak bzw. die leichte Feldhaubitze zu montieren, wurden wieder aufgegeben.

Das **Sd.Kfz. 6,** wie man den 5-t-Zugkraftwagen bezeichnete, war eine Entwicklung der *Büssing-NAG.* Als Antrieb diente ein 6-Zyl.-Maybach-Motor, der bei 5,4 l Hubraum 115 PS leistete. Damit erreichte man eine Geschwindigkeit von 50 km/h. Das 6320 mm lange und 2260 mm breite Fahrzeug trug als **Sd.Kfz. 6/2** eine 3,7-cm-Flak 36 und wog mit sieben Mann Besatzung 10,4 t. Die Munition wurde in einem Anhänger mitgeführt. Am 1. März 1945 waren 339 Fahrzeuge mit dieser Flakwaffe ausgerüstet. Bei der 605. Panzerjäger-Abteilung in Nordafrika befanden sich neun Fahrzeuge, die eine russische 7,62-Pak 36(r) trugen. Der Schutzpanzer ergab mit 2980 mm eine erhebliche Höhe. Es gab keine weitere Produktion dieser Montage.

Die Fertigung des Sd.Kfz.6 wurde im November 1943 eingestellt. Der **schwere Wehrmachts-schlepper** (s.WS.) ersetzte diese Fahrzeuge. Kleine Stückzahlen dieses 13,5 t schweren Schleppers wurden ebenfalls mit der 3,7-cm-Flak ausgerüstet. Mit dem 15-cm-Nebelwerfer in der 10-Rohr-Ausführung sollte es das »Maultier«, den Panzerwerfer, ersetzen. Das Fahrzeug war für den 100-PS-Motor vom Sd.Kfz. 11 viel zu schwer, es erreichte nur eine Geschwindigkeit von 28 km/h.

Trotzdem hat es von dem 6680 mm langen, 2500 mm breiten und 2830 mm hohen s.WS. eine ganze Anzahl stärker gepanzerter Ausführungen gegeben. Bestellt waren bei den Firmen *Büssing* und *Tatra* 7485 Stück.

Das von der Firma *Krauss-Maffei* entwickelte **Sd.Kfz. 7,** der 8-t-Zgkw, wog 11,55 t und kostete damals 36 000,– RM. Das 6850 mm lange und 2400 mm breite Fahrzeug wurde von einem 6-Zyl.-Maybach-Motor von 6,2 l Hubraum angetrieben, der 140 PS leistete und das Fahrzeug auf 50 km/h beschleunigte. Als **Sd.Kfz. 7/1** fand sich der Wagen mit dem 2-cm-Flak-Vierling, es wog 11,54 t. Die Munition wurde auf einem Anhänger mitgeführt. Von dieser ausgezeichneten Abwehrwaffe gab es 1945 im März 319 Stück.

Mit der 3,7-cm-Flak 36 ausgerüstet, hieß der Wagen **Sd.Kfz. 7/2.** Er wog mit sieben Mann Besatzung 11,05 t. Von dieser Ausführung wurden 123 Stück produziert. Ein Versuch blieb die Montage der 5-cm-Flak 41 – nur vier Wagen wurden so ausgerüstet. Dieses Fahrzeug wurde auch als Feuerleitstand beim Verschuß der V 2 eingesetzt.

Der ZgKw 12 t, das **Sd.Kfz. 8,** wurde bei *Daimler-Benz* entwickelt. Es wurde von einem 12-Zyl.-Maybach-Motor angetrieben, der bei 8,5 l Hubraum 185 PS entwickelte. Das 7350 mm lange und 2500 mm breite Fahrzeug wog 15 t. Zehn dieser Wagen wurden mit der 8,8-cm-Flak als Panzerjäger ausgerüstet.

Die Firma *Famo in Breslau* hat die schwerste Zugmaschine, das **Sd.Kfz. 9,** von 18 t Gewicht entwickelt. Das 8320 mm lange Fahrzeug war 2600 mm breit, der Motor war wieder ein 12-Zylinder von Maybach, bei 9,8 l Hubraum leistete er 250 PS. Der anfängliche Preis von 75 000,– RM konnte später auf 60 000,– ermäßigt werden. 1942 wurden 112 Fahrzeuge mit der 8,8-cm-Flak als Panzerjäger bestellt, es sind aber dann nur 15 Stück geliefert worden.

Die *Preise der Grundfahrzeuge* betrugen:

Zgkw 1 t	15 000,– RM
Zgkw 3 t	22 000,– RM
Zgkw 5 t	30 000,– RM
Zgkw 8 t	36 000,– RM
Zgkw 12 t	46 000,– RM
Zgkw 18 t	60 000,– RM

Obwohl nur ein Teil der hergestellten Zugkraftwagen mit einer Waffenmontage ausgerüstet war, soll hier der Vollständigkeit halber die gesamte Produktion bis zum April 1945 aufgezeichnet werden:

	vor dem 1.9.1939	ab dem 1.9.1939	1940	1941	1942	1943	1944	1945	Bestand am 1.3.1945
Zgkw 1 t	928	587	3094	3511	2883	2724	891	80	2255
Zgkw 3 t	504	10	1171	1923	1576	2133	1360	351	1938
Zgkw 5 t	1725	100	346	365	566	558	–	–	757
Zgkw 8 t	1506	103	996	1322	1388	3250	3352	270	3602
Zgkw 12 t	165	8	513	812	835	507	598	12	1125
Zgkw 18 t	131	36	240	250	384	655	916	115	1276
s.W.-Schlepper	–	–	–	–	–	5	723	96	538

Vor Kriegsausbruch wurden 4959 dieser Fahrzeuge gefertigt, dazu kamen noch die während des Krieges gefertigten 41 616 Stück. Die gesamte Verlust- bzw. Verbrauchsmenge bis zum März 1945 betrug 34 855 Fahrzeuge. Da sind auch die Abgaben an andere Stellen mit eingeschlossen, die in den Jahren 1943/44 z. B. 2321 Stück betragen haben.

Die gemeldeten *Frontverluste* betrugen 1944:

Zgkw	1 t	3 t	5 t	8 t	12 t	18 t	s.W.-Schlepper
	3261	1874	812	2355	532	525	40

Wenn früher beim Vormarsch zahlreiche Fahrzeuge zur Instandsetzung abgeschleppt werden konnten, während der Rückzüge war das kaum möglich. Fast alle diese Zugkraftwagen fielen in die Hände der Gegner.

Für den bei der Firma *Adler* entwickelten leichten Wehrmachtsschlepper, von dem die drei gebauten Muster bereits einen gepanzerten Aufbau trugen, gab es Pläne zum Einsatz als Panzerjäger. Die Produktion wurde jedoch nicht aufgenommen.

Ein Zgkw von 35 t war als Bergefahrzeug geplant, es wurde aber durch die verschiedenen Bergepanzer ersetzt.

Um dem Mangel an Transportmitteln abzuhelfen, wurden übrigens im November 1944 aus der Landwirtschaft 1000 Lanz-Schlepper herausgezogen.

Da später auch die Verluste an anderen Kraftfahrzeugen aufgeführt werden, soll hier, auch wenn es sich nicht um eigentliche Kampffahrzeuge handelt, die Produktion ebenfalls aufgezeichnet werden. Leider gibt es vor 1942 bei Krädern und Pkws, die man in den ersten Jahren einfach der zivilen Produktion entnahm, keine zuverlässigen Zahlen.

Zum 1. Januar 1942 lauteten die Bestandszahlen des Heereswaffenamtes:

    214 583 Kräder
    199 402 Pkw.

In der folgenden Aufstellung wurden die Zugangszahlen aus der Instandsetzung bis 1943 weggelassen, sie liegen nur lückenhaft vor:

	1939	1940	1941	1942	1943	1944	1945
Lkw	7 943	42 531	45 679	49 707	52 896	49 962	4 582
aus Instandsetzung	–	–	–	–	15 381	28 070	512
Extra-Fahrgestelle	1 260	5 279	3 384	3 870	3 623	3 231	83
Pkw	–	–	–	23 773	25 083	15 280	2 772
aus Instandsetzung	–	–	–	–	43 747	36 651	3 079
Kräder	–	–	–	33 030	30 606	23 375	2 289
aus Instandsetzung	–	–	–	–	18 695	8 132	2 089

Die Zahlen für 1945 betreffen nur die Monate Januar und Februar.

Abschließend noch einige Worte zur Produktion:

Während des Krieges wurden ohne die 8812 Ladungsträger und die Versuchsfahrzeuge, aber einschließlich der etwa 2000 Umbauten rund 48 500 Vollkettenfahrzeuge produziert.

Hier einige Vergleichszahlen aus dem gegnerischen Lager:

In den USA waren von den über 75 000 hergestellten Vollkettenfahrzeugen 49 234 Sherman-Panzer, in Rußland hatte man seit 1940 mehr als 102 000 Panzerfahrzeuge, darunter 53 497 des legendären T-34 produziert.

Um die Ausbringung besser beurteilen zu können, hat die deutsche Industrie damals zusätzlich die produzierten Gefechtsgewichts-Tonnen angegeben. Daraus ergab sich dann die folgende Aufstellung:

1939 (vier Monate)	4 774	im Monats-⌀	1 193
1940	37 235		3 103
1941	83 188		6 932
1942	140 454		11 704
1943	369 416		30 785
1944	622 322		51 860
1945 (vier Monate)	104 973		26 243

Da der Wert für 1945 noch ziemlich hoch aussieht, wollen wir die Werte der letzten Monate betrachten:

Dezember 1944	Monatsausstoß	50 528 t
Januar 1945		44 023 t
Februar 1945		29 950 t
März 1945		23 860 t
April 1945		7 140 t

Hatte der Dezember-Ausstoß noch 1274 t über dem Durchschnitt des 2. Halbjahres 1944 gelegen, so fiel mit Beginn des Jahres 1945 der Wert stark ab. Die letzte größere Auslieferung eines Panzerzeugamtes waren neun Jagdpanther am 21. April 1945 an die Pz.-Jäger-Abt. 559 im Westen.

Die Produktion der verschiedenen Kanonen für die Panzerbewaffnung bis zum März 1945:

	1939	1940	1941	1942	1943	1944	1945
2-cm-KwK 30/38	249	596	1638	1363	365	2581	250
3,7-cm-KwK	402	433	–	–	–	–	–
3,7-cm-KwK 38 (t)	48	494	760	445	–	–	–
4,7-cm-Pak (t)	51	202	269	68	–	–	–
5-cm-KwK 38	–	647	2749	1187	–	–	–
5-cm-KwK 39	–	–	79	2887	721	–	–
7,5-cm-KwK 37	98	406	753	189	–	–	–
7,5-cm-StuK 37	2	308	548	199	–	–	–
7,5-cm-K. 37	–	–	–	–	497	–	–
7,5-cm-K. 51	–	–	–	–	8	1062	60
7,5-cm-KwK 40	–	–	–	1057	3508	3571	390
7,5-cm-StuK 40	–	–	–	831	3234	5737	605
7,5-cm-KwK 42	–	–	–	18	2217	4188	369
7,5-cm-Pak 39	–	–	–	–	15	2599	652
7,5-cm-Pak 40	–	–	–	275	1371	783	227
7,5-cm-Pak 42	–	–	–	–	–	863	346
7,62-cm-Pak 36 (r)	–	–	–	423	127	–	–
8,8-cm-KwK 36	–	–	–	212	806	510	–
8,8-cm-KwK 43	–	–	–	–	35	671	92
8,8-cm-StuK 43	–	–	–	–	90	–	–
8,8-cm-Pak 43/41	–	–	–	–	397	146	4
8,8-cm-Pak 43/3	–	–	–	–	51	665	153
12,8-cm-Pak 44	–	–	–	–	2	127	30
10,5-cm-le.F.H.	–	–	–	30	568	185	–
10,5-cm-le.F.H. 18/40	–	–	–	–	–	32	–
10,5-cm-StuH 42	–	–	–	–	236	1043	224
15-cm-s.F.H. 13	–	–	–	94	–	–	–
15-cm-StuH 43	–	–	–	–	135	181	17
15-cm-Pz.Hbz.	–	–	–	30	436	622	46
15-cm-s.I.G.	–	–	–	68	216	185	26

Von diesen zur Montage angelieferten Waffen ist ein Teil in den Lagern des Waffenamtes verblieben, andere, vorwiegend aus der Gruppe der »Pak«, wie z. B. 163 Stück der 4,7-cm-Pak(t) einschl. der gesamten Auslieferung von 1942, sind später wegen Waffenmangels wieder zur Montage in Radlafetten abgegeben worden.

Die Produktionszahlen müssen übrigens nicht mit der Anzahl der zur Montage bereitgestellten Waffen übereinstimmen.

Bei der 5-cm-KwK 39 sind für 1943 die 175 und für 1944 die 725 Waffen nicht eingetragen, die zwar vom Heereswaffenamt abgenommen, aber dann der Luftwaffe als Bordkanonen überlassen wurden.

Als Bordwaffe war diese über 4,3 m lange Kanone aber mit 540 kg Montagegewicht viel zu schwer – die 22 Minengranaten im Gurtmagazin wogen weitere 77 kg. Sie hat sich trotz einiger Erfolge in den Me 410 A-2 des Zerstörergeschwaders 26 – schon ein Treffer ließ einen 4motorigen Bomber förmlich zerplatzen – wegen der starken Kopflastigkeit nicht bewährt. Nicht einmal 300 der 900 übernommenen Waffen wurden für den Flugzeugeinsatz umgebaut. Diese Waffen wurden dann – wie auch die MK 214 A – an die Flak abgegeben.

Der folgenden Aufstellung können die Durchschlagsleistungen von Pzgr. in mm bei einem 60°-Auftreffwinkel für die verschiedenen Waffen der Panzerfahrzeuge entnommen werden:

Waffe	Granate	kg	V_0	100 m	500 m	1000 m	1500 m	2000 m	3000 m
2-cm-KwK 30 u. 38 L/55	Pzgr.	0,15	785	22	14	9			
	Pzgr. 40	0,10	1050	39	20				
3,7-cm-KwK L/46,5	Pzgr.	0,69	745	34	29	22	19		
	Pzgr. 40	0,37	1020	64	34				
3,7-cm-KwK 38 (t) L/47,8	Pzgr.	0,825	750	41	35	29	24		
	Pzgr. 40	0,37	1040	64	34				
4,7-cm-Pak (t) L/43,4	Pzgr. 36	1,65	780	54	48	40	33		
	Pzgr. 40	0,83	1080	98	58				
5-cm-KwK 38 L/42	Pzgr.	2,06	685	53	43	32	24		
	Pzgr. 39	2,06	685	54	47	36	28		
	Pzgr. 40	0,93	1050	96	57				
5-cm-KwK 39 L/60	Pzgr.	2,06	835	67	57	44	34	25	
	Pzgr. 39	2,06	835	69	59	48	38	29	
	Pzgr. 40	0,93	1190	130	94	38			
	Pzgr. 40/1	1,06	1130	122	78	44			
7,5-cm-KwK 37 L/24	Pzgr.	6,8	385	41	38	35	32		
7,5-cm-KwK 40 L/43	Pzgr. 39	6,8	750	99	91	82	58	49	
	Pzgr. 40	4,1	920	126	108	87	69		
7,5-cm-KwK 40 L/48	Pzgr. 39	6,8	790	106	96	87	67	62	
	Pzgr. 40	4,1	990	143	120	97	77		
	Pzgr. 40 (W)	4,1	990	80	75	63			
7,5-cm-KwK L/70	Pzgr. 39/42	6,8	925	138	129	110	98	88	
	Pzgr. 40/42	4,75	1120	194	160	136	115	99	
7,62-cm-Pak 36 (r) L/51,5	Pzgr. 39	7,6	720	98	90	82	73	65	
	Pzgr. 40	4,15	960	135	116	94	75	58	
8,8-cm-KwK 36 L/56	Pzgr. 39	9,0	773	118	111	100	91	83	
	Pzgr. 40	7,3	990	170	155	138	122	110	
8,8-cm-KwK 43 L/71	Pzgr. 39	10,2	1000	203	185	165	147	132	
	Pzgr. 40/43	7,3	1130	237	217	193	170	152	
10,5-cm-le.F.H.	Pzgr.	14,0	470	63	59	54	50		
12,8-cm-Pak 44 L/55	Pzgr. 43	28,3	950	220	215	200	190	170	155

Bei Hartkern-Granaten, die Pzgr. 40 ist z. B. eine derartige Munition, läßt die Durchschlagsleistung bei größeren Entfernungen erheblich nach.

»Wunderwaffen«

Hier finden wir die für die damalige Zeit völlig neuartigen Waffensysteme, die z. T. bei der sogenannten Vergeltung gegen England eingesetzt werden sollten bzw. in einem Fall auch eingesetzt wurden.

Zu diesem Thema konnte man am 5. Dezember 1943 bereits in der vom Propagandaministerium gesteuerten Zeitschrift »Das Reich« lesen:

»Uns geht es bei der Vergeltung nicht um einen Waffentriumph, auch nicht nur um ein Strafgericht, nach dem heute unser ganzes Volk verlangt, uns geht es darum, der Zügellosigkeit des Massenmordes durch einen äußersten, sehr drastischen Schlag Einhalt zu gebieten. Die Menschheit ist dem Punkt nicht mehr fern, wo sie die halbe Erde in die Luft fliegen lassen kann.«

Schwarz van Berk, der Autor des Artikels, hatte hier zweifellos bereits die Atombombe im Blick, deren Entwicklung aber in Deutschland nicht gelang. Diese Geschichte soll den ersten Teil dieses Abschnittes bilden.

Die Waffe, die es nicht gab

Im April 1939 wurde von einigen Physikern in Deutschland der sogenannte »Uran-Verein« gegründet. Er hatte sich zur Aufgabe gesetzt, die Möglichkeiten zu untersuchen, auf welche Art Uran als Kraftquelle genutzt werden konnte.

Dr. Flügge hatte im Juni 1939 in der Zeitschrift »Naturwissenschaften« ausgeführt, daß in 1 m^3 Uranoxyd mit einem Gewicht von 4,2 t etwa 9×10^{27} Atome enthalten seien, die bei einer Kettenreaktion eine Energie von 27×10^{15} mkg freigeben würden. Man hätte zwar mit dieser Energie 1 km^3 Wasser mit einem Gewicht von 10^{12} kg fast 27 km hochheben können, die Energiefreigabe würde aber explosionsartig erfolgen.

Bei der theoretischen Planung eines Uran-Motors, der etwa 7×10^{10} kWh erzeugen sollte, erkannte man im Sommer 1940, daß dabei auch das reine Isotop U^{239}, das wir heute als Plutonium kennen, freigesetzt wurde, welches als Sprengstoff brauchbar erschien. In Dänemark war Dr. Bohr übrigens zu dem gleichen Schluß gelangt.

Jetzt begann sich auch das Heereswaffenamt für diese Versuche zu interessieren. Es wurde entschieden, über einen Uranbrenner zu einem neuartigen, weit wirkungsvolleren Sprengstoff zu gelangen. Versuchslabors entstanden durch das Waffenamt in Gottow, beim Kaiser-Wilhelm-Institut in Berlin und bei der Reichspostforschungsanstalt in Miersdorf. Obwohl man durchaus die Plutoniumherstellung erkannt hatte, wich man davon wieder ab und entschied sich für Uranoxyd mit »Schwerem Wasser« als Moderator.

Durch die Besetzung Norwegens war die einzige Schwer-Wasser-Fabrik der Welt bei Rjukan in deutschen Besitz gelangt. Sie hatte zwar in der Zeit von Ende 1934 bis 1938 nur 40 kg produziert, mit entsprechenden Änderungen ließ sich aber die Jahresproduktion auf etwa 1500 kg steigern. In Deutschland fehlte es jedoch an Geräten für eine konzentrierte Forschung auf dem Gebiet der Kernphysik, und die auf Blitzkriege ausgerichtete Regierung zeigte wenig Interesse an diesem neuen Gebiet. Auf Anregung von Professor von Ardenne, der die

Reichspostforschungsanstalt leitete, versuchte der zuständige Minister Ohnesorge Hitler für dieses Thema zu erwärmen. Hitler soll spöttisch gesagt haben: »Während wir uns hier mit Plänen für die Neuordnung Europas beschäftigen, will mir jetzt schon die Post erzählen, wie wir den Krieg gewinnen können.«

Während es Anfang 1941 schien, als könne man die Arbeiten in einigen Monaten abschließen, verlief der erste Großversuch im Mai mit 4432 kg Uranoxyd und 435 l Schwerem Wasser negativ. In dem Zusammenhang stellte man fest, daß ein bekannter Professor, der später den Nobelpreis erhielt, eine Konstante für das Graphit falsch bestimmt hatte. Der von der Firma *Siemens* angelieferte Rohstoff konnte deshalb als Meilermoderator nicht verwendet werden. Alle Versuche in dieser Richtung wurden deshalb eingestellt; man konzentrierte sich nun auf den Einsatz des Schweren Wassers.

Ein anderes, scheinbar unlösbares Problem blieb die Anreicherung des Uran-235; nicht weniger als sieben verschiedene Methoden wurden in aufwendigen Verfahren untersucht. Aber die zuerst in Deutschland entwickelte Gasdiffusion von Uranhexafluorid durch poröse Wände, die dann in den USA erfolgreich angewandt wurde, hatte man übersehen.

Ende 1941 sah man noch keine Fortschritte. Von den durch das Waffenamt in Norwegen bestellten 1500 kg Schweren Wassers waren auch erst 360 kg eingetroffen. Vom pulverisierten Uran waren 2500 kg vorhanden, und die Firma *DEGUSSA* hoffte, jeden Monat 1000 kg zu liefern.

Versuche in einem Leipziger Institut schienen in die richtige Richtung zu weisen. Im Frühjahr 1942 erreichte man mit 755 kg Uranpulver und 165 kg Schwerem Wasser erstmals eine Neutronenvermehrung. Professor Heisenberg, der sich im Oktober 1941 mit Professor Bohr in Dänemark getroffen hatte, kam dort bereits auf die moralische Seite einer möglichen Atombombe zu sprechen. Prof. Bohr stellte die militärische Nutzung der Kernspaltung in Frage, Heisenberg legte aber seine Meinung, daß sie möglich sei, so prägnant klar, daß Bohr überzeugt war, daß man in Deutschland in Kürze derartige Bomben herstellen könne. Heisenberg und später ein weiterer Physiker haben zwar versucht, Bohrs Befürchtungen zu beschwichtigen, dieser gab jedoch seine Meinung nach England weiter. Sie hat sicherlich die Einführung des »Manhattan Project«, das dann in den USA zur Atombombe führte, beschleunigt. Prof. Bohr floh übrigens Anfang Oktober 1943, von einem Herrn der deutschen Botschaft gewarnt, über Schweden nach England.

Anfang 1942 war die Leitung des Vorhabens »Kernsprengstoff« von dem Reichsforschungsrat übernommen worden, der für den 26. Februar zu einem Vortrag einlud, dessen erstes Referat den Titel »Kernphysikalische Waffen« trug. Eine Sekretärin verschickte jedoch statt der reinen Vortragsfolge an wichtige Personen wie Bormann, Göring, Himmler, Keitel, Speer usw. eine Liste mit schwer zu verstehenden, wissenschaftlichen Referaten – die Eingeladenen, denen diese Titel ziemlich unverständlich erschienen, sagten alle wegen anderweitiger Verpflichtungen ab.

Am 23. Juni 1942 explodierte im Leipziger Institut im Beisein von Heisenberg der Atommeiler, was aber nichts mit der Kernenergie zu tun hatte. Wasser war in die Uranschicht eingedrungen, Gase hatten sich gebildet, das Uranpulver war schließlich in Brand geraten.

Um den Deutschen einen wichtigen Rohstoff zu sperren, versuchte in der Nacht zum 20. November 1942 ein englisches Kommando die Schwerwasser-Anlage in Norwegen zu zerstören. Das Unternehmen schlug aber fehl. Beim Absturz von drei Flugzeugen wurden 17 Mann getötet, die überlebenden 24 Mann am nächsten Tag auf Grund eines »Führerbefehls« erschossen. Erst bei einem neuen Einsatz in der Nacht zum 28. Februar 1943 konnte die Anlage in Vemork durch ein norwegisches Kommando gesprengt werden – 350 kg Schweres Wasser gingen verloren. Das Werk fiel für zwei Monate aus.

Wie wenig sich die deutsche Führung darum kümmerte, den Fortgang der Forschungen für den Kernsprengstoff zu beschleunigen, zeigt der folgende Aktenvermerk des Reichsforschungsrates vom 8. Mai 1943: ». . . sollen sich in den USA z. Zt. Leute mit der Herstellung

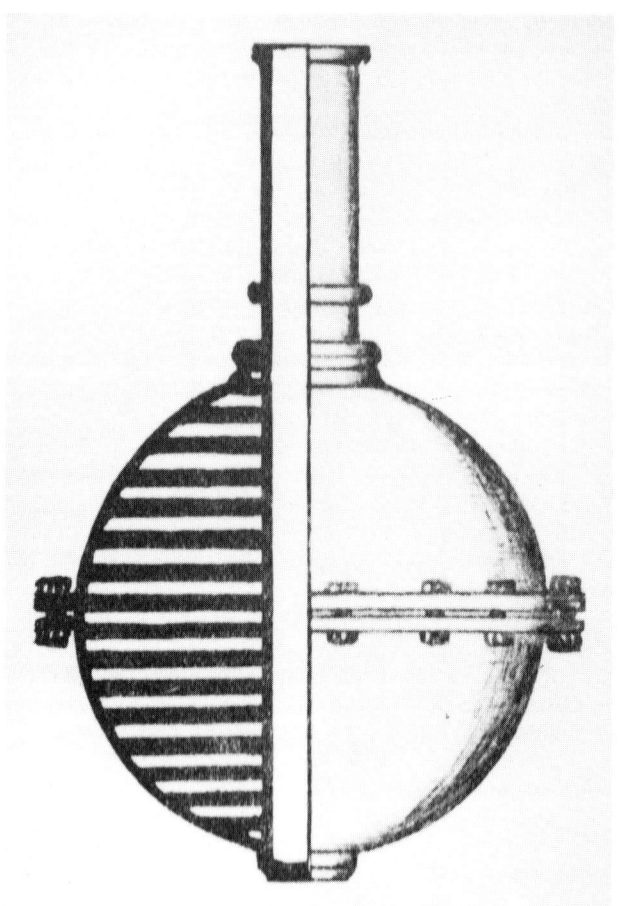

Versuch B₃: 551 kg Uran mit
44 kg Paraffin als Zwischen-
schicht in einer Kugel von
560 mm Durchmesser

Schnitt durch die B₃-Anordnung

von Uran-Bomben befassen. Um die technischen Möglichkeiten nachzuprüfen, hat das
Heereswaffenamt etwa 50 Wissenschaftler zu einem Arbeitsring zusammengezogen. Prof.
Albers hat dabei den Teilauftrag, eine bestimmte Menge des Stoffes zur Reindarstellung des
Uran-Isotops 235 herzustellen. Prof. Albers arbeitet daran z. Zt. mit zwei Leuten, die
voraussichtliche Arbeitszeit beträgt etwa 11 Monate. Nach der Art der Arbeit, der Apparate
und der Räume wäre eine Beschäftigung von 12–14 Wissenschaftlern möglich, die Arbeitszeit
würde dann ca. 2 Monate betragen.«
Im Juli 1943, als man immer noch auf Fortschritte wartete, teilte der Reichsforschungsrat mit:
»Wenn auch die Arbeiten nicht in kurzer Zeit zur Schaffung von praktisch brauchbaren
Kraftmaschinen oder Sprengstoff führen werden, so ist auf der anderen Seite die Sicherheit
vorhanden, daß die Feindmächte uns auf diesem Gebiet nicht mit Überraschungen aufwarten
können.«
Man hatte aber die Forschungen in den USA unterschätzt; am 2. Dezember war in Chicago
die erste Kettenreaktion gelungen, und im Sommer 1943 lief bereits die Massenproduktion
von Plutonium an.

Die deutschen Forschungen erlitten einen weiteren Rückschlag, als am 16. November 1943 die Schwerwasser-Anlagen in Norwegen von 176 amerikanischen Bombern angegriffen wurden. 22 Norweger verloren dabei ihr Leben – die Schäden an den Anlagen waren so groß, daß man sich entschloß, die Produktion einzustellen.

Eine neue Anlage sollte in Deutschland aufgebaut werden. Der Kostenvoranschlag der *Leuna-Werke* für eine Schwerwasser-Anlage wies den Betrag von fast 25 Millionen RM aus. Der Energieverbrauch hätte 50 t Braunkohle je Stunde betragen. Die Anlage wurde nicht gebaut, man hoffte, mit einer Ultrazentrifuge das Problem der Urananreicherung zu lösen. Die für das andere Verfahren erstellte Isotopenschleuse war in Berlin mit allen Konstruktionsunterlagen bei einem Bombenangriff zerstört worden. Anfang Januar 1944 wurde der bisherige Leiter der Arbeitsgemeinschaft für Kernphysik, Prof. Esau, durch Prof. Gerlach, der bisher auf dem Gebiet des Magnetismus für die Kriegsmarine gearbeitet hatte, ersetzt.

Der Rest des in Norwegen verbliebenen Schweren Wassers, fast 614 kg, mußte nun abtransportiert werden. Trotz umfangreicher Sicherheitsmaßnahmen gelang es norwegischen Widerstandskämpfern, die Fähre mit den 39 Trommeln, die das kostbare Naß enthielten, auf dem Tinnsjö-See zu sprengen. 26 Menschen verloren dabei ihr Leben, vier Trommeln mit 121 l des Schweren Wassers wurden gerettet.

Weitere Trommeln waren mit Lkws nach Deutschland gebracht worden, die Konzentration lag hier jedoch weit unter 10 Prozent, so daß es für die Kernphysik nicht brauchbar war.

Die drei wichtigsten Trommeln, die fast 142 l in einer durchschnittlichen Konzentration von 93,3 Prozent enthalten hatten, lagen auf dem Grund des Tinnsjö-Sees.

Unter der Leitung von Prof. Gerlach wurde nun bei der Kernphysik noch mehr gespart, die Forschung und damit die Ergebnisse ließen nach.

Das Heereswaffenamt begann nun nochmals mit Versuchen. Diesmal an der thermonuklearen Fusion – der Wasserstoffbombe. Das System war dabei richtig erkannt worden: konventioneller Sprengstoff, der den Außenmantel einer Kugel bildete, wurde gleichzeitig gezündet, seine Energie sollte sich auf eine Innenkugel aus dem Fusionsmaterial konzentrieren. Die Experimente wurden aber vorzeitig wieder aufgegeben.

Prof. Heisenberg hatte Ende 1943 geäußert, er sähe keine Möglichkeit, in Deutschland Atombomben herzustellen. Im Juli 1944 teilte er Göring mit, daß er nicht glaube, daß es den Amerikanern gelingen würde, die ungeheuren Schwierigkeiten zu überwinden, die dem Bau einer solchen Bombe entgegenständen. Heisenberg mußte eigentlich allerdings die Meldung einer schwedischen Zeitung gekannt haben – die deutsche »Transozean«-Agentur hatte sie veröffentlicht –, in der von einer amerikanischen Uran-Bombe die Rede war, die ein Loch von 1 km Tiefe und 40 km Radius reißen könnte.

Die letzte deutsche Versuchsanlage stand in dem am 1. September 1944 angemieteten Keller des Schwanenwirtes in Haigerloch/Württemberg. In einem mit 10 t Graphit gefütterten Leichtmetallzylinder, der mit 1,5 t Schweren Wassers gefüllt war, hatte man 664 Uranwürfel im Gesamtgewicht von 1525 kg aufgehängt. Am 23. März 1945 wurde Prof. Gerlach aus Haigerloch angerufen: »Die Maschine geht!« – das war aber verfrüht, der deutsche Uranmeiler B VIII brachte wohl eine 7fache Neutronenvermehrung, der kritische Punkt wurde aber nicht erreicht. Man errechnete noch aus diesen Werten, daß ein solcher Meiler für eine Kettenreaktion um 50 Prozent größer sein müßte. Die 750 kg Uran hätte man vielleicht noch von anderen Forschungsstellen besorgen können, aber noch weitere 750 kg Schweren Wassers waren nicht aufzutreiben.

Am 23. April besetzte das 1279. amerikanische Pionier-Bataillon Haigerloch, am folgenden Tag wurde der Uran-Meiler entdeckt. In Hechingen fanden sich die in einem Acker vergrabenen Uranwürfel, das Schwere Wasser hatte man in Benzinkanister gefüllt.

Aber wo waren die Berichte, die Unterlagen der Versuche, wo war das Fazit der deutschen Atomforschung? Auch sie wurden gefunden – 227 Stück, von »Die Energie der Spaltneutronen aus Uran« bis »Eine Bedingung für die Verwendbarkeit von Uran als Sprengstoff« wurden

Versuch B_8 in Haigerloch
(via D. Irving)

aus einer Abortgrube geholt. Zwei Wochen später war der Krieg in Europa zu Ende, es gab keine deutsche Atombombe.

Oberst Geist, Chef der Abteilung »Forschung« in Speers Ministerium, äußerte: »Eine gewisse Zeitlang gab es Hoffnung, daß die Atombombe gebaut werden konnte, aber die Wissenschaftler haben Deutschland im Stich gelassen.«

Prof. Heisenberg schrieb nach dem Krieg: »Die deutschen Physiker hatten nicht den Wunsch, Atombomben herzustellen, und waren froh, daß ihnen die Entscheidung über die Atombombenherstellung durch die äußeren Umstände erspart wurde.«

Nach dem Krieg konnte man in zahlreichen Veröffentlichungen, wie z. B. in der Madrider Zeitung »Pueblo« vom 6. August 1965, lesen, daß die über Japan abgeworfenen Atombomben deutschen Ursprungs gewesen seien – es hat aber nie eine deutsche Atombombe gegeben.

Übrigens sind sich auch die Amerikaner nicht sicher gewesen, daß eine derartige Bombe funktioniert – bei ihrem Versuch am 15. Juli 1945 hatten sie die Bombe zuerst in einem 214 ts schweren Behälter, »Jumbo« genannt, untergebracht. Der Grund: Man wollte vermeiden, daß bei einer bloßen Verpuffung das kostbare Material verlorenging.

Schallkanone

Ausgehend von der Tatsache, daß Druckwellen von größerer Stärke erhebliche Schäden anrichten, wurde die Möglichkeit untersucht, eine Waffe zu konstruieren, mit der auf wenigstens 50 m im Umkreis um die Detonationsstelle Personen getötet oder zumindest verletzt werden konnten.

Versuche zeigten, daß durch eine Druckwelle, die bei der Explosion von 2000 kg Sprengstoff entstand, ein Hund in 40 m Abstand getötet wurde.

Ab Sommer 1944 wurden nun systematisch verschiedene Sprengstoffe untersucht. Dabei wurde festgestellt, daß die bei der Detonation von 1 kg Nitroglyzerin entstehende Wellengeschwindigkeit von 2650 m/s mit der Entfernung stark abnahm, in 10 m Abstand war sie auf 830 m/s abgesunken.

Nun wurden Versuche durchgeführt, die Druckwellen mittels eines Parabolspiegels zu bündeln. Auf größere Entfernung ergab sich aber keine Konzentration des Druckes, lediglich der Knall selbst ließ sich richten.

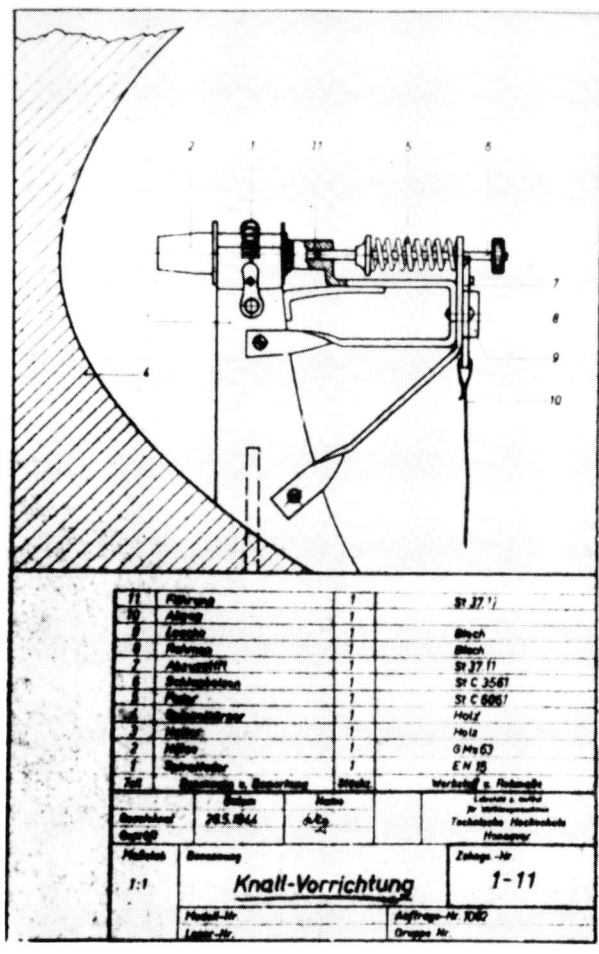

Erster Versuch für die
Schallkanone

Die großen Reflektoren

Das Planungsamt des Reichsforschungsrates hat darauf die Versuche abgebrochen; einige Erkenntnisse konnte man später bei der Entwicklung der Grabenminen verwenden.
Am gleichen Problem arbeitete Dr. Wallauschek im Akustischen Forschungsinstitut in Lofer/Tirol. Hier hatte man in einen parabolischen Metallreflektor von 3250 mm Durchmesser eine Düse eingesetzt, aus der Sauerstoff strömte. Ein sogenannter Einblasring umgab diese Düse. Aus zahlreichen feinen Bohrungen wurde hier Methangas eingeblasen. Die bei der Detonation des Gemisches entstehenden Schallwellen sollten, auf Schwingungen zwischen 800–1500 je Sekunde abstimmbar, auf 50 m Entfernung schwere Schädigungen des Nervensystems hervorrufen. Die Erprobungen gestalteten sich jedoch sehr schwierig und erbrachten dann doch nicht die erhofften Ergebnisse.
Eine Neukonstruktion mit Doppel-Reflektoren von je 2200 mm Durchmesser war noch im Bau, als der Reichsforschungsrat im Januar 1945 die Einstellung dieser Versuche anordnete. Dem Schreiben entnehmen wir folgendes: ». . ., daß nach Lage der Dinge eine Verwendung von Schallwellen für die Kriegführung nicht in Frage kommt«.

Windkanone

Auf dem Artillerieschießplatz in Hillersleben wurde 1944 ein Muster einer Windkanone erprobt, mit der man feindliche Tiefflieger bekämpfen wollte. In einem etwa 12 m langen Rohr von 70 cm Durchmesser wurde eine Mischung aus zwei Teilen Sauerstoff und einem Teil Wasserstoff zur Detonation gebracht. Der hohe Druck, der durch eine Düse mit 13 mm Öffnung austrat, sollte Flugzeuge so stark beschädigen, daß bei der niedrigen Höhe ein

136

Windkanone

Absturz nicht vermeidbar war. Versuche wurden aber nur an festen Zielen durchgeführt; Bretter von 25 mm Stärke zersplitterten noch in 200 m Entfernung. Bei fliegenden Zielen wäre jedoch die Wirkung sicher nicht ausreichend gewesen.

Trommsdorff-Granaten

Dr. Trommsdorff schlug im Oktober 1936 dem Heereswaffenamt neuartige Granaten vor, die sich nach dem normalen Verschuß durch einen Treibsatz weiter beschleunigten und so eine wesentlich größere Schußweite erreichten.

Die Konstruktionen gingen alle vom Ramjet-Prinzip aus, d. h. der zur Verbrennung notwendige Sauerstoff wurde während des Fluges in das Antriebsteil hineingepreßt. Der erste Versuch, Experimental-1, kurz als E_1 bezeichnet, verwendete ein 390 mm langes Geschoß von 88-mm-Kal., das im Mittelteil einen 180 mm langen Pulverpreßling mit sieben Längslöchern trug. Die Treibscheibe, mit der die Ausstoßdüse verschlossen wurde, fiel etwa 20 m nach dem Verlassen des Rohres ab.

Bei den 1938/39 durchgeführten Versuchen mit der 8,8-cm-Flak gab es immer wieder Ärger mit dem Pulverabbrand, die Flugbahn wurde dadurch sehr unregelmäßig. Das Startgewicht betrug 4,7 kg, davon entfielen 1,1 kg auf den Treibspiegel und 0,3 kg auf den Pulvertreibsatz. Bei den 20 erprobten Geschossen wurde eine V_0 von 920 m/s erreicht, die Geschwindigkeitssteigerung war aber minimal. Ähnlich ging es mit den E_2-Flugkörpern. Die besaßen eine Länge von 440 mm und wurden mit der 10,5-cm-Flak verschossen, wobei eine V_0 von 1050 m/s erreicht wurde. Diese Geschosse besaßen ein Startgewicht von 9,6 kg, einschließlich des

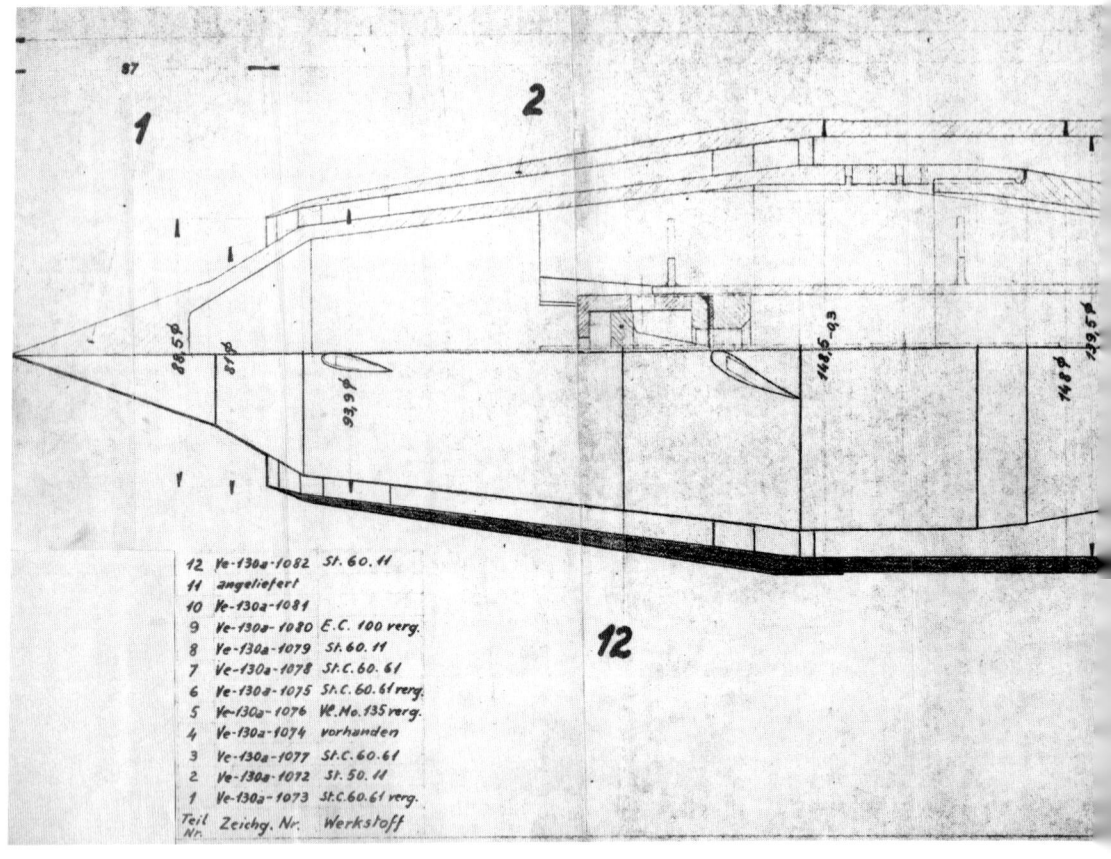

Das E₄-Muster

1,6 kg schweren Treibspiegels und der 0,9 kg schweren Treibladung. Auch hier wurden 1940 während des Sommers 20 Geschosse erprobt.

Bei dem nächsten, erst 1944 mit der 15-cm-K. 18 erprobten **E₃**-Muster verwendete man bereits Mischungen aus Dieselöl und Schwefelkohlenstoff. Bei den vorhandenen 40 Geschossen gab es aber Schwierigkeiten mit der Zündung und der Verbrennung, außerdem flogen die Geschosse sehr unstabil.

Die E₃-Muster waren bei einem Kaliber von 153 mm 730 mm lang und besaßen ein Startgewicht von 25,6 kg. Das Gewicht des Treibspiegels war auf 0,4 kg verringert worden, die Treibstoffmischung wog 2,8 kg.

Bessere Leistungen zeigten die ab Herbst 1944 erprobten 180 **E₄**-Geschosse. Ebenfalls von der Kanone 18 verschossen, erreichten sie bei einer V₀ von 920 m/s durch den zusätzlichen Antrieb eine Endgeschwindigkeit von 1460 m/s. Das auf 675 mm gekürzte Geschoß besaß ein Startgewicht von 28 kg und trug 2,4 kg Treibstoff, der innerhalb von acht Sekunden verbrannte. Propangas drückte den Treibstoff durch 160 Düsen in die Brennkammer, wo dann

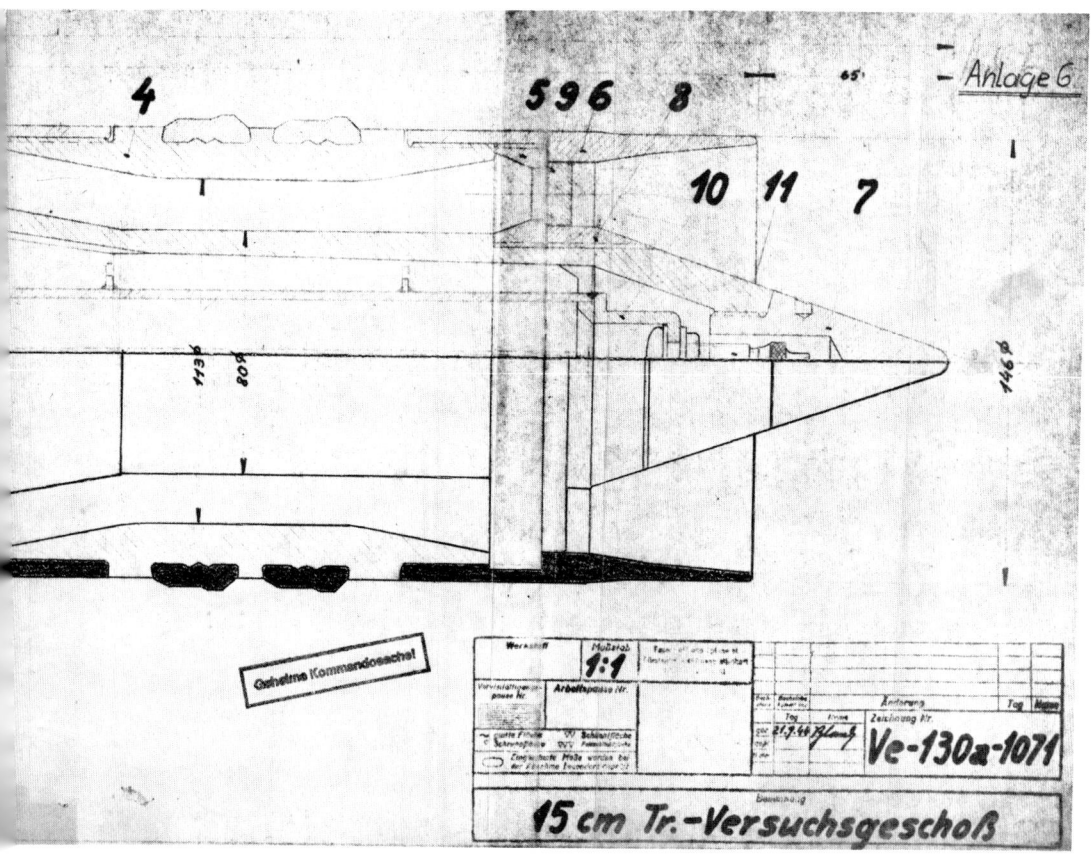

400 kp Schub erzeugt wurden. Alle diese Geschosse konnten übrigens wegen des zu kleinen Kalibers keine Sprengstoffladung tragen.

Die nächsten Entwicklungen waren Staustrahltriebwerke, die mittels einer Feststoffrakete gestartet wurden. Obwohl keines der fünf Projekte gebaut wurde, seien hier die noch bekannten technischen Daten aufgezeichnet:

Der A_1-Entwurf besaß einen Körperdurchmesser von 320 mm, eine Länge von 3000 mm und wog mit der 180 kg schweren Startrakete 300 kg. Die 8 kg Treibstoff sollten das Geschoß von 730 auf 1080 m/s beschleunigen – es sollten 20 kg Sprengstoff über eine Strecke von 80 km befördert werden. Stabilisiert wurde das Geschoß durch ein 4-Flächen-Leitwerk mit 800 mm Spannweite. A_2 und A_3 waren nur skizzenhafte Planungen für eine Nutzlast bis 250 kg bzw. eine 50-kg-Nutzlast für 150 km Schußweite. A_4 war der einzige durchgearbeitete Entwurf dieser Serie, bei einem Körperdurchmesser von 1040 mm hätte man 250 kg Sprengstoff unterbringen können. Bei einer Länge von 8000 mm betrug das Startgewicht einschließlich der 1900 kg schweren Startrakete 3200 kg. Mit der Feststoffrakete erreichte man eine

139

Geschwindigkeit von 720 m/s. Das dann einsetzende Staustrahltriebwerk erbrachte eine Endgeschwindigkeit von 1200 m/s und damit eine Schußweite von 150 km. Stabilisiert sollte das Geschoß durch ein Leitwerk mit 2800 mm Spann werden. Planungen für eine Nachsteuerung über die Fernsehkamera »Tonne« lagen ebenfalls vor.

Das A_5-Muster war für 1000 kg Sprengstoff und eine Schußweite von 150 km ausgelegt.

Eine weitere Entwicklung, die aber auch nur projektiert wurde, waren Geschosse mit Staustrahltriebwerk, die aus einem überlangen Werferrohr verschossen werden sollten. Das B_1-Muster war 3000 mm lang und hatte 320 mm Durchmesser. Das Werferrohr sollte 18 m lang sein und hätte mit der Bodenplatte 6 t gewogen. Bei einem Startgewicht von 250 kg entfielen 20 kg auf den Spreng- und 16 kg auf den Brennstoff. Bei einer Endgeschwindigkeit von 1080 m/s errechnete man eine Reichweite von 90 km. Bei dem B_2-Muster hatte man die Nutzlast auf 100 kg vergrößert. Im Startgewicht von 840 kg waren 36 kg Brennstoff enthalten. Der 4500 mm lange Körper von 480 mm Durchmesser sollte aus einem 36 m langen Rohr verschossen werden, das mit der Bodenplatte – es war ja weiter nichts als ein großer Granatwerfer – 19 t wiegen sollte.

Noch riesiger war das B_3-Projekt. Hier wog das aus acht Teilen zusammengesetzte Rohr 67 t, die Bodenplatte weitere 48 t. Das Geschoß hatte bei 7200 mm Länge und 720 mm Durchmesser ein Startgewicht von 2080 kg. Mit 250 kg Nutzlast und 100 kg Brennstoff sollte eine Endgeschwindigkeit von 1480 m/s und dabei eine Schußweite von 180 km erreicht werden.

Das Waffenamt lehnte aber diese utopischen Entwürfe ab. Gefordert wurde nun eine Staustrahlgranate, die wenigstens 10 kg Sprengstoff 200 km weit tragen konnte.

Das 1943 entworfene C_1-Muster war 920 mm lang und sollte von einer 21-cm-Kanone verschossen werden. Bei einem Fluggewicht von 72 kg wurden 9 kg Brennstoff, aber nur 2,5 kg Sprengstoff getragen. Eine maximale Geschwindigkeit von 1475 m/s sollte eine Schußweite von 180 km bringen. Der Brennstoff war ein Gemisch aus Dieselöl und Tetralin.

Das 1944 entworfene C_2-Muster sollte mehr Sprengstoff tragen; trotz des auf 90 kg erhöhten Fluggewichtes, von denen 8,4 kg auf den Brennstoff entfielen, konnte man aber nur 2,7 kg Sprengstoff unterbringen. Das 960 mm lange Geschoß hätte rechnerisch 1530 m/s und damit eine Schußweite von 200 km erreicht.

Das einzige gebaute Muster war aber das C_3, das man mit der 28-cm-Kanone K 5 verschießen wollte. Hier wurden bei einem Fluggewicht von 170,4 kg 16,3 kg Brennstoff und 9,6 kg Sprengstoff getragen. Eine kleine Pulverladung drückte den Brennstoff mit 180 atü durch 480 Düsen in die 600 mm lange Brennkammer. Ein Schub von fast 2000 kp brachte eine Geschwindigkeit von 1860 m/s und damit eine Schußweite von 350 km.

Am Beispiel dieser 1400 mm langen Granate einige Worte zur Funktion derartiger Antriebe: Die am Geschoß, das durch die schrägen Anstellflächen im vorderen Teil des Lufteinlaufs in Rotation gehalten wird, eingefangene Luft wird verdichtet, und mittels eines Diffusors wird dabei die Geschwindigkeitsenergie der Luft in Druckenergie umgesetzt. Die je nach Diffusor und Treibstoff auf 50–200 m/s abgebremste Luft erhitzt sich dabei, und der unter hohem Druck eingespritzte Treibstoff entzündet sich selbst. Bei einem Brennkammerdruck von 27 atü wird je 0,58 g Treibstoff theoretisch ein Schub von 1 kp erzielt.

Bei der C-Serie gab es auch einen Entwurf mit 30,5-cm-Kal. für den tschechischen Mörser, der etwa 15 kg Sprengstoff trug.

Eine 38-cm-Granate für die **Siegfried-Kanone** brachte es auf 41,5 kg Sprengstoff. Trotz des anfänglich geplanten Verschusses gegen Ziele in England hat das Waffenamt aber diese Entwicklungen abgelehnt. Da der prozentuale Sprengstoffanteil mit Erhöhung des Kalibers wuchs, hat man der Kriegsmarine für die 40,6-cm-Kanonen, die für die sechs Schlachtschiffe der 68 000-t-Klasse geplant waren, eine Granate vorgeschlagen, die 53,3 kg Sprengstoff tragen sollte. Obwohl sechs Rohre dieses Kalibers als Marineküstenbatterie installiert waren, ist man doch nicht auf das notwendige Interesse für diese neuartige Munition gestoßen.

Für die D-Serie, in der eine Anzahl Studien für interkontinentale, lenkbare Flugkörper zusammengefaßt waren, ist nur das **D$_{6000}$**-Projekt sorgfältig durchgerechnet worden. Es sollte anfänglich durch ein großes Transportflugzeug im »Huckepack« auf 8000 m getragen werden. Später wurde ein Katapultstart vorgeschlagen. Zwei Startraketen sollten das 10 240 mm lange Geschoß von 1128 mm Durchmesser und 9000 kg Fluggewicht am Ende des Katapults auf 850 m/s beschleunigen. Dann sollte das Triebwerk einsetzen und das einem Flugzeug ähnlich sehende Geschoß auf 1180 m/s Marschgeschwindigkeit bringen. Bei einer Flughöhe von 24 km sollten 5017 kg Brennstoff einschließlich des 300-km-Abstiegsflugs eine Reichweite von 5300 km erbringen. Der Sprengstoffanteil hätte 1000 kg betragen.

Dieser Plan blieb, wie auch die verschiedenen F-Modelle zur Flugabwehr, nur eine Studie. Vorgesehen waren Trommsdorff-Granaten beim Heer für die 15-cm-K. 18, die 21-cm-K. 38, die K. 3 von 24-cm-Kal., die 28-cm-K. 5 und die 38-cm-Siegfried-Kanone.

Knallgas sollte Pulver ersetzen

Bei der *Waffenakademie in Brünn* wurden unter der Leitung von Prof. Reyner Untersuchungen angestellt, die hohe Energiefreisetzung, die bei der explosionsartigen Verbrennung von zwei Teilen Wasserstoff und einem Teil Sauerstoff entsteht, als Treibmittel in Geschützen zu verwenden. Im August 1944 wurden bei Modellversuchen Mündungsgeschwindigkeiten von 1600 m/s erreicht. Der Bau von zwei Mustern des »Wasserstoff-Geschützes« mit einem Kal. von 15 cm wurde noch begonnen, der Zusammenbruch kam aber der für den Juni 1945 geplanten Fertigstellung zuvor.

Die Elektrokanone

Nach französischen Unterlagen bzw. Patenten von Fauchon – Villeplee aus den Jahren 1916–1918 entwickelte die zum Heereswaffenamt gehörende *Gesellschaft für Gerätebau in Klais bei Mittenwald* eine Art Werfer, bei dem die Granate durch elektrische Energien beschleunigt wurde. Das Geschützrohr war ein linearer Motor. Er bestand aus vielen aufeinanderfolgenden Elektromagneten. Die Granate wurde beim Abschuß durch das

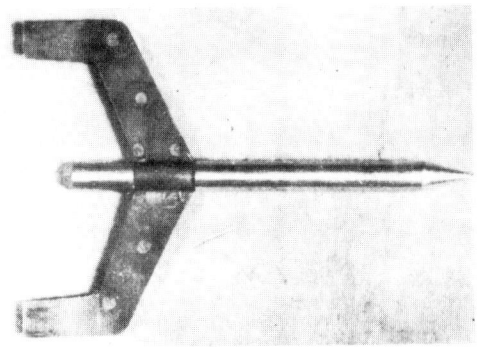

Geschoß zur Elektrokanone

Einschalten des nächsten Magnetfeldes beim Abschalten des durchlaufenen mit wachsender Geschwindigkeit zur Rohrmündung gezogen. Bei Versuchen erreichte man im Oktober 1944 eine V_0 von 960 m/s bei 21 000 A. Geplant war, außer einer 4-cm-Flak eine Fernkanone mit einer Schußweite von 240 km. Die Flakgranaten wurden durch ein Faltleitwerk stabilisiert; für die Fernkanone wollte man die in Peenemünde entwickelten Pfeilgeschosse verwenden. Die sonst übliche Rotationsstabilisierung hätte einen unnützen Energieverbrauch zur Folge gehabt. Man hoffte zwar, mit einem genügend langen Rohr eine V_0 von 2500 m/s zu erreichen – dem standen aber die Vibrationen des langen Rohres und die sehr hohen elektrischen Energien, Pläne sprechen von 1,5 Millionen Ampère bei 1300 Volt für eine 6rohrige Flakbatterie, entgegen. Bei Kriegsende standen für Versuche lediglich drei 2 m lange Versuchsrohre bzw. -schienen zur Verfügung.

X-7 = »Rotkäppchen«

Unter diesen Bezeichnungen war eine nachsteuerbare Panzerabwehrrakete bekannt. Die Firma *BMW* hatte 1941 schon einen Vorschlag für eine derartige Rakete vorgelegt, infolge der günstigen militärischen Lage wollte man jedoch die geforderten 798 000,– RM für die Entwicklungskosten einsparen und lehnte das Projekt ab.

1942 hatte dann Dr. Kramer bei der Deutschen Versuchsanstalt für Luftfahrt mit der Entwicklung von Raketenantrieben begonnen, aus denen dann innerhalb der X-Serie, die mit nachsteuerbaren Sturzbomben begann, auch die X-7 als kleinste Waffe hervorging.

Einem ersten Entwurf folgte die etwas größere Serienausführung mit einem geänderten Zünderkopf für die 2,5 kg schwere Hohlladung. Im hinteren Teil des 465 mm langen Körpers von 150 mm Durchmesser war das zweistufige Pulvertriebwerk 109-506 der Firma *Wasag* eingebaut. Die negativ gepfeilten Flächen besaßen mit den angesetzten Behältern für die Steuerdrähte eine Spannweite von 600 mm. Das kleine Höhenleitwerk war um 132 mm gegenüber der Geräteachse versetzt. Mit der Zünderkappe von 38 mm Durchmesser war die X-7, die 9 kg wog, 950 mm lang.

Verfolgen wir nun einen Verschuß des **Rotkäppchens:**

Die Rakete wurde auf eine 1500 mm lange und 15 kg schwere Startschiene aufgesetzt, die auf einer 3-Bein-Lafette gelagert war. Die Zündung erfolgte elektrisch durch eine 300-V-Batterie. Zuerst verbrannten die 2 g Pulver, die sich in den Hohlhalbschalen des Kurskreisels befanden. Durch die aus den tangentialen Öffnungen austretenden Gase wurde in kurzer Zeit die Höchstdrehzahl erreicht. Nun zündete die 3 kg schwere Treibladung der Startstufe, die mit einem Schub von 68 kp in 2,5 Sekunden die Rakete auf eine Geschwindigkeit von 98 m/s brachte.

Die X-7 rotierte je Sekunde zweimal um ihre Achse, die Steuerkommandos wurden über die sich abrollenden Drähte durch je einen Hebel für die Höhen- und die Seitenkorrektur übertragen. Ein Verzögerungsgerät gab die Steuerfläche nur dann frei, wenn sich die Rakete in der richtigen Lage befand; die Steuerfläche wirkte also je nach der Lage der X-7 als Seiten- oder Höhenruder.

Gesteuert wurde nach dem Zieldeckungsverfahren; der während des Fluges immer kleiner werdende Punkt eines Leuchtsatzes mußte also durch die Steuerkommandos auf dem Ziel gehalten werden.

Das 2,5 kg schwere Marschtriebwerk entwickelte nur einen Schub von knapp 6 kg für 8 s, damit konnte aber die Geschwindigkeit von über 300 km/h auf etwa 1200 m Distanz gehalten werden. Die Hohlladung durchschlug jeden damals bekannten Panzer.

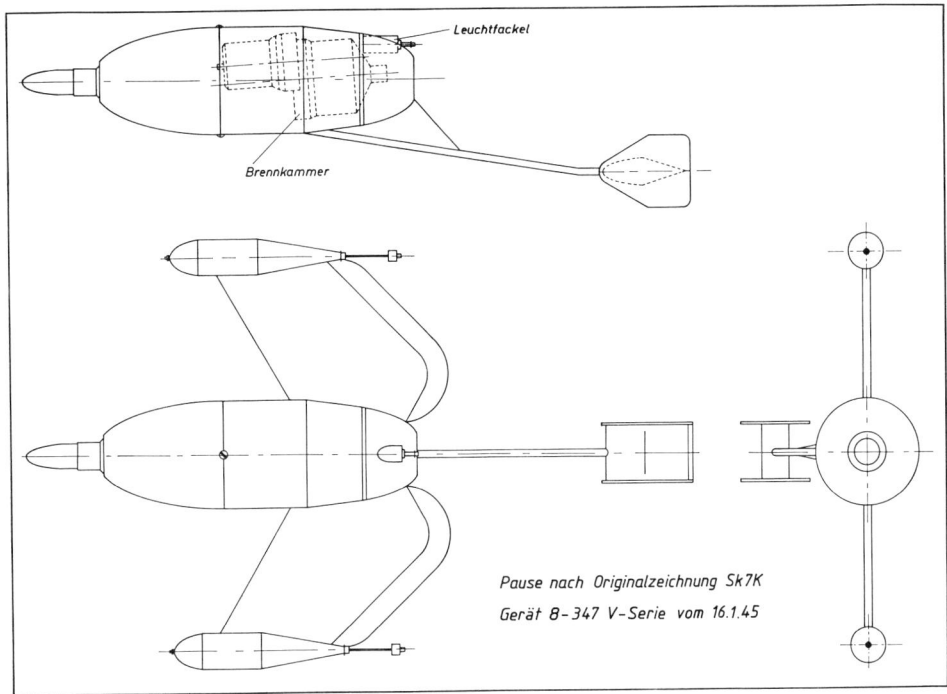

Leuchtfackel

Brennkammer

Pause nach Originalzeichnung Sk7K
Gerät 8-347 V-Serie vom 16.1.45

Die X-7

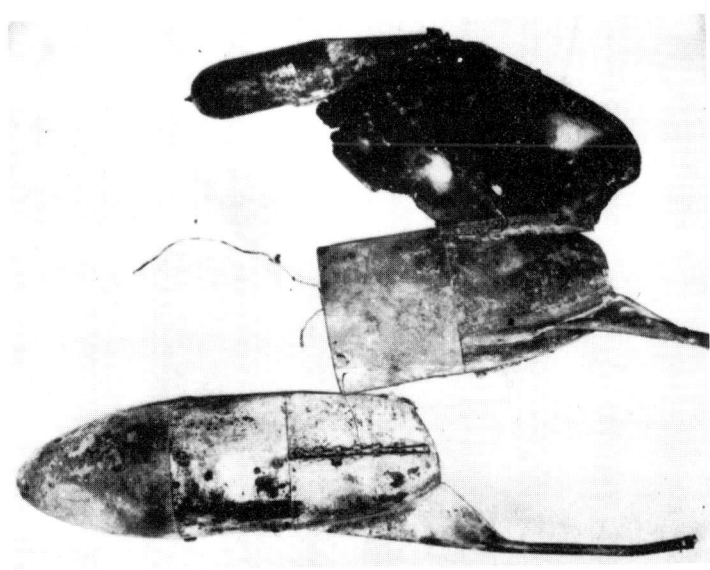

Nach den ersten
Erprobungen

Hergestellt wurden von der 8-347, wie die offizielle Projektnummer lautete, etwa 300 Stück. Die Luftwaffe bestand auf der »8« – alles was Flügel hatte, so hatte es vor Jahren Göring bestimmt, erhielt mit der Projektnummer diese vorgestellte »8«.

Am 21. September 1944 wurden die ersten sieben Stück auf dem Schießplatz Sennelager erprobt. Die ersten vier hatten infolge der recht groben Steuerung nach 20–25 m Flug Bodenberührung; bei den nächsten beiden X-7 platzte der Motor – die letzte traf ihr Ziel in 500 m Entfernung.

Die geplante Massenproduktion bei den *Ruhrstahlwerken in Brackwede* und den *Mechanischen Werken in Neubrandenburg* ist zwar noch angelaufen, die zahlreichen, halbfertigen Geschosse wurden eine Beute der Gegner. Der befohlene Truppenversuch an der Front ist nicht nachweisbar.

Steinbock

Die Schwierigkeiten mit der Drahtsteuerung in bewachsenem Gelände klar erkennend, hatte man unter diesem Decknamen mit einer Entwicklung begonnen, bei der die Steuerkommandos durch ein infrarotes Strahlenbündel übertragen werden sollten. Um die Fertigung zu vereinfachen, hatte man für die neue 11,6 kg schwere Rakete einen Panzerfaustkopf als Ladung vorgesehen. Man konzentrierte sich aber zuerst auf das neuartige Steuerungssystem. Im Einsatz sollte sich der steuernde Schütze einige hundert Meter vor der von zwei Mann zu bedienenden Waffe befinden.

Mittels eines Projektionssystems konnten dadurch die Kommandos auf eine kürzere Entfernung übertragen werden, womit sich die Treffgenauigkeit erhöht hätte.

Die Versuche, bei denen es immer wieder zu Schwierigkeiten der Triebwerksausstrahlung auf die Empfangszelle der Steuerung gab, wurden nicht mehr abgeschlossen.

Pfeifenkopf

Dieses Projekt, das zuerst den Decknamen **Pinsel** trug, befaßte sich mit einem weiteren, verbesserten Steuersystem für Panzerabwehrraketen. Ausgegangen ist man hier auch von der Drahtsteuerung und der Verwendung eines Rechengerätes, dem die Koordinaten der Seiten- und Höhenabweichung eingespeist wurden. Man wollte aber das System noch weiter automatisieren.

Durch die Kombination eines Ikonoskopes mit einem Bildwandler hatte man für ein Zielkontrastverfahren ein Superinkonoskop geschaffen, das die Impulse für eine elektronische Vergleichsabtastung lieferte – mit einem derartigen ZSG (Zielsuchgerät) hoffte man das Ziel automatisch zu treffen.

Versuche zeigten jedoch, daß, durch den kleinen Sichtwinkel des Gerätes bedingt, der Schütze die Flugbahn der Rakete schon auf das Ziel richten mußte; erst in der letzten Flugphase übernahm dann das ZSG – und das funktionierte nur bei Lichtverhältnissen, die einen guten Kontrast ermöglichten.

Das Projekt konnte nicht mehr abgeschlossen werden, es galt zu viele Probleme auf diesem neuartigen Gebiet zu lösen.

Betrachten wir aber abschließend die Schwierigkeiten, die bei der Bekämpfung eines Panzers in 500 m Entfernung damals aufgetreten wären – gleichgültig, wie man die Rakete steuerte. Der Schütze hatte nur etwa fünf Sekunden Zeit, eine Rakete, die mit etwa 350 km/h in 1–1,5 m Höhe flog, so auf ihrer Bahn zu halten, daß sie das Ziel traf. Der kleinste Steuerungsfehler, und die Rakete hatte Bodenberührung, durch feindliches Abwehrfeuer wurde diese Aufgabe auch nicht erleichtert.

Eine Mitteilung der Organisations-Abteilung des OKW weist zwar auf einen für Ende März 1945 geplanten Truppenversuch im Raum Schlesien hin, ob dieser aber durchgeführt wurde, ist nicht nachweisbar.

Rochen

Dieser Deckname stand für eine Reihe von Entwicklungen, die im Sommer 1944 bei der *TVA (Torpedoversuchsanstalt)* in Gotenhafen begonnen wurden. Wir wollen hier die vier Modelle betrachten, die von den acht geplanten für das Heer vorgesehen waren.

Grundsätzlich ging es darum, aus billigstem Material wie Sperrholz und/oder Preßstoff eine Primitivwaffe zu schaffen, deren Zuladung aus bereits vorhandenen Sprengkörpern bestand. Man hatte als Tragkörper ein Flügelprofil mit lang auslaufenden Endscheiben gewählt, die durch ein Höhenleitwerk miteinander verbunden waren.

Grundentwurf »Rochen«

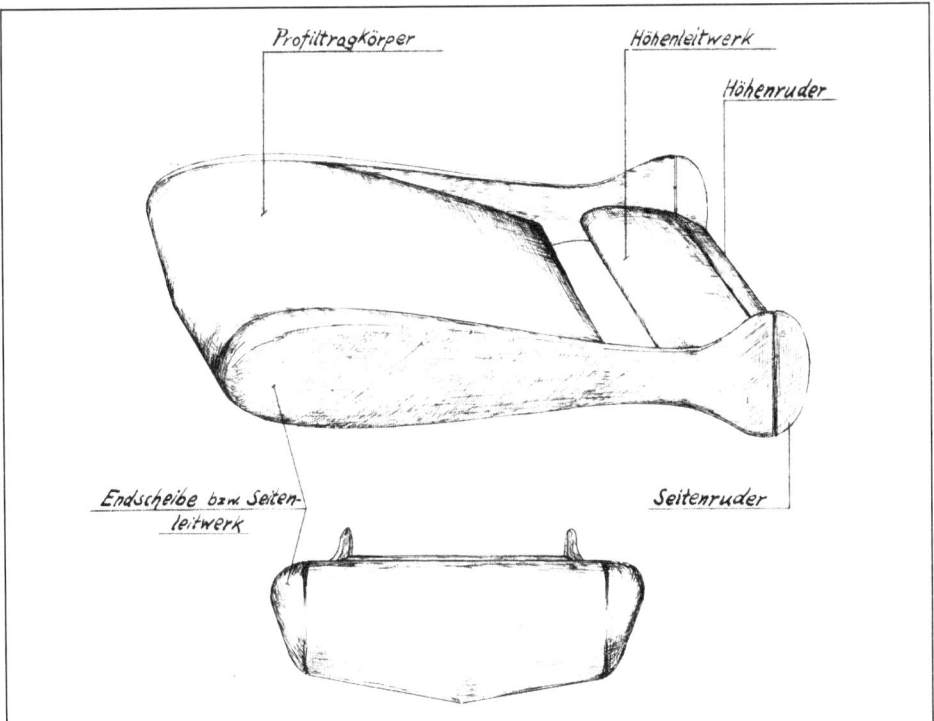

Beginnen wir mit der kleinsten Ausführung, dem **Rochen-600,** der zur Panzerbekämpfung bis zu einer Entfernung von 500 m vorgesehen war. Bei der Bezeichnung zeigte die zugesetzte Zahl die Länge des Flugkörpers, die Breite betrug hier 310 mm. Je nach der Bestückung mit zwei oder drei Hohlladungen der Panzerfaust wog dieser »Rochen« 15 bzw. 22 kg. Trotz der erheblichen Bekämpfungsentfernung war hier eine Fernsteuerung nicht vorgesehen.

Der **Rochen-1000** war ebenfalls zur Panzerbekämpfung vorgesehen, bei einer Kampfentfernung von 1500 m war hier eine 2-Kommando-Lenkung (Seite – Höhe) vorgesehen. Die Breite des mit 3–4 Hohlladungen bestückten Flugkörpers betrug 520 mm. Zur erhöhten Wirkung sollte der Kopf mit zusätzlichem Sprengstoff ausgegossen werden. Das Fluggewicht lag je nach Sprengkopf zwischen 40 und 57 kg.

Der »große Rochen«, auch **Rochen-2000** genannt, unterschied sich von den ersten Modellen durch ein zusätzliches Marschtriebwerk, das etwa 60 kp Schub entwickelte. Mit diesem, mit einer Kommandosteuerung ausgerüsteten Flugkörper sollten Panzer bis zu 3000 m Entfernung bekämpft werden. Je nach dem Sprengkopf wog dieser 1050 mm breite Körper 160–230 kg. Der gleiche »Rochen« war mit einem mit Handgranaten und Schrapnelladungen gefüllten Kopf auch zur Truppenbekämpfung angelegt.

Auf Grund von durchgeführten Versuchen wurde der »Rochen-600« zur Weiterentwicklung an die *EMW* abgegeben, die daraus die sogenannte »Panzer-Flunder« entwickelte.

Ein ähnliches Modell, das aber ebenfalls nicht gebaut wurde, hatte die Firma *HASAG* unter der Bezeichnung »Kabeljau« vorgeschlagen.

Flunder

Anfang 1945 erhielten die *EMW (Elektromechanischen Werke)* in Karlshagen eine Anfrage von WaPrüf wegen einer Entwicklung eines ferngelenkten Geschosses für die Panzerabwehr. Am 1. Februar lag dann der erste Entwurf, der auch als Abwehrwaffe gegen Tiefflieger Verwendung finden sollte, vor. Durch die Rüstungslage bedingt, sollten soweit als möglich bereits vorhandene Bauteile verwendet werden. Daraus resultierte die Übertragung der Steuerkommandos mittels der sich abspulenden Drähte, die wir bereits von der X-7 kennen. Die Ladung bestand aus dem 240 mm langen Panzerfaustkopf. Starten wollte man die 983 mm lange und 11 kg schwere Rakete mit einem Feststofftriebwerk von einem kleinen Katapult. Die Möglichkeit, für das Marschtriebwerk Verschußrohre der Panzerfaust zu verwenden, wurde erwogen.

Neu war an der Steuerung, daß von jeweils einem Mann das Ziel und das Geschoß von einem Fernrohr verfolgt werden sollte. Die Differenz in Azimut und Höhe beider Fernrohre sollten in ein Rechengerät übertragen werden, das sie dann automatisch als Kommandogabe an das Geschoß verwerten sollte. Als Rechengerät lag der 8 kg schwere Viktoria-Empfänger aus einer bereits verwendeten Leitstrahlsteuerung vor. Beim Ausfall eines Mannes lag das eine Fernrohr fest, der zweite Mann mußte dann sein Fernrohr in der Art eines Steuerknüppels nachführen.

Das Waffenamt hatte ein Höchstgewicht von 10 kg gefordert, die letzten Berechnungen vom 20. März zeigen aber trotz der Verwendung von 1,5 mm dickem Sperrholz für zahlreiche Teile des Körpers ein zu hohes Gewicht für die nun **Panzer-Flunder** genannte Waffe. Es ist aber nicht einmal das Modell für die Windkanalerprobungen fertig geworden.

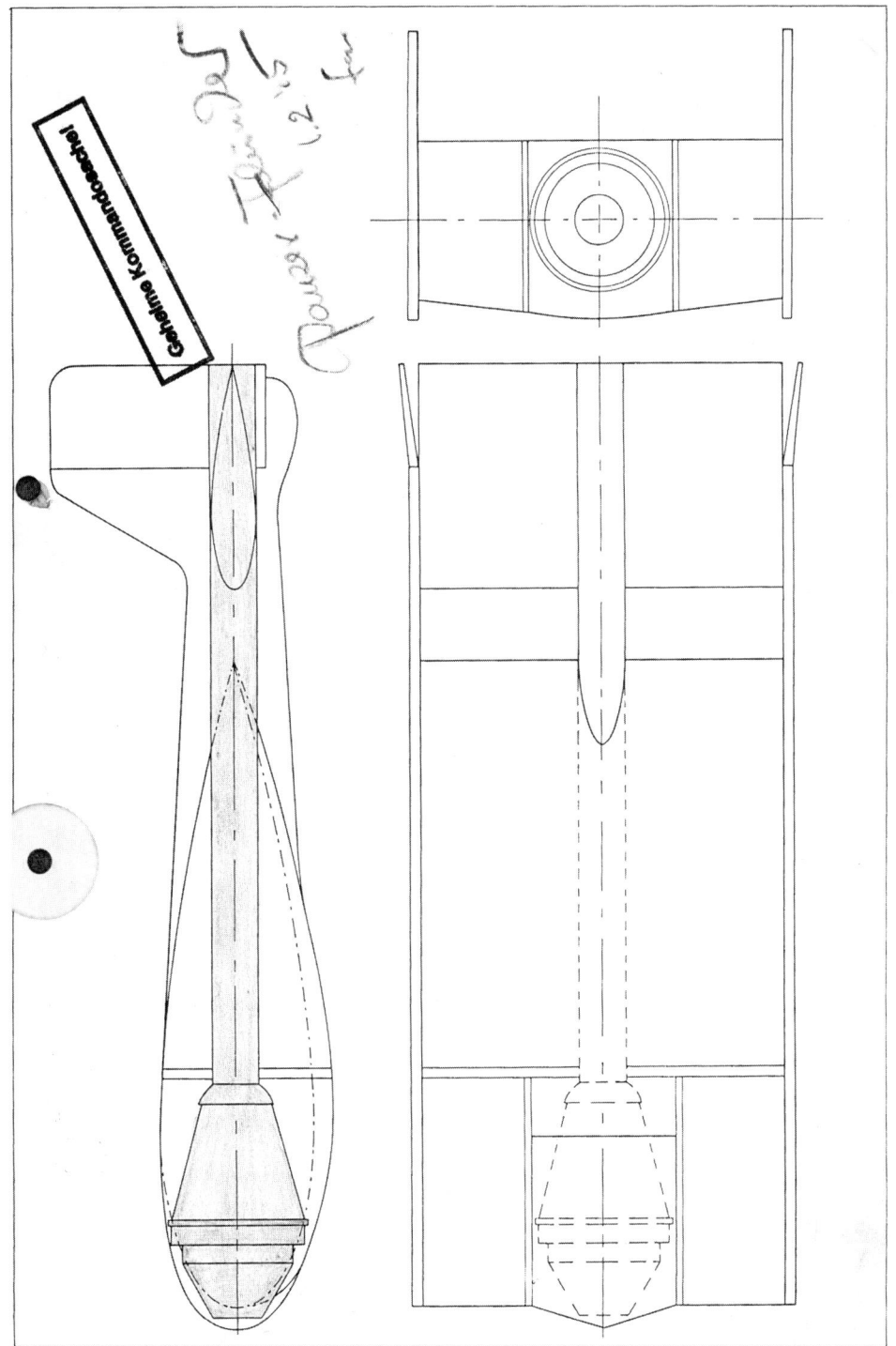

Geheime Kommandosache!

Das letzte Muster der »Flunder«

147

Ruhrstahl X-4

Diese Rakete wurde unter der Projekt-Nr. 8-344 ebenfalls bei der *Deutschen Versuchsanstalt für Luftfahrt* von Dr. Kramer entwickelt. Sie war zwar anfänglich nur als Bordrakete vorgesehen, die Luftwaffe entschied sich aber dann bei den einsitzigen Jägern für das Salvenschußverfahren mit der R4/M-Rakete, der X-4-Einsatz sollte durch größere Maschinen erfolgen. Nach einer späteren Freigabe für andere Verwendungszwecke wurde dann im Entwicklungsplan vom November 1944 diese Waffe ohne das akustische Zielsuchgerät »Dogge« für das Heer zur Panzerbekämpfung vorgesehen.

Die 60 kg schwere Rakete war mit 1690 mm ein ganzes Stück kürzer als das Luftwaffenmuster. An dem Körper von 220 mm Durchmesser waren kreuzweise vier Holztragflächen angebracht, die an zwei sich gegenüberliegenden Flächen Steuerdrahtbehälter trugen. Dabei betrug die Spannweite 780 mm. Das Triebwerk war ab Januar 1943 von der Firma *BMW* unter der Projekt-Nr. P. 3378 entwickelt worden und erhielt in der Serienfertigung die Bezeichnung 109-548. Als Treibstoff wurde eine Mischung aus S-Stoff (Salpetersäure + 4–5% Eisenchlorid) und R-Stoff (= Tonka 250, ein organisches Amingemisch aus volumengleichen Teilen von Rohxylidin F und Triäthylamin) verwendet, die sich hypergol entzündete. Das heißt, wenn sich diese zwei Stoffe im Gewichtsverhältnis von 3,7:1 mischen, erfolgt ohne jeden weiteren Zündmechanismus die Verbrennung. Der Startvorgang war sehr einfach: Eine elektrisch gezündete Patrone zerriß die Membrane des Preßluftbehälters, ein Druck von 120 atü förderte die beiden Treibstoffe, die sich in spiralförmigen Tanks aus dem gegen die Salpetersäure widerstandsfähigen Leichtmetall Pantal befanden, die Sicherheitsmembrane vor der Brennkammer brach, die Stoffe trafen zusammen, und nun entwickelte das Triebwerk einen Schub von 140 kg.

Gesteuert wurde diese Rakete durch Funkkommandos über die sich aus den bereits erwähnten Behältern abspulenden Drähte von dem »Knirps«, einem kleinen Steuerknüppel. Es wurde hier wieder das bereits bei der X-7 erwähnte Zieldeckungsverfahren angewendet.

Die mit einer Umdrehung/s rotierende Rakete – damit sollten Produktionsungenauigkeiten, die sonst die Flugbahn beeinträchtigt hätten, ausgeglichen werden – trug an zwei Tragflächen je eine Leuchtpatrone.

Die 6,7 kg S- und 1,8 kg R-Stoff reichten für eine Schußweite von 3500 m. Die Auftreffgeschwindigkeit betrug etwa 240 m/s. Den normalen auf Druckwirkung ausgelegten Sprengkopf von 20 kg Gewicht hatte man durch eine große Hohlladung ersetzt.

Nachdem sich bei den Versuchen Schwierigkeiten mit der Lagerung und dem Transport des S-Stoffes ergeben hatten – fast alle unedlen Metalle wurden aufgelöst –, wurde auf Anregung des RLM (Reichsluftfahrtministerium) unter der Bezeichnung 109-603 bei der Firma *Schmidding/Bodenbach* noch die Entwicklung eines Feststoffantriebes begonnen.

Obwohl Anfang Januar 1945 in den Bevorratungsbesprechungen für das laufende Jahr eine Produktion von 19 850 Stück vorgesehen war, ist diese Rakete am 6. Februar durch die Anordnung der von SS-Gruppenführer Kammler geleiteten Kommission für Rüstung und Kriegsproduktion in die Waffen eingestuft worden, die wohl in ihrer Entwicklung abgeschlossen, aber nicht produziert werden sollten.

Die *Ruhrstahlpreßwerke* in *Brackwede b. Bielefeld* haben bis Ende 1944 etwa 950 Stück der X-4 geliefert, die fast alle bei Versuchen verbraucht wurden. Beim *Gerätewerk* in *Stargard* und dem *BMW*-Werk in *Berlin-Spandau* sind zusammen etwa 1500 Triebwerke gefertigt worden.

Luftwaffe erprobt die X-4

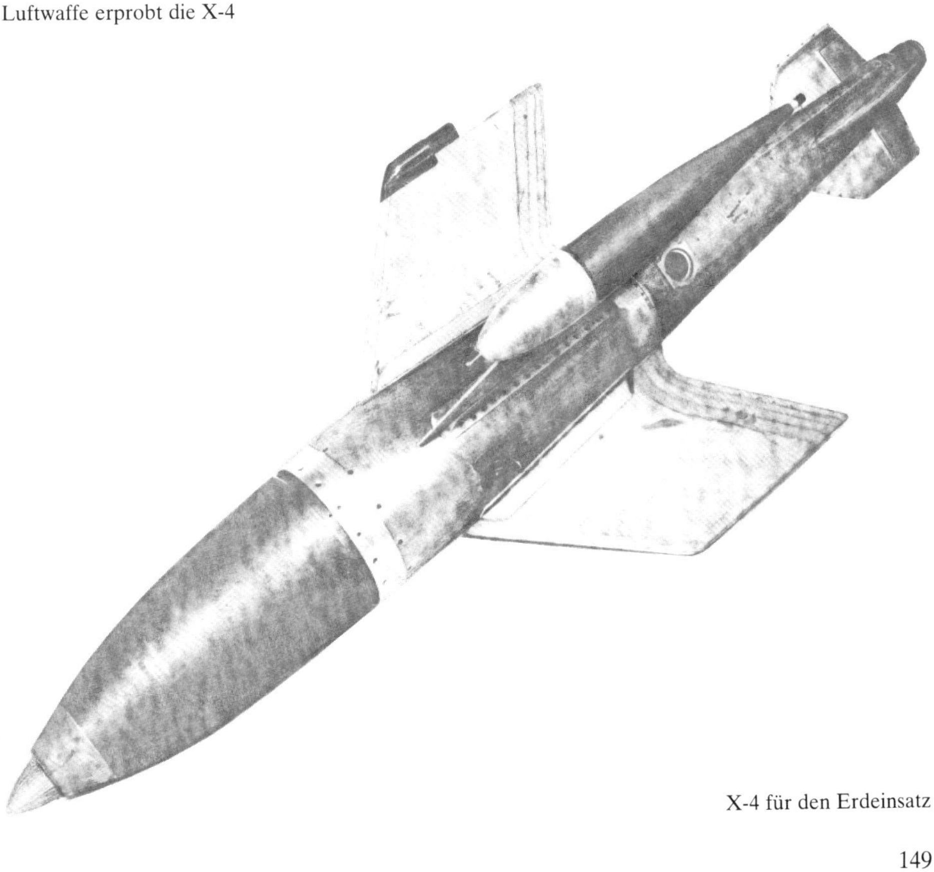

X-4 für den Erdeinsatz

149

Wasserfall und Taifun

Für diese, eigentlich als Flak-Raketen bei den *EMW (Elektro-Mechanische Werke)* in *Peenemünde* entwickelten Geräte lag eine Anzahl Notlösungen zum Einsatz als Artillerie vor. Von der Vielzahl sollen hier nur die erwähnt werden, die zumindest rechnerisch weit fortgeschritten waren.

Zuerst war die aus Sparsamkeitsgründen um 27 Prozent gegenüber der Originalausführung verkleinerte **Wasserfall** als Boden-Boden-Rakete geplant, doch da fand das Waffenamt die Schußweite nicht ausreichend. Ein weiterer Vorschlag war ein Gerät mit einem Heck der A-4. Hier kam die 7875 mm lange Rakete, deren Körper 880 mm Durchmesser besaß, bei einem Startgewicht von 3308 kg auf eine Schußweite von 100 km. Als Treibstoff fanden 1515 kg Salbei (Deckname für Salpetersäure) und 333 kg Visol Verwendung, die durch 90 kg Stickstoff in den Brennofen gedrückt wurden, dort in 45 s verbrannten und dabei 8000 kp Schub erzeugten. Damit konnte das Geschoß auf eine maximale Geschwindigkeit von 870 m/s beschleunigt werden. Die Auftreffgeschwindigkeit betrug aber nur 130 m/s. Der Kopf trug 300 kg Sprengstoff. Salbei, auch Mischsäure M10 genannt, war der Sauerstoffträger und bestand aus 90 Prozent Salpetersäure und 10 Prozent Schwefelsäure. Das hier verwendete Visol trug die Bezeichnung »Gemisch HAP 871« und setzte sich aus 40 Prozent Visol, 30 Prozent Benzin, 17,5 Prozent Anilin und 12,5 Prozent Brenzkatechin zusammen.

Die nächste Lösung war die 1165 kg schwere »Kleine Wasserfall« von 6068 mm Länge und 500 mm Körperdurchmesser, die zusätzlich vier Pulverraketen mit einem Gesamtgewicht von 2080 kg trug. Obwohl die Leistungen bei einer Maximalgeschwindigkeit von 1200 m/s ausreichend schienen, wurde dieser Vorschlag wegen Pulvermangels abgelehnt.

Für eine Reichweitenverbesserung auf 175 km waren gepfeilte Tragflächen geplant, wie sie für die A-4b vorlagen. Bei einer Verringerung des Sprengstoffgewichts auf 200 kg erhöht sich dadurch das Startgewicht auf 3408 kg. Durch die günstige Formgebung konnte nicht nur eine maximale Geschwindigkeit von 975 m/s erreicht werden, auch die Auftreffgeschwindigkeit stieg auf etwa 500 m/s – mit dieser 1½fachen Schallgeschwindigkeit hätte man das Geschoß erst kommen gehört, nachdem es eingeschlagen hatte.

Ein weiterer Vorschlag war das Raketengeschütz 1000. Das waren Startschienen für die normale »Wasserfall« auf dem sogenannten Behelfslafettenkreuz 3741. Keines dieser Projekte ist über das Reißbrettstadium hinausgekommen.

Vom **Taifun** als Flak-Rakete für den Salvenverschuß lagen in Peenemünde zwei Ausführungen vor. Die erste, Modell »F« genannt, wurde mit 10,8 kg Salbei-Visol-Gemisch angetrieben. Sie war bei einem Durchmesser von 100 mm 1930 mm lang und wog 20,3 kg. Bei einem Sprengstoffgewicht von 0,66 kg sollte ein Treffer zur Vernichtung eines 4motorigen Bombers ausreichen. Wegen Mangels an gewissen Chemikalien ging man aber auf ein Feststofftriebwerk über. Von den 10 500 bestellten Raketen sind nur etwa 250 gefertigt worden.

Die Pulverrakete, das Modell »P«, war bei gleichem Durchmesser 2100 mm lang und wog 24 kg. Ein 12 kg schwerer Pulverpreßling von 1587 mm Länge und 85 mm Durchmesser verbrannte in 1,5 s und brachte die Rakete auf eine Geschwindigkeit von 1200 m/s. Schwierigkeiten gab es mit dem hohen Verbrennungsdruck von 100 atü. Man hoffte, diesen Wert durch ein Niederdruckpulver auf 20 atü zu senken. Eine Salve von 48 Schuß dieser ungesteuerten Rakete streute übrigens fast 4°, das waren auf 10 000 m fast 700 m. Außer zahlreichen Abweichungen in der Größe, es gab die mittlere Taifun mit 75-mm-Kaliber, eine kurze Taifun von 550 mm Länge usw., gab es auch hier zwei Entwürfe zur Verwendung als **Artillerierakete.** Zuerst hatte man einfach sieben Raketen der »F«-Ausführung zu einem Bündel zusammengefaßt, hier erschien aber die Wirkung von knapp 5 kg Sprengstoff viel zu schwach. Es wurde nun eine Konstruktion mit vergrößerten Köpfen begonnen, in denen

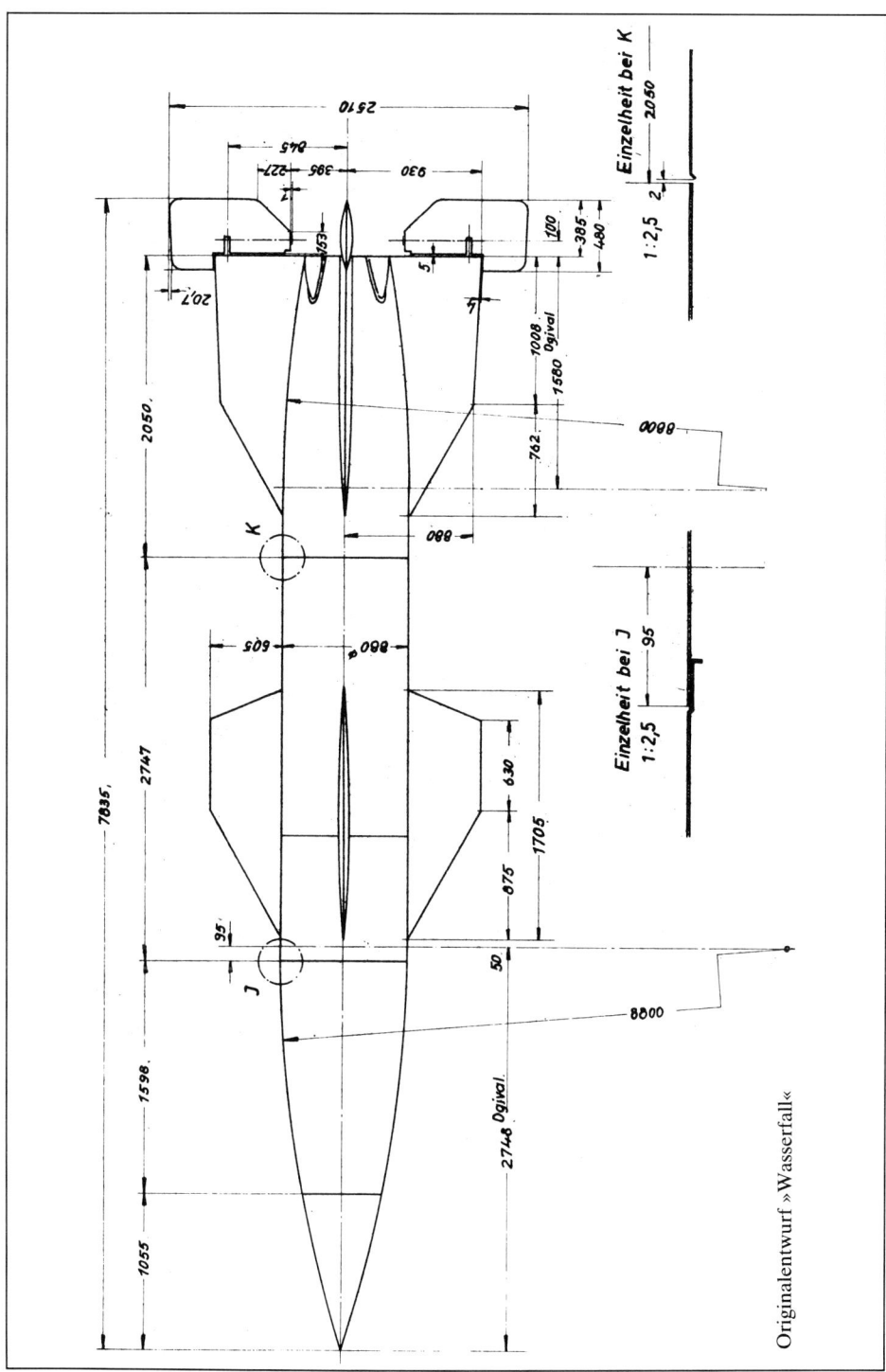

Einzelheit bei K
1:2,5

Einzelheit bei J
1:2,5

Originalentwurf »Wasserfall«

151

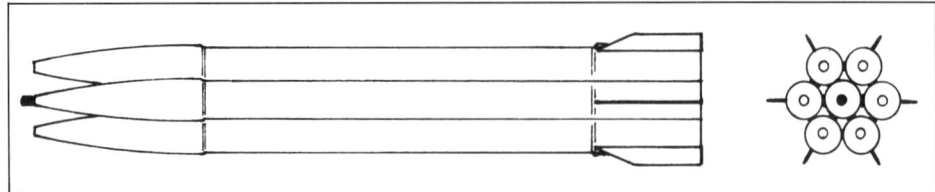

Artillerierakete »Taifun«

zusammen 50 kg Sprengstoff untergebracht werden konnte. In der 475 kg schweren Rakete, nun »Taifun II« genannt, waren 178 kg Salbei und 52 kg Visol untergebracht, die in 7,5 s verbrannten und einen Schub von 5880 kp erzielten. Bei einer maximalen Geschwindigkeit von 1140 m/s sollte die 5100 mm lange Rakete eine Schußweite von 43 km erreichen. Später wurde diese Konstruktion auf das Feststofftriebwerk umgestellt. Bei einer monatlichen Produktion von 300 000 Stück der Einzelraketen hoffte man, eine genügende Anzahl für die Artillerie abzweigen zu können. Das Kriegsende verhinderte die Durchführung dieses Programms.

Der Rheinbote

Im Sommer 1941 legte *Rheinmetall-Borsig* auf Veranlassung des Waffenamtes eine Studie über Fernraketen vor, die von einem Feststofftriebwerk angetrieben wurden. Bei einer Schußweite von 120 km waren Nutzlasten von 250, 500 und 1000 kg vorgesehen. Das Waffenamt strich aber dann wegen der großen Pulvermengen, die beim größten Projekt 2800 kg je Schuß betragen hätte, die beiden größeren Vorschläge, forderte aber nun eine Schußweite von 200 km. Das bedeutete zwangsläufig eine Verkleinerung des Sprengkopfes, er wurde auf

Vorentwurf »Rheinbote«

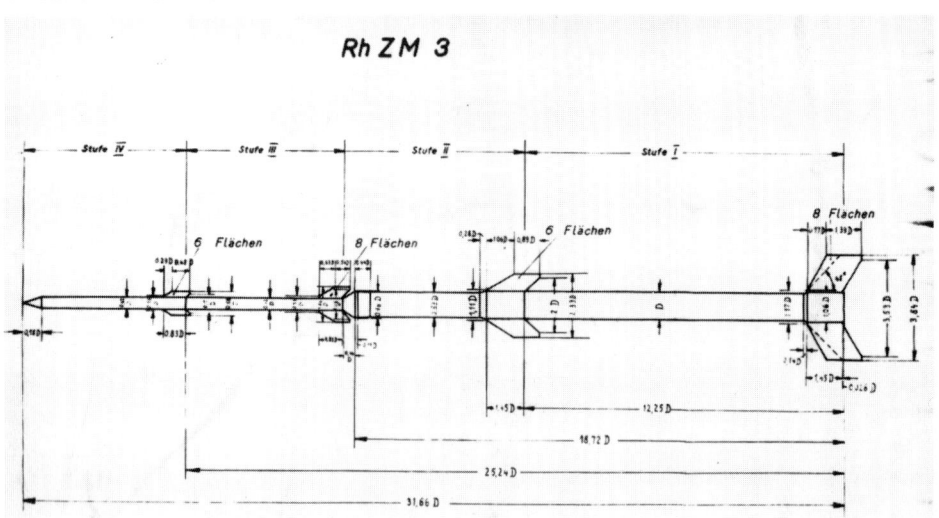

152

40 kg beschränkt. Im November 1941 begannen dann auf dem Schießplatz in Leba/Pommern die Versuche mit kleinen Raketen. Es gab große Schwierigkeiten mit dem Trennvorgang der einzelnen Raketenstufen, und das ergab große Streuungen. Die beste Lösung war eine dreistufige Rakete von 8925 mm Länge, mit der aber die erforderte Schußweite nicht erreicht wurde. Mit vier Stufen, man hatte diese Rakete auf ein starkes Starttriebwerk montiert, gelangen einige Schüsse mit 90 km. Eine neue vierstufige Konstruktion wurde nun auf 160 km ausgelegt, und, wie oft üblich, sind davon die ersten beiden Zahlen in umgekehrter

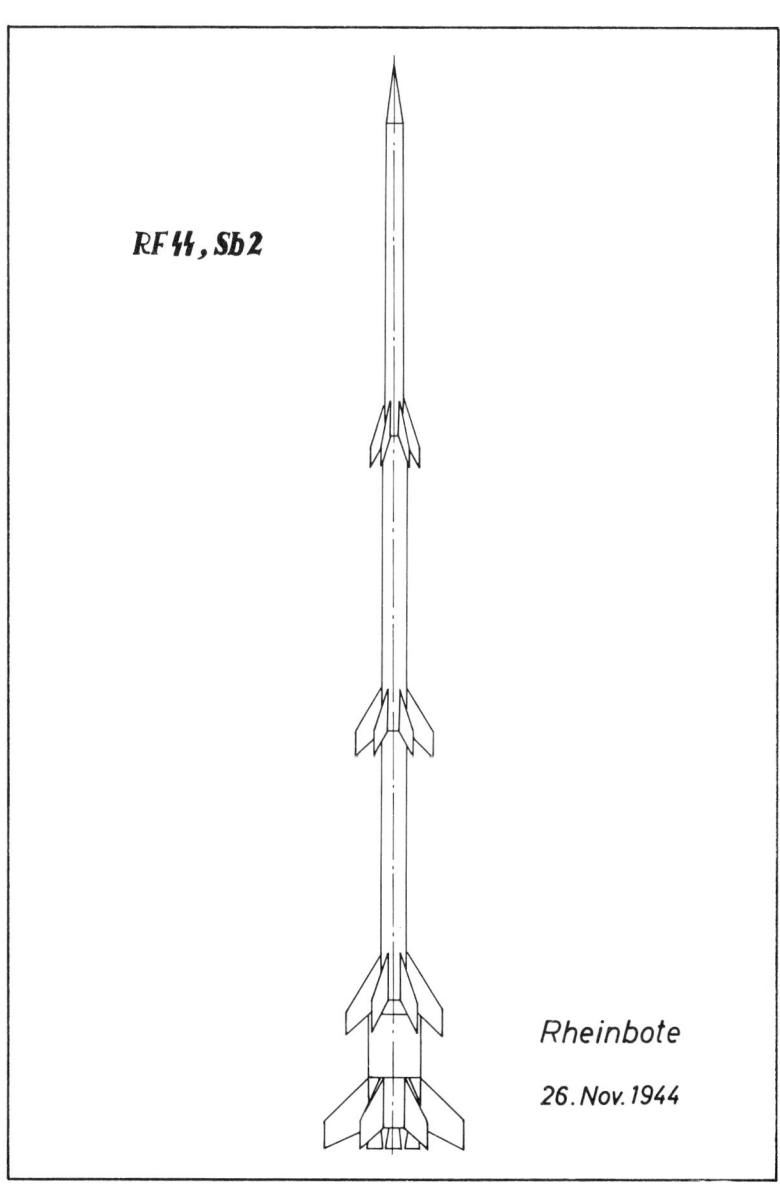

Der »Rheinbote 61/9«

Reihenfolge in der Bezeichnung Rh Z 61 enthalten. Da sich aber nun die bei der neuen, 1650 kg schweren Rakete mit 30 kg eine zu kleine Nutzlast ergab, erfolgt eine weitere Umkonstruktion. Das endgültige Baumuster, die Rh Z 61/9, war 11 400 mm lang und wog 1715 kg. Sie trug vier Treibladungen mit insgesamt 585 kg Pulver, das in 14,8 s verbrannte. Der 40 kg schwere Sprengkopf, der mit 25 kg des Trialen-Sprengstoffs gefüllt war, erreichte dabei eine Brennschlußgeschwindigkeit von 1520 m/s. Auf einer 695 kg schweren Startstufe von 535 mm Durchmesser waren zwei weitere Stufen von 268 mm Durchmesser montiert. Die letzte Stufe, wie alle anderen auch durch ein Sechsflächen-Leitwerk stabilisiert, besaß einen Durchmesser von 190 mm.

Verschossen wurde der **Rheinbote,** der die offizielle Bezeichnung **Raketen-Sprenggranate 4831** erhielt, von zwei auf einen *Meiller*wagen montierten Startschienen. Dieser Wagen war eigentlich für das Aufrichten der A 4-Rakete konstruiert, als Verschlußplattform war er nicht stabil genug. Die geplanten Startrampen auf der Lafette der 8,8-cm-Flak sind nicht fertig geworden. Nicht benutzt wurde auch der von Hitler selbst im Februar 1944 festgelegte Suggestivname »Meteor«.

Die in einem Winkel von 64° verschossene Rakete erreichte eine Gipfelhöhe von über 70 000 m und schlug nach einer Flugzeit von 260 Sekunden mit einem Fallwinkel von 52°, bei einer Schußweite von rund 200 km ein. Die Wirkung – im normalen Erdreich war es ein Trichter von etwa 1,5 m Tiefe und 4 m Durchmesser – entsprach nicht den Erwartungen. Um das Einschlaggewicht zu vergrößern, hat man später die Stufen 3 und 4 nicht getrennt. Das im Dezember 1944 mit 12 Schuß in der Tucheler Heide festgelegte Trefferbild zeigte bei einer maximalen Schußweite von 194 km Streuungen von über 6 km. Für die verhältnismäßig einfach

Die Rakete im Einsatz

154

zu fertigende Rakete, es wurden nur 132 Arbeitsstunden benötigt, lief ein Auftrag für 300 Stück. Produziert wurden:

1944	1945
154	88

Für den Einsatz hatte man die 460 Mann starke Art.Abt. 709 aufgestellt, die vom Dezember 1944 bis Mitte Januar 1945 etwa 70 dieser Raketen mit dem Ziel Antwerpen verschossen hat – keine Rakete hat diesen, für die Alliierten wichtigen Hafen getroffen. Ein geplanter Ausbau der Art.Abt. auf 48 Startlafetten ist nicht mehr erfolgt.

Um den erheblichen Pulververbrauch einzuschränken – die Startrakete erzielte zwar einen Schub von 38 000 kp, verbrannte dabei aber 245 kg Pulver –, schlug *Rheinmetall* einen Werfer vor, aus dem die nunmehr dreistufige Rakete Rh Z 5 verschossen werden sollte. Außer der Pulvereinsparung erhoffte man sich auch eine Verbesserung der Treffergenauigkeit. Der Werfer wurde aber nicht mehr gebaut.

Die Hochdruckpumpe

Bei der Sichtung der 1940 in Frankreich erbeuteten Waffenunterlagen fand sich ein Vorschlag von 1918 für ein Ferngeschütz, das als Antwort auf die deutschen 21-cm-Kanonen gedacht war, die seit dem 23. März 1918 mit 303 Granaten Paris beschossen hatten, wobei außer beträchtlichem Schaden 256 Personen getötet und 620 verwundet worden waren.

Eine Waffe mit seitlichen Pulverkammern, durch die das Geschoß zusätzlich beschleunigt wurde, war aber nicht neu, die Franzosen hatten sich diese Idee von einem bereits 1855 in den USA erstellten Entwurf »ausgeborgt« – dort hatte man sogar eine funktionierende Waffe, die 20,3-cm-Lyman-Haskell-Kanone, gebaut.

Anfang 1942 griff man in Wetzlar bei den *Eisenwerken Röchling* nun diese Idee eines weiterreichenden Mehrkammergeschützes auf, das Projekt erhielt den Decknamen **Hochdruckpumpe** (HDP) – Hitler genehmigte 1944 den Suggestivnamen »Fleißiges Lieschen«.

Im Mai 1943 wurde Hitler vom Rüstungsminister Speer auf diese Entwicklung aufmerksam gemacht. Hitler, der darin ein Mittel zur Beschießung Londons sah, befahl, daß sofort die entsprechenden Versuche angestellt werden sollten. Die Firma *Röchling* gab daraufhin ein Modell im Kaliber von 2 cm bei der Firma *DWM* in Auftrag. Dieses Modell wurde Hitler im September 1943 vorgeführt, der, auf Grund der Probeschüsse und des Eindruckes, daß in Peenemünde die Fernrakete A-4 nicht fertig werden würde – in der Nacht zum 18. August hatten englische Bomberverbände durch 1874 ts Bomben dort schwere Schäden angerichtet –, entschied, daß von diesem Geschütz sofort 50 Stück gebaut werden sollten, ohne daß man die normale Erprobung abwarten wollte. Gleichzeitig sollte der Bau von zwei auf London ausgerichteten Stellungen unter der Bezeichnung »Bauvorhaben 61«, bei Mimoyecques, etwa 8 km landeinwärts der Kanalküste, beginnen. Die OT (Organisation Todt) beschäftigte dann dort über 5000 Mann mit den Bauarbeiten.

In jeder dieser über 100 m tief in die Erde einbetonierten Stellungen sollten 25 Geschütze montiert werden. Die Mündungen der Rohre waren in der 5,5 m starken Betonplatte, mit der die Stellung abgedeckt war, kaum sichtbar. Als Bedienung waren unter dem Kommando des Oberst de Bouche über 1100 Mann vorgesehen. Durch die innerhalb eines flachen Hügels angelegte Stellung führten in 30 m Tiefe eine zweigleisige Feldbahn und eine zweispurige Straße. Rechts und links waren in groß ausgeschachteten Räumen die Baracken für die

Die HDP im Versuch

Eine vom Gegner erbeutete Granate

Der Verschluß

Bedienung aufgebaut – so sah es jedenfalls der Plan vor. Beim Bau gab es immer wieder starke Wassereinbrüche, auch mit der Be- und Entlüftung hatte man Schwierigkeiten.

Die Waffe selbst besaß ein Kal. von 15 cm und bestand aus einem 2440 mm langen Ladungsrohr, das 180 mm tief in ein 590 mm langes Zwischenstück eingesetzt war. Dieses Zwischenstück besaß zwei seitlich in einem 90°-Winkel angeordnete Kammern für die zusätzlichen Pulverladungen. Durch ein 3480 mm langes Verbindungsrohr wurde ein Abstand von 3120 mm zum nächsten Zwischenstück hergestellt. Der Aufbau setzte sich in dieser Art fort, bis mit 32 Zwischenstücken und einem Endrohr eine Gesamtlänge von 124 m erreicht wurde. Das anfängliche Gewicht von 62 000 kg erhöhte sich durch Änderungen und Verstärkungen später auf 76 000 kg.

Verschießen wollte man die von der Firma *Röchling* entworfene Minen-Granate 44 von 3165 mm Länge, die bei 140 kg Gewicht 25 kg Sprengstoff trug. Diese Unterkalibergranate besaß einen Durchmesser von 110 mm. Da das Rohr keine Züge besaß, hatte man am Heck der Granate vier Federlamellen aufgerollt, die sich nach Verlassen des Rohres aufrichteten. Beim Verschuß wurde die 4,5 kg schwere Grundladung gezündet; wenn die Granate das erste Zwischenstück verlassen hatte, zündeten die beiden seitlichen Zusatzladungen von je 4,7 kg und beschleunigten die Granate noch mehr. Dieser Vorgang wiederholte sich nun beim Durchgang durch die weiteren Zwischenstücke immer wieder.

Auf diese Art hoffte man, eine V_0 von 1500 m/s zu erreichen, und das, so hatte man errechnet, würde eine Schußweite von 160 km ergeben. Nachdem man mit einem kurzen Rohr auf dem Artillerieschießplatz Hillersleben mit Schüssen über 8 km die Funktion selbst nachgewiesen hatte, begannen mit der normalen Waffe am 18. Januar 1944 die Erprobungen in Misdroy. Bei der vom 21. bis 25. März durchgeführten Großerprobung wurde die »Hochdruckpumpe« einer Abordnung des Waffenamtes vorgeführt. Im Abschlußbericht heißt es dann: ». . . die

Eine Seitenkammer

▼ Die Mündung

Waffe an sich, bis auf einige Fehler, im Grunde brauchbar. Die Geschosse jedoch, auf Grund ihrer Unstabilität völlig unbrauchbar.«

Man hatte zwar mit einer V_0 von 1100 m/s eine Schußweite von 50 km erreicht, aber – alle Geschosse überschlugen sich. Die Fertigung dieser unbrauchbaren Granate hatte aber bereits im September 1943 begonnen, für Ende März 1944 rechnete man mit der Lieferung von 25 000 Stück. Ja, Hitler hatte sogar schon am 26. Januar befohlen, die Monatsproduktion auf 10 000 Granaten zu steigern. Optimistisch hatte man sich auf eine Feuergeschwindigkeit von einem Schuß alle 5 Minuten eingestellt, bei 50 Rohren wären das stündlich 600 Granaten gewesen. Dabei hätte aber der Pulververbrauch bei zwölf Schießstunden täglich je Monat fast 65 945 t betragen. Selbst mit der dann in der Praxis erreichten Schußfolge von zwei Granaten je Stunde wären es noch 10 991 t pro Monat gewesen.

Zum Vergleich: Die gesamte Wehrmacht hatte 1944 im Durchschnitt je Monat 21 142 t Pulver erhalten und 23 081 t verbraucht. Im Jahr 1944 sind also 23 268 t der Reserve entnommen worden.

Auf derartige Planungsmängel, die ein fortlaufendes Störungsfeuer auf London überhaupt in Frage stellten, hat das Waffenamt hingewiesen und am 25. November 1943 folgenden Vorschlag eingereicht: Eine Stellung mit 25 Rohren und 4 Schuß je Stunde = 2400 Schuß je Tag. Bei der nun auf 5,4 kg verstärkten Kammerladung wären das aber immer noch untragbare 25 207 t je Monat gewesen. Betreffs der Wirkung war man zu der Zeit übrigens noch optimistisch und hoffte 25–30 kg Sprengstoff in der Granate unterzubringen.

Was die Granaten betrifft, so erscheint es heute unverständlich, daß anfänglich nicht ein einziges Geschoßmodell im Windkanal auf seine Stabilität untersucht wurde.

Nachdem man tagelang darüber beraten hatte, wer Hitler nun mitteilen sollte, daß die Wunderwaffe, mit der er London beschießen wollte, nicht funktionierte, beschloß man, die bisher auf rein privater Basis durchgeführte Entwicklung mit der Unterstützung des Waffenamtes wissenschaftlich zu untersuchen, um zu retten, was möglicherweise zu retten war. Speer informierte am 6. April Hitler, und man legte fest, vorerst nur drei Geschütze mit 5000 Granaten fertigzustellen.

Eine ganze Anzahl Firmen legte nun neue Granatentwürfe vor. Bei der Erprobung Ende Mai zeigte sich der Vorteil eines starren Leitwerks – die Lamellen- und Messerleitwerke rissen oft ab –, aber man erkannte auch, daß die Granate, sollte sie 160 km weit fliegen, höchstens 80 kg wiegen dürfte. Weitere Erprobungen ergaben aber, daß auch damit nicht die notwendige V_0 zu erreichen war. Am nächsten kam mit 1370 m/s das im Flug 65 kg schwere Geschoß der Firma *Witkowitz*. In dieser 1820 mm langen Granate von 96 mm Durchmesser konnten aber nur 4,7 kg Sprengstoff untergebracht werden. Zusätzlich gab es immer wieder Ärger mit den Rohrstücken und den Seitenkammern, die beim Verschuß rissen oder gar explodierten. Angeblich war die Konstruktion für Drücke von 2300 Atm. ausgelegt, doch selbst bei nur 1700 Atm. fiel die Waffe oft aus. Materialprüfungen ergaben dann, daß die Festigkeitswerte oftmals nur 50 Prozent der geforderten betrugen. Um die zur geforderten Reichweite notwendige V_0 zu erreichen, mußte ein Pulver von fast 1200 kal/kg Verbrennungswärme verwendet werden. Eine notwendige Rohrsicherheit ließ trotz der Wandstärke von 50 mm aber nur ein Pulver von 800 kal/kg zu.

Der Reichsforschungsrat nannte in einem Schreiben an Bormann, Nachfolger von Rudolf Heß und Hitlers Sekretär, das ganze Gerät einen Mißerfolg, der dadurch entstanden sei, daß die Firma *Röchling* ohne jede wissenschaftliche Methode gearbeitet habe.

Eine Umkonstruktion, bei der die Ladungskammern in einem 45°-Winkel angeordnet wurden, erbrachte nur geringfügig bessere Leistungen. Größere Änderungen hätten zu anderen Abmessungen geführt; die im Bau befindlichen Stellungen wären möglicherweise nicht benutzbar gewesen.

Das Problem erledigten die alliierten Flugzeuge, die im Juli die Stellungen in zwei Angriffen mit zahlreichen »Tallboys«, 5390 kg schweren Bomben, zerstörten. Anfang September

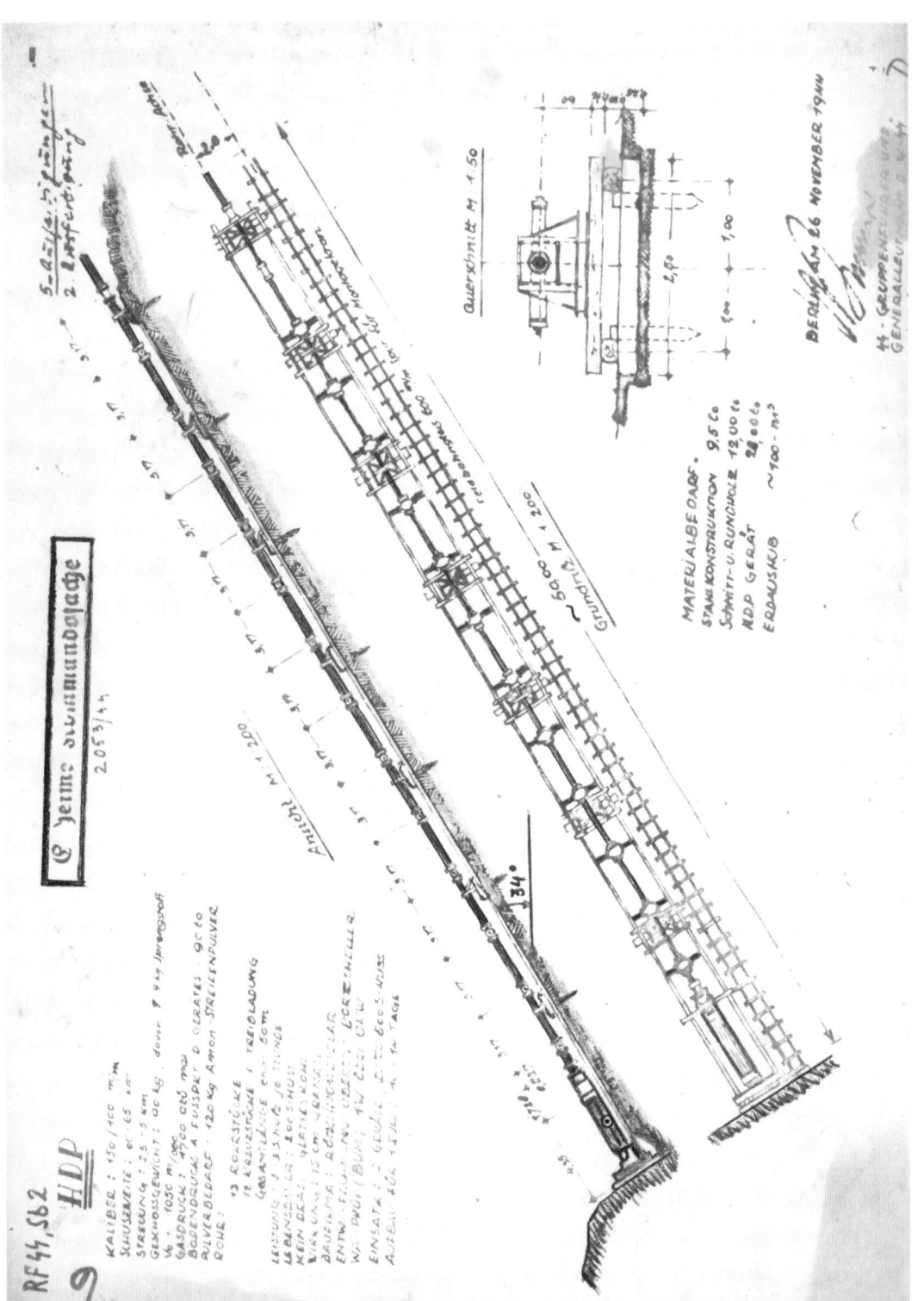

überrannten kanadische Truppen die Stellungen, ein Einsatz gegen England war nun nicht mehr möglich. Das »Unternehmen Wiese«, wie der geplante Beschuß der englischen Hauptstadt mit dieser, von der Truppe »Tausendfüßler« genannten Waffe bezeichnet wurde, kam nicht zustande.

Es wurde nun eine verkürzte Waffe vorbereitet, deren Einsatz im Rahmen der Ardennen-Offensive erfolgen sollte. Das neue, 28 000 kg schwere Gerät mit der Bezeichnung »LRK 15 F 58« bestand aus einem Bodenstück der 15-cm-s.F.H. 18, zwölf Zwischenstücken mit je zwei Ladekammern und dreizehn glatten Rohren. Das ergab eine Gesamtlänge von 50 010 mm. Verschossen wurde die 15-cm-Sprgr. 4481 von 97 kg, die durch den abfallenden Treibspiegel im Flug 85 kg wog. Die Treibladung bestand aus einer 5 kg schweren Grundladung und 24 Zuladungen, insgesamt 72,8 kg. Bei einer V_0 von 935 m/s errechnete man eine maximale Schußweite von 49 265 m.

Mitte Dezember bereitete dann ein 30 Mann starkes Vorkommando der Artillerie-Abt. 705, durch 38 Mann der OT unterstützt, südöstlich von Trier beim Bahnhof Lampaden am linksseitigen Ufer der Ruwer zwei Stellungen vor.

Das Geschütz war in einem Winkel von 34° auf eine 60 cm starke Betonunterlage montiert. Beim Abschuß entstand ja ein Bodendruck von fast 90 t. Unterstützt wurde das Rohr von einer Stahl-Holz-Konstruktion, die 21 500 kg wog. Von der in der Aufstellung befindlichen Einheit für den Einsatz dieser neuen Waffe standen nun 557 Mann bereit. Am 28. Dezember rückte die 1. Batterie der Art.Abt. 705 in die feuerbereite Stellung ein. Aus den Munitionsbeständen, 1944 waren 365 neue Granaten produziert worden, trafen am 29. Dezember 44 Schuß ein. Um 22.16 Uhr fiel am 30. Dezember der erste scharfe Schuß – Ziel: Luxemburg, V_0 884 m/s, Entfernung 42,5 km.

Bis in die Neujahrsnacht hinein folgten weitere 27 Schuß. Das zweite Geschütz eröffnete das Feuer am 3. Januar 1945. Aus beiden Stellungen wurden bis zum 5. Januar weitere 16 Granaten verschossen.

Die dann am 10. Januar gelieferten 60 Granaten reichten drei Tage. Der nächste Nachschub bestand aus 43 Stück. Nachdem dann nochmals 10 Granaten eintrafen, wurde am 22. Februar nach dem Verschuß von insgesamt 157 Schuß das Feuer eingestellt. Wegen Munitionsmangel sind die Geschütze Nr. 3 und 4 überhaupt nicht zum Einsatz gekommen. Die Wirkung war minimal, sie entsprach etwa der einer s.F.H.-Granate. Die Streuung betrug bis zu 5 km.

Vorbereitungen für einen Einsatz gegen Antwerpen sind zwar noch angelaufen – mit einer auf 120 kg erhöhten Treibladung wollte man eine Schußweite von 65 km erreichen –, die

Das blieb von der HDP – ein Haufen Schrott in Amerika

Geschütze sind aber nicht mehr in Stellung gebracht worden. Ein Befehl vom 24. Januar ordnet zwar noch die Fortführung der Entwicklung an, der SS-Gruppenführer Kammler, dem damals alle Fernkampfwaffen unterstanden, ließ jedoch am 6. Februar 1945 alle Arbeiten an der »Hochdruckpumpe« einstellen. Das Waffenamt hatte von 700 bestellten Granaten 1945 noch 297 Stück abgenommen.

Die Amerikaner haben eine der großen »Hochdruckpumpen« nach dem Armeeprüfplatz in Aberdeen/USA verbracht, dort ist die Waffe ohne Erhöhung zur Demonstration z. T. montiert worden. 1947 wurde sie verschrottet.

Die Fernrakete A 4

Um die Entwicklung dieser völlig neuen Waffe zu verstehen, ist eine Vorgeschichte unbedingt notwendig:

Da das Versailler Diktat von 1919 den deutschen Truppen nur bestimmte Waffen erlaubte, deren Schußweite stark eingeschränkt war, interessierte sich das Waffenamt für alle Entwicklungen, mit denen man die Schußweite steigern konnte.

Da war am 5. Juli 1927 der **VfR** (Verein für Raumschiffahrt) gegründet worden, der später in der Nähe Berlins einen Raketenflugplatz unterhielt – eine Rakete, das schien eine Waffe zu sein, die Zukunft hatte. Bei einer Besprechung am 17. Dezember 1930 entschied Oberst Karlewski vom WaA, die Leistungen untersuchen zu lassen und die entsprechenden Forschungen mit 200 000,– RM jährlich zu unterstützen.

Als erstes wurde ein Auftrag an die Firma *Heyland* für einen Raketenofen, der 20 kg Schub entwickeln sollte, vergeben. Die Konstruktion war aber mit 180 kg viel zu schwer geworden. Nun fuhren drei Mann vom WaA zum Raketenflugplatz des VfR und überredeten den Ing. Nebel, auf dem 27 km südlich Berlin gelegenen Artillerieprüfplatz Kummersdorf eine Rakete vorzuführen. Die dort im August 1932 gestartete 3600 mm lange Rakete von 20 kg Gewicht ging jedoch in 70 m Höhe in eine horizontale Bahn über und stürzte ab.

Da es nicht gelang, die Industrie an derartigen Entwicklungen zu interessieren, beschloß nun das Waffenamt, diese Versuche selbst durchzuführen. Im Oktober entstand dann in Kummersdorf die Versuchsstelle West, die ab 1. November der Luftfahrt-Ing. v. Braun als Zivilangestellter der Reichswehr leitete. Die mit einem Raketenantrieb, Brennkammer genannt, von 300 kg Schub begonnenen Versuche gingen aber nur langsam voran – das Gebiet war völliges Neuland, und immer wieder gab es Fehlschläge, im März 1934 sogar eine schwere Explosion mit drei Toten.

Ein Schritt voran war dann das **Aggregat 1,** eine 150 kg schwere Rakete von 1400 mm Länge und 300 mm Durchmesser. Unter Druck stehender Stickstoff sollte eine 40-kg-Treibstoffmischung aus Alkohol und flüssiger Luft in die Brennkammer drücken und dabei für 16 Sekunden einen Schub von 300 kg erzeugen. Der in der Raketenspitze untergebrachte Stabilisierungskreisel schien jedoch keine gute Lösung, und man verzichtete auf einen Start.

Beim neuen Entwurf des **A 2,** wie man die Geräte nunmehr abkürzte, hatte man den Kreisel in die Mitte verlegt, der Raketenkörper war, einer alten Formel der Konstrukteure von Granaten folgend, mit 1350 mm 4,5 Kaliber lang.

Anfang Dezember 1934 wurden zwei Stück, Max und Moritz genannt, von der Insel Borkum gestartet – sie erreichten eine Höhe von 2200 Meter. Man erkannte aber nun, daß die geplanten größeren Schußweiten ein ganz anderes Gelände als Kummersdorf forderten.

Nachdem im März 1936 Gen.Oberst v. Fritsch, der Oberbefehlshaber des Heeres, die Versuchsstelle West besucht hatte, wurde in Zusammenarbeit mit der Luftwaffe eine neue

Entwicklungsstelle geplant. Das Heer investierte dafür sechs, die Luftwaffe fünf Millionen RM.

Bei dem Standort hatte man sich zuerst für den südlichen Teil der Insel Rügen entschieden, dann wurde aber doch die Insel Usedom gewählt – das ergab eine ideale Schußbahn von fast 400 km entlang der pommerschen Küste. Im April zahlte dann die Luftwaffe 750 000,– RM für das Gelände, der Aufbau der Heeresversuchsanstalt Peenemünde konnte beginnen.

Der Entwicklungslinie weiter folgend, wurde nun das **A 3** entworfen, eine 6743 mm lange Rakete von 673 mm Durchmesser und 750 kg Gewicht. Man erwartete für 41 s einen Schub von 1500 kg. Messungen im Windkanal zeigten aber ein schlechtes Stabilitätsverhalten bei Überschallgeschwindigkeiten, eine andere Flossenform mußte gefunden werden. Im April 1937 war man nach Peenemünde umgezogen, und das erste A 3 wurde dort am 4. Dezember gestartet – Versager; Änderungen, mehr Änderungen und wieder Versager, vier Fehlstarts in einer Woche.

Man beschloß nun, unter Verwendung des Triebwerkes eine neue Rakete, die **A 5,** mit einer völlig anderen Steuerungsanlage zu entwerfen. Der Körperdurchmesser wurde auf 700 mm vergrößert, der Schwerpunkt an der nun 5825 mm langen Rakete weiter nach hinten verlegt. Die Spannweite des Leitwerkes war von 930 mm auf 1330 mm erhöht worden. Die Brennkammer lag jetzt viel weiter hinten, und die teueren Molybdän-Ruder im Abgasstrahl waren durch wesentlich größere aus Graphit ersetzt worden.

Hitler hatte am 23. März 1939, es war Dr. v. Brauns 27. Geburtstag, den Versuchsplatz in Kummersdorf besichtigt, wo man ihm unter anderen einen Statiklauf des A-5-Triebwerkes vorführte. Auf eine finanzielle Unterstützung für eine große militärische Rakete angesprochen, gab er zur Antwort: »Stellen Sie mir einen Zeitplan auf vom Reißbrett bis zur Übernahme durch die Truppe.« Auf Anweisung von Oberst Dornberger hatte man aber schon seit Sommer 1936 an den Grundlagen für so eine Fernrakete gearbeitet, sie trug die Bezeichnung **A 4.**

Es war ein Startgewicht von 12 t geplant, bei einer Ausströmgeschwindigkeit der Gase von 2100 m/s erhoffte man für die Rakete eine maximale Geschwindigkeit von 1500 m/s. Für eine Brennzeit von 60 Sekunden und einem Schub von 25 t waren einschließlich des für die Verbrennung mitzuführenden Sauerstoffes etwa 8 t Treibstoff notwendig.

Kurz nach Kriegsbeginn bemühte man sich um eine Einstufung der Fernrakete als kriegswichtiges Vorhaben; vom schnellen Sieg in Polen beeindruckt, entschied aber Hitler am 23. Oktober 1939, daß die Rakete für die weitere Kriegführung nicht notwendig sei, und am 13. November kürzte dann das Waffenamt nicht nur die Materialzuteilungen, sondern auch den Etat für 1940 von 50 auf 25 Millionen RM.

Der Ausbau der **HVP** (Heeresversuchsanstalt Peenemünde) hatte bis August 1939 bereits 300 Millionen RM gekostet, mit den Vorbereitungen für die Serienfertigung stiegen diese Kosten und erreichten im Februar 1940 fast 550 Millionen.

Die Entwicklung wurde aber weitergeführt, und der erste Motor für die Fernrakete A 4 absolvierte am 21. März 1940 seinen Probelauf. Durch die geänderte militärische Lage bedingt, erhielt das Fernraketenprogramm im März 1941 die höchste Dringlichkeitsstufe, am 12. September lag dann das erste Produktionsprogramm vor. Peenemünde sollte monatlich 125 Raketen herstellen, die in zwei anderen Werken zu fertigende Großserie sollte aber 12 500 je Monat betragen. Im März 1942 wurde die Dringlichkeitsstufe wieder aufgehoben, jetzt mußte man schnell handeln, ehe das Projekt ganz eingestellt wurde. Am 14. April legte die **HAP,** man nannte das Werk nun Heeresanstalt Peenemünde, eine Mappe mit dem Titel »Vorschläge für den Einsatz der Fernrakete A 4« vor – die Reaktion Hitlers: Er befahl, daß aus Sicherheitsgründen alle Mappen bis auf drei vernichtet wurden. Einen Erfolg hatte Peenemünde sowieso nicht zu melden, die erste am 25. Februar 1942 fertiggestellte Rakete war am 18. März auf dem Prüfstand explodiert. Am 29. April war die nächste Rakete fertig – um sich zur Fortführung der Entwicklung die notwendigen Rohstoffe zu sichern, hatte man

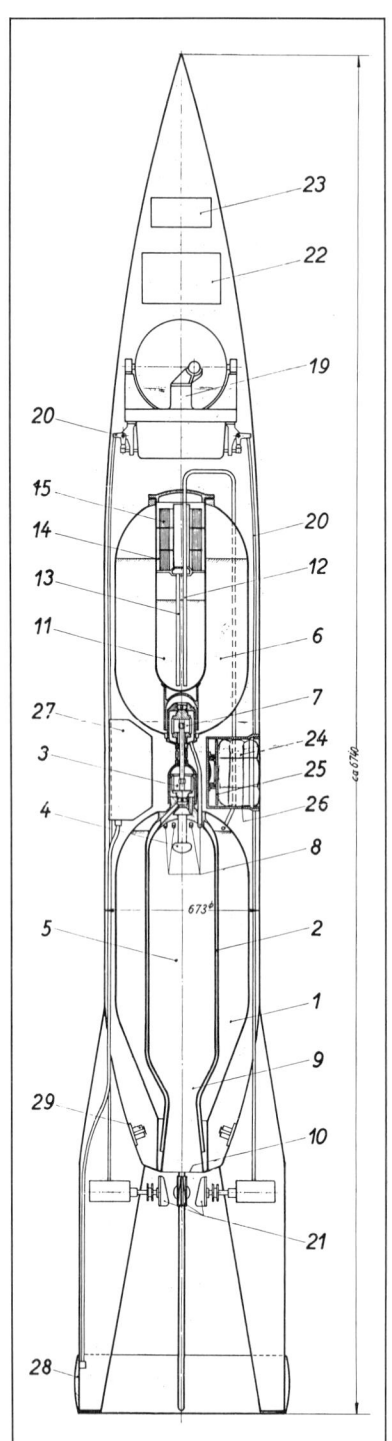

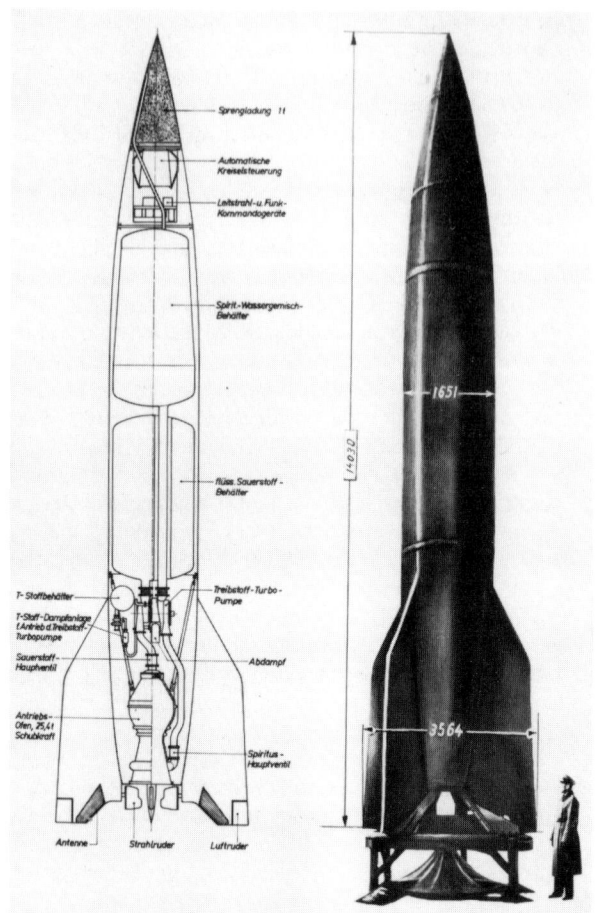

A 4 – später als V 2 eingesetzt

Das A 3 im Schnitt

den Minister Speer zum Start eingeladen – 13. Juni, das A 4 wurde gezündet, die Treib-stoffpumpe versagte, Schußweite: 1,3 km.

Die dritte Rakete hatte am 16. August eine viel zu steile Flugbahn, sie zerbrach in der Luft. Der 3. Oktober brachte endlich den lang gesuchten Erfolg, in 296 Sekunden flog ein A 4 über eine Strecke von 190 km, wenn auch mit einer seitlichen Abweichung von 18 km vom Zielpunkt.

Nach einem nicht so gelungenen Schuß mit 147 km Weite am 21. Oktober folgte wieder eine Reihe von Fehlschlägen. Man unternahm nun erneute Versuche mit dem A 5, das man zu einem Gleiter umgebaut hatte. Im Startgewicht, das sich jetzt von 825 kg auf 1040 kg erhöht hatte, waren 185 kg Alkohol, 161 kg Sauerstoff und an Stelle einer Förderpumpe 16 kg unter Druck stehender Stickstoff enthalten. Es wurde für 38,5 s ein Schub von 1550 kg erreicht. Dieser Gleiter, in der Luft von einer He 111 gestartet, trug ein Kreuzleitwerk von 1665 mm Spann, er diente nur Stabilitätsversuchen. Nach weiteren nicht gelungenen Versuchsschüssen flog am 14. April 1943 eine A 4-Rakete 287 km weit, schlug aber mit einer Rechtsabweichung von 38 km auf dem Land ein. Am 26. Mai tagte dann die Kommission für Fernschießen in Peenemünde, ein Vergleichsschießen sollte entscheiden, welche der Waffen, das A 4 oder die Fi 103 (die später als V 1 eingesetzt wurde), für den Einsatz in die Serienproduktion gehen sollte. Obwohl die beiden Fi 103 nach kurzem Flug abstürzten, die A 4-Rakete aber mit Schußweiten von 265 und 138 km beeindruckte, beschloß man, beide Waffen in die Fertigung zu geben. Als ob das Heer sich nun für diese Entscheidung rächen wollte, traf eine am 29. Juni anläßlich des Besuches von Reichsführer SS Himmler verschossene Rakete den 3 km entfernten Flugplatz der Erprobungsstelle der Luftwaffe und zerstörte drei Flugzeuge. Erst die zweite Rakete funktionierte eine Stunde später und schlug in einer Entfernung von 236 km ein. Die Leistungen kamen nun auch Hitler zu Ohren, und er wünschte am 7. Juli den militärischen Leiter der Versuchsanstalt, Gen.Maj. Dornberger, und die für den technischen Bereich verantwortlichen Dr. v. Braun und Steinhoff zu sehen. Der Film vom 3. Oktober 1942 – der 1. erfolgreiche Start – wurde vorgeführt, Hitler zeigte sich sehr interessiert und wollte eine Nutzlast von 5, besser 10 t. Obwohl man ihm erklärte, daß der Sprengkopf dieser Rakete nur 1000 kg Sprengstoff enthalten würde, erhielt das A 4-Programm nun die höchste Dringlichkeitsstufe in der Rüstung. Wir wollen aber nun die technischen Einzelheiten dieser Fernrakete betrachten.

Die in der vom Zeppelin bekannten Gitterkonstruktion aufgebaute Rakete war 14 026 mm lang und besaß einen Durchmesser von 1651 mm. Das Heck trug vier Leitwerksflossen mit einer Spannweite von 3564 mm, die für den Transport den Abmaßen der Eisenbahntunnels angepaßt war. Nicht aufgetankt wog dieser Körper 4075 kg, dabei enthielt der 975 kg schwere und 2010 mm lange Kopf aus 6 mm starkem Stahl anfänglich 738 kg Sprengstoff. Da sich die Außenhaut, wenn die Rakete aus 90 km Höhe wieder in die dichteren Luftschichten eintrat, bis auf 680° C erhitzte, hatte man das weniger empfindliche Amatol (Fp 60/40) gewählt. Ein statisch gesprengter Kopf erzielte übrigens einen Trichter von 14 m Durchmesser und 7 m Tiefe. Durch einen verfeinerten elektrischen Zünder gelang es später, den Zündzeitpunkt so abzustimmen, daß ein wesentlich flacherer Trichter mit erhöhter Luftdruckwirkung auf den Umkreis entstand. Im Einsatz hat man dann die Wirkung noch durch eine zusätzliche 240 kg schwere Ringladung aus einer Tri/Hexogenmischung wesentlich erhöht, diese Ladung ragte in den Steuergeräteraum hinein.

Aufgetankt wurden 3710 kg einer Mischung aus 75prozentigem Methylalkohol und Wasser, B-Stoff genannt, und 4900 kg A-Stoff, wie der flüssige Sauerstoff hieß. Der A-Stoff war extrem kalt, minus 183° C, er konnte nur in entsprechender Schutzkleidung gehandhabt werden. Dieser flüssige Sauerstoff hatte eine hohe Verdunstungsrate, für die 4900 kg in der Rakete mußten 6400 kg ab Werk gefahren werden. Die 175 kg T-Stoff, das war 80%iger Wasserstoff, und die 22 kg Z-Stoff (eine Mischung aus $\frac{1}{3}$ Natriumpermangat und $\frac{2}{3}$ Wasser) wurden zum

Das 865 kg schwere Heck

Die Brennkammer – »Ofen« genannt –
war ein Teil des 1015 kg schweren
Antriebsblocks

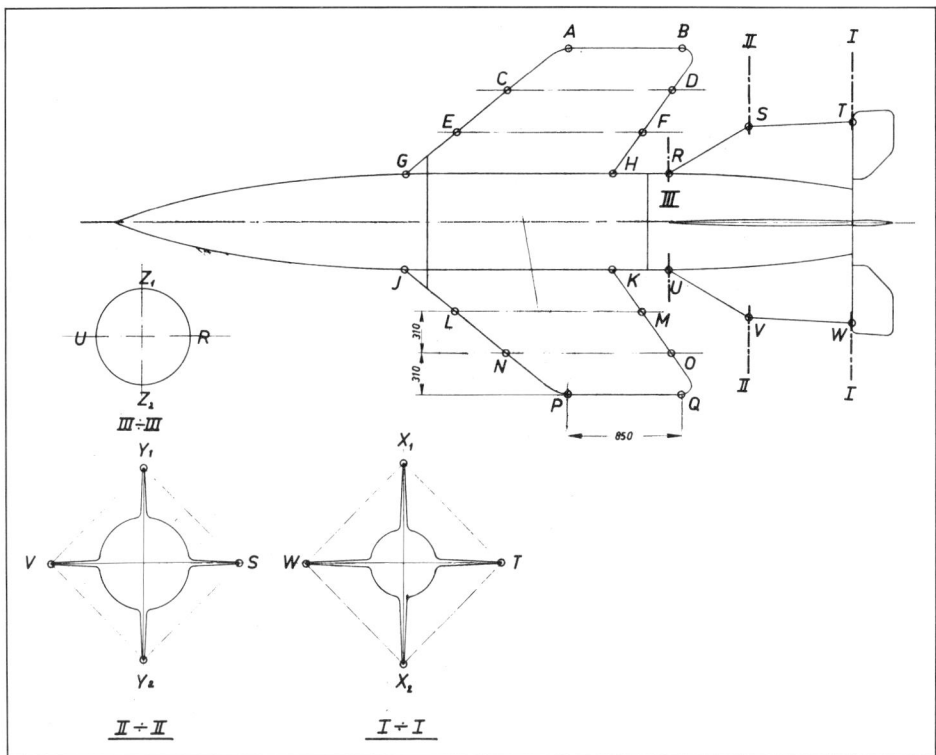

Der A 7-Entwurf

Antrieb einer 580-PS-Turbine benötigt. Preßluft drückte diese Stoffe mit 32 atü in diese Turbine, die Verbrennung erfolgte hypergol, und 385° C heißer Dampf brachte die Turbine auf 3800 U/min, die wiederum die Förderpumpen antrieb. Pro Sekunde mußten 58 kg Alkohol mit 23 atü durch 1224 Einspritzdüsen und 72 kg Sauerstoff mit 17,5 atü durch 2160 Düsen in die Brennkammer gedrückt werden, die dann dort bei 15 atü Druck eine Verbrennungstemperatur von 2500° C erreichten.

Die Rakete wurde senkrecht von einem Abschußtisch gestartet, der Anfangsschub von 3 t diente dazu, die richtige Verbrennung zu beobachten. Drei Sekunden später steigerte sich der Schub auf 25 t, die Rakete hob ab. Fünf Sekunden danach wurde sie in ihre Flugkurve eingelenkt. In etwa 29 km Höhe wurde durch ein Funkkommando oder ein eingebautes Integrationsgerät die Treibstoffzufuhr abgeschaltet und durch Funk der Zünder scharf gemacht. Die Rakete stieg nun bis auf etwa 90 km Höhe, um dann in einer ballistischen Kurve das Ziel zu treffen. Die beim Start fast 13 t schwere Rakete erreichte nach 63 s die Höchstgeschwindigkeit von 1500 m/s und schlug nach einer Gesamtflugzeit von etwa 320 s mit 933 m/s im etwa 300 km entfernten Ziel ein. Dabei betrug die Auftreffwucht 191 Millionen mkg. Ende 1944 gelang es durch verschiedene Änderungen, die Schußweite auf fast 340 km zu steigern.

Für eine derartige Rakete wurden ohne die Geräteeinbauten und ohne den Sprengkopf 6967 kg Rohmaterial, davon allein 3112 kg Bleche verschiedener Stärken benötigt.

Das **A 6** mit dem Motor vom A 5 war eine nicht gebaute Studie, die als Treibstoff Salpetersäure und Kerosin verwenden sollte. Für den **A 7**-Entwurf, die Marine hatte sich für einen

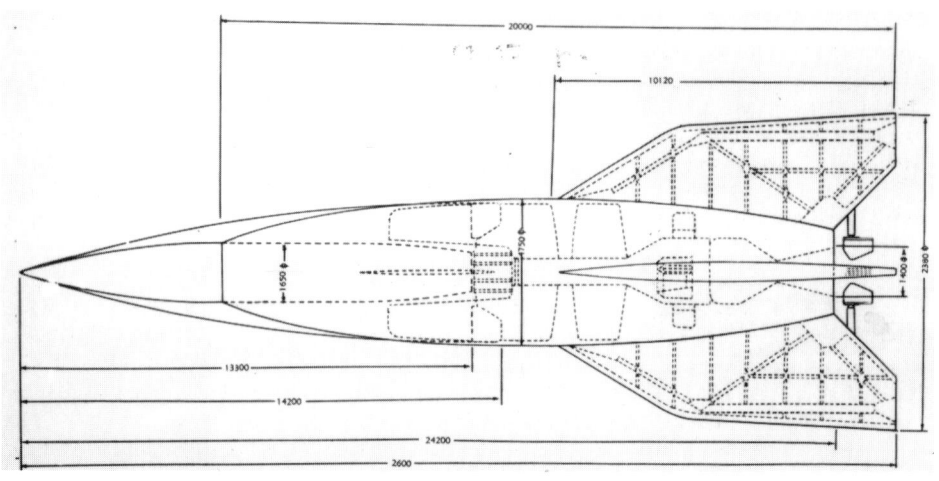

▲
Die Zweistufenrakete A 9/10

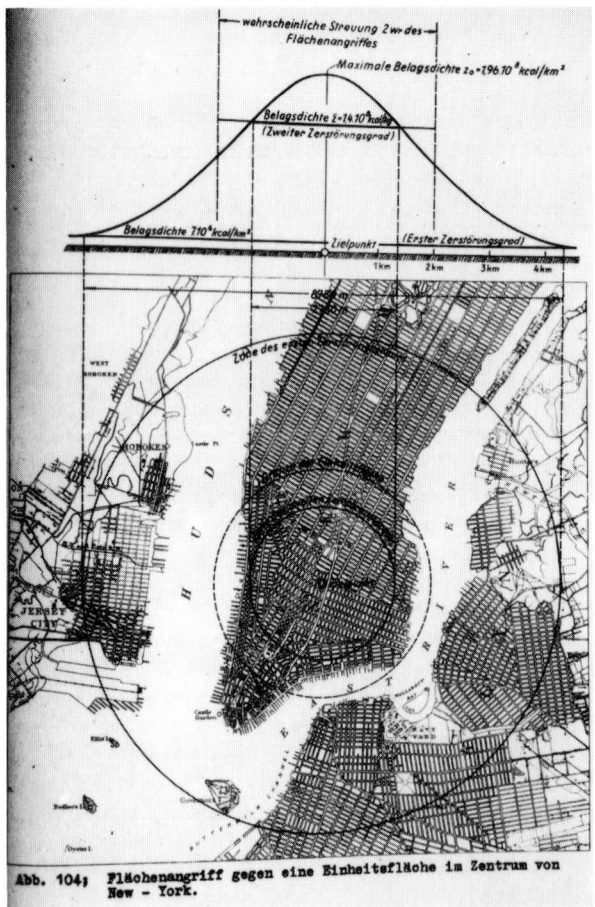

Abb. 104; Flächenangriff gegen eine Einheitsfläche im Zentrum von New - York.

Zielvorschlag New York City

Flugkörper interessiert, hatte man das Gleitermodell vom A 5 verwendet. Der Körperdurchmesser blieb, durch neue Leitwerksflossen von 1612 mm Spann änderte sich die Gesamtlänge zu 5908 mm. Der Schub sollte 1,8 t betragen. Der Marine waren aber die Abmessungen zu groß, die geforderte kleinere Ausführung wurde nicht mehr ausgearbeitet.

Vom **A 8** gab es eine ganze Anzahl Entwürfe, der erste, etwa in der Größe des A 5, zeigte einen Antrieb mit Salpetersäure und Gasöl, der 3,4 t Schub entwickeln sollte. Vom November 1941 datieren die Entwürfe für die Hochdruck-Raketen. Der erste, auf A 4-Größe ausgelegt, sollte, von 8330 kg Salbei (das war der Deckname für die Salpetersäure) und 1670 kg Gasöl angetrieben, 50 t Schub entwickeln und einen 2000-kg-Sprengkopf 300 km weit tragen. Wesentlich größer war der nächste Entwurf, bei einem Startgewicht von 22 370 kg betrug die Treibstoffmenge 14 295 kg Salbei und 2860 kg Gasöl. Bei einer Brennzeit von 103 s und einem Schub von 35 t ermittelte man eine Höchstgeschwindigkeit von 7380 km/h, und das sollte ausreichen, einen 2500 kg schweren Sprengkopf 450 km weit zu tragen. Es sind wohl noch verschiedene Modelle mit geänderten Leitwerken für Windkanalerprobung hergestellt worden, gebaut wurde aber keiner dieser Entwürfe.

Das **A 9** findet sich bereits auf einer Entwurfszeichnung vom 10. Juni 1940 als Endstufe einer zweistufigen Atlantikrakete. Das 18 750 kg schwere Geschoß sollte 2500 kg Sprengstoff tragen. Als Treibstoff war eine Mischung von 9704 kg Salpetersäure und 2426 kg Gasöl vorgesehen. Die Startrakete, mit **A 10** bezeichnet, sollte einen Durchmesser von 4150 mm besitzen, ein Leitwerk von 9000 mm Spann hätte diese 89,25 t schwere Rakete stabilisiert. Die in 82 s verbrennende Treibstoffmischung bestand aus 55 380 kg Salpetersäure und 13 845 kg Gasöl, die 180 t Schub entwickeln sollten.

Nach dem Start der zweistufigen Kombination, die eine Länge von 26 000 mm hatte, sollte sich das A 9 in 190 km vom A 10 trennen, eine Gipfelhöhe von 350 km erreichen und in etwa 35 Minuten 5500 km zurücklegen. Wegen der Dringlichkeit, die A 4-Entwicklung abzuschließen, wurde dieses Projekt nicht weiter verfolgt. Mit dem Entwurf des Sänger-Raketenbombers vom August 1944 kam aber ein möglicher Angriff auf Amerika wieder ins Gespräch. Die Karte zeigt für New York den Zielpunkt in Manhattan.

Für das A 9 gab es übrigens auch einen Entwurf mit einem Piloten, dabei war an Stelle der einen Leitwerksflosse unter dem Rumpfheck ein zusätzliches Marschtriebwerk angebaut. Das 15 750 mm lange Geschoß besaß ein Dreibein-Fahrwerk und um 45° gepfeilte Tragflächen mit 10 000 mm Spannweite.

Eine kleine Gruppe in Peenemünde stellte übrigens damals bereits Überlegungen für Raumfahrtprojekte an, die genannte A 9/A 10-Kombination sollte dazu eine neue Startrakete von über 1500 t Schub erhalten.

Als man im Herbst 1944 nach Möglichkeiten für eine Reichweitensteigerung suchte, wurde auch das Prinzip untersucht, das Prof. Sänger von der Deutschen Forschungsgesellschaft für

Die bemannte A 9

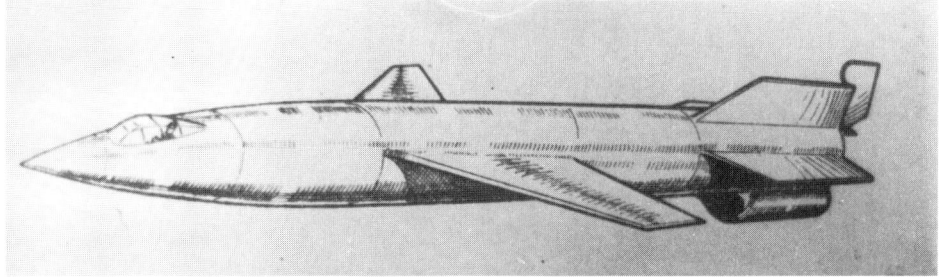

Segelflug für einen Fernbomber vorgeschlagen hatte. Bei der Abstiegsflugbahn sollte das Geschoß, aus der sehr dünnen Luftschicht kommend, auf der dichteren Schicht abprallen und in abklingenden Schwingungsamplituden einen langen Gleitflug durchführen.

Anfang Oktober 1944 wurde deshalb ein A 4 mit Tragflächen entworfen und am 24. eine Fertigung von fünf Stück festgelegt.

Man ging zuerst von einem Trapezflügel mit 6000 mm Spannweite aus und setzte dem Leitwerk zusätzliche Ruder an, wodurch sich der Spann auf 4678 mm erhöhte. In der Länge war diese Gleitbombe mit 13 807 mm etwas kürzer geworden. Der große Vorteil der Rakete, die hohe Geschwindigkeit, durch die sie für die Abwehr kein Ziel bot, wäre auf der langen Gleitbahn verlorengegangen. Die endgültige Fassung erhielt dann um 52° gepfeilte Tragflächen von 13,5 m² Fläche und hatte ein um 1350 kg größeres Leergewicht. Nach dem mißglückten ersten Start am 27. Dezember 1944 wurde der Auftrag auf 20 Stück erhöht, das zweite Muster am 8. Januar 1945 war aber auch wieder ein Fehlschlag. Erst die dritte **A 4b**, man hatte wegen des zu verantwortenden Materialverbrauchs die Kennzeichnung der Einsatzrakete beibehalten, war ein Teilerfolg. Am Beginn der Gleitflugbahn brach ein Flügelholm, die volle

A 4 b kurz vor dem Start

Schußweite, die man mit 750 km errechnet hatte, konnte nicht erreicht werden. Infolge der militärischen Lage ist dieses Projekt nicht weitergeführt worden.

Ein weiteres Projekt zur Reichweitensteigerung, das auf einer Erhöhung der Endgeschwindigkeit beruhte, wurde im Dezember 1944 untersucht.

Man wollte das A 4 mit einem großen Trommsdorff-Antrieb, der bereits in dem entsprechenden Abschnitt erklärt wurde (S. 137 ff.), kombinieren. Mit einem verkleinerten Treibstoffvorrat sollte die Rakete bis auf 560 m/s beschleunigt werden, in etwa 20 km Höhe sollte das Trommsdorff-Triebwerk einsetzen, und mit einer Endgeschwindigkeit von 1980 m/s erhoffte man sich eine Steigerung der Schußweite auf 400 km. Die Berechnungen wurden Ende Januar 1945 wieder abgebrochen.

Als im Sommer 1942 der bereits erwähnte Dr. Steinhoff seinen Bruder, den Kommandanten von U 511, eines U-Bootes der IX-C-Klasse, traf, entschied man sich für den inoffiziellen Versuch, Raketen von einem getauchten Boot abzuschießen. Es wurden Wurfrahmen auf dem Deck montiert, und am 4. Juni starteten erstmals 30-cm-Wurfkörper, wie sie für die Nebelwerfer des Heeres vorlagen, aus dem Wasser und erreichten eine Schußweite von 4 km.

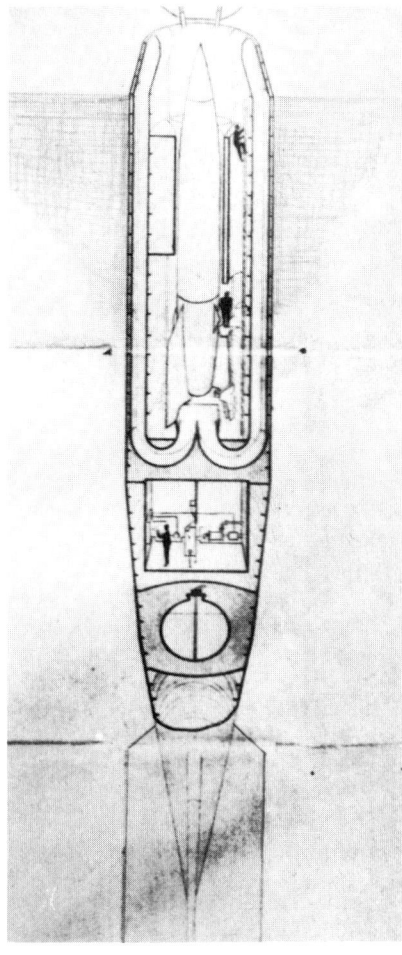

Projektname: Prüfstand XII – das A 4 aus dem Wasser
zu verschießen

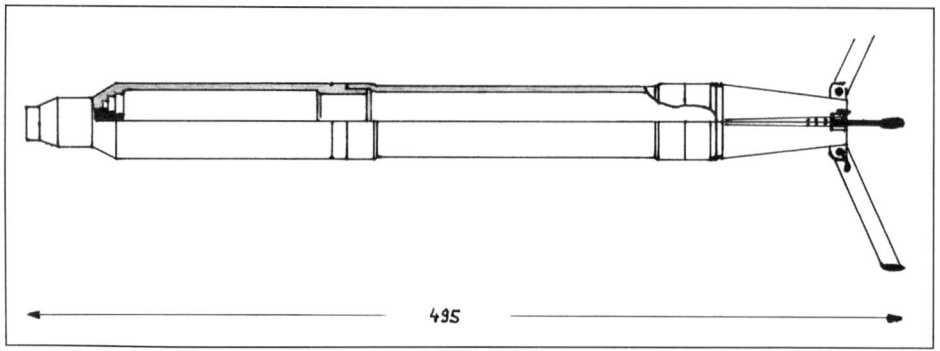

435

Klein-Rakete vom Planet-Projekt

Die Versuche verliefen zufriedenstellend und führten später zum Projekt »Ursel«, für das die Kriegsmarine bei der Firma *Rheinmetall-Borsig* noch größere Raketen entwickeln ließ.

Das System konnte natürlich nicht für die große A 4-Fernrakete angewendet werden. Aber auch für einen derartigen, zum Beschuß der amerikanischen Küste geplanten Einsatz fand man eine Lösung. U-Boote sollten die Rakete in einem 500 t großen Behälter von 32 170 mm Länge und 5500 mm Durchmesser in die Nähe der gegnerischen Küste schleppen. Dort wollte man das Heck dieses Behälters so weit fluten, daß er, nun senkrecht stehend, etwa 5 m aus dem Wasser herausstand. Mit den im Behälter vorhandenen Treibstoffen wollte man dann die Rakete auftanken. Kreiselstabilisiert hätte das sicherlich eine ausreichende Plattform für den vom U-Boot durch Funk ausgelösten Abschuß ergeben. Ein Problem wäre der Verlust an Sauerstoff durch die Verdunstung geworden, denn das U-Boot wäre bei 12 sm etwa 30 Tage unterwegs gewesen.

Der Unterwasserschlepp wurde mit U 1063 erprobt und zeigte kaum Probleme. Für den Einsatz waren die Elektro-Boote vom Typ XXI vorgesehen. Die ersten Besprechungen zur Lösung der technischen Fragen führte Dr. Dickmann von der mit dem Bau beauftragten *Stettiner Vulkan-Werft* am 9. Dezember 1944 – die drei begonnenen Muster sind aber nicht mehr fertig geworden.

Ein anderes, Ende 1944 vorgelegtes Projekt sah die Verwendung des umgeänderten A 4 zur Bekämpfung der feindlichen Bomberpulks vor. Anstelle des Sprengkopfes sollten in einem wabenförmigen Behälter 427 kleine Raketen von 44,5-mm-Kal. untergebracht werden. Diese Raketen befanden sich beim Reichsforschungsrat bereits für das Planet-Projekt in der Entwicklung. Unterhalb der Bomber ausgelöst, sollten diese Geschosse eine schrotschußartige Garbe bilden, wobei die Raketen, die im ersten Anflug keinen Treffer erzielten, den Bomberpulk erneut auf kreisförmigen Bahnen durchstoßen sollten. Die militärische Lage verhinderte eine weitere Ausarbeitung.

Doch zurück zur eingesetzten Fernrakete A 4: Die Serienfertigung sollte in Friedrichshafen bei den *Zeppelinwerken*, in den *Rax*-Werken bei Wiener Neustadt und in Peenemünde selbst stattfinden. Das erste Lieferprogramm sah bis Ende 1943 die Fertigung von 1540 Raketen vor. Dann wurde aber das Werk in Friedrichshafen in der Nacht zum 21. Juni 1943 von englischen Bombern angegriffen, die *Rax*-Werke am 13. August – dabei wurde aber die wichtigste Halle nicht getroffen. Das Entwicklungswerk Peenemünde selbst wurde dann in der Nacht zum 18. August von 560 Bombern schwer getroffen – 732 Menschen wurden dabei getötet, unter den 120 Deutschen befand sich eine Anzahl unersetzlicher Fachkräfte.

Auf Grund dieser Angriffe wurde beschlossen, die Produktion in ein unterirdisches Werk zu verlegen. Man entschied sich für bereits vorhandene Stollen eines nicht mehr im Betrieb stehenden Gips-Bergwerkes unter dem Kohnstein bei Nordhausen/Harz und nannte die Fertigungsstätte »Mittelwerk«. Der Ausbau kostete 17,8 Millionen RM, die Produktion lief im Oktober 1943 an, und Anfang Januar 1944 konnten die ersten Raketen abgenommen werden; wie sich später herausstellte, aber so schlecht gefertigt, daß fast alle unbrauchbar waren. Ohne die elektrische Einrichtung, die danach von der Firma *Demag* – Berlin installiert wurde, und ohne den Sprengkopf, den die *Voss*-Werke in Sarstedt separat an die Heeres-Munitionsanstalten lieferten, lauteten die Abnahmezahlen bis Ende März 1945:

Januar 1944	50	September 1944	629
Februar 1944	86	Oktober 1944	628
März 1944	174	November 1944	662
April 1944	253	Dezember 1944	618
Mai 1944	436	Januar 1945	690
Juni 1944	148	Februar 1945	616
Juli 1944	86	März 1945	490
August 1944	374		

Von dem A 4 wurden bis zum April 1945 von den bestellten 12 000 Stück durch das Mittelwerk 5940 geliefert, von denen aber nach der Abnahme 19 wieder verschrottet wurden. Der Durchschnittspreis betrug dabei ohne den Sprengkopf und die Treibstoffe 119 600 RM je Stück. Peenemünde hatte einschließlich der A 4b-Umbauten zur Entwicklung und zu den langwierigen Versuchen selbst 238 Raketen hergestellt; im Laufe der Erprobung wurden zusätzlich etwa 80 aus der Produktion des Mittelwerks entnommen.

Ab 6. April 1945 wurde im Mittelwerk nichts mehr gefertigt, Einheiten der amerikanischen 3. Panzer-Div. drangen am 11. in Nordhausen ein und fanden zum Abtransport verladen 54 mehr oder weniger beschädigte Fernraketen auf den Bahngleisen, weitere 35 lagen halbfertig auf den Montagebändern des Mittelwerkes.

Bis zum 1. Juni wurden dann diese Raketen und viele tausend Einzelteile – insgesamt über 400 t – mit 341 Güterwagen nach Antwerpen gefahren, dort auf 16 Liberty-Schiffe verladen und in die USA gebracht.

Für die Ausbildung an dieser neuen Waffe war aus dem Versuchskommando Nord (VKN), einer Gruppe von Technikern, die man aus den verschiedenen Wehrmachtsteilen zur Entwicklung des A 4 zusammengezogen hatte, im Juli 1943 die Lehr- und Versuchs-Batterie Köslin entstanden, die später aus Tarnungsgründen die Nr. 444 erhielt. Anfang September wurde die Artillerie-Abt. 836 und Mitte November die 485 aufgestellt.

Für den Einsatz plante man den Verschuß aus einem riesigen Bunker, der seit dem Sommer 1943 unter dem Decknamen »Kraftwerk Nordwest« bei Watten in Nordfrankreich im Bau war. In zwei Bombenangriffen, am 27. August und 7. September, wurde der Bau, für den man 200 000 t Beton und 20 000 t Stahl verbraucht hatte, von 484 Treffern zum größten Teil zerstört.

Nach vielen Diskussionen, in denen immer wieder auf die Verletzlichkeit der festen Abschußstellen trotz der 6–7 m starken Decken hingewiesen wurde, wurden wenigstens außer einem neuen Bunker 45 mobile Feldstellungen genehmigt.

Der neue Bunker, als Bauvorhaben 21 bezeichnet, war eine bei Wizernes über fast 5 ha verteilte unterirdische Anlage mit über einem Dutzend Seitenstollen und eigenem Gleisanschluß. Über dem 940 m² großen Montageraum mit einer Deckenhöhe von 20 m lag ein weiterer, 15 m hoher Raum, abgedeckt mit einer Eisenbetonschale von fast 60 m Durchmesser. Die Baukosten wurden auf 7,5 Millionen RM veranschlagt. Nach einigen Bombenangriffen im März 1944 wurde auch dieser Bunker am 30. April von 6 t schweren Bomben so stark beschädigt, daß man nach Beginn der Invasion die Bunker-Idee ganz aufgab.

Mit der Entscheidung für die mobilen Stellungen, die man nun auf 27 reduziert hatte, begann nun das zur Einsatzvorbereitung notwendige Scharfschießen. Es zeigten sich aber Mängel an

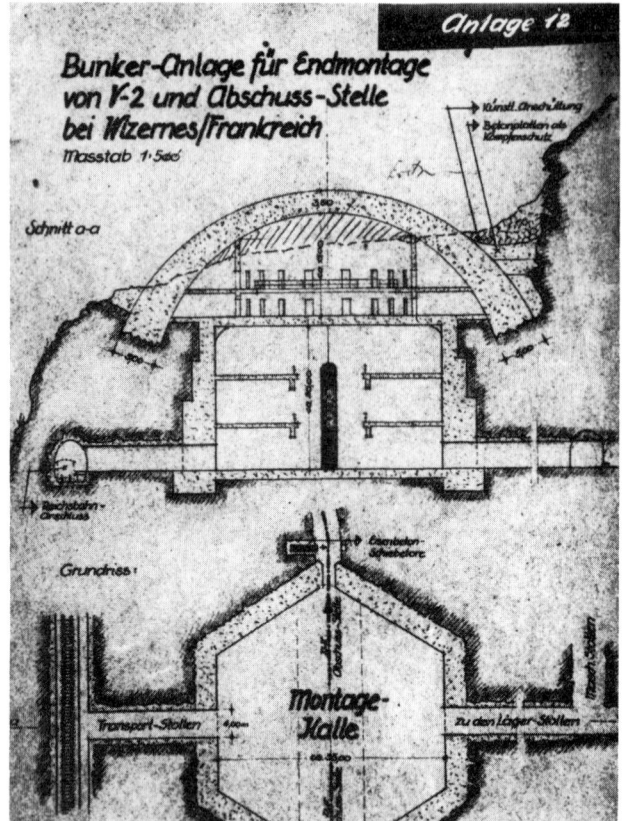

Ein Blatt aus der OT-Mappe für das Bauvorhaben 21   Ein gelungener A 4-Start

der Rakete und am Ausbildungsstand der Truppe: von den bis Ende März 1944 im Heidelager (ein SS-Truppenübungsplatz bei Blizna) gestarteten 57 A 4 hoben nur 26 beim Start ab, und davon zerlegten 19 Stück auf der absteigenden Flugbahn in der Luft – vom Rest trafen lediglich vier Raketen das Ziel.

Das im Mai fortgesetzte Erprobungsschießen zeigte etwas bessere Ergebnisse, die Luftzerleger blieben aber immer noch ein Problem.

Am 29. August befahl Hitler unter dem Eindruck des Falaise-Kessels und dem Vordringen des Gegners in Richtung Reims den schnellstmöglichen Einsatz der Fernrakete – das Unternehmen **Pinguin** begann. Eine Anordnung Himmlers, der damals Befehlshaber des Ersatzheeres war, entzog dem extra für diesen Einsatz aufgestellten LXV. Korps die Befehlsgewalt und setzte den SS-Gruppenführer Kammler als Bevollmächtigten für diese Vergeltungswaffe ein. Auf seinen Befehl hin wurde am 6. September aus der Lehr- und Versuchs-Batterie 444 und der Abt. 485 für den Beschuß Englands die Gruppe Nord gebildet; die 836. Abteilung als Gruppe Süd sollte Ziele auf dem Kontinent beschießen.

Die Batterie 444 stand am Morgen des 6. in den Ardennen 12 km westlich Vielsalm, sie sollte zwei Raketen nach Paris schießen – bei beiden versagte die Treibstoffzufuhr. Nach einem Stellungswechsel wurde am 8. morgens 8.34 Uhr von einem Punkt 16 km südlich Houffalize die erste Fernrakete gegen Paris geschossen – sie schlug am südlichen Stadtrand in der Nähe der Porte d'Italie ein.

In England hatte man, nachdem am 1. September nur vier V 1 weit verstreut eingeschlagen waren, am 7. erklärt: »Die Gefahr für London ist vorbei!«

Die Abteilung 485 stand aber im Raum Den Haag und bereitete sich zum Beschuß von London vor – am 8. schlug um 18.41 Uhr die erste Rakete in London ein, sie tötete drei Personen und zerstörte 80 Gebäude. Kurz danach traf die zweite freies Gelände, ohne Schaden anzurichten. Wenn man auch den Verschuß von 81 Raketen täglich geplant hatte, so wurden bis zum 18. nur 14 auf Festlandziele und 30 nach London verschossen. In England zählte man 25 Treffer, 60 Menschen verloren dabei ihr Leben – die Sachschäden aber waren beträchtlich: 516 Gebäude zerstört und 2098 beschädigt.

Mitte Oktober hatte man Hitler schwere Schäden in London durch den Raketenbeschuß gemeldet – in Wahrheit hatten bis zum 19. Oktober nur weitere 63 Fernraketen England getroffen, rechnerisch 1,2 Raketen pro Tag –, die Schäden waren diesmal gering, und nur bei dem Treffer in der Nacht zum 3. Oktober waren acht Menschen getötet worden.

Wie schon beim Einsatz der V 1 gab es anfänglich große Schwierigkeiten, technische Pannen – zeitweise gingen fast 50 Prozent der Raketen zur Instandsetzung zurück – und die immer noch auftretenden Luftzerleger.

Die *EMW (Elektromechanischen Werke),* das war der neue Name für das seit dem 1. Juni 1944 privatisierte Peenemünder Werk, hatten Ende Oktober aus der Erprobung noch über 60 Prozent Luftzerleger gemeldet – aber das Problem konnte durch die »Manschette«, eine Verstärkung an dem 6215 mm langen Mittelteil, das nur 737 kg wog, für die meisten Geräte gelöst werden.

Die Gruppe Süd hatte am 15. September das Feuer auf verschiedene Ziele in Belgien und Frankreich eröffnet, ab 12. Oktober war dann auf dem Kontinent Antwerpen, der Ausladehafen der Alliierten, das einzige Ziel. Bis Ende des Monats lagen von den seit Anfang September festgestellten 251 Treffern allein 112 im Raum Antwerpen.

Treffer in London

Seit dem 13. Oktober hatte auch die SS eine Einheit bei der Gruppe Nord, die Werfer-Batterie 500, im Einsatz.

Anläßlich der von dieser Batterie am 26. November – es war mit 33 Raketen der Tag mit dem bisher höchsten Verschuß – verschossenen 1000. Rakete wurde die folgende Statistik erstellt, aus der die Zielverteilung ersichtlich ist:

England:	London	254	Belgien:	Antwerpen	556
	Norwich	43		Lüttich	27
	Ipswich	1		Hasselt	13
Frankreich:	Lille	25		Tournai	9
	Paris	19		Mons	3
	Tourcoing	19		Diest	2
	Arras	6	Holland:	Maastrich	19
	Cambrai	4			

Der Gegner meldete bis zu diesem Zeitpunkt 274 Treffer in England und 706 auf dem Festland – es müssen also bei den letzteren Zielen einige Treffer der V 1 zu denen der Rakete gerechnet worden sein.

Von der V 2, der Wehrmachtsbericht vom 8. November hatte erstmals diese Bezeichnung verwendet, wurden die beiden Hauptziele – London hatte die Ziel-Nr. 0101 und Antwerpen 0304 erhalten – bis zum Jahresende von 447 bzw. 924 Raketen beschossen.

Am 9. Januar 1945 wurde Hitler in einer Lagebesprechung durch Gen. Jodl, dem Chef des Wehrmachtsführungsstabes, ein Treffer in das Rex-Kino in Antwerpen gemeldet – 1100 Tote und Verletzte.

Hitler, enttäuscht über alle bisherigen Erfolgsmeldungen: »Das wäre ja wohl der erste, richtige Treffer gewesen. Es hört sich so märchenhaft an, daß ich das nicht glaube. Wer ist denn der Agent, der das meldet – wird der von den Leuten bezahlt, die die V 2 starten?«

Nun, dieser Treffer am 16. Dezember in das fast vollbesetzte Kino hatte die höchsten Verluste des gesamten Einsatzes gebracht – 567 Tote und 291 Schwerverletzte, darunter 490 englische Soldaten.

Am folgenden Tag erlitt der Gegner einen erheblichen Materialverlust, bei Lüttich wurde ein Treibstofflager getroffen: über 1 500 000 l verbrannten.

Einen noch größeren Schaden verursachte am 19. Januar 1945 ein Treffer in ein Tanklager im Hafen von Antwerpen – 542 Feuerwehrleute kämpften über 2 Tage, verbrauchten über 10 Millionen l Löschschaum und konnten den Großbrand so weit eindämmen, daß von den 13 471 t Treibstoff nur 3557 t und 27 Tankwagen verlorengingen.

Gegen die Remagenbrücke, die am 7. März von der 9. US.Panzer-Div. fast unbeschädigt eingenommen wurde, verschoß die SS-Batterie 500 auf besonderen Befehl Hitlers am 17. mit der Leitstrahlnachführung zehn V 2 ohne Erfolg. Nur ein Treffer lag mit etwa 1 km Abweichung recht nah. Mit dem Leitstrahl, der nur bei dieser Einheit eingesetzt wurde, konnte infolge geringerer Seitenabweichungen zwar eine höhere Treffgenauigkeit erreicht werden, wegen seiner Anfälligkeit gegen feindliche Störungen wurde er aber beim Verschuß nur wenig verwendet.

Die beiden letzten Treffer in England am 27. März forderten nochmals hohe Verluste, 135 Menschen wurden getötet und 153 verletzt.

Am Morgen des 28. März 1945 schoß das 902. Artillerie-Regiment (die 485. Abt. hatte am 1. Januar diese Bezeichnung erhalten) noch zwei Raketen nach Antwerpen. Es wurde ein Treffer gemeldet, der keine Opfer forderte.

SS-Obergruppenführer Kammler – er war an dem Tag noch befördert worden – befahl zwar noch einen Einsatz aus dem Raum Uelzen gegen Küstrin, dem man die Ziel-Nr. 0501 zugeteilt hatte, aber die V 2-Offensive war zu Ende.

Raum Antwerpen:
V 2-Treffer vom 11. bis 18. Dez. 1944

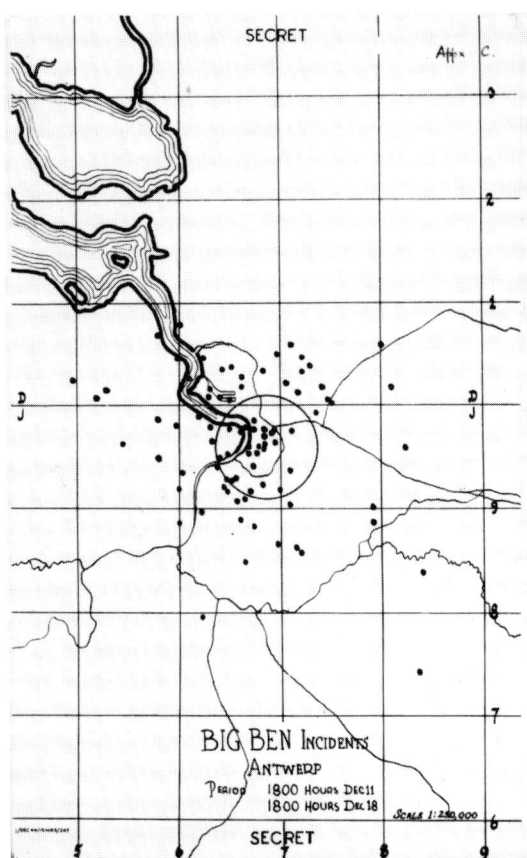

Teil des Heeres-Fernschreibens
Bb.Nr. 923/45 gKdos – Verschuß gegen
das Ziel 0309, die Brücke bei Remagen

Durch **Gruppe Süd**				3) **Auf Ziel 0309**			
aus Raum Westerwald (auf Ziel 0304)				durch SS-Werfer-Abt. 500			
16. 3. 45	1 Schuß	1.55 Uhr		17. 3. 45	1 Schuß	9.48 Uhr
		2.01 Uhr				10.31 Uhr
		6.23 Uhr				12.16 Uhr
		6.44 Uhr				15.17 Uhr
		8.35 Uhr				15.44 Uhr
		10.25 Uhr				17.49 Uhr
		14.58 Uhr				18.15 Uhr
		7 Schuß				18.29 Uhr
						20.20 Uhr
2 weitere Schüsse verliefen nicht normal						20.55 Uhr
						10 Schuß

Beobachtung wurde durch Heer.Gr.B. übernommen. A.K.z.V. entsandte außerdem Beob.Offz. in die HKL. Augenbeobachtung nicht möglich, da keine Einsicht in das Rheintal. Schallwahrnehmungen infolge Gef.Lärm erschwert. Wahrgenommene starke Detonationen werden in ihrem zeitlichen Zusammenhang mit den Abschußzeiten noch geklärt. Ermittlungen des Ic laufen. Ergebnisse liegen noch nicht vor. Meldewesen infolge gestörter Nachrichtenverbindungen erschwert, zum Teil unmöglich. Genaue Ergebnisse werden nachgemeldet.

V-2-Raketenwurfanlage bei Watten in Nordfrankreich, die von den Alliierten erobert wurde. V-Waffen waren kein Bluff — aber eine Fehlkalkulation.

V-WAFFEN HÄTTEN ES AUCH NICHT GESCHAFFT

Über 340 V-1-Abschussrampen wurden von den alliierten Heeren in Nordfrankreich, an der belgischen Kanalküste und in Holland erobert, sowie zahlreiche Raketenwurfanlagen und Fernkampf-Versuchsstationen. Eingehende Untersuchungen der erbeuteten V-Waffen (auch neuartiger Typen, die noch nicht zum Einsatz gelangt waren) ergaben ein genaues Bild ihrer Möglichkeiten. Ein kanadischer Pionier-Offizier sagte :

"Die V-Waffen spielen in diesem Krieg eine ähnliche Rolle wie der Tank im letzten. Sie kommen für diesen Krieg zu spät und bedürfen noch jahrelanger Weiterentwicklung, um sich von einer psychologischen Waffe in ein wahres Kampfmittel zu verwandeln. Sollte in 25 Jahren ein neuer Krieg stattfinden, und wenn es gelänge, ungestört die Vorbereitungen zu treffen, die von der deutschen Führung ursprünglich beabsichtigt wurden, dann können diese Waffen im nächsten Krieg wohl ein Faktor ersten Ranges werden."

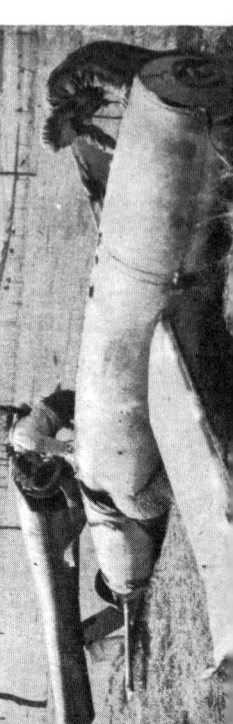

Verunglücktes V-1-Geschoss. Ungefähr 25 v. H. der Projektile wichen von ihrer Bahn ab oder stürzten im unmittelbaren Abschussraum ab. Insgesamt 46 v. H. wurden durch Jäger und Flakbatterien abgeschossen.

DIE LETZTE

GEHEIMWAFFE

Um Deutschland vor der völligen Katastrophe zu bewahren, um Terror, Chaos und Elend und die Verwüstung der gesamten Heimat zu vermeiden, gibt es nur ein einziges Mittel.

Um den deutschen Soldaten in den gewaltigen Materialschlachten zu retten, in denen er trotz grösster Tapferkeit immer wieder unterliegen muss, gibt es nur ein einziges Mittel.

Nur ein radikales Mittel kann jetzt noch helfen. Nur ein revolutionäres Mittel oder eine gänzlich neue Geheimwaffe, ein Abweichen vom bisherigen Weg kann jetzt noch retten.

Dieses Mittel heisst : Schluss machen !

Es gibt kein anderes Mittel, das im Bereich des einzelnen Soldaten, des einzelnen Bauern, Arbeiters und Bürgers liegt. Es ist die einzige Geheimwaffe, die eine Rettung verspricht.

Jeder Soldat trägt seine Geheimwaffe im Tornister. Sie heisst : Aufgeben. Jeder Zivilist trägt seine Geheimwaffe bei sich. Sie heisst : Sich nicht von der Partei verschleppen lassen.

Jawohl : Dieses Flugblatt kommt vom Feind. Bedenke aber : dass der Wunsch des Feindes, nutzloses Blutvergiessen zu vermeiden, sich mit dem Interesse Deutschlands deckt.

ZG 71

178

Im Einsatz wurden 1269 der V 2 nach England (davon 1225 London und 43 Norwich) sowie 1739 auf kontinentale Ziele (davon 1593 Antwerpen und 27 Lüttich) verschossen – einschließlich des einzigen taktischen Verschusses gegen das Ziel 0309 »Remagen«.

Dabei wurde Antwerpen, obwohl die Fläche der Stadt mit dem Hafengebiet mit 206 km² gegenüber den 1870 km² des Londoner Verteidigungsbezirkes wesentlich kleiner war, von mehr Raketen getroffen – 590 zu 517.

Zusätzlich zu diesen 3008 als »Gut« verschossenen Raketen finden sich in den Einsatzunterlagen 271 Stück mit dem Zusatz »Schuß verlief nicht normal« verzeichnet. Das waren die V 2, die bereits von der eigenen Truppe als Totalausfall erkannt wurden.

Betrachten wir aber die Verschußstatistik etwas näher:

Wenn wir die 3279 verschossenen Raketen, die 55,4% der Serienfertigung entsprachen, aufschlüsseln, kommen wir zu folgendem Ergebnis:

Bei 12% wurde wegen technischer Mängel der Start abgebrochen, darunter fielen auch die Raketen, bei denen die Startvorbereitungen aus irgendwelchen Gründen zu lange dauerten. Durch den minus 183°C kalten Sauerstoff, mit dessen Betankung etwa 35 Minuten vor dem geplanten Start begonnen wurde, froren Geräteteile ein, wenn sich der Start um mehr als 60 Minuten verzögerte.

Die Anzahl der »stehenden Versager«, vorwiegend Schäden an den Rudermaschinen oder dem Integrationsgerät, das die Brennstoffzufuhr vorzeitig abschaltete, betrug fast 5%. Diese beiden Gruppen wurden enttankt und konnten fast alle wieder instand gesetzt werden.

Bei den etwas mehr als 8% »steigenden Versagern« fanden sich Heckbrenner, Schubausfall, Versagen der Steuerung und in seltenen Fällen Standexplosionen.

Von den restlichen 75% entfielen 39 auf Treffer in einem Kreis mit 12-km-Durchmesser, weitere 26% lagen in einem Kreisring von 30-km-Durchmesser, und die verbleibenden 10% trafen außerhalb dieser Grenze. Offizielle Angaben aus England nennen 1054 Treffer, die Opfer: 2754 Tote und 6523 Schwerverletzte.

Der Raum Antwerpen wurde von 1265 Raketen getroffen, bei den Personenverlusten ist in Belgien keine zuverlässige Trennung zwischen der V 2 – beim Gegner übrigens »Big Ben« genannt – und der V 1 möglich. Als Gesamtverluste werden 6448 Tote, 22 524 Verletzte und 844 Vermißte angegeben.

Die V 1, die Vergeltungswaffe der Luftwaffe, wurde übrigens in wesentlich größeren Mengen eingesetzt – 22 679 Stück. Davon verschoß das Flak-Regiment 155(W) nach London 8839 und nach Southhampton 53. Dabei gab es 1052 Abstürze beim Start = Totalausfall.

Gegen Festlandsziele, vorwiegend Antwerpen (8696) und Lüttich (3141), wurden 11 988 fliegende Bomben gestartet, dabei gab es 1393 Totalverluste.

V 1 nach dem Start

◄

Das englische Flugblatt, von dem ab 2. Okt. 1944 fast 13 Mill. Stück verbreitet wurden, zeigt das mit 108 V 2 bestückte »Kraftwerk Nordwest« – den 61 × 81 m großen Betonbunker von 25 m Höhe

Außerdem wurden durch He 111 Kampfflugzeuge des KG 3 bzw. des KG 53 »Legion Condor« 1776 über der Nordsee in Richtung England eingesetzt. Weitere 23 waren auf diese Art in der Nacht zum 2. Sept. gegen Paris gestartet worden.

Die V 1 war eine sehr billige Waffe, der Durchschnittspreis ohne den Sprengkopf und den Treibstoff betrug nur 5060,– RM.

Wenn wir von den seit März 1944 aus der Großserie abgenommenen 30 329 Stück die 2175 abziehen, die man bei Versuchen verbraucht hat, so sind beachtliche 80,5% der abgenommenen Flugbomben im Einsatz verschossen worden.

Auf dem Flug zum Ziel ging natürlich durch Funktionsstörungen und gegnerische Abwehr eine große Anzahl der V 1 verloren – allein die Flakabwehr schoß über England und dem Kontinent mit Hilfe des neuen amerikanischen VT-Annäherungszünders 4061 dieser fliegenden Bomben ab.

Über England fielen 1847 V 1 den feindlichen Jägern zum Opfer.

An Treffern verzeichnete England 5823, davon 2420 im Verteidigungsbezirk London. Im Raum Antwerpen zählte man 2448 Treffer, davon 628 in der Stadt selbst. Doch zurück zur Rakete:

Sie hatte die in sie gesetzten Hoffnungen nicht erfüllt, sie war viel zu spät gekommen, um eine Wende des Krieges herbeizuführen. Umsonst sind aber die Anstrengungen der für die V 2 verantwortlichen Wissenschaftler und Techniker nicht gewesen. Gen. Dornberger hatte am Abend des 3. Oktober 1942, nachdem der erste Versuchsschuß mit dem A 4 gelungen war, bereits gesagt: ».. . der erste Tag eines Zeitalters neuer Verkehrstechnik, dem der Raumschiffahrt«.

Fernrakete – 35

Mit diesem, von der Firma *Rheinmetall-Borsig* im Frühjahr 1944 vorgelegten Entwurf wollte man eine kleinere, leichter zu lagernde Waffe schaffen, die dazu noch ein besseres Verhältnis von Antrieb zu Sprengstoff hatte als die in Peenemünde entwickelte A 4-Rakete.

Die 5450 mm lange Rakete von 560 mm Durchmesser war aus dem ogival geformten 1236 mm langen Sprengkopf, der eine 200-kg-Ladung trug, und fünf gleichen Antriebsstufen so aufgebaut, daß die einzelnen Stufen ineinanderpaßten.

Die maximale Reichweite sollte 350 km betragen, die Truppe hätte vor dem Verschuß je nach gewünschter Reichweite die Antriebsstufen aneinandergekuppelt – dabei ist zu bedenken, daß die unter der Flugbahn liegenden eigenen Gebiete einer gewissen Gefahr durch die ausgebrannten, abfallenden Stufen ausgesetzt waren.

Die 2000 kg schwere Rakete trug im Höchstfall fünf je 208 kg wiegende Diglykolpulverladungen, die jeweils eine Brennzeit von 2,5 Sekunden hatten und durch die die FR-35, wie die Rakete auch genannt wurde, auf max. 2100 m/s beschleunigt werden sollte.

Stabilisieren wollte man das Geschoß durch Drall mittels schräg angestellter Düsen.

Die chronisch schlechte Pulverbeschaffung war letztlich der Grund, warum diese Entwicklung nicht weitergeführt wurde.

V 101

Unter dieser Bezeichnung hatten 1944 Dr. Büdewald und Dr. Teichmann im *Zweigwerk Pibrans* der Firma *Skoda* mit der Entwicklung einer großen Feststoff-Rakete begonnen.

Bei 30 000 mm Länge und 2800 mm Durchmesser sollte diese dreistufige Rakete 140 t wiegen.

Das Pulvertriebwerk der ersten Stufe war für einen Schub von 100 t ausgelegt, die rechnerische

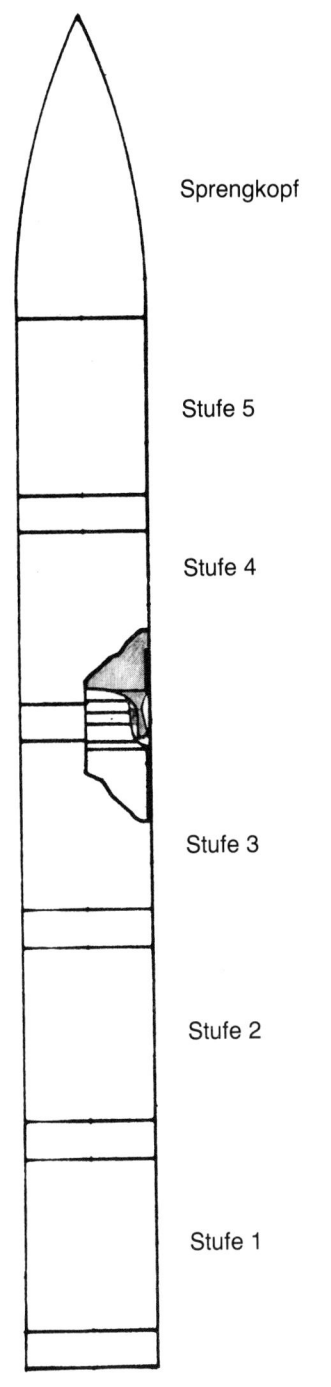

Sprengkopf

Stufe 5

Stufe 4

Stufe 3

Stufe 2

Stufe 1

Der FR 35-Entwurf – der Aufschnitt zeigt die Kupplung der Stufen

Flugbahn zeigte bei einer Reichweite von 1800 km eine Gipfelhöhe von 200 km. Der Entwurf war nur in groben Zügen festgelegt, über Einzelheiten existieren keine Unterlagen mehr. Dieses Projekt wäre, wie andere auch am Treibmittel, dem immer knapper werdenden Pulver gescheitert.

»Ping-Pong«

Wenn es um »Wunderwaffen« geht, dann finden sich in vielen Veröffentlichungen Hinweise auf »Preßluft-Granaten«, »Eisbomben« usw.

Hier aber haben wir eine Beschreibung einer derartigen Propaganda-Waffe aus einem Berliner Ministerium: Der Agentenbericht Nr. 2244 der »Ping-Pong«-Serie, übrigens eine treffende Bezeichnung für die hin und her gehenden Nachrichten, meldete am 13. September 1944 folgende Einzelheiten über eine neue Waffe:

»Diese Waffe, von der gesagt wird, daß sie ungeheure Verwüstungen anrichte und daß der Führer sie bisher noch nicht eingesetzt habe, weil er die Verantwortung für die Vernichtung Europas nicht übernehmen wolle, daß sie aber trotzdem das ›Letzte Mittel‹ der deutschen Kriegführung darstelle – gibt es noch nicht!

An diesem Plan wird wohl mit größter Beschleunigung gearbeitet, und die praktischen Versuche die hauptsächlich in Polen unternommen worden sind, haben auch mächtige Sprengwirkungen gezeigt, sie haben aber bisher noch nicht jene schrecklichen Verwüstungen angerichtet, die man sucht. Es ist möglich, daß man in zwei oder drei Monaten, vielleicht aber auch später so weit sein wird. Die Möglichkeit des Einsatzes dieser Geheimwaffe hängt also von der technischen Entwicklung und damit von der Dauer des Krieges ab.

Es soll sich um zwei verschiedene Typen handeln, die eine arbeitet mit flüssiger Luft und die andere nach dem Schlagwetter-Prinzip. Die Versuche mit flüssiger Luft sind weniger befriedigend ausgefallen. Daher wird jetzt, wie Hauptmann W. erklärte, auf die technische Vervollkommnung der Schlagwetter-Bombe der allergrößte Wert gelegt, da man von ihr wirkliche Wunder an Verwüstung und Vernichtung erwartet. Aber: Sie ist noch nicht fertig! Die drei Teile der Bombe oder der Ferngranate, die sich zu einem bestimmten Zeitpunkt voneinander lösen und einzeln in verschiedenem Tempo zur Erde niedersausen, haben noch nicht ganz die Übereinstimmung erreicht, die unbedingt notwendig sein soll. Die einzelnen Teile sind nämlich mit verschiedenen chemischen Stoffen gefüllt, die in einer ganz bestimmten Reihenfolge zur Erde fallen und explodieren müssen.

Soviel ich hören konnte, handelt es sich um ein Gas, um Kohlenstaub und um einen Explosivstoff.

Die gegenwärtigen Meldungen und Gerüchte wonach die Deutschen diese ›Geheimwaffen‹ in ihrer letzten Verzweiflung doch schließlich anwenden würden, sind rein psychologischer Natur. Im Inland dienen sie zum Aufpulvern der Moral und des Durchhaltewillens, im Ausland, wo sie systematisch durch journalistische und diplomatische Kanäle verbreitet werden, sollen sie wie Minister G. zuversichtlich hofft, Angst erzeugen und die Angelsachsen doch noch für einen Verhandlungsfrieden gewinnen helfen. Nach den Worten der beiden genannten Herren ist an folgender Tatsache nicht zu zweifeln: Wenn alles schief gehen sollte, wird Hitler diese Waffe rücksichtslos zur Anwendung bringen und eine ungeheure Katastrophe anrichten, *sofern* die Waffe dann schon im Großen einsatzbereit sein sollte. Die beiden Herren sind aber der Meinung, daß der Zusammenbruch sehr wahrscheinlich schon vorher erfolgen werde.«

Soweit wörtlich der Bericht dieser in Berlin sitzenden Agentin . . . was aber war Wahres in dieser Meldung enthalten?

Es ist richtig, daß Versuche mit flüssiger Luft – wie schon bei der Werfermunition erklärt – wegen mangelnder Wirkung wieder aufgegeben wurden. Daß an der Schlagwetter-Methode gearbeitet wurde, ist bei der »Taifun-Waffe« erwähnt. Eine weitere Entwicklung, für die unter dem Decknamen »Humus« seit dem Sommer 1942 Versuche durchgeführt wurden, arbeitete mit einer Mischung aus Methangas und pulverisierter Kohle.

Diese Mischung wurde aus der rotierenden Granate oder Bombe ausgestoßen und bildete einen Schlauch, so wie er von Tornados her bekannt ist.

Diese sehr schnell rotierende Staubmasse sollte dann durch Zündladungen zur Explosion gebracht werden und in der Art eines Wirbelsturmes auf der Erde und in der Luft bei den feindlichen Bomberverbänden große Zerstörungen anrichten. Es gelang zwar, die Mischung zur Explosion zu bringen, die Wirkung jedoch war unkontrolliert, und man fand keine Methode, mit der ein abstimmbarer Einsatz möglich gewesen wäre.

Braunkohle hat zwar etwa den 5fachen Energiegehalt im Vergleich zu normalem Sprengstoff, um aber Explosionen im freien Raum zu erreichen, waren große Mengen von Kohlenstaub notwendig. Einer der letzten Versuche, mit der man die Wirkung der Luftwaffe vorführen wollte, benutzte 150 kg Braunkohlenstaub. Man erzielte in der Nähe des Flugplatzes Zwölfaxing bei Wien eine Explosionswolke von fast 50 m Höhe und 35 m Durchmesser, die schräg nach unten abstrahlenden Druckwellen – es hatte sich ein stark konischer Schlauch gebildet – waren so stark, daß ein Großversuch mit 2000 kg Kohlenstaub wegen der Gefährdung der Umgebung in eine andere Gegend verlegt wurde. Die Luftwaffe hatte sich nun mit eingeschaltet, und das am 8. März 1945 in »Hexenkessel« umbenannte Vorhaben sollte beschleunigt weitergeführt werden; das schnelle Vordringen der Roten Armee machte aber dann diesen Plänen ein Ende.

Aber nicht erst in letzter Minute, wie wir an diesem Beispiel sehen, versuchte man mit Waffen und Erfindungen, für deren Entwicklung keine Zeit mehr blieb oder deren noch nicht zu übersehende Wirkung zweifelhaft war, das Kriegsglück zu wenden.

Bereits zu Anfang des Krieges hatten »Erfinder«, auf ihre Parteizugehörigkeit gestützt, der verantwortlichen Führung die absonderlichsten Vorschläge unterbreitet, sie waren dabei meist auf offene Ohren gestoßen.

Die Teile eines Vortrages, der im Februar 1940 in Wien vor dem NSBDT (Nationalsozialistischer Bund Deutscher Techniker) über eine neue Art eines Perpetuum mobile gehalten wurde, stehen hier als ein Beispiel. Andere, wirklich wichtige Entwicklungen wurden durch die Unfähigkeit der parteigebundenen Projektleiter, durch die Eifersüchteleien innerhalb der drei Wehrmachtsteile mit der SS und durch die in jeden Waffenbereich hineinregierenden »Führerforderungen« ihrer Realität beraubt und letztlich durch immer neue Projekte und Pläne ersetzt, die nie abgeschlossen wurden.

So liefen für den wichtigen Zielabstandszünder, der nicht nur von der Flak, sondern auch von der Heeresartillerie immer wieder gefordert wurde, seit 1940 fast 50 Projekte, ohne daß jemals einer dieser Zünder in die Truppenerprobung gelangte.

Auf der Seite der Gegner hatte man beispielsweise für einen derartigen Zünder in den USA ab Ende 1940 nur etwas mehr als zwei Jahre vom Entwicklungsbeginn bis zum ersten Einsatz benötigt und während des Krieges über 22 Millionen Stück dieses wirkungsvollen VT-Zünders produziert.

Anstatt eine Entwicklungsrichtung rechtzeitig zu erkennen, sie so zu fördern und zu steuern, daß daraus eine Unterstützung für die schwer kämpfende Truppe entstand, berauschte sich die Führung an gigantischen Projekten, wie über 345 m lange Schlachtschiffe mit 140 000 t

Vortrag am 6. 2. 40
im NSBDT – Wien

Das Problem des Perpetuum mobile 2. Art

Dr. Ing. Rud. D.

Meine Damen und Herren!

Herr Generalfeldmarschall Göring hat die Wissenschaftler, Ingenieure und Erfinder aufgerufen, in dieser schweren Zeit des Existenzkampfes des deutschen Volkes ihr geistiges Rüstzeug in den Dienst der guten Sache zu stellen . . .

Ich würde es im Interesse der Forschung und der Wissenschaft begrüssen, wenn meine weiteren Arbeiten auf diesem Gebiete in entsprechender Form gefördert würden . . .

Mir ist es physisch und finanziell kaum möglich, dieses sicherlich interessante Problem allein zu lösen. Es gibt noch auf theoretischen und praktischen Gebiet viel zu arbeiten, um dieses Verfahren endgültig in die Praxis einzuführen . . .

Aber wie der Soldat an der Front, der Flieger in der Luft und der Seemann selbst unter Wasser in der jetzigen Zeit ihr bestes hergeben müssen, so sollen Sie auch mich nicht müßig sehen, ein einmal aufgegriffenes Problem zu Ende zu führen . . .

Ich glaube, daß es der Mühe wert ist, eine neue Idee zur wirtschaftlichen Krafterzeugung unserem großem Vaterland gerade in dieser schweren Zeit zu bringen . . .

Teile aus dem Vortrag über ein Perpetuum mobile

Wasserverdrängung, einer 275 m langen Kongreßhalle mit über 70 000 m² Grundfläche, an der in Berlin bis Mitte 1943 gebaut wurde, oder an dem neuen, über 75 000 km langen Streckennetz quer durch Europa für die seit dem Juli 1942 projektierte Breitspurbahn, an dessen Trassierung bis Anfang 1945 gearbeitet wurde.

Als das Heer 1941 mit unzureichender Ausrüstung an der Ostfront kämpfte, als es jeden Tag durchschnittlich 4300 Mann verlor, in dem Jahr wurde im Ausland für 30 Millionen RM Granit zur Neugestaltung der Parteibauten gekauft!

Diese wenigen Beispiele stehen für unzählige Fehler einer Führung, die jeden Sinn für die notwendige Realität verloren hatte und die nun auf ein »Wunder«, nämlich auf die Waffen hoffte, deren Entwicklung von ihr selbst seit Jahren sträflich vernachlässigt worden war.

Unmittelbare Auswirkungen auf die kämpfende Truppe hatten aber die zahlreichen Fehler der Luftwaffenführung, die nicht in der Lage war, das Reichsgebiet – und damit die Rüstungsindustrie – gegen die sich immer mehr steigernden Luftangriffe zu schützen.

Einige Zahlen für 1944: Bei der MAN wurden 599 Pz. V »Panther«, bedingt durch Luftangriffe, nicht produziert, bei der MIAG waren es 119 »Panther« und 819 Sturmgeschütze. Bei den Lkws, von denen bis zum 1. IX. 109 113 an der Front verlorengingen, waren weitere 63 521 an den Produktionsstätten ausgefallen. Vom Magdeburger Grusonwerk der Fa. Krupp konnten 364 Geschütze und 798 000 Granaten nicht geliefert werden. Bei der Fa. Henschel in Kassel fielen 654 Geschütze aus. Die Gummiproduktion, die im Juni 1944 noch 10 187 t der geplanten 15 500 t erreicht hatte, sank auf 1820 t im Dezember. Zusätzlich fielen in der Produktion noch 165 538 Reifen für Kraftfahrzeuge aus.

Bei der Gutenhoffnungshütte in Oberhausen, die 1943 schon einen Ausfall von 167 783 t Stahl zu verzeichnen hatte, fielen für 1944 noch weitere 284 855 t aus. Der Verlust an den für die Eisenbahn so wichtigen Stahlrädern erreichte bei der Fa. Krupp 45 600 t. Die Anzahl der durch Luftangriffe zerstörten Lokomotiven war von 444 für 1943 nun auf 6086 gestiegen. Weitere 8017 befanden sich in der Reparatur; die Neuproduktion sank von 377 im Januar zu 114 im Dezember. An Güterwagen wurden 21 293 zerstört – 1943 waren es 6644.

Aber auch die Luftwaffe selbst hatte starke Verluste in der Produktion – 1944 gingen, durch Luftschäden bedingt, 11 662 Jagdflugzeuge in der Produktion verloren. Die trotzdem erhöhte Ausbringung – im 2. Vierteljahr 1944 wurden 5752 einmotorige Jäger geliefert – konnte aber nicht mehr ausgenützt werden, der Gegner hatte nun die Werke zur synthetischen Treibstofferzeugung zerschlagen. Das wichtigste Werk in Pölitz bei Stettin wurde im Mai/Juni so schwer getroffen, daß die Produktion, die für die ersten fünf Monate bei fast 240 000 t lag, nun für die verbleibenden sieben Monate nur noch 44 300 t betrug. Das nächstwichtigste Hydrierwerk bei Gelsenberg-Horst hatte bis Ende Mai 150 400 t geliefert, es fiel nach dem Luftangriff vom 13. Juni völlig aus. Die Werke in Scholven und Wesseling, die zusammen 270 000 t geliefert hatten, fielen ab Ende Juni ebenfalls aus.

Die 1944er Gesamtproduktion: Im Mai wurden noch 84,8% der geplanten 184 000 t Flugbenzin erzeugt, im Juni waren es nur noch 16,9%, um dann im September auf ganze 4,5% zu fallen.

Zwangsläufig findet sich deshalb in den Berichten des Gen.Stabes der Luftwaffe immer häufiger der Satz: »Über dem Reichsgebiet wurde kein Abwehreinsatz geflogen« – die »uneinnehmbare Festung Europa«, ein vom Propagandaminister Dr. Goebbels so gern benutzter Ausdruck, diese Festung hatte kein Dach!

Die deutschen Städte, die deutsche Industrie – sie waren nahezu wehrlos den immer größer werdenden Bombenmengen der Gegner ausgeliefert!

Verbrauch und Verluste

Allgemeines

Hier sollen – in den verschiedenen Feldzügen zusammengefaßt – die im Zweiten Weltkrieg beim deutschen Heer eingetretenen **Verbrauchs- und Verlustzahlen** betrachtet werden.

Um den Krieg zahlenmäßig zu erfassen – dabei sollte gleichzeitig eine Grundlage zur Erstellung gewisser Abschnitte einer geplanten Kriegsgeschichte geschaffen werden –, wurde die Truppe angewiesen, alle zehn Tage die **Dekadenmeldungen** abzugeben, die dann mit den Planungszahlen und der wirklichen Produktion gekoppelt zur Erstellung weiterer Statistiken dienten. Anfänglich hat es hier mit der Einhaltung des Termines, ja mit der Abgabe der Meldung überhaupt so große Schwierigkeiten gegeben, daß General Warlimont vom OKW im Oktober 1940 in einem Rundschreiben erneut auf die Wichtigkeit dieser Meldungen hinwies. Es sind dann nachträglich die notwendigen Korrekturen vorgenommen worden; beispielsweise wurde erst im April 1941 der Bestand an Waffen, die bei Kriegsausbruch vorhanden waren, neu festgelegt.

Mitte November 1939 hatte das Heereswaffenamt einen allgemeinen »Überblick über den Rüstungsstand« vorgeschlagen, dem die Luftwaffe und später auch die Kriegsmarine zustimmten. Da der materielle Rüstungsstand und die Planungen im Kriege wegen des wechselnden Verbrauches, der Schwerpunktverlagerungen, des Wechsels in der Rohstoffbeschaffung und den Produktionsausfällen, die durch Feindeinwirkungen bedingt waren, stärkeren Schwankungen unterworfen waren, schien dieser Überblick für die militärische Führung und die Rüstung selbst eine optimale Lösung zu sein. In graphischer Darstellung wurden für die wichtigsten Waffen, Geräte und in einem separaten Band auch für die Munition die Bestände

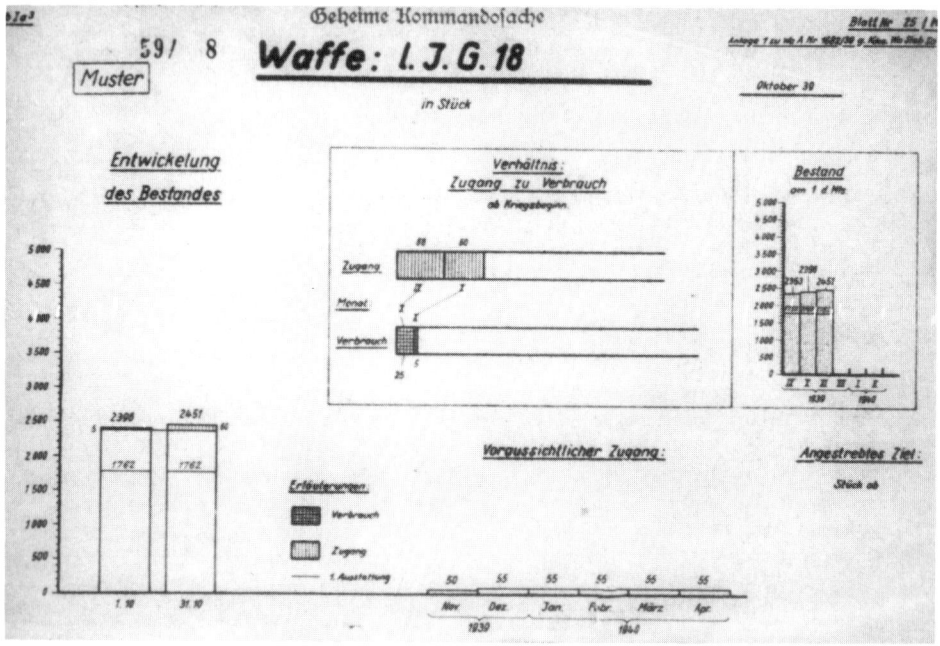

Waffe: Schußwaffen 98 (einschl. G 33/40 u. G41) [7,9mm]

Blatt Nr. G 2

Geheime Kommandosache

43 Ausfertigungen

in 1000 Stück — nur Heer —

Stand 1. 2. 43

Führerforderung mtl.: 250,0 ab Dez. 43
Zwischenziel: 180,0 im Juli 43
für alle 3 W.T.

Zahlentafel für den Karabiner 98

Produktions-
graphik für das
le.I.G. 18

Im Blatt dieser Prognose-
meldung spricht die Eintragung: Verbrauch in % der
Fertigung Inf.Patrone 2175 u.
1582 bei dem le.Gr.W. 36 für
sich selbst

B. Bestandsverminderungen

Bl.Nr.	Munitionsart	Verminderung in %	Begründung
M 90	K. 3	28	Hoher Verbr. im Verhältnis Fz.In.Zugang
M 140	s.F.H. 25 (t)	18	Wie zu M 90
M 82b	21 cm Gr. 18 Be	16	Wie zu M 90
M 141	s.F.H. 37 (t)	12	Wie zu M 90
M 52b	15 cm Nb.W. 41 (Grünring)	11	Hoher Verbrauch
M 66a	le.F.H. 16 u.18 (Sprgr.)	8	Wie zu M 90
M 78	15 cm K. in Mrs.Laf.	8	Wie zu M 93
M 75	15 cm K. 16	6	Hoher Verbrauch
M 115	Stielhandgranaten	6	Wie zu M 90
M 71a	s.F.H.18 u.lg.s.F.H. 13 (Sprgr.)	5	Wie zu M 90

C. Verbrauch

Der Verbrauch übersteigt die Fertigung um mehr als 10 %:

Bl.Nr.	Munitionsart	Verbrauch in % d.Fertigung	Begründung
M 2	Inf.Patr.	2.175	Hoher Verbrauch
M 50a	10 cm Nb.W. 35	772	" "
M 40	le.Gr.W. 36	1.582	" "
M 30b	Pzgr.Patr. 40 (3,7cm Pak)	279	" "
M 42a	le.J.G. 18(einschl.le.Geb.J.G.)	260	" "
M 115	Stielhandgranaten	145	" "
M 66a	le.F.H. 16 u. 18 (Sprgr.)	123	" "
M 70	s.10 cm K. 18	109	" "
M 41	s.Gr.W. 34	95	" "
M 43	s.J.G. 33	93	" "
M 71a	s.F.H. 18 u.lg.s.F.H. 13 (Sprgr.)	87	" "
M 22	7,5 cm Kw.K.(u.Stu.Gesch)	81	" "
M 30a	Pzgr.m.Bd.Z.5103 u.Sprgr.Patr (3,7 cm Pak)	67	" "
M 66a	le.F.H. 16 u.18 (Sprgr.)	45	" "
M 77	15 cm K. 39	40	" "

187

zum Beginn des Berichtsmonats, die Zugänge und der Verbrauch sowie der Bestand am Ende des Monats angegeben. Zusätzlich war der geplante Zugang für die nächsten sechs Monate ersichtlich, dabei war sowohl zeitlich als auch mengenmäßig das Planungsziel angegeben. Durch zahlreiche neue Waffen und Geräte weitete sich der »Überblick« später aber erheblich aus. So umfaßten z. B. die beiden Bände für den Dezember 1944 zusammen 372 Seiten. Ab 1943 wurde die graphische Darstellung fallengelassen. Man verwendete nun reine Zahlentafeln. Zum »Überblick« gab es auch noch die **Auswertemeldungen,** in denen die Überlieferung und auch die Minderlieferung in Prozenten aufgeschlüsselt begründet wurden. Zusätzliche **Prognosemeldungen** zeigten dann die Möglichkeiten, die Produktion den erstrebten Zielen anzugleichen.

Die im »Überblick« aufgeführten Verluste setzten sich aus dem normalen Verbrauch, aus den durch Feindeinwirkung vernichteten und den in Feindeshand gefallenen Stückzahlen zusammen.

Bei der **Munition** gab es zusätzlich noch monatliche Berichte über den Verbrauch, denen ab Frühjahr 1942 eine graphische Verschußkurve beilag, aus der sich der Tagesverbrauch in Tonnen entnehmen ließ. Bei den Verschußzahlen finden sich in den Unterlagen anfänglich sehr präzise Angaben. Es läßt sich heute nicht mehr feststellen, warum man trotz zahlreicher Hinweise auf die Unmöglichkeit, die Anzahl der bei so vielen Einheiten verbrauchten Munition mit dieser Genauigkeit festzulegen, erst viel später mit abgerundeten Zahlen gearbeitet hat. Prüfungen ergaben, daß natürlich der Verbrauch der Munition, die viel verschossen wurde, am schwersten zu kontrollieren war. Bei der Pistolen- und Gewehrmunition ist beispielsweise mit Abweichungen zu rechnen; die Angaben für die größeren Kaliber der Artillerie stimmen jedoch bis Ende 1942 mit dem tatsächlichen Verschuß überein. Bei den später nach den überstürzten Rückzügen gemeldeten Zahlen kann aber oft nicht zwischen Verschuß und Verlust unterschieden werden.

Trotz dieser Unsicherheit vermitteln aber die den monatlichen Munitionslageberichten entnommenen Zahlen dem Leser einen recht guten Überblick über den Munitionsverbrauch des Heeres.

Zusätzlich wird ab Beginn des Ostfeldzuges (22. Juni 1941) der monatliche Munitionsverbrauch in Tonnen genannt, hohe Verluste werden dabei getrennt erwähnt. Für die letzten Monate des Krieges konnte aber der Monatsverbrauch infolge der sich überstürzenden Ereignisse nicht ermittelt werden.

Bei den **Personenverlusten** finden sich weit auseinandergehende und widersprüchliche Angaben. Das resultierte aus den drei verschiedenen Meldesystemen. Zuerst gab es da den **IIa-Weg,** so genannt, weil der Adjutant (der IIa) als Personalberater und Personalbearbeiter die Verluste zusammenstellte und diese Zusammenstellung dann auf dem normalen Truppendienstweg weitergab.

Der **IVb-Weg** war die Art, in der die der Truppe zugeteilten Sanitätsoffiziere ihre Meldungen abgaben. Auf beiden Wegen wurden die nur zahlenmäßig erfaßten Verluste jeden Abend fernmündlich, bei den höheren Dienststellen auch durch Fernschreiber an die jeweilige Stelle (ab Division aufwärts) durchgegeben. Von dort liefen sie zu der jeweiligen Heeresgruppe, die dann ihre Sammelmeldung im Laufe der Nacht dem OKH übermittelte. Beim »IVb-Weg« war der Unterschied der, daß der Heeresgruppenarzt seine Meldung an die Heeressanitätsinspektion abgab, die sie dann an die Amtsgruppe »Ersatz-Heereswesen« im Allgemeinen Heeresamt weiterleitete. Alle zehn Tage wurden dann diese Meldungen der vorangegangenen Tage in der schriftlichen Dekadenmeldung zusammengestellt.

Diesen Meldungen haftete infolge der Schnelligkeit, mit der sie abgegeben wurden, eine Anzahl Fehlerquellen an; Vermißte fanden sich mitunter nach Tagen wieder ein, nicht alle Verwundeten gingen von der Truppe sofort zum Verbandsplatz, ja oftmals war die Zahl der Toten nicht zuverlässig zu ermitteln.

Die genauesten Angaben waren die namentlichen Meldungen der Einheiten und Lazarette an die Heimatdienststellen. Diese monatlich abgegebenen Meldungen wurden **Veränderung zum Erkennungsmarkenverzeichnis** genannt und an die **Wehrmachtsauskunftsstelle für Kriegsverluste und Kriegsgefangene** eingereicht.

Diese drei Meldearten liefen dann bei der **Abteilung WVW** (Wehrmachtsverlustwesen) des OKH zusammen, bei der diese Zahlen und Namen untereinander abgeglichen wurden. Auf diese Art konnten die Personenverluste bis Ende 1944 recht zuverlässig ermittelt werden. Die letzte Meldung des WVW liegt für den Monat Januar 1945 vor. Dabei werden aber die Zahlen als noch nicht vollständig bezeichnet. Bis 20. April 1945 konnten die Meldungen des Heeresarztes/OKW ausgewertet werden, die Lücke für die letzten drei Wochen des Krieges läßt sich nur durch Schätzungen überbrücken.

Auch bei der Verbrauchsstatistik gab es für diesen Zeitraum Fehlmeldungen und Nachmeldungen; bei den sich überstürzenden Ereignissen konnten diese Zahlen nicht mehr richtig bestimmt werden. Die hier aufgenommenen Zahlen sind den z. T. korrigierten gKdos-Meldungen (geheime Kommandosache) entnommen, die zur Zusammenstellung des »Überblicks« bis Ende März 1945 vorliegen.

In den folgenden Abschnitten sind die Verbrauchs- und Verlustzahlen, der Einsatz neuer Waffen und Munition in einem kurz gefaßten chronologischen Ablauf der einzelnen Kriegsphasen, auf deren Darstellung im einzelnen aber verzichtet wurde (siehe hierzu auch die »Vorbemerkung« zu diesem Werk), aufgeführt. *Hier kommt es darauf an, Verbrauch und Verluste, nicht aber Führung und Verlauf der Feldzüge mit den hier dann auch erforderlichen Wertungen zu erläutern.*

Bevor aber der Ablauf der Feldzüge geschildert wird, wollen wir noch die **Rüstungslage zum 1. März 1939** betrachten – das war ein kritischer Monat, denn am 15. wurde die Rest-Tschechoslowakei besetzt, und am 25. entschied Hitler, die polnische Frage mit Gewalt zu lösen. In falscher Einschätzung der Reaktionen der Westmächte hoffte er, wie er am 3. April äußerte, den Krieg auf Polen beschränken zu können.

Die im Frühjahr 1938 letztmalig festgelegten Rüstungsprogramme waren jedoch ohne eine durch die Krisen bedingte Beschleunigung oder Erhöhung unverändert weitergelaufen.

Aus den folgenden Zahlen ist zu erkennen: Diese Planungen waren unzureichend.

Die angeführten Bestellungen beziehen sich hierbei alle auf den 1. April 1938. Die Lieferzahlen zeigen die von diesem Datum bis zum 1. März 1939 abgenommenen Mengen. Die bestellten Mengen reichten jedoch über den März hinaus, sie sind nicht identisch mit den bis zu diesem Zeitpunkt geforderten Mengen.

Beginnen wir mit den *Handwaffen:* Von den bestellten 114 500 Pistolen für das Heer und die 93 014 Stück für die Luftwaffe waren 69 133 bzw. 38 327 geliefert worden. Die an der Planzahl fehlenden 1540 Waffen waren zum Großteil auf eine zusätzliche Lieferung der Firma Mauser von je 500 Stück an die SS und die Polizei zurückzuführen.

Beim Karabiner 98 stand aus dem alten Lieferplan noch ein Rest von 120 280 Stück offen. Die Luftwaffe sollte 355 482 Waffen und das Heer 696 500 erhalten, alles in allem 1 172 262 Stück. Davon wurden für das Heer 652 043 und für die Luftwaffe 204 249 Stück abgenommen. Der Fertigungsplan wies eine Fehlmenge von 17 348 Waffen aus, die war durch eine Lieferung von 20 000 Karabinern 98 an Japan entstanden.

Von den bestellten 31 991 MG 34 waren 26 783 geliefert worden, 1742 mehr als geplant.

Bei der *2-cm-KwK* (Kampfwagenkanone) für den Pz. II wurden von 631 bestellten 510 geliefert – die Planzahl um 30 verfehlt.

Von der *2-cm-Flakwaffe* entfielen von den 9220 bestellten nur 750 auf das Heer, und da fehlten bei 570 abgenommenen Waffen noch 90 am Lieferprogramm. Schwierigkeiten gab es bei den dazugehörigen Lafetten, da konnten nur 465 geliefert werden.

Beim *5-cm-Granatwerfer* sollten der Truppe 3610 der 4937 bestellten zugeführt werden,

Materialschwierigkeiten schränkten diese Zahl auf 3288 ein. Dafür hatte man den *8-cm-Granatwerfer,* von dem eine Bestellung über 3386 Stück lief, mit 2667 um 187 überliefert. Vom *10-cm-Nebelwerfer 35* standen noch 65 Stück offen, der Auftrag war praktisch ausgeliefert.

Das Schwergewicht bei den *3,7-cm-Waffen* lag bei der Pak. Die Firma Rheinmetall hätte 3210 der 3686 bestellten liefern sollen, es konnten aber nur 2224 Waffen abgenommen werden. Auch bei der *3,7-cm-KwK* für den Pz. III, von der 549 bestellt waren, erreichte man die Planzahl von 420 nicht – es blieb eine Fehlmenge von 229 Stück. Das aber war belanglos, denn vom Panzer selbst waren, wie wir später sehen, nur 24 geliefert worden.

Das *leichte Infanteriegeschütz* lag mit 535 gelieferten Waffen aus der Bestellung über 766 Stück genau auf der festgelegten Zahl.

Bei der für die Gebirgstruppe umgebauten gleichen Waffe sollten laut Plan 95 der 107 bestellten vorhanden sein, das Waffenamt hatte aber nur 42 abgenommen.

Am *Gebirgsgeschütz 36,* von dem 108 bestellt waren, hatte Rheinmetall die Arbeiten noch nicht beendet, erst kurz nach Kriegsbeginn erhielt die Truppe die ersten Waffen.

Für die *leichte Feldkanone 18* war wohl ein Auftrag über 120 Stück erteilt worden, wegen der noch laufenden Entwicklung war sie noch nicht im Inventar eingeplant.

Von den 283 bestellten *schweren Infanteriegeschützen* sollten 250 geliefert werden, wegen einiger zu spät begonnener Änderungen wurden nur 171 abgenommen.

Für den *Pz. IV* waren – passend zu den 100 zu liefernden Fahrzeugen – 115 der 260 bestellten 7,5-cm-KwK eingeplant. Die Firma Krupp hatte zwar 113 Panzer geliefert, aber dafür gab es nur 47 Kanonen.

Die *10,5-cm-leichte Feldhaubitze* lag zwar mit 982 gelieferten Waffen nur um 93 Stück hinter der Planzahl zurück, der laufende Auftrag war aber auch bis auf 215 Waffen ausgeliefert.

Von der schweren *10-cm-Kanone 18* waren die bestellten 41 Stück alle im Jahr 1938 geliefert worden.

Problematisch war es bei der *15-cm-schweren Feldhaubitze,* als noch ein Restbestand von 233 Waffen aus dem 1937er Auftrag zu liefern war, wurden 1938 weitere 517 bestellt. Von diesen 750 Waffen sollten 636 geliefert werden, fertiggestellt wurden aber nur 426.

Für die *15-cm-Kanone 18,* von der 50 Stück bestellt waren und für die man dann im Mai 1939 den Auftrag auf 125 erhöhte, war die Auslieferung für Oktober 1939 vorgesehen. Sie wurde dann auf den Januar, danach sogar auf den April 1940 verschoben – erst dann hat die Truppe zusätzlich zu den drei, die sich seit einiger Zeit im Truppenversuch befanden, weitere drei Waffen aus der Serie von Rheinmetall erhalten.

Von den 249 bestellen *21-cm-Mörser 18* war noch nichts vorhanden, laut der Planungsmappe wurde die Auslieferung der ersten vier Waffen im März erhofft.

Restlieferungen standen noch bei der *24-cm-Kanone 3* mit drei und bei der *28-cm-Kanone 5,* dem Eisenbahngeschütz, mit acht Stück aus.

Bei der **Munition** gab es erhebliche Fehlbestände, man vertraute darauf, daß im Falle eines Krieges jede kleine Fabrik in kürzester Zeit auf eine Geschoßproduktion umgestellt werden konnte. Neben einer mangelhaften Planung war hier auch noch die Verteilung der ohnehin zu knappen Rohstoffe schlecht koordiniert. Doch lassen wir die Zahlen sprechen: Bei der *Pistolenpatrone* sollten von einer Bestellmenge von 58 731 850 Schuß 47 717 000 geliefert werden – es wurden nur 31 489 000. Der zusätzlich laufende Luftwaffen-Auftrag über 11 Millionen Schuß war ausgeliefert.

Für die *Infanteriepatrone* betrug die bestellte Menge 3 178 775 800 Schuß, einem Liefersoll von 2 569 788 000 stand hier eine Abnahme von 2 262 024 000 Schuß gegenüber. Bei der zusätzlich laufenden Bestellung der Luftwaffe über 385 597 000 Schuß wurden 276 543 000 geliefert – 14 187 000 zu wenig.

Die Bestellung für die *2-cm-Sprenggranate* lautete auf 59 291 400 Stück, und davon sollte das Heer 15 043 400 erhalten. Hier wurden 92 700 mehr als die geforderten 10 522 000 abgenommen. Das ging aber auf Kosten der Luftwaffe, die nur 23 423 000 der 30 148 000 geplanten Granaten erhielt.

Schlecht sah es bei der für die Panzerbewaffnung wichtigen *2-cm-Panzergranate* aus. Dem Heer waren 5,5 Millionen der auf 7,135 Millionen Schuß lautenden Bestellung zugeteilt. Von den vorgesehenen 3 916 000 wurden aber nur 1 427 000 geliefert. Aber auch der Luftwaffe fehlten hier 396 000 Schuß. Überliefert hatte man die Munition für den *5-cm-Granatwerfer*, die in etwas geänderter Form auch für den Maschinengranatwerfer Verwendung finden sollte. 5 662 000 waren von den bestellten 8 429 250 Wurfgranaten zu liefern, 6 928 400 wurden abgenommen.

Bei der Wurfgranate für den *8-cm-Granatwerfer* fehlten 121 500 Stück an den aus einer Bestellung über 4 041 000 zu liefernden 2 680 000.

Für die Munition des *10-cm-Nebelwerfers 35* standen noch 229 000 Schuß offen. Mit 126 000 hatte man aber auch hier die Planzahl von 174 000 Schuß nicht erreicht.

An der Auslieferung der *3,7-cm-Munition,* von der 9 778 000 Schuß bestellt waren, fehlten 1 919 000 an den geforderten 7 183 000 Patronen.

Dafür wurde die Munition für das *7,5-cm-Infanteriegeschütz* mit 136 800 Schuß überliefert. Aus der über 2 437 000 Schuß lautenden Bestellung waren 1 840 000 als Liefermenge vorgesehen.

Beim *schweren Infanteriegeschütz* war der Engpaß die Kartuschenhülse 6303, sie mußte verstärkt werden. An den aus der Bestellung über 507 500 geforderten 408 000 Granaten fehlten deshalb 184 200.

Auch bei der *KwK mit 7,5 cm* gab es Schwierigkeiten. Hier war es die Patronenhülse 6354, bei der man sich aus Materialgründen für eine neue, verstärkte Stahlhülse entschieden hatte. Diese Umstellung war der Grund, daß von den geplanten 723 000 Schuß 376 000 fehlten. Weitere 705 600 waren noch zu liefern.

Die K-Granate für das *Gebirgsgeschütz 36,* von der 158 000 bestellt waren, stand mit 50 000 im Lieferplan. Daß hier 38 000 zu wenig geliefert wurden, war ohne Bedeutung – die Waffe sollte erst in sechs Monaten bei der Truppe sein.

Für die *leichte Feldkanone 18* waren 68 000 Schuß bestellt, da aber hier weder die Waffe noch die Munition fertig waren, hatte man noch einen Auftrag über 149 000 Granaten für die alte Feldkanone 16 vergeben. Mit 120 500 Schuß hatte man hier die Planzahl von 117 000 übertroffen.

Bei der Munition für die *leichte Feldhaubitze,* die gerade auf die neue Kartuschenhülse 6342 umgestellt wurde, lief ein Auftrag über 6 933 000 Schuß. Hier wurde das Soll von 5 494 000 mit 5 370 200 fast erreicht. Auch bei der *schweren Feldhaubitze* wurde die Kartuschenhülse 6350 gerade auf Stahl umgestellt. Durch die dabei entstandenen Schwierigkeiten konnten die geplanten 508 000 Schuß nicht erreicht werden. Aus der Bestellmenge von 1 661 000 wurden 396 000 geliefert.

Für die *15-cm-Kanone 18* verhinderte die Umkonstruktion des Ladungsaufbaues die Auslieferung der geplanten 3000 Schuß.

Das gleiche galt für die Munition des *21-cm-Mörsers 18.* Hier hätten 4000 der bestellten 11 000 Schuß fertig werden sollen.

Beim *Pulver* betrug die bestellte Menge 55 548 t, davon sollten 35 431 t geliefert werden. Mangel an Nitrozellulose und der verspätete Anlauf neuer Werke waren die Gründe, daß nur 30 647 t erreicht wurden.

In der *Sprengstoffbestellung* von 70 762 t waren rund 18 000 t zur Füllung der Bomben der Luftwaffe enthalten. Das Heer hatte von den zu liefernden 49 802 t nur 45 356 t erhalten.

Aber auch der Luftwaffe fehlten über 54 000 Bomben. Bei der SC 50, einer dünnwandigen

Sprengbombe, waren 132 500 Stück eingeplant, es wurden jedoch nur 51 600 aus der Bestellung über 149 000 Stück geliefert.

Von der SC 250, damals mit 250 kg, einschließlich der 125 kg Sprengstoff, die schwerste Bombe der Luftwaffe, standen 12 000 der 14 400 bestellten im Lieferplan, in den letzten elf Monaten waren aber nur 2540 fertig geworden.

Lediglich die SD 50, eine dickwandige Splitterbombe, für die ein Auftrag über 169 300 Stück lief, lag mit 98 700 abgenommenen Bomben über der Forderung von 63 000 Stück.

Im März 1939 wurden geänderte Rüstungspläne vorgelegt, in der folgenden Aufstellung sehen wir die **neuen Auftragszahlen für Waffen und Munition zum 1. April 1939** und die in den folgenden fünf Monaten bis Kriegsbeginn gelieferten Mengen.

	Waffen		Munition	
	Auftragsmenge am 1. 4. 1939	Lieferungen vom 1. 4.–1. 9. 1939	Auftragsmenge am 1. 4. 1939	Lieferungen vom 1. 4.–1. 9. 1939
Pistole 08	221 667	49 280		
Pistole 38	410 600	100	296 788 240	15 046 500
MP. 38	40 000	700		
K. 98	1 372 538	389 364	6 408 355 257	912 283 843
MG. 34	62 056	20 207		
2-cm-Flak	1 363	163	23 883 535 Pzgr.	2 757 231
Lafette	1 441	182	29 477 128 Sprgr.	3 542 100
2-cm-KwK	761	512		
le.Gr.W. 36	6 735	1 867	23 888 275	3 641 226
M. 19	490	37		
m.Gr.W. 34	4 492	1 472	10 427 567	1 252 000
10-cm-Nb.W. 35	155	50	4 191 900	108 652
3,7-cm-Pak	3 286	1 198	5 236 000	1 261 000
3,7-cm-KwK	2 590	272		
le.IG. 18	680	180	4 979 200	475 400
le.Geb.IG.	75	65		
s.IG. 33	413	136	557 440	157 157
7,5-cm-KwK	655	68	5 639 249	400 508
Geb.G. 36	272	–	784 000	–
le.FK. 18	120	20	558 000	90 000
s.10-cm-K. 18	–	–	469 000	–
le.F.H. 18	1 784	358	10 030 715	960 332
s.F.H. 18	1 017	267	4 880 328	370 544
15-cm-K. 18	125	–	58 080	–
21-cm-Mrs. 18	564	27	204 900	8 300
24-cm-K. 3	20	–	8 784	1 800
28-cm-K. 5 (E)	20	1	800	–
5-cm-Ger. 56 P	400	–	1 500 000	8 000
lg.10-cm-K.Turm	20	–	22 555	–
10-cm-K.Turm	20	–	684 150	21 300
10-cm-K.Kassem.	74	–		
le.Hbz.Turm	–	–	153 500	–
s.Hbz.Turm	21	–	10 250	640
Pulver			39 500 t	16 146 t
Sprengstoff			63 110 t	22 731 t
SC 50			107 747	40 084
SD 50			645 842	79 754
SC 250			37 638	7 845
SC 500			3 000	513
SD 500			1 500	6

Bei den Angaben für die Pistole 08 und den Karabiner 98 sind die Mengen für die Luftwaffe mit eingeschlossen.

Zu den 700 gelieferten MP. 38 hatte die Truppe aus der Erprobung und der für das Waffenamt gefertigten Vor-Serie weitere 8033 Waffen erhalten. Wenn wir die Angaben vergleichen, sehen wir für die Zeit ab April 1939 erhebliche Zunahmen beim MG. 34, bei den Granatwerfern, bei den KwK und bei den 15-cm-Waffen.

Bei der Munition konnte man zwar den Ausstoß bei der Pistolenpatrone etwas erhöhen, die Infanteriepatrone fiel aber zurück. Der Mangel bei der 2-cm-Panzergranate und der 7,5-cm-Munition für die KwK wurde zum Teil ausgeglichen. Der Bestand der Wurfgranaten für die Granatwerfer konnte ausgebaut werden, und unter Vernachlässigung der Munition für die leichte Feldhaubitze wurde die Ausbringung für die 15-cm-Waffen erheblich gesteigert.

Wir kommen jetzt zu der **Lage bei den Panzerfahrzeugen.**

Für den Pz. II, von dem die Truppe bis März 1937 bereits 75 Stück erhalten hatte, lief ein Auftrag über 865 Stück. Bis Ende Februar 1939 sollten laut Plan davon 740 fertiggestellt werden, 639 wurden geliefert.

Beim Pz. III, von dem die Panzer-Regimenter im Frühjahr die ersten zehn Fahrzeuge erhalten hatten, gab es eine Menge technischer Schwierigkeiten. Hier lief zwar eine große Bestellung – 2538 Stück, und von denen sollten 244 geliefert werden. Das Waffenamt konnte aber nur 24 Fahrzeuge abnehmen. Vom Pz. IV hatte die Truppe die ersten drei bereits im Januar 1938 erhalten, und von den bestellten 709 waren 116 zur Abnahme eingeplant. Das *Grusonwerk* der Firma Krupp konnte hier 113 Fahrzeuge liefern.

Beim leichten Panzerspähwagen lief eine Bestellung über 764 Stück, es konnten aber nur 119 der 206 geforderten geliefert werden.

Auch beim schweren Panzerspähwagen wurde die Planzahl nicht erreicht, aus der Bestellung von 226 Fahrzeugen konnte die Truppe nur 19 der vorgesehenen 45 erhalten.

Hier wurden aber ebenfalls zum April 1939 die Aufträge geändert, im folgenden die Aufstellung:

	Auftragsmenge am 1. 4. 1939	Lieferungen vom 1. 4.–1. 9. 1939
Pz. II	537	96
Pz. III	2562	45
Pz. IV	533	53
Pz. 38(t)	475	78
Sturmgeschütz	280	–
le.Pz.Spähwagen	676	86
s.Pz.Spähwagen	179	18

Neu hinzu gekommen waren die **Sturmgeschütze,** von denen es schon 1937 fünf nicht einsatzfähige Muster im Weicheisenaufbau gab. Das erste Fahrzeug aus der Serie wurde zwar schon im Januar 1940 angeliefert, Ende März standen der Truppe aber erst 10 Sturmgeschütze zur Verfügung. Der hier erstmalig aufgeführte Pz. 38(t) wurde von der *Böhmisch-Mährischen Maschinenfabrik* seit Mai 1939 geliefert.

Wir sehen also, daß die Rüstungslage gar nicht so gut aussah, wie sie von der Propaganda immer wieder dargestellt wurde.

Eine große Hilfe waren da – außer der in der Tschechoslowakei zur Verfügung stehenden, voll funktionsfähigen Rüstungsindustrie – die hier nicht aufgeführten, übernommenen Waffen – 385 Panzerfahrzeuge, fast 48 000 Maschinengewehre, 2680 Geschütze und über 1,5 Millionen Gewehre – die komplette Ausrüstung von über 36 Divisionen.

Im folgenden werden wir sehen, wie wichtig die robusten tschechischen Panzer im ersten Abschnitt dieses Krieges gewesen sind.

Polen 1939

Das Heer einschließlich der SS-Verfügungstruppe – die Bezeichnung Waffen-SS wurde erst ab März 1940 verwendet – bestand im Sommer 1939 aus 3 706 664 Mann.

Feld-Heer		Ersatz-Heer
81 314	Offiziere	24 080
23 052	Beamte	6 443
374 544	Unteroffiziere	106 465
2 262 164	Mannschaften	828 052
514 305	Pferde	75 945
119 484	bespannte Fahrzeuge	15 299
2 730	Panzer	627
1 293	leicht gepanzerte Fahrzeuge	204
63 860	PKWs	9 690
115 140	LKWs	9 168
56 559	Kräder	7 067
38 209	Kräder mit Beiwagen	3 591

Zu Beginn des Krieges verfügte das Heer über 106 Divisionen, deren Sollstärke sehr unterschiedlich war, so z. B.

1. Gebirgs-Div.	24 952 Mann
Infanterie-Div. in Ostpreußen	19 199 Mann
1. Panzer-Div.	11 797 Mann
1. leichte Div.	9 964 Mann

Im Durchschnitt lag die Sollstärke bei 16 626 Mann.

Die gegen Polen eingesetzten Kräfte des deutschen Heeres waren in zwei Gruppen angesetzt: Bei der **Heeresgruppe Nord** (Generaloberst Fedor von Bock) standen 630 000 Mann, bei der **Heeresgruppe Süd** (Generaloberst Gerd von Rundstedt) 886 000 Mann, zusammen 54 Divisionen, bereit. Von den beim Heer vorhandenen 3198 Panzerkampffahrzeugen und den 1025 Panzerspähwagen blieben 220 Panzer und 87 Spähwagen in der Reserve des Zeugamtes. Vom Rest waren die meisten Fahrzeuge auf sechs Panzerdivisionen und einen Sonderverband verteilt. Von den schweren Typen, den Panzern III und IV, waren aber nur 69 bzw. 205 Stück beim Aufmarsch dabei. Bei der schweren Artillerie hatte die Industrie bis Ende August vom 21-cm-Mörser nur 27 Stück mit 8300 Schuß geliefert. Von der 24-cm-K. 3 waren es sogar nur 4 Stück, für die das Artillerie-Regiment 83 aus der Bevorratung 979 Granaten erhalten hatte. Der Schwerpunkt lag also bei den leichten und schweren Feldhaubitzen, von denen einschließlich der 888 tschechischen Waffen zwar 5354 bzw. 2428 Stück vorhanden waren, die aber nicht alle zum Einsatz herangezogen wurden.

Auf der polnischen Seite hatte man am 30. August eine Generalmobilmachung angeordnet. Zu den 30 regulären Divisionen sollten zehn Reserve-Divisionen aufgestellt werden. Wegen mangelhafter Organisation brachte man aber nur knapp acht Divisionen zusammen. Es gab zwar elf Kavallerie-Brigaden, von den geplanten vier Panzer-Brigaden, die der Grundstein zur Brón Pancerna, der polnischen Panzerwaffe, werden sollten, existierte nur die 10. Brygada Kawleria – und die nur mangelhaft ausgerüstet.
Das schwerste polnische Panzerfahrzeug war der 7TP-Panzer, ein Nachbau des englischen Vickers-Panzers. Das 9 t schwere Fahrzeug besaß einen Frontpanzer von 17 mm Stärke und trug eine 37-mm-Bofors-Kanone. 130 dieser Panzer waren einsatzbereit; vom Typ 10TP, der

besser gepanzert war, gab es jedoch nur ein Muster. Von Frankreich hatte man alte Renault M 17, aber auch die neuen R 35 erhalten. Davon standen 55 bzw. 49 zum Einsatz bereit. Bei den TK- und den TKS-Fahrzeugen, 2,4 bzw. 2,7 t schwere Nachbauten des englischen Carden-Lloyd-Kleinpanzers, der aber nur mit einem MG bewaffnet war, gab es zwar 693 Stück, aber davon waren nur 440 einsatzfähig, sie besaßen keinen besonderen Kampfwert. Auch mit den anderen Waffen waren die Polen qualitäts- und quantitätsmäßig unterlegen.

Verbände der Luftwaffe hatten am 1. September 1939 ab 4.40 Uhr wichtige Ziele, darunter 33 Flugplätze, angegriffen. Nur fünf Minuten später begann das Linienschiff »Schleswig-Holstein« mit der Beschießung der Festung Hela auf der Westernplatte, und die Heeresgruppen Nord und Süd überschritten in teilweise starkem Nebel die Grenze.
Obwohl durch den deutschen Angriff die nicht abgeschlossene polnische Mobilmachung völlig durcheinandergeraten war, entstanden an einigen Schwerpunkten doch größere Verluste bei den deutschen Truppen.
Bei der 3. Armee gingen durch den harten Widerstand von Verbänden der polnischen Modlin-Armee südlich Neidenburg/Ostpreußen im Festungsbereich bei Mlava bereits in den ersten Tagen 72 Panzerfahrzeuge verloren.
Die Polen hatten aber weitaus größere Verluste. Bei Krotjanty vernichteten deutsche Panzer des 18. Ulanenregiment, die Armee Pomorza verlor die Hälfte ihrer Verbände.
Als Hitler am 4. September in seinem Hauptquartier eintraf, waren bereits einige Divisionen im Korridor eingekesselt, im Süden war die polnische 7. Infanteriedivision bei Tschenstochau vernichtet. Am 6. September meldete die Agentur Havas die Verlegung des polnischen Regierungssitzes nach Lublin. Am folgenden Abend erreichten Fahrzeuge des XVI. Panzerkorps die Außenbezirke Warschaus. Am 8. wurde bei Demblin das größte polnische Waffen- und Munitionsdepot »Skladnica Uzbrojenia Nr. 2« eingenommen. In den Kesselschlachten bei Radom und im Raum Kutno – Modlin wurden zahlreiche polnische Divisionen vernichtet. Ein riesiges, mit 30 Millionen Liter Flugbenzin gefülltes Treibstofflager wurde am 13. bei Szastarka erbeutet. Am folgenden Tag wurde Lemberg eingeschlossen.

Zwei **russische Heeresgruppen** marschierten am 17. September 6 Uhr auf Grund des geheimen Zusatzprotokolls zum deutsch-russischen Nichtangriffspakt am 23. 8. 1939 (»Die Aufteilung Polens«) in Ostpolen ein. Später kam es zu mehreren, beiderseits nicht beabsichtigten Zwischenfällen, bei denen deutsche und russische Soldaten getötet wurden.
Am 18. war der Ring um Warschau und Modlin geschlossen, im Raum der Bzura waren zwölf polnische Divisionen eingeschlossen. Frühmorgens hatte die polnische Regierung die Grenze nach Rumänien bei Czerniowiec überschritten. Die polnischen Armeen Pomorze und Poznan kapitulierten – 170 000 Gefangene. Am 20. kapitulierte die Armee Lublin, 60 000 Mann gingen in die Gefangenschaft.
Nachmittags kam es versehentlich östlich von Lemberg bei Winniki zu einem Panzergefecht zwischen Deutschen und Russen. Am 22. übergab das XIX. Panzerkorps offiziell Brest-Litowsk an den russischen General Kriwoschein.
Hitler, der am 19. in Danzig eingetroffen war, sprach bereits vom »Feldzug der 18 Tage«; General Kutrzeba, der stellvertretende Oberbefehlshaber der Armee Warszawa, unterzeichnete aber erst am 28. die Kapitulation Warschaus. Einen Tag später übergab der General Thommee die Festung Modlin – zusammen wurden über 164 000 Gefangene gezählt.
Die Festung Hela, der Küstenraum war von den alten Linienschiffen »Schleswig-Holstein« und »Schlesien« beschossen worden, wurde am Nachmittag des 1. Oktober von Konteradmiral Unrug übergeben. Einige Stunden vorher war noch das deutsche Minensuchboot M 85 auf eine von dem polnischen U-Boot »Zbik« gelegte Mine gelaufen, das Boot ging mit 23 Mann unter, 48 wurden gerettet. Während Hitler am 5. Oktober in Warschau die Siegesparade abnahm, wurde 100 km südöstlich noch gekämpft. Erst am Morgen des 6. legten über

16 000 Mann, die unter dem Befehl des Generals Kleeberg standen, die Waffen nieder – der Feldzug in Polen war beendet.

Die unmittelbar nach Abschluß der Kämpfe erfolgte **Zählung der Beute** wies unter anderem 208 223 Gewehre, 1596 Geschütze und 111 Panzerfahrzeuge aus. Die polnischen Streitkräfte verloren etwa 66 500 Tote und 135 000 Verwundete, eine Aufschlüsselung zwischen den Verlusten, die bei Kämpfen mit deutschen bzw. russischen Truppen entstanden sind, ist nicht möglich.

Die **Verbände des deutschen Heeres verloren:**

Tote	8 082 (364)
Verwundete	27 278 (527)
Vermißte	5 029 (69)

Die in () gesetzten Zahlen zeigen stets die in den Gesamtzahlen bereits enthaltenen Offiziere. Die anderen Wehrmachtsteile hatten im Monat September wesentlich geringere Verluste:

	Tote	Verwundete	Vermißte
Luftwaffe	283 (46)	242 (46)	234 (38)
Kriegsmarine	77 (4)	115 (1)	3 (–)

Als Ausfälle werden immer die Anzahl der Gefallenen, Verwundeten und Vermißten betrachtet.

Die **Rote Armee** verlor bei ihrem Einmarsch nur 737 Tote und 1859 Verwundete.
Bei den deutschen Truppen entstanden bis Ende 1940 noch weitere, wenn auch geringe Verluste durch polnische Freischärler. Beim Heer gab es beispielsweise in den 10 Tagen bis zum 20. Oktober 1939 zusätzlich sechs Tote und zwei Verwundete.

Die **Fahrzeugausfälle** bis zum 10. Oktober 1939 betrugen:

Pz. I	320	davon	89	mit Totalschaden
Pz. II	259	davon	83	mit Totalschaden
Pz. III	40	davon	26	mit Totalschaden
Pz. IV	76	davon	19	mit Totalschaden
Pz.Befehlswagen	13	davon	5	mit Totalschaden
Pz. 35(t)	77	davon	–	mit Totalschaden
Pz. 38(t)	7	davon	7	mit Totalschaden
le.Pz.Spähwagen	111			
schw.Pz.Spähwagen	44	davon	101	mit Totalschaden
Pz.Funkwagen	10			
Pkw	1949	davon	991	mit Totalschaden
Lkw	4052	davon	1595	mit Totalschaden
Zgkw	338	davon	154	mit Totalschaden
Kräder	5523	davon	1492	mit Totalschaden

Der Treibstoffverbrauch war viel höher als erwartet. Er betrug 146 330 m³.

An **Munition** haben die Panzerfahrzeuge außer der MG-Munition die folgenden Granat-patronen verbraucht:

1 978 934	2-cm-Pzgr.Patr.
2 111 237	2-cm-Sprgr.Patr.
175 617	3,7-cm-Sprgr.- und Pzgr.Patr.
74 286	3,7-cm-Pzgr.Patr.(t)
150 722	7,5-cm-Gr.- und Pzgr.Patr.

Ein Teil der 2-cm-Sprgr.Patronen ist dabei von der Heeresflak verbraucht worden. Eine Trennung ist nicht möglich.

Die folgende Aufstellung zeigt den **Verlust der wichtigsten Waffen** und den **Verbrauch an Munition** in Schuß:

5 038	Pistolen	19 969 456
261	Maschinenpistolen	
7 867	Gewehre und Karabiner	395 489 504
49	MG 08	
20	MG 08/15	
105	MG 13	
1 152	MG 34	
–	Pz. Büchse	13 250
174	5-cm-Gr.W. 36	940 096
55	8-cm-Gr.W. 34	486 585
79	3,7-cm-Pak	1 793 200
21	7,5-cm-le.IG. 18	409 527
6	15-cm-s.IG. 33	25 206
12	10,5-cm-le.F.H. 16 und 18	1 408 193
15	15-cm-s.F.H. 13 und 18	296 560
2	s-10-cm-K. 18	86 046
–	15-cm-K. 16	6 166
–	21-cm-lg.-Mrs.	3 794
2	24-cm-K. 3	183
–	15-cm-K. (E)	66
–	24-cm-Theodor-Bruno K. (E)	81
–	28-cm-K. 5 (E)	52
2	2-cm-Flak	s. oben
1	8-cm-FK. 30 (t)	40 925
3	10-cm-le.FH. 14/19 (t)	10 830
–	15-cm-s.F.H. 25 (t)	9 012
–	21-cm-Kz.Mrs. (t)	260
–	30,5-cm-Mrs. (t)	517
	Stielhandgranate	1 222 966
	T-Minen	82 368

Bis zum 10. Oktober hatte man 87 694 t Munition verbraucht. An der Front im Westen waren es in dem gleichen Zeitraum 2008 t, weitere 2730 t wurden vom Heer dann bis zum Ende des Jahres verbraucht.
Personelle Ausfälle sind natürlich auch **im Westen** entstanden, einschließlich der Verluste ohne Feindeinwirkung waren es bis zum 31. Dezember 1939:

Tote	585 (19)
Verwundete	1347 (27)
Vermißte	137 (5)

Wie die folgende Aufstellung zeigt, war der **Verbrauch an der Westfront** bis zum Jahresende verhältnismäßig gering:

Waffen		Munition
8	Gewehre und Karabiner	3 704 720
70	Maschinengewehre	
1	5-cm-Gr.W. 36	8 897
1	8-cm-Gr.W. 34	5 916
17	3,7-cm-Pak	9 745
5	7,5-cm-le.IG. 18	13 475
1	15-cm-s.IG. 33	691
6	10,5-cm-le.FH.16 und 18	64 617
2	15-cm-s.FH. 13 und 18	42 500
–	s-10-cm-K. 18	14 658
–	21-cm-Mrs.	107
–	15-cm-K. (E)	102
–	24-cm-Theodor-Bruno K. (E)	243
–	28-cm-K. 5 (E)	159
	Stielhandgranaten	69 000
	T-Minen	12 960
	S-Minen	25 220

Bei zahlreichen Spähtruppunternehmen wurden in diesem Zeitraum 695 (28) Gefangene eingebracht.

Der **Munitionsverbrauch in Polen** war überraschend hoch, fast das Doppelte der Erstausstattung. Der höchste Verbrauch entstand bei der 3,7-cm-Pak, gefolgt von der s. 10-cm-K. 18 und der 3,7-cm-KwK. Aber auch die Werte für die Infanteriegeschütze und die leichten Feldhaubitzen lagen weit über dem Durchschnitt. Der hohe Verbrauch der Pistolenmunition war auf den Einsatz der MP. 38 zurückzuführen. Im Durchschnitt war im Polenfeldzug fast das Sechsfache der Septemberproduktion verbraucht worden.

Aber auch die **Luftwaffe** hatte viel mehr Bomben benötigt, als es die Planungen vorsahen. Hier lag bei Kriegsbeginn ein Vorrat von 69 015 t vor, und davon wurden während des Monats September in Polen 20 908 t und im Westen 416 t – das waren zusammen 398 468 Bomben – verbraucht.
Im einzelnen waren das:

		Polen	Westen
SC	10	90 300	1 500
SC	50	190 272	4 422
SD	50	92 461	1 845
SC	250	15 755	295
SC	500	1 610	–
SD	500	–	8
		390 398	8 070

Die in diesen Bomben enthaltene Sprengstoffmenge betrug 9094 t. Noch ein Hinweis: Die SC 10 war eine alte Splitterbombe, die infolge der nur 0,9 kg schweren Sprengstoffüllung einen schlechten Wirkungsgrad besaß. Die Produktion war Anfang 1939 eingestellt worden, bei Kriegsbeginn lagen aber 1 502 600 Stück vor, die man dann im Einzelwurf und auch im 4-Stück-Bündel aufbrauchte.

Da die Septemberproduktion von 41 548 Stück im Gesamtgewicht von 2864 t den oben erwähnten Verbrauch nur zu 13 Prozent ersetzte, wurden, um die ungenügende Bevorratung auszugleichen, Bomben aus Beton gegossen. Die ersten 12 388 Stück wurden im Februar 1940 geliefert.

Infolge des sehr niedrigen Sprengstoffanteiles – die SBe 50 trug nur 5,4 kg gegenüber den 26 kg bei der SC 50 – zeigten diese Bomben viel zuwenig Wirkung.

Die Industrie holte aber erheblich auf; ab Oktober 1939 bis Anfang März 1940 erhielt die Luftwaffe 477 152 Bomben mit einem Gesamtgewicht von 34 756 t.

Viel besser sah es da bei der Munition für die Bordwaffen der Flugzeuge aus. Da wurden von dem 14 940-t-Vorrat 11 001 400 Schuß im Kal. 7,9 mm und 254 450 Patronen für die 2-cm-Kanone – das entsprach 322 t – verbraucht. Diese Menge wurde durch einen Zugang von 1444 t aus der Septemberproduktion weit übertroffen.

Bei der **Kriegsmarine,** die verspätet ihren Verbrauch, aber nun gleich bis zum 12. Oktober meldete, hatte sich der Verschuß ebenfalls in Grenzen gehalten. Einschließlich der 74 Torpedos mit 117 t Gewicht waren es nur 376 t.

Ein erheblicher Verbrauch entstand aber bei den Seeminen. Von den bei Kriegsbeginn vorhandenen 31 385 Stück wurden in dem bereits erwähnten Zeitraum 11 771 mit einem Gesamtgewicht von 7979 t verlegt – dem stand die Produktion des Monats September von nur 1544 t gegenüber.

Das **Heer** konnte trotz des hohen Munitionsverbrauches seine Reserven bis zum Ende des Jahres wieder auffüllen. Gegenüber den in den ersten acht Monaten des Jahres 1939 produzierten 161 950 t hatte die Truppe durch die erheblichen Anstrengungen der Industrie in den ersten vier Monaten seit Kriegsbeginn 164 220 t Munition erhalten.

Die in den weiteren Abschnitten angegebene Jahresproduktion an Munition bezieht sich auf die gesamte Wehrmacht, die dem Heer zugeteilte Menge läßt sich nicht mehr mit der notwendigen Zuverlässigkeit abtrennen.

Bei den Waffen hatte sich gezeigt, wie empfindlich das MG 34 gegen Schmutz war. Die Arbeiten an einer neuen Waffe wurden deshalb beschleunigt. Bei den Panzerfahrzeugen bewährte sich der Pz. I überhaupt nicht, der Pz. II war nur als Aufklärer verwendbar. Den besten Eindruck hinterließ der Pz. IV, dessen Produktion dann auch forciert wurde.

In diesem Feldzug wurden 588 354 polnische Gefangene, einschließlich 11 452 Offiziere, eingebracht, von denen sich später noch zahlreiche unter den 1,068 Millionen polnischen Arbeitern befanden, die im Sommer 1942 im Deutschen Reich beschäftigt waren.

Die Rote Armee soll etwa 220 000 Gefangene gemacht haben.

Dänemark und Norwegen 1940

Das Unternehmen »Weserübung«, wie die Besetzung von Dänemark und Norwegen genannt wurde, begann mit dem Auslaufen der ersten deutschen Schiffe am 7. April 1940, die eigentliche Landung fand am 9. April um 5.15 Uhr statt.

Die offizielle Verlautbarung des OKW lautete:

»Um dem im Gange befindlichen Angriff auf die Neutralität Dänemarks und Norwegens entgegenzutreten, hat die deutsche Wehrmacht den bewaffneten Schutz dieser Staaten übernommen. Hierzu sind heute morgen in beiden Ländern starke deutsche Kräfte aller Wehrmachtsteile eingerückt bzw. gelandet.«

Während die Dänen unter Protest diesen »Schutz« annahmen, wurde in Norwegen teilweise erheblicher Widerstand geleistet. König Haakon von Norwegen befahl am 9. Juni 1940 die

Einstellung des Widerstandes in Norwegen, an dem außer norwegischen Truppen auch angelandete polnische, britische und französische Land-, Luft- und Seestreitkräfte teilgenommen hatten.

Verluste der Gegner Deutschlands:

    26 Dänen
   530 Polen und Franzosen
  1355 Norweger
  3349 Engländer

Die **Verluste der deutschen Wehrmacht** betrugen im einzelnen:

	Tote	Verwundete	Vermißte
Heer	1166 (59)	1548 (66)	1091 (19)
Luftwaffe	341 (44)	341 (34)	448 (43)
Kriegsmarine	289 (26)	223 (12)	560 (45)

Bei der Luftwaffe sind das die insgesamt eingetretenen Ausfälle bis einschl. 9. Mai, danach sind die Zahlen der Kämpfe im Westen zusammengezogen worden – eine Abschlußmeldung über Norwegen hat von der Luftwaffe nie vorgelegen.
Infolge der Kämpfe im Westen, die am 10. Mai begannen, sind die **Verschußzahlen** ebenso wie die **Verbrauchszahlen an Waffen** für die Kämpfe in Norwegen nie einwandfrei ermittelt worden. Lediglich der Munitionsverbrauch des Heeres für die ersten vier Monate des Jahres 1940 wurde mit 8499 t ermittelt.

Der Westfeldzug 1940

Der »Fall Gelb«, der Angriff gegen Frankreich, begann am 10. Mai 1940.
Den drei Heeresgruppen mit insgesamt 136 Divisionen, einschl. der 10 Panzerdivisionen, standen auf der alliierten Seite 148 Divisionen gegenüber. Das waren etwa 2,8 Millionen Mann auf der deutschen Seite gegen rund 3,7 Millionen Mann beim Gegner.
Für die Panzerfahrzeuge zeigt die folgende Aufstellung, daß man, obwohl sie sich im Polenfeldzug nicht bewährt hatten, zwangsläufig wieder zahlreiche Panzer I und II einsetzen mußte.

Am 1. Mai vorhanden:		Zum Einsatz bereitgestellt:
1214	Panzer I	523
1110	Panzer II	955
381	Panzer III	349
290	Panzer IV	278
143	Panzer 35(t)	128
238	Panzer 38(t)	229
244	Pz.Befehlswagen	135
800	le.Pz.Spähwagen	615
333	schw.Pz.Spähwagen	286

Beim Gegner fanden sich 534 veraltete FT-17-Panzer aus dem Ersten Weltkrieg, ein 7 t schweres Fahrzeug, das frontal mit 22 mm gepanzert war und mit einem 35-PS-Motor nur eine

Geschwindigkeit von 8 km/h erreichte. Die Bewaffnung bestand aus einer 3,7-cm-Kanone und einem MG. Vom R-35, einem 10,7 t schweren Infanteriepanzer der Firma *Renault,* der 40 mm stark gepanzert und mit einer 3,7-cm-KwK bewaffnet war, gab es 945 Fahrzeuge.

Ein weiterer Panzer war der von der Firma *Hotchkiss* gebaute H 35/38, ein 12,1 t schweres Fahrzeug, das im 35er Typ mit einer kurzen, im 38er Typ mit einer langen 3,7-cm-KwK bewaffnet war. Von dem frontal mit 32 mm gepanzerten Fahrzeug gab es 1940 im Mai 821 Stück. Der mit einer 4,7-cm-KwK bewaffnete S-35 der Firma *Somua,* der 40 mm stark gepanzert war, erwies sich als ein respektabler Gegner. Die französische Armee besaß von diesem Fahrzeug 261 Stück. Den deutschen Panzern überlegen waren die 31,5 t schweren Panzer B-1 und B-2, die mit einer 7,5-cm-KwK und einer 4,7-cm-KwK bewaffnet waren. Frontal und seitlich mit 60 mm gepanzert, galten sie damals als beste Kampfpanzer. Die Firma *Renault* hatte von diesem ausgezeichneten Fahrzeug 314 Stück ausgeliefert.

Vom 2-C-Panzer, einem fast 70 t schweren Ungetüm, das mit einer 7,5-cm-KwK und vier MGs bewaffnet war, gab es damals nur sechs Stück. Ein 520-PS-Motor brachte diese mit 45 mm gepanzerten Fahrzeuge auf eine Geschwindigkeit von 12 km/h. Weiterhin waren 90 Panzer vom Typ FCM 36, einem mit einer 3,7-cm-KwK bewaffneten, 12,4 t schweren Fahrzeug, und 85 Renault-Panzer D 2 vorhanden. Das letztere Fahrzeug wog 19,8 t und trug eine 4,7-cm-KwK.

Aber auch die 310 Infanteriepanzer des britischen Expeditionskorps trugen eine bessere Panzerung und eine durchschlagendere Bewaffnung als die meisten deutschen Panzer.

Im Einsatz wurden aber diese Nachteile durch die bessere Ausbildung der deutschen Panzerbesatzungen und die überlegene deutsche Führung wieder wettgemacht.

Bei der **Artillerie** standen den 11 500 Geschützen auf seiten der Alliierten deutscherseits aus einem Bestand von 2374 Waffen mit 15-cm-Kaliber und 6238 mit 10,5-cm-Kaliber insgesamt etwa 7750 gegenüber.

Die Überprüfung der **Munitionslage** zeigte Anfang Mai einige Pannen. Zuwenig Munition für die 3,7-cm-KwK der 357 tschechischen Panzer begrenzte die Einsatzmöglichkeiten von drei Pz.Div. Für den Nachschub lagen für den 21-cm-Mrs. 18 zwar 84 870 Granaten vor, es fehlten aber 72 205 Hülsen. Beschossene Hülsen mußten also immer wieder zum Wiederladen zurückgeführt werden.

Doch nun zum »Fall Gelb« selbst: Am 10. Mai 1940 begann um 5.35 Uhr die deutsche Offensive unter der Verletzung der Neutralität Belgiens (zum zweiten Male innerhalb dreier Jahrzehnte), der Niederlande und Luxemburgs.

Zu einem Sondereinsatz war um 5.30 Uhr die 85 Mann starke Spezialgruppe »Granit« mit zehn Lastenseglern auf dem belgischen Fort Eben-Emael gelandet. Das 1935 für 35 Millionen belgische Franc fertiggestellte Fort am Albertkanal galt als uneinnehmbar. Es war mit zwei weitreichenden Geschützen vom Kaliber 12 cm, 36 Schnellfeuerkanonen im Kaliber 4,5 bis 7,5 cm und 36 MGs bestückt. Die schon Anfang November 1939 aufgestellte deutsche Sturmgruppe unter Oblt. Witzig hatte diesen Einsatz wieder und wieder geübt. Nun sprengte sie in kurzer Zeit mit den eingeflogenen 56 Pionier-Hohlladungen von 12,5 und 50 kg Gewicht die Panzerkuppeln und die Kasematten. Es war der erste Einsatz dieses neuen Kampfmittels. Während der Nacht gelang es dann Teilen des Inf.Reg. 151, den Albert-Kanal zu überqueren und die Gruppe »Granit« zu unterstützen. Gegen Mittag kapitulierte der belgische Major Jottrand mit der zum Teil stark demoralisierten Besatzung, die 23 Tote und 59 Verwundete zu beklagen hatte. Die Verluste bei der Gruppe »Granit« betrugen 6 Tote und 15 Verwundete. Am 13. Mai erreichte die Pz.Gruppe Kleist die Maas bei Sedan, am 15. Mai unterzeichnete General Winkelmann die Kapitulation Hollands. Die Panzergruppe Kleist erreichte am 20. die Somme. Damit waren alle alliierten Verbände, die sich in Nordfrankreich und Belgien befanden, abgeschnitten. Vier Tage später mußte die Panzergruppe auf Hitlers Befehl am Bassee-Kanal ihren Vormarsch anhalten.

Am 27. wurden erstmals die sechs vorhandenen 70 t schweren 2-C-Panzer eingesetzt; sie griffen mit 140 weiteren Panzern des General de Gaulle die deutschen Linien am Südufer der Somme an. Die deutschen Panzerjäger mit ihrer 3,7-cm-Pak waren aber nicht immer machtlos. Der Gefreite Brinkforth vom Infanterieregiment 25 stand in günstiger Stellung hinter einem Erdwall und schoß von da aus 12 feindliche Panzer ab. Er erhielt als erster Soldat aus dem Mannschaftsstand dafür das Ritterkreuz.

Die belgische Armee kapitulierte am 28. Mai; bis zum 4. Juni gelang es aber, 85 Prozent des britischen Expeditionskorps, einschließlich 123 000 Franzosen, genau 338 226 Mann, aus dem Raum Dünkirchen über See abzutransportieren.

Am 5. Juni begann mit der Operation »Rot« die sogenannte »Schlacht um Frankreich«. Die Weygand-Linie wurde in Richtung der Seine durchbrochen.

Am 10. Juni trat Italien in den Krieg ein.

Das französische Kabinett trat am 16. Juni zurück. Marschall Petain wurde neuer Regierungschef. In der darauffolgenden Nacht wurde ein Angebot mit der Bitte um einen Waffenstillstand herausgegeben. General Guderian erreichte inzwischen am 17. die Schweizer Grenze und schloß damit die Masse des französischen Heeres in Lothringen und der Maginotlinie ein. Am 20. Juni wurde dem französischen General Huntzinger in Compiègne die Mappe mit den Bedingungen übergeben – er unterzeichnete den Waffenstillstand am Abend des 22. Offiziell wurden die Kämpfe am 25. Juni eingestellt. Vorher gelang es den Alliierten aber noch, 191 800 Mann nach England zu überführen.

Die **Verluste der Gegner** betrugen:

Holland	2 135 Tote	6 898 Verwundete
England	3 458 Tote	13 600 Verwundete
Belgien	7 650 Tote	15 800 Verwundete
Frankreich	92 000 Tote	200 000 Verwundete

Der riesige französische 2-C-Panzer

Im Westfeldzug erlitt die **Wehrmacht** bis zum 30. Juni 1940 **folgende Verluste:**

	Tote	Verwundete	Vermißte
Heer	27 650 (1 295)	115 299 (3 491)	13 607 (299)
Luftwaffe	1 722 (169)	2 897 (285)	2 034 (342)
davon fliegendes Personal	1 092 (136)	1 395 (205)	1 930 (339)
Kriegsmarine	121 (10)	30 (7)	168 (9)

An *Fahrzeugen* waren ausgefallen:

182	Pz. I
240	Pz. II
135	Pz. III
97	Pz. IV
45	Pz. 35 (t)
54	Pz. 38 (t)
69	Pz.Befehlswagen
10	Pz.Funkwagen
121	leichte Pz.Spähwagen
57	schwere Pz.Spähwagen
2996	Pkw
5227	Lkw
251	Zgkw
7231	Kräder

Der *Kraftstoffverbrauch* des Heeres in diesem Feldzug betrug 276 000 Tonnen.

Folgende *Munitionsmengen* wurden verbraucht:

Bis zum 10. Mai 1940		Ab 10. Mai 1940
57 321	Pistolen-Patronen	16 489 976
4 608 804	Inf.-Patronen	180 119 647
–	Patr. f. Pz.-Büchse	431 991
–	Patr. f. Pz.B. 35 (p)	218 030
27 377	2-cm-Spr. und Pzgr.	1 249 086
15 075	3,7-cm-Spr. und Pzgr.	1 051 637
12 508	5-cm-Wgr. 36	556 075
8 848	8-cm-Wgr. 34	464 301
–	10-cm-NbW.Wgr. 35	29 800
18 527	7,5-cm-IGr. 18	387 689
1 486	15-cm-IGr. 38	82 069
–	7,5-cm-Gr.Patr.KwK	68 936
–	7,5-cm-Gr. für Geb.K. 15	14 105
–	7,5-cm-K.Gr. für F.K. 18	2 008
100 588	10,5-cm-Gr. le.F.H.	1 483 435
23 039	10-cm-Gr. 18	253 537
56 839	15-cm-Gr. 19 s.F.H.	649 305
–	15-cm-Gr. für K. 16	10 821
–	15-cm-Gr. für K. 18	6 998
–	15-cm-Gr. für K. 39	9 192
7	Gr. für lg.21-cm-Mrs.	5 652
–	Gr. für 21-cm-Mrs. 18	16 122
–	Gr. für 21-cm-K. 39	291
–	Gr. für 24-cm-K. 3	780
–	Gr. für 35,5-cm-M. 1	84
–	Gr. für 15-cm-K. (E)	105

Bis zum 10. Mai 1940		Ab 10. Mai 1940
–	Gr. für 17-cm-K. (E)	543
–	Gr. für 24-cm-Th.Bruno (E)	475
–	Gr. für 24-cm-Theodor (E)	937
–	Gr. für 28-cm-Kz.Bruno (E)	936
–	Gr. für 28-cm-lg. und schw.Bruno (E)	398
78 739	Stielhandgranaten	787 449
–	Nebelhandgranaten	22 800
19 087	T-Minen	56 231
35 004	S-Minen	29 134
8 000	3,7-cm-Spr. und Pzgr. (t)	297 200
6 000	4,7-cm-Spr. und Pzgr. (t)	2 972
–	4,7-cm-Pzgr. (ö)	18 600
–	8-cm-Wgr. (t)	13 900
–	8-cm-Gr. für F.K. 30 (t)	23 800
–	10-cm-Gr. für le.F.H. 14/19 (t)	102 400
–	10-cm-Gr. für le.F.H. 30 (t)	3 000
–	15-cm-Gr. für K. 15/16 (t)	1 200
–	15-cm-Gr. für s.F.H. 25 (t)	49 800
–	15-cm-Gr. für s.F.H. 37 (t)	9 800
–	21-cm-Gr. für Kz.Mrs. (t)	1 590
–	24-cm-Gr. für s.K. (t)	566
–	30,5-cm-Gr. für Mrs. 16 (t)	976
–	7,5-cm-Gr. für F.K. 97 (p)	467
–	10,5-cm-Gr. für le.F.H. 14/19 (p)	445
–	15,5-cm-Gr. für s.F.H. 17 (p)	9 600

Bei der 3,7-cm-Munition sind 19 692 Sprgr. und 62 923 Pzgr. eingeschlossen, die von den KwK der Pz. III verschossen wurden.

Der **Gesamtverbrauch an Munition** betrug im Westfeldzug 88 460 t.
In der Euphorie nach dem Ende der Kämpfe gab es für die letzten 5 Tage im Juni keine zuverlässigen Verbrauchsmeldungen.

Die **Verluste der wichtigsten Waffen:**

Bis zum 10. Mai 1940		Ab 10. Mai 1940
–	Pistolen	7 563
1	Maschinenpistolen	1 342
8	Gewehre und Karabiner	16 143
79	Maschinengewehre	4 827
–	Panzerbüchsen	162
25	3,7-cm-Pak	664
4	5-cm-Gr.W 36	560
1	8-cm-Gr.W 34	357
11	7,5-cm-le.I.G. 18	159
2	15-cm-s.I.G. 33	24
–	7,5-cm-le.F.K. 18	2
17	10,5-cm-le.F.H. 16 und 18	141
5	15-cm-s.F.H. 18	98
–	s.10-cm-K. 18	32
–	15-cm-K. 16	4
–	Lg.21-cm-Mrs.	6
–	2-cm-Flak	33
1	8,8-cm-Flak	–

Die deutschen Truppen haben während der Kämpfe über 2,5 Millionen **Gefangene** der verschiedenen Nationalitäten gemacht, die endgültige Liste zeigte:

1 817 418	Franzosen
285 002	Belgier
269 430	Holländer
101 925	Nationalität nicht feststellbar
23 914	Farbige
21 006	Engländer
405	Polen
71	Spanier

Während der Kämpfe hatten sich, wie bereits in Polen, die Schwächen der Panzer I und II gezeigt. Die stark gepanzerten feindlichen Panzer zeigten, daß die Durchschlagsfähigkeit der 3,7-cm-KwK und der 3,7-cm-Pak völlig unzureichend war. Als am 28. Mai die Franzosen (General de Gaulle) mit 70 Panzern angriffen, verlor die Panzerjäger-Abteilung des IR. 217 alle 36 Pak-Geschütze.

Oftmals konnten die feindlichen Panzergegenangriffe nur im direkten Beschuß mit der 8,8-cm-Flak oder der leichten Feldhaubitze aufgehalten werden. Am 29. Mai schoß beispielsweise das Flak-Regiment 64 allein 14 schwere Panzer ab. Am 4. Juni wurde aber auch die Flak überrollt– sie hatte sich völlig verschossen; nur der schnelle Einsatz der Stukas konnte den feindlichen Vorstoß aufhalten, der Gegner verlor 36 Panzer.

Die **Zählung der Beute** unmittelbar nach dem Waffenstillstand zeigte außer 314 878 Gewehren und 5017 Geschützen mit 3 937 774 Granaten überraschenderweise auch 2170 Panzer.

Vom raschen Fortgang des Westfeldzuges beeindruckt, hatte der Generalstab des Heeres am 10. Juni dem OKW folgende Notiz vorgelegt: »Die hohe Bevorratung bei den meisten Munitionsarten wird es daher notwendig machen, die Fertigung erheblich einzuschränken, wenn ein wesentlicher Verschuß nicht mehr zu erwarten ist.« Dieser Hinweis sollte später verhängnisvolle Folgen haben.

Vorbereitung für die Invasion Englands

Nachdem bei der SKL (Seekriegsleitung) schon Mitte November 1939 erste Überlegungen betreffs einer Landung in England zu Papier gebracht wurden, unterrichtete Großadmiral Raeder am 21. Mai 1940 und erneut am 20. Juni Hitler persönlich. Am 30. Juni ordnete General Jodl, der Chef des Wehrmachtsführungstabes, die Bereitstellung von Transportraum an, und am 12. Juli wurde die Durchführung der Landung als Unternehmen »Löwe« festgelegt. In der offiziellen Weisung vom 16. Juli hat man dann den Decknamen **Seelöwe** benutzt.

Für die geplante Landung von 250 000 Mann mit Waffen und Gerät in zwei Wellen hatte die Kriegsmarine Anfang September 1940 folgenden Transportraum bereitgestellt:

172	Dampfer mit zusammen 713 000 BRT
1810	Prähme
352	Schlepper
1580	Motorboote

Die SKL machte aber die Erringung der Luftherrschaft zur Bedingung für das Gelingen der Landung.

In span. Marokko stehen insgesamt 7 span. Div. (Gliederung:
3 Inf.Rgt., 1 l. Art.Rgt. zu 9 Battr. 7,5 cm, Sondertruppen),
einige Korpstruppen (darunter 3 schw.Art.Rgt. zu im Höchstfall
je 6 Battr. 10,5 cm u. 6 Battr. 15 cm; davon gehören 2 s.Art.
Rgt. zum Wehrkreis IX, Ceuta) u. 20000 Mann Kalifatstruppen
(Marokkaner, keine Art. u. schw.Waffen).
5 von diesen Div. gehören zu den besten des span.Heeres. Ihre
Abwehrkraft ist verhältnismäßig hoch zu veranschlagen, abgesehen von der geringen Leistungsfähigkeit, vor allem des Art.-
Geräts u. der schwachen Mun.-Ausstattung. Diese ist jedoch
wahrscheinlich bereits auf Kosten der Truppen in Spanien verbessert worden.

2) Nach erfolgter Wegnahme von Gibraltar ergeben sich folgende Aufgaben:

a) Die Festung Gibraltar muß wieder in Verteidigungszustand
vor allem nach See zu, versetzt und als Flottenstützpunkt -
wenigstens für leichte Seestreitkräfte u. U-Boote - her-
gerichtet werden.

Das Ausmaß dieser Arbeiten läßt sich jetzt noch nicht
übersehen, da es von dem Zustand der Festung nach dem Einnahme abhängen wird. Die erforderlichen Arbeitskräfte, Bau-
stoffe und Werkzeuge müssen rechtzeitig von Spanien bereitgestellt werden.

Als deutsche Leistung erscheinen - unter der Voraus-
setzung der völligen Zerstörung aller Waffen, insbesondere
Geschütze der Festung - ausreichend:

1 Inf.Rgt.
4 schw.Art.Abt., davon bis zu 3 Abt. des "Küstenschutzes"
1 Pi-Batl.
1-2 Flak-Abt.
Nachr.-Truppen

b) Die Meerenge muß durch Einsatz von Küstenartillerie auf
europäischer, wie auf afrikanischer Seite gesperrt werden.

Diese Aufgabe muß von deutschen Truppen übernommen
werden, da die Spanier nicht über an Zahl, Wirkung u. Treffsicherheit ausreichende Artillerie verfügen.

Die Meerenge ist an der schmalsten Stelle etwa 14,5 km
breit (siehe anliegende Karte). Die 5 Abteilungen des
"Küstenschutz Süd" des Gibraltar-Unternehmens stehen bereits
an dieser Stelle am europäischen

Ufers

2097/499   14.

Chefsache
nur durch Offizier
Geheime Kommandosache!

3 Ausfertigungen
1. Ausfertigung

Zu H.Gr.C Ia Nr. 262/40 g.K.Ch. von 4.10.40.

Operationsentwurf Schweiz
(Tannenbaum).

Karte 1 u.2

I. Operationsabsicht.

Überfallartiger konzentrischer Einbruch vom
Genfer See bis zum Bodensee gegen die Landesmitte mit
starken und schnellen äußeren Flügeln.

Schwache Kräfte sind über den Bodensee und von
Vorarlberg her anzusetzen.

Nebenangriffe sind durch das obere Rhone- und das
obere Rheintal vorzutreiben.

Der Gegner ist operativ zu überraschen. Hierzu
sind zahlreiche not., vom Eisenbahnaufmarsch unabhängige
Verbände zu verwenden. Der Eisenbahnaufmarsch ist für
den ersten Abeprung nicht abzuwarten.

Durch den Ansatz stark überlegener Kräfte ist ein
rasches Niederwerfen der Schweiz zu erzwingen.

= 2 =

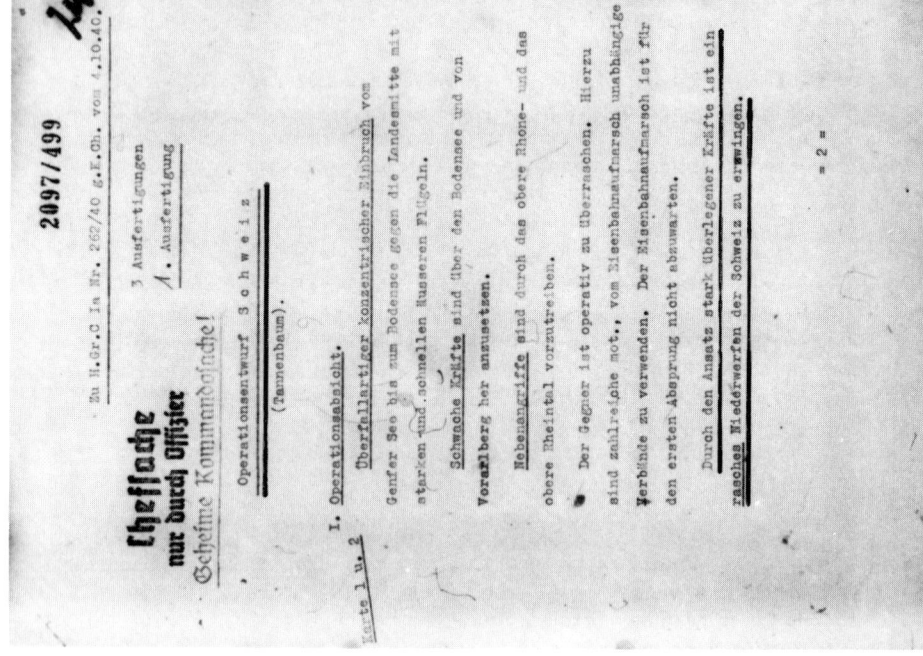

Unternehmen Tannenbaum: Operationsentwurf Schweiz nach dem Frankreichfeldzug

Ein Blatt aus der Mappe »Felix«

Am 31. Juli hatte Hitler den 15. September als Invasionstag festgelegt, der aber wieder und wieder verschoben wurde. Ab 12. Oktober wurden dann die Bereitstellungen aufgelöst; auch das Heer zog die 52 Schwimm-Pz. II sowie die zum Unterwassermarsch ausgerüsteten 168 Pz. III und die 42 Pz. IV wieder zurück.

Die Weisung Nr. 18 vom 12. November 1940 legte fest: ». . . die Möglichkeit oder Notwendigkeit gegeben sein kann, im Frühjahr 1941 doch noch auf das Unternehmen ›Seelöwe‹ zurückzukommen, müssen die drei Wehrmachtsteile ernstlich bestrebt sein, die Grundlagen für ein solches Unternehmen in jeder Hinsicht zu verbessern.«

Hitler hatte in der bereits erwähnten Besprechung vom 31. Juli bekanntgegeben, daß er im Frühjahr 1941 die UdSSR angreifen wolle. Zwischendurch wollte man mit dem Unternehmen **Felix** Gibraltar ausschalten. Die Planungen dafür begannen am 20. August; Hitler verzichtete aber auf diesen Einsatz, da es General Franco am 7. Dezember 1940 endgültig ablehnte, mit in den Krieg einzutreten.

Balkanfeldzug und deutsches Eingreifen in Nordafrika 1941

Die für den Feldzug gegen Rußland am 26. Oktober 1940 begonnene Umgruppierung des Heeres wurde zwei Tage später durch den Angriff Italiens gegen Griechenland erheblich gestört.

Die bereits in Frankreich unglücklich operierenden Italiener – sie hatten damals 6029 Verluste gegenüber 229 Mann bei der französischen Alpentruppe – wurden auch jetzt wieder zurückgeworfen. Anfang November entschloß sich Hitler daher zu einem Entlastungsangriff für Italien gegen Griechenland von Bulgarien und Rumänien aus. Am 13. Dezember unterschrieb Hitler dann die Weisung zum Unternehmen **Marita,** am 18. Dezember wurde die Weisung für **Barbarossa,** den Feldzug gegen Rußland, unterschrieben; der Aufmarsch sollte bis zum 15. Mai 1941 abgeschlossen sein.

Ein Staatsstreich am 27. März 1941 in Belgrad machte aber diesen Terminplan erneut unwirksam. Hitler befahl nun einen schnellen Feldzug gegen Jugoslawien mit anschließendem Einmarsch nach Griechenland. Der Angriff gegen Rußland sollte um vier Wochen verschoben werden.

Wie immer wurde nun wieder die **Munitionslage** geprüft, im Bericht lesen wir: »Der Bestand nach Kampfmonaten ist aufgebaut nach dem Verbrauch im Westen. Legt man den Verbrauch in Polen zugrunde, der erheblich höher als im Westen war, jedoch insgesamt auch immer noch als niedrig zu bezeichnen ist, so bleibt am 1. 4. ein Munitionsvorrat von etwa 6½ Kampfmonaten.«

In **Nordafrika** zeichnete sich eine sehr schwierige Lage ab. Die Briten hatten bei ihrer am 9. Dezember 1940 begonnenen Offensive die italienischen Stellungen überrannt, zwei Divisionen zerschlagen und 38 000 Gefangene gemacht. Am 16. war der größte Teil der 10. italienischen Armee vernichtet. Am 6. Januar 1941 ging dann Bardia verloren – 40 000 italienische Gefangene. Die italienische Heeresgruppe war nun auf fünf Divisionen geschrumpft, als am 22. Tobruk kapitulierte. Die Briten machten wiederum 26 000 Gefangene. Am 30. wurde Derna eingenommen, weitere 20 000 Italiener gingen in Gefangenschaft. Ohne Widerstand drangen die britischen Truppen bis El Agheila vor, die ganze Cyrenaika war verloren. Unter diesem Eindruck entschied Hitler am 3. Februar, die Überführung deutscher Heeresverbände nach Libyen freizugeben – das Unternehmen

Sonnenblume hatte begonnen. Die Masse der 5. leichten Division traf am 15. in Tripolis ein, am 20. hatten die deutschen Truppen, die am 18. die Bezeichnung »Deutsches Afrika-Korps« erhalten hatten, ihren ersten Zusammenstoß mit einer britischen Einheit bei El Agheila. Ein am 24. März begonnener Aufklärungsvorstoß wurde von General Rommel gegen die Anweisung Hitlers zu einer Offensive ausgebaut. Am 4. April wurde Benghasi eingenommen, am 7. räumten die Briten Derna und am 9. Bardia.

Die erschwerte **Nachschublage des Afrikakorps** wurde durch die riesigen erbeuteten Nachschublager erheblich erleichtert. Deutsche Panzer erreichten am 10. April Tobruk, konnten es aber nicht einnehmen. Eine weitere Panzergruppe drang über El Adem vor, überschritt die ägyptische Grenze und erreichte am 25. April den Halfaya-Paß. **Nun machte sich aber der Punkt bemerkbar, an dem der ganze Afrikafeldzug scheitern sollte: mangelnder Nachschub.**

Bereits am 16. April hatten britische Zerstörer einen ganzen Geleitzug aus fünf Frachtern mit 14 398 BRT versenkt – von fast 3000 Mann konnten nur 1248 gerettet werden. Die Reste der 15. Panzer-Division erreichten erst Ende Mai nach dem Verlust von weiteren 11 Frachtern Afrika.

Wir wollen aber jetzt erst den **Munitionsverbrauch** beim Heer für den Zeitraum vom 1. Juli 1940 bis einschließlich 31. März 1941 betrachten.

29 212 076	Pistolen-Patronen
372 654 549	Inf.-Patronen
121 180	Patronen für Pz.Büchse
2 990	Patronen für s.Pz.B. 41
3 160 547	2-cm-Spr.- und Pzgr.
1 281 217	3,7-cm-Spr.- und Pzgr.
25 115	5-cm-Spr.- und Pzgr.
176 633	7,5-cm-Gr.KwK
357 608	5-cm-Wgr.
86 613	8-cm-Wgr.
98 777	7,5-cm-Gr. für le.I.G. 18
12 669	15-cm-Gr. für s.I.G. 33
3 424	7,5-cm-Gr. für F.K. 16
2 405	7,5-cm-Gr. für le.FK. 18
91 799	10-cm-Nb.W.Wgr.
5 102	15-cm-Nb.W.Wgr.
3 212	Wgr. für 28/32-cm-s.W.G.
13 095	7,5-cm-Gr. für Geb.K. 15
37 183	7,5-cm-Gr. für Geb.G. 36
61 805	Gr. für s.10-cm-K. 18
10 471	10-cm-Gr. für Kasematten K.
564 719	10,5-cm-Gr. für le.F.H. 16 und 18
260 065	15-cm-Gr. für s.F.H. 18
150	15-cm-Gr. für K. 16
126	15-cm-Gr. für K. 18
13	15-cm-Gr. für K. 39
5 205	21-cm-Gr. für Mrs. 18
200	21-cm-Gr. für Lg.Mrs.
496	21-cm-Gr. für K. 39
82	24-cm-Gr. für H. 39/40
136	24-cm-Gr. für K. 3
1	35,5-cm-Gr. für M. 1
62	42-cm-Gr. für Gamma Mrs. und Haubitze
118	Gr. für 15-cm-K. (E)

1 163	Gr. für 17-cm-K. (E)
71	Gr. für 21-cm-K. 12 (E)
932	24-cm-Gr. für Theodor (E)
181	24-cm-Gr. für Th.Bruno (E)
641	Gr. für 28-cm-K. 5 (E)
99	28-cm-Gr. für Kz.Bruno (E)
509	28-cm-Gr. für lg. und schw.Bruno (E)
2 245 073	Handgranaten
158 195	Nebelhandgranaten
63 858	T-Minen
43 197	S-Minen
1 909	Patr. für Pz.B. 35(p)
5 040	8-cm-Wgr.(t)
197 360	3,7-cm-Spr.- und Pzgr.(t)
70 530	4,7-cm-Spr.- und Pzgr.(t)
134 660	4,7-cm-Spr.- und Pzgr.(ö)
51 775	8-cm-Gr. für F.K. 30(t)
24 810	10-cm-Gr. für le.F.H. 14/19(t)
113 144	10-cm-Gr. für le.F.H. 30(t)
5 722	Gr. für s.10,5-cm-K. 35(t)
861	15-cm-Gr. für K. 15/16(t)
10 280	15-cm-Gr. für H. 14/16(t)
3 640	15-cm-Gr. für s.F.H. 15(t)
9 850	15-cm-Gr. für s.F.H. 25(t)
24 340	15-cm-Gr. für s.F.H. 37(t)
178	21-cm-Gr. für Kz.Mrs.(t)
548	Gr. für s.24-cm-K.(t)
1	30,5-cm-Gr. für Mrs.(t)
200	7,5-cm-Gr. für F.K. 97(p)
2 355	10-cm-Gr. für le.F.H. 14/19(p)
35 700	10,5-cm-Gr. für K. 13 und 29(p)
460	15,5-cm-Gr. für s.F.H. 17(p)
145	22-cm-Gr. für Mrs.(p)

Bei den Handgranaten wurden die Stielhandgranaten mit den seit September 1940 verwendeten Eihandgranaten zusammengefaßt. Die **meiste Munition** wurde **bei Übungen** und **beim Küstenschutz verwendet,** weitreichende Geschütze haben **aber auch Schiffsziele** im Kanal bekämpft. Dieser Verbrauch in neun Monaten entsprach einer Menge von 46 188 t.

Der **Balkanfeldzug** begann am 6. April 1941. Gegen Jugoslawien waren 15 Divisionen, darunter vier Panzerdivisionen, eingesetzt. Von den gegen Griechenland eingesetzten 9 Divisionen waren 2 Panzer- und 2 Gebirgsdivisionen.
Am 9. April wurde in Griechenland die Metaxas-Linie durchbrochen, am 12. April besetzten Verbände der 11. Panzerdivision Belgrad, und vier Tage später kapitulierten die Jugoslawen. Obwohl am 23. April in Saloniki die Kapitulation der griechischen Armeen unterzeichnet wurde, gingen die Kämpfe weiter. Als am 24. die Thermopylen angegriffen wurden, begannen die Engländer mit der Evakuierung ihrer Truppen. Mit der Eroberung der Brücke von Korinth durch deutsche Fallschirmjäger begann der Vormarsch auf den Peloponnes, am 30. April war die Besatzung des griechischen Festlandes abgeschlossen.
Den Briten gelang es, 50 672 Mann auf die Insel Kreta bzw. nach Ägypten zu evakuieren, sie verloren dabei zwei Zerstörer und vier Transporter mit zusammen 42 955 t.
Die Kämpfe waren beendet, allein 344 162 (6298) Angehörige der jugoslawischen Armee waren gefangengenommen worden. Der Angriffstermin gegen die Sowjetunion mußte jedoch um fünf Wochen verschoben werden.

Kreta 1941

Da die Engländer von den in Griechenland eingeschifften Soldaten fast 32 400 nach der Insel Kreta überführt hatten, entschloß sich Hitler, zur Sicherung des Peloponnes auch diese Bedrohung auszuschalten. Am 20. Mai begann das Unternehmen **Merkur,** die deutsche Landung auf Kreta. Obwohl die Landung unter dem Kommando der Luftwaffe stand, waren neben Fallschirm- und Luftlandetruppen ein großer Teil der eingesetzten Kräfte Gebirgsjäger der 5. Gebirgs-Division, die in Transportflugzeugen und über See auf die Insel gebracht worden waren. In schweren Kämpfen gelang es, die englischen Truppen zurückzudrängen. Ab 29. schiffte sich der Gegner ein, die letzten verließen Kreta am 31. Mai.

Bei der Evakuierung von etwa 17 000 Engländern wurden neun englische Kriegsschiffe mit zusammen 31 125 t versenkt und zahlreiche weitere beschädigt – 2011 Seeleute und 285 der evakuierten Soldaten verloren dabei ihr Leben.

Das Heer und die Luftwaffe hatten während des Balkanfeldzugs einschließl. Kreta folgende **Verluste:**

	Tote	Verwundete	Vermißte
Heer	1593 (86)	4845 (208)	644 (14)
Luftwaffe	1382 (153)	2123 (156)	2739 (125)
davon fliegendes Personal	242 (51)	233 (57)	341 (70)
davon Fallschirm- und Luftlandetruppe	1064 (96)	1681 (89)	1862 (42)

Da die **Verbrauchszahlen** für den Balkanfeldzug und die Landung in Kreta damals nicht im einzelnen ermittelt wurden, kann hier nur der Gesamtverbrauch für die Monate April und Mai 1941 angegeben werden:

10 184 118	Pistolen-Patronen
146 589 389	Inf.-Patronen
31 835	Patr. für Pz.Büchse
230	Patr. für s.Pz.B. 41
236 190	2-cm-Sprgr. und Pzgr.
329 334	3,7-cm-Sprgr. und Pzgr.
32 899	5-cm-Sprgr. und Pzgr.
54 933	7,5-cm-Gr. KwK
77 168	5-cm-Wgr. 36
40 051	8-cm-Wgr. 34
26 677	7,5-cm-Gr. für le.I.G. 18
4 986	15-cm-Gr. für s.I.G. 33
3 670	7,5-cm-Gr. für F.K. 16
43 005	10-cm-Nb.W.Wgr.
1 742	15-cm-Nb.W.Wgr.
1 032	Wgr. für 28/32-cm-s.W.G.
3 945	7,5-cm-Gr. für Geb.K. 15
7 046	7,5-cm-Gr. für Geb.G. 36
18 507	Gr. für s.10-cm-K. 18
149 603	10,5-cm-Gr. für le.F.H. 16 und 18
97 354	15-cm-Gr. für s.F.H. 18
70	15-cm-Gr. für K. 16
220	15-cm-Gr. für K. 18
45	15-cm-Gr. für K. 39
2 863	21-cm-Gr. für Mrs. 18
1 008	21-cm-Gr. für lg.Mrs.
84	21-cm-Gr. für K. 39

8	35,5-cm-Gr. für M. 1
48	Gr. für 15-cm-K. (E)
85	Gr. für 17-cm-K. (E)
30	Gr. für 24-cm-Th.Bruno (E)
107	Gr. für 28-cm-K. 5 (E)
40	Gr. für 28-cm-Kz.Bruno (E)
1 200	Gr. für 3,7-cm-Flak
1 039	Gr. für 8,8-cm-Flak
438 149	Handgranaten
50 498	Nebelhandgranaten
16 013	T-Minen
7 660	S-Minen
395	8-cm-Wgr.(t)
9 180	3,7-cm-Sprgr. und Pzgr.(t)
7 780	4,7-cm-Sprgr. und Pzgr.(t)
495	8-cm-Gr. für F.K. 30(t)
3 120	10-cm-Gr. für le.F.H. 14/19(t)
4 650	10-cm-Gr. für le.F.H. 30(t)
2 956	Gr. für s.10,5-cm-K. 35(t)
7	15-cm-Gr. für K. 15/16(t)
3 400	15-cm-Gr. für s.F.H. 25(t)
3 267	15-cm-Gr. für s.F.H. 37(t)
4	21-cm-Gr. für Kz.Mrs.(t)
125	30,5-cm-Gr. für Mrs.(t)

Das entsprach einer Menge von 14 065 t. Im Monat Juni sind dann bis zum Beginn des Ostfeldzuges weitere 4203 t verbraucht worden. In den fast 22 Monaten seit Kriegsbeginn war also ein Gesamtverbrauch von 253 847 t entstanden.

Der Feldzug gegen die Sowjetunion und in Nordafrika im Jahr 1941

Das deutsche Heer besaß Anfang Juni 1941 die folgenden Panzerfahrzeuge, zu denen noch ein Teil der Juni-Produktion addiert werden muß:

Bestand 1. Juni		Produktion Juni
877	Pz. I plus 245 in der Instandsetzung	–
202	Pz. I mit 4,7-cm-KwK (t)	–
38	Pz. I mit 15-cm-s. I.G.	–
1 074	Pz. II plus 45 in der Instandsetzung	15
85	Pz. II mit Flammenwerfer	–
235	Pz. III mit 3,7-cm-KwK plus 81 in der Instandsetzung	–
1 090	Pz. III mit 5-cm-KwK plus 23 im Umbau	133
572	Pz. IV plus 41 in der Instandsetzung	38
377	Sturmgeschütze	56
187	Pz. 35 (t) plus 11 in der Instandsetzung	–
754	Pz. 38 (t) plus 25 in der Instandsetzung	65
141	kleine Pz. Befehlswagen	2
189	große Pz. Befehlswagen	3

Ohne die Panzer-Befehlswagen wurden von diesen Beständen 3582 Fahrzeuge zum Einsatz bereitgestellt. Im einzelnen:

410	Pz. I
746	Pz. II
965	Pz. III
439	Pz. IV
149	Pz. 35(t)
623	Pz. 38(t)
250	Sturmgeschütze

Beim **russischen Gegner** waren wohl **über 22 000 Panzer** vorhanden, der größte Teil davon war aber völlig veraltet. Damit erklären sich auch die hohen Abschußzahlen am Anfang dieses Feldzuges. In den Unterlagen des WFSt (Wehrmachtsführungsstabes) findet sich z. B. die Notiz ». . . bis 22. 8. 1941 wurden 14 079 russische Panzer-Wracks oder Beute gezählt«.

Die russischen Verbände befanden sich in einer Umbewaffnung, von den bisher produzierten 1225 T-34 und den 636 KW-Panzern hatten sechs mechanisierte Korps nur 967 bzw. 508 Stück erhalten. Diese Panzer, von denen während des 2. Halbjahres 1941 weitere 1904 T-34 und 772 der KW-Typen produziert wurden, sollten für die deutschen Truppen noch eine unerfreuliche Überraschung werden.

Der T-34 besaß zwar nur eine 45 mm starke Panzerung an der Wannenfront, da aber die beiden Bugflächen jeweils einen Winkel von 30° bildeten, bedeutete dies, daß ein frontal auftreffendes Geschoß 90 mm durchschlagen mußte. Die verrundete Bugkante war sogar 110 mm stark (s. auch S. 45 f.).

Das deutsche Heer besaß Anfang Juni 14 459 Stück der 3,7-cm-Pak und auch 1047 der 5-cm-Pak, davon konnte die erste Waffe auf 500 m Entfernung knapp 35 mm mit der

Der T-34

Wolframgranate durchschlagen. Die zweite Waffe schaffte zwar mit der Pzrg. 40 sogar 94 mm, jedoch im Juli betrug der Vorrat bei dieser Munition nur 50 300 Schuß. Nur in wenigen Fällen konnte damit dieser russische Panzer bezwungen werden.

Für den **Aufmarsch im Osten** hatte die Reichsbahn in der Zeit vom 15. Februar bis zum 19. Juni 1941 mit 11 784 Zügen 141 Einsatz- und Reservedivisionen in die Aufmarschräume befördert. Weitere 22 016 Züge waren für den Transport von Waffen und Gerät notwendig. Von der Ostsee bis zu den Karpaten standen 153 Divisionen, darunter 19 Panzerdivisionen, insgesamt über 3,3 Millionen Mann, zum Angriff bereit. Zusätzlich waren 18 finnische und 14 rumänische Divisionen aufmarschiert.
Bei den **deutschen Geschützen,** die später eingesetzten Fremdwaffen einmal ausgeschlossen, betrug der Bestand am 1. Juni 1941:

7836	mit 10,5-cm-Kal.	403	mit 21-cm-Kal.
3802	mit 15-cm-Kal.	16	mit 24-cm-Kal.

Davon waren zu Beginn des Feldzuges 7184 Geschütze eingesetzt.
Bemerkenswert ist bei den Panzern der große Anteil der Pz. I und II sowie der tschechischen Pz. 35(t) und 38(t). Da sie für fast 56 Prozent aller eingesetzten Panzer standen, blieben nur 1654 Fahrzeuge, von denen nochmals eine Anzahl der Pz. III, die noch mit der 3,7-cm-KwK bewaffnet waren, abzuziehen ist, die den 1861 modernen russischen Panzern nicht so stark unterlegen waren. Daß die Wehrmacht trotzdem die überraschenden Erfolge erzielen konnte, lag nicht nur an der überlegenen Taktik der deutschen Verbände, sondern vor allem an der schlechten Organisation der russischen Panzertruppen.
An **Kraftfahrzeugen** – unter denen sich Anfang Juni 15 642 Zugkraftwagen, 928 leichte und 390 schwere Panzerspähwagen sowie 214 Kettenkräder befanden – wurden über 610 000 bereitgestellt; außerdem waren fast 680 000 Pferde eingesetzt.

Am **22. Juni 1941** um 3.15 Uhr begann der deutsche Angriff. In acht Wochen, so hatte Hitler geplant, sollte dieser Feldzug zu Ende sein. Niemand konnte sich vorstellen, daß er fast vier Jahre dauern sollte und daß sein Ausgang das Gesicht Europas völlig verändern würde. Überraschenden Erfolgen folgte zunehmender Widerstand des Gegners.
Bis Ende Juni betrugen die **Personalverluste:**

Tote	8 886 (524)
Verwundete	29 494 (966)
Vermißte	2 707 (45)

Die **Luftwaffe,** die seit dem 1. August 1940, dem Beginn des verschärften Luft- und Seekrieges gegen England, bereits die folgenden Verluste erlitten hatte

	Tote	Verwundete	Vermißte
	5984 (867)	5150 (518)	6245 (903)
davon fliegendes Personal	4427 (748)	2484 (391)	3718 (844)

setzte nun einen großen Teil ihrer Verbände im Osten ein. Dabei entstanden bis Ende Juni 832 Mann **Verluste:**

	Tote	Verwundete	Vermißte
	176 (32)	234 (35)	422 (89)
davon fliegendes Personal	156 (29)	229 (34)	418 (88)

Das **Heer** hatte beispielsweise hohe Verluste bei der Erstürmung der Zitadelle von Brest-Litowsk erlitten. Die Infanterieregimenter 130 und 135 hatten allein fast 500 Tote zu beklagen.

Wie schwer die Kämpfe waren, zeigen die Verlustzahlen bis einschließlich 3. Juli – in nur 72 Stunden waren die Zahlen auf

Tote	11 822	(724)
Verwundete	38 809	(1403)
Vermißte	3 961	(66)

angestiegen. Am 10. Juli meldete die Heeresgruppe Mitte den Abschluß der Kesselschlacht im Raum Bialystok – Minsk. Über 326 000 Gefangene, 3332 erbeutete oder zerstörte Panzer und 1809 Geschütze wurden gezählt.

Eine Überraschung für die deutschen Truppen war die »Stalinorgel«, die am 14. Juli erstmals bei Tudnya eingesetzt wurde. Die Wirkung der 16 Raketen vom Kal. 13,2 cm, die innerhalb von 26 Sekunden detonierten, war beträchtlich.

Ende Juli hatte die 16. Armee den Ilmensee erreicht, im Mittelabschnitt war man bis in den Raum Smolensk – Gomel vorgedrungen, und im Süden begannen die Kämpfe um Kiew.

Erbeutet hatte man bis Ende des Monats: 8476 Panzer, 7277 Geschütze und zahllose Handwaffen.

Deutsche Fahrzeugausfälle

92	Pz. I
97	Pz. II
153	Pz. III
96	Pz. IV
140	Pz. 38(t)
21	Sturmgeschütze
17	Pz.Befehlswagen
4722	Pkw
6927	Lkw
505	Zgkw
9110	Kräder

Die verhältnismäßig geringen Verluste an Sturmgeschützen im Vergleich zu den Panzern waren durch die geringeren Marschleistungen und den Einsatz als Unterstützungswaffe der Infanterie, der geringere Verluste forderte, zu erklären. Die hohen Verluste der Räderkraftfahrzeuge waren durch das schlechte Gelände und die Unerfahrenheit der Kraftfahrer mit diesen Verhältnissen bedingt.

Seit Beginn des Feldzuges hatte man 113 458 t **Munition** verbraucht; davon entfielen 101 594 t auf den Monat Juli. Der tägliche Durchschnittsverbrauch war gegenüber dem Juni durch den sich versteifenden Widerstand fast auf das $2\frac{1}{2}$fache gestiegen.

Die **personellen Verluste** betrugen bis Ende Juli:

Tote	46 470	(2443)
Verwundete	155 073	(5464)
Vermißte	11 758	(219)

Die Heeresgruppe Mitte meldete am 5. August den Abschluß der Kesselschlacht bei Smolensk – 310 000 Gefangene wurden gezählt. 3120 Geschütze und 3205 Panzer hatte man erbeutet oder zerstört.

Am 8. August wurde im Süden die Kesselschlacht bei Uman abgeschlossen, der größte Teil von drei russischen Armeen war zerschlagen. Über 103 000 Gefangene wurden gezählt, 317 Panzer und 1100 Geschütze erbeutet oder vernichtet.

Am 22. war die Schlacht bei Gomel beendet: 84 000 Gefangene, 144 zerstörte oder erbeutete Panzer und 848 Geschütze wurden gemeldet.

An der Südfront wurde am 22. August Nikopol eingenommen.

Einer Meldung vom gleichen Tag (22. August 1941), die sich mit dem bereits nach zwei Monaten eingetretenen Munitionsmangel befaßt, entnehmen wir die folgenden optimistischen Sätze: ». . . Als Maßstab legen wir den Verschuß vom 22. Juni bis 31. Juli 1941 als Monatsverbrauch zu Grunde. Die Beurteilung geht davon aus, daß die Kampfhandlungen im Osten noch mehrere Monate andauern, jedoch in diesem Jahr soweit abgeschlossen werden können, daß im nächsten Jahr nur noch Teile des Ostheeres in diesem Raum weiterkämpfen müssen.«

Die *Meldung zur Munitionslage zum 1. September 1941* sagt aus: ». . . dabei wurde festgestellt, daß die schußfertigen Bestände teilweise – besonders bei der Artilleriemunition – nur noch wenige Monate reichen.« Der Verbrauch im Monat August war geringfügig auf 108 855 t angestiegen.

Am 8. September war Leningrad eingeschlossen, am 14. waren im Raum Kiew über vier russische Armeen eingekesselt. Die Heeresgruppe Süd meldete am 26. die Zerschlagung dieses Kessels. 665 000 Gefangene wurden gemacht, 884 Panzer und 3718 Geschütze erbeutet oder zerstört.

Am 30. begann Generaloberst Guderian mit der Pz.Gr. 2 seinen Vorstoß auf Orel.

Bis Ende September hatten sich die **Personalverluste** auf

Tote	116 911	(4 926)	
Verwundete	409 647	(12 886)	
Vermißte	24 484	(423)	erhöht.

Der **Munitionsverbrauch** betrug für den September 107 670 t. Die entsprechende Meldung wies mit dem Satz »Die Vorräte an schußfertiger Munition sind in vielen Munitionsarten weiterhin gering, der Nachschub lief hier unmittelbar aus der Fertigung an die Front« erneut auf die Schwierigkeiten in der Versorgung hin.

Am 2. Oktober trat GFM von Bock mit drei Armeen zum Unternehmen »Taifun«, dem Vorstoß auf Moskau, an.

Am 10. war die Kesselschlacht am Asowschen Meer beendet, die russische 18. Armee war vernichtet. Über 107 000 Gefangene wurden gemacht, 672 Geschütze und 213 Panzer erbeutet oder zerstört.

Die Doppelschlacht bei Bryansk und Wyasma war am 19. Oktober abgeschlossen, der Großteil von sechs Armeen vernichtet. 5462 Geschütze und 1242 Panzer wurden erbeutet oder zerstört, 663 000 Gefangene eingebracht.

Am 3. November wurde Kursk eingenommen, im Süden auf der Krim Feodosia erobert. Im Mittelabschnitt hatte die Stoßkraft der deutschen Armeen nachgelassen. Am 16. November gab es mit minus 20° C den ersten stärkeren Kälteeinbruch, am 23. nahmen Einheiten der Pz.Gr. 3 Klin – 70 km nordwestlich von Moskau.

Während des Monats Dezember verstärkten sich die Gegenangriffe der Russen im Abschnitt der Heeresgruppe Mitte. Trotzdem gelang es von Klin aus, einen schmalen Keil in Richtung Moskau vorzutreiben. Am 2. Dezember erreichten Einheiten der 2. Pz.Div. den Vorort Chimki, Stoßtrupps des Pionier-Bataillons 62 drangen in den nächsten Tagen noch einige Kilometer vor – noch 9 km bis zum Kreml.

Am 5. 12. begann die sowjetische Gegenoffensive; die Temperaturen sanken auf –40, ja fast auf –50°, bei diesem Frost versagten die Waffen – die Truppe mit ihrer unzureichenden Ausrüstung hatte schwere Ausfälle. Der Gegner griff mit 42 Divisionen an, der gesamte Frontbogen um Tula mußte geräumt werden, Kalinin ging verloren.

In der Meldung vom November »Zur Munitionslage« lesen wir: »Andererseits werden die Wintermonate ein erhebliches Absinken des Verbrauches bringen.« Der Verbrauch war zwar von 90 563 t im Oktober auf 68 035 t im November gesunken, er stieg aber entgegen den Erwartungen im Dezember doch wieder auf 83 547 t.

Generaloberst Guderian traf am 20. im FHQ ein, es fiel das Wort »Rückzug« – Hitler stand die napoleonische Katastrophe vor Augen, er gab den bekannten Haltebefehl: »Unter persönlichem Einsatz der Befehlshaber, Kommandeure und Offiziere ist die Truppe zum fanatischen Widerstand in ihren Stellungen zu zwingen, ohne Rücksicht auf durchgebrochenen Feind in Flanke und Rücken.«

Aber auch bei der Heeresgruppe Süd gab es Rückschläge, am Ostende der Krim wurde Kertsch geräumt, der Angriff gegen Sewastopol mußte abgebrochen werden.

In den schweren Kämpfen hatte das Heer vom Beginn des Ostfeldzuges bis Ende 1941 an dieser Front die folgenden **Waffen und Munition** verbraucht:

Waffen		Munition
39 958	Pistolen ⎱	
22 332	Maschinenpistolen ⎰	85 080 125
60 732	Gewehre und Karabiner ⎱	
21 162	Maschinengewehre ⎰	759 234 482
2 282	Panzerbüchsen	1 178 000
29	s.Panzerbüchsen 41	21 561
3 349	3,7-cm-Pak Pzgr.	1 219 712
	3,7-cm-Sprgr.	1 630 278
426	5-cm-Pak Pzgr.	178 158
	5-cm-Sprgr.	132 364
3 162	5-cm-Gr.W. 36	3 247 956
1 974	8-cm-Gr.W. 34	3 373 969
17	10-cm-Nb.W. 35	145 504
2	10-cm-Nb.W. 40	60 212

Waffen		Munition
78	15-cm-Nb.W.	70 342
–	28/32-cm-s.W.G.	11 268
919	le.I.G. 18	2 868 972
302	s.I.G. 33	484 272
–	L.G. 2	2 309
3	Geb.K. 15	7 212
6	Geb.G. 36	97 533
–	le.F.K. 18	23 809
108	s.10-cm-K. 18	711 129
1 153	le.F.H. 16 und 18	8 597 227
554	s.F.H. 18	2 567 512
3	15-cm-K. 16 und 18	37 979
6	15-cm-K. 39	20 241
–	17-cm-K. in Mrs.Laf.	537
3	21-cm-lg.Mrs.	6 606
43	21-cm-Mrs. 18	136 762
–	21-cm-K. 39	2 870
2	24-cm-K. 3	1 091
–	24-cm-H. 39	2 318
1	17-cm-K (E)	48
–	K. 5 (E)	795
–	28-cm-Kz. Bruno (E)	840
–	M. 1	122
–	Gamma Mrs.	105
2	Karl-Selbstfahrlafette	20
169	2-cm-Flak ⎱ Pzgr.	1 365 854
5	2-cm-Vierling ⎰ Sprgr.	3 619 485
17	3,7-cm-Flak	83 360
17	8,8-cm-Flak	46 861
–	3,7-cm-Pak(t) Pzgr.	85 487
	Sprgr.	118 445
131	4,7-cm-Pak(t) Pzgr.	21 103
	Sprgr.	31 195
–	s.10-cm-K. 35(t)	15 738
7	s.F.H. 37(t)	48 437
–	s.24-cm-K.(t)	936
–	30,5-cm-Mrs.(t)	2 245
–	4,7-cm-Pak 181(f)	25 320
7	10,5-cm-K. 332(f)	11 290
1	15,5-cm-GPF(f)	8 734
–	15,5-cm-s.F.H. 414(f)	29 327
–	15,5-cm-s.F.H. 416(f)	14 336
–	22-cm-Mrs. 531(f)	6 807
1	52-cm-Hbz. (E) 871(f)	72
	Handgranaten	5 121 752
	Nebelhandgranaten	151 392
	T-Minen	161 299
	S-Minen	127 898

In der Menge der Panzergranaten sind im 3,7-cm-Kaliber 207 569 mit dem Wolframkern enthalten. Bei der 5-cm-Pak waren es 45 756 und 8553 bei der 3,7-cm (t).

Bei den Handgranaten sind die Stiel- und Eihandgranaten zusammengefaßt. Erwähnenswert ist noch die Verwendung von Panzergranaten bei der Artillerie. Da die schweren russischen

Panzer von der Pak kaum auszuschalten waren, versuchte man sie in direktem Beschuß zu erledigen. Im Verbrauch sind in der Aufstellung eingeschlossen:

503	7,5-cm-Pzgr. für le.F.K. 18
4 051	8,8-cm-Pzgr. für die Flak
10 332	Pzgr. für die s.10-cm-K. 18
63 791	Pzgr. für die le.F.H. 18

Die Pioniere haben in dem Zeitraum zusätzlich 899 t Sprengmunition verbraucht. Und damit ergab sich seit dem 22. Juni für das Jahr 1941 eine Gesamtsumme von 573 027 t.

Die folgende Aufstellung zeigt, inwieweit beim Heer die Produktion den Verbrauch einiger Munitionsarten ersetzte.

	Bestand 1. 6. 1941	Bestand 1. 1. 1942	Produktion 1. 6. 1941–1. 1. 1942	ersetzt Verbrauch zu
8-cm-Wgr.	12 671 400	7 299 000	492 800	9,2%
7,5-cm-le.I.G.	7 955 800	5 311 000	495 200	18,7%
15-cm-s.I.G.	1 263 700	853 800	199 400	48,6%
15-cm-s.F.H.	5 810 500	2 478 000	770 900	23,1%

Von der in den Lagern liegenden Munition war aber nicht alles schußfertig. Im Lagebericht lesen wir dazu: »Die Bereitstellung schußfertiger Munition bereitet infolge Mangel an Einzelteilen und Arbeitskräften weiterhin Schwierigkeiten.« Als Beispiel hier einige Angaben:

	Nachschubvorrat	schußfertig
5-cm-Sprgr. 38	239 700	4 750
5-cm-Pzgr. 39	397 010	98 860
5-cm-Wgr.	20 906 120	4 229 830
8-cm-Wgr.	5 190 505	1 112 495
15-cm-Wgr.	300 690	59 670
7,5-cm-le.I.G.	3 728 095	566 475
10,5-cm-le.F.H.	7 696 060	1 066 850

Weiter im Lagebericht: »Durch den hohen Verbrauch und die beginnende Bevorratung der Ostfront sind die Nachschubvorräte erheblich angegriffen worden. Die gegen Ende 1941 stark abgesunkene und z. Zt. im langsamen Steigen begriffene Munitionsfertigung wird in den Schwerpunkt-Kalibern voraussichtlich nicht genügen, um alle im Nachschub zu erwartenden Lücken zu schließen. Die Abwehr und noch mehr eine Angriffsoperation im Osten kann nachschubmäßig nur dann ausreichend gestützt werden, wenn die Steigerung der Fertigung der Schwerpunkt-Kaliber mindestens in Höhe des Verbrauchs Juni–Juli durchgeführt wird.« Diese schlechte Versorgungslage, die man nie wieder bereinigen konnte, war das Resultat des Entschlusses von Anfang Juli 1941, die Heeresfertigung einzuschränken. Bei den folgenden **Waffen** hatte man sich für die Verringerung der Produktion um die folgenden Prozentzahlen geeinigt:

Karabiner 98 K	45%
MG 34	81%
5-cm-Gr.Wfr.	84%
8-cm-Gr.Wfr.	80%
le.J.G. 18	90%
s.J.G. 33	66%
le.F.H. 18	83%
s.F.H. 18	87%
15-cm-K. 39/40	60%
21-cm-Mrs. 18	100%

Bei der **Munition** waren Einschränkungen um die folgenden Prozentzahlen festgelegt worden:

Pistolen-Patr.	37%
15-cm-Wgr.	50%
7,5-cm-Gr. für le.I.G. 18	87%
15-cm-Gr. für s.I.G. 33	66%
10,5-cm-Gr. für le.F.H. 18	52%
15-cm-Gr. für s.F.H. 18	78%
15-cm-Gr. für K. 39/40	87%
21-cm-Gr. für Mrs. 18	87%
Handgranaten	62%

Bei allen Munitionsarten, bei denen die Bevorratung neun Kampfmonate überstieg, sollte die Fertigung völlig eingestellt werden. Darunter fielen:

Infanterie-Patronen	36 Monate Vorrat
5-cm-Wgr.	25 Monate Vorrat
2-cm-Granaten	26 Monate Vorrat
7,5-cm-Gr.f.KwK	11 Monate Vorrat
5-cm-Gr.f.Pak	14 Monate Vorrat
7,5-cm-Gr.f.Geb.K. 15	25 Monate Vorrat
7,5-cm-Gr.f.Geb.G. 36	76 Monate Vorrat
7,5-cm-Gr.f.le.F.K. 18	47 Monate Vorrat

Im Führerbefehl vom 14. Juli 1941, in dem die Grenze sogar auf sechs Monate gesenkt wurde, heißt es weiter: »Die militärische Beherrschung des europäischen Raumes nach der Niederwerfung Rußlands erlaubt es, den Umfang des Heeres wesentlich zu verringern. Im Rahmen der herabgesetzten Heeresstärke wird die Panzerwaffe eine starke Vermehrung erfahren.« Zur materiellen Rüstung heißt es dann: »Die Bewaffnung und technische Ausstattung der Truppe ist unabhängig von den z. Zt. gültigen Ausstattungsnachweisen auf das durch die feldmäßige Beanspruchung erforderliche Maß zurückzuführen. Alle nicht für den unmittelbaren Kampfeinsatz bestimmten Verbände (Sicherungs-, Baueinheiten u. ä.) sind grundsätzlich auf Beutewaffen und Behelfsgeräte anzuweisen. Die Ergänzung der Rüstung und Ausstattung sowie die Neufertigung von Waffen, Munition und Gerät ist, sofort beginnend, den künftigen herabgesetzten Stärken anzupassen. Soweit eine Bevorratung von mehr als sechs Monaten besteht, sind die darüber hinausreichenden Aufträge zurückzuziehen.«

Wenn wir die Munitionsproduktion, die im Jahre 1940 noch 864 970 t betragen hatte und die nun für die gesamte Wehrmacht um fast 38% auf 539 500 t für 1941 gesunken war, vergleichen, erkennen wir die unmittelbaren Auswirkungen der zurückgezogenen Aufträge.

Schlimmer wirkten sich später die mehrfachen Umstellungen der verschiedenen Firmen in der Fertigung auf die Rüstungsproduktion und da besonders bei der Munition aus.

Es wurde geplant, laufende Fertigungen nur dann noch abzuschließen, wenn eine sofortige Einstellung unwirtschaftlich sein würde. Zum Pulver- und Sprengstoffprogramm heißt es: ». . . ist es unter Zurückstellung der Forderungen des Heeres in erster Linie auf die Erfordernisse der Luftwaffe (Bomben, Flakmunition) abzustellen«.

Das Waffenamt hatte mit folgenden Zahlen auf die schwierige Rohstofflage hingewiesen. Heeresbedarf in t je Monat für das 1. Quartal 1942:

Eisen	364 170 t	davon	174 167 t	gedeckt
Aluminium	4 423 t	davon	1 550 t	gedeckt
Kupfer	3 382 t	davon	1 200 t	gedeckt
Blei	1 215 t	davon	775 t	gedeckt
Chrom	575 t	davon	360 t	gedeckt
Zinn	256 t	davon	75 t	gedeckt
Kautschuk	230 t	davon	200 t	gedeckt

Die Organisationsabteilung im OKW fügte hinzu: »Rüstung ist ein Rohstoffproblem. Die Verbesserung der Rohstofflage bedeutet Steigerung der Rüstung. Von dieser Seite her ist die Rüstung aufzubauen. Für den Sofortbedarf des Heeres sind zusätzliche Rohstoffe nicht mehr vorhanden.«

Von diesen Berichten ausgehend, änderte Hitler am 8. Januar 1942 trotz der ihm bekannten ungünstigen Versorgungslage von Ende 1941 seine Weisung, wie aus den folgenden Auszügen ersichtlich ist, nur geringfügig: »In Ergänzung meiner operativen Weisung Nr. 39 gebe ich in Anpassung an die veränderte Kriegslage folgende für die Rüstung 1942 maßgebende Richtlinien: ›Rüstungs- und Reorganisationsmaßnahmen im Heer müssen darauf abzielen, die Stoßkraft zu verbessern und die Beweglichkeit der operativen Verbände wieder herzustellen und zu erhalten. Gleichzeitig ist die Luft- und Panzerabwehr zu verbessern. Die volle Einsatzbereitschaft muß bis 1. 5. 1942 mit dem notwendigen Nachschub für 4 Monate sichergestellt sein. Im allgemeinen wird neben der Erstausstattung eine Bevorratung in Höhe des 4fachen Monatsverbrauchs auf der Grundlage des Ostfeldzuges (Verbrauch August 1941) ausreichen, abgestellt auf das Waffensoll des Feldheeres vom 1. 5. 1942.‹«

An **Fahrzeugen** waren 1941 ausgefallen:

428	Pz. I
424	Pz. II
660	Pz. III
348	Pz. IV
796	Pz. 38(t)
96	Sturmgeschütze
79	Pz.Befehlswagen
18	Pz.Funkwagen
40	Pz.Beobachtungswagen
7	Flammenwerfer-Pz.
7	Pz. 735(f)
6	Pz. 739(f)
285	Schützenpanzerwagen
341	le.Pz.Spähwagen
85	s.Pz.Spähwagen
41	versch. Selbstfahrlafetten
109	Pz.Spähwagen 204(f)
24 849	Pkw
35 195	Lkw
2 469	Zgkw
38 544	Kräder

Außer der 2-cm-Munition für die KwK, die bei der 2-cm-Flak mitgezählt wurde, hat die Panzertruppe folgende Mengen verbraucht:

3,7-cm-Pz.- und Sprgr.	117 587
5-cm-Pzgr.	142 627
5-cm-Sprgr.	193 387
7,5-cm-Pz.- und Sprgr.	534 758

Bemerkenswert ist das starke Absinken des Verbrauches der Munition für die 3,7-cm-KwK; hatte man bis Ende Juli von der oben angegebenen Menge 85 182 Schuß verbraucht, so waren es aber im Dezember 1941 nur noch 486 Schuß. Bei diesem Kaliber hatte nur die Pzgr. 40 eine merkbare Wirkung, davon wurden aber lediglich 17 346 Schuß verbraucht. Im 5-cm-Kaliber sind 41 414 der Pzgr. 40 in den Verschußzahlen enthalten.

Bei den nun in größeren Verbänden auftretenden T-34 – zu den 115 Stück, die im Januar 1941 vorhanden waren, hatte der Gegner 3014 weitere im Jahre 1941 produziert – war mit dem Kal. 3,7 cm nicht viel anzufangen.

Die **Personalverluste** waren auf

Tote	173 722	(7 120)
Verwundete	621 308	(19 016)
Vermißte	35 875	(619)

angestiegen. In 193 Kampftagen hatte das Ostheer über 25 Prozent seines Bestandes verloren.

Die *Luftwaffe* hatte seit Beginn des Ostfeldzuges die folgenden Verluste erlitten:

	Tote	Verwundete	Vermißte
	5 700 (640)	11 557 (854)	3 056 (580)
davon im Osten	3 783 (376)	10 057 (662)	2 166 (412)

Für die *Kriegsmarine* lauteten für diesen Zeitraum die Zahlen:

	796 (56)	616 (21)	688 (44)
davon im Osten	458 (22)	294 (19)	110 (2)

In **Nordafrika** war Anfang Juli 1941 eine Kampfpause eingetreten. Zum Schutz der Versorgungskonvois hatte man am 16. September 6 U-Boote in das Mittelmeer verlegt, sie konnten aber nicht verhindern, daß am 18. ein britisches U-Boot zwei Großtransporter mit zusammen 38 992 BRT versenkte. Von etwa 6500 Soldaten kamen 384 um. Am 10. Oktober griffen Flugzeuge einen italienischen, aus fünf Schiffen bestehenden Geleitzug an – nur zwei erreichten Tripolis. In der Nacht zum 9. November ging ein ganzer Geleitzug aus sieben Transporten mit zusammen 39 784 BRT verloren. Trotz starkem Einsatz von Transportern – während des Jahres 1941 waren von Italien 903 Schiffe mit 5 133 831 BRT ausgelaufen, von denen 79 mit 356 429 BRT verlorengingen – blieb die Versorgungslage, besonders die beim Treibstoff, angespannt.
Am 18. November kam die britische 8. Armee mit der »Crusader«-Offensive dem für den 23. geplanten deutschen Angriff zuvor. 724 feindlichen Panzern standen 558 der Achsentruppen gegenüber. Nach für beide Seiten verlustreichen Kämpfen zog sich das Afrika-Korps am 6. Dezember auf die Gazala-Linie zurück. Am 23. wurde Benghasi geräumt, und am Jahresende befand sich die Stellung der Achsentruppen wieder bei El Agheila.
Bis Ende 1941 waren in Nordafrika die folgenden **Verluste** eingetreten:

	Tote	Verwundete	Vermißte
Heer	1815 (115)	5029 (242)	4473 (147)
Luftwaffe	383 (45)	659 (56)	587 (97)

Als Beispiel für die schlechte Versorgungslage sehen wir hier die Fahrzeugverluste des Afrikakorps bis Ende 1941 und den Nachschub, der die Truppe erreichte:

	Verluste	Nachschub
Pz. II	42	4
Pz. III	135	10
Pz. IV	34	–
Pz.Befehlswg.	18	–
Pz.Spähwg.	46	–
Pkw	383	40
Lkw	483	806
Zgkw	203	9
Kräder	122	9

Bei den Waffen gingen in diesem Zeitraum in Nordafrika verloren:

Pistolen	411	5-cm-Pak	17
Maschinenpistolen	145	5-cm-Gr.W.	56
Gewehre u. Kar.	735	8-cm-Gr.W.	46
Maschinengewehre	127	le.F.H.	19
Panzerbüchsen	27	s.F.H.	8
s.Pz.B. 41	5	s.10-cm-K.	6
3,7-cm-Pak	29	21-cm-Mrs.	1
4,7-cm-Pak(t)	13	2-cm-Flak	23
		8,8-cm-Flak	13

Das Jahr 1942

Bei starker Kälte griff die russische 10. Armee am 3. Januar im Mittelabschnitt an und schloß südwestlich Kaluga bei Suchinitschi den Großteil der 216. Inf.Div. ein.
Am 9. begannen zwei russische Armeen ihre Offensive im Raum der Waldai-Höhen.
Am 15. trat die 22. russische Armee an – der Gegner stieß zwischen den Heeresgruppen Nord und Mitte durch und schloß die deutschen Truppen im Raum Cholm ein.
Zwei Tage später wurden fast 100 000 deutsche Soldaten bei Demjansk eingeschlossen. Von der Luftwaffe mit 64 844 t Gütern versorgt, konnten sie sich aber bis zu ihrer Befreiung am 28. April halten. Cholm wurde erst am 5. Mai befreit. Bei starken Schneefällen konnte Ende Januar der Durchbruch der 61. sowjetischen Armee bei Orel aufgefangen werden, die 33. sowjetische Armee wurde südöstlich Wjasma eingeschlossen. Der Gegner hatte aber in seiner Winteroffensive mehr als 50 Städte wieder zurückerobert.

Dieser **Winterkrieg** hatte die Organisations-Abteilungen der Wehrmacht überrascht, **der Nachschub brach zusammen.**
Der Truppe fehlte es an allem: keine ausreichende Winterbekleidung, Waffen und Fahrzeuge nicht auf derart niedrige Temperaturen vorbereitet, die dringend benötigten Ski-Ausrüstungen konnten nur durch einen öffentlichen Aufruf in der Heimat zusammengebracht und der Front zu spät zugestellt werden (1 567 691 Paar Ski und 203 406 Paar Ski-Schuhe wurden freiwillig von der Bevölkerung abgegeben). Die Verluste der Truppe stiegen, Einheiten, die für einen derartigen Winterkrieg weder ausgebildet noch ausgerüstet waren, schmolzen dahin. So überlebten von der 205 Mann starken Ski-Kompanie der am Ilmensee eingesetzten spanischen »Blauen Division« nur zwölf Mann. Diese wenigen Sätze mögen dem Leser deutlich machen, welche ungeheueren Versäumnisvorwürfe sie gegenüber der Obersten Deutschen Führung – und dies geht weit über Adolf Hitler hinaus – enthalten.

Bis Ende Februar 1942 hatten die **personellen Verluste** des Heeres die Millionengrenze überschritten:

Tote	210 572	(8 321)
Verwundete	747 761	(22 119)
Vermißte	47 303	(792)

Zusätzlich waren durch den harten Winter allein noch erhebliche Ausfälle entstanden, bis März 1942 waren 144 169 Soldaten mit zum Teil schweren Erfrierungen gemeldet. Sie wurden nicht als Verluste gewertet, sie zählten zu den Kranken.

In den ersten zwei Monaten des Jahres 1942 waren folgende **Fahrzeuge** verlorengegangen:

43	Pz. I
122	Pz. II
338	Pz. III
97	Pz. IV
39	Pz. 38(t)
63	Sturmgeschütze
118	Befehls-, Funk- und Spähwagen
71	Schützenpanzerwagen
8 539	Pkw
14 063	Lkw
1 135	Zgkw
9 458	Kräder

Seit Beginn des Feldzuges waren die **Totalausfälle an Pferden** auf 254 880 angestiegen, der **Verbrauch der Gewehrpatronen** hatte mit 1 048 843 723 Stück die Milliardengrenze überschritten.

Anfang März ist dem **Bericht zur Munitionslage** folgendes zu entnehmen: »Die ursprüngliche Annahme allgemein rückläufigen Munitionsverbrauches in den Wintermonaten hat sich nicht bestätigt. Durch den hohen Verbrauch und die kommende Bevorratung der Ostfront sind die Nachschubvorräte erheblich angegriffen worden. Aus diesem Grunde mußte eine Kontingentierung des Munitionsverbrauches vorgenommen werden.« Der Verbrauch an Munition war von 69 165 t im Januar auf 92 270 t im Februar angestiegen.

Bis zum 1. März 1942 waren 3 438 022 Gefangene gemacht worden.

Von der neuen Munition zur Leuchtpistole, dem Wurfkörper 361 LP, hatte man zwar 261 800 produziert, der Truppenversuch aber hatte gezeigt, daß eine Umkonstruktion notwendig war. Vom Wurfkörper 326 LP hatte man von den 147 300 produzierten im November 1941 auch nur 1200 eingesetzt. Die Wirkung von 12 g Sprengstoff war zu gering.

Von der neuen 4,2-cm-Pak 41, die seit November 1941 geliefert wurde, gab es 1942 Ende Februar 97 Waffen mit 11 500 Pzgr. Sie wurden aber wenig eingesetzt. Von der neuen Stielgranate für die 3,7-cm-Pak, deren Hohlladung für die schweren russischen Panzer gedacht war, wurden im Februar die ersten 3000 geliefert – man hat sie aber bereits überwiegend bei Versuchen verbraucht. Im Februar wurden auch die ersten 15 Pak-Geschütze mit 7,5 cm abgenommen; dazu waren 11 700 Pzgr. vorhanden. Von der 7,62 Pak(r) wurden im März die ersten 58 Waffen umgebaut.

Die neue Raketengranate 19, von der man im Dezember bereits 400 Stück mit der s.F.H. verschossen hatte, war inzwischen in einer verbesserten Art gefertigt worden. Die 80 im März 1942 verschossenen Granaten zeigten aber immer noch eine ungenügende Treffgenauigkeit. Der Restbestand von 4400 Stück verblieb einstweilen in den Munitionslagern.

Am 15. März 1942, dem Heldengedenktag, sagte Hitler den Zusammenbruch der Roten Armee für den Sommer des Jahres voraus. Die Ereignisse an der Front schienen ihm zunächst recht zu geben. Der russische Großangriff gegen die 11. Armee auf der Halbinsel Kertsch scheiterte am 20. März. Einem erneuten Angriff am 9. April war das gleiche Schicksal beschieden.

Am 5. April lag Hitlers Weisung Nr. 41, der »Fall Blau«, vor: Mit einer Sommeroffensive sollte die Entscheidung im Süden der Ostfront fallen. An der Küste des Schwarzen Meeres entlang sollte Batum an der türkischen Grenze erreicht werden. Von Rostow aus sollte ein Stoß durch den Kaukasus am Kaspischen Meer Baku und dann die Grenze zum Iran erreichen. Zwei starke Gruppen sollten sich zangenmäßig bei Stalingrad treffen, um dann nach Astrachan an der Wolgamündung vorzustoßen.

Am 18. April setzte die Schlammperiode ein, die Vorbereitungen zu der Offensive begannen. Die **Personalverluste** waren bis Ende April 1942 auf 1 167 836 Mann angestiegen, im einzelnen:

Tote	245 061	(9 152)
Verwundete	867 682	(24 368)
Vermißte	55 093	(875)

Diese wie auch die bisher genannten Personalverluste im Ostfeldzug wurden aus den bereits erklärten Meldungen des IIa und IVb zusammengestellt.

Aus der Meldung des Wehrmachtsverlustwesens (WVW) von Anfang Februar 1945 können wir den Monatsdurchschnitt für die Zeit vom 1. Juni 1941 bis 30. April 1942 entnehmen und errechnen daraus zum Vergleich die folgenden Verlustzahlen für das Heer und die Waffen-SS an der Front im Osten:

Tote	323 455	(13 288)
Verwundete	924 451	(25 971)
Vermißte	40 304	(770)

Das sind 1 288 210 Mann oder 10,3 Prozent mehr als die oben unmittelbar nach den Kämpfen ermittelten Zahlen. Vermißte und die an ihren Verwundungen Verstorbenen erhöhten die Anzahl der Toten, die später registrierten Leichtverwundeten die andere Gruppe.

Zur Munitionslage sehen wir uns wieder die Berichte vom April und Mai 1942 an, da heißt es zuerst: »Bei äußerster Sparsamkeit und Aufbrauch aller Vorräte kann voraussichtlich der Sommerverbrauch aufgebracht werden.« Mit der Sommeroffensive in Aussicht heißt es weiter: ». . . hat der April eine erfreuliche Tiefe erreicht.«

Der Monat März hatte mit 114 771 t einen weiteren Anstieg des Munitionsverbrauches gezeigt, der April wies dann einen starken Rückgang von fast 60 Prozent auf.

Doch nun wieder zur chronologischen Zusammenfassung:

In der Woche vom 8. bis 15. Mai wurden an der Krimfront drei russische Armeen zerschlagen. 169 200 Gefangene wurden gezählt, 284 Panzer und 1397 Geschütze erbeutet oder vernichtet.

Die Russen begannen am 9. Mai eine Offensive mit dem Ziel, Charkow zurückzugewinnen. Mit einer deutschen Gegenoffensive gelang es vom 17. bis zum 22., den Gegner einzukesseln; am 28. Mai waren drei russische Armeen vernichtet. 2026 Geschütze und 1249 Panzer wurden zerstört oder erbeutet, 239 300 Gefangene eingebracht.

Das Heer hatte im April 69 451 und im Mai 71 254 t Munition verbraucht.

Die Festung Sewastopol sollte schon im September 1941 erobert werden. Doch die Russen griffen nördlich der Krim an, und die 11. Armee mußte erst diesen Angriff auffangen. Ein neuer Angriff auf Sewastopol im Dezember scheiterte an der starken Abwehr. Nach einem Verlust von fast 8000 Mann wurde das Unternehmen wieder eingestellt.

Am 2. Juni begann aus über 1300 Rohren ein fünftägiges Trommelfeuer, am 7. begann dann unter dem Decknamen **Störfang** der Angriff. Immer wieder schoß die Artillerie mit schwersten Kalibern, die 60-cm-»Thor« und »Odin« sowie das schwerste Geschütz, die 80-cm-»Dora«, wurden eingesetzt. Am 2. Juli waren die Kämpfe beendet. 622 Geschütze und 28 Panzer wurden zerstört oder erbeutet. Von über 130 000 Mann der Verteidiger des Raumes Sewastopol wurden 95 000 gefangengenommen. Das deutsche Heer hatte 4338 Tote, 18 185 Verwundete und 1591 Vermißte.

Inzwischen hatte am 28. Juni aus dem Raum Kursk heraus mit 27 Divisionen die deutsche Sommeroffensive begonnen. Zwei Tage später griffen zusätzlich 19 Divisionen aus dem Raum Belgorod an.

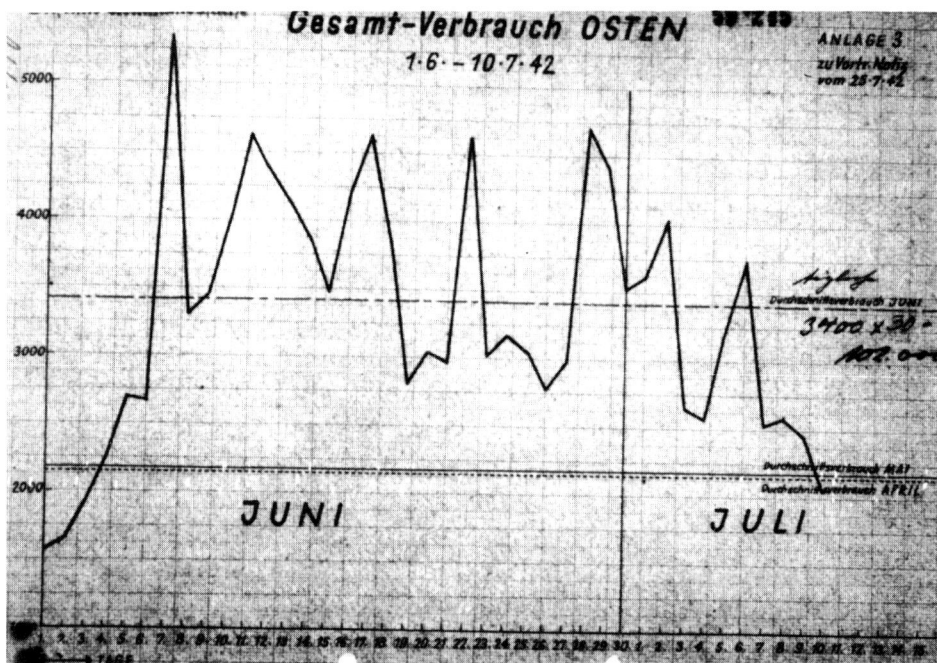

Verschußkurve Juni 1942

Der **Munitionsverbrauch** für den Monat Juni hatte sich aufgrund der schweren Kämpfe um Sewastopol, wo allein 29 234 t, darunter 562 944 Schuß der mittleren und schweren Artillerie mit 26 281 t, verbraucht wurden, auf 106 708 t erhöht, dazu heißt es im Munitionslagebericht vom 25. Juni: ». . . ist der Juni-Verbrauch erheblich hochgeschnellt«.

Vom 2. bis 12. Juli griff die 9. Armee im Mittelabschnitt an und vernichtete russische Verbände bei Sytschewka, 30 000 Gefangene wurden gezählt, 218 Panzer und 591 Geschütze wurden zerstört oder erbeutet.

Am 12. war die Säuberung des Wolchow-Kessels, wo seit dem 28. Mai Teile von drei russischen Armeen eingeschlossen waren, beendet. Außer den gezählten 32 800 Gefangenen wurden 649 Geschütze und 171 Panzer zerstört oder erbeutet.

Am 14. Juli zeigten sich die ersten Erfolge der inzwischen in Unternehmen **Braunschweig** umbenannten Sommeroffensive. Bis jetzt waren 1239 Panzer und 599 Geschütze erbeutet oder zerstört, aber nur 32 500 Gefangene wurden gezählt. Rostow wurde am 23. besetzt. Drei Tage später begann mit 20 Divisionen der Angriff gegen den Kaukasus.

Während im Mittelabschnitt der Ostfront russische Verbände bis zur Bahnlinie Wjasma–Rshew vorstießen, wurde im Süden von der 1. deutschen Panzer-Armee der Kuban überschritten und am 9. August Maikop genommen.

Die 6. Armee zerschlug im Raum Kalatsch Teile von zwei russischen Armeen, machte 35 000 Gefangene, zerstörte oder erbeutete 270 Panzer und 560 Geschütze. Einheiten der 4. Armee erreichten am 12. August die Stadt Elista in der Kalmückensteppe.

Am 19. begann die 6. Armee mit dem Angriff auf Stalingrad, am 3. September betrug die Entfernung zum Stadtkern nur noch 8 km.

Durch die deutsche Sommeroffensive war der **Munitionsverbrauch** vom Juli mit 78 534 t im August auf über 146 285 t gestiegen. In diesem Monat lag auch der Spitzentagesverbrauch

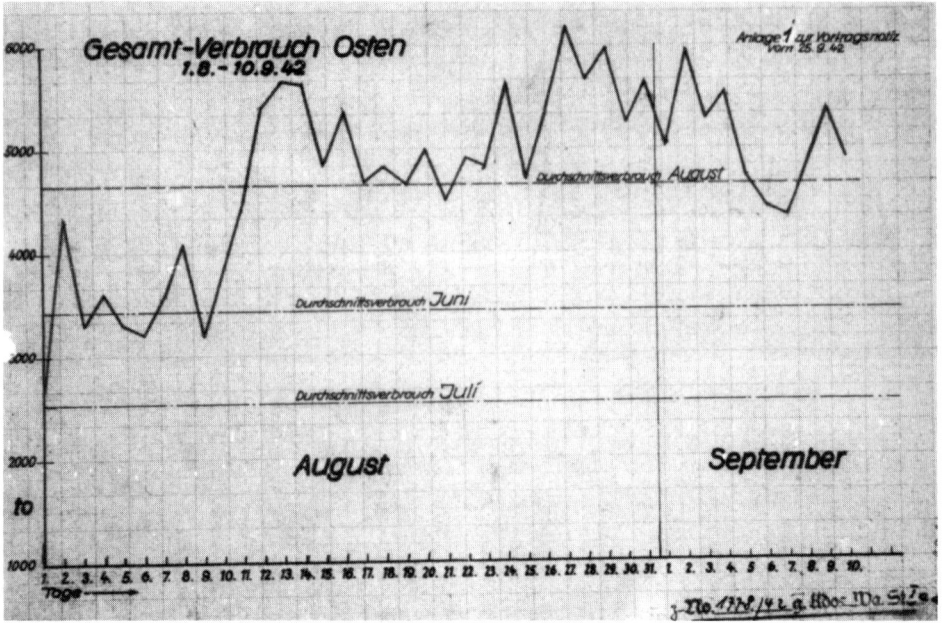

Verschußkurve August 1942

für 1942, am 27. August, mit dem Beginn der russischen Offensive im Raum Leningrad und der Wolchowfront, wurden 6165 t verbraucht. Dem Munitionslagebericht entnehmen wir folgendes: »Der Verbrauch ist im August auf eine bisher noch nicht erreichte Höhe angestiegen. Vorbeugende Maßnahmen zur Einschränkung des Verbrauches an ruhigen Fronten sind notwendig.«

Am 15. September begannen die Russen mit einer Offensive in Richtung Woronesh, einen Tag später erreichte ein deutscher Spähtrupp den Bahnhof Senseli im Raum der Wolgamündung. Von hier waren es noch 35 km bis Astrachan, dem südlichen Punkt des **Barbarossa-Planes.** Das war wahrscheinlich der östlichste Punkt, den deutsche Soldaten je erreichten. Aber auch in Richtung Tiflis wurde vorgestoßen, am 22. August hißten Soldaten des Gebirgsjäger-Regimentes 39 auf dem 5663 m hohen Elbrus die Reichskriegsflagge, aber erst am 2. November wurde Ordshonikidse, 145 km vor Tiflis, erreicht.

Vom Don aus begann der Gegner am 19. November mit fünf Armeen eine Großoffensive, am folgenden Tag griffen zwei weitere Armeen aus dem Raum südlich von Stalingrad an. Die Front der im Rahmen der deutschen Wehrmacht kämpfenden 3. rumänischen Armee war schnell durchbrochen. Am 22. trafen sich die beiden Angriffsspitzen bei Kalatsch – bei Stalingrad waren etwa 260 000 Mann eingeschlossen. Am 25. begann bereits die Luftversorgung. Obwohl die 6. Armee eine tägliche Versorgungsmenge von 750 t forderte, hielt man 500 t für ausreichend. Die Luftflotte 4 hoffte, mit dem knappen Transportraum eine Menge von 350 t zu erreichen. Mit den dann eingeflogenen 6590 t in den 70 Einsatztagen lag der wirkliche Tagesdurchschnitt aber nur bei 94 t.

Ausgeflogen wurden 29 875 Mann, 488 Transportflugzeuge gingen bei dieser Versorgung verloren.

War der Munitionsverbrauch im September mit 160 645 t noch ziemlich hoch, fiel er im Oktober auf 110 208 t und im November sogar auf 102 267 t.

Unter dem Decknamen **Wintergewitter** versuchte ab 12. Dezember die 4. Pz.Armee, Stalingrad zu entsetzen. Sie war am 21. auf 48 km herangekommen – sie schaffte es nicht. Zwei Tage später verbot Hitler das Unternehmen **Donnerschlag,** den Ausbruch aus dem Stalingrad-Kessel.

Drei russische Armeen traten am 24. Dezember zur Offensive an, die Front der 4. rumänischen Armee wurde durchbrochen, v. Mansteins Pz.Armee über den Don zurückgedrängt – es gab keine Hoffnung mehr, die in Stalingrad eingeschlossenen Truppen zu entsetzen.

Bei den schweren Kämpfen war der Munitionsverbrauch des Heeres im Dezember 1942 wieder auf 118 537 t angestiegen. Mit den während des Jahres von den Pionieren verbrauchten 2854 t Sprengmitteln hatte damit 1942 der Gesamtverbrauch 1 242 949 t erreicht. Die Jahresproduktion hatte demgegenüber 1 268 900 t betragen.

An der Front machte sich besonders der Mangel an Munition für Maschinengewehre bemerkbar. Im Lagebericht heißt es dazu: »Die bis dahin aufgelaufene Fertigung sowie der anschließende Ausstoß (von rd. 100–150 Millionen) können den Bedarf ab Mitte März nicht mehr decken. Die noch vorhandene Gewehrmunition ist für den Verschuß aus dem MG ungeeignet.«

Am 31. Januar kapitulierte GFM Paulus und ging mit 91 000 Mann in die Gefangenschaft. Da die Luftwaffe 24 910 Verwundete und etwa 5000 Spezialisten ausgeflogen hatte, kann man mit rund 135 000 Toten im Kessel von Stalingrad rechnen.

Im Raum Rostow hatte der Gegner die 8. italienische Armee zerschlagen. Am 28. Dezember befahl das OKH den Rückzug aus dem Kaukasus. Für das Jahr 1942 zeigt die Statistik des Rüstungsstabes den folgenden Verbrauch an Fahrzeugen:

92	Pz. I
346	Pz. II
1 553	Pz. III
513	Pz. IV
3	Pz. VI
327	Pz. 38(t)
332	Sturmgeschütze
118	Pz.Befehlswagen
57	Pz.Funkwagen
383	Schützenpanzerwagen
279	le. und s.Pz.Spähwagen
47 157	Pkw
68 748	Lkw
4 509	Zgkw
47 531	Kräder

Die Verluste der in der Einführung begriffenen Selbstfahrlafetten mit der 7,5- und 7,62-cm-Pak wurden damals bei den Waffen geführt, sie sind von der normalen Ausführung in der Radlafette nicht mehr zu trennen.

Die personellen Verluste betrugen laut WVW vom 22. Juni 1941 bis Ende 1942 für den Feldzug im Osten:

491 334	(18 960)	Tote
1 511 008	(41 524)	Verwundete
190 017	(4 819)	Vermißte

In etwas mehr als 18 Monaten hatten die Verlustzahlen fast 2,2 Millionen Mann erreicht. Bemerkenswert ist hierbei der starke Anstieg der Vermißten: ein Zeichen der schweren, hin und her wogenden Kämpfe.

Übrigens sind 1942 noch 74 744 (2712) Angehörige des Heeres und der Waffen-SS an ihren erlittenen Verwundungen verstorben.

Verbrauchszahlen der wichtigsten Waffen und ihrer Munition für das Jahr 1942:

Waffen			Munition
54 884	Pistolen		216 415 200
33 026	Maschinenpistolen		
	Leuchtpistole WK 326		5 830
	WK 361		940
149 153	Gewehre und Karabiner		2 830 274 650
40 958	Maschinengewehre		
	Gewehrsprenggranaten		1 067 900
	Gewehrpanzergranaten		299 300
1 192	Pz.Büchsen		768 600
246	s.Pz.B. 41	Pzgr.	215 235
		Sprgr.	56 800
3 130	3,7-cm-Pak	Spr.- u. Pzgr.	3 628 870
		Pzgr. 40	305 085
		Stielgranate	20 175
16	4,2-cm-Pak	Pzgr.	15 960
		Sprgr.	16 500
1 618	5-cm-Pak	Pzgr.	477 450
		Pzgr. 40	113 850
		Sprgr.	1 323 600
430	7,5-cm-Pak 40	Pzgr.	42 430
		HL-Gr.	13 380
		Sprgr.	63 100
14	7,5-cm-Pak 41	HK.Gr.	2 910
		Sprgr.	2 300
504	7,5-cm-Pak 97/38	HL-Gr.	37 800
		Sprgr.	91 900
237	7,62-cm-Pak	Pzgr.	49 000
		Pzgr. 40	8 170
		Sprgr.	105 120
4 171	5-cm-Gr.W. 36		8 646 580
3 619	8-cm-Gr.W. 34		9 605 075
–	12-cm-Gr.W. 378(r)		2 900
29	10-cm-NbW. 35		444 950
25	10-cm-NbW. 40		106 900
246	15-cm-NbW. 41		371 600
–	21-cm-NbW. 42		2 600
36	28/32-cm-NbW.	28 cm WK	46 230
		32 cm WK	10 190
–	30-cm-Nb.W. 42	Truppenversuch	350
1 199	le.I.G. 18		6 200 465
365	s.I.G. 33		1 115 610
	Stielgranate	Truppenversuch	100
3	10,5-cm-LG. 40		45 350
–	Geb.K. 15		87 500
57	Geb.G. 36		662 210
–	Geb.H. 40		2 390
5	le.F.K. 16 u. 18		19 175
149	s.10-cm-K. 18		1 209 800
1 806	le.F.H. 18		17 751 086
1 039	s.F.H. 18		4 481 985

	Waffen		Munition
	Raketen-Gr. 19	Truppenversuch	1 290
7	15-cm-K. 16 u. 18		78 370
2	15-cm-K. 39		43 850
–	15-cm-K. in Mrs.Laf.		4 370
9	17-cm-K. in Mrs.Laf.		25 650
–	Lg. 21-cm-Mrs.		2 100
63	21-cm-Mrs. 18		339 130
	Rö-Granaten	Truppenversuch	1 800
–	21-cm-K. 38 und 39/40		3 720
2	24-cm-K. 3		1 352
–	24-cm-H. 39		3 070
–	28-cm-Küsten-Haubitze		3 600
–	K. 5 (E)		255
–	M. 1		513
–	Gamma Mrs.		449
–	17 cm (E)		40
–	20,3 cm (E)		40
–	24-cm-Theodor (E)		50
–	24-cm-Theodor Bruno (E)		20
–	28-cm-Kz. Bruno (E)		940
–	28-cm-lg. u. s. Bruno (E)		897
–	60-cm-Karl Selbstfahrlafette		197
–	80-cm-Dora		48
438	2-cm-Flak ⎫ Sprgr.		11 008 700
9	2-cm-Vierl. ⎬ Brandgr.		110 000
–	3,7-cm-Flak		184 300
87	8,8-cm-Flak		333 700
	Stielhandgranaten		6 541 010
	Ei-Handgranaten		7 270 500
	Nebel-Handgranaten		885 800
	T-Minen		1 092 300
	S-Minen		631 370
	Haftladung H 3		4 745

Diese Angaben und auch die im weiteren Ablauf folgenden Zahlen zum Verbrauch entsprechen den Meldungen aller Fronten – eine Trennung ist nicht mehr mit der notwendigen Zuverlässigkeit möglich.

Zu den folgenden, ehemals tschechischen und französischen Waffen sind die Verbrauchsblätter nicht mehr lückenlos vorhanden; es wird deshalb hier nur der Munitionsverbrauch angegeben:

Waffen	Munition
8-cm-F.K. 30(t)	5 900
10-cm-le.F.H. 30(t)	31 340
le.F.H. 14/19(t)	137 800
s.10,5-cm-K. 35(t)	39 400
12-cm-Hbz. 14 u. 15/16(t)	230
s.F.H. 25(t)	33 800
s.F.H. 37(t)	81 570
Kz. 21-cm-Mrs.	450
s.24-cm-K.(t)	470
30,5-cm-Mrs.(t)	7 350
4,7-cm-Pak 181(f)	12 050

Waffen	Munition
10,5-cm-K. 331(f)	33 400
10,5-cm-K. 332(f)	2 400
15,5-cm-s.F.H. 414(f)	175 100
15,5-cm-K. 416(f)	158 800
15,5-cm-K. 418(f)	54 800
22-cm-Mrs. 531(f)	65 300
40-cm-Hbz. (E) 752(f)	80

Von den aus der **Beute** stammenden und wiederhergestellten 3147 russischen Geschützen befanden sich unter anderen im Dezember 1942 folgende Waffen im Fronteinsatz:

		Mun. Verbrauch
709	12,2-cm-le.F.H. 388(r)	3 200
357	12,2-cm-K. 390(r)	4 900
580	12,2-cm-le.F.H. 396(r)	6 100
801	15,2-cm-s.F.H. 433(r)	12 330

Im folgenden ist noch der Munitionsverbrauch der Panzerverbände für das Jahr 1942 aufgeführt:

2-cm-Pzgr.	4 833 570
2-cm-Pzgr. 40	292 000
3,7-cm-Spr.u.Pzgr.	55 940
3,7-cm-Pzgr. 40	950
5-cm-kurz Pzgr.	315 430
5-cm-kurz Pzgr. 40	65 700
5-cm-kurz Sprgr.	495 300
5-cm-lang Pzgr.	194 100
5-cm-lang Pzgr. 40	58 100
5-cm-lang Sprgr.	301 300
7,5-cm-KwK Sprgr.	1 188 645
7,5-cm-Pz.u.HL.-Gr.	119 560
8,8-cm-KwK Pzgr.	1 800
8,8-cm-KwK Sprgr.	8 000
3,7-cm-(t)Pzgr.	451 540
3,7-cm-(t)Pzgr. 40	62 400
3,7-cm-(t)Sprgr.	200 700
4,7-cm-(t)Pzgr.	1 210
4,7-cm-(t)Pzgr. 40	690
4,7-cm-(t)Sprgr.	75 800

Hier sei darauf hingewiesen, daß sich z. B. die 7,62-cm-Pak auch auf Selbstfahrlafetten fand. Ähnlich lag der Fall bei den tschechischen 3,7- und 4,7-cm-Waffen. Eine exakte Trennung der Verbrauchszahlen zwischen der Räder-Pak, den Selbstfahrlafetten bzw. den Panzern ist hierbei nicht möglich.

Bei den Zahlen zum Munitionsverbrauch fällt hier auf, daß im Gegensatz zu den früheren Angaben nun abgerundete Werte benutzt wurden. Der Wehrmachtsführungsstab hatte eine Monatsmeldung vom Herbst 1941 an das Waffenamt mit der Bemerkung zurückgegeben: »Wer hat das gezählt?«

Was den Verbrauch an Fahrzeugen betrifft, so entsprach er nicht immer einem Totalverlust – schauen wir uns dazu die Instandsetzungsliste vom September 1939 bis Dezember 1942 an:

	zur Instandsetzung	instand gesetzt	ver- schrottet	in Reparatur
Pz. I	2 176	1 957	105	114
Pz. II	1 202	909	165	128
Pz. III	1 416	910	136	370
Pz. IV	556	358	58	140
Pz. 35(t)	320	289	18	13
Pz. 38(t)	601	247	49	305
Sturmgeschütze	222	138	8	76

Hierbei ist zu beachten, daß eine ganze Anzahl Fahrzeuge mehrfach instand gesetzt wurde. Die Zahlen änderten sich jedoch erheblich, wenn es bei Rückzügen den Bergeeinheiten nicht gelang, die ausgefallenen Fahrzeuge zurückzuführen.

Interessant ist hier ein Vergleich der Produktion deutscher und russischer Panzerfahrzeuge mit der Berücksichtigung des Kampfwertes. Die während des Jahres 1942 gelieferten 659 Fahrzeuge mit der kurzen 7,5-cm-KwK und die 251 mit der 5-cm-KwK wollen wir hier nicht berücksichtigen, sie waren denen des Gegners unterlegen. Die 78 Tiger-Panzer und die 1575 Pz. IV bzw. die Sturmgeschütze mit der langen 7,5-cm-KwK können als gleichwertig bzw. überlegen eingestuft werden. Wenn wir die 1907 Pz. III mit der langen 5-cm-Kanone auch noch dazu rechnen, dann haben wir 3560 Fahrzeuge, die je Schuß zusammen 15 340 kg verschossen.

Die russische Industrie hatte im gleichen Zeitraum außer 9553 leichten Panzern aber 12 553 T-34 sowie 2553 Fahrzeuge der KW-Klasse geliefert, die zusammen auf wenigstens 95 167 kg kamen.

An neuen Waffen hatte das Heer während des Jahres 1942 im März die ersten MG 34/41 eingesetzt, die sich aber nicht bewährten. Die ab Mai gelieferten MG 42 kamen im Sommer

21-cm-Nebelwerfer schießen

an die Front. Ab April wurde der Schießbecher zum Karabiner 98 k eingesetzt; größere Stückzahlen der Gewehrspreng- und der Gewehrpanzergranate wurden aber erst ab Juni verbraucht. Mit der neuen Munition zur Kampfpistole, den Wurfkörpern 326 und 361, gab es Schwierigkeiten. Der WK 326, der im November 1941 in die Fronterprobung gegangen war, mußte im Mai 1942 zu Änderungen wieder herausgezogen werden. Bei der Heeresflak wurden im April die ersten 200 Brandgranaten im Kaliber 2 cm erprobt, größere Mengen sind aber erst ab November verbraucht worden. Im April/Mai konnten die ersten Geschütze der 7,5-cm-Pak 40 und der 7,62-cm-Pak 36 eingesetzt werden. Die ersten Pak 41 mit der 7,5-cm-Hartkerngranate kamen Ende Juli an die Front. Ab Mitte August waren die ersten 30-cm-Nebelwerfer in der Fronterprobung. Die seit März gelieferten 21-cm-Nebelwerfer wurden aber erst im November im Truppenversuch eingesetzt. Im November hat man auch die ersten 15-cm-Stielgranaten für das s.I.G. 33 erprobt, und die Truppe erhielt die ersten umgebauten 12-cm-Granatwerfer 378(r).

Es gab aber auch Pannen: Im Januar 1941 hatte man bei einer Überprüfung der Munitionsbestände ermittelt, daß für 16,58 Millionen Schuß zum 5-cm- und 4,91 Millionen für den 8-cm-Granatwerfer keine brauchbaren Zünder vorlagen. Anläßlich einer Nachschubplanung stellt man nun im Oktober 1942 fest, daß bei der 5-cm-Wurfgranate von einem 15,78-Millionen-Schuß-Nachschubbestand immer noch 10,29 Millionen nicht brauchbar waren – bei der 8-cm-Granate waren es 0,90 Millionen von 1,41.

Bei den Panzerfahrzeugen waren bis Ende August die ersten neun »Tiger«-Panzer abgenommen worden. Über den Einsatz von vier dieser Fahrzeuge im Raum Leningrad wurde bereits berichtet. Vom »Goliath«, dem Sprengladungsträger, waren Anfang Oktober 1942 zwar schon 367 Stück vorhanden, eingesetzt hat man von diesen Fahrzeugen 1942 keines.

Bevor wir nun das Jahr 1943 betrachten, wollen wir noch einen Blick auf den **Kriegsschauplatz in Nordafrika** werfen.

Dort hatte am 2. Januar 1942 die italienische Besatzung von Bardia kapituliert, am 17. streckten die deutsch-italienischen Truppen im Raum Sollum die Waffen, das Afrika-Korps hatte fast 13 000 Mann verloren.

Am 21. aber begann General Rommel seinen Gegenangriff. Er erreichte am 10. Juni im Süden das Fort Bir Hacheim, am 20. wurde Tobruk genommen und am 23. die ägyptische Grenze überschritten.

Die El-Alamein-Stellung aber konnte nicht durchstoßen werden, und Anfang Juli wurde zur Verteidigung übergegangen. In der folgenden Woche wurde das X. italienische Korps aufgerieben. Eine Offensive des Afrika-Korps, die am 31. August begann, mußte nach drei Tagen wieder abgebrochen werden.

Rommel hatte für den Monat August statt der zugesagten 24 000 t Treibstoff nur 110 t erhalten – im August waren fast 60 000 BRT Transportraum verlorengegangen –, und nun traf am 2. September die Nachricht ein, daß ein erwarteter Tanker mit 8000 t Treibstoff vor Tobruk versenkt wurde. Die Kämpfe, anfänglich optimistisch als »Vorstoß zum Nil« bezeichnet, hatten das Afrika-Korps 1804 Mann Ausfälle, darunter 369 Tote, gekostet. 36 Panzer und 277 andere Kraftfahrzeuge gingen verloren.

Die Achsentruppen bauten nun auf der Linie Tell el Eisa – Bab el Kattar – El Taka eine tiefgestaffelte Verteidigungsstellung aus.

Am 23. Oktober begann die 8. britische Armee mit über 150 000 Mann, 1029 Panzern und 2311 Geschützen ihre Offensive. Die Achsentruppen konnten dem nur 489 Panzer und 1219 Geschütze entgegenstellen. General Stumme, der vertretungsweise für den im Urlaub befindlichen GFM Rommel das Afrika-Korps kommandierte, starb kurz nach Beginn der Kämpfe an einem Herzschlag. Hitler befahl die sofortige Rückkehr Rommels.

Obwohl in den nächsten Tagen von acht Tankern nur einer mit 300 t Treibstoff durchkam – alle anderen wurden versenkt –, verhinderte Rommel einen Durchbruch des Gegners. Trotz schwerer Verluste hielt die Front der Achsentruppen.

Die Anzahl der einsatzfähigen Panzer beim Afrika-Korps, die von 224 am 30. September auf 81 Ende Oktober gesunken war, zeigt die Schwere der Kämpfe.
Aber auch die Luftwaffe merkte den Versorgungsmangel, am 22. Oktober waren beim Fliegerführer Afrika nur noch 40 Jäger und 10 Zerstörer einsatzfähig.

In der Nacht zum 8. November begann dann die Operation **Torch,** die alliierte Landung in Marokko und Algerien. Die Franzosen, die sich bis zum 12. heftig zur Wehr setzten, hatten 651 Tote zu beklagen. Am 9. landeten deutsche Truppen in Tunesien, am 17. kam es westlich von Biserta zum ersten Gefecht mit alliierten Truppen.
Im anderen Teil des nordafrikanischen Kriegsschauplatzes wurde am 15. November Tobruk aufgegeben, Treibstoffmangel verhinderte den Abtransport von über 12 000 t Versorgungs-gütern. Die 15. Panzer-Division meldete am 10. November einen Bestand von 1177(72) Mann, 16 Geschützen, davon fünf der 8,8-cm-Flak und keine einsatzfähigen Panzer.
Am 20. gingen dann Benghasi, am 12. Dezember El Agheila verloren. Zum Jahresende meldete die 15. Panzer-Division einen Bestand von 34 Panzern – alle aus der Instandsetzung.

Die **Waffenverluste** des Afrika-Korps lassen sich nicht mehr genau festlegen.
Die **Personalverluste** betrugen:

Tote	1804 (154)
Verwundete	5126 (187)
Vermißte	5709 (176)

General Eisenhower begann zwar in Tunesien noch eine Offensive, mußte diese aber am 24. Dezember wegen außergewöhnlich schlechten Wetters wieder abbrechen. Durch die schlechten Verhältnisse beim Nachschub – im Mittelmeer waren im Jahre 1942 an Transportraum 656 Schiffe mit 2 417 935 BRT eingesetzt, von denen 62 mit 246 974 BRT verlorengingen – waren zahlreiche Fahrzeuge der Achsentruppen wegen Treibstoffmangels nicht einsatzbereit.
In **Frankreich** hatte am 19. August 1942 an der Kanalküste bei Dieppe ein Landungsversuch des Gegners stattgefunden, der hierbei hohe Verluste hatte. Die britischen Einheiten verloren 120 Tote und 466 Verwundete, bei den 4963 eingesetzten Kanadiern wurden 907 Tote gezählt – nur 2210 Mann, einschließlich 586 Verwundeter, kehrten wieder zurück. Von den 29 eingesetzten Churchill-Panzern erreichten nur fünf den Strand, die anderen wurden bereits auf den Landungsbooten zerstört. Die Personenverluste auf deutscher Seite betrugen 344 Tote.

Das Jahr 1943

Am Beginn des Jahres 1943 war die Lage an der Front im Osten sehr angespannt: Die Befreiung der 6. Armee in Stalingrad war gescheitert, am Don klaffte aufgrund des Zusammenbruches der italienischen und ungarischen Verbände eine breite Lücke, die sich Ende Januar durch die schweren Verluste bei der Heeresgruppe B auf über 300 km erweitert hatte.
Im **Norden** hatten sich von den bei Welikije Luki eingeschlossenen 7000 Mann bis Mitte Januar nur 100 zu den eigenen Linien durchschlagen können. Ende Februar wurde der Raum Demjansk geräumt, am 12. März ging Wjasma verloren, und am 16. hatte man den Raum Rshew – Gshatsk aufgegeben.

Im **Süden** war es inzwischen durch eine Gegenoffensive gelungen, die Lage zu verbessern, am 16. März wurden Charkow, am 20. Belgorod zurückerobert. Im **Kubanbrückenkopf** aber drohte ein zweites Stalingrad. Trotz der von Hitler am 27. Dezember 1942 befohlenen Räumung befanden sich Anfang Februar noch 398 000 Mann in dem mit »Gotenkopf« bezeichneten Gebiet. Bis zum 8. März gelang dann der Abtransport von 121 758 Personen, darunter befanden sich 20 374 Zivilisten und Kriegsgefangene.

Der **Munitionsverbrauch,** der im Januar 1943 auf 137 950 t angestiegen war, erhöhte sich für den Februar auf 155 410 t, im März sogar auf 158 100 t.

Den **Meldungen zur Munitionslage** entnehmen wir für Januar 1943 folgendes: »Verbrauch bis Monatsmitte trotz schwerer Abwehrkämpfe nicht übermäßig hoch gewesen. Dagegen sind beträchtliche Munitionsverluste eingetreten.«

Im Februarbericht heißt es: »Der Munitionsverbrauch ist seit Dezember ständig am Steigen. Der außerordentlich hohe Verschuß der Heeresgruppe Nord (täglich etwa 2250 t) hält seit 12. Januar bis heute unverändert an. Dieser hohe Munitionseinsatz ist entscheidend für das Durchstehen der Abwehrkämpfe. Ein gleich hoher Munitionseinsatz an einem oder mehreren anderen Abschnitten der Ostfront wäre aufgrund der Munitionslage nicht zu leisten.«

Noch negativer sieht die Meldung zum 1. März 1943 aus: »Der Munitionsverbrauch ist im Februar wieder beträchtlich angestiegen. Mit Anhalten dieses sehr hohen Verbrauches im März muß gerechnet werden. Die Höhe des derzeitigen Munitionsverbrauches entspricht der Höchstgrenze der Leistungsfähigkeit der Heimat im Bereitstellen schußfertiger Munition. Der Munitionsverbrauch würde mit Sicherheit noch weiter steigen, wäre er nicht durch diese Höchstgrenze bestimmt. Dies beweisen die ständigen Forderungen der Front auf Erhöhung des Nachschubs. Transportmäßig wäre sie zu leisten, nicht aber mengenmäßig. Der völlig von

Verschußkurve März 1943: Nach den Kämpfen bei Belgorod ging der Verbrauch stark zurück

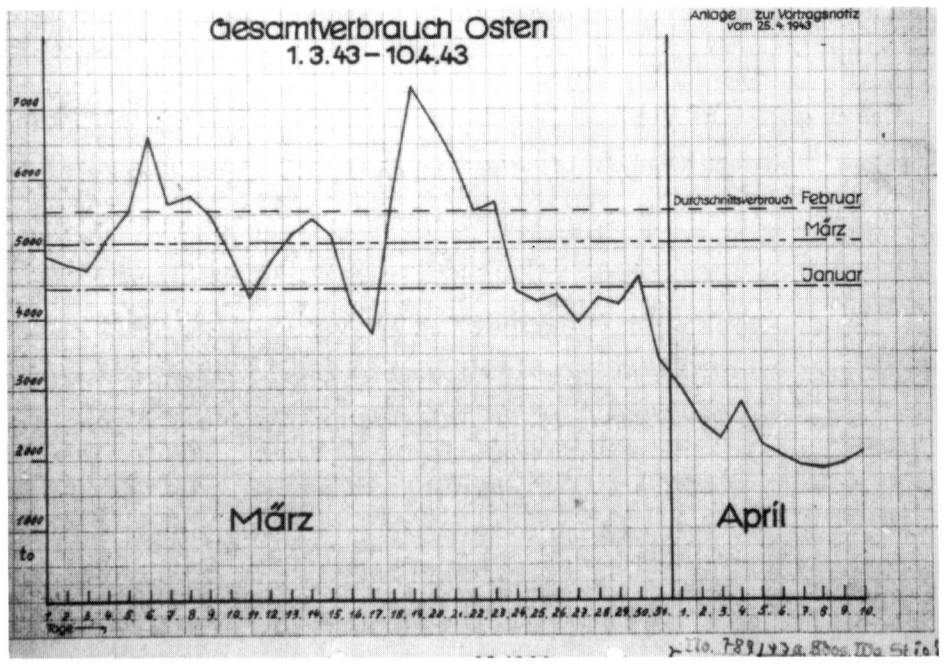

der Fertigung abhängige Munitionsnachschub vermag den Bedarf der Front unter Inkauf-
nahme von Spannungen auf einzelnen Gebieten gerade hinreichend zu decken.«

In **Nordafrika** durchbrach am 15. Januar der englische Feldmarschall B. L. Montgomery mit
acht Divisionen die Stellungen bei Buerat, am 23. zog dann seine 8. Armee in Tripolis ein.
Ende Januar erhielt die Pz.Armee Afrika, obwohl nicht einmal 20 000 BRT Schiffsraum
durchkamen, eine erhebliche Verstärkung: Die 10. Panzer-Division mit einer Anzahl
»Tiger«-Panzer traf in Tunesien ein.
Am 14. Februar begann Rommel nochmals eine Offensive bei Kasserine, der Paß wurde am
20. besetzt. Wegen starken alliierten Widerstands wurde der Angriff jedoch am 22. wieder
abgebrochen.
Am 6. März begann mit dem Unternehmen **Capri** der letzte offensive Einsatz der dtsch./ital.
Panzerarmee Afrika. Nach zwei Angriffen gegen die Mareth-Stellung, bei denen 55 Panzer
verlorengingen, mußte der Angriff abgebrochen werden.
Englische und amerikanische Truppen begannen Anfang April mit der Einschließung der
Achsentruppen. Der Nachschub, der Ende 1942 noch etwa 50 Prozent der Forderung betragen
hatte, sank nun auf unter 10 Prozent. In der letzten Zeit hatte man sich mehr und mehr auf
Lufttransporte verlassen, vom 23. Februar bis 28. März wurden 3901 Landungen der Ju 52
und 158 der Me 323 in Nordafrika gezählt. Bei den hohen Verlusten – am 18. April gingen
23 Ju 52 und 15 Me 323, am 21. April weitere 27 Ju 52 und 12 Me 323 über dem Mittelmeer
verloren – war aber diese Transportart nicht mehr durchzuhalten.
Waren Anfang April noch 142 Panzer, darunter sechs »Tiger«, einsatzfähig gewesen, sank
diese Zahl trotz der neu zugeführten 46 Fahrzeuge (planmäßig hätten es 110 sein sollen) auf

Eine Me 323 wird über dem Mittelmeer abgeschossen

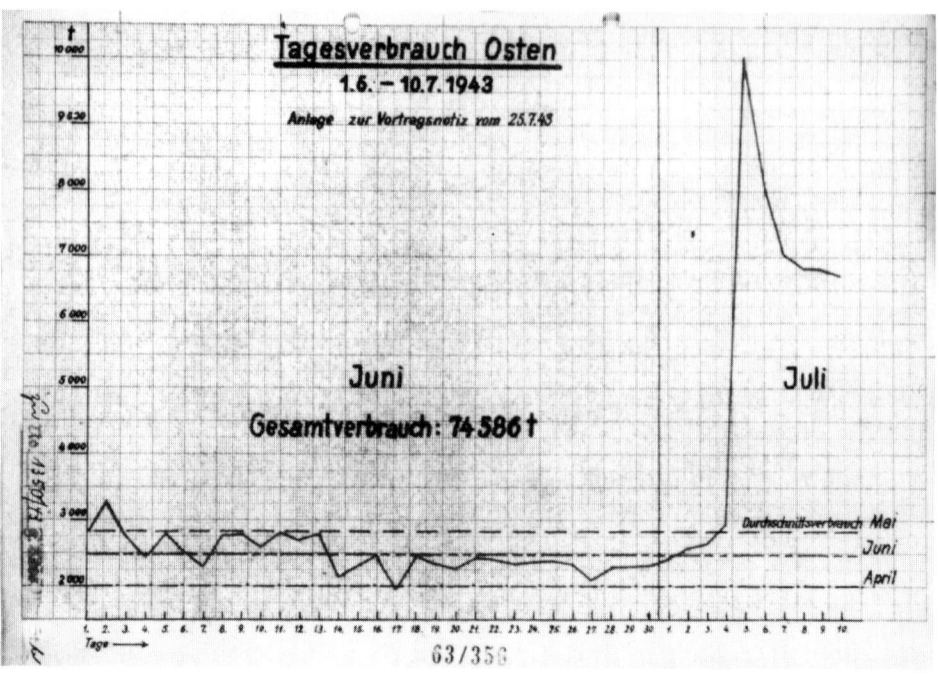

Verschußkurve Juni 1943

69 am Beginn des Monats Mai. Am 13. Mai kapitulierten die Reste der deutschen und italienischen Truppen; fast 130 000 Mann der deutschen Pz.Armee Afrika gerieten in Gefangenschaft.

An der **Ostfront** waren die Monate April, Mai und Juni verhältnismäßig ruhig.
Das zeigt auch der **Munitionsverbrauch,** der 61 239, 89 078 und 74 586 t betrug. In den dazu gehörenden Meldungen heißt es unter anderem: »Die augenblicklich verhältnismäßig günstige Munitionslage im Osten darf nicht über die ernste Munitionslage hinwegtäuschen, die mit Sicherheit im Herbst dieses Jahres entstehen wird. Der Munitionsverbrauch im April war infolge geringer Kampfhandlungen und scharfer Kontingentierungsbefehle sehr niedrig. Mit Einsatz stärkerer Kämpfe wird sich die Lage ändern.«
Der Tagesverbrauch war beispielsweise am 27. April auf rund 1300 t gesunken; dieser niedrige Wert war bisher nur einmal, und zwar am 5. Mai 1942, erreicht worden. Die Ruhe täuschte – Mitte März hatten bereits die Planungen für eine deutsche Großoffensive begonnen: Der 3. Mai wurde als Beginn des Unternehmens **Zitadelle** festgelegt, mit dem darauf folgenden Unternehmen **Panther** wollte man dann tief nach Südosten vorstoßen. Der Angriffstermin wurde jedoch mehrfach verschoben. Erst am 5. Juli traten vom Südflügel der Heeresgruppe Mitte und dem Nordflügel der Heeresgruppe Süd 17 Panzer-Divisionen, 14 Infanterie- und zwei Panzer-Grenadier-Divisionen sowie drei Sturmgeschützbrigaden im Raum Kursk zum Angriff an. Da der feindlichen Aufklärung die Vorbereitungen bekannt geworden waren, blieb die Überraschung aus.
Um den deutschen Nachschub zu lähmen, steigerten die **Partisanen** ihre Tätigkeit, im Juni wurden 1092 Anschläge gegen Eisenbahnlinien gemeldet, 409 Lokomotiven und 54 Eisen-

236

bahnbrücken wurden dabei beschädigt – im Januar betrugen die jeweiligen Zahlen nur 397, 112 und 22.

Zitadelle wurde übrigens die größte Panzerschlacht des Zweiten Weltkrieges. Da man sich in den verschiedenen Veröffentlichungen über die auf deutscher Seite eingesetzten Panzerfahrzeuge nicht einig ist, wollen wir versuchen, diese Zahlen so genau als möglich zu ermitteln.

Der gesamte Bestand bei allen Einheiten der Heeresgruppe Mitte und Süd betrug am 1. Juli 1943 an einsatzfähigen Panzern aller Art 2174. Dazu kamen 270 Fahrzeuge, die sich in der Instandsetzung befanden, und weitere 216, die gerade zugeführt wurden. Bei den Sturmgeschützen waren 742 einsatzfähig, 47 befanden sich in den Werkstätten und 34 wurden gerade zugeführt. Wir müssen aber die Stärke bei den am Unternehmen »Zitadelle« beteiligten Einheiten, der 9. Armee, der 4. Panzerarmee und den zahlreichen Sturmgeschütz-Abteilungen, betrachten. Da ergibt sich, selbst wenn wir Instandsetzung und Zuführung voll zu den einsatzfähigen Panzern rechnen, folgendes Bild:

70	Pz. II
53	Pz. III 5-cm-KwK kurz
392	Pz. III 5-cm-KwK lang
111	Pz. III 7,5-cm-KwK
41	Pz. III Flamm
45	Pz. IV 7,5-cm-KwK
394	Pz. IV 7,5-cm-KwK L/43
176	Pz. IV 7,5-cm-KwK L/48
196	Pz. V 7,5-cm-KwK 42
181	Pz. VI 8,8-cm-KwK 36
85	JgPz. Ferdinand 8,8-cm-Pak 43
10	Pz. 38(t)
28	T-34 Beutepanzer
90	Befehls-Panzer
63	Beobachtungs-Panzer
55	15-cm-Pz.Haubitze Hummel

In der Aufstellung sind beim Pz. V »Panther« 6 Befehlswagen und 4 Bergepanzer, beim Pz. VI »Tiger« 17 Befehlswagen enthalten.

Die Lagemeldung für die Sturmgeschütze zeigt bei den Einheiten

455	Sturmgeschütze
68	Sturm-Haubitzen 10,5-cm-le.F.H.

und weitere 21 Sturmgeschütze der drei Funklenkeinheiten als Leitpanzer. Erstmals wurden bei dieser Offensive in größerer Menge die Funklenkpanzer B IV und »Goliath« eingesetzt. Ab Mai waren dafür 823 vom leichten Ladungsträger »Goliath« und 187 vom B IV, dem schweren Ladungsträger, freigegeben worden. Sie sollten für den Vorstoß der Panzerverbände Minengassen freimachen, sie haben sich aber bei diesem Einsatz nicht bewährt.

Die Verbände, die am Unternehmen »Zitadelle« beteiligt waren, verfügten also über 1897 deutsche Panzer von den 2835, die an der gesamten Ostfront vorhanden waren – das waren 67 Prozent. Bei den Sturmgeschützen waren es 476 von 1088 oder fast 44 Prozent. Die wirkliche Einsatzzahl war jedoch niedriger, denn es wurde z. B. nur ein Teil der Befehls- und Beobachtungs-Panzer eingesetzt, die Pz. II überhaupt nicht. Bei den schweren Kämpfen gab es große Ausfälle. Vom noch nicht frontreifen Pz. V »Panther« sind 162 meist durch Fahrwerk- und Motorschäden ausgefallen.

Durch den starken Mineneinsatz des Gegners, er hatte über 943 000 Stück verlegt, z. T. je Frontkilometer 1500 Panzer- und 1700 Infanterieminen, gingen viele Fahrzeuge, z. B. 39 der »Ferdinands«, verloren. Vom Pz. VI, dem »Tiger«, zeigt die Liste des Waffenamtes für den

Geheime Kommandosache

Anlage 7 zu Vortragsnotiz Abt Frd Heere Ost (IId) vom 1.10.1943
- -

Sowj.- russ. Panzerverluste Dezember 1942 bis Juni 1943.
_____

(Nach Abzug von 20% für Fehl- oder Doppel-Meldungen)

Dezember 1942	2.380	Panzer
Januar 1943	1.470	"
Februar	1.560	"
März	1.660	"
April	140	"
Mai	170	"
Juni	100	"
	7.480	Panzer

Hiervon in langfristiger Instandsetzung wiederhergestellt

15% = 1.122 Panzer.

Diese Meldung der Abt. Fremde Heere Ost zeigt die überraschend niedrigen Panzerverluste des Gegners in den Monaten April, Mai und Juni

Monat Juli den Ausfall von 34 Fahrzeugen einschließlich eines Befehlswagens. Meistens zwangen die fehlenden Bergemöglichkeiten die Besatzung, ihr beschädigtes Fahrzeug zu sprengen. Trotz der hohen Konzentration von über 2000 Panzerfahrzeugen, einer ganzen Anzahl von Selbstfahrlafetten und fast 9000 Geschützen und Werfern auf einer Frontbreite von 140 km gelang es nicht, den Widerstand des Gegners zu brechen.

Der Gegner hatte zur Abwehr und zur nachfolgenden eigenen Offensive etwa 5200 Panzerfahrzeuge, über 20 000 Geschütze und Werfer mit über 1,3 Millionen Mann bereitgestellt. Nach der Panzerschlacht bei Prochorowka am 12. Juli brachen die Sowjets im Norden des Kampfgebietes tief ein und bedrohten Orel. Im Süden griff der Gegner einige Tage später an. Die Entscheidung fiel aber durch das Unternehmen **Husky,** der Landung von neun alliierten Divisionen in Sizilien am 10. Juli. Aus Äußerungen des OKW können wir für den 13. die folgenden Bemerkungen Hitlers entnehmen: »Der Verlust Siziliens ist wegen der miserablen Kriegsführung der Italiener sicher. Vielleicht landet Eisenhower morgen schon auf dem Festland oder auf dem Balkan. Wir müssen das verhindern, deshalb brauchen wir Divisionen für Italien und den Balkan.
Die 1. Panzer-Division ist schon auf den Peloponnes verlegt, weitere kann ich nur noch aus der Kursker-Front herauslösen. Ich bin daher gezwungen, ›Zitadelle‹ einzustellen.«
Zusätzlich drohte die Einkesselung von zwei Armeen bei Orel. Nur durch den Einsatz der neuen Panzerjägerstaffeln konnte die Luftwaffe das am 21. verhindern.
»Zitadelle« war ein großer Fehlschlag. Trotz starker deutscher Abwehr ergriff der Gegner die Initiative, seine Gegenoffensive drang bis zum 18. August 150 km weit vor.

Der Wehrmachtsbericht hatte für die Zeit vom 5. bis 19. Juli gemeldet, daß außer einigen hundert russischen Panzern, die von der Luftwaffe zerstört wurden, das Heer und die Waffen-SS weitere 4827 feindliche Panzer vernichtet hätten. Die Statistik unseres Waffenamtes zeigt für den Monat Juli an eigenen Ausfällen: 786 Panzer und 141 Sturmgeschütze. Ein russisches Flugblatt hatte den Abschuß von 2818 deutschen Panzern, darunter mehr als 700 »Tigern«, und an die 100 000 Gefallene gemeldet. Am 1. Juli hatte der gesamte Bestand aus 240 »Tiger« bestanden, und die gesamten Ausfälle für die Ostfront hatten für den vollen Monat Juli 36 202 Gefallene, 146 934 Verwundete und 14 380 Vermißte betragen.
Am 3. August begann die gegnerische Offensive an der Woronesh-Front. Zwei Tage später ging Belgorod verloren, und eine Offensive der Russen begann am Mittelabschnitt. Im Südwesten griff der Gegner am 13. an, am 16. folgte die Offensive am Mius. Charkow ging am 23., Taganrog am 30. August verloren. Bei den schweren Kämpfen war der Munitionsverbrauch im Juli auf 236 915 und im August sogar auf 254 648 t gestiegen.
Die Auszüge aus den dazugehörenden **Meldungen zur Munitionslage** sind bezeichnend: »Nachdem der Munitionsverbrauch im Juni durch zielbewußtes Sparen noch sehr niedrig war, ist er mit Beginn der Großkämpfe im Juli auf eine bisher noch nicht dagewesene Höhe emporgeschnellt. Dieser hohe Verbrauch ist nur möglich gewesen durch die vorhergegangene Bevorratung der Truppe. Auch unter Heranziehung aller Reserven und Vorgriffe auf die Septemberfertigung wird er bei Anhalten der schweren Kämpfe bestenfalls bis Mitte August gedeckt werden können. Die Fertigung kann mit einem solchen Verbrauch nicht Schritt halten.«
Im Bericht vom 28. August lesen wir: »Mit Fortdauer der harten Abwehrkämpfe und damit eines hohen Munitionsverbrauches muß auch weiterhin gerechnet werden. Zur Deckung dieses hohen Bedarfs standen bisher Frontbevorratung und Nachschub zur Verfügung. Vom 5. Juli bis 26. August hat die Ostfront mehr als 90 000 t Munition mehr verschossen, als ihr zugeführt werden konnte. Damit ist die Front mit ihren Vorräten nahezu am Ende. Da also die Nachschubmenge im September geringer wird, ist in Zukunft die Deckung des hohen Munitionsbedarfes nicht mehr im gleichen Umfange wie bisher möglich. Der Verbrauch wird zwangsläufig sinken müssen und damit munitionsmäßig die Abwehrkraft der Front nachlassen.«
Im folgenden sehen wir den starken Anstieg des Munitionsverbrauches vom Monat Juni bis August 1943 für die großkalibrigen Waffen der Pak und der Panzerfahrzeuge sowie für die Feldhaubitzen, von denen die Hauptlast der Kämpfe getragen wurde (in Schuß):

| | 7,5-cm-Pak 40 | | 7,5-cm-Pak 41 | 7,5-cm-Pak 97/38 | | 7,62-cm-Pak | 8,8-cm-Pak |
	Spr./Pzgr.	HL.Gr.	Spr./Pzgr.	Sprgr.	HL.Gr.	Spr./Pzgr.	Spr./Pzgr.
Juni	21 100	16 700	1 200	77 000	26 100	13 000	900
Juli	77 400	43 100	1 700	64 200	21 800	45 100	12 400
Aug.	140 100	72 500	7 100	118 000	69 700	37 300	46 900

| | Panzer | | | | Feldhaubitzen | |
| | 7,5-cm-KwK | | 8,8-cm-KwK 36 | | 10,5 cm | 15 cm |
	Spr./Pzgr.	HL.Gr.	Spr./Pzgr.	HL.Gr.		
Juni	47 400	12 400	3 300	–	974 500	254 400
Juli	225 100	84 800	31 500	–	3 438 900	847 700
Aug.	325 400	85 500	60 800	13 600	3 643 400	871 200

Der **Tagesverbrauch** war von einem Minimum von 1950 t am 17. Juni auf 10 600 t am 5. Juli und sogar auf 10 850 t am 19. August angestiegen.
Die **personellen Ausfälle an der Ostfront** betrugen für den August 34 422 Tote, 136 252 Verwundete und 20 301 Vermißte.

Aber auch die **Waffenausfälle** im August waren gegenüber den Ausfällen im Juli erheblich gestiegen. Besonders hohe Ausfälle waren laut dem Bericht zur Waffenlage bei den folgenden Waffen eingetreten:

Maschinenpistolen	8 100
Karabiner 98 k	51 500
MG 34 und 42	9 750
5-cm-Pak 38	313
7,5-cm-Pak 40	262
8,8-cm-Pak 43	69
le.I.G. 18	236
le.F.H. 16 und 18	306
s.F.H. 18	94
2-cm-Flak	120
8,8-cm-Flak	30

Im Bericht heißt es dann: »Zur Deckung dieser Ausfälle und Wiederherstellung der Kampfkraft der Truppe sind große Waffenmengen für den Nachschub unerläßlich.«

Die **Fahrzeugausfälle** für die Monate Juli/August betrugen im einzelnen:

Pz. II	159
Pz. III	385
Pz. IV	570
Pz. V	127
Pz. VI	73
Pz. 38(t)	104
Sturmgeschütze	273
Sturmhaubitzen	38
15-cm-s.I.G. »Grille«	8
8,8-cm-Pz.Jäger »Ferdinand«	39
8,8-cm-Pak 43 »Hornisse«	23
15-cm-Pz.Haubitze »Hummel«	11
le.F.H. auf Pz. II »Wespe«	14
Beob./Befehls-Pz.	45
Pz.Funkwagen	41
le.Pz.Spähwagen	87
s.Pz.Spähwagen	35
Schützen-Pzwg.	321
Maultier	393
RSO	373
Pkw	6221
Lkw	7850
Zgkw	930
Kräder	6129

Der Vergleich zur Grafik: Wenn wir bis einschließlich der Beob./Befehls-Panzer die nur bei den rückwärtigen Diensten eingesetzten Pz.II ausklammern, kommen wir auf 1710 Ausfälle. Aber auch die Totalausfälle an Pferden waren stark angestiegen. Betrugen die Tagesverluste im Juli noch 515, so waren es im August rund 700 je Tag. Bis Ende August 1943 betrugen die Totalausfälle im Osten 741 458 Pferde.

Im **Mittelmeerraum** wurde am 17. August Sizilien aufgegeben. Unter den 9652 auf das Festland geretteten Fahrzeugen befanden sich aber nur 47 Panzer. Am 9. September landeten vier amerikanische Divisionen bei Salerno, englische Truppen landeten auf dem italienischen

Die Panzerverluste beider
Seiten für Juli/August
1943

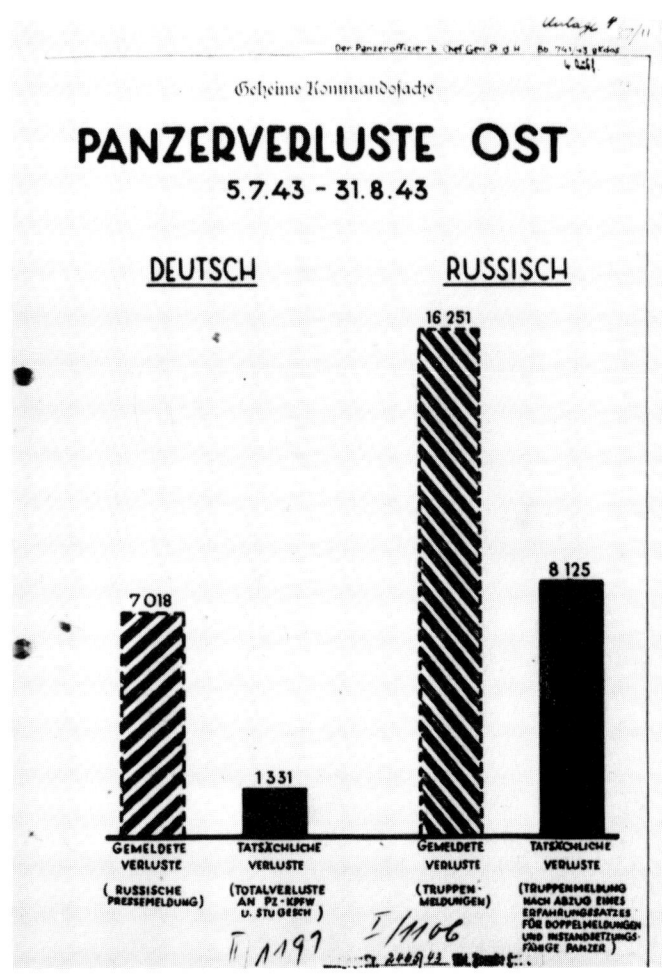

Festland bei Tarent. Infolge des Umsturzes in Italien wurden im Norden über 415 000 italienische Soldaten entwaffnet. Einen Monat später, am 13. Oktober, erklärte Italien Deutschland den Krieg. Am 27. September ging Foggia verloren. Die im Raum dieser Stadt liegenden 13 Flugplätze wurden zur Basis für die amerikanische 15. Luftflotte ausgebaut, die von dort aus dann Ziele in Süddeutschland, Österreich und Rumänien angriff.

An der **Front im Osten** ging am 23. September Poltawa verloren. Einen Tag später wurde Smolensk geräumt. Bis zum 27. hatte sich die 8. deutsche Armee hinter den Dnjepr zurückgezogen. Der Munitionsverbrauch war für den September auf 205 196 t zurückgegangen.

Der dazugehörige Bericht zeigt, daß trotz des hohen Verbrauches an Munition die Truppe die Fronten einfach nicht mehr halten konnte. Hier ein Auszug: »Die Umstände haben dazu geführt, daß schwer ringende Frontteile zeitweise ohne Artillerie-Munition waren. Das fällt um so schwerer ins Gewicht, als bei sinkenden Gefechtsstärken der Infanterie in zunehmendem Maße die Artillerie den Abwehrkampf führen muß. Bei der le.F.H. wurden beispielsweise verschossen bzw. zugeführt:

	Verschuß	Nachschub
Juli 1943	3 410 000	2 124 000
August 1943	3 314 000	2 850 000

Wie notwendig Beutewaffen waren, zeigen die folgenden Sätze: »Mit großer Sorge muß die Entwicklung der Munitionsfertigung für die s.F.H. 414(f) betrachtet werden. Bei der bevorstehenden s.F.H.-Lage darf die s.F.H. 414(f) unter keinen Umständen wegen Munitionsmangels ausfallen.«

Übrigens standen aus der Entwaffnung der italienischen Armeen seit Ende September zusätzlich folgende Waffen zur Verfügung:

    16 236   Pistolen
    13 906   Maschinenpistolen
 1 285 871   Gewehre und Karabiner
    39 007   Maschinengewehre
     8 736   Granatwerfer
     1 173   Pak-Geschütze
     5 568   Geschütze über 10,5 cm
     1 581   Flakgeschütze

Bei den abflauenden Kämpfen waren die Ausfälle für den September einschließlich der 13 104 Vermißten auf 121 245 Mann zurückgegangen.

Die am 7. September begonnene **Räumung des Kuban-Brückenkopfes** durch die 17. Armee wurde am 9. Oktober abgeschlossen. Unter anderem wurden 15 238 Kraftfahrzeuge und 1196 Geschütze zurückgebracht.

Vom Beginn des Ostfeldzuges bis zum 1. Oktober 1943 hatten wir beim russischen Gegner einen Verlust von 18 270 Pz.Kampfwagen angenommen, wobei die verschiedenen Selbstfahrlafetten und die Spähwagen ausgeklammert waren. Die Ausfälle unserer Panzertruppe betrugen demgegenüber 10 849 Panzer und 1460 Sturmgeschütze. Der einsatzfähige Bestand des Gegners wurde auf 8125 Fahrzeuge geschätzt, wir verfügten über 5858 Panzer und Sturmgeschütze.

Die russische Offensive am 15. Oktober in Richtung Kriwoj Rog konnte zum Stehen gebracht werden. Am 23. bzw. 24. gelang dem Gegner jedoch ein Durchbruch. Melitopol ging verloren, die Verteidigung am Dnjepr war in einer Breite von 150 km aufgerissen. Im Oktober betrug der Munitionsverbrauch 185 712 t.

Die Ausfälle waren in dem Monat wieder gestiegen, sie betrugen an der Ostfront 25 909 Tote, 110 669 Verwundete und 15 469 Vermißte. Schauen wir uns einmal die Gegenüberstellungen an, mit denen die Abt. Fremde Heere Ost die Kräftebilanz von Anfang Oktober mit den Zahlen vom 20. Juli verglich.

Wir sehen bei den deutschen Kräften einen Rückgang in der Personalstärke um 22,7%, der Panzerbestand war um 24,3% gesunken, und die Instandsetzung hatte sich sehr verschlechtert – die Anzahl der einsatzfähigen Fahrzeuge war um 57,7% zurückgegangen.

Einfacher ließ sich die sich laufend weiter verschlechternde Lage wirklich nicht mehr erklären.

An der ukrainischen Front begann der Gegner am 3. November mit einer Offensive; er nahm am 6. Kiew ein und am 12. Shitomir.

Eine weitere russische Offensive begann am 10. November im Raum Gomel. Es gelang dem Gegner, am 25. über die Beresina vorzudringen, und er konnte erst nach der Einnahme von Gomel zum Stehen gebracht werden.

Am 15. begann die deutsche 4. Panzer-Armee mit einem Gegenangriff im Raum Shitomir, das zurückerobert wurde. 1520 Geschütze und 603 Panzer wurden zerstört oder erbeutet. Die

Kräftegegenüberstellung — Stand: 20.7.43

Chefsache! — Nur durch Offizier — Geheime Kommandosache

Frontabschnitt	Deutsche Kräfte — Reserven in der Tiefe	Deutsche Kräfte — Front und frontnah	Stand 20.7.43 (max)		Sowjetrussische Kräfte — Front und frontnah	Reserven in der Tiefe	Verbleib unbekannt	Gesamtsumme
A	—	12 J.D. 1 Pz. [13]	▲	⚔	30 S.D. 8 Pz.	19 S.D. 2 Pz.		49 S.D. 10 Pz.
		281 000	⚔		278 500	181 500		460 000
		77 (59)	▯		147	57		204
		576	≡		1212	780		1992
Süd	—	29 J.D. 13 Pz. [42]	▲		122 S.D. 68 Pz.	26 S.D. 36 Pz.		148 S.D. 104 Pz.
		822 000	⚔		1391 000	322 500		1713 500
		1181 (543)	▯		1726	1146		2872
		1601	≡		5026	955		5981
Mitte	—	67 J.D. 8 Pz. [75]	▲		147 S.D. 67 Pz.	23 S.D. 29 Pz.		170 S.D. 96 Pz.
		1251 000	⚔		1663 500	279 500		1943 000
		801 (285)	▯		2266	905		3171
		3479	≡		6219	845		7124
Nord	—	43 J.D.	▲		66 S.D. 7 Pz.	39 S.D. 27 Pz.		103 S.D. 34 Pz.
		710 000	⚔		734 000	491 000		1225 500
		49 (40)	▯		209	843		1052
		2407	≡		2793	1800		4593
Ostfront gesamt	—	151 J.D. 22 Pz. [173]	▲		365 S.D. 150 Pz.	107 S.D. 92 Pz.	34 S.D. 33 Pz.	506 S.D. 275 Pz.
		3064 000	⚔		4067 000	1275 000	413 000	5755 000
		2088 (921)	▯		4348	2951	556	9855
		8063			15 310	4380	1370	21 060

Der Kräftevergleich zum 20. 7. 1943

Kräftegegenüberstellung — Stand: 14.10.43

Chefsache! — Nur durch Offizier — Geheime Kommandosache

Frontabschnitt	Deutsche Kräfte — Reserven in der Tiefe	Deutsche Kräfte — Front und frontnah		Sowjetrussische Kräfte — Front und frontnah	Reserven in der Tiefe	Verbleib unbekannt	Gesamtsumme
A		17 J.D. 2 Pz.	▲	47 S.D. 23 Pz.	28 S.D. 13 Pz.		75 S.D. 36 Pz.
		253 000	⚔	460 500	296 000		756 500
		226 (100)	▯	590	370		960
		808	≡	1780	1120		2900
Süd	1 J.D. 1 Pz.	43 J.D. 15 Pz.	▲	155 S.D. 63 Pz.	8 S.D. 38 Pz.		163 S.D. 101 Pz.
	19 000	700 000	⚔	1636 000	123 500		1759 500
		1338 (tm)	▯	2090	1200		3290
		2263	≡	6150	230		6380
Mitte	1 Pz.	46 J.D. 7 Pz.	▲	161 S.D. 45 Pz.	11 S.D. 56 Pz.		172 S.D. 101 Pz.
	10 500	914 500	⚔	1501 500	162 500		1604 000
		594 (tm)	▯	1320	1740		3060
		2577	≡	6370	350		6720
Nord		44 J.D. – Pz.	▲	88 S.D. 14 Pz.	6 S.D. 11 Pz.		94 S.D. 25 Pz.
		601 000	⚔	893 000	66 000		959 000
		146 (tm)	▯	310	340		650
		2389	≡	3470	210		3680
Ostfront gesamt	1 J.D. 2 Pz.	190 J.D. 24 Pz.	▲	451 S.D. 145 Pz.	53 S.D. 118 Pz.	32 S.D. 61 Pz.	835 S.D. 324 Pz.
	29 500	2468 500	⚔	4491 000	648 000	373 000	5912 000
		2304 (tm)	▯	4310	3650	440	8400
		8037	≡	17 770	1310	1090	20 770

Anmerkungen: Verbandszahlen Stand 14.10.43 / Kopfzahlen / Panzerzahlen / Geschützzahlen

Zahlen in Klammern ( ) : davon einsatzbereit am 1.10.43 / Sturmgeschütze sind in den Pz.-Zahlen enthalten.

Die Gegenüberstellung vom 14. 10. 1943

im Raum Kriwoj/Rog – Nikopol am 20. vom Gegner begonnene neue Offensive konnte vor Kirowograd aufgefangen werden. Mitte Dezember stand die 3. Panzer-Armee in schweren Abwehrkämpfen im Raum Newel – Witebsk.

Die am 24. vom Gegner begonnene Offensive an der ukrainischen Front drang bis Berditschew vor.

Der **Munitionsverbrauch** war im November auf 153 181 t zurückgegangen. Durch die Abwehrschlacht im Raum Witebsk und die schweren Kämpfe im Dnjepr-Bogen stieg der Verbrauch für den Dezember aber wieder auf 164 582 t an.

Die **personellen Verluste** waren im Osten weiter angestiegen, sie betrugen für den November 29 535 Tote, 124 602 Verwundete und 26 745 Vermißte. Aber auch an der italienischen Front stiegen die Verluste, einschließlich der 1436 Vermißten waren es 6014 Mann. Vom Balkan wurden 3479 Ausfälle gemeldet.

Im Dezember gingen die Ausfälle an der Ostfront auf 20 028 Tote, 77 277 Verwundete und 8352 Vermißte zurück. In Italien stiegen die Verluste: 1310 Tote, 4877 Verwundete und 2409 Vermißte. Auf dem Balkan betrugen die Ausfälle 2430 Mann.

Aus der »Beurteilung der Munitionslage« vom 26. Oktober können wir folgendes entnehmen: »Durch die Absetzbewegungen ist der Munitionsverbrauch vorübergehend etwas gesunken. Seit Anfang Oktober ist er aber wieder gleichbleibend hoch. Der schon chronisch gewordene Munitionsmangel ist im Zusammenhang mit dem gleichzeitigen Nachlassen der Qualität bei einigen Munitionsarten außerordentlich ernst zu werten.«

In der Meldung vom 24. Dezember ist zu lesen: »Gegenüber den Vormonaten im November weiteres Absinken des Munitionsverbrauches, der sich auch im Dezember voraussichtlich in tragbaren Grenzen halten wird.« Man hoffte also wegen Mangel an Munition immer auf einen sinkenden Verbrauch, dessen Höhe aber letztlich der Gegner bestimmte.

Anfang November hatte Hitler in seiner Weisung Nr. 51 unter anderem erklärt: »Die Gefahr im Osten ist geblieben, aber eine größere im Westen zeichnet sich ab: die angelsächsische Landung! Im Osten läßt die Größe des Raumes äußersten Falles einen Bodenverlust auch größeren Ausmaßes zu, ohne den deutschen Lebensnerv tödlich zu treffen. Anders der Westen! Gelingt dem Feind hier ein Einbruch in unsere Verteidigung in breiter Front, so sind die Folgen in kurzer Zeit unabsehbar. – Ich kann es daher nicht mehr verantworten, daß der Westen zugunsten anderer Kriegsschauplätze weiter geschwächt wird. Ich habe mich daher entschlossen, seine Abwehrkraft zu verstärken, insbesondere dort, von wo aus wir den Fernkampf gegen England beginnen werden. – Aber auch ein Großangriff gegen Dänemark ist nicht ausgeschlossen.«

Man mußte also nicht nur zu wenig Munition auf zu viele Fronten verteilen, die Waffenlage an der Ostfront verschlechterte sich durch die notwendigen Verstärkungen im Westen immer weiter.

Von einer Nachschubmenge von 241 000 t – bei einer abgenommenen Menge von 243 000 t gingen also über 99% unmittelbar der Truppe zu – hat die Front im Osten deshalb nur 184 000 t erhalten. Es heißt deshalb im Bericht weiter: »Trotzdem war es auch im November nicht möglich, eine nennenswerte Winterbevorratung durchzuführen . . .« Der Bericht faßt abschließend zusammen: »Der Hochlauf der Fertigung bei der le.F.H., KwK 40 und 12-cm-Gr.W. hat in Verbindung mit absinkendem Verschuß zwar die schwere Munitionskrise des September und Oktober an der Front für den Augenblick behoben. Dies darf jedoch über folgendes nicht hinwegtäuschen: Der Bedarf der europäischen Kriegsschauplätze sowie des Ostens ist für den laufenden Kampfbedarf, für die Bevorratung, wie auch im Sinne einer schwerpunktmäßigen Führung ein so ungeheurer, daß nur sparsamste Munitionsbewirtschaftung das einzige Mittel ist, um schwere Krisenlagen vorausschauend zu vermeiden. Die Forderung auf Steigerung der Munitionsfertigung mit allen Mitteln muß daher weiterhin eindringlich unterstrichen werden, da sonst der im Frühjahr hochschnellende

Verschuß bei feindlichen Großangriffen aus Mangel an Reserven nicht gedeckt werden kann.«

Die folgende Statistik zeigt für den Zeitraum vom Beginn des Ostfeldzuges bis Mitte Dezember 1943, wie sich die verbrauchte Munition auf die Hauptarten verteilte:

le.Inf.Munition bis 2 cm	229 562 t	6,46%
schw.Inf.Munition bis 15 cm	484 555 t	13,62%
KwK-Munition	73 649 t	2,07%
Artillerie-Munition bis 15 cm	2 267 548 t	63,77%
Artillerie-Munition über 15 cm	276 363 t	7,77%
Sprengmittel/Handgranaten	100 280 t	2,82%
Sonstige	123 996 t	3,49%

Die Hauptlast lag also bei den leichten und schweren Feldhaubitzen.

Aus der Rüstungsstatistik entnehmen wir den **Fahrzeugverbrauch für 1943:**

84	Pz. II
557	Pz.Jäger II mit 7,5-cm- und 7,62-cm-Pak
2 719	Pz. III
2 402	Pz. IV
482	Pz. V »Panther«
274	Pz. VI »Tiger«
222	Pz. 38(t)
586	Pz.Jäger 38 mit 7,5-cm- und 7,62-cm-Pak
1 492	Sturmgeschütze
73	Sturmhaubitzen 10,5 cm
31	Sturmpanzer 15 cm
208	Pz.Beob./Befehlswagen
319	Pz.Funkwagen
44	8,8-cm-Pz.Jäger »Ferdinand«
50	15-cm-s.I.G. »Grille«
73	s.F.H. »Hummel«
67	8,8-cm-Pak 43 »Hornisse«
98	le.F.H. auf Pz. II »Wespe«
64	Flamm-Panzer
14	Munitions-Panzer
10	Berge-Panzer
227	Funklenk-Panzer B IV
2 673	Schützenpanzerwagen
621	le.Pz.Spähwagen
281	s.Pz.Spähwagen
78 792	Pkw
132 079	Lkw
9 961	Zgkw
2 128	Gleisketten-Lkw »Maultier«
2 556	RSO
390	Kettenkräder
79 155	Kräder

Ein Teil dieser ausgefallenen Fahrzeuge konnte jedoch wieder instand gesetzt werden, während des Jahres hat z. B. die Truppe 2130 Kräder und 2977 verschiedene Kraftfahrzeuge aus der Instandsetzung erhalten.

Bei den Panzerfahrzeugen waren es unter anderem:

201 Pz. II
178 Pz. III
161 Pz. IV
 46 Pz. V »Panther«
 19 Pz. VI »Tiger«
345 Pz. 38(t)
208 Sturmgeschütze
116 Beob./Befehlswagen
  2 Pz.Jäger »Ferdinand«

Die **personellen Verluste an der Front im Osten im Jahre 1943** betrugen laut WVW:

Tote	323 940 (11 952)
Verwundete	1 000 176 (24 204)
Vermißte	191 608 (4 064)

Seit Beginn des Rußland-Feldzuges waren das insgesamt über 3,709 Millionen Mann, im einzelnen:

Tote	815 274 (30 912)
Verwundete	2 512 184 (65 728)
Vermißte	381 625 (8 883)

Vergleichsweise meldete der Heeresarzt beim OKH bis Ende 1943 als Verluste seit dem 22. Juni 1941:

	Tote	Verwundete	Vermißte	Gesamt
Osten	644 042 (22 072)	2 397 423 (62 680)	418 590 (12 384)	3 460 055 (97 136)
Polargebiet	11 122 (328)	40 775 (956)	2 019 (53)	53 916 (1 337)
Südwesten	13 590 (655)	52 338 (1 892)	123 969 (4 301)	189 897 (6 848)
Balkan	4 901 (157)	13 697 (340)	3 617 (37)	22 215 (534)
	673 655 (23 212)	2 504 233 (65 868)	548 195 (16 775)	3 726 083 (105 855)

Bei »Südwest«, für das die Zahlen seit 1. April 1941 gelten, ist damit der größte Teil des Afrika-Feldzuges abgedeckt.

Diese Meldung ist vom 4. Januar 1944 datiert, ist also mit den bereits erwähnten Fehlern behaftet; Verwundete starben, Vermißte kehrten zurück usw. Trotzdem weist diese Meldung mit einer Gesamtverlustzahl von 3 513 971 Mann für die Ostfront nur einen Fehler von 5,6 Prozent gegenüber der viel später erstellten Meldung des WVW auf.

Die folgende Aufstellung zeigt die jahrgangsmäßige Zusammensetzung des 4 484 346 Mann starken Feldheeres am 15. Dezember 1943:

Jahrgang	1894 und älter	14 975	Jahrgang	1905	142 145
Jahrgang	1895	5 370	Jahrgang	1906	191 367
Jahrgang	1896	6 443	Jahrgang	1907	201 061
Jahrgang	1897	23 421	Jahrgang	1908	208 115
Jahrgang	1898	30 596	Jahrgang	1909	216 749
Jahrgang	1899	38 207	Jahrgang	1910	233 529
Jahrgang	1900	67 571	Jahrgang	1911	211 608
Jahrgang	1901	107 537	Jahrgang	1912	231 227
Jahrgang	1902	117 068	Jahrgang	1913	221 281
Jahrgang	1903	119 479	Jahrgang	1914	225 627
Jahrgang	1904	125 408	Jahrgang	1915	171 280

Jahrgang	1916	100 958	Jahrgang	1922	169 333
Jahrgang	1917	104 419	Jahrgang	1923	174 935
Jahrgang	1918	109 221	Jahrgang	1924	218 033
Jahrgang	1919	163 594	Jahrgang	1925	108 594
Jahrgang	1920	208 065	Jahrgang	1926	19 112
Jahrgang	1921	195 403	Jahrgang	1927	2 615

An der Front im Osten befanden sich 70 Prozent des Feldheeres. Bemerkenswert ist im Zusammenhang mit dieser Aufstellung, daß sich *bis Ende 1944 vom Jahrgang 1927 zum Heer 70 643 und zur Waffen-SS 46 522 Mann freiwillig gemeldet haben.*

Vom Feldheer waren im Dezember 1943 zwar 85,3 Prozent kv (kriegsverwendungsfähig), wie aber aus dem folgenden Befehl von Ende November ersichtlich ist, war sich auch Hitler darüber im klaren, daß davon zahlreiche Soldaten dem Fronteinsatz entzogen wurden:

»Der Kampf um die Existenz des deutschen Volkes und um die Zukunft Europas nähert sich seinem Höhepunkt. Alle Kraftreserven, die das großdeutsche Reich aufbringen kann, in diesen Endkampf zu werfen, ist das Gebot der Stunde. Die Schlagkraft unserer Wehrmacht hat durch die Kämpfe dieses Sommers besonders im Osten stark gelitten. Die Reihen der kämpfenden Soldaten sind durch Tod, Verwundung und Krankheit erheblich gelichtet. Das Mißverhältnis zwischen fechtender Truppe und der großen Anzahl von Soldaten, die hinter der Front tätig sind, hat sich derart gesteigert, daß es nicht nur eine rein militärische, sondern auch eine psychologische Gefahr zu werden droht. Sie ist uns aus dem letzten Krieg unter dem Wort ›Etappe‹ bekannt. Das Wort ist beseitigt, die Erscheinungen sind geblieben. Ich bin entschlossen, mit den rücksichtslosesten Methoden die Kampfkraft der Front wieder herzustellen und jeden Widerstand gegen die dazu erlassenen Befehle mit drakonischen Strafen zu brechen.« Der Befehl schließt: »Wenn mir nach dem 1. Januar 1944 noch Fälle gemeldet werden, daß aus Gleichgültigkeit, Egoismus und Ungehorsam die zur Stärkung der Front erlassenen Befehle nicht befolgt werden, so werde ich den verantwortlichen Vorgesetzten wie einen Kriegsverbrecher behandeln.«

Den Statistiken des Waffenamtes wurden die folgenden Verbrauchszahlen der Waffen und Munition für das Jahr 1943 entnommen:

Waffen		Munition
153 744	Pistolen ⎱	
58 873	Maschinenpistolen ⎰	324 016 200
	Leuchtpistole WK 326	268 200
	WK 361	148 200
	Pz.WK 42	12 200
84	Sturmgewehre	2 173 600
611 701	Gewehre und Karabiner ⎱	
80 262	Maschinengewehre ⎰	3 259 634 800
25 755	Gewehr-Granatgeräte	
	Gewehr-Sprgr.	5 354 200
	Gewehr-Pzgr.	2 934 700
	Gewehr-Propaganda-Granate	40 800
819	Granatbüchsen	
2 201	Pz.Büchsen	442 900
293	s.Pz.B. 41 Pzgr.	233 200
	Sprgr.	169 700
2 054	3,7-cm-Pak Sprgr. und Pzgr.	1 947 000
	Stielgranaten	45 300
92	4,2-cm-Pak Pzgr.	26 030
	Sprgr.	21 580

Waffen		Munition
1 854	5-cm-Pak Pzgr.	972 000
	Sprgr.	741 500
1 552	7,5-cm-Pak 40 Pzgr.	401 100
	HL-Gr.	374 000
	Sprgr.	475 800
61	7,5-cm-Pak 41 Pzgr.W, HK und StK	18 530
	Sprgr.	7 210
653	7,5-cm-Pak 97/38 HL-Gr.	371 600
	Sprgr.	1 123 700
217	7,62-cm-Pak 36(r) Pzgr.	151 390
	Sprgr.	332 350
183	8,8-cm-Pak 43 Pzgr.	76 210
	Sprgr.	91 030
6 570	5-cm-Gr.W. 36	6 828 300
6 401	8-cm-Gr.W. 34	11 781 400
129	12-cm-Gr.W. 42	207 510
114	10-cm-NbW. 35	571 210
43	10-cm-NbW. 40	257 810
375	15-cm-NbW. 41	968 640
23	21-cm-NbW. 42	26 920
86	28/32-cm-Nb.W. 41 28-cm-WK	103 510
	32-cm-WK	15 650
35	30-cm-NbW. 42	45 410
–	Propaganda-Werfer	3 440
1 572	le.I.G. 18	7 796 300
443	s.I.G. 33	1 493 700
	Stielgranaten	1 887
	Brandgranaten	3 600
4	10,5-cm-LG. 40 und 42	87 730
–	Geb.K. 15	133 380
86	Geb.G. 36	758 700
3	Geb.H. 40	68 920
–	le.F.K. 16 und 18	240 930
222	10-cm-s.K. 18	1 906 800
2 326	le.F.H. 18	26 034 350
852	s.F.H. 18	6 470 400
11	15-cm-K. 16 und 18	57 300
2	15-cm-K. 39	65 250
–	15-cm-K. in Mrs.Laf.	5 460
27	17-cm-K. in Mrs.Laf.	115 140
63	21-cm-Mrs. 18	404 640
2	21-cm-K. 38 und 39/40	18 090
–	24-cm-K. 3	4 310
1	24-cm-H. 39	9 370
–	28-cm-Küsten-Hbz.	401
2	K 5 (E)	2 765
–	M. 1	539
1	Karl-Selbstfahrlafette	189
–	15 cm (E)	377
–	17 cm (E)	780
–	20,3 cm (E)	790
–	Theo. Bruno (E)	110
–	Kz.Bruno (E)	2 117
–	lg.Bruno (E)	50

Waffen			Munition
1 465	2-cm-Flak	} Sprgr.	11 448 100
106	2-cm-Vierling	} Brandgr.	9 233 600
57	3,7-cm-Flak	Sprgr. und Pzgr.	854 100
211	8,8-cm-Flak	Sprgr.	945 890
		Pzgr.	146 410
	Stielhandgranaten		8 162 900
	Ei-Handgranaten		9 195 800
	Nebel-Handgranaten		762 700
	T-Minen		3 405 000
	S-Minen		1 307 200
	Blendkörper		389 500
	Haftladung H 3		88 100
	Faustpatrone klein		16 600
	groß		24 900
38	Panzerschreck		9 750

In diesen Verbrauchszahlen sind 7010 Gewehre 41 und 43 sowie 14 791 Gewehre mit Zielfernrohr enthalten. 20 Stück des Kz. 8-cm-Werfers, »Stummelwerfer« genannt, wurden ebenfalls mit eingerechnet. Bei den Maschinengewehren sind 15 560 des MG 42 verlorengegangen. Es ist übrigens erwähnenswert, daß 77,6 Prozent der Infanteriemunition aus Maschinengewehren verschossen wurde. Zusätzlich zu den angegebenen Zahlen hatten die Pioniere noch 5809 t Sprengmunition verbraucht. Das ergab dann für das Jahr 1943 einen Munitionsverbrauch von 1 882 406 t, dem die Industrie durch ihre Steigerung von 183 700 t im Januar auf jeweils über 240 000 t in den beiden letzten Monaten insgesamt 2 558 200 t gegenüberstellen konnte, davon entfielen, um ein Beispiel zu nennen, 283 120 t auf Bombem der Luftwaffe.

Es folgt nun der **Munitionsverbrauch der ehemals tschechischen, russischen und französischen Waffen:**

3,7-cm-Pak(t)	Sprgr. u. Pzgr.	12 060
	Stielgranaten	1 430
4,7-cm-Pak(t)	Sprgr.	21 170
	Pzgr.	15 464
8-cm-Gr.W.(t)		60 940
8-cm-F.K. 30(t)		108 770
10-cm-le.F.H. 30(t)		211 960
10-cm-le.F.H. 14/19(t)		212 380
s. 10-cm-K. 35(t)		45 130
15-cm-K. 15/16(t)		180
15-cm-s.F.H. 25(t)		74 800
15-cm-s.F.H. 37(t)		134 710
Kz.21-cm-Mrs.(t)		520
s.24-cm-K.(t)		1 047
30,5-cm-Mrs.(t)		6 371
4,5-cm-Pak 184(r)		708 000
5-cm-Gr.W. 205(r)		725 050
8,2-cm-Gr.W. 274(r)		326 630
12-cm-Gr.W. 378(r)		8 800
7,62-cm-IKH 290(r)		118 640
12,2-cm-le.F.H. 388(r)		61 280
12,2-cm-K. 390(r)		19 400
12,2-cm-s.F.H. 396(r)		43 820
15,2-cm-K.H. 433/1(r)		48 820

15,2-cm-K. 433/2(r)		9 134
15,2-cm-s.F.H. 445(r)		23 830
4,7-cm-Pak 181(f)		36 080
10,5-cm-K. 331(f)		177 000
10,5-cm-K. 332(f)		18 260
15,5-cm-s.K.F. 414(f)		1 208 430
15,5-cm-K. 416(f)		266 800
15,5-cm-K. 418(f)		110 500
19,4-cm-K (E) 486(f)		3 810
22-cm-Mrs. 531(f)		232 200
24-cm-K. (E) 557(f)		4 300
37-cm-H. (E) 751(f)		1 528
40-cm-H. (E) 752(f)		888

Bei den Pzgr. der Pak sind auch die folgenden Wolframgeschosse mit enthalten, die dann im November 1943 wegen Materialmangel zum Teil wieder herausgezogen wurden.

	Verbrauch	zur Wolframreserve	Bestand Dez. 1943
3,7-cm-Pzgr. 40	238 900	105 200	680 300
5-cm-Pzgr. 40	309 900	206 000	207 200
7,5-cm-Pzgr. 40	41 700	–	1 400
7,62-cm-Pzgr. 40	40 800	13 500	60 300

Bei den Panzertruppen ist die folgende Munition verbraucht worden:

2-cm-Pzgr.		7 897 300
5-cm-KwK kurz	Sprgr.	267 900
	Pzgr.	214 840
5-cm-KwK lang	Sprgr.	534 590
	Pzgr.	696 550
7,5-cm-KwK kurz	Sprgr.	90 320
	Pzgr.	32 040
	Nebelgr.	37 230
	Gr. 38 HL	334 850
7,5-cm-KwK	Sprgr.	891 230
u. Stuk 40	Pzgr.	590 980
	Nebelgr.	7 420
	Gr. 38 HL	685 220
7,5-cm-KwK 42	Sprgr.	71 330
	Pzgr.	110 020
8,8-cm-KwK 36	Sprgr.	135 280
	Pzgr.	106 140
	Gr. 39 HL	22 400
3,7-cm-KwK(t)	Sprgr.	50 950
	Pzgr.	36 900

Auch bei der Munition für die Kampfwagenkanonen sind die Wolframgeschosse mit enthalten, hier sah der Verbrauch wie folgt aus:

	Verbrauch	zur Wolframreserve	Bestand Dez. 1943
2-cm-Pzgr. 40	612 800	7 600	–
3,7-cm-Pzgr. 40	–	78 800	268 700
5-cm-kurz Pzgr. 40	55 900	117 400	298 400
5-cm-lang Pzgr. 40	214 300	45 800	32 400
7,5-cm-KwK 40 Pzgr.	91 500	–	14 600
7,5-cm-KwK 40/42 Pzgr.	12 800	6 200	–
8,8-cm-Pzgr. 40	5 600	1 600	2 500
3,7-cm-(t) Pzgr. 40	11 240	92 700	291 300

Auch **für das Jahr 1943** wollen wir die **Panzerproduktion der Sowjetunion** betrachten. Erstmals wurden T-34- und KW-Panzer mit der neuen 8,5-cm-KwK ausgeliefert. Die SU-76-Selbstfahrlafetten mit der 7,62-cm-Pak, von der bereits 1942 einige Muster geliefert wurden, erschienen nun, wie auch der Flakpanzer ZSU-37, an der Front. Ferner wurden der Jagdpanzer SU-85 und eine Vorserie des Stalin-Panzers produziert. Außerdem gab es jetzt Selbstfahrlafetten mit der 12,2-cm- und der 15,2-cm-Kanonen-Haubitze. Beim T-70, einem leichten Panzer von 10 t Gewicht mit einer 4,5-cm-Pak, von dem 1942 bereits 4883 Stück produziert wurden, lief die Fertigung aus.

Die Lieferzahlen der wichtigsten Fahrzeuge im Jahr 1943:

T-70	3 463
T-34 KwK 7,62 cm	15 529
T-34 KwK 8,5 cm	283
KW 1 und 2	452
KW mit KwK 8,5 cm	130
Stalin-Pz.	102
Pz.Jäger SU-85	750
Pz.Jäger SU-76	1 826
Flak Pz.ZSU-37	102
SF.Lafette 12,2 cm	630
SF.Lafette 15,2 cm	704

Der Vergleich der in der Kampfkraft etwa gleichwertigen Fahrzeuge – die leichten Pz.Jäger beider Seiten einmal ausgeschlossen – zeigt hier trotz der Anstrengung der deutschen Panzerindustrie, der Truppe nicht nur bessere, sondern auch mehr Fahrzeuge zu geben, immer noch einen stückzahlenmäßigen Vorteil von 16 496 zu 8651 zugunsten des Gegners.
Die 12. Abt. des GenSt. des Heeres »Fremde Heere Ost«, die auch die Aufgabe hatte, das Rüstungspotential der Roten Armee zu überwachen, hatte übrigens für 1943 eine Produktion von 22 850 Fahrzeugen vorausgesagt – sie lag knapp 5% unter den tatsächlichen Werten.
Bei den deutschen Heeresverbänden hatte man seit Februar 1943 die **Blendkörper** und die **Hafthohlladung** eingesetzt. Die 30-cm-Nebelwerfer verschossen seit März Wurfgranaten in größerer Menge. Beim 21-cm-Werfer gab es mit der Munition einige Schwierigkeiten, die aber im Mai behoben waren. Seit Juli hatte die Truppe dann keine Probleme mehr. Im Mai erhielt die Truppe die ersten 8,8-cm-Pak 43 und auch die neuen, nachgebauten 12-cm-Granatwerfer. Von der neuen 3,7-cm-Stielgranate für die Pak(t) kam eine kleine Stückzahl an die Front, sie hat sich aber nicht bewährt.
Bei den **Beutewaffen** setzte man die 7,62-cm-IKH 290(r) in größeren Mengen ein. Von der in Frankreich erbeuteten 40-cm-Eisenbahn-Haubitze 752(f) wurden ab Mai sechs Stück eingesetzt. Die fünf 37-cm-Eisenbahn-Haubitzen 751(f) befanden sich schon seit Anfang des Jahres im Einsatz.
Der **Pz.Wurfkörper 42** für die Kampfpistole wurde seit Juli eingesetzt; da die Wirkung nicht befriedigte, sanken die Verbrauchszahlen nach drei Monaten.
Den **Panther**-Kampfwagen setzte die Truppe erstmals beim Unternehmen »Zitadelle« ein. Die neue 7,5-cm-KwK 42 erwies sich als sehr wirkungsvoll. Über die hohen Ausfälle wegen anderer technischer Mängel wurde bereits berichtet. Die **Tiger**-Panzer erhielten ebenfalls im Juli für die 8,8-cm-KwK die neue Hohlladungsgranate.
Mit dem **Sturmgewehr** wurden ab September größere Gruppen ausgerüstet, wenn die gelieferten Stückzahlen auch noch nicht für den geplanten Großversuch in zwei Divisionen ausreichten – die Truppe war mit dieser neuen Waffe sehr zufrieden. Es galt jetzt nur noch, die Mängel in der Fertigung bei der neuen Kurzpatrone zu beseitigen. Von den bei der Firma *Walther* gefertigten Sturmgewehren verfügte das Waffenamt übrigens Ende 1943 noch über 7790 Stück. Für die Serienproduktion hatte man ja das *Haenel*-Muster ausgewählt.

Für jeden im Nahkampf zerstörten Feindpanzer wurde das Panzervernichtungsabzeichen verliehen – der mit dem Ritterkreuz ausgezeichnete Oblt. Viezenz vom G.R. 7 erhielt es 21mal

Zur Panzerbekämpfung hat die Truppe im Oktober 100 Stück der kleinen (3,2 kg Gewicht) und 500 Stück der großen (5,1 kg Gewicht) **Faustpatrone** verbraucht. Der Verbrauch dieser auch mit dem Suggestivnamen **Panzerfaust** bezeichneten Waffe stieg auf 16 300 bzw. 20 600 im Monat Dezember an.

Auch das **Ofenrohr**, wie der **Panzerschreck** genannt wurde, erreichte im Oktober die Front. Wegen des mangelnden Schutzes gegen die zurückfliegenden Pulverteilchen und zahlreicher Verbrennungen durch den Feuerstrahl war sie anfänglich jedoch nicht sonderlich beliebt. Erst ein improvisierter Schutz, eine etwas geänderte Gasmaske (ohne Filtereinsatz) und ein ponchoartiger Umhang, ließ den Verschuß von 150 im Oktober auf fast 8300 im Dezember ansteigen. Übrigens wurde der Vorschlag für ein Schutzschild mit Fenster, wie er später für den »Panzerschreck« gefertigt wurde, bereits Mitte November 1943 von Oblt. Riechers der Pz.JägerAbt. 229 eingereicht.

Die Panzerbüchsen 39 waren bereits im Juli aus der Front herausgezogen worden.

Auch die **Gewehrpanzergranate** fand zur Bekämpfung von Fahrzeugen großen Anklang bei der Truppe. Der Verbrauch stieg von 88 700 Stück im Januar auf fast 585 800 im August an.

Seit dem November befand sich die **15-cm-Brandgranate** für das s.I.G. 33 im erweiterten Truppenversuch an der Front.

Trotz der geringen Wirkung der 3,7-cm-Pak besaß das Feldheer im Dezember davon noch 3134 Waffen, 1343 weitere Geschütze befanden sich in der Heimat. Ähnlich lag der Fall bei der tschechischen 3,7-cm-Pak(t). Hier waren 240 Waffen beim Ersatzheer und 173 an der Front.

Als Beispiel für den **Waffenmangel an der Front** sei hier die 4. Panzer-Division genannt, die am 18. August 1943 meldete: »Statt der vorgesehenen 92 Pz. IV sind nur 63 vorhanden, bei der 7,5-cm-Pak 40 fehlen von 31 geplanten Waffen 24. Von dem im Soll genannten 381 MG 42 besitzt die Division nur 56. Statt der nicht vorhandenen 12 s.Pz.B. 41 setzt die Truppe sechs russische 14,5-mm-Panzerbüchsen ein.«

Das Jahr 1944 – Zusammenbruch an allen Fronten

Die **Lage an der Ostfront** hatte sich zu Beginn des Jahres 1944 weiter verschärft. Von den durch deutsche Truppen besetzten 1,926 Millionen Quadratkilometern war bis Ende 1943 mehr als die Hälfte, 1,02 Millionen qkm, wieder verlorengegangen. Vom gesamten Feldheer, das zu diesem Zeitpunkt eine Stärke von 4 482 396 Mann besaß, standen über 65 Prozent an der Ostfront. Beim Gegner waren es etwa fünf Millionen Mann. Die Lage der gepanzerten Fahrzeuge hatte sich seit dem Tiefpunkt im Oktober 1943, als nur noch 205 Panzer und 396 Sturmgeschütze an der gesamten Ostfront einsatzbereit waren, gebessert. Am Jahresanfang betrug der Bestand an Panzern 1875, an Sturmgeschützen 1428. Davon waren 551 bzw. 734 einsatzbereit, die Schwierigkeiten mit dem »Panther«, dessen Einsatzbereitschaft von 4 auf 31 Prozent gestiegen war, schienen überwunden. Im Westen gab es Anfang Januar 650 Panzer, darunter 38 »Tiger« und 151 »Panther«, sowie 223 Sturmgeschütze. An der Front in Italien waren es 271 Panzer, dabei keine »Panther«, nur acht »Tiger« und 141 Sturmgeschütze.
Der **Gegner im Osten** begann am 5. Januar 1944 mit einer Offensive im Raum Kirowograd, die Stadt wurde am 8. aufgegeben.
Der nächste Angriff, der am 9. begann, konnte nur mit Hilfe der zwei von der Heeresgruppe Nord herbeigeführten Divisionen noch einmal aufgehalten werden. Diese Divisionen fehlten aber, als der Gegner am Nordabschnitt Mitte Januar angriff. Am 20. ging Nowgorod verloren, die deutschen Truppen mußten sich auf den Luga-Abschnitt zurückziehen.
Die seit Mitte Dezember 1943 im Raum Witebsk andauernden Abwehrkämpfe konnten am 18. Januar abgeschlossen werden. Die 3. Panzer-Armee meldete 1203 feindliche Panzer und 349 Geschütze als zerstört oder erbeutet.
Im Süden gelang es dem Gegner, den Frontbogen bei Tscherkassy abzuschneiden, am 28. waren dort fast 54 000 Mann eingeschlossen. Ein Ausbruch gelang erst in der Nacht zum 17. Februar. 24 000 Mann und das schwere Gerät von über sechs Divisionen gingen dabei verloren.
An der **Front in Italien** hatten Anfang Januar die Kämpfe um das Vorfeld der »Gustav-Linie« begonnen. Am 22. waren innerhalb kurzer Zeit 69 000 Amerikaner im Rücken der deutschen Front bei Anzio-Nettuno gelandet.
Der **Meldung zur Munitionslage** für den Januar 1944 entnehmen wir folgendes: »Die Mangellage bei der Infanterie-Munition nimmt jetzt katastrophale Formen an. Seit nahezu einem Jahr haben die nicht kämpfenden Fronten keinen nennenswerten Nachschub mehr erhalten. Bereits jetzt ist die Ostfront so ausgesaugt, daß ernste Krisen jeden Tag auftreten können. Nach wie vor kämpft das Feldheer ohne Reserven an Munition.«
Der **Munitionsverbrauch** lag mit 180 556 t fast 10 Prozent höher als im Dezember 1943. Bei den **Personenverlusten** meldete der Heeresarzt **für den Januar** von der Ostfront 25 171 Tote, 93 102 Verwundete und 18 776 Vermißte. In Italien betrugen die Ausfälle 7850, auf dem Balkan 2241 Mann.
Der Februar 1944 begann mit einer erneuten Winterschlacht im Raum Witebsk. Im Süden mußte Anfang des Monats Nikopol mit seinen Manganerzgruben aufgegeben werden, am 22. gingen die Eisenerzgruben bei Kriwoj Rog verloren. Im Raum der Heeresgruppe Nord wurde am 18. Staraja Russa aufgegeben, ein weiterer Durchbruch des Gegners konnte nur mit viel Mühe verhindert werden. Auf diesem Abschnitt wurden übrigens am 20. auf Drängen des Generals Franco die letzten spanischen Legionäre herausgelöst. Die 250. Infanteriedivision, die »Blaue Division« genannt, war bereits im Oktober 1943 von der Front zurückgezogen worden.
Das OKH erließ Anfang Februar einen Befehl, durch den die hohen **Waffenausfälle** vermindert werden sollten. Betrachten wir davon einige Zeilen:

»Die Totalausfälle und Funktionsstörungen an Maschinenwaffen haben ein für diese wichtigsten Waffen der Infanterie untragbares Ausmaß angenommen. Sie sind geeignet, das Vertrauen der Truppe zu ihren Maschinengewehren zu erschüttern.« Als Gründe zählt der Befehl auf: ». . . unsachgemäße Behandlung, schlechte Pflege, mangelhafte Vorbereitung und ungenügende Waffenkenntnisse«.

Waren im 4. Quartal 1942 nur 7149 dieser Waffen ausgefallen, ein Jahr später waren es im 4. Quartal bereit 19 265 und im 1. Quartal 1944 sogar 34 920 Maschinengewehre. Es gelang zwar, die Ausfälle in den nächsten Monaten zu verringern, aber mit der Invasion im Westen sowie den schweren Abwehrkämpfen im Osten stiegen die Ausfälle wieder stark an und erreichten im 3. Quartal 58 059 Stück, das waren 77 Prozent der in diesem Zeitraum produzierten Maschinengewehre.

In **Italien** gelang es trotz zweier Gegenangriffe nicht, die gelandeten Amerikaner wieder ins Meer zu werfen. Aber auch der Gegner erreichte sein Ziel, die Wegnahme von Cassino, nicht.

Die **Verluste im Februar** waren im Osten auf 25 569 Tote, 99 979 Verwundete und 28 221 Vermißte angestiegen. Aber auch in Italien stiegen die Ausfälle, bedingt durch die schweren Kämpfe, auf 4613 Tote, 15 108 Verwundete und 5992 Vermißte. Vom Balkan wurden 1214 Ausfälle gemeldet.

Bei der **Heeresgruppe Süd der Ostfront** hatte der Gegner am 4. März mit seiner Frühjahrsoffensive begonnen. Innerhalb einer Woche hatten sich die schweren Kämpfe auf eine Breite von über 1100 km ausgeweitet. Der Gegner erreichte am 15. den Bug, Dubno ging verloren, am 20. wurde Winniza geräumt.

Der **Munitionsverbrauch für den Monat Februar** war auf 149 759 t gesunken, in der entsprechenden Meldung heißt es dazu: »Der Munitionsverbrauch im Februar und Anfang März entspricht mit gewissen Schwankungen nach oben und unten den aus der Fertigung eingehenden und der Front zulaufenden Mengen. Ruhige Fronten mußten dabei ihren Munitionseinsatz auf ein Existenzminimum drosseln.«

Bei den Kämpfen in Italien gelang es drei feindlichen Divisionen mit starker Artillerie- und Luftunterstützung, die Front bei Cassino zu durchbrechen, am 24. März wurde der Angriff aber wieder abgebrochen. An der Ostfront hatte der Gegner am 26. die alte sowjetisch-rumänische Grenze am Pruth überschritten, am gleichen Tag ging Nikolajew verloren.

Die **Ausfallzahlen für den März** lagen im Osten mit 106 027 Mann erheblich niedriger, aus Italien wurden trotz schwerer Kämpfe nur 11 190 Ausfälle gemeldet. Wenn auch bei der Besetzung Ungarns kaum Verluste entstanden sind, bei den Kämpfen mit Partisanen auf dem Balkan waren es 2337 Ausfälle.

Obwohl der Wettersturz in der ersten Aprilwoche eine starke Schlammperiode ausgelöst hatte, konnten die russischen Verbände weiter vordringen. Am 10. wurde Odessa aufgegeben, am 15. ging Tarnopol verloren. Der Munitionsverbrauch, der im März noch 132 221 t betragen hatte, war im April weiter auf 126 925 gesunken. Die Lagemeldung kommentierte das wie folgt: »Seit Mitte April ist der Munitionsverbrauch gesunken als Folge der Schlammzeit, aber auch der ungenügenden Transportleistung.«

Auf der **Krim** zeichnete sich das Schicksal der von allen Landverbindungen abgeschnittenen deutschen 17. Armee ab. Mit der am 12. April begonnenen Offensive hatten die Russen innerhalb von 4 Tagen den Rückzug in den Raum Sewastopol erzwungen, dabei waren zwei Drittel des schweren Gerätes verlorengegangen.

Die **personellen Verluste im April** betrugen an der Ostfront einschließlich 19 854 Toter und 17 614 Vermißter 111 933 Mann, in Italien lagen die Ausfälle bei 5890, und auf dem Balkan waren es 2734 Mann.

Der für den 20. April – Hitlers Geburtstag – geplante Vergeltungsschlag gegen England mußte verschoben werden, die Stellungen bzw. die Raketen waren für den Einsatz noch nicht fertig. Suggestivnamen – »Höllenhund« für die Flugbombe und »Feuerteufel« für die Raketen hatte

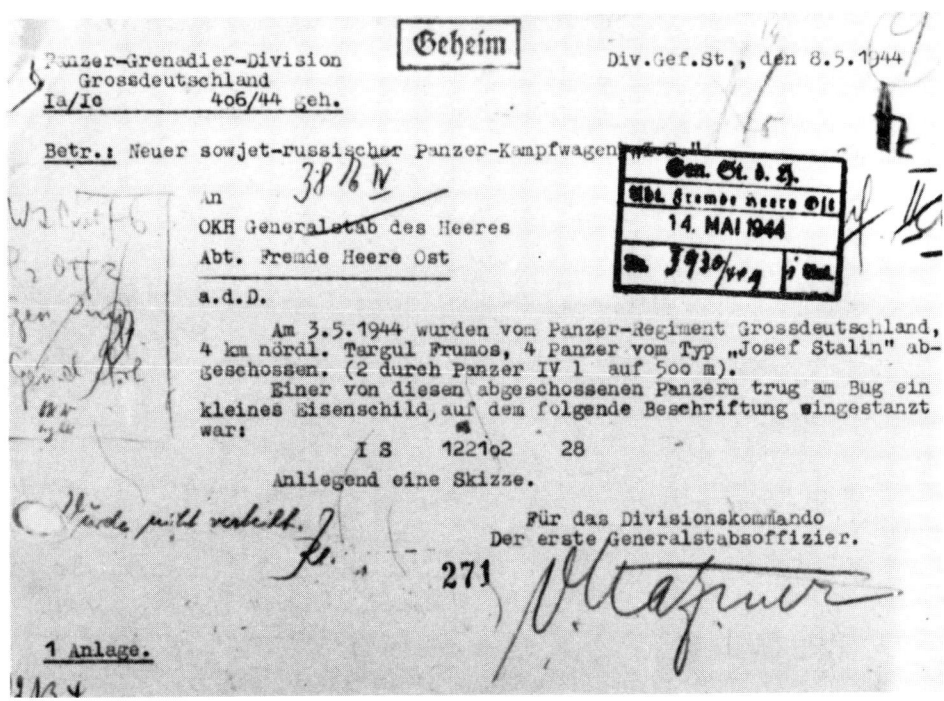

Anfang Mai 1943 meldete die Div. Großdeutschland den ersten abgeschossenen Stalin-Panzer

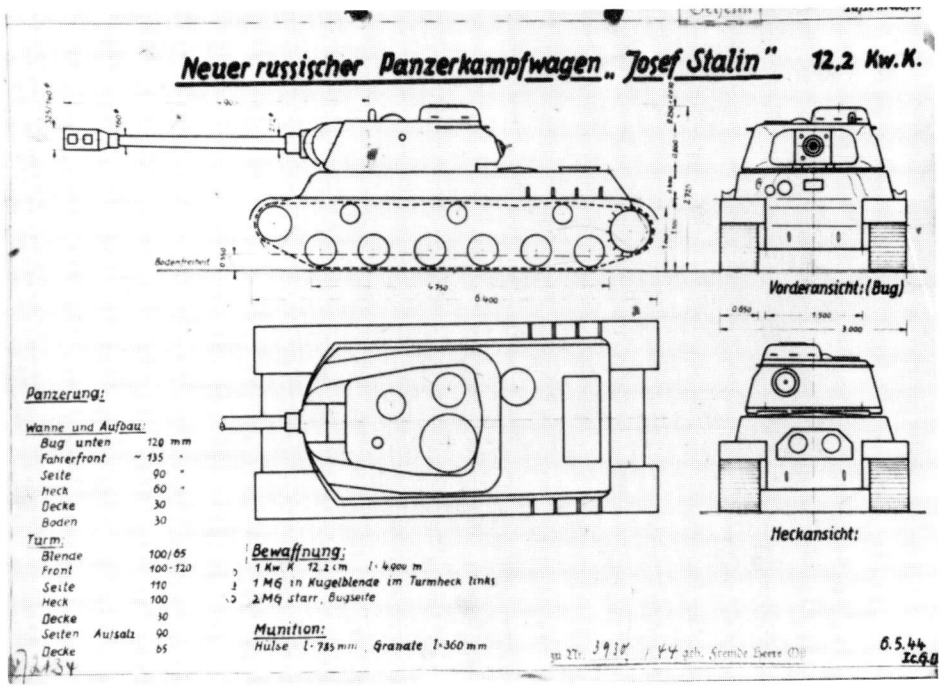

man, wie die von Gen.Oberst Jodl abgezeichnete gKdos-Meldung 054/44 vom 1. Februar 1944 des WFst. zeigt, bereits festgelegt.
Am 5. Mai begann eine neue Offensive im Raum Sewastopol. Bis zum 12. waren dann die letzten Verteidiger überwältigt. Durch den am 8. von Hitler erteilten Räumungsbefehl konnten zwar noch 34 270 deutsche und 9180 rumänische Soldaten nach Rumänien überführt werden, insgesamt verloren aber die deutschen und rumänischen Truppen auf der Krim doch 77 500 Tote und Vermißte.
Von den 5261 t Munition, die zwischen dem 1. und 10. Mai der Truppe noch zugeführt wurden, konnten nur 720 t abtransportiert werden.
Durch die Kämpfe im Südabschnitt der Ostfront stiegen die Ausfälle für diesen Monat auf 153 865 Mann. In Italien entstanden durch die Offensive der 5. US-Armee aus dem Raum Anzio-Nettuno die meisten der 15 092 Verluste. Vom Balkan wurden 3587 Ausfälle gemeldet.
Am 30. Mai begann bei der 8. deutschen Armee nochmals eine begrenzte Angriffsoperation nördlich von Jassy, die am 5. Juni aber wieder eingestellt wurde. Trotz der in den ersten fünf Monaten des Jahres erfolgten Zuführung von 1510 Panzern und 1331 Sturmgeschützen, davon 344 der letzteren mit neuen Einheiten, blieb dies das einzige größere offensive Unternehmen an der Ostfront im Jahr 1944.
In **Italien** hatte man nach schweren Kämpfen am 18. Mai Cassino aufgegeben. Die feindliche Offensive vom 23. hatte einen allgemeinen deutschen Rückzug zur Folge, am 4. Juni zogen amerikanische Panzerverbände in Rom ein. Der Monat Mai zeigte mit 108 765 t den niedrigsten Munitionsverbrauch des Jahres 1944.

Um die bereits genannten **personellen Ausfälle** besser werten zu können, ist hier der Stand vom 31. Mai 1944 aufgeführt. Diese seit dem 22. 6. 1941 entstandenen Ausfälle wurden der berichtigten Meldung des Heeresarztes entnommen.

	Tote	Verwundete	Vermißte	Gesamtverluste
Osten	751 769 (25 364)	2 826 958 (63 868)	541 505 (13 776)	4 120 232 (103 008)
Polargebiet	12 072 (358)	45 178 (10 064)	2 229 (60)	59 479 (10 482)
Balkan	7 872 (255)	21 326 (541)	5 689 (68)	34 887 (864)
Italien	25 367 (1 031)	94 040 (2 768)	144 965 (4 533)	264 372 (8 332)
Westen	1 381 (60)	2 973 (75)	194 (7)	4 548 (142)
Dänemark/ Norwegen	37 (1)	140 (6)	14 (–)	191 (7)
	798 498 (27 069)	2 990 615 (77 322)	694 596 (18 444)	4 483 709 (122 835)

Die Ausfälle im Polargebiet betreffen das 20. Geb.AOK, diese Ausfälle sind bei den im weiteren Text erscheinenden Monatsangaben mit bei den Angaben für die Ostfront eingeschlossen.

Am 6. Juni hatte mit der **Landung der Westalliierten** in der Seinebucht die Bildung der oft von Stalin geforderten **Zweiten Front** begonnen. Einer Landung von zwei Divisionen aus der Luft folgte am ersten Tag durch 4125 Boote die Anlandung von fünf Divisionen über See. Die deutschen Panzerdivisionen waren zwar in Erwartung einer Invasion verstärkt worden; sie verfügten über 1552 Panzer, darunter 663 »Panther« und 102 »Tiger«, 248 Sturmgeschütze und 244 Selbstfahrlafetten. Zusätzlich waren noch 179 Beutepanzer vorhanden, sie besaßen aber keinen besonderen Kampfwert. Der deutsche Gegenangriff vom 9. Juni hatte nur geringen Erfolg. Dem Gegner gelang es, seinen Brückenkopf zu festigen. Bis zum 18. hatte er 620 000 Mann mit 95 000 Fahrzeugen und 218 000 t Nachschub an Land gebracht. Die 1. US-Armee war bis zur Westküste der Cotentin-Halbinsel vorgestoßen, Cherbourg war damit abgeschnitten.

Ein Hamburger Astrologe, von Himmler engagiert, hatte übrigens eine Landung der Gegner im Raum Dänemark vorausgesagt. Hitler hatte diese Möglichkeit in seine Weisung Nr. 51 übernommen. Er hat auch bis Ende Juni immer noch den Standpunkt vertreten, der Angriff in der Normandie sei eine groß angelegte Täuschung.

Der deutschen Führung stand aber eine weitere Überraschung bevor. Im **Osten** hatte die Heeresgruppe Mitte Verstärkungen auf der Feindseite gemeldet. Der Generalstab sah darin aber lediglich eine Nebenaktion, mit der man die Heeresgruppe Mitte binden wollte, wenn im Süden eine neue Offensive beginnen würde. Der Heeresgruppe Mitte, die mit 34 Divisionen und einer Panzer-Division in Reserve eine Frontbreite von über 1000 km halten sollte, prophezeite man einen »ruhigen Sommer«.

In der Nacht zum 20. Juni sprengten Partisanen im Mittelabschnitt, vorwiegend im Hinterland der 3. Panzer-Armee, die Bahnstrecken an nicht weniger als 10 600 Stellen. Weitere 3550 Minen konnten unschädlich gemacht werden.

Es ist zu erwarten, dass Jütland und Schleswig-Holsten, eventuell auch Pommern und Mecklenburg, von den Anglo-Amerikanern besetzt werden; denn der Mond im östlichen Zeichen, im Zeichen Widder, lässt als Himmelsrichtung des Angriffes den Osten erkennen, obwohl vom 7. Felde aus -Westen- der Aufmarsch stattfindet.

Saturn am Kardinalpunkt Krebs bezeichnet als Angriffspunkt Nordwesten. Die nordwestliche Spitze Jütlands wird eventuell die erste Etappe des Angriffes bilden.

Aszendent im Tierkreiszeichen Jungfrau, Saturn, Sonne, Venus in Konjunktion mit der Spitze des 10. Himmelsfeldes und im vollen ungünstigen Aspekt mit dem Aszendenten bedeuten, dass der Angriff sehr gründlich vorbereitet wird und die Feinde in bester Ausrüstung und mit beträchtlicher Ueberlegenheit die dänische Küste angreifen werden. Es ist auch wahrscheinlich, dass ein Kampf stattfindet und es sich nicht um eine einfache Besetzung handelt. Ein Einfall mit sehr grossen Streitkräften und umfangreiche Truppenbewegungen werden stattfinden, die zu einer bedeutenden Gebietserweiterung zugunsten des Feindes führen.

Drachenschwanz im 4. Felde und Mars, als Mitherrscher des 7. Feldes, im 11. Felde sind als unvorteilhafte Positionen für den feindlichen Angriff zu bewerten, aber trotzdem bleibt die Stärke des Erfolges auf der Seite des Gegners.

Es befinden sich keine Wohltäter im 10. Felde, auch ist das 7. Feld von einem unvorteilhaften Planeten besetzt, so dass der Einfall kaum zurückgeschlagen werden kann und nur zeitweilig Teilerfolge von Deutschland errungen werden.

Jupiter, als Herr des 4. Feldes, im 11. Felde und im unvorteilhaften Aspekt mit der Sonne sagt an, dass der Feind erhebliche territoriale Erfolge erzielen wird. Immerhin könnte aber noch ein halbes Jahr vergehen, bevor der Feind sein Vorhaben zur Ausführung bringt, also innerhalb eines halben Jahres wird die Besetzung Jütlands, Schleswig-Holsteins u.s.w. vor sich gehen.

Astrologe sagt die Landung der Gegner an der dänischen Küste voraus

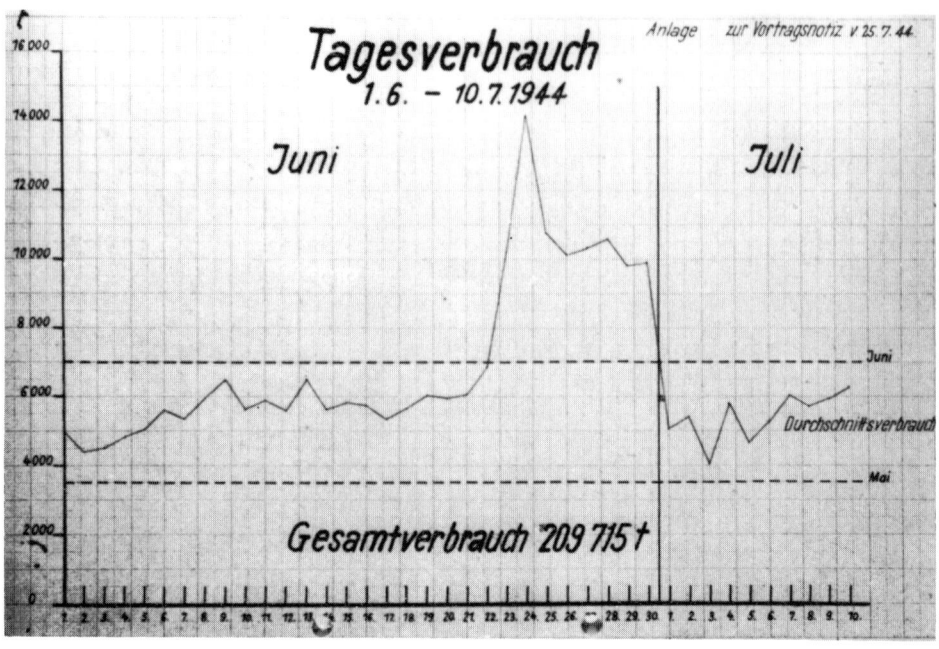

Verschußkurve Juni 1944

Am Morgen des 22. begann nach der bisher schwersten Artillerievorbereitung – im Raum Witebsk hatte der Gegner 380 Rohre je Frontkilometer zusammengezogen – die **russische Großoffensive** mit über 166 Divisionen.

Bei Orscha, Bobruisk und Mogilew wurden in kurzer Zeit tiefe Einbrüche erzielt. Bis zum 27. wurden die deutschen Verbände im Raum Witebsk aufgerieben, die Verluste betrugen über 35 000 Mann. Weitere 70 000 Mann gingen bis Ende des Monats bei Bobruisk verloren. Am 3. Juli wurde Minsk geräumt, am 8. Baranowitschi. Die südöstlich von Minsk eingekesselten Soldaten gaben den Widerstand auf, damit waren 28 Divisionen mit etwa 350 000 Mann verloren. Am 13. weitete sich die Offensive auf den Raum der Nordukraine aus. Bei Brody wurden Verbände der deutschen 1. Panzerarmee eingeschlossen – fast 30 000 Mann gerieten in Gefangenschaft.

An der **Front in Frankreich** konnte man in der letzten Juniwoche die Ausbruchsversuche aus dem Brückenkopf nur nach schweren Kämpfen verhindern. Am 1. Juli wurde die Kapitulation der Festung Cherbourg gemeldet, im alliierten Brückenkopf befanden sich nun über 850 000 Mann und 148 800 Fahrzeuge.

In der Nacht zum 13. sollte das Unternehmen **Rumpelkammer,** der Fernkampf mit der V 1 gegen England beginnen. Obwohl über 6500 Mann mit 873 Flugbombem bereit standen – mangelhafte Vorbereitungen zwangen dann wieder zum Abbruch. Von den gestarteten 10 Flugbomben erreichten nur 4 England. Ab Neubeginn, vom 15. kurz vor Mitternacht bis 12 Uhr des folgenden Tages flogen dann 199 V 1 gegen England – 112 Treffer wurden gezählt.

Der **Munitionsverbrauch,** der während des Monats Mai im Durchschnitt bei etwas über 3500 t täglich gelegen hatte, stieg durch die Invasion auf durchschnittlich 5620 t pro Tag bis zum 21. Juni. Die Abwehr der Großoffensive an der Ostfront bei der Heeresgruppe Mitte ließ den Verbrauch auf 10 200 t am 23., ja auf 14 200 t am 24. emporschnellen. Das brachte einen Gesamtverbrauch von 209 715 t für den Monat Juni.

258

Wegen fehlender Reserven und der durch die zahlreichen Schienensprengungen im Osten entstandenen **katastrophalen Transportlage** fiel der Munitionsverbrauch für die letzten Junitage auf unter 10 000 t je Tag, fiel noch weiter ab und lag am 5. Juli bei nur 6200 t. Ein Schreiben der Organisationsabteilung des OKH zeigt die großen Schwierigkeiten mit folgenden Sätzen:

»Das völlig ungenügende Nachschubkontingent konnte bis vor kurzem fast ausschließlich auf den Osten verteilt werden. Die hohen Verluste im Südwesten und Westen zwingen zur Abgabe größerer Teile des Nachschubkontingentes dorthin. Die nach vorliegenden Meldungen bisher schon ungeheuer hohen Verluste bei der Heeresgruppe Mitte können aus den für den Osten bleibenden Nachschubbeständen auch unter Zurückstellen der anderen Heeresgruppen auch nicht im entferntesten gedeckt werden. Mit weiterem Ansteigen der Verluste im Osten, Westen und Südwesten muß gerechnet werden. Außergewöhnliche Maßnahmen sind erforderlich. Unter Zurückstellen aller Bedenken muß gefordert werden, daß im Heer wie auch in den beiden anderen Wehrmachtsteilen und in allen sonstigen Organisationen die nicht irgendwie an kriegsentscheidender Stelle eingesetzten Waffen, Geräte und Kraftfahrzeuge und alle Reserven erfaßt und rücksichtslos für den Nachschub des Heeres zur Verfügung gestellt werden. Es ist immer wieder der Nachweis erbracht worden, daß der totale Krieg, gerade auf dem materiellen Gebiet, überhaupt nicht organisiert worden ist. Es fehlt eine Ergänzung des Führerbefehls Nr. 22 in materieller Hinsicht für die Gesamtwehrmacht. Das Auskämmen aller Wehrmachtsteile und Organisationen ist dringendstes Gebot der Stunde. Die Erfahrung lehrt, daß jeder Befehl zum Auskämmen sinnlos ist, wenn nicht die Todesstrafe auf Verfehlung steht.«

Für den **Monat Juni** hatte der **Bericht des Heeresarztes für die Ostfront** anfänglich nur 46 372 Mann Ausfälle ausgewiesen, erst durch zahlreiche Nachmeldungen stieg diese Zahl auf 127 482 – und diese Zahl war wahrscheinlich noch zu niedrig. Im Durcheinander der Großoffensive, die der Gegner zum 3. Jahrestag des Feldzuges im Bereich der Heeresgruppe Mitte begonnen hatte, haben die Klärungen über die wirklichen Ausfälle bis in den Monat August hinein angehalten. Vor allem die **Zahl der Vermißten,** die für den Juni zuerst mit 3005 ausgewiesen wurde, stieg auf 73 931 an. In der Meldung für den Juli werden wir ähnliche Korrekturen finden. Unter den Vermißten befanden sich nicht nur 22 Generale, sondern die gesamte 206. Infanterie-Division wurde von dem WVW als tot oder vermißt erklärt – die Russen meldeten 159 280 Gefangene.
Von der **Invasionsfront** wurden für den Juni 35 454 Ausfälle gemeldet, in **Italien** waren es 30 025, auf dem **Balkan** nur 4169 Mann.

Wegen der zahlreichen Nachmeldungen lassen sich die hohen Verluste an Waffen und Fahrzeugen nur richtig erkennen, wenn wir die Monate Juni und Juli zusammen betrachten. Erst aber noch einige Ereignisse des Monats Juli.
Der Beginn des Ausbruchs der Alliierten aus dem Brückenkopf in der Normandie begann zwar am 18. Juli, nach schweren Luftangriffen – 1676 viermotorige und 343 zweimotorige Bomber hatten 7560 ts Bomben auf den Raum St. Lo – Caen geworfen – konnte der Gegner diese Städte einnehmen. Da aber ein schwerer Sturm die künstlichen Mullberry-Häfen stark beschädigt hatte und der Nachschub fraglich erschien, trat im Vordringen des Gegners eine Verzögerung ein. Nachdem dann am 24. die deutschen Stellungen mit 945 ts Bomben angegriffen wurden, folgte am Tag darauf wohl der konzentrierteste taktische Bombenangriff auf den 16 km² großen, für den Ausbruch vorgesehenen Raum. Bei der amerikanischen 8. Luftflotte waren 1579 viermotorige Bomber gestartet, die dann 48 081 Bomben im Gesamtgewicht von 3406 ts abwarfen.
Die deutschen Stellungen hatten sich in weniger als einer Stunde in eine Kraterlandschaft verwandelt, die dann sogar dem kaum auf Widerstand stoßenden Gegner den Ausbruch aus

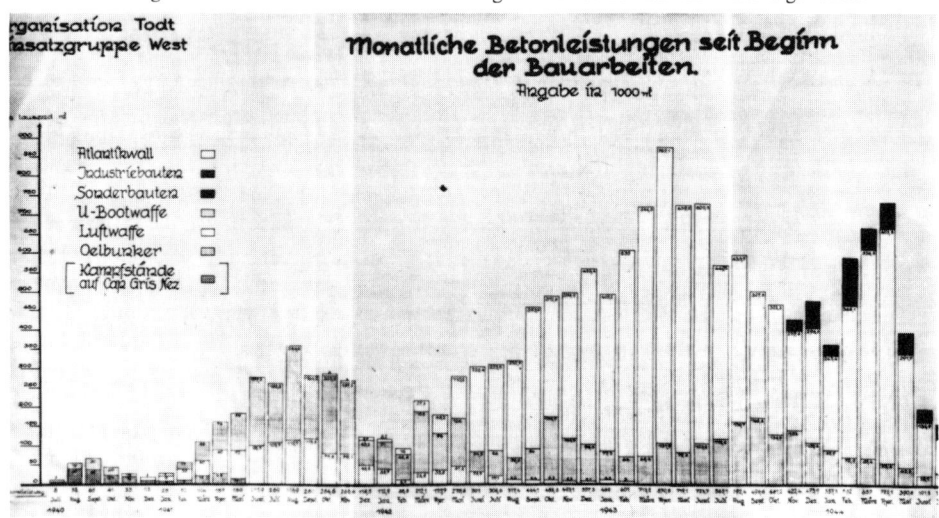

Die bei der Invasion vom Gegner eingesetzten »schwimmenden« Mullberry-Häfen

Gegen die Invasion hat auch der Atlantikwall mit 15 647 Bunkern und 799 betonierten Geschützstellungen – die Grafik zeigt die in 4 Jahren verbaute Betonmenge von über 16 Mill. m³ – nichts geholfen

260

dem Brückenkopf erschwerte; am 28. hatte er dann die deutsche Abwehrstellung durchbrochen.

Der englische Angriff in Richtung Falaise blieb aber stecken. Am Ende des Monats waren die Panzer der 1. US-Armee bis über Avranches vorgestoßen. Deutsche Gegenangriffe drangen wegen der alliierten Luftüberlegenheit nicht durch.

An der Front in Italien ging am 18. Livorno verloren, die Front verlief nun etwa am Arno. Im Nordabschnitt der Ostfront ging am 26. Narwa verloren, am folgenden Tag mußte Dünaburg aufgegeben werden. Am 29. erreichten russische Truppen die Rigaer Bucht, die Heeresgruppe Nord war von der übrigen Ostfront abgeschnitten.

Verbänden der deutschen 9. Armee und dem IV. SS-Panzerkorps gelang es am Monatsende, ein ohne ausreichende Flankendeckung in Richtung Warschau vorgestoßenes russisches Panzerkorps so zu binden, daß es eingekesselt und dann am 3. August vernichtet werden konnte.

Der Bericht zur **Munitionslage** zeigt folgendes Bild: »Der Munitionsverbrauch ist im Juli erheblich angestiegen. Im August muß, infolge der Ausdehnung der Kämpfe auf nahezu allen Fronten, mit einer weiteren Zunahme des Verbrauchs gerechnet werden. Die Lage im Süden der Ostfront und im Westen wird außerdem hohe Munitionsverluste, besonders bei Beutemunition, zur Folge haben. Anfang August sind die OKH-Reserven an Munition ausgegeben worden. Trotzdem ist das laufende Absinken der Bestände an der Front nicht zu verhindern.«

Die Meldung fährt dann unter Hinweis auf die russischen Beutewaffen s.F.H. 396(r) und K.H. 435(r) fort: »Die eingesetzten Waffen können nur unzureichend versorgt werden. Die Waffenlage zwingt trotzdem zu weiterem Einsatz. Die beabsichtigte Fertigungssteigerung bringt erst in 4–5 Monaten Entlastung.«

Zu den eingesetzten französischen 10,5- und 15,5-cm-Geschützen wird folgendes bemerkt: »Der Umfang des Fertigungsausfalls ist noch nicht voll zu übersehen. Voraussichtlich wird der Nachschub für 10,5 cm und 15,5 cm ganz eingestellt werden müssen.«

Der **Verbrauch an Munition** war für den Juli auf 251 173 t gestiegen. Verbrauchsspitzen waren der 18. mit 10 450 t, der 26. mit 10 050 t und der 30. mit 9650 t.

Die **Verluste an Waffen,** besonders an leichten Infanteriewaffen, waren für die Monate Juni/Juli sehr hoch:

Pistolen	60 970
Maschinenpistolen	38 935
Karabiner und Sturmgewehre	237 378
Maschinengewehre	27 322
Granatwerfer	3 285

Bei den Panzerfahrzeugen waren die Verluste ebenfalls erheblich, aber da konnte der Truppe meistens ausreichend Ersatz zugeführt werden. In der folgenden Tabelle sind die leichten Fahrzeuge, die nur geringen Kampfwert besaßen, nicht erfaßt.

	Osten		Westen		Italien	
	Aus-fall	Nach-schub	Aus-fall	Nach-schub	Aus-fall	Nach-schub
Panzer III	24	16	3	4	49	16
Panzer IV	266	347	274	152	155	74
Panzer V	258	236	207	370	48	38
Panzer VI	177	92	33	96	77	45
Sturmgeschütze	878	875	95	71	118	85
Selbstfahrlafetten	657	384	65	56	164	29

Betrachten wir noch die **Personallage:**
Von den 4 345 083 Mann beim Feldheer waren 3 324 965 fechtende und Sicherungstruppen. Dazu kamen noch 358 830 Hilfswillige aus der russischen Bevölkerung, bei der Truppe kurz »Hiwis« genannt, und rund 45 000 Mann der Luftwaffen-Felddivisionen. Zusätzlich gab es etwa 235 000 Mann bei der Waffen-SS und 121 700 Mann innerhalb der fremdvölkischen Legionen der Waffen-SS an den Fronten.
Für den Juli hatte der Heeresarzt anfänglich 24 904 Vermißte für die Ostfront gemeldet, später aber diese Zahl aufgrund von Nachmeldungen zu 238 474 korrigiert. Die Gesamtausfälle hatten mit 405 294 Mann einen Höchststand erreicht, aber auch im Westen war die Ausfallzahl durch 55 135 Vermißte auf 104 798 hochgeschnellt. In Italien waren die Ausfälle auf 25 325 gefallen und auf dem Balkan geringfügig auf 4718 angestiegen.
Anfang August begann der **Vormarsch der amerikanischen Armeen in der Bretagne,** am 4. wurde Rennes eingenommen. Ein deutscher Gegenangriff drang infolge der materiellen Überlegenheit des Gegners nicht durch, Le Mans ging am 9. verloren. Aber auch ein Angriff kanadischer Verbände nördlich Falaise scheiterte, erst am 17. gelang es dem Gegner, diese Stadt zu nehmen.
Am 15. hatte in der Rade de Bormes die Operation **Dragon,** die Landung der Alliierten in Südfrankreich, begonnen. Innerhalb von zwei Tagen waren fast 87 000 Mann mit 12 250 Fahrzeugen gelandet. Im Norden hatten amerikanische und kanadische Verbände am 19. im Raum Falaise fast 85 000 Mann, die Reste von 14 Divisionen, eingeschlossen. Etwa 20 000 Mann gelang unter schweren Verlusten an Menschen und Gerät zwei Tage später der Ausbruch, nur 62 Panzerfahrzeuge konnten zurückgeführt werden. Am folgenden Tag erreichten amerikanische Truppen die Seine bei Paris. Während die 3. US-Armee in Richtung Reims vorstieß, war am 23. in Südfrankreich Toulon verlorengegangen. In Paris zog am 25. die 2. französische Panzer-Division ein, drei Tage später ging Marseille verloren. Ende des Monats wurde Rouen aufgegeben, die 1. US-Armee stieß auf Verdun vor.

Obwohl sich die militärische Lage von Tag zu Tag verschlechterte, hoffte man immer noch auf eine Wende – Himmlers Astrologe hatte ja vorausgesagt, daß man die »Festung Europa« nicht würde bezwingen können.
In **Italien** hatte sich die 10. deutsche Armee auf die Apennin-Stellung zurückgezogen.
An der **Ostfront** hatte der Gegner am 4. August die Weichsel südlich von Sandomir überschritten und einen größeren Brückenkopf gebildet. Zwei Tage später ging das Ölzentrum in Galizien verloren. In der Ukraine begann der Gegner am 20. mit einem Großangriff, am 24. war die 6. deutsche Armee südwestlich Kischinew eingeschlossen. Bis zum Ende des Monats waren 18 Divisionen vernichtet, von den drei anderen Divisionen konnten sich nur Teile durchschlagen. Am 30. hatte die Rote Armee das rumänische Ölgebiet besetzt.
Während des Monats August wurden einschließlich der Verluste in der Südukraine 245 317 t Munition verbraucht. Zusätzlich meldete die Heeresgruppe D aus Frankreich einen Verlust von über 426 000 t Munition.
In der **Beurteilung der Munitionslage** heißt es: »Der Verschuß im August war wieder außerordentlich hoch. Er war nach oben begrenzt durch den unter dem Bedarf liegenden Nachschub. Infolge der Ereignisse im Westen und in Rumänien sind außerdem große Mengen an Munition und Munitionseinzelteile verlorengegangen. Eine genaue Abgrenzung zwischen Verbrauch und Verlust ist nicht möglich gewesen. Der Gesamtverbrauch im August 1944 ist mit über 670 000 t der höchste Monatsverbrauch seit Kriegsbeginn.«
Die **Versorgungslage** wurde wie folgt beurteilt: »Nur durch äußerste Einsparungen und Einschränkungen auf allen Gebieten konnte die Versorgung sichergestellt werden. Rücksichtsloser Abzug von Munition bei nicht angegriffenen Fronten bzw. Sperrung des Verschusses bestimmter Mangelmunition an diesen Fronten ermöglichte überhaupt erst die Abwehr an den Brennpunkten.«

Die Sterne zeigen – so der Astrologe: Der Gegner kann die Festung Europa nicht einnehmen

Kann man E u r o p a als Festung, als Bollwerk, gegen den Bolschewismus u.s.w. bezeichnen ?

Dann kämen noch folgende Erörterungen in Betracht:

Besteht eine ernste Gefahr für diese Festung ?

Das 4. Feld kennzeichnet das belagerte Gebiet, der Herr des 4. Feldes gilt als der "Kommandant", das 5. Feld stellt die Macht, die Stärke der Verteidigung dar. Diese ist sehr gross und ungewöhnlich stark, da M a r s sich im Exaltationszeichen Steinbock, im 5. Felde, befindet. Bedeutende Mittel zur Verteidigung stehen zur Verfügung. Das könnte ausgenutzt werden.

Der Dispositor des M a r s ist S a t u r n , dieser steht trigon S o n n e , was Ausharren im Kampfe und langwierige schwere Kämpfe bis zur Entscheidung ansagt. Auf die Stellung im 5. Felde allein kommt es an, hiernach kann diese Festung "Europa" nicht zur Uebergabe gezwungen werden !

Die Tatsache hat das Gegenteil bewiesen!

Zusätzlich machte sich **Mangel an Sprengstoff** bemerkbar. So konnten im August von 2 988 000 Granaten für die le.F.H. nur 1 937 800 gefüllt werden. Der Bestand an ungefüllten Granaten für diese Feldhaubitze war nun auf 2 545 200 angewachsen.

Für den **Monat August** blieb die **Ausfallzahl** an der Ostfront mit 376 028 Mann weiterhin hoch, im Westen, wo es mit 20 810 Toten und Verwundeten gegenüber dem Monat Juli, der dafür 49 663 Mann ausgewiesen hatte, weniger blutige Verluste gab, stieg sie infolge der 127 633 Vermißten auf 148 443 an.

An der Front in Italien sank die Zahl auf 12 548, auf dem Balkan blieb sie mit 4651 Mann etwa gleich.

Während des Septembers verschlechterte sich die Lage an allen Fronten weiter.

Infolge der verlorengegangenen Abschußstellen in Nordfrankreich mußte am Morgen des 1. September der V 1 Verschuß eingestellt werden. Hitler befahl nun den sofortigen Einsatz einer weiteren Vergeltungswaffe. Die Sondereinheiten zum **Verschuß der neuen Fernrakete** – 6306 Mann mit 1592 Fahrzeugen – bezogen nun ihre Stellungen nördlich von Den Haag und westlich St. Vith. Wenn aber dann auch ab dem 8. September London mit dieser Rakete beschossen wurde, so mußte, durch die feindlichen Fallschirmjäger-Landungen bei Arnheim bedingt, der Einsatz bereits am 18. wieder abgebrochen und konnte erst am 25. fortgesetzt werden.

Im Westen ging am 1. Verdun verloren, am 3. wurde Brüssel durch die 2. britische Armee eingenommen. Von der aus Südwestfrankreich zurückgehenden Heeresgruppe G erreichten am 4. nur 130 000 Mann von 210 000 die Heeresgruppe B bei Dijon, am 9. stießen 50 000 Mann der von der Mittelmeerküste zurückgedrängten 19. Armee dazu, sie hatte fast 60 000 Mann verloren. Am 11. kapitulierten 22 000 Mann der 1. deutschen Armee in der Auvergne, Einheiten der 1. US-Armee erreichten die deutsche Grenze nördlich von Trier. Bei Dijon vereinigten sich die aus dem Rhonetal vorgestoßenen französischen Truppen mit der 3. US-Armee. Am folgenden Tag gab die »Festung« Le Havre ihren Widerstand auf, 3000 Mann gingen in Gefangenschaft. Nancy ging am 15. verloren.

Von den am 17. im Raum Arnheim–Eindhoven abgesetzten drei alliierten Luftlande-Divisionen wurde bis zum 26. die britische Division bei Arnheim zerschlagen, sie verlor 7000 Mann. An der Front in Italien besetzte am 21. die 8. britische Armee Rimini, damit war die »Goten-Linie« durchbrochen.

Die ukrainische Front war weiter vorgestoßen, am 6. wurde die rumänisch-jugoslawische Grenze erreicht. Am Ende des Monats begann dann der Vormarsch in Richtung Belgrad. Im Mittelabschnitt der Ostfront drang die 47. russische Armee am 13. in Praga, der Vorstadt Warschau ein. Einen Tag später begann der Gegner im Raum der Heeresgruppe Nord mit einer Offensive, am 22. ging dann Reval verloren.

Auch bei den **Fahrzeugen** wollen wir die verlustreichen Monate August/September 1944 in Zahlen betrachten. Die Verluste an gepanzerten Fahrzeugen betrugen:

23	Pz. III	17	Jagd-Pz. IV
1139	Pz. IV	24	Jagd-Pz. V
959	Pz. V »Panther«	53	»Nashorn«
206	Pz. VI »Tiger«	73	le.F.H. auf Pz. II
23	Pz. VI »Königstiger«	59	s.F.H. auf Pz. III/IV »Hummel«
97	Pz.Befehlswagen	48	s.I.G. 33 auf Pz. 38 »Grille«
995	Sturmgeschütze	32	Pz.Beob.Wagen
137	Sturmhaubitzen	19	Berge-Pz.
18	Sturmpanzer	2	Flak-Pz.
20	Pz.Jäger 7,5 cm auf Pz. II	107	le.Pz.Spähwagen
174	Pz.Jäger 7,5 cm auf Pz. 38	125	s.Pz.Spähwagen
144	Jagd-Pz. 38	2685	Schützenpanzerwagen

Bei den anderen Kraftfahrzeugen gingen

19 162	Pkws	2 306	Zgkws
26 548	Lkws	17 748	Kräder

verloren.

Die **Panzerverluste** hatten in Frankreich infolge der schweren Kämpfe und der anschließenden Rückzüge eine erschreckende Höhe erreicht.

Wenn wir den Ausfällen von wichtigen Panzerfahrzeugen im September an den einzelnen Fronten den Nachschub gegenüberstellen, ist der Versuch zu sehen, die Front im Osten selbst auf Kosten der anderen zu stabilisieren.

Ausfälle / Nachschub im September 1944

	Osten	Westen	Italien
Panzer IV	135/143	610/166	29/6
Panzer V	132/186	543/284	22/20
»Tiger«-Pz.	27/43	72/43	18/–
»Königstiger«	–/–	23/–	–/–
Sturmgeschütze	256/291	356/186	13/14
Jagd-»Panther«	–/–	24/–	–/–
Jagdpz. 38	65/75	71/19	8/4
»Hummel«	16/7	27/10	1/–
»Grille«	2/6	33/2	–/–
»Wespe«	16/1	35/9	2/–

Die **personellen Ausfälle** waren an der Ostfront durch die nun besser geordneten Rückzüge auf 124 530 einschließlich der 15 965 Vermißten gesunken, im Westen lagen sie aber mit 126 107 Mann, in denen 86 131 Vermißte enthalten waren, immer noch sehr hoch. An der Front in Italien entstanden durch die seit dem 13. September nördlich von Florenz eingeleitete Abwehrschlacht zusätzliche Ausfälle, die dann zur Summe von 30 251 Mann führten. Ein Anstieg um fast 32 Prozent bei den Vermißten ergab für den Balkan die Verlustzahl von 5057 Mann.

Der **Munitionsverbrauch im September** hatte 176 356 t betragen, dazu kamen noch 23 428 t, die von den Truppen als Verluste gemeldet wurden. Den Industrieberichten entnehmen wir für diesen Monat – trotz schwerer Luftangriffe auf Ziele im Reichsgebiet, bei denen über 93 000 ts Bomben abgeworfen wurden – mit 305 500 t Munition einen Höchstausstoß.

Die **Verluste an Handwaffen** hatten mit 92 392 Pistolen, 17 223 Maschinenpistolen und 346 742 Gewehren im Monat September eine solche Höhe erreicht, daß der Chef des Generalstabs die Einziehung von 90 Prozent aller Handwaffen bei Eisenbahnpionieren und -betriebsgruppen, Transport- und Versorgungseinrichtungen sowie den Nachrichteneinheiten im Heimatgebiet anordnete. Die Berichte zur Waffenlage weisen mit dem Satz »Der reine Nachschub an Waffen reicht jedoch nicht aus, um den dringenden Bedarf der noch vorhandenen Verbände auch nur einigermaßen zu decken« auf die schwierige Versorgungslage hin. Die personellen Verluste im Westen betrugen seit Invasionsbeginn bis Ende September lt. Angabe des Heeresarztes 32 437 Tote, 97 618 Verwundete und 284 747 Vermißte.

Zur **Waffenlage** ist die folgende Aufstellung, die die Beutezahlen im Ostfeldzug bis Ende September 1944 zeigt, interessant:

	bis 10. 3. 1942	31. 8. 1943	31. 12. 1943	30. 9. 1944
Gewehre u. Karabiner	233 975	321 204	377 182	382 442
Maschinenpistolen	2 338	6 993	20 182	23 067
Maschinengewehre	33 280	43 661	60 153	62 257
Panzerbüchsen	195	4 175	12 307	12 895
Werfer	5 655	10 401	16 032	16 197
Geschütze	25 790	33 247	42 733	43 837
Panzer u. Spähwagen	14 959	19 742	26 430	26 508

Auffallend ist hier die durch die Rückzüge bedingte geringe Steigerung ab Januar 1944. Da sind aber zahlreiche Handwaffen, die von der Truppe, wie die beliebten Maschinenpistolen, die an der Front sofort wieder verwendet wurden, nicht mit eingeschlossen. Der Monat Oktober stand weiter im Zeichen schwerer Abwehrkämpfe. Im **Westen** kapitulierte die »Festung« Calais. Am 8. begann eine Operation der 9. US-Armee im Raum Aachen, die Stadt wurde am 14. eingeschlossen und ging am 21. verloren. An der Front im **Osten** begann am 5. eine russische Offensive der baltischen Front. Die Heeresgruppe Nord, die sich Ende August wieder eine Verbindung mit dem Mittelabschnitt erkämpft hatte, war nun endgültig abgeschnitten. Riga wurde am 13. von der Roten Armee erobert, und am 22. betrat der Gegner in Ostpreußen deutschen Boden. Mit Hitlers Aufruf zur **Bildung des Deutschen Volkssturms,** der zwar schon am 25. September erlassen worden war, aber erst am 20. Oktober veröffentlicht wurde, erschwerte sich der Handwaffenmangel drastisch. Die in den unmittelbar bedrohten Gauen aufzustellenden 1450 Bataillone sollten 871 300 Handfeuerwaffen erhalten. An deutschen Waffen wurden aber nur 11 245 als vorhanden gemeldet. Später, bei der Erweiterung des Volkssturms auf 6 Millionen Mann, heißt es in einer Anordnung sogar: »Das vierte Aufgebot muß mit den in den Gauen vorhandenen Jagdgewehren auskommen.« SS-Obergruppenführer Berger, der für die Bewaffnung des Volkssturms verantwortlich war, genehmigte sogar den Ankauf von Waffen auf dem Schwarzen Markt und von den Partisanengruppen in Oberitalien. Außer großen Mengen falscher, für die SS hergestellter englischer 5-£-Noten stellte Berger 78 000 echte englische Pounds, 133 750 Schweizer Franken und 99 Millionen französische Franc zur Verfügung.

Im Monat Oktober war der **Munitionsverbrauch** wieder stark gestiegen, 248 498 t und 10 705 t Verluste wurden gemeldet. Besonders der Zeitraum vom 10. bis 15. Oktober lag mit einem täglichen Verbrauch von 9700 t sehr hoch. Der Verbrauch fiel aber zum Monatsende auf 7750 t pro Tag.

Die **Personenverluste im Oktober** waren im Westen einschließlich der 33 559 Vermißten um 68 940 Mann gestiegen und betrugen nun seit Beginn der Invasion 39 675 Tote, 125 761 Verwundete und 318 306 Vermißte. An der Ostfront stiegen die Ausfälle wieder auf 160 753 Mann, darin war aber eine Steigerung von 3506 Mann an der Polarfront zu 11 893 im Oktober enthalten. In Italien waren die Ausfälle mit 24 633 Mann immer noch hoch, auf dem Balkan stiegen nun durch die aus dem Osten übergreifenden Kämpfe und die Rückzüge aus dem Süden – am 4. Oktober waren britische Truppen in Griechenland gelandet – weiter an, sie erreichten in diesem Monat 9534 Mann.

Antwerpen, in das britische Truppen bereits am 4. September eingedrungen waren, ging am 8. November verloren. Am gleichen Tag begann die 3. US-Armee mit etwa 250 000 Mann ihre Offensive gegen die 1. deutsche Armee, deren 9 Divisionen zusammen nur eine Kampfstärke von 38 844 Mann besaßen. Der Gegner drang stetig vor, eroberte am 21. Metz und stand Anfang Dezember am Westwall. Südlich davon hatten französische Verbände am 17. den Oberrhein im Raum Basel erreicht, sie brachen in die Rheinebene ein und nahmen am 23. Straßburg. Gegenangriffe blieben erfolglos. Nördlich davon ging die 1. deutsche Armee bei Merzig auf die Westwall-Stellung zurück. Im Abschnitt Aachen traten am 16. zwei amerikanische Armeen zum Angriff an, in schweren Kämpfen gelang es, dem Gegner den Durchbruch zum Rhein zu verwehren.

Die Front in Italien stand während des Novembers unter ständigem Druck des Gegners. Bei der dortigen Heeresgruppe C waren 23 Divisionen gebunden, die eine Gefechtsstärke von 150 999 Mann bzw. eine Kampfstärke von 109 887 Mann aufwiesen.

An der Front im Osten konnte die 4. deutsche Armee den Gegner am 5. November wieder aus Ostpreußen hinausdrücken. Bis zum 27. herrschte verhältnismäßige Ruhe an den Fronten. Dann begann eine gegnerische Offensive im ungarischen Raum. Die Abwehr brach schnell zusammen, erst vor dem Plattensee konnte der Angriff zum Stehen gebracht werden.

Im Westen und im Osten standen die Gegner nun an Deutschlands Grenzen – aber der Astrologe hatte der Führung nochmals Hoffnung gemacht: Haltet aus bis 1945, dann wird es besser!

Bei dem im November stark auf 156 709 t gesunkenen **Munitionsverbrauch** blieben auch die **Verluste an Handwaffen** bei den abflauenden Kämpfen weit unter denen vom September. Es gingen 22 503 Pistolen, 7104 Maschinenpistolen und 94 838 Gewehre verloren.

Die **Kräfteverteilung an der Ostfront** sah wie folgt aus:

An der 800 km langen Front von Ostpreußen bis zu den Karpaten standen 82 Divisionen, weitere 17 Divisionen standen an der Front in Ungarn, und 32 Divisionen waren in Kurland gebunden. Hatte die Stärke des Heeres im Osten am 1. Juni 1944 noch 2,62 Millionen betragen, so war durch die hohen Verluste und die geringen Ersatzzuführungen die Stärke bis Ende Oktober 1944 auf 1,84 Millionen zurückgegangen. Die personellen Verluste hatten in diesem Zeitraum 115 603 Tote, 528 129 Verwundete und 550 355 Vermißte betragen.

Für die personelle Stärke des Gegners legte die Abteilung Fremde Heere Ost eine Zahl von 5,29 Millionen fest.

Die erneuten Hoff-
nungen für 1945 wollte
der Astrologe mit
Horoskopen der gegne-
rischen Staatsmänner
untermauern

Fortsetzung der Vorausschau 1945 für das Deutsche Reich,
nach Quartalen und Monaten (Lunationen) geordnet, folgt
in kurzer Zeit.

Im Gegensatz zu den letzten vier Monaten des
Jahres 1944 zeigt das Reichs-Horoskop im Jahre 1945 eine
erhebliche Anzahl vorteilhafter Konstellationen, so dass,
wenn diese kritischen Monaten überwunden, bessere Zeiten
eintreten.

Meine Ausführungen zu den Nativitäten 7.10.1900,
18.2. 1942 und 5.2. 1912 sind bis auf die Uebertragungen
aus dem Konzept beendet und folgen ebenfalls in kurzer
Zeit.
Diesen folgen dann die detaillierten Ausführungen
zu Stalins und Roosevelts Horoskop.

Hamburg, den 23. September 1944

muff.

Lage bei Panzerfahrzeugen Anfang November 1944:

	Osten	Westen	Italien
Panzer III	133	35	49
Panzer IV	759	532	166
Panzer V	684	371	39
Panzer VI	317	84	36
davon			
einsatzfähig	958	422	218
in Reparatur	826	110	53
in Zuführung	109	490	19

Die Lage bei den Sturmgeschützen und Selbstfahrlafetten:

Sturmgeschütze

	Osten	Westen	Italien
einsatzfähig	1327	169	191
in Reparatur	571	87	71
in Zuführung	230	241	25

Pak-Selbstfahrlafette

	Osten	Westen	Italien
einsatzfähig	527	174	58
in Reparatur	230	76	26
in Zuführung	119	116	14

Art.-Selbstfahrlafette

	Osten	Westen	Italien
einsatzfähig	437	59	23
in Reparatur	131	33	6
in Zuführung	8	21	–

Infolge der sinkenden Verluste erholte sich die Lage bei den Panzerfahrzeugen. Die folgende Tabelle zeigt die Verluste der wichtigsten Fahrzeuge für die Monate Oktober und November:

	Osten Okt.	Nov.	Westen Okt.	Nov.	Italien Okt.	Nov.
Panzer III	18	–	2	2	–	–
Panzer IV	126	55	29	36	4	6
Panzer V	261	57	31	54	3	–
Panzer VI	44	20	5	10	–	–
Jagdpanzer	91	13	45	40	–	2
Sturmgeschütze	262	60	69	52	6	1

Die **personellen Ausfälle** sanken bei der fast den ganzen November anhaltenden Ruhe an der Ostfront auf 71 630 Mann, sie gingen auch an der Front in Italien auf 8501 Mann zurück; gestiegen waren sie in den letzten Tagen auf dem Balkan, wo sie 11 744 Mann erreichten. An der Westfront sind bei den Rückzugsgefechten, wie aus den 44 645 Vermißten ersichtlich, zahlreiche Soldaten in Gefangenschaft geraten. Die Gesamtausfallzahl betrug dort 83 539 Mann.

Zur **Munitionslage** wurde gemeldet: »Der Munitionsverbrauch im Oktober und November war bestimmt durch den Nachschub, der fast ausschließlich den Brennpunkten der Kämpfe zulief. Der Verbrauch an ruhigen Fronten war nahezu Null. Für den Osten gibt es zur Zeit keine Reserven des OKH. Daher wurde die Freigabe eines Teiles der Bevorratung in Norwegen als Ost-Reserve beim OKH beantragt. Die Lage auf dem Pulver- und Sprengstoffgebiet hat sich nicht gebessert. Es droht nunmehr auch die mechanische Fertigung der Munition abzusinken.«

Dem Bericht zur **Waffenlage** entnehmen wir folgendes: »Die Waffendichte sinkt bei den eingesetzten, erfahrenen Verbänden ständig, während die neu aufgestellten und voll aufgefrischten Verbände aufgrund von Kampfunerfahrenheit große Verluste haben und so nur eine stellenweise und vorübergehende Stärkung bedeuten.«

Für den Wehrmachtsersatzplan 1945 legte die Abt. WVW im Dezember die folgende Statistik vor (siehe Tabellen S. 269 ff.):

Die in dieser Aufstellung aufgeführten Gefangenen sind nur die, die in den Händen der Westgegner nachweisbar waren. Die mit einem »?« versehene Rubrik ist im Original unkenntlich gemacht. Aufgrund von Nachforschungen kann angenommen werden, daß es sich hier um hingerichtete Angehörige des Heeres und der Luftwaffe handelt, die vorher unter Aberkennung ihres Ranges als ehrlos aus der Wehrmacht ausgestoßen wurden.

Im Dezember begann **im Westen** am 10. erneut ein Angriff der Westgegner im Raum Aachen, der unter hohen Verlusten im Hürtgenwald steckenblieb. Zwischen Mosel und Rhein griffen zwei amerikanische Armeen immer wieder an. Die Heeresgruppe G verfügte dort zur Abwehr über 10 Divisionen mit einer Kampfstärke von etwa 45 000 Mann. Personell und materiell waren die deutschen Truppen im Westen dem Gegner weit unterlegen. Dem Oberbefehlshaber West unterstanden Anfang Dezember 416 713 Mann; beim Gegner gab es 2 699 467 Amerikaner, 925 664 Briten und Kanadier sowie 118 560 Mann bei den französischen Einheiten.

Für die materielle Überlegenheit wollen wir das LXIV. Korps der 19. Armee am Oberrhein betrachten:

	LXIV Korps	Feindseite
Maschinengewehre	467	2990
Granatwerfer	58	320
Panzerabwehrgeschütze	4	310
leichte und schwere Feldhaubitzen	80	194
Panzer- und Sturmgeschütze	17	460

HEER

Zeitraum	TOTE					Vermißte und Gefangene	davon Gefangene	aus dem Heer entlassen	fahnen-flüchtig	Ausfälle gesamt
	durch Feind-einwirkung	Unfall Krankheit Selbstmord	?	Todes-urteile	Tote gesamt					
1. 9. 39 bis 1. 9. 40	64 204 (3 239)	12 159 (821)	–	485 (3)	76 848 (4 063)	2 038 (64)	488 (20)	16 644 (227)	4 (–)	95 534 (4 354)
1. 9. 40 bis 1. 9. 41	122 585 (6 230)	17 399 (1 355)	2	392 (–)	140 378 (7 585)	8 769 (229)	1 222 (49)	38 894 (724)	3 (–)	188 044 (8 538)
1. 9. 41 bis 1. 9. 42	422 311 (15 399)	31 921 (1 886)	9	1 394 (8)	455 635 (17 293)	58 049 (1 119)	11 002 (299)	58 818 (1 697)	22 (–)	572 524 (20 109)
1. 9. 42 bis 1. 9. 43	374 084 (13 341)	36 570 (2 026)	73	2 282 (23)	413 009 (15 390)	330 904 (9 339)	43 547 (1 928)	98 987 (1 946)	230 (–)	843 130 (26 675)
1. 9. 43 bis 1. 12. 44	570 882 (20 386)	49 591 (1 894)	139	3 257 (35)	623 869 (22 315)	1 141 069 (14 406)	185 841 (4 518)	165 765 (2 747)	334 (–)	1 931 037 (39 468)
	1 554 066 (58 595)	147 640 (7 982)	223	7 810 (69)	1 709 739 (66 646)	1 540 829 (25 157)	242 100 (6 814)	379 108 (7 341)	593 (–)	3 630 269 (99 144)

TOTE — LUFTWAFFE

	durch Feind-einwirkung	Unfall Krankheit Selbstmord	?	Todes-urteile	Tote gesamt	Vermißte und Gefangene	davon Gefangene	aus der Luftwaffe entlassen	fahnen-flüchtig	Ausfälle gesamt
1. 9. 39 bis 1. 9. 40	6 480 (925)	1 573 (123)	1	26 (–)	8 080 (1 048)	1 989 (383)	793 (100)	1 549 (17)	–	11 618 (1 448)
1. 9. 40 bis 1. 9. 41	11 631 (1 373)	2 642 (205)	–	40 (–)	14 313 (1 578)	4 360 (789)	1 857 (448)	3 948 (52)	1 (–)	22 622 (2 419)
1. 9. 41 bis 1. 9. 42	17 842 (1 231)	4 269 (237)	2	135 (2)	22 248 (1 470)	6 479 (915)	1 034 (78)	14 291 (151)	–	43 018 (2 536)
1. 9. 42 bis 1. 9. 43	31 117 (2 188)	4 903 (252)	19	274 (2)	36 313 (2 442)	53 993 (2 607)	3 988 (383)	11 025 (227)	13 (–)	101 344 (5 276)
1. 9. 43 bis 1. 12. 44	63 464 (3 059)	4 844 (270)	25	500 (11)	68 833 (3 340)	74 199 (3 015)	19 441 (791)	18 047 (304)	18 (–)	161 097 (6 659)
	130 534 (8 776)	18 231 (1 087)	47	975 (15)	149 787 (9 878)	141 020 (7 709)	27 113 (1 800)	48 860 (751)	32 (–)	339 699 (18 338)

TOTE

KRIEGSMARINE

	durch Feind-einwirkung	Unfall Krankheit Selbstmord	?	Todes-urteile	Tote gesamt	Vermißte und Gefangene	davon Gefangene	aus der Marine entlassen	fahnen-flüchtig	Ausfälle gesamt
1. 9. 39 bis 1. 9. 40	3 021 (183)	400 (41)	–	4 (–)	3 425 (224)	1 393 (52)	1 390 (52)	151 (2)	–	4 969 (278)
1. 9. 40 bis 1. 9. 41	4 218 (198)	1 249 (116)	–	13 (–)	5 480 (314)	1 099 (74)	1 062 (71)	360 (7)	–	6 939 (395)
1. 9. 41 bis 1. 9. 42	5 257 (307)	2 042 (207)	–	119 (–)	7 418 (514)	1 316 (90)	1 172 (80)	2 968 (80)	7 (–)	11 709 (684)
1. 9. 42 bis 1. 9. 43	12 412 (911)	2 562 (216)	–	228 (3)	15 202 (1 130)	5 070 (302)	2 087 (144)	2 491 (88)	49 (–)	22 812 (1 520)
1. 9. 43 bis 1. 12. 44	16 108 (820)	3 777 (258)	–	364 (1)	20 249 (1 079)	23 327 (1 340)	3 277 (178)	4 414 (84)	51 (5)	48 041 (2 508)
	41 016 (2 419)	10 030 (838)	–	728 (4)	51 774 (3 261)	32 205 (1 858)	8 988 (525)	10 384 (261)	107 (5)	94 470 (5 385)

Gesamtwehrmacht

	durch Feind-einwirkung	Unfall Krankheit Selbstmord	?	Todes-urteile	Tote gesamt	Vermißte und Gefangene	davon Gefangene	aus der Marine entlassen	fahnen-flüchtig	Ausfälle gesamt
	1 725 616 (69 790)	175 901 (9 907)	270	9 513 (88)	1 911 300 (79 785)	1 714 054 (34 724)	278 201 (9 139)	438 352 (8 353)	732 (5)	4 064 438 (122 867)

Henri-Chapelle 23. Dez. 1944. Drei deutsche Soldaten, in den Ardennen in amerikanischen Uniformen gefaßt, werden als Spione standrechtlich erschossen

Über die Artillerie lesen wir in einem Bericht vom 6. Dezember: »Diese stellt eine Musterkollektion des Waffen-Arsenals aller europäischer Staaten dar, für deren Kaliber in der Masse fast keine oder auch nur annähernd genügende Munition für die Führung einer Abwehrschlacht vorhanden ist.«
Das Kriegstagebuch des Oberbefehlshabers West nennt beispielsweise die Ausstattung der 719. Infanterie-Division ein »europäisches Artilleriemuseum«.

Das wichtigste Ereignis an der Front im Westen war im Dezember die deutsche **Offensive in den Ardennen,** die am 16. begann. Die über 250 000 bereitgestellten Soldaten verteilten sich auf 28 Divisionen, davon acht Panzer-Divisionen, die über 805 Panzer und 339 Sturmgeschütze, darunter eine ganze Anzahl »Tiger« und »Königstiger«, sowie zahlreiche Selbstfahrlafetten verfügten. An Artillerie hatte man 1662 Geschütze mit einem Kal. von 10,5 cm oder größer, darunter erstmalig die neuen 12,8-cm-Kanonen, und 957 Werfer zusammengezogen. Nach großen Überraschungserfolgen – General Patton, der die 3. USArmy führte, schrieb in sein Tagebuch:»Wir können den Krieg immer noch verlieren« – lief sich die Offensive aber nach einigen Tagen fest. Hinter Stavelot, wo die Amerikaner fast acht Millionen Liter Benzin gelagert hatten, gelang es einigen beherzten Gegnern, die Panzergruppe Peiper aufzuhalten, indem sie davon 500 000 Liter auf die durch starken Wald eingezäunte Straße gossen und anzündeten. Der geplante Durchbruch nach Antwerpen gelang nicht, der tiefste Einbruch mit etwa 75 km blieb kurz vor der Maas bei Dinant am 23. stecken.
Da half auch das Unternehmen **Greif,** der Einsatz von Sabotagegruppen bei der von SS-Ob.Stbf. Skorzeny geführten Pz.Brigade 150 nichts mehr. Durch mangelhafte Planungen gelang es diesen, in amerikanischen Uniformen im Hinterland des Gegners operierenden Gruppen nicht, ihre Ziele, z. B. das Ausheben feindlicher Gefechtsstände, zu erreichen.
Mit Eintritt des besseren Wetters begann am 24. der alliierte Gegenangriff, der die Frontlinie bis Anfang Januar wieder an den Westwall herandrückte. Die »Wacht am Rhein«, wie die Ardennenoffensive genannt wurde, hatte das Heer 10 749 Tote, 34 439 Verwundete und 22 487 Vermißte gekostet. Auf alliierter Seite entstanden mit 8607 Toten, 47 128 Verwundeten und 21 145 Vermißten etwas höhere Verluste.

Bordraketen zerstörten in den Ardennen diesen Jagd-Tiger

Im Zusammenhang mit der fehlgeschlagenen Offensive ist der Vortrag, den Generaloberst Jodl am 13. Januar 1945 in Berlin vor den Waffen-Attachés der verbündeten Staaten hielt, interessant. Jodl führte unter anderem aus: . . . in den Ardennen durch den Angriff vom 16. Dezember das festgelegte Programm des Gegners zerschlagen sei – daß sämtliche Kräfte der Amerikaner auf diese Stelle gezogen wurden und daß damit ein absoluter Ausgleich der Kräfte an der Westfront eingetreten sei.
Als Chef des Wehrmachtsführungsstabes hätte er es besser wissen sollen. Bereits seit dem 5. Januar wurden die 1., die 9. und die 12. Panzer-Division der SS sowie die beiden »Führer-Brigaden« (Führerbegleit- und Führergrenadierbrigade; beides gepanzerte und für die damaligen Verhältnisse sehr gut ausgestattete Verbände) aus der Ardennenfront herausgelöst, der Rückzug hatte begonnen – Hitler genehmigte ihn am 8. nachträglich.
An der **Front im Osten** hatte am 8. Dezember eine Offensive zur Eroberung von Budapest begonnen. Trotz starker Abwehr drang der Gegner immer weiter vor und hatte die Stadt, in der sich 33 000 deutsche und 37 000 ungarische Soldaten befanden, am 26. eingeschlossen. Ein Entsatzversuch in der ersten Januarwoche schlug fehl.
An der Front im Osten waren die **Ausfälle im Dezember** wieder leicht angestiegen. Mit 11 870 Toten und 10 501 Vermißten wurde eine Gesamtzahl von 77 514 Mann erreicht. Vom Balkan wurden 6127 Verluste gemeldet. Zu der Meldung der Westfront wird bemerkt, daß infolge notwendiger Nachmeldungen die Zahl 67 173, in der 25 996 Vermißte enthalten waren, nicht die wahren Verluste des Monats zeigt. In Italien stiegen die Verluste durch den britischen Großangriff im Raum Faenza auf 10 995 Mann.
Der **Munitionsverbrauch** war weiter gesunken, er fiel für den Dezember auf 146 469 t. Der Meldung zur Munitionslage entnehmen wir: »Der Munitionsverbrauch hielt sich in Grenzen des Nachschubs, der unter örtlichen Spannungen die Kampfhandlungen im allgemeinen noch hinreichend stützen konnte. Dabei weist die Ostfront einen Gesamtverbrauch von nur rund 80 000 t auf, eine Menge, wie sie seit zwei Jahren nur zweimal erreicht wurde. Dieser niedrige Verbrauch ist auf den gedrosselten Nachschub und die scharfen Sparbefehle zurückzuführen.

Die Versorgungslage ist nach wie vor außerordentlich angespannt. Ohne nennenswerte Reserven ist die Munitionsversorgung völlig auf die Zugänge aus der Fertigung angewiesen. Diese sind, an sich schon unzureichend, obendrein infolge der Transportlage in der Heimat unzuverlässig. Die der Front zugewiesenen Munitionszüge werden in steigendem Maße nicht fristgemäß verladebereit, so daß täglich mit Aushilfen gearbeitet werden muß. Infolge der Nachrichtenlage treten hierbei erhebliche Schwierigkeiten auf. Mit den für Januar zur Verfügung stehenden Mengen sind Großabwehrschlachten nicht ausreichend zu versorgen.«

Der Bericht spricht von »unzureichenden Zugängen aus der Fertigung«, die hatte im November noch 310 700 t betragen und war nun im Dezember auf 221 600 t zurückgegangen. Einschließlich der 15 066 t Sprengmittel, die von den Pionieren bei den Rückzügen eingesetzt wurden, entstand 1944 – ohne den Verschuß der V 2 – ein Gesamtverbrauch von 2 607 662 t. Damit hatte das Heer seit Beginn des Ostfeldzuges an allen Fronten (ohne die nach Afrika verbrachten Mengen) 6 306 044 t Munition verbraucht.

Mit der Produktion von 3 349 800 t Munition im Jahr 1944 hatte sich die Gesamtausbringung seit Kriegsbeginn auf 8 745 590 t erhöht.

Wenn trotzdem immer von Munitionsmangel die Rede ist, müssen wir bedenken, daß, wie bereits bei den Zahlen für 1939 bemerkt, auch die Luftwaffe und die Kriegsmarine aus dieser Produktion versorgt werden mußten.

Als Vergleich hier der Munitionsverbrauch und -verlust der fliegenden Verbände der Luftwaffe:

	Bomben in t		Bordwaffenmunition in t	
	Verbrauch	Verlust	Verbrauch	Verlust
1943	302 024	48 219	11 151	4 035
1944	226 977	120 467	22 663	21 031

Die 1943 eingetretenen Verluste beziehen sich dabei fast ausschließlich auf die Räumung von Nordafrika und Sizilien. Die Zahlen für 1944 betreffen den Rückzug im Westen, wobei allein der Monat Oktober mit Verlusten von 74 166 bzw. 14 076 t die Lage klar erkennen läßt.

Aus den am 24. Januar 1945 berichtigten Meldungen des Heeresarztes können wir für das Jahr 1944 die folgenden **Personenverluste des Feldheeres** zusammenstellen:

	Tote		Verwundete		Vermißte		Gesamt	
Osten	241 700	(7 655)	1 050 757	(25 900)	687 096	(6 948)	1 979 553	(40 503)
Polarfront	5 173	(185)	1 954	(474)	4 825	(89)	11 952	(748)
Balkan	11 103	(339)	34 445	(909)	13 124	(187)	58 672	(1 435)
Italien	30 492	(923)	106 420	(2 415)	79 841	(975)	216 753	(4 313)
Westen	57 125	(2 090)	188 382	(5 067)	388 947	(4 964)	634 454	(12 121)
Gesamt	345 593	(11 192)	1 381 958	(34 765)	1 173 833	(13 163)	2 901 384	(59 120)

Dazu kommen noch die Verluste in Norwegen und Dänemark, die vom Sommer 1941 bis Ende 1944 wie folgend aussahen:

Tote 63 (2), Verwundete 201 (6), Vermißte 30 (–)

Für den Westen sind das hier die Verluste seit Invasionsbeginn. Am Ende des Jahres 1944 befanden sich übrigens von allen Wehrmachtsteilen 740 822 (19 369) Mann in den Lazaretten. Davon gehörten 407 436 (10 448) Verwundete und 296 141 (7540) Kranke zum Heer.

Die **seit Kriegsbeginn eingetretenen Verluste des Heeres** bis Ende 1944 beliefen sich lt. WVW für das Feld- und Ersatzheer auf:

Tote	1 592 799	(59 965)
Verwundete	4 047 924	(105 112)
Vermißte	1 609 698	(26 641)

Dazu kommen noch 289 978 (10 064), die im Laufe der Zeit an ihren Verwundungen verstarben, und 157 531 (8529) andere Todesfälle durch Krankheit, Unfall und Selbstmord. Im zweiten Halbjahr 1944 nahmen sich z. B. 1109 (46) Soldaten des Heeres selbst das Leben.

Ferner wurden seit Kriegsbeginn beim Heer 9730 (92) Soldaten hingerichtet. Vergleichsweise wurden während des Ersten Weltkrieges 150 Todesurteile verhängt, von denen 48 vollstreckt wurden.
Die Gründe für die durch Kriegsgerichte in der gesamten Wehrmacht verhängten **Todesurteile** waren zu etwa 80 Prozent Fahnenflucht, der Rest entfiel vorwiegend auf den § 5 der Sonderstrafrechtsordnung . . . »Zersetzung der Wehrkraft«.
Verurteilte, die vor zivilen Gerichten oder dem Volksgerichtshof standen, waren wie die in das Attentat vom 20. Juli verwickelten Heeresangehörigen meist vorher aus der Wehrmacht ausgestoßen worden. Sie sind damit nicht in diesen Zahlen, sondern bei den 16 436 zivilen Hinrichtungen enthalten, die von 1939 bis Ende 1944 in Deutschland vollstreckt wurden. Entgegen einer allgemeinen Meinung wurde übrigens bei einer Verurteilung wegen Fahnenflucht nicht automatisch die Todesstrafe ausgesprochen, der Prozentsatz stieg aber von 1940, als der Durchschnittswert 32 Prozent betrug, auf über 58 Prozent im Jahr 1944.
Nun wurden aber auch nicht alle Todesurteile vollstreckt, bis zum Mai 1944 wurden im Durchschnitt 52 von 100 Urteilen in hohe Freiheitsstrafen umgewandelt bzw. nach einer teilweisen Strafverbüßung zur Frontbewährung ausgesetzt. Die Vollstreckungskurve stieg aber mit der sich verstärkenden Härte des Krieges an und erreichte Anfang 1945 dann 68 Prozent. Die Fälle von nachgewiesener und durch ein Urteil geahndeter Fahnenflucht waren während der Kriegsjahre ständig angestiegen, von 208 im 1. Vierteljahr 1940 auf 2284 im 4. Vierteljahr 1944. Die Fälle der »unerlaubten Entfernung von der Truppe«, die zu einer Verurteilung, manchmal sogar zum Tode führten, hatten Anfang April 1942 die Zahl von 36 541 erreicht, genaue Zahlen danach lassen sich heute nicht mehr ermitteln.
Erschreckend war aber die **Zunahme der Fahnenflucht-Beschuldigten:** Es handelte sich dabei meist um nicht ergriffene Soldaten der Ostfront, von denen man annahm, daß sie zum Gegner übergelaufen waren. Lag die Anzahl im Sommer 1942 im Monatsdurchschnitt noch bei 1000, im 1. Halbjahr 1943 stieg dieser Durchschnittswert auf 2415, im Dezember waren es dann 13 836, und Ende 1944 war diese Monatszahl sogar auf 27 501 angestiegen. Hierzu sei bemerkt: Bei den schweren Kämpfen blieb es nicht aus, daß ein Teil der Vermißten in Wirklichkeit Deserteure waren, so daß die als Deserteure Verdächtigten, in aussichtsloser Lage in Gefangenschaft geraten, erst durch ihr Zurückkämpfen zu den eigenen Linien das Gegenteil beweisen mußten.

Obwohl deshalb bei der Anzahl der Beschuldigten eine hohe Dunkelziffer anzusetzen ist, wurde sie zu Vergleichszwecken mit in die folgende Tabelle aufgenommen:

Wegen Fahnenflucht	Verurteilte	Beschuldigte
1939	357	–
1940	980	–
1941	1 457	9 778
1942	3 369	16 548
1943	4 237	66 852
1944	7 190	212 631

Nachweisung
über die Anordnung oder Aussetzung der Vollstreckung gerichtlich verhängter Todes- oder Freiheitsstrafen

1. Das Urteil lautet auf:

Todesstrafe in	211 Fällen,
lebenslanges Zuchthaus in	3 » ,
zeitiges Zuchthaus in	697 » ,
Gefängnis von mehr als einem Jahr in	2 486 » ,
Gefängnis von mehr als 6 Monaten bis zu einem Jahr in	2 408 » ,
Gefängnis bis zu 6 Monaten in	6 052 » ,
Festungshaft in	78 » ,
Haft und Arrest in	4 968 » ,

2. Verurteilt wurden:

Offiziere in	239 Fällen,
Unteroffiziere in	1 908 » ,
Mannschaften in	14 101 » ,
Wehrmachtbeamte in	87 » ,
Gefolge in	558 »

3. Die Strafvollstreckung wurde **ausgesetzt** in ... 4 666 Fällen.
Davon entfallen auf:

Offiziere	80 Fälle,
Unteroffiziere	609 » ,
Mannschaften	3 906 » ,
Wehrmachtbeamte	17 » ,
Gefolge	54 » .

Die Strafvollstreckung wurde **angeordnet** in ... 11 089 Fällen.
Davon entfallen auf:

Offiziere	156 Fälle,
Unteroffiziere	1 244 » ,
Mannschaften	9 221 » ,
Wehrmachtbeamte	61 » ,
Gefolge	407 » .

Die **Verwahrung in einem Straflager** wurde angeordnet in ... 309 Fällen
Davon entfallen auf:

Offiziere	— Fälle,
Unteroffiziere	6 » ,
Mannschaften	303 » ,
Wehrmachtbeamte	— » ,
Gefolge	— » .

Die Strafvollstreckung wurde an die Behörden der Reichsjustizverwaltung **abgegeben** in 829 Fällen.
Davon entfallen auf:

Offiziere	3 Fälle,
Unteroffiziere	49 » ,
Mannschaften	671 » ,
Wehrmachtbeamte	9 » ,
Gefolge	97 » .

Die **Verbündeten Deutschlands** hatten an der Ostfront bis Ende 1944 folgende Personenverluste:

	Italien	Ungarn	Rumänien	Slowakei
Tote	6 787 (360)	42 361 (400)	17 524 (566)	1 048 (25)
Verwundete	36 590 (867)	74 056 (1 549)	102 637 (2 585)	2 938 (40)
Vermißte	68 865 (60)	32 097 (140)	199 869 (2 991)	493 (2)

Im Jahr 1944 sollte sich übrigens nochmals die Schlagkraft der Panzertruppe erhöhen, die
neuen Jagdpanzer wurden eingeführt. Diese Verstärkungen waren aber auch bitter nötig, die
Verluste, die im 1. Halbjahr 1944 z. B. 752 »Panther« und 299 »Tiger« betragen hatten, stiegen
durch die schweren Kämpfe, die nun auch im Westen begonnen hatten, erheblich an – für
das 3. Vierteljahr waren es bereits 1306 »Panther« und 397 »Tiger«.

Die Truppe hatte zwar im Februar bereits die ersten fünf »Königstiger« erhalten, in die Neuaufstellung der schweren Panzer-Abt. gingen aber erst im Juni 18 dieser Fahrzeuge. Zur Auffrischung der Einheiten wurden der Front aber dann in den nächsten drei Monaten 194 dieser schweren Panzer zugeführt. Den Pz.Jäger-Abt. 559 und 654 waren vom April bis einschließlich Juni 31 Stück vom Jagd-»Panther« zugegangen, weitere 106 Fahrzeuge verteilten sich bis Ende September auf andere Einheiten.

Größere Stückzahlen befanden sich aber nur vom Jagdpanzer IV bei den Verbänden, 314 dieser Fahrzeuge zeigen die Bestandslisten.

Obwohl vom Jagdpanzer 38 ab April bis Ende Juni bereits 273 Stück abgenommen wurden, hat man erst im August die ersten 97 Fahrzeuge den in der Aufstellung begriffenen Pz.Jäger-Abt. 731 und 743 zugeführt. Weitere 101 dieser Jagdpanzer gingen im September als notwendige Panzerabwehr an die Pz.Jagdkommandos einiger Infanterie-Divisionen.

Von dem im August bei der Firma *Vomag* abgenommenen »Guderian-Enten«, dem Panzer IV mit der 7,5-cm-KwK 42 L/70, gingen sofort 33 Fahrzeuge an die neuen Pz.Brigaden 105 und 106. Während des September folgten dann 50 der *Vomag*- und 22 der *Alkett*-Ausführung. Die andere geplante Lösung, der Pz. IV lang (E), der, bei *Henschel* gefertigt, mit 1345 Stück die bei *Alkett* gebauten ersetzen sollte, wurde im September gestrichen, der Auftrag für das *Alkett*-Fahrzeug erhöht.

Das *Nibelungen*-Werk hätte bis August vom Jagd-»Tiger« 39 Stück liefern sollen, bis Ende September waren aber nur acht Fahrzeuge fertig geworden, von denen die Pz.Jäger-Abt. 653 vier Stück zur Schulung übernahm. Bis Ende November standen dann 14 Fahrzeuge bei den neu aufgestellten Einheiten. Der erste, größere Einsatz erfolgte aber erst am 10. März 1945 gegen den Brückenkopf der amerikanischen 9. Panzer-Division bei Remagen.

Die zahlreichen, von der Organisations-Abt. des OKH befohlenen Zuweisungen dieser Fahrzeuge zu neu aufgestellten Einheiten stießen übrigens auf starke Kritik der Fronttruppe – eine Zuführung an die bereits mit den Eigenheiten der Front vertrauten Truppe hätte sicher bessere Einsatzergebnisse gebracht.

Der **Verbrauch an Fahrzeugen** betrug 1944 beim deutschen Heer:

Panzer II	84	Sturmgeschütz III	3 765
Panzer II »Luchs«	11	Sturmgeschütz IV	125
Panzer III	223	Sturmhaubitze	464
Panzer IV	3 105	Sturmpanzer	105
Panzer V »Panther«	2 680	Pak-Selbstfahrlafette	1 001
Panzer VI »Tiger«	756	10,5-cm-le.F.H. »Wespe«	314
»Königstiger«	74	15-cm-s.F.H. »Hummel«	266
Flamm-Panzer	19	15-cm-s.I.G. »Grille«	149
Berge-Panzer	84	Panzer-Funkwagen	116
Muni-Panzer	140	le.Panzer-Spähwagen	477
Flak-Panzer	48	s.Panzer-Spähwagen	343
Befehls-Panzer	324	Schützen-Panzerwagen	7 198
Beobachtungs-Panzer	166	Krad	68 977
»Ferdinand«	42	Ketten-Krad	1 827
Panzer IV mit L/70	70	Pkw	82 084
Jagdpanzer IV	122	Lkw	130 589
Jagdpanzer V	54	Zgkw/s.W.S.	9 399
Jagdpanzer 38	268	Gleisketten-Lkw »Maultier«	6 770
»Nashorn«	233	RSO	7 683
Funklenk-Panzer B IV	68		

Von diesen Fahrzeugen ist natürlich ein Teil wieder instand gesetzt worden, es gab aber auch zusätzliche Verschrottungen, z. B. 5431 Kräder, 14 400 Pkws und 38 556 Lkws.

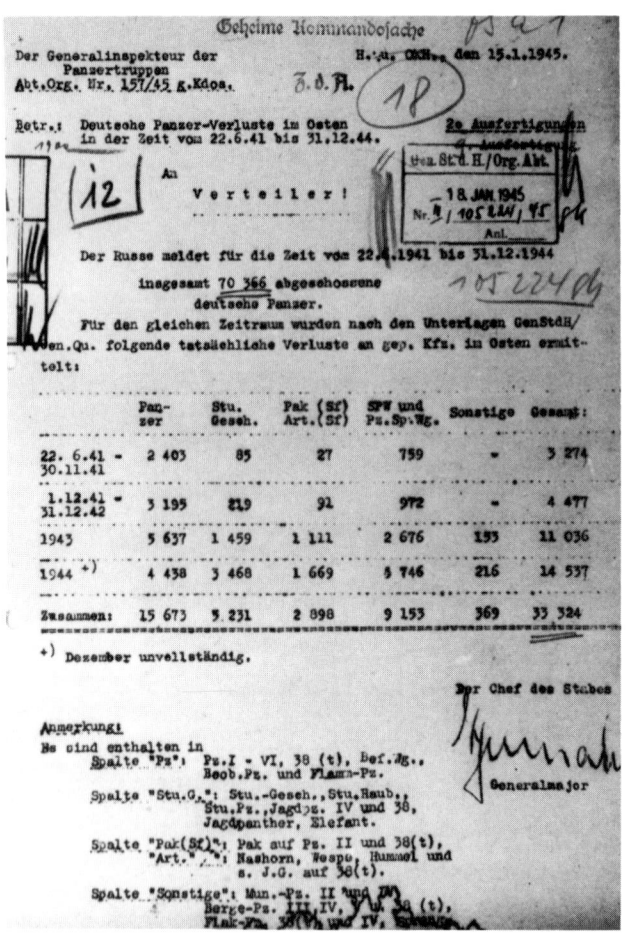

Deutsche Panzerverluste:
Gegenüberstellung zu der
russischen Meldung

Während des Jahres 1944 hat die Truppe aus der Instandsetzung die folgenden Fahrzeuge erhalten:

Panzer III	105	Pak-Selbstfahrlafette	139
Panzer IV	294	8,8-cm-Pak »Nashorn«	42
Panzer V »Panther«	110	10,5-cm-le.F.H. »Wespe«	72
Panzer VI »Tiger«	60	15-cm-s.F.H. »Hummel«	61
»Königstiger«	17	15-cm-s.I.G. »Grille«	30
Berge-Panzer	273	Pz.Funkwagen	2
Munitions-Panzer	26	le.Pz.Spähwagen	145
Flak-Panzer	62	s.Pz.Spähwagen	45
Befehls-Panzer	109	Schützenpanzerwagen	180
Beobachtungswagen	119	Krad	5 841
Jagdpanzer IV	18	Kettenkrad	14
Jagd-»Tiger«	12	Pkw	33 388
Jagdpz. »Ferdinand«	14	Lkw	19 496
Sturmgeschütze	666	Zgkw	1 155
Sturm-Haubitzen	41	Gleisketten-Lkw	342
Sturmpanzer	53	RSO	508

278

Eine russische Meldung gab die im Osten bis Ende 1944 vernichteten deutschen Panzer mit 70 366 an. Daraufhin legte der Generalinspekteur der Panzertruppen eine Aufstellung vor, die bei einigen für Dezember noch ausstehenden Bestandsmeldungen **33 324 tatsächlich verlorene Panzer** auswies.

Diese Meldung enthielt aber nicht nur einen groben Additionsfehler, sie war auch für 1943 um etwa 2450 zu niedrig. Für 1944 lassen sich leider die Verluste im Osten und Westen nicht mehr mit der notwendigen Zuverlässigkeit trennen, für alle Fronten zusammen betrugen für dieses Jahr die Ausfälle 22 795 der in der Originalmeldung berücksichtigten Fahrzeuge.

Die Panzerfahrzeuge haben im Jahr 1944 folgende Munitionsmengen verbraucht:

2-cm-Pzgr.	9 488 200
5-cm-Sprgr.	774 800
5-cm-Pzgr.	622 800
7,5-cm-KwK-Gr.	977 000
7,5-cm-Sprgr. 34	2 175 100
7,5-cm-Gr. 38 HL	394 300
7,5-cm-Pzgr. 39	1 082 900
7,5-cm-Nebel-Gr.	15 500
7,5-cm-Sprgr. 42	828 000
7,5-cm-Pzgr. 39/42	541 900
8,8-cm-KwK 36 Sprgr.	485 500
8,8-cm-KwK 36 Pzgr.	244 400
8,8-cm-KwK 43 Sprgr.	660 300
8,8-cm-KwK 43 Pzgr.	584 000

Bei den 8,8-cm-Granaten für die KwK 43 sind die von der Pak verbrauchten Mengen mit eingeschlossen.

Der Totalausfall an Pferden war seit Beginn des Ostfeldzuges bis Ende 1944 auf 1 558 508 angestiegen.

Die folgende Tabelle enthält für 1944 die **Verbrauchszahlen der wichtigsten Waffen und der Munition:**

Waffen			Munition
392 793	Pistolen		451 732 500
134 414	Maschinenpistolen		
	Leuchtpistole	WK 326	56 400
		WK 361	112 860
		Pz.W.Kp. 42	5 030
30 454	Sturmgewehre		164 572 600
1 457 012	Gewehre und Karabiner		
157 307	Maschinengewehre		4 168 975 300
69 576	Gewehr-Granatgeräte		
	Gewehr-Sprenggranaten		9 526 400
	Gewehr-Panzergranaten		6 195 900
	Gewehr-Propaganda-Granaten		178 100
	Panzerfäuste		2 053 500
11 751	Panzerschreck		889 200
298	s.Pz.B. 41	Pz.Gr.	87 800
		Sprgr.	117 900
3 066	3,7-cm-Pak	Spr.- u. Pzgr.	2 481 500
		Stielgranate	61 700
128	4,2-cm-Pak	Pz.Gr.	75 000
		Sprgr.	196 300

Waffen			Munition
2 410	5-cm-Pak	Pz.Gr.	900 200
		Sprgr.	1 019 400
6 634	7,5-cm-Pak 40	Pzgr.	1 276 500
		HL-Gr.	534 500
		Sprgr.	1 407 000
80	7,5-cm-Pak 41	Spr.- u. Pzgr.	5 400
826	7,5-cm-Pak 97/38	HL-Gr.	592 900
		Sprgr.	4 105 300
480	7,62-cm-Pak 36	Pzgr.	249 200
		Sprgr.	965 700
738	8,8-cm-Pak 43		siehe unter Panzerfahrzeuge
–	12,8-cm-Pak	Pzgr.	1 900
		Sprgr.	1 800
3 576	5-cm-Gr.W. 36		3 903 600
16 490	8-cm-Gr.W. 34		24 182 700
1 865	12-cm-Gr.W. 42		2 983 500
192	10-cm-Nb.W. 35		416 700
63	10-cm-Nb.W. 40		153 900
282	15-cm-Nb.W. 41		1 275 600
74	21-cm-Nb.W. 42		100 400
67	28/32-cm-Nb.W.	28-cm-WK	159 400
		32-cm-WK	58 200
82	30-cm-Nb.W. 42		148 500
4	30-cm-R.Werfer 56		
?	Propaganda-Werfer		168 300
340	I.G. 37		10 817 300
2 512	le.I.G. 18		
830	s.I.G. 33		2 252 500
		Stielgranate	13 100
		Brandgranate	22 200
?	7,5-cm-LG 40		99 800
?	10,5-cm-LG 40 u. 42		183 900
42	Geb.K. 15		579 200
194	Geb.G. 36		1 515 900
67	Geb.H. 40		433 400
4	le.F.K. 18		82 600
263	s.10-cm-K. 18		2 147 700
4 020	le.F.H. 18		31 104 600
1 159	le.F.H. 18/40		
1 617	s.F.H. 18		6 774 500
21	15-cm-K. 18		90 900
3	15-cm-K. 39		15 500
–	15-cm-K. in Mrs.Laf.		7 900
63	17-cm-K. in Mrs.Laf.		270 000
210	21-cm-Mrs. 18		507 600
12	21-cm-K. 39/40		15 800
–	24-cm-K. 3		1 710
6	24-cm-H. 39		6 726
–	K 5(E)		4 196
–	M. 1		100
–	Karl-Selbstfahrlafette		144
–	15 cm(E)		2 900
–	17 cm(E)		4 200
–	20,3 cm(E)		6 840

	Waffen		Munition
–	K. 12(E)		283
–	24-cm-Theodor Bruno(E)		5 270
–	28-cm-Kz.Bruno(E)		2 436
1	28-cm-Bruno Neu(E)		780
–	38-cm-Siegfried(E)		1 220
3 758	2-cm-Flak	} Spr.- u. Brand-Gr.	
219	2-cm-Vierling	}	47 161 900
436	3,7-cm-Flak	} Sprgr.	1 908 800
33	3,7-cm-Flak 43	} Pzgr.	
2	3,7-cm-Zwilling	}	390 900
457	8,8-cm-Flak Sprgr.		1 235 000
	Pzgr.		100 600
	Stielhandgranaten		17 666 900
	Ei-Handgranaten		20 208 600
	Nebel-Handgranaten		1 578 400
	Blendkörper		1 728 100
	Haftladung H 3		147 700
	T- und Holz-Minen		8 632 500
	S-Minen		5 328 000
	Eis-Minen		612 100
	Riegel-Minen		423 800

In diesen Zahlen sind 70 060 Gewehre 41 und 43 und 22 960 Gewehre mit Zielfernrohr enthalten. Vom kurzen 8-cm-Granatwerfer wurden 80 Stück verbraucht, sie wurden bei 8-cm-Gr.W. 34 mit eingerechnet. Vom MG 42 sind 53 748 Stück verlorengegangen.

Die folgende Aufstellung zeigt die **Waffen,** die der Truppe 1944 **aus der Instandsetzung** zugeführt wurden:

17 248	Pistolen	355	le.F.H.
2 284	Maschinenpistolen	568	s.F.H.
819	Sturmgewehre	23	15-cm-K. 18
235 714	Karabiner 98	19	17-cm-K. in Mrs.Laf.
169	Karabiner 98 mit Zielfernrohr	53	21-cm-Mrs. 18
4 810	K. 41 und K. 43	2	21-cm-K. 39/40
5 880	MG 34	3	M. 1
2 514	MG 42	3	K. 5 (E)
8 383	sonstige MG	1	28-cm-Bruno Neu
1 289	Panzerschreck	93	2-cm-Flak
187	7,5-cm-Pak	27	2-cm-Vierling
67	8,8-cm-Pak	2	3,7-cm-Flak
1 170	5-cm-Gr.W. 36		
2 361	8-cm-Gr.W. 34		
52	12-cm-Gr.W. 42		
234	15-cm-Nb.W. 41		
222	21-cm-Nb.W. 42		
62	28/32-cm-Nb.W.		
37	30-cm-Nb.W. 42		
21	le.I.G. 18		
2 059	I.G. 37		
81	s.I.G. 33		
21	Geb.G. 36		
12	Geb.H. 40		
73	s.10-cm-K. 18		

Für folgende fremde Waffen ist hier der Munitionsverbrauch aufgeführt:

3,7 cm (t)	642 700	15,5-cm-K. 418(f)	266 800
4,7 cm (t)	543 300	19,4-cm-K (E) 486(f)	14 950
8-cm-F.K. 30(t)	327 500	22-cm-Mrs. 531(f)	118 270
10-cm-le.F.H. 30(t)	92 400	24-cm-K (E) 557(f)	1 120
le.F.H. 14/19(t)	763 200	37-cm-H (E) 751(f)	480
s.10,5-cm-K. 35(t)	213 900	40-cm-H (E) 752(f)	1 940
s.F.H. 25(t)	12 000	8,2-cm-Gr.W. 274(r)	218 700
s.F.H. 37(t)	120 700	4,5-cm-Pak 184(r)	1 062 000
s.24-cm-K.(t)	340	7,62-cm-I.K.H. 290(r)	1 261 500
30,5-cm-Mrs.(t)	595	12,2-cm-le.F.H. 388(r)	42 200
4,7-cm-Pak 181(f)	124 900	12,2-cm-K. 390(r)	312 500
10,5-cm-K. 331(f)	808 000	12,2-cm-s.F.H. 396(r)	690 600
10,5-cm-K. 332(f)	42 450	15,2-cm-K.H. 433(r)	292 000
15,5-cm-s.F.H. 414(f)	1 334 500	15,2-cm-s.F.H. 443(r)	15 300
15,5-cm-K. 416(f)	352 200	15,2-cm-s.F.H. 445(r)	20 850

Im zweiten Halbjahr 1944 waren unter anderem die folgenden **Beutewaffen** verlorengegangen:

990	5-cm-Granatwerfer
1079	8-cm-Granatwerfer
76	12-cm-Granatwerfer
186	Pz.Büchsen und Pak bis 3,7 cm
482	4,5- und 4,7-cm-Pak
918	7,5-cm-Feldkanonen
415	10,5-cm-Haubitzen und Kanonen
733	15,5-cm-Haubitzen und Kanonen
112	Mörser von 22–28 cm Kal.

Daß die Truppe bereits alle möglichen Beutewaffen einsetzte, zeigt hier der Verlust von 23 englischen Panzerbüchsen 782(e) vom Kal. 13,9 mm.

Während des Jahres 1944 hatte der **Gegner im Osten** seine Panzerfahrzeuge weiter verbessert und die Produktion gesteigert. Von der auslaufenden KW-Serie wurden 493 Fahrgestelle mit der 12,2-cm-Kanone ausgerüstet. Verbesserte Selbstfahrlafetten, bei denen die 12,2-cm-Kanone bzw. die 15,2-cm-Kanonen-Haubitze auf das Fahrgestell des Stalin-Panzers montiert waren, erschienen an der Front. Der 48 t schwere Stalin-Panzer mit der 12,2-cm-KwK war ein ernst zu nehmender Gegner, aber auch der neue SU-100-Panzerjäger mit der 10-cm-KwK auf dem T-34-Fahrgestell war nicht zu unterschätzen.

Die Produktionszahlen der wichtigsten russischen Panzerfahrzeuge für das Jahr 1944:

T-34 KwK 7,62 cm	2 995
T-34 KwK 8,5 cm	11 778
Stalin-Panzer KwK 12,2 cm	2 252
Panzerjäger SU-76 KwK 7,62 cm	7 105
Panzerjäger SU-85 KwK 8,5 cm	1 300
Panzerjäger SU-100 KwK 10 cm	500
Flak-Panzer ZSU-37	150
Selbstfahrlafette 12,2 cm auf KW	493
Selbstfahrlafette 12,2 cm oder 15,2 cm auf Stalin-Panzer	2 510

Nun wieder zum Vergleich: Trotz der seit Juni 1944 allein von der amerikanischen Luftwaffe auf die Panzer-Montagewerke abgeworfenen 9499 ts Bomben konnte die deutsche Industrie nicht nur ihre Ausbringung steigern, sondern der Truppe neue, bessere Fahrzeuge zur Verfügung stellen.

Deutschland lag in dem Jahr mit 14 668 schweren Kampfwagen gegenüber den 18 825 russischen Fahrzeugen nur noch 22 Prozent zurück.

Beim deutschen Heer war ab Februar 1944 die neue **rückstoßlose Panzerabwehrwaffe,** das »Puppchen«, im Einsatz. Eisminen wurden seit Ende 1943 verlegt, ab August kamen dann die Riegelminen dazu. Die für das s.I.G. 33 entwickelte 15-cm-Brandgranate wurde ab Januar in verstärktem Maße eingesetzt. Bei der **Panzerfaust** verwendete die Truppe ab Spätsommer fast nur noch die große Ausführung. Im Dezember war der Verbrauch dieser neuartigen Waffe auf fast 507 000 Stück angestiegen. Beim **Panzerschreck** lag der Höchstverbrauch bei etwa 336 000 Schuß im August, am Jahresende war dieser Wert aber wieder auf rund 58 000 abgesunken.

Mangel an Artillerie zwang ab August erneut zum Einsatz des 7,5-cm-LG 40, für das noch größere Munitionsreserven vorlagen. Dafür hat man aber ab Sommer die 10-cm-Nebelwerfer 35 und 40 immer weniger eingesetzt. Bei der 3,7-cm-Pak hat man im Juli die letzten Stielgranaten verschossen. Die 15-cm-Kanone in Mörserlafette ist ab September kaum noch im Einsatz gewesen. Die 28-cm-Haubitze und der Gamma-Mörser haben 1944 überhaupt nichts verschossen. Die 21-cm-Mörser(t), die im Februar noch 50 Schuß verfeuert hatten, verschossen im Juli nochmals acht Schuß und wurden dann aus der Front abgezogen.

Im Herbst kam der neue **30-cm-Raketenwerfer 56** zur Truppe. Im Dezember verschoß das Eisenbahngeschütz K. 5 mit dem neuen Tiefzugrohr die ersten 156 Schuß. Von der **12,8-cm-Pak,** die eigentlich als Waffe für den Jagd-»Tiger« vorgesehen war, erhielt die Truppe im Dezember eine kleine Stückzahl in der Radlafette. Bei der schweren 10,5-cm-Kanone 332(f), von der in Frankreich 159 Stück gebaut wurden, fielen die letzten Beutewaffen im Oktober aus.

Aus der Tabelle ersehen wir den hohen Verbrauch der Gewehrgranaten. Bei den schweren Kämpfen sind davon allein im August an allen Fronten 2,07 Millionen der Sprenggranaten und 2,25 Millionen Panzergranaten verbraucht worden. Obwohl der teilweise chronische Waffenmangel erneut in Berichten der einzelnen Divisionen sichtbar war, wurden immer weiter Waffen an das Ausland verkauft. Waren es beispielsweise 1943 vom dringend an der Front benötigten MG 42 nur 864 Stück, die ins Ausland gingen, stieg für das Jahr 1944 dieser Export auf 7150 Stück an. Das entsprach dem Durchschnitts-Frontverbrauch von sieben Wochen des Jahres 1944. Da die Schwierigkeiten der Munitionsversorgung mit der ungenügenden Versorgung von Pulver und Sprengstoff unmittelbar zusammenhingen, sollen hier einige Zahlen genannt werden.

Die folgende Tabelle zeigt den Durchschnittsverbrauch je Monat für die drei letzten Kriegsjahre der gesamten Wehrmacht:

	Pulververbrauch	Sprengstoffverbrauch
	Monatsdurchschnitt	
1942	7 549 t	21 374 t
1943	12 513 t	31 667 t
1944	25 592 t	52 050 t

Trotz verhältnismäßig hoher Pulverproduktion sank durch den hohen Verbrauch der Bestand beim Heer von 27 533 t im September 1944 zu 13 195 t am Beginn des Jahres 1945 und dann zu 12 581 t am 1. März 1945.

Im dem Zusammenhang war der Optimismus zu bewundern, den der General der Artillerie im OKH in sein für 1945 vorgelegtes Produktionsprogramm gesteckt hatte. Es wurden für das gesamte Jahr die folgenden Lieferzahlen gefordert:

7,5-cm-Geb.Gesch. 43	597
10,5-cm-Geb.H. 40	229
10,5-cm-le.F.H. 18/40	9 267
10,5-cm-le.F.H. 18/40	2 080 für Selbstfahrlafetten
15-cm-s.F.H. 18	4 453
15-cm-s.F.H. 18	300 für Selbstfahrlafetten
21-cm-Mrs. 18	409
7,5-cm-FK. 85	4 210
8,8-cm-PaK	1 302 für Selbstfahrlafette
10-cm-K. 18	1 811
17-cm-K. in Mrs.Laf.	600
21-cm-K. 52	100
24-cm-K. 3	12
28-cm-K. 5	14 für Selbstfahrlafette
3,7-cm-Flak	13 839

Wenn wir diese Zahlen der Produktion von 1944 gegenüberstellen, sehen wir eine starke Steigerung bei den s.F.H. (von 2926 zu 4753), den weitreichenden Waffen und den Flakgeschützen mittleren Kalibers. Dazu findet sich in der gKdos-Unterlage Nr. 2943/44 von Ende September 1944 die folgende Bemerkung: »Die deutsche Artillerie ist an Zahl und Schußweite der Feindartillerie weit unterlegen. Diese Tatsache zwingt, die zu geringe Zahl an weittragenden Geschützen zu erhöhen.«

Wie sah denn die **Personallage** aus?

Im Herbst 1944 gab es außer einer ganzen Anzahl von Einheiten, die wie die Sturmgeschütz-Brigaden oder die SS-Grenadier-Brigade (ital.) zu den mittleren Verbänden zählten, beim Heer 295 Divisionen, von denen 14 so zerschlagen waren, daß sie sich in der Auflösung befanden. Da sind die 30 SS- und die 11 Luftwaffen-Felddivisionen mit eingeschlossen. Die Durchschnittssollstärke lag zwar bei 12 500 Mann, die Ist- oder die Kampfstärke betrug im Durchschnitt aber nur 8761 Mann.

Für 1945 wurde nun geplant, die Divisionen zu verkleinern und gleichzeitig den Gegner durch Neuaufstellungen zu täuschen. Bisher war die 719. ID, die im Westen zerschlagen wurde, die Einheit mit der höchsten Nummer gewesen, nun sollten die Neuaufstellungen Suggestivnamen erhalten, um den Widerstandswillen der Truppe zu stärken. Hinter diesen Namen wie »Scharnhorst«, »Theodor Körner« und »Ullrich von Hutten« verbargen sich aber Reste von zerschlagenen Divisionen, die man erneut zusammenfaßte – bei der letzteren z. B. der ID 18, 56 und 190. Die Sollstärke der neuen Infanterie-Division 45 wurde auf 10 728 Mann gekürzt, und dabei wurde wegen des chronischen Waffenmangels die Ausrüstung stark verringert. Hatten die ersten Planungen noch 11 891 Handwaffen und 536 Maschinengewehre vorgesehen, ein persönlicher Befehl Hitlers schränkte das erneut auf 7462 Handwaffen und 350 Maschinengewehre ein.

Schlimmer erging es nur noch den Panzer-Divisionen, die nun auch Namen wie »Clausewitz« und »Müncheberg« erhielten.

Im Herbst besaßen sie bei einer Kopfstärke von 11 797 Mann noch 165 Panzer und 288 Schützenpanzerwagen, nun wurde sie wie z. B. die 25. Pz.Div. umbenannt, hieß nun Kampfgruppe Pz.Div. 45, bestand nur noch aus 8602 Mann und verfügte über 54 Panzer und 90 Schützenpanzerwagen. Diese Zahlen beinhalten auch die Versorgungstruppen, deren Lkw-Soll von 1198 zu 829 Stück gekürzt wurde.

Man versuchte noch, die angespannte Personallage im Heer durch Übernahme von Luftwaffenangehörigen, der Aufstellung von Marine-Infanterie oder der Eingliederung ganzer Gruppen des Reichsarbeitsdienstes wie bei der Division »Theodor Körner« günstiger zu gestalten – es war aber viel zu spät, um eine Wende herbeizuführen.

Januar bis 9. Mai 1945

Das neue Jahr begann **im Osten** mit dem Versuch des IV. SS-Panzer-Korps, durch einen Vorstoß die in Budapest eingeschlossenen 33 000 Mann des IX. SS.Geb.Korps zu befreien. Das Unternehmen schlug aber fehl. Beim Gegner trat die 1. Ukrainische Front ab 12. Januar zu einer Großoffensive an, am 17. erreichten sie Tschenstochau.

Im Norden hatte die russische Offensive am 13. begonnen. Nach fünf Tagen schwerer Kämpfe gelang der Durchbruch in Richtung Ostsee. Aber auch im Mittelabschnitt, wo der Gegner am 14. mit vier Armeen vorstieß, war die Front nicht zu halten – in wenigen Tagen war die deutsche Heeresgruppe A zerschlagen.

Der **Heeresgruppe Mitte** drohte in Ostpreußen die Einschließung. Die Abteilung »Fremde Heere Ost« schätzte die Überlegenheit des Gegners an der Ostfront bei der Infanterie auf 7,7:1, bei Artillerie auf 6,9:1 und bei den Panzern auf 4,7:1. Am 17. räumte die 9. deutsche Armee Warschau, am folgenden Tag ging Krakau verloren. Eine Woche später wurde bei einer Rückzugsbewegung der größte Teil der Slowakei aufgegeben.

Am 26. war Ostpreußen abgeschnitten, in Königsberg schlugen die ersten russischen Granaten ein. Kattowitz ging am gleichen Tag verloren. Im Zuge der seit dem 23. laufenden Räumungstransporte wurde am 30. das mit Flüchtlingen voll besetzte KdF-Schiff »Wilhelm Gustloff« durch ein russisches U-Boot versenkt. Dabei überlebten von über 6000 Menschen nur 1252.

Im Westen begann am 1. Januar das Unternehmen **Nordwind,** eine Offensive in den Vogesen gegen die 7. US-Armee, die aber nur geringe Erfolge zeigte.

Am 29. begann die 3. US-Armee mit den ersten Vorstößen gegen den Westwall.

An der Front in **Italien** war es verhältnismäßig ruhig. Die **Ausfälle** waren im Januar auf 4751 Mann zurückgegangen.

Verhältnismäßig gering waren mit 3212 Mann auch die Ausfälle auf dem Balkan. Im Westen betrug die Ausfallzahl 65 429, darin waren 42 398 blutige Verluste eingeschlossen, die zum großen Teil beim Unternehmen »Nordwind« entstanden waren. Die Verlustmeldung von der Ostfront war mit 73 025 zu niedrig, eine ganze Anzahl Meldungen war nicht oder nur verstümmelt durchgekommen. In den Februarzahlen machte sich das dann bemerkbar.

Zur immer kritischer werdenden **Rüstungslage** entnehmen wir einiges einer Rede, die der Rüstungsminister Speer am 13. Januar 1945 vor einem Generalstabslehrgang hielt. Nach einer kurzen Einleitung fuhr er fort: »Die Katastrophenverluste, die wir im Laufe der letzten Jahre, in der Hauptsache im Jahr 1944 erlitten haben, waren auch auf dem Gebiet der Waffen, der Munitionsbevorratung, der Panzer usw. ganz außerordentlich.« Er verlas dann die üblichen Statistiken, denen unter anderem zu entnehmen war, daß die Lieferung von Munition zur Front 1943 rund 2,556 Millionen Tonnen betragen hatte und daß diese Lieferungen 1944 auf 3,418 Millionen Tonnen gesteigert werden konnten.

In einem anschließenden Frage- und Antwortspiel, bei dem darauf hingewiesen wurde, daß die Verluste bei den Einheiten, die unter Mangel an Munition für Granatwerfer litten, dreimal so hoch waren wie bei den voll versorgten Einheiten, beantwortete Speer die Frage: »Wie kommt es, daß wir Mangel an Granatwerfermunition haben?« folgendermaßen: »Weil wir die Granatwerferproduktion gesteigert haben. Wenn ich gescheit wäre, würde ich weniger Granatwerfer machen, dann wäre kein Mangel an Munition da. Da wir besonders viel Granatwerfer machen, haben wir selbst den Mangel an Munition erzeugt.« Speer hatte mit der Werferproduktion schon recht; sie war für die viel eingesetzten 8-cm-Granatwerfer von 2190 im Oktober um über 80 Prozent auf 3950 im Dezember gesteigert worden.

Die Munitionsfertigung, die er aber ebenfalls hätte steigern müssen, fiel jedoch in dem gleichen Zeitraum von 3895 Millionen Schuß um 27,4 Prozent auf 2827 Millionen. Stahlmangel machte sich bemerkbar. Was aber Speer dem Fragesteller verschwieg – von den während des Jahres 1944 gefertigten 8-cm-Wurfgranaten lagen am Ende des Jahres 4 774 500 ohne Sprengladung vor, durch den immer knapper werdenden Sprengstoff konnten im Januar von der gefertigten Stückzahl nur 79 Prozent, im Februar dann nur noch 68,7 Prozent mit Sprengstoff gefüllt werden. Am 1. März 1945 war dann die Anzahl der ungefüllten Granaten auf 6 036 500 angestiegen.

Im **Bericht zur Munitionslage** heißt es Mitte Januar unter anderem: ».. . die von 2,9 Millionen auf 1 Million Tonnen zurückgegangene Rohstahlerzeugung wirkt sich mit Schwerpunkt zuerst bei der Munition aus, da hier der Durchlauf von Rohstahl zum fertigen Produkt bei weitem am kürzesten ist.«

Unter diesen Umständen stellte das Waffenamt ein neues Produktionsprogramm auf und wies darauf hin, daß damit die Bedarfsdeckung für die Munition nur

31% bei der Pak und KwK
37% bei den Nebelwerfern und
47% bei der Artillerie

betragen würde. Abschließend heißt es dann: »Ob unter dieser Munitionslage das Heer seine im Jahr 1945 gestellte Aufgabe erfüllen kann, hängt weitgehend vom Feindverhalten ab. Ein gleichzeitiger Großkampf an allen Fronten ist munitionsmäßig nicht mehr hinreichend zu versorgen und muß zu einer Katastrophe führen.«

Es sollte aber noch schlimmer kommen. Am 27. Januar wurde das bis zuletzt voll produzierende oberschlesische Industriegebiet geräumt. Hatte die Förderkapazität Deutschlands 1944 einschließlich der besetzten Westgebiete noch 29,2 Millionen Tonnen Steinkohle betragen, so ging dieser Wert nach dem Verlust der Kapazitäten in Lothringen, der Saar und in Oberschlesien auf 12,1 Millionen Tonnen zurück, und davon waren durch die schlechte Verkehrslage lediglich 5,5 Millionen nutzbar. In einem Speer-Bericht heißt es zur neuen Lage: »Zusammenfassend ist zu sagen, daß nach dem Verlust Oberschlesiens die deutsche Rüstung nicht mehr in der Lage ist, die Bedürfnisse der Front auch nur im entferntesten zu decken. Die Zahlen, die noch im Januar und Februar erzeugt werden konnten, stellen einen Auslauf der Produktion dar. Die tatsächlichen unterbauten, echten Produktionszahlen sind demgegenüber bedeutend geringer. Mit einer Produktion von 300–400 000 Tonnen Rohstahl im Monat ist die Rüstung zu einem schnellen Zusammenbruch verurteilt.«

Als Beispiel für die Auswirkungen des Stahlmangels sei hier die Stahlhelmfertigung betrachtet. Im 2. Halbjahr 1943 lag hier die Auslieferung im Monatsdurchschnitt noch bei 434 200 Stück – sie fiel dann auf 381 000 im 1. Halbjahr und 332 300 im 2. Halbjahr 1944. Im Monat Januar 1945 wurden dann nur noch 261 000 Stahlhelme gefertigt.

Betrachten wir den Rückgang der wichtigsten Munition seit November 1944 (in Schuß):

Munition für	November	Dezember		Januar 1945	
le.Inf.Waffen	483 066 000	454 100 000	–6 %	400 500 000	–11,8%
8-cm- und 12-cm-Gr.Wfr.	4 171 000	3 098 000	–26,9%	2 482 000	–18,6%
7,5-cm- und 15-cm-Inf.Geschütze	1 245 300	987 000	–20,7%	817 000	–17,2%
alle Nebelwerfer	163 600	151 200	–7,6%	108 100	–28,5%
10,5-cm-le.F.H.	2 796 000	2 096 400	–25 %	1 722 100	–17,9%
15-cm-s.F.H.	573 800	396 000	–31 %	307 000	–22,5%

Die Prozentzahlen beziehen sich dabei jeweils auf den Vormonat.

Bei der **Waffenlage** lesen wir im Bericht: »Die Ausfälle an Karabinern betragen das Zehnfache des gleichzeitigen Frontnachschubs. Bei den Großkämpfen im pommerschen Raum und im Westen muß mit Anhalten der hohen Ausfälle gerechnet werden. Die Truppe fordert trotz der beträchtlichen Verluste auf allen Waffengebieten z. Zt. ausschließlich Handwaffen. Bei der geringen für Frontnachschub zur Verfügung stehenden Menge ist keine Besserung abzusehen. Die Lage erfordert gebieterisch die restlose Herauslösung aller Handwaffen aus Verbänden, die nicht an der Front eingesetzt sind. Darüber hinaus muß die Ausstattung des Feldheeres mit dem Volksgewehr gefordert werden. Nur die restlose Ausschöpfung aller Möglichkeiten, alle Handwaffen beschleunigt dem Feldheer zuzuführen, kann die dringend erforderliche Entlastung der Handwaffenlage bringen.«

Besonders bei den Sturmgewehren, deren Produktion im Januar 1945, gemessen am Vormonat, um 16,3 Prozent gesunken war, waren die Verluste um 97,2 Prozent angestiegen. Bei den Maschinengewehren lag die Produktion bei minus 2,7 Prozent, bei den Verlusten aber bei plus 75,5 Prozent.

Die Produktion von Pulver für alle drei Wehrmachtsteile war gegenüber dem Durchschnitt des letzten Quartals 1944 um 17 Prozent gesunken, die von Sprengstoff sogar um 22 Prozent. Durch die Rückzüge bedingt, war der Munitionsverbrauch im Januar auf 123 167 t zurückgegangen.

Aus der Fertigung hat die gesamte Wehrmacht in diesem Monat 162 300 t Munition erhalten, und damit lag man weitere 27 Prozent unter der sowieso sehr niedrigen Ausbringung im Dezember des letzten Jahres.

Anfang Februar 1945 legte der Wehrmachtsführungsstab den **letzten personellen Einsatzplan** vor. Der Stand vom 1. Oktober 1944 zeigte die Stärke und die bisherigen Ausfälle der gesamten Wehrmacht:

	Stärke	Ausfälle
Heer und Waffen-SS	7 371 682	2 748 034
Luftwaffe	1 966 862	203 213
Kriegsmarine	713 523	69 441
	10 052 067	3 020 688

Der Wehrmacht sollten nun bis Ende Juli 1945 als Ersatz 788 000 Mann zugeführt werden. Der Bericht führt aus: »Das Bestreben der Industrie, die inländischen Männer – insbesondere die Fachkräfte unter ihnen – auf jeden Fall zu halten, um möglicherweise später wieder auftretende Zwangslagen auszubalancieren, ist verständlich. In der gegenwärtigen Lage, in der es auf jeden Mann ankommt, geht es aber nicht an, wehrfähige Kräfte für einen vielleicht wieder erscheinenden Bedarf zu horten.« Eine Liste zeigte dann die UK-gestellten Männer der verschiedenen Sparten, die 48 Jahre oder jünger waren:

Reichsbahn	301 543
sonstiger Verkehr	69 251
Reichspost	48 140
Partei/SS/Polizei	311 161
öffentliche Ämter	66 952
Wirtschaft	1 882 572
Wehrmacht	8 218
Landwirtschaft	544 077
Forst- und Holzwirtschaft	51 446
Presse und Propaganda	8 181
sonstige	26 784
Gesamt	3 318 325

Der Bericht zeigt dann, daß es von den Jahrgängen 1894–1929 rund 8 302 000 Männer gab, von denen ». . . 7 332 000 grundsätzlich für den Wehrdienst in Betracht kommen. Inwieweit diese tatsächlich zum Wehrdienst herangezogen werden können, ist später zu prüfen«.

Zeit	Geschütze	Pak	Flak	Insgesamt
22. 6. - 30. 9.41	15.904	4.413	1.738	22.055
1.10. - 31.12.41	8.013	1.817	900	10.730
Insgesamt 1941:	23.917	6.230	2.638	32.785
Januar 1942	391	396	63	850
Februar "	629	385	18	1.032
März "	312	282	17	611
April "	311	207	23	541
Mai "	1.716	320	98	2.134
Juni "	1.606	1.362	216	3.184
Juli "	3.221	1.104	237	4.562
August "	2.470	650	60	3.180
September "	1.158	752	122	2.032
Oktober "	291	395	19	705
November "	128	217	6	349
Dezember "	565	800	52	1.417
Insgesamt 1942:	12.796	6.870	931	20.597
Insgesamt 1941/42:	36.713	13.100	3.569	53.382
Januar 1943	375	1.183	104	1.662
Februar "	829	1.503	111	2.443
März "	1.417	1.447	79	2.943
April "	38	57	2	97
Mai "	41	52	-	93
Juni "	30	43	4	77
1. Halbjahr 1943:	2.730	4.285	300	7.315
Juli 1943	683	2.201	64	2.948
August "	1.602	1.507	49	3.158
September "	214	1.078	30	1.322
Oktober "	403	1.841	22	2.266
November "	657	2.733	54	3.444
Dezember "	819	2.475	20	3.314
2. Halbjahr 1943:	4.378	11.835	239	16.452
Insgesamt 1943:	7.108	16.120	539	23.767

Fremde Heere Ost meldet die russischen Geschützverluste

Übrigens waren damals bereits 5 628 000 ausländische Männer in Deutschland beschäftigt. Natürlich hat die Industrie verständlicherweise versucht, ihre wertvollsten Fachkräfte vor dem Einsatz bei der Wehrmacht zu bewahren, intern wurden ja bereits seit einiger Zeit Pläne für eine Friedensproduktion gemacht. Aber auch die Wehrmacht selbst hortete Menschen in Einheiten, die nicht an der Front standen. Bei den Wehrmachtsbefehlshabern Ostland und Ukraine taten Anfang 1944 beispielsweise 103 139 Heeresangehörige Dienst: Auch Göring hatte zur Bewachung von Karinhall, seinem Landsitz, eine große Sondereinheit zusammengezogen.

Die Abt. Fremde Heere Ost legte Ende Januar die nach Truppenmeldungen erstellte Liste der Gesamtverluste der Roten Armee vor und wies erneut auf das gestiegene gegnerische Rüstungspotential hin.

Hitler nannte die vorgelegten Produktionszahlen übertrieben, defaitistisch, ja idiotisch und ließ Gen. Gehlen, den Chef dieser Abt., Anfang April ablösen.

Nun, die Aufstellung zeigte, daß der Gegner seit Beginn der Kämpfe bis Ende 1944 bei der Artillerie, der Pak und der Flak zusammen 102 303 Geschütze verloren hatte. Wenn wir für die Produktion ebenfalls den Angaben dieser Abt. vertrauen, dann betrug die Produktion für 1943 ohne die Flak 61 200 Geschütze – eine Menge, bei der die Rote Armee derartige Verluste verkraften konnte.

Die Bestandszahlen beim Gegner sind uns nicht bekannt, sie lagen aber zweifelsfrei über den deutschen, die am 1. Januar bei der Radlafetten-Pak 5646 im Kal. 7,5- und 8,8-cm und bei der Artillerie von 10,5-cm bis 21-cm (ohne die Selbstfahrlafetten) 12 540 Geschütze zeigten.

Die Rüstungslage zwang nun auch auf dem Fahrzeuggebiet zu einer Umorientierung. Das Waffenamt legte deshalb das folgende **Panzer-Notprogramm** vor, das völlig auf Jagdpanzer ausgerichtet war:

1945	Febr.	März	April	Mai	Juni	
Pz. IV	250	250	250	–	–	läuft aus
Pz. IV lang A	30	–	–	–	–	läuft aus
Pz. IV lang V	200	250	250	200	200	
Pz. V »Panther«	275	290	290	–	–	läuft aus
Jagd-»Panther«	70	85	100	100	100	
Pz. VI »Tiger II«	50	60	83	110	47	läuft aus
Jagd-»Tiger«	25	40	27	–	–	läuft aus
Jagd-Panzer 38	500	500	500	500	500	
Sturmgeschütz III	400	400	400	–	–	läuft aus
Sturmgeschütz IV	70	70	70	–	–	läuft aus
Sturm-Panzer	30	25	–	–	–	läuft aus
Flak-Panzer	40	50	50	–	–	läuft aus
Panzer-Spähwagen	40	40	–	–	–	läuft aus
le. SPW	200	200	–	–	–	läuft aus
m. SPW	500	500	250	250	250	

Zusammenfassung der russischen Verluste bis Ende 1944:

Zeit	Geschütze	Pak	Flak	Insgesamt
Gesamt 1941	23.917	6.230	2.638	32.785
" 1942	12.796	6.870	931	20.597
" 1943	7.108	16.120	539	23.767
Insgesamt 1941/43:	43.821	29.220	4.108	77.149
Januar 1944	575	2.703	47	3.325
Februar "	425	1.443	28	1.896
März "	644	832	30	1.506
April "	1.300	1.462	29	2.791
Mai "	986	133	12	1.131
Juni "	143	208	3	354
Juli "	596	1 706	10	2 312
August "	1 465	3 169	19	4 653
September "	499	925	76	1 500
Oktober "	1 160	2 438	72	3 670
November "	234	680	21	935
Dezember "	247	811	23	1 081
Insgesamt 1944:	8 274	16 510	370	25 154

Zum Februar soll hier ein Ereignis erwähnt werden, das bisher so gut wie unbekannt geblieben ist:

In England waren am 3. vormittags 1437 viermotorige Bomber gestartet, von denen 1003 Kurs auf Berlin nahmen. Gegen Mittag wurden dann durch 937 Maschinen 2022,2 t Spreng- und 244,5 t Brandbomben abgeworfen, die große Schäden anrichteten. Dabei wurden nicht nur das Gestapo-Hauptquartier und der Volksgerichtshof zerstört, auch die Reichsbank erhielt 21 Treffer. Es stellte sich nun die Frage, wohin mit den Geld- und Goldreserven. Man entschied sich für eine Einlagerung in die 640 m tiefen Kaiseroda-Schächte eines zur Wintershall AG gehörenden Kalibergwerkes bei Merkers, 20 km ssw. von Eisenach. Bei Beendigung dieser Verlagerung am 18. Februar befanden sich dort

8527 Barren Gold mit einem Gewicht von 100,35 t
144,82 t Goldmünzen
925 Millionen RM in Papiergeld
2 Millionen US-Dollar
98 Millionen französische Franc
4 Millionen norwegische Kronen
über 200 000 englische Pfund

und andere kleinere Summen.

Das waren etwa 93 Prozent der Reichsbankreserven, der Rest wurde auf Oberbayern verteilt, wo er zum größten Teil unwiederbringlich verschwand. In dem Bergwerk lagerten außerdem 400 t Gemälde und andere Kunstgegenstände, zwei Millionen seltene Bücher und Hunderte von Tonnen Unterlagen des Patentamtes. Was später mit dieser Schatzkammer geschah, sehen wir am Ende der ersten Aprilwoche.

In der ersten Februarwoche konnte der Gegner im Osten mehrere Brückenköpfe an der Oder bilden. In Schneidemühl, dem Standort der V 2-Einheiten, wurden über 12 000 Mann eingeschlossen.

Am 10. drangen russische Truppen in Budapest ein. Von den 33 000 deutschen Soldaten der Besatzung erreichten nur 785 Mann die deutschen Linien.

Um den gegnerischen Aufmarsch zur Offensive gegen Berlin zu stören, befahl Hitler das Unternehmen »Sonnenwende«. Die 16. SS-Panzer-Armee griff aus dem Raum Stargard heraus die 47. russische Armee an. Der Vorstoß erreichte zwar Arnswalde, blieb aber dann in den Gegenangriffen der Russen liegen.

Im Süden war am 16. Breslau eingeschlossen, am 23. fiel die »Festung« Posen nach vierwöchiger Verteidigung. Am 28. durchbrach der Gegner bei Arnswalde die deutschen Stellungen.

An der Front im Westen eroberten französische Truppen am 3. Februar Colmar, in diesem Raum war die 19. deutsche Armee eingeschlossen. Am 22. überschritten amerikanische Einheiten die Saar. Weiter nördlich konnten am Monatsende amerikanische Truppen 25 km vor Köln noch einmal aufgehalten werden.

In Oberitalien verschob der Gegner seine geplante Offensive wegen der schlechten Wetterlage, das zeigt sich an den mit 4232, davon 740 Toten, sehr niedrigen Ausfällen.

Durch schwere Abwehrkämpfe und die Nachmeldungen waren **die Februarverluste** an der Ostfront durch 45 320 Tote und 57 690 Vermißte auf 316 553 Mann angestiegen. Im Westen betrugen die Ausfälle 74 294 Mann, auf dem Balkan, durch die Kämpfe um Budapest, stiegen sie auf 10 217.

Die Menge des Nachschubs hatte sich in dem Monat erheblich verringert; obwohl die Front immer wieder Handwaffen forderte, hatte die Truppe im Februar nur 20 943 Gewehre und 19 149 Sturmgewehre als Nachschub erhalten – im Oktober 1944 waren es 59 980 bzw. 19 003 gewesen.

Bei dem **Munitionsnachschub** zeigt die folgende Gegenüberstellung den starken Rückgang:

Oktober 1944	Munition für	Februar 1945
154 200 000	Gewehre	104 400 000
62 900 000	Sturmgewehre	73 800 000
3 122 700	8-cm-Gr.W.	1 545 000
211 300	12-cm-Gr.W.	61 500
790 700	le.I.G. 18	842 700
236 900	s.I.G. 33	80 700
124 000	15-cm-Nb.W.	63 000
27 400	21-cm-Nb.W.	6 200
14 300	30-cm-Nb.W.	7 100
9 620	Pz.Schreck	2 280
216 000	Pz.Faust	1 960 000
2 929 500	le.F.H.	1 675 000
480 000	s.F.H.	205 900
235 800	s.10-cm-K. 18	163 600
22 100	17-cm-K.	14 600
41 400	21-cm-Mrs.	15 700
870	24-cm-Hbz. 39	340
403 100	7,5-cm-KwK 40	123 500
142 000	7,5-cm-KwK 42	82 300
156 100	8,8-cm-KwK	90 200
2 525 700	Handgranaten	1 605 900
980 600	S-Minen	409 100
899 800	T-Minen	127 800

Bemerkenswert ist hier der starke Anstieg der Panzerfaust, dafür sind die bei Rückzügen wichtigen T-Minen um über 85 Prozent zurückgegangen. Ende Februar führte der Gegner aber einen weiteren schweren Schlag gegen die Versorgung der Fronttruppe. Während am 22. und 23. englische Bomber mit 2460 ts Bomben Essen und zwei Ölziele angriffen, setzten die drei amerikanischen Luftflotten 4057 Bomber und 3141 Jäger gegen zahlreiche Bahnhöfe, Brücken und andere Verkehrsziele ein. Die abgeworfene Bombenmenge von 10 558 ts richtete nicht nur ein Chaos in der Versorgung an, es entstand eine sehr ernste Verschärfung der rüstungsmäßigen Lage.

Da man, um die Schäden bei Bombenangriffen auf ein Mindestmaß einzuschränken, die Rüstungsfertigung soweit als möglich dezentralisiert hatte, konnten nun durch die Störung der Verkehrswege den Montagefirmen kaum noch die notwendigen Teile zugeführt werden. Dabei wurden durch zahlreiche Störungen im Fernmeldenetz Absprachen zur Abhilfe erheblich erschwert. Der Truppe, die seit langer Zeit unter Waffen- und Munitionsmangel litt, konnte kaum noch Nachschub zugeführt werden.

Um das ungarische Ölgebiet bei Nagy Kanisza besser zu schützen, begann am 6. März mit zwei Armeen nochmals eine deutsche Offensive, die aber am 15. wieder aufgegeben werden mußte.

Köslin ging am 7. verloren, zwei Tage später kapitulierte die »Festung« Graudenz.

Am 11. schlossen russische Truppen Danzig und Gdingen ein, einen Tag später fiel Küstrin. Nachdem der Gegner südwestlich von Königsberg durchgebrochen war, ging am 28. Kolberg verloren. Am 28. erreichten russische Truppen die österreichische Grenze 75 km südlich von Wien. Im Süden der Ostfront ritten in der Nacht zum 23. März 400 Mann des XV. SS-Kosaken-Kavalleriekorps mit gezogenem Säbel eine Attacke gegen feindliche Artillerie – bei der deutschen Truppe war der Säbel als Waffe im Dezember 1940 abgeschafft worden. Hitler plante aber nochmals eine Entlastungsoffensive vor Berlin aus dem Raum westlich Küstrin. Die Angriffe der 9. deutschen Armee blieben aber alle im Oderbruch stecken.

Im Westen hatten am 2. März amerikanische Verbände Trier erobert. Nach einer mißglückten Sprengung gelang es Truppen der amerikanischen 9. Panzerdivision am 7. die Ludendorff-Brücke bei Remagen zu überqueren, innerhalb von zwei Tagen hatten sie einen 5 km tiefen Brückenkopf gebildet. Sämtliche deutschen Gegenangriffe scheiterten.

Die Brücke stürzte nach einem Bombardement mit Bomben, Granaten und V 2-Raketen zwar am 17. März ein, aber da hatten die Amerikaner bereits eine große Behelfsbrücke gebaut. Am 8. war Bonn verlorengegangen, am 17. marschierte die amerikanische 87. Division in Koblenz ein, Bad Kreuznach fiel einen Tag später. Am 19. erließ Hitler seinen berüchtigten Befehl »Verbrannte Erde«, Mainz wurde am 22. übergeben.

Der große alliierte Vorstoß über den Rhein, das Unternehmen **Plunder,** begann am 23. mit einer dreistündigen Artillerievorbereitung aus über 1250 Rohren. Im Morgengrauen des folgenden Tages überflogen 1572 Transportflugzeuge mit 1326 Lastenseglern und 3042 Jägern den Rhein. Eine britische und eine amerikanische Luftlande-Division griffen nördlich von Wesel in den Kampf ein. Das Lagebuch des OKW kommentiert: »Gegenangriffe schlugen nicht durch.«

Für Darmstadt, Hanau, Offenbach, Wiesbaden und Frankfurt erließ die Gauleitung am 25. den Räumungsbefehl, am Nachmittag ging der Rhein-Main-Flughafen in Flammen auf. Einen Tag danach drangen die ersten Amerikaner in die Stadt ein. Durch sinnlose Straßenkämpfe und Artilleriebeschuß von beiden Seiten entstanden schwere Schäden, Frankfurt mußte aber trotzdem am 28. aufgegeben werden. Am gleichen Tag ließ General Eisenhower telegrafisch Stalin mitteilen, daß er auf der Linie Erfurt–Leipzig gegen die obere Elbe vorgehen wolle, um dort die »Rote Armee« zu erwarten. Am Morgen des 28. hatte die letzte V 2 in Antwerpen eingeschlagen, in den folgenden beiden Tagen flogen von der V 1 noch 41 in Richtung London und 81 nach Antwerpen. Aber nur in Belgien wurden 66 Treffer gezählt – der Einsatz der Fernwaffen war zu Ende. Hitler erklärte am 29. das Ruhrgebiet zur »Festung«, und ein über den Rundfunk verbreiteter Befehl rief alle Soldaten und Zivilisten zum Kampf bis in den Tod auf. Aus den am 5. März aufgerufenen Jugendlichen des Jahrganges 1929, oftmals noch nicht einmal 16 Jahre alt, wurden nach kurzer Ausbildung Panzervernichtungstrupps gebildet. Die Straßen im Osten und Westen waren voll mit Flüchtlingen, die wegen der feindlichen Jagdbomber nachts in Richtung Mitteldeutschland fuhren.

Die letzte Meldung über die **Waffen- und Munitionslage,** datiert vom 20. März, enthält nichts Neues. Hier noch ein Auszug: »Die Handwaffenlage hat sich weiterhin verschärft, da trotz erhöhten Nachschubs gegenüber den Vormonaten die Ausfälle nicht annähernd gedeckt werden können. Das Herauslösen von Handwaffen aus Verbänden außerhalb der Wehrmachtsteile hat sich für das Feldheer nicht bemerkbar gemacht. Der Bedarf an übrigen Waffen tritt gegenüber den Handwaffen weit zurück. Der Munitionsverbrauch für den Februar in Höhe von 99 744 t stützt sich auf Meldungen von etwa 85 Prozent der Heeresverbände. Vollständige Verbrauchs- und Ausfallzahlen liegen nicht vor, sie sind aufgrund der Ereignisse bei der Truppe im Osten und Westen auch nicht mehr zu erhalten.« Den Industriemeldungen können wir für den Februar die Auslieferung von 68 900 t Munition entnehmen. Damit ergibt sich von Beginn des Krieges bis zu diesem Zeitpunkt eine Fertigung von 8 976 790 t, dem ein Frontverbrauch von 6 782 802 t gegenüberstand. Zu dieser Summe müssen wir noch 14 149 t der V 2 addieren, dabei ist jedoch nur das Gewicht der einschlagenden Rakete berücksichtigt. Die Produktion von Pulver war nun um 39 Prozent, die von Sprengstoff um 48 Prozent gegenüber dem Durchschnitt im letzten Quartal 1944 gesunken.

Die **Verluste an Handwaffen** im Monat Februar waren gegenüber dem Vormonat rapid gestiegen:

Pistolen	um 136%	Karabiner	um 148%
Maschinenpistolen	um 105%	Maschinengewehre	um 22%
Sturmgewehre	um 80%		

Die folgende Zusammenstellung für den Monat Februar 1945 zeigt, daß die Produktion mit dem Verbrauch nicht mehr Schritt hielt:

7,9-mm-Gew.Patr.	Produktion	Verbrauch	Verbrauch überstieg Produktion
	233,6 Millionen	336,1 Millionen	um 43,9%
	(in 1000 Schuß)		
8-cm-GrW. 34	2028,0	2572,0	26,8%
12-cm-GrW. 42	161,8	101,1	
7,5-cm-KwK 40	112,0	257,6	130,0%
7,5-cm-KwK 42	85,0	137,6	61,9%
7,5-cm-PaK 40	139,0	172,7	24,2%
8,8-cm-PaK u. KwK 43	108,0	130,1	20,5%
7,5-cm-le.J.G. 18	525,0	848,4	61,6%
15-cm-s.J.G. 33	61,0	196,8	222,6%
15-cm-NbW. 41	90,0	80,7	
21-cm-NbW. 42	4,6	10,0	117,4%
28-cm-NbW. 41	3,5	10,0	185,7%
32-cm-NbW. 41	–	3,0	
30-cm-NbW. 42	7,3	5,0	
7,5-cm-Geb.K.	12,0	31,0	158,3%
7,5-cm-Geb.G. 36	–	112,4	
10,5-cm-Geb.H. 40	40,0	40,0	
10,5-cm-LG 40 u. 42	–	9,0	
10,5-cm-le.F.H.	1263,5	2073,0	64,1%
s.10-cm-K. 18	60,0	181,0	201,7%
15-cm-s.F.H.	260,0	292,2	12,4%
15-cm-K. 18 u. 39	–	5,0	
17-cm-K.	17,0	15,0	
21-cm-Mrs. 18	15,0	40,0	166,7%
21-cm-K. 39	–	2,0	
	(in Stück)		
24-cm-Hbz. 39/40	270	400	48,1%
24-cm-K. 3	–	200	
35,5-cm-M. 1	100	400	300,0%
28-cm-K. 5	160	263	64,4%
28-cm-Kz. Bruno	–	23	
	(in 1000 Stück)		
Stiel-Hdgr.	1300,0	988,0	
Ei-Hdgr.	1200,0	718,0	
Haft-HL	–	10,5	
S-Minen	1454,0	700,0	
T-Minen	220,0	301,4	37,0%
Riegelminen	100,0	60,3	

Was die **personellen Verluste** betrifft, sie waren an der Ostfront im März weiter gestiegen und betrugen 343 127 Mann. Vom Balkan wurden 10 904 und aus Italien 7982 Mann gemeldet. Im Westen sank die Ausfallzahl auf 56 638, die darin enthaltenen blutigen Verluste von 19 639 Mann entsprachen knapp 35 Prozent, im Januar waren es noch über 65 Prozent gewesen – es zeigten sich bei der Truppe die ersten Auflösungserscheinungen.

Die russischen Truppen standen Anfang April 75 km vor Berlin. In den Vorstädten Wiens wurde seit dem 6. gekämpft. Königsberg kapitulierte am 9. April. Berlin bereitete sich zum letzten Kampf vor. Am 19. bestand die Besatzung der inzwischen zur »Festung« erklärten Stadt einschließlich Volkssturm, Arbeitsdienst und Hitlerjugend aus 41 263 Mann.

Die russische Offensive zur Eroberung Pommerns begann am 20., erstmals schlugen russische Granaten in Berlin ein, am folgenden Tag eroberten Truppen der ukrainischen Front Kottbus. Am 24. waren die Masse der 9. deutschen Armee und einige Kampfgruppen westlich Frankfurt/Oder eingeschlossen. Erst am 29. gelang es etwa 35 000 Mann auszubrechen, fast 200 000 Mann waren verloren. Das Hauptquartier des OKW verließ Berlin am 22., Hitler entschloß sich, nun endgültig in Berlin zu bleiben und nicht den Kampf von Süddeutschland aus weiter zu leiten.

Am 25. hatten dann die 2. sowjetische Panzer-Armee und die 47. Armee Berlin eingeschlossen. Ein russischer Spähtrupp der 58. Division traf am 26. bei Strehle im Kreis Torgau auf Soldaten der 69. US-Division. Am gleichen Tag gingen Stettin und Brünn verloren. In Berlin gelang es nach schweren Kämpfen am Abend des 30., zwei Soldaten des russischen Schützen-Regiments 756 auf dem Reichstag die Fahne mit Hammer und Sichel zu hissen. Nachmittags hatte Hitler Selbstmord begangen.

Im Westen war am 1. April, dem Ostersamstag, die Heeresgruppe B im Ruhrkessel eingeschlossen. In einem Gebiet von etwa 125 km Durchmesser befanden sich über 325 000 Soldaten. Der Einsatz verschiedener Kampfgruppen, die den Kessel von außen aufbrechen wollten, blieb ohne jede Wirkung. Gotha und Kassel wurden von den Alliierten am 4. erreicht und damit auch das Anfang Februar erwähnte Kaliwergwerk in Merkers, wo Schätze von unermeßlichem Wert lagerten. Einen Tag vor dem Einrücken von Truppen der amerikanischen 90. Division gelang es noch, 450 Säcke mit etwa 430 Millionen RM abzutransportieren, die anderen Kostbarkeiten fanden die Amerikaner am 7. April. Selbst General Eisenhower und weitere vier Generale besichtigten am 12. April diese Schatzkammer. Die Beute wurde später nach Frankfurt gebracht, ein Teil – nach heutiger Bewertung über 11 Milliarden – fehlt bis heute.

Mit dem weiteren Vordringen ging Göttingen am 7. verloren, am 10. wurde Hannover, am 12. Duisburg besetzt. In Süddeutschland wurde am 11. Coburg erreicht, am 14. Bayreuth besetzt, am 18. überschritt ein Spähtrupp der 90. US-Division die tschechoslowakische Grenze. Am gleichen Tag kapitulierten alle Truppen im Ruhrkessel, der Wehrmachtsbericht meldete am 19. lakonisch: »Der Kampf zwischen Ruhr und Rhein ist beendet.« Stuttgart wurde am 20. durch französische Truppen besetzt, zwei Tage danach standen die Franzosen am Bodensee. In Bremen marschierten am 26. britische Truppen ein. Am 30. besetzten Einheiten der 7. US-Armee München.

Obwohl seit dem 8. März Verhandlungen zwischen dem SS-General Wolff und Allen Dulles, dem Chef des amerikanischen OSS, wegen einer Kapitulation in Italien im Gange waren, begann am 9. April die letzte alliierte Offensive in Italien. Am 11. ging Carrasa verloren, bei sehr schlechtem Wetter kam der Gegner nur langsam voran. Die 5. US-Armee erreichte dann am 20. die Po-Ebene, Bologna wurde am folgenden Tag besetzt. Am 24. überschritten zahlreiche alliierte Verbände den Po. Italienische Partisanen besetzten am 26. Genua, in das am folgenden Tag amerikanische Truppen einmarschierten. Mussolini wurde am 28. von Partisanen erschossen, am nächsten Tag unterzeichnete General von Vietinghoff in Caserta die bedingungslose Kapitulation, die Kämpfe sollten am 2. Mai eingestellt werden. Am 1. Mai gelang es noch Einheiten der britischen 8. Armee in Triest Verbindung mit Titos Partisanen aufzunehmen.

Der **letzten Meldung des Heeresarztes,** die mit »Vorläufige Erfassung« gekennzeichnet wurde und am 20. April abschließt, entnehmen wir für die ersten zwei Dekaden in Italien eine Verlustziffer von 11 131 Mann. Die Ausfallzahl für den Balkan betrug 4752. Von der Ostfront wurden 194 276 Mann gemeldet, da fehlten jedoch die Angaben der zur Heeresgruppe Mitte zählenden 3. Pz.Armee. Für den Westen sind 272 363 Mann als Verlust eingetragen, dazu findet sich aber die Bemerkung, daß darin die aufgrund ihrer Stärkenmeldung vom März nun auf 250 000 Mann geschätzte Heeresgruppe B (Ruhrkessel) als Vermißte enthalten sind. Außerdem fehlten die Meldungen der 1. Fallschirmjäger-Armee, der 19. Armee und der Gruppe von Blumentritt.

In Berlin wurde das Regierungsviertel von Legionären der 33. französischen SS-Division »Charlemagne« verteidigt, der Untersturmführer Vaulot war noch mit dem Ritterkreuz ausgezeichnet worden. Am Morgen des 2. Mai unterzeichnete dann General Weidling die Kapitulation von Berlin. Zwei Tage später ergaben sich in Nordwestdeutschland, Holland und Dänemark über eine Million deutsche Soldaten. Während Panzer der amerikanischen 3. Armee in den Straßen von Prag vordrangen – sie mußten sich auf russische Proteste hin aber wieder 100 km zurückziehen –, waren deutsche Vertreter zur Unterzeichnung der Kapitulation in Reims eingetroffen, wo General Jodl am 7. Mai die Urkunde unterschrieb. Offiziell wurde der Zweite Weltkrieg in Europa am 9. Mai um 23.01 Uhr beendet. An diesem Tage unterzeichnete auch GFM Keitel die Kapitulation gegenüber der Sowjetunion in Berlin. Die letzten Kämpfe gegen tschechische Partisanen zogen sich aber noch bis zum 15. Mai hin.

Die Angabe von verläßlichen **Verbrauchszahlen für 1945** ist nur für den Januar möglich. Für den Februar haben etwa 15 Prozent der Einheiten keine oder nur eine lückenhafte Meldung abgegeben. Im Durcheinander der Rückzüge war dann ab März eine statistische Festlegung nur noch bei einigen Truppenteilen möglich.

Die folgende Tabelle zeigt deshalb nur die Verbrauchszahlen der wichtigsten Waffen und ihrer Munition für die beiden ersten Monate des Jahres 1945:

Waffe			Munition
62 398	Pistolen	}	
19 606	Maschinenpistolen		58 300 000
39 162	Sturmgewehre		79 200 000
228 073	Gewehre und Karabiner	}	
37 329	Maschinengewehre		523 200 000
14 335	Gewehr-Granatgeräte		
	Gewehr-Sprgr.		1 495 600
	Gewehr-Pzgr.		629 500
434	5-cm-Pak	Pzgr.	62 300
		Sprgr.	125 000
1 052	7,5-cm-Pak 40	Pzgr.	183 100
		HL-Gr.	10 900
		Sprgr.	253 500
64	7,62-cm-Pak 36(r)	Pzgr.	12 800
		Sprgr.	214 000
128	8,8-cm-Pak 43	Pzgr.	69 000
		Sprgr.	159 900
12	8,8-cm-Puppchen		29 800
7	12,8-cm-Pak		2 100
69	5-cm-Gr.W. 36		157 500
2 551	8-cm-Gr.W. 34		4 847 000
781	12-cm-Gr.W. 42		335 000
35	15-cm-NbW. 41		161 800
17	21-cm-Nbw. 42		20 000
–	28/32-cm-Nbw. 41	28 cm WK	19 500
		32 cm WK	6 200
2	30-cm-NbW. 42	}	
3	30-cm-RW. 56		8 100
611	le.I.G. 18	}	
160	le.I.G. 37		1 749 600

167	s.I.G. 33	359 900
	Stielgranaten	2 400
	Brandgranaten	2 100
?	7,5-cm-LG 40	37 000
?	10,5-cm-LG 40 u. 42	15 800
7	Geb. K. 15	74 000
21	Geb. G. 36	236 300
2	Geb.H. 40	82 000
1	le.F.K. 18	34 800
34	s.10-cm-K. 18	258 000
936	le.F.H. 18	4 560 000
365	s.F.H. 18	771 000
–	15-cm-K. 18	4 900
–	15-cm-K. 39	1 200
4	17-cm-K. in Mrs.Laf.	32 000
19	21-cm-Mrs. 18	83 900
–	21-cm-K. 39/40	2 200
–	24-cm-K. 3	395
–	24-cm-H. 39	1 400
–	K. 5(E)	263
1	M. 1	490
4	Karl-Selbstfahrlafette	78
–	Kz. Bruno(E)	123
–	schw.Bruno(E)	300
397	2-cm-Flak ⎱ Sprgr.	
25	2-cm-Vierling ⎰ Brandgr.	6 030 000
105	3,7-cm-Flak Sprgr. u. Pzgr.	371 000
72	8,8-cm-Flak Sprgr.	212 000
	Pzgr.	18 200
	Stielhandgranaten	1 875 000
	Ei-Handgranaten	1 350 000
	Nebel-Handgranaten	110 000
	T-Minen	579 000
	S-Minen	1 349 000
	Riegelminen	150 000
	Blendkörper	112 000
	Haftladung H 3	17 000
	Faustpatronen	205 000
5 481	Panzerschreck	82 000

Enthalten sind in dieser Aufstellung 26 037 Gewehre 41 und 43, ferner 2121 Scharfschützengewehre, die in 1874 Karabiner 98 und 247 automatische Gewehre mit Zielfernrohr aufzuteilen sind. Bei den Maschinengewehren sind in den zwei Monaten 18 014 MG 42 verlorengegangen. Die Verbrauchszahlen bei der 3,7-cm-Flak schließen 30 der Flak 43 ein, von der wenig eingesetzten Zwillingsausführung ist nichts verlorengegangen.

Für folgende **Fremdwaffen** liegt ebenfalls der Munitionsverbrauch vor:

7,62-cm-IKH 290(r)	123 600	15-cm-s.F.H. 25(t)	8 100
10-cm-le.F.H. 14/19(t)	72 000	15-cm-s.F.H. 37(t)	10 050
s.10-cm-K. 35(t)	10 900	15,2-cm-K.H. 433(r)	43 900
12,2-cm-K. 390(r)	34 000	15,5-cm-s.F.H. 414(f)	80 050
12,2-cm-s.F.H. 396(r)	104 800	30,5-cm-Mrs.(t)	295

Für die Panzertruppen liegen folgende Zahlen über den Munitionsverbrauch vor:

5-cm-KwK lang	Sprgr.	16 900
	Pzgr.	14 100
7,5-cm-KwK u. Stu.K	Sprgr.	543 800
	Pzgr.	206 200
	Nebelgr.	3 900
	Gr. 38 HL	15 800
7,5-cm-KwK 42	Sprgr.	115 900
	Pzgr.	126 200
8,8-cm-KwK 36	Sprgr.	89 400
	Pzgr.	38 700
	Gr. 39 HL	2 500

Während des Januar hatte die Truppe aus der Instandsetzung noch die folgenden Fahrzeuge erhalten:

Pz. IV	53		8,8-cm-Pak »Nashorn«	10
Pz. V »Panther«	57		le.Pz.Spähwagen	20
Pz. VI »Tiger«	8		s.Pz.Spähwagen	5
»Königstiger«	9		Schützenpanzerwagen	176
Berge-Panzer	15		Krad	2089
Flak-Panzer	17		Kettenkrad	14
Beob./Befehlswagen	11		Pkw	3179
Jagdpanzer	33		Lkw	712
Sturmgeschütze	67		Zgkw	377
Pak-Selbstfahrlafette	12		»Goliath«	16
10,5-cm-le.F.H. »Wespe«	3		Gleisketten-Lkw	3
15-cm-s.F.H. »Hummel«	7		RSO	18
15-cm-s.I.G. »Grille«	8			

Sehr schwierig gestaltet sich das Abgleichen der Unterlagen, aus denen die Panzerverluste für die letzten Monate des Krieges zu ersehen sind.

Die folgende Tabelle zeigt die **Verluste der wichtigsten Fahrzeuge** im Januar 1945:

Pz. IV	287		Jagdpanzer V	17
Pz. IV mit L/70	93		Jagd-»Tiger«	1
Pz. V »Panther«	237		Jagdpanzer 38	97
Pz. VI »Tiger«	62		Jagdpanzer »Ferdinand«	4
»Königstiger«	6		Pak-Selbstfahrlafette	56
Flak-Panzer	28		8,8-cm-Pak »Nashorn«	20
Berge-Panzer	28		10,5-cm-le.F.H. »Wespe«	32
Beob./Befehlswagen	59		15-cm-s.F.H. »Hummel«	20
Sturmgeschütz III	283		15-cm-s.I.G. »Grille«	12
Sturmgeschütz IV	51		le.Pz.Spähwagen	29
Sturm-Haubitze	61		s.Pz.Spähwagen	12
Sturmpanzer	1		Funklenkpanzer B IV	6
Jagdpanzer IV	120		Schützenpanzerwagen	796

Die hohen Ausfälle entstanden aber in den folgenden Wochen, viele Fahrzeuge blieben wegen Treibstoffmangel liegen oder der Nachschub an Munition fehlte.
Glücklicherweise verblieb dem Verfasser dieses Buches eine Mappe des General-Inspekteurs der Panzertruppen, die für fast alle Einheiten die Bestandszahlen zum 10. April 1945 enthält.

Die folgende Tabelle zeigt für die wichtigsten Panzerfahrzeuge Bestandszahlen zum 1. März, die letzten, verläßlichen Eintragungen, die der Stab des Heereswaffenamtes festlegte.

In der Aufstellung sind in Spalte 2 die Bestände beim Ersatzheer zum 1. März aufgeführt, darin sind aber die 158 Schulfahrgestelle der verschiedenen Baumuster nicht enthalten. Die dritte Spalte zeigt die Bestände bei der Truppe an allen Fronten zum 10. April. Die Zahl hinter dem Schrägstrich weist die einsatzfähigen Fahrzeuge aus.

	Bestand 1. 3. 1945	davon Ersatzheer Bestand 1. 3. 1945	Feldheer Bestand 10. 4. 1945
Pz. III	534	328	157/145
Pz. IV und Jagdpz. IV	1881	130	468/390
Pz. IV lang	665	4	239/184
Pz. V	1964	189	499/335
Jagdpz. V	208	6	46/16
Pz. VI (beide Muster)	404	55	200/150
Jagdpz. VI	51	6	39/24
Jagdpz. 38	1256	144	741/633
Sturmgeschütz III	3067	277	1036/872
Sturmgeschütz IV	540	33	282/220
Sturmhaubitze	577	5	142/122
Sturmpz. und »Nashorn«	329	–	133/122
Beute-Pz.	288	–	219/ ?

Bei den Selbstfahrlafetten mit 7,5-cm- bzw. 8,8-cm-Pak war der Bestand erheblich, die leider nicht vollständigen Zahlen für April lauten: 2794/2648 bzw. 509/487.

»Einsatzfähig« bezieht sich nur auf das Fahrzeug selbst, Treibstoffmangel hat in zahlreichen Fällen den Einsatz verhindert. Das IV. SS-Pz.Korps hat beispielsweise fast alle schweren Panzer, darunter auch die »Tiger«, wegen Treibstoffmangel gesprengt. Die Jagd-»Tiger« waren alle im Westen eingesetzt, von den Jagd-»Panthern« befanden sich 11 im Osten.

Die deutsche Rüstungsindustrie hat 1945 bis Ende April noch folgende Panzerfahrzeuge ausgeliefert:

Pz. IV	438	Jagdpanzer V	198
Pz. IV mit L/70	505	Jagd-»Tiger«	28
Pz. V »Panther«	507	Jagdpanzer 38	1261
»Königstiger«	112	8,8-cm-Pak »Nashorn«	16
Sturmgeschütz III	1038	15-cm-s.F.H. »Hummel«	57
Sturmgeschütz IV	127	15-cm-s.I.G. »Grille«	17
Sturm-Haubitze	98	Flak-Panzer	74
Sturmpanzer	25		

Von der gegnerischen Seite im Osten liegen die folgenden Produktionszahlen für die ersten 6 Monate des Jahres 1945 vor:

T-34 mit 8,5-cm-KwK	7230	SU-100	1175
JS II und III	1500	JSU-122 und 152	1530
SU-76 und ZSU-37	3562		

Damit war der T-34 mit 53 497 abgelieferten Fahrzeugen der Panzer, von dem während des Zweiten Weltkriegs die größte Zahl produziert wurde.

Aus der folgenden Tabelle, der wir die Verteilung der Panzerfahrzeuge auf die einzelnen Fronten entnehmen können, ergibt sich, daß eine ganze Anzahl von Verbänden der Westfront »umgedreht« hatten und nun zur Ostfront zählten. Aus dem Wehrmachtsbericht vom 28. April sehen wir, daß es so etwas gab, da heißt es: ».... haben unsere Truppen an der Elbe den Amerikanern den Rücken gekehrt, um von außen her im Angriff die Verteidiger von Berlin zu entlasten«.

	Osten	Balkan	Italien	Westen	Dänemark/ Norwegen
Pz. III	17/14	–	53/49	–	87/82
Pz. IV und Jagdpz. IV	324/254	–	124/119	13/11	7/6
Pz. IV lang	229/174	–	8/8	2/2	–
Pz. V	446/288	–	24/23	29/24	–
Jagdpz. V	19/11	–	–	27/5	–
Pz. VI (beide Muster)	149/118	–	33/22	18/10	–
Jagdpz. VI	–/–	–	–	39/24	–
Jagdpanzer 38	579/489	9/9	69/64	82/70	2/1
Sturmgeschütz III	811/680	18/18	123/109	45/29	39/36
Sturmgeschütz IV	219/165	–/–	16/16	40/32	7/7
Sturmhaubitze	104/90	3/3	34/29	1/–	–/–
Sturmpz. und »Nashorn«	45/41	–/–	73/71	15/10	–/–
Beute-Pz.	44/34	27/26	162/144	–/–	83/79

Die Zahl hinter dem Schrägstrich zeigt die einsatzfähigen Fahrzeuge.

Diese Fahrzeuge waren sehr verteilt, im Westen auf 43, im Osten sogar auf 249 Einheiten. Was besaßen aber die früher so schlagkräftigen Panzerdivisionen noch?
Die bekannteste Einheit, die Panzer-Lehrdivision im Westen, verfügte noch über elf Panzer IV, sieben »Panther« und 16 Sturmgeschütze. Die 26. Panzer-Division in Oberitalien war mit 87 Panzern IV, 24 »Panthern«, sechs Sturmgeschützen und zwölf Panzerjägern 7,5 cm noch gut ausgerüstet. Im Mittelabschnitt der Ostfront konnte die 10. SS-Panzer-Division »Frundsberg« mit 30 Panzern IV, 34 »Panthern«, 13 Jagdpanzern und 16 Panzerjägern noch einigen Widerstand leisten. Viel schlechter sah es im Südabschnitt aus, dort besaßen die drei SS-Panzer-Divisionen »Leibstandarte AH«, »Das Reich« und »Totenkopf« zusammen nur noch 32 Panzer IV, 23 »Panther«, fünf Sturmgeschütze und elf Panzerjäger mit der 7,5-cm-Pak.

In ihrem **letzten Bericht zur Personallage** von Mitte April – das OKW stellte am 20. April seine Arbeit in Berlin ein – hatte die Organisations-Abteilung des Heeres sehr optimistisch die Stärke der Ostfront noch auf etwa 1,5 Millionen Mann geschätzt. Stärkemeldungen der Verbände stammten meistens von Ende März, nur von ruhigen Fronten waren Meldungen zum 10. April erfolgt. Die Zahlen waren recht unterschiedlich, die 309. Inf.Div. an der Ostfront war mit 5898 Mann noch recht kampfkräftig. Bei der auch zur 9. Armee zählenden Pz.Gren.Div. »Kurmark« waren es aber nur 2375 Mann. Im Westen war es ähnlich, die 246. Volksgrenadierdivision hatte schwere Verluste erlitten, sie bestand nur noch aus 1698 Mann. Noch schlimmer sah es bei der 19. Volksgrenadierdivision aus, sie war erst am 3. August 1944 aufgestellt worden – in der Stärkemeldung vom 7. April waren nur noch 54 einsatzfähige Soldaten aufgeführt. Die 116. Pz.Div. galt da mit einer Kampfstärke von 7092 Mann noch als »starke« Einheit. Die Verbände an der Front in Italien machten da eine Ausnahme, die dort eingesetzten 21 deutschen Divisionen besaßen noch eine Durchschnittsstärke von 10 608 Mann, wobei vor allem die drei Gebirgsdivisionen hohe Personalzahlen auswiesen, wie z. B. die 5. Geb.Div. mit 14 275 Mann.

Die **personellen Verluste** des Heeres vom 1. Januar bis 20. April 1945 können wir der für die letzte Dekade nicht ganz vollständigen Statistik des Generalarztes im OKH entnehmen:

Geheime ~~Kommando~~sache [Gruppe I / IO]

Der Heeresarzt
im Oberkommando des Heeres
Gen St d H / Gen Qu
Az. 1335 b (IIb)

Nr. 021/45 g.Kdos

H Qu OKH, den 24.April 1945.

20 Ausfertigungen
#. Ausfertigung

Gen. St. d. H. / Org. Abt.
26. APR. 1945
Nr. 2/2143/45 g.
Anl. 1 NA

Personelle blutige Verluste des Feldheeres
vom 11. bis 20. April 1945.

(Einschl. Nachmeldungen. vorläufige Erfassung.)

Osten:

A.O.K.	Gefallen	davon Offz.	Verwundet	davon Offz.	Vermisst	davon Offz.	Gesamt	davon Offz.
Pz. 2	1 359	46	6 432	175	2 542	25	10 333	206
SS-Pz. 6	758	25	3 908	92	901	13	5 567	130
6	621	61	2 310	88	2 533	19	5 464	168
	557	17	2 897	105	144	2	3 598	124
H.Gr. Süd	3 295	149	15 547	420	6 120	59	24 962	628
Pz. 1	1 839	90	9 116	294	8 718	116	19 673	500
17	105	-	1 111	6	302	-	1 518	6
Pz. 4	537	13	2 459	18	281	-	3 277	31
H.Gr.Mitte	2 481	103	12 686	318	9 301	116	24 468	537
9	336	6	1 218	34	7 502	224	9 056	264
Pz. 3			Meldungen fehlen					
H.Gr.Weichsel	336	6	1 218	34	7 502	224	9 056	264
Ostpr.	1 009	11	4 129	85	2 000	20	7 138	116
4	222	10	793	19	381	7	1 396	36
	1 231	21	4 922	104	2 381	27	8 534	152
18	75	2	320	6	75	-	470	8
16	146	3	550	19	430	8	1 126	30
H.Gr.Kurland	221	5	870	25	505	8	1 596	38
Sonstige	23	2	171	7	14	-	208	9
Gesamt	7 587	286	35 414	908	25 823	434	68 824	1628

-2-

Das erste Blatt der Heeresarzt-Meldung für den 11. bis 20. April 1945

Im Anhang (S. 320) findet sich die letzte, leider nicht mehr detaillierte Meldung des WVW, die, für die Dönitz-Regierung erstellt, erst einen Monat nach Kriegsende ausgegeben wurde. (Das Dokument traf erst nach Druckbeginn ein.)

	Tote	Verwundete	Vermißte	Gesamt
Osten	119 611 (3 609)	543 882 (12 414)	263 488 (4 056)	926 981 (20 079)
Balkan	4 773 (120)	17 077 (384)	7 235 (83)	29 085 (587)
Italien	3 985 (131)	13 873 (336)	10 238 (153)	28 096 (620)
Westen	22 890 (823)	76 122 (2 169)	369 712 (9 539)	468 724 (12 531)
Dänemark/ Norwegen	80 (–)	99 (1)	7 (–)	186 (1)
	151 339 (4 683)	651 053 (15 304)	650 680 (13 831)	1 453 072 (33 818)

Die Zahlen in Klammern sind die bereits in der ersten Zahl mit enthaltenen Verluste an Offizieren.

Im Gegensatz zu den bisherigen Veröffentlichungen, in denen die Meldung vom 31. März als die letzte Meldung des Heeresarztes betrachtet wird, gab es mit Einstellung der Arbeit des OKW in Berlin eine abschließende Meldung zum 20. April. Dieser vom 26. datierten Meldung entnehmen wir die personellen Ausfälle des Feldheeres vom 1. September 1939 bis zum 20. April 1945:

	Tote	Verwundete	Vermißte	Gesamt
Osten	1 005 413 (33 336)	3 992 062 (100 994)	1 369 174 (23 388)	6 366 649 (157 718)
Balkan	22 370 (702)	70 064 (1 841)	24 620 (321)	117 054 (2 864)
Italien	48 750 (1 738)	174 734 (4 751)	215 525 (5 496)	439 009 (11 985)
Westen vor Invasion	29 031 (1 355)	118 272 (3 566)	13 801 (306)	161 104 (5 227)
Westen seit Invasion	80 015 (2 913)	264 504 (7 236)	758 659 (14 503)	1 103 178 (24 652)
Norwegen	16 395 (515)	60 515 (1 435)	6 852 (142)	83 762 (2 092)
Sonstige	9 248 (423)	28 826 (593)	6 120 (88)	44 194 (1 104)
	1 211 222 (40 982)	4 708 977 (120 416)	2 394 751 (44 244)	8 314 950 (205 642)

Die Aufschlüsselung für die Front im Westen zeigt im Vergleich mit der folgenden Meldung zum 31. Januar, in der Angaben des WVW berücksichtigt wurden, daß beim Heeresarzt über 11 000 Klärungen von Vermißtenfällen, die nun zu den Toten gerechnet wurden, unberücksichtigt geblieben waren.

Im Vergleich zu den Ausfällen seit der Invasion werden hier die alliierten Verluste genannt:

	Tote	Verwundete	Vermißte
USA	121 679	360 661	69 777
England/Kanada	41 044	131 386	18 789
Frankreich	12 587	49 513	4 726
Gesamt	175 310	541 560	93 292

Die bereits erwähnte Meldung, die aber nur bis zum 31. Januar 1945 reicht, können wir dem am 14. März herausgegebenen Heft »Beurteilung der personellen und materiellen Rüstungslage der Wehrmacht« entnehmen. Hier wurden außer dem Feldheer, das Ersatzheer, die Waffen-SS, die Freiwilligenverbände und die Luftwaffen-Felddivisionen berücksichtigt. Es blieb das letzte Heft dieser Serie, die für Mitte April vorgesehene nächste Ausgabe wurde in den Wirren des Zusammenbruches nicht mehr fertiggestellt. (Wie bereits in der Statistik für den Wehrmachtsersatzplan sind auch hier zu Vergleichszwecken zusätzlich die Verluste für die Luftwaffe und die Kriegsmarine aufgeführt.)

Heer

(bis 31. 1. 1945)

	Tote	Verwundete	Vermißte	Gesamt
Osten	1 105 987 (41 594)	3 498 059 (89 655)	1 018 365 (16 572)	5 622 411 (147 821)
Balkan	19 235 (741)	55 069 (1 500)	14 805 (224)	89 109 (2 465)
Afrika/Italien	50 481 (2 053)	163 602 (4 464)	194 250 (4 758)	408 333 (11 275)
Westen vor Invasion	40 721 (2 103)	118 272 (3 566)	2 263 (134)	161 256 (5 803)
Westen seit Invasion	66 321 (2 439)	221 584 (6 052)	411 978 (5 401)	699 883 (13 892)
seit Invasion Norwegen	16 639 (530)	60 451 (1 435)	7 157 (144)	84 247 (2 109)
an Verwundung gestorben	295 659 (10 141)	–	–	295 659 (10 141)
Unfall, Krankheit, Selbstmord	160 237 (8 580)	–	–	160 237 (8 580)
ungeklärte Fälle	17 051 (811)	–	687 (17)	17 738 (828)
Ersatzheer	10 467 (369)	42 174 (941)	1 337 (18)	53 978 (1 328)
Gesamt	1 782 798 (69 361)	4 159 211 (107 613)	1 650 842 (27 268)	7 592 851 (204 242)

Luftwaffe

(bis 31. 1. 1945)

	Tote	Verwundete	Vermißte	Gesamt
Westen und Reichsgebiet	34 147 (3 010)	46 157 (2 371)	52 610 (2 961)	132 914 (8 342)
davon im Westen seit Invasion	11 066 (556)	25 673 (744)	41 217 (1 339)	77 956 (2 639)
Süden	22 625 (1 270)	42 613 (1 521)	54 325 (2 292)	119 563 (5 083)
Osten	52 932 (2 499)	116 818 (4 318)	49 210 (2 569)	218 960 (9 386)
Betriebsverluste, z. B. Schulen	28 892 (2 630)	10 991 (1 157)	–	39 883 (3 787)
Unfall, Krankheit, Selbstmord	19 976 (1 201)	–	–	19 976 (1 201)
	158 572 (10 610)	216 579 (9 367)	156 145 (7 822)	531 296 (27 799)
davon fliegendes Personal	43 517 (6 527)	27 811 (4 194)	27 240 (4 361)	98 568 (15 082)
und Fallschirm-Luftlandetruppe	21 309 (732)	56 388 (1 206)	43 896 (889)	121 593 (2 827)

Kriegsmarine

(nur bis 31. 12. 1944)

	Tote	Verwundete	Vermißte	Gesamt
Atlantik und sonstige Meere	39 256 (2 115)	15 854 (382)	92 509 (1 896)	147 619 (4 393)
Mittelmeer	5 836 (186)	6 691 (125)	3 840 (107)	16 367 (418)
Osten	3 812 (173)	2 714 (47)	3 907 (171)	10 433 (391)
Unfall, Krankheit, Selbstmord	11 125 (862)	–	–	11 125 (862)
Gesamt	60 029 (3 336)	25 259 (554)	100 256 (2 174)	185 544 (6 064)
Wehrmacht insges.	2 001 399 (83 307)	4 401 049 (117 534)	1 907 243 (37 264)	8 309 691 (238 105)

In dieser Aufstellung sind unter »Vermißte« die folgenden vom WVW bei den Gegnern im Westen zum 1. Februar 1945 nachweisbaren **Kriegsgefangenen** und auch die Internierten enthalten:

	Kriegsgefangene	Internierte
Heer	276 115 (8 411)	22 (4)
Luftwaffe	34 065 (2 961)	87 (26)
Kriegsmarine	12 627 (886)	1 043 (12)
Gesamt	322 807 (12 258)	1 152 (42)

Wenn diese Zahlen wegen der verzögerten Auswertung der Unterlagen auch nicht mit den tatsächlichen genau übereinstimmen – beispielsweise befanden sich zu dem Zeitpunkt allein 306 306 deutsche Gefangene in den USA und 37 934 in Kanada –, sie vervollständigen die damals vorliegende Statistik. Wie rapide dann die Anzahl der Gefangenen in den folgenden drei Monaten bis zum Kriegsschluß anstieg, zeigt eine Meldung des amerikanischen Oberkommandos, die dann 2 057 138 deutsche Kriegsgefangene aufweist.

Von den **Lazaretten** lag für Anfang Februar die folgende, nicht ganz vollständige Meldung vor:

	Verwundete	Erkrankte
Heer – Feldlazarette	54 679 (811)	67 619 (1 017)
Heer – Heimatlazarette	354 181 (9 136)	214 402 (5 659)
Luftwaffe	10 253 (392)	17 194 (791)
Kriegsmarine	4 390 (167)	10 018 (174)
Gesamt	423 503 (10 506)	309 233 (7 641)

Die Verluste der Wehrmachtsbeamten und des Gefolges sind hier nicht enthalten.

Bei insgesamt 17 893 200 Mann, die während des Zweiten Weltkrieges in der Wehrmacht und der Waffen-SS dienten, sind übrigens – auch kleinste Verletzungen eingerechnet – rund 52,4 Millionen Fälle in den Lazaretten wegen Verwundungen und Krankheiten behandelt worden – im Durchschnitt also jeder Soldat dreimal.

Die Angaben der Personenverluste entsprechen den demaligen Unterlagen, damit wird mit allen bereits erwähnten Mängeln die Authentizität gewahrt.

Zur Ermittlung der Verlust- und Verbrauchszahlen wurden außer den Abschlußmeldungen des OKH für die jeweiligen Feldzüge auch die Statistiken des Waffenamtes hinzugezogen. Obwohl damit von offiziellen Unterlagen ausgegangen wurde, gilt aber, je kleiner die Waffe, die Munition, das Fahrzeug, um so größer die Fehlermöglichkeit. Man meldete z. B. Ausfälle und hoffte auf eine bessere Berücksichtigung beim Ersatz, oder es gab geschickte Leute, die die als ausgefallen gemeldeten Waffen wieder instand setzten – es gab da eine Menge Möglichkeiten.

In der folgenden Zusammenstellung finden sich die den Tatsachen am nächsten kommenden Verbrauchszahlen an Waffen, Fahrzeugen und Munition. Es wurden hier die Bestandszahlen zum 1. März 1945 mit der Produktion abgeglichen, die Differenz stellt den Verbrauch dar.

Verbrauchszahlen an Waffen und Munition ab Kriegsbeginn bis zum 1. März 1945

		Munition (Schuß)
2 965 387	Pistolen	
851 486	Maschinenpistolen	2 112 001 000
8 587 093	Kar. 98k	
286 249	Kar. 41+43	
346 152	MG 34	18 177 511 000
241 052	MG 42	
33 805	MG sonstige	

135 767	Sturmgewehre	464 800 000
25 024	Granatbüchsen	
	Gewehr-Sprgr.	28 874 800
	Gewehr-Pzgr.	18 273 600
1 930	s.Pz.B. 41 Sprgr.	833 300
	Pzgr.	1 535 600
27 803	5-cm-Gr.W. 36	24 628 300
56 343	8-cm-Gr.W. 34	64 803 000
639	10-cm-Nb.W. 40	1 684 600
217	10-cm-Nb.W. 40	1 836 000
4 703	12-cm-Gr.W. 42	4 794 900
15 653	3,7-cm-Pak	18 822 000
304	4,2-cm-Pak 41	634 100
8 809	5-cm-Pak	14 906 400
18 096	7,5-cm-Pak 40	8 780 400
139	7,5-cm-Pak 41	140 600
3 590	7,5-cm-Pak 97/38	2 027 300 (nur HL)
395	7,62-cm-Pak(r)	3 440 500
910	8,8-cm-Pak 43	3 584 200
31	12,8-cm-Pak 44+80	34 700
210 165	Panzerschreck	1 609 200
	Panzerfaust	5 362 400
	Stielhandgranaten	74 084 000
	Eihandgranaten	71 423 600
	Blendkörper	4 148 400
	Hafthohladung	494 900
	S- und Schü-Minen	2 337 900
	T-Minen	19 812 800
	Riegelminen	2 337 900
	Glasminen	1 312 000
3 474	15-cm-Nb.W. 41	4 396 080
642	21-cm-Nb.W. 42	291 880
302	28/32-cm-Nb.W. 41	421 650 WK 28 cm
		156 720 WK 32 cm
242	30-cm-RW. 56	129 800
11 114	le.I.G. 18 ⎫	
974	I.G. 37 ⎬	31 272 500
134	I.G. 42 ⎭	
2 954	s.I.G. 33	5 821 500
	Stielgranate	30 200
	Brandgranate	35 200
547	Geb.G. 36	2 672 800
205	Geb.H. 40	968 900
54	FK. 96/16	18 800
227	FK. 16 n.A. ⎫	
80	FK. 18 ⎭	1 418 800
150	8-cm-FK. 30(t)	606 700
1 397	10-cm-K. 18	7 106 900
106	10-cm-K. 35(t)	267 300
15 250	10,5-cm-le.F.H. 18	116 476 100
368	10,5-le.F.H. 14/19(t)	20 282 000
117	10-cm-le.F.H. 30(t)	
5 190	15-cm-s.F.H. 18	30 747 000
150	15-cm-s.F.H. 25(t)	238 300
160	15 cm-s.F.H. 37(t)	608 800

12	15-cm-K. 16	42 400
82	15-cm-K. 18	313 300
38	15-cm-K. 39	204 500
248	17-cm-K./Mrs.Laf.	522 600
516	21-cm-Mrs. 18	1 724 800
	Röchling-Gr.	8 420
4	21-cm-Mrs. 18/9(t)	10 405
8	21-cm-K. 38	2 400
4	21-cm-K. 52	39 900
4	24-cm-H. 39	22 574
7	24-cm-K. 3	12 364
4	24-cm-K.(t)	5 053
10	30,5-cm-Mrs.(t)	18 826
1	35,5-cm-M. 1	1 771
7	Karl-Selbstfahrlafette	584
18	15-cm-K. (E)	7 640
6	17-cm-K. (E)	5 584
6	20,3-cm-K. (E)	5 823
1	21-cm-K. 12 (E)	587
3	24-cm-Theodor (E)	3 123
5	24-cm-Theodor-Bruno (E)	8 559
6	28-cm-kurze Bruno (E)	8 950
1	28-cm-lange Bruno (E) ⎫	
–	28-cm-schwere Bruno (E) ⎭	1 791
–	28-cm-neue Bruno (E)	5 324
15	28-cm-K. 5 (E)	9 041
–	31-cm-K. 5 (E)	131
2	38-cm-Siegfried (E)	2 514
–	80-cm-Dora (E)	66

Im folgenden finden wir den **Munitionsverbrauch für die wichtigsten Panzerkanonen,** dabei sei nochmals darauf hingewiesen, daß der Munitionsverbrauch für die 8,8-cm-KwK 43 L/71 wie auch der für die 12,8-cm-Kanone der Jagd-»Tiger« auf den Karteiblättern der Pak verbucht wurde; die jeweiligen Zahlen lassen sich nicht mehr mit der notwendigen Zuverlässigkeit trennen.

5-cm-KwK L/42	Sprgr.	3 230 600
	Pzgr.	2 948 500
5-cm-KwK L/60	Sprgr.	1 942 700
	Pzgr.	2 279 900
7,5-cm-KwK 37 L/24	Sprgr.	9 547 800
	Pzgr.	3 388 100
7,5-cm-KwK 40 L/48	Sprgr.	4 761 500
	Pzgr.	3 388 100
	HL-Gr.	1 722 400
7,5-cm-KwK 42 L/70	Sprgr.	1 954 700
	Pzgr.	1 312 800
8,8-cm-KwK 36 L/56	Sprgr.	1 682 500
	Pzgr.	567 700

Den **Verbrauch der wichtigsten Panzerfahrzeuge** können wir der folgenden Aufstellung entnehmen:

	bis 1. März 1945	bis 10. April 1945
Pz. III	4336	4706
Pz. IV kurze Kanone	1053 }	7636
Pz. IV lange Kanone	5402 }	
Pz. V »Panther«	3851	5629
Pz. VI »Tiger«	1032 }	1546
»Königstiger«	233 }	
Sturmgeschütz III L/24	601 }	7882
Sturmgeschütz III L/48	5298 }	
Sturmgeschütz IV	598	955
Sturm-Haubitze	637	1093
Sturmpanzer	111	264
Sturm-»Tiger«	2	12
Jagdpz. 38 »Hetzer«	1167	1797
Jagdpz. IV	379	662
Pz. IV mit L/70	491	958
Jagdpz. »Ferdinand«	48	62
Jagdpz. V	133	325
Jagd-»Tiger«	23	50
8,8-cm-Pak »Nashorn«	352	408
10,5-cm-le.F.H. »Wespe«	355	528
15-cm-s.F.H. »Hummel«	373	545
15-cm-s.I.G. »Grille«	206	293

Die zweite Spalte bezieht sich auf die letzte bekannte Meldung über die Einsatzbereitschaft der gepanzerten Fahrzeuge, sie zeigt für die letzten Wochen eine erhebliche Erhöhung der Ausfälle.
Kleine Fehler sind wahrscheinlich beim Panzer III enthalten, bei dem die Angaben für die mehrfache Umbewaffnung und die zahlreichen Umbauten geringe Unterschiede aufweisen.

Bei diesen Fahrzeugen sind auch die Abgaben an Stellen außerhalb des Heeres mit enthalten. In den Jahren 1943 und 1944 wurden z. B. die folgenden Fahrzeuge abgegeben:

49	Pz. III	336	Sturmgeschütze
365	Pz. IV	104	Jagdpanzer
69	»Panther«	77	Selbstfahrlafetten
8	»Tiger«		

1945 hat die Luftwaffe in den ersten Monaten trotz des Fahrzeugmangels noch 21 »Panther« und 39 Jagdpanzer 38 aus den Heeresbeständen erhalten. Natürlich sind bei den Waffen auch die Verluste enthalten, die nach der Abnahme durch das Waffenamt durch Feindeinwirkung in den Herstellerwerken entstanden. Im Oktober/November 1944 gingen z. B. auf diese Art 1687 Pistolen, 2446 Karabiner 98, 1826 Karabiner 43 und 19 734 Sturmgewehre verloren. In einem anderen Fall wurden 1945 im Februar 150 leichte Feldhaubitzen abgenommen – am folgenden Tag wurden davon 76 gesprengt, Feindverbände waren in Sichtweite aufgetaucht! »Unechte« Verluste waren die, die vor der Abnahme meistens durch Luftangriffe entstanden bzw. die durch die Auswirkungen derartiger Angriffe an der Planzahl des Lieferprogramms fehlten.
Bei den immer größere Auswirkungen zeigenden alliierten Luftangriffen waren das erhebliche Mengen. Im Jahr 1944 wurden beispielsweise 12 963 Panzer, 5921 Zgkws und 65 229 Lkws infolge derartiger Feindeinwirkungen nicht produziert bzw. nicht ausgeliefert. Aber auch mit

der sogenannten Fertigungsvorschau, die der Lage immer wieder neu angepaßt wurde, erreichte man die Lieferzahlen nicht. Vom »Königstiger« waren für den Zeitraum von Juli 1944 bis Ende Februar 1945 im angepaßten Lieferplan 540 Stück vorgesehen – 389 wurden geliefert; oder nehmen wir das unentbehrliche Sturmgeschütz IV: Da fehlten in dem Zeitraum von den 740 zugesagten Fahrzeugen 247 – die Vorschau konnte hier trotz größter Anstrengungen gerade zu ⅔ erfüllt werden.

Die überragenden **Leistungen der deutschen Industrie** haben gegen die personelle und materielle Übermacht des Gegners, der den Luftraum etwa ab 1943/44 völlig beherrschte, den Zusammenbruch nicht verhindern können.
Die von den West-Alliierten auf Europa abgeworfenen 2 697 473 ts Bomben, von denen 83 Prozent erst nach Ende 1943 nicht nur Ziele in den Städten und der Industrie, sondern auch auf den Transportwegen trafen, blockierten den Nachschub zur Front und die Versorgung der Rüstungsfertigung.
Als Folge dieser Angriffe standen im Januar 1945 in den Ausbesserungswerken 7479 nicht einsatzfähige Lokomotiven und fast 37 000 beschädigte Waggons. Die sogenannte Bereitstellungszahl war von über 142 000 im Juni 1944 auf knapp 39 000 Waggons gesunken.
Dafür waren aber beim westlichen Gegner die Flugzeugbestände, die im August 1942 nur 4276 Bomber und 5514 Jäger betragen hatten, auf 13 849 Bomber und 12 764 Jäger gestiegen. Dem konnte die Luftwaffe nur 1610 Tag- und 822 Nachtjäger entgegenstellen, die infolge der schlechten Treibstoffversorgung – die Produktion war von 148 000 t im Monatsdurchschnitt für das 1. Halbjahr 1944 auf durchschnittlich 26 000 t im 2. Halbjahr, ja sogar auf 11 000 t im Januar 1945 gesunken – keine Rolle mehr spielten. Von den im Januar tagsüber eingeflogenen über 56 000 Feindmaschinen schossen sie nur 51 Bomber und 22 Jäger ab, dabei verloren sie selbst 152 Flugzeuge.
Das wenige, was noch erzeugt wurde – die Produktion der Steinkohle war z. B. von 23,2 Millionen t im Juni 1944 auf 7 Millionen im Februar 1945 gesunken, die Ausbringung von Rohstahl fiel in diesem Zeitraum von 2,75 Millionen t auf 581 000 –, konnte der Industrie kaum zugeführt werden.

Industrie – das aber bedeutet Rohstoffe, Maschinen und **Menschen**:
Menschen, die Tag und Nacht hart arbeiteten; Menschen, deren Ernährung von Kriegsjahr zu Kriegsjahr quantitativ und qualitativ unzureichender wurde; Menschen, deren Wohn- und Arbeitsstätten zunehmend zerbombt wurden; Menschen, deren Arbeit zusätzlich und zunehmend durch die Zerschlagung ihrer Verkehrswege erschwert wurde; Menschen, die neben dem Blutzoll, den ihre Angehörigen als Soldaten an den vielen Fronten zahlten, selber hohe personelle und materielle Verluste hinnehmen mußten; Menschen, deren Durchhaltewillen, deren Überlebenswille, deren Tapferkeit am Arbeitsplatz in nichts hinter dem Frontsoldaten zurückstand – diese Menschen, diese »Soldaten der Arbeit«, sie verkörperten die Leistung der Industrie von 1939 bis 1945.
Aber hierbei dürfen auch nicht die Menschen vergessen werden, die diese Arbeit gezwungen leisteten, die gegen ihr Vaterland, für ihre Feinde unter bestenfalls gleichen, meist aber unter wesentlich schlimmeren Bedingungen Zwangsarbeit leisten mußten.

Der Krieg in Europa hatte sein Ende gefunden. Das deutsche Heer war in 2077 Tagen den Weg von auch den Gegnern imponierenden Siegen bis zur bedingungslosen Kapitulation gegangen. Das Deutsche Reich war – ohne wenn und aber – militärisch geschlagen worden. Wieviel Schmerz und Leid sich aber hinter der nüchternen Darstellung, hinter der Fülle von Zahlen und Tabellen verbergen – wir können es nicht ermessen, nur erahnen und mitfühlen. Somit sei dieses Werk nicht nur eine »Sachschilderung«, sondern Appell und Mahnung zugleich. Möge beides von den heute Verantwortlichen in allen Staaten begriffen werden.

Anhang

Abkürzungsverzeichnis Band 2

A	Aggregat	LaS.	Landwirtschaftlicher
A	s. AllKett		Schlepper
AllKett	Altmärkische Kettenfabrik	le.F.H.	leichte Feldhaubitze
		le.I.G.	leichtes Infanteriegeschütz
Biwa	Bildwandler	lg.	lang
BMM	Böhmisch-Mährische Maschinen-	LG	Leichtgeschütz
	fabrik	LK	Leichter Kampfwagen
BW	Bataillonsführerwagen	Lkw	Lastkraftwagen
		LP	Leuchtpistole
CKD	Ceskomoravska Kolben Danek	LW	Luftwaffe
DW	Durchbruchswagen	m.	mittel
DEW	Deutsche Eisenwerke	MAN	Maschinenfabrik Augsburg–
DWM	Deutsche Waffen- und Munitions-		Nürnberg
	werke	MG	Maschinengewehr
		MIAG	Maschinenbau und Industrie
(e)	englisch	MK	Maschinenkanone
(E)	Eisenbahn	MNH	Maschinenfabrik Niedersachsen–
EMW	Elektromechanische Werke		Hannover
		MP	Maschinenpistole
(f)	französisch	Mrs.	Mörser
FAMO	Fahrzeug- und Motorenbau	MTW	Mannschaftstransportwagen
FK.	Feldkanone		
		NAG	Nationale Automobil
Geb.K.	Gebirgskanone		Gesellschaft
GFM	Generalfeldmarschall	Nb.W	Nebelwerfer
Gr.W.	Granatwerfer		
GW.	Geschützwagen	OHL	Oberste Heeresleitung
		OT	Organisation Todt
H	Henschel	(ö)	österreichisch
HAP	Heeresanstalt Peenemünde		
Hbz.	Haubitze	(p)	polnisch
HDP	Hochdruckpumpe	P	Porsche
HK	Hartkern	Pak	Panzerabwehrkanone
HL	Hohlladung	PAW	Panzerabwehrwerfer
HVP	Heeresversuchsanstalt	Pkw	Personenkraftwagen
	Peenemünde	Pz.	Panzer
HWA	Heereswaffenamt	Pz.B.	Panzerbüchse
		Pzgr.	Panzergranate
JgPz.	Jagdpanzer	Pz.Hbz.	Panzerhaubitze
		Pz.Jg.	Panzerjäger
K.	Kanone		
KM	Kriegsmarine	(r)	russisch
KM	Kriegsministerium	Rbf	Rundblickfernrohr
Kwk	Kampfwagenkanone	RSG	Raupenschlepper, Gebirge
kz.	kurz		

RSO	Raupenschlepper, Ost	(t)	tschechisch
RW	Raketenwerfer	TVA	Torpedoversuchsanstalt
		TZF	Turmzielfernrohr
s.	schwer		
SBe	Sprengbombe, Beton	V	s. Vomag
SC	Sprengbombe, Cylindrisch	VfR	Verein für Raumschiffahrt
schw.	schwer	VFW	Versuchsflakwagen
SD	Sprengbombe, Dickwand	VK	Vollkettenfahrzeug
Sdkfz	Sonderkraftfahrzeug	VKN	Versuchskommando Nord
SF	Scherenfernrohr	Vomag	Vogtländische Maschinenfabrik
s.F.H	schwere Feldhaubitze	VPK	Verkehrstechnische
Sfl.ZF	Selbstfahrlafetten-Zielfernrohr		Prüfungskommission
SFL	Selbstfahrlafette		
s.I.G	schweres Infanteriegeschütz	WaA	Waffenamt
S.K.	Schnelladekanone	Wgr.	Wurfgranate
SKL	Seekriegsleitung	WG	Wurfgerät
Sprgr.	Sprenggranate	WK	Wurfkörper
SPW	Schützenpanzerwagen	WPG	Wärmepeilgerät
s.PzB.	schwere Panzerbüchse	WVW	Wehrmachtsverlustwesen
Stk	Stahlkern		
StuG	Sturmgeschütz	Zgkw	Zugkraftwagen
StuH	Sturmhaubitze	ZW	Zugführerwagen
StuK	Sturmkanone		
sWS.	schwere Wehrmachtsschlepper		

Die Gliederung des Heeres-Waffenamtes (HWA)

Heereswaffenamt 1940

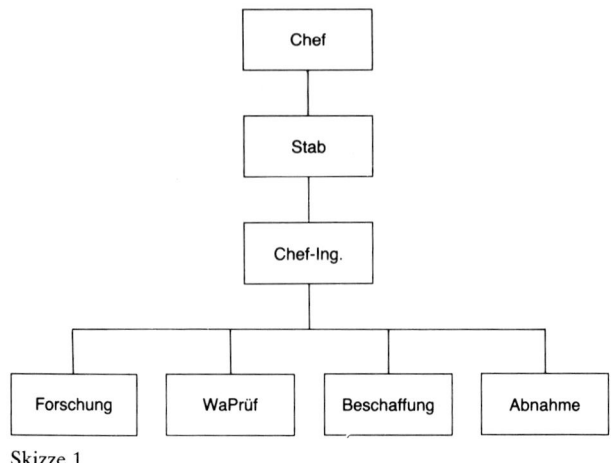

Skizze 1

Heereswaffenamt 1943

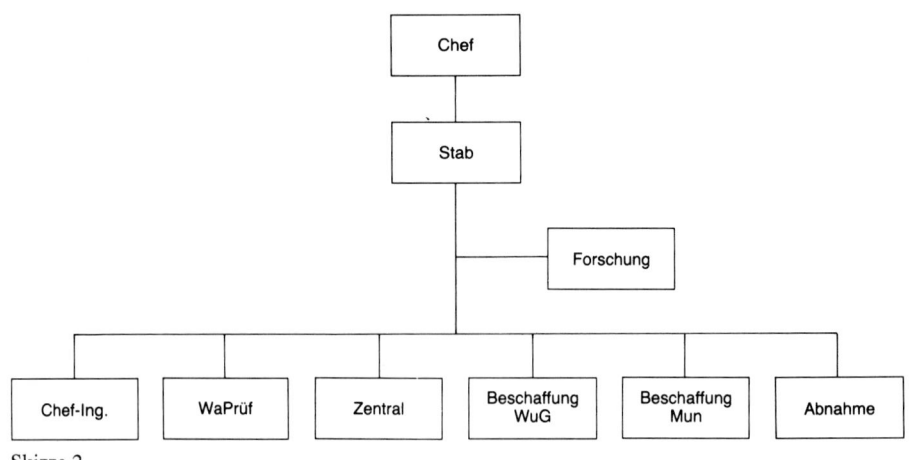

Skizze 2

310

Heereswaffenamt 1944

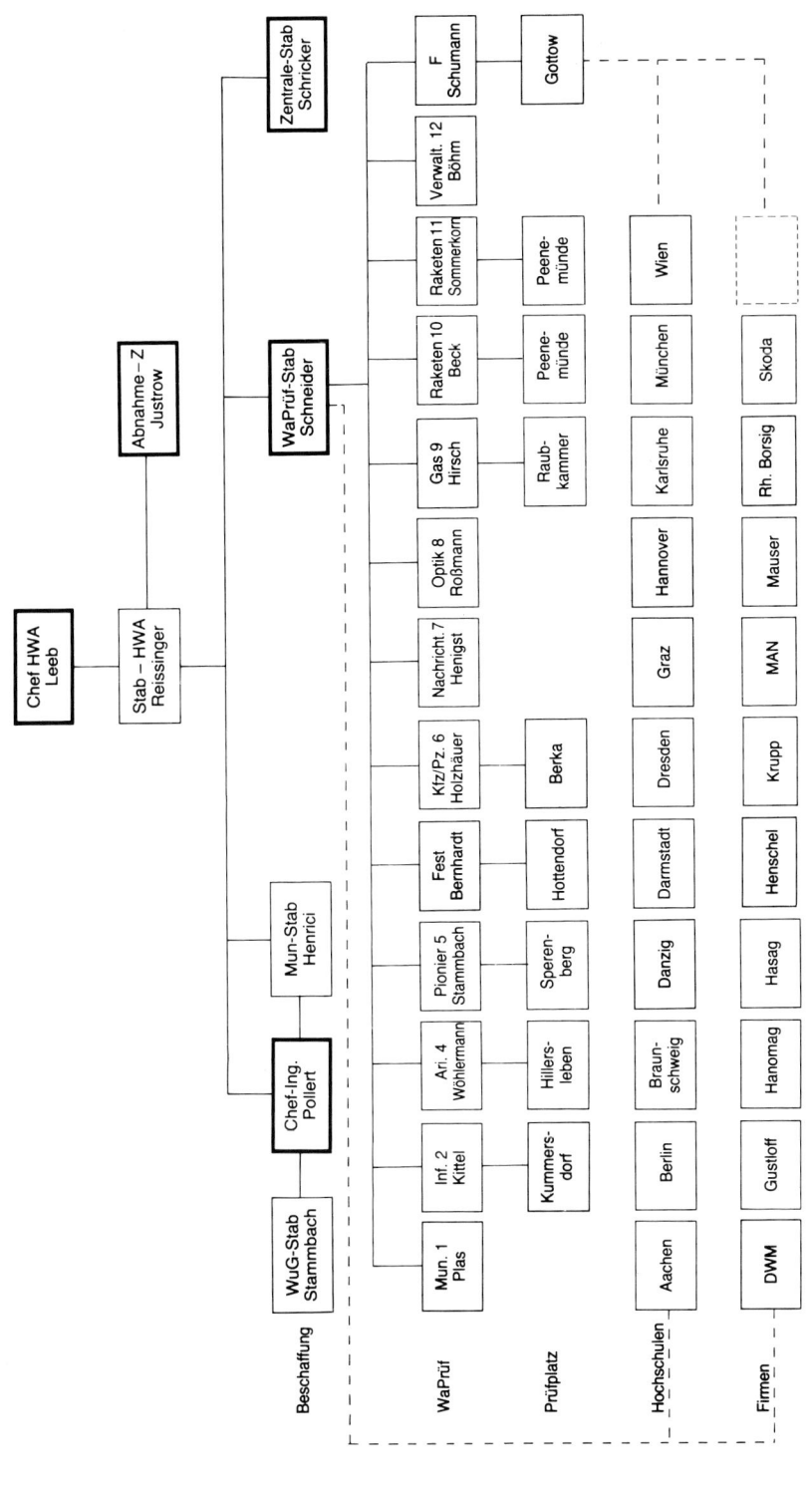

Skizze 3

Monatsausfälle an den verschiedenen Fronten

Die folgenden Tafeln sollen, monatlich gestaffelt, einen Überblick über die Ausfälle an den verschiedenen Fronten ermöglichen.

Gegenüber der vom Heeresarzt herausgegebenen Endmeldung sind hier z. T. geringe Abweichungen vorhanden.

Eine offizielle Korrektur ist rückwirkend bis zum Juni 1944 nur in der ersten Dekade des Januar 1945 erfolgt. Da es damals üblich war, die Verluste jeweils zum Beginn eines Feldzuges neu zu ermitteln, wurden auch hier – bis auf die Front in Italien – die Meldungen zum Beginn des Ostfeldzuges am 22. Juni 1941 zugrunde gelegt.

Die **Verluste an der Ostfront** beliefen sich laut den beim Heeresarzt eingegangenen Meldungen bis zum 1. Juli 1943, kurz vor Beginn des Unternehmens »Zitadelle« auf

Tote	Verwundete	Vermißte
488 636 (16 410)	1 754 755 (45 764)	322 258 (11 141)

Die folgende Tafel zeigt die weiteren, monatlichen Ausfälle, dabei liegen aber für den April 1945 nur vorläufige Angaben für die beiden ersten Dekaden vor:

	Tote		Verwundete		Vermißte	
Juli 1943	36 202	(1 285)	146 934	(3 709)	14 380	(145)
August	34 422	(1 140)	136 252	(3 116)	20 301	(364)
September	20 432	(713)	87 709	(2 193)	13 104	(95)
Oktober	25 909	(1 026)	110 669	(2 913)	15 469	(163)
November	29 535	(1 169)	124 602	(4 155)	26 745	(412)
Dezember	20 028	(657)	77 277	(1 786)	8 352	(117)
Januar 1944	25 171	(773)	93 102	(2 440)	18 776	(220)
Februar	25 569	(633)	99 979	(1 959)	28 221	(155)
März	19 033	(541)	75 138	(1 582)	11 856	(116)
April	19 854	(578)	74 465	(1 938)	17 614	(235)
Mai	18 592	(691)	89 074	(2 269)	46 199	(633)
Juni	10 629	(321)	41 165	(937)	73 723	(1 491)
Juli	30 420	(1 257)	131 732	(3 746)	238 284	(2 564)
August	30 636	(1 057)	152 484	(4 012)	191 557	(845)
September	18 159	(462)	87 284	(2 059)	15 581	(188)
Oktober	21 620	(620)	100 549	(2 434)	26 691	(261)
November	10 703	(282)	52 883	(1 224)	7 856	(75)
Dezember	11 866	(364)	55 125	(1 300)	10 489	(132)
Januar 1945	11 430	(316)	49 879	(1 075)	11 716	(173)
Februar	45 320	(1 265)	213 543	(4 334)	57 690	(820)
März	42 764	(1 374)	194 170	(4 737)	106 193	(942)
April	20 097	(654)	86 290	(2 268)	87 889	(2 121)

Beim 20. Gebirgs-AOK waren **an der Front in Finnland** bis zum 1. August 1943 die folgenden Ausfälle entstanden:

Tote	Verwundete	Vermißte
10 320 (316)	36 981 (885)	1 943 (53)

Dieser Frontabschnitt wurden offiziell bei der Ostfront mitgeführt, die folgenden Verluste sind also bereits in den Angaben für diese Front enthalten.

August 1943	460 (7)	1 969 (34)	29 (–)
September	168 (4)	724 (11)	19 (–)
Oktober	94 (1)	523 (6)	10 (–)
November	5 (–)	249 (11)	6 (–)
Dezember	75 (1)	329 (9)	12 (–)
Januar 1944	115 (6)	396 (7)	18 (–)
Februar	99 (5)	525 (10)	12 (–)
März	323 (10)	1 302 (35)	79 (2)
April	286 (3)	1 464 (46)	76 (1)
Mai	131 (6)	687 (11)	28 (3)
Juni	224 (7)	1 533 (32)	208 (11)
Juli	931 (29)	3 737 (76)	190 (3)
August	244 (6)	1 083 (15)	24 (–)
September	692 (29)	2 430 (62)	384 (9)
Oktober	2 048 (83)	6 132 (178)	3 713 (59)
November	37 (1)	96 (1)	55 (–)
Dezember	4 (–)	18 (–)	12 (–)

Diese Zahlen wurden herausgezogen, um die Kämpfe besser zu beurteilen zu können, z. B. die erheblich angestiegenen Verluste im Oktober, als sich die deutschen Truppen infolge des zwischen Finnland und Rußland beschlossenen Waffenstillstands zurückziehen mußten. Die folgenden Ausfälle wurden aus diesem Grund separat gemeldet, sie sind in keiner anderen Aufstellung enthalten.

Januar 1945	11 (–)	35 (–)	3 (–)
Februar	1 (–)	5 (–)	– (–)
März	64 (–)	53 (–)	4 (–)
April	4 (–)	6 (–)	– (–)

An der **Balkanfront** waren vom 22. Juni 1941 bis zum 1. November 1943 die folgenden Verluste entstanden.

Tote	Verwundete	Vermißte
3 617 (126)	9 900 (243)	2 789 (23)

Die weiteren, monatlichen Ausfälle:

November 1943	724 (12)	2 152 (56)	603 (11)
Dezember	560 (19)	1 645 (41)	225 (3)
Januar 1944	565 (13)	1 386 (29)	290 (2)
Februar	283 (11)	795 (27)	136 (–)
März	623 (19)	1 357 (42)	357 (12)
April	636 (20)	1 631 (47)	467 (4)
Mai	747 (34)	2 003 (57)	837 (12)
Juni	961 (34)	2 787 (75)	421 (5)
Juli	883 (18)	3 051 (102)	784 (3)
August	945 (24)	2 553 (58)	1 153 (10)
September	948 (36)	2 592 (91)	1 517 (31)
Oktober	1 247 (43)	4 939 (114)	3 348 (53)
November	2 102 (59)	7 419 (184)	2 223 (39)
Dezember	1 046 (27)	3 475 (84)	1 606 (15)
Januar 1945	529 (14)	2 082 (43)	601 (3)
Februar	1 446 (45)	5 463 (124)	3 308 (51)
März	2 297 (39)	7 411 (169)	1 196 (15)
April	501 (22)	2 121 (48)	2 130 (14)

Im April 1945 sind wieder die ersten beiden Dekaden berücksichtigt.

Im Westen hatten die Verluste vom 22. Juni 1941 beim Heer bis zum 1. Mai 1944

Tote	Verwundete	Vermißte
998 (45)	2 130 (56)	150 (5)

betragen.

Bei den folgenden, weiteren Ausfällen wurden für den April 1945 nur die vorläufigen Meldungen bis zum 20. berücksichtigt.

	Tote	Verwundete	Vermißte
Mai 1944	383 (15)	843 (19)	44 (2)
Juni	4 975 (216)	14 631 (453)	15 848 (277)
Juli	10 839 (387)	38 824 (906)	55 135 (716)
August	7 205 (196)	13 605 (449)	127 633 (1 493)
September	9 418 (379)	30 558 (836)	86 131 (1 032)
Oktober	7 238 (243)	28 143 (663)	33 559 (439)
November	8 182 (345)	30 712 (907)	44 645 (681)
Dezember	9 268 (324)	31 909 (853)	25 996 (326)
Januar 1945	9 196 (349)	33 202 (985)	23 031 (437)
Februar	7 916 (273)	26 100 (708)	40 278 (610)
März	5 101 (180)	14 538 (394)	36 999 (745)
April	677 (21)	2 282 (82)	269 404 (7 747)

Die hohe Vermißtenzahl im April bezieht sich hierbei auf die im Ruhrkessel eingeschlossene Heeresgruppe B.

Für die **Front in Italien** zeigt die Aufstellung zum 1. November 1943,

Tote	Verwundete	Vermißte
11 103 (585)	44 060 (1 727)	120 124 (4 257)

darin sind aber die Verluste des Afrika-Korps seit dem 1. April 1941 enthalten. Im folgenden die weiteren Ausfälle:

	Tote	Verwundete	Vermißte
November 1943	1 177 (43)	3 401 (80)	1 436 (15)
Dezember	1 310 (27)	4 877 (85)	2 409 (29)
Januar 1944	1 237 (45)	4 390 (36)	2 223 (18)
Februar	4 613 (163)	15 108 (351)	5 992 (69)
März	1 958 (51)	7 614 (147)	1 618 (27)
April	1 105 (22)	4 423 (78)	362 (4)
Mai	2 262 (71)	8 070 (186)	4 760 (74)
Juni	3 551 (115)	10 281 (295)	16 193 (323)
Juli	3 238 (103)	12 877 (267)	9 210 (109)
August	1 423 (47)	5 527 (104)	5 598 (64)
September	4 016 (101)	13 405 (312)	12 830 (126)
Oktober	3 473 (92)	12 057 (265)	9 103 (58)
November	1 304 (40)	4 670 (118)	2 527 (28)
Dezember	1 710 (49)	5 901 (178)	3 384 (35)
Januar 1945	743 (27)	2 741 (49)	1 267 (14)
Februar	740 (22)	2 793 (55)	699 (4)
März	1 240 (38)	4 279 (90)	2 463 (32)
April	1 262 (44)	4 060 (142)	5 809 (103)

Die Angaben für den April 1945 sind vorläufig und betreffen nur die zwei ersten Dekaden. Am 29. April wurden die Kämpfe eingestellt – die Heeresgruppe C hatte kapituliert.

Die Hersteller der wichtigsten Waffen und Fahrzeuge nach dem Stand von Oktober 1944:

Pistole 08 und 38	Mauser, Oberndorf
	Spreewerk, Grottau/Sa.
	Walther, Zella-Mehlis und Strakonitz
MP 38 und 40	Geipel, Erfurt
	Steyr, Linz
K 98k	Gustloff, Weimar
	Mauser, Oberndorf
	Sauer, Stuhl
	Steyr, Steyr
	Waffenwerke, Berlin
K 43	Bln. Lübecker Masch. Fabr., Berlin
	Gustloff, Suhl
	Mauser, Oberndorf
	Walther, Zella-Mehlis und Buchenwald
	Waffenwerke, Berlin
Sturmgewehr	Haenel, Suhl
	Sauer, Suhl
	Steyr, Steyr
	Walter, Zella-Mehlis
MG 34	Waffenwerke, Brünn
MG 42	Gustloff, Suhl
	Großfuß, Döbeln/Sa.
	Mager, Berlin
	Mauser, Berlin
	Steyr, Steyr
s.Pz.B. 41	Mauser, Oberndorf
Gr.B. 39	Gustloff, Suhl
8-cm-Gr.W. 34	Gollnow, Oberdorla
	Güttler, Brieg
	Haas & Sohn, Neuhoffnungshütte
	Ruhrstahl, Hattingen
12-cm-Gr.W. 42	Brünner Masch.Fabr., Brünn
Pz.Schreck	Enzinger Union, Pfeddersheim
	Gebr. Scheffler, Berlin
	Hasag, Meuselwitz
	Jäckel, Freistadt/OS
	Kronprinz, Solingen
	Schricker, Vach b. Nürnberg
le.I.G. 18	Häbämfa, Ammendorf b. Halle
	Böhm. Waffenfabrik, Strakonitz
15-cm-Stu.H. 43	Skoda, Pilsen
2-cm-KwK	Röchling-Buderus, Wetzlar
	Havelwerke, Brandenburg
7,5-cm-KwK L/48	Rheinmetall, Unterlüss
7,5-cm-StuK L/48	Wimag, Berlin
	Skoda, Pilsen
7,5-cm-KwK L/70	Rheinmetall, Unterlüss
7,5-cm-StuK L/70	Gustloff, Weimar
	Skoda, Pilsen
8,8-cm-KwK 36	Wolf, Magdeburg

8,8-cm-KwK 43	Garny, Frankfurt
	Wolf, Magdeburg
7,5-cm-Pak 39	Rheinmetall, Unterlüss
	Seitz, Bad Kreuznach
7,5-cm-Pak 40	Ardelt, Eberswalde
	Gustloff, Weimar
	Ostlandwerke, Königsberg
8,8-cm-Pak 43	Dortm. Hoerder-Hüttenverein, Dortmund
	Henschel, Kassel
	Weserhütte, Bad Oeynhausen
12,8-cm-Pak 80	Krupp, Breslau
15-cm-Nb.W. 41	Framo, Hainichen/Sa.
	Sächs. Textil-Masch.Fabr., Chemnitz
21-cm-Nb.W. 42	Masch.Fabr., Donauwörth
30-cm-R.Wfr. 56	Masch.Fabr., Donauwörth
sWR 40	Gast, Berlin
sWG 41	Gast, Berlin
Geb.G. 36	Wolf, Magdeburg
Geb.H. 40	Böhler, Kapfenberg
10,5-cm-LG 40 u. 42	Dürkopp, Bielefeld
le.F.H. 18/40	Krupp, Markstädt
	Menck & Hambrock, Hamburg
	Schichau, Elbing
s.10-cm-K. 18	Spreewerke, Berlin
s.10-cm-K. 42	Spreewerke, Berlin
s.F.H. 18	Dörries-Füllner, Bad Warmbrunn
und 42	MAN, Augsburg
	Skoda, Dubnica
	Spreewerk, Berlin
17-cm-K. in Mrs.Laf.	Hanomag, Hannover
	Krupp, Essen
21-cm-K. 38	Krupp, Essen
21-cm-K. 39/40	Skoda, Pilsen
21-cm-K. 52	Skoda, Pilsen
24-cm-K.(t)	Skoda, Pilsen
K. 3	Krupp, Essen
M. 1	Rheinmetall, Düsseldorf
42-cm-H.(t)	Skoda, Pilsen
Gamma-Mrs.	Krupp, Essen
Gerät 040 und 041	Rheinmetall, Düsseldorf
15-cm-K. (E)	Krupp, Essen
17-cm-K. (E)	Krupp, Essen
20,3-cm-K. (E)	Krupp, Essen
K. 12 (E)	Krupp, Essen
Theodor K (E)	Krupp, Essen
Theodor Bruno (E)	Krupp, Essen
K. 5 (E)	Hanomag, Hannover
	Krupp, Essen
Kz.Bruno K (E)	Hanomag, Hannover
	Krupp, Essen
Lg.Bruno K (E)	Hanomag, Hannover
	Krupp, Essen
Schw.Bruno K (E)	Krupp, Essen
Neue Bruno (E)	Krupp, Essen
Siegfried K (E)	Krupp, Essen

Die Verteilung der verschiedenen Waffen erfolgte über die folgenden **Heeres-Zeugämter:**

Berlin-Spandau	Güstrow	Königsberg	Posen
Berlin-Schöneberg	Hamburg	Magdeburg	Ulm
Breslau	Hannover	Mainz	Unna
Freilassing	Ingolstadt	München	Wien
Graudenz	Kassel	Naumburg	

Die großen **Heeres-Munitionslager** befanden sich alle im ehemaligen Polen, damals General-Gouvernement genannt:

Deblin-Stawy
Jaslo
Klay
Lublin
Ruda

Die Aufstellung enthält für die wichtigsten, im Herbst 1944 in der Fertigung laufenden **Panzerfahrzeuge** die Hersteller bzw. die Zulieferer:

s.I.G. 33 auf Pz. 38(t)	Poldihütte	Komotau	Panzerung
	Böhm.Mähr.Masch.-Fabr.	Prag	Fahrgestell u. Montage
StG. III	Bismarckhütte	Oberschlesien	Panzerung
	Brandenbg. Eisenwerke	Brandenburg	Panzerung
	DEW	Hannover	Panzerung
	Harkott	Hagen	Panzerung
	Alkett	Berlin	Fahrgestell u. Montage
	MIAG	Braunschweig	Fahrgestell u. Montage
StG. IV	Böhler	Kapfenberg	Panzerung
	Eisenwerke Oberdonau	Linz	Panzerung
	Krupp	Essen	Panzerung
	Krupp	Magdeburg	Fahrgestell u. Montage
Pz. IV	Böhler	Kapfenberg	Panzerung
	Eisenwerke Oberdonau	Linz	Panzerung
	Nibelungenwerk	St. Valentin	Fahrgestell u. Montage
»Nashorn« auf Pz. III u. IV	Witkowitzer Eisenwerke	Witkowitz	Panzerung
	Dtsch. Eisenwerke	Duisburg	Fahrgestell
	Dtsch. Eisenwerke	Teplitz-Schönau	Montage
s.Pz.Haubitze auf Pz. III u. IV	Dtsch. Röhrenwerke	Mülheim	Panzerung
	Dtsch. Eisenwerke	Duisburg	Fahrgestell u. Montage
15-cm-Stu.Pz. auf StG. IV	Bismarckhütte	Oberschlesien	Panzerung
	Eisenwerke Oberdonau	Linz	Panzerung
	Nibelungenwerke	St. Valentin	Fahrgestell
	Dtsch. Eisenwerke	Duisburg	Montage
le.Pz.Haubitze auf Pz. III u. IV	Dtsch. Röhrenwerke	Mülheim	Panzerung
	Dtsch. Eisenwerke	Duisburg	Fahrgestell u. Montage
	Poldihütte	Komotau	Panzerung

Jagd-Pz. 38	Böhm.Mähr.Masch.-Fabr.	Prag	Panzerung
	Linke-Hoffmann	Breslau	Panzerung
	Skoda	Pilsen	Panzerung
	Skoda	Königgrätz	Fahrgestell u. Montage
Jagd-Pz. IV	Witkowitzer Eisenwerk	Witkowitz	Panzerung
Jagd-Pz. IV L/70	Vomag	Plauen	Fahrgestell u. Montage
Flak-Pz. 38	Böhm.Mähr.Masch.-Fabr.	Prag	Montage
Flak-Pz. IV 2 cm	Ostbau	Sagan	Montage
Flak-Pz. IV 3,7 cm	Dtsch. Eisenwerke	Duisburg	Montage
	Böhm.Mähr.Masch.-Fabr.	Prag	Montage
»Panther«	Bismarckhütte	Oberschlesien	Panzerung
	Böhler	Kapfenberg	Panzerung
	Dortm.Hoerd.Hüttenverein	Dortmund	Panzerung
	Eisenwerke Oberdonau	Linz	Panzerung
	Ruhrstahl	Hattingen	Panzerung
	Daimler Benz	Berlin	Fahrgestell u. Montage
	MAN	Augsburg	Fahrgestell u. Montage
	MNH	Hannover	Fahrgestell u. Montage
Berge-»Panther«	Ruhrstahl	Hattingen	Panzerung
	DEMAG	Berlin	Fahrgestell u. Montage
Jagd-»Panther«	Brandenbg.Eisenwerke	Brandenburg	Panzerung
	MIAG	Braunschweig	Fahrgestell u. Montage
»Tiger« II	Dortm.Hoerd.Hüttenverein	Dortmund	Panzerung
	Krupp	Essen	Panzerung
	Skoda	Pilsen	Panzerung
	Henschel	Kassel	Fahrgestell u. Montage
	Wegmann	Kassel	Montage
Jagd-»Tiger«	Eisenwerke Oberdonau	Linz	Panzerung
	Nibelungenwerk	St. Valentin	Fahrgestell u. Montage
38-cm-Stu.Mrs.	Brandenbg.Eisenwerke	Brandenburg	Panzerung
	Alkett	Berlin	Montage
Pz.Späh.Wg. 2- und 7,5-cm	Dtsch. Edelstahl	Krefeld	Panzerung
	Büssing NAG	Leipzig	Fahrgestell u. Montage
le.SPW	Bismarckhütte	Oberschlesien	Panzerung
	DEMAG	Wetler	Fahrgestell
	Mech. Werke	Kottbus	Fahrgestell
	Evens & Pistor	Helsa	Montage

m.SPW	Bohemia	Böhmisch-Leipa	Panzerung
	Ferrum	Laurahütte	Panzerung
	Steinmüller	Gummersbach	Panzerung
	Schöller & Bleckmann	Mürzzuschlag	Panzerung
	Adler	Frankfurt	Fahrgestell
	Auto-Union	Chemnitz	Fahrgestell
	Skoda	Pilsen	Fahrgestell
	Hanomag	Hannover	Fahrgestell
	Weserhütte	Bad Oeynhausen	Montage
»Goliath«	Zachertz	Freystadt	Panzerung, Fahrgestell u. Montage
	Zündapp	Nürnberg	Panzerung, Fahrgestell u. Montage
Springer	Bohemia	Böhmisch-Leipa	Panzerung
	Jessen	Hamburg	Panzerung
	NSU	Neckarsulm	Fahrgestell u. Montage
s.Lad.Träger	Dortm.Hoerd.Hütten-verein	Dortmund	Panzerung
	Borgward	Bremen	Fahrgestell u. Montage
ZgKw 1 t	Mech. Werke	Kottbus	
ZgKw 3 t	Auto-Union	Chemnitz	
	Borgward	Bremen	
ZgKw 8 t	Borgward	Bremen	
	Krauss-Maffei	München	
	Sauer	Wien	
ZgKw 12 t	Daimler-Benz	Berlin	
	Krupp	Mülhausen	
ZgKw 18 t	Famo	Breslau	
schw.Wehrm. Schlepper	Klöckner-Humboldt-Deutz	Ulm	
	Gräf & Stift	Wien	
RSO	Ringhofer-Tatra	Kolin	
	Büssing NAG	Berlin	
Kettenkrad	NSU	Neckarsulm	
	Stoewer	Stettin	

Die **Auslieferung der Panzerfahrzeuge** erfolgte über die Panzer-Zeugämter:

Bielefeld	Königsborn
Berlin	Linz
Breslau	Naumburg
Elbing	Olmütz
Grafenwöhr	Oppeln

B. Organisation der Wehrmacht
19. Wehrmachtverlustwesen-Abteilung
Dokument Nr. 1
Verlustmeldung vom 22. 5. 45   **Flensburg, 7. Juni 1945**

Funkspruch

Absender: Frankenstrub, Abgang: 22. 5. 45, 23,05 Uhr   aufgen. 23. 5. 1,25
An OKW – Wehrm. GenQu. –

Zu Funkspruch OKW GenQu Roemr. 4 d Nr. 82/266 v. 18. 5. 45 wird gemeldet:

Zu 1) Gefallene einschließlich 500 000 an Verwundung gestorbener gleich 2.03 Millionen. Dazu an Unfall und Krankheit gestorbener 200 000.

    b) Verwundete: 5.24 Millionen.

    c) Vermißte: 2.4 Millionen.

    Gesamtverluste: 9.75 Millionen geschätzt.

Zu 2) Seit 2. 5. 45 schätzungsweise 70 000 Verwundete in russischer und 135 000 in amerikanicher/englischer Hand.

Zu 3) Verwundetenlage im Gesamtreich zur Zeit schätzungsweise 700 000.

Zu 4) Übersicht über Verbandsmittellage des Reiches wegen Fehlen der Nachrichtenverbindungen und entzogener Bewegungsfreiheit nicht möglich.

Das ist vermutlich der letzte Funkspruch, der von der seit dem 1. Mai unter dem Großadmiral Dönitz in Flensburg-Mürwik tätigen Regierung noch aufgenommen wurde – am Morgen des 23. Mai erklärte der amerikanische Gen.Maj. Rooks auf dem Wohnschiff »Patria« diese Regierung und das Oberkommando der Wehrmacht als verhaftet.

Ein unter englischer Oberhoheit tätiger Arbeitsstab hat später eine Dokumentensammlung erstellt, in der diese Meldung gefunden wurde. Diese 14 Tage nach Ende des Krieges in Europa in dem Funkspruch genannten Zahlen passen recht gut zur vom WVW herausgegebenen Meldung (s. S. 302).

Der Autor

Fritz Hahn

Geboren 1922 in Jena/Thüringen. Nach seiner technischen Ausbildung und Einsätzen an der Front, bei denen er mehrfach verwundet wurde, war er bei Waffenerprobungskommandos eingesetzt. Fritz Hahn wurde später in das Heereswaffenamt übernommen und war in der Heeresversuchsanstalt Peenemünde bei der Waffenprüf-Abt. 11 tätig. Zu verschiedenen Erprobungsstellen aller drei Wehrmachtsteile abkommandiert, bekam er Einblick in die verschiedensten Waffenprojekte der ganzen Wehrmacht. Zu seinen Aufgaben gehörte auch die Verwaltung der Geheimunterlagen seiner Dienststelle bis zur höchsten Geheimhaltungsstufe. Der Autor war u. a. dienstlich anwesend, als am 8. September 1944 die Lehr- und Versuchsbatterie 444 die erste V 2 nach Paris verschoß.

Beim allgemeinen Zusammenbruch im April/Mai 1945 gelang es Fritz Hahn, wichtige Unterlagen – darunter auch sogenannte »Geheime Kommandosachen« – vor der Vernichtung und damit als Grundlage für sein heutiges Archiv sicherzustellen.

In den fast zehn Jahren, die der Verfasser dieses Werkes nach Kriegsende in den USA lebte, hatte er Gelegenheit, aus der dorthin verbrachten deutschen »geistigen Beute« Tausende von Forschungsberichten einzusehen und mit seinen Unterlagen abzustimmen. Bei dem so allmählich entstandenen Archiv liegen die Schwerpunkte auf dem Gebiet der Waffen- und Raketentechnik sowie der Weltraumforschung. Heute ist Fritz Hahn auf dem Gebiet der technischen Optik selbständig tätig. Er ist Mitglied der »American Astronautical Society« und der »British Interplanetary Society« und veröffentlichte 1963 das bekannte Werk »Deutsche Geheimwaffen 1939 bis 1945 – Flugzeugbewaffnungen«.